CB059098

POR QUEM CRISTO MORREU?

David Allen

POR QUEM CRISTO MORREU?

David Allen

1ª Edição

Dados Internacionais de Catalogação na Publicação (CIP)

Ficha Catalográfica elaborada pelo bibliotecário Pedro Anizio Gomes CRB-8 8846

A425p   Allen, David
          Por Quem Cristo Morreu?: uma análise crítica sobre a extensão da expiação / David Allen (Tradução de Angelino do Carmo, Rômulo Monteiro e Luís Henrique). – 1. ed. - Natal-RN : Editora Carisma, 2019.
          960 p.
          Titulo original: The Extent of the Atonement: A Historical and Critical Review

          ISBN 978-85-92734-22-0

          1. Arminianismo 2. Calvinismo 3. Expiação Definida 4. Expiação Ilimitada I. Título II. Autor III. Tradutores

                            CDD 230: 232.4
                   CDU 22.08-284.2:284.91

Índice para catálogo sistemático

1. Teologia Cristã: sacrifício de Jesus; Cristo como redentor.
2. Teologia: Calvinistas; Evangélicos.

Referência Bibliográfica

ALLEN, David. **Por Quem Cristo Morreu?**: uma análise crítica sobre a extensão da expiação. 1. ed. Natal-RN: Editora Carisma, 2019.

Direitos de Publicação

Publicado no Brasil com a devida autorização e todos os direitos reservados por Editora Carisma. Todos os direitos reservados e protegidos pela Lei 9.610/88. É expressa e terminantemente proibida a reprodução total ou parcial desta obra, por quaisquer meios (eletrônicos, mecânicos, fotográficos, gravação e outros), sem a prévia e expressa autorização, por escrito, de Editora Carisma, a não ser em citações breves com indicação da fonte.

Originalmente publicado em inglês sob o título The Extent of the Atonement: A Historical and Critical Review. Copyright © 2016 por David L. Allen. Publicado por Broadman & Holman Publishing Group, One LifeWay Plaza, Nashville, TN 37234.

carisma
EDITORA

Rua Ismael Pereira da Silva, 1664 | Capim Macio | Natal | Rio Grande do Norte
CEP 59.082-000
editoracarisma.com.br
sac@editoracarisma.com.br

SUMÁRIO

Prefácio | 23

Introdução | 27

PARTE I
A Extensão da Expiação na História da Igreja

1 A Extensão da Expiação nas Igrejas Primitiva e Medieval | 49

A Igreja Primitiva | 49

Irineu (130-202 d.C.) | 51
Mathetes (130 d.C.) | 51
Clemente de Alexandria (150 -215 d.C.) | 52
Orígenes (184/85 -253/54 d.C.) | 53
Cipriano de Cartago (200 - 258 d.C.) | 55
Eusébio (c. 275 - 339 d.C.) | 55
Atanásio (298 - 373 d.C.) | 55
Cirilo de Jerusalém (315 - 386 d.C.) | 57
Gregório de Nazianzo (324 - 389 d.C.) | 58
Basílio (330 - 379 d.C.) | 59
Ambrósio (338 - 397 d.C.) | 59
Jerônimo (347 - 420 d.C.) | 60
João Crisóstomo (349 - 407 d.C.) | 61
Cirilo de Alexandria (376 - 444 d.C.) | 63
Teodoreto de Cirro (393 - 466 d.C.) | 63
Agostinho (354 - 430 d.C.) | 64
Próspero de Aquitânia (390 - 455.) | 71

O Período Medieval | 74

Godescalco (808 - 867) | 74
Pedro Lombardo (1096 - 1164) | 77
Tomás de Aquino (1225-1274) | 83

2 A Extensão da Expiação no Período da Reforma | 87

Os Primeiros Reformadores Continentais | 87

Johannes Oecolampadius (1482-1531) | 87
Martinho Lutero (1483-1546) | 88
Ulrico Zwínglio (1484-1531) | 91
Martin Bucer (1491-1551) | 93
Menno Simons (1496-1561) | 96
Wolfgang Musculus (1497-1563) | 97
Pedro Mártir Vermigli (1499-1562) | 98
Heinrich Bullinger (1504-1575) | 99
Agostinho Marlorate (1506-1562) | 102
João Calvino (1509-1564) | 103

A análise contemporânea do pensamento de Calvino sobre a extensão da expiação | 123

Benedictus Aretius (1505-1574) | 159
Girolamo Zanchi (1516-1590) | 159
Teodoro Beza (1519-1605) | 165
Rudolf Gwalther (1519-1586) | 170
Zacharias Ursinus (1534-1583) | 171
Gaspar Olevianus (1536-1587) | 174
David Paraeus (1548-1622) | 174
Jacob Kimedoncius (1550-1596) | 178

Conclusão | 183

Os Primeiros Reformadores Ingleses | 185

John Wycliffe (1320-1384) | 185
Hugh Latimer (1487-1555) | 186
Miles Coverdale (1488-1568) | 187
Thomas Cranmer (1489-1556) | 188
William Tyndale (1494-1536) | 189
John Hooper ([1495-1500]-1555) | 190
John Bradford (1510-1555) | 190
John Jewel (1522-1571) | 191
William Perkins (1558-1602) | 193
William Ames (1566-1633) | 196

Conclusão | 201

3 A Extensão da Expiação no Período Pós-Reforma | 202

Jacó Armínio e o Sínodo de Dort | 202

> *Jacó Armínio (1560-1609)* | 203
> *O Sínodo de Dort (1618-1619)* | 218
> *Ludwig Crocius (1586/7-1653/5)* | 228

Conclusão | 229

Amyraut, Amiraldismo e a Escola de Saumur | 234

Diversos Teólogos do Século XVII | 241

> *Jean Daillé (1594-1670)* | 241
> *Hermann Hildebrand (1590-1649)* | 241
> *Francis Turretini (1623-1687)* | 242
> *Cornelius Otto Jansen (1585-1638)* | 244

Conclusão | 245

Anglicanos, Puritanos e Westminster (1550-1700) | 246

> *Andrew Kingsmill (1538-1569)* | 247
> *Ezekiel Culverwell (1554-1631)* | 247
> *Robert Rollock (1555-1599)* | 248
> *Andrew Willet (1562-1621)* | 250
> *John Davenant (1572-1641)* | 250
> *Joseph Hall (1574-1656)* | 254
> *Robert Boyd (1578-1627)* | 255
> *James Ussher (1581-1656)* | 255
> *Hugo Grotius (1583-1645)* | 258
> *Thomas Adams (1583-1652)* | 259
> *Robert Jenison (1584-1682)* | 260
> *John Preston (1587-1628)* | 261
> *A Conferência da Casa de York (1626)* | 263
> *John Goodwin (1594-1665)* | 264
> *Henry Hammond (1605-1660)* | 271
> *William Jemkyn (1613-1685)* | 273
> *John Owen (1616-1683)* | 273
> *Richard Baxter (1615-1691)* | 278
> *John Corbet (1620-1680)* | 307
> *Thomas Watson (1620-1686)* | 308
> *John Humfrey (1621-1719)* | 309
> *Edward Polhill (1622-1694)* | 310
> *John Flavel (1627-1691)* | 310
> *George Swinnock (1627-1673)* | 311
> *Stephen Charnock (1628-1680)* | 313
> *John Howe (1630-1705)* | 315

   James Fraser of Brea (1639-1698) | 316
   Matthew Henry (1662-1714) | 318
   Assembleia de Westminster (1643-1649) | 321

 Conclusão | 335

4 A Extensão da Expiação no Período Moderno | 339

 O Século XVIII | 339

   Thomas Boston (1676-1732) | 344
   Daniel Whitby (1638-1726) | 345
   Experience Mayhew (1673-1758) | 347
   Isaac Watts (1674-1748) | 350
   Herman Venema (1697-1787) | 353
   Philip Doddridge (1702-1751) | 353
   Jonathan Edwards (1703-1758) | 354
   George Whitefield (1714-1770) | 365
   David Brainerd (1718-1747) | 367
   Joseph Bellamy (1719-1790) | 368
   John Newton (1725-1807) | 370
   Jonathan Edwards Jr. (1745-1801) | 371
   Edward Williams (1750-1813) | 372
   John Wesley (1703-1791) | 374

 Conclusão | 375

 O Século XIX | 375

   James Richards (1747—1843) | 401
   George Hill (1750-1819) | 402
   Alexander Ranken (1755-1827) | 403
   Timothy Dwight (1752-1817) | 403
   John Chavis (1763-1838) | 404
   Edward Dorr Griffin (1770-1837) | 405
   Ralph Wardlaw (1779-1853) | 406
   Thomas Chalmers (1780-1847) | 412
   George Payne (1781-1848) | 417
   Robert Morison (1781-1855; pai de James Morison) | 419
   John Brown (1784-1858) | 422
   William Cogswell (1787-1850) | 424
   Daniel Dewar (1788-1867) | 425
   Charles Hodge (1797-1878) | 426
   Albert Barnes (1798-1870) | 429
   Howard Malcolm (1799-1879) | 433
   John McLeod Campbell (1800-1872) | 433
   Erskine Mason (1805-1851) | 434

Henry Carpenter (1806-1864) | 438
Robert Candlish (1806-1873) | 439
Alexander C. Rutherford (1810-1878) | 442
Thomas Crawford (1812-1875) | 443
C. John Kennedy (1813-1900) | 445
Edward A. Litton (1813-1897) | 457
George Smeaton (1814-1889) | 458
S. G. Burney (1814-1893) | 459
Henry B. Smith (1815-1877) | 460
J. C. Ryle (1816-1900) | 463
James Morison (1816-1893) | 464
Robert L. Dabney (1820-1898) | 468
W. G. T. Shedd (1820-1894) | 471
Hugh Martin (1821-1885) | 473
A. A. Hodge (1823-1886) | 474
Herman Bavinck (1854-1921) | 480
Richard Webster (1811-1856) | 481

Os Teólogos Arminianos do Século XIX | 481

Charles Finney (1792-1875) | 481
Thomas Summers (1812-1882) | 483
John Miley (1813-1895) | 484

Conclusão | 487

O Século XX | 488

B. B. Warfield (1851-1921) | 488
Louis Berkhof (1873-1957) | 489
R. B. Kuiper (1886-1966) | 490
John Murray (1898-1975) | 490
J. I. Packer (1926-) | 491
R. C. Sproul (1939-2017) | 493
John MacArthur (1939-) | 493
Henry C. Sheldon (1845-1928) | 495
Olin Alford Curtis (1850-1918) | 498
Lewis Sperry Chafer (1871-1952) e o Dallas Theological Seminary | 498
Henry Thiessen (1883-1947) | 502
T. F. Torrance (1913-2007) | 502
Leon Morris (1914-2006) | 504
Broughton Knox (1916-1994) | 504
John Stott (1921-2011) | 505
Homer Hoeksema (1923-1989) | 505
James B. Torrance (1923-2003) | 506
Donald Bloesch (1928-2010) | 507
Michael Green (1930-) | 507
Robert Lightner (1931-2018) | 508
Norman Geisler (1932-2019) | 510

R. T. Kendall (1935-) | 512
Brian Armstrong (1936-2011) | 512
Gary Long (1937-) | 513
John Frame (1939-) | 514
David Engelsma (1939-) | 516
Paul Helm (1940-) | 518
Alan C. Clifford (1941-) | 523
Curt Daniel (1952-) | 526
Martin Davie (1957-) | 528

Teólogos Arminianos do Século XX | 529

J. Rodman Williams (1918-2008) | 529
J. Kenneth Grider (1921-2006) | 529
Dave Hunt (1926-2013) | 530
Thomas Oden (1931-2016) | 531
I. Howard Marshall (1934-2015) | 531

Teólogos Luteranos Representativos e a Extensão da Expiação | 534

Milton Valentine (1825-1906) | 534
Francis Pieper (1852-1931) | 536

Conclusão | 536

O Século XXI | 537

O. Palmer Robertson (1937-) | 538
Robert Godfrey (1946-) | 538
Richard Muller (1948-) | 539
Robert Letham (1947-) | 542
Michael Horton (1964-) | 543
Robert Peterson (1944-) e Michael D. Williams (1960-) | 547
R. Larry Shelton (1941-) | 548
G. Michel Thomas (1966-) | 549
Jonathan David Moore (1975-) | 550
Tom Barnes (1961-) | 552
Carl Trueman (1967-) | 553
Kevin DeYoung (1977-) | 554
Timothy A. Williams (1965-) | 554
Dan Phillips (1955-) | 554
Kenneth Stewart (1950-) | 555
Greg Forster (1957-) | 556
Terrance Tiessen (1944-) | 559
Robert Peterson (1949-) | 559
Myk Habets (1966-) e Bobby Grow (1979-) | 561
Anthony Badger (1966-) | 563
David Gibson (1975-) e Jonathan Gibson (1977-) | 564
Andrew Naselli (1981-) e Mark Snoeberger (1972-) | 564

Conclusão | 569

PARTE II
A Extensão da Expiação na tradição batista

5 A Extensão da Expiação entre os Batistas Ingleses, Gerais e Particulares | 573

Batistas Gerais | 574

Thomas Grantham (1634-1692) | 575
Dan Taylor (1738-1816) | 576

Os Batistas Particulares | 578

Paul Hobson (1666-) | 578
Thomas Lamb (1672 ou 1686) | 579
John Bunyan (1628-1688) | 580

Hipercalvinistas entre os Batistas Particulares na Inglaterra do século XVIII | 583

Tobias Crisp (1600-1643) | 583
Joseph Hussey (1659-1726) | 584
John Skepp (1675-1721) | 585
John Gill (1687-1771) | 585
John Brine (1703-1765) | 590
Daniel Turner (1710-1798) | 591
Robert Hall (1764-1831) | 591
Andrew Fuller (1754-1815) | 594

Fuller e Dan Taylor | 598

Fuller e o Movimento da Nova Teologia | 600

Fuller, equivalentismo quantitativo e "suficiência" | 601

Fuller, expiação limitada e a oferta do evangelho | 601

Fuller e Abraham Booth | 603

Fuller e Richard Baxter | 604

Carta III de Fuller a John Ryland: "Substituição" | 605

Conclusão | 614

> William Carey (1761-1834) | 617
> Richard Furman (1755-1825) | 620
> Andrew Broaddus (1770-1848). | 621
> Howard Hinton (1791-1873) e James Haldane (1768-1851) | 622
> Charles Spurgeon (1836-1892) | 623

Fusão dos Batistas Gerais e Particulares na Inglaterra | 627

Confissões Menonitas e Batistas - séculos XVI-XVIII | 628

6 A Extensão da Expiação entre os Batistas Norte-Americanos | 637

Batistas Norte-americanos do Século XVIII até o Século XXI | 637

> John Leland (1754-1841) | 637
> David Benedict (1779-1874) | 638
> Luther Rice (1783-1836) e Adoniram Judson (1788-1850) | 639
> David Jessee (1783-1856) | 643
> Francis Wayland (1796-1865) | 643
> Edward T. Hiscox (1814-1901) | 645
> Alvah Hovey (1820-1903) | 646
> Augustus H. Strong (1836-1921) | 646
> Arthur Pink (1886-1952) | 647
> Norman Douty (1899-1993) | 648
> Roger Nicole (1915-2010) | 648
> David Nettleton (1918—1993) | 650
> John Reisinger (1924-) | 650
> Leroy Forlines (1926-) | 650
> C. Gordon Olson (1930-) | 650
> J. Ramsey Michaels (1931-) | 652
> Earl Radmacher (1931-2014) | 653
> Robert Picirilli (1932-) | 653
> Tom Wells (1933-) | 657
> Bruce Demarest (1935-) e Gordon Lewis (1926-) | 657
> D. A. Carson (1946-) | 659
> John Piper (1946-) | 664
> Wayne Grudem (1948-) | 666
> Stanley Grenz (1950-2005). | 668
> Roger Olson (1952-) | 669

Kevin Bauder (1955-) | 671
James R. White (1962-) | 673
Paul Martin Henebury (1962-) | 679
Laurence M. Vance (1963-) | 679

Conclusão | 680

7 A Extensão da Expiação e os Batistas do Sul | 681

Batistas do Sul do Século XVIII ao Século XXI | 690

Jesse Mercer (1769-1841) | 690
William Bullein Johnson (1782-1862) | 691
John L. Dagg (1794-1884) | 694
R. B. C. Howell (1801-1868) | 694
J. M. Pendleton (1811-1891) | 695
J.R. Graves (1820-1893) | 696
James P. Boyce (1827-1888) | 696
John A. Broadus (1827-1895) | 701
B. H. Carroll (1843-1914) | 702
A. H. Newman (1852-1933) | 704
E. C. Dargan (1852-1930) | 705
Z. T. Cody (1858-1935) | 705
E. Y. Mullins (1860-1928) | 707
Edwin M. Poteat (1861-1937) | 708
A. T. Robertson (1863-1934) | 708
W. O. Carver (1868-1954) | 709
W. T. Conner (1877-1952) | 709
H. W. Tribble (1889-1967) | 709
W. A. Criswell (1909-2002) | 710
Theodore R. Clark (1912-1999) | 710
William W. Stevens (1914-1978) | 711
Dale Moody (1915-1992) | 711
Robert H. Culpepper (1924-2012) | 711
Charles Ryrie (1925-2016) | 712
James Leo Garrett (1925-) | 712
Millard Erickson (1932-) | 713
Clark Pinnock (1937-2010) | 714
James E. Tull (1938-1985) | 716
Paige Patterson (1942-) | 717
Tom Nettles (1946-) | 717
Timothy George (1950-) | 721
Frank Page (1952-) | 722
David Dockery (1952-) | 722

      Ronnie Rogers (1952-) | 723
      Bruce Ware (1953-) | 725
      Gregg Allison (1954-) | 725
      Tom Ascol (1957-) e Founders Ministries [Ministérios Fundadores] | 727
      Daniel Akin (1957-) | 730
      Ken Keathley (1958-) | 730
      Roy Clendenen (1949-) e Brad Waggoner (1957-) | 731
      David Allen (1957-) e Steve Lemke (1951-) | 740
      Albert Mohler (1959-) | 742
      Mark Dever (1960-) | 744
      Malcolm Yarnell (1962-) | 746
      Russel Moore (1971-) | 746
      Erick Hankins (1971-) | 747
      Matthew Harding (1973-) | 748
      Adam Harwood (1974-) | 748
      Jarvis J. Williams (1978-) | 749
      David Platt (1979-) | 753
      David Schrock (1980-) | 754

Compreensão equivocada do Calvinismo Amiraldiano e Moderado | 756

Dabney é incompreendido | 758

Suficiência intrínseca ou extrínseca? | 764

A oração sumo sacerdotal de Jesus, a falácia da inferência negativa e os falsos dilemas | 765

A natureza eficaz da expiação | 769

O argumento sacerdotal em defesa da expiação limitada | 771

A natureza pactual da expiação | 775

O impacto universal da expiação definida | 777

Confissões Batistas na América | 788

PARTE III
A Extensão da Expiação: Uma Análise Crítica

8 Uma Análise Crítica de *Do Céu Cristo Veio Buscá-la* | 803

    Análise do capítulo de Michael Haykin, "'Confiamos no sangue salvador': A expiação definida na igreja primitiva" (65-86) | 808

Análise do capítulo de David S. Hogg, "'Suficiente para todos, eficiente para alguns': Expiação definida na igreja medieval" (87-111) | 814

Análise do capítulo de Paul Helm, "Calvino, linguagem indefinida e expiação definida" (113-142) | 818

Análise do capítulo de Raymond A. Blacketer, "Culpando Beza: O desenvolvimento da expiação definida na tradição reformada" (143-168) | 826

Análise do capítulo de Lee Gatiss, "O Sínodo de Dort e a expiação definida" (169-195) | 830

Análise do capítulo de Amar Djaballah, "Controvérsia sobre a graça universal: Um exame histórico do *Brief Traitté de la Predestination* de Moïse Amyraut" (197-239) | 835

Análise do capítulo de Carl R. Trueman, "A expiação e a aliança da redenção: John Owen sobre a natureza da satisfação de Cristo" (241-268) | 838

Análise do capítulo de Paul Williamson, "Porque ele amou vossos pais: Eleição, expiação e intercessão no Pentateuco" (271-293) | 843

Análise do capítulo de J. Alec Motyer, "Ferido pela transgressão do meu povo: A obra expiatória do servo sofredor de Isaías" (295-318) | 845

Análise do capítulo de Matthew S. Harmon, "Para a glória do Pai e a salvação de seu povo: A expiação nos Sinóticos e na literatura joanina" (319-343) | 849

Análise do capítulo de Jonathan Gibson, "Por quem Cristo morreu?: Particularismo e universalismo nas epístolas paulinas" (345-397) | 860

Análise do capítulo de Jonathan Gibson, "A gloriosa, indivisível, trinitária obra de Deus em Cristo: A expiação definida na teologia de Paulo sobre a salvação" (399-451) | 865

Análise do capítulo de Thomas R. Schreiner, "'Textos problemáticos' para a expiação definida nas epístolas pastorais e gerais" (453-481) | 870

Avaliação Sumária dos Capítulos 9-14, "Expiação Definida na Bíblia" | 875

Análise do capítulo de Donald Macleod, "A expiação definida e o decreto divino" (486-526) | 875

Análise do capítulo de Robert Letham, "O Deus triúno, encarnação e expiação definida" (527—555) | 881

Análise do capítulo de Garry J. Williams, "A intenção definida da expiação penal substitutiva" (557-582) | 885

Análise do capítulo de Garry J. Williams, "A punição divina não pode ser infligida duas vezes: O argumento do duplo pagamento redivivo" (583-623) | 888

Análise do capítulo de Stephen J. Wellum, "A nova aliança - Obra de Cristo: Sacerdócio, expiação e intercessão" (625-652) | 897

Análise do capítulo de Henri A.G. Blocher, "Jesus Cristo, o homem: Para uma teologia sistemática da expiação definida" (653-703) | 901

Análise do capítulo de Daniel Strange, "Morto pelo mundo?: O 'desconforto' dos 'não evangelizados' para uma expiação definida" (707-732) | 910

Análise do capítulo de Sinclair Ferguson, "'Bendita certeza, Jesus é meu'?: Expiação definida e a cura das almas" (733-762) | 913

Análise do capítulo de John Piper, "'Minha glória não darei a outrem': Pregando a plenitude da expiação definida para a glória de Deus" (763-805) | 917

9 A Expiação Ilimitada e sua Importância | 929

Representantes Notáveis da Extensão da Expiação | 930

O Problema Declarado, ou Ambiguidade e Equívoco no Calvinismo Rígido | 937

O Problema Ignorado por Muitos Calvinistas | 938

Consequências do Problema | 939

O Problema Ilustrado na Declaração do Comitê Consultivo do Calvinismo Batista do Sul | 940

Escritura e a Extensão da Expiação | 942

O Amor de Deus e a Extensão da Expiação | 945

A Lógica e a Extensão da Expiação | 951

Pregação, Evangelismo, Missões e a Extensão da Expiação | 952

Este tomo de David Allen é uma realização tremenda. Ele nos deu um tesouro escondido de informações sobre a doutrina da extensão da expiação, traçando-a em detalhes e provendo uma interação incisiva com os argumentos exegéticos e teológicos a favor e contra a expiação limitada que foram expostas, especialmente desde a Reforma e por autores calvinistas. Como se isso não bastasse, ele também nos premia com uma extensa e definitiva crítica à *From Heaven He Came e Sought Her* (*Do Céu Cristo Veio Buscá-la*), que tem sido apontada como a obra moderna definitiva em apoio à expiação limitada. O tomo de Allen é agora o livro a ser respondido sobre a extensão da expiação e o lugar para buscar apoio à expiação ilimitada e à refutação da expiação limitada".
— **Brian Abasciano, professor adjunto de Novo Testamento no Gordon-Conwell Theological Seminary; pastor da Faith Community Church; presidente da Sociedade de Arminianos Evangelicais**

Este livro oferece um tratamento penetrante e perceptivo de um problema teológico espinhoso e divisor. O domínio de David Allen sobre o assunto, bem como sua capacidade de expor clara e justamente as teorias e argumentos concorrentes, é magistral. Achei sua crítica à doutrina da expiação limitada plenamente persuasiva. Este livro é leitura obrigatória a todos que querem entender melhor o debate sobre o calvinismo".
— **Craig A. Evans, deão da School of Christian Thought e Professor de Origens Cristãs na Houston Baptist University**

"A questão da expiação limitada provou ser um assunto controverso por muitos anos e é improvável que desapareça a qualquer momento em um futuro próximo. Uma das razões para isto é que a questão que ela procura responder é uma que se desenvolveu ao longo do tempo e tem várias facetas sutis e sofisticadas. Semelhantemente a outras doutrinas, tal como a Trindade, a compreensão da história da doutrina da expiação é, portanto, fundamental para o assunto. Embora David Allen e eu discordemos sobre o assunto, esta obra é uma contribuição irênica e erudita ao tópico que leva adiante a discussão histórica e, portanto, doutrinária, de uma forma extremamente útil. Estou, portanto, feliz em recomendar o trabalho de um crítico amigável. Ele merece um grande número de leitores e envolvimento cuidadoso"
– **Carl R. Trueman, Paul Woolley Chair of Church History e professor de história da igreja no Westminster Theological Seminary**

"Este livro é enciclopédico. Não há nada como ele em profundidade e escopo. Não é preciso defender a perspectiva do autor (embora eu a defenda) para se beneficiar de sua massiva pesquisa. Ninguém interessado na extensão da expiação pode ignorar a importante contribuição de Allen",
– **Daniel L. Akin, presidente do Southeastern Baptist Theological Seminary**

POR QUEM CRISTO MORREU?

*Uma Análise Crítica
sobre a Extensão da Expiação*

DAViD ALLEN

Prefácio

Esta obra tem sido um trabalho altruísta dos últimos dez anos. A extensão da expiação e suas implicações são vitais para mim como teólogo e pregador. O problema toca muito perto do coração do evangelho. O que se crê acerca desse assunto tem sérias ramificações tanto para a teologia quanto para a práxis da igreja. A necessidade de entender bem o evangelho é basilar, em meu pensamento.

A questão da extensão da expiação é controversa e frequentemente engendra fortes emoções. Algumas pessoas de ambos os lados da cerca se agarram tenazmente à sua visão e anatematizam os oponentes. Talvez uma das razões para essa reação visceral seja o fato de que uma via média sobre a questão da extensão não seja possível. Só há duas opções: ou Jesus fez substituição pelos pecados de todas as pessoas ou ele fez substituição somente pelos pecados de algumas pessoas. O assunto é delicado, mas é importante e deve ser considerado.

Qualquer tentativa de cobrir toda a vasta literatura sobre esse assunto só pode ser julgada como uma ambição colossal. Esta obra não é um tratamento abrangente. Isso está além da minha capacidade e propósito. Eu me esforço em prol do modesto objetivo de um exame para se familiarizar. Espero fornecer informações e fontes para lhe capacitar a se aprofundar ainda mais no assunto.

Tentei identificar e esclarecer os assuntos significativos na história da discussão e apresentá-los no contexto histórico para consideração. Alguns tópicos receberam menos tratamento do que outros. Algumas das nuances intricadas do problema tratei com mais detalhes, especialmente nos quais a necessidade de precisão linguística requer isso. Espero que você tenha de paciência para ler até o fim as questões nas últimas seções.

Escrevi este livro mais como historiador/teólogo/pregador do que como polemista. Obviamente, nenhum autor consegue trazer uma tábula rasa à mesa quando escreve.

Cada um traz seu próprio paradigma e escreve a partir de uma perspectiva particular. Eu me esforcei para apresentar a questão de forma justa e com integridade intelectual. Cada página está marcada com hálito de oração para que eu não represente erroneamente a Deus, sua palavra ou os que me precederam na investigação teológica. Não obstante, uma seção final desta obra é uma crítica substantiva da expiação limitada. Em última análise, creio que a expiação limitada é uma doutrina em busca de um texto.

Tomo por certo que todos concordam que a Escritura é o árbitro final sobre essa questão. Não devemos confundir a Escritura com a nossa interpretação dela. A primeira é infalível. A última não. Quando a evidência bíblica é apresentada, ela só pode ser eficazmente combatida se puder ser demonstrado que o texto não é relevante para o assunto em questão ou que foi mal interpretado exegeticamente dentro de seu contexto.

Há muita desinformação gravitando em torno da questão da extensão da expiação. Como resultado de frequentes reflexões soltas, sobra muito pensamento reducionista. Há também uma grande necessidade de desambiguação. A informação relevante precisa ser separada da irrelevante; a essencial da não essencial.

São legiões de problemas que se impõem em um estudo dessa natureza. Na minha tentativa de debulhar os grãos, espero não ter pego as minhas calças na minha própria forquilha.

É impossível expressar gratidão a todos os que contribuíram de uma forma ou de outra para tornar esta obra possível. Eu estou sobre os ombros de muitas pessoas. Mas eu seria negligente em não agradecer a algumas que desempenharam um papel-chave.

Sou profundamente grato a Jim Baird da B&H Publishing pela leitura do manuscrito original não editado e por sua decisão de publicá-lo. Sem a supervisão de Chris Thompson e da sua excelente equipe da B&H, esta obra nunca teria visto a luz do dia. Audrey Greeson trouxe não só a sua perícia e eficiência, mas também o seu espírito gracioso para a tarefa em questão.

O dr. Jason Duesing, reitor acadêmico do Midwestern Baptist Theological Seminary (Seminário Teológico Batista do Centro-Oeste) e historiador batista por excelência, serviu como o principal editor de conteúdo deste volume. Com o seu olhar atento para ver o quadro geral, bem como detalhes históricos, me livrou de muitas armadilhas. Sou profundamente grato a ele e grato por seu encorajamento neste projeto.

Ninguém consegue iniciar ou concluir com sucesso uma obra desta natureza sem o reconhecimento de que se está em dívida com a pesquisa de muitos que chegaram primeiro ao topo da montanha. Certamente, esse é o caso deste livro. Especialmente, tenho uma dívida de gratidão com David Ponter e com Tony Byrne pelo generoso uso que fiz de seus sites de pesquisa sobre o calvinismo.

Ponter é bibliotecário do Reformed Theological Seminary (Seminário Teológico Reformado), em Jackson, Mississippi, cujo conhecimento enciclopédico saqueei várias vezes. Seu site Calvin and Calvinism (www.calvinandcalvinism.com) contém a maior coleção de citações e outros materiais sobre a visão de Calvino a respeito da extensão da expiação da qual estou ciente, bem como material da primeira geração de reformados até o presente tempo sobre o assunto. Ponter é um historiador incisivo do calvinismo, e sou grato pela oportunidade de ter interagido com ele sobre vários problemas relacionados ao assunto em questão. Suas sugestões foram inestimáveis.

Tony Byrne, um ex-aluno meu, hospeda o blog Theological Meditations (www.theologicalmeditations.blogspot.com). A especialidade da pesquisa de Byrne está na área da salvação e do amor de Deus, de sua vontade salvífica universal, da oferta bem--intencionada do evangelho e de outros tópicos relacionados, particularmente da era puritana. Ele esquadrinhou milhares de livros ingleses on-line e postou material sobre esse assunto, grande parte do qual jamais foi publicado antes. Sua pesquisa, redação e edição de assistência foi inestimável. Como calvinista, ele aguçou o meu pensamento acerca do calvinismo e me resgatou de muitas armadilhas de generalização demasiada.

Como este livro passou pela inspeção de leitores, espero que ele seja aprovado no processo. Cipirano, um dos pais da igreja primitiva, advogava o princípio *Salvo jure communionis diversa sentire*, que essencialmente declara: "Desde que a lei da comunhão seja respeitada, a diversidade de opiniões é permitida". Opiniões divergentes sobre a extensão da expiação não podem levar a nenhuma perda de comunhão entre os que seguem a Cristo.

Soli Deo Gloria

Introdução

A história sobre a questão da extensão da expiação é fascinante em si mesma, variada em suas reviravoltas, frequentemente ignorada ou incompreendida, mas essencial para uma compreensão e análise completa do assunto. Não é preciso ler muito além dos aspectos bíblicos e teológicos da questão da extensão antes de descobrir que ela é complexa e espinhosa, repleta de buracos e armadilhas.

A questão tem gerado um debate apaixonado desde a Reforma. A extensão da expiação tem sido uma controvérsia significativa, não só entre os reformados e os não reformados, mas também dentro da própria teologia reformada. Debates ocorreram largamente entre os reformados, variando de grandes eventos tais como Dort e Westminster até a correspondência e o debate individual (tal como ocorreu entre John Owen e Richard Baxter no século XVII, e Andrew Fuller e Dan Taylor no final do século XVIII). Denominações reformadas inteiras se dividiram sobre essa questão (ao menos em parte), como, por exemplo, a Igreja da Secessão na Escócia no século XIX. Os primeiros batistas ingleses (início do século XVII) se designaram como batistas "gerais" e "particulares", nomenclatura escolhida para ilustrar suas diferenças teológicas principalmente sobre a extensão da expiação.

A ascensão do movimento neocalvinista[1] no evangelicalismo americano contemporâneo trouxe novamente a questão à tona. Dentro do calvinismo moderno, a posição da expiação limitada está claramente em um lugar invejável, enquanto os calvinistas que afirmam a expiação ilimitada às vezes no último lugar. Várias obras calvinistas recentes, em sua maioria de natureza popular, abordam a questão, tipicamente de

---

1   Por "neocalvinismo", refiro-me ao crescente movimento do calvinismo dentro do evangelicalismo nos últimos vinte anos.

maneira terciária, como parte de sua explicação do calvinismo. Normalmente, só umas poucas páginas são dedicadas a uma discussão sobre esse problema e isso dentro do tradicional esquema TULIP. Esses tratamentos são geralmente descritivos e frequentemente superficiais. Poucas obras acadêmicas sobre a questão da extensão da expiação apareceram nos últimos anos, algumas escritas por calvinistas que narram o debate dentro da teologia reformada sobre esse tópico.[2] Curiosamente, essas obras demonstram os debates históricos, bem como os em andamento acerca dessa questão.

Uma questão importante na discussão histórica tem a ver com o reconhecimento de que tanto a teologia reformada quanto a arminiana não são monolíticas, nem nunca foram. Há muita diversidade dentro dessas tradições.

Nos tempos modernos, a questão da extensão da expiação surgiu na e por causa da teologia reformada. Embora alguns usem os termos intercambiavelmente, "reformado" e "calvinismo" não têm o mesmo significado. O primeiro é mais amplo que o último.[3] A teologia reformada inclui um compromisso com a teologia da aliança, pedobatismo[4] e uma forma particular de governo de igreja, juntamente com outras questões teológicas. O "calvinismo"[5] normalmente descreve uma posição soteriológica particular que geralmente vem a ser descrita como a crença nos chamados cinco

---

[2] Por exemplo, veja G.M. Thomas, *The Extent of the Atonement: A Dilemma for Reformed Theology from Calvin to the Consensus (1536-1675)* (Carlisle, UK: Paternoster, 1997); J. Moore, *English Hypothetical Universalism: John Preston and the Softening of Reformed Theology* (Grand Rapids, MI: Eerdmans, 2007); e D. Gibson e J. Gibson, eds., *Do Céu Ele Veio Buscá-la: a expiação definida na perspectiva histórica, bíblica, teológica e pastoral* (São José dos Campos, SP: Fiel, 2017).

[3] D.D. Wallace, *Puritans and Predestination: Grace in English Protestant Theology, 1525-1695* (Chapel Hill: University of North Carolina Press, 1982), x-xi, declarou que:

> O termo "reformado" foi preferido a "calvinismo" por ter implicações mais amplas, nomeando um tipo particular de teologia na construção da qual Calvino foi apenas uma figura dentre muitas. Na teologia inglesa, a influência de M. Bucer, P. Martire, H. Bullinger e outros foi de grande importância e se referir a esta cepa como "calvinismo" pode ser enganoso.

Veja também a palestra de R. Muller, "Was Calvin a Calvinist? Or, Did Calvin (or Anyone Else in the Early Modern Era) Plant the 'Tulip'?" (realizada em 15 de Outubro de 2009, no H. Henry Meeter Center for Calvin Studies no Calvin College, Grand Rapids, MI). Disponível on-line em https://www.calvin.edu/meeter/Was%20Calvin%20 a%20Calvinist12–26–09.pdf.

[4] Ainda que alguns batistas que seguem a Confissão de 1689 argumentem ser verdadeiramente reformados.

[5] Na realidade, os termos "calvinismo" e "calvinista" surgiram entre os oponentes de Calvino, especialmente de dentro da tradição luterana. Em meados do século XVI, a ruptura entre os primeiros reformadores ficou evidente no surgimento de dois grupos confessionais distintos, luterano e reformado. Veja B. Gerrish, *The Old Protestantism and the New: Essays on the Reformation Heritage* (Chicago: University of Chicago Press, 1982), 27-48.

pontos do calvinismo: depravação total, eleição incondicional, expiação limitada, graça irresistível e perseverança dos santos.

Contudo, o acrônimo TULIP é impreciso para descrever o calvinismo[6] porque, como se mostrará, muitos calvinistas historicamente e hoje não afirmam a expiação limitada, mas sim confirmam uma forma de expiação ilimitada. Porém, mesmo depois disso, como Muller declarou, "não há associação histórica entre o acrônimo TULIP e os Cânones de Dort".[7] Ele continuou declarando que: "O uso do acrônimo TULIP resultou em uma restrita, se não errônea, leitura dos Cânones de Dort que levou a entendimentos confusos da tradição reformada e da teologia de Calvino".[8]

Embora muitos, talvez a maioria, no campo reformado argumentem que é tudo ou nada – isto é, que se deve crer em todos os dogmas da teologia reformada para ser considerado "calvinista"[9] – há muitos "calvinistas" que não são "reformados" em sua teologia. Os batistas calvinistas são o exemplo perfeito. Nenhum batista é ou pode ser "reformado" no sentido confessional desse termo, visto que os batistas rejeitam aspectos da teologia reformada tais como o pedobatismo, uma forma presbiteriana de governo eclesiástico, juntamente com outras questões teológicas.[10] Todavia, alguns batistas são calvinistas em sua soteriologia e alguns deles são aliancistas, enquanto outros não.

A questão da extensão da expiação não pode ser estudada como uma doutrina isolada, divorciada de considerações históricas, de método teológico e dos vários sistemas teológicos. O sistema e a metodologia de alguém invariavelmente impactam as suas visões sobre a questão da extensão da expiação. J.I. Packer escreveu perceptivamente que, "toda questão teológica tem por trás dela uma história de estudo e a excentricidade rigorosa ao manuseá-la é inevitável, a menos que a história seja levada em conta".[11]

Ao considerar os dados históricos sobre essa questão, deve-se estar ciente de várias coisas. Primeiro, houve e há um debate significativo sobre quem creu no quê sobre a extensão da expiação na história do calvinismo. Calvino imediatamente vem à mente.

---

[6] O esquema TULIP sequer entrou em uso até o início do século XX. Veja, por exemplo, K. Stewart, *Ten Myths about Calvinism* (Downers Grove, IL: InterVarsity, 2011), 78.

[7] Muller, "Was Calvin a Calvinist?," 8.

[8] Ibid., 15. Muller também declarou que: "Calvino não originou essa tradição; ele não era a única voz em sua codificação inicial; ele não serviu como norma para o seu desenvolvimento" (16). A moral da história para Muller era "não plantem TULIP [tulipas] em seu jardim reformado" (17).

[9] R. Muller, "How Many Points?", *Calvin Theological Journal* 28 (1993): 425-26.

[10] Por exemplo, veja como Kenneth Good sustenta que os batistas podem de fato ser calvinistas em seu livro *Are Baptists Calvinists?*, rev. ed. (New York: Backus Book, 1988), sem ser reformados, como argumentou em seu livro *Are Baptists Reformed?* (Lorain, OH: Regular Baptist Heritage Fellowship, 1986).

[11] J.I. Packer, "What Did the Cross Achieve? The Logic of Penal Substitution," *Tyndale Bulletin* 25 (1974): 3.

Teólogos-chave, tal como Calvino, devem ser situados em seu contexto teológico imediato, bem como dentro do espectro mais amplo do desenvolvimento teológico reformado. Ou seja, devemos considerar os principais atuantes junto com suas visões declaradas sincrônica e diacronicamente.[12]

Segundo, as fontes primárias devem ser consultadas sempre que possível. Alguns autores contemporâneos escrevendo a partir de uma perspectiva calvinista popular, escrevem como se houvesse apenas uma visão historicamente proposta pelos calvinistas sobre esse assunto. Alguns podem não ter consciência da diversidade dentro de sua própria tradição em relação à extensão da expiação.

Jonathan Moore falou sobre o fracasso de alguns calvinistas em interagir cuidadosamente com a teologia histórica quando abordam a extensão da expiação dentro da teologia reformada:

> Muito frequentemente a historiografia reformada se obcecou em um nível superficial sobre se ou não um teólogo particular, declarou ou não declarou que Cristo morreu ou não "morreu por todos" ou "pelo mundo" ou alguma outra declaração ambígua, sem realmente examinar suas respectivas posições sobre a natureza da expiação em si.[13]

Existem, essencialmente, três métodos de abordagem à questão da extensão da expiação: dedutiva, indutiva e abdutiva.[14] Como veremos, muitos que argumentam a favor da expiação limitada abordam o assunto a partir de uma metodologia dedutiva. Contudo, na investigação histórica desse tipo, os métodos indutivo e abdutivo são, em última análise, as abordagens principais e melhores. Devemos ouvir objetivamente a teologia histórica e a única forma de fazer isto é ler cuidadosamente as fontes *primárias*

---

[12] Como corretamente notado por C. Trueman, "Puritan Theology as Historical Event: A Linguistic Approach to the Ecumenical Context," em *Reformation and Scholasticism: An Ecumenical Enterprise*, ed. W. J. van Asselt e E. Dekker (Grand Rapids, MI: Baker, 2001), 253-75.

[13] J. Moore, "The Extent of the Atonement: English Hypothetical Universalism versus Particular Redemption," em *Drawn into Controversie: Reformed Theological Diversity and Debates within Seventeenth-Century British Puritanism*, Reformed Historical Theology 17, ed. M. Haykin e M. Jones (Göttingen: Vandenhoeck & Ruprecht, 2011), 132.

[14] O método dedutivo de raciocínio trabalha com base em premissas declaradas, as quais, se verdadeiras, tornam a conclusão verdadeira. O método indutivo de raciocínio trabalha com base em premissas declaradas, as quais, se verdadeiras, tornam a conclusão mais ou menos provável. O método abdutivo de raciocínio passa de uma observação para uma teoria que explica a observação, idealmente procurando encontrar a explicação mais simples e mais provável.

os que trabalharam as fontes primárias.[15] A dependência pesada de fontes secundárias aumenta a possibilidade de interpretar erroneamente a posição de um autor. Isto pode ser visto no tratamento que Armínio e Amiraldo frequentemente receberam nas mãos de seus detratores.

Eu farei várias citações como evidência da visão de um autor particular sobre a extensão da expiação. Em cada capítulo, organizei esses autores cronologicamente por datas de nascimento. No capítulo sobre o século XXI, organizei parte do material cronologicamente por data de publicação. Embora o espaço proíba a citação de citações em pleno contexto, tentei dar o contexto suficiente, sempre que possível, para minimizar a descaracterização e maximizar a objetividade. Também tentei, sempre que possível, somente usar citações de fontes primárias.[16]

Terceiro, é preciso perceber a novidade da visão de expiação limitada como defendida por Teodoro Beza e John Owen antes do final do século XVI. Ela sempre foi a visão minoritária entre os cristãos[17] mesmo depois da Reforma. Isto não a torna, em e de si mesma, incorreta, mas muitos calvinistas trabalham sob a suposição de que uma expiação estritamente limitada é e foi a única posição real ou ortodoxa dentro do calvinismo.[18]

Quarto, nem todos os calvinistas que rejeitaram a expiação limitada foram uníssonos em sua explicação a respeito da expiação ilimitada. Alguns eram universalistas hipotéticos ingleses, alguns amiraldistas, alguns baxterianos e alguns ecléticos. O único denominador comum é a crença deles em uma expiação ilimitada, entendida como significando que Cristo morreu como substituto pelos pecados de todas as pessoas. Eles

---

15   R. Muller, R. Godfrey, G.M. Thomas e J. Moore são quatro autores importantes de fontes secundárias que realizaram um trabalho significativo nas fontes primárias. Todos são reformados.

16   Às vezes, conservei a ortografia e a gramática do inglês antigo; enquanto outras vezes modernizei a linguagem. Todas as citações da Bíblia provêm da *Holman Christian Standard Bible* (HCSB), a menos que especificado de outra forma ou que apareça em uma citação em si, no ponto em que a versão citada é conservada.

17   Mas não necessariamente entre cristãos *reformados* depois do período da reforma.

18   Alguns, como R. Muller, G.M. Thomas e J. Moore, proveram evidências irrefutáveis concernentes à diversidade histórica dentro do campo reformado. Por exemplo, consulte as palestras de Muller no Mid-America Reformed Seminary (Seminário Reformado da América Central) em novembro de 2008 intituladas "Revising the Predestination Paradigm: An Alternative to Supralapsarianism, Infralapsarianism and Hypothetical Universalism". Ele considerou como sendo "universalistas hipotéticos" da variedade não amiraldista os seguintes: Musculus, Zanchi, Ursino, Kimedoncius, Bullinger, Twisse, Ussher, Davenant (e outros da delegação britânica em Dort), Calamy, Seaman, Vines, Harris, Marshall, Arrowsmith (os últimos seis eram teólogos de Westminster), Preston, Bunyan e muitos outros puritanos. Thomas também demonstrou que muitos dos primeiros reformadores defenderam a expiação ilimitada e Moore mostrou como o puritano J. Preston, entre outros, defendeu a expiação ilimitada. É interessante que os autores de *Do Céu Cristo Veio Buscá-la* virtualmente ignoram a erudição de Richard Muller. Eles parecem preferir e seguir acriticamente a historiografia inferior de Raymond Blacketer.

diferiam em supralapsarianismo, infralapsarianismo e sublapsarianismo, divergindo sobre a natureza e a ordem dos decretos de Deus, a condicionalidade ou a incondicionalidade destes e outros assuntos relacionados. Mas todos eles afirmavam a expiação universal. Esta obra não gastará muito tempo esboçando as muitas distinções sobre essas várias questões entre o universalismo hipotético inglês, amiraldismo, baxterianismo ou outros teólogos reformados ecléticos.

Loraine Boettner escreveu que, "a natureza da expiação estabelece a sua extensão".[19] Para muitos calvinistas rígidos,[20] essa crença é verdadeira. Mas para muitos calvinistas ao longo da história, não. Hunter Bailey falou do "particularismo universal" do calvinista escocês James Fraser do século XVII, com o qual ele queria dizer que Fraser defendia que Cristo morreu pelos pecados de todas as pessoas (universal) e que Deus decretara dar graça salvífica somente aos eleitos (particularismo). Embora o termo possa parecer oximorônico, na realidade, expressa a teologia de todos os calvinistas que creem tanto em uma expiação universal quanto em uma intenção particular de aplicá-la somente aos eleitos. Essa teologia não está apenas dentro dos limites da ortodoxia reformada; como veremos, ela foi, de fato, a primeira visão da primeira geração dos reformados.

Talvez, seja oportuna uma palavra acerca da minha própria perspectiva teológica e do que este livro está e não está tentando fazer. Não escrevo a partir de uma perspectiva calvinista. Tenho grande respeito pela tradição calvinista, especialmente pelos puritanos, mas não compartilho da soteriologia reformada. Nem escrevo a partir de uma perspectiva arminiana. Afirmo a segurança eterna do crente e não creio que a eleição seja baseada na fé prevista. Reconheço que isto é como entrar em uma batalha vestindo uma blusa Confederada e calças da União[21], porém as minhas convicções teológicas não me deixam escolha. Escrevo a partir de uma perspectiva batista, uma rica herança que sempre conteve elementos da soteriologia calvinista e arminiana.

Neste volume, não faço qualquer tentativa de analisar a doutrina da expiação no que diz respeito à sua natureza em termos das várias teorias de expiação. Não estou interessado em narrar o debate histórico entre arminianismo e calvinismo, exceto com referência específica à extensão da expiação. Tenho pouco interesse em avaliar outras

---

[19] L. Boettner, *The Reformed Doctrine of Predestination* (Philadelphia: Presbyterian and Reformed, 1965), 152. Homer Hoeksema é um exemplo de uma posição extrema que não consegue compreender a história da questão: "É literal e simplesmente arminiano ensinar que Cristo morreu por todos os homens". H. Hoeksema, *Limited Atonement*, ed. H. Hanko, H. Hoeksema, e G. Van Baren. Grandville, MI: Reformed Free, 1976, p. 49.

[20] O termo "calvinista rígido" se refere à alguém que afirma uma expiação estritamente limitada juntamente com os outros quatro pontos do acrônimo TULIP.

[21] O autor se refere à Guerra de Secessão, nos EUA, entre 1861 e 1865, quando o Sul (Confederados) e o Norte (União) guerrearam em busca de uma unidade nacional. [N. do E.]

doutrinas da soteriologia reformada, tais como a depravação total, a eleição incondicional, a graça irresistível e a perseverança/segurança, exceto quando estas colidirem diretamente com o presente assunto. Obviamente, essas doutrinas certamente estão relacionadas à questão da extensão.

Eu também estou apenas ligeiramente interessado em seguir a história dos argumentos arminianos contra a expiação limitada. Abordarei principalmente os argumentos contra a expiação limitada de dentro da comunidade reformada (embora a maioria destes também seja usada pelos arminianos). Lidarei com o próprio Armínio, John Wesley e alguns outros pertencentes à tradição arminiana, junto com alguns ex-calvinistas que se converteram ao arminianismo.

O meu objetivo final nesta obra é simples: demonstrar histórica, e depois bíblica e teologicamente, porque a expiação universal[22] é um caminho mais excelente e isso a partir das penas dos muitos calvinistas que têm crido nisso. Procurarei integrar a teologia histórica com a exegese, a teologia bíblica e sistemática e a teologia prática. Em uma obra desta natureza, não é possível ser exaustivo ou totalmente abrangente. O meu objetivo é bem mais modesto: prover uma visão geral e examinar a questão que, pelo menos, abrange todas as bases. Um dos principais propósitos desta obra é demonstrar a unidade entre todos os calvinistas moderados, arminianos e não calvinistas na questão específica da extensão da expiação.

Como tenho lido amplamente dentro dessa área nos últimos anos, notei várias coisas que impedem discussões proveitosas. Talvez seja importante, neste momento, resolver alguns assuntos.

Muitas vezes há confusão nesse debate quando deixamos de notar a diferença entre alguém que realmente afirma ou rejeita algo e alguém que não menciona uma posição específica. Por exemplo, suponha que há duas pessoas que afirmam a Posição A (PA). A Pessoa 1 (P1) não faz referência à existência da Posição B (PB). A Pessoa 2 (P2) reconhece tanto PA quanto PB e argumenta a favor da verdade de PA. O historiador seria sábio ao postular somente que P1 *não afirmou ou defendeu* PB. O historiador seria ainda exato ao sugerir que P1 rejeitou PB *por implicação* ou *implicitamente*, visto que PA e PB são mutuamente exclusivos. O historiador estaria em terra firme ao dizer que P2 rejeitou *explicitamente* PB. Além disso, se puder ser estabelecido que P1 claramente afirmou PA e nunca menciona PB, o historiador está em terra firme para concluir que P1 *rejeitaria* PB, visto que é mutuamente excludente com PA. Esses princípios se tornarão vitais na análise da teologia histórica sobre este assunto.

---

[22] "Expiação universal" se refere à satisfação de Cristo na cruz pelos pecados de toda humanidade.

Intenção, Extensão e Aplicação da Expiação

Além de sua natureza, é vital reconhecer e distinguir entre as três áreas principais que compreendem o assunto da expiação: (1) intenção, (2) extensão e (3) aplicação. Não se pode considerar a questão da extensão à parte da questão de intenção e da aplicação. A intenção da expiação, visto que ela se relaciona com as diferentes perspectivas sobre a eleição, responde às perguntas: qual foi o *propósito* salvífico de Cristo ao propiciar uma expiação? Ele desejava igual ou desigualmente a salvação de cada homem? E, então, consequentemente, a sua intenção necessariamente tem influência sobre a extensão de sua satisfação?

A visão arminiana clássica e não calvinista[23] a respeito da intenção da expiação é que Cristo morreu por todas as pessoas *igualmente* para tornar a salvação possível a todas as pessoas, visto que ele igualmente quer que todos sejam salvos, bem como assegura a salvação dos que creem (os eleitos).[24]

Calvinistas moderados[25] – ou seja, os que rejeitam uma expiação estritamente limitada – creem que o *desígnio* ou *intenção* salvífica de Deus na expiação era dualista: (1) ele enviou Cristo para a salvação de toda a humanidade para que a sua morte pagasse a penalidade pelos seus pecados, tornando assim todos salváveis; e (2) Cristo morreu com o propósito especial de finalmente assegurar a salvação dos eleitos. Os calvinistas rígidos[26] creem em uma *intenção* estritamente limitada, a esta eles argumentam que

---

[23] É impreciso classificar todas as pessoas nas categorias de "arminiano" ou "calvinista". Há muitas que afirmam posições teológicas entre essas duas. Lembro-me do comentário de R. Muller de que os historiadores podem ser "agregadores" (*lumpers*) ou "desagregadores" (*splitters*). Como Muller, quero me dedicar à desagregação, de modo que as sutis diferenças entre os teólogos possam ser vistas, não só as suas semelhanças.

[24] Estou me referindo aqui à posição arminiana clássica que não necessariamente nega a segurança do crente. Este não seria o caso da maioria dos arminianos modernos que negam a segurança do crente.

[25] Às vezes são chamados de calvinistas de quatro pontos, mas o rótulo é impreciso, como mostraremos. Veja os comentários de John Humfrey acerca dos tipos de calvinistas "moderados" e "rígidos" no capítulo sobre o século XVII.

[26] Até mesmo L. Gatiss, "O sínodo de Dort e a expiação definida", em *Do Céu Ele Veio Buscá-la*, p. 195, disse que os universalistas hipotéticos, pelos padrões de Dort, são calvinistas de cinco pontos porque a compreensão de Dort a respeito da "redenção particular" não exige uma substituição estritamente limitada pelos pecados, mas exige uma *intenção* estritamente limitada no sentido de que Cristo morreu pelos eleitos com a intenção de trazê-los à salvação final. Gatiss está concebendo os cinco pontos a partir de Dort e não do moderno esquema TULIP.

necessariamente exige que Cristo proveja satisfação *somente* aos eleitos, e assim assegure a salvação somente a eles.[27]

A extensão da expiação responde à pergunta: pelos pecados de quem Cristo foi punido? Só há duas respostas possíveis: (1) ele morreu pelos pecados de toda a humanidade (a) com igual intenção (morreu pelos pecados de todos, assim como pretende a sua salvação) ou (b) com intenção desigual (morreu pelos pecados de todos, mas pretende salvar especialmente os eleitos). (2) Ele morreu somente pelos pecados dos eleitos (expiação limitada), assim como pretende somente a sua salvação.[28] Todos os arminianos, não calvinistas e calvinistas moderados creem que Jesus morreu pelos pecados de toda a humanidade, independentemente da visão destes últimos a respeito de uma intenção especial. Todos os calvinistas rígidos e hipercalvinistas afirmam que Cristo morreu somente pelos pecados dos eleitos e que era a intenção de Deus que Cristo morresse *somente* pelos pecados deles.

Note na explicação oferecida anteriormente a inclusão das três palavras: "pelos pecados de". Às vezes, os que afirmam a expiação limitada também declararão que Cristo morreu por todas as pessoas, mas, ao assim fazer, não estão se referindo aos *pecados* de todas as pessoas. Geralmente eles estão se referindo à graça comum. Virtualmente, todos os calvinistas e não calvinistas afirmam a noção de graça comum, embora alguns distingam entre graça comum e graça preveniente. A essência do debate sobre a extensão da expiação tem a ver com a morte de Cristo em relação aos pecados das pessoas. Em última análise a pergunta é, "pelos pecados de quem Jesus sofreu?", só há duas respostas possíveis a essa questão, como notado anteriormente.

A "aplicação" da expiação responde à pergunta: quando a expiação é aplicada ao pecador? Há três respostas possíveis a essa questão. (1) Ela é aplicada no eterno decreto de Deus. Essa é a visão de muitos hipercalvinistas. (2) Ela é aplicada na cruz a todos os eleitos no momento da morte de Jesus. Isso é chamado de "justificação na cruz" e é a posição de alguns hipercalvinistas e de uns poucos calvinistas rígidos. (3) Ela é aplicada no momento em que o pecador exerce fé em Cristo. Essa é a visão bíblica e é defendida pela maioria dos calvinistas rígidos, todos os calvinistas moderados, todos os arminianos e todos os não calvinistas. A *causa final* da aplicação também está em

---

[27] Nem todos os calvinistas dizem que a morte de Cristo proveu a salvação somente aos eleitos, visto que eles diferem entre si quanto ao significado da suficiência da morte de Cristo. Veja a definição de suficiência a seguir e a discussão a respeito da suficiência da expiação nos próximos capítulos.

[28] Contudo, a maioria neste grupo admite que a morte de Cristo resulta em graça comum fluindo para todos. O ponto importante aqui é o levar dos pecados. Eles *não* admitem uma imputação ilimitada do pecado a Cristo.

disputa, visto que os calvinistas querem argumentar que a visão de livre-arbítrio libertário coloca a causa decisiva da salvação na vontade do homem e não na vontade de Deus.

Esses três assuntos concernentes à expiação (intenção, extensão e aplicação) devem ser distinguidos, mas não separados um do outro. Nosso foco aqui é principalmente sobre a questão da extensão da expiação, mas também consideraremos o assunto em relação à questão da intenção e da aplicação.

Além dessas distinções, é vital distinguir entre a expiação de Cristo como (1) uma satisfação real pelos pecados, (2) a extensão dessa satisfação, (3) a aplicação dos benefícios da expiação, e (4) a oferta de salvação à humanidade baseada na expiação.

Quando se trata da questão da extensão da expiação, é necessário ter *todas* as opções na mesa e *todas elas corretamente representadas* antes de começar a discriminá-las para ver qual ponto de vista é biblicamente verdadeiro.

Um dos problemas endêmicos das discussões a respeito do calvinismo é o fato de que as pessoas às vezes fazem uso do mesmo vocabulário, mas empregam um dicionário diferente.[29] Quando indivíduos ou grupos não concordam claramente sobre a definição de termos na discussão, isto provavelmente resultará em confusão, má representação e má compreensão. Consequentemente, é necessário definir os termos que serão usados neste livro. Tentei definir esses termos conforme o seu uso histórico e teológico. A seguir estão breves definições deles: [30]

- Expiação – no uso moderno, se refere ao ato expiatório e propiciatório de Cristo na cruz pelo qual a satisfação pelo pecado foi realizada. Deve-se ter cuidado em distinguir entre a *intenção*, *extensão* e *aplicação* da expiação.

- Extensão da Expiação – responde à pergunta: por quem Cristo morreu? Ou pelos pecados de quem Cristo foi punido? Só há duas opções: (1) *apenas* pelos eleitos (expiação limitada) ou (2) por toda a humanidade. A segunda opção pode ser dividida ainda em (a) dualistas (Deus tem uma vontade *desigual* de salvar todos por meio da morte de Cristo, que é uma satisfação universal pelos pecados) e (b) arminianos e não calvinistas (o Senhor tem uma vontade *igual* de salvar todos por meio da morte de Cristo, que é uma satisfação universal pelos pecados).

---

[29] "O uso de terminologia comum não significa concordância no conteúdo conceitual". C. Trueman, "Response by Carl R. Trueman," em *A Extensão da Expiação em Debate: 3 perspectivas*, ed. A.D. Naselli e M.A. Snoeberger (Natal: Editora Carisma, 2019), 129.

[30] Essas definições, com pequenas modificações, podem ser encontradas no meu capítulo "The Atonement: Limited or Universal?", em *Whosoever Will: A Biblical-Theological Critique of Five-Point Calvinism*, ed. D. L. Allen e S. Lemke (Nashville: B&H Academic, 2010), 62-64.

- Expiação Limitada – Cristo levou o devido castigo *apenas* pelos pecados dos eleitos.[31] Esse termo será usado mais frequentemente para descrever a posição dos que afirmam que Cristo morreu somente pelos pecados dos eleitos. Outros sinônimos para expiação limitada incluem "expiação definida," "redenção particular,"[32] "particularismo estrito" e "particularismo."

- Expiação Ilimitada – Cristo levou o devido castigo pelos pecados de *toda* a humanidade, mortos e vivos. (Não confunda com a salvação universal. Ao longo deste volume, regularmente usarei "expiação ilimitada" como sinônimo de "expiação universal" para evitar confusão).

- Dualismo – a visão de que Cristo levou o devido castigo pelos pecados de toda a humanidade, mas não por todos *igualmente* – isto é, que ele não o fez com a mesma *intenção*, *desígnio* ou *propósito*. A maioria dos calvinistas que rejeitam (ou não defendem) a expiação limitada no sentido owenano[33] são dualistas.

- Particularista – alguém que defende o particularismo – isto é, a posição da expiação limitada. Um sinônimo que algumas vezes empregarei para um particularista é "limitarista".

- Imputação Limitada – *somente* os pecados dos eleitos foram substituídos, expiados ou imputados a Cristo na cruz.

---

[31] Enquanto todos os calvinistas que creem na "expiação definida" creem em uma imputação limitada do pecado a Cristo, a maioria deles teoricamente rejeita um "equivalentismo" quantitativo; isto é, eles não defendem uma teoria da expiação *quid pro quo* (tomar uma coisa por outra), como se houvesse uma quantidade de sofrimento em Cristo que correspondesse exatamente ao número de pecados daqueles que ele representa. Não estou igualando "particularismo estrito" com "equivalentismo". Na vivência batista, J.L. Dagg e T. Nettles são exemplos da visão equivalentista quantitativa. Veja T. Nettles, *By His Grace and for His Glory: A Historical, Theological, and Practical Study of the Doctrines of Grace in Baptist Life*, 2nd ed. (Cape Coral, FL: Founders, 2006), 305-16.

[32] Há variedade dentro do grupo de pessoas que se descrevem com esse rótulo. O teólogo batista J.L. Dagg escreveu que: "Já outras pessoas que admitem a doutrina da redenção específica, fazem distinção entre redenção e expiação, e, por causa da morte de Cristo permitir que o evangelho seja pregado a todos os homens consideram-na uma expiação pelos pecados de todos, ou então, uma expiação pelo pecado apenas em teoria". Veja J.L. Dagg, *Manual de Teologia* (São José dos Campos: Editora Fiel, 1989), 260. Note que Dagg está afirmando que há duas posições de redenção particular dentro do calvinismo, algo que raras vezes é reconhecido. Note também que uma dessas posições dentro do calvinismo afirma que Cristo fez expiação pelos pecados de todos os homens.

[33] J. Owen, "The Death of Death in the Death of Christ," em *The Works of John Owen*, 16 vols., ed. W.H. Goold (New York: Robert Carter and Brothers, 1852), 10:139-428.

- Imputação Ilimitada – os pecados de *toda* a humanidade foram substituídos, expiados ou imputados a Cristo na cruz.

- Suficiência Infinita ou Universal – (1) Quando usada por particularistas estritos, essa terminologia significa, pelo menos por implicação, que a morte de Cristo *poderia ter sido* suficiente ou capaz de expiar todos os pecados do mundo *se Deus tivesse pretendido que assim fosse*. Contudo, visto que eles pensam que Deus não pretendia que a morte de Cristo satisfizesse os pecados de todos, mas somente os pecados dos eleitos, não é *realmente* suficiente ou capaz de salvar quaisquer outros. (2) Quando usada por calvinistas moderados (dualistas) e não calvinistas, a terminologia significa que a morte de Cristo é de tal natureza que é realmente capaz de salvar todos os homens. Ela é, *de fato* (não hipoteticamente), uma satisfação pelos pecados de toda a humanidade. Portanto, se alguém perece, não é por falta de expiação pelos seus pecados.[34] A culpa jaz *totalmente* dentro de si.

- Suficiência Limitada – a morte de Cristo somente satisfez os pecados *apenas* dos eleitos, portanto ela é *limitada em sua capacidade de salvar* somente aqueles por quem ele sofreu.

- Suficiência Intrínseca – fala da capacidade abstrata, interna ou infinita, da expiação de salvar toda a humanidade (se Deus assim pretendesse), de tal forma que ela não faz qualquer referência direta à extensão real da expiação.

- Suficiência Extrínseca – fala da capacidade infinita e real da expiação de salvar todo e qualquer indivíduo, e isto porque Deus realmente quer que assim seja, de tal modo que Cristo *de fato* fez uma satisfação pelos pecados de todos os homens. Em outras palavras, a suficiência permite que a satisfação ilimitada seja verdadeiramente adaptável a todos os homens. Toda pessoa viva é salvável, porque há sangue suficientemente derramado por ela (Hb 9.22).

- Universalismo Hipotético – Cristo morreu pelos pecados de todas as pessoas, de modo que, se alguém crer, os benefícios da expiação serão aplicados, resultando

---

[34] C. Hodge (concordando com o Sínodo de Dort) afirmou exatamente isto em sua *Teologia Sistemática* (São Paulo: Hagnos, 2001) 899-900. O puritano S. Charnock também discutiu o assunto em "The Acceptableness of Christ's Death", em *The Works of Stephen Charnock*, 5 v. (Edinburgh: Banner of Truth, 1985), 4:563-64.

em salvação. O que é hipotético não é a imputação real de todos os pecados de todas as pessoas a Cristo, mas a realização condicional – no caso delas crerem.

Qual é exatamente a questão que estamos perguntando concernente à extensão da expiação? A pergunta é: "Pelos pecados de quem Cristo morreu?" É surpreendente quão frequente os dois lados da cerca teológica parecem não entender o estado real da questão. Por exemplo, A.A. Hodge declarou: "A questão verdadeira e que exclusivamente se relaciona com o desígnio do Pai e do Filho em relação às pessoas por quem o benefício da expiação foi feita".[35] Mas declarar a questão desse modo não leva em conta a distinção entre a intenção e a extensão da expiação. A questão não se refere "somente" ao desígnio da expiação.

Louis Berkhof viu a questão assim: "O Pai, ao enviar Cristo, e Cristo, ao vir ao mundo para fazer expiação pelo pecado, fizeram isto com o desígnio ou para o propósito de salvar somente os eleitos ou todos os homens? Essa é a questão, e só essa é a questão."[36] Novamente, Berkhof não consegue distinguir entre visões sobre a *intenção* da expiação e o problema real de sua *extensão*.

J. Oliver Buswell disse que: "Não há dúvida... quanto ao fato de que a expiação de Cristo é universal em três aspectos: (1) Ela é *suficiente* para todos... (2) A expiação é *aplicável* a todos... (3) A expiação é *oferecida* a todos".[37] Mas, novamente, isto também não chega ao ponto determinante do problema. Há um debate entre os teólogos reformados concernente à suficiência da expiação pelos não eleitos, e os de dentro da teologia reformada que aceitam uma satisfação universal pelo pecado não concordam que a expiação seja *aplicável* aos que ela nunca foi feita.

O artigo de W.A. Elwell no *Evangelical Dictionary of Theology* (Dicionário Evangelical de Teologia) nos informa que as escolhas se resumem a duas: "Ou a morte de Jesus tinha a intenção de assegurar a salvação por um número limitado ou a morte de Jesus tinha a intenção de prover salvação a todos".[38] Todavia, essa não é a questão da *extensão* da expiação. Essa é a questão da *intenção* da expiação. As duas estão relacionadas, mas devem ser distinguidas.

Richard Muller, tentando definir o estado da questão em seu livro *Calvin and the Reformed Tradition* (Calvino e a Tradição Reformada), disse que há duas questões

---

[35] A.A. Hodge, *The Atonement* (Philadelphia: Presbyterian Board of Publication, 1867), 359-60.
[36] L. Berkhof, *Systematic Theology* (Grand Rapids, MI: Eerdmans, 1939), 393-94.
[37] J. Oliver Buswell, *A Systematic Theology of the Christian Religion* (Grand Rapids, MI: Zondervan, 1962), 2:141-42.
[38] W.A. Elwell, "Atonement, Extent of the," *Evangelical Dictionary of Theology*, ed. W.A. Elwell (Grand Rapids, MI: Baker, 1984), 98.

principais sobre esse assunto a partir da perspectiva histórica dos séculos XVI e XVII: "Primeiro, a questão colocada por Armínio e respondida em Dort: dada a suficiência da morte de Cristo para pagar o preço por todo pecado, como devemos entender a limitação de sua eficácia a alguns?"[39] Armínio, e posteriormente os remonstrantes, identificaram a limitação na escolha humana. Os delegados de Dort disseram que a eficácia é limitada pela graça de Deus apenas aos eleitos.

Muller continuou:

> Segundo, ... se o valor da morte de Cristo era hipoteticamente universal em eficácia. De forma mais simples, o valor da morte de Cristo era tal que, seria suficiente por todo pecado se Deus assim pretendesse – ou o valor da morte de Cristo era tal que se todos cressem todos seriam salvos. Sobre essa questão muito específica, indiscutivelmente, Calvino se cala... Ele frequentemente declarou, sem mais modificações, que Cristo expiou os pecados do mundo e que este "favor" é estendido "indiscriminadamente a toda a raça humana".[40]

A última declaração de Muller é um passo na direção certa da declaração correta a respeito da questão. Quando ele perguntou se o "valor" da expiação era tal que se todos cressem, todos seriam salvos, estamos agora lidando com a questão da substituição real: pelos pecados de quem Cristo substituiu? Essa é a verdadeira questão em relação à extensão.

No dia 12 de Setembro de 2014, Michael Lynch (aluno de PhD no Calvin Theological Seminary) palestrou sobre o "Início Moderno do Universalismo Hipotético: Reflexões sobre o *Status Quaestionis* e Erudição Moderna" no Junius Institute Colloquium.[41] Lynch procurou corrigir Louis Berkhof,[42] Wayne Grudem (que procurou melhorar Berkhof), Michael Horton e até certo ponto, o próprio Richard Muller. Lynch corretamente argumentou que esses homens estão confusos (juntamente com a maior parte da literatura contemporânea secundária) sobre o que constitui e não

---

[39] R. Muller, *Calvin and the reformed tradition: On the Work of Christ and the order of salvation* (Grand Rapids, MI: Baker, 2012), 61.

[40] R. Muller, "Was Calvin a Calvinist?," 9-10.

[41] Veja J. Ballor, "Colloquium: Early Modern Hypothetical Universalism" (M. Lynch, "Early Modern Hypothetical Universalism: Reflections on the *Status Quaestionis* and Modern Scholarship", realizado no Junius Institute Colloquium, Junius Institute, Grand Rapids, MI, em 12 de Setembro de 2014). Disponível on-line em *Opuscula Selecta: The Junius Blog*, 3 de Dezembro de 2014, http://www.juniusinstitute.org/blog/colloquium-early-modern-hypothetical-universalism/.

[42] A definição de Berkhof influenciou fortemente os autores de *Do Céu Cristo Veio Buscá-la*.

constitui o universalismo hipotético, porque eles não conseguem entender adequadamente como declarar a questão.

Lynch propôs que:

> A chave para categorizar as variedades dos primeiros teólogos reformados modernos sobre a questão da extensão da satisfação jaz principalmente em como eles respondem a esta pergunta: por quem, e pelos pecados de quem, Deus pretendeu que Cristo merecesse, satisfizesse ou pagasse, um preço objetivamente suficiente pelos pecados? Nesta questão, o problema central *não* é se Deus pretendeu, pela morte de Cristo, *salvar* apenas os eleitos (isto é, Berkhof), nem é meramente uma questão do que realmente aconteceu na expiação (Grudem). Em vez disso, tenta-se chegar ao objeto da satisfação. O que Deus pretendia ser o objeto da satisfação? Quer sejam os pecados de cada ser humano ou apenas os pecados dos eleitos. Em outras palavras, a intenção de Cristo em sua consumação da redenção se relaciona diretamente com o objeto e a suficiência da satisfação, ou seja, se uma satisfação suficiente foi feita pelos pecados dos não eleitos.[43]

Note que Lynch está distinguindo entre o propósito eficaz de Deus *salvar* apenas os eleitos (ou esse sentido de intenção) e o objeto da satisfação (ou a extensão da expiação) a fim de chegar a um entendimento adequado do estado da questão.[44]

Neste livro, tentarei alcançar vários objetivos por meio de uma revisão histórica e crítica, que estão resumidos a seguir:

1. Demonstrar que todos os pais da igreja primitiva, incluindo Agostinho, defenderam a expiação universal.

---

[43] M. Lynch, "Early Modern Hypothetical Universalism: Reflections on the *Status Quaestionis* and Modern Scholarship", realizado no Junius Institute Colloquium, Junius Institute, Grand Rapids, MI, em 12 de Setembro de 2014 (ênfase no original).

[44] Lynch argumentou que André Rivet (1572-1651), um antiamiraldista convicto, após ler Davenant e outros, concordou com a variedade inglesa do assim chamado universalismo hipotético. Rivet disse que, após ler Davenant, ele não encontrou nada que discordasse. Rivet disse, "Não vejo por que devo discordar ou me afastar dos dois julgamentos [de Hall e de Davenant] daqueles bispos sobre os dois artigos anteriores [um dos quais era o artigos deles concernente à morte de Cristo]." A tradução de Lynch de Rivet pode ser lida aqui: M. Lynch, "Translation Tuesday (André Rivet on the Death of Christ, Reprobation, and Private Communion)," *Iconoclastic: Shattering Sloppy History* (blog), 26 de Agosto de 2014, https://theiconoclastic.wordpress.com/2014/08/26/translation-tuesday-andre-rivet-on-the-death-of-christ-reprobation-and-private-communion/.

2. Comprovar que o único desafio à expiação universal até o final do século XVI veio de Luciano no século V no Concílio de Arles e de Godescalco século IX.

3. Expor a mudança sutil na interpretação da fórmula lombardiana e a distinção fundamental entre suficiência intrínseca e extrínseca em relação à expiação.

4. Revelar que todos os reformadores da primeira geração, incluindo Calvino, defenderam a expiação ilimitada.

5. Demonstrar que a expiação limitada não foi assunto de debate dentro da comunidade reformada até Beza, após a morte de Calvino.

6. Atestar que as primeiras variedades de universalismo hipotético precederam o arminianismo, a expiação limitada e o amiraldismo no desenvolvimento da teologia reformada.

7. Resumir o debate de dentro da teologia reformada sobre o assunto da extensão a partir de Beza até o século XX.

8. Comprovar que alguns em Dort e Westminster diferiram sobre a questão da extensão e que os cânones finais refletem uma deliberada ambiguidade para permitir que ambos os grupos afirmassem e assinassem os cânones.

9. Mostrar que a *Death of death* (A Morte da morte) de John Owen, embora vista como a defesa final da expiação limitada, foi rebatida por muitos de dentro da tradição reformada, Baxter sendo o principal, e que ela contém numerosas falhas. Ela não foi bem recebida pela comunidade presbiteriana inglesa mais ampla.

10. Documentar os muitos calvinistas-chave dos séculos XVII ao XXI que defenderam a expiação ilimitada e apresentaram os seus argumentos a partir de suas próprias palavras.

11. Apresentar que o calvinismo na história batista começou a ser modificado em direção ao hipercalvinismo por John Gill e outros, então foi modificado do hipercalvinismo e do calvinismo rígido por Fuller, e continuou assim na Convenção Batista do Sul e no mundo batista como um todo.

12. Explicar que entre as muitas preocupações com a expiação limitada compartilhada por reformados e não reformados estão as questões da vontade salvífica universal de Deus e/ou a oferta bem-intencionada do evangelho na pregação e no evangelismo.

Alguns podem inferir neste ponto que esta obra está puramente dentro do domínio da teologia histórica e que nenhum capítulo trata exegeticamente os versículos-chave da Escritura sobre o assunto da extensão da expiação. Muito pelo contrário, argumentos exegéticos aparecem ao longo deste volume. Nas citações e análises de vários proponentes e oponentes da expiação limitada, repetidas vezes, suas próprias discussões exegéticas de passagens particulares da Escritura serão listadas e avaliadas. Isto nos permitirá ouvir o debate sobre passagens específicas da Escritura como elas acontecem desde a Reforma até o presente. Além disso, a terceira seção principal contém minha revisão de *From Heaven He Came e Sought Her* (Do Céu Cristo Veio Buscá-la), a obra acadêmica mais recente que defende a expiação limitada na qual vários autores apresentam o caso, biblicamente e de outras formas. Muitos destes capítulos estão focados em problemas exegéticos. Na seção final, oferecerei uma avaliação sumária e crítica da expiação limitada e um argumento a favor da necessidade de afirmar a expiação ilimitada quando se trata da pregação, missões e evangelismo.

Antes de prosseguir, será útil perguntar e responder a questão: O que é, precisamente, que os que afirmam a expiação limitada como já definida querem dizer com o termo? Isto pode, penso eu, ser resumido em três proposições:

1. Cristo sofreu somente pelos pecados dos eleitos – isto é, ele foi *punido* apenas pelos pecados dos eleitos.

2. Somente os pecados dos eleitos foram *imputados* e/ou *colocados sobre* Cristo.

3. Cristo *entregou* unicamente um preço redentor e/ou resgate apenas pelos eleitos.

Além dessas três proposições, os que afirmam a expiação limitada utilizam quatro principais suposições/argumentos em apoio:

1. A suficiência da morte de Cristo por todos os não eleitos é somente uma suficiência *hipotética* de valor.

2. O argumento do pagamento duplo, de que os pecados não podem ser pagos duas vezes (uma vez por Cristo na cruz e outra por incrédulos no inferno), é o principal argumento teológico usado para apoiar a expiação limitada.

3. Cristo morreu somente por aqueles por quem ele intercede (Jo 17).

4. A expiação e a aplicação da expiação são coextensivas: Aqueles por quem Cristo morreu são os que devem ser salvos devido à natureza eficaz da expiação.

A tabela a seguir pode ser útil para referência em todo o livro.

	Arminianismo	Calvinismo Moderado/ Clássico	Calvinismo Rígido	Hiper-calvinsimo
A morte de Cristo ou a extensão da expiação e redenção.*	**Cristo sofre pelos pecados de toda a humanidade** com *igual* intenção de salvar todas as pessoas.	**Cristo sofre pelos pecados de toda a humanidade**, mas com *desigual* intenção/vontade de salvar todas as pessoas.	Cristo sofre *somente* pelos pecados dos eleitos por causa de sua intenção singular.	Cristo sofre *somente* pelos pecados dos eleitos por causa de sua intenção singular.
	Expiação ilimitada *e* redenção e aplicação limitada.	**Alguns dizem expiação ilimitada *e* redenção** e uma limitação designada na aplicação eficaz.**	Expiação *e* redenção limitadas por desígnio *e* uma limitação designada na aplicação eficaz.	Expiação *e* redenção limitadas por desígnio *e* uma limitação designada na aplicação eficaz.

* Sombreamento e **negrito** mostram concordância.

** Outros creem em uma **expiação ilimitada** com redenção limitada (ou seja, uma limitação designada na aplicação eficaz).

PARTE I

A Extensão da Expiação
na História da Igreja

1

A Extensão da Expiação nas Igrejas Primitiva e Medieval

A Igreja Primitiva

Há pouco debate sobre a questão da extensão da expiação durante o período patrístico, com exceção de Agostinho. Alguns calvinistas são propensos a argumentar que ele defendia a expiação limitada. Na era patrística, fica claro a partir dos escritos dos pais que eles entenderam que as Escrituras afirmam que a morte de Cristo satisfez os pecados de toda a humanidade, mas somente os que creem receberão os benefícios da morte de Cristo.

Há muitas coleções de citações reunidas com o propósito de provar esse ponto nos escritos de calvinistas moderados, bem como de não calvinistas. Exemplos notáveis no século XVII incluem James Ussher; John Davenant, signatário de Dort; John Goodwin, o calvinista que se tornou arminiano; e Jean Daillé.[45] Outra fonte

---

[45] J. Ussher, *Gotteschalci, et Praedestinatianae Controversiae abe o motae, Historia: Una cum duplice ejusdem Confessione, nunc primum in lucem editâ* (Dublin: Societatis Bibliopolarum, 1631); John Davenant, *An Exposition of the Epistle of St. Paul to the Colossians. With a Dissertation on the Death of Christ*, 2 v. (London: Hamilton, Adams and Co., 1831). Davenant foi um dos signatários de Dort e provavelmente compôs a sua dissertação sobre a morte de Cristo antes do início do sínodo em 1618. A dissertação aparece no final do segundo volume e tem mais de 150 páginas, defendendo a expiação ilimitada. J. Goodwin, *Redemption Redeemed: Wherein the Most Glorious Work of the Redemption of the World by Jesus Christ Is Vindicated against the Encroachments of Later Times with a Thorough Discussion of the Great Questions concerning Election, Reprobation, and the Perseverance of the Saints* (1561; repr.

interessante do século XIX que coleciona muitas citações patrísticas sobre o assunto é *Biblical Notes and Queries* (Notas e Consultas Bíblicas) de Robert Young.[46]

Os calvinistas do século XVII que argumentaram que alguns dos pais da igreja defenderam a expiação limitada incluem John Owen.[47] John Gill, no século XVIII, citou fontes patrísticas a favor da expiação limitada.[48] No entanto, as referências citadas por Owen e Gill et al. deixam de reconhecer que às vezes os pais estão falando da aplicação limitada da expiação, porém quando falam da extensão real da expiação, sempre usam linguagem universal.[49] Isto será demonstrado a seguir.

A tendência de escolher a dedo as citações ou simplesmente citar declarações sem o devido reconhecimento do contexto é um perigo para todos e deve ser evitado. Para uma lista completa de citações sobre a extensão da expiação desde a patrística até a era pós-reforma e além, consulte os sites de pesquisa de David Ponter[50] e Tony Byrne.[51] Ambos são calvinistas moderados com um afiado olho histórico; eles têm pesquisado essa questão por muitos anos e têm colecionado os maiores bancos de dados sobre o assunto que eu conheço. Outras obras do século XX que proveem muitas citações dos pais da igreja aos tempos modernos, afirmando a expiação universal incluem Norman Douty,[52] Robert Lightner,[53] e Curt Daniel.[54]

Considere alguns exemplos de como os pais da igreja primitiva abordaram o assunto da extensão da expiação. Na maioria das vezes, listarei somente a citação sem tecer comentários.

London: R. Griffin & Co., 1840); J. Daillé, *Apologia Pro duabus Ecclesiarum in Gallia Protestantium Synodis Nationalibus* (Amstelaedami: Ravesteynius, 1655), 2:753-907.

46 R. Young, "The Atonement of Christ," em *Biblical Notes and Queries: A General Medium of Communication Regarding Biblical Criticism and Bible Interpretation, Ecclesiastical History, Antiquities, Biography, and Bibliography, Ancient and Modern Versions, Progress in Theological Science, Reviews of New Religious Books, Etc.* (Edinburgh: George Adam Young & Co., 1869).

47 J. Owen, "The Death of Death in the Death of Christ," 10:139-424.

48 J. Gill, *The Cause of God and Truth* (Grand Rapids, MI: Baker, 1980 [1735-1738]), 241-65.

49 Veja R. Baxter, *Catholik Theologie: Plain, Pure, Peaceable, for Pacification of the Dogmatical Word-Warriors* (London: Robert White, 1645), 2:57-58.

50 D. Ponter, *Calvin and Calvinism: An Elenchus for Classic-Moderate Calvinism* (blog), http://www.calvinandcalvinism.com.

51 T. Byrne, *Theological Meditations* (blog), http://www.theologicalmeditations.blogspot.com.

52 N. Douty, *The Death of Christ* (Irving, TX: Williams & Watrous, 1978).

53 R. Lightner, *The Death Christ Died: A Biblical Case for Unlimited Atonement*, 2nd ed. (Grand Rapids, MI: Kregel, 1998).

54 C. Daniel, "Hyper-Calvinism and John Gill" (PhD diss., University of Edinburgh, 1983).

Irineu (130—202 d.C.)

Cristo "se deu como redenção por aqueles que foram levados ao cativeiro."[55]

Contextualmente, Irineu entende que "aqueles... levados ao cativeiro" são toda a humanidade levada ao cativeiro do pecado.

Mathetes (130 d.C.)

A epístola de Mathetes a Diogneto já é datada em 130 d.C. Quatro citações ilustram a sua visão sobre a extensão da expiação.

> Este [mensageiro] ele lhes enviou. Então, foi enviado, como se poderia pensar, com o propósito de exercer tirania ou de inspirar medo e terror? De forma alguma, mas o enviou sob a influência de clemência e mansidão. Como um rei que envia o seu filho, que também é rei, assim ele o enviou; como Deus, ele o enviou; como homem para os homens, ele o enviou; como Salvador, ele o enviou, buscando persuadir, não nos compelir; pois não há violência no caráter de Deus. Para nos chamar, ele o enviou, não para nos perseguir vingativamente; para nos amar, ele o enviou, não para nos julgar. (cap. VII)

> Pois Deus, o Senhor e Criador de todas as coisas, que fez todas as coisas e designou-lhes as suas várias posições, não só se provou amigo da humanidade, mas também longânimo [em suas relações com ela]. Sim, ele sempre foi desse caráter, e ainda é, e sempre será, benigno e bom, livre de ira, verdadeiro, o único que é [absolutamente] bom; ele formou em sua mente uma grande e inefável projeto, o qual comunicou apenas ao seu Filho. (cap. VIII)

> E tornou manifesto que por nós mesmos éramos incapazes de entrar no reino de Deus, poderíamos mediante o poder de Deus ser capazes. Mas quando a nossa perversidade alcançou o seu ápice e ficou claramente demonstrado que a sua retribuição, castigo e morte, era iminente sobre nós; quando chegou o tempo que Deus anteriormente designara para manifestar a sua própria bondade e poder, que amor singular de Deus, com demasiada estima pelos homens, não nos odiou, nem nos rejeitou,

---

[55] Irenaeus, "Against Heresies," *The Apostolic Fathers, Justin Martyr, Irenaeus*, em *Anti-Nicene Fathers*, 10 v., ed. A. Roberts e J. Donaldson, rev. por A.C. Coxe (1885; repr. Peabody, MA: Hendrickson, 2004), 1:527.

nem se lembrou de nossa iniquidade contra nós, mas mostrou grande longanimidade e nos suportou, ele mesmo tomou sobre si o fardo das nossas iniquidades, deu o seu próprio Filho em resgate por nós, o Santo pelos transgressores, o Inocente pelos ímpios, o Justo pelos injustos, o Incorruptível pelos corruptíveis, o Imortal pelos que são mortais. (cap. IX)

Pois Deus amou a humanidade, para quem fez o mundo, para quem sujeitou todas as coisas que estão nele, para quem deu razão e entendimento, para quem apenas ele deu o privilégio de contemplá-lo, para quem formou a partir de sua própria imagem, para quem enviou o seu Filho unigênito, para quem prometeu um reino nos céus, e o dará aos que o amam. (cap. X)[56]

A primeira coisa a se notar nessas citações é que Mathetes não limita o seu uso de "eles" ou "homens". Deus enviou Cristo ao mundo como Salvador, buscando persuadi-los pelo amor. Atente também a um ensinamento implícito de reconciliação objetiva em Mathetes. Deus é capaz de vir à humanidade com misericórdia, buscando persuadir as pessoas a partir de um coração de amor por elas. O Senhor demonstra disposição para ser reconciliado. Na segunda citação, Mathetes pensa a respeito de Deus como um amigo da humanidade, longânimo em suas relações conosco devido à sua benignidade e bondade.

A terceira citação é a mais significativa. Por meio do amor singular do Pai, ele nos levou e tomou sobre si o fardo das nossas iniquidades, ele deu o seu próprio Filho em resgate por nós, que somos transgressores, ímpios, injustos, corruptíveis e mortais. Estes são caracterizadores de toda a humanidade, não apenas dos eleitos.

Na quarta citação, Mathetes deixa explícito que está falando acerca da humanidade e disse que Deus ama a humanidade, a quem ele formou à sua própria imagem e a quem enviou o seu único Filho, prometendo o reino e a vida eterna a todos os que creem e o amam. Essas declarações de Mathetes certamente indicam uma compreensão da expiação como sendo feita pelos pecados de todas as pessoas.

Clemente de Alexandria (150 –215 d.C.)
Em sua obra *Exortação aos Pagãos*, Clemente declarou:

---

[56] Mathetes, "Epistle to Diognetus," *The Apostolic Fathers, Justin Martyr, Irenaeus*, em ANF, ed. A. Roberts e J. Donaldson, rev. por A.C. Coxe (1885; repr. Peabody, MA: Hendrickson, 2004), 1:27, 28.

Então, qual é a exortação que eu te dou? Encorajo-te para que sejas salvo. Isto é o que Cristo quer. Em uma palavra, ele livremente lhe concede a vida. E quem é ele? Aprende brevemente. A Palavra da verdade, a Palavra da incorruptibilidade que regenera o homem, trazendo-o de volta à verdade – o aguilhão que induz à salvação – ele é quem expulsa a destruição e caça a morte – ele é quem edifica o templo de Deus nos homens, para que possa fazer com que Deus faça a sua morada nos homens.[57]

Clemente também declarou:

Tal é o nosso instrutor, justamente bom. "Eu não vim", disse ele, "para ser servido, mas para servir". Por isso ele é apresentado no Evangelho "cansado", porque se fatiga por nós e promete "dar a sua vida em resgate por muitos". Pois ele é o único que assim faz, ele é o bom pastor. Generoso, portanto, é ele quem nos dá o maior de todos os dons, a sua própria vida; extremamente beneficente, ama os homens, quando poderia ter sido Senhor, quis ser irmão do homem; foi tão bom que morreu por nós.[58]

Orígenes (184/85 –253/54 d.C.)

Orígenes claramente afirma a expiação ilimitada nas seguintes citações:

Dessas grandes coisas, então, ele é, o Paráclito, a expiação, a propiciação, aquele que se compadece das nossas fraquezas, que foi tentado em todas as coisas humanas, assim como nós, mas sem pecado; consequentemente ele é o grande Sumo Sacerdote, tendo se oferecido como o sacrifício que é oferecido de uma vez por todas, e não somente pelos homens, mas por toda criatura racional. Pois sem Deus provou a morte por todos. Em algumas cópias da Epístola aos Hebreus as palavras são "pela graça de Deus". Agora, se ele provou a morte por todos sem Deus, ele não

---

[57] Clement, "Exhortation to the Heathen," em *ANF*, 2:204. (do *Protrepticus* de Clemente, capítulo 11.) Davenant ("Dissertation on the Death of Christ," 2:319) citou uma passagem semelhante a do capítulo 11 de *Pædagogus* de Clemente, assim como N. Douty ("Did Christ Die Only for the Elect?," 136). A citação de Davenant declara que, "Cristo livremente traz e concede a salvação a toda a raça humana". Douty, dependendo de Davenant, encurta-a para "Cristo livremente traz... salvação para toda a raça humana". Se a citação deles estiver correta e eles não estiverem se referindo à passagem acima do *Protrepticus*, então o original realmente diz, "Ele abundantemente concede a salvação a toda a humanidade" (Clement, "The Instructor", em *ANF*, 2:234).

[58] Clement, "The Instructor," em *ANF*, 2:231.

morreu somente pelos homens senão também por todos os outros seres intelectuais, ou se ele provou a morte por todos pela graça de Deus, ele morreu por todos sem Deus, pois pela graça de Deus ele provou a morte por todos.[59]

Quê e quão grandes coisas devem ser ditas a respeito do Cordeiro de Deus, que foi sacrificado por esse mesmo motivo, para que pudesse tirar o pecado não de poucos, mas do mundo inteiro, por causa do qual também sofreu? Se alguém pecar, lemos, "Temos advogado junto ao Pai, Jesus Cristo, o justo; ele é a propiciação pelos nossos pecados e não somente pelos nossos, mas pelos do mundo inteiro," uma vez que ele é o Salvador de todos os homens, especialmente dos que creem, que cancelou o escrito de ordenanças que era contra nós pelo seu próprio sangue.[60]

Agora, não é desonroso evitar se expor aos perigos, mas se guardar cuidadosamente contra eles, quando isto é feito, não por medo da morte, mas a partir de um desejo de beneficiar os outros, permanecendo com vida, até que o tempo propício venha àquele que assumiu a natureza humana para morrer uma morte que será útil à humanidade. Isto está claro para quem reflete que Jesus morreu pelo bem dos homens – um assunto do qual falamos da melhor forma possível nas páginas anteriores.[61]

Então, também fica claro que Jesus, o autor de tal ensinamento, é com boa razão comparado por Celso ao líder de um bando de ladrões. Mas nem ele, que morreu pelo bem comum da humanidade, nem os que sofreram por causa da sua religião, os únicos dentre todos os homens que foram perseguidos por causa daquilo que lhes pareceu a forma correta de honrar a Deus, foram postos à morte segundo a justiça, nem foi Jesus perseguido sem que a acusação de impiedade fosse incorrida por seus perseguidores.[62]

Mas agora Jesus declarou ter vindo por causa dos pecadores em todas as partes do mundo (para que possam abandonar os seus pecados e se

---

[59] Origen, "Origen's Commentary on the Gospel of John," em *ANF*, 9:318-19.
[60] Ibid., 9:378.
[61] Origen, "Origen against Celsus," em *ANF*, 4:423 (Book 1, chap. 61).
[62] Ibid., 4:448.

confiassem a Deus), sendo também chamado, conforme um antigo costume destas Escrituras, o "Cristo de Deus".[63]

Cipriano de Cartago (200 – 258 d.C.)

Embora não pareça haver qualquer declaração direta de Cipriano concernente a extensão da morte de Cristo, Owen citou Cipriano como dizendo a respeito de Cristo que, "'Ele carregou a todos nós, carregou os nossos pecados'; isto é, ele susteve suas pessoas na cruz por quem ele morreu." Todavia, essa citação é erroneamente atribuída a Cipriano, conforme Goold, editor de Owen.[64]

Eusébio (c. 275 – 339 d.C.)

Eusébio, o grande historiador da igreja primitiva, declarou a respeito da extensão da expiação que: "Era necessário que o Cordeiro de Deus fosse oferecido em favor dos outros cordeiros cuja natureza ele assumiu, igualmente em favor de toda a raça humana"[65]

Atanásio (298 – 373 d.C.)

Atanásio, bispo de Alexandria, foi um dos mais importantes pais da igreja. Ele é mais conhecido por sua forte posição contra os arianos no Concílio de Niceia e depois. As suas obras famosas são *Contra os Gentios* e *De Incarnatione*.[66]

> Assim, tomando um corpo como o nosso, porque todos os nossos corpos estavam sujeitos à corrupção da morte, ele entregou o seu corpo à morte no lugar de todos e o ofereceu ao Pai. Isto fez por puro amor a nós, para que em sua morte todos possam morrer e desse modo a lei da morte fosse abolida porque, quando ele cumpriu em seu corpo aquilo para o qual foi designado, por conseguinte foi cancelada o seu poder sobre os homens.[67]

---

[63] Ibid., 4:509. Esta citação foi citada por Davenant, "Dissertation on the Death of Christ", 2:319, mas ele a atribuiu erroneamente ao livro 5.

[64] J. Owen, "The Death of Death in the Death of Christ," 10:422-23. Goold tem uma nota de rodapé declarando que esta citação não é realmente de Cipriano, mas *De cardinalibus operibus Christi usque ad Ascensum* de Ernaldus Bonaevallis.

[65] Eusebius of Caesarea, *Demonstratio Evangelica*. Translations of Christian Literature. Series 1: Greek Texts, ed. W.J. Sparrow-Simpson e W.K.L. Clarke, trad. W.J. Ferrar, 2 vols. (New York: Macmillan, 1920), 2:190-91. Isto também é citado em N. Douty, "Did Christ Die Only for the Elect?", 136; e J. Davenant, "Dissertation on the Death of Christ", 2:374.

[66] Athanasius, *Against the Heathens (Contra Gentiles)* (New York: Scriptura, 2015); idem, *On the Incarnation* (New York: St. Vladimir's Seminary Press, 1998).

[67] Athanasius, "On the Incarnation of the Word," em NPNF, eds. P. Schaff e H. Wace (1892; repr. Peabody, MA: Hendrickson, 2004), 4:40. Veja também Athanasius, *On the Incarnation*, 34-37, 48-49, 51-52, 69-70, para declarações sobre a universalidade da expiação.

> O Verbo percebeu que a corrupção não poderia ser eliminada de outra forma a não ser pela morte; todavia, ele próprio, sendo Palavra, imortal e Filho do Pai, não podia morrer. Por esta razão, portanto, assumiu um corpo capaz de ser morto, a fim de que, embora pertencendo à Palavra que está acima de todos, ao morrer pudesse se tornar em uma troca suficiente por todos, e, permanecendo incorruptível mediante a sua habitação, pusesse também fim à corrupção em todos os outros, pela graça da ressurreição. Foi entregando à morte o corpo que havia tomado, como oferta e sacrifício livre de toda mancha, que ele aboliu imediatamente a morte em favor de seus irmãos humanos, oferecendo o equivalente. Pois, naturalmente, uma vez que o Verbo de Deus estava acima de todos, quando ofereceu o seu próprio templo e instrumento corporal como substituto em favor da vida de todos, ele cumpriu na morte tudo o que era necessário. Naturalmente também, por meio dessa união do Filho imortal de Deus com a nossa natureza humana, todos os homens foram revestidos com incorruptibilidade na promessa da ressurreição. Pois a solidariedade da humanidade é tal que, em virtude do Verbo habitar em um único corpo humano, a corrupção que acompanha a morte perdeu o seu poder sobre todos.[68]

Atanásio falou de como Jesus, o Verbo, morreu por toda a humanidade, referindo-se a Hebreus 2.9-15.[69] Ele também falou de Cristo pagando uma dívida ao oferecer um sacrifício "em prol de todos, entregando o seu próprio templo à morte no lugar de todos... para que a dívida de todos pudesse ser paga".[70] Atanásio falou de Cristo morrendo "para resgatar a todos".[71]

Finalmente, Atanásio declarou:

> Esta ação [entregar-se à morte] não mostrou limitação ou fraqueza na Palavra; pois ele tanto espeava a morte a fim de dar um fim nela e se apressou em realizá-la como uma oferta em prol de todos. Além disso, como foi a morte de toda a humanidade que o Salvador veio realizar, não a sua própria, ele não deixou o seu corpo por um ato individual de morte, pois para ele, como Vida, isto simplesmente não pertencia; mas

---

68 Ibid., 4:40-41. Veja também Athanasius, *On the Incarnation*, 35.
69 Ibid., 4:41-42. Veja também Athanasius, *On the Incarnation*, 36-37.
70 Ibid., 4:47. Veja também Athanasius, *On the Incarnation*, 49.
71 Ibid., 4:48. Veja também Athanasius, *On the Incarnation*, 51.

recebeu a morte das mãos dos homens, destruindo-a completamente em seu próprio corpo.⁷²

Cirilo de Jerusalém (315 – 386 d.C.)

Cirilo declarou: "Não é de se admirar que o mundo inteiro tenha sido resgatado; pois não foi um simples homem, mas o Filho unigênito de Deus, que morreu em seu favor".⁷³

Aqui está a declaração de Cirilo em seu contexto mais amplo:

> Não é de se admirar que o mundo inteiro tenha sido resgatado; pois não foi um simples homem, mas o Filho unigênito de Deus, que morreu em seu favor. Além disso, o pecado de um homem, até o de Adão, teve o poder de trazer a morte para o mundo; mas se pela transgressão de um a morte reinou sobre o mundo, como não reinará a vida pela justiça de um? E se por causa da árvore do fruto eles foram expulsos do paraíso, não entrarão agora mais facilmente os crentes no paraíso por causa da Árvore de Jesus? Se o primeiro homem, feito da terra, trouxe morte universal, não trará aquele que o formou da terra à vida eterna, sendo ele mesmo a Vida? Se Fineias, quando se empenhou zelosamente e matou o malfeitor, satisfez a ira de Deus, não será que Jesus, que não matou a ninguém senão se entregou como resgate, afastará a ira que é contra a humanidade?

Interessantemente, essa seção de Cirilo foi citada por Owen e também por Smeaton como evidência da crença de Cirilo na expiação limitada.⁷⁴ Owen citou Cirilo como dizendo isto (o que corresponde às seções em negrito anteriormente):

> Não é de se admirar que o mundo inteiro tenha sido resgatado; pois não foi um simples homem, mas o Filho unigênito de Deus, que morreu em seu favor. Se, então, por meio do comer da árvore (proibida) eles foram expulsos do paraíso, certamente agora pela árvore (ou cruz) de Jesus não entrarão mais facilmente os crentes no paraíso?

---

72 Ibid. Veja também Athanasius, *On the Incarnation*, 52.

73 Cyril, "The Catechetical Lectures of S. Cyril, Archbishop of Jerusalem," em NPNF, 7:82 (*Catacheses*, 13.2).

74 J. Owen, *The Death of Death in the Death of Christ* (Edinburgh: Banner of Truth, 1989), 311; G. Smeaton, *The Apostles' Doctrine of the Atonement* (Edinburgh: T. & T. Clark, 1870; Grand Rapids, MI: Zondervan, 1957), 498.

Owen então observou que: "Assim também outro deles [os pais da igreja] torna manifesto em que sentido usam a palavra *todos*".[75] Owen falhou completamente em notar o contexto e como Cirilo usou o termo "humanidade," o qual corresponde a "o mundo inteiro" que foi "resgatado" na primeira parte da citação. O erro de Owen é pensar que de alguma forma "mundo" e "humanidade" está limitado aos crentes ou, como ele coloca, "todos" nesse sentido.

Gregório de Nazianzo (324 – 389 d.C.)

Gregório declarou:

> Toma, em seguida, a sujeição pela qual sujeitas o Filho ao Pai. Dizes tu, que ele não está sujeito agora ou ele deve, se for Deus, estar sujeito a Deus? Estás elaborando o teu argumento como se referisses a algum ladrão ou alguma deidade hostil. Mas olhe para isto desta maneira: que por minha causa ele foi chamado de maldição, o que destruiu minha maldição; e pecado, o que tira o pecado do mundo; e se tornou um novo Adão para tomar o lugar do velho, assim ele torna a minha desobediência a sua própria como a Cabeça de todo o corpo.[76]

> Mas essa grande [páscoa], e se assim posso dizê-lo, em sua primeira natureza de vítima não sacrificável, foi misturada com os sacrifícios da lei, e foi uma purificação, não para uma parte do mundo, nem por um curto tempo, mas para o mundo inteiro e para todos os tempos. Por essa razão, um cordeiro foi escolhido por sua inocência e sua veste da nudez original. Pois tal é a vítima, que foi oferecida por nós, que é tanto em nome como de fato, a vestimenta de incorrupção.[77]

> Ele é santificação, enquanto sendo pureza, que o puro pode ser contido pela pureza. E redenção, porque nos liberta, os que foram mantidos cativos sob o pecado, dando a si mesmo como resgate por nós, o sacrifício para fazer expiação pelo mundo. E ressurreição, porque ressuscita e nos traz à vida novamente, os que foram mortos pelo pecado.[78]

---

[75] J. Owen, *The Death of Death*, 311.
[76] Gregory Nazianzen, "Select Orations," em *NPNF*, 7:311.
[77] Ibid., 7:427.
[78] Ibid., 7:317.

Basílio (330 – 379 d.C.)

De fato, o que o homem pode achar grande o suficiente para que possa dar em resgate da sua alma? Porém, uma coisa foi achada digna mais do que todos os homens juntos. Isto foi dado pelo preço de resgate das nossas almas, o santo e altamente honrado sangue de nosso Senhor Jesus Cristo, que ele derramou por todos nós; portanto, fomos comprados com um grande preço.[79]

Ambrósio (338 – 397 d.C.)

Embora Cristo tenha sofrido por todos, todavia ele sofreu particularmente por nós, porque sofreu pela igreja.[80]

Cristo sofreu por todos, ressuscitou por todos. Mas se alguém não crer em Cristo, ele se priva desse benefício geral.[81]

Cristo veio para a salvação de todos e empreendeu a redenção de todos, na medida em que ele trouxe o remédio pelo qual todos podem escapar, ainda que hajam muitos que... não estejam dispostos a ser curados.[82]

Assim, vemos quão grave coisa é privar o outro, com quem devemos antes sofrer, de algo ou agir de forma injusta ou injuriosa para com quem devemos dar uma parte de nossos trabalhos [...] Se, por exemplo, a mão arrancasse o olho, ela não impedira o uso de seu trabalho? Se ela ferisse o pé, quantas ações não evitaria? Mas quanto pior é para o homem todo ser afastado de seu dever do que só um dos membros! Se todo o corpo é ferido em um membro, assim também toda a comunidade da raça humana é perturbada em um homem. A natureza da humanidade é ferida, como também é a sociedade da santa igreja, a qual se eleva em

---

[79] Saint Basil, "Exegetical Homilies," em *The Fathers of the Church*, 46 v, trad. A.C. Way (Washington, DC: Catholic University of America Press, 1947-1963), 46:318.

[80] Ambrose, *Exposition of the Holy Gospel According to Saint Luke*, trad. T. Tomkinson (Etna, CA: Center for Traditionalist Orthodox Studies, 1998), 201-2.

[81] Ambrose, *In Psalmum David CXVIII Expositio*, Serm. 8. Citado por J. Davenant, "Dissertation on the Death of Christ", 2:411.

[82] Ambrose, *De Cain et Abel Libri Duo*, ii. 3. Citado por J. Davenant, "Dissertation on the Death of Christ", 2:425-26.

um corpo unido, ligado na unidade da fé e do amor. Cristo, o Senhor, também, aquele que morreu por todos, lamentará que o preço do seu sangue tenha sido pago em vão.[83]

Jerônimo (347 – 420 d.C.)

Mateus 20.28. *"Tal como o Filho do homem não veio para ser servido, mas para servir"* (NASB). Note o que frequentemente dizemos, que o que serve é chamado Filho do homem. "E dar sua vida como redenção por muitos". Isto aconteceu quando ele tomou a forma de servo para que pudesse derramar o seu sangue pelo mundo. Ele não disse "para dar a sua vida como redenção" por todos, mas "por muitos," isto é, por aqueles que queriam crer.[84]

Michael Haykin concluiu a partir dessa declaração que "Jerônimo define os 'muitos' como sendo 'os que queriam crer'. Embora aqui possa haver alguma ambiguidade na afirmação, as palavras ao menos sugerem que o teólogo via a morte de Cristo como sendo em favor de um grupo particular de pessoas – os crentes" [85] Nessa mesmíssima citação, Jerônimo claramente afirmou que a extensão da morte de Cristo é "pelo mundo". Além disso, Haykin errou ao não citar outras declarações de Jerônimo que indicam a expiação universal. Por exemplo, no mesmo comentário sobre Mateus, Jerônimo declarou que: "Agora, quando Jesus estava em Betânia, na casa de Simão, o leproso, ele estava prestes a sofrer pelo mundo inteiro e a redimir todas as nações pelo seu sangue".[86]

Podemos também comparar aqui Jerônimo sobre Hebreus 9.28 com o que Crisóstomo disse acerca do mesmo versículo (veja a seguir). Note como Jerônimo, tal como Crisóstomo, falou do aspecto universal da expiação ("para que pudesse derramar o seu sangue pelo mundo") antes de ele falar a respeito da aplicação somente aos crentes ("mas 'por muitos', isto é, por aqueles que queriam crer".[87] Tanto em Crisóstomo quanto em Jerônimo, não temos a linguagem da teologia reformada tardia na qual

---

[83] Ambrose, "On the Duties of the Clergy", em *NPNF*, 10:70 (Book 3, chap. 3, sec. 19).
[84] Jerome, "Commentary on Matthew", em *The Fathers of the Church*, 117:229.
[85] M. Haykin, "'Confiamos no sangue salvador': A expiação definida na igreja antiga," em *Do Céu Ele Veio Buscá-la*, 81. Veja também J. Gill, *The Cause of God and Truth* (London: Waterford, 1855), p. 260.
[86] Jerome, "Commentary on Matthew", p. 292.
[87] Veja D. Ponter, "Jerome (347-420) on the Death of Christ," *Calvin and Calvinism: An Elenchus for Classic-Moderate Calvinism* (blog), 6 de Dezembro de 2013, http://calvinandcalvinism.com/?p=13256:

os eleitos são mencionados em abstrato. Ambos falaram principalmente dos "eleitos" *como* crentes, não na linguagem abstrata dos "eleitos" *como* eleitos.

Comentando sobre Mateus 1.3, Jerônimo declarou que: "Na genealogia do Salvador é notável que não haja menção de mulheres santas, mas somente das que a Escritura repreende, de modo que (podemos entender que) ele teve de vir por causa dos pecadores, uma vez que nasceu de mulheres pecaminosas, apaga os pecados de todos".[88] John Gill listou Jerônimo como um particularista acerca da expiação em *The Cause of God and Truth* (A Causa de Deus e da Verdade) e Haykin também o segue.[89] Curiosamente, Godescalco, um convicto particularista do século nove (veja a seguir), por outro lado, associou Jerônimo a Orígenes sobre o assunto da redenção universal e disse que:

> Mas São Jerônimo, que corretamente execrou este falsérrimo revolvendo, igualmente creu, como aquele [Orígenes], que Cristo sofreu pelos réprobos e conjecturou que somos chamados, tornados e não somos santos conforme o propósito de Deus, mas conforme cada um de nós e conforme a nossa própria vontade.[90]

João Crisóstomo (349 – 407 d.C.)

João Crisóstomo não deixa dúvidas quanto a suas visões sobre a extensão universal da morte de Cristo na cruz: "Ele [Cristo] não morreu, ou não morreria, por todos, se nem todos tivessem morrido ou estivessem mortos".[91] Vemos aqui que Cristo morreu por todos os que estavam "mortos". Visto que todos, sem exceção, estavam mortos em pecados, Cristo morreu por todos sem exceção. Crisóstomo também declarou: "Pois

---

Se esta leitura de Jerônimo estiver correta, e fortemente suspeito que esteja, então com relação à citação provida por Haykin, não há referência à extensão da satisfação propriamente dita. Em vez disso, Jerônimo fala da aplicação da obra satisfatória de Cristo. A sua interpretação particular de "muitos" seria então perfeitamente compatível com a doutrina da satisfação ilimitada – como foi com o caso de Crisóstomo, ele poderia ter subscrito igualmente a crença de que Cristo morreu por (sofreu por, etc) todos os homens.

88 Jerome, "Commentary on Matthew", 59.

89 J. Gill, *The Cause of God and Truth* (Grand Rapids, MI: Baker, 1980), 263-65; M. Haykin, "'Confiamos no sangue salvador': A expiação definida na igreja antiga", em *Do Céu Cristo Veio Buscá-la*, 81.

90 Gottschalk, "On Predestination", em *Gottschalk & A Medieval Predestination Controversy: Texts Translated from the Latin*, Mediaeval Philosophical Texts in Translation 47, ed. e trad. V. Genke e F. Gumerlock (Milwaukee, WI: Marquette University Press, 2010), 152.

91 J. Chrysostom, "Homilies on the Second Epistle of St. Paul the Apostle to the Corinthians", em *NPNF*, 12:331.

provou ter excesso de grande amor, tanto para morrer por um mundo tão grande, quanto para morrer por ele mesmo sendo tão afetado ou maldisposto como era".[92]

Crisóstomo deixou claro que Cristo morreu não só pelos que creem, mas por todo o mundo: "Não só pelos fiéis, mas até mesmo pelo mundo inteiro: pois ele morreu por todos; mas por que nem todos creem? Ele cumpriu a sua [parte] devida. Ainda assim, ele fez a sua parte".[93]

Da mesma forma, Crisóstomo declarou que: "Todavia, com tudo isso, Cristo não conseguiu ganhar a todos, mas ainda assim morreu por todos; cumprindo assim a sua parte devida".[94]

O comentário de Crisóstomo sobre Hebreus 9.28 é especialmente esclarecedor sobre o assunto:

> Verso 28. "Do mesmo modo, Cristo foi oferecido uma vez por todas". Por quem foi oferecido? Evidentemente por si mesmo. Aqui, o escritor de Hebreus diz que ele não só é sacerdote, mas também a vítima, que é sacrificada. Por causa disto há [as palavras] foi oferecido. "Foi oferecido uma vez por todas" (lemos em Hebreus) "para tirar os pecados de muitos." Por que "de muitos" e não de "todos"? Porque nem todos creram. Porque ele realmente morreu por todos, é a sua parte: pois essa morte foi um contrapeso contra a destruição de todos os homens. Mas ele não tirou os pecados de todos os homens, porque eles não quiseram.
>
> Qual é [o significado de] "tirar os pecados"? Assim como na oblação, nós tiramos nossos pecados e dizemos: "Se pecamos voluntária ou involuntariamente, que tu nos perdoes", ou seja, primeiro fazemos menção a eles e depois pedimos pelo seu perdão. Assim também foi feito aqui. Onde Cristo fez isto? Ouve-o dizendo: "E em favor deles eu me santifico" (Jo 17.19). Eis que ele tirou os pecados. Tirou-os dos homens e os entregou ao Pai; não que pudesse determinar algo contra eles [a humanidade], mas para que pudesse perdoá-los. "Aos que o procuram, ele aparecerá" (diz o livro de Hebreus) "a segunda vez sem pecado para a salvação". O que é "sem pecado"? É o mesmo que dizer: ele não peca. Pois ele nem morreu como devido à dívida da morte, nem ainda por causa do pecado.

---

[92] J. Goodwin, *Redemption Redeemed* (1840), 163. Veja também J. Goodwin, *Redemption Redeemed: A Puritan Defense of Unlimited Atonement*, ed. J. Wagner (Eugene, OR: Wipf & Stock, 2004), 57.

[93] J. Chrysostom, "Homilies on the Gospel of St. John and the Epistles to the Hebrews", em *NPNF* (Peabody, MA: Hendrickson, 2004), 14:447-48.

[94] J. Chrysostom, "Homilies on the Epistle of St. Paul the Apostle to the Romans", em *NPNF*, 11:529.

Mas como "ele aparecerá"? Para punir, dizes tu. Contudo, ele não disse isto, mas o que estava esperando; "ele aparecerá para os que o buscam, sem pecado para a salvação". De modo que, no porvir, não precisarão mais de sacrifícios para se salvar, mas de fazer isto por meio de atos.[95]

Para Crisóstomo, nesse contexto, "tirar o pecado" significa "perdoar o pecado", e somente os pecados dos crentes que são perdoados. Note, cuidadosamente, que Crisóstomo afirma que Cristo morreu pelos pecados de todas as pessoas, ainda que nem todas sejam perdoadas. A declaração a respeito da universalidade da morte de Cristo precede a declaração limitadora concernente a todos os que creem.

Cirilo de Alexandria (376 – 444 d.C.)

A morte de uma carne é suficiente para o resgate de toda a raça humana, pois ela pertenceu ao Logos, unigênito de Deus, Pai.[96]

Teodoreto de Cirro (393 – 466 d.C.)

Teodoreto comentando sobre Hebreus 9.27-28, disse que:

> Como está designado para cada ser humano morrer uma só vez, quem aceita o decreto da morte não peca mais, mas aguarda o exame do que foi feito em vida, assim Cristo, o Senhor, após ser oferecido uma vez por todas por nós e ter tomado os nossos pecados, virá a nós novamente, com o pecado não mais em vigor, isto é, com o pecado não mais ocupando um lugar no que concerne aos seres humanos. Ele mesmo disse, lembre-se, quando ainda tinha um corpo mortal, "ele não cometeu pecado, nem foi encontrado engano em sua boca". Deve ser notado, obviamente, que ele tirou os pecados de muitos, não de todos: nem todos vieram à fé, então ele removeu os pecados somente dos crentes.[97]

Teodoreto falou aqui da mesma forma que Crisóstomo; como já expusemos. Note o uso do conceito de "tirar os pecados". Essa não é uma afirmação a respeito de expiação limitada em extensão somente aos eleitos. É uma afirmação de que os

---

[95] J. Chrysostom, "Homilies on the Gospel of St. John and the Epistles to the Hebrews", em *NPNF*, 14:447-48.

[96] Cyril, *Oratorio de Recta Fide*, no. 2, sec. 7. Citado em Smeaton, *The Apostles' Doctrine of the Atonement*, 502.

[97] R.C. Hill, *Theodoret of Cyrus: Commentary on the Letters of St. Paul*, 2 v. (Brookline, MA: Holy Cross Orthodox Press, 2001), 2:175.

benefícios da expiação são aplicados somente aos que creem. A frase "ele tirou os pecados de muitos, não de todos" significa "já que nem todos vêm à fé em Cristo, a remoção real dos pecados que resulta em salvação está limitada somente aos crentes". Teodoreto explicou o que quis dizer com a frase em questão quando seguiu com "nem todos vieram à fé, então ele removeu os pecados somente dos crentes".

Teodoreto também declarou que:

> Ao ressuscitar a carne ele [Cristo] deu a promessa de ressurreição a todos nós, após dar a ressurreição de seu próprio corpo precioso como um penhor digno de nós. Então, amou tanto os homens, mesmo quando o odiaram, que o mistério da economia [divina] não consegue obter credibilidade com alguns, devido à própria amargura de seus sofrimentos, é suficiente mostrar as profundezas de sua bondade amorosa, que ele ainda está dia a dia chamando a homens que não creem. Ele assim faz não como se precisasse do serviço dos homens – pois do que tem falta o Criador do universo? – mas porque anseia pela salvação de cada homem. Segure, então, meu excelente amigo o seu dom; cantai louvores ao doador e procuremos para nós uma grande e boa festa.[98]

Teodoreto afirmou o amor de Cristo por todos e o seu desejo "pela salvação de cada homem".

Agostinho[99] (354 – 430 d.C.)

Agostinho de Hipona foi o maior teólogo da era patrística. Os seus pensamentos e escritos são extremamente influentes no Catolicismo Romano e no pensamento da Reforma. Tanto Lutero quanto Calvino foram fortemente influenciados por Agostinho. Os últimos escritos de Agostinho sobre a predestinação foram a fonte do sistema teológico de Calvino. Muitos na tradição reformada geralmente presumem que Agostinho defendeu a expiação limitada. Contudo, uma investigação das suas declarações reais sobre a extensão da expiação prova o contrário.[100] Visto que Agostinho é tão impor-

---

98 Theodoret, "Letter LXXVI to Uranius, Governor of Cyprus", em *NPNF*, 3:272.

99 Para uma coleção facilmente acessível de citações contextualizadas de Agostinho sobre o assunto da extensão da expiação, veja D. Ponter, "Augustine (354-430) on the Death of Christ", *Calvin and Calvinism: An Elenchus for Classic-Moderate Calvinism* (blog), 29 de Junho de 2009, http://calvinandcalvinism.com/?p=13.

100 Em uma nota importante anexada ao final do volume 2 da edição de Oxford de *Homilies on John* (1238-46) de Agostinho, o tradutor H. Browne explicou as declarações aparentemente contraditórias em Agostinho com respeito a extensão da expiação. Browne sugeriu que:

tante não apenas para a era Patrística, mas também para a Reforma, dedicaremos mais espaço para considerar suas declarações sobre o assunto.

Agostinho falou mais de uma vez sobre Jesus como o cordeiro que "tira os pecados do mundo" sem qualificar o significado de "mundo".[101] Falando a respeito de Adão e Cristo, Agostinho notou que: "Como um homem trouxe o pecado ao mundo, isto é, sobre toda a raça humana, também um homem deveria tirar o pecado do mundo".[102] Ele falou da crucificação de Jesus como um ato que "aboliria em sua carne os pecados do mundo inteiro, e não meramente os seus atos culposos, mas os maus desejos de seus corações".[103] Agostinho falou de nossa caridade "para com aqueles pelos quais Cristo morreu, querendo redimi-los pelo preço do seu próprio sangue da morte dos erros deste mundo".[104] Ao falar da importância dos cristãos não pecarem contra a consciência dos "irmãos mais fracos", Agostinho os colocou entre aqueles que não são salvos e falou deles como "perecendo":

> O que julgas estar fazendo com o preço deles se desconsideras a compra? Considera por quão grande preço foi feita a compra. "Pelo teu conhecimento", diz o Apóstolo, "perecerá o irmão fraco";... Por este conhecimento, o irmão fraco perece. Para que não desprezes o irmão fraco, acrescentou, "por quem Cristo morreu". Se tu o quiseres desconsiderar,

---

falando a respeito da redenção, Santo Agostinho a contempla não apenas como o ato de Cristo, objetivamente, consumado uma vez por todas na cruz, mas subjetivamente, como ato que ocorre nas pessoas redimidas: em outras palavras, ele fala dela como a libertação real das almas do poder de Satanás. (1238)

Browne sugeriu que Agostinho cria que Cristo morreu por todos objetivamente, porém Deus não propôs a redenção dos réprobos, mas só dos eleitos, portanto Agostinho não fala de Cristo morrendo pelos réprobos nesse sentido, não no sentido objetivo de satisfação pelos pecados de toda a humanidade, o qual Agostinho em outros lugares, como mostrou Browne, também afirmou. A falha em fazer essa distinção em Agostinho leva alguns a pensar erroneamente que o próprio Agostinho ensinou a expiação limitada no mesmo sentido que John Owen a ensinou. Browne também declarou que: "Os pais gregos e latinos antes de Santo Agostinho, unanimemente, ensinam que Deus deseja a salvação de todos os homens e que Cristo morreu por todos sem exceção" (1243). Browne também notou que o discípulo de Agostinho, Próspero, em sua refutação aos semipelagianos, também ensinou a expiação ilimitada (1245-46).

[101] Veja, por exemplo, Augustine, "On the Trinity", em *NPNF*, 3:223; "Of Holy Virginity", em ibid., 3:430; e "A Treatise on the Merits and Forgiveness of Sins and on the Baptism of Infants", em ibid., 5:25.
[102] Augustine, "Enchiridion", em *NPNF*, 3:253.
[103] Augustine, "On Christian Doctrine", em *NPNF*, 2:591.
[104] Augustine, "On the Catechising of the Uninstructed", em *NPNF*, 3:298.

ainda assim consideres o seu preço e peses o mundo inteiro na balança com o sangue de Cristo.[105]

Agostinho afirmou que, se o sangue de Cristo não tivesse sido derramado, "o mundo não teria sido redimido".[106] Ele não está falando a respeito de universalismo, mas do fato de que Cristo morreu pelos pecados do mundo. Essa mesma linguagem é usada pelos primeiros reformadores. Em outro lugar, ele declarou que "a raça humana seria, em algum momento, redimida pelo sangue precioso".[107] Agostinho falou de como Cristo "redimiu" o mundo "inteiro".[108]

A única passagem mais importante de Agostinho indicando claramente sua crença de que Cristo morreu pelos pecados do mundo se encontra em uma discussão sobre a traição de Judas a Jesus:

> Por quê? "Pois àquele que tu feriste eles perseguem e acrescentam sobre a dor das minhas feridas" (v. 27). Então, como eles pecaram se perseguiram aquele que foi ferido por Deus? Que pecado é atribuído à sua mente? Malícia. Pois se fez em Cristo o que deveria ser feito. De fato, Jesus viera para sofrer, mas o puniu por quem sofreu. Pois Judas, o traidor foi punido, e Cristo foi crucificado: mas ele nos redimiu pelo seu sangue, e o puniu no que diz respeito ao seu preço. Pois lançou fora as moedas da prata, pelas quais o Senhor fora vendido; e não conheceu o preço com o qual ele mesmo fora redimido pelo Senhor. Foi isto que aconteceu no caso de Judas.[109]

Agostinho falou de Jesus como o "redentor de todos os homens"[110] e chamou sua morte de "o resgate por todo o mundo; ele pagou o preço por todo o mundo".[111] Agostinho frequentemente usava o termo "mundo" em um contexto que impede a possibilidade de qualquer outro significado além de todas as pessoas do mundo:

---

[105] Augustine, "Sermons on Selected Lessons of the New Testament: Sermon XII", em *NPNF*, 6:301.

[106] Augustine, "Sermons on Selected Lessons of the New Testament: Sermon LXXII", em *NPNF*, 6:472. Veja também "Homilies on the Gospel of John: Tractate XXXVII", em ibid., 7:217.

[107] Ibid., "Tractate VII," 7:50.

[108] Augustine, "Exposition on the Book of Psalms", em *NPNF*, 8:179. Veja também 481 e 592.

[109] Ibid., 8:309, citando Salmo 69.26-27.

[110] Ibid., 8:516.

[111] Augustine, "Letters of St. Augustine: Letter LXXVI", em *NPNF*, 1:343.

Pois os homens eram mantidos cativos sob o diabo e serviam aos demônios; mas foram redimidos do cativeiro. Puderam se vender, mas não puderam se redimir. O redentor veio e pagou um preço; derramou o seu sangue e comprou o mundo inteiro. Pedes o que ele comprou? Vede o que ele deu; então descobrirás o que ele comprou. O sangue de Cristo foi o preço. O que é igual a isto? O que senão o mundo inteiro? O que senão todas as nações? Eles são muito ingratos pelo seu preço ou muito orgulhosos, dizem que o preço é tão pequeno que comprou somente os africanos; ou que eles são tão grandes, que só foi dado por eles. Não os deixe então exultar, não os deixe ser orgulhosos: ele deu o que deu pelo mundo inteiro. Ele sabia o que comprava, porque sabia a que preço comprava.[112]

Igualmente, em outro lugar, Agostinho disse: "Pois com justiça julgará o mundo; não uma parte dele, porque não comprou só uma parte: julgará o todo, pois foi pelo todo que pagou o preço";[113] Tal linguagem não pode ser interpretada como dizendo que Cristo morreu somente pelos eleitos do mundo.

Falando de Romanos 5.18-19, Agostinho novamente é bastante claro em sua declaração de que Cristo morreu pelos pecados de todas as pessoas:

> A respeito dessa morte, o apóstolo Paulo diz: "Portanto, todos estão mortos e ele morreu por todos para que os que vivem não vivam mais para si, mas para aquele que morreu e ressuscitou por eles". Pois, todos, sem qualquer exceção, estavam mortos em pecados, seja pelo pecado original ou pelos pecados voluntários, pecados de ignorância ou pecados cometidos contra o conhecimento; e por todos os mortos ali morreu a única pessoa que viveu, isto é, que não teve pecado algum, a fim de que os que vivem pela remissão dos seus pecados vivam, não para si mesmos, mas para aquele que morreu por todos, por nossos pecados, e ressuscitou para a nossa justificação, para que nós, crendo naquele que justifica o ímpio e sendo justificados da iniquidade ou vivificados da morte, possamos alcançar a primeira ressurreição que agora há.[114]

---

[112] "Exposition on the Book of the Psalms", em *NPNF*, 8:471-72.
[113] Ibid., 8:474.
[114] Augustine, "The city of God", em *NPNF*, 2:425.

Falando de 1 e 2 Coríntios, 15.3 e 5.18-20, respectivamente, Agostinho afirmou que a sua compreensão da declaração apostólica era uma indicação de que Cristo morreu pelos pecados de todos.[115]

Finalmente, Agostinho declarou que:

> Além disso, quem está ali não deve estar sinceramente disposto a retribuir com amor a um Deus de suprema justiça e também de suprema misericórdia, que primeiro amou os homens mais injustos e mais soberbos, e que, também, tão profundamente por causa deles enviou o seu único Filho, por quem fez todas as coisas, que sendo feito homem, não por qualquer mudança de si mesmo, mas por ter assumido a natureza humana, assim foi designado para se tornar capaz de não só viver com eles, mas de morrer de uma vez por todas por eles e por suas mãos.[116]

A partir dessas citações, podemos tirar várias conclusões. Primeira, em vários lugares, Agostinho falou da expiação como sendo "pelos pecados do mundo" sem qualquer qualificação restritiva do significado de "mundo". Segunda, Agostinho afirmou a expiação universal, mas também deixou claro que a aplicação é apenas para os que creem. Terceira, a visão de Agostinho a respeito da predestinação não o levou a limitar a expiação somente aos eleitos. Quarta, está claro que Agostinho concluiu que Jesus redimiu Judas. Tal declaração não poderia ser feita por alguém que afirmava a expiação limitada, uma vez que Judas estava claramente entre os réprobos. Quinta, não há qualquer declaração explícita nos escritos de Agostinho de que a morte de Cristo está limitada somente aos eleitos.

Curiosamente, Raymond Blacketer corretamente notou que "não há uma única declaração do bispo de Hipona que afirme explicitamente que a intenção de Deus na satisfação de Cristo era obter a redenção somente aos eleitos". Mas ele, então, incorretamente concluiu que isto era "precisamente a visão que Agostinho defendeu".[117]

---

[115] Augustine, "A treatise on the merits and forgiveness of sins and on the baptism of infants", em *NPNF*, 5:32.

[116] Augustine, "On the catechising of the uninstructed", em *NPNF*, 3:307.

[117] R. Blacketer, "Definite atonement in historical perspective", em *The glory of the atonement: Biblical, historical and practical perspectives*, ed. C. Hill e F. James III (Downers Grove, IL: InterVarsity, 2004), 308. Blacketer menciona os comentários de Agostinho sobre João 10.26, nos quais ele explica que Jesus via os fariseus como "predestinados à destruição eterna, não adquiridos para a vida eterna pelo preço do seu próprio sangue". Então, Blacketer observa que: "Não é exagero concluir que a implicação dessa declaração é que o preço do sangue de Cristo foi pago pelos que são predestinados à vida eterna" (308-9). Na verdade, isto é apenas um trecho, visto que o entendimento de Blacketer é exatamente o oposto do que Agostinho está dizendo.

Blacketer confunde as declarações de Agostinho acerca da vontade predestinadora de Deus para os eleitos com a sua visão sobre a satisfação real por todo pecado que Cristo realizou na expiação. Além disso, a tentativa de Blacketer de tornar Próspero, discípulo de Agostinho, um proponente da satisfação limitada é também uma leitura errada sobre este. Próspero de Aquitânia é historicamente visto como o intérprete normativo de Agostinho, e ele *muito claramente* defende a redenção universal.[118]

Robert Godfrey declarou que, "embora Agostinho não tenha expressado claramente ou discutido delongadamente a doutrina da expiação definida ou limitada, ele chegou muito perto dessa doutrina."[119] Citou Próspero, que "refletiu sobre o sentido em que a morte de Cristo era por todos os homens e sobre o sentido em que ela era restrita".[120] Parece que Godfrey está sugerindo que Agostinho e Próspero defenderam uma imputação ilimitada do pecado a Cristo (expiação ilimitada), mas uma aplicação limitada apenas aos eleitos. Ao contrário do que muitos calvinistas têm sugerido, a evidência apoia a posição que Agostinho não defendeu a expiação limitada.[121]

Sexta, a despeito de Agostinho ter feito uma leitura limitada de 1 João 2.2, como muitos limitaristas tardios fizeram, ele não estava repudiando a expiação universal. Muitos universalistas hipotéticos, seguindo Agostinho, também fizeram uma leitura limitada desse texto, tal como Kimedoncius.[122] Sétima, Agostinho frequentemente focava sobre o que Cristo fez pelos que são crentes de tal maneira que há certa "ambiguidade quanto ao que um teólogo pode pensar que a obra de Cristo significa aos que não são seus".[123] Essa observação crítica feita por Godfrey é vital quando se lê teólogos de qualquer época que abordam o assunto da extensão da expiação, incluindo os autores bíblicos.

---

[118] Veja *Defense of St. Augustine* de Próspero, trad. P. De letter (New York: Newman, 1963), 149-51, 159-60, 164.

[119] R. Godfrey, "Reformed Thought on the Extent of the Atonement to 1618", *Westminster Theological Journal* 37, no. 2 (Winter 1974): 134.

[120] Ibid., 135.

[121] Por exemplo, como notado por James Richards (J. Richards, *Mental Philosophy and Theology* [New York: M.W. Dodd, 1846], 302), que, citando J. Milner (*The History of the Church of Christ*, 5 v. [Boston: Farrand, Mallory, and Co., 1809], 2:445), aponta no que diz respeito a Agostinho que Próspero o representava como mantendo que Cristo se deu como resgate por todos, e por C. Daniel ("Hyper-Calvinism and John Gill" [PhD diss., University of Edinburgh, 1983], 497-500) depois de examinar a evidência a partir dos escritos de Agostinho.

[122] J. Kimedoncius, *Of the Redemption of Mankind. Three Books: Wherein the Controversie of the Universalitie of the Redemption and Grace by Christ, and of His Death for All Men, Is Largely Handled. Hereunto Is Annexed a Treatise of Gods Predestination in One Booke*, trad. H. Ince (London: Felix Kingston, 1598), 80-94 [paginação irregular].

[123] Godfrey, "Reformed Thought on the Extent of the Atonement", 134.

Por exemplo, Robert Dabney apontou que declarações da Escritura tais como Cristo morreu pela "igreja" ou por "suas ovelhas" não provam uma expiação estritamente limitada, porque debater isso invoca a falácia da inferência negativa: "A prova de uma proposição não refuta o seu contrário".[124] Não se pode inferir uma negativa (Cristo *não* morreu pelo grupo A) a partir de uma mera declaração positiva (Cristo morreu pelo grupo B) mais do que se pode inferir que Jesus morreu *somente* por Paulo porque o apóstolo afirmou em Gálatas 2.20: "Cristo se deu a si mesmo por mim".[125] Além disso, se frequentemente repito que amo minha esposa, pode ser que, hipoteticamente falando, eu ame *somente* minha esposa, mas isso não prossegue com certeza dedutiva.

Esse é o mesmo tipo de erro lógico que John Owen fez várias vezes em sua *The Death of Death in the Death of Christ* (A Morte da Morte na Morte de Cristo), é uma falácia lógica feita constantemente por calvinistas rígidos com relação à extensão da expiação.[126] Consequentemente, o fato de muitos versículos falarem de Cristo morrendo por suas "ovelhas," sua "igreja" ou "seus amigos" não prova que ele não morreu por outros que não estão submetidos a essas categorias. De fato, todas essas referências da Escritura que empregam tal terminologia não falam dos eleitos como uma classe abstrata no sentido de todos os predestinados para a vida eterna, mas somente se referem aos eleitos crentes, os que estão em união com Cristo em virtude da fé.

A evidência sugere que Agostinho, junto com todos os pais da igreja, ensinou expiação ilimitada. De fato, alguns sugeriram que, na verdade, o particularista era Pelágio, não Agostinho.[127]

---

[124] Dabney, *Systematic Theology*, 521.

[125] Ninguém deve interpretar a passagem que fala do inferno como preparado "para o diabo e seus anjos" como restritiva no sentido como *somente* para eles.

[126] Até mesmo R. Reymond, um calvinista supralapsariano, notou que:

> É claro que logicamente uma declaração de particularidade em si não exclui necessariamente a universalidade. Isto pode ser demonstrado pelo princípio da subalternação na lógica aristotélica, que afirma que, se todo S é P, então se pode inferir que algum S é P, mas, inversamente, não pode ser inferido a partir do fato de que algum S é P que o restante de S não é P. Um caso em questão é o "me/mim" de Gálatas 2.20: o fato de que Cristo morreu por Paulo individualmente não significa que Cristo morreu somente por Paulo e por mais ninguém. (R. Reymond, *A New Systematic Theology*, 2nd ed. [Nashville: Thomas Nelson, 1998], 673-74).

[127] W. Lorimer falou dos pelagianos limitando a expiação, pelo menos por consequência ou implicação necessária. Visto que as crianças não têm pecado original, elas ou pelo menos algumas delas que morrem no estado de infância sem o pecado atual, não precisam de satisfação pelo seu pecado. Os agostinianos, longe de negar a redenção universal, realmente usaram a sua crença na redenção universal para combater os pelagianos, argumentando que, se Cristo morreu por todos, então ele morreu pelas crianças, portanto as crianças devem ter, em algum sentido, necessidade de graça e misericórdia. (W. Lorimer, *An Apology for the Ministers Who Subscribed Only unto the Stating of the Truths and Errors in Mr. William's Book* [London: Printed for John Lawrence, at the Angel in the

Antes de nos voltarmos para o discípulo de Agostinho, Próspero, concluímos esta seção sobre Agostinho com uma citação pertinente de Richard Baxter concernente a visão de Agostinho sobre a extensão da expiação:

> Quanto a Agostinho e alguns protestantes, eles frequentemente negam que Cristo redime qualquer pessoa, exceto os fiéis, porque a palavra redenção é ambígua e às vezes é entendida como o preço ou o resgate pago, e muitas vezes como a própria soltura do pecador cativo. Sempre que Austin nega a redenção comum, ele entende redenção nesse último sentido, como a libertação real. Mas a afirma no primeiro sentido, que Cristo morreu por todos. Sim, ele pensou que sua morte é realmente aplicada à verdadeira justificação e santificação de alguns réprobos que caem e perecem, apesar de que somente os eleitos sejam redimidos a ponto de serem salvos. Leia por si mesmo em Agostinho, Próspero e Fulgêncio, e verás isso com os teus próprios olhos.[128]

Note que Baxter abordou Agostinho da mesma forma que H. Browne, tradutor de algumas das obras do bispo de Hipona para o inglês no século XIX, como observado anteriormente.

Próspero de Aquitânia (390 – 455.)

Próspero foi discípulo de Agostinho e é visto pelos estudiosos agostinianos como o intérprete normativo do pensamento de Agostinho. Pode-se discernir facilmente o compromisso de Próspero com a expiação ilimitada nas duas declarações seguintes:

> **Artigo 9 - Objeção: O Salvador não foi crucificado para a redenção do mundo inteiro...** Consequentemente, embora seja correto dizer que o Salvador foi crucificado para a redenção do mundo inteiro, porque ele realmente tomou a nossa natureza humana e porque todos os homens estavam perdidos no primeiro homem, ainda assim se pode dizer que ele foi crucificado somente pelos que deviam se beneficiar com a sua morte.[129]

Poultry, 1694], 184-86). Davenant não pensa que Pelágio limitou a expiação. Veja a sua "Dissertation on the Death of Christ". 2:323-30.

[128] R. Baxter, *Catholick Theologie* (London: Printed by Robert White, for Nevill Simmons at the Princes Arms in St. Pauls Church-yard, 1675), 2:57-58.

[129] Prosper, "Prosper of Aquitaine: Defense of St. Augustine," trad. e anotado P. De Letter, S.J., em *Ancient Christian Writers*, 66 vols. (New York: Newman, 1963), 32:149-50. A obra em latim é *Pro Augustino responsiones ad capitula objectionum allorum calumniantium*.

Artigo 1 - Objeção: O Nosso Senhor Jesus Cristo não sofreu pela salvação e redenção de todos os homens... Considerando, então, por um lado, a grandeza e o valor do preço pago por nós e, por outro lado, o destino comum de toda a raça humana, deve-se dizer que o sangue de Cristo é a redenção do mundo inteiro. Mas os que passam por este mundo sem vir à fé e sem renascerem no batismo, permanecem intocados pela redenção. Portanto, visto que o nosso Senhor, verdadeiramente, tomou sobre si a natureza e a condição que são comuns a todos os homens, é correto dizer que todos foram redimidos e que, não obstante, nem todos são realmente libertados da escravidão do pecado.[130]

A partir dessas duas citações, fica claro que Próspero defendeu a expiação ilimitada. Godfrey concluiu que "Próspero estava muito preocupado em evitar a acusação de que estava limitando a universalidade da morte de Cristo".[131]

Na lista de citações dos pais da igreja de John Owen, ele se referiu a Ambrosiastro como afirmando a expiação limitada.[132] Ambrosiastro não é uma pessoa real. Já foi pensado que essa obra, e outras, era obra de Ambrósio. Mas quando isto se provou falso, o nome "Ambrosiastro" foi dado a essas obras. Hoje se crê que essa obra seja de Próspero. Ela está agora disponível em inglês sob o título *The call of the nations* (O chamado das nações).[133]

O tratamento que Owen faz dessa citação deixa muito a desejar. Ele omitiu uma sentença vital na citação que falsifica a sua interpretação limitariana. Aqui está a versão do teólogo: "O povo de Deus tem a sua própria plenitude. Nos eleitos e pré-conhecidos, distinguidos da generalidade de todos, considera-se uma certa universalidade especial; de modo que o mundo inteiro parece ser libertado do mundo inteiro, e todos os homens sendo tirados de todos os homens".[134]

Aqui está a citação real de Próspero com a frase que Owen deixou em itálico:

> O povo de Deus, portanto, tem uma completude toda própria. *É verdade que uma grande parte da humanidade recusa ou negligencia a graça do seu Salvador.* Nos eleitos, contudo, e nos pré-conhecidos que foram separados da generalidade da humanidade, temos uma totalidade

---

[130] Ibid., 164. Próspero conecta a ideia de alguns serem "intocados pela redenção" com serem "realmente libertados da escravidão do pecado". Esaa é a redenção *aplicada*.

[131] Godfrey, "Reformed Thought on the Extent of the Atonement", 136.

[132] J. Owen, *The Death of Death*, 311. Também em "Death of Death", 10:423.

[133] Prosper, *The Call of the Nations*, trad. P. De Letter (London: Longmans, Green & Co., 1952).

[134] Owen, *The Death of Death*, 423.

especificada. Portanto, o mundo inteiro é dito como se o seu total tivesse sido libertado e toda a humanidade como se todos os homens tivessem sido escolhidos.[135]

A citação em si, não a menção do resto do contexto, indica que Próspero está envolvido em uma discussão sobre a eleição, não sobre a extensão da expiação. Contudo, posteriormente Próspero lida com a questão de extensão e é autoevidente que ele afirma a expiação ilimitada. Por exemplo, quando diz que "não pode haver motivo para duvidar que Jesus Cristo, nosso Senhor, morreu pelos incrédulos e pelos pecadores. Se houvesse alguém que não pertencesse a estes, então Cristo não teria morrido por todos. Mas ele morreu por todos os homens sem exceção".[136]

Em toda a era patrística, só há um nome que pode ser arranjado em apoio à expiação limitada, e somente de uma forma muito provisória e temporária. Em sua *History of the Councils of the Church* (História dos Concílios da Igreja), Hefele afirma que, como resultado do Concílio de Arles no século V, Luciano, que havia se inclinado à expiação limitada, mudou suas visões para a expiação ilimitada.[137] Parece que uma forma extrema de predestinacionismo pode ter levantado a possibilidade de expiação limitada na mente de Luciano.[138]

O Concílio de Arles claramente condenou a visão de que "Cristo não morreu pela salvação de todos"[139] os homens. O Concílio também condenou essa visão de que

---

[135] Prosper, *The Call of the Nations*, 46.

[136] Ibid., 118.

[137] C. J. Hefele, *A History of the Councils of the Church*, trad. e ed. W.R. Clark (Edinburgh: T. & T. Clark, 1872), 20-21. Conforme Hefele, uma das principais fontes de informação sobre Luciano e sobre o Concílio de Arles foram as cartas de Fausto. (*Fausti Reiensis Praeter Sermones Pseudo-Eusebianos Opera. Accedunt Ruricii Epistula. Recensuit A. Engelbrecht*, 1891).

[138] O Concílio de Arles tratou principalmente da predestinação extrema e não da extensão da expiação.

[139] H. Bettenson, *Documentos da Igreja Cristã*, (São Paulo: ASTE, 1967), 96. Veja também A. Maria de' Liguori, *The History of Heresies and Their Refutation: Or, the Triumph of the Church* (Dublin: James Duffy, 1857), 116-17. Hilário de Arles (c. 401-449), comentando 1 João 2.2, afirma que quando João diz que Cristo morreu pelos pecados do "mundo inteiro", o que ele quer dizer é que ele morreu por toda a igreja. (*James, 1-2 Peter, 1-3 John, Jude*, G. Bray, ed., Ancient Christian Commentary on Scripture: XI [Downers Grove, IL: InterVarsity, 2000], 177). Essa citação realmente não prova nada. Esse é um comentário sobre um texto específico e seguindo uma tradição específica de interpretar uma passagem específica originada por Agostinho. Como vimos, Agostinho afirmou a expiação ilimitada. O que precisa ser provado é que Hilário ensinou que Cristo morreu somente pelos eleitos, e não que, ao comentar uma passagem específica, Hilário cria que ela só se aplicava aos eleitos.

Cristo "não quer que todos sejam salvos".[140] Gould lista dois dos anátemas, os quais seguem: (1) "e para os que ensinam que os que estão perdidos não receberam de Deus meios de salvação", e (2) "anátema aos que afirmam que Cristo buscou a salvação de alguns, não de todos os homens".[141]

Conclusão
Nenhuma declaração patrística afirma uma expiação estritamente limitada. Muitas de suas declarações afirmam claramente uma expiação universal. O que se encontra na patrística é uma limitação na aplicação da redenção, não em sua realização.

O Período Medieval

Durante o período medieval, as únicas exceções à posição da expiação ilimitada foram Godescalco (século IX) e Floro de Lyon, um contemporâneo de Godescalco. Todos os luminares desse período, incluindo o eminente Tomás de Aquino, afirmaram uma expiação ilimitada.

Godescalco (808 — 867)
A primeira pessoa a defender explicitamente a expiação limitada na história da igreja foi Godescalco de Orbais.[142] Genke corretamente resumiu as concepções teológicas

---

[140] T.S. Holmes, *The Origin & Development of the Christian Church in Gaul during the First Six Centuries of the Christian Era* (London: Macmillan, 1911), 404-5.

[141] S. Baring-Gould, *The Lives of the Saints*, 16 v. (London: Longmans, Green & Co., 1898), 10:416.

[142] G. Michael Thomas, *The Extent of the Atonement: A Dilemma for Reformed Theology from Calvin to the Consensus (1536-1675)* (Carlisle: Paternoster, 1997), 5. Para mais informação sobre Godescalco, consulte P. Schaff, "Medieval Christianity form Gregory 1 to Gregory VII A. D 590-1073, vol. 4", em History of the Christian Church (Peabody, MA: Hendrickson, 1996), 523-39; P. N. Archibald, "A Comparative Study of John Calvin and Theodore Beza on the Doctrine of the Extent of the Atonement" (PhD diss., Westminster Theological Seminary, 1998), 20-33; D. E. Nineham, "Godescalco of Orbais: Reactionary or Precursor of the Reformation?", *Journal of Ecclesiastical History* 40 (1989): 1– 18; J. Pelikan, "The Growth of Medieval Theology (600– 1300), v. 3," em *The Christian Tradition: A History of the Development of Doctrine* (Chicago: University of Chicago Press, 1978), 80– 95; J. Rainbow, *The Will of God and the Cross* (Allison Park, PA: Pickwick, 1990), 25–32; J. V. Fesko, *Diversity within the Reformed Tradition: Supra and Infralapsarianism in Calvin, Dort, and Westminster* (Greenville, SC: Reformed Academic Press, 2001), 25–35; V. Genke and F. X. Gumerlock, *Godescalco & A Medieval Predestination Controversy: Texts Translated from the Latin*, in Mediaeval Philosophical Texts in Translation (Milwaukee, WI: Marquette University Press, 2010), 7–63; and L. Gatiss, *For Us and for Our Salvation*, Latimer Studies 78 (London: Latimer Trust, 2012), 61–65.

James Ussher publicou um livro em 1631 sobre o monge medieval Godescalco. Ele concordou com Godescalco sobre o tema da predestinação incondicional, mas diferiu dele sobre o

de Godescalco e concluiu, entre outras coisas, que ele ensinou que Deus não deseja a salvação de todas as pessoas e Cristo morreu somente pelos eleitos.[143]

Godescalco leu Agostinho e aceitou sua posição sobre a predestinação, mas foi além se posicionando para uma dupla predestinação extrema. Ele foi mais além quando declarou que "Cristo não foi crucificado e morto pela redenção do mundo inteiro, isto é, não pela salvação e redenção de toda humanidade, mas somente por aqueles que são salvos".[144] Como Schaff notou, Godescalco "mensurou a extensão do propósito [da expiação] pela extensão do efeito. Deus é absolutamente imutável e a vontade dele precisa ser cumprida. O que não acontece, não pode ter sido intentado por ele."[145]

---

tema da expiação limitada (J. Ussher, *Gotteschalci, et Praedestinatianae Controversiae abe o motae, Historia: Una cum duplice ejusdem Confessione, nunc primum in lucem editâ* [Dublin: Societatis Bibliopolarum, 1631]). Veja também essa obra em The Whole Works of the Most Rev. James Ussher, D.D., 17 v. (Dublin: Hodges and Smith, 1847– 1864), 4:207– 33. Para as afirmações de Ussher sobre a expiação ilimitada, veja a seguir, Owen Thomas, *The Atonement Controversy in Welsh Theological Literature and Debate*, 1707–1841, trad. J. Aaron (Edinburgh: Banner of Truth, 2002), 116–23, contém um resumo útil de Godescalco que concorda com a análise de Ussher.

[143] V. Genke e F. X. Gumerlock, *Gottschalk & A Medieval Predestination Controversy*, 58-61.

[144] Citado em J. Davenant, *An Exposition of the Epistle of St Paul to the Colossians*, 2:334. A edição de 2005, da Banner of Truth, reimpressa do comentário de Davenant omite a "Dissertação sobre a Morte de Cristo", Davenant contrasta a "novidade de doutrinas" de Godescalco com os registros das citações dos primeiros pais da igreja, incluindo Agostinho e Próspero. Veja também, Daniel, "Hyper-Calvinism and John Gill", 503. J. Rainbow, *The Will of God and the Cross: An Historical and Theological Study of John Calvin's Doctrine of Limited Redemption* (Allison Park, PA: Pickwick, 1990), 26, erroneamente sugeriu que Godescalco assimilou seu conceito da expiação limitada de Agostinho. Godescalco interpretou as declarações em Agostinho como "Cristo sofreu por todos" (*para o cunctis*) como referência a todos os eleitos e somente aos eleitos. Embora Agostinho sempre falasse sobre Cristo morrer por aqueles que foram eleitos para a salvação, ele também falou sobre Cristo morrer pelo "mundo inteiro" e jamais limitou a satisfação real pelos pecados que Cristo fez exclusivamente para os eleitos, conforme demonstrado anteriormente.

[145] P. Schaff, Medieval Christianity, 528. Schaff está correto quanto a isso. Contudo, mais tarde, Schaff afirmou que Godescalco "falou sobre duas redenções, uma comum para os eleitos e para os réprobos, outra própria e especial para os eleitos apenas" (531). Schaff adota esse comentário com o argumento de que este é similar aos calvinistas posteriores, que falaram sobre a expiação como eficiente apenas para os eleitos, mas suficiente para todas as pessoas (532). A afirmação de Schaff é desvirtuosa por várias razões. Primeira, a "redenção comum" que Godescalco ensina somente concerne aos réprobos batizados, não aos réprobos pagãos. Segunda, Godescalco pensou que a "redenção" que os réprobos batizados têm é apenas a da água do batismo que purifica dos pecados passados, não uma redenção de alguma forma relacionada à morte de Cristo. Terceira, não há sugestão do princípio suficiência/eficiência em Godescalco, portanto, não há base para compará-lo a calvinistas posteriores a respeito desse tema. Além disso, ao contrário da vasta maioria dos reformados, Godescalco considerou que Deus não ama os réprobos e de forma alguma deseja a salvação deles. No pensamento dele, a morte de Cristo não se relaciona aos réprobos e Deus não tem amor ou vontade evangélistica redentora para eles. Pode-se pensar dele como um proto-hipercalvinista (para usar o termo anacronicamente) sobre o tema da predestinação, não um precursor para o que mais tarde se tornaria a ortodoxia reformada.

Hincmaro de Reims (806—882) descreveu a convicção de Godescalco:

> Deus não deseja que todos os homens sejam salvos, mas apenas aqueles que são salvos. E o que o apóstolo afirma: "Que deseja que todos os homens sejam salvos" é dito de todos aqueles que são salvos; que Cristo não veio para que todos pudessem ser salvos, nem sofreu por todos, mas somente por aqueles que são salvos pelo mistério da paixão.[146]

Em sua carta a Egilo (arcebispo de Sens), Hincmaro usou a presença de Judas na primeira ceia do Senhor para refutar o conceito limitado de Godescalco da redenção de Cristo. Depois de citar Lucas 22.19, ele declarou:

> Judas estava também presente entre aqueles a quem ele compartilhou, exercendo a função dos réprobos; enquanto os outros discípulos, a função dos eleitos. Pois ele, é evidente, não disse "para todos", mas "para muitos", porque todos não creriam. Porquanto o derramamento do sangue de Cristo, do justo pelos injustos (1 Pe 3.18), foi de um preço tão inestimável que se o universo daqueles cativos cresse no redentor deles, as correntes do diabo não teriam retido ninguém.[147]

Note o sentido da suficiência de Cristo quando Hincmaro falou de "um preço tão inestimável". Lembre que Agostinho também disse que Judas estava à mesa quando Cristo falou de sua morte expiatória.

Fesko disse a razão pela qual Hincmaro se opôs à doutrina de Godescalco "foi porque até esse período na história da igreja, a opinião comum era que a expiação de Cristo era universal e o que anulava a eficácia da expiação para a salvação de uma pessoa era sua recusa em aceitar a oferta de perdão".[148]

Godescalco e seus conceitos extremos foram condenados em três concílios franceses.[149] Durante a controvérsia Godescalco, que foi principalmente sobre o tema da

---

[146] Hincmaro, conforme citado por Remígio, "A Reply to Three Letters" em *Gottschak & A Medieval Predestination Controversy*, 156.

[147] Genke e Gumerlock, *Gottschak & A Medieval Predestination Controversy*, 182. Para o debate sobre se Judas estava à mesa, veja G. Gillespie, *Aaron's Road Blossoming* (Londres: Impresso por E. G. para Richard Whitaker, 1646), 436-60; R. Drake, A Boundary to the Holy Mount (Londres: Abraham Miller, 1653), 7-11; e Daniel, "Hyper-Calvinism and John Gill", 517, 557-78, e 823.

[148] Fesko, *Diversity within the Reformed Tradition*, 31.

[149] Embora ele também fosse absolvido por três outros concílios: Paris (849), Sens (853) e Valença (855)

predestinação, os dois conceitos sobre a extensão da expiação foram formulados com argumentos que mais tarde seriam usados e aprimorados nos séculos XVI e XVII.[150]

Importante notar aqui é o fato de que o tema da extensão da expiação não foi debatido previamente, e os conceitos de Godescalco são significativos "porque é a primeira articulação existente a respeito da expiação definida na história da igreja".[151] A expiação limitada foi considerada por Godescalco e pelos defensores da dupla predestinação, que o apoiaram, como algo de uma conclusão lógica e não como algo demonstrado exegeticamente do texto.[152]

Pedro Lombardo (1096 — 1164)

Um dos teólogos notáveis e influentes na última parte da Idade Média foi Pedro Lombardo. Ele é o autor da agora famosa declaração suficiência/eficiência. É vital dizer uma palavra sobre este princípio popular articulado explicitamente primeiro por Lombardo em suas *Sentenças*:[153] "A morte de Jesus é suficiente para todos, mas eficiente apenas para os eleitos. Historicamente, essa declaração ressaltou que a morte de Cristo pagou o preço pelos pecados do mundo, mas que os benefícios da expiação foram apenas aplicados aos eleitos (aqueles que creem).

Conforme Rouwendal, a crítica de Beza ao princípio de Lombardo lançou um novo estágio no desenvolvimento da doutrina da expiação limitada. Até a época dele, o princípio de Lombardo foi aceito por Calvino e todos os reformadores.[154] Outros

---

[150] Conforme notado por Pelikan, *Growth of Medieval Theology*, 90-92, e Archibald, "A Comparative Study", 28-29.

[151] Fesko, *Diversity within the Reformed Tradition*, 32.

[152] Como pode ser inferido da discussão de P. Schaff sobe os eventos em torno de Godescalco (*History of the Christian Church*, 4.523-37). Embora não seja diretamente declarado por Gumerlock, é sugerido em seu artigo de duas partes sobre Godescalco (Francis X. Gumerlock, "Predestination in the Century before Gottschalk [Part 1]", Evangelical Quarterly 81.3 [July 2009]: 195-209; e idem, "Predestination in the Century before Gottschalk [Part 2]", *Evangelical Quarterly* 81.4 [October 2009]: 319-37).

[153] A seção do princípio é traduzida como segue:
> Ele se ofereceu no altar da cruz não para o diabo, mas para o Deus trino e ele assim o fez por todos com respeito à suficiência do preço, mas somente pelos eleitos com respeito à eficácia, porque ele proporcionou salvação apenas para os predestinados.

Pedro Lombardo, *The Sentences: Book 3: On the Incarnation of the Word*, trad. Silano, Medieval Sources in Translation 45 (Toronto: Pontifical Institute of Medieval Studies, 2008), 86. O conceito, contudo, é pelo menos tão antigo quanto Ambrósio (AD 338-397). Veja sua *Exposition of the Holy Gospel according to Saint Luke*, trad. T. Tomkinson (Ema: CA: Center for Tradionalist Orthodox Studies, 1998), 201-2: "Embora Cristo tenha sofrido por todos, no entanto, ele sofreu por nós particularmente, porque ele sofreu pela igreja".

[154] P. L. Rouwendal, "Calvin's Forgotten Classical Position on the Extent of the Atonement: About Sufficiency, Efficiency, e Anachronism", *Westminster Theological Journal* 70 (Fall 2008): 320.

reformadores começaram a aceitar a abordagem crítica de Beza. Guliemus Bucanus, que foi professor em Lausanne de 1591 a 1603, "escreveu que a morte de Cristo 'poderia ter sido' (em vez de 'foi') um resgate pelos pecados de todas as pessoas". Johannes Piscator (1546-1625) foi mais longe e chamou o princípio clássico de distinção "contraditória".[155] Há muitos exemplos dessa revisão nos escritos de calvinistas extremos no período.

Nicholas Byfield (1579—1622), por exemplo, disse que quando a Escritura declara que Cristo morreu por todos, deve-se entender que

> Primeiro, com respeito à suficiência de sua morte, não em respeito à eficiência. Segundo, em relação à oblação comum dos benefícios de sua morte externamente no evangelho para todos. Terceiro, como sua morte se estende a todos os eleitos; *para todos*, isto é, para os eleitos. Quarto, *para todos*, isto é, para todos que são salvos, de modo que nenhum que seja justificado e salvo, o seja, a não ser pela virtude de sua morte. Quinto, *para todos*, isto é, para todos indefinidamente; para todos os tipos de pessoas, não para todo homem de todo tipo. Por fim, ele morreu *para todos*, isto é, não para os judeus apenas, mas pelos gentios também.[156]

Johannes Wollebius (1586—1629) também argumentou da mesma forma que Byfield. Ele declarou:

> Se considerarmos o plano de Deus e a intenção de Cristo, então é falso afirmar que Cristo morreu por cada pessoa. Por essa razão, outros dizem que a morte dele foi suficiente para todos, mas não eficaz para todos; isto é, o mérito de Cristo, devido ao seu valor, é suficiente para todos, mas não é eficaz para todos em sua aplicação, porque Cristo não morreu com a intenção que sua morte fosse aplicada a todos.[157]

---

[155] Ibid.

[156] N. Byfield, *An Exposition Upon the Epistle to the Colossians* (Londres: E. Griffin for N. Butter, 1617), 99.

[157] J. Wollebius, "Compendium Theologiae Christianae", em *Reformed Dogmatics: Seventeenth-Century Reformed Theology through the Writings of Wollebius, and Turretin*, ed. e trad. J. W. Beardslee (Grand Rapids, MI: Baker, 1965), 105-6. Veja também J. Wollebius, *The Abridgement of Christian Divinitie*, trad. A Ross (Londres: T. Mabb, 1660), 149, e F. Makemie, *An Answer to George Libel* (Boston: Benjamin Harris, 1694), 48-50.

Leonardus Rissenius (1636 — 1700) expressou a versão revisada do princípio:

> Pode-se afirmar que a satisfação de Cristo é suficiente para os pecados de um e de todos, se a Deus parecesse justo; pois visto que ela foi de valor infinito, era suficiente para a redenção de um e de todos, se parecesse apropriado a Deus estendê-la a todo o mundo. E aqui cabe uma distinção usada pelos Pais e conservada por vários teólogos, que Cristo morreu suficientemente por todos, mas eficazmente apenas pelos eleitos; que a frase, é muito verdadeira, compreendido o mérito da morte de Cristo, embora seja menos precisa se se refere à vontade e conselho de Cristo. Pois o Filho se entregou à morte, não com o propósito e intenção de agir como substituto pessoal no lugar de um e todos, para fazer satisfação por eles e assegurá-los a salvação; mas pelos eleitos apenas, que foram dados a ele pelo Pai para serem redimidos e de quem ele seria o cabeça, ele estava disposto a se entregar.[158]

William Lyford (1598—1653) foi eleito para a Assembleia de Westminster (apesar de nunca ter atuado). Comentando sobre o fato de que a Escritura, às vezes, fala da morte de Cristo em termos universais e, algumas vezes, em termos limitados, ele disse aos seus leitores que deveriam distinguir entre suficiência e eficiência. Suficiência denota o "valor e preço infinitos" da morte de Cristo que é "abundantemente suficiente para tirar os pecados do mundo". Com respeito a essa suficiência, Lyford falou de três aspectos nos quais a morte de Cristo deveria ser considerada como suficiente. Primeiro, com respeito ao "preço ou mérito dela". Há valor suficiente na morte de Cristo para expiar todos os pecados que foram ou serão cometidos. Segundo, a oferta do evangelho é "geral e universal" baseada na suficiência da expiação. Terceiro, "a redenção é geral ou universal em relação aos meios, sinceramente chamando todos os homens a uma comunhão com Cristo". Por isto Lyford pretende dizer "se houvesse mil mundos a mais para serem salvos, não precisariam de outro evangelho".[159]

A *Leiden Synopsis* [Sinopse de Leiden] sobre o princípio da suficiência/eficiência, originalmente publicado em 1625, muito popular na Escócia e na Europa continental no século XVII, contém a seguinte declaração:

---

[158] L. Riissenius, *Francisci Turretini Compendium Theologiae didactico-elencticae ex theologorum nostrorum Institutionibus auctum et illustratum* (Amstelodami: Georgium Gallet, 1695), 120 (citado in H. Heppe, Reformed Dogmatics, ed. E. Bizer [Grand Rapids, MI: Baker, 1978], 477–78).

[159] W. Lyford, *The Plain Mans Senses Exercised* (Londres: Impresso por Richard Royton at the Angel in Ivie-lane, 1655), 259–62.

Pois embora com respeito à magnitude, dignidade e suficiência do preço, considerado em si mesmo, pode ser estendido a todas as pessoas, no entanto, é particularmente um pagamento por aqueles a quem o Pai escolheu e concedeu ao Filho, que mediante o dom de Deus crerá em Deus e em seu Filho. Portanto, a Escritura em toda parte diz que ele gastou a si mesmo "pelos seus' e "por nós", "pelas ovelhas", e "a igreja". Mateus 20.28, 26.28, 1 João 3.16, Atos 20.28 etc.[160]

O foco está no valor da suficiência, não na suficiência real pelos pecados de todos. Observe a linguagem cuidadosa "possa ser estendido a todas as pessoas". A suficiência para todos como compreendida por Lombardo e pelos primeiros reformadores é aqui alterada para ser puramente hipotética.

Herman Witisius (1636—1708) falou sobre o tema da suficiência e sua linguagem é claramente hipotética também. Os sofrimentos de Cristo "são, devido à infinita dignidade da pessoa, desse valor, quanto a serem suficientes para redimir não apenas todos e todo homem, mas muitas miríades; além disso, *se fosse aprazível a Deus e a Cristo, ele [Cristo] teria se dedicado e expiado por eles".*[161]

Hezekiah Holland (1617— c. 1661) argumentou sobre Cristo pagar um preço suficiente, mas não eficiente pelo mundo, descrevendo a suficiência como suficiente em valor apenas, mas não suficiente no sentido que a morte de Cristo realmente pagou pelos pecados do mundo todo.[162]

John Owen sabia que ele e outros estavam alterando o princípio de Lombardo e preferiram expressá-lo em termos hipotéticos: "Nós não negamos que a morte de Cristo teve o valor suficiente *para redimir* todos os homens".[163] Essa interpretação foi designada para apoiar o argumento de Owen em favor da expiação limitada. Richard Baxter chamou a alteração de Owen do princípio de Lombardo de um "novo pretexto fútil" e refutou a posição de Owen completamente.[164]

---

[160] J. Polyander, A. Walaeus, A. Thysius, and A. Rivet, *Synopsis Purioris Theologiae* (Leiden: Elzevier, 1642 [1625]), 356.

[161] H. Witsius, *The Economy of the Covenants between God and Man*, 2 v., trad. W. Crookshank (Edimburgo: Thomas Turnbull, 1803), 1:260 (ênfase minha).

[162] H. Holland, *A Christian Looking-Glassed: Or a Glimpse of Christ's Unchangeably Everlasting Love* (Londres: T. R. & E. M., 1649), 13–15.

[163] Owen, *"Por Quem Cristo Morreu?",* 60 (ênfase do autor). W. Cunningham reconheceu essa alteração em sua obra Historical Theology, 2 vols. (Edimburgo: Banner of Truth, 1994), 2:332.

[164] R. Baxter, *Universal Redemption of Mankind by the Lord Jesus Christ* (Londres: Impresso por John Salusbury no Nascer do Sol em Cornhill, 1694), 343–45.
Clifford disse que a aparente concordância de Owen sobre isso [a distinção suficiência/eficiência é realmente pouco mais que hipocrisia; a sua deliberada redefinição sobre o assunto significa que

William Cunningham descreveu como o princípio foi modificado por calvinistas posteriores:

> Quando o tema da extensão da expiação foi mais plena e precisamente discutido, os calvinistas ortodoxos geralmente objetaram em adotar esta posição escolástica, baseado no que pareceu implicar uma atribuição a Cristo de um *propósito* ou *intenção* de morrer, em algum sentido, por todos os homens. Por essa razão, eles geralmente declinaram de adotá-la como ela é, ou propuseram alterá-la a essa forma, – a morte de Cristo foi suficiente para todos, eficaz para os eleitos. Por essa mudança na posição, a questão voltou-se, não para o que Cristo fez, mas para sobre o quê sua morte foi. E assim, a peculiaridade de atribuir a ele pessoalmente um propósito ou intenção de morrer, em algum sentido, por todos os homens, foi removida.[165]

A alteração do princípio de Lombardo aconteceu historicamente no fim do século XVI e no início e meados do século XVII. É coincidência que a tendência de restringir a expiação aos eleitos começou com Beza no final do século XVI e corresponde com a alteração do princípio de Lombardo? Rouwendal notou a importância de reconhecer que a tendência na direção da expiação limitada "não havia começado até 1588, 24 anos após Calvino haver morrido".[166]

Muitos calvinistas modernos que defendem a expiação limitada não gostam do princípio de Lombardo por pelo menos duas razões: (1) pode ser interpretado para apoiar a expiação limitada e ilimitada, e (2) historicamente Lombardo pretendeu que ela fosse uma declaração de consenso para indicar a fé da igreja que Cristo de fato morreu pelos pecados do mundo, o que atinge a essência da posição da expiação limitada conforme defendida por Beza, Owen e outros.

Raymond Blacketer pensa que o reformador continental Zanchi claramente defendeu a expiação limitada e sua declaração "interpreta e esclarece" o princípio

---

a expiação é apenas suficiente para aqueles por quem ela é eficiente. Em outras palavras, se a expiação é limitada, então as "facilidades do crédito" do evangelho estão apenas disponíveis para os eleitos (A. C. Clifford, *Atonement and Justification: English Evangelical Theology 1640-1790* – An Evaluation [Oxford: Clarendon Press, 1990], 112-13).

[165] Cunningham, *Historical Theology*, 2:332.
[166] P. L. Rouwendal, "Calvin's Forgotten Classical Position on the Extent of the Atonement," 320.

e Lombardo.¹⁶⁷ Isto é uma interpretação distorcida de Zanchi (veja a seguir), bem como uma falha em reconhecer a alteração do princípio de Lombardo que começou com Beza. Beza formulou a doutrina da expiação definida com detalhes, em diversas publicações. Jacó Armínio, aluno de Beza, mais tarde rejeitaria a predestinação extrema de Beza juntamente com a expiação limitada.

Veremos que o debate sobre a natureza dessa suficiência, começando no início do século XVII, é *o debate decisivo* no tema da extensão. Sempre se ouve declarações por calvinistas que "o debate não é sobre a suficiência da expiação; todos concordam que a expiação foi suficiente para expiar os pecados do mundo inteiro". Contudo, o debate é muito mais a respeito da natureza da suficiência da morte de Cristo.

A posição do calvinismo extremo sobre a expiação implica que a morte de Cristo é apenas de fato suficiente para salvar os eleitos. Os não eleitos por implicação não são salváveis porque o Filho não morreu pelos pecados deles. Os pecados dos não eleitos não foram imputados a Jesus na cruz. Quando se fala da suficiência de Cristo na expiação limitada, afirma-se apenas uma suficiência intrínseca (ou uma *simples* suficiência).¹⁶⁸ A ideia é que se Deus tivesse pretendido que todos no mundo fossem salvos, então a morte de Jesus poderia ter sido suficiente para todos (porque ela tem mérito intrínseco), mas não é isso que o Pai pretendeu, de acordo com os calvinistas extremos.

A posição moderada calvinista e não calvinista interpreta o termo "suficiente" como Cristo de fato fez expiação pelos pecados de toda a humanidade. Assim, a morte do Filho é extrínseca ou universalmente suficiente em capacidade para salvar todas as pessoas, pois está adaptada à necessidade de toda pessoa. É absolutamente importante fazer essa distinção.

Raymond Blacketer, falando do princípio de Lombardo, declarou: "Considerada abstratamente, a morte de Cristo tem valor inerente mais do que suficiente para cobrir os pecados de toda pessoa; mas Lombardo limita sua eficácia aos eleitos. Essa distinção, embora seja um movimento significativo em relação ao conceito da expiação definida e da redenção particular, ainda deixa espaço para a ambiguidade".¹⁶⁹ O princípio de Lombardo, devidamente compreendido, não é um mover em direção à expiação limi-

---

167   R. Blacketer, "Definite Atonement in Historical Perspective," em *The Glory of the Atonement*, ed. C. E. Hill and F. A. James III (Downers Grove, IL: InterVarsity, 2008), 317.

168   O conceito "intrínseco" ou "simples suficiência" é discutido e refutado nos escritos de vários calvinistas, incluindo J. Davenant, *An Exposition of the Epistle of St. Paul to the Colossians*, 2:401–4; J. Ussher, "An Answer to Some Exceptions," em *The Whole Works of the Most Rev. James Ussher*, 17 v. (Dublin: Hodges, Smith, and Co., 1864), 12:561–71; E. Polhill, "The Divine Will Considered in Its Eternal Decrees", em *The Works of Edward Polhill* (Morgan, PA: Soli Deo Gloria, 1998), 164; and N. Hardy, *The First General Epistle of St. John the Apostle, Unfolded and Applied* (Edimburgo: James Nichol, 1865), 140–41.

169   R. Blacketer, "Definite Atonement in Historical Perspective" ,311.

tada de forma alguma. Nem há qualquer espaço para ambiguidade quando o princípio é considerado em seu intento original. A ambiguidade desponta como resultado de sua alteração por aqueles que defendem a expiação limitada.

O princípio de Lombardo é repleto de confusão hoje, pois é usado por aqueles de ambos os lados do debate da pós-Reforma sobre a extensão para articular e defender a posição deles, sempre, sem que a pessoa especifique em que sentido está usando o termo. Quando o princípio é usado, a pergunta sempre precisa ser feita: O que significa o termo "suficiente?" O termo é usado de uma forma puramente hipotética, que a suficiência é limitada ao mérito e valor, ou é o termo compreendido para se referir a uma suficiência factual definida, que Cristo pagou o preço pelos pecados de todas as pessoas?

Tomás de Aquino (1225-1274)

Aquino foi indubitavelmente o teólogo mais notável do período medieval. Chamado de "o dr. Angélico" e o "boi mudo", os escritos dele foram para Idade Média o que os escritos de Agostinho foram para a era patrística. Todos os reformadores basearam-se em Aquino em um sentido ou outro.

David Hogg acertadamente reconheceu:

> Evidência da continuidade do pensamento do período de Pedro Lombardo, no século XII até meados e fim do século XIII, é melhor exemplificada nas obras de Tomás de Aquino. Lendo as duas principais obras de Tomás de Aquino, a *Suma Teológica* e a *Suma Contra os Gentios*, é claro que embora ele fosse patentemente influenciado por Aristóteles, ele não foi menos inspirado e influenciado pela obra magna de Pedro.[170]

O conceito de Aquino sobre a extensão da expiação não é debatido pela maioria dos historiadores.[171] Ele frequentemente ensinou o sentido original do princípio sufi-

---

[170] D. S. Hogg, "'Sufficient for All, Efficient for Some,' Definite Atonement in the Medieval Church", em *From Heaven He Came and Sought Her: Definite Atonement in Historical, Biblical, Theological, and Pastoral Perspective*, ed. D. Gibson and J. Gibson (Wheaton, IL: Crossway, 2013), 89–90.

[171] D. S. Hogg and R. Blacketer podem ser as únicas exceções. Hogg tentou argumentar que o padrão de pensamento de Aquino "segue uma trajetória que vai na direção da doutrina da expiação definida". Veja "'Sufficient for All, Efficient for Some,' Definite Atonement in the Medieval Church," 90, 89–95. Ele diz que Aquino "escreveu sobre a predestinação, presciência divina, livre arbítrio, e a morte expiatória de Cristo de uma maneira que não é apenas consistente com as expressões posteriores da Reforma sobre a expiação definida, mas preparatória e fundacional para essa doutrina" (75). Hogg citou R. Blacketer's "Definite Atonement in Historical Perspective," em The Glory of the Atonement: Biblical, Historical and Practical Perspectives, 313. Blacketer

ciente/eficiente.¹⁷² Segundo W. G. T. Shedd houve na teologia de Aquino "a doutrina da superabundância dos méritos de Cristo". "A paixão do Redentor [no conceito de Aquino] não foi meramente suficiente, foi também uma satisfação superabundante pelos pecados da raça humana".¹⁷³

Tomás tratou de uma versão sobre o argumento do duplo pagamento: "Se Cristo expiou suficientemente os pecados da humanidade, seria certamente injusto que o homem ainda devesse sofrer punições que a Escritura declara que foram

---

parece um pouco mais cauteloso que Hogg e sustentou que os conceitos de Aquino "não são muito claros" (311). Blacketer, no entanto, defendeu que a trajetória do pensamento de Aquino sobre predestinação presta-se à expiação definida. J. Rainbow lidou com o conceito de Aquino (The Will of God and the Cross: An Historical and Theological Study of John Calvin's Doctrine of Limited Redemption [Allison Park, PA: Pickwick, 1990], 34-38), e considerou que Aquino diferiu daquilo que Rainbow pensa que seja o conceito estrito de Agostinho e em vez disso ficou ao lado de Crisóstomo (34-35). Rainbow defendeu que Aquino usou o princípio suficiente-e-ficiente "para universalizar a vontade redentora de Deus na morte de Cristo" (36). Para Tomás, "Cristo morreu suficientemente significava para ele que Deus realmente deseja salvar todos os homens por meio da morte de Cristo" (ibid.). Rainbow cogitou que incerteza sobre a posição de Tomás é "virtualmente eliminada" quando observamos a forma em que ele interpretou essas passagens como João 12.32 e 1 João 2.2 (37): "Tomás foi, em síntese, um genuíno defensor da predestinação que foi também defensor da redenção universal e, como tal, foi o precursor de Moyse Amyraut" (38). Posteriormente, ele afirmou que "Tomás de Aquino" antecipou o pensamento de Moyse Amyraut quando conciliou a dupla predestinação e a redenção universal em um sistema teológico" (47). Rainbow interpretou que R. T. Kendall (João Calvino e o Calvinismo Inglês até 1649: os puritanos ingleses e a modificação da teologia de Calvino [Natal: Editora Carisma, 2019]) declara que Tomás era um adepto da redenção limitada porque ele usou o esquema "suficiente eficiente" (47-48). Isso é um equívoco uma vez que, como Rainbow disse, "os adeptos da redenção universal usaram a distinção de uma forma e os da redenção limitada de outra" (48). C. Daniel explica o conceito universal de Aquino em Hyper-Calvinism and John Gill (PhD diss., University of Edinburgh, 1983), 506–10.

¹⁷² A *"Suma Teológica" de São Tomás de Aquino: Part III, Second Number* (QQ. XXVII.– LIX.), 22 v., trad. Fathers of the English Dominican Province (New York: R. & T. Washbourne, 1912–36), 16:276 (III, ii, Q. 46, art. 5, ad. 3), 313–14 (III, ii, Q. 48, art. 2, ad. 2), 328 (III, ii, Q. 49, art. 3); *The Summa Contra Gentiles of Saint Thomas Aquinas*, 4 v., trans. English Dominican Fathers (New York: Benzinger Brothers, 1929), 4:204 (IV. xliv.9), 216 (IV. lv. 26 and IV. lv.27), 217 (IV.lv.29); *On Reasons for Our Faith against the Muslims, and a Reply to the Denial of Purgatory by Certain Greeks and Armenians: To the Cantor of Antioch*, trad. P. D. M. Fehlner (New Bedford, MA: Franciscans of the Immaculate, 2002), 52–53; "Exposito Super I Epistolam S. Pauli Apostoli Ad Timotheum," em *Omnes D. Pauli Apostoli Epistolas Commentaria*, 3 v. (Leodii: H. Dessain, 1857–1858), 3:68; *Commentary on the Letters of Saint Paul to the Philippians, Colossians, Thessalonians, Timothy, Titus, and Philemon*, trans. F. R. Larcher, ed. J. Mortensen and E. Alarcon (Landor, WY: Aquinas Institute for the Study of Sacred Doctrine, 2012), 265–66; *Commentary on the Epistle to the Hebrews* (South Bend, IN: St. Augustine's Press, 2006), 62.

¹⁷³ W. G. T. Shedd, *A History of Christian Doctrine*, 2 v. (1864; repr. Eugene, OR: Wipf & Stock, 1999), 2:310. "A paixão de Cristo foi uma satisfação suficiente e superabundante pelos pecados de toda raça humana" (*The "Summa Theologica" of St. Thomas Aquinas*, 16:328 [III, ii, Q. 49, art. 3]).

infligidas pelo pecado".[174] Tomás respondeu a essa objeção e é citada por muitos universalistas hipotéticos:

> Embora Cristo, por sua morte, expiou suficientemente os pecados da humanidade, como a vigésima sexta objeção argumentou, cada um precisa buscar o meio da própria salvação. A morte de Cristo é a causa da salvação universal, assim como o pecado do primeiro homem foi a causa da condenação universal. Ora, uma causa universal deve ser aplicada a cada pessoa, para que este possa ter sua parte no efeito da causa universal. Consequentemente, o efeito do pecado de nosso primeiro pai alcança cada pessoa por meio da origem sexual e o efeito da morte de Cristo alcança cada pessoa mediante a regeneração espiritual, pela qual o homem é unido a, e incorporado em Cristo. Portanto, cada um deve buscar ser regenerado por Cristo e receber as outras coisas nas quais o poder da morte de Cristo é eficaz.[175]

Tanto Paraeus como Kimedoncius citam Aquino sobre a satisfação suficiente de Cristo e seu ensino a respeito da redenção de todos em seus comentários de Apocalipse 5:

> O mérito de Cristo quanto à suficiência se estende igualmente a todos, mas não relativo à eficácia, que acontece em parte devido ao livre arbítrio e em parte por causa da eleição de Deus, por meio da qual os efeitos dos méritos de Cristo são misericordiosamente aplicados a alguns e negado a outros, conforme o justo julgamento de Deus.[176]

---

[174]   *The Summa Contra Gentiles of Saint Thomas Aquinas*, 199 (IV.liii.26).

[175]   *The Summa Contra Gentiles of Saint Thomas Aquinas*, 4:217 (IV.c.55.29). Os seguintes universalistas hipotéticos citam essa passagem em apoio ao ponto de vista deles: J. Kimedoncius, *Of the Redemption of Mankind* (Londres: Impresso por Felix Kingston para Humfrey Lownes, 1598), 235; J. Davenant, "Dissertation on the Death of Christ," em *An Exposition of the Epistle of St. Paul to the Colossians*, 2 v. (Londres: Hamilton, Adams, and Co., 1832), 2:342; N. Homes, "Christ's Offering Himself to All Sinners, and Answering All Their Objection," em *The Works of Dr. Nathanael Homes* (Londres: Impresso [por J. Legate] para o Autor, 1651), 16. Theophilus Gale (AD 1628– 1678) associou Aquino com o conceito de Davenant's da "suficiência ordenada". Veja *The Court of the Gentiles. Part IV. Of Reformed Philosophie. Wherein Plato's Moral and Metaphysic or Prime Philosophie Is Reduced to an Useful Forme and Method* (Londres: Impresso por J. Macock para Thomas Cockeril at the Sign of the Atlas in Cornhil, near the Royal Exchange, 1677), 357 (II.v.4).

[176]   Citado em D. Paraeus's contribution (Question 40) to *The Commentary of Dr. Zacharias Ursinus on the Heidelberg Catechism* (1852; repr. Phillipsburg, NJ: P&R, 1985), 224.

Sobre a paixão do Senhor falamos de dois tipos: de acordo com a suficiência e, portanto, sua paixão redimiu todos. Visto que ela é suficiente para redimir e salvar todos, embora haja muitos mundos, como Anselmo disse, lib. 2 *Cur Deus homo* [Livro 2. Por que Deus se fez homem?]. Cap. 14. Ou de acordo com a eficiência, e por isso todos são redimidos pela sua paixão, porque todos não estão unidos ao redentor e, portanto, todos não têm a eficácia da redenção.[177]

É claro que Aquino interpretou João 1.29; 1 Timóteo 2.4-6 e 1 João 2.2 de forma universal.[178]

---

[177] Citado em J. Kimedoncius, "Of the Redemption of Mankind", 33, 235; D. Paraeus, *Dissertações eruditas e excelentes, tratando e discutindo diversos pontos difíceis e complexos da religião crista, coligidos e publicados em latim por D. David Paraeus, dos escritos deste último famoso luminar da igreja de Deus, D. Zacarias Ursinus. Traduzido fielmente* (Londres: Impresso por H. Lownes, 1613), 140. Paraeus também citou Ambrósio, Cirilo, Agostinho, Próspero, e Lombardo afirmando o mesmo (ibid., 135–52). 134.

[178] *The Summa Contra Gentiles of Saint Thomas Aquinas*, 4:204 (IV.xliv.9); "Exposito Super I Epistolam S. Pauli Apostoli Ad Timotheum", 3:68; *Commentary on the Letters of Saint Paul to the Philippians, Colossians, Thessalonians, Timothy, Titus, and Philemon*, trad. F. R. Larcher, ed. J. Mortensen and E. Alarcon (Lander, WY: Aquinas Institute for the Study of Sacred Doctrine, 2012), 261–66; *The "Summa Theologica" of St. Thomas Aquinas*, 314 (III, ii, Q. 48, art. 2).

2

A Extensão da Expiação no Período da Reforma

Embora existissem muitos precursores preparando o caminho até a Reforma, a maioria concorda que ela começou oficialmente por volta do primeiro trimestre do século XVI. Eu tratarei cronologicamente dos principais teólogos e seus conceitos sobre a extensão, de acordo com o ano de nascimento deles.

Os Primeiros Reformadores Continentais[179]

Johannes Oecolampadius (1482-1531)
Oecolampadius foi um reformador alemão, pregador na Basileia, assistente editorial e consultor de hebraico para a primeira edição do Novo Testamento grego de Erasmo. Suas declarações tornam evidente que ele defendeu a expiação ilimitada.

> A humanidade toda foi totalmente condenada pelas graves e muitas ofensas, mas Cristo colocou sobre si todos os nossos pecados, satisfazendo seu Pai por nós e libertando-nos da morte eterna, de modo que agora devemos viver para o nosso mestre, Cristo.

---

[179] O termo continental é usado para se referir à Europa Continental, isto é, o continente europeu, excluindo-se as Ilhas Britânicas, como o Reino Unido, a Irlanda, a Ilha de Man e a Islândia. [N. do T.]

Por que Cristo morreu para nos libertar da morte eterna? O ilimitado amor extraordinário de Deus não poupou seu Filho unigênito, mas por todos nós o entregou à morte mais cruel, para que todo aquele que nele crer não pereça, mas tenha vida eterna.

Que no tempo designado do Pai, se fez homem sem qualquer infecção do pecado e viveu conosco na terra. E finalmente sofreu pelos pecados do mundo inteiro.

E seu Pai no céu perdoará suas ofensas. Temos remissão de pecados, onde? Na cruz, quando Cristo sofreu por todos os nossos pecados, isto é, os pecados do mundo inteiro.[180]

Martinho Lutero (1483-1546)

O monge agostiniano Martinho Lutero é o incontestado pai da Reforma. A fixação das 95 e teses na capela de Wittenberg em 1517 é geralmente a data conhecida para a instauração da Reforma, se bem que muitos precursores prepararam o caminho. É claro que Martinho Lutero defendeu a expiação ilimitada e todos os luteranos subsequentemente seguiram seu ensinamento.[181]

Por exemplo, Lutero afirmou que "Cristo removeu não apenas os pecados de alguns homens, mas seus pecados e aqueles do mundo todo. A oferta foi para os pecados do mundo inteiro, embora o mundo inteiro não creia".[182] Em outro contexto, Lutero defendeu incisivamente no que concerne a João 1.29:

> Você pode dizer: "Quem sabe se Cristo também expiou meu pecado? Não tenho dúvida que ele expiou o pecado de São Pedro, São Paulo e outros santos; esses eram pessoas piedosas" ... Você não sabe o que São João diz em nosso texto: "Este é o cordeiro de Deus que tira o pecado

---

[180] J. Oecolampadius, *A Sermon, of Ihon Oecolampadius, to Young Men, and Maydens*, trad. J. Fox (Londres: Humfrey Powell, 1548), fols. B6r–B7v, B8v, C1v, C5v. Em sua Exposição de Isaías 36–37, Oecolampadius também afirmou uma expiação universal: "Cristo é o nosso 'único mediador, advogado e sumo sacerdote na presença de Deus'. Ele orou pelos transgressores na cruz e continua a fazê-lo no céu. Acresça-se a isso, que ele ofereceu sacrifício, visto que voluntariamente, ele, com seu sangue inocente, tirou o pecado do mundo", (D. M. Poythress, "Johannes Oecolampadius's Exposition of Isaiah, Chapters 36–37," 2 v. [PhD diss., Westminster Theological Seminary, 1992], 2:566–67).

[181] D. Scaer, "The Nature and Extent of the Atonement in Lutheran Theology", *Journal of the Evangelical Theological Society* 10.4, nº 4 (Winter 1967): 179–87.

[182] M. Luther, "Lectures on Galatians (1535): Chapters 1–4", em *Luther's Works*, 55 v., ed. J. Pelikan, trad. M. H. Bertram (St. Louis, MO: Concordia, 1963), 26:38.

do mundo?" E você não pode negar que também é parte deste mundo, pois nasceu de homem e mulher. Você não é uma vaca ou porco. Conclui-se que seus pecados precisam ser incluídos, bem como os pecados de São Pedro ou de São Paulo ... Você não sabe? Não há nada que falte no Cordeiro. Ele expia todos os pecados do mundo desde sua origem; isto implica que ele também expia os seus e oferece sua graça.[183]

Em seu comentário sobre Gálatas 3.13, Lutero reconheceu que os pecados do mundo inteiro foram imputados a Cristo na cruz.[184]

A Confissão de Augsburgo (1530), elaborada principalmente pelo colaborador de Lutero, Melanchton, declara, na Seção 3, que Cristo "foi crucificado, morto e sepultado, para que ele reconciliasse o Pai conosco e fosse um sacrifício, não apenas pela culpa original, mas também pelos pecados reais dos homens".[185]

Mais tarde, em 1551, Melanchton elaborou a Confissão da Saxônia e ela também declara a expiação ilimitada: "Nesse sacrifício deve-se perceber a justiça e a ira de Deus contra o pecado, sua misericórdia infinita para conosco e seu amor, no Filho, para com *a raça humana*".[186]

Muitas declarações de Lutero, em suas obras, indicam sua convicção na expiação ilimitada.[187]

---

[183] M. Luther, "Sermons on the Gospel of St. John Chapters 1–4", em *Luther's Works*, 22:169. R. Blacketer ("Definite Atonement in Historical Perspective", 313), virtualmente contrário a todos os historiadores e teólogos luteranos, argumentou que o próprio Lutero defendeu a expiação limitada. Ele citou os comentários de Lutero sobre uma passagem, 1 Timóteo 2.4, em apoio à sua contestação. Blacketer não reconhece que muitos, mesmo na tradição reformada, que claramente afirmam a expiação ilimitada, assimilam a interpretação limitada de 1 Timóteo 2.4. T. George (*Theology of the Reformers* [Nashville: Broadman, 1988], 77) e L. Gatiss (*For Us and for Our Salvation* [Londres: Latimer, 2012], 67) cometeram o mesmo erro concernente a Lutero. É falso também concluir que se alguém assimila uma interpretação ilimitada de 1 Timóteo 2.4, logo, afirma-se a expiação ilimitada. Ambos, C. Spurgeon ("Salvation by Knowing the Truth," em *Metropolitan Tabernacle Pulpit*, 57 v. [Londres: Passmore & Alabaster, 1881], 26:49–50) e J. Piper ("Are There Two Wills in God?" em *Still Sovereign: Contemporary Perspectives on Election, Foreknowledge, and Grace*, ed. T R. Schreiner & B. Ware [Grand Rapids, MI: Baker, 2000], 107– 31) assimilam uma interpretação ilimitada de 1 Timóteo 2.4 e, no entanto, ambos afirmaram a expiação limitada.

[184] Lutero, *Lectures on Galatians*, 16:281.

[185] P. Schaff, *The Creeds of Christendon*, 3 v. 6ª ed. (Grand Rapids, MI: Baker, 1993), 3:9.

[186] Citado em Young, "The Atonement of Christ," em *Biblical Notes and Queries*, 277. See Schaff, *The Creeds of Christendom*, 1:340–43.

[187] M. Luther, *D. Martin Luthers Werke: Kritische Gesamtausgabe, Schriften* [Obras de Martinho Lutero, Edição Crítica Completa] [Weimarer Ausgabe], ed. J. K. F. Knaake, G. Kawerau et al., 72 v. (Weimar: Hermann Böhlaus Nachfolger, 1883– 2009), 10.I.2:207; 20:638; 26:277, 280– 81, 285, 350; 46:678. Veja especialmente seu sermão completo sobre Jo 1.29 em M. Luther, "Sermons on the Gospel of St. John: Chapters 1–4", em *Luther's Works*, 22:161-70.

É surpreendente verificar que alguns argumentam, contrário a todos os estudiosos de Lutero, que ele muito provavelmente defenda a redenção particular, pois era um agostiniano e afirmou a dupla predestinação. Shultz citou o fato que Lutero absorveu uma interpretação limitada de 1 Timóteo 2.4 em que disse: "Portanto em um sentido absoluto Cristo não morreu por todos, porque ele afirma: "'Este é o meu sangue que derramei por vocês' e 'por muitos'. Ele não diz: por todos – 'para o perdão de 'pecados' (Mc 14.24; Mt 26.28)".[188] Shultz sucumbiu à falsa lógica sobre esse aspecto, considerando que muitos "agostinianos" no princípio da tradição reformada afirmaram a predestinação, até mesmo a dupla predestinação, juntamente com a expiação ilimitada (como, William Twisse). Shultz ignorou as duas palavras "sentido absoluto" na declaração de Lutero. O reformador quis dizer "absoluto" em contraste com "condicional". Ele esclareceu o que pretendeu expressar. "Ele não diz por todos – 'para o perdão de

---

Lutero disse: Ele [Cristo] ajuda não apenas contra *um* pecado, mas contra *todos* os meus pecados; e não contra o *meu* pecado apenas, mas contra os pecados *do mundo inteiro*. Ele não vem somente para remover a enfermidade, mas a morte; e não *minha* morte somente, mas *a* morte *do mundo inteiro* (M. Luther, "Sermon for the First Sunday in Advent, 1533," em *Day by Day We Magnify Thee: Daily Readings for the Entire Year, Selected from the Writings of Martin Luther*, ed. M. D. Johnson (Minneapolis, MN: Augsburg Books, 2008), 10; *D. Martin Luther's Werke* [WA], 37:201); ênfase no original.

Veja também D. Ponter, "Martin Luther (1483–1546) on the Death of Christ: Unlimited Redemption, SinBearing and Expiation," Calvin and Calvinism, January 28, 2008, http://calvinandcalvinism.com/?p=193.

[188] Luther, "Lectures on Romans," em *Luther's Works*, 25:375–76; *D. Martin Luther's Werke* (WA), 56:385; G. Shultz, "A Biblical and Theological Defense of a Multi-Intentioned View of the Extent of the Atonement" (PhD diss., Southern Baptist Theological Seminary, 2008), 36–37. Shultz inquestionavelmente se baseia na historiografia problemática de Blacketer em algumas situações, como aqui. Exceto essa declaração pré-Reforma (1515-1516), não há outra evidência em Lutero para sustentar que ele defendia a expiação limitada. Alguns reformados usam o comentário de romanos somente (provavelmente porque essa é a única citação que podem encontrar) à custa do corpus literário inteiro de Lutero e, portanto, deturpam sua posição. Conquanto seja possível que essa declaração de Lutero demonstre que ele defendia a expiação limitada em seus tempos pré-Reforma, como alguns pensam, é provável que nem sequer a defendia. Primeiro, o comentário não exclui a possibilidade que Lutero defendia que Cristo morreu condicionalmente por todos. Sabemos que essa linguagem e teologia de Cristo morrer por todos em um sentido condicional era usada por Zanchi até Twisse. Segundo, também não é conclusivo provar que um dado teólogo defendia a expiação limitada se ele interpretou "os muitos" como os eleitos. Sabemos que Zwínglio, Musculus e Oecolampadius compreenderam "os muitos" como os eleitos e que também ainda afirmaram uma redenção e expiação ilimitada *em princípio*. Se um teólogo reformado interpretou "os muitos" em um sentido limitado, não é o bastante expressar uma afirmação *em princípio* da expiação limitada. Similarmente, se um teólogo reformado interpretou 1 Timóteo 2.4 de uma forma limitada, não se conclui que o teólogo, em princípio, negou que Deus deseja que todos os homens se arrependam e sejam salvos em sua vontade revelada, conforme ensinada em outro contexto. Sabemos também que Lutero, mais tarde (em 1544), reverteu sua posição sobre "os muitos". Veja *D. Martin Luther's Werke* (WA), 40.3:738–39.

pecados'". Em outras palavras, se Cristo morreu por todos em um sentido absoluto, os pecados de todos são perdoados, então o resultado seria o universalismo.

As Primeiras Confissões Luteranas
A Fórmula de Concórdia (1577) declara a expiação universal.[189] Os Artigos de Visitação da Saxônia de 1592 mencionam "a falsa e errônea doutrina dos calvinistas" que "Cristo não morreu por todos os homens, mas apenas pelos eleitos".[190]

Ulrico Zwínglio (1484-1531)
Ulrico Zwínglio liderou a Reforma na Suíça. Vários excertos de seus escritos ilustram sua convicção em uma expiação ilimitada. Por exemplo:

> Se então Cristo mediante sua morte reconciliou todas as pessoas que estão na terra, quando ele derramou seu sangue na cruz e se estamos na terra, portanto, nossos pecados também e aqueles de todas as pessoas que já viveram foram recompensados por uma morte e oferta.[191]

Jacob Kimedoncius disse a respeito de Zwínglio:

> Somente Zwínglio, o ornamento de tua Helvécia, e o esplendor de todo tipo de erudição, *Annot. in evang. & epist. Pauli, per Leonem Juda editis* [Anotações no Evangelho e Epístola de Paulo, publicado por Leão de Judá]. Há muitos tipos de discursos usados posteriormente à semelhança de seus sucessores: "Que o Filho de Deus encarnou-se para que ele fosse um sacrifício pelos pecados do mundo inteiro; que seu corpo foi dado pela vida e redenção do mundo inteiro; e que ele morreu por todos, para que pudesse despertar todos por meio de si mesmo e por sua morte dar vida ao mundo; que Cristo veio para salvar todos e dar sua vida eterna a todos etc".[192]

Aqui, Kimedoncius atestou a afirmação de Zwínglio sobre a expiação universal no uso dessas frases como "pelos pecados do mundo inteiro", "pela vida e redenção do mundo inteiro" e "que ele morreu por todos". É igualmente significativo que a

---

[189] G. Bente, ed., *Concordia triglotta* (St. Louis, MO: Concordia, 1921), 1071-72.
[190] "The Saxon Visitation Articles", em *The creeds of christendom*, 3:189.
[191] U. Zwingli, *Exposition and basis of the conclusions or articles published by Huldrych Zwingli*, January 29, 1523, 2 vols. (Eugene, OR: Pickwick, 1984), 1:97.
[192] J. Kimedoncius, *Of the redemption of mankind* (Londres: Felix Kingston, 1598), 143.

declaração "que Cristo veio para salvar todos e dar vida eterna a todos" fala de "intento" ou "propósito" com respeito à expiação. Isto parece diferir da ortodoxia reformada posterior, que declarou que o intento da expiação foi salvar apenas os eleitos, a menos que Zwínglio esteja usando os termos no sentido da vontade revelada de Deus.

Ao comentar Hebreus 9 e 10, Zwínglio declarou:

> Ele obteve salvação eterna para todas as pessoas, pois eles foram criados e redimidos por meio dele. E posto que ele é Deus eterno, é suficiente e digno o bastante para tomar sobre si o pecado de todas as pessoas para a eternidade e levar-nos à eterna salvação, conforme Hebreus 9 e 10.[193]

Zwínglio declarou que Cristo "se entregou como uma oferta expiatória por todos".[194] Sobre Hebreus 9, afirmou que Jesus "fez expiação pelos pecados não apenas de todos que existiam, mas de todos que viriam a existir".[195] No que concerne a João 1.29-31, Zwínglio afirmou que o Filho é o cordeiro que "expia pela doença universal do pecado".[196] Em outro contexto, falou sobre Cristo "fazer "satisfação pelos pecados de todos".[197] Com respeito a João 6.53, disse:

> A não ser que vocês creiam segura e sinceramente que Cristo foi morto por vocês, para redimi-los e que seu sangue foi derramado por vocês, para purificá-los e, assim, redimi-los (pois essa é a forma habitual que temos de mostrar generosidade e bondade aos cativos – primeiro libertando-os ao pagar um resgate; então quando libertados, são purificados da sujeira com a qual estão cobertos). "Vocês não têm vida em si mesmos". Visto que, portanto, Cristo somente foi sacrificado pela raça humana, ele é o único por quem podemos ir ao Pai.[198]

---

[193] H. Zwingli, "A Short Christian Instruction," em *Reformed confessions of the sixteenth and seventeenth centuries in english translation*, 4 vols., ed. J. T. Dennison (Grand Rapids, MI: Reformation Heritage, 2010), 1:18. A mesma linguagem é usada novamente nas páginas 35–36. Para a tradução inglesa de Zwínglio, veja E. J. Furcha and H. W. Pipkin, *Huldrych Zwingli writings*, vol. 2 of *In search of true teligion: Reformation, pastoral and eucharistic writings* (Eugene, OR: Pickwick, 1984), 48–75.

[194] U. Zwingli, "Early Writings", *Defence Called Archeteles* (Durham, NC: Labyrinth, 1987), 258.

[195] U. Zwingli, *Commentary on True and False Religion* (Durham, NC: Labyrinth, 1981), 112.

[196] Ibid., 122.

[197] Ibid., 123.

[198] Ibid., 128. Dessa obra, veja também p. 129–30; 155–56; 221–22; 234–36. De idem, *On the Providence of God* (Durham, NC: Labyrinth, 1983), 190, 199.

Zwínglio falou da morte de Jesus como um "resgate suficiente pelos pecados de todos para a eternidade".[199]

Martin Bucer (1491—1551)

Martin Bucer foi um dominicano antes de renunciar suas ordens e se juntar aos reformadores. Ele foi o líder da Reforma em Estrasburgo. Em 1549, Bucer foi exilado à Inglaterra, onde encontrou e trabalhou com Cranmer. Ele ensinou em Cambridge e morreu ali em 1551.[200]

Alguns, como Jonathan Rainbow e W. P. Stevens, argumentaram que Bucer defendeu a expiação limitada.[201] G. Michael Thomas notou que na oposição de Bucer ao anabatista Melchior Hoffman, ele restringiu a expiação aos eleitos em uma declaração que formulou como base para a análise e exclusão de Hoffman.[202] Shultz se baseou em Rainbow e reivindica Bucer para o campo particularista.[203]

Peterson fez referência à dissertação de Rainbow de 1986, na qual ele argumentou que Agostinho, Godescalco, e Bucer [contemporâneo de Calvino] todos defenderam a expiação limitada. Conforme Peterson, Rainbow demonstrou que "Calvino está em uma tradição particularista que se estende de Agostinho a Bucer".[204] Mas como temos visto, Agostinho não afirmou a expiação limitada e Godescalco foi considerado fora da principal corrente de pensamento sobre esse assunto. Não havia "tradição particularista" relativa à expiação até os tempos de Beza.

Jacob Kimedoncius citou Bucer como afirmando o próprio conceito, bem como o de Zanchi.[205] O reformador falou de Cristo expiar os pecados do mundo e ser o redentor do mundo.[206] Parece que Bucer, como Agostinho, defendeu uma expiação ilimitada do pecado com uma aplicação limitada aos eleitos. Rainbow e outros podem

---

[199] Zwingli, *Exposition and Basis*, 103-4.

[200] Para um resumo útil de Bucer, consulte D. F. Wright, "Bucer, Martin (1491– 1551)", em *Dictionary of Major Biblical Interpreters*, ed. D. Kim (Downers Grove, IL: InterVarsity, 2007), 247–54.

[201] Veja Rainbow, *The Will of God and the Cross*, 48– 63; W. P. Stephens, *The Holy Spirit in the Theology of Martin Bucer* (Cambridge: Cambridge University Press, 1970), 23, 106.

[202] G. M. Thomas, *Extent of the Atonement*, 8. Thomas citou Zanchi's Opera, 7.1, 342–45 em uma nota de rodapé.

[203] G. Shultz, "A Biblical and Theological Defense of a Multi-Intentioned View of the Extent of the Atonement", 37. Veja Bucer, *Common Places*, ed. E trad. D. F. Wright (Nashville: Abingdon, 1972), 98– 100.

[204] R. Peterson, *Calvin and the Atonement* (Fearn, Scotland: Mentor, 1999), 119.

[205] J. Kimedoncius, "On the Redemption of Mankind", 239.

[206] Veja D. F. Wright, ed., *Commonplaces of Martin Bucer*, 304. J. C. Ryle incluiu Bucer como empregando o mesmo conceito de "amor" e "mundo" como Calvino em João 3.16. Veja J. C. Ryle, *Expository Thoughts on the Gospels: John 1–6*, 4 v. (Grand Rapids, MI: Baker, 1979), 3:158. Ryle também incluiu Musculus e Bullinger.

estar confundindo essa distinção em Bucer nos seus estudos sobre ele, exatamente como Rainbow não compreendeu corretamente o conceito de Calvino a respeito da extensão da expiação, conforme notado a seguir.

Richard Baxter citou Musculus, Bullinger, Calvino, Amyraut, J. Bergius, C. Bergius, Crocius, Calixtus, Camero, Testard, Daillé, Blondel, Davenant, Preston, Whately, Fenner,[207] Twisse, Paraeus, Zanchi, Ussher e R. Abbot como defensores da redenção universal em sua obra *Catholick Theology*[208] [Teologia Católica]. Em meio a esse intercâmbio, Baxter retratou sua crítica arminiana dizendo: "Você pode poupar seu esforço de citar *Bullinger* e *Musculus*, *Melanchton* ou *Bucer*, esses homens moderados. Mas o que eles são para os *calvinistas* rígidos?"[209] Baxter pensou que Bucer foi um "homem moderado". Observe também o uso inicial de Baxter de "moderado" para descrever esses homens com respeito ao conceito deles sobre a extensão da expiação.

John Goodwin, em meados do século XVII, afirmou que Bucer "foi tão íntegro e perfeito quanto à redenção universal como qualquer homem":

> "Considerando que", disse ele, "o mundo estava perdido e desfeito pelo único pecado de Adão, a graça de Cristo não apenas aboliu este pecado, ... e esta morte que esse pecado causou" ao mundo, "mas também removeu uma quantidade infinita de outros pecados, os quais nós, o restante dos homens, acrescentamos a esse primeiro pecado". Depois, "se considerarmos que todo homem por suas transgressões aumentou a miséria da humanidade e que quem peca não faz menos mal à sua posteridade do que Adão fez a todos os homens; essa é uma situação evidente, que a graça de Cristo removeu mais males dos homens que o pecado de Adão trouxe sobre eles, pois embora não houvesse pecado cometido no mundo todo, que não teve sua origem desse primeiro pecado de Adão, porém, todos os homens que pecam, como fazem voluntária e livremente, eles ampliam a própria culpa e miséria: todos os males que somente o benefício de Cristo removeu; esse benefício precisa ser de tal maneira que remova os pecados de muitos e não de um apenas".[210]

---

[207] Veja W. Fenner, "Hidden Manna: Or the Mystery of Saving Grace", em *The Works of W. Fenner. B. of Divinity* (Printed by E. Tyler for I. Stafford at the George neer Fleet-Bridge, 1658), 387–90.

[208] R. Baxter, *Catholick Theologie*, 2:50–53. W. H. Goold, em sua nota prévia a *Por Quem Cristo Morreu?*, disse que Amyraut teve o apoio de Daillé e David Blondel (AD 1591–1655). Veja J. Owen, Works, 10:140.

[209] Baxter, *Catholick Theologie*, 2:51.

[210] J. Goodwin, *Redemption Redeemed* (1840), 712–13 (de Bucer sobre Rm 5.16–17).

Observe como Bucer falou do pecado de "todos os homens", que o "benefício de Cristo removeu". Rainbow parece perplexo que o reformador tenha falado assim de "todos" aqui. Ele completamente distorceu a declaração de Bucer que Cristo morreu pelos pecados de todos os homens no sentido de todos os homens em particular, não apenas "alguns de todos os tipos de homens". Rainbow concluiu sobre o comentário de Bucer concernente a Romanos 5.17: "Portanto, neste caso *muitos* significa *todos*, mas *todos* não significa *todo*". Isto é insensato. Rainbow está acrescentando os próprios conceitos aos de Bucer, nesse aspecto.

Bucer falou de uma "quantidade infinita de outros pecados" que a raça humana adicionou ao pecado de Adão. Conforme sua visão, a graça de Cristo "removeu" essa quantidade infinita de pecados. Isto parece ser uma declaração enfática sobre a extensão da expiação.

A maior parte do argumento de Rainbow de que Bucer era um particularista está baseada nos debates do reformador com alguns dos anabatistas. Todos os anabatistas rejeitaram a expiação limitada, como Bucer corretamente observou. Curiosamente, Rainbow não pôde captar uma citação dos oito volumes dos escritos de Bucer que afirma a expiação limitada. A maioria de suas citações concernente aos debates que o rerformador teve com os anabatistas procede dos editores Kreb's and Rott's *Quellen zur Geschichte der Taufer*[211] [*Fontes sobre a história dos anabatistas*, edição de Kreb e Rott]. A controvérsia com referência específica à expiação entre os anabatistas e Bucer parece ser a mesma controvérsia que separou os arminianos dos calvinistas, a saber, os primeiros defendiam que Cristo morreu por todas as pessoas, igualmente desejando salvar todos, enquanto os últimos defendiam (1) Jesus morreu pelos pecados dos eleitos apenas, intentando a salvação somente deles, ou (2) o Filho morreu pelos pecados de todas as pessoas, mas especialmente intentando a salvação dos eleitos. Rainbow inteiramente não notou essa distinção.[212]

Rainbow cometeu outro erro histórico ao presumir que a interpretação particularista de Bucer de alguns textos de conotação universal, como 1 Timóteo 2.4, indicou que ele afirmava a expiação limitada.[213] Mas já constatamos como Agosti-

---

[211] M. Krebs e Georg Rott, "Quellen zur Geschichte der Täufer: Elsaß I, Straßburg 1522–1532, v. 7," in Quellen und Forschungen zur Reformationsgeschichte (Gütersloh: Mohn, 1959); Krebs & H. Georg Rott, "Quellen zur Geschichte der Täufer: Elsaß II, Straßburg 1533– 1535, vol. 8.2," in Quellen und Forschungen zur Reformationsgeschichte (Gütersloh: Mohn, 1960). [M. Krebs e Georg Rott, "Fontes sobre a história dos anabatistas: Alsace I, Estrasburgo 1522-1532, v. 7, "em *Fontes e Pesquisas sobre a História da Reforma* (Gütersloh: Mohn, 1959); Krebs & H. Georg Rott, "Fontes da História dos Anabatistas: Alsace II, Estrasburgo 1533-1535, vol. 8.2, "em *Fontes e Pesquisas sobre a História da Reforma* (Gütersloh: Mohn, 1960)].

[212] J. Rainbow, *The Will of God and the Cross*, 51-60.

[213] Ibid., 136-37.

nho assimilou uma interpretação particularista de alguns desses textos e ainda assim afirmou a expiação universal. Calvino fará o mesmo, como notaremos na sequência. A situação de Rainbow para o conceito particularista de Bucer da extensão da expiação é circunstancial na melhor das hipóteses.

O comentário desse reformista sobre Romanos 5.18 parece indicar uma convicção na expiação ilimitada: "Assim como pela queda de um homem, o pecado prevaleceu *em todos*, quanto a tornar *todos* repugnantes para a condenação, assim também a justiça de um homem estabeleceu em *todos os homens*, para que a justificação da vida possa ser obtida por *todos*".[214]

Curt Daniel afirmou que Bucer defendeu uma expiação ilimitada e ele também faz referência a John Goodwin (1594–1670) e a Jean Daillé (1594–1670) como crendo também que Bucer era moderado sobre a expiação.[215]

Menno Simons (1496-1561)

Simons foi um dos primeiros reformadores na Holanda, líder anabatista e fundador dos Menonitas, o nome mais tarde adotado pelos anabatistas suíços, que imigraram para a América. As obras dele demonstram seu compromisso com a expiação ilimitada:

> Todos aqueles, portanto, que procuram outras soluções para seus pecados, não importa quão excelentes e santas possam parecer do que a solução provida por Deus somente, negam a morte do Senhor, que sofreu por nós, e seu sangue inocente que derramou por nós (33a; I:52a).
>
> Pois como Deus poderia demonstrar e expressar seu amor a nós mais perfeitamente do que isso, que ele enviou sua sabedoria e verdade eternas, sua Palavra pura, poderosa, seu Filho abençoado por quem ele criou todas as coisas, que era semelhante a ele e à sua imagem e o fez menor que os anjos, um pobre, desprezado, sofredor homem mortal e servo, que somente ele teve que suportar o labor, transgressão, maldição e morte do mundo inteiro. Sim, ele se humilhou tanto que se tornou o mais desprezado dos homens (1 Pe 2.24; Is 53.6).[216]

---

[214] Citado por Young, "The Atonement of Christ", em *Biblical Notes and Queries*, 277.

[215] Daniel, "Hyper-Calvinism and John Gill", 517. Para as citações de Daillé' sobre Bucer, veja Joannis Dallæi, *Apologia Pro duabus Ecclesiarum in Gallia Protestantium Synodis Nationalibus* [Apologia aos Dois Sínodos Nacionais das Igrejas Protestantes da Gália], 2 v. (Amstelaedami: Ravesteynius, 1655), 2:998– 1008. Ele citou os comentários de Bucer sobre Mateus 23.37, 39; Romanos 11; Romanos 1.18, 19, 20, 21; 2.4; 1.14; e João 1.4, 5; 3.19, 20, nessa ordem.

[216] J. Horsch, *Menno Simons: His Life, Labors, and Teaching* (Scottsdale, PA: Mennonite, 1916), 239.

Wolfgang Musculus (1497—1563)

Musculus foi um dos primeiros reformadores influentes. Ele foi aluno de Bucer e mais tarde tornou-se professor de teologia em Berna, de 1549 até sua morte. Foi autor de diversos comentários e de uma teologia sistemática.[217] As seguintes citações enfatizam sua posição sobre a extensão universal da expiação:

> Sabemos que nem todos são participantes dessa redenção; mas, no entanto, a condenação dos que não são salvos não impede de forma alguma que chamemos isto de redenção universal, que é designada não para uma nação, mas para o mundo inteiro ... não é por falta da graça de Deus, que os homens réprobos e desesperadamente perversos não a recebem. Nem é correto que ela deva perder seu título e glória de redenção universal devido aos filhos da perdição, compreendendo que ela está preparada para todos os homens e todos serão chamados até ela. Portanto, ele que redimiu o mundo, o que quer que os réprobos se tornem, é justamente chamado de o Salvador do mundo.[218]
>
> E o Filho unigênito de Deus declara: "Deus amou o mundo de tal maneira" (ele diz), 'que ele deu o seu Filho unigênito, para que todo aquele que nele crer não pereça, mas tenha vida eterna". De modo que por mundo, ele denota toda humanidade.[219]
>
> A redenção está preparada para *todos* e *todos* são chamados a ela.[220]
>
> "Mas Cristo", (ele diz), "morreu não apenas pelos seus amigos, mas pelos seus inimigos também; não por alguns homens somente, mas por todos, sem exceção. Essa é a extensão imensurável ou vasta do amor de Deus".[221]

---

[217] Veja, por exemplo, C. S. Farmer, *The Gospel of John in the Sixteenth Century: The Johannine Exegesis of Wolfgang Musculus*, Oxford Studies in Historical Theology (Nova York: Oxford, 1997).

[218] W. Musculus, *Common Places of Christian Religion*, trad. I. Man of Merton (Londres: Henry Bynneman, 1578), 304–5.

[219] Ibid., 963.

[220] Young, "The Atonement of Christ", 278.

[221] John Goodwin, *Redemption Redeemed* (1840), 711.

Pedro Mártir Vermigli (1499—1562)

Vermigli foi o primeiro reformador italiano que fugiu para Zurique. A convite de Thomas Cranmer, foi até a Inglaterra para auxiliar na Reforma inglesa, ensinando na Universidade de Oxford. Com a ascensão da rainha Maria I, fugiu da Inglaterra e foi ensinar teologia em Zurique, quando morreu.[222] Vermigli também defendeu a expiação universal.

> Até o próprio Cristo, quando ressuscitou dos mortos, conservava com ele as cicatrizes de seus ferimentos e disse ao duvidoso Tomé: "Ponha seus dedos aqui ... em meu lado e nas marcas do prego, e não seja incrédulo, mas crente" (Jo 20.27). Os ferimentos já haviam cumprido sua função, pois por eles a raça humana foi redimida, mas ele ainda os tinha, depois de ressuscitar dos mortos, para que seu corpo fosse exibido como o mesmo que havia sofrido antes.[223]

> A morte da cruz, um novo tipo de sacrifício, é, portanto, um novo altar. Ele fixou à cruz o decreto que era contra nós e triunfou sobre seus inimigos. Essa é a carruagem triunfal de Cristo. A cruz foi a balança na qual o sangue de Cristo pesou. O preço foi pago pelo mundo inteiro e se não fosse mais precioso do que o mundo inteiro, não teria redimido o mundo.[224]

Ele afirmou o sentido clássico da suficiência, que Cristo de fato "redimiu todos os homens suficientemente".

> Eles [os contrários à predestinação] também garantem que "Cristo morreu por nós todos" e inferem que seus benefícios são comuns a todos. De bom

---

[222] Para a vida e teologia de Vermigli, consulte F. A. James III, *Peter Martyr Vermigli and Predestination: The Augustinian Inheritance of an Italian Reformer* (Nova York: Oxford University Press, 1998); e J. P. Donnelly, *Calvinism and Scholasticism in Vermigli's Doctrine of Man and Grace* (Leiden: Brill, 1976).

[223] P. Vermigli, "Resurrection: Commentary on 2 Kings 4", em *Philosophical Works*, trans. J. P. McLelland, Sixteenth Century Essays and Studies 4 (Kirksville, MO: Thomas Jefferson University Press, 1994), 113.

[224] P. Vermigli, "On the Death of Christ from Saint Paul's Letter to the Philippians," em *Life, Letters and Sermons*, trad. J. P. Donnelly, Sixteenth Century Essays and Studies 5 (Kirksville, MO: Thomas Jefferson University Press, 1999), 243. Para mais evidência da afirmação de Vermigli sobre a expiação universal, veja D. Ponter, "Peter Martyr Vermigli (1499–1562), Unlimited Redemption and Expiation, Incarnation and Related Issues", *Calvin and Calvinism*, September 2, 2007, http://calvinandcalvinism.com/?p=77.

grado reconhecemos isso, também, se estivermos considerando apenas o mérito da morte de Cristo, pois ela poderia ser suficiente para todos os pecadores do mundo. No entanto, mesmo se em si mesma ela é suficiente, ainda, ela não teve, nem tem, nem terá efeito em todos os homens. Os escolásticos também reconhecem o mesmo quando afirmam que Cristo redimiu todos os homens suficientemente, mas não eficazmente.[225]

Ele também declarou a vontade redentora universal de Deus: "De modo que se respeitamos esta vontade divina, facilmente reconhecemos que ele deseja que todos os homens sejam salvos".[226]

Heinrich Bullinger (1504—1575)

Heinrich Bullinger, o reformador suíço e sucessor de Zwínglio, desempenhou um papel fundamental na Reforma. Auxiliado por outros, elaborou a Primeira Confissão Helvética em 1536. A Confissão continha 27 artigos e foi originalmente publicada em latim. Foi formalmente a primeira confissão reformada com autoridade nacional. A Seção 11 declara que "Cristo entregou-se (sua natureza integral) à morte para a expiação de *todo pecado*".

Dois anos depois da morte de Calvino, o universalismo bíblico do teólogo foi refletido na Segunda Confissão Helvética (1566).[227] A última das notáveis confissões reformadas, ela foi elaborada pelo amigo de Calvino, Bullinger.

A confissão declara na Seção 14 "que Cristo somente, por sua morte ou paixão, é a satisfação, propiciação, ou expiação de *todos os pecados*". A Seção 15 declara que "Cristo tomou sobre si e expiou os pecados do *mundo* e satisfez a justiça divina". Essas declarações conciliadas indicam sem dúvida o conceito de satisfação universal pelos pecados do mundo.

Richard Muller reconheceu que Bullinger (como Musculus, Zanchi e Ursinus) ensinou uma forma de "universalismo hipotético não especulativo".[228] Conforme

---

[225] P. Vermigli, *Predestination and Justification: Two Theological Loci*, trad. F. A. James III, Sixteenth Century Essays and Studies 8 (Kirksville, MO: Truman State University Press, 2003), 62.

[226] P. Vermigli, "Of Predestination," em *The Common Places*, trad. A. Marten (Londres: Henrie Denham, 1583), Part 3, 31. A citação aparece dessa forma em uma edição moderna: "Assim, se relacionarmos isto à vontade de Deus, facilmente reconheceremos que ele deseja que todos os homens sejam salvos" (P. M. Vermigli, Predestination and Justification, 8:63).

[227] Veja A. Cochrane, ed., *Reformed Confessions of the Sixteenth Century* (Londres: SCM, 1966), 220–22; 242, 246.

[228] Veja a resenha de Muller da obra de J. Moore, "English Hypothetical Universalism: John Preston and the Softening of Reformed Theology", *Calvin Theological Journal* 43 (2008): 149–50. Bullinger frequentemente enfatizou a universalidade da expiação: "Portanto, eu digo, os pecados

notado por G. Michael Thomas, fundamental para a teologia de Bullinger era um pacto universal que precisava de uma expiação universal.[229] Pode-se encontrar também uma forma calvinista de redenção universal nos escritos de Rudolf Gwalther, aluno e sucessor de Bullinger.[230]

Uns poucos exemplos de seus sermões serão suficientes para esclarecer a convicção de Bullinger de que Cristo morreu pelos pecados de toda humanidade:

> Portanto, nosso Senhor tornou-se homem, pelo sacrifício de si mesmo para fazer satisfação por nós; sobre quem, como se fosse sobre um bode para a oferta de pecado, quando todos os pecados do mundo inteiro foram reunidos e postos, ele por meio de sua morte removeu e purificou todos eles, de modo que agora o único sacrifício de Deus satisfez pelos pecados do mundo todo.[231]

> Em primeiro lugar, não é impróprio nesse contexto ressaltar que Cristo é chamado a uma propiciação ou satisfação, não pelos pecadores ou pessoas de uma ou duas eras, mas por todos os pecadores e todas as pessoas fiéis em todo o mundo. Um Cristo, portanto, é suficiente por todos: um intercessor com o Pai é estabelecido a todos.[232]

---

de todos os homens do mundo de todas as eras foram expiados pela morte dele" (H. Bvllingero, "Homilia CLI," em *Isaias Excellentissimus Dei Propheta, Cuius Testimoniis Christus Ipse Dominus Et Eius Apostoli creberrime usi leguntur, expositus Homiliis CXC* [Isaías o mais excelente profeta de Deus, dos testemunhos do qual se lê que o próprio Cristo e os apóstolos deste frequentissimamente usaram, exposto em 190 homilias. [Tiguri: Christophorus Froschouerus, 1567], 266r). Thomas, Extent, 74–76, 81, também concordou que Bullinger ensinou claramente a expiação universal.

[229] Thomas, *Extent*, 81.

[230] R. Gwalther, *A Hundred Threescore and Fifteen Homilies or Sermons upon the Acts of the Apostles*, trad. J. Bridges (Impresso por Henrie Denham, dwelling in Pater noster rowe, at the signe of the Starre, 1572), 108; 751–52. Gwalther casou-se com Regula Zwingli, a filha do reformador suíço. Ludwig Lavater (1527–1586), genro de Bullinger, provavelmente também defendeu a expiação ilimitada. Veja R. Young, "The Atonement of Christ," em Biblical Notes & Queries, 309:

> Alguns dizem que eu poderia de bom grado morrer, mas a magnitude de meus pecados me faz ter medo da morte. Essas mentes devem se erguer com este consolo: sabemos que Deus pôs nossos pecados em Cristo, para que por todos nós ele fizesse satisfação na cruz.

[231] H. Bullinger, *The Decades of Henry Bullinger*, 4 v., trad. H. I., ed. T. Harding, Parker Society Publications 1 (Cambridge: Cambridge University Press, 1849–52), 1:136.

[232] Ibid., 4:218–19.

Portanto, quando Cristo veio e com sua morte concluiu tudo, então o véu que estava no templo foi rasgado de alto a baixo. Através dele todos os homens podem compreender que o caminho foi aberto para o *santo dos santos*, isto é, para o céu e essa satisfação foi realizada por todos os homens com respeito à lei.[233]

Pois o Senhor morreu por todos, mas esses todos não se tornam participantes dessa redenção devido à própria falta. Posto que o Senhor não exclui nenhum homem, mas ele apenas por meio da própria incredulidade e heresia se exclui, etc.[234]

Por conseguinte, nosso sacerdote, cumprindo seu ofício diante de Deus, no céu, não tem necessidade de um altar de incenso, de incensário, de utensílios e vestes santas. Muito menos de um altar para as ofertas queimadas, pois na cruz, que foi seu altar, ele se ofereceu uma vez por todas. Nem havia algum mortal digno de oferecer ao Deus vivo o Filho vivo de Deus. E este único sacrifício é sempre eficaz para fazer satisfação por todos os pecados de todos os homens no mundo inteiro ... Os cristãos sabem que o sacrifício de Cristo uma vez oferecido é sempre eficaz para fazer satisfação pelos pecados de todos os homens no mundo todo e de todos os homens em todas as eras. Mas esses homens sempre com afirmações solenes dizem: é patente heresia não confessar que Cristo é diariamente oferecido por sacerdotes que sacrificam, consagrados para esse propósito.[235]

Richard Muller corretamente reconheceu que Bullinger afirmou uma expiação universal. Ele também sugeriu que Calvino e Bullinger concordaram sobre o tema da suficiência da expiação.[236]

---

[233] Ibid., 2:147–48.
[234] H. Bullinger, *A Hvndred Sermons vpon the Apocalipse of Iesu Christ* (Londres: Iohn Daye, 1573), 80.
[235] Bullinger, *The Decades*, 4:287, 296.
[236] R. A. Muller, *After Calvin: Studies in the Development of a Theological Tradition*, Oxford Studies in Historical Theology (Nova York: Oxford University Press, 2003), 14. Venema traduziu alguma correspondência interessante entre Bullinger e alguns teólogos em Genebra, incluindo Calvino, em que Bullinger expressou preocupações com o ensino deles sobre predestinação. Ele enfaticamente afirmou o amor de Deus por todos os homens, bem como a vontade e desejo dele pela salvação de todos os homens. Veja C. P. Venema, "Heinrich Bullinger's Correspondence on Calvin's Doctrine of Predestination, 1551–1553," *Sixteenth Century Journal* 17, no. 4 (Winter 1986): 435– 50. Venema disse que Bullinger "falou do 'conselho' de Deus para abençoar, justificar, santificar homens

Agostinho Marlorate (1506—1562)

Embora menos conhecido hoje do que outros reformadores da primeira geração, Marlorate foi parte importante do movimento inicial da Reforma. Spurgeon o chamou de "um eminente reformador, pregador e mártir francês", cujos comentários "contêm a nata dos escritores mais antigos".[237]

Em seu comentário sobre Mateus, Marlorate falou de Cristo a morrer "pela salvação de toda humanidade".[238] Pelo decreto eterno de Deus, Cristo "foi ordenado como um sacrifício para remover os pecados do mundo".[239] Cristo, por sua morte, "redimiu a humanidade da morte e inferno".[240] Falando de Mateus 20.28, Mateus 26.28, e 2 Coríntios 5.18-20, Marlorate disse que o uso de "muitos" e "mundo" significa "toda humanidade".[241]

Em seu comentário sobre Marcos e Lucas, Marlorate falou do sacrifício de Cristo "para fazer satisfação pelos pecados do mundo",[242] diz-se de Cristo que ele é o "redentor de todos os homens que existiam e que viriam a existir até o fim do mundo".[243]

Em seu comentário sobre João, disse que mediante o sangue de Cristo, "a salvação pertence a todos os homens".[244] Por meio da morte de Cristo "todas as transgressões do mundo são removidas"[245] e em outro contexto, diz-se que Cristo "faz satisfação pelos pecados de todos os homens".[246]

---

no único Mediador, Jesus Cristo. Além disso, esse 'conselho' gracioso é devido a Jesus Cristo, que se fez homem, sofreu e morreu para expiar o pecado do mundo inteiro" (ibid., 440–41).

[237] C. Spurgeon, *Commenting and Commentaries* (Grand Rapids, MI: Kregel, 1988 [1876]), 143.

[238] A. Marlorate, *A Catholike and Ecclesiastical Exposition of the Holy Gospel after S. Mathew, Gathered out of All the Singular and Approued Deuines (which the Lorde Hath Geuen to His Churche) by Augustine Marlorate. And Translated out of Latine into Englishe*, by Thomas Tymme, Minister, Sene and Allowed according to the Order Appointed (Londres: T. Marshe, 1570), 374, 625.

[239] Ibid., 631.

[240] Ibid., 723.

[241] Ibid., 361, 453, 643-44.

[242] A. Marlorate, *A Catholike and Ecclesiastical Exposition of the Holy Gospel after S. Marke and Lvke*, trans. Thomas Timme (Londres: T. Marsh, 1583), 323.

[243] Ibid., 64.

[244] A. Marlorate, *A Catholike and Ecclesiastical Exposition of the Holy Gospel after S. Iohn*, trans. T. Timme (Londres: T. Marshe, 1575), 542.

[245] A. Marlorate, *S. Mathew*, 617.

[246] A. Marlorate, *S. John*, 543.

João Calvino (1509—1564)

Juntamente com Lutero e Zwínglio, João Calvino foi o terceiro membro do triunvirato de liderança nos primórdios da Reforma.[247] Ele é sempre (embora erradamente) considerado o pai da teologia reformada. Um agostiniano estrito, a formulação de Calvino da sua teologia é evidenciada mediante as revisões sucessivas de suas *Institutas* durante seu tempo. Se Calvino defendeu a expiação limitada tem sido bastante debatido desde o princípio do século XVII.

Calvino como evidência de um primeiro exemplo de universalismo hipotético é muito mais abundante do que a erudição moderna produz para Vermigli, Zanchi e Musculus e, no entanto, é reconhecido que esses homens claramente afirmaram a expiação universal. Dada a relevância de Calvino para a teologia reformada e considerando o debate conturbado em torno de suas declarações a respeito da extensão da expiação, examinaremos mais concretamente seus conceitos sobre o tema.

O primeiro lugar para começar é com as declarações que Calvino fez explicitamente ou implicitamente sobre a extensão da expiação. As seguintes citações aparecem em uma ampla variedade dos escritos de Calvino, incluindo suas *Institutas*, comentários, sermões,[248] tratados e cartas:

> Expiar os pecados significa libertar aqueles que pecaram da sua culpa por meio da satisfação dele. Ele diz muitos significando todos, como em Romanos 5.15. É claro que nem todos desfrutam a morte de Cristo, mas isto acontece porque a incredulidade os impede. Essa questão não é tratada aqui, porque o apóstolo não está discutindo como poucos ou quantos se beneficiam da morte de Cristo, mas significa que ele morreu por outros, não por si mesmo. Ele, portanto, contrasta os muitos com o único.[249]
>
> Paulo torna a graça comum a todos os homens, não porque ela de fato se estenda a todos, mas porque é oferecida a todos. Embora Cristo tenha

---

[247] Essa afirmação precisa ser alterada pelo fato de que houve vários homens tão relevantes na teologia da Reforma quanto Calvino durante esse tempo, como Bullinger, embora nos tempos modernos muitos deles estejam praticamente esquecidos no rastro da fama de Calvino. Tecnicamente, Calvino deveria ser visto como um reformador de segunda geração, conforme Richard Muller o classificou. R. Muller, *Calvin and the Reformed Tradition: On the Work of Christ and the Order of Salvation* (Grand Rapids, MI: Baker, 2012), 56.

[248] Veja J. W. Anderson, "The Grace of God and the Non-Elect em Calvin's Commentaries and Sermons" (ThD diss., New Orleans Baptist Theological Seminary, 1976), para vários exemplos das declarações de Calvino nesses escritos que indicam sua convicção na expiação ilimitada.

[249] J. Calvin, *The Epistle of Paul the Apostle to the Hebrews and the First and Second Epistles of St. Peter*, ed. D. W. Torrance and T. F. Torrance, trans. W. B. Johnston (Grand Rapids, MI: Eerdmans, 1963), 131.

sofrido pelos pecados do mundo e seja oferecido por meio da bondade de Deus sem distinção a todos os homens, contudo, nem todos o recebem.[250]

Essa declaração é sobre Romanos 5.18 e é relevante por várias razões. Observe que Calvino disse que a graça é "comum" a "todos os homens" não porque ela se "estenda a todos" no sentido da aplicação, mas porque ela é oferecida a todos. Note quem está fazendo a "oferta": o próprio Deus. De Cristo é dito que ele é oferecido a todos pela "bondade de Deus". Calvino afirmou que Cristo sofreu pelos "pecados do mundo". Não é possível aqui ler os eleitos na palavra "mundo". A oferta de Deus do Cristo para o mundo "sem distinção" é baseada no fato que Jesus sofreu "pelos pecados do mundo". Embora Cristo morresse por todos e seja oferecido a todos, contudo, "nem todos o recebem", conforme Calvino. Essa é uma afirmação evidente do conceito do teólogo de que Cristo morreu pelos pecados de todos, mas somente aqueles que creem recebem os benefícios de sua morte.

Citações adicionais de Calvino incluem o seguinte:

> Tal é também o significado do termo "mundo" que ele havia usado antes. Pois embora não haja nada no mundo que mereça o favor de Deus, ele, no entanto, demonstra que é favorável ao mundo inteiro quando ele chama todos, sem exceção, à fé em Cristo, que é de fato uma entrada para a vida.[251]
>
> Por outro lado, quando Lucas fala dos sacerdotes, está falando da responsabilidade daqueles que detêm ofício público. Principalmente, aqueles que são ordenados a testemunhar a Palavra de Deus. Portanto, quando alguma falsidade surge ou as perversidades de Satanás se proliferam, é dever deles serem vigilantes, confrontar a situação e fazer tudo que tiver no poder deles para proteger os pobres de serem envenenados pelos falsos ensinos e a preservar suas almas, redimidas pelo sangue precioso de nosso Senhor Jesus Cristo, de perecer, de adentrar na morte eterna.[252] Podemos fazer todo esforço para atrair todos para o conhecimento do evangelho. Pois quando vemos pessoas indo para o inferno, que foram

---

[250] J. Calvin, *The Epistle of Paul the Apostle to the Romans and to the Thessalonians*, ed. D. W. Torrance and T. F. Torrance, trad. R. Mackenzie (Grand Rapids, MI: Eerdmans, 1960), 117–18.

[251] J. Calvin, *The Gospel According to St. John 1–10*, ed. D. W. Torrance and T. F. Torrance, trad. T. H. L. Parker (Grand Rapids, MI: Eerdmans, 1961), 74.

[252] J. Calvin, *Sermons on Acts 1–7* (Edinburgh: Banner of Truth, 2008), 112.

criadas à imagem de Deus e redimidas pelo sangue de nosso Senhor Jesus Cristo, isto deve de fato nos estimular a cumprir nosso dever e instruí-las e tratá-las com toda bondade e gentileza quando tentamos produzir fruto dessa forma.[253]

Isto é, como eu já disse, que, considerando que os homens são criados à imagem de Deus e que as almas deles foram redimidas pelo sangue de Jesus Cristo, devemos tentar atraí-los de toda forma disponível a nós para o conhecimento do evangelho.[254]

Assim, evitar aqueles que continuam perguntando sobre o que é perfeitamente óbvio e familiar a eles, bem como aqueles que procuram por alguma desculpa para escapar do julgamento de Deus, eu pensei que valeria a pena rever e revisar um sermão que preguei sobre o tópico, cujos pontos essenciais escrevi. O primeiro sermão, portanto, contém uma advertência contra o comportamento covarde daqueles que, por meio de Deus, vieram a conhecer a verdade do evangelho, mas que se perverteram com abominações papistas, que são completamente opostas à religião cristã, pois em assim fazendo, desonram, tanto quanto podem, o Filho de Deus que os redimiu.[255]

Estas são outras citações de Calvino com respeito ao tema da extensão:

Mas se neste tempo ele não poupou os ramos naturais (Rm 11.21), a mesma punição será esse dia infligida a nós, se não respondermos ao seu

---

[253] Ibid., 587–88. Observe que Calvino falou daqueles que são "redimidos" e, contudo, estão "indo para o inferno". Isso não pode ser dito dos eleitos. Similarmente, William Farel (AD 1489–1565) afirmou:

Portanto, que todos, sejam sacerdotes ou pregadores, tenham respeito pelo grande pastor Jesus Cristo, que deu seu corpo e seu sangue pelos pobres. Vamos preferir não ser nada, se apenas as pobres ovelhas que se desviaram para tão longe possam encontrar o caminho certo, possam vir a Jesus e se entregarem a Deus. Isto será melhor do que se ganhássemos o mundo todo e perdêssemos aqueles por quem Jesus morreu (J. H. Merle d'Aubigné, History of the Reformation in Europe in the Time of Calvin, 8 vols., trans. W. L. B Cates [Nova York: Robert Carter & Brothers, 1877], 6:238– 39).

[254] Ibid., 593.
[255] J. Calvin, *Faith Unfeigned: Four Sermons Concerning Matters Most Useful for the Present Time, with a Brief Exposition of Psalm 87* (Edinburgh: Banner of Truth, 2010), 1–2.

chamado. A ceia que foi preparada para nós não se perderá, mas Deus convidará outros hóspedes.[256]

E ele empregou a frase universal *todo aquele*, para convidar todos indiscriminadamente a participar da vida e a eliminar toda desculpa dos incrédulos. Assim também é o significado do termo *mundo*, que ele anteriormente usou. Considerando que nada será encontrado *no mundo* que seja digno do favor de Deus, porém, ele se mostra reconciliado com o mundo inteiro, quando convida todos os homens, sem exceção, à fé de Cristo; que nada mais é do que a vida eterna.[257]

Entretanto, há ainda maior ênfase no que segue, que mesmo aqueles que são ignorantes ou fracos foram *redimidos com o sangue de Cristo*, pois nada era mais impróprio que isso, que enquanto Cristo não hesitou em morrer, para que o fraco não perecesse, nós, por outro lado, consideramos como nada a salvação daqueles que *foram redimidos com um preço tão inestimável*. Um provérbio memorável, pelo qual somos ensinados quão preciosa é a salvação de nossos irmãos deveria estar em nossa estima e *não apenas a de todos, mas de cada indivíduo em particular, porque o sangue de Cristo foi derramado por cada ser ...* Pois se a alma de cada um que é frágil é o preço do sangue de Cristo, esse homem que, por causa de uma pequena porção de carne, precipita novamente para a morte o irmão que foi redimido por Cristo, mostra o quanto é desprezível o sangue de Cristo em seu conceito.[258]

Mas o significado é mais completo e mais abrangente; primeiro, que Deus estava em Cristo e segundo, que ele reconciliou o mundo consigo mediante sua intercessão.[259]

---

[256] J. Calvin, "Commentary on A Harmony of the Evangelists", em *Calvin's Commentaries*, 22 v., trad. W. Pringle (Grand Rapids, MI: Baker, 1984), 16:172.
[257] J. Calvin, "Commentary on the Gospel According to John", em *Calvin's Commentaries*, 17.125.
[258] J. Calvin, "Commentary on the Epistles of Paul the Apostle to the Corinthians", em *Calvin's Commentaries*, 20.284.
[259] Ibid., 20:236.

Portanto, visto que ele deseja o benefício de sua morte para que seja comum a todos, um insulto lhe é oferecido por aqueles que, por opinião, excluem qualquer pessoa da esperança da salvação.[260]

Embora Cristo possa ser negado de muitas formas, porém Pedro, conforme penso, se refere aqui ao que é expresso por Judas, isto é, quando a graça de Deus é mudada em lascívia. Porque Cristo nos redimiu para que ele tivesse um povo separado de todas as poluições do mundo e devotado à santidade e inocência. Eles, então, que se livram do freio e se entregam a todos os tipos de licenciosidade, não é injusto dizer que negam a Cristo por quem foram redimidos.[261]

Tão maravilhoso é seu amor pela humanidade que ele salvaria todos e ele está preparado para conceder salvação aos perdidos. Mas a ordem a se observar é que Deus está disposto a receber todos para arrependimento, de modo que ninguém possa perecer.[262]

Ao dizer que fomos reconciliados com Deus pela morte de Cristo, ele afirma, que foi o sacrifício de expiação, pelo qual Deus foi pacificado com o mundo, como demonstrei no capítulo quatro.[263]

Ambos os fatos são distintamente declarados a nós: a saber, que a fé em Cristo gera vida a todos e que Cristo trouxe vida, porque o Pai celestial ama a raça humana e deseja que eles não pereçam.[264]

O próximo fato é: quando a frágil consciência é ferida, o preço do sangue de Cristo é desperdiçado, pois o mais abjeto irmão foi redimido pelo sangue de Cristo. Por isso, é crime abominável destruí-lo ao gratificar o estômago.[265]

---

[260] J. Calvin, "Commentaries on the Epistles to Timothy, Titus, and Philemon", em *Calvin's Commentaries*, 21:57.

[261] J. Calvin, "Commentaries on the Catholic Epistles", em *Calvin's Commentaries*, 22:393.

[262] Ibid., 22:419. O uso de Calvino da palavra "preparado" aqui implica expiação ilimitada.

[263] J. Calvin, "Commentaries on the Epistle of St. Paul to the Romans", em *Calvin's Commentaries*, 19:198.

[264] J. Calvin, "Commentary on the Gospel According to John", em *Calvin's Commentaries*, 17:123.

[265] J. Calvin, "Commentaries on the Epistle of Paul the Apostle to the Romans," em *Calvin's Commentaries*, 19:505.

"O qual é derramado por muitos". Pela palavra "muitos" ele expressa não uma parte do mundo apenas, mas a raça humana inteira. Pois ele contrasta muitos com um, como se dissesse que ele não será Redentor de um homem apenas, mas morrerá para libertar muitos da condenação da maldição. Isso deve ao mesmo tempo ser observado, contudo, que pelas palavras por vocês, como relatado por Lucas, Cristo se dirige diretamente aos discípulos e exorta todo cristão a aplicar para o seu próprio benefício o derramamento de sangue. Portanto, quando nos aproximamos da mesa santa, não vamos lembrar somente em geral que o mundo foi redimido pelo sangue de Cristo, mas que cada um considere por si mesmo que seus próprios pecados foram expiados.[266]

E quando ele diz o pecado DO MUNDO, estende seu favor indiscriminadamente a toda raça humana, para que os judeus não pudessem pensar que ele foi enviado para eles somente.[267]

Ele diz que essa redenção foi adquirida por meio do *sangue de Cristo*, pois pelo sacrifício de sua morte todos os pecados do mundo foram expiados.[268]

"E para dar sua vida como resgate por muitos" ... A palavra "muitos" (*pollōn*) não é empregada definitivamente por uma quantidade fixada, mas por uma enorme quantidade, pois ele contrasta a si mesmo com todos os outros. E nesse sentido ela é usada em Romanos 5.15, onde Paulo não fala de qualquer parte dos homens, mas abrange toda a raça humana.[269]

Uma vez que os incrédulos não têm nenhum proveito com a morte e paixão de nosso Senhor Jesus Cristo, mas precisamente são bem mais condenáveis, porque rejeitam o meio que Deus ordenou e a ingratidão deles será de tal maneira gravemente punida, porque pisotearam o sangue de nosso Senhor Jesus Cristo, que foi o resgate para as almas deles.[270]

---

[266] J. Calvin, "Commentary on a Harmony of the Evangelists, Matthew, Mark, and Luke", em *Calvin's Commentaries*, 17:214.

[267] J. Calvin, "Commentary on the Gospel According to John", em *Calvin's Commentaries*, 17:64.

[268] J. Calvin, "Commentaries on the Epistles to the Philippians, Colossians, and Thessalonians", em *Calvin's Commentaries*, 21:148.

[269] J. Calvin, "Commentary on a Harmony of the Evangelists", em *Calvin's Commentaries*, 16:427.

[270] J. Calvin, *John Calvin's Sermons on Galatians*, trad. Kathy Childress (Audubon, NJ: Old Paths, 1995), 27.

Deus, como já afirmamos, aqui simplesmente não promete salvação, mas demonstra que ele está de fato pronto para salvar [...], mas a obstinação dos homens rejeita a graça que foi provida e que Deus voluntária e bondosamente oferece.[271]

Aqui uma questão pode ser levantada, como os pecados do mundo inteiro foram expiados? Eu ultrapasso a loucura dos fanáticos quanto a essa pretensa salvação estendida a todos os réprobos e, por isso, ao próprio Satanás. Algo tão anômalo não merece refutação. Aqueles que procuram evitar esse absurdo dizem que Cristo sofreu suficientemente pelo mundo inteiro, mas eficientemente apenas pelos eleitos. Essa solução prevaleceu comumente nas escolas. Portanto, embora eu admita que o que foi dito é verdadeiro, contudo, nego que isso seja adequado a essa passagem, porque o desígnio de João não foi outro senão tornar esse benefício comum à igreja toda. Assim, sob a palavra todos ou todo, ele não inclui os réprobos, mas designa aqueles que devem crer, como também aqueles que foram dispersos por várias partes do mundo. Visto que assim é de fato evidente, como se sabe, que a graça de Cristo, quando é declarada como a única verdadeira salvação do mundo.[272]

O único Senhor Deus, ou, Deus que é o único Senhor. Algumas cópias antigas registram: "Cristo, que é o único Deus e Senhor". E, de fato, na segunda epístola de Pedro, Cristo apenas é mencionado e ali ele é chamado de Senhor. Mas ele diz que Cristo é negado, quando eles que foram redimidos pelo seu sangue tornam-se novamente os vassalos do diabo e assim anulam, tanto quanto podem, esse preço incomparável.[273]

É incontestável que Cristo veio para a expiação dos pecados do mundo inteiro.[274]

Nosso Senhor tornou eficaz para ele [o ladrão perdoado na cruz] sua morte e paixão, que ele sofreu e suportou por toda humanidade.[275]

---

[271] J. Calvin, "Commentaries on the Twelve Minor Prophets," em *Calvin's Commentaries*, 13:476–77.
[272] J. Calvin, "Commentaries on the Catholic Epistles", em *Calvin's Commentaries*, 22:173.
[273] Ibid., 433–34.
[274] J. Calvin, *Concerning the Eternal Predestination of God*, trad. J. K. S. Reid (Londres: James Clark, 1961), 148.
[275] J. Calvin, *Sermons on the Saving Work of Christ*, trad. L. Nixon (Grand Rapids, MI: Baker, 1980), 151.

No último desejo e testamento de Calvino, ele claramente afirmou uma forma de expiação universal:

> Eu testifico e declaro que como um suplicante, imploro humildemente a ele que me permita ser lavado e purificado pelo sangue desse Redentor soberano, derramado pelos pecados da raça humana, para que eu possa estar diante do tribunal dele à imagem do próprio Redentor.[276]

A discussão de Calvino no comentário e no seu sermão sobre o uso de "todos" em Isaías 53.6 ("todos nós andamos desgarrados como ovelhas ... e o Senhor fez cair sobre ele a iniquidade de nós todos") claramente não fez distinção em uso. "Todos" como ovelhas desgarradas e sobre o Servo foi posto o pecado de nós "todos". Todos, sem exceção pecaram e o pecado de todos, sem exceção, foi posto no Servo sofredor. Calvino afirmou mais:

> Ao acrescentar a frase "cada um", ele [o autor de Isaías] vai de uma declaração universal, na qual ele incluiu todos, a uma particular, que cada pessoa possa refletir se é assim ... ele acrescenta a essa palavra "todos" para excluir todas exceções ... até para o último indivíduo ... todos os homens estão incluídos, sem exceção.[277]

Calvino declarou que "muitos" significa "todos" em Isaías 53.12:

---

[276] J. Calvin, *Letters of John Calvin*, 4 v=., ed. e trad. J. Bonnet (Nova York: Burt and Franklin, 1858), 4:365– 69; veja também Beza's "Life of Calvin," em Calvin's Tracts and Treatises, 3 vols., ed. T. F. Torrance, trad. H. Beveridge (Grand Rapids, MI: Eerdmans, 1958), 1: cxiii– cxxvii. Verifique como Calvino fala do sangue de Cristo sendo derramado não pelo "mundo", mas pela "raça humana". É impossível fazer com que "raça humana" se refira aos eleitos. Elijah Waterman (1769–1825) foi graduado na Universidade de Yale (1791) e pastor por muitos anos. Em suas Memórias da Vida e Escritos *de João Calvino* (Hartford: Hale & Hosner, 1813), ele identificou Calvino como moderado com respeito à extensão da expiação:
Alguns dos amigos professos, como também os inimigos declarados de Calvino, são ansiosos para estabelecer o fato que Calvino limitou a expiação de Cristo aos pecados dos eleitos somente. A opinião de Calvino, contudo, era que a expiação de Cristo foi pelos pecados, conforme ele deliberadamente afirma em seu Testamento, que o sangue do Redentor exaltado foi derramado pelos pecados da raça humana. — Ele não é menos explícito em seus comentários — Romanos 5. 18 — *Nam etsi passus est Christus pro paccatis totius mundi, atque omnibas indifferente Dei benignitate offertur, non tamen omnes apprehendunt* ["Pois embora Cristo SOFRESSE PELOS PECADOS DO MUNDO INTEIRO, e pela benevolência de Deus isto é indiferentemente oferecido a todos, entretanto, todos não o recebem". *Opera Calvini*, vol. 7. (410–11).

[277] J. Calvin, *Sermons on Isaiah*, 66, 70, 78– 79. Veja K. Kennedy, "Was Calvin a Calvinist? John Calvin on the Extent of the Atonement", em *Whosoever Will*, 191–212, sobre o conceito de Calvino da extensão da expiação, Kennedy concluiu que Calvino defendeu a expiação universal.

Eu segui a interpretação comum, que "ele levou sobre si o pecado de muitos", embora possamos sem erro considerar a palavra hebraica (răbbīm) para denotar "Grande e Nobre". E assim o contraste seria mais completo, que Cristo, enquanto "ele foi contado entre os transgressores", tornou-se garantia para todos do mais excelente da terra e sofreu no lugar daqueles que detêm a mais nobre posição no mundo. Deixo isso para o julgamento de muitos leitores. No entanto, eu aprovo a leitura comum, que apenas sofre a punição de muitos, porque sobre ele foi posta a culpa do mundo inteiro. É evidente de outras passagens e especialmente do quinto capítulo da epístola aos Romanos, que "muitos", às vezes, denota "todos".[278]

No comentário e sermão de Calvino sobre Gálatas 2.20, expressou-se de modo que indica seu compromisso com a expiação universal: "Não será o bastante para alguém contemplar Cristo como tendo morrido para a salvação do mundo, a menos que ele tenha experimentado as consequências dessa morte e seja capaz de afirmar que experimentou a própria".[279]

Em seu sermão sobre o mesmo texto, ele declarou:

> E ele não se contentou em dizer que Cristo se entregou pelo mundo em comum, pois isso teria sido uma simples afirmação imprecisa, mas (mostra que) cada um de nós precisa aplicar a si mesmo particularmente, a virtude da morte e paixão de nosso Senhor Jesus Cristo. Embora se afirme que o Filho de Deus foi crucificado, não devemos pensar apenas que o mesmo foi feito pela redenção do mundo, mas também cada um de nós deve por si mesmo se unir ao nosso Senhor Jesus Cristo e conclui: é por mim que ele sofreu ... mas quando uma vez que saibamos que a coisa foi realizada para a redenção do mundo todo, cabe a todos nós, separadamente: compete a cada um de nós dizer também em nome de si mesmo que o Filho de Deus amou-me tão misericordiosamente que se entregou à morte por mim ... somos muito miseráveis se não aceitamos esse benefício quando nos é oferecido ... Veja aqui uma garantia para nossa salvação, de modo que deveríamos pensar que estamos totalmente seguros dela.[280]

---

[278] J. Calvin, "Commentary on the Book of the Prophet Isaiah," em *Calvin's Commentaries*, 8:131.

[279] J. Calvin, "Commentaries on the Epistles of Paul to the Galatians and Ephesians", *em Calvin's Commentaries*, 21:76.

[280] J. Calvin, *Sermons of M. John Calvin upon the Epistle of Saint Paul to the Galatians* (Londres: Henrie Bynneman, 1574), 106.

Em seu comentário sobre Gálatas 2.20, Calvino não apenas afirmou que se deve crer que Cristo morreu por todos, mas acrescentou que isso apenas não é suficiente. É preciso também crer que Cristo morreu por ele pessoalmente. Considerando que não é possível se crer no último fato sem crer no primeiro. Jesus necessariamente morreu por todos. Isso é uma abordagem diferente daquela debatida pelos particularistas de que não é necessário crer que o Filho morreu por todas as pessoas ou mesmo por ele mesmo, mas ser suficiente crer que Cristo morreu pelos eleitos ou por "pecadores".[281]

Em seu sermão baseado em Gálatas 2.20, Calvino afirmou a mesma noção. Somente a fé salvadora apropria a expiação; a expiação apenas não salva. Ele proclamou que Cristo foi crucificado "para a redenção do mundo" e isso é contrastado com a necessidade de crer que "é por mim que ele sofreu". O reformador ressalta que a "garantia para nossa salvação" é o amor de Cristo e sua expiação por todos. Curt Daniel notou que os "particularistas limitam a garantia ao mandamento para crer; graça e expiação são irrelevantes nesse ponto".[282]

Em seu comentário a respeito de Gálatas 5.12, Calvino baseou a oferta universal do evangelho na ilimitada extensão da expiação: "Deus recomenda a nós a salvação de todos os homens, sem exceção, assim como Cristo sofreu pelos pecados do mundo inteiro". É interessante notar aqui que a análise de Helm dessa citação em seu livro *Calvin and the Calvinists* [Calvino e os Calvinistas] deixa a desejar. A análise de Helm é falha de duas maneiras: (1) ele afirmou que a citação é dos sermões de Calvino sobre Isaías, mas ela realmente procede do comentário sobre uma passagem diferente da Escritura; e (2) Helm omitiu algumas das palavras de Calvino na citação em sua referência.[283] Calvino ensinou que a pessoa deve crer que Cristo morreu por cada um individualmente e que apenas ele é o caminho; e a única forma de alguém saber disso é pelo evangelho que lhe diz e isto é exatamente o que o evangelho faz.

Nos sermões de Calvino sobre Efésios, ele explicitamente declarou que "Cristo é em um conceito geral (ou maneira) o Redentor do mundo".[284] Em *A Deidade de Cristo* há muitas declarações ratificando a natureza universal da expiação.

---

[281] Daniel, "Hyper-Calvinism and John Gill", 824–25. O termo "pecadores" na frase "Cristo morreu pelos pecadores" em muitos escritos calvinistas significa "Cristo morreu somente pelos pecadores *eleitos*".

[282] Ibid., 825.

[283] P. Helm, *Calvin and the Calvinists* (Edinburgh: Banner of Truth, 1982), 45–46. Veja também a crítica em Daniel, "Hyper-Calvinism and John Gill", 788n20.

[284] J. Calvin, *Sermons on Ephesians* (Edimburgo: Banner of Truth, 1974), 55.

A hora se aproximava em que nosso Senhor Jesus teria que sofrer pela redenção da humanidade.²⁸⁵

Foi algo terrível para ele estar diante do tribunal de Deus em nome de todos os miseráveis pecadores (pois ele estava ali, por assim dizer, tendo que sustentar todos os nossos fardos).²⁸⁶

Ele tem que ser o Redentor do mundo. Ele precisa ser condenado, de fato, não por haver pregado o Evangelho, mas por nós ele precisa ser oprimido, por assim dizer, até as profundezas mais humilhantes e sustentar nossa maldição, porque ele estava ali, em certo sentido, na pessoa de todos os amaldiçoados e todos os transgressores e daqueles que mereciam a morte eterna. Desde então, Jesus Cristo tem esse ofício e suporta os fardos de todos aqueles que ofenderam Deus mortalmente.²⁸⁷

Deus, para tornar os ímpios ainda mais indesculpáveis, desejou que Jesus Cristo em Sua morte fosse declarado Rei soberano de todas as criaturas.²⁸⁸

Em seu comentário sobre Mateus 26.39, Calvino disse que Cristo foi "carregado [ou sobrecarregado] com os pecados do mundo inteiro".²⁸⁹

---

²⁸⁵ J. Calvin, *The Deity of Christ and Other Sermons* (1950; repr. Audubon, NJ: Old Paths Publications, 1997), 55.
²⁸⁶ Ibid., 155–56.
²⁸⁷ Ibid., 95.
²⁸⁸ Ibid., 153. Note que Calvino parece afirmar que Cristo é Senhor e Juiz de todas as pessoas porque ele morreu por todas. Como Curt Daniel notou,
Quando uma pessoa rejeita o evangelho, incorre em condenação não apenas porque o rejeita, mas porque rejeita que Cristo morreu por ela, algo que o evangelho proclama. A implicação é que se Cristo não morreu por todos os homens, então Cristo não seria o Rei soberano sobre todos os homens. Calvino discorda dos particularistas que afirmam que Cristo é Senhor de todos meramente devido à sua deidade intrínseca, não porque ele morreu por todos os homens.
Daniel prosseguiu e ressaltou com respeito ao intento da expiação:
Por que Cristo morreu por todos os homens se na vontade secreta de Deus jamais foi determinado que seriam salvos? Resposta: Cristo morreu por todos, de modo que todos seriam indesculpáveis. Eles incorrem em condenação extra quando rejeitam o evangelho. Se Cristo não morreu por todos os homens, não haveria condenação extra por falha em não crer que Cristo morreu por si mesmo, conforme defendido pelos hipercalvinistas. (Daniel, "HyperCalvinism and John Gill," 792).
²⁸⁹ J. Calvin, "Commentary on a Harmony of the Evangelists, Matthew, Mark, and Luke", em *Calvin's Commentaries*, 17:234.

Nas *Institutas*, Calvino assegurou que "Cristo intercedeu como seu advogado, tomou sobre si e sofreu a punição que, do justo julgamento de Deus, ameaçava todos os pecadores; que ele purificou com seu sangue todos os males que haviam tornado os pecadores odiosos a Deus; que por essa expiação ele fez satisfação e sacrifício a Deus o Pai".[290]

Em um de seus sermões, Calvino expôs:

> Foi para um propósito insignificante para nós que Jesus Cristo nos redimiu da morte eterna e derramou seu sangue para nos reconciliar com Deus, a menos que nos certificássemos desse benefício e nos fosse dito que Deus deveria nos chamar para tomar posse dessa salvação e desfrutar esse preço que foi assim pago por nós. Como por exemplo, vejam os turcos que desprezaram a graça que foi adquirida para o mundo todo por Jesus Cristo.[291]

Em outro sermão, Calvino distinguiu entre a natureza da expiação e sua aplicação.

> Posto que não é o bastante que Jesus Cristo sofreu em sua pessoa e tornou-se um sacrifício por nós, mas devemos estar seguros disso por meio do Evangelho. Precisamos acolher esse testemunho e não duvidar que temos justiça nele, sabendo que ele fez satisfação por nossos pecados.[292]

Um dos temas centrais no debate sobre a posição de Calvino são seus comentários sobre passagens bíblicas em que as palavras "muitos" e "todos" ocorrem no contexto da expiação. Antes de entrar nessa discussão, permita-me acentuar duas considerações importantes. Primeira, precisa-se apenas de uma afirmação clara, inequívoca no texto bíblico, ou de qualquer escritor sobre o assunto, que declare que Jesus morreu pelos pecados de todas as pessoas para afirmar a expiação ilimitada. Isto é verdadeiro. Não importa quantas declarações encontradas indiquem que Jesus morreu pelos pecados de um grupo limitado de pessoas. Não seria de todo incomum encontrar na Escritura e naquele escrito a respeito do tema da expiação, às vezes, se dirigir aos cristãos e falar do que Cristo fez por "nós", "nossos pecados", "a igreja" e assim por diante.

---

[290] J. Calvin, *Institutas of the Christian Religion*, 2 v., ed. J. T. McNeill, trans. F. L. Battles (Filadélfia: Westminster, 1960), 1:505 (II.xvi.2).

[291] J. Calvin, *Sermons of M. John Calvin on the Epistles of Saint Paul to Timothy and Titus*, trad. L.T. (Londres: G. Bishop and T. Woodcoke, 1579), 177. É difícil não ver a expiação ilimitada nessa citação.

[292] J. Calvin, *Sermons on Isaiah's Prophecy of the Death and Passion of Christ*, Library of Ecclesiastical History, trad. T. H. L. Parker (Cambridge: James Clarke, 2010), 117.

Essas afirmações não *ipso facto* [pelo próprio fato] indicam que um escritor é adepto da expiação limitada. Inferir isto, dessas declarações particularistas, seria sucumbir à falácia da inferência negativa.

Segunda, precisa-se apenas de uma afirmação clara, inequívoca no texto bíblico ou em qualquer escritor que declare que Jesus morreu somente pelos pecados dos eleitos ou "aqueles que crerão", e assim sucessivamente, para confirmar a adesão de um autor à expiação limitada. Esses dois aspectos devem ser mantidos sempre ao estudar os comentários de alguém sobre o tema da extensão da expiação.

Os calvinistas que defendem a expiação limitada são rápidos em ressaltar que o uso de "todos" na Escritura nem sempre significa "todos, sem exceção". Isto certamente é verdadeiro, mas ninguém que conheço que defenda a expiação ilimitada nega isso. Não posso, senão concordar com Thomas quando ele declarou:

> Pode-se admitir que citações referindo a "todos", "o mundo", "humanidade" e "a raça humana" não provam que Calvino intentou falar de uma ilimitada universalidade, visto que ele, algumas vezes, poderia afirmar que os termos "todos" e "mundo"[293] devem ser compreendidos como "todos os tipos" ou "todas as pessoas" ou a igreja no mundo [como em seus comentários sobre 1 Jo 2.2 e 1 Tm 2.4-6]. Entretanto, há muitos contextos em que uma universalidade irrestrita deve ter sido intencionada.[294]

Essa é a realmente a questão. Calvino usa palavras como "todos" e "mundo" com respeito à expiação quando intenciona comunicar o sentido "todos, sem exceção?" Parece claro em seus escritos que esse é, de fato, o caso.

Por exemplo, em seu comentário sobre Mateus 20.28 e Marcos 14.24, Calvino explicitamente disse que "muitos" significa "todos". O mesmo pode ser dito de seu comentário a respeito de Hebreus 9.28. Nessas passagens, para os particularistas, "muitos" significa "alguns" como oposto a "todos". Para Calvino, "muitos" significa "todos" como oposto a "alguns".[295] Conforme demonstrado na citação concernente a Isaías 53.12 anteriormente, Calvino explicitamente afirmou que "muitos" significa "todos". Segundo o que ele disse em seus comentários de Romanos 5.19, é evidente que "muitos" significa "todos" como oposto a "um". Ele disse o mesmo em seus *Sermões em Deuteronômio*.[296] O reformador declarou que Cristo morreu por todos que pecaram;

---

[293] Calvino provavelmente restringe a palavra "mundo" somente duas vezes: em 1 João 2.2 e na parábola de Jesus sobre o campo. Em ambos os casos ele segue Agostinho.

[294] Thomas, *Extent of the Atonement*, 27.

[295] Daniel, "Hyper-Calvinism and John Gill", 794.

[296] Calvin, *Sermons on Deuteronomy*, 167.

não diz meramente que todos aqueles por quem Jesus morreu eram pecadores (como os particularistas sempre interpretam 2 Co 5.14, 15), como Curt Daniel observou. Ademais, Calvino baseia a condenação definitiva deles na incredulidade, não na falta de expiação.

O comentário de reprovação de Daniel concernente à rejeição de Helm dessa evidência é incisivo:

> Helm menciona essa passagem, mas a rejeita, dizendo que ela significa "todas as classes" e, portanto, não pode ensinar a expiação universal (Calvino, p. 44). Posteriormente, Helm até vai longe em depreciar as passagens em que "muitos comparam-se a todos" apresentadas por Kendall, que ele ousadamente afirma: "é impossível promover essa reconstrução abrangente da doutrina de Calvino da obra de Cristo em fundamentos tão frágeis" (p. 46). Constatamos que é incrível que Helm classificasse como "frágeis" as muitas e explícitas declarações do próprio Calvino, especialmente sem produzir igualmente muitos e explícitos exemplos dele mesmo ou pelo menos fazer exegese dos exemplos dados por Kendall ao lidar com a essência do tema.[297]

Parece óbvio, em muitos contextos, que quando Calvino usa "todos" e "muitos", ele não está limitando os termos a um número definido de pessoas como parte da humanidade, mas está se referindo a toda humanidade. Por essa razão, em Mateus 26.14 ele declarou que Cristo "se ofereceu como vítima pela salvação da raça humana". Em João 1.29, Calvino afirmou que Jesus foi oferecido "indiscriminadamente para toda a raça humana". Ele compara "mundo" com a "raça humana". Esse uso de "mundo" não pode ser separado em seu contexto de significado da frase de Calvino "todos os homens, sem exceção, que são culpados de iniquidade". Em seu comentário sobre João 3.16, ele comparou "mundo" com todos "indiscriminadamente" e falou de "todos, sem exceção". É claro que Calvino contrasta os poucos que creem com o restante do mundo, não com todos que creem. Em ambos os comentários e seu sermão em Isaías 53.6, ele afirmou que "todos" se refere à raça humana inteira e que "ninguém é excetuado" porque "o profeta inclui todos, ... até o último indivíduo, ... sem exceção".[298]

Considere o sermão de Calvino a respeito de Isaías:

> Isso, então, é como o Senhor Jesus levou os pecados e iniquidades de muitos. Mas de fato a palavra "muitos" é sempre um equivalente tão

---

[297] Daniel, "Hyper-Calvinism and John Gill", 794.
[298] Calvin, *Sermons on Isaiah*, 66, 70, 79, 81.

bom quanto "todos". E na realidade nosso Senhor Jesus foi oferecido ao mundo todo. Portanto, o texto não fala de três ou quatro quando diz "Deus amou o mundo de tal maneira que não poupou seu próprio Filho". Mas, no entanto, precisamos notar o que o evangelista acrescenta nessa passagem: "Para que todo aquele que nele crer não pereça, mas tenha a vida eterna". Nosso Senhor Jesus sofreu por todos e não há ninguém que seja nobre ou humilde que não seja indesculpável hoje, pois podemos obter salvação nele. Incrédulos que se afastam dele e que se privam dele devido à malícia são hoje duplamente culpáveis, pois como se desculparão pela ingratidão por não receber as bênçãos que poderiam participar pela fé?[299]

Perceba como o reformador afirma que os incrédulos são "duplamente culpáveis". Por quê? Porque Cristo derramou seu sangue por eles e porque se recusaram a crer.

Calvino com frequência usa a palavra "mundo" quando fala da morte de Cristo como "reconciliando" o mundo com Deus (Mt 17.5, Jo 17.1; 18.32; 19.2, 2 Co 5.19).

Dois textos que os particularistas sempre recorrem para apoiar a suposta adesão de Calvino à expiação limitada são 1 Timóteo 17.5 e 1 João 2.2. O reformador articula que "todos" não significa "cada homem particular" em 1 Timóteo 2.4-6, mas preferivelmente todos os tipos de pessoas. Note várias coisas a respeito desses versículos. A ideia de Calvino, baseada no que disse sobre 2.3, é que essa passagem não concerne à vontade de Deus por uns poucos indivíduos, mas ao contrário, à sua vontade pela salvação de todas as classes de pessoas. Verifique como ele explicitamente afirmou que Cristo não morreu apenas por Pedro, João ou pelos judeus, mas antes por todos os outros, incluindo os gentios.[300] Isto não indica que Calvino afirmou a expiação limitada.

Compare como ele analisa esse texto com a maneira em que Owen, Cunningham e outros calvinistas extremos o analisam. Ele o difere em sua exegese. Para Calvino os "todos" de 2.1 tem o mesmo referente como os "todos" em 2.4 e 2.6. Particularistas normalmente restringem os "todos" em 2.6 aos eleitos. Isto o força a interpretar os "todos" como apenas "alguns" de acordo com a assim definida vontade secreta de Deus. Porém, Calvino disse que 2.4 se refere à vontade revelada de Deus, não à sua vontade secreta. Se eles interpretam o "todos" de 2.4 como "todos" na vontade revelada de Deus, então, de novo, são forçados a distinguir os "todos" do versículo 4 com os

---

[299] Ibid., 141.
[300] Calvin, *Sermons on Timothy* (Edimburgo: Banner of Truth, 1983), 177. Calvino falou de um grupo de pessoas ("turcos") que desprezam a graça que foi adquirida para o mundo todo". Veja também, "John Calvin (1509–1564) on Unlimited Expiation, Sin-Bearing, Redemption and Reconciliation," *Calvin and Calvinism*, March 1, 2008, http://calvinandcalvinism.com/?p=230.

"todos do versículo 6. Se interpretam "todos" de 2.4 como se referindo à vontade de Deus ou ao chamado para alguns serem salvos, logo, eles estão em desacordo com Calvino, que disse no contexto que a vontade de Deus e seu chamado são universais.[301]

Mas Calvino não afirma a expiação limitada em 1 João 2.2? Ele adota uma interpretação limitada de 1 João 2.2, como o fez Agostinho. Contudo, Calvino interpreta o versículo como a aplicação da expiação, não a extensão da expiação.[302] Note que ele considerou "fanáticos" aqueles que ensinam uma aplicação universal da expiação, não aqueles que ensinam a expiação universal com respeito à expiação de Cristo. Calvino afirmou o sentido original da fórmula de Lombardo, mas negou sua relevância para 1 João 2.2. E disse que Cristo "sofreu suficientemente pelo mundo inteiro". Essa declaração é uma negação de uma imputação limitada do pecado a Cristo e, portanto, uma negação da expiação limitada. As ideias de Calvino parecem ser que a expiação é aplicada a todos os cristãos de todas as nações, mas para eles somente e não para os incrédulos ou Satanás.

Calvino compreendeu o "mundo inteiro" em 1 João 2.2 como a igreja, não a classe abstrata de todos os eleitos. Ele concorda com Agostinho aqui. Considerando a eclesiologia de Agostinho, na qual a igreja é todos os membros visíveis incluindo alguns não eleitos, isto não sugere que Calvino ou Agostinho ensine a expiação limitada.

Os particularistas apresentam outros argumentos para apoiar a discórdia deles de que Calvino defendeu a expiação limitada. Por exemplo, ele assegurou que a oração sumo sacerdotal de Jesus em João 17.9 é limitada aos eleitos apenas, mas a oração dele em Lucas 23.34, onde ele ora: Pai, perdoa-lhes, porque não sabem o que fazem" [ARC], é ilimitada. Porém, a diferença nos contextos delas não é entre a obra sumo sacerdotal de Cristo na terra e no céu, mas entre os assuntos e o conteúdo dessas orações. Lucas 23.34 é uma oração no contexto da expiação e do perdão. João 17.9 concerne à unidade do eleito que crê.[303] Esse é um argumento inconsistente em prol da expiação limitada. Calvino apenas defende um intento limitado para aplicar a expiação.

Os particularistas recorrem ao conflito de Calvino com Georgius, Pighius e Heshusius como evidência de sua convicção na expiação limitada. Na obra de Calvino *On the Eternal Predestination of God* [Sobre a Predestinação Eterna de Deus], ele se refere a uma pessoa chamada Georgius, que aparentemente ensinou universalismo

---

[301] Veja a discussão sobre a interpretação de Calvino de 1 Timóteo 2,4-6 em Daniel, "Hyper-Calvinism and John Gill", 796– 99.

[302] Letham disse que não se pode afirmar que Calvino ensinou a expiação universal. "Saving Faith and Assurance in Reformed Theology: Zwingli to the Synod of Dort", 2 v. (PhD diss., University of Aberdeen, 1979), 2:67. Note a crítica por C. Bell, "Calvin and the Extent of the Atonement", *Evangelical Quarterly* 55.2 (April 1983), 115.

[303] Veja Daniel, "Hyper-Calvinism and John Gill", 811.

baseado na interpretação de 1 João 2.2. O argumento de Georgius era simples: todos os homens serão salvos, porque Cristo morreu por todos os homens. A refutação de Calvino a Georgius é ressaltar que 1 João 2.2 não se refere à expiação em si mesma, mas preferivelmente à aplicação da expiação. O pensamento de Curt Daniel é que

> não há o menor indício aqui que Calvino aceite a teoria particularista *ex opera operato* [do trabalho realizado] que todos por quem Cristo morreu serão salvos, embora ele concordaria que todos a quem a expiação é aplicada necessariamente crerão. Georgius é um que aceita uma teoria *ex opera operato*, embora ela seja universalista em natureza.[304]

Calvino recorreu a 1 Timóteo 2.4 em sua refutação a Pighius. O reformador, nesse ponto, não está lidando com a controvérsia da extensão da expiação, mas com o tema da predestinação. Ele defendeu que esse versículo lida com a vontade revelada de Deus e não com a vontade *secreta* (decretiva), como Kevin Kennedy indicou: "Quando o limite da palavra "todos" se refere apenas a classes e não a indivíduos, ele diz que esse versículo não nos fala nada sobre quais indivíduos Deus, de acordo com sua vontade *secreta*, intentou salvar".[305]

Kennedy expressa que uma nota especial deve ser extraída do emprego de Calvino da palavra "indivíduos'. Ele, evidentemente, compreendeu a palavra referindo-se a um grupo finito e particular de pessoas e insiste:

> 1 Timóteo 2.4 não está falando daqueles indivíduos que na realidade serão salvos, mas da humanidade em geral ... Assim, a preocupação dele foi mostrar que a vontade revelada de Deus mencionada aqui não exclui que em sua vontade secreta Deus fez certas determinações com respeito a cada indivíduo. Portanto, esse versículo não deve ser entendido como ensinando algo sobre a intenção real de Deus de salvar certos indivíduos. Pelo contrário, deve ser compreendido apenas como lidando com a oferta universal de salvação.[306]

Provavelmente, a mais enfática evidência a ser reunida em favor de Calvino como um particularista trata-se de seus comentários contra Heshusius. É interessante

---

[304] Veja Calvin, *On the Eternal Predestination of God*, 148–49; Daniel, "Hyper- Calvinism and John Gill", 808; e K. Kennedy, *Union with Christ and the Extent of the Atonement*, Studies in Biblical Literature 48 (Nova York: Peter Lang, 2002), 49–51.

[305] Kennedy, *Union with Christ*, 43.

[306] Ibid., 43-44.

que calvinistas moderados como Davenant e outros do século XVII e além lidaram com essa passagem e concluíram que Calvino não ensinou a expiação limitada. Em tempos mais recentes, Daniel e Kennedy demonstraram porque Calvino não afirma a expiação limitada nessa passagem. Minha discussão sumária é demasiado dependente das obras deles.[307]

Após uma leitura superficial dos comentários de Calvino sobre Heshusius, pode-se constatar como ele poderia afirmar a expiação limitada. Depois de uma leitura mais atenta, contudo, torna-se claro que não é essa a situação. Como sempre, é importante se ter em mente o contexto.

O ponto de controvérsia tem a ver com a presença corpórea de Cristo nos elementos da ceia do Senhor. O contexto não tem nada a ver com a extensão da expiação. Calvino rejeita a noção da presença corpórea de Cristo nos elementos. A citação-chave é a indagação de Calvino: "Eu devo querer saber como os ímpios podem comer a carne que não foi crucificada por eles e como podem beber o sangue que não foi derramado para expiar os pecados deles?"[308] Quando Calvino faz a pergunta: "eu deveria querer saber? Emprega o recurso retórico para expressar um conceito que ele mesmo rejeita. Isto se torna especialmente claro quando se compara a outros exemplos dessa frase idêntica em seus escritos. Note também que Calvino emprega o termo "ímpios" aqui ao invés do termo usual "réprobo".

Calvino rejeita a alegação aparentemente feita por Heshusius que os "ímpios" "comem a carne que não é crucificada por eles". Como um luterano, Heshusius certamente acreditava na expiação ilimitada. Então, como explica-se a declaração de Calvino? A resposta pode estar no conceito de Calvino da fé verdadeira, salvadora, que consiste em crer que Cristo morreu por ele. A fé salvadora não é crer que Jesus morreu pelo mundo, mas crer que ele morreu por mim. Na passagem em questão, a participação genuína de Cristo nos elementos da ceia requer que ele morreu por aquele que participa. É Heshusius que erradamente crê que se pode verdadeiramente participar de Cristo, na ceia, sem fé de que Cristo morreu por ele.

A discussão de Rouwendal acerca desse tema acerta diretamente o alvo. Ele ressaltou que essa declaração de Calvino é uma

> opinião única e isolada em um livreto que lida com outro assunto. Portanto, elas não podem ser vistas como uma rejeição refletida da expiação universal. Segundo, não é justo nem realista usar essa única sentença para

---

[307] Daniel, "Hyper-Calvinism and John Gill," 819–22; Kennedy, *Union with Christ*, 53–56. Kennedy é dependente de Daniel para a análise dele.

[308] Calvin, *Theological Treatises*, Library of Christian Classics 22, trad. J. K. S. Reid (Filadélfia: Westminster, 1954), 285.

ignorar as muitas sentenças em que Calvino declarou que Cristo morreu pelo mundo inteiro. Terceiro, deve-se notar que embora ele declare que Cristo não morreu por (alguns) ímpios, não se apresenta nenhuma doutrina de redenção particular. Quarto, deve-se observar a escolha de palavra de Calvino, bem como o contexto no qual ele as emprega. As palavras que ele escolhe não negam que Cristo morreu por todos os homens, mas antes que morreu pelos ímpios [profanos]. O contexto não lida com a justificação (pois Calvino seguramente sustentou que foi para a justificação dos ímpios que Cristo morreu e, portanto, que morreu pelos ímpios), mas sim com a ceia do Senhor. A intenção de Calvino era tornar evidente que Cristo não está corporalmente presente. No contexto imediato da sentença citada, ele usa o argumento que se Cristo estivesse presente corporalmente, os ímpios comeriam sua carne e beberiam seu sangue, algo que Calvino considerou impossível. Por essa razão, não é implausível interpretar as palavras citadas como segue: "Eu queria saber como os ímpios podem comer da carne de Cristo, que não foi crucificado por eles efetivamente e como podem beber do sangue que não foi derramado de fato para reconciliar os pecados deles".[309]

Considerando as doze afirmações claras em que Calvino defendeu a expiação ilimitada, não se deve conferir precedência aos comentários mais obscuros dele de que não estão diretamente tratando do tema da extensão da expiação. Isso é uma questão de metodologia.[310]

---

[309] P. L. Rouwendal, "Calvin's Forgotten Classical Position on the Extent of the Atonement: About Sufficiency, Efficiency, and Anachronism", 330–31. Veja também, R. T. Kendall, *Calvin and English Calvinism to 1649*, rev. ed. (Carlisle, UK: Paternoster, 1997), 231–38, onde Kendall incluiu o tratamento de Daniel desse tema. Ambos, Daniel e Kendall, seguem a mesma trajetória. Stephen L. Costley tem um excelente artigo sobre esse tema publicado por D. Ponter, "Understanding Calvin's Argument against Heshusius," *Calvin and Calvinism*, February 12, 2008, http://calvinandcalvinism.com/?p=215.
1. O contexto da teologia de Calvino como um todo não inclui a expiação limitada.
2. O contexto do livreto de Calvino contra Heshusius exclui a expiação limitada.
3. Na famosa citação de Heshusius, "ímpios" não significa "não eleitos".
4. A expiação limitada é insignificante e fora de contexto no debate de Calvino contra Heshusius.
5. A expiação limitada refuta a própria teologia de Calvino da ceia do Senhor, conforme apresentada e defendida por Calvino no livreto de Heshusius.
6. No livreto de Heshusius, Calvino argumentou contra a presença corporal de Cristo nos elementos da ceia do Senhor, não contra a expiação ilimitada.

[310] A referência de Calvino no início do livro 3 das *Institutas*, no qual ele fala da "salvação da raça humana", tem sido interpretada a indicar uma pressuposição subjacente da expiação universal, para o que Calvino escreveu no Livro 2. Assim, Bell, "Calvin and the Extent of the Atonement", 115.

Com respeito ao conceito de Calvino da extensão da expiação, a conclusão de Rouwendal é admirável:

> Se Calvino ensinou a expiação particular, ele não teria usado a linguagem [para expiação universal] que Clifford reuniu em grande quantidade. Por essa razão, as proposições universais nas obras de Calvino provam negativamente que ele não ratificou a expiação particular, mas também não provam positivamente que ele ratificou a expiação universal. Essas proposições podem ser usadas para falsificar a conclusão que Calvino foi um particularista, mas não são suficientes para prová-lo um universalista.[311]

O próprio Rouwendal concluiu que a evidência demonstra que Calvino não ratificou a expiação limitada. Note também que ele *não* diz que Calvino *não* ratificou a expiação universal; pelo contrário, ele afirmou que as "proposições universais" deste em seus escritos "não provam positivamente que ele ratificou a expiação universal". Francamente, dada a clara evidência que Calvino de fato corroborou uma forma de expiação universal, a contestação de Rouwendal é desnecessária.

O tratamento de Paul Van Buren, em 1957, da doutrina de Calvino sobre a substituição e reconciliação concluiu que o reformador não ensinou a expiação limitada.[312] John Murray resenhou o livro e sugeriu que Van Buren em parte desvirtuou e em parte ignorou a evidência relevante. Parte da compreensão equivocada de Van Buren, de acordo com Murray, foi a relação entre a oferta universal do evangelho e uma expiação universal, visto que uma não implica a outra.[313]

Amar Djaballah criticou a tese de R. T. Kendall de que o próprio Calvino defendeu a expiação ilimitada. Ele afirmou que em lugar algum Calvino defende claramente uma posição universalista sobre a extensão. Djaballah também alegou que um texto em que Calvino "explicitamente defende a expiação limitada" foi a resposta de Calvino a Heshusius.[314]

---

[311] Rouwendal, "Calvin's Forgotten Classical Position on the Extent of the Atonement," 328. Estranhamente, R. Muller não menciona o artigo de Rouwendal em sua obra *Calvin and the Reformed Tradition: On the Work of Christ and the Order of Salvation* (Grand Rapids, MI: Baker, 2012).

[312] P. Van Buren, *Christ in Our Place: The Substitutionary Character of Calvin's Doctrine of Reconciliation* (Edimburgo: Oliver & Boyd, 1957), 77–78.

[313] J. Murray, "Review of *Christ in Our Place: The Substitutionary Character of Calvin's Doctrine of Reconciliation* by P. van Buren," Westminster Theological Journal 22 (1959): 55–60.

[314] A. Djaballah, "Calvin and the Calvinists: An Examination of Some Recent Views", *Reformation Canada* 5 (1982), 8–13. Djaballah é professor de estudos bíblicos e deão da Faculté de Théologie Évangélique em Montreal e contribuiu com um capítulo sobre Amyraldianismo em *From Heaven He Came and Sought Her*.

Em 1983, o *Evangelical* Quarterly [Trimestral Evangélico] dedicou uma edição à discussão do debate Calvino versus os Calvinistas, incluindo ensaios apresentados no Historical Theology Study Group of the Tyndale Fellowship [Grupo de Estudo de Teologia Histórica da Fraternidade Tyndale][315] de 1982. Frederick Leahy concluiu, em seu artigo de 1992, que Calvino defendeu a expiação limitada.[316] Depois de pesquisar o debate na última metade do século XX, Andrew McGowan concluiu com uma citação de William Cunningham que não se produziu evidência suficiente de que Calvino creu na expiação universal.[317] McGowan concluiu: "Esta avaliação subsiste".[318] Mas, de fato, subsiste? A evidência sugere o contrário.

A análise contemporânea do pensamento de Calvino sobre a extensão da expiação

Muitos calvinistas hoje apoiam-se bastante em Roger Nicole em defesa da expiação limitada.[319] Em um artigo inédito, David Ponter refutou Nicole na crítica mais substancial que conheço, intitulada: *A Brief History of Deviant Calvinism*[320] [Uma Breve História do Calvinismo Divergente]. Ponter é um bibliotecário no Reformed Theological Seminary [Seminário Teológico Reformado] em Jackson Mississipi e hospeda

---

[315] P. Helm, "Calvin and the Covenant: Unity and Continuity", *Evangelical Quarterly* 55, no. 2 (April 1983): 65–81; J. B. Torrance, "The Incarnation and 'Limited Atonement'", *Evangelical Quarterly* 55, no. 2 (April 1983): 83–94; T. Lane, "The Quest for the Historical Calvin", *Evangelical Quarterly* 55.2 (April 1983): 95–113; M. C. Bell, "Calvin and the Extent of the Atonement", *Evangelical Quarterly* 55.2 (April 1983): 115–23.

[316] F. S. Leahy, "Calvin and the Extent of the Atonement," *Reformed Theological Journal* 8 (1992): 56. Leahy seriamente erra quando escreve: "Todos os defensores da expiação universal, de qualquer concepção, defendem que Cristo morreu igualmente por todos com o desígnio de tornar a salvação de todos possível e nada mais". Ele ignora todos os universalistas hipotéticos e amiraldianos na tradição reformada, para não mencionar os muitos não calvinistas que percebem múltiplas intenções na expiação.

[317] W. Cunningham, The Reformers and the Theology of the Reformation (Londres: Banner of Truth: 1967), 395–96.

[318] A. McGowan, *The Federal Theology of Thomas Boston (1676–1732)* (Edimburgo: Paternoster, 1997), 48–58.

[319] R. Nicole, "John Calvin's View on the Extent of the Atonement", em *Articles on Calvin and Calvinism: An Elaboration of the Theology of John Calvin*, 14 v., ed. Richard C. Gamble (Nova York: Garland, 1992), 8:119–47. Esse ensaio também foi publicado anteriormente: R. Nicole, "John Calvin's View of the Extent of the Atonement," *Westminster Theological Journal* 47, no. 2 (Fall 1985): 197–225.

[320] Disponível on-line em http://calvinandcalvinism.com/wp-content/uploads/2014/05/A-Brief--History-of-Deviant- Calvinism.pdf.

o site www.cavinandcalvinism.com. Eu reproduzi essencialmente a crítica dele em forma de resumo, a seguir.[321]

Não se pode discutir o conceito de Calvino sobre a extensão da expiação sem envolver os argumentos de Roger Nicole para um suposto compromisso de Calvino com a expiação limitada. Depois de resumir a história do debate desde Amyraut em diante, Nicole analisou os argumentos para a tese de que Calvino defende a expiação limitada, seguido pelos argumentos contrários. Provavelmente, a única ideia mais importante para notar primeiro é que aqueles como Nicole que afirmam haver Calvino defendido a expiação limitada admitem que ele mesmo não fez uma declaração direta em seus escritos afirmando a expiação limitada. Em segundo lugar, a abordagem de Nicole para a questão em discussão é sempre argumentar o que ele próprio pensa que significa os versículos-chave no texto em vez de argumentar a partir do que Calvino diretamente disse. Em terceiro lugar, Nicole presumiu um paradigma escolástico reformado posterior e então leu Calvino usando esses óculos. Por exemplo, ele presumiu que a expiação ilimitada *ipso facto* implica uma expiação ineficaz e uma negação da perseverança, portanto, Calvino não poderia aderir a uma expiação universal. Logicamente, isso presume a conclusão e emprega uma falácia de falso dilema. A expiação é sempre eficaz para os eleitos e os eleitos sempre perseveram.

Nicole discutiu a interpretação de Calvino de alguns textos das Escrituras, nos quais ele parece adotar uma interpretação ilimitada. Ele tentou explicar os comentários de Calvino sobre as passagens como João 1.29 ao recorrer à suficiência intrínseca da morte de Cristo. Nicole falhou em definir a suficiência e de fato a usa em sua versão revisada dos escolásticos posteriores e não como foi usado pelos primeiros reformadores, incluindo Calvino. Ele argumentou que a interpretação e aplicação são coextensivas, por isso a escolha é entre universalismo e expiação definida. A intercessão de Jesus por aqueles que estão entre os eleitos em João 17 não pode logicamente ser construída para indicar que sua morte foi apenas para os eleitos. Fazê-lo é reducionista e minimalista.

Nicole cogitou que Calvino perdeu "uma boa oportunidade para afirmar a expiação definida" em suas considerações sobre Isaías 53.12. Ele tentou atenuar as declarações de Calvino como uma referência a "todos os tipos de homens" em vez de todas as pessoas, sem exceção. Mas Nicole não tem resposta para as declarações universalistas de Calvino com respeito a Isaías 53.12. É fato, o teólogo interpreta algumas passagens sobre extensão no Novo Testamento como "toda sorte de homens", limitando assim o emprego de "todos" aos eleitos. Contudo, quando Calvino o faz em contextos como 1 Timóteo 2.4, o contexto de suas declarações é a eleição de Deus de certas pessoas. Em outros contextos, como Isaías 53 e João 1.29, ele não limita a extensão da expiação aos eleitos. Nicole ignorou essa distinção.

---

[321] D. Ponter, "A Brief Reply to Roger Nicole's Article: 'John Calvin's View on the Extent of the Atonement'", *Calvin and Calvinism*, July 25, 2008, http://calvinandcalvinism.com/?p=12462.

Nicole prosseguiu em apresentar contra-argumentos em um esforço para estabelecer a adesão de Calvino à expiação limitada. Os dois primeiros argumentos tentam opor a eleição contra a expiação na posição ilimitada e então extrair a conclusão que Calvino não seria "suscetível a essa autocontradição".[322] Nicole errou em reconhecer que o genebrino articula segundo o conceito tradicional do princípio suficiente/eficiente. Cristo morreu por todos com respeito à suficiência, mas apenas pelos eleitos com respeito à eficiência. Essa intencionalidade dual era comum entre os reformadores da primeira geração, mas foi obscurecida pelos escolásticos em gerações posteriores. Todos os reformadores de primeira geração afirmam os elementos de universalismo e particularismo no desígnio da expiação.

Nicole argumentou que Cristo conquistou arrependimento e fé para os eleitos. Mas mesmo se verdadeiro, isto não tem relação com a extensão da expiação. O quarto argumento de Nicole tentou tornar a realização e aplicação da expiação coextensivas. Isso é, entretanto, uma falha em reconhecer a concordância de Calvino com o princípio de suficiente/eficiente e uma tentativa de elaborar a discussão de acordo com a revisão do princípio na teologia reformada posterior.

O quinto argumento de Nicole surgiu do argumento precedente. Calvino conciliou a obra sacerdotal de Cristo de substituição com sua obra de intercessão. Considerando que a intercessão está limitada aos eleitos, assim também é a oblação. É interessante que o próprio Calvino não formulou esse argumento. Além disso, a referência de Calvino àqueles que receberam os benefícios da expiação como os beneficiados da intercessão de Cristo de forma alguma exclui uma expiação ilimitada. Ela presume que a obra da expiação e a obra de intercessão são coextensivas, algo que é uma inovação pela teologia reformada posterior. Logicamente, o argumento de Nicole prossegue:

Premissa 1: Cristo intercede somente pelos eleitos.
Premissa 2: A intercessão e expiação de Cristo são coextensivas.
Premissa 3: Cristo expiou apenas pelos eleitos.

O problema é com a premissa 2. Ela permanece improvável. Essa é meramente a pressuposição de Nicole, que ele impõe a Calvino.

O sexto argumento de Nicole vale-se da interpretação de Calvino de textos como 1 Timóteo 2.4 e Tito 2.13 nos quais a palavra "todos" é assimilada como "todas as classes de homens". Em João 1.29 e 1 João 2.2, a palavra "mundo" é compreendida como a tentativa de João de transcender uma tendência nacionalista judaica. Nicole

---

[322] R. Nicole, "John Calvin's View of the Extent of the Atonement", *Westminster Theological Journal* 47, no. 2 (Fall 1985): 220.

insistiu com a ideia de que aqueles que argumentam em prol da expiação universal jamais interpretam essas passagens dessa forma. Portanto, Calvino não defendeu a expiação universal. O problema para Nicole aqui é que o reformador não adota uma interpretação universal de algumas passagens sobre extensão que ele mesmo cita. Além disso, assim o faz uma quantidade de calvinistas, como John Davenant, Charles Hodge, Robert Dabney, e W. G. T. Shedd. O argumento de Nicole pode alterar-se contra ele. Por exemplo, se Calvino defendeu a expiação limitada, por que ele interpreta algumas passagens de extensão de uma forma ilimitada? Simplesmente não é possível ler as declarações de Calvino sobre João 1.29 como limitadas aos eleitos. Para Calvino, João não está simplesmente contrastando "o mundo" com "os judeus". Pelo contrário, ele compreendeu os judeus como subdivisão do mundo. Jesus expiou os pecados do mundo, o que inclui os judeus. Nicole engajou-se em uma falácia de categoria.

O sétimo argumento de Nicole é que essas declarações de Calvino que parecem apoiar a expiação universal são na realidade designadas a falar do chamado indiscriminado do evangelho. Nicole errou em apreender que o conceito de Calvino da expiação é que ela é realizada para todos e isso é a base para que ela seja oferecida a todos. O oitavo argumento de Nicole é especialmente capcioso, pois assim o diz: uma vez que a Escritura limita a expiação aos eleitos, conclui-se que Calvino defendeu a expiação limitada. Alguns textos de fato falam da expiação de Cristo por suas "ovelhas" ou a "igreja". Mas inferir disso que Cristo não morreu por outros é invocar a falácia da inferência negativa.

O nono argumento de Nicole é o debate de Calvino com Heshusius. Já que isto é tratado anteriormente, não precisamos repetir o assunto aqui. O décimo argumento de Nicole é um recurso à linguagem comercial de Owen e aos escolásticos reformados posteriores associado à linguagem bíblica de propiciação, reconciliação e redenção, que indica uma realização completa que "transforma o relacionamento entre Deus e o pecador".[323] Mas isto falha em refletir o fato que a aplicação da expiação é condicionada ao arrependimento e fé. A obra de Cristo é realizada para todos e oferecida a todos sob a condição de fé. Ninguém é salvo pela realização da expiação apenas, à parte da fé, como muitos calvinistas corretamente ressaltaram, como Charles Hodge, Dabney e Shedd.

O décimo primeiro argumento de Nicole é o familiar argumento do pagamento duplo: se Cristo morreu pelos pecados de todos os homens como substituto deles, então Deus não pode condenar ninguém ao inferno. Muitos problemas decorrem a Nicole. Primeiro, note que o próprio Calvino não emprega esse argumento. Segundo, dois modelos teológicos de substituição penal podem ser discernidos na ortodoxia

---

[323] Ibid., 223.

reformada. Terceiro, Nicole presumiu um conceito errado da expiação. Quarto, ele criou uma falácia de falso dilema, isto é, a expiação é uma substituição penal ou não é. Se ela é, logo todos os homens precisam ser salvos de acordo com o modelo comercial ou se não decorre o pagamento duplo. Mas em vez de ser uma situação e/ou, ela é ambos/e. Cristo substituiu a si mesmo por todos, satisfazendo assim a lei e removendo os obstáculos legais de tal modo que Deus é objetivamente reconciliado com a humanidade. Entretanto, arrependimento e fé são necessários para a aplicação da expiação e para que a reconciliação subjetiva aconteça (2 Co 5.19-21).

O décimo segundo argumento de Nicole é que a expiação ilimitada rompe a harmonia trinitária na obra da redenção, portanto, Calvino não poderia defender a expiação ilimitada. Novamente, isto é uma interpretação a partir de um federalismo pós-Calvino e erra em não considerar o conceito dualista do reformador a respeito da vontade de Deus como secreta (decretiva) e revelada. Nicole errou também em não considerar o fato que calvinistas como Davenant, Amyraut, Baxter e muitos outros semelhantes a eles, que afirmaram a expiação ilimitada, o fizeram com o conceito de que o princípio da suficiência/eficiência não impediu a obra harmoniosa da trindade na salvação.

O argumento final de Nicole é que não é possível que Beza sozinho altere o movimento reformado da expiação universal para a expiação limitada. É óbvio que ninguém sugeriu que Beza sozinho causou tamanha alteração. O argumento de Nicole errou em não considerar o surgimento do federalismo, o supralapsarianismo de Beza e o impacto geral do decretalismo especulativo na teologia reformada. Homens, como Amandus Polanus, desempenharam uma função relevante no desenvolvimento teológico nesse período. A ascensão do socinianismo, arminianismo e amiraldismo serviram para galvanizar a maioria dos calvinistas em torno da expiação limitada nos primórdios do século XVII, mas mesmo assim havia muitos calvinistas que rejeitaram tal abordagem e afirmaram a expiação ilimitada.

Concluindo, Nicole errou ao afirmar que "todos" para Calvino sempre significou todas as classes de homens e não todos os homens, sem exceção. Nicole equivocou-se ao analisar as declarações de Calvino sobre Isaías 53 e 2 Pedro 3.9, nas quais ele explicitamente disse "todos" significa eleitos e não eleitos. Assim, Nicole cometeu duas falácias lógicas fundamentais: (1) isolou Calvino de sua tradição exegética e teológica e então projetou no passado uma tradição posterior, mais desenvolvida nele; e (2) desconectou as declarações de Calvino do contexto próprio e artificialmente as agrupou com outras declarações semelhantes para defender sua tese. Em 1 Timóteo 2.1-6, Calvino não segue a trajetória de defender que "todos" se torne "todos os tipos", que é então transformada no sentido "alguns de todos os tipos", que é a abordagem comum dos calvinistas posteriores.

Ponter também foi autor de um artigo de duas partes a respeito do conceito de Calvino sobre a extensão da expiação que inova no debate.[324] Ponter apresenta novos dados históricos no que concerne à terminologia em Calvino e outros reformadores de primeira geração quanto às almas redimidas que perecem". Baseando-se em Michael Thomas, Ponter expõe a doutrina da satisfação vicária universal tendo relação direta com Calvino, respondendo à questão se essa satisfação implica uma expiação limitada nas mentes dos primeiros reformadores.

Ponter demonstrou como a justaposição de Calvino de pessoas em classes explica seu intento real: não pessoas de nações, mas nações de pessoas. Ele notou como Calvino uniu João 3.16 com Romanos 8.32 de uma forma que demonstra sua aderência à expiação ilimitada. Ponter demonstra como, para Calvino, o "ato" de estabelecer um preço por uma pessoa redimia essa pessoa. Ponter comparou as declarações em latim de Musculus e Zanchi, ambos os quais defendiam a expiação ilimitada, com declarações similares em Calvino, demonstrando continuidade.

Finalmente, o artigo de Ponter acaba com todas as tentativas de sugerir que Amyraut foi, de alguma forma, o divergente, a pessoa desagradável que surge para arruinar a "verdadeira" doutrina reformada da expiação limitada.

O artigo de Ponter é inicialmente uma resposta ao capítulo de Tom Nettles intitulado "John Calvin's Understanding of the Death of Christ" [O Conceito de João Calvino da Morte de Cristo] em *Whomever He Wills*[325] [Quem Ele Quiser], um livro escrito em resposta direta a *Whosoever Will: A Biblical-Theological Critique of Five-Point Calvinism*[326] [Quem Quiser: Uma Crítica Bíblico-Teológica dos Cinco Pontos do Calvinismo] Ponter notou que a abordagem de Nettles é apropriar-se das declarações universais de Calvino e sugerir o que o reformador meramente pretendeu expressar "da perspectiva humana" e não teve a intenção de afirmar o que ele de fato cria a respeito do tema da extensão.[327]

---

[324] D. Ponter, "Review Essay (Part One): John Calvin on the Death of Christ and the Reformation's Forgotten Doctrine of Universal Vicarious Satisfaction: A Review and Critique of Tom Nettles' Chapter em *Whomever He Wills*", *Southwestern Journal of Theology* 55.1 (Fall 2012): 138–58; "Review Essay (Part Two): John Calvin on the Death of Christ and the Reformation's Forgotten Doctrine of Universal Vicarious Satisfaction: A Review and Critique of Tom Nettles' Chapter em *Whomever He Wills*", *Southwestern Journal of Theology* 55.2 (Spring 2013): 252–70.

[325] T. Nettles, "John Calvin's Understanding of the Death of Christ", em *Whomever He Wills: A Surprising Display of Sovereign Mercy*, ed. M. Barrett and T. Nettles (Cape Coral, FL: Founders, 2012), 293–315.

[326] D. L. Allen and S. Lemke, eds., *Whosoever Will: A Biblical-Theological Critique of Five-Point Calvinism* (Nashville: B&H Academic, 2010).

[327] Ponter, "Review Essay (Part One)", 139.

O propósito de Ponter é triplo: mostrar que (1) Nettles tratou Calvino como anti-histórico e, portanto, imprecisamente, (2) Nettles fez uma interpretação inadequada de comentários críticos de Calvino, e (3) Nettles tratou de forma ilógica as conclusões que ele extrai das declarações de Calvino.[328]

Ponter seguiu um método indutivo ou abdutivo com os dados. Ele pesquisou não apenas os escritos de Calvino, mas também os escritos dos reformados que eram contemporâneos ao reformador:

> Ao contrário de fixar na tese retrógrada "Calvino *versus* os calvinistas" ou como alternativa tratar Calvino isoladamente, devemos buscar identificar e compreender a antiga doutrina reformada da satisfação vicária ilimitada [...] Então, a questão se torna: "Os dados de Calvino se ajustam a esse modelo de satisfação, em vez de ao último modelo como definido pelo TULIP ou à estrita ortodoxia calvinista dos cinco pontos?"[329]

Ponter corretamente notou que o argumento central de Nettles é que a salvação é eficazmente dada a todos por quem Cristo morreu. Ponter demonstra que essa declaração não pode ser provada em Calvino, porque ele nunca usa esse tipo de raciocínio ou argumentação.[330]

A pressuposição não declarada de Nettles é que há uma única doutrina de substituição como definida pela ortodoxia calvinista de cinco pontos. Porém, o problema para Nettles é o fato inegável que os contemporâneos reformados de Calvino compreenderam e defenderam a posição que Cristo expiou os pecados de todos os homens. Ponter demonstrou isso além de qualquer dúvida em Zwínglio, Bullinger, Musculus, Lutero, Gwalther, Juan de Valdes, bem como os reformadores ingleses Hooper e Cranmer.[331]

Nos sermões de Calvino a respeito de Deuteronômio, ele repetiu uma fala hipotética que Cristo poderia pronunciar ao incrédulo no dia do juízo final. O Filho sofre a maldição da lei por uma pessoa que está definitivamente condenada. Calvino falou de "intencionalidade" na morte de Jesus por essa pessoa não salva no dia do juízo final, para que ele "fosse abençoado por minha graça". Ponter afirmou: "Se admitíssemos que Calvino defendeu a satisfação "substitutiva" definida por Nettles e outros, essa linguagem hipotética jamais poderia ter sido sensata a Calvino".[332]

---

[328] Ibid.
[329] Ibid., 140.
[330] Ibid., 141.
[331] Ibid., 141–43.
[332] Ibid., 144–45.

Nettles erroneamente fundiu o conceito de Calvino da suficiência/eficiência da expiação com a doutrina posterior da suficiência de John Owen. Ele errou em não observar a revisão do princípio original de Lombardo da suficiência/eficiência por Owen e outros, como verificado anteriormente. Ler essa revisão retrocedendo a Calvino é, conforme Ponter constatou, anacrônico.[333]

Ponter analisou a proposta de Nettles que quando Calvino falou de satisfação universal pelos pecados, ele simplesmente pretendeu descrever a morte de Cristo pelos pecados do ponto de vista humano, de modo que nenhuma pessoa deve ser *a priori* excluída da redenção. Todas as pessoas são candidatas potenciais para a salvação, embora Cristo morresse somente pelos pecados dos eleitos.[334]

Ponter se esforçou para demonstrar como comentários de Calvino em 2 Pedro 2.1 e Judas 4 invalidaram a hermenêutica do ponto de vista de Nettles em relação a Calvino. Ponter fez a questão pertinente: "Se agora admitirmos que Calvino realmente defendeu a redenção limitada, em que base seria sensato para ele imaginar que notórios apóstatas ... foram redimidos por Cristo?"[335]

Ponter referiu-se a outras declarações de Calvino, demonstrando que apóstatas irredutíveis foram "comprados", "resgatados", e "redimidos" pela morte de Cristo. Essa linguagem de "almas redimidas que pereçam" não se restringe a Calvino, mas é encontrada em Gwalther, Lutero, Tyndale e outros.[336] Além disso, Ponter publicou várias citações de Calvino, revelando que ele falou de Cristo como derramando seu sangue "pelo mundo inteiro".[337]

O próprio Calvino identificou os "muitos" de Mateus 20.28, Marcos 14.24 e Hebreus 9.28 como equivalente ao "muitos" de Romanos 5.15. A interpretação fenomenológica de Nettles de Romanos 5.15 "é impossível", de acordo com Ponter.[338]

Ponter concluiu que a linguagem de Calvino "reflete a linguagem de seus contemporâneos", que defenderam uma satisfação ilimitada pelos pecados e, portanto, uma redenção (expiação) universal. Como poderia a mesma linguagem significar para Calvino algo diferente para seus contemporâneos? Os dados históricos não fornecem evidência que é esse o caso. "Parece que o que estimula as conclusões de Helm, Rainbow e agora Nettles não são os textos históricos verdadeiros compreendidos em termos dos próprios contextos históricos, mas são os próprios comprometimentos

---

[333] Ibid., 148.
[334] Ibid., 151–52.
[335] Ibid., 152.
[336] Ibid., 153–54.
[337] Ibid., 156.
[338] Ibid.

sistemático-teológicos anteriores. Eles abordam Calvino presumindo que ele compartilha as suas próprias pressuposições teológicas *a priori*".³³⁹

Na segunda parte de seu artigo, Ponter considerou a terminologia o "preço da redenção" nos escritos de Calvino como "cancelado" ou "abolido" de tal forma que aqueles para quem o preço da redenção foi pago perecem no inferno. Ele citou o comentário de Calvino sobre Gálatas 2.20 em seus sermões a respeito dos livros de Jó e Timóteo. Essa terminologia de um "preço da redenção por todos os homens" ocorre também em Musculus, Bullinger e Zwínglio. A partir dessa evidência, Ponter concluiu: "Somente pós-Calvino que a ideia de Cristo propriamente ou de fato pagar um preço redentor por todos homens foi negada".³⁴⁰

Qual foi o conceito de Calvino de "todos", "classes" de homens e "mundo" conforme 1 Timóteo 2.4-6? Para Nettles, o uso de Calvino de "todos" não teria extensão quantitativa no sentido que Cristo literalmente morreu pelos pecados de todos. Ponter contestou isso e analisou as declarações diretas de Calvino sobre 1 Timóteo 2.4-6 e em outro contexto para mostrar o contrário:

> Quando interpretamos a linguagem de Calvino de classes e ordens, devemos nos perguntar: "Calvino efetivamente pretendeu dizer *alguns homens de todos os tipos*, ou quis dizer *todos os homens de todo tipo*?" A ideia que Paulo, e por extensão Calvino, expressou é alguns de todos os tipos de homens, que remonta a Agostinho.³⁴¹

Ponter demonstrou que Agostinho falou sobre a vontade secreta ou decretiva de Deus em 1 Timóteo 2.4-6, embora Calvino falasse da vontade revelada de Deus. Para Calvino, a frase "todas as pessoas" ou "todas as nações" é propagada com o significado de todos os homens de todos os povos e de todas as nações. Note no contexto a referência de Calvino a todos os homens sendo "portadores da imagem" de Deus.

· Ponter apresentou outros exemplos dos escritos de Calvino, nos quais a vontade de Deus não é restringida a qualquer pessoa para excluir outras, mas ao contrário, para ser estendida a todas pessoas em uma determinada classe:

> Em cada caso, quando Calvino se refere a "todos", ele pretende dizer todas pessoas de todo tipo, classe ou ordem. "Todos" para Calvino ajusta-se nesse sentido de inclusão quantitativa e qualitativa. Além disso, há outros exemplos em Calvino em que ele declara que Deus deseja a salvação da

---

³³⁹ Ibid., 158.
³⁴⁰ Ibid. (Segunda parte), 251–55.
³⁴¹ Ibid., 257–58.

raça humana inteira e em que "mundo" significa "a humanidade toda". A interpretação restritiva sobre Calvino de Nettles e outros na realidade altera o que Calvino diz.[342]

Ponter considerou a afirmação de Nettles (hipótese) de que para Calvino a expiação e a intercessão de Cristo se referem ao mesmo grupo de pessoas, a saber, os eleitos e, portanto, ele apoiou a expiação limitada. Ponter notou que nenhuma citação de Calvino, proferida por Nettles, indicou isso. Ele especulou ainda se Nettles estava engajado na falácia lógica conhecida como "afirmar o consequente: se A, então B; B, portanto A". Não há razão para crer que Calvino ensinou que a intercessão de Cristo limitou a extensão da expiação na cruz. Ponter citou Agostinho Marlorate, um reformador francês, referindo que Musculus afirmou haver Cristo morrido por todos os homens, mas limitou a intercessão àqueles que creem.[343]

Nettles defendeu que a salvação é infalivelmente aplicada a todos por quem ela foi comprada. Ponter argumentou o oposto que não há evidência dessa linha de raciocínio em Calvino. Em Romanos 8.32, Nettles confundiu o que Paulo disse a respeito dos cristãos e expandiu as declarações em uma abstração concernente a todos os "eleitos". O argumento de Nettles do *modus tollens* [negação do consequente] simplesmente não se deduz e meramente pressupõe a conclusão disponível. O argumento *a fortiori* de Paulo está limitado em suas conclusões e aplicação aos cristãos. Não há argumento aqui em defesa da expiação limitada.[344]

Ponter citou os comentários de Calvino de seus *Sermões em Timóteo* para demonstrar que as "bênçãos compradas de salvação são infalivelmente aplicadas a qualquer um e a todos para quem elas foram obtidas".[345]

Ele concluiu a sua resenha de duas partes com um resumo de cada um dos argumentos de Nettles e como a evidência os anula. "Eu consideraria que não há evidência nos escritos de Calvino que prova ou sugere a doutrina de uma satisfação limitada pelos pecados dos eleitos somente".[346]

Em um dos livros relevantes e recentes sobre o tema da extensão da expiação no pensamento reformado, G. Michael Thomas assinalou que "a liberdade de Calvino em apresentar a redenção em termos universais é inegável e é baseada na pessoa de Cristo, em que, por meio de sua encarnação, Cristo tem uma relação com a raça

---

[342] Ibid., 259–60.
[343] Ibid., 260–61.
[344] Ibid., 262.
[345] Ibid., 263–64.
[346] Ibid., 268–70.

humana inteira".³⁴⁷ Embora Calvino possa falar da expiação como limitada em certos aspectos, ele pode também falar dela de maneira em que "uma universalidade deve ser intencionada".³⁴⁸

> Em acréscimo a essas afirmações claras, é significativo que em seu "Antídoto aos Atos do Concílio de Trento", Calvino escreveu que ele "não tocaria" na declaração da Sexta Seção do Concílio, que "'Embora ele tenha morrido por todos, todos não recebem o benefício de sua morte". Além disso, ele não mostrou hesitação em repetir, sem modificação, as declarações bíblicas sobre a possibilidade de alguns por quem Cristo morreu perecerem.³⁴⁹

Thomas contestou a alegação de Muller "que sobre esse fundamento Calvino falou de uma expiação e propiciação universais, mas de uma redenção e reconciliação particulares como uma afirmação que "não pode ser substanciada, pois a terminologia da redenção e reconciliação é sempre aplicada em um contexto universal, por exemplo em Marcos 10.45".³⁵⁰ Aqui Calvino declarou:

> Ele declara que sua vida foi o preço de nossa redenção. Disto, conclui-se que nossa reconciliação com Deus é livre ... "Muitos" é usado, não como uma quantidade definida, mas como uma quantidade enorme ... E esse é o sentido também em Romanos 5.15, no qual Paulo não fala de uma parte da humanidade, mas da raça humana inteira.³⁵¹

Thomas concordou que Muller corretamente detectou aspectos universal e particular no ensino de Calvino sobre a expiação, porém, ele concluiu que "não é possível categorizar o uso de palavras por Calvino a esse respeito e ele simplifica ao extremo por concluir que 'essa distinção se adapta bem ao que é amplamente chamado de

---

³⁴⁷ Thomas, *Extent*, 27.
³⁴⁸ Ibid.
³⁴⁹ Ibid., 28. Veja Calvin, "Acts of the Council of Trent, with the Antidote" em Tracts and Treatise, 3 v., trad. E. Beveridge (Grand Rapids, MI: Eerdmans, 1958), 3:93, 109. Veja também Sermons on Isaiah, 126, "Pois quantos incrédulos vemos perecer, por quem a morte e paixão de nosso Senhor Jesus Cristo servem apenas para uma condenação mais severa, por que eles pisam seu sangue sagrado e rejeitam sua graça oferecida a eles?"
³⁵⁰ Ibid., 29-30.
³⁵¹ J. Calvin, "Commentary on A Harmony of the Evangelists", em *Calvin's Commentaries*, 16:427.

"expiação limitada", não apenas no pensamento de Calvino, mas na teologia reformada posterior'".[352]

Calvino pareceu

> querer situar a obra de Cristo em conjunto com o propósito eletivo de Deus e desse modo apresentar a expiação tendo um aspecto particular, bem como universal ... Esse duplo aspecto é ilustrado na referência à "reconciliação ... oferecida a todos por meio dele" e "ao benefício ... peculiar aos eleitos" na citação anterior. A exposição de Calvino de várias passagens fundamentais da Escritura revela esses dois fatos repetidamente.[353]

Thomas articulou a ideia determinante:

> Como Calvino poderia ensinar a redenção limitada e universal no mesmo contexto? Essa aparente confusão pode ser decifrada somente ao avaliar que ele compreendia a expiação conforme duas perspectivas. Da perspectiva da eleição, Cristo morreu por "toda a sorte de pessoas", mas não por todas as pessoas. Da perspectiva da promessa do evangelho, ele morreu pelo mundo inteiro, mesmo por aqueles que não participam do benefício adquirido.[354]

A declaração de Thomas não é sem problemas e carece de cuidadosa desconstrução. Quando afirmou "da perspectiva da eleição, Cristo morreu por "toda as sorte de pessoas", mas não por "todas as pessoas", ele aparentemente expressa que a morte de Cristo não é *eficaz* (aplicada) a qualquer um, mas aos eleitos. Entretanto, quando Thomas disse que Calvino creu que Cristo "morreu pelo mundo inteiro", ele (Thomas e Calvino também) deve falar mais do que Cristo morreu meramente para instaurar a graça comum ao mundo todo. A tese de Thomas é que Calvino teve uma abordagem dualista para a expiação, que estava em linha com o princípio de Lombardo, a saber que Cristo morreu suficientemente pelo mundo inteiro no sentido de que ele satisfez pelos pecados do mundo, mas que Jesus morreu eficazmente apenas pelos eleitos (aqueles que creem). Essa interpretação de muitas declarações de Calvino a respeito da expiação e sua extensão se harmonizam com todos os dados.

Aqueles que defendem a posição que Calvino ensinou a expiação limitada tendem a lidar dedutivamente com os dados. Baseando-se na teologia da eleição de Calvino,

---

[352] Thomas, *Extent*, 30.
[353] Ibid., 31.
[354] Ibid., 33.

presumem que ele defendeu a expiação limitada, visto que a expiação universal é implicitamente inconsistente com a eleição. Textos de Calvino que parecem ensinar a expiação universal devem ser interpretados como algo mais do que aparentam. Por outro lado, defensores da posição de que Calvino ensinou uma expiação ilimitada tendem a compreender os dados indutivamente, como foi o caso com Davenant, Daillé, Ussher, Morison e em tempos mais recentes Curt Daniel, David Ponter e Paul Hartog.

Uma das mais significativas, mas sempre ignorada, análise do conceito de Calvino da extensão da expiação é encontrado na dissertação de Curt Daniel "Hyper-Calvinismo and John Gill"[355] [Hipercalvinismo e John Gill]. Daniel publicou dezenas de citações das *Institutas*, comentários, sermões e cartas de Calvino que demonstram a adesão de Calvino à expiação ilimitada. Ele interagiu com William Cunningham, Roger Nicole, Robert Letham, Paul Helm e Jonathan Rainbow sobre o tópico, todos os quais argumentaram que Calvino defendeu a expiação limitada. Daniel demonstrou muito bem a lógica deficiente ocasional e até mesmo os erros históricos cometidos com respeito a Calvino por esses homens.

William Cunningham, Robert Letham e Paul Helm argumentaram que Calvino não falou sobre o tema da extensão da expiação. A metodologia de William Cunningham é problemática. Primeiramente, ele sugeriu que Calvino não trata do tema, mas, em seguida, afirmou que Calvino não ensinou o universalismo. Finalmente, ele concluiu que Calvino defendeu o particularismo.[356] Cunningham simplesmente classificou as muitas citações de Calvino apresentadas por Jean Daillé como "irrelevantes e inconclusivas".[357] Quando Cunningham argumentou que a prova do universalismo

---

[355] Daniel, "Hyper-Calvinism and John Gill". Veja especialmente o Apêndice A, "Did John Calvin Teach Limited Atonement?," 777–828. Para a lista de citações de Daniel sobre Calvino a respeito do tema da extensão, veja páginas 787–89. Roger Nicole afirmou da compilação de Daniel das citações de Calvino,

> "Essa é de longe a análise mais extensa desse tópico que já vi. Ela fornece mais citações de Calvino relacionadas a esse tema preciso do que qualquer escritor anterior; ela discute de forma adequada e honesta os argumentos formulados que foram publicados nessa área; tem bibliografias extensas de pesquisas anteriores; reconhece três dissertações de doutorado de Aberdeen por Robert Letham, Robert Doyle e M. Charles Bell que não estavam disponíveis a mim. Veja R. Nicole, "John Calvin's View of the Extent of the Atonement," *Westminster Theological Journal* 47, no. 2 (Fall 1985): 197–225.

[356] Veja *The Reformers and the Theology of the Reformation* (Londres: Banner of Truth, 1967), 395– 402. A. A. Hodge, em seu livro *The Atonement* (Philadelphia: Presbyterian Board of Publication, 1867), 347– 429, argumentou da mesma forma que Cunningham.

[357] Ibid., 395. Cunningham escreveu sobre a obra de Daillé, *Apologia pro duabus Synodis* [Apologia aos dois Sínodos]: "Essa obra de aproximadamente 500 páginas contém uma lista de citações dos escritores, desde a patrística até meados do século XVII, que afirmam a expiação universal". Cunningham refere-se à obra de Amyraut *Eschantillon de la Doctrine de Calvin touchant la*

de Calvino não pode ser derivada de seus escritos, ele simplesmente demonstrou sua própria tendenciosidade. Estranhamente, depois de tudo isso, Cunningham teve cuidado ao afirmar conclusivamente que Calvino ensinou o particularismo.[358]

Cunningham notou que não se pode encontrar nos escritos de Calvino "afirmações explícitas quanto a alguma limitação no objeto da expiação ou no número daqueles por quem Cristo morreu".[359] Mas consideramos que isso também é verdadeiro, que nenhuma evidência suficiente foi produzida que Calvino creia em uma expiação universal ou ilimitada".[360] Cunningham admitiu que o princípio de Lombardo foi considerado "correto e ortodoxo" para Calvino, mas defendeu que este jamais explicou em que sentido o afirmou. Cunningham também reconheceu a modificação do princípio pelos ortodoxos posteriores.[361]

A defesa de Cunningham da posição particularista de Calvino é dupla. Primeiro, argumentou que Calvino "consistentemente, sem hesitação e de forma explícita", negou a graça e amor universais de Deus para todos os homens no sentido de que o Pai desejou ou intentou salvar todos. Cunningham presunçosamente afirmou que é "muito evidente a qualquer um que leu seus escritos, admitir dúvida ou requerer prova".[362] Essa é uma afirmação verdadeiramente formidável à luz da evidência nos escritos de Calvino para o contrário. Cunningham é muito equivocado nesse ponto. Ele cometeu seu erro ao afirmar: "A doutrina da expiação universal precisa, em uma consistência lógica, de uma negação da doutrina calvinista da eleição".[363] Isto também surpreende dado que Cunningham admitiu imediatamente que Amyraut, Daillé, Davenant e Baxter todos afirmaram a eleição e a expiação universais. Entretanto, Cunningham concluiu sobre supostas bases da negação de Calvino da graça salvífica universal de Deus e do amor, que estamos seguros em inferir que Calvino não defendeu a expiação universal.[364]

Praedestination "como escrita para demonstrar que Calvino apoiou seus conceitos a respeito da extensão da expiação".

[358] Ibid., 400-401.

[359] Ibid., 396.

[360] Ibid.

[361] Ibid., 397.

[362] Ibid., 398. O uso de Cunningham de "ou" é ambíguo. Ele confunde a questão ao empregar "desejou" e "intentou' juntos. A maioria dos calvinistas usa "desejar" para a vontade *revelada* de Deus e reserva o termo volicional mais enfático "intentar" para a vontade *secreta* ou *eficaz* de Deus, de modo que nenhum deles diria Deus "intenta" (no sentido de eficazmente *intentar*) a salvação dos não eleitos, embora afirmem que o Senhor deseja a salvação deles em sua vontade revelada. O tema aqui é que, com respeito ao conceito de Calvino da vontade *revelada* do Pai, juntamente com seu conceito da benevolência geral e graça geral de Deus, Cunningham o distorce. O que ele diz não é preciso, pois não é conceituado.

[363] Ibid., 399.

[364] Ibid.

A segunda razão de Cunningham para concluir que Calvino defendeu a expiação limitada é a interpretação limitada que expôs de certos textos-chave concernentes à extensão da expiação. Cunningham fez referência a 1 Timóteo 2.4 e 1 João 2.2 e o fato de que muitos depois dele, claramente afirmaram a expiação limitada, interpretaram esses textos da mesma forma. Ele falhou em não notar que muitos calvinistas que interpretam essas passagens do mesmo modo como Calvino, no entanto, rejeitam a expiação limitada e defendem a expiação ilimitada.[365]

Ao contrário de muitos particularistas que nada constatam nisso para apoiar o conceito ilimitado de Calvino, Cunningham mencionou o *Antídoto* de Calvino para as primeiras sessões do Concílio de Trento, das quais ele não fez nenhum comentário ou argumentou contra o quarto capítulo, da sexta sessão, que contém uma afirmação explícita que Cristo morreu por todos os homens. Cunningham corretamente notou que Calvino omite isso "não tacitamente ..., mas com a afirmação explícita – *'terrium et quartum caput non attingo'* [o terceiro e quarto capítulo, eu não comento], como se ele nada encontrasse ali que objetasse".[366] Parece improvável que Calvino permanecesse em silêncio nesse aspecto, se de fato ele tivesse afirmado a expiação limitada.

Robert Letham concluiu que Calvino não estava envolvido com o tema da extensão da expiação. Os breves comentários de Letham sobre Calvino em sua dissertação de doutorado em dois volumes não são surpreendentes dado que o tema de sua obra é o assunto da segurança. Letham afirmou que a expiação universal era a posição de Lutero e Zwínglio, mas esse particularismo foi introduzido por Calvino e Bullinger – sobre os quais ele sugeriu que vacilaram no tema – e então foi ensinado explicitamente por Beza, Pedro Mártir, Bucer e Zanchi. Conforme demonstramos previamente com Mártir e Bucer e demonstraremos no caso de Zanchi, todos defenderam a expiação ilimitada. Contudo, a cronologia de Letham não é inteiramente infundada. Se, como tentaremos provar a seguir, Beza foi o primeiro a introduzir o conceito de particularismo estrito na teologia reformada, logo a avaliação básica de Letham é correta, pois os primeiros reformadores sustentaram a expiação ilimitada, e em seguida, a próxima geração começou a se mover mais nessa direção.[367]

Entretanto, a evidência sugere que Calvino mesmo não era neutro no assunto da extensão da expiação. Bell verificou, por exemplo,

> o uso de Calvino do termo "todos" se torna consistente quando temos em mente a relação entre expiação e fé em seus escritos. Em muitos

---

[365] Veja D. L. Allen, "*The Atonement: Limited or Universal?*", 82–83.
[366] Cunningham, *The Reformers*, 401.
[367] Letham, "Saving Faith and Assurance in Reformed Theology", 1:125– 26; 2:62, 66– 67. Veja também Daniel, "Hyper-Calvinism and John Gill," 514–16.

contextos ele defende que embora a expiação de Cristo seja universal, o dom da fé salvadora é limitado aos eleitos. Essa é precisamente a situação em 1 João 2.2.[368]

Curt Daniel ressaltou que Letham defendeu que Calvino fez "declarações ambíguas e contraditórias" sobre o assunto. No entanto, também admitiu que o teólogo ensinou a expiação limitada.[369]

O argumento e a lógica de Paul Helm, que Calvino defendeu a expiação limitada são especialmente problemáticos. Ele concluiu que: (1) ele não ensinou a expiação universal; (2) portanto, pode-se afirmar que ensinou a expiação limitada, embora Calvino não tenha dito explicitamente que ensinou a expiação limitada. Isto é, obviamente, pressupor a conclusão e alegação especial. A metodologia de Helm é falha.[370] Helm, além disso, concluiu que John Owen claramente ensinou que Calvino, de maneira implícita, defendeu a expiação limitada.

Alguns argumentaram que Calvino, na realidade, alterou sua posição da expiação limitada para a expiação universal.[371] Como James Richard observou,

> seja qual forem suas opiniões no início da vida, seus comentários, os quais foram os labores de seus anos mais produtivos, demonstram de maneira a mais inequívoca que ele apreendeu e ensinou a doutrina de uma expiação geral ou universal. Isto é notavelmente afirmado por Dr. Watts e vários exemplos extraordinários de sua interpretação conhecida.[372]

Lee Gatiss concentrou-se na tese de R. T. Kendall concernente a Calvino e concluiu que a resposta de Helm a Kendall é uma refutação adequada. Embora a tese de Kendall seja extrema em alguns pontos, seus argumentos no que concerne a adesão de Calvino à expiação universal foram confirmados e reforçados por teses mais recentes.

---

[368] Veja Bell, "Calvin and the Extent of the Atonement", 118. Bell citou o comentário de Calvino sobre Mateus 15.13; as *Institutas* 3.3.21; e seu comentário em Romanos 10.16.

[369] Daniel, "Hyper-Calvinism and John Gill", 780.

[370] Assim observado por Daniel, Ibid., 779.

[371] Assim também, A. H. Strong, Systematic Theology (Valley Forge, PA: Judson, 1907), 778. Mas como Daniel ressaltou, isto tende a ignorar o fato de que Calvino revisou frequentemente suas *Institutas* e que a evidência para a expiação universal pode ser verificada não apenas nas *Institutas*, mas também nos comentários e sermões (Daniel, "Hyper-Calvinism and John Gill", 783).

[372] J. Richards, "On the Extent of the Atonement", em Lectures on Mental Philosophy and Theology (New York: M. W. Dodd, 1846), 308. "Dr. Watts" de Richard é uma referência a Isaac Watts. Veja I. Watts, "The Ruin and Recovery of Mankind," em The Works of the Reverend and Learned Isaac Watts, D.D., 6 v. (Nova York: AMS, 1971), 6:151–54.

Gatiss está correto em notar que não há afirmação explícita em Calvino sustentando a expiação limitada, embora ele próprio considerasse as declarações do reformador melhor interpretadas de acordo com essa linha.[373]

A última edição de Robert Peterson da sua obra *Calvin and the Atonement* [Calvino e a Expiação] é muito mais sensata sobre o tema ao confessar incerteza a respeito da posição do genebrino.[374] Peterson declarou que algumas passagens nos comentários de Calvino poderiam ser consideradas favorecendo a expiação limitada, "mas os dados são inconsistentes". Ele também não está persuadido por tentativas de recorrer aos temas sistemáticos de Calvino que serviriam à expiação limitada.[375]

Peterson é persuadido por Nicole, Helm e Rainbow na medida em que ele conclui que a expiação limitada se harmoniza bem com a soteriologia de Calvino. Ele, no entanto, declarou: "Não estou persuadido que é correto declarar Calvino como um defensor da redenção particular".[376] Para Peterson, a antinomia é inevitável.

Isso representa uma mudança no ponto de vista por Peterson desde sua obra de 1983. O fator chave nessa mudança foi a dissertação de Rainbow de 1986 sobre o assunto (mais tarde publicada em 1990 como *The will of God and the cross* [A vontade de Deus e a cruz]). Rainbow argumentou que Calvino concordou com seus predecessores, como Agostinho, Godescalco e Bucer (seu contemporâneo) em defender a expiação limitada e assim manteve-se nessa "tradição particular" desde Agostinho até Bucer.[377]

Contudo, como verificamos, não existe tal tradição. Agostinho não sustentou a expiação limitada e parece improvável que Bucer também. Peterson agora considera que a expiação limitada não foi uma questão debatida nos círculos reformados até Beza. "O debate sobre o assunto esperaria até o período de Moses Amyrald e John Cameron que começaram a promover a expiação ilimitada e desse modo precipitaram respostas dos defensores da ortodoxia reformada".[378] Mas Peterson incorre em um problema com essa linha de pensamento: G. Michael Thomas, entre outros, demonstrou que muitos, mesmo a maioria dos primeiros contemporâneos reformados de Calvino, claramente afirmou a predestinação, a eleição, a reprovação, e similares, e, portanto, também não falou da expiação limitada.[379] O debate na verdade começou aproximadamente no período de Beza com a introdução da expiação limitada, não de outra forma. O apelo

---

[373] L. Gatiss, *For Us and for Our Salvation* (Londres: Latimer, 2012), 67–75.
[374] Peterson, *Calvin and the Atonement*, 118.
[375] Ibid., 117–18.
[376] Ibid., 118-19.
[377] Ibid., 119.
[378] Ibid., 119–20.
[379] G. Michael Thomas, *The Extent of the Atonement: A Dilemma for Reformed Theology from Calvin to the Consensus (1536–1675)* (Carlisle, UK: Paternoster, 1997).

de Peterson à antinomia em Calvino é problemático, porque o próprio Calvino não fala dessa maneira ou sequer sugere tal ideia.

Finalmente, Ponter criticou a conclusão de Peterson que a satisfação limitada se ajusta melhor à teologia de Calvino:

> A despeito da própria negação do(s) paradigma(s) de interpretação que retrocede(m) a Calvino, Peterson está, de fato, fazendo exatamente isso. Ele interpreta retrospectivamente Calvino em uma versão da satisfação vicária que contém contornos teológicos fundamentais, os quais surgiram no período pós-Calvino. Além disso, a linguagem particularista de Calvino se ajusta bem ao então paradigma teológico contemporâneo da eleição e reprovação, que existe em paralelo com a satisfação ilimitada.[380]

A dissertação de Paul Archibald de 1998 sobre o conceito de Calvino a respeito da extensão da expiação tentou mostrar que há apenas variações irrelevantes entre Calvino e Beza quanto ao assunto e enquanto este era explícito em sua defesa do conceito particularista, aquele pode ser melhor descrito como afirmando também a expiação limitada.[381]

Archibald constatou antecedentes da expiação limitada e até mesmo da expiação limitada em si mesma em Agostinho, Godescalco, em alguns dos escolásticos medievais, possivelmente em Lutero, Bucer, Calvino e Beza.[382] Há muitos equívocos históricos nesta seção. Agostinho claramente ensinou uma expiação ilimitada, como demonstramos, embora ele interpretasse algumas das passagens principais de uma maneira limitada, como 1 Timóteo 2.4-6. O princípio de Lombardo originalmente significou uma expiação universal com respeito à extensão e à aplicação limitada apenas aos eleitos. Conforme vimos, o princípio foi revisado no fim dos séculos XVI e XVII para se adequar ao paradigma da expiação limitada. Lutero evidentemente ensinou uma expiação ilimitada, embora ele, como agostiniano, interpretasse algumas das passagens que referem a "todos" com o sentido de "todos os tipos de pessoas". Bucer, conforme verificamos, é mais provável que tenha defendido a expiação ilimitada, como fez Calvino.

Muito aconteceu no campo desde que a dissertação de Archibald foi escrita. A alegação de Archibald é que Zwínglio, Bullinger, Vermigli e Zanchi defenderam ou

---

[380] D. Ponter, "Robert Peterson on Calvin and the Extent of the Atonement; Contra Jonathan Rainbow", *Calvin and Calvinism*, November 7, 2014, http://calvinandcalvinism.com/?p=15569.

[381] P. Archibald, "A Comparative Study of John Calvin and Theodore Beza on the Doctrine of the Extent of the Atonement" (PhD diss., Westminster Theological Seminary, 1998).

[382] Ibid., 9-46.

talvez tenham defendido a expiação limitada foi demonstrada como incorreta por Richard Muller e outros.

Archibald também distorceu Curt Daniel quando afirmou: "Daniel presume que a aceitação do mérito infinito do sacrifício de Cristo implica universalismo redentor. Com base nisso, todo reformador seria um universalista redentor, incluindo Beza. Praticamente falando, Daniel considera como particularistas somente aqueles que rejeitaram completamente a solução comum".[383]

É significativo que Archibald lidou primeiro com a teologia sistemática de Calvino e Beza antes de lidar com os textos bíblicos como analisados por eles. Isto é especialmente importante com Calvino, pois Archibald é forçado a admitir que Calvino não trata do assunto diretamente. Aqui está um exemplo de teologia sistemática precedendo a exegese. Essa é uma abordagem destrutiva para um assunto que deveria ser tratado primeiro indutivamente.[384]

Archibald primeiramente considerou a evidência que favorecia Calvino por subscrever uma expiação ilimitada.[385] Ele recorreu aos argumentos comuns em uma tentativa de demonstrar que embora Calvino fizesse muito uso da linguagem universal em contextos de expiação, entretanto, tais argumentos podem ser explicados por presumir que Calvino está usando essa linguagem para se referir à oferta de salvação e não à expiação em si mesma; às vezes, "todos" não significa "todos, sem exceção" e assim por diante. A natureza tendenciosa dos argumentos de Archibald pode ser verificada nos vários contextos, quando ele afirmou que os comentários de Calvino em Gálatas 5.12, que parecem indicar sua convicção na expiação ilimitada de fato demonstram que "Calvino apenas diz que o apóstolo *afirmaria* sobre os impostores, os 'lobos', se ele tivesse que assimilar um ponto de vista centrado no homem".[386]

Archibald considerou a evidência em Calvino que pareceria favorecer a expiação limitada.[387] No entanto, não há uma única afirmação, clara, inequívoca da expiação limitada em Calvino que Archibald pode apontar. Além disso, a maioria das referências que Archibald mencionou podem ser melhor explicadas tendo a ver com a aplicação da expiação ao limitado grupo dos eleitos, não a real extensão da expiação. Archibald cai como presa na falácia da inferência negativa ao presumir que declarações como "Cristo morreu por suas ovelhas" indicam que Jesus morreu somente por suas ovelhas. Archibald corretamente nota que, contrastando com Calvino, as afirmações de Beza sobre a extensão limitada da expiação são claras e precisas.

---

383 Ibid., 66. Citando Curt Daniel, "Hyper-Calvinism and John Gill", 519.
384 Ibid., 118–272.
385 Ibid., 273–323.
386 Ibid., 315.
387 Ibid., 323–53.

A conclusão histórica de Archibald que os reformadores relativamente contemporâneos de Calvino e Beza defenderam a expiação limitada é simplesmente incorreta, especialmente com respeito a Calvino e seria correto apenas para aqueles contemporâneos de Beza no fim do século XVI. Também é incorreto que os escritos de Beza indicam que ele defendeu a expiação limitada antes da morte de Calvino.[388]

O livro de Kevin Kennedy *Union with Christ and the Extent of the Atonement in Calvin* [União com Cristo e a Extensão da Expiação em Calvino] é outra obra significativa que defende que Calvino ensinou a expiação universal. Kennedy demonstrou que o conceito de união com Cristo é central embora não necessariamente programático para a soteriologia de Calvino.[389] A questão é sempre levantada pelos particularistas: Como a expiação pode ser substitutiva para aqueles que de fato não recebem os benefícios da morte de Cristo? O conceito de Calvino da união com Cristo é a chave para responder essa questão, de acordo com Kennedy. Para Calvino, a união com Jesus é "o evento eficaz na aplicação real de nossa salvação".[390]

Os eleitos e os réprobos estão separados não na cruz, mas na união com o Filho. Trevor Hart seguiu a mesma direção anteriormente:

> Quando a graça é interpretada de uma perspectiva cristológica, não sendo compreendida como algo terciário do decreto divino externo ou uma substância infundida, mas pelo contrário, como a doação do próprio Deus a nós e por nós na pessoa de Cristo, o dilema que por longo tempo atormenta o cristianismo ocidental é eliminado. Considerando a questão de se a "graça" é objetiva ou subjetiva para o cristão pressupõe um plano no qual a capacidade mediadora do Salvador é uma ilusão. Quando se compreende que Jesus medeia não como uma terceira parte para a disputa, mas como aquele em cuja pessoa real as duas partes em conflito são unidas e reconciliadas, então o foco de questionamento deve se alterar. Pois, então, compreendemos que o privilégio que recebemos

---

[388] Ibid., 356-58.

[389] T. L. Wenger, "The New Perspective on Calvin: Responding to Recent Calvin Interpretations", *Journal of the Evangelical Theological Society* 50, no. 2 (June 2007): 311–28, criticou aqueles que querem redefinir a relação da justificação e santificação no pensamento de Calvino e argumentam que o teólogo classificou toda sua soteriologia sob o tema da união com Cristo (311). Ele acusou aqueles que empregam essa abordagem historicamente questionável, de compilações equivocadas das próprias palavras de Calvino e textos de prova, provocando impasses fúteis (321). Kennedy escapa à crítica de Wenger porque não tenta classificar a soteriologia de Calvino sob o único tema da união com Cristo.

[390] K. Kennedy, *Union with Christ and the Extent of the Atonement in Calvin*, Studies in Biblical Literature 48 (Nova York: Peter Lang, 2002), 149.

não está restrito à posse de "benefícios" adquiridos para nós por algum processo externo em que Cristo é o principal agente, mas preferivelmente que fomos adotados no relacionamento que o Filho encarnado tem com o Pai no Espírito, a saber, na própria vida trinitária do próprio Deus. Isto é nosso em virtude de nossa união com Cristo; separados dele nada temos e nada somos.[391]

Muller é bastante tendencioso em sua crítica a Kennedy quando o censurou por errar em lidar corretamente com a terminologia "expiação limitada", sabido o fato de que Kennedy é na realidade claro sobre o que expressa pelos termos "expiação limitada", a saber, uma substituição limitada de pecado na cruz em que somente os pecados dos eleitos foram imputados a Cristo quando ele morreu na cruz.[392]

Kennedy em seu artigo "Descontinuidade Hermenêutica entre Calvino e o Calvinismo Posterior" demonstrou que a interpretação do teólogo de textos bíblicos relacionados ao tema da extensão diferiu significativamente da tradição reformada posterior.[393] Calvino empregou uma hermenêutica diferente do que seria entrincheirado na teologia reformada posterior. Kennedy expôs como a discussão deste a respeito das passagens que afirmam que Cristo morreu por "muitos" indicam que interpretou "muitos" como "todos".

Calvino nem sempre interpreta alguns textos sobre extensão que empregam "todos' como "todos sem distinção" em vez de "todos sem exceção", como é o caso com a teologia reformada posterior. Uma vez que muitos intérpretes modernos e pós-Calvino encontram certa similaridade no seu tratamento de algumas das passagens em que há a palavra "todos" com aqueles que defendem a expiação limitada na tradição posterior, isso é compreendido como evidência de que Calvino tenha sustentado a expiação limitada. Kennedy demonstrou a falácia desse raciocínio. A obra de Kennedy fornece apoio teológico adicional para a posição que Calvino afirmou a expiação universal.

Paul Hartog é um professor na Faith Baptist Bible College and Theological Seminary [Universidade Bíblica Batista Fé e Seminário Teológico] em Ankeny, Iowa. Em seu livro *A Word for the World: Calvin on the Extent of the Atonement* [Uma Palavra

---

[391] T. Hart, "*Humankind in Christ and Christ in* Humankind: Salvation as Participation in Our Substitute in the Theology *of John Calvin*", Scottish Journal of Theology 42, no. 1 (April 1989): 84. Ênfase original.

[392] Muller, Calvin and the Reformed Tradition, 73, 75. Muller é obscuro sobre a natureza da suficiência da expiação de Cristo, pois ele não reconhece a distinção entre suficiência intrínseca e extrínseca nem esclarece a ambiguidade de seu uso próprio do termo.

[393] K. Kennedy, "Hermeneutical Discontinuity between Calvin and Later Calvinism", Scottish Journal of Theology 64, no. 3 (August 2011): 299–312.

para o Mundo: Calvino sobre a Extensão da Expiação] é um argumento robusto que o teólogo afirmou a expiação ilimitada.³⁹⁴

Hartog listou e resumiu as quatro abordagens gerais que são comumente adotadas com respeito ao conceito de Calvino sobre a extensão.

1. Cria na expiação limitada, embora não a enfatize especificamente. John Murray, Jonathan Rainbow, Roger Nicole, Frederick Leathy, Paul Helm, William Cunningham, Henri Blocher e W. Robert Godfrey são exemplos que se enquadram nessa categoria.
2. Defendeu uma forma de expiação ilimitada em paralelo com a eleição particular. Neste grupo haveria alguns eruditos pós-Reforma como John Davenant, Amyraut, Jean Daillé, Bispo Ussher e Richard Baxter juntamente com eruditos modernos como R. T. Kendall, Alan Clifford, Charles Bell, Curt Daniel, Kevin Kennedy e David Ponter.
3. Seu conceito não pode ser determinado devido à ambiguidade da evidência. G. Michael Thomas, Robert Peterson e Hans Boersma se enquadram nessa categoria.
4. Não adotou a expiação limitada nem a ilimitada, mas aderiu ao princípio de Lombardo, que, de acordo com Hartog, seguindo Rouwendal, deixou a questão em aberto.³⁹⁵

Essa categorização é útil, embora pareça que a quarta abordagem geral não seja muito diferente da terceira.

Hartog discutiu a estrutura complexa da teologia de Calvino em torno de doze tópicos no capítulo 3.³⁹⁶

1. Todas as pessoas não serão finalmente salvas.
2. Cristo oferece salvação a todos indiscriminadamente.
3. Nem todos creem no evangelho, por que nem todos são eficazmente atraídos pelo Espírito Santo.
4. A eleição incondicional distingue aqueles que são eficazmente chamados daqueles que não são chamados.
5. As pessoas não experimentam a salvação antes da fé delas.
6. Calvino coordenou uma provisão universal na morte de Cristo com o chamado geral do evangelho. Aqui, Hartog citou declarações das *Institutas* de Calvino,

---

394 P. Hartog, *A Word for the World: Calvin on the Extent of the Atonement* (Schaumburg, IL: Regular Baptist, 2009). Veja também sua próxima análise, *Calvin on Christ's Death: A Word for the World*.
395 Ibid., 9-18.
396 Ibid., 19-35.

comentários, sermões e outros escritos em apoio. Por exemplo, Calvino declarou ser "incontestável que Cristo veio para a expiação dos pecados do mundo inteiro".[397] Ele afirmou em seu comentário sobre Colossenses 1.14: "Essa redenção foi adquirida pelo sangue de Cristo, pois por meio do sacrifício de sua morte todos os pecados do mundo foram expiados".[398] Conforme Calvino, Cristo sofreu "pela redenção do mundo inteiro".[399] Também afirmou que Jesus foi "enviado para ser o redentor da raça humana" e foi "queimado com os pecados do mundo".[400] Hartog recorre a várias outras citações de Calvino como prova de sua tese.

7. Hartog argumentou que, para Calvino, a provisão universal de Cristo na oferta universal do evangelho é importante para os eleitos. O Espírito Santo aplica a obra de Cristo mediante pregação das promessas do evangelho universal, que são baseadas em uma provisão universal.[401]

8. Hartog defendeu que Calvino percebe ramificações da satisfação universal de Cristo pelos pecados no ministério de evangelismo. Apelou à urgência evangelística "quando vemos pessoas indo para o inferno que foram criadas à imagem de Deus e redimidas pelo sangue de nosso Senhor Jesus Cristo".[402]

9. Calvino afirmou que incrédulos desprezam a graça que é oferecida a eles.[403]

10. Calvino distinguiu entre a vontade revelada de Deus nas promessas universais da Escritura e sua vontade secreta em seus decretos eternos.[404]

11. Calvino cria que Cristo morreu "como uma expiação e redenção suficientes pelos pecados de toda humanidade e que morreu intencionalmente pela salvação eficaz dos eleitos".[405]

12. Calvino afirmou a unidade Trinitária na obra da redenção.[406]

---

[397] Ibid., 23. Citando de Calvino, *Concerning the Eternal Predestination*, 148

[398] Ibid. Citando Calvino, *Epistle of Paul the Apostle to the Galatians, Ephesians, Philippians and Colossians*, 308.

[399] Ibid. Citando Calvino, *Deity of Christ and Other Sermons*, 55.

[400] Ibid. Citando Calvino, Harmony of the Gospels, 3:150–52.

[401] Ibid., 24. Veja Calvino, *Sermons on Isaiah's Prophecy*, 117; e *A Harmony of the Gospels Matthew, Mark and Luke*, 1:56; e muitas outras referências a Calvino em Hartog, *A Word for the Worlds*, 25–26 nn. 49–57.

[402] Ibid., 26. Citando Calvino, *Sermons on the Acts of the Apostles, Chapters 1–7*, 87, juntamente com outras citações de Calvino.

[403] Ibid., 29. Citando Calvino, *Sermons of M. John Calvin, on the Epistles of S. Paule to Timothie and Titus*, 177, e outras citações de Calvino.

[404] Ibid., 30–31. Citando Calvino, *Concerning the Eternal Predestination*, 106, e outras citações de Calvino.

[405] Ibid., 32. Citando Calvino, *Sermons on Isaiah's Prophecy*, 16, e outras citações de Calvino.

[406] Ibid., 33–34.

Os doze tópicos de Hartog estão bem fundamentados primariamente nos próprios escritos de Calvino, mas também em outras fontes secundárias que afirmam a adesão do reformador à expiação universal.

O quarto capítulo de Hartog tratou de evidências da expiação limitada nos escritos de Calvino. Aqueles que afirmam que ele defendeu a expiação limitada apresentam três passagens-chave de seus escritos: A "Resposta de Calvino a Heshusius" em 1561, seu comentário de 1 João 2.2 e seu comentário sobre 1 Timóteo 2.4.[407]

Hartog refutou cada uma delas, demonstrando que nenhuma das três implica que Calvino claramente afirmou a expiação limitada. Cuidadosamente, ele considerou o contexto de cada uma em paralelo com a literatura secundária que contradisse os argumentos.

Hartog concluiu que Calvino afirmou uma forma de expiação universal em conjunto com a eleição pessoal, incondicional. Ele corretamente observou que o reformador não deveria ser anacronicamente rotulado de "amiraldiano", pois não avaliou de que modo a satisfação universal de Cristo pelos pecados se processou no plano da vontade decretiva de Deus. Embora Calvino falasse da vontade decretativa, focou na vontade revelada de Deus em seus comentários e sermões.[408]

Richard Muller é considerado por todos como o decano da historiografia reformada dos séculos XVI e XVII. O labor dele nessa área dos estudos reformados é o apogeu da erudição. Relativo à questão do conceito de Calvino sobre a extensão da expiação, Muller é discreto. Ele chega bem próximo a afirmar que o reformador defendeu a expiação ilimitada com respeito à expiação real de pecado, mas jamais admite, tanto quanto posso dizer, de qualquer forma.

É comum entre os escritores reformados sugerir que há pouca, se alguma, diferença entre o conceito de Calvino da extensão da expiação e os escritores reformados posteriores na era escolástica da pós-Reforma. Por exemplo, Richard Muller declarou:

> A teologia reformada também apresentou, tanto na Reforma como na era da ortodoxia, uma doutrina da obra mediadora de Cristo que se comparou à ênfase reformada na salvação pela graça somente e na eleição divina. Enquanto Calvino, Bullinger e outros da geração deles não tornaram a limitação da obra expiatória de Cristo um tema relevante, os pensadores reformados posteriores formularam o tema, particularmente devido às controvérsias nas quais se envolveram. Tem havido uma discordância acadêmica sobre esse tema e, às vezes, uma oposição doutrinária é motivada entre "Calvino" e os "calvinistas", como se Calvino tivesse

---

[407] Ibid., 37–48.
[408] Ibid., 49-61.

ensinado uma "expiação universal" e escritores reformados posteriores tivessem ensinado uma "expiação limitada". No entanto, quando os termos e definições são corretamente explicados, há uma significativa continuidade na tradição reformada nesse tópico.[409]

A declaração de Muller exige esclarecimentos em vários aspectos. Primeiro, embora ele e outros demonstrassem que o argumento de "Calvino contra os calvinistas" estava deturpado em muitos pontos,[410] isso não resolveu a questão do conceito de Calvino sobre a extensão da expiação, nem Muller afirma que o faz. Uma pesquisa indutiva dos escritos de Calvino sobre esse tema comparada com autores reformados posteriores, particularmente aqueles do século XVII, revela um desenvolvimento no pensamento reformado sobre o tema da extensão da expiação, um fato que o próprio Muller reconheceu.[411]

Segundo, muitos argumentaram que Calvino e Bullinger não "tornaram a limitação da obra expiatória de Cristo somente aos eleitos um tema relevante", porque não criam que a satisfação de Cristo pelos pecados estava limitada apenas aos eleitos.

Terceiro, há continuidade, a qual Muller mencionou, mas há também significativa descontinuidade entre Calvino, Bullinger e outros reformadores de primeira geração quando comparados com muitos no período ortodoxo que se seguiu à morte de Calvino.

Quarto, Calvino e a primeira geração de reformadores creram que a aplicação da expiação foi designada e intencionada somente para os eleitos, como fizeram aqueles na tradição reformada subsequente. Nesse sentido, ela foi claramente limitada. Essa é uma fração da continuidade na tradição. Contudo, quando os termos e definições são explicados, há uma relevante diferença na extensão da expiação entre Calvino e

---

[409] R. Muller, "*John Calvin and* Later Calvinism: The Identity of the Reformed Tradition" em *The Cambridge Companion to Reformation Theology*, ed. D. Bagchi and D. C. Steinmetz (Nova York: Cambridge University Press, 2005), 147.

[410] R. Muller, "Calvin and the 'Calvinists': Assessing Continuities and Discontinuities between the Reformation and Orthodoxy", *Calvin Theological Journal* 30, no. 2 (November 1995): 345–75; idem, "Calvin and the 'Calvinists': Assessing Continuities and Discontinuities between the Reformation and Orthodoxy, Part II," *Calvin Theological Journal* 31, no. 1 (April 1996): 125–60. Muller delimita o período da ortodoxia reformada da pós-Reforma como 1565–1699 ("Calvin and the 'Calvinists', Part II," 375).

[411] Muller, "Calvin and the 'Calvinists,'" Part II, 137:
E deveria ser bem evidente, após uma ampla leitura dos sermões de Calvino e de comentários do Antigo Testamento, que supostas diferenças entre o ensino dele e de Bullinger ou da posterior tradição federal reformada não é tão considerável quanto, algumas vezes, é declarado. A título de outro exemplo, pesquisa recente e reavaliação do Sínodo de Dort demonstraram uma enorme variedade de opinião e definição nas fronteiras confessionais da ortodoxia reformada sobre os temas da "expiação limitada".

Bullinger por um lado e a tradição reformada posterior, conforme expressada por alguns no Sínodo de Dort e mais tarde por John Owen.

Muller seguiu a longa citação anterior com este parágrafo:

> Os termos "universal" e "expiação limitada" não representam o conceito reformado dos séculos XVI e XVII ou, quanto a esse assunto, o conceito de seus oponentes. O tema não era sobre "expiação", mas sobre a "satisfação" realizada por Cristo pelo pecado e o debate jamais foi sobre se ou não a satisfação de Cristo era limitada: todos defenderam que era totalmente suficiente para pagar o preço por todo pecado e todos defenderam que era eficaz ou eficiente apenas para aqueles que foram salvos. A questão que concerniu à identidade daqueles salvos e, portanto, o fundamento da limitação: a vontade de Deus ou a escolha humana. Sendo assim, Calvino e Bullinger ensinaram a suficiência da obra de Cristo de satisfação por todo pecado, bem como a pregação universal do evangelho e, ao mesmo tempo, reconheceram a eficácia da obra de Cristo pelos fiéis somente e ambos ensinaram que a fé é o dom de Deus, disponível aos eleitos apenas. Os ortodoxos reformados ensinaram a doutrina mais claramente. Em resposta a Armínio, destacaram a importância de definir o princípio tradicional de suficiência para todo pecado e eficiência só para os eleitos, onde Calvino e Bullinger raramente mencionaram isto. Os ortodoxos mais evidentemente também conectaram a doutrina da eleição à linguagem da limitação da eficácia da morte de Cristo. Esta solução é apresentada nos Cânones de Dort em princípios concisos.[412]

Novamente, vários comentários estão em ordem. Primeiro, Muller está correto que os termos específicos "limitado" e "universal" não representam o uso dos reformados nos séculos XVI e XVII. Entretanto, os conceitos que esses termos representam foram muito mais debatidos e não apenas pelos reformados contra seus oponentes, mas pelos reformados entre eles mesmos, conforme é evidenciado pelo que aconteceu em Dort e além.

Segundo, Muller está correto que a controvérsia concerniu à natureza e à extensão da satisfação realizada por Cristo pelo pecado. Contudo, sua visão é incorreta em sugerir que o debate "jamais foi sobre se a satisfação de Cristo era limitada ou não". Pelo menos desde o fim do século XVI, a contestação era se de fato Cristo satisfez pelos

---

[412] Muller, "John Calvin and Later Calvinism", 147. Também em Richard Muller, *After Calvin: Studies in the Development of a Theological Tradition*, Oxford Studies in Historical Theology (Nova York: Oxford University Press, 2003), 14.

pecados de todas as pessoas ou apenas dos eleitos. Mais uma vez, esse debate continuou não só entre os reformados e seus oponentes, mas entre os próprios reformados.

Terceiro, quando Muller declarou que todos defenderam a morte de Jesus como "totalmente suficiente para pagar o preço de todo pecado", ele está se beneficiando da ambiguidade da palavra suficiente". No sentido de uma suficiência intrínseca, a saber, que a morte de Cristo poderia ter sido uma satisfação pelos pecados de todas as pessoas se Deus tivesse esta intenção. Todos, na tradição reformada, afirmaram isso. Entretanto, se por "suficiente" se diz "suficiência extrínseca", isto é, que a morte de Cristo foi na realidade um preço suficiente por todo pecado porque, de fato, ela pagou o preço pelos pecados de todas as pessoas, então novamente, desde Dort (se não antes) e muito além de Dort, o debate desencadeou-se sobre essa tese *no campo reformado*.

Quarto, Muller declarou que Calvino e Bullinger "ensinaram a suficiência da obra de satisfação de Cristo por todo pecado".[413] A questão aqui é o que Muller expressa por "suficiência". Considerando que ele apoiou essa declaração como sendo sobre a eficácia limitada da expiação, naturalmente se presumiria que ele fala de uma suficiência extrínseca.

Talvez o trabalho mais recente e significativo de Muller, *Calvin and the Reformed Tradition: On the Work of Christ and the Order of Salvation* [Calvino e a Tradição Reformada: Sobre a Obra de Cristo e a Ordem da Salvação] esclarecerá essas dúvidas. No capítulo 3, ele tratou do tema do conceito de Calvino a respeito da satisfação de Cristo pelos pecados e a expiação limitada. Muller corretamente ressaltou o problema de anacronismo em que o termo "expiação limitada" não estava em uso na época de Calvino. "Em síntese, a fixação sobre a expressão anacrônica "expiação limitada" e sobre a linguagem antiga, mas inerentemente vaga, que 'Cristo morreu por todas as pessoas' ou, por contraste, 'pelos eleitos', levou a uma argumentação falaciosa de ambos os lados do debate".[414]

Muller continuou:

> O problema para a doutrina da "expiação limitada", portanto, está no fato de que o debate no século XVI e no início do século XVII não concerniu à morte sacrificial objetiva de Cristo considerada como a expiação nem à *expiatio* [expiação] oferecida a Deus pelo preço do pecado (sobre o que todas as partes no debate estavam de acordo), nem ao valor, dignidade, mérito, poder ilimitados, nem à "suficiência" da *satisfactio expiatio* [satisfação da expiação] (sobre o que todas as partes também concordaram)

---

[413] Muller, "After Calvin", 14.
[414] R. Muller, *Calvin and the Reformed Tradition: On the Work of Christ and the Order of Salvation* (Grand Rapids, MI: Baker, 2012), 73.

nem tampouco precisamente, de fato, à *efficatio* ou *applicatio* [eficácia ou aplicação] limitada, na medida em que todas as partes do debate negaram a salvação universal.[415]

Mais uma vez, a questão é qual o sentido que Muller anexa à "suficiência": intrínseca ou extrínseca. Conforme foi demonstrado, a natureza da suficiência da expiação teve o sentido original do princípio de Lombardo modificado no início da teologia reformada. Alguns entre os reformados redefiniram o assunto da suficiência como intrínseco em natureza em vez de extrínseco. O próprio Davenant enfatizou bastante esse problema em sua *Dissertation on the Death of Christ* [*Dissertação sobre a Morte de Cristo*]. Até onde posso afirmar, Muller em nenhum contexto reconhece essa revisão do princípio de Lombardo.

Muller está próximo da situação verdadeira nesta declaração:

> Os temas de fato relevantes para o debate foram (1) a intenção divina concernente à suficiência da satisfação de Cristo, especificamente, a relação entre o hipotético "se todos cressem" e o valor infinito ou mérito da morte de Cristo, a saber, sua "suficiência" para todo pecado; (2) a intenção divina no que concerne à aplicação eficaz da salvação às pessoas, especificamente, os fundamentos da limitação da eficiência ou eficácia da obra de Cristo; e (3) a relação entre o valor ou suficiência e eficiência da satisfação de Cristo e a proclamação e chamado do evangelho universais ou, mais precisamente, indiscriminados.[416]

Embora Muller não mencionasse isto, David Pareaus (1548-1622) defendeu a posição que Deus quis que Cristo morresse por todos no que tange à suficiência real e que também desejou que o Filho morresse pelos eleitos apenas quanto à eficiência (eficácia) da expiação.[417] Não há diferença na declaração de Pareaus da intencionalidade dupla na morte de Cristo e esta encontrada uns 40 anos mais tarde nos ensinos de John Cameron, Moise Amyraut ou John Davenant, ou em Calvino aproximadamente 25 anos antes.

Muller parece aproximar bastante ao afirmar que Calvino defendeu uma satisfação universal pelo pecado na seguinte declaração:

---

[415] Ibid., 76.

[416] Ibid., 77. Muller tem uma nota de rodapé útil esboçando os sete padrões distintos da formulação desses temas entre os primeiros reformados.

[417] D. Pareus, *Commentary on the Heidelberg Catechism*, trad. G. W. Willard (1852; reimpresso por Phillipsburg, NJ: P&R, 1985), 223.

Portanto, considerando que Calvino compreendeu a satisfação de Cristo como um pagamento integral pelo preço do pecado, isto é, tendo um valor infinito ou universal, ou poder, como ele formulou as bases de sua aplicação limitada a ou eficácia para os cristãos? Em acréscimo, Calvino ofereceu uma explanação da intenção divina subjazendo a satisfação suficiente de Cristo, especificamente com respeito à questão de se Deus em algum sentido intencionou a reconciliação objetiva de Cristo para todo pecado a ser de tal forma que se todos cressem, todos seriam salvos?[418]

Muller afirma que por "Calvino haver compreendido a satisfação de Cristo como um pagamento integral do preço pelo pecado", o reformador ensinou uma expiação ilimitada? Muller permanece incerto aqui. A declaração de Muller é verdadeira, mas é verdadeira devido à doutrina subjacente de Calvino da imputação universal de pecado a Cristo. Calvino afirmou especificamente que Cristo sofreu pelos pecados de todos os homens. Isto não é expiação limitada (uma satisfação somente pelos pecados dos eleitos) como o conceito foi compreendido e ensinado por Beza, a maioria dos delegados em Dort, John Owen e muitos dos puritanos.

A declaração de Muller com referência ao conceito de Calvino que "a oferta universal se estende a todos, eleitos e réprobos similarmente, e essa é uma oferta válida dada a expiação integral (suficiente em si mesma) realizada por todo pecado, mas a particularidade da aplicação é limitada pela eleição divina",[419] certamente parece confirmar a tese de que Calvino defendeu uma satisfação ilimitada pelo pecado de todas as pessoas. É difícil aprovar sua "expiação integral (suficiente em si mesma) realizada por todo pecado" com algum outro sentido.

A declaração de Muller também confirma o conceito de Calvino que o evangelho é de fato uma oferta e uma oferta a todos, se a eleitos ou a réprobos. Essa compreensão de Calvino sobre a oferta do evangelho é confirmada por Beach, que um ano antes da obra de Muller, *Calvin and the Reformed Tradition*, pesquisou a história da erudição sobre o conceito da oferta gratuita do evangelho para o reformador e concluiu dos escritos "que Calvino empregou livremente a linguagem 'oferecer' e 'convite', termos que se aplicam a todos os pecadores ... Calvino associou a linguagem oferta do evangelho a todos os pecadores à noção do amor, favor, gentileza ou bondade de Deus ... Calvino não se sente obrigado a distinguir eleitos e pecadores réprobos uns dos outros".[420] Entretanto, Beach escreveu seu artigo inteiro sem referir-se uma vez

---

[418] Muller, *Calvin and the Reformed Tradition*, 78.
[419] Ibid., 93.
[420] J. M. Beach, "Calvin's Treatment of the Offer of the Gospel and Divine Grace", *Mid-America Journal of Theology* 22 (2011): 67.

ao conceito de Calvino sobre a extensão da expiação e parece haver presumido que o teólogo defendeu a expiação limitada.

Muller falou do uso de Calvino da palavra "mundo" em seu entendimento da intenção divina na salvação como intento de realmente salvar somente os eleitos:

> Em nenhum dos contextos onde em que ele interpreta "mundo" indicando a raça humana universal, uniformemente presa no pecado e indiscriminadamente ciente da promessa de salvação, Calvino indica uma intenção divina para salvar todas as pessoas ou enviar Cristo para salvar todas as pessoas. De fato, ele consistentemente aponta para o limite da salvação aos eleitos. No entanto, conforme vimos, Calvino também aponta consistentemente para a morte de Cristo como pagamento integral pelos pecados do mundo, reforçando, por assim dizer, a proclamação indiscriminada do evangelho.[421]

A palavra em vigor aqui é "intenção". É claro que Calvino, como fez todos os reformados, ensinou uma intenção limitada pelo decreto divino para salvar apenas os eleitos. Isto não está em discussão. Mas não exclui que Calvino defendeu que Cristo foi ordenado a ser o Salvador do mundo e foi ordenado a fazer um "pagamento integral pelos pecados do mundo", como Muller o disse. Esse é o sentido da linguagem universal de Calvino.

Se Muller nega que Calvino cria que Deus tem uma vontade redentora universal, então ele está incorreto sobre esse tópico.[422] Muller parece obscuro no que concerne

---

[421] Muller, *Calvin and the Reformed Tradition*, 82.

[422] Embora Muller tivesse muitas oportunidades em seus escritos de afirmar que a convicção de Calvino é que Deus deseja a salvação de todos os homens na vontade revelada, o máximo que ele faz é sugeri-lo. Observando os comentários de Calvino sobre Naum 1.3, Muller disse que "frequentemente, Deus retarda a punição e 'suspende' sua ira contra os ímpios para demonstrar sua vontade de perdoar o pecado, mas ele não tolera o abuso de sua paciência" (R. Muller, *Post-Reformation Reformed Dogmatics: The Rise and Development of Reformed Orthodoxy*, c. 1520 c. 1725, 4 vols. [Grand Rapids, MI: Baker, 2003], 3:583). Mais uma vez, observando os comentários de Calvino em Jonas 4.2, Muller disse:
De fato, Deus realiza a salvação da raça humana ao mesmo tempo que ele está irado com o pecado: o fundamento de nossa esperança de misericórdia está, portanto, na bondade de Deus "infinita e inesgotável", que não reage com ira à provocação constante da humanidade pecadora (ibid., 3.583-84). Sobre esse texto, o próprio Calvino claramente disse: "Esta demora em irar-se prova que Deus provê para a salvação da humanidade, mesmo quando ele é provocado pelos pecados dela. Embora os homens miseráveis provoquem Deus diariamente contra eles mesmos, ele, porém, continua a se interessar pela salvação deles" (John Calvin, *Commentaries on the Twelve Minor Prophets*, 14 v., trad. John Owen [Grand Rapids, MI: Baker, 1984], 3:125). Calvino é demasiadamente claro em sua exposição de 2 Pedro 3.9: "O amor dele pela humanidade é

ao dualismo de Calvino com respeito à intencionalidade. A compreensão deste sobre intencionalidade não parece diferir um pouco sequer da compreensão de Davenant uns cinquenta anos depois. Ambos sustentaram que Deus intencionou que a morte de Cristo expiasse os pecados de todos os povos, mas que ele também intencionou salvar apenas os eleitos.

Muller continuou:

> Calvino ensinou que o valor, virtude ou mérito da obra de Cristo serviram como pagamento suficiente pelos pecados de todos os seres humanos e proveu a base para a promessa divina de que todos que cressem seriam salvos, supondo que cristãos são destinatários da graça de Deus e que os incrédulos são "indesculpáveis". Como também fizeram, conferindo implicações diferentes da relação de intencionalidade divina ao valor ou suficiência da morte de Cristo, Teodoro Beza, os Cânones de Dort, John Davenant, Pierre Du Moulin, Moise Amyraut, Francis Turretin e uma hoste de outros escritores reformados, sempre esquecidos e algumas vezes difamados, dos próximos dois séculos; entre eles tanto particularistas quanto universalistas hipotéticos.[423]

Outra vez a questão-chave aqui é: O que Muller pretende dizer por "suficiente"? Parece que ele tem em mente uma suficiência intrínseca. Isso seria o único tipo de suficiência que Calvino, Beza, Davenant, Du Moulin, Amyraut e Turretini poderiam concordar a respeito. Aqui é fundamental distinguir entre suficiência intrínseca e extrínseca. Beza, Du Moulin e Turretini claramente não adotaram uma suficiência extrínseca na morte de Cristo. Não havia satisfação realizada pelos pecados dos não eleitos, por isso, a morte de Jesus foi apenas suficiente intrinsecamente para salvar todos, mas não suficiente extrinsecamente para fazê-lo.

---

tão maravilhoso, que ele salvaria a todos e está pronto a conceder salvação aos perdidos". Em outra obra, Muller analisou a exegese de Calvino de muitos textos relacionados à missão e ao evangelismo. Em relação a 1 Timóteo 2.4, Muller observou que o sermão de Calvino "revela uma promoção ainda mais direta da tarefa de pregar o evangelho: 'que Deus salvaria o mundo inteiro. Para esse propósito o quanto depender de nós, devemos também buscar a salvação deles'" (R. Muller, "'To Grant this Grace to All People and Nations:' Calvin on Apostolicity and Mission," em *For God So Loved the World: Missiological Reflections in Honor of Roger S. Greenway*, ed. A. C. Leder [Belleville, Ontario: Essence, 2006], 225). J. H. Merle d'Aubigné corretamente expôs o conceito de Calvino da vontade revelada de Deus em 1 Timóteo 2.4 e *explicitamente* afirma: "Calvino declara que é a vontade de Deus que todos os homens sejam salvos" (J. H. Merle d'Aubigné, *History of the Reformation in Europe in the Time of Calvin*, 8 vols., trad. W. L. B Cates [Nova York: Robert Carter & Brothers, 1877], 7:90–94).

[423] R. Muller, *Calvin and the Reformed Tradition*, 105.

Muller mais uma vez pareceu sugerir que Calvino afirmou que Cristo satisfez pelos pecados de todas as pessoas na seguinte declaração:

> No caso da doutrina da satisfação de Cristo pelo pecado, visto que ele pagou o preço de todo pecado e realizou a redenção capaz de salvar o mundo inteiro, os benefícios dele são claramente providenciados, proferidos ou oferecidos a todos que ouvem. O que Calvino não ressalta é algum tipo de intencionalidade universal fluindo da suficiência para a eficácia real desse oferecimento. A abordagem de Calvino para o valor, mérito ou suficiência da obra de Cristo admitia que ela era ilimitada e poderia, portanto, reforçar a universalidade da promessa e a pregação indiscriminada do evangelho, mas, igualmente, suas abordagens para a vontade divina eterna e intenção de salvar em Cristo, para a eficácia ou aplicação da obra dele e para a própria intercessão sumo sacerdotal de Cristo presumiram suas limitações aos eleitos. A dimensão condicional ou hipotética da doutrina de Calvino, portanto, pertence à vontade revelada de Deus na promessa da salvação a todos que creem e não, obviamente não, a um desejo definitivo de Deus de salvar todos sob a condição de fé.[424]

O que Muller disse está correto em termos: Cristo pagou o preço pelo pecado. Entretanto, Calvino disse mais do que isso. Conforme demonstram as citações anteriores de Calvino, Cristo pagou o preço pelo pecado *para o mundo*, não meramente pelo pecado que foi suficiente para o mundo. A menos que Muller quis indicar uma suficiência extrínseca em Calvino, ele falhou em retratá-la corretamente.

A declaração de Muller que, para Calvino, a intercessão sumo sacerdotal de Cristo "presumiu sua [a obra de Cristo na cruz] limitação aos eleitos" é problemática. É verdadeiro que para Calvino a expiação e intercessão são inseparáveis, mas no sentido que a expiação fundamenta a intercessão, tornando a última possível. Mas disto não se pode admitir que Calvino inverteu a lógica e creu que a intercessão limitada implicava ou provava a expiação limitada. Se essa é a abordagem de Muller, então ela é logicamente falaciosa.

Muller comparou Davenant a Du Moulin:

> Du Moulin levanta a questão da extensão da morte de Cristo e o faz usando a distinção suficiência-eficiência do Sínodo de Dort. O debate é

---
[424] Ibid., 105–6.

sobre se Cristo morreu por todos os seres humanos, especificamente se ele morreu igualmente pelos réprobos e pelos eleitos. Isto é totalmente verdadeiro, Du Moulin argumenta, "que a morte de Jesus Cristo foi um preço suficiente para salvar todos os seres humanos, se todos os seres humanos cressem nele".[425]

Observe vários aspectos sobre essa declaração. Muller disse que o debate em Dort foi sobre se Cristo morreu "igualmente" pelos réprobos e pelos eleitos. Essa foi a posição dos Remonstrantes, que Dort rejeitou. Contudo, como será demonstrado a seguir, na discussão de Dort, embora todos os reformados (antes e depois de Dort, exceto os Remonstrantes) negassem que Cristo morreu "igualmente" por todos; alguns deles, como Davenant, argumentaram que Jesus de fato morreu pelos pecados de todos no sentido da expiação universal, mas não com uma vontade ou intento "igual" de salvar todos.

Segundo, Muller citou Du Moulin como afirmando que a morte de Cristo é "suficiente" para salvar todos, se todos cressem. Entretanto, claramente Du Moulin não exprime uma suficiência extrínseca, pois argumentou com clareza, em outro contexto, que Cristo morreu apenas pelos eleitos. Portanto, não havia preço pago pelos não eleitos e a única suficiência na expiação que poderia ser empregada em relação aos não eleitos é uma suficiência intrínseca. Du Moulin, como todos os calvinistas extremos, decompôs a suficiência na eficiência e revisou ou reinterpretou o princípio de Lombardo.

Em sua *Anatomy of Arminianism* [Anatomia do Arminianismo], Du Moulin claramente negou o universalismo hipotético e empregou todos os argumentos padrão em prol de uma satisfação limitada, tal como o pagamento duplo, expiação-intercessão e assim sucessivamente. Muller está simplesmente enganado ao declarar: "Davenant e Du Moulin foram proponentes da pressuposição que a morte de Cristo pagou pelos pecados do mundo inteiro e foi, portanto, suficiente para salvar todos, se todos cressem e, por isso, podem ser identificados como universalistas hipotéticos".[426]

---

[425] Ibid., 155.

[426] Ibid., 156. Muller repetiu a mesma afirmação errônea sobre Du Moulin "Beyond Hypothetical Universalism: Moïse Amyraut (1596–1664) on Faith, Reason, and Ethics", in *The Theology of the French Reformed Churches: From Henri IV to the Revocations of the Edict of Nantes*, ed. M. I. Klauber (Grand Rapids, MI: Reformation Heritage Books, 2014), 206. O rótulo "universalismo hipotético" surgiu nos documentos disponíveis pela primeira vez em uma carta escrita por Guillaume Rivet em julho de1645 e teve intenção pejorativa. Rivet foi provavelmente o primeiro a empregar o termo como rótulo para os teólogos de Saumur, conforme observado por E. P. Van Stam, *The Controversy over the Theology of Saumur, 1635–1650* (Amsterdam: APA- Holland University Press, 1988), 277– 78.

Considerando todos os seus benefícios, a obra de Muller com respeito aos conceitos de Calvino sobre a extensão da expiação é problemática em três frentes. Primeira, ele não procura definir e distinguir o conceito de suficiência como intrínseco ou extrínseco. Embora apareça na maioria de seus usos do termo, ele denota uma suficiência extrínseca. Segunda, ele não menciona como Beza e outros mudaram o princípio de Lombardo por volta do início do século XVII. Isso parece ser uma omissão histórica da parte dele. Terceira, ele evita algumas afirmações claras de Calvino sobre a universalidade da satisfação de Cristo pelo pecado, tal como o sermão de Calvino sobre 2 Timóteo 2.19 e sua afirmação "não é algo insignificante, que pereçam almas compradas pelo sangue de Jesus Cristo". Muller falou de "imprecisão" e "dificuldade" em usar essas frases como "por quem Cristo morreu".[427] Mas não há imprecisão aqui. Isso é bastante claro. Por exemplo, com respeito aos comentários de Calvino a respeito de 1 Timóteo 2.4, parece evidente que ele não estava interpretando a palavra "todos" para expressar "alguns de todos os tipos", mas ao contrário, "todos de todos os tipos".

A verdadeira compreensão de Muller do conceito de Calvino da extensão da expiação permanece incerta para mim. É difícil discernir se ele essencialmente está de acordo com Cunningham, Nicole, Helm, Letham e Rainbow que argumentam que Calvino defendeu a satisfação limitada pelos pecados (os eleitos apenas) ou se admitiu que Calvino defendeu uma forma de satisfação universal por todos os pecados (eleitos e não eleitos). O que não parece incerto é a própria posição de Calvino conhecidos todos os dados. Torna-se ainda mais difícil negar a noção de que Calvino compreendeu a expiação como uma satisfação universal pelos pecados.

Uma última fração interessante de evidência que pode apoiar o conceito que Calvino não afirmou a expiação limitada procede da controvérsia Bolsec a respeito da predestinação, que ocorreu em Genebra de 1551 a 1555.[428] Jerome Bolsec, um monge carmelita e doutor em teologia em Paris, foi a Genebra no início de 1551 para trabalhar como médico. Imediatamente, ele se tornou um crítico da doutrina de Calvino da predestinação. Aparentemente, pensando que Calvino estivesse fora da cidade, Bolsec se levantou para falar e criticou a doutrina da predestinação com insulto ferino. Calvino, ao que parece, chegou atrasado para a reunião e estava sentado nos fundos, ficou indignado, e resolutamente defendeu seus conceitos sobre predestinação.

---

[427] R. Muller, *Calvin and the Reformed Tradition*, 97.

[428] Para fontes sobre essa controvérsia, consulte P. E. Hughes, ed. and trad., *The Register of the Company of Pastors in Geneva* (Grand Rapids, MI: Eerdmans, 1966), que inclui evidência documental completa do julgamento. A discussão mais detalhada da controvérsia é a obra de P. C. Holtrop, *The Bolsec Controversy on Predestination from 1551–1555: The Statements of Jerome Bolsec, and the Responses of John Calvin, Theodore Beza, and Other Reformed Theologians*, 2 v. (Lewiston, NI: Edwin Mellen, 1993).

Os magistrados da cidade prenderam Bolsec e o levaram a julgamento. Cartas foram enviadas aos líderes reformados na Basileia, Zurique e Berna solicitando conselho em como lidar com o problema. As respostas tornaram claro que esses outros líderes reformados, incluindo Bullinger,[429] não compartilharam o que consideraram ser um conceito extremo de Calvino sobre a predestinação e consideraram que alguns dos conceitos de Bolsec não eram inteiramente errados e recomendaram leniência com Bolsec. Calvino ficou profundamente desapontado. Entretanto, o julgamento prosseguiu e Bolsec foi banido permanentemente de Genebra.

De interesse aqui é que em nenhum contexto, durante a controvérsia e julgamento, jamais Bolsec foi contestado por Calvino por defender o conceito de que a expiação era ilimitada. Se o próprio Calvino cria na expiação limitada e se cria que a eleição incondicional exigia a expiação limitada, ele não aproveitou a oportunidade durante a controvérsia e julgamento para afirmá-la.

Conclusão

A despeito da evidência apoiando a compreensão de Calvino da expiação como ilimitada, o debate na comunidade reformada, não há dúvida, continuará. Alguns estarão de acordo com a trajetória articulada por Stephen Holmes: "Não há divergência fundamental entre Calvino e a tradição posterior sobre o tema da expiação limitada; o ensino posterior nada mais é do que explicitar o que estava implícito na teologia de Calvino".[430] Gatiss também continua a pressionar para que o conceito do reformador sobre a expiação seja limitado.[431]

Outros, como Strehle, continuarão a contestar que o sistema teológico de Calvino como um todo realmente exija uma compreensão ilimitada da expiação:

> A extensão da expiação é revelada não na intenção de um evento, mas na extensão do poder do Salvador. A expiação é ilimitada porque Cristo é o Salvador somente em virtude do fato que ele conquistou o senhorio sobre todas as forças hostis no império divino.[432]

---

[429] C. P. Venema, "Heinrich Bullinger's Correspondence on Calvin's Doctrine of Predestination, 1551– 1553," *The Sixteenth Century Journal* 17 (Winter 1986): 435–50.

[430] S. Holmes, *Listening to the Past: The Place of Tradition in Theology* (Carlisle, UK: Paternoster, 2002), 80.

[431] Gatiss, *For Us and for Our Salvation*, 75.

[432] S. Strehle, "The Extent of the Atonement within the Theological Systems of the Sixteenth and Seventeenth Centuries" (ThD diss., Dallas Theological Seminary, 1980), 92–93.

Strehle também contestou que embora o arminianismo seja "um terreno para defesa da expiação ilimitada, não é verdadeiro que a compreensão calvinista da predestinação seja um terreno para a defesa da expiação limitada".[433]

Algumas vezes, intérpretes de Calvino parecem mais propensos a avaliar as declarações dele teologicamente do que historicamente. O resultado é que Calvino, às vezes, é interpretado mais sobre bases do que ele *poderia* ou *deveria* ter dito baseando-se nas pressuposições do intérprete, ao contrário do que ele *de fato afirmou*. Calvino deve ser lido no próprio contexto histórico, não naquele da ortodoxia reformada posterior.

Alister McGrath afirmou: "Deve ser enfatizado que em nenhum momento o próprio Calvino sugere que Cristo morreu somente pelos eleitos".[434] Igualmente, Robert Godfrey corretamente concluiu que os escritos de Calvino não falam explicitamente de ou afirmam a expiação limitada.[435]

Contudo, à luz das citações analisadas por Calvino sobre o assunto, é muito difícil concordar com Godfrey que a conclusão de Nicole a respeito do tema ainda pareça correta: "A expiação definida se ajusta melhor do que a graça universal ao padrão do ensino de Calvino".[436] Na realidade, quanto mais se pesquisa sobre os escritos de Calvino relativos à extensão da expiação, mais difícil é confirmar a posição que o próprio Calvino defendeu a expiação limitada.

Além do mais, muitos calvinistas desde os primórdios da Reforma argumentaram que Calvino defendeu a expiação ilimitada. Entre eles estão Davenant, Ussher e Baxter no século XVII, incluindo muitos outros desde àquele período. Quando toda evidência é considerada segundo os próprios escritos de Calvino, não vejo como se pode afirmar que (1) ele defendeu a expiação limitada, (2) foi obscuro sobre seus conceitos quanto à extensão da expiação, ou (3) não declarou posição particular sobre a extensão da expiação.

Esses escritos de Calvino indicam sua crença no fato de que Cristo morreu pelos pecados de todas as pessoas, embora apenas aquelas que creem em nele de fato recebem o benefício da expiação aplicada. Alguns calvinistas desejosos em situar Calvino no campo particularista, mas que ainda reconhecem haver declarações ambíguas, tanto universal como particular nos escritos do reformador, parecem jogar um jogo de empate em que tal empate já está fixado em seu favor.

Por conseguinte, calvinistas extremos têm um interesse exagerado em reivindicar Calvino para o conceito deles sobre o tema da extensão. Considerando que Muller e

---

[433] Ibid., 94–95. Calvino jamais se envolveu em especulação concernente aos decretos de Deus e repreendeu aqueles que se envolveram (*Institutas*, 3.23.5).

[434] A. McGrath, *A Life of John Calvin: A Study in the Shaping of Western Culture* (Oxford: Blackwell, 1990), 216.

[435] Assim observado por Godfrey, "Reformed Thought on the Extent of the Atonement", 137.

[436] Ibid., 138.

outros agora argumentam que a maioria, se não todos, dos primeiros reformadores defenderam uma forma de expiação universal, é difícil abandonar Calvino. Se ele se inclui na categoria universal, então a tese de que Beza foi essencialmente o primeiro (exceto Godescalco) a argumentar em favor da expiação limitada se torna ainda mais provável e há uma significativa descontinuidade entre a primeira geração de reformadores e as gerações recentes sobre o tema específico da extensão da expiação.

A declaração incisiva de Curt Daniel pode irritar alguns de seu grupo de calvinistas, mas é difícil negar: "Se Calvino não ensinou a expiação limitada, então eles não são calvinistas sobre o tema da extensão da expiação",[437] embora estejam certamente nas fronteiras da ortodoxia confessional reformada.

Benedictus Aretius (1505-1574)

Aretius foi um cientista, teólogo e professor de teologia em Estrasburgo de 1564 a 1574. A seguinte citação indica sua convicção na expiação ilimitada: "Cristo morreu por todos, porém, mesmo assim, todos não recebem o benefício de sua morte ... eles desprezam a graça oferecida".[438]

Girolamo Zanchi (1516-1590)

Zanchi foi um pastor, professor e reformador italiano. Depois de ensinar em Estrasburgo, partiu para se tornar pastor da congregação protestante italiana em Graubünden em Chiavena. Em 1568, recebeu um convite para a Universidade de Heidelberg, onde assumiu a cadeira de dogmática anteriormente ocupada por Ursinus. Depois do Eleitorado do Palatinado, retornou ao luteranismo durante o reinado do Eleitor Ludwig VI; Zanchi mudou-se com muitos outros professores reformados para a academia reformada em Neustadt. Ele morreu durante uma visita de retorno a Heidelberg.

Zanchi foi um escritor prolífico, cujas obras incluem *Confession of the Christian Religion* [Confissão da Religião Cristã] e *Observation on the Divine Attributes* [Análise sobre os Atributos Divinos]. Ele é, talvez, mais bem conhecido por seu livro *The Doctrine of Absolute Predestination* [A Doutrina da Predestinação Absoluta], que ainda hoje é publicado.[439]

---

[437] Daniel, "Hyper-Calvinism and John Gill," 827.

[438] B. Aretius, *Commentarii in Epistolas D. Pauli ad Timoth. Ad Titus, & ad Philemonem* (Bern: Le Preux, 1580), 48– 49. Tambem citado em Davenant, "Dissertation on the Death of Christ", 2:338.

[439] Zanchi's *De Praedestinatione Sanctorum* [Predestinação dos Santos de Zanchi] é usada para afirmar que Zanchi defendeu a expiação limitada. Contudo, eruditos sobre a teologia de Zanchi, como Patrick J. O'Banton, ressaltam em vários lugares que, embora *Absolute Predestination* seja a obra mais conhecida de Zanchi, ela não foi tecnicamente escrita por ele. Ela é uma tradução e resumo de uma seção da obra de Zanchi completada por Augustus Toplady no século XVIII e é difícil de determinar exatamente o quanto disso é uma tradução da obra de Zanchi e quanto foi

Uma leitura atenta de Zanchi sobre a extensão da expiação revela seu dualismo essencial:

> Cristo morreu por todos de acordo com a vontade revelada de Deus, mas com respeito ao propósito e intento de Deus, ele morreu especialmente, e neste sentido apenas, pelos eleitos.

> 6. Pois *Cristo*, de acordo com o propósito de seu Pai, pelos eleitos somente, isto é, por aqueles que, conforme a eleição eterna, deveriam crer nele, nasceu, sofreu e morreu e ressuscitou e intercede à direita de seu Pai.[440]
> 25. Cristo, segundo o propósito, tanto do Pai quanto de sua própria vontade, não orou nem sofreu, exceto pelos eleitos apenas, o que é provado inteiramente em muitos lugares na Escritura.[441]

Com respeito à defesa de Cristo dos eleitos, Zanchi afirmou:

> Cristo é o advogado dos eleitos somente e (isto) de todos que já existiram desde o princípio do mundo e existirão. *Cristo* também é a propiciação somente pelos pecados dos eleitos do mundo todo; portanto, ele é o advogado deles somente. Assim, à igreja de Esmirna e a todas as igrejas de Paulo, "disse: Cristo sofreu pela salvação de todos no mundo que devem ser salvos, mas apenas os eleitos são salvos". Desta forma, *Ambrósio. to. 2. de fide ad Gratianum. Lib. 4.c.1.* [Ambrósio, exposição da fé cristã para o imperador Graciano, Tomo 2, Livro 4. Cap.1]. Se você não crê, ele não veio para você, não sofreu por você. Portanto, ele sofreu apenas pelos crentes. O (mundo) é, às vezes, interpretado como o mundo inteiro e todos os homens, bem como tanto os eleitos quanto os réprobos; em algum momento, como a parte mais especial, a saber, os eleitos; em algum momento, como a pior parte do mundo, isto é, os réprobos. O autor também do livro *de Vocatione gentium. lib. 1.c.3* [da vocação dos gentios, livro 1, cap. 3] afirma, por vários exemplos das Escrituras, como parte da terra, a terra inteira; como parte do mundo, o mundo inteiro; como parte dos homens, todos os homens. E isto também no tocante aos ímpios, também se refere aos justos. Portanto, quando ele diz, que "Cristo é a propiciação pelos pecados

---

acrescentado por Toplady. Para aqueles que investigam o próprio pensamento de Zanchi, essa tradução híbrida é problemática na melhor das hipóteses.

[440] G. Zanchius, Speculum Christianum or A Christian Survey for the Conscience (Londres: George Eld, 1614), 336.

[441] Ibid., 344.

do mundo todo", não somos forçados a entender os termos (o mundo inteiro) como universalmente todos os homens. Há uma diferença entre a obra de nossa redenção e a força (ou fruto) de nossa redenção, pois a primeira é realizada uma vez; e a outra é eterna, estendendo-se também àqueles que existiam desde o princípio do mundo, mesmo antes que a obra de nossa redenção fosse realizada. Quanto àqueles depois que a obra da redenção foi realizada existirão até o fim do mundo. *Hilasmos* [propiciação] é propriamente a eficácia da redenção e propiciação; nada, portanto, senão Cristo, foi e é perpetuamente a expiação pelos pecados, mesmo dos que foram eleitos, mesmo desde o início do mundo.[442]

De acordo com essas declarações, facilmente se poderia presumir que Zanchi estaria comprometido com uma expiação limitada no sentido de uma imputação limitada dos pecados dos eleitos a Cristo. É importante notar, contudo, que ele fala da advocacia sacerdotal de Jesus pelos eleitos apenas. Particularistas são todos propensos a interpretar esses tipos de declarações nos escritos dos primeiros calvinistas e presumir a partir delas que a expiação limitada é defendida. Isso é um erro. Embora Zanchi afirmasse a advocacia intercessora limitada de Cristo pelos eleitos apenas, em algumas de suas outras declarações é claro que ele cria uma imputação ilimitada de pecado por intermédio de Cristo. Nessas declarações, Zanchi falou da humanidade em si mesma ser "redimida":

I. O que é o evangelho.
Portanto, concernente ao evangelho, de acordo com o significado recebido e aplicado na igreja, cremos que ele nada mais é senão a doutrina celestial no que concerne a Cristo, pregado pelo próprio Cristo e pelos apóstolos e contido nos livros do Novo Testamento, trazendo as melhores e mais felizes tendências ao mundo, a saber, que a humanidade é redimida pela morte de Jesus Cristo, o Filho unigênito de Deus. De modo que está preparada para todos os homens, se se arrependerem e crerem em Jesus Cristo, uma remissão gratuita de todos os seus pecados e a vida eterna. Portanto, ele é apropriadamente chamado pelo apóstolo de: "O evangelho de nossa redenção".[443]

---

[442] Ibid., 345–47.
[443] G. Zanchi, *De religione christiana Fides [Confession of Christian Religion]*, ed. L. Baschera and C. Moser (Londres: Brill, 2007), 253.

Além disso, tanto John Davenant (renomado em Dort) como William Twisse (famoso em Westminster) interpretaram os escritos de Zanchi como indicação de que Cristo morreu por todos (universalismo hipotético). John Davenant citou a declaração de Zanchi que cada homem é inclinado a crer que ele é eleito. Falando do oponente (de Davenant), disse:

> A sua segunda razão porque a reprovação absoluta é contra a justiça de Deus, é, "Porque ela faz com que Deus exija fé em Cristo daqueles a quem ele precisamente em seu propósito absoluto negou o poder de crer e um Cristo para se crer". E Zanchi diz: "Que todo homem é inclinado a crer que ele é escolhido em Cristo para salvação", etc. Penso que é impróprio dizer que Deus ordena ou força alguém a crer em sua própria predestinação ou eleição, embora alguns teólogos eruditos falassem dessa maneira.[444]

William Twisse, representante da Assembleia de Westminster e ele próprio um universalista hipotético, escreveu o seguinte:

> Perceba em que sentido Armínio diz que Cristo morreu por nós, no mesmo sentido que poderíamos dizer (sem perda para o nosso dogma) da absoluta reprovação, que todos que ouvem o evangelho são propensos a crer que Cristo morreu por eles. Uma vez que o sentido que Armínio aplica à morte de Jesus por nós é esse: Cristo morreu para esse fim: essa satisfação realizada pelo pecado. O Senhor agora pode perdoar o pecado, e o fará sob esta condição, que de fato é morrer para obter uma possibilidade de redenção para todos, mas para a redenção de fato de ninguém.
>
> Segundo, não estou contente, portanto, mais uma resposta: a distinção da frase morrer por nós, para que não nos enganemos por confundir coisas que diferem. Morrer por nós, ou por todos, é morrer para o nosso benefício ou para o benefício de todos. Ora, esses benefícios são de uma natureza diferente, dos quais alguns são doados ao homem apenas condicionalmente (embora por amor a Cristo) e eles são o perdão do pecado e salvação da alma e esses Deus não confere somente sob condição de fé e arrependimento. Ora, estou pronto a professar, e isto, suponho, como da boca de todos os nossos teólogos, que todo aquele que ouve o evangelho (sem distinção entre eleitos e réprobos) é propenso a crer que

---

[444] J. Davenant, *Animadversions Written by the Right Reverend Father in God, John, Lord Bishop of Salisbury, upon a Treatise Entitled "God's Love to Mankind"* (Londres Impresso por John Partridge, 1641), 254–55.

Cristo morreu por ele, tanto quanto obtém o perdão de seus pecados e a salvação de sua alma, caso creia e se arrependa.

E aqui, primeiro eu observo: Zanchi não é acusado por sustentar que todo ouvinte do evangelho é propenso a crer que é eleito em Cristo para a fé e arrependimento, mas somente para a salvação; isto me sensibiliza, que Zanchi e eu nos cumprimentemos fraternalmente no fim e que ao nos separarmos, sejamos bons amigos.

Ora, para conciliar essa opinião de Zanchi, digo que pode ter um bom sentido dizer que todo ouvinte é propenso a crer que Cristo morreu para obter salvação para ele, caso creia, e que Deus ordenou que ele deva ser salvo, caso creia; onde a fé é a única condição de salvação, não da divina ordenação.[445]

Observe vários tópicos articulados por Twisse:

1. Afirmou sua concordância com Armínio que Cristo morreu pelos pecados de todas as pessoas.
2. Discordou de Armínio que Cristo morreu para tornar a salvação apenas possível, mas real para ninguém.
3. Distinguiu entre Cristo morrer absolutamente por todos e condicionalmente por aqueles que creem.
4. Assegurou que todo aquele que ouve o evangelho é propenso a crer que Cristo morreu por ele.
5. Declarou sua concordância com Zanchi concernente à morte de Cristo por todas as pessoas, de tal modo que se crerem, serão salvas.

Finalmente, perceba como Thomas pareceu confirmar o dualismo de Zanchi por meio de suas citações, revelando como em um sentido Zanchi defendeu que Cristo morreu por todos e em outro sentido (a intenção de Deus de aplicação eficaz) morreu apenas pelos eleitos.

Aqui, há três citações de Zanchi mencionadas por Thomas esclarecendo como este afirmou que Cristo morreu pelos pecados de todas as pessoas:

---

[445] W. Twisse, *The Riches of God's Love unto the Vessels of Mercy, Consistent with His Absolute Hatred or Reprobation of the Vessels of Wrath* (Oxford: Impresso por L. L. and H. H. Printers to the University, for Tho. Robinson, 1653), I:153–55.

Não é falso que Cristo morreu por todos os homens, considerando a vontade condicional, a saber, se desejam ser participantes de sua morte pela fé. Pois a paixão de Cristo é oferecida a todos no evangelho. Ninguém é excluído disso, a não ser que ele se exclua.[446]

Somos ordenados a crer no evangelho e este presume que somos redimidos por meio de Cristo quando proclama que somos predestinados nele, de modo que somos ordenados a crer simplesmente que somos predestinados em Cristo desde a eternidade para obter a redenção.[447]

Aqueles que, examinando a vontade revelada de Deus, ensinam que ele não apenas deseja que sejamos salvos, mas também que Cristo morreu para a salvação de todos, não podem ser condenados.[448]

Embora Zanchi afirmasse uma expiação ilimitada, também reiterou a aplicação eficaz limitada da expiação somente aos eleitos, conforme estas citações publicadas por Thomas esclarecem:

> Os eleitos apenas são salvos ... portanto, Deus deseja simplesmente salvar apenas eles e por eles apenas Cristo morreu e por eles apenas, intercede.[449] Relativo ao plano e conselho do Senhor e a vontade eterna de Deus, ele morreu pelos eleitos somente.[450] [...] Não se pode dizer que foi própria e simplesmente a vontade de Deus que Cristo devesse morrer pela salvação de todos ... e ... que o Filho, de acordo com o plano do Pai, morreu por todos ... suficientemente.[451]

Thomas concluiu do estudo de Zanchi de 1 João 2.1 que o último limitou a propiciação aos eleitos apenas. Zanchi "defendeu abertamente" a expiação limitada já em 1565 e foi assim o "primeiro apologista público" da expiação limitada do campo reformado.[452] Thomas interpretou erroneamente Zanchi, falhando em perceber o

---

[446] Thomas, *Extent of the Atonement*, 96. (Também citado em Davenant, "Dissertation on the Death of Christ", 2:339.)
[447] Ibid., 98.
[448] Ibid., 102.
[449] Ibid.
[450] Ibid.
[451] Ibid.
[452] Ibid., 99.

dualismo do último sobre o tema e falhando em notar que muitos que defenderam o universalismo hipotético, como Calvino, ainda adotaram uma interpretação limitada de alguns textos-chave sobre a extensão da expiação. Igualmente, Robert Godfrey interpretou de forma equivocada Vermigli e Zanchi, porque as citações a que ele se refere não indicam que esses homens defenderam a expiação limitada, como Godfrey sugere.[453]

A declaração de Thomas concernente a Zanchi ser o "primeiro apologista público" da expiação limitada em 1565 é significativa. Note que Calvino não está na mente de Thomas como o primeiro que defendeu a expiação limitada, pois Calvino morreu em 1564.

Teodoro Beza (1519-1605)

Beza foi professor de grego em Lausanne até 1558. Em 1559, se tornou professor na recém fundada academia de Calvino, em Genebra. Ele viajou à França para consultar sobre o problema huguenote e permaneceu ali de 1561 a 1563. Retornando a Genebra em maio de 1564, chegou justamente três dias antes da morte de Calvino. Quando Calvino morreu, as rédeas da liderança em Genebra foram retomadas por Beza. Vinte e dois anos depois, Beza se tornaria o primeiro entre os principais líderes do movimento reformado a articular a expiação limitada.[454]

Em 1582, ele publicou *De Praedestinationis doctrina* [Da doutrina da Predestinação] em que suas tendências escolásticas são evidentes. De acordo com Hall, "Beza reabriu a porta para o determinismo especulativo, que Calvino tentou fechar".[455] Ele debateu com o luterano Jacob Andreae no Colóquio de Motbéliard em 1586. Michael Jinkins sugeriu que a própria disposição de Beza de engajar-se em especulação concernente à *ordo salutis* [ordem da salvação] inadvertidamente abriu a porta para as reflexões teológicas especulativas dos teólogos federais do século XVII e suas noções de "Pacto da Redenção" intratrinitário. Andreae atacou a expiação limitada. Beza contestou, respondendo que "Cristo não morreu pelos condenados".

---

[453] Godfrey, "Reformed Thought on the Extent of the Atonement," 146.

[454] Veja sua *Tabula Praedestinationis*. Para a doutrina da predestinação e soteriologia de Beza baseada em seu *Diagrama*, consulte J. S. Bray, *Theodore Beza's Doctrine of Predestination* (Nieuwkoop: B. De Graaf, 1975); S. Manetsch, *Theodore Beza and the Quest for Peace in France, 1572–1598* (Leiden: Brill, 2000); J. Mallinson, *Faith, Reason, and Revelation in Theodore Beza*: 1519–1605, Oxford Theological Monographs (Oxford: Oxford University Press, 2003); P. Geisendorf, *Théodore de Bèze* (Geneva: Julien, 1967); R. Letham, "Theodore Beza: A Reassessment," *Scottish Journal of Theology* 40, no. 1 (February 1987): 25–40. Veja também M. Jinkins, "Theodore Beza: Continuity and Regression in the Reformed Tradition", *Evangelical Quarterly* 64, no. 2 (April– June 1992): 131–54; e Thomas, *Extent of the Atonement*, 47–48.

[455] B. Hall, "Calvin against the Calvinists," em *John Calvin: A Collection of Distinguished Essays*, ed. G. Duffield (Grand Rapids, MI: Eerdmans, 1966), 27.

Jinkins se uniu a Bray, Maruyama e Raitt em compreender Beza "como a figura principal de transição entre Calvino e o escolasticismo calvinista".[456] Beza claramente sistematizou sua dogmática em torno de um calvinismo supralapsariano. A influência dele sobre Perkins e Ames é evidente.

Jinkins ressaltou como Beza, em sua tentativa de fundamentar a segurança da eleição na livre graça de Deus e não condicionada por ações humanas, tendeu a separar Cristo como a segunda pessoa da Trindade do Cristo em sua atividade temporal como revelação da plenitude de Deus e como redentor. Somente aos eleitos é revelada a paternidade amável de Deus. Para o restante dos não eleitos, ele permanece um juiz. Isso cria uma barreira entre Deus e Cristo, onde o Pai controla o decreto eterno de eleição e o Filho executa o decreto no plano de salvação. "Beza nisso, está em desacordo com Calvino".[457] Para Beza, a predestinação fomenta tudo. Para Calvino, a predestinação é importante, mas não fomenta sua teologia, como é evidenciado na publicação da edição de 1559 das *Institutas* de Calvino, no fim do Livro III, no contexto da discussão da vida cristã, como Jinkins assinalou.[458] Diferentemente de Calvino, não se percebe, entretanto, que no íntimo, a expiação seja um assunto essencialmente afetuoso para Beza.[459]

Não foi até 1586 no Colóquio de Motbéliard e em 1587 com a publicação de *Beza Ad Acta Colloquia Montisbelgardensis Tubingae Edita, Theodori Bezae Responsionis*[460] [ATAS do Colóquio de Montisbelgard, editadas em Tubingen, da resposta de Theodoro Beza] que sua clara posição sobre a extensão da expiação pôde ser discernida. Beza considerou "blasfemo" alguém "afirmar que aqueles cujos pecados foram expiados mediante a morte de Cristo ou por quem Cristo satisfez, possam ser condenados".[461]

Em seu debate com Andreae, Beza compreendeu que a posição deste sobre a universalidade da expiação implica que as pessoas não podem ser condenadas pelos seus pecados, mas são condenadas somente por não crerem em Cristo. Considerando que a incredulidade é um pecado, Beza pensou que Andreae deveria sustentar que isso também deveria ser expiado pela morte de Cristo e assim os incrédulos seriam salvos. Beza, como John Owen posteriormente argumentaria, defendeu que se pecados são expiados, a salvação deve acontecer em seguida. Portanto, a expiação é limitada somente aos eleitos e garante a salvação deles.

---

[456] Jinkins, "Theodore Beza," 145.
[457] Ibid., 148.
[458] Ibid., 149.
[459] Ibid., 151.
[460] T. Beza, *Ad Acta Colloquia Montisbelgardensis Tubinge Edita, Theodori Bezae Responsionis, Pars Altera*, Edito Prima (Genevae: Joannes le Preux, 1588), 215.
[461] Ibid.

Thomas corretamente observou que esse argumento representa um afastamento de Calvino. Para Calvino, a expiação de fato realiza a salvação dos eleitos, mas não sem a fé necessária para que o benefício seja aplicado. Ao contrário de Calvino, Beza disse que a aplicação é certa para todos aqueles por quem Cristo morreu, a saber, os eleitos. Para Beza, a morte de Cristo, por necessidade, precisa ser eficaz para todos por quem ela foi executada.[462] A salvação não se tornou possível em Cristo; ela se tornou real somente para os eleitos. Beza declarou que a expiação foi limitada, porque Jesus não morreu pelos condenados.[463]

Diferentemente de Calvino, que cria que a suficiência da morte de Cristo significava que de fato expiou os pecados de todas as pessoas, Beza compreendeu que a suficiência representava que a morte de Jesus era de valor infinito, mas não foi para todas as pessoas individualmente "seja com respeito à intenção do Pai em enviar seu Filho para morrer, seja com respeito à eficácia real da morte".[464] A próxima afirmação de Godfrey é vital observar: "A contestação de Beza naquele momento foi sua única contribuição para essa discussão".[465] Enquanto Calvino afirmou a legitimidade do princípio de Lombardo, Beza claramente o rejeitou.[466]

Em acréscimo, a compreensão de Beza do amor universal de Deus difere da compreensão de Calvino. Referindo-se ao questionamento do correspondente J. Andreae sobre João 3.16, G. Michael Thomas declarou:

> Beza respondeu que o mundo que Deus ama não deve ser entendido universalmente, mas indefinidamente, com referência àqueles que creem em Cristo, exatamente como Jesus disse que ele não orava pelo mundo, mas por aqueles que seu Pai lhe dera. "A palavra mundo" em João 3.16 significa os eleitos no mundo todo. Uma vontade de Deus para salvar todas as pessoas não pode ser sugerida, porque o que o Pai decreta, ele também executa, posto que não pode ser impedido ou alterado.[467]

---

462 Thomas, *Extent of the Atonement*, 57-58.
463 Godfrey, "Reformed Thought on the Extent of the Atonement", 142.
464 Ibid. Beza defende: "O único sacrifício de Cristo realizado é suficiente para abolir todos os pecados de todos os fiéis". T. Beza, *Cours sur les épîtres aux Romains et aux Hebrieux 1564-66; d'après les notes de Marcus Widler* [Curso sobre as epístolas aos Romanos e Hebreus, 1564-66; das notas de Marcus Widler], ed., P. Fraenkel and L. Perrotet (Genève: Droz, 1988), 406.
465 Godfrey, "Reformed Thought on the Extent of the Atonement", 142.
466 Beza, *Ad Acta Colloquia Montisbelgardensis*, 217.
467 Thomas, *Extent of the Atonement*, 56. William Strong (m. 1654), um representante em Westminster, associa Beza a Calvino em ensinar que, na distinção do amor peculiar e paternal de Deus por seu povo, "há também um amor comum, pelo qual ele ama tudo que é seu em qualquer das

David Steinmetz afirmou como Beza "permitiu que a doutrina da eleição modificasse a doutrina da expiação, já que de acordo com Beza, Cristo morreu apenas pelos eleitos. Embora Calvino talvez tenha nutrido essa ideia, somente Beza dogmaticamente a afirmou".[468] Strehle, concordando com Kickel, ressaltou como o supralapsarianismo de Beza foi mais rigoroso que o (suposto) infralapsarianismo de Calvino. Para Beza, a obra de Cristo não tem valor autônomo, mas encontra sua identidade nos propósitos supralapsarianos de Deus. "Cristo é retirado da centralidade que ele defendia na teologia de Calvino e é rebaixado à posição de causa secundária; [Kickel, *Vernunft und Offenbarung* (Razão e Revelação), 167-68] em particular, uma causa formal e material [Beza, *Tract.* III, 437]".[469] Kickel argumentou que Beza incorpora Cristo e sua expiação, juntamente com os eleitos, no decreto de Deus.[470] Portanto, Beza limitou a extensão da expiação aos eleitos apenas.[471] Strehle concluiu que esse era o resultado lógico de associar Cristo com os eleitos, como um ministro para e por eles somente.[472] O Filho deve ser considerado como ativo em ambos os decretos do Pai; demonstrando sua misericórdia na salvação; manifestando sua ira no julgamento. Somente no plano soteriológico de Lutero e Calvino que essa atividade dupla de Cristo tem um verdadeiro fundamento ontológico em sua obra na cruz.[473]

Com Beza, algo é alterado na teologia reformada. Sua rejeição do princípio de Lombardo[474] e a afirmação do particularismo estrito são fatos novos na teologia reformada. Ele parece permitir que sua doutrina da predestinação direcione sua doutrina da extensão da expiação. Beza pode e deve ser distinguido da teologia de Calvino e da primeira geração de reformadores.

Nessa conjuntura, é importante diferenciar entre Beza como o pai do escolasticismo reformado (como alguns defendem) e Beza como o autor da expiação limitada. O método teológico da pós-Reforma sofreu uma alteração. Conforme McGrath observou,

---

criaturas. Assim também Beza e Calvino". Veja William Strong, *A Discourse of the Two Covenants* (Londres: J. M. for Francis Tyton, 1678), 101.

[468] D. C. Steinmetz, *Reformers in the Wings* (Oxford: Oxford University Press, 2001), 118.

[469] Strehle, "The Extent of the Atonement", 132.

[470] Kickel, "Vernunft und Offenbarung bei Theodore Beza: Zum Problem des Verhältnisses", em *Philosophie und Staat* ["Razão e Revelação em Theodoro Beza: Sobre o Problema da Relação", Filosofia e Estado](Neukirchen-Vluyn: Neukirchener Verlag, 1967), 105.

[471] Beza, *Ad Acta Col. Mont.*, 215, 221.

[472] Strehle, "The Extent of the Atonement", 133; veja Beza, Correspondance de Théodore de Bèze Tome I, 1539–1555 (Genève: Droz, 1960), 171 (40).

[473] Strehle, "The Extent of the Atonement", 134.

[474] Godfrey notou que esta rejeição da distinção tradicional entre suficiência e eficiência "não foi aceita pela maioria dos teólogos reformados". Ibid., 144.

a demonstração de coerência e de consistência interna do calvinismo havia se tornado cada vez mais importante. Em consequência disso, muitos escritores calvinistas recorreram a Aristóteles, ... A teologia era entendida como algo que se baseava na filosofia aristotélica e, particularmente, nas perspectivas de Aristóteles em relação à natureza do método; autores reformados posteriores enquadram-se mais bem na descrição de teólogos voltados ao estudo da filosofia do que da Bíblia.[475]

Beza empregou "as quatro causas" de Aristóteles (material, formal, eficiente e final) como método teológico para apoiar o supralapsarianismo e a dupla predestinação.

Embora o denominado debate de Calvino contra os calvinistas tenha se reduzido significativamente, não se deve admitir que não houve mudança no método teológico ou desenvolvimento da teologia reformada além da primeira geração de reformadores.[476] Polmen notou que o sistema teológico de Beza se tornou separado da Escritura, que a cadeira de teologia em Genebra foi eventualmente dividida em duas: o ensino da teologia e das Escrituras como dois assuntos isolados.[477] Da mesma forma, Jinkins admitiu que embora a situação de descontinuidade entre Calvino e os calvinistas posteriores seja, às vezes, maximizada, "é contrariamente verdadeiro que há um perigo para aqueles que apreciam Beza minimizar a sutileza de raciocínio que existe em sua teologia. A teologia de Beza representa estruturalmente uma destilação mais consistente, mas também mais escolástica, mais rígida e determinista da doutrina calvinista".[478]

Isso não resolve a questão do conceito de Calvino da extensão da expiação nem ignora a evidência que Beza, não Calvino ou qualquer outro da primeira geração de reformadores, é o primeiro fomentador da expiação limitada na era da Reforma.

---

[475] A. McGrath, *Teologia Sistemática, histórica e filosófica: Uma Introdução à Teologia Cristã*, pr. ed. (Shedd Publicações, 2013), 112-13. Veja também P. Benedict, *Christ's Churches Purely Reformed: A Social History of Calvinism* (New Haven, CT: Yale University Press, 2002), 298–99.

[476] Para ambos os lados do debate, consulte W. F. Graham, ed., *Later Calvinism: International Perspectives* (Kirksville, MO: Sixteenth Century Journal, 1994); C. Trueman and R. S. Clark, eds., *Protestant Scholasticism: Essays in Reassessment* (Carlisle, UK: Paternoster, 1999); e W. J. van Asselt and E. Dekker, eds., *Reformation and Scholasticism: An Ecumenical Enterprise* (Grand Rapids, MI: Baker, 2001).

[477] Strehle, "The Extent of the Atonement", 128, citando Pontien Polmen, *L'Elément Historique dans la controverse religeùse du XVIe Siècle* (Gembloux: J. Duculot, 1932), 127.

[478] M. Jinkins, "Theodore Beza", 147. Veja também T. Lane, "The Quest for the Historical Calvin", *Evangelical Quarterly* 55.2 (April 1983): 98, que afirma não haver um contraste absoluto entre Calvino e o calvinismo posterior, "mas há uma mudança significativa em ênfase". Para Lane, a mudança mais séria acontece com a "crescente função dada à dedução lógica e a maior disposição para especular" (99).

Rudolf Gwalther (1519-1586)

Gwalter é um dos primeiros reformadores menos conhecido em Zurique. Ele foi genro de Zwínglio e trabalhou ao lado de Bullinger com a igreja em Zurique, sucedendo-o como pastor em 1575. Gwalter, como Zwínglio e Bullinger, defendeu a expiação ilimitada. Em muitos contextos, Gwalter falou de Cristo como o salvador e redentor da humanidade e do mundo.[479] "Considerando que todo homem é criado segundo a imagem de Deus, portanto, ele é redimido e comprado com o sangue do Filho de Deus".[480] "Todo homem criado segundo a imagem de Deus" não pode denotar os eleitos apenas. Cristo reconcilia a humanidade,[481] sua morte é suficiente para os pecados do mundo"[482] e ele purificou os pecados do mundo todo.[483] Cristo "fez oblação a Deus, o Pai celestial, com um sacrifício perfeito e suficiente pelos pecados do mundo inteiro[484] e ele fez uma satisfação plena mediante o sacrifício de seu corpo, uma vez oferecido na cruz, pelos pecados do mundo inteiro".[485] Gwalter disse que "a redenção realizada por Jesus Cristo é oferecida por Deus a todos os homens e pertence a todos os homens".[486] Como Calvino, ele falou de almas redimidas que perecem.[487]

Gwalter escreveu:

> Mais uma vez, quando ele recomenda a pregação do evangelho aos seus apóstolos, primeiro quer que o arrependimento seja ensinado, em seguida, a remissão dos pecados. Portanto, não é sem razão que Pedro procede nessa ordem, que ao falar da morte de Cristo, primeiramente prova que seus ouvintes são culpados e responsáveis pela culpa. E assim é necessário que a morte de Cristo seja pregada nesses dias, para que todos os homens possam compreender que o Filho de Deus morreu pelos pecados deles e que eles são os responsáveis por isso. Porque assim

---

[479] R. Gwalther, *An Hundred, Threescore and Fifteen Sermons, uppon the Actes of the Apostles*, trad. J. Bridges (Londres: Henrie Denham, 1572), 59, 71, 74, 86, 93, 106, 112, 127, 320, 375, 407, 450, 451, 454, 532, 650, 667, 727, 859, 900; R. Gwalther, *Antichrist* (Sothwarke: Christopher Trutheall, 1556), 22^r, 41^v, 96^r, 122^r [paginação irregular], 148^r, 179^v, 180^r, 188^r. R. Gwalther, *Certain Godly Homilies or Sermons upon the Prophets Abdias and Ionas: Conteyning a Most Fruitefull Exposition of the Same* (Londres: Henrie Bynneman, 1573), 236.

[480] Gwalther, *Actes of the Apostles*, 752.

[481] Ibid., 482, 450.

[482] Gwalther, *Antichrist*, 31^r, 175^v, 195^{v-r} [paginação irregular].

[483] Gwalther, *Actes of the Apostles*, 23, 53, 65, 452, 662, 795.

[484] Gwalther, *Antichrist*, 31^r.

[485] Gwalther, *Actes of the Apostles*, 127.

[486] Ibid., 75.

[487] Ibid., 632.

os homens aprenderão a lamentar no coração devido aos seus pecados e haverão de acolher a salvação que lhes é oferecida em Cristo com a fé mais fervorosa.[488]

Zacharias Ursinus (1534—1583)

Ursinus foi professor de dogmática em Heidelberg em 1562 e foi o primeiro proponente por trás da produção do famoso Catecismo de Heidelberg (1563). Na resposta de Ursinus à Questão 20 do catecismo, ele falou da extensão da expiação:

> Q. 20. Então, todos os homens foram salvos por Cristo, exatamente como por meio de Adão todos pereceram? Resposta: Não. Só estão salvos os que, pela verdadeira fé, foram enxertados em Cristo e aceitaram todos os seus benefícios.

A resposta a essa questão consiste em duas partes: a salvação por meio de Cristo não é conferida a todos que pereçem em Adão, mas somente àqueles que, por uma fé verdadeira, são enxertados em Cristo e recebem todos os seus benefícios.

A primeira parte dessa resposta é claramente provada pela experiência e pela palavra de Deus. "Aquele que não crê no Filho não verá a vida, mas a ira de Deus permanece nele". "Nem todo aquele que diz: Senhor, Senhor entrará no reino dos céus". "Se alguém não nascer de novo, não pode ver o reino de Deus" (Jo 3.36; 3.3, Mt 7.21). A razão por que todos não são salvos por meio de Cristo, não é devido a alguma insuficiência no mérito e graça nele — posto que a expiação do Filho é pelos pecados do mundo inteiro, porque ela diz respeito à dignidade e suficiência da satisfação que ele cumpriu — mas isso se origina da incredulidade; porque os homens rejeitam os benefícios de Cristo oferecidos no evangelho e, portanto, perecem devido à própria falta e não por causa de alguma insuficiência nos méritos de Jesus. A outra parte da resposta é também evidente das Escrituras. "Mas, a todos quantos o receberam, deu-lhes o poder de serem feitos filhos de Deus". "Com o seu conhecimento, o meu servo, o justo, justificará a muitos" (Jo 1.12; Is 53.11). A razão por que apenas aqueles que creem são salvos é porque apenas eles se apossam e recebem os benefícios de Cristo e porque somente neles Deus garante o fim pelo qual graciosamente entregou seu Filho à morte; pois somente aqueles que creem conhecem a misericórdia e graça do Pai e retribuem a ele com gratidão.

A síntese de todo esse assunto é isto, portanto, que embora a satisfação de Cristo, o mediador para os nossos pecados, seja perfeita, no entanto, nem todos obtêm

---

[488] Ibid., 108.

a libertação por meio dela, mas apenas aqueles que creem no evangelho e aplicam a eles mesmos os méritos de Cristo por meio de uma fé verdadeira.[489]

O Catecismo de Heidelberg na Questão 37 declara:

> O que você entende pela palavra *padeceu*?
>
> Resposta: Durante todo o tempo que ele viveu na terra, mas especialmente no fim de sua vida, ele suportou, no corpo e na alma, a ira de Deus contra o pecado da raça humana inteira, para que mediante sua paixão, como único sacrifício expiatório, pudesse redimir nosso corpo e alma da condenação eterna e obter para nós a graça de Deus, justiça e vida eterna.[490]

Ursinus, em seu comentário sobre o Catecismo de Heidelberg, disse:

> Questão: Se Cristo fez satisfação por todos, então todos deveriam ser salvos. Mas todos não são salvos. Portanto, ele não fez uma satisfação perfeita.
>
> Resposta: Cristo satisfez por todos no que diz respeito à suficiência da satisfação que ele realizara, mas não quanto à aplicação dela.[491]

Roger Nicole se esforçou muito para explicar essa linguagem do Catecismo de Heidelberg:

> G. Voetius, em seu *catechisatie* [catequisai] cristalino propõe duas explanações possíveis da frase sob análise. A segunda — na avaliação do autor a menos plausível — é que "a raça humana inteira" aqui significa "pessoas de todos os tipos, condições e nações da humanidade inteira" (ed. Kuyper. Roterdã: Hague, 1891, I, 440). A primeira sugestão dele é que as palavras "contra o pecado da raça humana inteira" se refiram ao

---

[489] Z. Ursinus, *The Commentary of Dr. Zacharias Ursinus on the Heidelberg Catechism*, trad. G. W. Willard (Phillipsburg, NJ: P&R, 1994), 106. Ursinus também afirmou: "A graça excede o pecado quanto à satisfação, mas não relativo à aplicação" (ibid., 107). Concernente a João 3.16, Ursinus afirmou: Cristo realizou uma satisfação suficiente pelas ofensas de todos os homens" (ibid.). Essas parecem ser afirmações enfáticas sobre a expiação universal.

[490] Schaff, *Creeds of Christendom*, 3:319.

[491] Z. Ursinus, *Commentary*, 215.

alcance da ira de Deus, não ao alcance do sofrimento vicário de Cristo pelo pecado.⁴⁹²

Este tipo de tentativa de manipular as palavras do catecismo para se adequarem ao seu próprio conceito teológico é tendenciosa na melhor das hipóteses.

Ursinus afirmou claramente uma satisfação universal nas seguintes declarações:

> Cristo foi ordenado por Deus o Pai ... a se oferecer como um sacrifício de propiciação pelos pecados de toda humanidade ... e, por último, a aplicar eficazmente seu sacrifício a nós ... por iluminar e mover os eleitos.⁴⁹³

> Portanto, como ele morreu por *todos* na suficiência de seu resgate, somente por aqueles que creem em sua eficiência, assim também desejou morrer por *todos em comum* quanto à suficiência de seu mérito, isto é, ele quis, por sua morte, merecer graça, justiça, vida suficientemente para todos, porque ele desejou que nada faltasse nele e em seu mérito, para que todos os ímpios que perecem possam ficar sem desculpa.⁴⁹⁴

> A razão pela qual todos não são salvos por meio de Cristo, não é devido a alguma insuficiência do mérito e graça nele — pois a expiação de Cristo é pelos pecados do mundo todo, no que diz respeito à dignidade e suficiência da satisfação que ele fez —, mas ela procede da incredulidade; porque os homens rejeitam os benefícios de Cristo oferecidos no evangelho, e assim perecem pela própria falta e não devido a alguma insuficiência nos méritos de Cristo.⁴⁹⁵

> A dignidade da pessoa que sofreu se revela nisso, que ele era Deus ... que morreu pelos pecados do mundo, o que é infinitamente mais do que a destruição de todas as criaturas e vale mais do que a santidade de todos os anjos e homens.⁴⁹⁶

---

492 R. Nicole, "The Doctrine of the Definite Atonement in the Heidelberg Catechism", *The Gordon Review* 3 (1964): 142.

493 Ursinus, *The Summe of Christian Religion*, 116–17, conforme citado em Thomas, *Extent of the Atonement*, 111 (cf. 118, 122, 132).

494 Ursinus, *Catech. par. ii. quest.* 11; citado em Young, "The Atonement of Christ," *Biblical Notes & Queries*, 309 (também parcialmente citado em Thomas, *Extent of the Atonement*, 111; ênfase no original).

495 Ursinus, *Commentary*, 106.

496 Ibid., 88.

Richard Muller concluiu precisamente que Bullinger, Musculus e Ursinus defenderam uma forma de expiação universal. Nicole errou historicamente quando argumentou que Ursinus havia aderido à expiação limitada.[497]

Gaspar Olevianus (1536—1587)

Olevianus foi colaborador de Ursinus e um dos compiladores do Catecismo de Heidelberg. Sua obra principal, *De Substantia Foederis Gratuiti inter Deum et Electos* [A Substância do Pacto da Graça entre Deus e seus Escolhidos], foi publicada em 1585.

Thomas interpretou a seguinte declaração como evidência da adesão de Olevianus à expiação limitada:

> Se ele tivesse feito intercessão e sacrifício pelos réprobos também, então é evidente que seus pecados seriam pagos pelo sacrifício do Filho de Deus, a justiça de Deus não o permitiria requerer um débito já pago pelo Filho, nem a justiça do Pai seria apta a puni-los com a morte eterna pelos pecados à medida que a satisfação foi realizada por ele.[498]

David Paraeus (1548—1622)

Paraeus foi aluno de Ursinus, um pastor e, portanto, um professor que atraiu alunos de todos os lugares. Seus escritos indicam que ele, assim como o mentor, defendeu a expiação ilimitada:

> "Tu foste morto", isto é, ao morrer pelos pecados do mundo tu te declaras ser o messias, a quem Isaías disse que deveria ser levado "como ovelha para o matadouro", para tirar os pecados do mundo.
>
> Portanto, observamos duas coisas: "Primeiro" que a morte de Cristo é verdadeiramente um resgate satisfatório por nossos pecados e que nossa redenção por meio disso não é metafórica (conforme os novos "samosatenianos" de forma blasfema o afirmam), mas apropriada para a redenção que é realizada por um preço apropriado. Mas isso é nosso por meio de

---

[497] R. Muller, "Review of Jonathan Moore's *English Hypothetical Universalism*", *Calvin Theological Journal* 43, no. 1 (2008): 150. Nicole disse que: "Aqueles que, o autor sabe, adotaram uma sugestão dessa declaração [Questão 37 no Catecismo de Heidelberg] para justificar uma extensão e intento universais da redenção são representantes de tendências seriamente deturpadas na família reformada" (Nicole, "Doctrine of the Definite Atonement", 142). Esse tipo de declaração implicaria que John Davenant, o representante inglês em Dort, tivesse "tendências seriamente deturpadas na família reformada", contrário ao julgamento da moderna erudição reformada.

[498] C. Olevianus, *De Substantia Foederis Gratuiti inter Deum et Electos* (Genève: Eustache Vignon, 1585), 68; citado em Thomas, *Extent of the Atonement*, 114.

Cristo, porque pelo derramamento de seu sangue, ele pagou um resgate completo e satisfez a justiça de Deus, como a Escritura testemunha em Mateus 20.28 e 1 Timóteo 2.6, sendo o mesmo com o que aqui é dito, "que tu nos redimiste por teu sangue" e o capítulo 1.5, "que ele nos lavou em seu sangue", e Hebreus 1.3: "ele purificou nossos pecados". A menos que pela palavra "redenção" seja propriamente expressa a obra completa de nossa salvação pelos termos "lavar" e "purificar", uma parte disso, especialmente, é nossa justificação ou santificação. Esses contextos, portanto, e muitos outros, provam que o resgate satisfatório de Cristo se opõe às "blasfêmias socinianas".

Segundo, que a redenção pelo sangue de Cristo é verdadeiramente universal, como suficiente e não é proposta somente para uma nação ou uns poucos, mas para todas as nações, línguas e povos; no entanto, não é assim, como se todos promiscuamente deveriam ser salvos, mas todos de toda tribo, povo e língua que creem em Cristo. E isso os presbíteros nos ensinam bastante: "Tu nos redimiste de toda tribo".[499]

Mas nem todos são redimidos por Cristo; então ele não morreu por todos? Não diz o apóstolo Pedro que ele comprou esses "falsos profetas" que o negaram? Quanto a isso, Agostinho responde bem, que se diz que todos são redimidos, conforme a dignidade do preço, que seria suficiente para a redenção de todos os homens, se todos pela fé recebessem o benefício oferecido. Porém, muitos seres humanos passam o tempo nesta vida na infidelidade, permanecendo condenados devido suas próprias faltas. Os selados, portanto, são os únicos redimidos, porque apenas eles, pela fé, recebem a graça da redenção, por meio da graça da eleição, que Deus lhes concedeu (não para outros) desde toda eternidade.[500]

A seguinte seção é uma porção truncada de uma declaração mais extensa de Paraeus no comentário de Ursinus sobre o Catecismo de Heidelberg, que indica o conceito de Pareus a respeito da extensão da expiação:

III. Cristo Morreu Por Todos? ... devemos fazer uma distinção, de modo a harmonizar estas passagens das Escrituras que parecem ensinar doutrinas contraditórias [...] Há alguns que interpretam essas declarações gerais

---

[499] D. Paraeus, *A Commentary upon the Divine Revelation of the Apostle and Evangelist John* (Londres: Impresso por John Allen, at the rising- Sun in S. Paul's Church-yard, 1659), 103–4.
[500] Ibid., 333–34.

do número completo dos fiéis ... Outros conciliam essas passagens aparentemente contraditórias da Escritura ao fazer uma distinção entre a suficiência e eficácia da morte de Cristo. Pois há certas pessoas contenciosas que negam que tais declarações, que falam de uma forma geral, sejam restritas aos fiéis somente. [Como ele morreu suficientemente por todos e eficazmente pelos fiéis apenas] ..., ele queria morrer por todos em geral, no tocante à suficiência de seu mérito, isto é, queria merecer por sua morte, graça, justiça e vida da maneira mais abundante para todos; porque não queria que nada faltasse no que concerne a ele e a seus méritos, para que todos os ímpios que perecem possam ser indesculpáveis. Mas ele queria morrer pelos eleitos apenas no tocante à eficácia de sua morte, ou seja, não apenas suficientemente mereceria graça e vida para eles apenas, mas também eficazmente conferiria essas coisas a eles: a fé e o Espírito Santo, o que permitiria que aplicassem, pela fé, os benefícios da sua morte e assim obtivessem a eficácia de seus méritos.[501]

Objeção 2: Cristo morreu por todos. Portanto, a morte dele não se estende meramente àqueles que creem. Resposta. *Cristo morreu por todos no que se refere ao mérito e suficiência* do resgate que ele pagou; porém, somente para aqueles que creem no que concerne à aplicação e eficácia de sua morte; pois visto que a morte de Cristo é aplicada a estes apenas e é benéfica a eles, é correto afirmar que pertence propriamente a eles apenas, conforme já foi demonstrado.[502]

Paraeus tem uma discussão fascinante sobre o tema da extensão em que afirmou a expiação ilimitada e mencionou citações de Ambrósio, Cirilo, Agostinho, Próspero, Aquino e Lombardo declarando o mesmo.[503]

Uma das afirmações mais claras encontradas em Paraeus com respeito à extensão da expiação ocorre em seu comentário de Hebreus 2.9: "Aqui é dito, "*a todo homem* pertence a extensão da morte de Cristo. *Ele não morreu por uns poucos*, mas sua eficácia

---

[501] Ursinus, *Commentary*, 221–23. Veja também Godfrey, "Reformed Thought on the Extent of the Atonement to 1618", *Westminster Theological Journal* 37 (1975): 149.

[502] Ursinus, *Commentary*, 221–25.

[503] D. Paraeus, *Certain Learned and Excellent Discourses: Treating and Discussing Divers Hard and Difficult Points of Christian Religion: Collected, and Published in Latin, by D. David Parreus, out of the Writings of That Late Famous and Worthy Light of God's Church, D. Zachary Ursine. Faithfully Translated* (Londres: H. L., 1613), 135–52. Para uma cópia disponível dessa seção de Paraeus, veja Ponter, "David Paraeus (1548–1622) on the Death of Christ: Unlimited Expiation and Redemption", *Calvin and Calvinism*, August 29, 2007, http://calvinandcalvinism.com/?p=30.

pertence a *todos os homens*. Portanto, a *todas* as consciências afligidas, a vida é preparada na morte de Cristo".[504] Paraeus incluiu uma seção sobre "A morte de Cristo" intitulada "Se Cristo morresse por todos". Sua nota marginal declarou que Ursinus jamais tratou dessa questão diretamente e que a seção, reunida com base em comentários esparsos, foi incluída porque o assunto veio a ser matéria de debate.

Paraeus considerou falso o argumento que Cristo satisfez somente pelos pecados dos eleitos:

> Artigo 5: Que Cristo satisfez apenas para os eleitos. Isso é um argumento sobre palavras ou uma falsa acusação. Cristo carregou, pagou e expiou os pecados de todas as pessoas, se considerarmos a magnitude do preço da suficiência do resgate. Não os pecados de todas as pessoas, mas somente daqueles que têm fé, se considerarmos a eficácia, fruto e aplicação do resgate. Porque assim diz a Escritura: "Eis o Cordeiro de Deus que tira o pecado do mundo" (Jo 1.29). E também: se você não crê, Cristo não sofreu por você. Assim o Papa Inocêncio afirmou: "O sangue de Cristo foi derramado apenas para os predestinados no que concerne à eficácia, mas foi derramado por todos os homens concernente à suficiência. Desta maneira Lyra[505] declarou: "Ele é a propiciação pelos pecados do mundo inteiro no que se refere à suficiência, mas pelos eleitos muito mais com respeito à eficácia. Não há discordância associada a esse entendimento. Se um papista ou luterano pensa de outra forma, eles consentem no erro contra a Escritura e toda a antiguidade.[506]

John Davenant, signatário de Dort, constatou que Paraeus ensinou a expiação ilimitada:

> A causa e a essência da paixão de Cristo foi a consciência e a persistência da ira de Deus provocada contra o pecado, não de alguns homens,

---

[504] D. Parei, *In divinam Ad Hebraeos S. Pavli Apostoli epistolam Commentarivs* (Heidelbergae: J. Rosae, 1613), 116; citado em Young, "The Atonement of Christ," *Biblical Notes & Queries*, 279.

[505] Nicolau de Lira (ou Nicolas de Lyre, Nicolau Lyranus), foi um frade menor, teólogo e exegeta que foi precursor e influenciou fortemente a Martinho Lutero. [N. do E.].

[506] D. Pareus, *Irenicum sive de Unione et Synodo Evangelicorum concilianda Liber Votivus, Paci Ecclesiae et desiderijs pacificorum dicatus* (Heidelberg: Johannes Lancellot, 1615), 142. Tradução por Michael Lynch, "Translation Tuesday (Pareus on the Extent of the Satisfaction)," Iconoclastic: Shattering Sloppy History, July 22, 2014, https:// theiconoclastic.wordpress.com/2014/07/22/translation-tuesday-pareus-on-the-extent-of-the-satisfaction/.

mas da raça humana inteira; portanto, acontece que a reconciliação do mundo inteiro não foi obtida ou restaurada a todos [*Act. Synod. Dortrect.* 217].[507]

Richard Baxter compreendeu que Paraeus ensina a expiação universal ao citar Paraeus em seu *Irenicum*: "Que os pecados de todos os homens estão em Cristo e assim ele morreu por todos, isto é, por todos os pecados dos homens como a causa de sua morte. E você deve dizer a qualquer ímpio, seus pecados mataram Cristo (o que estes que negam podem dizer para se desculparem?)".[508]

Da mesma forma, G. Michael Thomas confirmou a adesão de Paraeus à expiação universal quando ele citou Paraeus: "Cristo carregou, dissolveu, expiou os pecados de todos, se considerarmos a magnitude do preço ou suficiência do resgate, mas apenas dos fiéis e não de todos, se considerarmos a eficácia, fruto e aplicação do resgate".[509] Nos *Aforismes of the Othodoxall Doctrine of the Reformed Churches* [Aforismos da Doutrina Ortodoxa das Igrejas Reformadas] (1593) de Paraeus, ele afirmou: "Cremos também que somente a morte de Cristo é um resgate perfeito e suficiente para expiar e abolir todos os pecados do mundo inteiro".[510]

Jacob Kimedoncius (1550—1596)
Kimedoncius foi um pastor e professor holandês reformado em Heidelberg e aluno de Ursinus. Sua obra *Of the Redemption of Mankind* [Da Redenção da Humanidade] contém muitas referências à extensão da expiação como universal.[511]

---

[507] D. Parie, "Epitome of Arminianism: Or, the Examination of the Five Articles of the Remonstrants, in the Netherlands", em Theological Miscellanies of Doctor David Pareus, trad. A. R. (Londres: Impresso por James Young, 1645), 830; citado por Davenant, "Dissertation on the Death of Christ", 2:356.

[508] Baxter, *Catholick Theologie*, I.ii.53.

[509] Thomas, *Extent of the Atonement*, 116.

[510] Z. Ursinus, *The Summe of Christian Religion*. Primeira edição em inglês por D. Henry Parry. Para esta obra de Ursinus, finalmente foram anexadas as Theological Miscellanies [Miscelâneas Teológicas] de D. David Pareus (Londres: Impresso por J. Young, 1645), 694. R. Nicole disse: "É realmente muito provável que Paraeus compreendeu corretamente o ensino de Ursinus", mas Nicole de forma equivocada não considerou que Ursinus ou Paraeus ensinou uma expiação ilimitada (Nicole, "Doctrine of the Definite Atonement em o Heidelberg Catechism", 144).

[511] J. Kimedoncius, *The Redemption of Mankind: Três Livros onde a controvérsia da universalidade da redenção e graça por Cristo e sua morte por todos os homens é amplamente tratada*, trad. Hugh Ince (Londres: Felix Kingston, 1598).

> Pois há um Deus e um mediador também entre Deus e os homens, Jesus Cristo o homem, que se entregou por um preço de redenção em favor de todos, como o apóstolo declara.[512]
>
> Porque, embora não fosse lícito oferecer sacrifício, exceto a Deus, quão peculiar que a ninguém este sacrifício deveria ser oferecido, exceto a Deus, o qual o sumo sacerdote eterno ofereceu sobre o altar da cruz pelo sacrifício de sua carne e efusão de seu sangue e o qual é o único que faz a propiciação pelos pecados do mundo.[513]
>
> Portanto, todos os homens devem esperar nele somente, que é o único mediador entre Deus e o homem, a redenção, propiciação e salvação de todos os homens.[514]
>
> Mas prosseguindo para o meu propósito, o Senhor, desde o tempo de sua vinda e revelação na carne, suportou a sua vida inteira, tanto no corpo quanto na alma, a ira de Deus contra o pecado de toda humanidade, mas especialmente em seu fim, quando suportou nossos pecados em seu corpo sobre o madeiro e removeu a sentença de morte que era contra nós, encravando-a na cruz.[515]

Citando um dos sermões de Bernardo de Claraval sobre os Salmos, Kimedoncius afirmou: "Ele que vive e muito bem declara: 'Cristo no tempo certo morreu pelos ímpios, mas com respeito à predestinação, ele morreu pelos irmãos e amigos'".[516] Falando sobre a questão de se Jesus sofreu pela redenção de todos e contra aqueles que falsamente acusam os reformados de negar que Cristo morreu pelos pecados de todos os homens, Kimendoncius disse:

> Mas desde o princípio (como é dito) eles se apressam, fixam como uma falsa opinião, contra a qual depois eles perpetuamente lutam. Pois prontamente reconhecemos essas maneiras de falar: "Que Cristo é constituído a propiciação pelos pecados do mundo todo e se entregou como o preço

---

[512] Ibid., 4.
[513] Ibid., 7.
[514] Ibid., 13.
[515] Ibid., 14.
[516] Ibid., 26.

de redenção por todos os homens". Pois quem pode negar isso, algo que a Escritura teria expressado em tantas palavras?[517]

Kimedoncius recorreu com aprovação ao princípio de suficiência/eficiência, conforme empregado por Aquino e outros durante o período medieval. Ele citou Aquino sobre Apocalipse 5: "Sobre a paixão do Senhor (ele diz) falamos de dois tipos: de acordo com a suficiência e, portanto, sua paixão redimiu todos. Posto que ela é suficiente para redimir e salvar todos, embora houvesse muitos mundos, como Anselmo diz lib. 2 *cur Deus homo*. cap. 14 [Livro 2 Por que Deus se fez homem? Cap. 14]. Ou de acordo com a eficiência e, assim, todos são redimidos por meio de sua paixão, porque todos não se apegam ao redentor e, por essa razão, todos não têm a eficácia da redenção".[518]

Falando em referência a Agostinho, Kimedoncius afirmou:

> Além disso, Agostinho, o principal dos bons escritores antigos, não apenas reconhece esta distinção, mas também a expõe amplamente, *Tomo 7*, respondendo os Artigos que eram falsamente atribuídos a ele, dos quais o primeiro era, relatou-se que ele defende que "nosso Senhor Jesus Cristo sofreu não pela redenção de todos os homens". Porém, ele distingue dessa maneira: "No que tange à magnificência e poder do preço (ele diz) e no tocante à única causa da humanidade, o sangue de Cristo é a redenção do mundo inteiro e, portanto, afirma-se corretamente que todos são redimidos".[519]

Kimedoncius falou de "nossos adversários" como crendo "que Cristo, sem qualquer diferença, morreu pelos pecados de todos os homens" e que todos os pecados de todos os homens são satisfeitos e purificados pelo sacrifício, não apenas suficientemente, mas também eficazmente:

> Sobre essa opinião como nova e inédita e em muitas maneiras errônea (como ela se mostrará) não podemos ratificar, mas seguindo a antiga distinção, afirmamos que Cristo seguramente exibiu o que era suficiente para remover todos os pecados, e assim, eles são removidos e que todos são redimidos com respeito à suficiência ou à magnitude e ao poder do preço, como Agostinho expôs. Mas em relação à eficiência, afirmamos que pela morte de Cristo, os pecados somente dos eleitos são apagados, os

---

[517] Ibid., 32.
[518] Ibid., 33.
[519] Ibid., 34-35.

que creem nele e são ligados a ele, como membros à cabeça. Mas aqueles que não são incorporados em Cristo não podem receber o efeito de sua paixão. Pois o Senhor o diz: "Deus amou o mundo de tal maneira que ele deu o seu Filho, para que todo aquele que nele crê não pereça, mas tenha a vida terna. Quem crê nele não é condenado, mas quem não crê já está condenado", João 3. Algo que no mesmo contexto João Batista confirmou, testificando: "Aquele que crê no Filho tem a vida eterna, mas aquele que não crê no Filho não verá a vida, mas a ira de Deus permanece sobre ele".[520]

Em primeiro lugar, no tocante aos testemunhos da morte de Cristo por todos, definimos que Cristo sofreu e morreu por todos os homens, por todos aqueles que existiram, existem e existirão.[521]

Teofilacto vale-se dessa resposta sobre Hebreus 2, com quem Anselmo parece concordar. As palavras dele são estas: *Ele provou a morte não pelos fiéis somente, mas pelo mundo inteiro. Pois embora nem todos de fato sejam salvos, no entanto, ele fez a parte que lhe cabia.* Veja como não procede que se Cristo morreu por todos, todos são imediatamente salvos, algo que é a divindade de Huberus, thes. 270, sobre Hebreus, capítulo 9. O mesmo intérprete assim registrou: *Ele removeu os pecados de muitos. Por que ele disse de muitos e de todos? Porque todos os mortais não creram. A morte de Cristo certamente foi equivalente à perdição de todos, isto é, foi de valor suficiente para todos e tantos quantos estavam nele, ele morreu por todos; contudo, ele não removeu os pecados de todos, porque aqueles que o rejeitam, tornam a morte de Cristo inútil para eles mesmos.*[522]

Mas o que diremos sobre o que segue: "Quem se entregou como um resgate por todos?" A resposta é clara pelos fatos que já foram falados antes. Pois ele verdadeiramente se entregou como um preço de redenção suficiente por todos, ninguém excedeu do universo humano, mas por causa dos incrédulos que não aplicam a redenção a eles próprios, a ira de Deus permanece sobre eles. Além disso, ele se entregou como um preço de reconciliação por todos que pertencem à universalidade dos eleitos e ao seu próprio corpo. Digo outra vez, por todos indefinidamente, isto é, por quem quer que seja: judeus e gentios, nobres e simples, senhores e servos, conforme é afirmado sempre.[523]

Segundo, embora admitamos que as iniquidades de todos os homens foram postas em Cristo, negamos, portanto, que a consequência do sacrifício de Cristo

---

[520] Ibid., 38.
[521] Ibid., 49.
[522] Ibid., 50 (ênfase no original).
[523] Ibid., 56.

seja realmente a purificação dos pecados de todos e que todos são justificados e são recebidos na graça.[524]

O sétimo lugar é o capítulo 10 de João, onde o bom pastor diz: "Eu dou a minha vida pelas ovelhas; minhas ovelhas ouvem a minha voz e eu as conheço e elas me seguem e eu lhes dou a vida eterna; elas não perecerão para sempre e ninguém as arrebatará da minha mão". Aqui, parece que seja como for, Cristo morreu por todos, entretanto, especialmente, morreu por aqueles que serão salvos, pois ele morreu pelas suas ovelhas.[525]

Kimedoncius citou Musculus e apresentou três razões porque a expiação deve ser considerada universal:

> Mesmo assim, de acordo com as razões especificadas por Musculus, esta redenção é corretamente denominada de universal. 1. Porque não é devido à imperfeição da graça, que muitos pereçam, mas à imperfeição da fé, considerando que a graça é preparada para todos, a saber, para os que não a recusam, porquanto todas as coisas foram preparadas para o casamento. 2. Porque todos foram chamados a ela. 3. Porque é designada para todos, de modo que sem ela, ninguém pode ser redimido. Em que agora, ele compreende o contrário de antes, ainda com razão. Porque embora muitos não sejam redimidos nem justificados, no entanto, todos são redimidos e justificados por Cristo, pois ninguém é redimido, senão por ele. De todas as coisas parece claro que Musculus, bem como outros, é contra o adversário e nada contra do seu lado.[526]

Finalmente, em sua dedicação a Frederick o Quarto, concernente à obra *Of the Redemption of Mankind* [Da Redenção da Humanidade], Kimedoncius escreveu:

> Nesta época, somos difamados por homens maliciosos com um novo crime que é simulado contra nós, como se devêssemos negar que Cristo morreu por todos os homens, uma repreensão descarada. Pois de acordo com as Escrituras também confessamos o mesmo, mas negamos que então procedeu que toda humanidade, sem exceção, está, por meio da morte de Cristo, de fato justificada, salva e restaurada ao seio da graça, tendo recebido o perdão de seus pecados, se ela crê ou não.[527]

---

[524] Ibid., 104.
[525] Ibid., 185.
[526] Ibid., 145.
[527] Ibid., A6^{v-r}.

Não se deve ignorar a ironia aqui. O reformador de Heidelberg, Kimedoncius, escrevendo um dos primeiros livros sobre a expiação de uma perspectiva calvinista, afirmou que Cristo morreu pelos pecados de todas as pessoas e preocupou-se em não ser difamado por um conceito que é considerado como ortodoxo entre os reformados de hoje, que Cristo morreu *somente* pelos pecados dos eleitos. Mais ironia é o fato que Kimedoncius, contrário a muitos calvinistas extremos na história reformada, não cria que a expiação universal implica universalismo.

Conclusão

Vamos resumir agora os conceitos dos primeiros e principais reformadores continentais.

1. Oecolampadius,[528] Lutero, Zwínglio, Bucer, Musculus, Vermigli, Bullinger e Calvino todos defenderam uma forma de expiação universal. Não há declaração em quaisquer dos escritos deles que explicitamente afirme a noção de que Cristo morreu apenas pelos pecados dos eleitos, como se pode constatar na ortodoxia reformada posterior.
2. As declarações de Calvino sobre o assunto são sempre similares, se não idênticas a de seus companheiros reformadores. Vimos que Richard Muller lista Musculus, Vermigli e Bullinger como afirmando o universalismo hipotético.
3. Observamos que alguns desses homens adotaram uma interpretação limitada de algumas passagens-chave sobre o tema da extensão, embora é claro que afirmassem a expiação ilimitada no sentido de que os pecados de todos os homens foram imputados a Cristo na cruz.
4. Todos esses homens afirmaram o princípio de Lombardo de suficiência/eficiência, em que suficientemente é compreendido como uma satisfação objetiva por todos os pecados e eficiência é compreendida como a aplicação da expiação somente àqueles que creem (os eleitos).
5. Enquanto Bucer, Calvino, Musculus, Vermigli e Bullinger afirmaram que Cristo morreu pelos pecados de todos, em bom estilo reformado, eles não afirmaram

---

[528] A tentativa de Letham de fazer com que Oecolampadius ensinasse a expiação limitada sob o fundamento que os reformados defenderam que "os muitos" de Isaías 53 se refere aos eleitos é outro exemplo de sofisma. Musculus adotou uma interpretação idêntica de Isaías 53 e ainda defendeu a expiação ilimitada, conforme foi demonstrado. Verificamos que Calvino defendeu que os "muitos" em Isaías 53 referia-se à humanidade toda. Mais uma vez é preciso demonstrar que alguns reformadores adotaram uma interpretação limitada de passagens como Isaías 53, 1 Timóteo 2.4, e 1 João 2.2 enquanto afirmavam ainda a expiação ilimitada.

que ele morreu por todos igualmente. Houve um sentido em que Cristo morreu especialmente pelos pecados dos eleitos com a intenção direta de proporcionar-lhes a salvação por meio da eleição.

6. Entre a segunda geração dos principais reformadores, Zanchi, Gwalther e Ursinus todos afirmaram a expiação universal, embora eles frequentemente falassem com ênfase que Cristo morreu somente pelos pecados dos eleitos com respeito à intenção e propósito de Deus para a expiação.
7. Vimos que vários intérpretes falharam em discernir o dualismo nesses homens com respeito à expiação e concluíram erroneamente que alguns deles foram particularistas a respeito da natureza objetiva da expiação.
8. De todos os primeiros e principais reformadores da segunda geração, o único que afirmou claramente a expiação limitada foi Beza.

James Richards não teve dúvidas que a maioria dos primeiros reformadores defenderam a expiação universal:

> mas que *Lutero, Melancton, Osiander, Brentius, Ecolampadius, Zwínglio e Bucer* defenderam a doutrina de uma expiação geral, não há razão para duvidar. Podemos inferi-lo da confissão deles em Marburgo, subscrita em 1529, que as expressões que empregaram sobre esse assunto são de um caráter abrangente e concordam perfeitamente com esse sentimento. Contudo, segundo seus escritos subsequentes, é manifesto que esses homens e os reformadores alemães geralmente adotaram a doutrina de uma propiciação universal. Portanto, também, foi com seus sucessores imediatos, como a linguagem da Confissão de Psalgrave testifica. Esta Confissão é intitulada "Uma declaração plena da fé e cerimônias professadas nos domínios do mais ilustre e nobre príncipe Frederick V., Príncipe Eleitor do Palatinado". Ela foi traduzida por John Rolte e publicada em Londres, 1614.[529]

---

[529] Richards, *Mental Philosophy and Theology*, 304. Compare a declaração de Richards com a de G. Shultz que disse que Bucer, Oecolampadius, e Vermigli defenderam a redenção particular ("A Biblical and Theological Defense of a Multi-Intentioned View of the Extent of the Atonement" [PhD diss., Southern Baptist Theological Seminary, 2008], 45). Shultz é dependente de Robert Letham para tal ponto de vista (R. Letham, "Theodore Beza: A Reassessment," Scottish Journal of Theology 40 [1987]: 30). Para a Confissão de Psalgrave, veja *Uma Declaração Plena da Fé e Cerimônias Professadas nos domínios do mais ilustre e nobre Príncipe Fredericke*, 5. Príncipe Eleitor do Palatinado. Publicado para o Benefício e Satisfação de todo o Povo de Deus. Conforme o original impresso na clássica língua holandesa, trad. J. Rolte (Londres, impresso por William Welby, 1614) 12–14

É difícil avaliar exatamente como a difusa expiação limitada estava no pensamento reformado no fim do século XVI. A influência de Beza era significativa, mesmo na Inglaterra. Talvez, Shultz esteja correto quando afirmou: "A redenção particular, no entanto, era amplamente aceita e no fim do século XVI era o conceito majoritário concernente à extensão da expiação na teologia reformada".[530]

Os Primeiros Reformadores Ingleses

Semelhantemente aos seus colegas continentais, todos os primeiros reformadores ingleses, com a possível exceção de John Bradford, defenderam a expiação universal.

John Wycliffe (1320—1384)

John Wycliffe, conhecido como a "Estrela da Manhã da Reforma", foi um teólogo, pregador e primeiro reformador de Oxford. Ele é mais conhecido por sua tradução da Bíblia Latina Vulgata para o inglês.

Em seu sermão "O Domingo no dia da epifania", afirmou:

> Este evangelho fala de como João Batista testemunhou de Cristo, tanto de sua divindade como também de sua humanidade. A história assim relatou que João diz a Jesus, que vem até ele, e assim declarou: "Vejam o cordeiro de Deus que tira o pecado do mundo, pois ele é Deus e homem. Cristo[531] é chamado de cordeiro de Deus por muitas razões de acordo com a lei. Na lei antiga era requerido oferecer um cordeiro sem defeito pelo pecado do povo e que deveria ter um ano de idade. Portanto, Cristo, que era sem defeito e um homem adulto, foi oferecido na cruz pelo pecado do mundo todo e como os cordeiros oferecidos sucumbiam nas mãos dos sacerdotes, esse cordeiro, que encerrou o fim dos outros, sucumbiu totalmente nas mãos de Deus. E outros cordeiros, de certa forma, aboliram o pecado de um país, mas esse cordeiro aboliu apropriadamente o pecado deste mundo inteiro ... E, portanto, todos os ministros têm o poder de absolver o pecado como ministros de Cristo, entretanto, eles têm esse poder à medida que eles concordam com Cristo; de modo que se as chaves deles e da vontade de Cristo discordam, eles o fazem fingir que absolvem e, por isso, eles não ligam nem desligam;

---

[530] G. Shultz, "A Biblical and Theological Defense of a Multi-Intentioned View of the Extent of the Atonement", 49.

[531] J. Wyclif, *Select English Works*, 3 v., ed. T. Arnold (Oxford: Clarendon, 1869–1871), 1:77.

de modo que em cada um deles [ministrando], a divindade de Cristo deve primeiramente atuar.

Aqui, Wycliffe fala duas vezes de Cristo ser oferecido pelos pecados do mundo.[532]

Hugh Latimer (1487—1555)

Hugh Latimer, juntamente com Cranmer, foi um dos líderes fundamentais da Reforma inglesa. Tendo sido bispo de Worcester antes da Reforma, tornou-se capelão de Eduardo VI e foi útil de muitas formas para promover a Reforma inglesa. Ele foi martirizado com Ridley no reinado da rainha Maria em 1555.

A adesão de Latimer à expiação ilimitada é inquestionada. Os sermões dele fornecem uma infinidade de declarações que afirmam uma expiação universal.[533] Aqui há um exemplo:

> Pois Cristo somente, e nenhum outro homem, adquiriu remissão, justificação e felicidade eterna para tantos quantos crerão no mesmo; aqueles que não crerão nisto, não o terão, pois isto não é nada mais, senão crer e ter. Posto que Cristo derramou tanto sangue para Judas quanto por Pedro; Pedro creu e, portanto, foi salvo; Judas não creria e, por isso, foi condenado. A falta está nele apenas e em ninguém mais.[534]

---

[532] Shultz, concordando com Rainbow, afirmou que Wycliffe defendeu a expiação limitada (Shultz, "A Biblical and Theological Defense of a Multi-Intentioned View of the Extent of the Atonement", 30). Shultz argumentou que Wycliffe seguiu Aquino ao aplicar o princípio suficiente/eficiente, mas o aplicou para contrariamente defender a redenção particular: "Wycliffe empregou o princípio para afirmar que a expiação de Cristo considerada em si mesma foi teoricamente suficiente para um número infinito de pessoas, embora na realidade ela adquirisse a salvação pelos eleitos (e foi, portanto, eficiente apenas para eles)" (ibid., 35). Shultz footnotes Wycliffe's Latin Works, 25 v. [Londres: The Wycliffe Society, 1883–1914], 10:439–40). Contudo, conforme os comentários de Wycliffe sobre João 1.29 demonstram, Shultz está equivocado sobre Wycliffe.

[533] Veja, entre outros, H. Latimer, Sermons by Hugh Latimer, Sometime Bishop of Worcester, 2 vols. (Cambridge: Cambridge University Press, 1844–1845), 1:7; 1:234–35; 1:330–31; 1:520–22, para declarações explícitas concernentes à extensão universal da expiação. William Lorimer também afirma que Latimer ensinou "o meio-termo" em acréscimo aos primeiros reformadores, Lutero, Calvino, Hooper e a igreja da Inglaterra. Veja W. Lorimer, *An Apology for the Ministers Who Subscribed Only unto the Stating of the Truths and Errors in Mr. William's Book* (Londres: impresso por John Lawrence, at the Angel in the Poultry, 1694), 192. Henry Hickman (d. AD 1692) também disse que tanto Hooper quanto Latimer "afirmaram a redenção universal". Veja sua *Historia Quinq-Articularis Exarticulata; or, Animadversions on Doctor Heylin's Quinquarticular History* (Londres: Printed for R. Boulter, 1674), 180.

[534] Latimer, *Sermons*, 1:521.

Gatiss mencionou a obra de Augustus Toplady: *Historic Proof for the Doctrinal Calvinism of the Church of England* [Prova Histórica do Calvinismo Doutrinário da Igreja da Inglaterra] (1774) como apresentando "ampla evidência" para provar que alguns bispos e o clero na Inglaterra, incluindo Latimer, defenderam a expiação limitada.[535] Em adição a Latimer, ele lista Ridley, Bucer e a delegação britânica para Dort.

O comentário de Gatiss é problemático, porque pode ser demonstrado, sem sombra de dúvida, que Ridley e Latimer defenderam a expiação ilimitada e mesmo o próprio Gatiss, exatamente em algumas páginas anteriores, menciona Davenant e a delegação britânica afirmando o universalismo hipotético e não a expiação limitada. Toplady está errado no que concerne a esses homens.

Toplady tentou argumentar que "mundo" para Latimer sempre significou o mundo dos cristãos. Isto pode ser facilmente distorcido por até mesmo uma leitura superficial da obra dele. Toplady afirmou que Latimer defendeu a expiação limitada porque disse que Cristo não morreu pelo impenitente.[536] Mas o contexto revela que Latimer exprime que Cristo não morreu para salvar ninguém enquanto permanecer na incredulidade. Nenhum incrédulo pode apropriar-se do benefício redentor da morte de Cristo enquanto permanecer na incredulidade. Isto não é indicação de expiação limitada.

Toplady defendeu, sem qualquer evidência, que quando Latimer falou de Cristo derramar seu sangue tanto por Judas como por Pedro, ele quis falar apenas a suficiência intrínseca da morte de Cristo. Finalmente, Toplady recorreu à declaração de Latimer a respeito da participação cristã à mesa do Senhor.[537] Latimer disse para o comungante que ele não deveria considerar a morte de Cristo pelo mundo geralmente, mas pensar sobre a morte dele por você especificamente. Toplady encontrou nisso evidência de expiação limitada. Porém, é óbvio que Latimer afirma que o cristão à mesa do Senhor deve pensar e aplicar o que Cristo fez por ele pessoalmente. Curiosamente, esse tipo de linguagem é comum a Calvino e a Bullinger, ambos os quais defenderam a expiação ilimitada.

Miles Coverdale (1488—1568)
Miles Coverdale foi mais conhecido pela publicação da primeira Bíblia inglesa completa, impressa em 1535. Ele serviu como capelão do rei na corte de Edward VI e tornou-se

---

535   L. Gatiss, *For Us and for Our Salvation*, 109–10.
536   A. Toplady, *Historic Proof of the Doctrinal Calvinism of the Church of England*, 2 v. (Londres: Impresso por George Keith, em Gracechurch-street, 1774), 1:312–25.
537   Ibid., 1:315.

bispo de Exeter em 1551, mas foi deposto em 1553 pela nova rainha Maria. A convicção dele na expiação ilimitada pode ser discernida em vários contextos de seus escritos.[538]

Thomas Cranmer (1489—1556)

Thomas Cranmer foi o principal teólogo e pregador da Reforma inglesa. Também foi primariamente responsável pelos *Quarenta e Dois Artigos* em 1553. Esses artigos refletiram a influência dos reformadores suíços. Os artigos contêm afirmações claras sobre a justificação pela fé, o estado decadente da humanidade, a ideia de que o arrependimento e a fé são unicamente o resultado do dom de Deus, da eleição incondicional e da perseverança dos eleitos.[539] Não há menção nos Quarenta e Dois Artigos de qualquer noção de que a expiação seja limitada em sua extensão somente aos eleitos. O catecismo de John Ponet, publicado com os *Quarenta e Dois Artigos*, também não mencionou a expiação limitada.

Durante o reinado de Edward VI, o Livro de Homilias foi publicado com a maioria dos sermões escritos por Cranmer. Ele foi banido durante o reinado de Maria, mas restituído pelas leis elizabetanas de 1559. Um segundo livro de homilias foi autorizado em 1563.[540] Essas homilias cobriam a camada do terreno da teologia protestante, mas procura-se em vão por qualquer declaração de que a extensão da expiação era limitada apenas aos eleitos.

Cranmer evidentemente afirma a expiação universal no seguinte texto:

> Esta é a honra e glória deste nosso sumo sacerdote, que não admite parceiro nem sucessor. Considerando que por sua própria oblação, ele satisfez seu Pai pelos pecados de todos os homens e reconciliou a humanidade com sua graça e favor. E aqueles que o privam de sua honra e a tomam para si mesmos, são de fato anticristos e os blasfemadores mais arrogantes contra Deus e contra seu Filho Jesus Cristo, a quem ele enviou.[541]

Note nessa declaração como Cranmer falou da morte de Cristo ser pelos pecados de "todos os homens" e "humanidade". Aqui está a expiação ilimitada. Mas então, apenas uns poucos parágrafos além, Cranmer falou dos benefícios da expiação de Cristo para aqueles que creem:

---

[538] D. Wallace, *Puritans and Predestination: Grace in English Protestant Theology, 1525–1695* (Eugene, OR: Wipf & Stock, 2004), 16.

[539] Ibid., 32.

[540] T. Cranmer, *Writings and Disputations of Thomas Cranmer*, 2 v. (Cambridge: Cambridge University Press, 1844–46), 1:346.

[541] Ibid., 1:346–47.

Mas para falar agora um pouco mais amplamente do sacerdócio e sacrifício de Cristo, ele foi um bispo supremo, que uma vez se ofereceu, foi suficiente, por uma única efusão de seu sangue para abolir o pecado até o fim do mundo. Ele foi um sacerdote perfeito, que por meio de uma oblação purificou uma porção infinita de pecados, deixando um remédio fácil e preparado para todos os homens que não se mostraram indignos. E ele tomou sobre si não apenas os pecados deles, que muitos anos antes estavam mortos (e confiaram nele), mas também os pecados daqueles que, até sua vinda novamente, devem verdadeiramente crer no evangelho.[542]

Se alguém falhasse em interpretar no contexto as últimas declarações de Cranmer, poder-se-ia concluir que Cranmer estivesse afirmando a expiação limitada. Cranmer já estabeleceu a morte de Cristo pelos pecados de "todos os homens" e da "humanidade". Aqui seu foco é na morte de Jesus como beneficiando todos os que creem. Esse é o tipo de dualismo que encontramos virtualmente em todos os primeiros reformadores. Falhar em reconhecer esse dualismo leva a uma falsa avaliação que Cranmer e outros afirmaram a expiação limitada.

William Tyndale (1494—1536)

Tyndale foi, talvez, mais conhecido por sua tradução da Bíblia, mas ele tem uma parte importante nos primórdios da Reforma inglesa. Ele foi autor de várias obras e martirizado em 1536. A seguinte citação esclarece a convicção de Tyndale na expiação ilimitada: "E eu imagino que muitos mais podem rir disso e não choram de compaixão ao ver as almas, pelas quais Cristo derramou seu sangue, perecerem".[543]

Exemplos adicionais de seus escritos apoiando sua convicção na expiação ilimitada pode ser encontrado em sua obra *Doctrinal Treatises and his Exposition of the First Epistle of St. John*[544] [Tratados Doutrinários e sua Exposição da Primeira Epístola de São João].

---

[542] Veja, por exemplo, Miles Coverdale, "The Passion of Christ," em *The Writings and Translations of Miles Coverdale*, ed. G. Pearson (Cambridge: Cambridge University Press, 1844), 211; idem, "The Old Faith," em The Writings and Translations of Miles Coverdale, 75–76; e "The Sending of the Holy Ghost", in The Writings and Translations of Miles Coverdale, 403–4.

[543] W. Tyndale, "Answer to Sir Thomas More's Dialogue", em *The Works of the English Reformers William Tyndale and John Frith*, 3 v., ed. T. Russell (Londres: Impresso por Ebenezer Palmer, 1831), 2:131.

[544] W. Tyndale, "Prologue to the Prophet Jonas", *Doctrinal Treatises and Introductions to Different Portions of the Holy Scriptures*, ed. H. Walter (Cambridge: Cambridge University Press, 1848), 464, em que ele declarou: "Porque *todos nós somos igualmente criados e formados de um Deus, nosso Pai e indiferentemente comprados e redimidos com o sangue de nosso Salvador Jesus Cristo*". Veja também sua "Exposition of First Epistle of St. John", em *Works*, 2:406; 2:425; 2:453–54; 2:467.

John Hooper ([1495—1500]—1555)

John Hooper foi bispo de Gloucester e Worcester. Ele passou a maior parte dos dois anos (1547-1549) no continente, em Estrasburgo e Zurique. Enquanto em Zurique ele encontrou várias vezes com Bullinger, cujos comentários sobre as epístolas de Paulo desempenharam uma função vital na conversão de Hooper, algum tempo antes de 1546. Hooper foi martirizado em 1555. Sua adesão à expiação universal pode ser constatada em vários contextos de seus escritos. Por exemplo, o Artigo 25 de sua "Breve e Clara Confissão da Fé Cristã, Contida nos Cem Artigos de Acordo com a Ordem do Credo dos Apóstolos", declara:

> Creio que tudo isso (os sofrimentos de Cristo) foi realizado, não por ele próprio, que jamais cometeu pecado, em cuja boca jamais encontrou-se engano nem mentira, mas pelo amor por nós, pobres e miseráveis pecadores, cujo lugar ele ocupou na cruz, como uma garantia, ou como aquele que representou a pessoa de todos os pecadores que já existiram, existem e existirão até o fim do mundo.[545]

John Bradford (1510—1555)

Bradford foi um dos primeiros reformadores ingleses e mártir, que morreu nas mãos de Maria em 1555. Ele foi prebendeiro de São Paulo. Bradford é aquele que viu um criminoso durante sua caminhada para a execução e alegadamente disse: "Eu vou para lá, mas pela graça de Deus".

No final do século XVII, John Humfrey citou Bradford, juntamente com Cranmer, Ridley e Latimer, como que afirmando a expiação ilimitada do catecismo da Igreja da Inglaterra: "Onde a criança responde: *Que me redimiu e toda humanidade*".[546]

Trueman alegou que a doutrina de Bradford da eleição também incluía uma doutrina da expiação limitada. Bradford "estabelece uma limitação na extensão da expiação e admite que Cristo é um general salvador apenas em um sentido restrito".[547] Na controvérsia de Hart com Bradford, ele critica a doutrina da eleição deste por negar

---

[545] J. Hooper, "Extracts from a Brief and Clear Confession of the Christian Faith," em *Writings of Dr. John Hooper* (Londres: Religious Tract Society, 1831), 417–20. Veja idem, "A Declaration of Christ and His Office," em *Writings of Dr. John Hooper*, 41–42; idem, "Homily to Be Read in Times of Pestilence," em *Writings of Dr. John Hooper*, 233; idem, Early Writings of Bishop Hooper (Cambridge: Cambridge University Press, 1843), 115–16; e idem, "Copy of Bishop Hooper's Visitation Book," em *Later Writings of Bishop Hooper* (Cambridge: Cambridge University Press, 1852), 122.

[546] J. Humfrey, *Peace at Pinners-Hall* (Londres: Randal Taylor, 1692), 2–4.

[547] C. Trueman, *Luther's Legacy: Salvation and English Reformers*, 1525–1556 (Oxford: Clarendon, 1994), 257; citando Bradford, Writings, 1:320.

que a virtude do sangue de Cristo se estenda a todos os homens".⁵⁴⁸ Bradford disse em referência a João 17: "Por quem ele [Cristo] não orou; por eles, ele não morreu". Cada uma dessas razões citadas por Trueman e Hart não indicam nelas mesmas uma expiação limitada. A declaração final por Bradford pode indicar uma adesão à expiação limitada, mas ele pode estar usando o termo "morreu" para denotar "morreu eficazmente por" no sentido de "morreu com a intenção de aplicar a expiação aos eleitos". Se se intenciona o último sentido, isto não é prova da expiação limitada.

John Jewel (1522—1571)

Jewel foi bispo de Salisbury e influenciado pelos escritos de Pedro Mártir Vermigli. Ele escreveu que na cruz, Cristo bradou um "está consumado", para expressar que o preço e resgate foram agora pagos pelo pecado de toda humanidade".⁵⁴⁹ Em um sermão, Jewel afirmou: "A morte de Cristo está disponível para a redenção do mundo todo".⁵⁵⁰

Os primeiros anos da Reforma inglesa foram conduzidos por homens que criam na expiação ilimitada. Com a influência de Beza no continente, atitudes relativas à extensão da expiação começaram a mudar na Inglaterra próximo ao último terço do século XVI.

A narrativa conduzindo a isso pode ser resumida, começando com o reinado de Eduardo VI. Quando ele ocupou o trono, teólogos reformados continentais como Bucer e Vermigli foram convidados a irem para a Inglaterra. A influência de Bucer naquele país já era relevante quando ele recebeu o título de Professor Régio de Teologia em Cambridge. Vermigli foi nomeado professor de teologia em Oxford. Esses homens proveram liderança teológica e sempre serviram como conselheiros dos bispos ingleses.⁵⁵¹ Não há dúvida que a adesão deles à expiação ilimitada foi disseminada em sua esfera de influência.

É importante considerar o sermão de John Bridges, em 1571, na Paul's Cross [Cruz de Paulo]⁵⁵², sobre João 3.16. Ele interpretou a palavra "mundo" como uma referência aos eleitos. Bridges continuou afirmando que Deus somente deseja a salvação dos eleitos. Mas em contexto algum explicitamente afirmou a expiação limitada ou tratou do assunto da extensão da expiação. Alguns pensaram que sua interpretação de

---

548 Trueman, *Luther's Legacy*, 261.

549 J. Jewel, "An Apology or Answer in Defense of the Church of England," em *The Works of John Jewel, Bishop of Salisbury*, 8 v., ed. J. Ayre (Cambridge: Cambridge University Press, 1848), 3:66.

550 J. Jewel, "An Homily of the Worthy Receiving and Reverent Esteeming of the Sacrament of the Body and Blood of Christ," em *The Two Books of Homilies Appointed to be Read in Churches*, ed. J. Griffiths (Oxford: Oxford University Press, 1859), 444.

551 D. Wallace, *Puritans and Predestination*, 5, 10.

552 A Paul's Cross era um púlpito ao ar livre com uma cruz no topo, situado na área externa da Catedral de São Paulo, em Londres. [N. do E.]

"mundo" como os eleitos apontavam para sua convicção na expiação limitada. Um fato é claro: Bridges enfatizou a ideia de que a morte de Cristo foi designada para os eleitos, embora isso, necessariamente, não o fizesse aderir à redenção particular. Ele também apoiou a necessidade do chamado universal do evangelho por meio da pregação.[553]

Quando Samuel Harsnett, que mais tarde tornou-se arcebispo de York, pregou seu sermão sobre Ezequiel 33.11, na Paul's Cross, em outubro de 1594,[554] ele talvez tenha se oposto ao ensino de William Perkins (a primeira publicação de Perkins surgiu em 1590). Harsnett declarou em seu sermão que Deus deseja e quer a salvação de todos e que Cristo morreu pelos pecados de todos, conforme passagens como João 1.29; 1 João 2.2, Mateus 23.27 e 1 Timóteo 2.4.

Em fevereiro de 1597, John Dove também pregou um sermão tendo por base Ezequiel 33.11, na mesma Paul's Cross. É possível que esse sermão fosse uma resposta ao sermão de Harsnett três anos antes.[555] A ideia principal de Dove era: "Não é a vontade de Deus que todos os homens devam ser salvos".[556] Por essa época, os conceitos de Beza e Perkins[557] estavam bem estabelecidos na Inglaterra, apesar de não serem aceitos claramente por todos e o debate sobre a extensão da expiação estava apenas começando na Inglaterra, bem como no continente. Pedro Baro, professor de teologia da cátedra Lady Margareth[558], em Cambridge, desde 1574, foi ordenado em Genebra por Calvino em 1560. Baro declarou firmemente, em um sermão, que Cristo morreu pelos pecados de todos, não apenas dos eleitos. Ele também diferiu dos ortodoxos reformados no tema da predestinação em sua oposição aos Artigos de Lambeth de 1595 (artigos que enfaticamente afirmaram a predestinação, mas não a expiação limitada). Isso atraiu a atenção de Cambridge e ele foi reeleito para o cargo de professor em 1596. Outros, em Cambridge, concordaram com Baro, incluindo John Overall e Lancelot Adrewes.[559] John Overall constatou que os membros de sua

---

[553] Veja a discussão em J. Moore, *English Hypothetical Universalism: John Preston and the Softening of Reformed Theology* (Grand Rapids, MI: Eerdmans, 2007), 55–57.

[554] Wallace, *Puritans and Predestination*, 66.

[555] N. Tyacke, Anti-Calvinists: The Rise of English Arminianism c. 1590–1640, 2nd ed. (Oxford: Clarendon, 1990), 164.

[556] Moore, *English Hypothetical Universalism*, 64.

[557] A declaração de Moore que Perkins, "com seu popular supralapsarianismo e a redenção particular, talvez seja visto, pelo menos a esse respeito, mais como o fim de uma era do que, como é mais comumente afirmado, o começo de uma nova" (ibid., 226); algo que está longe da verdade.

[558] A cátedra de teologia Lady Margareth da Universidade de Cambridge foi fundada pela mãe do rei Henrique VII, Lady Margareth Beaufort, em 1502.

[559] Quanto a Andrewes sobre a expiação universal, veja L. Andrewes, "Ninety Six Sermons: Sermons of the Nativity and of Repentance and Fasting, v. 1", em *The Works of Lancelot Andrewes*, ed. J. Bliss and J. P. Wilson (Oxford: John Henry Parker, 1841), 268; e Works, 3:310.

igreja em Epping estavam afligidos porque "eles não podiam ter convicção que Cristo morreu por eles". Em resposta, Overall pregou um sermão ensinando que Cristo morreu por todos.[560] Richard Thompson afirmou que Cristo morreu não pelos eleitos apenas e foi contestado pelo bispo de Salisbury, Robert Abbot.[561]

Uma obra póstuma de Abbot, publicada em 1618, defendeu que o conceito arminiano da expiação torna a salvação possível, mas não real. Abbot estabeleceu a distinção do calvinismo extremo entre o valor infinito da morte de Cristo e sua intenção de prover satisfação pelos eleitos apenas. Deus amou o mundo em um sentido indefinido, mas esse amor não era redentor.[562]

Na última década do século XVI, a controvérsia sobre a extensão da expiação, auxiliada por William Perkins, estava em pleno andamento. Em acréscimo às publicações de Perkins, Robert Some (1542-1609), de Cambridge, publicou em 1596 um livreto citando oito razões da expiação limitada.[563]

William Perkins (1558—1602)

Perkins foi o mais eminente teólogo reformado inglês no final do século XVI e o primeiro calvinista inglês a obter uma considerável reputação europeia. Sua produção homilética e teológica não era nada menos que impressionante durante sua vida. Entre 1590 e 1618, dos aproximadamente duzentos e dez livros impressos pela primeira editora em Cambridge, Perkins foi o autor de não pouco mais de cinquenta.[564] Destes, o mais influente foi sua teologia sistemática, *A Golden Chain* [Uma Corrente Dourada], que alcançou oito edições em inglês em 1600.[565] A obra de Perkins: *A Christian and Plaine Treatise of the Manner and Order of Predestination* [Um Tratado Cristão e Claro do Modo e Ordem da Predestinação] combinada com *A Golden Chain* formularam uma declaração enfática sobre a predestinação e uma *ordo salutis* elaborada e especulativa.

Perkins ensinou que Deus decretou a queda de Adão, mas negou que Deus foi o autor do pecado. Ele também ensinou a dupla predestinação e era um supralapsariano.

---

560 Wallace, *Puritans and Predestination*, 75.

561 Ibid., 67-68.

562 R. Abbot, em sua "De Gratia et perseverantia sanctorum, exercitationes aliquot habitæ" em *Academia Oxoniensi* (Londini: Ioannem Billium, 1618), 166.

563 R. Some, *Three Questions, Godly, and Plainly, and Briefly Handled . . . III. Christ Died Effectually for the Elect Alone: Therefore Not for Every Severall Man* (Cambridge: John Legat, 1596), 20–30. Os textos dele eram Mateus 1.21, João 10.15, 26, 17.9; Hebreus 7.25; Romanos 8.33, 34; 1 João 2.1, 2; Mateus 26.28; Apocalipse 5.9; Romanos 5.19; Hebreus 9.28; Colossenses 1.14, e João 11.49–52. Veja também Gatiss, *For Us and for Our Salvation*, 76.

564 R. Some, *Three Questions*, 27–28.

565 Veja W. Perkins, "A Golden Chain," em *The Work of William Perkins*, ed. I. Breward (Appleford, Inglaterra: Sutton Courtenay, 1970), 204–8, para o argumento dele em defesa da expiação limitada.

Moore observou como a doutrina de Perkins da redenção particular "foi intimamente ligada às três áreas principais de seu pensamento: a predestinação, o federalismo e a doutrina da unidade da obra sacerdotal de Cristo".⁵⁶⁶ Jacó Armínio, já debatendo sobre o que ele considerava ser a extrema teologia da predestinação de Beza, respondeu a Perkins em seu *Examen Modestum Libelli* [*Exame dos Panfletos Moderados*].

Perkins se opôs ao arminianismo e seu entendimento da expiação universal. Perkins, de acordo com Moore, não estava se opondo ao universalismo hipotético inglês ou ao posterior desenvolvimento do amiraldismo.⁵⁶⁷ De fato, Perkins fez declarações que poderiam ser interpretadas em apoio ao universalismo hipotético, como Cristo "perfeitamente realizou sozinho todas as coisas que são necessárias para a salvação da humanidade" em razão de que ele fez "satisfação para o seu Pai pelo pecado do homem".⁵⁶⁸ Perkins também escreveu: "Eu espontaneamente reconheço e ensino a redenção e graça universais, desde que seja possível pela Palavra", e "a redenção universal de todos os homens, admitimos, a Escritura assim ensina".⁵⁶⁹

Contudo, como Moore notou, Perkins está simultaneamente sustentando que Cristo morreu "apenas por aqueles que são eleitos e predestinados". "Perkins percebe que há uma universalidade entre os eleitos e os cristãos". Perkins também pode admitir que 'Cristo morreu por todos os homens no sentido da Escritura', mas ao mesmo tempo nega que 'Cristo morreu por todo homem, sem exceção'".⁵⁷⁰ Embora Perkins mantivesse a linguagem universal da Escritura concernente à satisfação de Cristo pelo pecado, parece que ele interpretou essa linguagem apenas no sentido de uma suficiência intrínseca infinita⁵⁷¹ e não como uma suficiência extrínseca objetiva, tal que a morte de Cristo realmente pagou o preço pelos pecados do mundo. Perkins afirmou que a

---

566   Moore, *English Hypothetical Universalism*, 39.

567   Ibid., 43.

568   W. Perkins, "The Foundation of Christian Religion," em *The Works of that Most Famous and Worthy Minister of Christ in the University of Cambridge, Mr. William Perkins*, 2 v. (Londres: John Legatt, 1616), 1:4; citado por Moore, English Hypothetical Universalism, 38.

569   Perkins, *Workes*, 2:605; citado por Moore, *English Hypothetical Universalism*, 39

570   Perkins, *Workes*, 2:609; citado por Moore, *English Hypothetical Universalism*, 39.

571   Moore, *English Hypothetical Universalism*, 37–39. Sobre o tratamento de Perkins de textos específicos relacionados à extensão da expiação, veja Moore, *English Hypothetical Universalism*, 38– 55. Moore notou que o "grande esforço ao qual Perkins dedica para defender sua interpretação de 1 Timóteo 2.4 é um indicativo do quanto é perigoso para o seu sistema, Perkins ter considerado a noção de uma vontade redentora universal em Deus" (51). Ele tenta defender sua interpretação das passagens-chave sobre extensão, como 1 Timóteo 2.4, enquanto argumenta simultaneamente que o chamado do evangelho é universal e deve ser pregado a todos. A descrição de Moore de Perkins referente à vontade de Deus tem problemas. Nas palestras de Perkins sobre revelação, ele falou de Cristo em pé à porta do coração de todo homem com "um desejo pela conversão deles, que ele sinceramente busca e deseja". Ele "os busca com misericórdia e lhes oferece misericórdia,

virtude e a eficácia desse preço pago, com respeito ao mérito e operação é infinito; mas, no entanto, precisa ser distinguido, porque ele é potencial ou real. A eficácia potencial é que o preço é em si mesmo suficiente para redimir a todos, sem exceção, de seus pecados, ainda que houvesse mil mundos de mim. Mas se considerarmos a eficácia real, o preço é pago no conselho de Deus e no tocante ao evento, somente para aqueles que foram eleitos e predestinados. Dado que o Filho não sacrifica por aqueles por quem ele não ora, pois fazer intercessão e sacrificar estão associados, mas ele orou apenas pelos eleitos e pelos cristãos.[572]

As citações de Moore sobre Perkins não deixam dúvidas de que ele ensinou uma expiação limitada: "Negamos totalmente que [Cristo] morreu por todos e por cada um da mesma forma com respeito a Deus, ou, bem como pelos condenados como eleitos e isso eficazmente da parte de Deus".[573] Perkins também pode afirmar inequivocamente que o Pai "não lhes dá um salvador. Visto que Cristo é o único redentor dos eleitos e de ninguém mais".[574] Perkins não deixa dúvida quando declarou que "o preço é apontado e limitado aos eleitos apenas pelo decreto do Pai e pela intercessão e oblação do Filho".[575] Antes de, mas com a mesma característica de John Owen, Perkins interpretou o "mundo" de João 3.16 como os eleitos entre os judeus e gentios.[576]

Moore continuou demonstrando que as declarações polêmicas de Perkins contra a redenção universal são mais evidências de sua adesão à expiação limitada. Ele define a redenção universal como "um mero recurso", "muito absurdo" e "banalidade contra a palavra de Deus". Perkins a compreendeu como uma "falsificação do cérebro do homem" e "o conceito de escritores papistas". Moore fez referência à convicção de

---

que eles recusaram". Cristo "vem mediante o ministério do evangelho para produzir nossa conversão", e "isto é um bater sincero de alguém que desmaiaria... para salvar as almas dos homens". Ele "bate com bondade sincera", que é "o primeiro sinal do amor de Cristo, seu desejo pela conversão deles, que ele demonstra por meio de dois sinais: primeiro sua espera, segundo seu bater e isto é acompanhado pelo choro". Veja W. Perkins, *Lectures upon the Three First Chapters of the Revelation* (Londres: Richard, 1604), 331–34. Nessa mesma obra (326) Perkins afirmou o amor de Deus por toda humanidade. Veja também sua análise de Mt 23.27 em *A Treatise of God's Free Grace, and Man's Free Will* (Cambridge: John Legat, 1601), 23, 44–47.

[572] W. Perkins, "The Order of Predestination," em *The Works of that Famous and Worthy Minister of Christ in the University of Cambridge, Mr. William Perkins*, 3 v. (Londres: John Haviland, 1631), 2:609.

[573] Perkins, *Workes*, 2:609; cited by Moore, *English Hypothetical Universalism*, 40.

[574] Perkins, *Workes*, 1:415; citado por Moore, *English Hypothetical Universalism*, 40.

[575] Perkins, *Workes*, 2:609; citado por Moore, *English Hypothetical Universalism*, 40.

[576] Perkins, *Workes*, 1:296; citado por Moore, *English Hypothetical Universalism*, 45.

Baxter de que ninguém havia escrito mais seguramente contra a redenção universal do que Perkins.[577]

William Ames (1566—1633)

Ames foi um influente puritano inglês, aluno de Perkins em Cambridge de 1594 a 1610. Por alguma razão, as autoridades da igreja da Inglaterra consideraram-no muito radical e ele foi exonerado de seus cargos eclesiástico e acadêmico em 1610. Ele deixou a Inglaterra e foi para a Holanda, onde serviu de 1613 a 1618. Ames foi um observador em Dort e foi professor de teologia em Franeker, na Frísia, de 1622 a 1633. Além disso, publicou quatro livros polêmicos contra o arminianismo. Sua obra mais bem conhecida é *The Marrow of Theology* [O Cerne da Teologia] publicada em 1623.

Ames usou o seguinte silogismo para expressar seus conceitos sobre a expiação limitada:

> Para quem é intencionada, a eles é aplicada.
> Mas não para todos ela é aplicada.
> Portanto, não é para todos que ela é intencionada.[578]

O máximo que esse argumento pode provar é um intento limitado para aplicar, não uma satisfação limitada pelo pecado. E como outros argumentam se a morte de Cristo é de fato suficiente para todos, então ela deve ser intencionada para ser suficiente a todos. Ela foi intencionada para ser suficiente para todos, então Deus deve intencionar a salvação de todos pela fé nessa satisfação totalmente suficiente.

Para Ames, o tema era como o intento, extensão e aplicação estavam inter-relacionados. Ele compreendia todos os três como coextensivos.[579]

---

577 Moore, *English Hypothetical Universalism*, 43.

578 Tradução do latim por S. Lewis Johnson. O latim declara: "Quibus intenditur, iis applicatur. Sed non omnibus intendatur. Ergo non omnibus intendatur" ("De Arminii sententia", in *Opera*, 5 v. [Amsterdam, 1658], 5: A2v), citado em H. A. Krop, "Philosophy and the Synod of Dort. Aristotelianism, Humanism, and the Case against Armininism," em *Revisiting the Synod of Dordt* (1618–1619), ed. A. Goudriaan and F. van Lieburg; Brill's Series in Church History 19 (Leiden: Brill, 2011), 72n74.

579 Godfrey, "Reformed Thought on the Extent of the Atonement", 163–64. Veja o *Rescriptio Scholastica et brevis ad Nic. Grevinchovii Respondum illud prolixum, quod opposuit Dissertationi De Redemptione generali, et Electione ex fide praevisa, Editio altera* de Ame (Amstelodami: Henricum Laurentium, 1615), 1, no qual os primeiros cinco capítulos discutem a obra de Cristo, em que Ames argumentou que os erros centrais dos arminianos foram separar a oblação e a intercessão de Cristo e separar a extensão e aplicação da morte de Cristo. Veja também, K. L. Sprunger, *The Learned Doctor William Ames: Dutch Backgrounds of English and American Puritanism* (Urbana: University of Illinois Press, 1972).

Sobre a suficiência da expiação, Ames afirmou:

> Relativo à intenção da aplicação, corretamente se afirma que Cristo fez satisfação apenas por aqueles a quem ele salvou, embora no que se refere à suficiência na mediação de Cristo, pode-se também afirmar justamente que Cristo fez satisfação por cada pessoa e todos. Devido a esses conselhos de Deus estarem ocultos a nós, é parte da caridade julgar bem cada um, embora não possamos dizer de todos coletivamente que Cristo igualmente intercede pela causa de cada um diante de Deus.[580]

Essa declaração é muito interessante. Ames afirmou que Cristo, com respeito à intenção e aplicação, fez satisfação *apenas* por aqueles que são salvos. No entanto, ele também afirmou que no que concerne à suficiência da expiação, Cristo "fez satisfação por cada um e por todos". Essas declarações parecem contraditórias. Se Ames está falando sobre uma suficiência hipotética do mérito e valor, a qual é como todos os particularistas descrevem a suficiência, ele não pode concluir que ao dizer isso, pode-se afirmar que Cristo "fez satisfação por cada pessoa e por todos". Ele teria que dizer que Cristo poderia ter feito satisfação por todos se isso fosse a intenção de Deus na extensão real da expiação. Contudo, não é isto que Ames parece estar dizendo. Ele disse que Cristo fez satisfação "por cada pessoa e por todos".

William Perkins fez declarações similarmente inconsistentes:

> Agora, apresento a você um conceito e representação dessa doutrina, composta desses princípios e publico o mesmo para que eu possa, quanto a minha capacidade, ajudar aqueles que se prendem nas dificuldades dessa doutrina da predestinação e que eu possa esclarecer a verdade, que é (como a chamam) a doutrina calvinista, daquelas ofensas que são lançadas sobre ela e que eu possa refrear e pacificar as mentes de alguns de nossos irmãos, que são mais ofendidos por ela do que seria cabível. Pois voluntariamente reconheço e ensino a redenção e a graça universais, à medida que for possível pela palavra.[581]

Tanto Ames quanto Perkins, embora sejam calvinistas extremos, ainda têm algo da antiga tradição reformada do universalismo hipotético no pensamento deles. Observe que Perkins e Ames dizem coisas de maneiras que Calvino jamais disse antes

---

[580] W. Ames, *The Marrow of Theology*, trad. J. D. Eusden (Durham, NC: Labyrinth, 1983), 150.

[581] W. Perkins, "Master Perkinses Epistle to the Reader," em *A Christian and Plaine Treatise of the Manner and Order of Predestination* (Londres: Printed for William Welby and Martin Clarke, 1606), iv.

deles (Calvino jamais limitou a extensão da expiação) e que Owen e Turretini nunca disseram depois deles. Eles jamais fizeram quaisquer declarações como Perkins e Ames, a saber: "Cristo fez satisfação pelos pecados de cada pessoa e de todos".

Ames e Perkins parecem ser figuras de transição entre a primeira geração de reformadores que nunca defenderam a expiação limitada e a geração de Owen e Turretini, que lealmente defenderam uma expiação limitada. Os remanescentes persistentes de um modelo antigo de universalismo hipotético continuam a emergir, mas eles são rejeitados por declarações que defendem uma posição limitada.

Na ascensão da rainha Elizabeth ao trono da Inglaterra em 1558, ano do nascimento de Perkins, é difícil encontrar evidência de redenção particular na Igreja Anglicana, com a possível exceção de John Bradford. O Artigo 31 dos Trinta e Nove Artigos (1563) claramente afirmava a expiação universal, como fizera outros artigos. Mas próximo à última metade do reinado de Elizabeth, como consequência da crescente influência de Beza e Perkins, um conceito estrito de redenção foi adotado por um número crescente, mas se este alguma vez foi o conceito dominante durante esse tempo, é algo discutível; havia muitos que afirmaram e defenderam a expiação universal. Antes da virada do século XVII, havia uma crescente inquietação sobre a estrita teologia da predestinação defendida por Beza e Perkins, incluindo a noção da expiação limitada.

Em referência ao livreto de Some, de 1596, em apoio à expiação limitada, Lee Gatiss declarou que "a questão de se Cristo morreu eficazmente pelos eleitos apenas ou por todos foi discutida certamente no século XVI".[582] Mas não foi discutida até o final do século XVI. O uso de Gatiss do termo "eficazmente" é problemático e falta identidade própria. Ninguém duvida que Cristo morreu *eficazmente* apenas pelos eleitos, isto é, por todos que creem. O tema concernente à extensão da expiação é se Jesus realmente substituiu todas as pessoas em seus pecados e não apenas os eleitos.

No princípio do século XVII, o debate sobre o sentido da extensão da expiação e as características e implicações dessas frases ambíguas como "Cristo morreu pelos pecados do mundo", "a morte de Jesus foi 'suficiente' pelos pecados do mundo e assim por diante atingiriam alta ebulição. É importante notar nesse momento o fato que esses debates ocorreram não apenas entre reformados e arminianos, mas entre os próprios reformados. Peter White afirmou: "Talvez em nenhum tópico as tensões dentro do calvinismo internacional [na Inglaterra] foram mais intensas do que sobre

---

[582] Gatiss, *For Us and for Our Salvation*, 75. De fato, todas as proposições redigidas pelos remonstrantes na Holanda, que conduziram ao Sínodo de Dort, foram discutidas na Inglaterra nos anos 1590. (H. C. Porter, Reformation and Reaction in Tudor Cambridge [Cambridge: Cambridge University Press, 1958], 277–87).

a extensão da Expiação".[583] Veremos que o mesmo seria verdadeiro para a teologia reformada no continente também.

As Primeiras Confissões Reformadas

Uma das primeiras confissões protestantes foi o Catecismo Anglicano de 1553. Publicado apenas uns meses antes da morte prematura do rei Eduardo VI, ressalta o emergente anglicanismo reformado durante o reinado de Eduardo sob os auspícios de Cranmer e Latimer. Ele declarou concernente à morte de Cristo: "Então, ele verdadeiramente morreu e foi sepultado, para que por meio de seu mais bondoso sacrifício pudesse pacificar a ira de seu Pai contra a humanidade".[584]

Outra confissão pioneira é a Confissão de Fé Inglesa, também chamada de a Confissão de Genebra em 1556, escrita pelos exilados ingleses em Genebra, ratificada por John Knox e aprovada pela Igreja da Escócia naquele período. Ela declara que Cristo "se ofereceu como o único sacrifício para purificar os pecados do mundo todo".[585] É evidente, à primeira vista, que a confissão afirma uma expiação ilimitada.

Esta foi logo seguida pela Segunda Confissão Helvética de 1562, escrita por Bullinger. Essa confissão era influente nas igrejas suíças e foi adotada pela Igreja Reformada no exterior. Ela anuncia que Jesus é o "Salvador da raça humana e assim do mundo todo" e é o "Redentor e Salvador do mundo".[586] A confissão fala de Cristo como a satisfação, propiciação ou expiação de todos os pecados (Is 53, 1Co 1.30)," e declarou mais que "Cristo tomou sobre si mesmo e expiou os pecados do mundo e satisfez a justiça divina". Sob a seção da ceia do Senhor, a confissão se refere à "redenção de Cristo e à toda humanidade", cujo corpo foi "entregue e seu sangue derramado, não somente pelos homens em geral, mas particularmente por todo comungante fiel". É evidente que a Segunda Confissão Helvética afirma uma expiação ilimitada.

A *Confissão Católica* húngara de 1562 também afirma a expiação ilimitada,[587] baseando o chamado universal do evangelho na morte de Cristo por todos.

---

[583] P. White, *Predestination, Policy and Polemic: Conflict and Consensus in the English Church from the Reformation to the Civil War* (Cambridge: Cambridge University Press, 1992), 187.

[584] "Anglican Catechism (1553)", em *Reformed Confessions of the Sixteenth and Seventeenth Centuries in English Translation*, 4 v., ed. J. T. Dennison (Louisville, KY: Westminster John Knox, 2003), 2:23.

[585] A. C. Cochrane, ed., *Reformed Confessions of the Sixteenth Century* (Philadelphia: Westminster, 1966), 132. Veja também, Dunlop's Harmony of Confessions, 2:55.

[586] Ibid., 246.

[587] "The Hungarian *Confessio Catholica* (1562)", em *Reformed Confessions of the Sixteenth and Seventeenth Centuries in English Translation*, 4 v, ed. J. T. Dennison (Grand Rapids, MI: Reformation Heritage, 2010), 2:487.

Uma das mais importantes confissões na história da igreja é os Trinta e Nove Artigos. O Artigo 31, "Da Única Oblação de Cristo Realizada Na Cruz", trata do tema da extensão da expiação:

> A oferta de Cristo uma vez realizada é a redenção, propiciação e satisfação perfeitas por todos os pecados do mundo inteiro, tanto original como real; e não há outra satisfação pelo pecado, mas apenas esta. Portanto, os sacrifícios das missas, nos quais se dizia comumente que os sacerdotes ofereciam Cristo, para que os vivos e mortos tivessem remissão do sofrimento ou culpa, eram fábulas blasfemas e ilusões perigosas.[588]

O Artigo 31 foi regularmente interpretado como afirmando uma expiação ilimitada desde o seu começo.

Lee Gatiss fez uma tentativa natimorta de argumentar que o Artigo 31 não ensina a expiação universal.[589] Ele declarou: "Assim, é demasiadamente claro que este Artigo, quando lido em seu contexto imediato, é uma declaração da *suficiência* da expiação designada para minar a doutrina e prática do sacrifício da missa". Gatiss considera "irresponsável" interpretar a primeira metade do Artigo 31 "como se ele cuidadosamente refletisse uma doutrina da expiação universal".[590] Entretanto, ele falhou ao ler o Artigo 31 à luz do Artigo 2, o qual declara que Cristo "verdadeiramente sofreu, foi crucificado, morto e sepultado para reconciliar o seu Pai conosco e para ser o sacrifício não somente pela culpa original, mas também pelos pecados reais dos homens".

Gatiss também falha em discernir que a declaração no Artigo 31 não é apenas sobre a suficiência universal da expiação (interpretada por ele para ser uma suficiência intrínseca, hipotética). A declaração realmente afirma que Cristo morreu "pelos pecados do mundo inteiro". Essa é uma declaração direta no que concerne à extensão da expiação e não pode ser explicada meramente por presumir que a declaração é apenas sobre a suficiência hipotética da expiação.

O próprio Davenant recorreu ao Artigo 31 como afirmando a extensão universal da expiação.[591] Fesko corretamente notou que "um universalismo modificado, isto é,

---

[588] Eu atualizei o inglês antigo para o inglês moderno. P. Schaff, "The Evangelical Protestant Creeds, with Translations, v. 3," em *Creeds of Christendom* (Grand Rapids, MI: Baker, 1966), 507.

[589] Gatiss, *For Us and for Our Salvation*, 102–6.

[590] Ibid., 104. Article 31 of the *Thirty-Nine Articles* (1563) declara: "A oferta de Cristo uma vez realizada é a redenção, propiciação e satisfação perfeitas por todos os pecados do mundo inteiro, tanto o original como o atual; e que não há outra satisfação pelo pecado, mas esta apenas" (P. Schaff, The Evangelical Protestant Creeds, with Translations, 507. Eu atualizei o inglês antigo para o inglês moderno).

[591] Davenant, *"Dissertation on the Death of Christ"*, 2:355.

que a satisfação de Cristo em algum sentido se estendeu a todos, foi parte da atmosfera confessional que os teólogos de Westminster respiraram, encontrada nos *Trinta e Nove Artigos* e nos Cânones de Dort com seu uso da distinção suficiente-eficiente".[592]

Conclusão

Uma pesquisa sobre o cenário reformado inglês durante o século XVI indica uma firme convicção na expiação universal. Com a possível exceção de John Bradford, nenhum dos primeiros reformadores ingleses do século XVI defendeu a expiação limitada. Qualquer indício de uma expiação limitada não aparece até o final do século XVI.

---

[592] J. V. Fesko, *The Theology of the Westminster Standards: Historical Context & Theological Insights* (Wheaton, IL: Crossway, 2014), 194–95.

3

A Extensão da Expiação no Período Pós-Reforma

Jacó Armínio e o Sínodo de Dort

No final do século XVI e princípio do século XVII, conduzindo até Dort, o cenário teológico era tudo, exceto monolítico.[593] Os luteranos e os reformados engajaram-se por longo tempo em debates. A nova teologia de Fausto Socino (1539-1604)[594] e os socinianos também começaram a ser combatidos pelos reformados e isso com vingança. Finalmente, a ascensão dos arminianos trouxe outro grupo para o debate. Da perspectiva dos reformados, eles se viram combatendo em três frentes: contra os luteranos, socinianos e os arminianos.

Lamentavelmente, os arminianos eram sempre acorrentados ao epíteto de socinianismo pelos oponentes calvinistas. Enquanto o socinianismo tinha uma antropologia,

---

[593] Uma boa visão geral pode é J. Rohls, "Calvinism, Arminianism, and Socinianism in the Netherlands until the Synod of Dort", em *Socinianism and Arminianism: Antitrinitarians, Calvinists, and Cultural Exchange in Seventeenth-Century Europe*, ed. M. Mulsow and J. Rohls (Leiden: Brill, 2005), 3–48.

[594] Sobre o socinianismo, as primeiras fontes são os escritos de Fausto e Lélio Socino, coligidos na Bibliotheca Fratrum Polonarum, 8 v. (Amsterdam: Sumptibus Irenici, 1656–1698). Veja também O Catecismo Racoviano, com Notas e Ilustrações, trad. T. Rees (1605; reimp. Londres: Impresso por Longman, Hurst, Rees, Orme, and Brown, 1818), para a doutrina oficial do socinianismo. Para um resumo útil do conceito sociniano da expiação, veja S. Strehle, "The Extent of the Atonement within the Theological Systems of the Sixteenth and Seventeenth Centuries" (PhD diss., Dallas Theological Seminary, 1980), 179–87.

cristologia e soteriologia deficientes (negando a predestinação e a expiação substitutiva), Armínio e os arminianos afirmavam todas essas doutrinas, embora diferissem dos reformados ortodoxos sobre a predestinação e eram cautelosos sobre a segurança eterna.[595]

Entretanto, mesmo isso não narra a história toda, pois quando chegou à extensão da expiação, a influência de Beza e Perkins e daqueles que se identificavam com a teologia deles criou uma divisão no campo reformado.[596] Por exemplo, em 1595, Piscator escreveu contra as opiniões de Andreae Schaafmann, que defendeu a expiação ilimitada,[597] e Piscator escreveu outra vez sobre o tema em 1614. Como Beza, ele verificou que o princípio de Lombardo é confuso e inútil. Ele afirmou o valor infinito (a suficiência intrínseca) da morte de Cristo, mas defendeu que a questão decisiva era a intenção de Cristo em sua morte. Essa intenção, de acordo com Piscator, era estritamente limitada aos eleitos.

Jacó Armínio (1560—1609)[598]

O próprio Armínio foi aluno de Beza em Genebra de 1582 a 1586. Ele considerou a teologia da predestinação de Beza e Perkins extrema. Sua crítica de duzentas páginas da publicação de Perkins de 1598 *On the Order and Mode of Presdestination* [Sobre a Ordem e o Modo da Predestinação] foi terminada em 1600, mas não foi publicada até 1612.

---

[595] Para uma útil e resumida análise histórica do arminianismo de uma perspectiva reformada, veja J. I. Packer, "Arminianisms", em *Through Christ's Word: A Festschrift for Dr. Philip E. Hughes*, ed. W. R. Godfrey and J. Boyd III (Phillipsburg, NJ: P&R, 1985), 121–48. Packer analisou Armínio e seus sucessores imediatos, John Wesley e John Fletcher no século XVIII.

[596] Na pesquisa de Godfrey do período anterior às controvérsias arminianas, ele ressaltou que "havia um consenso reformado sobre a morte de Cristo. Havia diferenças e ambiguidades de expressão para ser exato, mas a questão não era um tema para controvérsia na comunidade reformada. A maioria dos teólogos reformados escreveu com moderação sobre o assunto e poucos concordaram com Beza em relação a rejeitar a distinção tradicional entre "suficiência e eficiência" (Godfrey, "Reformed Thought on the Extent of the Atonement", 150).

[597] J. Piscator, *Disputatio theological de praedestinatione opposite disfiutationi Andreae Schaafmanni* (Herbornae Nassoviorum: Christophori Corvini, 1598), 38–77. Veja nota de rodapé nº 97 em Godfrey, "Reformed Thought on the Extent of the Atonement," 162, para referência a F. L. Bos, *Johann Piscator: ein Beitrag zur Geschichte der reformierten Theologie* [uma Contribuição para a História da Teologia Reformada] (Kampen: J. H. Kok, 1932), 206–7.

[598] Na obra mais recente, erudita e com mais de setecentas páginas em defesa da expiação limitada, *From Heaven He Came and Sought Her*, Armínio reuniu somente dez referências no index, três das quais são notas de rodapé. No entanto, como um membro da comunidade reformada, os argumentos de Armínio contra a expiação limitada são relevantes e devem ser analisados.

Estamos interessados especificamente na abordagem de Armínio para a questão da extensão da expiação. Ele claramente rejeitou o conceito de Beza e Perkins e apoiou a expiação universal.[599]

Armínio estava insatisfeito com a ordem reformada tradicional dos decretos para eleger e redimir. Ele reverteu a ordem dos decretos na teologia reformada, situando o decreto para enviar Cristo como redentor antes do decreto da eleição.[600] O raciocínio dele era duplo: (1) compreendia Cristo como o fundamento real do decreto da eleição, não apenas o executor dele, e (2) distinguia entre a oblação (morte) de Cristo e a intercessão pelos cristãos, como muitos calvinistas clássicos.

Armínio apresentou uma crítica extensa e substancial aos conceitos de William Perkins sobre a predestinação e a expiação limitada. Concernente à suficiência da expiação, Armínio corretamente entendeu a posição de Perkins que a suficiência era limitada apenas à dignidade e ao valor da cruz e, portanto, para Armínio isso não era suficiente de forma alguma:

> Mas, se o compreendo corretamente, você parece simplesmente não reconhecer a suficiência desse preço, mas com a condição acrescentada: "desde que Deus quisesse que ele fosse oferecido pelos pecados do mundo inteiro" e é isso que os escolásticos enunciaram categoricamente, que Cristo morreu por todos e cada um suficientemente, deve, de acordo com sua ideia, ser pronunciado sob suposição; nesse sentido, em verdade que "a morte de Cristo seria um preço suficiente pelos pecados do mundo todo e de muitos mundos, desde que Deus tivesse querido que ela fosse oferecida a todos os homens". Em que sentido, verdadeiramente, a suficiência é simplesmente removida [...] Portanto, a morte de Cristo deve ser afirmada como suficiente para redimir os pecados de todos os homens, se Deus quisesse que ele morresse por todos, mas no original

---

[599] O melhor lugar para começar um estudo de Armínio sobre o tema da extensão da expiação são seus próprios escritos. Veja *The Works of James Armínio*, 3 v., trad. J. Nichols e W. Nichols (Grand Rapids, MI: Baker, 1986). Três fontes secundárias prestigiosas sobre Armínio são G. Brandt, *The Life of James Arminius*, trad. J. Guthrie (Nashville: E. Stevenson & F. A. Owen, 1857); C. Bangs, Arminius: A Study in the Dutch Reformation, 2nd ed. (Grand Rapids, MI: Zondervan, 1985); and K. Stanglin and T. McCall, *Jacob Arminius: Theologian of Grace* (Oxford: Oxford University Press, 2012), 141–88. Veja também, J. M. Pinson, "The Nature of the Atonement in the Theology of Jacobus Arminius", *Journal of the Evangelical Theological Society* 53 (2010): 773–85. Para uma perspectiva reformada a respeito de Armínio e o arminianismo, consulte a pesquisa sobre a erudição de Armínio em R. A. Muller, *God, Creation, and Providence in the Thought of Jacob Arminius: Sources and Directions of Scholastic Protestantism in the Era of Early Orthodoxy* (Grand Rapids, MI: Baker, 1991), 3–14.

[600] Arminius, *Works*, 1:653– 57; Stanglin and McCall, *Jacob Arminius*, 134–40.

grego, o λυτρον (Gr. *Lutron)* não pode ser chamado suficiente, a menos que ele realmente seja pago por todos.[601]

Armínio continuou:

> Mas verdadeiramente, meu querido Perkins, a Escritura, em muitos contextos, claramente ensina que Cristo morreu "por todos" e "pela vida do mundo" e devido ao mandamento e graça de Deus, porém o decreto de predestinação não estabelece limites para a universalidade do preço pago por todos por meio da morte de Cristo. Pois é posterior à morte de Cristo e à sua própria eficácia. Posto que ela se relaciona à aplicação dos benefícios obtidos para nós pela morte dele, entretanto, a morte é o preço pelo qual esses benefícios foram adquiridos. Portanto, erroneamente e na ordem invertida ela é expressada, quando Cristo é dito haver "morrido apenas pelos eleitos e predestinados". Considerando que a predestinação não se baseia meramente na morte, mas também no mérito da morte do Filho e, portanto, Cristo não morreu pelos predestinados, mas morreu por aqueles que são predestinados, embora não todos. Dado que a universalidade da morte de Cristo se estende mais amplamente do que o objeto da predestinação. Daí, se conclui também que sua morte e seu mérito são antecedentes por natureza e ordem à predestinação.[602]

Em resposta ao argumento de Perkins em defesa da expiação limitada, conforme a oração intercessória de Cristo em João 17.9, que seu sacrifício e intercessão são conectados e assim Jesus não morreu por aqueles que ele não orou, Armínio formulou três argumentos. Primeiro, ressaltou que o sacrifício é anterior à intercessão. Cristo não poderia entrar no céu para interceder, exceto por meio de seu derramamento de sangue. Para Armínio, "o sacrifício pertence ao mérito, a intercessão à aplicação do mérito".[603] Os dois estão nesse sentido conectados, no entanto, deveriam ser distinguidos, de acordo com Armínio.

Segundo, Armínio notou que Cristo não apenas orou pelo seu próprio povo, mas também orou pelos seus próprios inimigos, aqueles que o crucificaram, entre os quais estavam alguns que eram não eleitos. O contexto de João 17 indica que o propósito da oração era para os cristãos e aqueles que creriam que alcançariam os benefícios da expiação e para que pudessem ser um em unidade com o Pai e o Filho.

---

[601] Arminius, *Works*, 3:324–25.
[602] Ibid., 325.
[603] Ibid., 326.

Terceiro, o "mundo" em João 17,

> Significa propriamente aqueles que rejeitaram Cristo, quando lhes foi proclamado na palavra do evangelho e que deveriam depois disso rejeitá-lo. O que é evidente da oposição: "Oro não pelo mundo, mas por aqueles que me deste", a quem ele definiu como os que creriam e aqueles que estavam prestes a crer ... Portanto, a amplitude do sacrifício não deve ser circunscrita pelos termos estritos da intercessão.[604]

Armínio notou que Perkins havia declarado que Cristo fora destinado a ser o resgate pago pelo pecado "por meio da intercessão e oferta do Filho". Mas intercessão é posterior à expiação, portanto, a última não foi destinada pelo primeiro.[605]

Perkins havia argumentado que Jesus intercede somente por aqueles que representou como um substituto na cruz, a saber, os eleitos. Mas a Escritura indica que Cristo morreu por mais do que os eleitos, como, por exemplo, em João 1.29. Para Armínio, a encarnação do Filho necessitava que ele substituísse na cruz a humanidade toda devido aos pecados dela.[606]

Armínio declarou que a *filantropia* de Deus para com a humanidade "não é em todos os aspectos igual para com os homens e cada um deles. Mas eu também nego que haja esta diferença desse amor divino para com os homens, que ele determinou não lidar com os anjos caídos e de acordo com esta graça com todos os homens decaídos em Adão".[607] Armínio argumentou que Deus

> determinou demonstrar todo bem no qual igualmente a misericórdia e a longanimidade estão incluídos (Êx 34. 6, 7) para o bem-estar e salvação de todos os homens, a menos que queiramos eliminar, em grande parte, essa diferença que a maioria dos teólogos estabeleceu como existente entre a queda dos anjos e a dos homens. Uma vez que eles afirmam que os anjos caíram além da esperança de restauração, mas que o homem pode ser restaurado inteiramente e eles especificam como razão que os anjos pecaram devido à própria tendência e instinto, mas o homem pela instigação e persuasão de um anjo mau.[608]

---

[604] Ibid., 326-27.
[605] Ibid., 327.
[606] Ibid., 328-29.
[607] Ibid., 330.
[608] Ibid.

Devido à morte de Cristo pelos pecados da humanidade, Deus pode agora compartilhar os benefícios da cruz àqueles que cumprem suas condições para salvação.

Armínio afirmou que se Deus não estivesse querendo ser satisfeito mediante a morte de Jesus pelos pecados de algumas pessoas, "então por nenhum direito a fé em Cristo pode ser requerida para eles; por nenhum direito eles podem ser condenados por causa da incredulidade, nem Cristo pode por qualquer direito ser designado juiz deles".[609]

Perkins havia argumentado que a morte do Filho e a aplicação da expiação foram realizados apenas pelos eleitos. Armínio respondeu que Perkins havia formulado uma "falsidade notória", a saber, a confusão e fusão da redenção realizada com a redenção aplicada.[610] Armínio citou Hebreus 9.12, em que é afirmado que Cristo "entrou no santo lugar, tendo obtido eterna redenção", a qual "transmite aos cristãos pelo Espírito Santo".[611] "Há um erro perpétuo na confusão de coisas dissimilares ou na mistura de coisas que deveriam ser divididas. Para obter e o ato que obtém são confundidos com a aplicação e o primeiro é substituído no lugar do último".[612]

Armínio continuou a pressionar Perkins em seu erro de distinguir propriamente a redenção realizada e a redenção aplicada:

> Você acrescenta, além disso, que "Cristo é o Salvador perfeito daqueles que ele salva, não por merecer a salvação somente, mas por eficazmente realizá-la". Quem nega isto? Mas essas duas funções e operações de Cristo, a saber, a recuperação, mediante o sangue de Cristo, da salvação perdida devido ao pecado e a real comunicação ou aplicação pelo Espírito Santo da salvação obtida por esse sangue são distintas uma da outra. A primeira é antecedente à fé; a última requer fé precedente, de acordo com o decreto de Deus. Portanto, embora não se diga que Cristo perfeitamente salve aqueles que não são realmente salvos; no entanto, ele é chamado de o Salvador, mesmo de outros que não sejam cristãos em 1 Timóteo 4.10. Quanto a qual lugar, não vejo como isto pode adequadamente ser explicado, exceto pela distinção da salvação suficiente e eficaz, ou da salvação recuperada e aplicada. As passagens que você cita dos Pais em parte não têm nada a ver com o assunto atual e, em parte, refere-se a ele; mas não ensine nada mais do que a morte e paixão de Cristo, que são

---

[609] Ibid., 332.
[610] Ibid., 333.
[611] Ibid., 334-35.
[612] Ibid., 335.

um preço suficiente para redimir os pecados de todos os homens, mas que na realidade desfrutam a salvação somente os eleitos e cristãos.[613]

Na natureza do amor de Deus pelos eleitos e os não eleitos, Armínio explicou que "como dons salvadores são conferidos a qualquer um por esse ato que é chamado de eleição, isto é propriamente 'amor'; como essa doação é restrita a alguns, excluindo-se outros, ela é chamada de 'eleição'"[614] Em seguida, Armínio enfatizou uma ideia decisiva que se tornaria o principal ponto de discórdia em Dort: "Por isso parece, primeiro, que amar o que está de acordo com a eleição não seria menos para os eleitos do que é agora, embora isto não deveria ser conforme a eleição, isto é, apesar de que Deus deveria declarar o mesmo favor e amor de seu Filho para todos os homens universalmente".[615] Aqui, Armínio afirma que o amor de Deus, *eu amo*, é *igual* para todas as pessoas.

A segunda controvérsia de Armínio com respeito ao amor de Deus foi

> que aqueles que definem o amor de Cristo como a causa da salvação do homem e a única causa não desfigura a graça, mesmo que eles neguem que este amor seja de acordo com a eleição, isto é, restrito a uns poucos por qualquer decreto de Deus. Eles negam, de fato, o que é verdadeiro, mas sem desfigurar a graça e misericórdia, pois eu pressuponho que eles determinam o mesmo amor como a causa da salvação, o qual determinam para quem defende a eleição.[616]

Em que sentido, então, pode ser dito que há alguma distinção no amor de Deus com respeito aos eleitos e aos não eleitos? Armínio explicou:

> Mas alguns dirão que pela reprovação de uns tantos — isto é, por meio da eleição associada ao amor (dileção) —, os eleitos são mais convencidos do imerecido amor de Deus para com eles mesmos, que se esse mesmo amor fosse concedido por Deus a todos, sem distinção. Eu o admito, verdadeiramente, e a Escritura sempre usa este argumento, mas mesmo sem esse argumento o amor livre e imerecido para conosco pode

---

[613] Ibid., 336.
[614] Ibid., 337.
[615] Ibid.
[616] Ibid.

ser perfeitamente provado e impresso em nossos corações. Portanto, isto também é evidente que não há absoluta necessidade de expor esse argumento.[617]

Retornando ao tema da suficiência, Armínio declarou que os comentários de Perkins precisavam de consideração mais cuidadosa. Devido à natureza difícil desse tema na discussão da extensão da expiação e para obter o máximo do argumento de Armínio, uma citação sua bastante extensa está em ordem:

> Você diz que "a eficácia desse preço, no que concerne ao mérito, é infinita"; mas faz distinção entre "eficácia real e potencial"; você também define "eficácia potencial" como sinônimo com a suficiência do preço pelo mundo inteiro. Isto, contudo, é uma frase, até agora desconhecida entre os teólogos, que meramente fizeram uma distinção entre a eficácia e a suficiência do mérito de Cristo. Não estou certo, também, mas há um absurdo em denominar eficácia "potencial", pois há uma contradição de termos. Considerando que toda eficácia é real, como essa palavra tem sido, até agora, usada por teólogos. Mas, ignorando frases, vamos considerar a coisa em si mesma. O resgate ou preço da morte de Cristo é declarado como universal em sua suficiência, mas particular em sua eficácia, isto é, suficiente para a redenção do mundo todo e para a expiação de todos os pecados, mas sua eficácia pertence não a todos universalmente, eficácia que consiste na aplicação real pela fé no sacramento da regeneração, conforme Agostinho e Próspero, o aquitaniano, diz: Se você pensa assim, está bem, e não deverei me opor muito. Contudo, se o compreendo corretamente, parece-me que você não reconhece a suficiência absoluta desse preço, mas com a condição acrescentada, se Deus tivesse desejado que ele fosse oferecido pelos pecados do mundo todo. Portanto, aquilo que os escolásticos declaram categoricamente, a saber, que a morte de Cristo foi suficiente para todos e para cada um, deve, de acordo com seu conceito, ser expressa hipoteticamente, isto é, nesse sentido que a morte de Cristo seria um preço suficiente pelos pecados do mundo todo, se Deus quisesse que ela fosse oferecida a todos os homens. Neste sentido, de fato, sua suficiência é absolutamente removida. Visto que se não há um resgate oferecido e pago por todos, ele não é de fato um resgate suficiente por todos. Dado que o resgate é isso, o qual é oferecido

---

[617] Ibid., 338.

e pago. Sendo assim, a morte de Cristo pode ser afirmada como suficiente para a redenção dos pecados de todos os homens, se Deus quisesse que ele morresse por todos; mas não se pode dizer que seja um resgate suficiente, a não ser que isto tenha, de fato, pago por todos. Por isso, também, Beza notou uma fraseologia incorreta nesta distinção, porque a oferta pelo pecado é definida como absolutamente suficiente, o que não é, exceto sob a suposição já estabelecida. Entretanto, de fato, meu amigo Perkins, a Escritura diz, muito claramente, em muitos contextos, que Cristo morreu por todos, pela vida do mundo, e isto por meio do mandamento e graça de Deus.

O decreto de predestinação nada prescreve para a universalidade do preço pago por todos pela morte de Cristo. Ela é posterior, na ordem da natureza, à morte de Cristo e à sua eficácia peculiar. Pois esse decreto faz parte da aplicação dos benefícios obtidos para nós por meio da morte de Cristo, mas a morte dele é o preço pelo qual aqueles benefícios foram preparados. Por conseguinte, a declaração é incorreta e a ordem é invertida, quando se afirma que "Cristo morreu somente pelos eleitos e os predestinados". Posto que a predestinação depende, não apenas da morte de Cristo, mas também do mérito de sua morte; e, portanto, Cristo não morreu por aqueles que foram predestinados, mas aqueles por quem ele morreu, foram predestinados, embora não todos. Visto que a universalidade da morte de Cristo se estende mais amplamente do que o objeto da predestinação. Do qual também se concluiu que a morte do Filho e seu mérito são antecedentes, em natureza e ordem, à predestinação. O que mais, de fato, é a predestinação do que a preparação da graça obtida e provida para nós por sua morte e a preparação pertence à aplicação, não à aquisição ou provisão de graça, ainda não existente? Porque o decreto de Deus, pelo qual ele determinou conceder Cristo como um redentor para o mundo e designá-lo a cabeça apenas dos cristãos, é anterior ao decreto, pelo qual ele determinou realmente aplicar a alguns, pela fé, a graça obtida pela morte de Cristo.[618]

Aqui, Armínio corretamente analisou a doutrina da suficiência hipotética, que foi primeiramente adotada por Beza. Um resgate não pago por uma pessoa não pode ser dito que seja suficiente para ela. Este seria o mesmo argumento usado virtualmente por todos os calvinistas moderados contra os colegas particularistas na teologia reformada.

---

[618] Ibid., 345-47.

Mais tarde, em sua resposta, Armínio lembrou a Perkins o que a convicção na eleição e reprovação significava e implicava. Deus realiza tudo o que é necessário para a redenção dos eleitos e aqueles que Deus reprovou são excluídos de todas essas coisas, de modo que não há esperança de salvação. Perkins havia argumentado que Deus poderia ter retido a graça de todas as pessoas, condenado todos ao inferno e o faria assim, sem qualquer injustiça. Ao que Armínio respondeu: "Quem nega isto?" concordando com Perkins sobre esse tópico.

A tese para Armínio era essa:

> Se pode-se afirmar verdadeiramente que quando Deus desejou que seu Filho se tornasse homem e morresse pelos pecados, desejou com esta distinção, que ele deveria assumir a natureza humana, que ele tem em comum com todos os homens, apenas por uns poucos; que ele deveria sofrer a morte por alguns somente, o que poderia ter sido para todos os pecados de todos os homens e pelo primeiro pecado, que todos igualmente cometeram em Adão: isto é, se Deus determinou em si mesmo lidar com a maior parte dos homens de acordo com o rigor de sua justiça, conforme a regra da lei e a condição requerida na lei; mas com uns poucos de acordo com sua misericórdia e graça, conforme o evangelho e a justiça da fé e a condição estabelecida no evangelho; se ele determinou imputar a uns poucos o pecado que haviam perpetrado em Adão, na pessoa deles mesmos, sem qualquer esperança de remissão. Isto, digo, é o que se pergunta. Para essa questão, você responde afirmativamente e, portanto, confesso que essa recriminação é justamente objetada à sua doutrina.[619]

Aqui está a essência da controvérsia de Armínio com Perkins:

> Em segundo lugar, você alega, em outra resposta, a saber, que "Pode-se afirmar que Cristo morreu por todos", mas acrescenta uma explanação de uma espécie que corrompe a interpretação e simplesmente remove o que pareceu admitir na palavra. Considerando que você acrescenta que "Ele não morreu por todos e cada um igualmente com respeito a Deus, não para os condenados o mesmo que para os eleitos, não eficientemente da parte de Deus". Vamos parar aqui por um momento e ponderar o que você afirma ... "Não igualmente" ... "com respeito a Deus". Mas o que isto significa "com respeito a Deus? Isto significa o mesmo que

---

[619] Ibid., 420-21.

"pelo decreto de Deus?" Verdadeiramente Cristo, "pela graça de Deus, provou a morte por todo homem", como declara a Escritura (Hb 2.9).[620]

Portanto, você acrescenta: "Ele não morreu igualmente pelos réprobos" (pois assim você deveria chamá-los, e não de "os condenados") "e pelos eleitos". Você considera essas coisas em uma ordem invertida. Porquanto a morte de Cristo na ordem das causas precede o decreto da eleição e reprovação, por isso surge a diferença entre eleitos e réprobos [...] Mas esta frase: "Cristo morreu pelos eleitos" não significa isso, que alguns foram eleitos antes que Cristo recebesse de Deus o mandamento para oferecer sua própria vida como o preço de redenção pela vida do mundo [...] Mas que a morte dele acontece para o benefício dos eleitos somente, algo que ocorre pela aplicação de Cristo e seus benefícios.[621]

Sendo assim, a frase também usada pelos escolásticos deve ser compreendida que "Cristo morreu por todos suficientemente, mas eficazmente apenas pelos eleitos e crentes". Porém, na realidade, essa forma de expressão "eficientemente da parte de Deus" é, em minha avaliação, absurda. Afinal, o que se expressa por "Cristo morreu eficientemente da parte de Deus pelos eleitos, não pelos réprobos?" Essas expressões não podem ser conectadas em qualquer sentido correto. Sei que você quis dizer que a eficácia da morte de Cristo é aplicada a eles e não a outros. Mas se você pretende isso, deve também ter falado de modo a ser compreendido como denotando isso. Dado que se você, por favor, analisar rigorosamente essa sua frase e essa dos escolásticos, constatará que ela não pode ser empregada sem desfigurar a morte de Cristo e seu mérito. Pois se a suficiência é atribuída à morte de Cristo, a eficácia é removida, visto que a morte de Cristo é devido a um preço suficiente pela vida do mundo, porque ela foi eficaz para abolir o pecado e satisfazer a Deus. Não estamos falando, você dirá, da eficácia, mas da aplicação de sua morte. Não, o bastante contrário é simplesmente óbvio, pois você remove a eficácia desse algo para o qual atribui a suficiência, mas você atribui a suficiência à morte de Cristo. Posto que, como um preço será suficiente se não é um preço? Isso não é um preço que não é oferecido, nem pago, nem considerado. "Mas Cristo não se ofereceu como um preço, exceto por uns poucos, a saber, os eleitos". Certamente, essas

---

[620] Ibid., 421.
[621] Ibid., 421-22.

são meras palavras e subterfúgios, dos quais você utiliza para escapar do golpe da verdade.[622]

A crítica de Armínio ao uso pouco cuidadoso de Perkins da linguagem e lógica e a consequente falta de clareza é realmente muito incisiva.

Armínio em seguida, demonstrou uma falácia na lógica de Perkins relativa ao seu uso de certas passagens da Escritura, como Mateus 7.23. Considerando que Cristo negou que conhecia algumas pessoas, Perkins refletiu que ele não morreu por elas. Armínio respondeu: "A argumentação é inconsequente ... Por isso, parece que há a falácia de *ignoratio elenchi* [falácia da conclusão irrelevante] e 'da causa pela não causa'".[623]

Armínio citou outro argumento de Perkins em defesa da expiação limitada:

> O segundo argumento que você propõe não tem maior eficácia. "Se todos e cada um forem eficazmente redimidos, todos e cada um também são reconciliados com Deus. Mas todos não são reconciliados, nem todos recebem a remissão dos pecados, portanto, todos e cada um não foram eficazmente redimidos" [...] Pois você confundiu o efeito realizado com a ação e a paixão das quais ele emerge [...] Também confunde a reconciliação realizada com Deus pela morte e sacrifício de Cristo com a aplicação da mesma, algo que é claramente distinguido em 2 Coríntios 5.19 [...] Pois, a satisfação precede, como consistindo na morte e obediência de Cristo. Contudo, a remissão de pecados consiste na aplicação da satisfação pela fé nele, que não pode realmente seguir a satisfação realizada [...] A passagem de Próspero concorda inteiramente com o que tenho afirmado aqui.[624]

Observe que Armínio recorreu aos comentários de Próspero em 2 Coríntios 5.19 para apoiar seu tópico.

Perkins argumentou que aqueles que não são participantes da santificação não são aqueles por quem Jesus pagou o preço da redenção. Armínio respondeu que isso está errado "porque a ação de Cristo é confundida com seu resultado e a aplicação dos benefícios com a obtenção do mesmo".[625]

Perkins afirmou que a fé foi obtida por Cristo na cruz pelos eleitos apenas. Armínio respondeu:

---

[622] Ibid., 422-23.
[623] Ibid., 423.
[624] Ibid., 423-24.
[625] Ibid., 424.

> A menos que seja obtida para todos, a fé em Cristo não pode por direito ser requerida de todos e a não ser que seja obtida para todos, ninguém pode por direito ser culpado de rejeitar a oferta de redenção ... Se Cristo não obteve redenção para todos, ele não pode ser o juiz de todos.[626]

O texto de 1 Timóteo 2.4 sempre desempenha um papel significativo nos debates sobre a extensão da expiação. Perkins tentou argumentar que o uso paulino da expressão "todos", nessa passagem, não indica "todos, sem exceção", mas antes algo na mesma direção de "todas as pessoas, sem distinção", a saber, todos os tipos de pessoas. Armínio respondeu com vários argumentos contrários:

> Dado que o escopo do apóstolo seja exortar que as "orações sejam feitas por todos os homens", e pelos magistrados... Portanto, parece que a palavra "todos" é interpretada no mesmo sentido do raciocínio, no qual ela foi interpretada na exortação. Caso contrário, a conexão seria dissolvida e haveria quatro termos no silogismo... "Exorto que se use a prática de súplicas e intercessões por todos que devem ser salvos, pois Deus deseja que todos que devam ser salvos, sejam salvos".[627]

Para Perkins, Deus desejou que alguns de todo tipo de pessoas fossem salvos. Armínio não contesta isso, mas respondeu que Perkins havia

> explicado a acepção distributiva dessa palavra pelo coletivo e o contrário. Posto que todos os animais *distributivamente* estavam na arca de Noé, mas todos os homens *coletivamente* ... Mas ela não é usada para os tipos de cada um, mas para cada um de todos os tipos; porque a vontade de Deus tende para cada uma das classes ou para cada homem separado. Pois ele deseja que todo homem chegue ao conhecimento da verdade e seja salvo; isto é, todos e cada, ricos, pobres, nobres, ignóbeis, homens, mulheres, etc. E como o conhecimento da verdade e a salvação pertencem a todo homem e são realmente preparados para cada um que deve ser salvo pela predestinação, não para as classes de cada; e é negada pela reprovação a cada um que deve ser condenado, não para as classes de cada um, assim também, como a providência mais geral precede o decreto de predestinação e reprovação na ordem de natureza, a vontade de Deus é empregada relativa a cada uma das classes e não relativa às classes de

---

[626] Ibid., 425-26.
[627] Ibid., 427.

cada. Considerando que a providência empregada quanto às classes de cada se relaciona à conservação das espécies, esta que concerne a cada um dos tipos se relaciona com a conservação dos indivíduos.[628]

Armínio ressaltou que a eficácia da redenção pertence à aplicação, que é realizada em resposta à fé. Crer é anterior à aplicação eficaz da expiação e o objeto da fé é anterior à fé em si mesma. Armínio declarou: "Mas cada um é obrigado a crer em Cristo o Salvador, que morreu por ele e obteve para ele a reconciliação com Deus e a redenção". As pessoas não podem ser condenadas devido à incredulidade, a menos que fossem obrigadas a crer.

Armínio criticou Perkins por usar a distinção que é desnecessária, quando este afirmou que o indivíduo eleito "é obrigado a crer, para que ao crer, ele possa se tornar participante da eleição; o réprobo, para que ao crer, possa ser considerado 'indesculpável', mesmo de acordo com a intenção de Deus".[629] Armínio concluiu que isso está fora de propósito. De acordo com ele, a declaração de Perkins: "Para que ele possa se tornar participante da eleição" é "absurda". Armínio prosseguiu:

> Para que ele possa se tornar participante dos benefícios preparados para ele pela eleição? Não. Se queremos nos confinar nos termos "para que ele possa se tornar realmente participante da redenção obtida para ele por Cristo". Mas o réprobo também é obrigado a crer devido a essa mesma causa. Diga que ele absolutamente não pode se tornar participante e direi que por essa mesma razão, o réprobo não é obrigado a crer. Porque o fim da fé concedida é a aplicação da redenção e de todos os benefícios obtidos para nós pelo mérito de Cristo; o fim da fé ordenada e requerida é que essa aplicação possa ser feita. Mas quão absurdamente é afirmado que "os réprobos, portanto, são obrigados a crer e que por não crerem, eles podem se tornar indesculpáveis".[630]

Neste instante, Armínio expõe a rejeição de Perkins da vontade divina redentora e universal e também sua compreensão da inabilidade humana para responder ao evangelho:

---

[628] Ibid., 427–28. Aqui, o pensamento de Armínio serve como uma crítica ao tipo de exegese das passagens como 1 Timóteo 2.4–6, que se verifica na maioria dos calvinistas extremos, que tentam diferenciar entre "todos, sem distinção" e "todos, sem exceção" em um esforço para apoiar a expiação limitada.

[629] Ibid., 436.

[630] Ibid.

> Direi em uma palavra: ninguém pode admitir-se culpado de uma falta por repudiar uma promessa feita por uma palavra, se a mente do falante determina não cumprir essa promessa a ele; ou preferivelmente, se aquele que promete pela palavra foi nomeado por um decreto confiável que a promessa não pode e não poderá pertencer a ele. Você faz uma objeção a si mesmo, como seu próprio antagonista, e diz: "Mas você alegará que ele não poderia". Não apenas isto, mas isto também: como você refuta esta afirmação, para que se possa consequentemente concluir que é sem culpa aquele que não poderia receber a salvação oferecida? Você diz isso "que a inabilidade é voluntária e nasce conosco e, portanto, não merece desculpa". Perkins, você está equivocado e confunde a inabilidade de cumprir a lei que nos foi transmitida por Adão com a inabilidade de crer em Cristo e receber a graça do evangelho oferecida a nós pela palavra. Visto que por qual obra adquirimos para nós mesmos essa inabilidade? Não por uma obra precedendo essa promessa, portanto, pelo seguinte, isto é, por uma rejeição da promessa evangélica; rejeição que também não pode ser imputada a nós como uma falta, se já fôssemos incapazes quando a promessa foi primeiramente estabelecida a nós. Nada, portanto, é respondido devido à confusão entre as duas inabilidades, que constitui uma falácia de *ignoratio elenchi* [falácia da conclusão irrelevante] e de equívoco.[631]

Armínio prosseguiu:

> Segundo, você argumenta, que "isto é verdadeiro que todos são obrigados a crer. É obrigado, a menos que se coloque um obstáculo diante de si mesmo para não crer". Isto é verdadeiro? Pode alguém colocar um obstáculo diante de si mesmo devido à sua incredulidade, de modo que não deva ser verdadeiro que a pessoa é obrigada a crer? Absurdo.[632]

Concluindo, Armínio insistiu com Perkins sobre a questão de fundir a expiação com sua aplicação. Enquanto a linguagem de Perkins tendeu a igualar a expiação com a eficácia, Armínio argumentou que as duas devem ser distinguidas. De fato, ele lembrou a Perkins da necessidade de distinguir propriamente a "extensão", "suficiência" e "eficácia" da expiação e a "universalidade de sua oferta":

---

[631] Ibid., 437.
[632] Ibid.

Dado que o assunto é: não "se todos os homens e todo homem são realmente regenerados e renovados", mas se Deus reprovou algum homem sem considerar o pecado como a causa meritória; se ele determinou absolutamente privar a qualquer homem da graça da remissão e da renovação do Espírito Santo, sem consideração do demérito pelo qual ele se torna indigno dessa graça.[633]

Depois de sua morte, os seguidores de Armínio foram chamados de "remonstrantes" ou "arminianos". Quarenta e três (alguns dizem 45) ministros arminianos se reuniram em 1610 e formularam uma declaração de suas convicções conhecidas como a "remonstrância". Esse documento foi submetido aos Estados-Gerais da Holanda.[634] O segundo artigo lidou com a expiação e declarou que Cristo morreu com uma intenção salvadora para todos:

> Que, consequentemente, Jesus Cristo, o Salvador do mundo, morreu por todos os homens e por todo homem, de modo que ele obteve para todos eles, mediante sua morte na cruz, a redenção e perdão de pecados; no entanto, ninguém realmente desfruta desse perdão de pecados, exceto o crente, de acordo com a palavra do evangelho de João 3.16: "Porque Deus amou o mundo de tal maneira que deu o seu Filho unigênito, para que todo aquele que nele crer não pereça, mas tenha a vida eterna". E na Primeira Epístola de João 2.2: "E ele é a propiciação pelos nossos pecados e não somente pelos nossos, mas também *pelos de* todo o mundo".[635]

Note o seguinte:

1. A declaração afirma que Cristo "morreu por todos os homens e por todo homem". Nessa declaração compreende-se que Jesus morreu *pelos pecados* de todos. A frase "por todo homem" claramente indica que a morte do Filho é compreendida para abranger todas as pessoas, sem exceção.
2. A morte de Cristo obteve "redenção" para todas as pessoas e "o perdão de pecados". À luz da sentença que imediatamente se segue, é claro que os benefícios da expiação são aplicados apenas àqueles que creem.

---

[633] Ibid., 438-39.
[634] Os cinco artigos remonstrantes em holandês, latim e inglês podem ser encontrados em Schaff, *Creeds of Christendon*, 3:546-49.
[635] Ibid., 545-46.

3. Dois versículos da Escritura são citados para apoiar o Artigo 2: João 3.16 e 1 João 2.2.
4. Embora não seja abertamente afirmado, a implicação da declaração é que Cristo morreu igualmente por todas as pessoas, isto é, com o intento igual de salvar todos.

A maioria dos estados da Holanda não queriam convocar um sínodo nacional, mas eles convocaram uma conferência com a esperança de determinar a natureza e seriedade das diferenças e encontrar meios de tolerância mútua. Na preparação dessa conferência, aqueles que se opuseram aos arminianos redigiram um documento contra a remonstrância, que respondia aos pontos formulados na remonstrância. O quarto ponto desse documento tratou da extensão da expiação.[636] Essa conferência pouco progresso fez e as tensões continuaram a aumentar.

O Sínodo de Dort (1618-1619)

Hoje, a percepção popular, especialmente entre os chamados novos calvinistas é que a expiação limitada foi sacralizada em Dort. Isto não é verdade.[637]

Os remonstrantes geraram tanta agitação, que as autoridades holandesas finalmente determinaram convocar um sínodo nacional, que aconteceu em Dort para tratar dos temas. O Sínodo de Dort e a Assembleia de Westminster na Inglaterra foram os dois eventos eclesiásticos mais significativos do século XVII para o movimento reformado. A princípio, aos remonstrantes era permitido participar das primeiras reuniões do sínodo, mas depois foram sistematicamente excluídos da participação e suas doutrinas foram consideradas inúteis, bem como a presença deles para diálogo ou análise. Outra evidência de que as cartas estavam marcadas contra os arminianos em Dort foi que Ames, um calvinista extremo que empregou o princípio de Lombardo revisado, realmente atuou como secretário particular do presidente do sínodo. O relatório conclusivo do sínodo condenou os remonstrantes e suas doutrinas.[638]

---

[636] Godfrey, "Reformed Thought on the Extent of the Atonement", 155–56.

[637] Moore, "The Extent of the Atonement", 144, 147. Note como Rainbow errou em discernir essa situação em Dort e Westminster (The Will of God and the Cross, 183). Também, a historiografia de Tom Ascol com respeito a Dort está errada: "O Sínodo de Dort representa um acontecimento decisivo no desenvolvimento do conceito da expiação na ortodoxia reformada. O segundo capítulo, ou cânon, da confissão da Assembleia claramente rejeita qualquer compreensão que considera a morte de Cristo como indefinida, universal ou geral em natureza". Veja T. Ascol, "The Doctrine of Grace: A Critical Analysis of Federalism in the Theologies of John Gill and Andrew Fuller" (Ph.D; diss., Southwestern Baptist Theological Seminary, 1989), 215 (ênfase minha).

[638] Consequentemente, uns duzentos pastores arminianos foram privados do direito de servir as igrejas, muitos foram forçados ao exílio e van Oldenbarnevelt foi decapitado (W. Rex, Essays on Pierre Bayle and Religious Controversy, International Archives of the History of Ideas 8 [The Hague: Martinus Nijhoff, 1965], 81).

Godfrey ressaltou que os remonstrantes compreendiam o amor de Deus de duas maneiras: o amor de Deus que era antecedente à salvação e seu amor pelos cristãos subsequente à salvação. Isso refletia o conceito arminiano da ordem dos decretos de Deus.[639] Sem rejeitar a eleição, mas definindo-a diferentemente do calvinismo ortodoxo e situando o decreto de eleição depois do decreto para enviar Cristo como redentor, o resultado lógico era a expiação universal.[640]

Além disso, os remonstrantes argumentaram que a expiação ilimitada não era nada novo na teologia reformada e recorreram a Calvino, Zanchi, Bullinger, Musculus e Gwalther, todos os quais, como vimos, afirmaram uma forma de expiação ilimitada.

Os contrarremonstrantes rejeitaram que Cristo morreu por todos, exceto no sentido de que a morte foi suficiente para todos. Conforme vimos, alguns no campo reformado concordaram com os arminianos que a morte de Jesus satisfez pelos pecados de todas as pessoas e assim foi extrinsecamente suficiente. Porém, a maioria compreendeu essa suficiência apenas em um sentido intrínseco. Por exemplo, William Ames fez uso do princípio de Lombardo, mas definiu a suficiência como somente uma suficiência intrínseca infinita.[641]

A única controvérsia mais debatida entre os representantes reformados no Sínodo de Dort foi concernente à extensão da expiação. Alguns dos representantes concordaram com os remonstrantes que a morte de Cristo satisfez pelos pecados de todas as pessoas e, portanto, rejeitaram o conceito de que o Filho morreu pelos pecados dos eleitos somente.

A história desse debate no sínodo é fascinante em si mesma.[642] Deve-se notar que o sínodo não incluiu todas as igrejas reformadas (a Igreja Reformada de Anhalt não

---

[639] Godfrey, "Reformed Thought on the Extent of the Atonement", 157.

[640] Ibid., 158.

[641] Ibid., 164.

[642] Em acréscimo às fontes primárias, como J. Quick, *Synodicon in Gallia Reformata, or, the Acts, Decisions, Decrees, and Canons of those Famous National Councils of the Reformed Churches in France*, 2 v. (Londres: impresso por T. Parkhurst and J. Robinson, 1692), e as "Letters from the Synod of Dort, from an Authentik Hand," em *The Golden Remains of the Ever Memorable John Hales* (Londres: impresso por T. Newcomb, para R. Pawlet, 1673), os seguintes tratados modernos do Sínodo de Dort sobre o tema específico da extensão da expiação são importantes: G. M. Thomas, *The Extent of the Atonement: A Dilemma for Reformed Theology from Calvin to the Consensus* (Carlisle, UK: Paternoster, 1997). Essa é uma obra resumida e relevante sobre o tema. Outros tratados incluem W. R. Godfrey, "Tensions within International Calvinism: The Debate on the Atonement at the Synod of Dort" (PhD diss., Stanford University, 1974); S. Strehle, "The Extent of the Atonement within the Theological Systems of the Sixteenth and Seventeenth Centuries," 216–35; idem, "The Extent of the Atonement in the Synod of Dort," *Westminster Theological Journal* 51 (1989): 1– 23; W. A. McComish, *The Epigones: A Study of the Theology of the Genevan Academy at the Time of the Synod of Dort, with Special Reference to Giovanni Diodati* (Allison Park, PA: Pickwick, 1989), 85–105; N. R. N. Tyacke, *Anti-Calvinists: The Rise of English Arminianism 1590–1640* (Oxford: Clarendon, 1990),

foi convidada), nem os luteranos foram convidados. O sínodo não foi um concílio das igrejas protestantes da Europa ou mesmo das igrejas reformadas da Europa, mas um sínodo nacional holandês, para o qual vários teólogos reformados de várias partes da Europa foram convidados.[643]

Um acordo final sobre os Cânones de Dort somente ocorreu como consequência da ambiguidade deliberada da comissão na modificação da linguagem do Segundo Cânone a respeito do tema da extensão da expiação. Isso foi feito para conciliar os representantes que afirmaram o particularismo e aqueles, como John Davenant e membros das representações britânicas e de Bremen, que rejeitaram o particularismo e criam que a morte de Jesus pagou o preço pelos pecados de toda humanidade.[644] Como Thomas expôs a questão, "foi possível um acordo final para os artigos ao incluir neles declarações que eram incoerentes e obscuras".[645] Blacketer notou: "A questão da extensão da expiação certamente foi o tema mais difícil e controverso que o sínodo enfrentou. Formular a declaração final sobre esse tema exigiu um grande debate e acordo".[646] James Richards também observou que

> no Sínodo de Dort, havia muitos defensores capazes da doutrina que *Cristo morreu por todos* no único sentido no qual é debatido agora, por aquela parte da escola calvinista que defende uma *propiciação geral*. Os representantes da Inglaterra, *Hesse* e *Bremen*, foram explícitos em suas declarações nesse sentido. Mas nem todos tinham o mesmo pensamento e, portanto, embora concordassem com uma *forma de palavras*, sob a qual todo homem poderia abrigar-se, ela ainda tinha a aparência de uma concessão e não é definida suficientemente para satisfazer o inquiridor exigente.[647]

87–105; and P. White, *Predestination, Policy, and Polemic: Conflict and Consensus in the English Church from the Reformation to the Civil War* (Nova York: Cambridge University Press, 1992), 187–92.

[643] "Dort, Synod of," em *Cyclopedia of Biblical, Theological, and Ecclesiastical Literature*, 12 v., ed. J. McClintock and J. Strong (Grand Rapids, MI: Baker, 1968), 2:870.

[644] Veja Godfrey, "Tensions within International Calvinism," 252–69; e R. Muller, *Post-Reformation Reformed Dogmatics*, 4 v. (Grand Rapids, MI: Baker, 2003), 1:76–77. Veja também, Rex, *Essays on Pierre Bayle*, 87. Richard Muller até disse que as mesmas concessões confessionais sobre a linguagem da extensão da expiação ocorreram em Westminster, de modo a admitir ambos os conceitos.

[645] Thomas, *Extent of the Atonement*, 132.

[646] Blacketer, "Definite Atonement in Historical Perspective," 319.

[647] J. Richards, *Lectures on Mental Philosophy and Theology* (Nova York: M. W. Dodd, 1846), 306.

"O segundo tópico doutrinário de Dort, a morte de Cristo e a redenção dos seres humanos"[648] declarou o seguinte nos artigos 3, 5, 6 e 8 e esses são os pontos-chave relativos à nossa discussão:

Artigo 3: A morte do Filho de Deus é o sacrifício e satisfação singulares e mais perfeitos pelo pecado; é de infinito mérito e valor, demasiado suficiente para expiar os pecados do mundo inteiro.

Artigo 5: Além disso, a promessa do evangelho é que aquele que crer no Cristo crucificado não perecerá, mas terá a vida eterna. Essa promessa, juntamente com o mandamento de arrepender e crer, deveria ser declarada e publicada a todas as nações e a todas as pessoas de forma heterogênea e sem distinção, a quem Deus devido à sua boa vontade envia o evangelho.

Artigo 6: E enquanto muitos que são chamados pelo evangelho não se arrependem nem creem em Cristo, mas perecem na incredulidade, isto não é devido a alguma falha ou insuficiência no sacrifício oferecido por Cristo na cruz, mas deve ser totalmente imputado a eles mesmos.

Artigo 8: Pois este foi o conselho soberano e a vontade mais graciosa e propósito de Deus o Pai, que a eficácia vivificante e redentora da preciosíssima morte de seu Filho deveria se estender aos eleitos, para conceder apenas a eles o dom da fé justificadora, de modo a conduzi-los infalivelmente à salvação, isto é, isso foi a vontade de Deus, que Cristo por meio do sangue na cruz, pelo que ele confirmou o novo pacto, deveria eficazmente redimir de todo povo, tribo, nação e língua todos aqueles, e somente aqueles, que foram desde a eternidade escolhidos para salvação e dados a ele pelo Pai; que ele deveria conceder-lhes fé, a qual juntamente com todos os outros dons redentores do Espírito Santo, ele adquiriu para todos pela sua morte; deveria purificá-los de todo pecado, tanto o original quanto o atual, se cometido antes ou depois de crer; e tendo fielmente os preservado até o fim, deveria finalmente eliminar

---

[648] Schaff, *Creeds of Christendom*, 3:586–87. Os cânones foram publicados em inglês sob o título *O Julgamento do Sínodo Realizado em Dort, concernente aos Cinco Artigos* (Londres: John Bill, 1619).

deles toda mancha e deformidade para o desfrute da glória na presença dele para sempre.⁶⁴⁹

Esses artigos foram mais explicados por uma "declaração de erros que se seguiu imediatamente, a qual o sínodo rejeitou. As rejeições vitais são encontradas nas declarações 1, 3 e 6:⁶⁵⁰

A doutrina verdadeira tendo sido explicada, o Sínodo rejeita os erros daqueles:

1. Que ensinam que Deus o Pai ordenou seu Filho à morte da cruz sem um decreto certo e definido para salvar alguém, de modo que a necessidade, utilidade e mérito do que Cristo adquiriu por sua morte pudesse existir e permanecesse em todas as suas partes completo, perfeito e intacto, mesmo se a redenção adquirida jamais de fato fosse aplicada a alguma pessoa. Pois essa doutrina tende a desprezar a sabedoria do Pai e dos méritos de Jesus Cristo e é contrária à Escritura. Porquanto assim diz nosso Salvador: "Eu dou minha vida pelas ovelhas e as conheço" (Jo 10.15, 27). E o profeta Isaías diz concernente ao Salvador: "Quando a sua alma se puser por expiação do pecado, verá a sua posteridade, prolongará os dias, e o bom prazer do Senhor prosperará na sua mão" (Is 53.10). Finalmente, isto contradiz o artigo de fé de acordo com o que cremos, a Igreja Católica Cristã.
3. Que ensinam que Cristo mediante sua satisfação não mereceu a salvação para ninguém, nem a fé, pela qual essa satisfação do Filho para salvação é efetivamente apropriada; que ele adquiriu para o Pai somente a autoridade ou a vontade perfeita para lidar de novo com o homem e para prescrever novas condições quando ele desejasse, obediência para o que, contudo, dependia do livre-arbítrio humano, de modo que isso pudesse acontecer que ninguém ou todos cumpririam essas condições. Pois esses avaliam com muito desprezo a morte de Cristo, não são sábios em reconhecer o fruto mais importante ou benefício obtido e novamente trazem do inferno o erro pelagiano.
6. Que usam a diferença entre merecer e apropriar com o propósito de que talvez eles transmitam às mentes dos imprudentes e inexperientes este ensino que Deus, no

---

⁶⁴⁹ Com respeito a este artigo, Thomas observou: "Por um lado, não há tentativa de resolver a aparente contradição entre a declaração de suficiência universal, pregação e inculpabilidade e por outro lado, a vontade salvadora limitada e a eficácia" (*Extent of the Atonement*, 133).

⁶⁵⁰ Schaff, Creeds of Christendom, 3:563–64. Para apêndices relevantes contendo informação biográfica dos representantes em Dort, as opiniões dos remonstrantes, os Cânones de Dort e assim por diante, consulte P. Y. De Jong, ed. Crisis in the Reformed Churches: Essays in Commemoration of the Great Synod of Dort, 1618–1619 (Grand Rapids, MI: Reformed Fellowship, 1968), 197–262.

que concerne a ele, determinou aplicar a todos igualmente os benefícios obtidos pela morte de Cristo, mas que, enquanto alguns obtêm o perdão do pecado e a vida eterna e outros não, essa diferença depende do próprio livre-arbítrio deles, o que se liga à graça que é oferecida, sem exceção, e que ela não é dependente do dom especial de misericórdia, que atua eficazmente neles; que eles, ao contrário de outros, devem se apropriar desta graça. Pois estes, embora simulem que apresentam esta distinção, em um bom sentido, procuram instilar nas pessoas o veneno destrutivo dos erros pelagianos.

Note cuidadosamente o que é declarado no Artigo 8 sob o segundo tópico da doutrina sobre a morte de Cristo. "Que a eficácia vivificante e redentora da preciosíssima morte de seu Filho deveria se estender a todos os eleitos" e "esta era a vontade de Deus, que Cristo, por meio do sangue da cruz, pelo qual ele confirmou o novo pacto, deveria eficazmente redimir de todo povo, tribo, nação, língua todos aqueles, e aqueles somente, que foram desde a eternidade escolhidos para salvação".[651] Aqui, o cânon está afirmando que a redenção eficaz de Cristo é designada para se realizar somente nos eleitos. O cânon não está afirmando que a obra redentora de Jesus foi realizada somente nos eleitos. Além disso, não há nada nas rejeições que arruinaria essa interpretação.

É assim que Davenant e os outros representantes que afirmavam a expiação universal poderiam subscrever os documentos de boa-fé. O que se afirma formalmente é que a morte de Cristo é na realidade eficaz apenas para os eleitos. O que é formalmente rejeitado é o conceito arminiano do *intento* da expiação, isto é, que o Filho morreu *igualmente* por todos (note o uso da palavra "igualmente" na rejeição 6, visto anteriormente). O que não é formalmente rejeitado é que Cristo morreu pelos pecados de todos com respeito à *extensão*.[652] Outra vez, deve-se reconhecer que os primeiros reformados fizeram uma distinção clara entre o intento para aplicar a expiação e sua extensão. Mais tarde, os particularistas fundiram o *intento para aplicar* com a *extensão* e os compreenderam como coextensivos. Os universalistas hipotéticos não compreenderam o *intento para aplicar* e a *extensão* coextensivamente.[653]

---

[651] P. Schaff, *The Creeds of Christendom*, 6th ed., P. Schaff, rev. D. S. Schaff (Grand Rapids, MI: Baker, 1993), 3:587.

[652] J. Moore, "The Extent of the Atonement", 145–46.

[653] Observe a declaração ambígua de Wallace: "Os representantes ingleses em Dort concordaram que a predestinação era incondicional, que a expiação era limitada aos eleitos". Se Wallace pretende dizer que a expiação era eficazmente limitada aos eleitos, isto é, em sua aplicação, então sua declaração é verdadeira. Se ele pretende sugerir que o sínodo concluiu que a expiação era limitada em sua extensão aos eleitos apenas, então ele está equivocado (Puritans and Predestination, 81). Wallace também afirmou: "Entretanto, Ussher dedicou tempo em suas cartas para explicar esses

Embora hoje as rejeições sejam raramente citadas com o Segundo Tópico de Doutrina sobre a Morte de Cristo, nos cânones de Dort, de acordo com Sinnema, a comissão relatora dos documentos finais usou o termo "Cânones" para se referir apenas às rejeições. Os artigos positivos, que vieram a ser conhecidos como os "Cânones de Dort", foram abrangidos no documento final para apoiar as rejeições. Portanto, é vital interpretar os Cânones de Dort à luz das rejeições.[654] Quando isso for feito, torna-se até mesmo mais evidente que embora a maioria dos representantes pessoalmente fossem adeptos da expiação limitada, os cânones finais foram escritos com ambiguidade suficiente, de modo a não sacralizar a expiação limitada como a posição "oficial" de Dort.

A representação inglesa,[655] liderada por John Davenant, está entre aquelas que defenderam que a morte de Cristo era ilimitada em sua extensão que ela satisfez pelos pecados de todos os homens.[656] Nesse tópico, Davenant e outros estavam de acordo com os remonstrantes, mas em desacordo com seus colegas particularistas, que fundiram o intento para aplicar e a extensão da expiação. Thomas havia enfatizado um conceito fundamental quando reconheceu:

> A abordagem dupla da submissão britânica é enfaticamente recordativa da abordagem de Ursinus para o tema da extensão da expiação. É mais do que provável que os britânicos estavam influenciados por isso, porque a exposição dele do Catecismo de Heidelberg circulou amplamente na Inglaterra durante os prévios 30 anos. Na realidade, ele foi quase que uma citação palavra por palavra, quando os britânicos disseram:

---

assuntos como expiação limitada" (ibid., 97). Conforme veremos na sequência, Ussher escreveu claramente contra a expiação limitada e em favor do universalismo hipotético.

[654] D. Sinnema, "The Canons of Dordt: From Judgment on Arminianism to Confessional Standard," em *Revisiting the Synod of Dordt (1618–1619)*, ed. A. Goudriaan and F. van Lieburg; Brill's Series em Church History 49 (Leiden: Brill, 2011), 313–33; e Moore, "The Extent of the Atonement", 146.

[655] Para um estudo detalhado, veja A. Milton, *The British Delegation and the Synod of Dort (1618–1619)* (Suffolk: Boydell, 2005).

[656] A representação inglesa declarou:
Deus, tendo pena da queda da raça humana, enviou seu Filho, que se entregou como o preço da redenção pelos pecados do mundo inteiro... Pois esse preço, que foi pago por todos os homens, certamente beneficiará todos que creem para a vida eterna, entretanto, nem todos os homens se beneficiam . . . Portanto, Cristo morreu por todos os homens, para que todos e cada um, pela mediação da fé, mediante a virtude desse resgate correspondente, possam obter a remissão de pecados e a vida eterna. (Acta Synodi Nationalis, in Nomine Domini Nostri Iesv Christi, Autoritate Illvstr. Et Praepotentvm D.D. Ordinvm Generalivm Foederati Belgij Prouinciarum, Dordrechti Habitæ anno M.DC.XVIII & M.DC.XIX [Hanoviæ: Impensis Egenolphi Emmelii, 1620], II:78)

"Consideramos duas coisas nesta oferta de Cristo: a maneira de chamar as pessoas para a participação real e o fruto".[657]

Vimos como tanto Ursinus e o Catecismo de Heidelberg defenderam a expiação universal.

Além disso, a delegação de Bremen defendeu a expiação ilimitada e incluiu como uma das razões a necessidade de fundamentar a oferta bem-intencionada do evangelho a todos no fato que Cristo satisfez pelos pecados de todos. Por exemplo, Martinius declarou:

> Se essa redenção não pressupuser uma bênção comum concedida a todos os homens, a pregação indiscriminada e heterogênea do evangelho delegada aos apóstolos para ser exercida entre as nações *não terá real fundamento na verdade* [...] pois como de um benefício, suficiente de fato, mas não designado para mim por uma intenção sincera, pode-se deduzir a necessidade de crer que ele pertença a mim? Essa redenção é o pagamento de um preço devido para nós cativos, não que devamos escapar do cativeiro em todos os eventos, mas que devamos ser capazes e somos obrigados a escapar e de fato devemos escapar se crêssemos no Redentor.[658]

Martinius defendeu que a expiação universal foi realmente necessária: "Pois como pode-se deduzir uma necessidade de crer que um benefício pertença a mim, que é de fato suficiente, mas não destinado a ser assim por uma intenção verdadeira?"[659] Assim, havia alguns em Dort, como Davenant e Martinius, que defenderam uma abordagem dualista para a questão do desígnio da expiação: Cristo morreu por todos que ele satisfez pelos pecados de todos, mas ele morreu especialmente com o intento de salvar os eleitos e a eleição é que determina quem pode e quem crerá. "Redenção realizada não teria que ser coextensiva com a redenção aplicada".[660]

Ninguém foi mais influente em Dort para defender a expiação ilimitada do que John Davenant (1572-1641), professor de teologia da cátedra Lady Margareth em Cambridge, foi nomeado bispo de Salisbury pouco tempo depois de retornar de Dort

---

[657] Thomas, *Extent of the Atonement*, 134. Veja também, os comentários de Robert Godfrey sobre a similaridade entre as declarações de Martinius na Tese XXV e aquelas de Ursinus em seu comentário ("Tensions within International Calvinism," 196–98).

[658] E. Griffin, "Uma Humilde Tentativa de Conciliar as Diferenças de Cristãos com Respeito à Extensão da Expiação", em *The Atonement: Discourses and Treatises* (Boston: Congregational Board of Publication, 1859), 371; citando e traduzindo Martinius.

[659] Citado em Thomas, *Extent of the Atonement*, 137.

[660] Ibid., 137, 147.

para a Inglaterra. Davenant escreveu uma obra muito importante sobre a extensão da expiação chamada "A Dissertation on the Death of Christ"[661] [Uma Dissertação sobre a Morte de Cristo]. Sempre ignorada ou negligenciada, é uma das obras mais significativas na história da teologia reformada que defende a expiação ilimitada.

Considere o seguinte desta "Dissertação", que exibe seu pensamento sobre o assunto, especialmente com respeito aos conceitos dos pais da igreja, Agostinho e Próspero:

> Penso que pode ser verdadeiramente afirmado, que antes do debate entre Agostinho e Pelágio, não havia a questão concernente à morte de Cristo, se ela deveria ser estendida a toda humanidade ou ser confinada somente aos eleitos. Pois os Pais quando falaram da morte de Cristo para nós, eles a descreveram como realizada e sofrida para a redenção da raça humana. E não há uma palavra (que sei) que ocorra entre eles da exclusão de quaisquer pessoas pelo decreto de Deus. Eles concordam que ela é na realidade benéfica apenas àqueles que creem, entretanto, eles confessam em todo lugar que Cristo morreu em nome de toda humanidade [...]
>
> Contudo, os adversários deles costumavam objetar a Agostinho, que eles ensinavam que Cristo foi crucificado pelos predestinados somente; e dessa objeção dos pelagianos, alguns, em eras sucessivas, manipularam para incendiar a controvérsia anteriormente mencionada. Isso é manifesto das objeções dos vicentinos, na qual a preponderante é que *nosso Senhor Jesus Cristo não sofreu pela salvação e redenção de todos os homens*. Isso é evidente das Respostas de Próspero aos *Artigos* dos Teólogos Galicanos, onde a nona objeção deles é enunciada dessa maneira: *Que o Salvador não foi crucificado pela redenção do mundo todo*. Os semipelagianos objetaram a isto como novo, injusto e errôneo. Mas Próspero refuta essas objeções, não por defender que Cristo sofreu apenas pelos eleitos, mas por mostrar de onde ela surge, que a paixão de Cristo é benéfica e redentora para os eleitos apenas [...] Portanto, declaramos que Agostinho jamais tentou contestar essa proposição dos semipelagianos, que *Cristo morreu pela raça humana inteira*, mas com toda sua eficiência, ele refutou a adição que haviam feito a isto. E demonstrou que a propriedade ou benefício da redenção, isto é, da vida eterna, pertence aos predestinados somente, porque eles apenas não vivem na incredulidade,

---

[661] J. Davenant, "A Dissertation on the Death of Christ," em *An Exposition of the Epistle of St. Paul to the Colossians*, 2 v., trans. J. Allport (Londres: Hamilton, Adams, and Co., 1832), 2:309–569.

> jamais morrem na impiedade ... Pois nem Agostinho jamais se opôs como errônea a proposição *que Cristo morreu não por todos os homens, mas só pelos predestinados*.[662]

Considerando que Davenant era o líder da representação inglesa em Dort, prova-se útil cogitar que a representação inglesa submeteu seu conceito da extensão da expiação conforme refletido no "Sufrágio do Colegiado dos Teólogos da Grã-Bretanha, concernente aos Cinco Artigos Controversos do Sínodo de Dort", especificamente o segundo artigo. Na "Primeira Posição", a representação afirmou claramente que Cristo morreu pelos eleitos baseado em um amor especial por Deus e de Cristo por eles. Na "Segunda Posição", os representantes declararam que todos os dons da graça procederam para os eleitos sob o cumprimento das condições do pacto. "A Terceira Posição" é vital para a compreensão do conceito da delegação britânica sobre a extensão da morte de Cristo. Eles afirmam, com termos inequívocos, que Deus enviou seu Filho para se entregar como um resgate "pelos pecados do mundo inteiro".

Além disso, é com base nessa expiação universal pelos pecados de todos que, todos os homens são redimíveis e o evangelho pode ser, portanto, pregado a todos. Que o preço pelos pecados foi pago por todos de uma forma que não anula a doutrina da eleição. "A Quarta Posição" declarou:

> Portanto, Cristo assim morreu por todos, para que todos e cada um, pelos meios de fé, pudessem obter a remissão de pecados e a vida eterna mediante a virtude do resgate pago de uma vez por todas pela humanidade inteira. Mas Cristo assim morreu pelos eleitos, para que pelo mérito de sua morte, de uma maneira especial destinado a eles e de acordo com o beneplácito eterno de Deus, pudessem infalivelmente obter a fé e a vida eterna.

O fundamento da oferta do evangelho universal é a morte de Cristo pelos pecados de todas as pessoas. Se alguém crer, ele pode obter perdão dos pecados e a vida eterna.[663]

---

[662] Ibid., 318–20, 328, 330 (ênfase no original).

[663] Milton, *The British Delegation*, 243–51. Milton trabalha de acordo com a fonte original, George Carleton, et al., *The Collegiat Suffrage of the Divines of Great Britaine, concerning the Five Articles Controverted in the Low Countries. Which Suffrage Was by Them Delivered in the Synod of God, March 6, Anno 1619. Being Their Vote or Voice Forgoing the Joint and Publique Judgment of that Synod* [Resolução do Colegiado de Teólogos da Grã-Bretanha concernente aos Cinco Artigos Debatidos nos Países Baixos. Resolução que foi pronunciada no Sínodo de Deus no dia 6 de março de 1619. Sendo que o voto ou a opinião do colegiado recusou a decisão conjunta e pública desse Sínodo](Londres: Robert Milbourne, 1629), 43–64.

Davenant e a representação inglesa subscreveram os cânones finais do Sínodo de Dort. Consideraremos Davenant com mais detalhes, adiante.

Ludwig Crocius (1586/7–1653/5)

Ludwig Crocius foi um calvinista alemão e representante no Sínodo de Dort, que também defendeu a expiação universal. Ele declarou que Cristo morreu por todos e isso fornece o fundamento para uma genuína oferta de salvação para todos que ouvem o evangelho. Sobre esses fundamentos, todas as pessoas são requeridas a arrepender-se e crer no evangelho, embora nem todas o farão. Crocius citou os seguintes textos como evidência: João 1.29, 3.16; 1 Timóteo 4.10, Hebreus 2.9, 10.29; 1 Coríntios 5.15, 8.11 e 2 Pedro 2.1.[664]

Letham reconheceu que Crocius cria que o amor de Deus incluía a raça humana toda, mas pareceu sugerir que o próprio Crocius defendeu a expiação limitada:

> Para Crocius, a vontade revelada de Deus, conforme encontra expressão na promessa do evangelho, tem predominância sobre a doutrina da eleição. A misericórdia de Deus, que é a fonte de nossa salvação, é que envolve a raça humana inteira e deste modo deseja que todos os homens sejam salvos. A graça dele é, consequentemente, não restrita aos eleitos apenas, mas à raça inteira. No entanto, esse amor universal de Deus não se opõe à eleição. Nem se conclui que todos os homens são eleitos. Portanto, embora ele defenda a expiação limitada, enfatiza consideravelmente a suficiência da expiação. O sacrifício de Cristo é de valor infinito devido ao que ele é e ao que sua oferta realmente era. Sua obra expiatória é oferecida a todos os homens e é eficaz para eles sob arrependimento e fé. Mas sua intenção e eficácia é para os eleitos somente.[665]

Tony Byrne corretamente notou a linguagem potencialmente confusa de Letham nesta citação:

> Deve-se ser cuidadoso com a forma confusa de Letham descrever as coisas. O intérprete moderno pode ler a declaração de Letham, que

---

[664] Ludovici Crocie, *Syntagma sacrae theologiae quatuor libris adornatum, Quo exhibetur idea Dogmatum Ecclesiasticorum, Pro conditione ecclesiae Sardensis* (Bremae: Typis Bertholdi Villeriani, 1636), 1013–14.

[665] R. W. Letham, "Saving Faith and Assurance in Reformed Theology: Zwingli to the Synod of Dort," 2 v. (PhD diss., University of Aberdeen, 1979), 2:124. Veja Heinrich Heppe, *Reformed Dogmatics* (Grand Rapids, MI: Baker, 1978), 372, onde Heppe cita Crocius sobre João 3.16, indicando que a interpretação de Crocius de "mundo" é todas as pessoas e não apenas os eleitos.

Crocius defendeu a "expiação limitada" (seu rótulo moderno) e pensar que Crocius *não* cria que Cristo satisfez por todos os homens. Não é esse o caso. Mesmo o latim que Letham cita na nota de rodapé 290 revela que Crocius usa a linguagem dos calvinistas moderados no Sínodo de Dort, como Davenant e Martinius. O conceito de Crocius de suficiência não interpreta como uma "simples suficiência", mas como uma "suficiência ordenada" para todos que propriamente fundamentam a séria oferta *bona fide* no evangelho. Entretanto, como todos os calvinistas, Crocius verifica uma limitação eficaz *na aplicação* da morte de Cristo para os eleitos somente, que se origina do *intento* eficaz de Cristo. Quando Crocius cita Calvino [*sobre João 3.17*] em apoio ao seu ponto concernente à aplicação eficaz aos eleitos apenas, isso não é como ele pensa que Calvino não ensinou que Cristo satisfez por todos os homens, conforme Letham parece inferir na nota de rodapé 291. Citar Calvino em apoio a uma aplicação que é eficaz apenas para os eleitos não nos diz nada sobre a opinião de Crocius sobre o conceito de Calvino da satisfação em si mesma (isto é, se ela foi para todos os homens ou não), contrário à inferência de Letham.[666]

Conclusão

Em síntese, várias conclusões podem ser extraídas. Primeiro, no princípio do século XVII, a comunidade reformada estava dividida sobre a questão da extensão da expiação. Os procedimentos em Dort tornaram isso claro. No continente e na Inglaterra, alguns da tradição reformada formulavam argumentos enfáticos em defesa da expiação universal, dizendo que essa era a posição original dos primeiros teólogos da tradição reformada.

Exemplos notáveis foram James Ussher (1581-1656); o arcebispo de Armagh, um dos mais influentes líderes reformados da Grã-Bretanha no século XVII[667] e o prolífico autor puritano e pregador, John Preston (1587-1628),[668] sobre quem teremos mais a dizer.

---

[666] T Byrne, "Robert Letham sobre a Primazia do Evangelho na Teologia Reformada em Ludwig Crocius", *Theological Meditations* (blog), 14 de julho de 2012, http://www.theologicalmeditations.blogspot.com/2012/07/letham-on-primacyof-gospel-over.html.

[667] J. Ussher, "The True Intent and Extent of Christ's Death and Satisfaction upon the Cross", em *The Whole Works of the Most Rev. James Ussher, D. D.*, 17 v., ed. C. Elrington (Dublin: Hodges, Smith, and Co., 1864), 12:553–71.

[668] Veja Moore, English Hypothetical Universalism, 94–140, para uma interação completa com os escritos de Preston e sua conclusão que Preston era um universalista hipotético.

Segundo, o sínodo (e de fato todos na tradição reformada) rejeitou a posição arminiana sobre a questão do *intento* da expiação, a saber, que ela foi designada e intencionada *igualmente* para a salvação de todos, mas não designada por qualquer pessoa particular. Particularistas e universalistas estavam unidos na convicção de que Cristo morreu eficazmente pelos eleitos apenas e não eficazmente por todos igualmente.[669]

Terceiro, havia alguns representantes que concordaram com os arminianos sobre a questão da extensão da expiação, a saber, que Cristo satisfez pelos pecados de toda humanidade.

Quarto, que homens como Davenant, Ussher e assim por diante seriam acusados por alguns dos irmãos reformados do passado e do presente, como arminianos por causa da posição deles sobre a extensão da expiação não é nada menos que equívoco grosseiro ou revisionismo histórico.[670]

Quinto, a linguagem final do cânon sobre a expiação foi construída com ambiguidade deliberada para permitir ambos os lados do debate ratificarem de boa consciência. Portanto, os Cânones de Dort não excluíram o conceito particular, mas também não suprimiram o universalismo hipotético. A obra de Robert Godfrey, Richard Muller, Robert Letham, Carl Trueman, G. Michael Thomas, dentre muitos outros, demonstra isso sem dúvida.

Sexto, Dort revelou uma mentalidade entre alguns dos representantes mais extremos, que afirmavam o particularismo, que previa dificuldade para a trajetória dos reformados. Esses representantes de Guéldria e Frísia, em resposta à questão: "Por

---

[669] J. Moore, "Extent of the Atonement", 147.

[670] Por exemplo, Wallace (*Puritans and Predestination*, 103) registra uma cena notável envolvendo Davenant e Samuel Harsnett:

> Um desses calvinistas episcopais, o bispo Davenant, pregando diante do rei em 1630, em um contra-ataque aos arminianos, tomou a liberdade de tocar nos pontos proibidos, sustentando que a eleição excluía o mérito humano e o livre-arbítrio na salvação. Como punição, Davenant foi forçado a comparecer diante do Concílio Privado de joelhos e foi repreendido por Samuel Harsnett, que então foi transferido para o arcebispado de York. Em sua defesa, Davenant insistiu que ele não havia pregado mais do que todos os ministros da Igreja Inglesa foram obrigados a subscrever nos Trinta e Nove Artigos. Na correspondência, o bispo Hall concordou com os conceitos de Davenant, declarando que ele "viveria e morreria" de acordo com o Sínodo de Dort e Ussher ficou surpreso que a doutrina estabelecida da igreja poderia ser assim questionada. Não se exigiu mais que ficasse em silêncio depois da convocação do Longo Parlamento; Davenant, então, escreveu contra o arminiano Samuel Hoard, defendendo "o decreto absoluto de predestinação" e "o decreto absoluto de reprovação negativa" como o ensino oficial da Igreja da Inglaterra e advertiu contra qualquer exposição do amor geral de Deus pela humanidade que obscurecesse "o amor especial e misericórdia de Deus preparados desde toda eternidade e concedidos no devido tempo aos eleitos".

que o evangelho é pregado a todos?" respondeu que não há obrigação de pregar o evangelho a todos. Sendo assim, mesmo em Dort, demonstrou-se uma forma inicial de hipercalvinismo.

Defendi em outro contexto que o salto para o hipercalvinismo não pode ser dado sem a plataforma da expiação limitada.[671] O ponto importante aqui é que não é preciso esperar até o século XVIII para encontrar o hipercalvinismo; a conexão entre expiação limitada e hipercalvinismo pode ser verificada em alguns teólogos reformados já em Dort.[672]

Sétimo, essa questão da oferta bem-intencionada do evangelho tornou-se o principal tema de discussão em Dort e continuou assim nos próximos séculos. A razão porque isso tornou-se um tema tão controverso foi devido, em grande parte, à doutrina da expiação limitada. O debate em Dort revelou o problema enfrentado por aqueles que queriam afirmar uma expiação limitada. Como é que o evangelho pode ser genuinamente oferecido a todos se Cristo não morreu pelos pecados de todos? Esse problema ameaça bastante a defesa de John Owen da expiação limitada.[673] Exploraremos o tema da oferta bem-intencionada do evangelho da plataforma da expiação limitada detalhadamente, adiante.

Os comentários de Richard Muller sobre Dort são especialmente importantes:

> Declarações claras de universalismo hipotético não especulativo podem ser encontradas (como Davenant reconheceu) nas *Décadas* e no comentário de Apocalipse de Heinrich Bullinger, no *Loci communes* [Temas Doutrinários Fundamentais] de Wolfgang Musculus, nas palestras catequéticas de Ursinus e no *Tractatus de preedestinatione sanctorum* [Da Santa Predestinação] de Zanchi, entre outras obras. Além disso, os Cânones de Dort, ao afirmarem a distinção padrão de uma suficiência da morte de Cristo para todos e sua eficiência para os eleitos, de fato evita canonizar a primeira forma do universalismo hipotético ou a pressuposição de que a suficiência de Cristo serve apenas para deixar os não eleitos

---

[671] Allen, "The Atonement: Limited or Universal?" em *Whosoever Will*, 96.

[672] Thomas, *Extent of the Atonement*, 149, notou, concernente a esses particularistas: "Portanto, ao lutar pela consistência teológica, alguns dos teólogos mais particularistas estavam erodindo uma parte majoritária da herança reformada, por alterar e restringir essa pregação da palavra".

[673] Martin Foord concluiu do livro de John Owen, *Death of Death in the Death of Christ*, que Owen baseou a livre oferta do evangelho no amor particular de Deus pelos eleitos apenas. Os conceitos de Owen tendem assim "em direção do chamado hipercalvinismo', que se desenvolveu no século XVIII" (M. Foord, "John Owen's Gospel Offer: Well-Meant or Not?," em The Ashgate Research Companion to John Owen's Theology, ed. K. M. Kapic and M. Jones [Farnham, UK: Ashgate, 2012], 283).

sem desculpa. Embora Moore possa citar declarações da conferência de York, que Dort "abertamente ou secretamente rejeitou a universalidade da redenção do homem" (156); acontece que vários dos signatários dos Cânones eram universalistas hipotéticos, não apenas a representação inglesa (Carleton, Davenant, Ward, Goad e Hall), mas também alguns dos representantes de Bremen e Nassau (Martinius, Crocius e Alsted), que Carleton e os outros representantes continuaram a afirmar os pontos doutrinários de Dort enquanto se distanciavam da disciplina da Igreja da Confissão Belga e que no curso do debate do século XVII, mesmo os amiraldianos foram capazes de argumentar que o ensino deles não foi contrário aos Cânones. Em outras palavras, a forma não especulativa, não amiraldiana do universalismo hipotético não era nova nas décadas posteriores a Dort nem uma moderação da tradição. Os conceitos de Davenant, Ussher e Preston seguiram uma trajetória permanente há muito reconhecida como ortodoxa entre os reformados.[674]

Robert Godfrey concluiu: "Contudo, do debate do Sínodo emergiu uma declaração consensual equilibrada da doutrina reformada da extensão da expiação, que acomodava variedades consideráveis de pensamento sobre esse tema na comunidade reformada internacional".[675] A conclusão de Thomas sobre o tema da extensão da expiação nos primórdios da teologia reformada é vital para um entendimento adequado da situação do Sínodo de Dort. Os Cânones de Dort apresentaram uma

> mistura do universal-condicional e das interpretações restritiva-absoluta da expiação [...] "Nem pode ser afirmado, com base em uma pesquisa sobre a Reforma e o período clássico, que sempre houve algo como uma posição reformada coerente e acordada a respeito da extensão da expiação. Essa é a mais óbvia conclusão que emerge de todos os fatos da pesquisa atual e que desafia nesse aspecto, se não desde Calvino, pelo menos, desde Beza em diante".[676]

Oliver Crisp extraiu várias conclusões significativas que apoiam nossa compreensão do que ocorreu no Sínodo de Dort e além com respeito ao universalismo hipotético. Primeiro, ele jamais foi repudiado por algum sínodo ou concílio reformado. As chamadas

---

[674] R. Muller, "Review of Jonathan Moore's *English Hypothetical Universalism*", *Calvin Theological Journal* 43 (2008): 150.

[675] Godfrey, "Reformed Thought on the Extent of the Atonement", 171.

[676] Thomas, *Extent of the Atonement*, 249–50.

Três Formas de Unidade: a Confissão Belga, o Catecismo de Heidelberg e os Cânones do Sínodo de Dort, bem como os Artigos Anglicanos de Religião (Os Trinta e Nove Artigos) "são consistentes com o universalismo hipotético".[677] Segundo, o mesmo é verdadeiro quanto à Confissão de Westminster.[678] Terceiro, "contrário a algumas exposições populares sobre o tema, não há boa razão para pensar que Dort afirmasse uma doutrina da expiação que excluísse o universalismo hipotético".[679] Quarto, o Artigo 2.8 do Sínodo de Dort claramente afirma que a expiação será aplicada apenas aos eleitos, mas não faz nenhuma declaração limitando a extensão real da expiação.[680]

Vimos que todos os principais reformadores, seguindo Calvino, (com a exceção de Beza e, possivelmente Olevianus) defenderam uma forma de expiação ilimitada. O próprio Muller concluiu que a maioria desses homens defendeu um universalismo hipotético. Além disso, Ussher, Davenant e Martinius também defenderam uma expiação ilimitada. O ponto importante aqui é que tudo era assim antes de Dort e antes da controvérsia amiraldiana.

Esses fatos são importantes por diversas razões. Primeiro, sempre se acreditou que foram os arminianos e os amiraldianos que primeiro promulgaram a noção da expiação universal entre os reformados. Segundo, muitos no campo reformado cometeram erros históricos em suas declarações que esses homens defenderam a expiação limitada.[681] Terceiro, não havia algo como um consenso reformado sobre o invariável tema da extensão até Amyraut e os amiraldianos.

Historicamente, às vezes, as pessoas em ambos os lados do corredor tentam afirmar que Dort defende o ponto de vista deles. Essa é a situação com os particularistas. Estritamente falando, nem os moderados nem os calvinistas extremos podem fazer essa afirmação, pois os cânones finais permitem certa ambiguidade deliberada sobre o tema.[682] Os detalhes são suficientemente amplos o bastante para permitir que

---

[677] O. Crisp, *Deviant Calvinism: Broadening Reformed Theology* (Minneapolis, MN: Fortress, 2014), 178.

[678] Ibid., 181.

[679] Ibid., 179.

[680] Ibid., 181.

[681] Por exemplo, Roger Nicole argumentou que Ursinus era adepto da expiação limitada ("The Doctrine of the Definite Atonement in the Heidelberg Catechism", The Gordon Review 3 [1964]: 143– 44) e Shultz afirmou: "A maioria dos reformadores, seguindo Calvino, como Beza, Musculus, Casper Olevianus, Zacharius Ursinus, David Pareus, Peter Vermigli, Jerome Zanchi e William Perkins, todos defenderam a redenção particular" (Shultz, "A Biblical and Theological Defense," 49). Conforme vimos, nessa lista de nomes, apenas Beza e Perkins podem ser definidos como defensores da redenção particular compreendida como substituição limitada pelos pecados dos eleitos somente.

[682] Durante o Sínodo Cristão Reformado de 1967, H. Boer relatou o que Dr. Henry Zwaanstra lhes disse sobre as opiniões amplas expostas no Sínodo de Dort. Boer escreveu: "Concluindo, deve-se observar que, se como o professor Zwaanstra declarou no sínodo, conceitos que eram

ambos os grupos interpretem os cânones como eles serão; no entanto, os detalhes claramente repudiam a noção arminiana que Cristo morreu *igualmente* pela salvação de todas as pessoas. Não parece apenas possível, mas provável, que Turretini e a escola de Genebra, em meados do século XVII, tentaram usar Dort para provocar uma cisão entre o conceito particularista deles e este do grupo mais moderado, em um esforço de retratar os moderados como além das fronteiras da ortodoxia dortiana.

Amyraut, Amiraldismo e a Escola de Saumur[683]

John Cameron (1579-1625) foi professor de teologia na Academia Reformada Francesa de Saumur de 1618-1621. Cameron foi aluno de Paraeus em Heidelberg por um ano. Já consideramos a convicção de Paraeus pela expiação universal. Cameron deixou uma impressão indelével em Amyraut. Como pregador e teólogo sua preocupação com a pregação do evangelho evidenciou sua abordagem da extensão da expiação. Cameron partiu da pressuposição de que as pessoas não podem ser chamadas a crer que Cristo morreu por elas, a menos que se saiba que é verdadeiro que ele o fez.[684]

---

tão distantes quanto aqueles de Herman Hoeksema [um hipercalvinista] e de Harold Dekker [que afirmou a expiação ilimitada] foram aceitos no Sínodo de Dort como expressões legítimas da fé reformada, então temos em nossa confissão amplo e considerável espectro através do qual refletimos a luz da Palavra de Deus do que muitos de nós presumíamos" (H. Boer, "Decision on a Controversy," *The Reformed Journal* 17 [1967]: 9).

[683] Sobre a controvérsia amiraldiana, as palavras-chave são L. Proctor, "The Theology of Moise Amyraut Considered as a Reaction against Seventeenth-Century Calvinism" (PhD diss., University of Leeds, 1952); B. Armstrong, *Calvinism and the Amyraut Heresy: Protestant Scholasticism and Humanism in Seventeenth- Century France* (1969; reimp. Eugene, OR: Wipf & Stock, 2004), 158–262; e F. P. van Stam, *The Controversy over the Theology of Saumur 1635–1650: Disrupting Debates among the Huguenots in Complicated Circumstances* (Amsterdam: APA- Holland University Press, 1988).

[684] Thomas, *Extent of the Atonement*, 175. Cameron também declarou que "Cristo morreu suficientemente pelos ímpios e eficazmente pelos cristãos, o que é, de fato, minha opinião. Mas então, eu amplio o sentido desse assunto com o termo suficientemente, e assim vou além, talvez, mais do que alguns outros". Veja a carta de Cameron a J. Capell (May 16, 1612) em R. Wodrow, *Collections Upon the Lives of the Reformers and Most Eminent Ministers of the Church of Scotland*, ed. W. J. Duncan, 2 v. (Glasgow: Edward Khull [Maitland Club], 1834–1845), 2:102; ênfase no original. Gootjes erradamente inferiu dessa declaração que "Cameron deseja ir além da distinção tradicional suficiência-eficiência, pois ele argumenta que a palavra 'suficiência' significa mais do que a maioria presume". Veja A. Gootjes, "John Cameron (ca. 1579–1625) e a Tradição Universalista Francesa" em *The Theology of the French Reformed Churches: From Henri IV to the Revocations of the Edict of Nantes*, ed. M. I. Klauber (Grand Rapids, MI: Reformation Heritage Books, 2014), 185. Cameron estava simplesmente afirmando que ele admitia um sentido mais extenso do termo "suficiência" do que outros admitiam, dado que ele acreditava que Cristo satisfez pelos pecados de todos os homens. Foram os outros, não Cameron, que seguiram além do sentido tradicional ou clássico do princípio de Lombardo.

Moise Amyraut (1596-1664) foi aluno de John Cameron. Ele foi pastor em Saumur de 1626 a 1633 e no fim desse período, começou a ensinar na academia, vindo a ser seu diretor em 1640 até sua morte.

Amyraut se opôs ao arminianismo como um sistema teológico extremo, mas também ensinou que foi o calvinismo extremo de Beza o responsável pelos novos erros arminianos. A publicação de seu tratado sobre a predestinação, em 1634, criou uma tempestade de fogo.[685] Ele enfrentou acusações de heterodoxia em três concílios nacionais em um período de 22 anos, mas foi inocentado em todos os três. Incansavelmente defendeu sua concordância com os Cânones de Dort.[686]

Enquanto Beza limitou o desígnio, extensão e aplicação da expiação somente aos eleitos, Amyraut argumentou que ele não ensinou nada mais do que Calvino havia ensinado com respeito à satisfação objetiva de Cristo pelos pecados de todas as pessoas como o fundamento para a oferta universal do evangelho.[687]

Amyraut, como seu professor Cameron, estava preocupado em pregar o evangelho. Como as pessoas poderiam crer no evangelho, a menos que fossem persuadidas de que a expiação seria para elas? Se o objeto da fé não fosse adequado para todos, a fé não poderia ser ordenada a todos. A expiação universal era necessária para o pacto condicional e universal de Amyraut e para a expressão da vontade divina redentora e universal. Tudo era definitivamente fundamentado na natureza do próprio Deus.[688]

Antes de Amyraut, a maioria dos reformados formulava um sistema de dois pactos: o pacto das obras e o pacto da graça. Amyraut e a escola de Saumur postularam um pacto triplo, compreendido como três passos sucessivos no plano redentor de Deus

---

[685] M. Amyraut, *Brief traitté de la prédestination et des ses principales dépendances* (Saumur: Jean Lesnier & Isaac Desbordes, 1634). Para uma tradução inglesa acessível, veja R. Lum, "Brief Treatise on Predestination and Its Dependent Principles: A Translation and Introduction" (PhD diss., Dallas Theological Seminary, 1985); e M. Harding, "A Critical Analysis of Moise Amyraut's Atonement Theory Based on a New and Critical Translation of *A Brief Treatise on Predestination*" (PhD diss., Southwestern Baptist Theological Seminary, 2014), 183–31

[686] Para uma pesquisa acessível da biografia e teologia de Amyraut, veja A. Clifford, "The Case for Amyraldianism," em *Christ for the World: Affirming Amyraldianism*, ed. A. Clifford (Norwich, UK: Charenton Reformed, 2007), 7–20; A. Clifford, "A Quick Look at Amyraut," em *Christ for the World*, 21–43; A. Djaballah, "Controversy on Universal Grace: A Historical Survey of Moïse Amyraut's *Brief Traitté de la Predestination*" em *From Heaven He Came and Sought Her*, 165–200.

[687] Veja Amyraut, *Defensio doctrinae J. Calvini de absolute reprobationis decreto* [Defesa da Doutrina de João Calvino do Decreto de Reprovação Absoluta] (Saumur: Isaac Desbordes, 1641), publicado três anos depois em francês as *Defense de la doctrine de Calvin: sur le sujet de l'election et de la reprobation* [Defesa da Doutrina de Calvino sobre o Tema da Eleição e da Reprovação] (Saumur: Isaac Desbordes, 1644). A admissão de Richard Muller concernente à eficácia da evidência de Amyraut contra seus oponentes, que Calvino defendeu a expiação ilimitada, é significativa (R. Muller, The *Unaccommodated Calvin* [Oxford: Oxford University Press, 2000], 62).

[688] Thomas, *Extent of the Atonement*, 201–2.

revelado na história. O pacto da natureza; estabelecido por Deus com Adão, envolvia obediência à lei divina como revelada na ordem natural. O pacto da lei; estabelecido por Deus com Israel, envolvia obediência à lei de Moisés. O pacto da graça; estabelecido por Deus com toda humanidade, requer fé em Cristo.[689]

No amiraldismo, o pacto da graça foi dividido em um pacto condicional, universal (para toda humanidade sob a condição de fé em Cristo) e um pacto incondicional de graça particular (pelo qual Deus concede a graça salvadora aos eleitos assim criando fé).

Amyraut compreendeu que a vontade de Deus tem dois aspectos: um aspecto condicional/universal e um aspecto particular/incondicional.[690] Deus deseja a salvação de toda a humanidade, mas sob a condição de que é preciso crer no evangelho. Considerando que a humanidade, como resultado da depravação total, não tem habilidade moral para crer no evangelho, a menos que seja renovada pelo Espírito Santo, nenhum pecador não regenerado pode ou jamais virá à fé. Aqui, a vontade divina particular, incondicional atuará. Deus deseja criar fé nos eleitos. Esse último aspecto da vontade de Deus é "oculto" em distinção à vontade "revelada" dele que se encontra na Escritura". Como Calvino, Amyraut cria que toda especulação dos propósitos secretos de Deus em sua vontade de eleição e reprovação secreta e decretatória era absurda e inútil.

Para Amyraut, o intento de Deus quanto à extensão real da expiação era que Cristo deveria substituir toda humanidade devido aos seus pecados. O intento do Senhor na expiação com respeito à salvação aplicada era limitado aos eleitos apenas. A expiação é em si mesma uma satisfação objetiva, que é suficiente para os pecados de todas as pessoas, porque ele realmente expiou os pecados de todas as pessoas. A limitação não é na expiação em si mesma, mas preferivelmente na aplicação da expiação aos eleitos, devido ao desígnio e propósito de Deus em sua vontade particular/incondicional.

Amyraut afirmou que sua teologia diferiu em sabedoria do próprio Calvino relativa a dois aspectos da única e unificada vontade de Deus e a extensão universal

---

[689] B. Demarest, "Amyraldianism," em *Evangelical Dictionary of Theology*, ed. W. Elwell (Grand Rapids, MI: Baker, 1984), 41–42.

[690] Amyraut é sempre caricaturado como crendo que há duas vontades em Deus em vez de distinções em uma vontade de Deus. Carson é um exemplo disso. Em sua palestra na conferência de teologia da Evangelical Free Church America [Igreja Evangélica Livre da América] em 2015, Carson falou como se Amyraut cresse que havia uma separação nas vontades de Deus ou "duas vontades diferentes", ao contrário de distinções em uma vontade (faculdade) de Deus. Repare como Carson comparou o que ele pensa que é a correta concepção da vontade de Deus com as "distinções" no amor dele. Não há separações ou múltiplos tipos de amor, conforme Carson observou, mas diferentes sentidos do amor do Pai. Contra Carson, para Amyraut, o mesmo é verdadeiro da vontade de Deus. Os comentários de Carson ocorrem nas marcas de 57:25– 61:52 minutos na palestra gravada. Veja D. A. Carson, "Calvinism/Reformed" (lecture, 2015 EFCA Pre- Conference, Trinity International University, January 28, 2015, disponível online, http://go.efca.org/resources/media/calvinismreformed).

da expiação. Ele continuou a rejeitar o arminianismo e concordou somente sobre a questão específica da extensão real da expiação.

Nossa discussão sobre Amyraut e o amiraldismo é limitada em foco ao tema da extensão da expiação. Thomas notou em sua análise da teologia de Amyraut que "Cristo morre por todos condicionalmente, mas apenas os eleitos cumprem a condição; portanto, Cristo morreu pelos eleitos com respeito ao resultado em vez de relativo à intenção".[691] Amyraut, de acordo com Thomas, situou a predestinação logicamente após o chamado externo, evitando assim que ela dominasse a extensão da expiação. "A doutrina que criou a expiação limitada na teologia reformada foi inquestionavelmente a predestinação absoluta de certas pessoas".[692]

A posição de Amyraut foi criticada como inconsistente, até mesmo absurda, visto que a dupla predestinação, que afirmou, negou a possibilidade da vontade divina redentora e universal segundo seus críticos. Se Cristo morreu pelos pecados dos não eleitos, então o resultado seria uma expiação vazia.[693] Se a expiação é universal, logo como a predestinação não seria arruinada? Como Jesus poderia morrer para salvar aqueles que Deus já havia predestinado, rejeitado, para a destruição?[694]

Os ultraortodoxos reformados consideraram a doutrina de Saumur da extensão da expiação uma séria ameaça. Alguns falsamente identificaram a escola de Amyraut e Saumur como arminianas.

Entretanto, conforme Thomas corretamente concluiu:

> Seria tão incorreto, entretanto, representar a doutrina de Saumur sobre a extensão da expiação como um novo e estranho afastamento da tradição monolítica reformada, como se fosse compreendida segundo uma simples redescoberta do calvinismo de Calvino após anos de negligência. Pelo contrário, ela foi uma tentativa arrojada de reafirmar de uma forma enfática, em face de uma ortodoxia no processo de excluir posições que eram muito próximas do oponente arminiano, uma doutrina que poderia ser descoberta em Calvino e vista claramente em Musculus e Bullinger, e que foi sustentada na tradição germânica.[695]

---

[691] Thomas, *Extent of the Atonement*, 203. Amyraut fez descrições da expiação em metáforas, como medicina e cativos sendo libertos, recordando alguns reformadores da primeira geração, bem como Davenant, que fez as mesmas analogias.

[692] Ibid.

[693] Ibid., 232.

[694] J. Moore, "The Extent of the Atonement," 124–25.

[695] Thomas, *Extent of the Atonement*, 220.

Igualmente, John Menzeis, um calvinista extremo do século XVII, disse: "O panfletário [papado] deveria saber que os protestantes não excluem das igrejas reformadas, os eruditos Cameron, Amyralt, Capellus, Dallaeus [Daillé], que, com muitos outros, especialmente na igreja francesa, declaram a redenção universal".[696]

Francis Turretini desempenhou uma função significativa na controvérsia amiraldiana. Ele rejeitou o amiraldismo, mas jamais defendeu que ele estava fora das fronteiras da ortodoxia reformada. Ele considerou a abordagem amiraldiana dos decretos divinos como próxima dos remonstrantes, no entanto, reconheceu que diferiam dos arminianos. Turretini estudou em Saumur e Paris e manteve longa correspondência com Jean Daillé, um influente amiraldiano.[697] Turretini também desempenhou um papel importante na adoção do Consenso Helvético, que rejeitou o amiraldismo.[698]

Uma das fontes mais relevantes da teologia reformada no século XVII é o *Synodicon* [Resolução sinodal] de John Quick.[699] Quick analisou Armyraut e os amiraldianos que afirmavam a expiação ilimitada com respeito à extensão, mas também quanto ao intento de Deus de salvar apenas os eleitos. Amyraut não era um universalista resoluto. Roger Nicole citou Quick sobre os amiraldianos e suas convicções e notou justamente que Amyraut defendeu um conceito de "referência dupla" sobre a expiação e não um universalismo resoluto.[700] Essa admissão por Nicole, um particularista, é significativa, pois não é incomum constatar que Amyraut foi compreendido como um universalista arminiano por alguns escritores reformados do passado e do presente.

As reações genebrinas à doutrina de Saumur do universalismo hipotético foram hostis. Alexandre Morus foi um candidato ao ministério em Genebra em 1641. Entretanto, os pastores de Genebra não aceitaram prontamente sua candidatura, porque, dentre outras razões, ele era suspeito de ser um amiraldiano. Os pastores redigiram uma lista de teses em que exigiam a concordância e confirmação de Morus. As teses foram organizadas sob cinco títulos: pecado original, predestinação, redenção, disposição do homem para a graça e promessas feitas aos fiéis. O terceiro título lidou diretamente com a extensão da expiação e foi apresentado em quatro afirmações e uma rejeição:

---

[696] J. Menzeis, *Roma Mendax* (Londres: impresso por Abel Roper, at the sign of the Sun over against St. Dunstanes Church in Fleet- street, 1675), 190.

[697] B. T. Inman, "God's Covenant in Christ: The Unifying Role of Theology Proper in the Systematic Theology of Francis Turretin" (PhD diss., Westminster Theological Seminary, 2004), 390–93.

[698] Veja P. Schaff, "The Helvetic Consensus Formula," em *The Creeds of Christendom*, 1:477–89.

[699] J. Quick, *Synodicon in Gallia Reformata: Or, The Acts, Decisions, Decrees and Canons of the Seven Last National Councils of the reformed churches in France*, 2 vols. (Londres: J. Richardson, 1692).

[700] Citado em R. Nicole, *Moyse Amyraut (1596–1664) and the Controversy on Universal Grace: First Phase (1634–1637)* (PhD diss., Harvard University, 1966), 81, 110. Veja *Quick's Synodicon*, 2:354. Contudo, Nicole, em algumas de suas críticas da teologia amiraldiana, parece pressupor que Amyraut era um universalista resoluto.

1. Considerando que o fim é destinado apenas àqueles a quem os meios são destinados, a vinda de Cristo ao mundo, sua morte, sua satisfação e sua salvação são destinadas somente àqueles a quem Deus decretou desde toda eternidade, devido ao seu beneplácito de conceder fé e arrependimento e a quem ele confere eficazmente no tempo; a universalidade da graça salvadora é contrária à Escritura e à experiência de todos os séculos.
2. Cristo, de acordo com o puro beneplácito (*eudokia*) do Pai, foi destinado e concedido como mediador a certo número de homens, que constitui seu corpo místico conforme a eleição de Deus.
3. Foi precisamente por eles que Cristo, perfeitamente cônscio de seu chamado, quis e decidiu morrer e acrescentar ao mérito infinito de sua morte a intenção mais particular e eficaz de sua vontade.
4. As proposições universais que são encontradas na Escritura não indicam que Cristo morreu, fez satisfação, e assim por diante, por cada e todo homem de acordo com o conselho do Pai e sua vontade, mas elas devem ser restringidas à universalidade do corpo de Cristo ou devem ser referidas à administração (*oikonomian*) do novo pacto, pela qual a distinção externa de todos os povos é removida; o Filho tomou todas as nações para si como uma herança. Isto é, ele revela e concede a graça da proclamação às nações e povos juntos por meio de sua vontade e reúne a igreja dali, a qual é o fundamento da proclamação geral do evangelho:

> Rejeição dos erros daqueles que ensinam que Cristo morreu por cada e todo homem suficientemente, não apenas com respeito ao mérito, mas até mesmo devido à razão da intenção, ou por todos condicionalmente se cressem; ou que afirmassem que a Escritura ensina que Cristo morreu por todos os homens em geral e particularmente que as passagens da Escritura, como Ezequiel 18.21, 33.11, João 3.16, 1 Timóteo 2.4, 2 Pedro 3.9 deveriam se estender a cada e todo homem e que a universalidade do amor e graça é provada por elas.[701]

Essas teses originais finalmente resultaram, em 1649, na declaração doutrinária conhecida como o Artigo de Genebra. Theodore Tronchin, um dos dois homens responsáveis por redigir as teses, havia sido um representante de Genebra em Dort. Parte

---

[701] D. Grohman, "The Genevan Reactions to the Saumur Doctrines of Hypothetical Universalism: 1635–1685" (ThD diss., Knox College in cooperation with Toronto School of Theology, 1971), 233–35.

da apresentação em Dort pelos representantes genebrinos está incluída palavra por palavra nas 1649 teses, especialmente na seção sobre a redenção. Grohman afirmou:

> É interessante notar que a Companhia deu mais importância ao que os representantes disseram em Dort do que àquilo que o próprio sínodo disse. Isto é verdadeiro indubitavelmente porque o sínodo realmente adotou uma posição que foi uma concessão entre os representantes genebrinos conservadores e os representantes liberais de Bremen e da Inglaterra sobre o assunto da extensão da graça. Conforme Rex ressalta, "o calvinismo em Dort admitiu o conservadorismo e certo liberalismo. Os Cânones decidiram não excluir a teologia liberal dos representantes da Inglaterra e Bremen". Portanto, os Cânones do Sínodo de Dort não foram tão precisos sobre o tema da graça como os representantes genebrinos queriam. Também é interessante que as 1649 teses claramente rejeitam a posição supralapsariana de Beza, aceitando em seu lugar a posição infralapsariana defendida por Tronchin e Morus.[702]

Tem sido previamente ressaltado, a respeito de Dort, que havia uma hipercalvinismo incipiente presente entre alguns dos representantes. Estas teses genebrinas exibem isso também.

No entanto, como constatamos relativo a Dort, os cânones finais proporcionaram espaço para o universalismo hipotético na ortodoxia reformada. O Artigo de Genebra permite este espaço.

O Artigo de Genebra é uma variação de Dort e também se coloca em contradição com a exegese e o ensino de muitos dos primeiros reformadores. Mesmo Calvino e Bullinger jamais teriam sido ordenados ao ministério sob essas teses. A corrente principal do calvinismo extremo e moderado rejeitou algum conteúdo do Artigo de Genebra.[703]

Depois de pesquisar os debates reformados sobre a extensão da expiação durante os séculos XVI e XVII, a conclusão de Thomas parece inegável: nem Cameron tampouco Amyraut podem ser censurados por introduzir a expiação universal na teologia reformada,[704] porquanto, conforme verificamos, a maioria da primeira geração de teólogos reformados a defendeu. Thomas prosseguiu:

---

[702] Ibid., 154–56. As descrições "conservadoras" e "liberais" de Grohman são problemáticas e potencialmente desvirtuadoras.

[703] Ponter, "Donald Grohman on Dort and the 1649 Genevan Articles," *Calvin and Calvinism*, November 11, 2010, http://calvinandcalvinism.com/?p=9719.

[704] Thomas, *Extent of the Atonement*, 164.

"Parece justo concluir que o tema da extensão da expiação, já tratado ambiguamente pelo Sínodo de Dort, jamais foi satisfatoriamente solucionado pelas igrejas reformadas durante seus primórdios e o período clássico".[705]

Diversos Teólogos do Século XVII

Jean Daillé (1594—1670)
Daillé foi um francês huguenote, pastor, teólogo e comentarista da Escritura. Defendeu o universalismo hipotético de Amyraut em sua *Apologia dos Sínodos de Alençon e Charenton* (1655). Ele escreveu comentários sobre Filipenses e Colossenses e sobre ambos, ele afirmou sua adesão à expiação universal, falando da "expiação" e "propiciação" de Cristo "pelos pecados do mundo" em contextos nos quais é claro que ele expressa toda humanidade. Também usou a terminologia como Cristo morreu pela "salvação' e "redenção" do mundo.[706] Daillé escreveu: "Um cristão não considera qualquer pessoa na terra como seu inimigo; ele sabe que todos eles são a criação do Senhor seu Deus e que seu Mestre morreu por eles e derramou seu sangue para salvá-los".[707]

Daillé compilou uma longa lista de citações (mais de 150 páginas) da era patrística até o século XVI, demonstrando a prioridade da expiação universal na igreja e a raridade de alguma afirmação sobre a expiação limitada.[708]

Hermann Hildebrand (1590—1649)
Hermann Hildebrand foi um teólogo reformado alemão e pastor em Bremen que publicou seus conceitos no que concerne à extensão da expiação em 1641.[709] Ele enviou suas teses a vários teólogos reformados eminentes, perguntando a opinião deles. Dentre aqueles que receberam suas teses estava Joseph Hall, John Davenant, André Rivet e Luwig Crocius. Em apoio aos seus próprios conceitos da expiação universal e para demonstrar que seus conceitos não estavam em desarmonia com a história da

---

[705] Ibid., 241.

[706] J. Daillé, *The Epistle of Saint Paul to the Philippians* (Londres: Henry G. Bohn, 1843), 57, 60, 62, 95, 139; idem, *An Exposition of the Epistle of Saint Paul to the Colossians* (Londres: Henry G. Bohn, 1843), 30.

[707] Daillé, *Colossians*, 244. Veja também, 27, 30, 53, 55– 57, 60, 62, 79, 141, 242–44.

[708] J. Daillé, *Apologia pro duabus Ecclesiarum in Gallia Protestantium Synodis Nationalibus*, 2 vols. (Amstelaedami: Ravesteynius, 1655), 2:753–907.

[709] H. Hildebrand, *Orthodoxa Declaratio Articulorum Trium, De Mortis Christi Sufficientia et Efficacia, Reprobationis Causa Meritoria, Privata Denique Communione* (Bremen: Bertholdus Villierianus, 1642).

igreja, ele publicou mais de duzentas páginas de citações das eras patrística, medieval e reformada.

Não é preciso ler mais do que as três primeiras páginas de suas teses, para discernir a afirmação clara da expiação universal. Primeiro, Hildebrand declarou que se deveria aceitar os dados bíblicos que afirmam: (1) Cristo morreu pelos pecados de todos, (2) entretanto, ele também morreu pela igreja e (3) o Filho intercede pelos cristãos e não pelo "mundo" em João 17. A real questão a se fazer é em qual sentido Cristo morreu e não morreu por todos. Segundo, evidentemente ele afirmou que Cristo expiou os pecados de todos. Terceiro, ele falou da suficiência da morte de Jesus para expiar os pecados de todos, não de uma forma hipotética como Beza, Turretini e Owen eram inclinados a fazer, mas na realidade, como constatamos na "suficiência ordenada" de Davenant. Quarto, citou as seguintes passagens das Escrituras como apoio a uma expiação ilimitada para o mundo inteiro: João 1.29; 1João 2.2; Hebreus 2.9, 16, 10.29; 1 Coríntios 8.11; 2 Coríntios 5.14, 15; 1 Timóteo 2.6; Romanos 14.15; e 2 Pedro 1.9; 21.1.[710]

Francis Turretini (1623—1687)

Turretini foi pastor da igreja italiana em Genebra e professor de teologia. Foi um dos autores do Consenso Helvético e um zeloso oponente do amiraldismo. Sua teologia sistemática serviu como um texto padrão para os reformados até o final do século XIX.[711]

A teologia de Turretini da extensão da expiação é acessível hoje na republicação de seus três volumes do *Compêndio de Teologia Apologética*. Turretini é um enérgico defensor da expiação limitada. Também é um exemplo claro de alguém que revisou o princípio de Lombardo em um esforço de fazê-lo conformar-se à expiação limitada:

> Daí se deduz facilmente a questão. (1) Não se indaga com respeito ao valor da suficiência da morte de Cristo — se era em si mesma suficiente para a salvação de todos os homens. Porquanto todos confessam que, já que o valor é infinito, ela teria sido inteiramente suficiente para a redenção de cada um e de todos, se Deus considerasse próprio estendê-la ao mundo inteiro. E aqui se encaixa a distinção usada pelos pais e retida por muitos doutores — que Cristo "morreu suficientemente por todos,

---

[710] Ibid., 1–3.

[711] Sobre Turretini e sua soteriologia, veja J. Mark Beach, *Christ and the Covenant: Francis Turretin's Federal Theology as a Defense of the Doctrine of Grace*, Reformed Historical Theology 1 (Göttingen: Vandenhoeck & Ruprecht, 2007). Beach apresenta uma análise excelente da teologia federal de Turretini. Sua discussão sobre o escopo redentor do pacto da graça (224–43) resume bem os argumentos de Turretini para a expiação limitada e contra os arminianos e, particularmente, o amiraldismo e a escola de Saumur.

porém eficientemente somente pelos eleitos". Pois isto sendo inferido da dignidade da morte de Cristo, é perfeitamente verdadeiro (embora a frase seria menos acurada se for uma referência à vontade e ao propósito de Cristo).[712]

Observe cuidadosamente a introdução de Turretini de um sentido hipotético no princípio de Lombardo: "Se Deus verificasse apropriado estendê-la ao mundo inteiro". Essa é uma interpretação revisionista do princípio no mesmo estilo como John Owen, o qual Richard Baxter criticou Owen ao definir essa revisão como um "pretexto novo e fútil".[713]

Beach explicou a defesa vigorosa de Turretini da expiação limitada:

> A vigorosa rejeição de Turretini da universalidade do pacto da graça e a rigorosa polêmica em defender seu escopo particular nascem de um desejo de proteger a natureza eficaz do pacto da graça. Deus não falha em seu propósito salvífico, que não intenciona ou tenta salvar certas pessoas que ele falha em salvar, como se fossem irredimíveis, de algum modo, além de seu alcance. Se isso fosse verdadeiro, a confiança do cristão em sua própria salvação seria arruinada, pois a inescapável implicação seria que qualquer pessoa que é um objeto da misericórdia de Deus e da intenção salvadora se provaria irredimível, ou, em sendo salvo, subsequentemente se extraviaria e dessa forma e neste nível o pecado se mostraria maior do que a graça de Deus. Além disso, desta forma e nesse nível o pacto da graça seria impedido em seu propósito e assim fracassaria, pelo menos parcialmente, em sua intenção. Essa noção discorda do pacto como um testamento divino, mesmo que ele elimine a garantia de Cristo. De fato, os teólogos federais do século XVII, como seus predecessores reformados do século XVI, foram resolutos (crendo que o evangelho estava em risco nesse tema) em afirmar que nenhuma classe de pessoas e nenhum indivíduo está além do alcance da habilidade divina para salvá-los, mas certas pessoas podem estar certamente fora do escopo do propósito de Deus para salvá-las, algo que é insondável a nós.[714]

---

712   F. Turretin, *Compêndio de Teologia Apologética*, 3 v., ed. Cultura Cristã, primeira edição, 2011, São Paulo, v. 2, p. 552 (548-580). Se Turretini estiver correto em sua defesa da expiação limitada, o princípio de Lombardo não é "menos preciso" com respeito à vontade e propósito de Cristo, mas é realmente impreciso.

713   R. Baxter, *Universal Redemption of Mankind by the Lord Jesus Christ*, 345.

714   Beach, *Christ and the Covenant*, 241–42.

Contraste Turretini com Amyraut, que acreditava que Cristo "morreu para cumprir o decreto do Pai, que procedia de um amor igual a todos".⁷¹⁵ Turretini disse: "Um amor de Deus para com a raça humana", que "Cristo foi enviado ao mundo pelo Pai devido a esse amor ... para obter salvação para cada um e todos sob a condição de fé", é uma doutrina arminiana.⁷¹⁶ Turretini dedicou quatro páginas em um tentativa inútil de defender que João 3.16 fala somente a respeito dos eleitos.⁷¹⁷

Cornelius Otto Jansen (1585–1638)

Jansen, bispo católico de Ypres, escreveu uma obra sobre Agostinho que foi publicada postumamente em 1640. Jansen alegadamente defendeu a expiação limitada, mas esse não pode ser o caso. Dizia-se que os jansenitas acreditavam que "é semipelagiano afirmar que Cristo morreu e derramou seu sangue por todos os homens".⁷¹⁸

---

715   Citado por F. Turretin, *The Atonement of Christ*, trad. J. R. Wilson (Grand Rapids, MI: Baker, 1978), 155.

716   Turretini, *Compêndio de Teologia Apologética*, 2:457.

717   Ibid., 1:405-8

718   "Jansenism: The 'Five Propositions,' 1653," em *Documentos da Igreja Cristã*, seg. ed., ed. H. Bettenson e C. Maunder (ASTE, São Paulo, 1967), 307. "As cinco proposições foram reconhecidas [por jansenistas] como heréticas [pela lei], mas de 'fato' [de facto] elas foram declaradas não representativas da doutrina de Jansen, que os jansenistas defenderam como uma representação correta do ensino de santo Agostinho" ("Jansenism," in The Oxford Dictionary of the Christian Church, 3rd ed, ed. F. L. Cross and E. A. Livingstone [Nova York: Oxford University Press, 1997], 862). Arnauld, o jansenista, disse: "Presume-se que as cinco proposições sejam heréticas, entretanto, com a exceção da primeira, elas não são encontradas nem na letra nem no espírito nos escritos de Jansen" ("Jansen or Jansenius, Cornelius," em *Cyclopedia of Biblical, Theological, and Ecclesiastical Literature*, 12 v., ed. J. McClintock and J. Strong [1867–1887; reimp. Grand Rapids, MI: Baker, 1981], 4:772). Para a obra original de Jansen, veja C. Iansenii, *Augustinus seu doctrina Sancti Augustini de humanae naturae sanitate, aegritudine, medicina adversus Pelagianos & Massilienses*, 3 vols. (Lovanii: Jacobi Zegeri, 1640), especialmente "Caput XX. Quomodo Christus sit redemptor omnium, pro omnibus crucifixus & mortuus," in Augustinus, 3:380–92, em que ele citou Prosper e o uso da solução suficiência-eficiência. Abercrombie citou essa seção em *Augustinus* (3:382, 384–86) e descreveu Jansen ensinando um conceito estrito da redenção de Cristo e concluiu que "a quinta proposição, portanto, faz-lhe pouca injustiça; mas não é, talvez, perfeitamente representativa de sua expressão exata". Veja N. Abercrombie, *The Origins of Jansenism* (Oxford: Clarendon Press, 1936), 148, 158. Veja também T. Gale, *The True Idea of Jansenism*, Both Historick and Dogmatick (Londres: impresso por Th. Gilbert in Oxen, 1669). John Owen escreveu um prefácio para o livro de Gale.

Conclusão

O "universalismo hipotético", no sentido simples de uma substituição ilimitada de Cristo pelos pecados do mundo inteiro, foi a posição padrão da primeira geração da tradição reformada. Muitos defensores da expiação limitada falham em enfatizar esse fato e escrevem de modo a dar a impressão que o universalismo hipotético surgiu no cenário no princípio do século XVII como uma contestação à expiação limitada.[719]

O termo em si mesmo de fato origina-se no século XVII como um epíteto para o ensino da escola de Saumur sobre a extensão da expiação. Van Stam identificou a fonte do rótulo "universalismo hipotético":

> Outro sinal do agravamento do conflito é a ascensão, um ano e meio depois, do Sínodo Nacional de Charenton, de uma designação para os adeptos de Saumur que pretendia ser desfavorável. A expressão em questão é "os hipotéticos". Na história posterior do dogma, a teologia de Saumur seria conhecida como "universalismo hipotético", uma frase na qual o elemento pejorativo ocorre como adjetivo. Os reformados na França adotaram o conceito "os hipotéticos" como uma designação fixa para os teólogos de Saumur, embora os reformados suíços, antes de 1650, os descrevessem como "universalistas". O termo "os hipotéticos" era uma referência ao problema na teologia de Amyraut, que por um lado declarava que Deus desejou salvar a todos e, por outro lado, reconheceu que isso não é realizado em todos. O intento de Amyraut foi tornar claro que quem crer pode ter segurança que Deus o salvará ou a salvará e de fato elegeu essa pessoa. Mas seus oponentes objetaram que ele tornou problemática a vontade de Deus de salvar todas as pessoas. Foi uma redução ao absurdo de uma pequena parte do ponto de vista integral de Amyraut e a expressão "universalismo hipotético" é, portanto, inadequada para servir como um sumário da essência da teologia de Amyraut. O termo "os hipotéticos" apareceu nos documentos disponíveis pela primeira vez em uma carta escrita por Guillaume Rivet, em julho de 1645 [...] Assim, o termo provou-se popular entre os oponentes de Saumur, permitindo-lhes demonstrar a aversão deles por certos irmãos, sem que precisassem defender a tese deles mais.[720]

---

[719] Por exemplo, L. Gatiss, *For Us and for Our Salvation*, 90–99, juntamente com muitos contribuidores em *From Heaven He Came and Sought Her*.

[720] Van Stam, *The Controversy over the Theology of Saumur*, 277–78. Essa obra é uma das fontes secundárias mais importantes concernente à história e teologia de Amyraut e à controvérsia sobre o ensino da escola de Saumur da expiação universal do pecado.

Dado que essa história do uso e considerando o fato de que não há nada de "hipotético" na satisfação por todo pecado, de acordo com todos os calvinistas que assim afirmaram, o "universalismo hipotético" é um termo útil. Alguns na tradição reformada até mesmo associaram imprecisamente o "universalismo hipotético" (pelo menos a variedade de Saumur) com o pelagianismo e o arminianismo.[721]

Anglicanos, Puritanos e Westminster (1550—1700)

A era puritana inglesa pode ser praticamente definida como estendendo-se 130 anos, desde cerca de 1560 a 1689. Alguns a estenderiam até mais além; outros a restringiriam. Sempre se presume falsamente que todos os puritanos ingleses (incluindo aqueles que vieram da América e as gerações subsequentes) defenderam a expiação limitada.[722]

---

[721] Van Stam notou o seguinte: 1. Guillaume Rivet acusou Amyraut de arminianismo; 2. Philippe Vincent considerou que o ensino de Amyraut era deletério e que ele falava a linguagem de Socino e Armínio; 3. Jean Daillé reparou que os oponentes de Amyraut forjaram o pior possível no ensino dele, dizendo que "Socino e Armínio são [considerados] anjos comparados com ele"; 4. J. Bogerman, M. Schotanus e J. Maccovius reputaram a teologia de Saumur como um novo arminianismo, pelagianismo e socinianismo; 5. Du Moulin afirmou que o ensino de Amyraut e Testard era igual ao de Armínio como duas ervilhas em uma vagem, contudo, Amyraut ressaltou contradições entre a crítica de Du Moulin e de Andre Rivet, notando que embora Du Moulin o acusasse de arminianismo, Rivet não o acusara; 6. Na obra de Spanheim contra Amyraut, os conceitos de Amyraut foram mencionados de uma só vez com aqueles de Armínio e dos semipelagianos; 7. Spanheim repetidamente fez a mera declaração que o ensino de Amyraut era também defendido por Pelágio e outros hereges; 8. A teologia de Saumur foi comparada com arminianismo, socinianismo, papismo e até mesmo ateísmo. Ibid., 30, 33, 70, 98, 125–27, 217, 244, 291, 300, 325, 366, 415, 420, 428–30, 435. R. Nicole concluiu que Pierre Du Moulin "não era isento de extremismo" Quando expressou que "Amyraut e Testard estavam inclinados ao arminianismo, ou pelo menos ao semiarminianismo". Ele reparou que uma análise superficial demonstra que o *Examen de la doctrine de MM de Du Moulin. Amyraut & Testard* (Amsterdam: n.p., 1638) "revela que ele usou os termos 'Armínio, arminiano e arminianismo' não menos do que 67 vezes em 114 páginas, para não dizer nada da menção a Pighius, Vortius, Corvinus e ao semipelagianismo". Em Franeker e Groningen, algumas cartas foram usadas "como uma ocasião para denunciar completamente os conceitos de Salmur como infectados com arminianismo, pelagianismo, socinianismo e especulação jesuítica". Veja R. Nicole, *Moyse Amyraut (1596–1664) e a Controversy on Universal Grace: First Phase (1634–1637)* (PhD diss., Harvard University, 1966), 104, 130.
Outros exemplos modernos seriam os hoeksemianos (seguidores do calvinista americano-holandês Herman Hoeksema, pastor por longo tempo da First Protestant Reformed Church em Grand Rapids e que, juntamente com outros, estabeleceu as Igrejas Protestantes Reformadas, quando ele separou-se da Igreja Cristã Reformada. Ele morreu em 1965). Igualmente, R. C. Sproul Sr., à luz de seu comentário que ele chamaria um calvinista de quatro pontos de arminiano. (Veja o tópico R. C. Sproul).

[722] Essa é a impressão deturpada que se tem no livro de Joel Beeke e Randall Pederson: *Meet the Puritans* (Grand Rapids, MI: Reformation Heritage, 2006).

Uma compreensão desse período precisa de reconhecimento do fato que o debate entre calvinismo e arminianismo não era a única controvérsia na cidade, embora fosse a principal. Diversas teologias eram debatidas no princípio do século XVII, na Inglaterra, que impactaram esse debate, incluindo o socinianismo[723] e a teoria governamental da expiação de Grotius.[724]

Andrew Kingsmill (1538—1569)

Kingsmill foi um dos primeiros puritanos que declarou que Cristo se esforçou pela salvação de Judas e entregou a vida por ele. Falando sobre a questão de Cristo a Judas no Jardim do Getsemani, Kingsmill disse que,

> Mesmo que esta questão lamentável [imponha-se?], Judas, você trai o Filho do homem com um beijo? A qual seria: tu a quem eu escolhi de muitos milhares, um dos meus doze ... tu és o traidor da minha alma? Cuja salvação tenho me esforçado por tantos meios, você tem sede do meu sangue? Por quem eu estou contente de dar a minha vida, tu és o meu carrasco?[725]

Aqui, temos um antigo puritano afirmando a expiação ilimitada em uma publicação datada de 1574, muito antes de Armínio ou Amyraut. Mas observe que Kingsmill morreu em 1569, portanto, o conceito dele precede 1569 (lembre-se, que Calvino morreu em 1564).

Ezekiel Culverwell (1554—1631)

Culverwell foi um clérigo anglicano e líder puritano. Em seu *Treatise of Faith* [Tratado da Fé] (1623), procurou modificar a doutrina de que Cristo morreu somente pelos

---

[723] Denominado devido a Faustus Socinus, um teólogo italiano que negou a preexistência de Cristo, rejeitou a predestinação e negou que a morte de Cristo fez satisfação pelo pecado. A obra dele *De Jesu Christo Servatore* [O Salvador Jesus Cristo] foi escrita em 1578 e publicada na Polônia em 1594. Essa escola de pensamento veio a ser conhecida como socinianismo e foi vigorosamente combatida pelos calvinistas.

[724] Grotius foi para a Inglaterra em 1613 e publicou sua principal obra defendendo a teoria governamental da expiação em 1617.

[725] A. Kingsmill, *A View of Man's Estate, Wherein the Great Mercie of God in Man's Free Justification by Christ, Is Very Comfortably Declared* (Londres: H. Bynneman, 1574), 62 (não há paginação, pois as páginas são numeradas manualmente desde o começo do tratado).

eleitos. Quando Alexander Leighton o acusou de arminianismo, Culverwell publicou uma defesa enérgica em 1626, afirmando sua aderência ao Sínodo de Dort.[726]

Ele concordou com Ussher que a extensão da expiação é universal[727] e reconheceu que João 3.16 declara uma expiação ilimitada.[728]

Robert Rollock (1555—1599)

Menos conhecido do que muitos puritanos como Baxter e Bunyan, Robert Rollock foi o primeiro diretor da Universidade de Edimburgo e autor de vários comentários e outras obras. Seus comentários e sermões foram influentes na Escócia. A sua teologia do pacto lembra estreitamente a de Ussher e ele foi influente na Assembleia de Westminster. Suas obras coligidas estão disponíveis hoje, reimpressas em dois volumes.[729]

Rollock afirmou a expiação ilimitada:

> Considerando que por tanto tempo, como tua consciência não é purificada, quando tu te apresentares diante de tua majestade, se tua consciência for despertada, tu verás Deus revelando teus pecados, — determinando-os para tua acusação, — e tu o conhecerá como um juiz terrível cercado de ira abrasadora, pronto para te destruir; e se ele te chamar, tu não vais resistir e se tu não compareceres revestido de justiça e da satisfação perfeita que Jesus, por meio de seu sangue, adquiriu para ti, não ouses presumir se aproximar, pois sua ira abrasadora será derramada sobre ti.[730]

---

[726] B. Usher, "Culverwell, Ezekiel", em *Puritans and Puritanism in Europe and America: A Comprehensive Encyclopedia*, 2 v., ed. F. J. Bremer and T. Webster (Santa Barbara, CA: ABC-CLIO, 2006), 1:69–70.

[727] E. Culverwell, *A Treatise of Faith* (Londres: John Dawson, 1633), 14–17. Moore admitiu que Culverwell afirmou a expiação ilimitada (*English Hypothetical Universalism*, 175–76).

[728] E. Culverwell, *A Brief Answer to Certain Objections against the Treatise of Faith Made by Ez. Culverwell. Clearing Him from the Errors of Arminius, Unjustly Layd to His Charge* [Uma breve resposta a certas objeções contra o Tratado da Fé, escrita por Ez. Culverwell, esclarecendo-o dos erros de Armínio, dos quais ele é injustamente acusado] (Londres: John Dawson, 1646), A7^v-r. Ele disse,
Eu professo, não consigo verificar nenhum contexto claro no qual MUNDO deve necessariamente ser interpretado como os ELEITOS somente. Pois o ímpio no mundo é sempre empregado e, mais geralmente, por toda a humanidade, como o sr. *Calvino*, com diversos grandes *teólogos*, o compreende, mesmo no contexto em que ele alega o contrário. (A7^v)
Baxter citou isso em Universal Redemption of Mankind (Londres: John Salusbury, 1694), 295.

[729] R. Rollock, *Select Works of Robert Rollock*, 2 v., ed. W. Gunn (Grand Rapids, MI: Reformation Heritage, 2008).

[730] R. Rollock, "Sermon XII. Psalm 130. 1–4", em *Select Works of Robert Rollock*, 1:464.

Em outro sermão, depois de descrever os maus-tratos a Jesus na cruz pelos incrédulos, Rollock se dirigiu aos descrentes:

> Tudo isso nos permite ver o quão amavelmente o Senhor comprou nossa vida e salvação e somos mais do que miseráveis se não vemos isso. E também nos permite ver o que nos tornaríamos se ele não satisfizesse por nós e o que tu te tornarias se não estiveres em Cristo naquele grande dia. E isso te diz, considerando que tudo é devido ao teu pecado, que tu devias ter um coração infeliz por ter um redentor assim feito um espetáculo e tu devias gemer sob o fardo do pecado e quando tu leres da cruz, teu coração deverias estar triste porque tu jamais deverias mover o Deus da glória a esta vingança de seu Filho amado por ti. Não pense que todo homem será salvo de seu pecado por meio dele, não. Somente aqueles que aprendem a gemer sob o fardo dos próprios pecados, pelos quais eles o traspassaram e voltam-se para o Senhor sem fingimento, obtém o seu favor. Portanto, se tu não aprendes, uma vez ou outra, a gemer sob o fardo do teu pecado, tu jamais serás salvo por ele.[731]

Observe como Rollock falou de Jesus como "comprando" por meio de seu sangue a "satisfação perfeita" pelos perdidos. Também falou de Cristo como tendo "comprado" nossa salvação e tendo "satisfeito" por nós. No contexto em que Rollock fala aos perdidos, é claro que afirma uma expiação ilimitada.

Comentando sobre João 3.16, Rollock utilizou um silogismo para o evangelho:

> Premissa Maior: Jesus veio para salvar os pecadores.
> Premissa Menor: Eu sou um pecador.
> Conclusão: Jesus veio para salvar-me.

Para Rollock, o silogismo é válido somente se a premissa maior denotar que Cristo morreu por todas as pessoas. Como declarou: "Do qual se conclui que na proclamação do evangelho, Deus não considera apenas todos os homens em comum, mas também, distintamente, cada pessoa".[732]

---

[731] R. Rollock, "Sermon XVI. The Crucifixion, Continued", em *Select Works of Robert Rollock*, 2:188–89. Veja também Wallace, *Puritans and Predestination*, 141.

[732] Rollock, *Select Works*, 1:215.

Andrew Willet (1562—1621)

Willet foi um anglicano indubitavelmente. Um leitor voraz e irrestrito de teologia e história da igreja, digeriu os pais da igreja, concílios, histórias eclesiásticas, as leis civil e canônica, e muitos outros escritores. Sua compreensão e retenção eram renomadas de uma forma tal que ele era chamado de a "biblioteca viva".[733]

Sua caneta não era menos prolífica. Uma de suas publicações volumosa e importante no final do século XVI é intitulada *Synopsis Papismi* [Sinopse do Papismo]. Ela foi publicada em 1594 e dedicada à rainha Elizabeth, ultrapassou as 1300 páginas e passou por cinco edições. Alguns a consideraram a melhor refutação ao catolicismo disponível. Nessa obra, Willet afirmou que Calvino defendeu a expiação ilimitada.

> O próprio *Calvino* excetuou a maneira: *Excepto, quod deloribus mortis* [Exceto, as dores da morte] etc. Deve ser excetuado que Cristo não poderia ser preso nas dores da morte, como os réprobos são. A punição, portanto, que Cristo suportou e o réprobo sofre, difere na perpetuidade; por conseguinte, o frade desavergonhadamente objeta às duas primeiras punições aplicadas, as quais incluem uma continuidade para sempre e uma perpetuidade.[734]

No contexto mais amplo dessa citação, Willet afirmou que Agostinho, como Calvino, também defendeu a expiação ilimitada.

John Davenant (1572—1641)

John Davenant, bispo de Salisbury e signatário de Dort, escreveu o que provavelmente é a obra mais importante na Inglaterra do século XVII, argumentando contra a expiação limitada e em favor da expiação universal. "Uma Dissertação sobre a Morte de Cristo" por Davenant não foi publicada até 1650, mesmo ano da refutação de Baxter a Owen. Ela foi traduzida do latim por Josiah Allport e foi editada no fim da obra do livro: *An Exposition of the Epistle of St Paul to the Colossians*[735] [Uma Exposição da Epístola de São Paulo aos Colossenses].

A réplica de Owen a Baxter já estava no prelo quando a obra de Davenant foi publicada, mas Owen foi capaz de prover uma breve análise dela no prefácio de sua obra, usando certa linguagem hostil, similar a partes de seu livro: *Death of Death in the Death of Christ* [Por Quem Cristo Morreu?] Por exemplo, Owen usou frases como

---

[733] Veja J. F. Wilkinson, "Willet, Andrew", em *Dictionary of National Biography*, 63 v., ed. L. Stephen and S. Lee (Londres: Smith, Elder & Co., 1885–1900), 61:288–92.

[734] A. Willet, *Synopsis Papismi* (Londres: Felix Kyngson, 1614), 1081. Essa obra foi originalmente publicada em 1594.

[735] J. Davenant, "A Dissertation on the Death of Christ," em *Colossians*, 2:309– 569

"repugnante para a verdade", não "encontrado na palavra", "diversas partes, portanto, são mutuamente conflitantes e destrutivas a cada uma para o considerável dano à verdade contida", "distinções antibíblicas" e "complexidades confusas".[736]

Uma das principais críticas de Davenant aos defensores da expiação limitada era virtualmente idêntica a essa de Baxter, a saber, que eles não aplicam o princípio de Lombardo corretamente.

Contrário a Owen e a outros particularistas, Davenant argumentou que a suficiência da morte de Cristo não foi uma "simples suficiência", mas uma "suficiência ordenada".[737] O sentido de Davenant é que Cristo, quanto ao intento (a vontade de Deus e Cristo) e à extensão, mediante sua morte, satisfez pelos pecados de todas as pessoas.

A compreensão de Davenant da suficiência é muito mais do que a "mera suficiência" dos particularistas, que vai além do valor intrínseco do sacrifício apenas. Foi a vontade de Deus que a expiação fosse feita pelos pecados de todos em um sentido objetivo, pelo qual todos os obstáculos legais da parte do Pai, que excluiriam qualquer um da salvação, seriam removidos. Como Davenant afirmou: "Deus não seria realmente pacificado e reconciliado com nenhum homem, até que ele cresse, isto é, sob o cumprimento da condição de fé, a menos que ele fosse pacificável e reconciliável com qualquer homem, antes que ele pudesse crer".[738] Davenant acreditava que todas as pessoas, sem exceção, são redimíveis. A teologia de Davenant não poderia ser mais clara ao afirmar que a morte de Cristo era mesmo "capaz de aplicação a Judas, se ele se arrependesse e cresse em Cristo".[739]

Contrário aos particularistas, Davenant compreendeu passagens como 2 Coríntios 5.18-21 expressando um lado objetivo e subjetivo da reconciliação. Deus é objetivamente reconciliado com todos por intermédio da virtude da morte de Cristo, de um modo que todas as barreiras legais à salvação de qualquer pessoa foram removidas. Mas o Senhor determinou que ninguém pode realmente ser reconciliado com ele, se

---

[736] Owen, *Works*, 10:432–33.

[737] Davenant, "Dissertation", 2:378, 401–3, 409, 412. Algumas obras recentes sobre o livro de Owen, *Death of Death in the Death of Christ*, expuseram críticas salientes de seus argumentos. Neil Chambers expôs a teologia limitante de Owen ao escrutínio incisivo e encontrou falhas em sua exegese, lógica e teologia sobre a extensão da expiação ("A Critical Examination of John Owen's Argument for Limited Atonement em 'The Death of Death in the Death of Christ'", [ThM thesis, Reformed Theological Seminary, 1998]). M. Foord ("John Owen's Gospel Offer" 283–95) demonstrou como Owen essencialmente negou a oferta bem-intencionada do evangelho, a qual é geralmente considerada no calvinismo ortodoxo como bíblica. Conforme Mark Jones o expressa: "Foord afirma que Owen defende essencialmente uma posição hipercalvinista a respeito da oferta do evangelho, como oposta a Thomas Manton" (*Antinomianism: Reformed Theology's Unwelcome Guest?* [Phillipsburg, NJ: P&R, 2013], 15).

[738] Davenant, "Dissertation on the Death of Christ," 2:427.

[739] Ibid., 342.

não se arrepende e crê no evangelho (reconciliação subjetiva). Davenant considerou o espectro da justificação eterna constantemente ameaçado na teologia daqueles que afirmam a expiação limitada. A expiação em si mesma não efetua a reconciliação com nenhum dos eleitos, até que creiam. Nem causa a fé dos eleitos, como Perkins argumentou. A expiação não acontece *ipso facto* [pelo próprio fato] com sua própria aplicação. Um decreto separado de predestinação é que na análise final separa os não eleitos dos eleitos.[740]

Para Davenant, essa expiação universal garante a genuinidade da oferta de salvação feita a todas as pessoas por meio da pregação do evangelho. A expiação "é tão aplicável quanto é anunciável", para usar a frase aliterada de Davenant.[741]

Davenant abordou o argumento do pagamento duplo particularista, posteriormente tornado popular por Owen. O próprio Pai estipulou uma condição sobre a recepção dessa reconciliação oferecida, a saber, que a fé em Cristo é uma condição necessária para a aplicação da expiação a qualquer pessoa. Sendo esse o caso, não há injustiça com Deus que pune eternamente aqueles que não cumprem essa condição.[742]

> Considerando que o próprio Deus, de acordo com sua vontade, proveu que seu preço fosse pago a ele mesmo, estava em seu próprio poder anexar as condições, que sendo cumpridas, essa morte seria vantajosa para qualquer homem; não sendo cumpridas não seriam benéficas a ninguém. Portanto, não se faz injustiça àquelas pessoas que são punidas por Deus depois que o resgate foi aceito pelos pecados da raça humana, porque elas não ofereceram nada a Deus como uma satisfação pelos pecados delas, nem cumpriram essa condição. Sem a realização daquilo que Deus não quis, esse preço satisfatório deveria beneficiar qualquer pessoa.[743]

A "Dissertação" de Davenant é esboçada com proposições que ele então explanou e defendeu. Aqui está o sumário dele das três primeiras proposições:

> Demonstramos a virtude e eficácia universais da morte de Cristo, explicada em três proposições. Na *primeira* foi demonstrado que a morte de Cristo era designada por Deus e proposta para a raça humana, como uma solução universal aplicável a todos homens individualmente. Na *segunda*, demonstramos em qual sentido afirma-se que Cristo morreu por todos

---

[740] Moore, *English Hypothetical Universalism*, 194–96.
[741] Davenant, "Dissertation", 2:418.
[742] Ibid., 2:376. Veja também Moore, *English Hypothetical Universalism*, 206.
[743] Ibid., 2:376.

ou em qual sentido pode-se reconhecer que a morte dele estabeleceu uma causa universal de salvação para o bem de toda raça humana, a saber, não como alguns declaram, por causa de sua mera suficiência ou valor intrínseco, no qual com respeito à morte ou ao sangue do Filho de Deus, é um preço mais do que suficiente para redimir cada e todos os homens e anjos. Mas devido ao pacto evangélico estabelecido e confirmado mediante a morte e o sangue de Cristo, de acordo com o teor do pacto, um direito estendido a todos os homens individualmente, sob a condição de fé, de suplicar para eles mesmos a remissão dos pecados e a vida eterna. A essas duas proposições, acrescentamos uma terceira, na qual foi demonstrado, que a virtude universal da morte de Cristo foi declarada e o pacto universal do evangelho diz respeito a todo homem e também que toda pessoa tem de fato, pelo único benefício de sua morte, Deus sob obrigação de ter paz com ele e dar-lhe vida, se ele crer; mas não tem justificação ou reconciliação real ou um estado real de graça e salvação, antes que creia.[744]

Davenant concluiu sua "Dissertação" de uma forma que não deixa dúvida que ele foi adepto da expiação universal:

> Portanto, reconheça que isso é a síntese e conclusão dessa controvérsia inteira sobre a morte de Cristo; que Jesus Cristo, o mediador entre Deus e o homem, ao confirmar o pacto evangélico, de acordo com o teor do qual a vida eterna é devida a todos que creem, não fez divisão ou separação dos homens, de modo que podemos dizer que qualquer um não é excluído do benefício de sua morte, se crer. E nesse sentido, afirmamos, de acordo com as Escrituras, os pais e os sólidos argumentos, que Cristo sofreu na cruz e morreu por todos os homens ou por toda a raça humana. Além disso, acrescentamos que este mediador, quando ele havia determinado entregar sua vida pelo pecado, teve também essa intenção especial, que, pela virtude de seus méritos, efetivamente e infalivelmente avivaria e geraria vida eterna a algumas pessoas que foram especialmente dadas a ele pelo Pai. E nesse sentido afirmamos que Cristo entregou sua vida pelos eleitos apenas, com o propósito certo e especial de efetivamente regenerar e salvá-los mediante o mérito de sua morte. Portanto, embora o mérito de Cristo igualmente referisse a todos os

---

[744] Ibid., 2:376.

homens quanto à sua suficiência, entretanto, ele, relativo à sua eficácia, não deve ser compreendido apenas devido ao efeito produzido em um e não em outro, mas também devido à vontade, com a qual o próprio Cristo mereceu e ofereceu seus méritos de uma forma diferente para pessoas diferentes. Ora, a primeira causa e fonte dessa diversidade foi a eleição e vontade de Deus, para a qual a vontade humana de Cristo se conformou.[745]

Davenant citou Robert Abbot (1560-1617), bispo de Salisbury:

> Embora não neguemos que Cristo morreu por todos os homens, contudo, cremos que ele morreu especialmente e peculiarmente pela igreja; nem o benefício da redenção pertence em qualquer nível igual a todos. E segundo a peculiaridade desse benefício e de acordo com a vontade humana, em certo nível, depende a eficácia de todos os meios, que eles são por aqueles apenas, e para o uso deles, a quem Cristo redimiu com alguma consideração peculiar aos que são eleitos nele. Nem eles obtêm o efeito porque desejam, mas porque Deus, de acordo com o propósito de sua própria graça, atua nos eleitos e nos redimidos para quererem aquilo para o qual ele os escolhe.[746]

Davenant ressaltou um ponto vital que precisa ser tratado pelos defensores da expiação limitada. Com respeito a João 3.16, o amor de Deus não resulta na salvação de todos, mas resulta em Deus entregar Jesus para morrer pelos pecados de todos, sem exceção. A salvação é sempre prometida sob a condição de fé. No entanto, em nenhum contexto na Escritura, lemos que a morte de Cristo foi concedida condicionalmente à raça humana. Sua morte foi por causa dos pecados de todos.[747]

Joseph Hall (1574—1656)

Joseph Hall foi um dos representantes ingleses em Dort, mas foi forçado a retornar a Inglaterra devido à enfermidade. Ele afirmou uma expiação universal, falando de Deus que

---

[745] Ibid., 2:556–57.

[746] Citado em M. Fuller, *The Life, Letters, and Writings of John Davenant, D.D. 1572—1641* (Londres: Methuen & Co., 1897), 238–39.

[747] Davenant, "Dissertation", 2:384.

enviou seu próprio Filho, que ele deveria entregar-se como um resgate pelos pecados do mundo inteiro, de modo que não há uma alma viva que não possa ser verdadeira e seriamente convidada, por meio de sua fé, a tomar posse do perdão de seus pecados e da vida eterna, devido ao mérito da morte de Cristo, com certa segurança de obter ambos.

Hall disse que este é o "mérito universal" da morte de Cristo que fundamenta a oferta universal do evangelho "a todos os homens no mundo todo". Ele recorreu ao conceito de Calvino da extensão da expiação como universal e declarou: "Não há nenhuma pessoa viva a quem se possa dizer singularmente que Cristo não morreu por você". Também afirmou que considerando que a humanidade é composta de indivíduos, "porque deveríamos temer dizer a todos que Cristo morreu por eles?"[748]

Robert Boyd (1578—1627)
Em 1614, o rei Tiago nomeou Robert Boyd para ser o principal professor de teologia na Universidade de Glasgow, uma posição que ele ocupou até 1621. Também foi diretor da Universidade de Glasgow de 1622 a 1623. Boyd foi aluno de Rollock. Embora reservado em temperamento, foi um erudito brilhante. Ele defendeu a expiação ilimitada. A principal obra de Boyd foi um *Commentary on the Epistle to the Ephesians* [Comentário sobre a Epístola aos Efésios], publicado após a morte dele.[749]

James Ussher (1581—1656)
O arcebispo anglicano irlandês, James Ussher escreveu contra a expiação limitada.[750] Ussher escreveu os Artigos Irlandeses de 1615, uma parte significativa da qual seria posteriormente utilizada pela Assembleia de Westminster, a qual Ussher foi convidado, mas declinou para atuar como representante. Os Artigos Irlandeses não afirmaram a expiação limitada. Ussher foi provavelmente o principal influenciador de Davenant

---

[748] J. Hall, "Via Media: The Way of Peace", em *The Works of the Right Reverend Joseph Hall*, 9 v., ed. P. Wynter (Oxford: University Press, 1863), 9:492, 510–11.

[749] R. Bodii [Robert Boyd], *In epistolam Pauli Apostoli ad Ephesios praelectiones supra CC lectione varia, multifaria eruditione, & pietate singulari refertae* (Londini: Soc. Stationariorum, 1652).

[750] J. Ussher, "The True Intent and Extent of Christ's Death and Satisfaction upon the Cross," em *The Whole Works of the Most Rev. James Ussher*, 17 v., ed. C. R. Elrington (Dublin: Hodges, Smith, and Co., 1864), 12:553–59. Veja também idem, "An Answer of the Archbishop of Armagh to Some Exceptions Taken against His Aforesaid Letter," em *Whole Works*, 12:561–71; e idem, *The Judgment of the Late Archbishop of Armagh and Primate of Ireland, 1. Of the Extent of Christ's Death, and Satisfaction, &c.*, ed. N. Bernard (Londres: For John Crook, 1657). Abaixo do título desta obra aparece esta declaração: "Escrita em resposta ao pedido de um amigo, 3 de março de 1617."

sobre a extensão da expiação. De acordo com Richard Baxter, Ussher foi responsável por influenciar John Davenant e John Preston a aderirem à posição da redenção universal.[751]

Ussher empregou a metáfora da medicina para a morte de Cristo, que era comum entre os primeiros reformadores.

> Podemos seguramente concluir, de todas essas premissas, que "o Cordeiro de Deus se oferece como um sacrifício pelos pecados do mundo inteiro", intencionado ... para preparar um remédio para os pecados do mundo todo, algo que não deveria ser negado a ninguém que desejasse obter o benefício disso.

Cristo proveu e oferece um remédio para os pecados do mundo, mas apenas àqueles que recebem o remédio são realmente salvos de seus pecados.[752]

Exatamente antes que o Sínodo de Dort fosse convocado, Ussher foi solicitado por um amigo a expressar seus conceitos sobre a extensão da expiação. Ele respondeu com vários tópicos. Primeiro, sugeriu que havia "dois extremos", o primeiro que considerou ser a expiação ilimitada, de acordo com o arminianismo, que Cristo morreu igualmente por todas as pessoas e o segundo, a expiação limitada. Com respeito a esse segundo extremo, Ussher declarou que ele implicaria "que o homem deveria ser obrigado pela consciência a crer naquilo que é inverídico e obrigado a concordar com o que ele não tem nada a ver".[753] Segundo, disse que é preciso "cuidadosamente estabelecer uma distinção entre a satisfação de Cristo absolutamente considerada e a aplicação a

---

[751] J. Moore, "James Ussher's Influence on the Synod of Dordt," em *Revisiting the Synod of Dordt*, 163– 79. Veja também Moore, *English Hypothetical Universalism*, 174. Moore (178–79), citando Alan Ford para o ponto, também corrigiu C. Trueman concernente aos conceitos de Ussher: Carl Trueman conclui do livro Body of Divinitie que Ussher foi um particularista rigoroso (James Ussher, *A Body of Divinitie, or the Summe and Substance of Christian Religion, Catechistically Propounded, and Explained, by Way of Question and Answer* [Londres: M. F. for Thomas Downes and George Badger, 1645], p. 173; Carl R. Trueman, *The Claims of Truth: John Owen's Trinitarian Theology* [Carlisle, UK: Paternoster Press, 1998], p. 200). Contudo, mesmo se a evidência neste livro fosse persuasiva, ela não é relevante, pois Ussher não foi de fato seu autor e ficou descontente com o seu nome na publicação, mesmo expressando discordância com parte de seu conteúdo. (Ussher, The Judgement, II:23–25; Nicholas Bernard, *The Life & Death of the Most Reverend and Learned Father of Our Church Dr. James Ussher* [Londres: E. Tyler for John Crook, 1656], 41–42; Samuel Clarke, *A General Martyrologie, containing a collection of all the greatest persecutions which have befallen the church of christ, from the creation, to our present times* [Londres: For William Birch, 1677], II: 283; Parr, *The life of the most reverend father in God, James Usher*, I:62; Ussher, Works, I:248–50).

[752] Ussher, "True Intent", 12:559.

[753] Ibid., 554.

cada pessoa em particular".⁷⁵⁴ Terceiro, Ussher empregou vários textos bíblicos para apoiar sua posição. Quarto, depois de citar Apocalipse 22.17 e João 6.44, afirmou:

> Dado que a universalidade da satisfação nada deprecia da necessidade da graça especial na aplicação; nem a especialidade de uma limita de qualquer forma a generalidade da outra. De fato, Cristo nosso Salvador disse, em João 17.6: "Oro não pelo mundo, mas por aqueles que me deste", mas a consequência justamente referida pode ser bastante contraditória, a saber, ele não orou pelo mundo, portanto, não pagou pelo mundo, porque o último aspecto é um ato de sua satisfação; o primeiro, de sua intercessão, que diversifica partes de seu sacerdócio que são distinguíveis uma da outra por várias diferenças. Essa sua satisfação cumpre propriamente à justiça de Deus de tal forma que primeiramente foi declarada que sua intercessão solicita a misericórdia do Pai. A primeira contém a preparação do remédio necessário para a salvação do homem; a segunda, traz consigo uma aplicação do mesmo; e, consequentemente, uma pode devidamente pertencer à natureza comum, que o Filho assumiu, quando a outra é um privilégio especial comprado para estas pessoas particulares somente, que o Pai lhe concedeu e, portanto, podemos seguramente concluir, de todas essas premissas, que o Cordeiro de Deus se oferece como um sacrifício pelos pecados do mundo inteiro, planejado para conceder satisfação suficiente à justiça de Deus, para tornar a natureza do homem, que ele assumiu, uma pessoa adequada para misericórdia e preparar um remédio para os pecados do mundo todo, algo que não deveria ser negado a ninguém que pretendesse receber o benefício do sacrifício. Seja como for, ele não intencionou, ao aplicar esse remédio autossuficiente a cada pessoa em particular, torná-lo eficaz para a salvação de todos ou adquirir assim perdão real para os pecados do mundo inteiro. Portanto, em um aspecto se pode dizer que ele morreu por todos e, em outro, não morreu por todos; entretanto, em relação à sua misericórdia, ele pode ser considerado um tipo de causa universal da restauração de nossa natureza, como Adão foi da depravação dela; pois, até onde posso discernir, ele acerta o alvo que determina o tema dessa maneira.⁷⁵⁵

Ussher também enfatizou um tópico importante para aqueles na tradição reformada que rejeita a expiação limitada: o erro de compreender suficiência meramente

---

⁷⁵⁴ Ibid.
⁷⁵⁵ Ibid., 558–59.

como uma suficiência intrínseca na qual a morte de Cristo é percebida como de valor infinito, mas não satisfaz de fato pelos pecados de todas as pessoas. Ussher declarou: "Posto que está bastante enganado quem pensa que uma pregação de uma simples suficiência é capaz de produzir fundamento suficiente de conforto para a alma aflita, sem lhe mostrar outro caminho e abrir outra passagem".[756]

Ussher afirmou que apenas os eleitos teriam a morte de Cristo pelos seus pecados aplicada por meio do chamado eficaz. Mas ele prosseguiu acrescentando:

> Pode-se concluir certamente que Cristo, de uma maneira especial, morreu por estes [os eleitos]; mas inferir disso, que de forma alguma, ele não morreu por outros, é, todavia, uma conclusão muito frágil, especialmente no que diz respeito ao expresso por mim, que é bastante razoável, que nenhuma mente sóbria que deliberadamente considera isso pode justamente questionar o assunto, a saber, que o Cordeiro de Deus se ofereceu como um sacrifício pelos pecados do mundo, intencionado para satisfazer a justiça de Deus a fim de tornar a natureza do homem, a qual ele assumiu, uma pessoa adequada para a misericórdia e preparar o remédio soberano que não deveria ser apenas uma cura suficiente para os pecados do mundo todo, mas também que deveria ser acessível a todos, e negada a ninguém, que de fato recebe o benefício dela. Pois muito se engana aquele que pensa que uma pregação da simples suficiência é capaz de produzir fundamento suficiente de conforto para a alma aflita, sem mostrar-lhe outro caminho e abrir outra passagem.[757]

Depois que essa carta foi publicada e a despeito de suas claras afirmações ao contrário, alguns calvinistas acusaram falsamente Ussher de inclinar-se na direção do arminianismo.[758]

Hugo Grotius (1583—1645)

O jurista holandês e calvinista que se tornou arminiano, Hugo Grotius, é conhecido por defender a teoria "governamental" da expiação,[759] que se tornaria influente entre

---

[756] Ussher, "An Answer", 12:568.

[757] Ibid., 567-68.

[758] A. Robertson, *History of the Atonement Controversy in Connection with the Secession Church from Its Origin to the Present Time* (Edimburgo: William Oliphant and Sons, 1846), 318.

[759] H. Grotius, "Defensia fidei catholicae de satisfaction Christi Adversus Faustum Socinum Senensem," em *Hugo Grotius Opera Theologica*, ed. E. Rabbie, trad. H. Mulder (Assen/Maastricht: Van Gorcum, 1990). Esta obra foi traduzida para o inglês como A Defense of the Catholic Faith

os arminianos e alguns calvinistas moderados, especialmente entre os homens da Nova Teologia. Grotius chegou a Inglaterra em 1613 e publicou seus conceitos sobre a teoria governamental da expiação em 1617, argumentando contra o conceito sociniano da expiação. Socino havia escrito contra a doutrina da satisfação e da deidade de Cristo em 1578 e sua obra foi publicada em 1594 na Polônia.[760]

Grotius apoiou os remonstrantes e recebeu uma sentença de prisão perpétua depois da vitória do Sínodo de Dort sobre os arminianos. Após dois anos de prisão, por causa da criatividade de sua esposa, ele foi libertado da prisão em uma caixa com livros. Grotius claramente defendeu a expiação ilimitada.[761]

Thomas Adams (1583–1652)

Adams obteve formação em Cambridge, foi pastor e ocasionalmente pregador na Catedral de São Paulo. Foi chamado por Robert Sothey de "o Shakespeare da prosa dos teólogos puritanos".[762] Foi autor de um comentário sobre 2 Pedro, no qual em vários momentos ele afirmou a expiação ilimitada:

> Alguns entendem isso assim, que esta purificação é representada pelo derramamento do sangue de Cristo, pelo qual o mundo inteiro é purificado, João 1.29. Porém, que todos os homens são purificados pelo sangue de Cristo não é uma posição verdadeira em si mesma nem uma verdadeira exposição desse contexto. O sangue de Jesus apenas purificou sua igreja, Efésios 5.26. E não há ninguém que seja admitido diante do trono, exceto aqueles que "lavaram suas vestes e as branquearam no sangue do Cordeiro", Apocalipse 7.14. Se alguma alma for assim lavada, jamais será confundida. Se esse homem foi purificado assim, como poderia desprezar isso? "Deus estava em Cristo, reconciliando consigo o mundo", 2 Coríntios 5.19. Entretanto, nenhum homem pensa que o mundo inteiro irá para o céu, pois então o inferno seria criado sem propósito. Deus amou o mundo de tal

---

concerning the Satisfaction of Christ, against Faustus Socinus, trad. F. H. Foster (Andover, MA: Warren F. Draper, 1889).

[760] Para um resumo útil da teoria governamental da expiação de Grotius, veja Strehle, "The Extent of the Atonement", 187–93. G. Williams procurou corrigir o equívoco em algumas fontes secundárias concernentes ao conceito de Grotius da justiça divina e a ênfase governamental entre os escritores reformados. Sua dissertação de doutorado é muito útil nesse tópico. Veja G. Williams, "A Critical Exposition of Hugo Grotius's Doctrine of the Atonement em *De satisfaction Christi*" (PhD diss., University of Oxford, 1999). Veja também idem, "Punishment God Cannot Inflict: The Double Payment Argument *Redivivus*," em *From Heaven He Came and Sought Her*, 490–93.

[761] Veja Williams, "A Critical Exposition", para uma análise excelente de Grotius e da teoria governamental.

[762] A. B. Grosart, "Adams, Thomas," em *Dictionary of National Biography*, 63 v., ed. L. Stephen (Nova York: MacMillan and Co., 1885), 1:102.

maneira que ele deu o seu Filho; contudo, "o mundo inteiro permanece na impiedade", 1 João 5.19. Sendo assim, é claro que a expiação foi oferecida para o mundo e oferecida ao mundo; mas aqueles que são abençoados por ela são separados do mundo: "Eu vos escolhi do mundo", João 15.19. A salvação, pode-se afirmar, pertence a muitos que não pertencem à salvação. Ora, o réprobo despreza uma purificação realizada para ele por intermédio do derramamento do sangue do Messias, portanto, é deplorável desprezar um resgate tão formidável.[763]

Observe como Adams afirmou a expiação como "autossuficiente" – um intento especial da parte de Deus de salvar os eleitos, Cristo morreu por todos – e sua referência a Crisóstomo, a quem ele cita: "Em relação ao preço autossuficiente pago por eles. Portanto, afirma-se que Cristo é esse Cordeiro que remove os pecados do mundo. Embora ele não pretendesse salvar a todos, contudo, morreu por todos, cumprindo sua parte (Chrysost)".[764]

Comentando sobre 2 Pedro 2.1, Adams repetidamente afirmou que o versículo ensina uma expiação ilimitada.[765]

Robert Jenison (1584–1682)

Jenison foi um puritano do século XVII e amigo de Richard Sibbes. Seus conceitos moderados relativos à extensão da expiação podem ser encontrados em sua obra de 1642: *Two Treatises* [Dois Tratados]:

> Portanto, nossa igreja não rejeita a redenção universal, pois verdadeiramente afirmamos com ela e com a Escritura que *Cristo morreu por todos*. No entanto, rejeita que a aplicação dessa redenção seja igual e universal, cujo acontecimento é suspenso e depende da liberdade da vontade humana ou sob alguma condição no homem (que Deus não atuará). Não rejeitamos, mas afirmamos que Cristo pagou um preço por todos, mas que deve ser aplicado a cada um pelos meios da fé, que não é de todos; e não devido ao ato verdadeiro ou fato de sua oblação, de modo que a fé é pressuposta e se interpõe; todos e cada um são capazes de salvação e eles se crerem, serão salvos.[766]

---

[763] T. Adams, *An Exposition upon the Second Epistle General of St. Peter by Rev. Thomas Adams, Rector of St. Gregory's* (1633; reimp. Morgan, PA: Soli Deo Gloria, 1990), 108.

[764] Ibid., 222. Veja também 216, 219, 671, e 812, onde Adams afirmou a expiação ilimitada.

[765] Ibid., 222-25.

[766] R. Jenison, *Two Treatises: The First concerning Gods Certaine Performance of His Conditional Promises, as Touching the Elect, or, A Treatise of Gods Most Free and Powerfull Grace. Lately Published without the Authours*

Aqui está o mistério então: embora Deus convide a todos e prometa vida a todos sob condição de fé e essa promessa seja fundamentada, como é confirmada, por causa dos méritos da morte de Cristo, entretanto, o fruto da morte de Cristo pertence realmente apenas àqueles que creem. O preço pago por todos e que certamente será para a salvação dos crentes, porém, nem todos se beneficiam, porque *a fé não é concedida a todos* (não como os meios de fé), mas somente aos eleitos. Portanto, pregamos e ensinamos que *Cristo morreu por todos*, de modo que todos e cada pessoa possam, mediante os méritos da morte de Cristo, por meio da fé (o evangelho que lhes foi revelado) possam, eu digo, obter a remissão de pecado e vida; e assim a morte de Cristo comprou uma possibilidade de salvação para todos os homens, se todos os homens cressem. Mas novamente afirmamos que Cristo, portanto, morreu pelos eleitos que, devido ao mérito de sua morte (que foi especialmente intencionada para eles de acordo com o decreto eterno de Deus) eles não apenas pudessem, mas devessem infalivelmente alcançar a fé aqui e obter a vida eterna no futuro e sem qualquer compulsão da vontade deles.[767]

John Preston (1587—1628)

Um dos autores puritanos mais prolíficos. Contrário a muitas análises modernas da teologia de Preston, Jonathan Moore demonstrou que Preston de fato afirmou o universalismo hipotético.[768] Várias linhas de evidência apoiam sua afirmação. Richard

---

Privitie, and Printed Corruptly, by the Name and Title of Solid Comfort for Sound Christians. The Second, concerning the Extent of Christ's Death and Love, Now Added to the Former. With an Additionall Thereunto [Dois Tratados: O primeiro concernente a certas obras de Deus sobre suas promessas condicionais no tocante aos eleitos ou um tratado da graça gratuita e poderosíssima de Deus. Posteriormente publicada sem o consentimento do autor e impressa com distorção e acréscimo pelo título: Sólido Conforto para os Bons Cristãos] (Londres: E. G., 1642), 216–17.

[767] Ibid., 232–33.

[768] Moore, *English Hypothetical Universalism*, 96. Antes de Moore, P. Toon, *The Emergence of Hyper-Calvinism in English Non-Conformity* (Eugene, OR: Wipf & Stock, 2011), 23; N. Douty, *Did Christ Die for the Elect? A Treatise on the Extent of the Atonement* (Eugene, OR: Wipf & Stock, 2007), 101–2; e C. Daniel, "Hyper-Calvinism and John Gill," 735, todos citaram Preston como um salvacionista universal. J. R. Beeke e R. J. Pederson também observaram que "Preston adotou uma forma modificada e moderada de calvinismo. Especialmente seus sermões posteriores revelam que ele defendeu o sistema do universalismo hipotético inglês, ensinando que Cristo morreu por todos, sem exceção e enfatiza notavelmente a responsabilidade humana no relacionamento pactual". (*Meet the Puritans*, 491–92).

Baxter, que foi influenciado pelos escritos de Preston, frequentemente citou que concordava com ele sobre o tema da extensão da expiação.[769]

Na coleção de sermões de Preston, *Riches of Mercy* [Riquezas de Misericórdia], sua convicção na expiação ilimitada é clara. A abordagem de Preston de alguns textos-chave a respeito da extensão, como João 3.16, 1 Timóteo 2.6 e Hebreus 9.28, difere dos particularistas. Por exemplo, Preston interpretou que "todos" em 1 Timóteo 2.6 significa "todos, sem exceção". Interessa o fato que Preston limitou o ministério intercessor de Cristo aos eleitos, como é comum à maioria dos calvinistas, mas claramente repudiou a noção que a morte de Jesus foi somente por aqueles que intercedeu eficazmente.[770]

Moore concluiu que, para Preston, "Cristo como sumo sacerdote faz satisfação por todos, sem exceção, mas Cristo como sumo sacerdote faz intercessão somente pelos eleitos. Parece que o decreto de eleição pode ser removido quase completamente pela propiciação e fixado unicamente na intercessão limitada e discriminadora de Cristo".[771]

Em sua *Opera* [Obras], Preston jamais afirmou que Cristo morreu apenas pelos eleitos.[772] Preston afirmou o amor de Deus por todos e fundamentou a sinceridade do chamado do evangelho na morte de Cristo por todas as pessoas.[773] Note o uso de Preston da frase "Cristo está morto por ele" na seguinte declaração: "Vá e diga a todo homem, sem exceção, que há boas-novas para ele, Cristo está morto por ele e se ele o receber e confiar na sua justiça, ele a terá; não a restrinja, mas vá e a todo homem sob o céu".[774]

Moore considerou o fato:

> Uma interpretação da Bíblia de Genebra, comparada com a Versão Autorizada, fornece evidência que a frase "está morto por" foi usada na tradução como "morreu por" ... Além disso, a permutabilidade das

---

[769] R. Baxter, *Universal Redemption*, 480. Em uma obra sobre a vida e os tempos de Baxter, publicada apenas cinco anos após sua morte, novamente verifica-se a evidência que Preston defendeu a redenção universal. Veja R. Baxter, *Reliquiae Baxterianae: Or, Mr. Richard Baxter's Narrative of the Most Memorable Passages of his Life and Times*, ed. M. Sylvester (Londres: For T. Parkhurst, J. Robinson, J. Lawrence, and J. Dunton, 1696), 206. Veja também Moore, *English Hypothetical Universalism*, 174.

[770] J. Preston, *Riches of Mercy to Men in Their Misery* (Londres: J. T., 1658), 425–26, conforme citado em Moore, *English Hypothetical Universalism*, 101. Veja também o registro de Thomas Ball das discussões de John Preston com Francis White em Thomas Ball, *The life of the renowned Doctor Preston*, ed. E. W. Harcourt (Londres: Parker and Co., 1885), 130–36.

[771] Moore, *English hypothetical universalism*, 101.

[772] Ibid., 101–2.

[773] Ibid., 109.

[774] J. Preston, *The breastplate of faith and love*, 6th ed. (Londres: G. Purstow, 1651), I:8.

duas frases é também evidente em outra literatura teológica do período. Mesmo no contexto da extensão da satisfação de Cristo, Hugh Ince traduziu "*Christus mortuus est pro omnibus*" como Cristo "morreu por todos" e também "está morto por todos", evidentemente sem procurar comunicar alguma distinção na variação da versão inglesa.[775]

Preston inferiu que não se pode ter a expectativa de crer no evangelho, a menos que se possa crer que Cristo morreu por ele em particular.[776] À semelhança da primeira geração de reformadores, Preston afirmou uma expiação universal com uma aplicação designada apenas aos eleitos.

A Conferência da Casa de York (1626)

Durante o primeiro trimestre do século XVII, um número crescente de arminianos na igreja anglicana ficou preocupado com os calvinistas, especialmente os rígidos. Para alguns calvinistas, os *Trinta e Nove Artigos* eram insuficientes para adotar um calvinismo consistente e muitos queriam que a confissão fosse revisada para fortalecer o segmento do calvinismo extremo. Alguns queriam que os Cânones de Dort se tornassem o sistema oficial de interpretação do calvinismo extremo relativo aos *Trinta e Nove Artigos*. Particularmente, claro, foi a falta de confirmação dos *Trinta e Nove Artigos* sobre a expiação limitada. De fato, a confissão claramente afirmou uma expiação ilimitada.

A Conferência da Casa de York foi o esforço de calvinistas para persuadir George Villers, o duque de Buckingham, a declarar o calvinismo como (conforme definido por Dort) a posição teológica da Igreja da Inglaterra. A conferência falhou em produzir o efeito que o calvinismo rígido havia desejado.

Moore resumiu bem os procedimentos da Conferência da Casa de York.[777] O calvinista puritano, John Preston foi o principal protagonista nessa conferência. Ele debateu contra Francis White, um líder arminiano. White ressaltou que a Igreja da Inglaterra,

> no catecismo [1549][778] e em muitos outros contextos, nos ensinou a crer que Cristo morreu por todos e "redimiu e toda humanidade', isto é, pagou o resgate e o preço por todos, sem exceção; e que se algum homem for condenado, não é devido à sua própria falta que o resgate

---

[775] Moore, *English Hypothetical Universalism*, 121.
[776] Ibid., 123. Veja Preston, *The Breastplate*, 1:32–33.
[777] Moore, *English Hypothetical Universalism*, 141–69.
[778] Onde o catecúmeno deve declarar sua fé "em Deus o Filho que me redimiu e toda humanidade". Veja Schaff, *Creeds of Christendom*, 3:518.

não é aplicado a ele. Acresça-se a isto que um sério e manifesto dano é ensinar ao nosso povo que Cristo não morreu por todos eles.⁷⁷⁹

Em resposta à insistente questão de White a Preston concernente à extensão da expiação, Preston reconheceu o próprio universalismo hipotético ao responder claramente que Cristo morreu pelos pecados de todas as pessoas. No qual Preston diferiu de White não concerniu à extensão real da expiação, mas ao intento. White, como todos os arminianos, argumentou que Cristo morreu *com o intento igual de aplicar* a expiação a todas as pessoas. Preston, como todos os calvinistas, defendeu que Cristo morreu *com o intento de aplicar a expiação apenas aos eleitos*. Em que Preston diferiu de seus colegas calvinistas extremos foi na extensão real da expiação. Assim, concordou com White e os arminianos.

Preston também interpretou as passagens que empregam 'todos" no contexto da extensão da expiação como "todos, sem exceção" em vez de "todos, sem distinção", como era o padrão de interpretação dos calvinistas rígidos. Preston reconheceu que esse era o sentido claro desses textos. Por exemplo, ele afirmou: "Cristo foi de fato um resgate por todos, 1 Timóteo 2.6, no entanto, foi o Salvador somente de seu corpo [...] ele redimiu todos, mas chamou, justificou e glorificou a quem ele conheceu antes e havia predestinado para ser a imagem de seu Filho".⁷⁸⁰ Preston assimilou "resgate" e "redenção" em referência a todos, sem exceção.

John Goodwin (1594—1665)

John Goodwin foi um dos autores mais prolíficos durante a Revolução Inglesa, tendo publicado sessenta livros e panfletos de 1640 a 1663. Educado no Queen's College [Universidade da Rainha] em Cambridge, foi pastor da Igreja de Saint Stephen [Santo Estêvão] em Coleman Street, uma igreja puritana emblemática em Londres, de 1633 a 1645, e novamente de 1649 a 1660.⁷⁸¹ Contemporâneo de John Owen, Goodwin foi um calvinista que se tornou arminiano. Ele defendeu o conceito minoritário em Dort sobre a extensão da expiação em sua *Theomachia* (1644).

---

[779] J. Cosin, "The Sum and Substance of the Conferences Lately Had at York House Concerning Mr. Mountague's Books," em *The works of the right reverend father in God John Cosin, lord bishop of Durham*, 5 v. (Oxford: John Henry Parker, 1844), 2:63, conforme citado por Moore, *English Hypothetical Universalism*, 157.

[780] T. Ball, *The Life of the Renowned Doctor Preston*, ed. por E. W. Harcourt (Londres: Parker and Co., 1885), 132; citado por Moore, *English hypothetical universalism*, 162.

[781] Para um estudo excelente da vida e pensamento de Goodwin, consulte J. Coffey, *John Goodwin and the puritan revolution: Religion and intellectual change in seventeenth-century England* Woodbridge: Boydell, 2006). Sobre a conversão de Goodwin do calvinismo para o arminianismo, veja especialmente p. 207–9.

Goodwin publicou uma obra magnífica a respeito da extensão da expiação em 1651 intitulada *Redemption Redeemed*[782] [Redenção Redimida]. Wallace provavelmente está correto em sua sugestão que Goodwin tinha mais em comum com os calvinistas moderados do que com alguns arminianos anglicanos.[783] Ele foi o principal defensor do que veio a ser chamado o "novo arminianismo", que adquiriu raiz durante a era cromwelliana. Sua influência sobre os batistas gerais não é tão formidável quanto às vezes se supõe, de acordo com J. Matthew Pinson.[784]

O tomo extenso de Goodwin criticou o calvinismo, especialmente com respeito à predestinação e à expiação limitada. Nosso foco sobre sua obra concerne ao que disse relativo à extensão da expiação. Sua crítica é formidável, defendendo a tese ao apelar à Escritura, teologia, lógica, patrística e aos primeiros líderes reformados.

Ao introduzir sua discussão sobre a extensão da expiação, Goodwin afirmou:

> Demonstrarei da corrente principal e clara das Escrituras mesmas, como também por muitas demonstrações intransponíveis, inegáveis e fundamentos racionais que é a mais antiga verdade divina; sim, não é outra coisa, senão o coração e a alma, o espírito e a vida, a força e a substância, e a síntese do evangelho glorioso em si mesma; sim, mostrarei dos antigos registros dignos da melhor confiança e das confissões dos teólogos modernos, dos melhores antagonistas no tópico, que a expiação universal de Cristo foi uma doutrina geralmente ensinada e defendida nas igrejas de Cristo por trezentos anos depois dos apóstolos. Nada, nem todas as coisas que eu jamais pude constatar das línguas ou canetas dos principais promotores da redenção particular, que eles me poupam de muita admiração, que os homens conscientes e doutos, professando sujeição de julgamento às

---

[782] J. Goodwin, *Apolytrosis apolytroseos, or, redemption redeemed: Wherein the most glorious work of the redemption of the world by Jesus Christ is vindicated against the encroachments of later times with a thorough discussion of the great questions concerning election, reprobation, and the perseverance of the saints* [Tratado ou redenção redimida: em que a obra mais gloriosa da redenção do mundo por Jesus Cristo é defendida contra as deturpações dos últimos tempos com uma discussão minuciosa dos grandes temas concernentes à eleição, à reprovação e à perseverança dos santos] (Londres: John Macock, 1651). A obra de Goodwin: Redemption Redeemed foi reimpressa da edição de 1651 e publicada em Londres em 1840 por R. Griffin & Co. Uma edição revisada foi republicada recentemente sob o título *Redemption redeemed: A puritan defense of unlimited atonement*, ed. J. Wagner (Eugene, OR: Wipf & Stock, 2004). À semelhança de Davenant, Goodwin citou muitos dos pais da igreja, demonstrando a adesão deles à expiação universal.

[783] Wallace, *Puritans and Predestination*, 130-31.

[784] J. Matthew Pinson, "The Diversity of Arminian Soteriology: Thomas Grantham, John Goodwin, and Jacob Arminius" (artigo apresentado na reunião nacional da American Society of Church History, Florida State University, Tallahassee, FL: Spring 1998), 3.

Escrituras, deveriam negar a redenção universal ou afirmar a particular; considerando que as Escrituras, na particularidade, clareza e expressividade das palavras e frases, fazem mais do que dez vezes mais libertar a primeira; enquanto a última não é afirmada em contexto algum por eles, mas apenas se mantém sob certas consequências e deduções audaciosas, as quais os julgamentos ineficientes dos homens, tão acostumados ao erro e ao engano, conjecturam que podem obter algum proveito deles; juntamente com esses argumentos e razões, que, sob análise, serão verificados que não têm consistência com os bons princípios da razão ou da religião; além disso, não há nenhuma coerência legítima com a causa que eles pretendem.[785]

Goodwin começou considerando não menos que 26 passagens no Novo Testamento afirmando a redenção universal. Ele sempre recorreu a aspectos da lexicografia, sintaxe e gramática gregas e intercalou na análise dessas passagens, citações ocasionais dos pais da igreja e dos primeiros reformadores, indicando a concordância deles com sua compreensão às passagens referidas.

Sobre a questão do sentido de "todos os homens" nas passagens como 1 Timóteo 2.1-6, ele apresenta uma discussão extensa e profunda demonstrando porque não é possível interpretar essa frase como "alguns de toda sorte de homens" para apoiar uma interpretação da expiação limitada,[786] uma abordagem comum hoje entre os calvinistas que defendem a expiação limitada.[787]

O tratamento extenso sobre João 3.16,17 é exegeticamente sólido e apoia a expiação ilimitada. Goodwin demonstrou dos escritos de Calvino, bem como de outros a respeito dessa passagem, que o próprio ensinou a expiação ilimitada.[788]

Goodwin afirmou que à parte de uma expiação ilimitada, a pregação do evangelho a todas as pessoas "não terá fundamento verdadeiro".[789] Respondendo à declaração que a expiação limitada e a oferta bem-intencionada do evangelho são compatíveis, sob uma suposição, afirmou que Deus

> não pode, seja com honra ou de outra maneira, ou com verdade, fazer essa oferta ou promessa [...] Suponha que o diabo soubesse certamente,

---

[785] J. Goodwin, *Redemption Redeemed (1840)*, 129–30.

[786] Ibid., 158-77.

[787] Veja, por exemplo, T. Schreiner, "Problematic Texts for Definite Atonement in the Pastoral and General Epistles" em *From Heaven He came and sought her*, 375–97.

[788] Goodwin, *Redemption Redeemed (1840)*, 132–45.

[789] Ibid., 144.

como provavelmente ele poderia, que o Senhor Cristo não prostraria e não o adoraria, sob quaisquer termos ou condições, isso o teria livrado da vaidade ao prometer-lhe todos os reinos do mundo sob essa condição, quando, como todo o mundo sabia, que nenhum desses reinos estava à sua disposição.[790]

Assim, concluiu que ninguém, incluindo Deus, pode dizer verdadeiramente a todas as pessoas "se você crer, será salvo", a menos que essa oferta seja reforçada por uma salvação comprada para todas as pessoas. A verdade dessa afirmação "não pode ser salva por isto, que todos os homens ou todo homem em particular não crerá".[791]

Sobre a questão da suficiência, afirmou:

> Afirmar e admitir que Cristo morreu suficientemente por todos os homens e, no entanto, negar que ele morreu intencionalmente por todos os homens é expressar contradições [...] Mas nesse sentido, a salvação real de homens particulares, sob qualquer outra consideração do que como cristãos, não é nenhuma de suas intenções [...] Além disso, se Cristo morreu suficientemente por todos os homens, Deus intencionou esa suficiência de sua morte por todos os homens ou para todos os homens, ou não [...] Se então, Deus intencionou a suficiência de sua morte por ou para todos os homens, por que não se pode dizer que ele intencionou sua morte consequentemente? E, então, que Cristo morreu intencionalmente, da parte de Deus, por todos os homens? [...] Portanto, o argumento é direto: se Deus intencionou a suficiência da morte de Cristo por todos os homens, logo ele intencionou sua morte por todos os homens e, por conseguinte, ele morreu não suficientemente apenas, mas intencionalmente também por todos os homens. E desse modo a distinção desaparece.[792]

Observe aqui que Goodwin articula em essência o mesmo argumento da "suficiência ordenada" de Davenant.

Ele continuou insistindo com seu argumento ao enfatizar vários pontos. "Como, ele que não paga nada por um homem, não pretende pagar nada, apesar de dizer que paga o que é suficiente por ele?"[793] Goodwin personaliza com uma ilustração. Ele

---

[790] Ibid., 179.
[791] Ibid.
[792] Ibid., 155.
[793] Ibid., 156.

pergunta como uma soma de dinheiro pode ser considerada suficiente para resgatá-lo, que foi paga apenas pelo resgate de outro.[794] Se há uma suficiência na morte de Cristo por todas as pessoas e, contudo, Deus não pretendeu que a morte do Filho fosse pelos pecados de todas as pessoas, mas somente por alguns, "então a morte de Cristo será precisamente uma questão de desonra ou depreciação para ele do que de honra?"[795]

Goodwin também afirmou que, se Jesus morreu suficientemente, mas não intencionalmente por todas as pessoas, "então ele morreu tanto pelos próprios demônios quanto pela maior parte dos homens".[796]

Finalmente, Goodwin repreendeu aqueles que distinguem entre a morte de Cristo por todas as pessoas suficiente e intencionalmente, afirmando o primeiro fator e negando o último, como se dissessem

> coisas as mais indignas sobre Deus e que o tornariam um magnífico dissimulador ou zombador de sua criatura, o homem, do que um benfeitor ou bom para com ele em todas as suas declarações e profissões de amor para ele, no dom de seu Filho Jesus Cristo para fazer sua expiação e obter a redenção para ele.[797]

Mais tarde, Goodwin afirmou que "a distinção da morte de Cristo suficientemente por todos os homens, mas não intencionalmente, é ridícula e indigna de qualquer homem inteligente ou respeitável".[798]

O que é de interesse nesse momento em seu argumento é sua citação de Beza e Piscator, ambos os quais negam com termos consistentes que a expiação pode ser afirmada como "suficiente" para qualquer um do que para o eleito. Piscator é particularmente sóbrio em sua declaração ao antagonista sobre esse assunto:

> A proposição formulada é falsa, isto é, que Cristo morreu suficientemente por cada pessoa em particular; essa é tua afirmação. Dado que Cristo morreu suficientemente pelos eleitos, pagando o preço da redenção deles, digo seu sangue precioso, esse sangue do Filho de Deus. Mas para os réprobos, Cristo não morreu de um modo nem outro, *nem de modo suficiente* tampouco eficaz.[799]

---

[794] Ibid.
[795] Ibid.
[796] Ibid., 157.
[797] Ibid.
[798] Ibid., 180.
[799] Ibid., 158. (veja Piscator, *Piscator contra Schaffman*, 123.)

Concernente a 1 Timóteo 2.4 e 2 Pedro 3.9, Goodwin afirmou:

> Se for a vontade de Deus que todos os homens, sem exceção, sejam salvos, o mais certo é que Cristo morreu e intencionalmente da parte de Deus, por *todos* os homens, sem exceção. Porque não é imaginável que Deus quisesse salvar aqueles por quem não quisesse que a salvação fosse obtida.[800]

Goodwin ressaltou um pensamento consistente no que concerne à expiação ilimitada em Romanos 5.20, 21. O pecado reinou sobre "todos os homens", sem exceção; portanto, a graça teria que reinar proporcionalmente para a vida por atribuir a todas as pessoas uma capacidade de vida e salvação. "Sendo assim, inegavelmente conclui-se que Cristo morreu por todos os homens, sem exceção; por qualquer um, porque de outro jeito todos os homens poderiam ser estabelecidos em um estado de graça ou salvação por Ele".[801] Ele citou Martin Bucer em apoio: "Que nossa reparação é feita por Cristo e que é mais eficaz do que o pecado de Adão e que ela é de extensão mais ampla, os apóstolos argumentaram isto e na seção seguinte".[802] Aqui há mais evidência que Bucer afirmou uma expiação ilimitada.

Ainda argumentou sobre o comentário de Bucer:

> Sem dúvida que se todos os homens, sem exceção, fossem conduzidos a uma condição de miséria pelo pecado de Adão e apenas uns poucos, comparativamente, são felizes pela graça de Cristo; não se pode afirmar que a graça de Cristo beneficiou a humanidade mais que o pecado de Adão a debilitou.[803]

Goodwin prosseguiu sua análise dos comentários adicionais de Bucer a respeito dessa passagem, concluindo com as declarações deste:

> Porque embora não haja pecado cometido em todo o mundo, que não tivesse sua origem no primeiro pecado de Adão, ainda assim, todos os homens que pecam, quando pecam voluntária e livremente, eles acrescentam à própria culpa e miséria. Considerando que somente o *benefício de Cristo removeu todos os males,* é preciso que ele remova os pecados de

---

[800] Ibid., 166-67.
[801] Ibid., 174.
[802] Ibid.
[803] Ibid., 175.

muitos e não de um somente. Portanto, é patente que mais males foram removidos por Cristo do que foram causados por Adão.[804]

Goodwin concluiu com esta citação de Bucer: "Como pela queda de um, o pecado prevaleceu sobre todos, de modo que todos são sujeitos à condenação, assim também a justiça de um aconteceu em nome de todos os homens, para que todos os homens possam obter desse modo a justificação da vida".[805] Bucer parece afirmar a expiação ilimitada.

Goodwin citou os seguintes nomes, com citações, defendendo que Cristo morreu pelos pecados de todas as pessoas:

> Agostinho, Ambrósio, Jerônimo, Crisóstomo, Atanásio, Hilário, Cirilo de Jerusalém, Eusébio, Arnóbio, Dídimo, Basílio, Gregório de Nissa, Gregório Nazianzeno, Epifânio, Tertuliano, Orígenes, Cipriano, Clemente de Alexandria, Justino Mártir, Irineu, Próspero, Cirilo de Alexandria, Teodoreto, Leão, Fulgêncio, Primásio, Gregório, Bede, Teofilato, Anselmo, Ecumênio, Bernardo, o Sínodo em Mainz em oposição a Godescalco, algumas das afirmações feitas por pessoas no Sínodo de Dort, Lutero, Melanchton, Chemitius, Calvino, Vermigli, Bucer, Pareus, Gwalther, Hemmingius, Ursinus, Aretius, J. Fox, Lavater, Chamier, Perkins,[806] Zanchi, Bullinger, Grynaeus, Davenant, Kimedoncius.[807]

---

[804] Ibid.
[805] Ibid., 176.
[806] É provável que Goodwin erre em sua avaliação de Perkins. Veja a seção sobre Perkins.
[807] Veja Goodwin, *Redemption Redeemed* (1840), 524–61; 672–719. A análise de Goodwin aqui é formidável. Observe que Goodwin citou o papa Leão, o Grande (c. AD 400–461). Leão ensinou claramente que Cristo "morreu por todos os homens" ("Sermons of Leo the Great: Sermon LXXXV", em *NPNF*, Second Series, eds. P. Schaff e H. Wace [1895; reimp. Peabody, MA: Hendrickson, 2004], 12:197), e que Cristo "propiciou pela raça humana", "assumiu a causa de todos" e foi "a propiciação do mundo" ("Letters of Leo the Great: Letter CXXIV", em *NPNF*, Second Series, 12:92). Leão é importante por causa de Kimedoncius e Jeremias Bastingius (AD 1551–1595), um teólogo reformado holandês que procurou formular uma hipótese da continuidade entre o conceito deles sobre a extensão da satisfação de Cristo com esse de Leão. Veja J. Kimedoncius, *The Redemption of Mankind*, 12; e J. Bastingius, *An exposition or commentary vpon the catechisme of christian religion, which is taught in the schooles and churches both of the low countries, and of the dominions of the countie palatine* (impresso em Londres por Iohn Legatt, impressor da Universidade de Cambridge, 1614), 159. Bastingius também disse que "era necessário que Cristo se interpusesse para fazer intercessão, que ele sofresse e cumprisse a punição, que pelo justo julgamento de Deus, pairava sobre a cabeça de todos os pecadores" (ibid., 4). Cristo "sofreu em sua alma a ira de Deus contra o pecado de toda humanidade" e ele "é o único sacrifício de reconciliação pelos pecados do mundo inteiro" (ibid., 154, 159). Para uma análise da vida de Bastingius, veja J.

Um ano após a publicação de Goodwin, Richard Resbury desprezou várias citações de Goodwin ao chama-las simplesmente de "distorções de citações".[808] Entretanto, Resbury está envolvido aqui em um debate especial, como está claro que Goodwin é completamente familiarizado com a literatura patrística (a análise de Goodwin sobre este aspecto da história da igreja é limitado apenas a 70 páginas) e não é citações de evidência incompleta.

No prefácio da edição de 1959 da Banner of Truth da obra *Death of Death* de John Owen, J. I. Packer declarou que esta obra precisa ser reconhecida como uma tentativa de responder aos questionamentos em defesa da expiação limitada.[809] Realmente, na própria geração de Owen, tanto Richard Baxter quanto John Goodwin formularam refutações bíblicas e teológicas significativas a Owen. A análise de Goodwin foi virtualmente ignorada por calvinistas extremos, embora sua obra *Redemption Redeemed* [Redenção Redimida] seja de quase 750 páginas. Ela não tem uma citação no índice de *From Heaven He came and Sought Her* [*Do Céu Cristo Veio Buscá-la*], reputada como a defesa moderna definitiva da expiação limitada, que analisarei na parte 3, adiante:

Henry Hammond (1605—1660)

Hammond foi um monarquista anglicano. Um erudito bastante lido, conhecedor da patrística e foi o primeiro erudito inglês a comparar manuscritos do Novo Testamento. Foi autor de muitas obras publicadas, juntamente com muitos sermões e cartas.[810]

Hammond falou do propósito da morte de Cristo relativo a "satisfazer pelo pecado de Adão e por todos os pecados de toda humanidade".[811] Em seu livro de 1648 *A Brief Vindication Of Three Passages In The Practical Catechisme* [*Uma Breve Defesa Das Três Passagens No Catecismo Prático*], afirmou: "Cristo redimiu todos os homens". Ele falou dos benefícios da morte de Cristo como "gerais" e designados de tal forma que todos

---

Beeke, "Bastingius, Jeremias," em *The Oxford Encyclopedia of the Reformation*, ed. H. J. Hillerbrand, 4 v. (Nova York: Oxford University Press, 1996), 1:127–28.

[808] R. Resbury, *The Lightless-Starre: or, Mr. John Goodwin Discovered A Pelagio-Socinian: And This By The Examination Of His Preface To His Book Entitled Redemption Redeemed* (Londres: Printed for John Wright at the Kings-Head em the Old-Bayly, 1652), 21–24.

[809] J. I. Packer, "Introduction," em *The Death Of Death In The Death Of Christ* (Edimburgo: Banner of Truth, 1959), 1– 25. A introdução completa pode ser lida aqui em http://www.johnowen.org/media/packer_quest_for_godliness_ch_8.pdf.

[810] Para a função de Hammond na Igreja da Inglaterra entre 1643 e 1660, veja J. W. Packer, *The Transformation of the Church of Anglicanism: 1643–1660, com referência especial a Henry Hammond* (Manchester: University of Manchester, 1969).

[811] H. Hammond, *Practical Catechism*, 2nd ed. (Londres: impresso por R. Royston, at the Angel in Ivy- Lane, 1646), 3.

condicionalmente[812] (Jo 3.16) podem ser salvos se cumprirem a condição. Hammond recorreu a Próspero que afirmou o mesmo e notou que o catecismo, nesse tópico, apela a Hebreus 2.9, no qual Hammond afirmou que "todo homem" "significa toda humanidade" e que "provar a morte por eles" significa "satisfazer pelos pecados deles".

Hammond recorreu a outras passagens em apoio à expiação universal: 2 Pedro 2.1, 1 Coríntios 8.11, e 2 Coríntios 5.14. Concernente à última, afirmou que,

> onde se fala do amor constrangedor de Cristo, ele diz: julgamos que se um morreu por todos, então todos morreram, isto é, certamente, Todos na extensão ampla, não apenas os eleitos, mas todos os outros e esta conclusão, o apóstolo infere por esse meio, porque um, isto é, Cristo morreu por todos, o que é uma prova do outro, deve certamente ser verdadeira e como reconhecido (se não mais) que prova; e particularmente o [todos] por quem ele morreu, seja tão ilimitado quanto o [todos] que estão mortos, ou de outra forma, o Apóstolo não poderia julgar (como ele diz que julga) ou concluir a morte de todos em Adão. Dessa argumentação do apóstolo não farei questão de inferir que na teologia de são Paulo, Cristo morreu por todos que estão mortos em Adão; e naquela ocasião, eu acrescentarei, por falar nisso, que a doutrina contrária [de Cristo não morrer por todos] os antigos afixaram em Pelágio sob essa razão, de sua afirmação que tudo (isto é, esses infantes) não caíram em Adão e assim não precisavam de ser redimidos por Cristo. Portanto, parece por *S. August: cont. 2. Epist. Pelag: 1. 2. c. 2. Pelagiani dicunt Deum non esse omnium aetatum in hominibus mundatorem, salvatorem, liberatorem* [Os pelagianos dizem que Deus está entre os homens de todas as épocas, como purificador, salvador e libertador] etc, e quando os massilianos, para se defenderem da acusação de Santo Agostinho, confessam que Cristo morreu por toda humanidade (como parece pela Epístola de Próspero), Próspero não expressa nenhuma hostilidade a essa confissão, mas formula outras acusações contra eles. E a verdade é que não há nenhum escritor antigo, antes de Pelágio, que afirmou diretamente que Cristo morreu por todos.

Fatos diversos deveriam ser observados. Primeiro, Hammond sugeriu que 2 Coríntios 5.14 não pode ser interpretado de outra forma lógica do que uma afirmação sobre

---

[812] É padrão para os calvinistas moderados distinguir entre Cristo morrer por todos absolutamente e morrer por todos condicionalmente. Observe como Hammond usa o termo "condicional". Muitos puritanos também fazem essa distinção.

a expiação ilimitada. Segundo, afirmou que foi realmente Pelágio que argumentou que Cristo não morreu por todas as pessoas e citou Agostinho expressando a ideia. Terceiro, recorreu a Prosper em apoio à convicção de Agostinho, que Jesus morreu por todos.

Hammond professou haver aprendido essa noção da expiação ilimitada não apenas da Escritura, mas também dos Trinta e Nove Artigos da Igreja da Inglaterra e do Catecismo Prático no *Livro de Liturgia*, ambos os quais afirmam que Cristo morreu por todos. Do Catecismo Prático, "eu fui ensinado", Hammond disse, "a crer ... em Deus o Filho, que me redimiu e toda humanidade".[813]

William Jemkyn (1613—1685)

Jenkyn foi um pregador popular e um daqueles excluídos pelo Ato de Uniformidade em 1662. Ele foi preso e colocado na Prisão de Newgate, onde morreu em 1685. Foi autor de um excelente comentário de Judas.[814]

Em sua controvérsia com o arminiano John Goodwin, indicou sua adesão à expiação ilimitada: "*Crisóstomo* teria lhe informado [John Goodwin], que aqueles de quem Cristo é o redentor com respeito à suficiência do preço, podem perecer, embora não aqueles a quem o preço é aplicado".[815] Essa é uma refutação da noção de Goodwin da possibilidade de perda da salvação. Jenkyn concordou com Goodwin sobre o tema da extensão.

John Owen (1616—1683)

John Owen é devidamente considerado um dos principais teólogos puritanos ingleses.[816] Suas obras reunidas hoje preenchem 16 volumes. Com a idade de 31 anos publicou em 1648 seu livro agora famoso: *Death of Death in the Death of Christ*[817] [Tamb´´em publicado como "Por Quem Cristo Morreu?"], considerado por muitos como a obra

---

[813] H. Hammond, *A brief vindication of three passages in the practical catechisme, from the censures affixt on them by the ministers of London, in a book entitled, a testimony to the truth of Jesus Christ, &c.* (Londres: impresso por Richard Royston em Ivy-lane, 1648), 3–7.

[814] W. Jenkyn, *An exposition upon the epistle of Jude Delivered in Christ's Church, Londres* (Edimburgo: J. Nichols, 1865).

[815] W. Jenkyn, ΟΔΗΓΟΣ ΤΥΦΟΣ, *The blind guide, or the doting doctor* (Londres: M. B., 1648), 107. Goodwin afirmou a expiação universal e a possibilidade de perda da salvação.

[816] D. Wallace, "The Life and Thought of John Owen to 1660" (PhD diss., Princeton University, 1962).

[817] J. Owen, Salus Electorum, Sanguis Jesu; or the English short title "The Death of Death in the Death of Christ," em *Works of John Owen*, 10:139–428.

clássica que defende a expiação limitada.[818] Três preocupações importantes sustentaram a defesa de Owen da expiação limitada: a trinitária, a pactual e a exegética.[819]

Owen não poderia conceber algo como "reconciliação "potencial". A cruz reconciliou pecadores ou não. Ele recusou-se a enxergar em passagens como 2 Coríntios 4.14-21 um aspecto objetivo e subjetivo na reconciliação. Baseou-se consideravelmente no chamado pacto da redenção e a lógica em seus argumentos em defesa da expiação limitada: os argumentos do "pagamento duplo" e da "tríplice escolha". Também argumentou sobre a suficiência da morte de Cristo para todos, mas interpretou essa suficiência como uma mera suficiência hipotética, aceitando a revisão do princípio de Lombardo promulgado por Beza e Piscator anteriormente.

A teologia de Owen da expiação limitada é muito dependente de várias noções. Uma é sua noção do pacto trinitário eterno (pacto da redenção), pelo qual o Pai e o Filho concordaram em redimir os eleitos. Para ele, o sacerdócio eterno de Cristo e seu ofício mediador são absolutamente definidos pelo pacto da redenção.[820] Isto, por sua vez, atua como o fundamento causal para o decreto de eleição.[821] Trueman notou a progressão em Owen aqui: a morte de Cristo é parte de seu sacerdócio, o sacerdócio dele é parte de seu ofício mediador, e este ofício é criado e definido pelos termos do pacto da redenção.[822]

Outro conceito fundamental para Owen é o comercialismo, no qual noções de pecado e culpa são compreendidos de alguma forma quantitativamente e onde a fé afirma-se ser adquirida para todos os eleitos. O conceito dele da satisfação de Cristo na cruz é arraigado na sua adesão à teoria comercial de Anselmo sobre a expiação. Owen define "satisfação" como "um benefício integral do credor do devedor".[823] Ele

---

[818] Dois argumentos fundamentais que Owen formula são os agora argumentos famosos do "pagamento duplo" e o da "tríplice escolha".

[819] Moore, "Extent of the Atonement", 128–31. Sobre a metodologia exegética de Owen, Moore citou Henry Knapp e Barry Howson, mas omitiu uma crítica moderna importante à hermenêutica e exegese de Owen por N. Chambers, "A Critical Examination of John Owen's Argument for Limited Atonement em 'The Death of Death in the Death of Christ'" (tese de mestrado em teologia, Reformed Theological Seminary, 1998).

[820] C. Trueman, *The claims of truth: John Owen's trinitarian theology* (Carlisle, UK: Paternoster, 1998), 205. Para a função do sacerdócio de Cristo na teologia da expiação de Owen, consulte E. M. Tay, *Priesthood of Christ: atonement in the theology of John Owen (1616–1683)*, Studies in Christian History and Thought (Milton Keynes, UK: Paternoster, 2014).

[821] Ibid., 218.

[822] Ibid., 205.

[823] Owen, "The Death of Death in the Death of Christ," 10:265. Mesmo Carl Trueman, Defensor de Owen, admitiu que o argumento do pagamento duplo de Owen baseou-se "em uma teoria comercial rudimentar da expiação" (*Claims of Truth*, 140).

é dependente da distinção de Grotius entre *solutio ejusdem* (o mesmo que) e *solution tanidem* (tão bom quanto) com respeito à expiação.

Um terceiro é a sua concepção da vontade e propósito de Deus, que não podem ser frustradas ou fracassar.[824] Um quarto é o conceito do ofício mediatário de Cristo. O estudo mais recente e significativo desse aspecto da soteriologia de Owen é a obra de Tay: *The Priesthood of Christ*[825] [O Sacerdócio de Cristo].

Tay acredita que as obras posteriores de Owen precisam ser consideradas ao avaliar seus conceitos sobre a natureza e a extensão da expiação. Eu concordo naturalmente. Mas deve ser notado que os conceitos de Owen jamais se desviaram daqueles expressos em sua obra *Death of Death* [Por Quem Cristo Morreu?]. Tay deduz primariamente do comentário volumoso de Owen sobre Hebreus como a maior fonte exegética em apoio de sua teologia da expiação.[826]

Owen compreendeu a encarnação de Cristo como primariamente um meio para um fim. A meta é realizar a obra da expiação (oblação) e intercessão para a salvação dos eleitos.[827]

> O uso de Owen de oblação e intercessão como tópicos unificadores revela o que ele pretendia estabelecer teologicamente contra a redenção universal. Isto o fez formular um conceito particularista e realista da expiação contra a ameaça de um resgate geral, que meramente assegurou a potencialidade universal da salvação. O cerne da questão reside na inseparabilidade da oblação e intercessão. Ambos os atos estão unidos pela natureza de suas relações, pois a oblação é o fundamento para intercessão e intercessão é a continuação da oblação, de modo que o que foi obtido pela oblação é concedido em virtude da intercessão.[828]

Além do mais, Tay corretamente notou que a relação entre intencionalidade divina e aplicação da expiação é absolutamente fundamental para Owen.

O conceito de Owen da satisfação de Cristo pelo pecado é expresso na linguagem comercialista. O devedor é o homem, o débito é o pecado, o que é requerido para fazer

---

[824] Owen ("The Death of Death in the Death of Christ," 10:200) escreveu que a controvérsia inteira sobre a extensão da expiação fundamenta-se no propósito de Deus para a expiação, que para Owen foi a salvação dos eleitos apenas.

[825] E. M. Tay, *The Priesthood of Christ: Atonement in the Theology of John Owen (1616– 1683)* (Milton Keynes, UK: Paternoster, 2015).

[826] Ibid., 9.

[827] Ibid., 16.

[828] Ibid., 18. Veja "The Death of Death in the Death of Christ", 10:181.

satisfação é a morte, a obrigação que prende o devedor é a lei, o credor que requer o pagamento é Deus e Cristo paga o resgate ao Pai.[829] Tay tentou demonstrar, a despeito desta linguagem, que é lançada em *Death of Death* [Por Quem Cristo Morreu?], que não devemos confundir isso como a aceitação de Owen do comercialismo. Outras metáforas da expiação estão claramente em jogo para o autor, mas não há confusão com o fato que o conceito comercial é predominante. Nada nos escritos posteriores de Owen removem o fato que o comercialismo é sua categoria predominante para a compreensão da expiação. Não é tanto a *linguagem* comercial em si que é o problema (exceto sua noção de Deus como credor), mas o conceito dele da morte de Cristo como um pagamento *literal*.

Tay argumentou que a teologia da expiação de Owen é formulada em torno de três fundamentos: (1) o Deus trino, (2) o ofício mediatário de Cristo e (3) a satisfação pelo pecado.[830]

Com respeito à natureza da suficiência da expiação, Owen defendeu a suficiência infinita da morte de Cristo, mas limitou esta apenas a uma suficiência intrínseca que o Filho realmente não pagou pelos pecados dos não eleitos.[831] Para ele, a suficiência da expiação é necessariamente compreendida em conjunto com o propósito de Deus e esse propósito é redimir apenas os eleitos, daí a doutrina da expiação limitada. A expiação, dado o pacto da redenção, precisa ter um propósito e apenas um, a salvação dos eleitos.[832]

---

[829] Tay, *The Priesthood of Christ*, 21. Veja Owen, "The Death of Death in the Death of Christ" 10:265–66.

[830] Tay, *The Priesthood of Christ*, 22.

[831] Owen, "The Death of Death in the Death of Christ", 10:295–96:
Portanto, foi o propósito e intenção de Deus que seu Filho oferecesse um sacrifício de mérito, valor e dignidade infinitos, suficiente em si mesmo para a redenção de todos e cada homem, se o Senhor se agradasse de empregá-lo para este propósito ... Ele seria em si mesmo de suficiência e valor infinitos se o preço comprasse e adquirisse todos e cada homem no mundo. Que o sacrifício formalmente se tornaria um preço por qualquer um deve somente ser atribuído ao propósito de Deus, que intencionou a compra e redenção deles por isso.
Ele também afirmou:
nega-se que o sangue de Cristo foi um preço e resgate suficientes por todos e cada um, não porque ele não foi suficiente, mas porque ele não foi um resgate.
H. Boersma corretamente observou que "Owen apenas reconhece uma suficiência interna: uma suficiência situada no valor infinito do sacrifício de Cristo em si mesmo. Ele seria apenas suficiente para o mundo todo se de fato fosse intencionado para todos (*A Hot Pepper Corn: Richard Baxter's Doctrine Of Justification In Its Seventeenth-Century Context Of Controversy* [Vancouver: Regent College, 2004], 254).

[832] "The Death of Death in the Death of Christ," 10:200.

Para Owen, a suficiência da expiação é determinada pelo valor do sacrifício, que no caso de Cristo é infinito, associado à relação do sacrifício dele ao propósito de Deus, que é a salvação dos eleitos.[833]

Trueman notou que Owen simultaneamente argumentou em defesa da suficiência infinita da expiação em termos de mérito e valor enquanto negou qualquer relação incondicional entre suficiência e os propósitos salvadores de Deus, que é limitada somente aos eleitos.[834] Jonathan Lindell assinalou que a cristologia de Owen, especificamente seu conceito do ministério intercessor de Jesus,[835] é que sustentou e proporcionou a continuidade que defendeu na suficiência intrínseca da expiação e sua eficiência extrínseca para os eleitos apenas.[836]

O argumento básico de Owen é que o propósito de Deus fracassaria se a expiação fosse universal, pois o que Cristo pretendeu realizar por sua morte, a saber, a salvação daqueles por quem morreu, não é de fato realizada para o réprobo. Esse é o único fio que perpassa a urdidura e a trama do tapete teológico de Owen.[837]

Considerando que Richard Baxter debateu com Owen por vários anos sobre o tema da natureza e extensão da expiação, vamos analisar os conceitos de Baxter brevemente, em especial observaremos sua crítica a Owen relacionada ao tema da extensão. Depois disso, voltaremos nossa atenção para uma crítica aos conceitos de Owen relativos à extensão.

---

[833] Ibid., 10:295-96.

[834] Trueman, *Claims of Truth*, 202.

[835] A compreensão de Owen da oração de Cristo na cruz: "Pai, perdoa-lhes", revela a exegese deturpada que ele é obrigado a se empenhar. O teólogo se esforça para restringir essa oração àquele povo particular presente naquele dia apenas, que o crucificou; mas apenas os que entre eles o fizeram na ignorância, como se fossem uma subclasse no grupo daqueles que o crucificaram. Ele, então, argumentou que Cristo não orou para que cressem, mas apenas para que fossem perdoados devido àquele pecado específico que praticaram na ignorância. Em seguida, Owen continua a dizer que a oração foi eficaz, em um sentido, por aquelas pessoas que vieram a crer conforme o livro de Atos. Mas como isso pode acontecer quando Owen nos informou que a oração não foi sobre a fé deles? Porém, quando Owen termina, a exegese se torna a fé dos eleitos entre eles, pois alguns em Atos vieram a crer de acordo com a oração de Cristo. Veja Owen, "The Death of Death in the Death of Christ", 10:195-96.

[836] J. Lindell, "John Owen and Richard Baxter: A Conflict Concerning the Nature of Divine Satisfaction" (ThM thesis, Dallas Theological Seminary, 2010), 15.

[837] Veja, por exemplo, Owen, "The Death of Death in the Death of Christ", 10:149, 176, 182, 193, 209, 224, 238, 241, 258, 288, 296, 312, 329, 335, 345, 359, 381 e 417. A. Clifford disse que o argumento de Owen revela a forte influência da teologia de Aristóteles, juntamente com as implicações comerciais da teoria de Anselmo da expiação (*Atonement and Justification* [Oxford: Clarendon Press, 1990], 111).

Richard Baxter (1615—1691)

Nem todos os anglicanos e puritanos foram persuadidos pelos argumentos de Owen. A prolífica pena de Richard Baxter (sua produção literária foi duas vezes maior que a de Owen) foi acionada contra os argumentos de Owen. A defesa mais extensa de Baxter sobre a expiação universal, *Universal Redemption of Mankind* [Redenção Universal da Humanidade], não foi publicada até três anos após sua morte.[838]

Baxter e Owen conduziram um debate relevante a respeito da extensão da expiação e o tema da justificação.[839] Baxter discorda de Owen sobre a natureza da satisfação da morte de Cristo. Owen sustentou que essa morte cumpriu exatamente o requerimento legal e cancelou o débito de pecado de uma forma comercial.

Baxter defendeu que a satisfação realizada por Cristo foi um valor equivalente por todos os pecados, cumprindo assim os requerimentos legais.[840] Ele compreendeu o conceito de "débito", não em termos literais, mas ao contrário, em termos analógicos.[841] Portanto, para ele, a morte de Cristo é extrinsecamente suficiente para todos (contra Owen), mas eficaz apenas para os eleitos.[842]

Owen compreende a morte de Cristo como determinada pelo pacto da redenção, que é a razão causal da eleição. Baxter situa a morte de Cristo e o decreto de Deus que a torna salvífica logicamente antes de qualquer análise da eleição de pessoas.[843]

Entre os seus argumentos contra a expiação limitada de Owen, Baxter discutiu Mateus 22.1-13, a parábola da Festa de Casamento. A fim de verificar o entusiasmo pleno do argumento de Baxter, eu forneci uma citação um tanto extensa.

---

[838] R. Baxter, *Universal redemption of mankind, by the Lord Jesus Christ: Stated and cleared by the late learned Mr. Richard Baxter. Whereunto is added a short account of special redemption, by the same autho*: (Londres: For John Salusbury, 1694).

[839] Para um bom resumo do debate de 1649–58, veja Boersma, *A Hot Pepper Corn*, 41–44. Boersma falou da verbosidade de ambos em prolongar o debate. Boersma tratou da extensão da expiação nas páginas 209–20; 254–56.

[840] Baxter, *Universal Redemption*, 78. Boersma sumarizou corretamente Baxter: "O pagamento de Cristo é equivalente em valor, embora não equivalente naquilo que *consequentemente* obtém. Os benefícios da morte de Cristo são aplicados mediante uma condição" (*A hot pepper corn*, 247).

[841] Baxter, *Universal Redemption*, 79. Baxter disse que o pecado concebido como "débito" na Escritura é uma metáfora. Baxter argumentou contra o conceito de Owen que a morte de Cristo fez um pagamento equivalente (*solutio tantidem* = solução equivalente).

[842] Ibid., 135–36. Trueman sumarizou os conceitos de Baxter, notando que este "argumenta usando a terminologia tomista, que Cristo morre para obter a salvação com antecedência para todos e por consequência para aqueles que crerão" (*Claims of Truth*, 205).

[843] C. Trueman, *The Claims of Truth: John Owen's trinitarian theology* (Carlisle, UK: Paternoster, 1998), 218.

Aqui concorda-se que Deus é o rei; a festa de casamento é Cristo e os benefícios de sua morte oferecidos pelo Evangelho. O abate dos animais, a maioria diz, indica o assassínio de Cristo, para que ele seja para nós o pão da vida; e sua carne, o alimento de fato; e seu sangue, a bebida realmente. Os mensageiros são os pregadores. A mensagem é o convite ou a oferta do Evangelho. Portanto, eu argumento assim: se todas as coisas estão preparadas, as quais são recebidas na vinda de Cristo, sim, e preparadas para aqueles que se recusam a vir e unicamente o ato de virem ou não prontos, impede a participação deles. Então, Cristo foi um sacrifício preparado até mesmo para todos que se recusaram a vir. Mas, &c. Ergo, &c.

Eu não digo que Cristo foi designado para salvar os que o rejeitam finalmente. Mas ele foi um sacrifício por todos os pecados dos mesmos homens, exceto a rejeição final deles e, desse modo, preparou para todos aqueles benefícios redentores, que ao virem, eles receberiam. Essa mensagem qualquer ministro do evangelho pode agora transmitir aos incrédulos: "Venham a Cristo; aceitem-no como Redentor, Senhor e Salvador e com ele o perdão e a salvação, pois tudo isso está preparado. Tudo que é prerrequisito para crer ou vir é realizado por Cristo no que concerne a ele como um sacrifício e um doador de seus benefícios testamentários. E tanto quanto a justiça insatisfeita exigiu: Todas as coisas que são requisitos objetivos para sua fé estão preparadas. Ora, isso não poderia ser verdadeiro se Cristo não fosse um sacrifício pelos pecados desses homens. Pois como está tudo preparado quando o que é mais primordial e necessário não está, isto é, um sacrifício expiatório pelo pecado? Quando a satisfação à justiça não está preparada, eles podem fazer isso? Ou são chamados para fazer isso? Ou a vinda deles faria isso, o que não foi feito antes? Ou viriam de fato sem satisfação? Preferivelmente, deve ser dito a eles (como aos demônios) que não venham, pois nada está preparado. Porquanto onde Cristo não está preparado, a satisfação pelo pecado também não está; nada está preparado para que um pecador seja chamado pelo evangelho. A causa estando ausente, todos os efeitos devem estar ausentes.

Objeção: *Pode-se dizer que tudo está preparado e que a morte de Cristo é suficiente para todos.*
Resposta: Isso é verdadeiro e não desejo mais. Se você compreende como os teólogos o fizeram até agora e como esse texto prova, isto é, que ela é um resgate, um sacrifício suficiente para todos. Mas de acordo com o

novo pretexto fútil, é falso que a morte de Cristo foi apenas suficiente como um sacrifício ou resgate para todos, se Deus ou Cristo assim o quisesse, mas de fato não foi um resgate para eles de forma alguma. Pois tudo está preparado? Cristo está de alguma forma mais preparado para aqueles por quem ele não morreu do que pelos demônios? Ou mais do que se ele jamais tivesse morrido absolutamente? Você seria enviado a um prisioneiro e diria: "Paguei 1.000 *libras* por seu colega prisioneiro que devia 500 *libras*. A soma é suficiente para cancelar seu débito também, se tivesse pretendido, portanto, venha e receba um cancelamento, pois tudo está preparado? Ou você ordenaria seu servo para ir à cidade toda e dizer: "Eu já matei e preparei bastante carne para todos vocês, determinando que alguns jamais a provarão sob quaisquer condições, portanto, venham agora e participem de tudo, porque todas as coisas estão preparadas. A preparação que Cristo fala aqui é tal, que se supõe que todas as coisas estão prontas, exceto receber pela fé. Nada, senão vir está faltando.[844]

Em acréscimo ao argumento baseado em Mateus 22.1-13, note a referência de Baxter à compreensão hipotética de Owen da suficiência da morte de Cristo como um "novo pretexto fútil". Se Jesus não satisfez por todos, então a morte dele não é suficiente para todos.[845] Para ele, aqueles que dizem que Cristo não sofreu por todos estão com efeito negando a suficiência de sua morte, mesmo para aqueles que creem.[846] Além disso, Baxter afirmou que se o Filho não satisfez pelos pecados de todos, então ninguém tem razão suficiente para ter fé em Cristo. Também chamou isso de uma "incerteza desconfortável".[847]

Baxter listou trinta "consequências absurdas" por negar a expiação universal. Se Cristo não morreu por todos, então não é pecado rejeitar o evangelho, que não foi planejado para a recuperação deles.[848] Curiosamente, ele demonstra como a pregação de William Perkins é diferente de sua teologia.[849] Baxter acreditava que se não há satisfação universal pelos pecados na expiação, o pregador não tem nada a declarar que possa encorajar qualquer pecador a crer com confiança.[850]

---

[844] Baxter, *Universal Redemption*, 343–45.
[845] Ibid., 133.
[846] Ibid., 138.
[847] Ibid., 168.
[848] Ibid., 173.
[849] Ibid., 124.
[850] Ibid., 122.

Ele analisou a questão do que significa exatamente a frase "Cristo morreu por":

> 99. A preposição [*por*] quando questionamos se Cristo morreu [*por*] todos é ambígua: 1. Ela pode significar [*a estrita representação de todas as pessoas como diversas, de modo que se pode afirmar que elas morreram ou são satisfeitas nele ou por ele, como civilmente em suas próprias pessoas, embora não naturalmente*]. E assim Cristo não morreu por todos ou por algum homem, algo que, no entanto, está na imaginação de alguns, que por essa razão dizem que Cristo não morreu *por todos*, porque ele não representou todos. 2. Ela pode significar [*morrer devido à aquisição de todos os pecados dos homens, como a presumida causa promissória*]. E assim, o próprio Paraeus em seu *Irenicon* diz que os pecados de todos os homens estão em Cristo e desse modo ele *morreu por todos*, isto é, *pelos pecados de todos os homens como a causa de sua morte*. Você pode dizer a qualquer homem ímpio: *Seus pecados mataram Cristo* (algo que os negadores sempre dizem para desculpá-los). 3. Ou ela significa que Cristo morreu *finalmente pelo bem de todos os homens*. E isto é verdadeiro, como antes explicado. Ele morreu pelo bem de todos, mas não igualmente; isto é, não com a mesma vontade absoluta, decreto ou intenção de realizar a salvação deles.[851]

Falando sobre a suficiência da expiação, Baxter afirmou:

> A antiga solução que os escolásticos e protestantes concordaram era que Jesus morreu por todos quanto à suficiência dessa morte, mas não relativo à eficiência da salvação deles. O que é verdadeiro, mas precisa ser assim explicado: a morte e obediência de Cristo não foram apenas suficientes, mas eficazes quanto aos seus primeiros efeitos, isto é, elas efetuaram o que é comumente chamado de satisfação e mérito. E, portanto, e do pacto de Deus, também foram eficazes para obter o pacto da graça como de teor universal e nisso um perdão gratuito do pecado e dom de justiça para a vida eterna a todos, sob a condição da devida aceitação: Este dom condicional de Cristo e vida é realizado e esta eficácia das misericórdias antecedentes deve ser chamada parte da suficiência da redenção, quanto às misericórdias consequentes (por assim dizer, perdão real e salvação) ou do contrário, uma eficiência além da suficiência, antecedente à eficiência

---

[851] Baxter, *Catholick Theologie*, I.ii.53 (ênfase no original). Baxter cita David Paraeus aqui.

especial afirmada. Que a morte de Cristo efetivamente obteve o ato de cancelamento ou dom condicional de vida para toda humanidade, mas isso não realiza a salvação real de todos. Para a graça universal, ela é suficiente e eficiente, mas para a graça especial e salvação real, ela é suficiente para todos (como depois será demonstrado), mas não eficiente, (o que para o que a rejeita é falta e fracasso). Quando dizemos que a morte de Cristo ou a graça é suficiente mais do que efetua, o sentido é que ela tem todas as coisas de sua parte que são absolutamente necessárias para o efeito, porém algo mais supõe-se necessário para ela, que está faltando.[852]

Na época da Assembleia de Westminster, Baxter disse que metade dos teólogos na Inglaterra era composta de amiraldianos.[853] É provável que isso não seja estritamente preciso, porque ele talvez estivesse se referindo à maioria dos universalistas hipotéticos como amiraldianos, o que é simplificação extrema. Contudo, se ele pode ser confiado nesse ponto, a declaração revela a enorme quantidade nas hostes reformadas que rejeitou a expiação limitada.

A posição de Richard Baxter sobre a extensão da expiação pode ser resumida, de acordo com Curt Daniel, na seguinte sentença: "Cristo, portanto, morreu por todos, mas não por todos igualmente ou com o mesmo intento, desígnio e propósito".[854]

Owen não considerou que a crítica de Baxter estava resolvida e respondeu com seu livro *Of the Death of Christ* [*Por Quem Cristo Morreu?*][855]

A Crítica a Owen

Não é incomum constatar calvinistas recorrendo a *Death of Death in the Death of Christ* [Por Quem Cristo Morreu?] como a declaração definitiva sobre a expiação limitada. Isso, às vezes, é seguido por uma declaração ousada nessas diretrizes que "Owen jamais foi refutado". Conforme vimos, isso não é inteiramente exato, dadas às obras de Baxter

---

[852] R. Baxter, *An end of doctrinal controversies, which have lately troubled the churches, by reconciling explication without much disputing* (Londres: Impresso por John Salusbury, 1691), 161–62.

[853] R. Baxter, *Certain disputations of right to sacraments, and the true nature of visible christianity* (Londres: Impresso por R. W. para Nevil Simmons,1658), B2ᵛ.

[854] Daniel, "Hyper-Calvinism and John Gill," 192.

[855] J. Owen, *Of the Death of Christ, the Price He Paid, and the Purchase He Made. or, the Satisfaction and Merit of the Death of Christ Cleared, the Universality of Redemption Thereby Oppugned: And the Doctrine Concerning These Things Formerly Delivered in a Treatise against Universal Redemption Vindicated from the Exceptions, and Objections of Mr Baxter* [J. Owen, Por Quem Cristo Morreu?, o preço que ele pagou e a aquisição que ele fez, ou a satisfação e o mérito da morte de Cristo esclarecidos, a universalidade da redenção assim refutada e a doutrina concernente a essas coisas anteriormente declaradas em um tratado contra a redenção universal, justificada segundo as exceções e objeções do sr. Baxter] (Londres: Peter Cole, 1650). Veja também Owen, Works, 10:429–79.

e Goodwin na própria geração de Owen, bem como as várias críticas do século XX a Owen, incluindo Alan Clifford.

Uma das críticas pouco conhecidas e raramente reconhecidas a Owen foi feita por Neil Chambers em uma tese de mestrado de 400 páginas, em 1998, no Reformed Theological Seminary [Seminário Teológico Reformado].[856] Eu resumirei capítulo por capítulo a crítica de Chambers a Owen.

- Capítulo 1: "Expiação Limitada e John Owen" (3-22)
- Capítulo 2: "A Morte da Morte" (23-110)
- Capítulo 3: "Uma Análise do 'Mundo'" (111-189)
- Capítulo 4: "Fé" (190-234)
- Capítulo 5: "A Linguagem Comercial de Owen" (235-285)
- Capítulo 6: "O Pacto da Redenção" (286-339)
- Capítulo 7: "Conclusão" (340-384)
- Apêndice A: "Apêndice A" (385-391)

No capítulo 1, Chambers mapeou a camada da terra para a discussão e orientou o leitor relativo à metodologia teológica de Owen. Para ele, a Bíblia é infalível, assim toda interpretação verdadeira da Sagradas Escrituras é infalível. Portanto, as consequências corretamente deduzidas dessas interpretações são infalivelmente verdadeiras.[857] Isso levanta a questão se Owen permitiu que seu argumento fosse refém de uma forma estranha de raciocínio, como Clifford afirmou.[858]

No capítulo 2, Chambers resumiu o livro de Owen. Owen estava em Oxford de 1628 a 1635 quando o arminianismo crescia em popularidade. Em 1628, uma declaração régia baniu toda controvérsia universitária sobre pontos debatidos entre arminianos e calvinistas. A eleição do bispo Laud como reitor de Oxford provocou uma mudança na teologia de Oxford. Depois de 1631, a doutrina calvinista desapareceu do Ato de Oxford. Owen também estava preocupado com o universalismo hipotético de Amyraut. A obra de Thomas More, *The Universality of God's Free Grace* [A Universalidade da Livre Graça de Deus] foi publicada em 1646. Owen refuta diretamente More em seu livro *Death of Death* [Por Quem Cristo Morreu?].

---

[856] N. Chambers, *"A Critical Examination of John Owen's Argument for Limited Atonement* em 'The Death of Death in the Death of Christ'" (Dissertação de mestrado em teologia, Reformed Theological Seminary, 1998). Esta é uma crítica substancial a Owen, e, no entanto, é geralmente ignorada por limitaristas. Ela não é citada em *From Heaven He Came and Sought Her*.

[857] Ibid., 16.

[858] Clifford, *Atonement and Justification*, 96–98.

O argumento de Owen é "longo, complexo e repetitivo".[859] *Death of Death* [Por Quem Cristo Morreu?] é estruturado em quatro livros. Os livros 1 e 2 estabelecem o sistema teológico, que sustenta seus dezesseis argumentos particulares contra a redenção universal no livro 3. O livro 4 contém sua exegese dos principais textos universalistas e refutação das dezoito provas de More. Chambers ressaltou devidamente que o argumento vence ou perde nos livros 1 e 2, pois a concordância com as pressuposições do autor tornam suas conclusões e exegese inevitáveis, como ele mesmo sugeriu na conclusão do livro 2.[860]

O argumento fundamental de Owen no livro 1 é simples: restrição do benefício da expiação aos eleitos prova uma restrição no propósito da morte de Cristo de beneficiar apenas eles. O autor considerou que se todos não são salvos, Cristo fracassou em sua intenção. Para ele, a única forma de evitar isso é adotar o universalismo.

Owen acreditava que a fé foi adquirida para os eleitos. A negação disso situa a função determinante da fé humana na salvação, um pensamento que rejeitava. Para ele, a morte de Cristo deve ser a causa diretamente responsável para a fé daqueles que são salvos.[861]

Owen cria que toda ação pode ser considerada em termos de agente, fim e meio. Isso torna a estrutura do lembrete do livro 1 e tudo do livro 2:

→ Agente = Trindade (cap. 3-5, livro 1);
→ Meios = a morte, oblação e intercessão de Cristo (cap. 6-8, livro 1);
→ Fim = Salvação dos eleitos (livro 2).

O autor detalhou a relação dos meios para os fins. Os meios podem ser a causa eficiente, meritória ou instrumental do fim, que é o primeiro princípio ou causa motora do todo. Com Deus, resultado e intenção são coextensivos. Essa observação fundamental é relevante para compreender o argumento de Owen. Ele chegou à conclusão da intenção de Deus diretamente do resultado dela. Portanto, toda afirmação na Escritura concernente ao resultado da obra de Cristo se torna uma afirmação da intenção dessa obra. Esse é o argumento que ele aplicou repetidamente no livro 3, no qual argumenta que a morte de Jesus foi intencionada somente para aqueles que são de fato reconciliados.[862]

---

[859] Chambers, "A Critical Examination", 30.
[860] Ibid., 31.
[861] Ibid., 35.
[862] Ibid., 36.

Owen discutiu a função de cada pessoa da trindade e estabeleceu um pacto de redenção em que Deus, o Pai, fez um pacto com o Filho no que concerne à obra da redenção. O Pai prometeu ao Filho a realização do fim do pacto, isto é, a redenção dos eleitos. Esse fim é o propósito e meta da obra de Cristo na cruz. O conteúdo dessa promessa pelo Pai ao Filho é explicado principalmente segundo Isaías 49, 64 e João 17. Conforme a compreensão de Owen do pacto da redenção, o Pai fixa no Filho a punição pelos pecados dos eleitos.

O autor prosseguiu para explicar seu famoso dilema de escolha tríplice: Cristo morreu por (1) todos os pecados de todos os homens, ou, (2) todos os pecados de alguns homens, ou, (3) alguns pecados de todos os homens.[863] A incredulidade não pode ser a causa de todas as pessoas não serem salvas, pois a incredulidade é um pecado. Se ela é um pecado, é expiada na teoria da expiação universal, e assim, como pode alguém sofrer por um pecado já expiado?

Mas isso levanta inúmeras questões que ele não respondeu:

1. A substituição é concebida quantitativamente na Escritura?
2. Se a incredulidade é expiada, porque os eleitos não são salvos na cruz?
3. Qual é a relação de incredulidade com o pecado imperdoável?

Ao considerar a obra de Cristo, Owen foi intransigente em recusar qualquer tentativa de separar impetração de aplicação. Assim, Cristo intercede somente por aqueles por quem ele morreu. Posto que a intercessão de Cristo é sempre eficaz, o autor considerou impossível que Cristo pudesse interceder por alguém que perece definitivamente. Deste modo, o Filho não pode ser concebido como tendo morrido por aqueles por quem ele não intercede. Owen extraiu essa conclusão de Romanos 8.33,34 e considerou esse argumento como a sentença de morte da expiação universal.[864] e então, ele continuou a apresentar seis argumentos pelos quais a intercessão e a oblação são iguais.[865]

Owen criticou seus oponentes por extraírem conclusões universais de proposições indefinidas. Mas, conforme Chambers devidamente acentuou, se é errado extrair conclusões universais de proposições indefinidas, a própria posição de Owen não pretende que essas proposições indefinidas sejam interpretadas em um sentido definido, referindo-se definitivamente aos eleitos, convertendo no processo qualitativo

---

863   Veja Owen, "The Death of Death in the Death of Christ," 10:173
864   Chambers, "A Critical Examination," 42–43. Veja Owen, "The Death of Death in the Death of Christ", 10:181.
865   Chambers, "A Critical Examination", 45.

termos indefinidos em referências quantitativas?[866] A conclusão de Owen no livro 1, que Cristo jamais intenciona salvar mais do que por quem ele morre, precede qualquer exegese das passagens discutidas.

Chambers notou que, em seu resumo do livro 2, para Owen, a meta final da obra de Cristo na cruz pode ser concebida como o fim absoluto (a glória de Deus) ou como o fim intermediário (nossa salvação). Os eleitos realmente têm um direito à salvação baseado na compra de Jesus da fé deles na cruz. O pacto da redenção torna a salvação para os eleitos não apenas uma possibilidade, mas uma certeza por direito.[867] Aqui, Owen apropriou-se de noções pactuais e comerciais para o seu argumento.

Chambers citou a declaração de Owen do propósito da morte de Cristo:

> Jesus Cristo, de acordo com o conselho e vontade de seu Pai, se ofereceu na cruz para a aquisição daquelas coisas antes descritas; e torna a intercessão contínua com esse intento e propósito, que todas as coisas boas assim obtidas por sua morte poderiam ser de fato e infalivelmente concedidas e aplicadas a todos e cada um por quem ele morreu, conforme a vontade e conselho de Deus.[868]

Owen negou a sugestão de Thomas More de que uma obra pode ter mais do que um fim.[869] Para ele, o propósito da morte de Cristo não foi tornar todos os homens redimíveis, mas realmente salvar os eleitos.

Os oponentes de Owen respondem que essa redenção não é obtida absolutamente, mas sob uma condição e o que é obtido sob condição só se torna realmente aplicado no cumprimento dela. Owen respondeu que se fosse assim, e se a intenção da cruz fosse universal, a condição deveria ser universalmente conhecida, o que não é.[870] Ele afirmou: "Cristo não morreu por qualquer condição, de eles crerem, mas ele morreu por todos os eleitos de Deus, que deveriam crer ... a fé em si mesma está entre os principais efeitos e frutos da morte de Cristo".[871]

Chambers resumiu o argumento de Owen no livro 2, incluindo sua dependência das noções da chamada aquisição da fé e da linguagem comercial para descrever a expiação:

---

866   Ibid., 46.
867   Veja Owen, "The Death of Death in the Death of Christ", 10:207.
868   Ibid., 10:208.
869   Chambers, "A Critical Examination", 57.
870   Ibid., 63.
871   Owen, "The Death of Death in the Death of Christ", 10:235.

Mas também é evidente que se a posição de Owen admite que a obra de Cristo jamais teria qualquer intenção de benefício para ninguém mais do que para aqueles que são realmente salvos [os eleitos] e não mais do que os eleitos sempre tiveram apoio nesta obra, como ninguém, exceto eles que são objetos do amor de Deus nesta obra. Ademais, isso legitima o uso de Owen daquelas Escrituras que falam do resultado da morte de Cristo para cristãos, como as Escrituras que também provam a restrição da expiação aos eleitos e assim destrói a teoria do resgate geral, por isso, por exemplo, cristãos e apenas cristãos são santificados pelo sangue de Cristo e a fé é adquirida por esse sangue para todos por quem ele morreu; então, como nem todos são santificados, é claro que essa morte de Cristo não poderia ser para todos. Isso está na essência dos dezesseis argumentos contra a universalidade da redenção que constitui o livro 3.[872]

No livro 3, Owen expôs dezesseis argumentos em defesa da expiação limitada:

1. Como o novo pacto está restrito aos eleitos, assim há uma restrição no intento daquilo que instaura o novo pacto, a morte de Cristo.
2. A fé vem pelo ouvir. Mas o evangelho não é pregado a todos e, portanto, a condição não é possível a todos. De acordo com a expiação universal, algo é obtido que jamais pode ser aplicado. Como Deus é soberano, se o evangelho não é conhecido para alguns, Owen concluiu que ele não foi planejado para eles. Se isso não foi planejado para eles, então não foi obtido para eles. Para o autor, a morte de Cristo não pode ser universalmente planejada porque ela não é universalmente conhecida. A dedução é: se eles não ouvirem, jamais se planejou que fossem salvos. Chambers observou, embora não exija, que é possível verificar como a visão de Owen pode conduzir à complacência no evangelismo.[873]
3. Há implicações por afirmar e negar a compra da fé. Se Cristo morreu por todos, então ele o fez absolutamente ou sob alguma condição a ser cumprida por todos. Se ele obteve esses benefícios absolutamente, então todos deveriam ser salvos, o que eles não são. Se ele os obteve condicionalmente, eles devem responder se a condição é obtida absoluta ou condicionalmente. Se a condição é obtida absolutamente, então é o mesmo como "morrer por" inteiramente e todos serão salvos por quem Cristo morreu. Intenção e efeito são coextensivos.

Além disso, se a condição não é adquirida, como pode alguém ser salvo? Chambers afirmou que esse "floreio retórico" indicou que no argumento principal de Owen

---

[872] Chambers, "A Critical Examination", 65.
[873] Ibid., 67.

não pode haver condição de salvação que não foi adquirida para aqueles por quem Jesus morreu, se deve haver real salvação para alguém.[874] Mas se a fé é vista como comprada, alguns objetarão que isso faz da pregação e do mandamento de se arrepender e crer uma zombaria, pois agora Deus requer algo da humanidade que ela não pode cumprir. O autor respondeu que os mandamentos indicam o que é nosso dever, não o que Deus pretende que seja feito e nosso dever é o mesmo não importa a nossa capacidade para cumpri-lo. Ele também argumentou que as promessas associadas ao mandamento de crer não indicam que é o propósito de Deus[875] que a morte de Cristo deva nos beneficiar, se crermos, mas pelo contrário, indica que a fé é o meio designado por Deus para salvação e por isso a fé e a salvação são inseparavelmente unidas. (Owen retornará às implicações de sua posição para pregação no livro 4, cap. 7).

4. Há um argumento da realidade da eleição e reprovação. Owen reconheceu que não há declaração direta na Escritura que afirme que Cristo morreu pelos eleitos apenas. No entanto, o autor cria que o sentido de uma expiação limitada pode ser claramente derivado do contexto. Mas Chambers reparou que essa defesa é útil apenas se os termos são mutuamente exclusivos e abrangentes, o que não é nenhum dos casos.[876]

5. Em contexto algum a Escritura faz uma afirmação explícita da morte de Cristo. (No livro 4, cap. 4, Owen apresentará uma exegese de muitas passagens que parecem apoiar uma expiação ilimitada).

6. A doutrina da substituição destrói a expiação universal. Se a incredulidade é um pecado que Cristo morreu por, então a substituição implica universalismo.

7. Baseado no conceito de Owen do sacerdócio de Cristo e sua intercessão limitada, ele deduz uma expiação limitada, a restrição da obra mediatária de Jesus para os eleitos. Aqueles por quem o Filho não ora, ele não paga.

8. Há a noção da compra da fé. (Owen irá detalhar mais, posteriormente).

9. A fé é obtida somente pelos eleitos e a fé não é comum a todos. Portanto, Cristo morreu apenas pelos eleitos. Owen declarou que ambas as premissas são verdadeiras, portanto, a conclusão é verdadeira. Chambers faz a interessante observação que a evidência bíblica para isso é introduzida pelo autor somente como a última de suas cinco provas.

10. Há um argumento do tipo para o antítipo. Visto que a redenção no Antigo Testamento estava confinada apenas a Israel, de modo que a redenção no Novo

---

[874] Ibid., 69.
[875] Ibid., 71.
[876] Ibid., 72.

Testamento é confinada somente ao Israel espiritual, o que Owen compreendeu ser os eleitos.

11. Para demonstrar a natureza da redenção em si mesma, Owen afirmou que os termos na Escritura que são usados para descrever a ação da cruz necessariamente incluem o resultado.
12. Se a reconciliação é o efeito imediato da morte de Cristo e se todos não são reconciliados, então é claro que ele não morreu por todos.
13. A natureza da morte de Cristo como satisfação pelos pecados é uma longa análise de três capítulos, devido à controvérsia sobre esse tema na época de Owen, conforme Chambers notou.
14. Há a compatibilidade da redenção universal com o mérito de Cristo. Uma vez que o Filho obteve o mérito da redenção para os eleitos por meio do pacto da redenção, esse mérito deve ser concedido aos eleitos, de outra maneira resulta a injustiça.
15. As frases bíblicas com as preposições gregas *hiper* e *anti* indicam que a natureza da substituição nega a expiação universal.
16. Owen examina diversos textos que ele defende que ensinam a expiação limitada: Gênesis 3.15; Mateus 7.32; 11.25, 26 e João 10.

Com respeito a João 10, o pensamento silogístico de Owen é claro:

> Cristo morreu por suas ovelhas
> Nem todas são suas ovelhas
> Portanto, Cristo não morreu por todos.

Contudo, Owen cometeu duas falácias primordiais nesse tema: (1) a falácia da inferência negativa e (2) o fato que sua conclusão é somente válida se a palavra "apenas" puder ser incluída na premissa maior, a qual é presumir o que ele tenta provar, desse modo pressupondo a conclusão.

Owen também recorreu a Romanos 8.32-34; Efésios 1.7; 5.25; 2 Coríntios 5.21 e João 17.9 para apoiar a expiação limitada.

Chambers resumiu o livro 3:

> Pensar da morte de Cristo como eficaz é pensar da morte dele como necessitando a salvação daqueles por quem ele morre. Central à ênfase dos argumentos de Owen é a demonstrada unidade da impetração e aplicação, a insistência que seja o que for que é obtido deve ser aplicado a todos aqueles para quem é obtido. O fundamento dessa afirmação é a conceituação da expiação como sendo o resultado temporal do acordo

entre o Pai e o Filho na eternidade, o pacto da redenção, que garante que os objetos da oblação de Cristo e sua intercessão são um e o mesmo, e que a intercessão é sempre eficaz. O teste determinante da veracidade dessa posição é a noção da compra da fé, que está na essência da salvação necessária dos eleitos.[877]

No livro 4, Owen analisou argumentos em favor da expiação universal. Ele listou dez princípios que considerou como fundamentais para a interpretação correta das três classes de textos que são alegados contra a expiação limitada: (1) expressões gerais e indefinidas, (2) alguns por quem Cristo morreu não obtêm salvação e (3) ofertas gerais são feitas a todos indiscriminadamente.

1. A suficiência infinita da morte de Cristo é o fundamento da pregação universal e do chamado universal a todos que creem no evangelho. Aqui, Owen lidou com o princípio de Lombardo, para o qual ele acrescenta modificações. O autor depende do pacto da redenção. Para ele, a suficiência é uma abstração considerada em si mesma e não em relação à necessidade humana. Ele argumentou que a objeção a uma falta de expiação para os não eleitos falha em considerar o uso de meios pelos quais Deus usa para trazer os eleitos a si mesmo. Além disso, a natureza do evangelho não é "crer que Jesus morreu por você particularmente", mas "crer que a salvação pode ser encontrada somente em Jesus".[878]
2. A extensão do novo pacto é para todos os tipos de pessoas e nações. As passagens gerais na Escritura que falam de "todos" são interpretadas por Owen para significar "todos distributivamente" não "todos universalmente". Assim, "todos" significa "alguns de todos os tipos".
3. É preciso reconhecer a distinção entre o dever do homem e o propósito de Deus.
4. Termos gerais como "todos' ou "mundo" devem ser compreendidos como em contraste ao nacionalismo judaico e não como uma referência a todos, sem exceção.
5. "Todos" e "mundo" nem sempre significam "todos", mas "alguns de todos os tipos".
6. A Escritura usa a linguagem fenomenológica para falar de pessoas como elas parecem ser, não necessariamente como realmente são.
7. Precisamos empregar o "julgamento de caridade" de acordo com 1 Tessalonicenses 1.4. Paulo não presume que todos na igreja eram salvos.
8. Cristãos serão salvos, mas a linguagem da Escritura não indica necessariamente uma vontade condicional para todos serem salvos.

---

[877] Ibid., 82-83.
[878] Owen, "The death of death in the death of Christ", 10:407.

9. A oferta geral do evangelho a todas as pessoas é necessariamente única, porque os eleitos estão misturados com os não eleitos.
10. Owen explica o que as pessoas são solicitadas a crer quando se deparam com o evangelho. Esse é o esforço dele para responder à objeção que se Cristo não morreu por todos, então as pessoas não têm objeto apropriado para a fé delas apresentada no evangelho. O autor afirma que há uma progressão ordeira em que o evangelho ordena as pessoas a crerem. (1) A salvação não deve ser encontrada nelas mesmas. (2) A salvação não deve ser encontrada unicamente na "semente da promessa". (3) O Jesus crucificado é o Salvador prometido e a salvação não está em nenhum outro. (4) É preciso confiar em Cristo como um Salvador autossuficiente.

Owen observou que quando esses quatro elementos da progressão ordeira estão "firmemente estabelecidos na alma", então,

> somos todos chamados, em particular, a crer que a eficácia da redenção está no sangue de Jesus para as nossas almas em particular. Algo que todos podem seguramente fazer em quem a graça gratuita de Deus realizou os atos anteriores de fé e atua também.[879]

Chambers indagou: Onde exatamente na Escritura o evangelho é apresentado dessa forma? Onde está a exortação para o cristão mover-se de um passo ao outro? À parte do passo 1, Owen não sugeriu nenhuma referência bíblica em apoio. Notavelmente ausente aqui e na obra inteira é 1 Coríntios 15.3, 4. Para Paulo, Cristo morrer pelos pecados é um elemento importante do evangelho e é vital entre aqueles elementos do evangelho que devemos crer. Mcleod Campbell criticou Owen nesse ponto.[880]

Owen explicou os fundamentos gerais das respostas que apresentara às objeções particulares à sua doutrina e então respondeu àquelas objeções particulares. Como Chambers notou, nessa abordagem, o livro 4 duplica o padrão do tratado inteiro. O autor estabeleceu os princípios gerais determinarão o resultado de sua apresentação do material bíblico, antes que ele viesse a analisar os textos. Sua abordagem é dedutiva ao contrário de indutiva.

Owen prosseguiu considerando os textos que parecem afirmar que Cristo morreu pelo "mundo", por "todos" ou por "todo", juntamente com os textos que falam do perecimento de alguns daqueles por quem Cristo morreu. Ele concluiu que "mundo"

---

[879] Ibid., 10.315.
[880] J. M. Campbell, *The nature of the atonement and its relation to remission of sins and eternal life* (Cambridge: MacMillan and Co., 1856), 58–61; citado em Chambers, "A Critical Examination", 94.

se refere aos eleitos, aos gentios eleitos, ou ao mundo habitável, mas jamais a uma universalidade de indivíduos e nunca a todas as pessoas em todos os tempos e todos os lugares. Complementou que "todos" nos contextos de expiação significa "toda sorte de homens". Finalizou afirmando que Cristo jamais é descrito como alguém que "morre por" qualquer pessoa que definitivamente perece, e "morrer por" é compreendido como "pelo mandamento de seu Pai e com a intenção de fazer satisfação pelos pecados".[881]

Owen continuou a citar e rejeitar os seis argumentos de Thomas More em defesa da expiação universal. Ele afirmou que a consolação não pode ser encontrada em declarações como "Cristo morreu pelos pecadores". Mas como Chambers notou, na Escritura, não é os cristãos *enquanto* cristãos ou os eleitos *enquanto* eleitos que precisam de alguém que morra por eles, mas cristãos e eleitos como pecadores, que é a categoria inclusiva relevante.

Chambers descreveu um contraste interessante entre Owen e Spurgeon sobre o tema do conforto que um pecador pode ter quando se trata do evangelho e da morte de Cristo. Para Owen, não há conforto para ter. Contudo, Spurgeon concluiu seu sermão: "Redenção Particular" com essas palavras surpreendentes:

> Sua única questão é "Cristo morreu por mim?" E a única resposta que podemos dar é "fiel é esta palavra e digna de toda aceitação; que Cristo veio ao mundo salvar os pecadores". Você pode escrever seu nome entre os pecadores ...? Você é um pecador? Que sentiu, que conheceu, que professou, você agora é convidado a crer que Cristo morreu por você, porque você é um pecador.[882]

Owen jamais falou assim. Ele nunca sugeriu que um pecador deve "crer que Cristo morreu por você". Sua abordagem remove qualquer função para a suficiência da morte de Cristo em prover segurança para pecadores *enquanto* pecadores.[883] A declaração de Spurgeon aqui é, de fato, inconsistente com seu próprio compromisso com a expiação limitada. Verificaremos outros exemplos desse tipo de inconsistência em Spurgeon, a seguir.

Chambers concluiu seu resumo do livro 4 ao notar que considerações sistemáticas formam os parâmetros nos quais Owen conduziu sua interpretação das passagens de expiação. O autor refletiu que está além da controvérsia que a intenção limitada é a razão para a provisão limitada.

---

[881] Owen, "*The Death of* Death *in the Death of Christ*," 10:302–10, 317–19, 325–60.

[882] C. H. Spurgeon, "*Particular* Redemption", em *New park street pulpit*, 6 v. (Pasadena, TX: Pilgrim, 1981), 4:136.

[883] Chambers, "*A* Critical Examination", 106–7.

Chambers criticou a noção de fé de Owen como comprada, em seus próximos três capítulos, por causa de sua linguagem comercial ao explicar a expiação e sua extensão e sua dependência do pacto da redenção. Esses três tópicos são os pilares do argumento de Owen e Chambers encontra falhas em todos os três.

O autor argumentou que a fé em si mesma é comprada por Cristo na cura e concedida aos eleitos incondicionalmente. Em uma declaração notável, Owen disse que se isto não for verdadeiro, então a expiação universal e o livre-arbítrio são "estabelecidos".

O autor considerou que o fim intermediário da obra de Cristo é "conduzir muitos filhos à glória".[884] Esse fim pode ser considerado em duas partes: (1) o fim em si mesmo e (2) os meios de obter o fim, que é fé. A fé é concedida por Deus aos eleitos "absolutamente sob nenhuma condição".[885] Portanto, os eleitos têm um direito aos meios de salvação comprados para eles por Cristo. Essa noção é central para a tese de Owen em defesa da expiação limitada. Chambers salientou que essa linguagem de compra permite que Owen descreva os eleitos tendo fé como uma ação direta, causal e, portanto, intencionalmente realizada pela morte de Cristo.

Owen começou com duas premissas. Primeiro, tudo que se recebe em Cristo é obtido pela sua morte devido à função fundamental do pacto da redenção. Se esse axioma é aceito, a expiação limitada é inevitável de acordo com Owen. Segundo, dado que a fé é a necessidade absoluta para a salvação, a causa da fé será a causa primeira e principal da salvação.

O autor propôs quatro provas dedutivas para a fé como uma compra antes que ele fizesse qualquer tentativa de apoiar essa noção da Escritura em si mesma. O fundamento dele para sua noção de fé como uma compra é limitado apenas a três textos de prova: Filipenses 1.29, Efésios 1.3 e Hebreus 12.2. Chambers demonstrou que nenhum desses textos apoiam a alegação de Owen.[886] Não há simplesmente nenhuma declaração no Novo Testamento que Cristo comprou a fé para os eleitos. Chambers corretamente notou a distinção entre fé como um dom e fé como uma compra.[887] Os dois fatores não são equivalentes. Não há ligação causal entre a morte de Cristo e a fé subjetiva daquele que crê no evangelho. Owen se envolveu na confusão de categoria: fé se torna algo como um objeto em vez da resposta relacional.

Chambers corretamente reparou que dom é a linguagem de graça; compra se move para a linguagem de direitos.[888] A noção de Owen da "fé comprada" não é uma construção bíblica autoevidente, mas teórica; é uma construção causal dependente

---

[884] Owen, "The Death of Death in the Death of Christ," 10:202.
[885] Ibid., 203.
[886] Ibid., 205-17.
[887] Ibid., 224-29.
[888] Ibid., 229.

do pacto da redenção, conforme Chambers observou. Esse conceito tem o potencial de obscurecer a natureza da fé e a relação da cruz com a fé no tempo. Dependência do pacto da redenção e da fé como comprados para os eleitos obscurece a distinção entre a cruz compreendida desde a eternidade e a cruz como uma obra temporal. Isso, ademais, constitui a base da subjugação da suficiência da expiação à sua eficiência no que concerne a Owen. O resultado é uma distorção de sua exegese.[889]

Nesse aspecto, Chambers analisou a dependência de Owen da linguagem comercial em definir a expiação e sua extensão. É preciso apenas fazer uma leitura superficial de *Death of Death* para observar o quanto a linguagem difusa de "compra" está no autor. O que exatamente é comprado e de quem é comprado? A resposta dele é que a salvação e meios de salvação foram comprados por Cristo para os eleitos com o pagamento feito a o Pai baseado na obrigação contratual entre o Pai e o Filho no pacto da redenção. O resultado é que os eleitos têm o direito de receber os benefícios da expiação. Para Owen, essa noção estabeleceu e requereu a limitação da morte de Cristo para os eleitos apenas.

Chambers habilmente desmontou a abordagem de Owen sobre o pecado como débito na Escritura, demonstrando o erro do autor em reconhecer o uso figurativo desse conceito. Termos da esfera comercial são infrequentes no Novo Testamento e são empregados principalmente no contexto da necessidade de perdão. Owen distorceu Colossenses. 2.14; uma passagem que enfatiza a natureza de nosso débito, que é uma falta em cumprir a lei. Este "escrito de dívida" é "cancelado" sem nenhuma declaração no texto de pagamento a alguém.

Owen recorreu ao grupo da palavra *lutron* no Novo Testamento, com traduções como "resgate", "redenção" e "compraste". Mas em nenhum contexto na Escritura jamais se afirma que somos redimidos de Deus, nem que a morte de Cristo é um resgate pago a Deus ou a alguém mais. Apocalipse 5.9 fala daqueles que foram comprados para Deus, não de Deus, como Chambers notou. Na Escritura afirma-se que apenas pessoas são compradas nunca a "fé" ou a "salvação".[890]

Owen se voltou para o argumento do pagamento duplo em apoio à expiação limitada. Se o resgate é pago, a justiça exige que aqueles por quem ele é pago precisam ser libertos. Não se pode dizer que ele é pago por alguém que não está livre. Por conseguinte, ele deduziu a expiação limitada. Mas, conforme Chambers reparou, há uma diferença entre a morte de Cristo como um sacrifício e como um resgate. Essa é uma falácia referencial da parte de Owen. Para ele, tudo que pode ser dito de alguém é presumido como verdadeiro do outro. Um dos principais erros do autor é sua pressuposição linguística sobre metáfora. De alguma forma, a metáfora é menos

---

[889] Ibid., 204.
[890] Ibid., 291.

confiável do que a linguagem literal. Owen insistiu em um resgate literal baseado no pacto da redenção e no acordo anterior para aceitar a morte de Cristo como um resgate pelos eleitos. Portanto, como Chambers notou, Owen acaba distorcendo a Escritura.

À semelhança de muitos que afirmam a expiação limitada, Owen mistura categorias de débito legal e débito comercial. Para ele, morrer para alguém é equivalente a salvá-los. Nessa abordagem, conotações quantitativas são introduzidas na equação. Para ele, se mais foi pago do que o débito daqueles que realmente são libertados, o sangue de Cristo é desprezado.

Chambers ressaltou que quando se trata de pregação, a cruz de Cristo é sempre compreendida em relação à necessidade humana. Para Owen, a morte de Jesus é infinitamente suficiente somente de forma abstrata. A expiação *poderia ter sido* suficiente para o mundo inteiro se Deus tivesse *pretendido* que assim fosse. Mas para Owen, Deus somente pretendeu que a expiação fosse de fato suficiente para os eleitos. Ele errou em ver que algo não existente não pode ser suficiente.

Chambers concluiu que o argumento do pagamento duplo de Owen não é útil, porque Jesus pagou a pena equivalente para o pecado, mas os não salvos na eternidade pagarão o preço exato. Chambers também recorreu à crítica de Charles Hodge do argumento do pagamento duplo: "Não há graça em aceitar uma satisfação pecuniária. Isto não pode ser rejeitado. Isto *consequentemente* liberta. No momento em que o débito é pago, o devedor está livre e isso sem qualquer condição. Nada disso é verdadeiro no caso da satisfação judicial".[891]

Chambers encontrou quatro problemas primordiais com o argumento do pagamento duplo:

1. Ele desmorona a graça. "Deve-se" aos eleitos a salvação.
2. A questão deve ser formulada: Por que os eleitos não são justificados na cruz?
3. Ele destrói a função da fé ao negar a necessidade para alguma condição na salvação.
4. Ele derruba a urgência da pregação. Definitivamente a pregação é meramente revelar aos eleitos o status de salvos em vez de um chamado urgente a todos para que se arrependam e creiam.[892]

Chambers em seguida tratou do conceito de Owen do pacto de redenção como o fundamento para a expiação limitada. O pacto da redenção é uma formulação do século XVII da teologia federal, que tenta fundamentar uma *ordo salutis* na trindade

---

[891] C. Hodge, Systematic Theology, 3 vols. (Grand Rapids, MI: Eerdmans, 1993), 2:557. Veja o contexto completo da crítica de Hodge em 2:554–57.
[892] Chambers, "A Critical Examination", 286–93.

para reforçar a certeza do cumprimento do pacto. Em síntese, o pacto da redenção pode ser definido como segue:

1. Deus promete a Cristo êxito em obter a salvação dos eleitos.
2. O que é prometido é a meta e isso apenas é o que o Filho realiza e pretende realizar. A expiação é assim limitada aos eleitos.
3. O Filho concorda em ser o representante constituído dos eleitos.
4. Essa nova relação entre o Pai e o Filho é a base da subordinação do Filho ao Pai na obra da redenção.
5. A encarnação é empreendida unicamente com referência aos eleitos.

Owen procurou evidência para esse pacto da redenção na obediência de Jesus ao Pai e em seu cumprimento perfeito da vontade do Pai como expressado no evangelho de João. Ele recorreu também a Lucas 22.29 como prova da existência desse pacto, mas aqui Cristo atua como o cumprimento do novo pacto, não o pacto da redenção. O mesmo é verdadeiro quanto a Hebreus 7.22, 10.5-7 e 12.24. Todos os textos se referem ao novo pacto.

Chambers notou que a pressuposição *a priori* de Owen em apoio ao pacto da redenção é que todos os relacionamentos pactuais envolvendo promessa e obediência na Escritura são relacionamentos pactuais desde a eternidade.

Muitos problemas teológicos acompanham a noção de Owen de um pacto da redenção:[893]

1. Nenhum pacto trinitário como este é revelado na Escritura. Um acordo assim não é necessário.
2. Um pacto implica um estado anterior de não concordância, o que é problemático para a doutrina da trindade.
3. Um pacto como este se torna uma ameaça ao amor eterno. A Escritura revela que Cristo morreu pela humanidade devido ao amor, não devido a um acordo legal.
4. Pode-se indagar onde o Espírito Santo está no pacto da redenção.

---

[893] Veja a crítica de K. Barth, *Church Dogmatics: The doctrine of reconciliation*, 13 v., ed. G. W. Bromiley e T. F. Torrance (Edinburgh: T. & T. Clark, 1956), IV:1:54-66. Barth chamou a noção de "Pacto da Redenção" um contrato que é "mitologia", que não tem lugar em uma compreensão correta da doutrina da trindade. Para Barth, o pacto da redenção introduz um dualismo antibíblico na trindade. Como pode haver um momento lógico precedente no qual Deus é, de alguma forma, incapaz de ser justo e misericordioso? (65). Barth também argumentou que a criação das duas primeiras pessoas da Trindade, como dois subordinados legais, é problemática, porque isto coloca em risco a unidade da trindade e sugere conflito de vontade na trindade.

5. Na Escritura, Cristo se revela na encarnação no lugar de toda humanidade, não apenas pelos eleitos.
6. Owen subordina todos os pactos temporais na Bíblia ao pacto da redenção. Isso altera o foco da vontade revelada de Deus na Escritura para um foco na vontade secreta de Deus na eternidade.
7. Essa noção de pacto tem a tendência de atuar da eternidade para o tempo. O que é mais especulativo se torna o elemento controlador que sustenta tudo mais. Há uma conexão tênue com a Escritura nessa abordagem.

Chambers expôs a falácia metodológica de Owen em sua análise do pacto da redenção. Essa estrutura pactual é introduzida antes de algum exame da Escritura. Para Owen, sua teologia precede a exegese. Ele também incorre em hermenêutica falaciosa, pois as promessas feitas ao Messias no Antigo Testamento são feitas para refletir promessas feitas ao Filho na eternidade.

Chambers propôs sete críticas ao pacto da redenção de Owen.

1. Ele tem implicações negativas para a própria teologia. Deus pode ser justo como ele é em si mesmo, mas não pode ser misericordioso como ele é em si mesmo.
2. Apresenta implicações negativas para a trindade. Como é possível ter relações legais entre a trindade? Na formulação de Owen, o Pai demanda pagamento pelos pecados e o Filho concorda em fazer o pagamento.
3. Implica negativamente com o conceito bíblico de pacto. Na Escritura, o homem é parceiro do pacto divino, nunca um membro da Trindade.
4. Resulta em uma hermeneutica negativa. Dada a noção de Owen da intenção eterna do pacto da redenção, ele é forçado a interpretar todas as declarações potencialmente universalistas concernentes à extensão da expiação em um sentido restrito à luz do pacto da redenção. Considerando que todos não são salvos, Deus jamais pretendeu redimir a todos. Portanto, Cristo morreu apenas pelos eleitos e todas as passagens de extensão, mesmo aquelas com linguagem universalista, precisam ser interpretadas em um estilo limitado.
5. Divulga implicações negativas para a doutrina da graça. Os eleitos têm um direito à salvação quanto aos meios e fins. O princípio da graça é destruído.
6. Gera implicações negativas para a doutrina da fé. Contrário à Escritura, a fé se torna algo como um produto que é "comprado".
7. Origina proposições negativas para a doutrina da suficiência da expiação. A morte de Cristo, considerada em si mesma, poderia ter sido suficiente para salvar todos se Deus tivesse pretendido que assim fosse. A suficiência da expiação é limitada a uma suficiência intrínseca do mérito.

Em acréscimo às críticas equivalentes de Barth e Chambers, Keith Loftin encontrou outra falha séria com o pacto da redenção. Se Barth está correto, o impedimento entre a justiça e a misericórdia de Deus é desastroso para uma concepção ortodoxa da natureza divina. Neste conceito, o Pai deve ser "justo *de forma abstrata*". Loftin considerou logicamente correto declarar que se se afirma o pacto da redenção, desse modo rejeita-se a doutrina ortodoxa da natureza divina. Proponentes de um pacto da redenção criaram razão lógica para pelo menos três vontades divinas: a do Pai, do Filho, e essa do pacto entre Pai e Filho.[894] Uma vez que o pacto da redenção é eliminado, a base teológica para a expiação limitada se desfaz. Não tendo base bíblica, a expiação limitada colapsa.

Chambers resumiu a teologia da expiação de Owen em um capítulo conclusivo. O pacto da redenção é central para a tese deste. A partir disso, ele formulou a unidade da impetração da expiação e a aplicação com seu elemento essencial, a compra da fé para os eleitos. A morte de Cristo obteve não apenas o fim da salvação (redenção do pecado), mas os meios (fé) também. Essa fé precisa ser aplicada aos eleitos por direito. Os termos bíblicos para salvação (resgate, reconciliação, satisfação, redenção) são compreendidos como "morrer por = salvar". Para Owen, não se pode afirmar que Cristo morreu por alguém que não será salvo.[895]

Demonstrar a intensão exclusiva na expiação é dependente de demonstrar compatibilidade com todos que são ensinados na Escritura concernente à intenção da morte de Cristo. Mas é precisamente aqui que Chambers comprova como Owen falha em cada conexão para conseguir suporte bíblico. "Mundo", no evangelho de João, sugere uma perda e distorção de sentido quando o conceito de eleito é substituído.

Chambers indagou se Cristo teve algum amor real pelo mundo, além dos eleitos. Jesus morreu em algum sentido que não o da graça comum para os eleitos? João 3.16, 17, entre outros textos, parece indicar que este é o caso. Primeiro, João 2.2 indica que a morte de Cristo deve ser compreendida como uma provisão real pelos pecados do mundo.

Para Owen, a noção da compra da fé é indispensável para a expiação limitada. Chambers declarou que este faz uma confusão de categoria e distorce a natureza da fé e a recepção da graça ao adotar um termo relacional predominantemente visto como uma atividade e responsabilidade humanas e o transfere para um campo diferente de relações, a saber, comércio e direitos. Isso o situa em um sistema de referência inteiramente diverso em que ele poderia ser compreendido como a responsabilidade de Cristo e não do cristão. Assim, a passividade por parte do cristão é encorajada.

---

[894] R. Keith Loftin, "A Barthian Critique of the Covenant of Redemption" (artigo inédito, Southwestern Baptist Theological Seminary, 2014), 20–21.

[895] Chambers, "A Critical Examination", 294–348.

O principal suporte para a noção de compra, sobre o qual formulou todos os seus argumentos é o pacto da redenção.

Em contraste com Owen, a Escritura relaciona fé à apresentação da suficiência objetiva da expiação como o objeto da fé na pregação do evangelho. A ênfase de Owen na eficiência da cruz, expressa no argumento da tríplice escolha, considera a incredulidade dos eleitos e sua relação com a obra de Cristo, e distorce ainda mais a imagem ao tentar provar demais, de acordo com Chambers. Os eleitos foram com efeito salvos na cruz; uma noção contrária à Escritura.

Chambers salientou como a discussão de Owen da linguagem comercial para a expiação está na essência de seu argumento para a necessidade da aplicação aos eleitos. A linguagem do pecado como "débito", na Escritura, é restrita e nunca é associada como tal à morte de Cristo. Uma análise dos termos comerciais, a Bíblia não sustenta o conceito de Owen da fé como compra. É sempre os cristãos que são "comprados", nunca a "fé". Além disso, o resgate jamais é descrito como pago ao Pai. O conceito de Owen da linguagem aqui e sua falha com respeito à metáfora o deixou vulnerável à crítica, segundo Chambers.

Teólogos do século XIX, como Charles Hodge e Robert Dabney, começaram a ressaltar as dificuldades de uma descrição comercial da satisfação.[896] A Bíblia não sustenta a proeminência que Owen concedeu à linguagem comercial em seu sistema nem o conteúdo específico que ele associou com seu uso.

Chambers notou que a sugestão que os eleitos foram salvos na cruz logicamente desmorona a natureza e a urgência da pregação do evangelho.

Chambers opinou que os pilares do argumento de Owen são danosos, pelo quanto impressionam. No entanto, despertam noções inúteis e antibíblicas, como o pagamento ao Pai, a predominância da linguagem comercial, a subjugação da suficiência, a intrusão de direitos, a dissonância na trindade, na compreensão do evangelho e na segurança da salvação.[897]

A sugestão de Chambers de que o livro de Owen: *Death of Death* [Por Quem Cristo Morreu?] não deve mais ser visto como um argumento em defesa da expiação

---

[896] Hodge, *Systematic Theology*, 2:554: "Em que se ensina que a satisfação de Cristo foi em todos os aspectos análoga ao pagamento de um débito, é claro que a obra de Cristo pode justificar a oferta de salvação àqueles apenas, cujos débitos ele realmente cancelou". Veja também R. L. Dabney, *Systematic Theology* (1878; reimp. Edinburgh: Banner of Truth, 2002), 523, 526. Daniel ressalta que a introdução do particularismo associado à rejeição da segurança como a essência da fé "lentamente abriu a porta para o hipercalvinismo" ("Hyper-Calvinism and John Gill", 515). O capítulo de Joel Beeke "O Debate da Segurança: Seis Questões-Chave" em *Drawn into Controversie*, 263–83, sobre o conceito de Owen da segurança falha em examinar o que ele disse sobre segurança em seu livro Death of Death, nem Beeke analisa a relação daqueles conceitos com a expiação limitada.

[897] Chambers, "A Critical Examination," 356–58.

limitada, sem dúvida, isso irrita muitos calvinistas. Mas sua tese é bem recebida, pois tem havido uma mudança, desde o período de Owen, na compreensão, linguagem, exegese e nas pressuposições sistemáticas que ele assumiu como certas, como a teologia federal. "Aqueles que pensam que a posição de Owen é necessária para um calvinismo perfeito e para a rejeição do arminianismo moderno e suas ramificações [...] precisarão formular novos argumentos que transmitam convicção nesse contexto alterado".[898] Calvinistas extremos como Wayne Gruden continuam a empregar muitos dos argumentos de Owen.[899] O mesmo ocorre em muitos dos capítulos no tomo mais recente defendendo a expiação limitada, *From Heaven He Came and Sought Her* [Do Céu Cristo Veio e Buscá-la].

Contudo, Chambers adotou seu próprio conceito dortiano da eleição incondicional como bíblico, quando disse: "No fim, os formuladores da redenção universal arminiana modificaram o ensino bíblico sobre a eleição que ela infere".[900] Chambers criticou os calvinistas extremos e os arminianos:

> Ambos tornam declarações indefinidas em definidas [...] distorcendo a função delas como convites inclusivos [...] e ambos argumentam para afirmar a liberdade absoluta da vontade humana ou a limitação do amor de Deus aos eleitos [...] ambos procuram prescrever o que é consistente com o amor poderoso. Para Owen, amar equivale a salvar. Para o salvacionista universal amar compara-se a conceder oportunidade a todos de serem salvos. Em ambos os casos Deus ser amável torna-se dependente de seu tratamento de suas criaturas e as posições adotadas no relacionamento com a expiação são deduzidos da premissa do amor de Deus.[901]

Chambers se referiu a outras críticas de vários aspectos da soteriologia de Owen, incluindo Mcleod Campbell, James Torrance, Allan Clifford e Trevor Hart. Campbell e Torrance criticaram a doutrina de Deus, de Owen, por tornar relativa a justiça absoluta de Deus e seu amor. Hart criticou aqueles que adotam a expiação universal e aqueles que defendem a expiação limitada. O que sustenta ambos é uma noção de amor onipotente, "que precisa ter êxito em proporcionar sua meta desejada ou do contrário ele cessa por definição de ser amor onipotente".[902] Como não sabemos o

---

[898] Ibid., 358.
[899] W. Grudem, *Systematic Theology* (Grand Rapids, MI: Zondervan, 1994), 594–603.
[900] Chambers, A Critical Examination", 362.
[901] Ibid., 365-66.
[902] T. Hart, "Universalism: Two Distinct Types," em *Universalism and the Doctrine of Hell*, ed. N. M. de S. Cameron (Grand Rapids, MI: Baker, 1992), 28–31.

que é e o que não é consistente com o amor divino, é melhor não fazermos deduções baseadas em seu conteúdo pressuposto, especialmente quando não há garantia na Escritura para fazê-lo.

Chambers ressaltou o quanto é difícil derivar uma única intenção na expiação segundo a Escritura, pois ambas as declarações indefinidas e definidas são usadas pelos autores bíblicos. A Escritura, às vezes, relaciona a morte de Cristo aos pecadores, como pecadores, e em algumas vezes, à igreja. A maioria das declarações sobre a extensão da morte de Jesus aparecem em um contexto global, não em um contexto restrito. Ele está certo de que não há declarações especificamente exclusivas a respeito da extensão da expiação.

Owen procurou sustentar sua exclusividade inferida das declarações definidas ao argumentar do resultado para o intento, da salvação dos eleitos apenas para um intento exclusivo na morte de Cristo de salvar os eleitos somente. Chambers discerniu esse problema. Para fazer declarações exclusivas da intenção de Deus, na morte de Cristo, é preciso ter conhecimento exaustivo do resultado, que lida amplamente com cada aspecto da relação da expiação para o fim. Mas ninguém tem esse conhecimento.

Chambers também questionou a pressuposição de Owen de que a natureza substitutiva da morte de Jesus implica a expiação limitada. Na história reformada muitos discordaram. É preciso ler Charles Hodge e Robert Lewis Dabney apenas como exemplos.[903]

Chambers criticou a adesão de J. I. Packer à lógica de Owen ao defender que se a expiação é uma substituição penal, resta apenas o universalismo ou a expiação limitada.[904] Robert Letham formulou o mesmo argumento.[905] Biblicamente, não há nada em um sacrifício, seja a Páscoa ou o Dia da Expiação, que o torna como constituindo uma relação exclusiva de um a um com algum dos participantes. O que inclui os israelitas na eficácia desses sacrifícios é a fé. A fé constitui a substituição de um a um. De acordo com Chambers, Packer quer que a substituição seja constitutiva da fé.

Chambers compreendeu a lógica de Packer como segue: (1) a substituição me salva, (2) a substituição garante minha fé; portanto, (3) deve haver uma relação substitutiva anterior à fé. Conclui-se muitas coisas a partir disso:

1. Precisamos abandonar o modelo bíblico de sacrifício em nosso conceito de substituição. Muitos por quem a Páscoa e o Dia da Expiação foram instituídos não foram salvos. A fé é o contexto para o sacrifício aceitável (Sl 51.15-19).

---

[903] Hodge, *Systematic Theology*, 2:544; Dabney, *Systematic Theology*, 521.
[904] Chambers, "A Critical Examination," 372–76.
[905] R. Letham, *The Work of Christ*, Contours of Christian Theology, ed. Gerald Bray (Downers Grove, IL: InterVarsity, 1993), 231–32.

2. Esse modelo é dependente do pacto da redenção e assim existe ou inexiste com ele. O pagamento de um débito legal em si mesmo não garante algum benefício do que ser poupado da punição. Nesse sentido, o argumento da tríplice escolha de Owen é aplicado.
3. Essa noção de que a substituição implica em salvação prova muito. Chambers citou William Sailer:

> Se for argumentado que Deus não pode senão salvar aqueles por quem Cristo morreu, então surge a pergunta se ele pode manifestar sua ira contra eles, mesmo por um momento. Mas a Escritura claramente afirma que anterior à conversão, os eleitos são os objetos da ira de Deus [Ef 2.3; Cl 2.13]. Ora, se Cristo assumiu o lugar deles e eles morreram com ele, não se conclui que estes jamais podem estar sob a ira de Deus? Essa é a conclusão de Karl Barth, que sustenta que não há transição da ira para a graça na história e que os homens precisam apenas ser informados de que eles já estão em Cristo.[906]

4. Packer abandonou a própria meta afirmada. A substituição penal deveria ser avaliada como um modelo de expiação em vez de seu funcionamento. No entanto, em seu raciocínio da substituição para a expiação limitada, ele usa a substituição como um mecanismo causativo ao contrário de um modelo explanatório, tentando, desse modo, resolver o problema do "como" do por que alguns creem e outros não.
5. As Escrituras citadas por Packer de que a fé é garantida na cruz não afirmam isso.

Chambers concluiu sua tese de quatrocentas páginas com uma análise do efeito da expiação limitada na pregação. Levar o evangelho a todas as nações é uma atividade central e necessária para a cristologia. A salvação é mediada pela Palavra e vivenciada por crer nela (Rm 10.5-17). O evangelho contém a mensagem da morte de Cristo para todos os pecados de acordo com 1 Coríntios 15.1-3.

Chambers notou que não é apenas a expiação limitada de Owen que ameaça a função da pregação. O conceito de Barth da eleição, a tentativa de Vernon White do universalismo e o inclusivismo de Pinnock e Sanders todos esses destroem, potencialmente ou de fato, a função que a Escritura confere à pregação. Conforme Chambers, minimizar a salvação por meio da pregação é buscar uma teologia de glória em vez de uma teologia da cruz. Qualquer coisa que atue para arruinar a universalidade,

---

[906] W. S., "The Nature and Extent of the Atonement: A Wesleyan View," *Bulletin of the Evangelical Theological Society* 10 (1967): 198.

centralidade e necessidade do evangelho na salvação atua contra o testemunho específico da Escritura e do padrão integral das relações de Deus com o povo.[907]

Chambers proclamou, corajosamente, que qualquer ponto de vista que incentive pregadores a serem complacentes em procurar os ouvintes, ou hesitantes, sobre inculcar o evangelho a todos está errado. Essa seria a consequência lógica se fosse negado, da perspectiva do pregador, que Deus salva por tornar todos redimíveis por intermédio da obra de Cristo. A possibilidade de redenção deve ser compreendida como o resultado da expiação para os eleitos. Mas os pregadores não são convidados para atuar sob uma hipótese que, depois da reflexão, se mostraria falsa. Em contraste, a provisão real é a morte de Cristo para todos, porque é a morte requerida para todos e cada pessoa. Chambers recorreu novamente a Charles Hodge: "Deus ao realizar a salvação de seu próprio povo, fez o que era necessário para a salvação de todos os homens e, portanto, a todos a oferta deve ser e de fato é proposta no evangelho".[908] Hodge pode afirmar o que Owen precisa negar, pois ele rejeitou a expiação limitada e a compra da fé.

Chambers concluiu sua crítica a Owen ao observar que a morte de Cristo é suficiente para todos não apenas como uma declaração de seu mérito intrínseco, mas como uma provisão real pelos pecados do mundo inteiro. Essa expiação é eficaz para aqueles que têm a obra da expiação aplicada a eles pelo espírito por meio da pregação da Palavra associada à fé deles.

Chambers não viu "nenhum fato" na objeção que se há uma provisão geral da expiação, de alguma forma Deus pode ter falhado em seu propósito. Tal objeção surge apenas do sistema do pacto da redenção, da predominância das analogias comerciais e da ideia de que a provisão inclui a compra da fé. O propósito de Deus pode bem incluir a magnificência de sua misericórdia nessa provisão e na demonstração da culpabilidade humana e da pecaminosidade do pecado em sua rejeição. Havia uma provisão para muitos no êxodo, mas somente dois daqueles que começaram a jornada como adultos alcançaram a terra. O propósito de Deus fracassou?

Chambers propôs essa crítica incisiva em relação à falha da exegese de Owen: "Owen tem uma atração persistente porque a exegese confere consistência lógica ao sistema teológico do qual ela é parte, não devido à utilidade transparente ou adequação de sua exegese".[909]

Além de Chambers, outra crítica significativa da lógica da obra *de Death of Death* [Por Quem Cristo Morreu?] é uma série de postagens pelo arminiano Dan Chapa em

---

[907] Chambers, "A Critical Examination," 383–90.
[908] C. Hodge, *Systematic Theology*, 2:556.
[909] Chambers, "A Critical Examination", 390.

seu site.⁹¹⁰ A estratégia de Chapa é destilar os argumentos de Owen à forma silogística e examiná-los.

Chapa começou com a tentativa de Owen de provar que a morte de Cristo e sua intercessão pelos eleitos são coextensivas. Isso é vital para o argumento de Owen. Para ele, a morte de Cristo realiza cinco coisas: (1) reconciliação, (2) justificação, (3) santificação, (4) adoção e (5) herança eterna. Seu argumento, de acordo com essas cinco realizações é que, se alguém apoia a expiação ilimitada, é forçado a afirmar que Deus fracassou em seu plano ou resulta em universalismo.

Enquanto o arminianismo trata a morte real de Cristo na cruz e sua intercessão sumo sacerdotal como um processo de dois passos, Owen precisa torná-las coextensivas para apoiar seu conceito da expiação limitada. Mas como Chapa corretamente pontuou, se a morte de Cristo realiza imediatamente as cinco coisas que Owen menciona, onde está o espaço deixado para a justificação pela fé?

Chapa apresentou o argumento de Owen em uma forma silogística:

P1: Intercessão está inseparavelmente conectada com oblação.
P2: A intercessão de Cristo é realizada pelos eleitos apenas.
C1: Portanto, a oblação de Cristo foi realizada pelos eleitos apenas.

Owen buscou apoio bíblico para P1 em Isaías 53.11, 12 e Romanos 8.32-34.

Mesmo se as P1 e P2 são válidas, a conclusão não procede. Apenas porque Cristo morreu por todos por quem ele intercedeu, não significa que ele não morreu por alguém mais. As passagens citadas apoiam o fato que a morte de Cristo é a base para justificação, mas a conclusão de Owen não procede.

O segundo argumento de Owen:

P3: Cristo morreu com o intento de justificar aqueles por quem ele morreu.
P4: Nem todos são justificados.
C2: Portanto, o propósito de Cristo falhou ou ele não morreu por todos.
P5: O propósito de Cristo não pode falhar.
C3: Portanto, Cristo não morreu por todos.

A P3 requer esclarecimento. Se Owen afirmou que Cristo morreu com o intento de imediatamente justificar aqueles por quem ele morreu ou justificá-los sem também interceder por eles, então a P3 é falsa. Mas se Owen afirmou que Cristo

---

910 D. Chapa, "Index to Review of John Owen's the Death of Death in the Death of Christ," *Traditional Baptist Chronicles* (blog), July 4, 2010, http://www.traditionalbaptistchronicles.com/2010/07/index-to-review-of-johnowens-death-of.html.

morreu com a intenção de que todos tivessem fé e fossem justificados, então a P3 é verdadeira. Chapa concluiu que se é esse o caso, então a P5 é falsa. Cristo veio para salvar o mundo (João 3.17), mas o mundo todo não é salvo.

O terceiro argumento de Owen:

> P6: A oblação de Cristo foi para uma quantidade equivalente de pessoas, como sua intercessão.
> P2: A intercessão de Cristo é feita pelos eleitos somente.
> C1: Portanto, a oblação de Cristo foi feita pelos eleitos apenas.

Outra vez, Owen recorre a Romanos 8.32-34.

A P6 é a interpretação de Owen, mas ela é falsa. O escopo de Romanos 8.32-34 é limitado ao povo que foi justificado. O autor está tentando aplicar a passagem a todos os eleitos como uma classe abstrata. Paulo se refere apenas aos eleitos que creem. Não há base para inverter o que é afirmado nesse texto e excluir alguns da morte de Cristo. Ninguém duvida que Cristo morreu por aqueles que são cristãos e que seu sangue foi aplicado a eles mediante a intercessão de Cristo. Romanos 8.32-34 não trata daqueles que não foram justificados. Portanto, embora o texto prove que Jesus morreu por todos que ele intercede, não prova que ele não morreu por ninguém mais. Esse é o erro lógico de Owen.

O quarto argumento de Owen:

> P1: Um sumo sacerdote não cumpriria seus deveres se oferecesse um sacrifício em nome de alguns, mas não intercedesse por eles.
> P2: Cristo é um sumo sacerdote fiel, cumprindo seus deveres.
> C1: Portanto, Cristo não faz uma oferta por alguns sem também interceder por eles.

Owen encontrou suporte bíblico para P1 em 1 João 2.1,2. Ele continuou o argumento ao determinar:

> P3: Cristo ofereceu seu sangue a Deus na entrada do santo lugar.
> P4: Cristo entrou no santo lugar por meio de seu sangue para interceder pelos eleitos.
> C2: Portanto, oferta e intercessão são duas partes da mesma função do tabernáculo.

Owen trouxe suporte bíblico para a P1 de 1 João 2.1, 2 e para as P3 e P4 de Hebreus 9.7-14.

Chapa afirmou que as P1, P3 e P4 estão incorretas. Com respeito à P1, Owen negligencia citar a segunda metade de 1 João 2.2: "E não pelos nossos apenas, mas também pelos pecados do mundo inteiro". Logo, o texto não afirma que a advocacia e propiciação são duas partes de uma função cerimonial celebrada por um sumo sacerdote. A propiciação é certamente a base da advocacia, mas isso não implica que as duas são deveres inseparáveis de um sumo sacerdote.

Com respeito às P3 e P4, o texto de Hebreus não declara que oferta e intercessão são partes da mesma função cerimonial. É claro que segundo Hebreus 9, a P3 é falsa, porque o texto afirma que Cristo entra no Santo dos Santos para oferecer seu sangue a Deus. Nesse aspecto, ele ainda não o ofereceu. A P4 é falsa sob três considerações: (1) Owen confundiu oferta com intercessão, (2) a intercessão de Cristo é feita à direita de Deus, depois que ele fez sua oferta e (3) a oferta é feita de uma vez por todas, mas a intercessão é contínua. O dever de Cristo como mediador começa após sua obra na cruz e é de fato baseado nela.

O quinto argumento de Owen:

> P1: A intercessão de Cristo não é vocal ou súplica, mas ao contrário, é a apresentação do próprio.
> P2: A apresentação de Cristo a Deus é associada à oferta de Cristo a Deus.
> C1: Portanto, a intercessão é associada à oferta de Cristo a Deus.

Owen apresentou Hebreus 9.12-14, 24 em apoio à P1.

Chapa declarou que a P1 é falsa sob a alegação de que Owen confunde a oferta de Cristo uma vez por todas, na cruz, com a contínua intercessão celestial. Em João 17, Cristo ora ao Pai para santificar os cristãos. A alegação de Owen que essa intercessão não é vocal é um mistério. Novamente, ele mistura as ideias e assim confunde oblação com intercessão.

Outro argumento que Owen concebeu da mesma maneira:

> P1: Em João 17, Cristo ofereceu e intercedeu.
> P2: Cristo intercede pelos eleitos apenas.
> C1: Portanto, Cristo se ofereceu pelos eleitos apenas.

A sustentação de Owen para a P1 é João 17.4, 1 Coríntios 15.17 e Hebreus 9.12.

Chapa notou que as P1 e P2 são verdadeiras, mas a conclusão não procede. Só porque Cristo se ofereceu por todos pelos quais intercede não significa que interceda por todos que ele oferece. A oferta de Cristo é a base para sua intercessão. As duas são interligadas, mas não são idênticas.

Chapa analisou o argumento final de Owen:

P1: A estrita conexão entre a oferta de Cristo e sua intercessão fornecem garantia para aqueles que creem que Cristo se ofereceu por eles.
P2: Os arminianos pensam que Cristo pode se oferecer por aqueles que ele não intercede.
C1: Para o arminianismo aqueles que creem que Cristo se ofereceu ao Pai por eles não têm garantia.

O suporte bíblico para P1 é Romanos 8.34.

Mas a conclusão não é lógica, de acordo com Chapa. A conexão entre a oferta e a intercessão de Cristo não é a única forma de explicar a garantia que cristãos possuem em Jesus. Eles têm garantia por causa da intercessão por eles como cristãos. É verdade que todos que creem em Cristo têm garantia; isto não é verdade devido à P1.

A C1 deve realmente ser compreendida assim: De acordo com o arminianismo, aqueles que creem que Cristo se ofereceu ao Pai por eles não têm garantia devido a uma conexão estrita entre a oferta do Filho e sua intercessão. Ao que Chapa responde: "Então?" Os arminianos têm garantia por outras razões. Como Romanos prossegue, Cristo "está mesmo à direita de Deus, que também faz intercessão por nós".

Chapa encontrou algumas fissuras na armadura lógica de Owen. Pode-se encontrar uma quantidade de teólogos reformados para consultar, que discordam de Owen sobre a noção que a morte e intercessão de Cristo devem ser tratadas como uma só, começando com o interlocutor de Owen, Richard Baxter.[911]

John Corbet (1620—1680)

Corbet afirmou que a expiação ilimitada é uma expressão da boa vontade de Deus para com todas as pessoas "e condena os negligentes de serem depreciadores indesculpáveis de sua graça para com eles".[912]

Ele também declarou: "Diferimos não da doutrina estabelecida da Igreja da Inglaterra e aprovamos sua moderação usada naqueles artigos, que adotamos no mesmo

---

[911] D. Ponter, "Sources on John 17:9", *Calvin and Calvinism*, July 14, 2011, http://calvinandcalvinism.com /?page_id=8409.

[912] J. Corbet, *A humble endeavour of some plain and brief explication of the decrees and operations of God about the free actions of men: More especially of the operations of divine grace* [Um esforço humilde de fazer uma breve e clara explicação sobre os decretos e operações de Deus sobre as ações livres dos homens, mais especialmente das operações da graça divina] (Londres: impresso por Tho. Parkhurst, at the Bible and Three Crowns in Cheapside, near Mercers-Chappel, 1683), A2ʳ, citado em D. P. Field's *Rigide calvinisme in a softer dresse: The moderate presbyterianism of John Howe*, 1630–1705 (Edimburgo: Rutherford, 2004), 144.

sentido dos teólogos episcopais ingleses em geral, que viveram no período da rainha Elizabeth e do rei Tiago".[913]

Thomas Watson (1620—1686)

Watson foi um não conformista, pregador puritano e autor de muitos livros, incluindo alguns da melhor literatura devocional da era puritana. Foi pastor de St. Stephen's em Walbrook, Londres, por dezesseis anos.

A convicção de Watson na expiação ilimitada deve ser vista em sua discussão do tema dos erros concernentes ao perdão dos pecados. O primeiro erro é presumir que nossos pecados são perdoados quando eles não o são. Esse erro flui de duas razões. Primeiro: a misericórdia de Deus. Segundo,

> porque Cristo morreu pelos pecados deles, portanto, eles estão perdoados. Resposta: Que Cristo morreu para a remissão de pecado é verdadeiro; mas, que, portanto, todos têm remissão é falso; então, Judas deve ser perdoado. Remissão é limitada aos crentes. Atos 13.39: "Por ele é justificado todo aquele que crê"; mas todos que não creem profanam e pisam no sangue de Cristo (Hb 10.29). De modo que, apesar da morte de Cristo, todos não são perdoados. Atente para esse erro perigoso. Quem vai procurar pelo perdão se pensa que já o tem?[914]

O comentário de Watson sobre Judas é revelador. O possível perdão de Judas só pode ser verdadeiro (hipoteticamente) por que Cristo morreu pelos seus pecados. Como Davi Ponter observou há uma equivalência funcional na declaração de Watson entre Cristo morrer pelos pecados e a implicação dele morrer por Judas. Ponter captou uma segunda inferência teológica da afirmação de Watson:

> Os comentários de Watson sugerem uma negação do dilema do pagamento duplo. A verdadeira conexão que Watson procura refutar é, de fato, a essência do trilema de Owen, a saber, se Cristo morre por um homem, que homem não pode falhar em ser salvo (ou seja., perdoado). Watson argumenta que a morte de Jesus, mesmo por Judas, é condicional. Isto é,

---

[913] J. Corbet, *An account of the principles and practices of several nonconformists* (Londres: impresso por T. Parkhurst, at the Bible and 3 Crowns near Mercers Chappel, at the lower end of Cheap-side, 1682), 21–22.

[914] Thomas Watson, *Body of Divinity*, 2 v. (Berwick: W. George, 1806), 2:294.

os benefícios da morte de Cristo são apenas condicionalmente aplicados. A condição é a fé.[915]

John Humfrey (1621–1719)

Humfrey falou da distinção entre dois tipos de calvinistas que se opuseram ao arminianismo: os calvinistas "extremos" que afirmavam a expiação limitada e os calvinistas "moderados" que defendiam uma forma de expiação universal.[916] Citando João 3.16 e Hebreus 2.9, ele declarou que a Escritura claramente ensinou que Cristo morreu pelos pecados do mundo e que o "mundo" precisa ser mais do que os eleitos.

Humfrey enfatizou a ideia concernente a Romanos 8.29,30 sempre muito ignorada pelos calvinistas que afirmam a expiação limitada, a saber, que Paulo omite redenção da cadeia da salvação. "E por que a *redenção* aqui é ignorada da cadeia apostólica, porque *aqueles que ele redimiu*, todos são o mundo? Se a doutrina que esse cavalheiro acolheu estivesse certa [a expiação limitada], o apóstolo teria dito: *Aqueles que ele predestinou, ele os redimiu*".[917]

Isso é uma ideia importante que Humfrey está ressaltando. Os calvinistas moderados afirmam a eleição eterna e o chamado eficaz, mas também afirmam a expiação ilimitada. Joseph Truman também chamou a si mesmo de um "moderado" várias vezes em oposição a certos defensores do livre-arbítrio.[918]

---

[915] D. Ponter, "Thomas Watson (1620–1686) sobre a Satisfação Condicional (Contra o Trilema do Pagamento Duplo de Owen)," *Calvin and Calvinism*, August 8, 2014, http://calvinandcalvinism.com/?p=14517.

[916] Humfrey afirmou,
Senhor, você sabe que há dois tipos de oposição ao arminianismo. Um que é de tipo extremo e outro de tipo moderado, que é o meio-termo nessas controvérsias e confesso, eu mesmo, como um que escreveu algumas porções do assim chamado tipo moderado. Somos desse tipo que defende a eleição de pessoas particulares (não dos crentes escolhidos para serem salvos como os arminianos e luteranos, mas das pessoas escolhidas para crerem). Mas a redenção, defendemos que ela é universal (J. Humfrey, *Peace at pinners-hall wish'd and attempted in a pacifick paper touching the universality of redemption, the conditionality of the covenant of grace, and our freedom from the law of works* [Londres: Randal Taylor, 1692], 2–3).

[917] Ibid. Veja também J. Humfrey, *The middle-way, in one paper of election & redemption, with indifferency between the arminian & calvinist* (Londres: impresso por T. Parkhurst, at the Three Bibles in Cheap-Side, 1673).

[918] J. Truman, A Discourse of Natural and Moral Impotency (Londres: impresso por R. Clavel; and are to be sold at the Sign of the Peacock in St. Paul's yard, 1675), 115, 124.

Edward Polhill (1622—1694)

Edward Polhill foi um relevante escritor puritano no século XVII. Ele dedicou 65 páginas refutando a redenção particular e defendendo o universalismo hipotético em sua obra de 1673, *The Divine Will*[919] [A Vontade Divina]:

> Mas se Cristo não morreu de forma alguma por todos os homens, como a comissão dos ministros se tornou tão ampla. Eles ordenam os homens a se arrependerem para que seus pecados sejam apagados, mas Cristo não se fez pecado por eles? Eles suplicam aos homens para que sejam reconciliados com Deus, mas como serão reconciliados se Cristo não pagou o preço por eles? Eles chamam e clamam aos homens para virem a Cristo, para que possam ter vida, mas como podem ter vida, por quem Cristo não foi uma garantia em sua morte? Se então o Filho morreu por todos os homens, o ministério é um verdadeiro ministério para todos; mas se morreu apenas pelos eleitos, o que é o ministério para os demais? Aquelas exortações, que para os eleitos são ofertas de graça realmente sinceras, para os demais parecem ser apenas sonhos dourados e sombras. Aqueles chamados, que são para os eleitos atos ministeriais corretos, para os demais parecem desonras extraministeriais e erratas. Aqueles convites para a festa do evangelho, que para os eleitos são as cortesias e súplicas do próprio Deus, para os demais são como as palavras de meros homens falando a esmo e sem delegação; posto que infelizmente, por que eles devem vir a essa festa por quem nada está preparado? Como devem comer e beber se o Cordeiro jamais foi morto por eles? Portanto, concluo que Cristo morreu por todos os homens, tanto quanto se descobriu a verdade do ministério para eles.[920]

John Flavel (1627—1691)

Flavel foi um dos ministros puritanos que foi expulso, em 1662, por seu não conformismo. Foi um autor prolífico. Em um sermão que Flavel pregou, em 1689, precisamente dois anos antes de sua morte, sua linguagem sugere que ele poderia ter sido um calvinista moderado. Ao apresentar motivos pelos quais seus ouvintes não regenerados deveriam vir a Cristo, afirmou que Cristo tem o direito à alma do pecador "por redenção; Cristo

---

[919] E. Polhill, *The divine will considered in its eternal decrees and holy execution of them* (Londres: For Henry Eversden, 1673), 281–346. Veja idem, *Essay on the extent of the death of Christ from the treatise on the divine will* (Berwick: Thomas Melrose, 1842), 1–33.

[920] E. Polhill, "The Divine Will Considered in Its Eternal Decrees", em *The Works of Edward Polhill* (Morgan, PA: Soli Deo Gloria, 1998), 165.

comprou sua alma e pelo preço inestimável de seu próprio sangue. Quem pode então contestar o direito de Cristo de entrar em sua própria casa?"[921]

Embora alguns calvinistas extremos falassem similarmente, essa linguagem enfática de Flavel pode indicar sua moderação sobre a expiação.[922]

George Swinnock (1627—1673)

Swinnock foi também um dos pregadores expulsos em 1662. Ele retornou ao pastorado em Maidstone, em 1672, e trabalhou até sua morte.

Swinnock disse a todos os seus leitores incrédulos que "ele [Cristo] os redimiu" e "pagou o preço" do resgate deles. Observe seu uso de Atos 3.36. Baxter usou a mesma passagem para ensinar a mesma doutrina.[923] Observe também a conexão que ele fez entre a disposição de Cristo em salvar pecadores, a oferta do evangelho, e pagar o resgate por seus ouvintes:

> Considere, amigo, Cristo estimou a regeneração digna de seu sangue para merecê-la e ela não é digna de suas orações, lágrimas e os esforços

---

[921] J. Flavel, *Christ knocking at the door of sinners' hearts; or, a solemn entreaty to receive the saviour and his gospel in this the day of mercy* (Nova York: American Tract Society, 1850), 135–36. Essa declaração de Flavel sugere uma imputação ilimitada do pecado a Cristo:
"A morte de Cristo, sem dúvida, conteve os sofrimentos mais extremos e severos imagináveis, pois somente esses sofrimentos tiveram o propósito de compensar toda essa miséria que o pecado dos homens merecia, todo esse sofrimento que o condenado sentirá e que o eleito merece sentir. Ora, os sofrimentos descarregados uma vez e em uma pessoa são equivalentes a todos os sofrimentos dos condenados; avalie você em que situação Cristo estava (J. Flavel, "The Fountain of Life Opened Up," em *The Whole Works of the Rev. Mr. John Flavel*, 6 v. (Londres: impresso por W. Baynes and Son, 1820), 1:322–23).

[922] No caso de alguns puritanos, eles falaram mais amplamente sobre a extensão da morte de Cristo em seus sermões e nos apelos do evangelho do que fizeram em suas declarações doutrinárias formais ou teóricas. Obadiah Sedgwick (c. AD 1600–1658), um calvinista extremo e teólogo em Westminster, é um exemplo clássico. Veja a linguagem enfática de Sedgwick da oferta do evangelho com referência à morte de Cristo em *The Humbled Sinner Resolved What He Should Do To Be Saved: or, Faith in the Lord Jesus Christ* (Londres: T. R. & E. M. for A. Byfield, 1656), 88–89, 161–63, 166, 167, 181; juntamente com declarações similares em sua obra *The riches of grace displayed in the offer and tender of salvation to poor sinners* (Londres: impresso por T. R. & E. M. for A. Byfield, 1657); e *The fountain opened: And the water of life flowing forth, for the refreshing of thirsty sinners* (Londres: impresso por T. R. e. M. para A. Byfield, 1657). Para os conceitos e argumentos estritos de Sedgwick contra a redenção universal, veja *The bowels of tender mercy sealed in the everlasting covenant* (Londres: E. Mottershed, para A. Byfield, 1661), 280–312. Se Flavel não foi moderado sobre o tema da extensão, então ele foi como Sedgwick a esse respeito. Entretanto, como todos os calvinistas, não há dúvida de que Flavel limitou a *intenção* do Filho ou o *desígnio* de salvar ao morrer. Veja "The Method of Grace in the Gospel-Redemption," em *The whole works of the rev. mr. John Flavel*, 6 vols. (Londres: impresso por W. Baynes and Son, 1820), 2:21–22.

[923] R. Baxter, *Universal Redemption of Mankind by the Lord Jesus Christ*, 236.

extremos para obtê-la? Cristo não veio para destruir as obras do diabo, que é o pecado, 1 João 3.8 e você as "construirá?" O Senhor Jesus veio para edificar o templo da santidade e você o destruirá? Cristo considerou que por um momento valeria a pena ser repreendido, condenado, crucificado e tudo para torná-lo santo e você será um inimigo da cruz de Cristo, continuando no pecado, para privá-lo daquilo que ele conseguiu tão amavelmente? Por que você será escravo de Satanás, quando ele o redimiu por um preço tão incalculável? O Deus misericordioso enviou seu Filho ao mundo para abençoá-lo, para desviá-lo de sua iniquidade e você considera essa grande bênção como escravidão? (Atos 3.226). Creia nisso, Deus teve bastante servos (mesmo anjos, que estão sempre prontos para realizar sua vontade) para enviar dons ordinários, certamente que dentre eles havia um dom extraordinário que ele considerou que ninguém era digno de ter e não confiaria a ninguém, exceto a seu único Filho. Deus o enviou para abençoar vocês, para converter cada um de vocês de suas iniquidades. Espero, leitor, que você tenha pensamentos sublimes de santidade e os piores pensamentos sobre o pecado todos os seus dias: seguramente o Filho de Deus não foi tão pródigo em seu sangue preciosíssimo para derramá-lo por nada que não fosse superlativamente excelente.[924]

Swinnock também afirmou: "Jesus Cristo deseja que pecadores vivam ou ele não desejaria ter morrido essa morte; ele pagou o preço de seu resgate e lhe oferece um estado mais feliz do que aquele que Adão o privou".[925] Novamente, Swinnock associou a vontade universal de Cristo que pecadores vivessem com sua morte e o chamado do evangelho: "Se ele não tivesse desejado que pobres pecadores vivessem, não teria morrido; se ele não desejasse que eu viesse, por que me chamaria?"[926]

Falando do amor de Deus pelos não salvos, Swinnock disse:

> Quando Deus enviou seu Filho ao mundo, ele o fez, como se lhe dissesse: Meu Filho amado, Filho de meu amor excelso e prazer mais excelente, vá para os ímpios, ao mundo indigno, anuncie-me a eles e lhes diga que em ti eu lhes enviei este sinal de amor, um testemunho inquestionável de

---

[924] George Swinnock, "The Door of Salvation Opened by the Key of Regeneration," em *The Works of George Swinnock*, 5 vols. (Edimburgo: James Nichol, 1868), 5:181–82.

[925] Ibid., 5:245. Note a similaridade disso com o que Bucer afirmou anteriormente, conforme citado por Goodwin.

[926] Ibid., 216.

meu favor e boa vontade para com eles, que a partir de agora eles jamais terão a menor razão para suspeitar de meu amor, ou digam, "como o Senhor nos amou?" (Ml 1.2).[927]

Swinnock aqui afirmou a vontade de Deus redentora e universal, bem como seu amor por toda humanidade.

Stephen Charnock (1628—1680)

Outro puritano importante que é sempre confundido como defensor da expiação limitada é Stephen Charnock. Ele associou o amor de Deus por todas as pessoas à morte de Cristo por todos.[928] Ele citou os escritos de Amyraut para uma compreensão adequada da frase "tira o pecado do mundo" em João 1.29[929] O estudo de Siekawitch a respeito de Charnock concluiu que a escola de Saumur teve enorme influência sobre este:

> Se muitas citações são alguma indicação, parece que a escola de Saumur, na França, causou considerável impressão em Charnock, juntamente com o puritanismo. Em suas obras ele citou Moise Amyraut 130 vezes e Jean Daillé 79 vezes. Os próximos números de amplas citações de alguém não afiliado à escola de Saumur foi do católico romano Francisco Suarez, com 44, e Johannes Cocceius, com 33 vezes. Da escola de Saumur e daqueles afiliados a ela, ele se referiu a Amyraut, Daillé, Louis Cappel, Jean Mestrezat, John Cameron, Paul Testard, Michel Le Faucher, Josue de Place (Placeus) e às *Teses Salmuriensis,* um total de 254 vezes ... Após a exclusão, Charnock visitou a França por um período longo e trouxe livros de reformados franceses, assim como suas ideias.[930]

---

[927] G. Swinnock, "Heaven and Hell Epitomised," em *The Works of George Swinnock*, 3:342–46.

[928] S. Charnock, "A Discourse of the Subjects of the Lord's Supper," em *The Complete Works of Stephen Charnock*, 5 vols. (Edimburgo: James Nichol, 1865), 4:464.

[929] S. Charnock, "A Discourse of Christ Our Passover," em *The Works of Stephen Charnock*, 5 vols. (1865; reimp. Edinburgh: Banner of Truth, 1985), 4:507.

[930] L. D. Siekawitch, "Stephen Charnock's Doctrine of the Knowledge of God: A Case Study of the Balance of Head and Heart in Restoration Puritanism" (PhD diss., University of Wales, 2007), 70. Veja também L. D. Siekawitch, *Balancing head and heart in seventeenth century puritanism: Stephen Charnock's doctrine of the knowledge of God*, Studies in Christian History and Thought (Milton Keynes, UK: Paternoster, 2012), 51. Essa obra argumenta contra a remoção ampla de Beeke e Jones, que afirmaram, sem alteração, que os "Puritanos também se opuseram aos conceitos dos amiraldianos e do universalismo hipotético deles" (*A Puritan Theology: Doctrine for Life* [Grand Rapids, MI: Reformation Heritage, 2012], 360). Claramente, Beeke não conhece o calvinismo moderado de Charnock ou sua predileção pela teologia amiraldiana, até mesmo sobre a extensão da satisfação de Cristo.

Charnock afirmou:

> Não há insuficiência da parte de Cristo. Há por meio dele satisfação o bastante para o pagamento de nossos débitos e mérito o suficiente para restauração à nossa felicidade. Ele fez todas as coisas necessárias para a salvação do mundo: ele expiou o pecado, que mergulhou na miséria; ele ofereceu sua morte a Deus como um sacrifício de valor infinito, suficiente para o mundo todo e ao abrir o trono da graça, concedeu liberdade para se aproximar de Deus e pedir-lhe pela aplicação do benefício que comprou; [...] O título de nosso Senhor Jesus em sua primeira vinda foi Salvador, não juiz; ele ofereceu aos homens aquilo que poderia salvá-los da condenação; mas se eles não se regozijarem na felicidade, se excluem do benefício e por não receberem o resgate que Deus proveu, se expõem a pagar essa satisfação pessoalmente, algo que a lei exige. A satisfação de Cristo que eles não podem pleitear, porque as condições para isso não estão incluídas; eles precisam, portanto, pagar o que a lei demanda, o que também seria insignificante e a honra da justiça de Deus se angustiaria pela salvação deles. Quando, portanto, toda oferta de misericórdia acompanhar os homens ao tribunal do juiz e esta acusação for ouvida de sua boca: "Eu o redimi mediante o meu sangue e você o pisou; eu o convidei à fé e ao arrependimento, mas preferiu chafurdar-se no excremento do pecado; eu o chamei por meio do mover do Espírito e você se provou rebelde; eu o encorajei pelas promessas de recompensa, mas você não as considerou; em que sou desprovido? Com que audácia pode algum homem culpar agora Deus? E quando um rei proclama perdão a uma cidade rebelde, sob a condição que eles se rendam ao seu Filho; como é justo que aqueles que se rendam tenham o benefício prometido, assim é justo que aqueles que voluntariamente resistem a um condição tão fácil e razoável, devam receber a punição ameaçadora; eles não têm razão para ampliar a ruína diante de qualquer falta de clemência do rei, pois a oferta foi feita a todos, mas devido à própria obstinação, eles perecem pela própria loucura.[931]

Note a linguagem de Charnock de "pecado expiado", "resgate", "satisfação" e "redimido" no contexto daqueles que são ainda incrédulos. Isso indica claramente a convicção de Charnock na expiação ilimitada.

---

[931] Stephen Charnock, "The Misery of Unbelievers", em *The Complete Works*, 4:342–43.

John Howe (1630—1705)
John Howe, teólogo e capelão de Oliver Cromwell, foi tão famoso quanto influente em sua vida, como John Owen, mas é raramente lido ou reconhecido hoje como um dos grandes pensadores puritanos do século XVII.[932] Howe é sempre rotulado como um particularista com respeito à extensão da expiação, mas como as citações abaixo revelam – das muitas que poderiam ser fornecidas – ele claramente afirmou a expiação universal.

> Novamente, é justo negar o Senhor que o comprou, negligenciar essa grande salvação da qual ele é o autor? E enquanto ele veio para abençoá-lo por convertê-lo de suas iniquidades, você ainda permanece voluntariamente em uma amaldiçoada servidão ao pecado? Quando ele se revelou para destruir as obras do diabo, você ainda se rende cativo à vontade dele? Considerando que ele morreu para que você não mais vivesse para si, mas para ele que morreu por você, e ressuscitou; e para que ele pudesse redimir você dessa sua vã conversação e para que falasse expressamente a você, que ainda tem vida sensitiva, se preocupa com coisas terrenas, não tem uma conversa santa, é inimigo da cruz de Cristo. Não é injusto que nesses aspectos sua vida inteira nada mais deva ser, senão uma contradição constante para o verdadeiro desígnio de sua morte? Uma hostilidade perpétua, um conflito real em sua cruz? Não há injustiça em sua impenitência obstinada, sem remorso? Seu coração que não pode se arrepender? Que não derrete, enquanto um Jesus crucificado, em meio as suas agonias e angústias de morte, clama a você da cruz: "Ó pecador, basta, seu coração duro quebra o meu! Renda-se finalmente e volte-se para Deus.[933]
>
> Se você não for reconciliado, Cristo, quanto a você, morreu em vão; você não pode ser nada melhor. Pense no que pode acontecer, que um sangue tão precioso (excedendo infinitamente o valor de todas as coisas

---

[932] Uma das fontes modernas mais importantes sobre Howe é a obra de David Field, *"Rigide calvinisme in a softer dresse": The moderate presbyterianism of John Howe 1630–1705*, Os Estudos de Teologia Histórica de Rutherford (Edimburgo: Rutherford, 2004), que confirmam o calvinismo moderado de Howe. Os escritos de Howe hoje estão disponíveis em *The works of the reverend John Howe (1630–1705)*, 3 v. (1848; reimp. Ligonier, PA: Soli Deo Gloria, 1990).

[933] J. Howe, "The Blessedness of the Righteous", em *The works of the rev. John Howe*, 3 vols. (1848; reimp. Ligonier, PA: Soli Deo Gloria, 1990), 2:151– 52. Howe (como Swinnock e Baxter) recorreu a Atos 3.26 nesta citação para apoiar seu conceito da expiação.

corruptíveis; prata e ouro etc. 1 Pe 1.18, 19) seja derramado para redimir e salvar alguém como você e ainda assim não lhe faz bem?[934]

Quando ele realmente faz sua demanda e reivindica seu direito, que culpa aterradora, quão rápida deve ser a destruição deles, que ousam se aventurar a negar o Senhor que os comprou![935]

Nós falamos a eles em nome do Deus eterno que os fez, do Jesus magnífico que os comprou com seu sangue e eles não o consideraram.[936]

James Fraser of Brea (1639—1698)

Fraser foi um escocês pactuante, preso em Bass Rock por dois anos, onde estudou hebraico e grego e escreveu *Justifying Faith* [Fé Justificadora]. Libertado em 1679, foi preso novamente em 1681 e confinado no Castelo Blackness. Ele foi exilado da Escócia em sua libertação seis semanas mais tarde, mas foi preso novamente em Londres. Retornou à Escócia, em 1687, e tornou-se ministro em Culross, Fife, até sua morte.[937]

James Walker esboçou a adesão de Fraser à expiação universal, afirmando que ele "formulou uma teoria da redenção universal a partir das posições mais extremas de seus mestres ultracalvinistas".[938] Cristo morreu por todos, mas a intenção de Deus na expiação é salvar apenas os eleitos. Fraser cria que uma expiação universal estabeleceu o fundamento para uma oferta genuína do evangelho a todos e também proveu as razões para o julgamento dos réprobos. Walker estava especialmente perturbado por esse último propósito da redenção universal: "Esta noção integral da vingança do evangelho era completamente alheia à mensagem da Bíblia. Quão monstruosa a ideia do Pai satisfeito e do salvador como punidor irado".[939] No entanto, essa também era a posição de Calvino, juntamente com muitos na tradição reformada.

Fraser argumentou com base em 2 Pedro 2.1 que Cristo pagou pelos pecados dos réprobos. Ele também indagou por que essa ideia está na Escritura

---

[934] J. Howe, "Of Reconciliation between God and Man", em *Works*, 1:460.

[935] J. Howe, "The Redeemer's Tears etc." em *Works*, 2:321.

[936] Ibid., 2:323.

[937] Veja J. Fraser, *Memoirs of the Rev. James Fraser of Brea, 1639–1698* (Inverness: Melven Brothers, 1891).

[938] J. Walker, *The Theology and Theologians of Scotland 1560–1750* (1872; reimp. Edimburgo: Knox, 1982), 81. É interessante que Walker nem mesmo reconhece uma quantidade considerável de calvinistas escoceses que rejeitaram a expiação limitada durante o período de 1560–1750.

[939] Ibid., 83.

que Deus elegeu o mundo inteiro, santificou cada pessoa; pois neste sentido é tão verdadeiro que Deus elegeu, santificou, justificou e glorificou todos eles, porque ele morreu por todos eles; visto que elegeu, justificou e santificou todos os tipos e classes de pessoas? Por que as universalidades são usadas em matéria de redenção, quando essas restrições são aplicadas no tema da eleição e justificação?

Referindo-se ao argumento idêntico de Edward Polhill, Fraser declarou: "A redenção tem uma esfera mais ampla do que a eleição e, portanto, a Escritura restringe a eleição em palavras de especialidade, embora elas revelem e ampliem a redenção em generalidades enfáticas".[940]

Fraser rejeitou o argumento do pagamento duplo tão frequentemente usado para sustentar a expiação limitada. Não é injustiça se a salvação comprada por Cristo acontece sob condições que devem ser cumpridas da parte de quem pode receber essa salvação e, entretanto, as condições não são cumpridas pelo recipiente. A salvação não foi comprada para ser concedida a quaisquer uns absolutamente, se crerem ou não, mas somente sob o exercício da fé:

> No caso da satisfação realizada e do resgate pago por consentimento tanto do pagador como daquele a quem foi pago, não era libertar o homem absolutamente, mas condicionalmente, então, e neste caso, pelo mútuo consentimento de ambas as partes, especialmente do pagador se a condição não for cumprida, então o administrador ou o fiador que pagou uma vez pode receber e procurar a satisfação daquele que não cumpre a condição.[941]

Fraser adicionou uma alteração interessante quando argumentou que não ocorre injustiça quando o pagamento duplo não

> é feito a uma e à mesma pessoa ... pois é a pessoa do Pai a quem Cristo fez satisfação e é a pessoa do Filho a quem a satisfação no inferno é feita

---

[940] James Fraser, *A Treatise on Justifying Faith, Wherein Is Opened the Grounds of Believing, or the Sinner's Sufficient Warrant to Take Hold of what is Offered in the Everlasting Gospel: Together with an Appendix Concerning the Extent of Christ's Death, Unfolding the Dangerous and Various Pernicious Errors that Hath Been Vented about It* [Um tratado sobre a fé justificadora em que se expõe os fundamentos da fé ou a garantia suficiente do pecador para se apropriar do que é oferecido no evangelho eterno, juntamente com um apêndice que foi publicado sobre isso] (Edimburgo: William Gray, 1749), 195.

[941] Ibid., 228.

pelos réprobos (pois o Pai não julga o homem); ora, esses são duas pessoas distintas, embora essencialmente eles sejam o mesmo.[942]

De acordo com Fraser, se Cristo satisfez pelos pecados dos eleitos, o que ele certamente fez,

> como a lei e justiça de Deus punem os eleitos antes da conversão pelos pecados cometidos por eles? [...] e considerando que o primeiro pecado de *Adão* é satisfeito, como ocorre que o pecado pela lei seja imputado a eles, para corromper os eleitos com a corrupção original? ... Porém, enquanto a lei está em vigor, até que nos casemos com Cristo pela fé, enquanto estamos sob ela e não sob a graça, como ela pune e exige satisfação nos eleitos por esses pecados pelos quais o Filho sem dúvida satisfez? Eles sofrerão e Cristo também e isso sem violação da justiça? E os réprobos não podem sofrer as punições da lei em uma medida mais extrema no céu eternamente, embora Cristo satisfizesse a justiça pelos mesmos pecados pelos quais eles sofrem? Por que, exatamente em um caso e não em outro, mais ou menos punições quanto à medida dos sofrimentos ou a duração de tempo, mais longo ou mais curto, não alteram o tipo? Que pode torná-lo mais ou menos justo, mas não pode tornar uma coisa simplesmente ou absolutamente igual ou desigual e o Deus infinitamente santo não pode ser acusado da menor injustiça (Zc 3.5; Hb 1.13).[943]

Matthew Henry (1662—1714)[944]

O nome de Mathew Henry é bem conhecido hoje por seu comentário devocional sobre a Bíblia, que continua sendo impresso. Ele foi um dos puritanos influentes da Inglaterra.

---

942 Ibid., 229 (ênfase no original).

943 Ibid., 231. Veja Hunter M. Bailey, "*Via media alia*: Reconsiderando a Doutrina Controversa da Redenção Universal na Teologia de James Fraser of Brea" (PhD diss., Universidade de Edimburgo, 2008), para a melhor análise erudita da teologia de Fraser sobre a expiação.

944 Deve-se notar que o comentário de Henry da Bíblia foi terminado depois de sua morte. De Romanos até Apocalipse foi escrito por treze ministros não conformistas, parcialmente baseado nas notas escritas pelos ouvintes de Henry e editadas por George Burder e John Hughes em 1811. Os nomes dos treze são fornecidos por John Evans (1767-1827) na revista Protestant Dissenters [Dissidentes Protestantes] de 1797, na página 472, de um memorando por Isaac Watts. A edição completa de 1811 foi editada por G. Burder e J. Hughes. Veja A. Gordon, "Henry, Matthew," em Dictionary of National Biography, 26:124.

No catecismo de Henry, ele afirmou que Jesus é um "redentor universal" que "se entregou como resgate por todos (1 Tm 2.5)".⁹⁴⁵ Ele também notou que Cristo é o redentor dos eleitos "de uma maneira especial". Ele pergunta: "A humanidade inteira é redimida dentre os demônios? Sim, pois ninguém deve dizer como eles disseram: 'Que temos nós contigo, Jesus, Filho de Deus' (Mt 8.29). Mas são os eleitos redimidos dentre os homens? Sim. Estes foram redimidos dentre os homens (Ap 14.4)".⁹⁴⁶

Em uma edição americana do catecismo de Henry, a questão: "Ele é um redentor universal? Sim. Ele se entregou como um resgate por todos" foi suprimida pelo editor, Colin McIver, com a explanação dada no prefácio:

> Nesta edição, os erros tipográficos, encontrados na edição de Londres são cuidadosamente corrigidos. O Catecismo Menor, que o senhor Henry, em sua obra, belamente ilustrou na linguagem da Escritura, é aqui apresentado, nas próprias palavras dos teólogos de Westminster. Isto é mencionado porque na edição de Londres desta obra encontram-se algumas alterações da linguagem empregada pelos teólogos de Westminster, embora nenhuma delas afetem a tendência. Das questões e respostas ilustrativas contidas na edição de Londres, apenas uma é, nesta edição, omitida. Isso é feito, sob uma impressão que se acredita ser bem fundamentada, que a questão e resposta aqui aludidas, jamais foram escritas pelo sr. Henry; mas foram, de alguma forma inexplicável, interpoladas na edição de Londres desta obra. Se a inquirição for feita baseada nessa suposição, a resposta deve ser que a questão e resposta aqui referidas, consideradas em conexão, exibem uma evidente aplicação inadequada de um texto da Escritura e transmitem um pensamento errôneo, que é estritamente contraditado em outras partes das obras publicadas do sr. Henry.⁹⁴⁷

Isso é muito surpreendente por duas razões. Primeira, não há evidência textual de alguma edição posterior a essa declaração. Segunda, McIver não apresentou referência, para algumas declarações das obras de Henry, para provar essa alegada contradição. Como David Ponter corretamente concluiu concernente à interpolação de McIver: "Isso não é nada mais do que o paradigma ajustando os fatos, ao contrário dos fatos

---

⁹⁴⁵ M. Henry, "Scripture Catechism in the Method of the Assembly's", em *The miscellaneous works of the rev. Matthew Henry, V.D.M.* (Londres: Joseph Ogle Robinson, 1830), 878.

⁹⁴⁶ Ibid.,

⁹⁴⁷ C. McIver, ed., *The westminster assembly's shorter catechism, with which is incorporated "a scripture catechism in the method of the assembly's; by the rev. Matthew Henry, V.D.M"* (Princeton, NJ: Franklin Merrill, 1846), ii.

sendo admitidos para ajustar o paradigma".[948] O paradigma, obviamente, é a expiação limitada.

Tão surpreendente quanto pareça a alguns, muitos puritanos, juntamente com muitos anglicanos, se opuseram à doutrina da expiação limitada e afirmaram uma forma de expiação universal. A lista dos nomes inclui homens célebres como Ussher, Davenant, Baxter, Bunyan, Charnock, Preston, Howe e Henry. Todos esses homens defenderam alguma forma de universalismo hipotético no sentido que todos criam que Cristo satisfez pelos pecados de todas as pessoas em sua morte.[949]

Segundo, constata-se também que na metade do século XVII, alguns calvinistas extremos começaram a expor uma teologia da predestinação e da expiação limitada de maneiras mais extremas do que alguns de seus predecessores.[950]

Terceiro, a pesquisa de Jonathan Moore sobre Preston desconstrói a análise de Rainbow de algumas declarações similares feitas por Calvino a respeito da universalidade da expiação.[951] Como David Ponter salientou, a tese de Rainbow é também refutada quando a declaração de Calvino sobre Atos 20.28 é situada lado a lado com Gwalther relativa ao mesmo versículo. As declarações são virtualmente idênticas e Gwalther claramente defendeu a expiação universal.[952]

---

[948] D. Ponter, "Matthew Henry (1662–1714) sobre a Redenção Universal da Humanidade", *Calvin and Calvinism*, August 2, 2011, http://calvinandcalvinism.com/?p=10733.

[949] No livro de Beeke e Pederson, *Meet the Puritans*, os autores não mencionam a moderação de muitos puritanos. Em seu livro mais recente sobre os puritanos, Beeke se ocupa das mesmas generalizações e abstrações deturpadoras (ou amontoado histórico) quando disse que os "puritanos também se opuseram aos conceitos dos amiraldianos e ao universalismo hipotético deles" (*A Puritan Theology*, 360).

[950] Isso é documentado por Wallace, *Puritans and Predestination*, 110–11; 144.

[951] Veja Rainbow, *The Will of God*, 159–74. Notavelmente, Rainbow declara que "não era teologicamente verdadeiro" para Calvino que "Deus ama todos os pecadores e deseja que todos os pecadores sejam salvos" (ibid., 171). Uma declaração similar é feita por W. Cunningham em *The reformers and the theology of the reformation* (Londres: Banner of Truth, 1967), 398. Os comentários de Calvino sobre 2 Pedro 3.9, concernentes ao amor de Deus pela humanidade e sua vontade revelada no evangelho, que ele queria que todos fossem salvos, refutam ambas as afirmações.

[952] Veja Ponter, "Review Essay (Part One): John Calvin on the Death of Christ and the Reformation's Forgotten Doctrine of Universal Vicarious Satisfaction: A Review and Critique of Tom Nettles' Chapter em *Whomever He Wills*," *Southwestern Journal of Theology* 55.1 (Fall 2012): 138–58. Ou veja D. Ponter, "Rudolph Gualther (1519–1586) sobre a Morte de Cristo," *Calvin and Calvinism*, June 23, 2008, http://calvinandcalvinism.com/?p=309.

Assembleia de Westminster (1643—1649)

A Assembleia de Westminster[953] foi instituída pelo Parlamento para reestruturar a Igreja da Inglaterra. Ela também incluiu representantes de líderes religiosos da Escócia. Composta de aproximadamente 150 pessoas, a assembleia se reuniu de 1643-1649 em mais de 1.150 sessões e no processo produziu os Padrões de Westminster, que são os principais padrões confessionais da Igreja Presbiteriana, incluindo a Confissão de Fé de Westminster, o Catecismo Maior e o Breve Catecismo de Westeminster. A obra completa da assembleia de Westminster foi eventualmente adotada com revisões na Inglaterra. Ela foi posteriormente revogada durante a Restauração em 1660. Contudo, esses documentos foram totalmente aceitos pela Igreja da Escócia e formaram o fundamento teológico da Igreja Presbiteriana na Europa e na América.

Sempre se presume que todos aqueles que foram membros da Assembleia de Westminster defenderam a expiação limitada (particularismo estrito).[954] Eles não defenderam. Por exemplo, considere Henry Scudder (1585-1652):

> Deve-se reconhecer que Cristo se ofereceu como um resgate por todos. Esse resgate pode ser chamado de geral e para todos, em algum sentido, mas como? A saber, com respeito à natureza comum do homem, a qual ele assumiu e da causa comum da humanidade, que ele se encarregou; e em si mesmo o preço foi suficiente para redimir todos os homens e porque é aplicável a todos, sem exceção, pela pregação e ministério do evangelho. E Cristo pretendeu que o curativo deveria ser tão grande quanto o ferimento e que não haveria erro no remédio, isto é, no preço ou sacrifício de si mesmo oferecido na cruz pelo qual o homem deveria ser salvo, mas que todos os homens poderiam e cada homem poderia, a esse respeito, se tornar redimíveis por Cristo.[955]

---

[953] Para um útil material secundário sobre a Assembleia de Westminster, consulte R. Letham, *The Westminster Assembly* (Phillipsburg, NJ: P&R, 2009); J. V. Fesko, *The Theology of the Westminster Standards* (Wheaton, IL: Crossway, 2014); L. Gatiss, "'Shades of Opinion within a Generic Calvinism.' The Particular Redemption Debate at the Westminster Assembly," *Reformed Theological Review* 69 (2010): 101–18; e L. Gatiss, "A Deceptive Clarity? Particular Redemption in the Westminster Standards," *Reformed Theological Review* 69 (2010): 180–96.

[954] Algum material dessa seção foi publicado em meu livro: "*The* Atonement: Limited or Universal?", 67–78.

[955] H. Scudder, *The christian's daily walk in security and peace* (Glasgow: William Collins, 1826), 279–82. J. Moore afirmou um conceito importante quando observou:
O próprio John Owen que escreveu um prefácio de recomendação em 1674 para o livro *The christian's daily walk* do teólogo de Westminster, Henry Scudder, no qual um prefácio de recomendação por Baxter também foi publicado. Nesse livro, Scudder dedica uma seção de cinco páginas defendendo a posição universalista hipotética e em sua recomendação, Owen se resguarda

No contexto mais amplo dessa citação, Scudder discutiu o fato que a morte de Cristo foi para todas as pessoas. Ele rejeitou o argumento que todas as pessoas serão salvas porque Jesus resgatou toda humanidade. Scudder não negou isso ao rejeitar a premissa que Cristo regatou toda humanidade;[956] pelo contrário, argumentou que o novo pacto da graça é condicional: somente aqueles que creem obterão a salvação.[957]

Além disso, ao admitir que Cristo morreu pelos pecados de cada pessoa, ele baseou essa verdade na humanidade comum do Filho. Isso é cristologia clássica de acordo com Hebreus 2.5-14. A suficiência da qual Scudder falou é uma suficiência *extrínseca*, pela qual Cristo expiou o pecado de toda a humanidade. Scudder fundamentou a divina oferta universal no fato dessa suficiência extrínseca. Ele ainda associou "o amor comum e geral de Deus para com a humanidade" com a morte de Cristo por toda humanidade.[958] Todos os homens são "redimíveis" devido ao mérito do que Jesus fez na cruz. Ninguém é ignorado sem um remédio para o pecado deles. Portanto, aqueles que ouvem o evangelho e perecem só podem culpar a si mesmos.[959] Alguém poderá notar que Scudder não usou "mundo" para conotar os eleitos em suas referências e alusões bíblicas.

William Jenkyn confirmou os conceitos moderados de Scudder sobre a expiação. No livro de Jenkyn ΟΔΗΓΟΣ ΤΥΦΟΣ [GUIA DO CONDUTOR], *The Blinde Guide, or the Doting Doctor* [*O Guia Cego ou o Doutor Dedicado*], ele citou de uma das cartas de Scudder:

> O mestre John Goodwin fez algumas afirmações sobre passagens em meu livro, como se eu concordasse com ele ou defendesse sua opinião. A esse respeito considerei e ponderei bem o que escrevi e nada encontrei que tendesse a sustentar seu erro, mas algo expressamente contra o livre-arbítrio

---

adequadamente por se distanciar de algumas expressões inespecíficas no livro. Mas sua disposição de elogiá-lo calorosamente com base na piedade simples e prática que ele promove é um indicativo da importância relativa dada a esse debate reformado intramuros, pelo menos na Inglaterra da pós-restauração, até mesmo por um dos mais leais defensores do particularismo. ("The Extent of the Atonement: English Hypothetical Universalism versus Particular Redemption," em *Drawne into Controversie*, 155).

956 Como aqueles que aceitam o argumento do pagamento duplo.

957 Isso também foi a forma como Ursinus analisou o assunto. Veja *The Commentary of Dr. Zacharias Ursinus on the Heidelberg Catechism*, 215.

958 Isso também é verdadeiro de Charnock. Veja S. Charnock, "A Discourse of the Subjects of the Lord's Supper", em *Works*, 4:464. Amyraut frequentemente também fez essa conexão. Veja L. Proctor, "The Theology of Moise Amyraut Considered as a Reaction against Seventeenth-Century Calvinism" (PhD diss., University of Leeds, 1952), 200–259.

959 C. Hodge, Systematic Theology, 2:556–57, articulou todos esses conceitos.

para o bem. Eu declaro que embora possa se dizer que Cristo se entregou como um resgate por todos, entretanto, isso não defende a redenção universal, nem que todos os homens podem ser salvos se desejarem. Eu apelo a qualquer leitor, sensato e imparcial, se escrevi qualquer coisa ali, que justificasse sua opinião, a qual sou totalmente contra.[960]

Essa declaração é importante, pois revelou que Scudder não rejeitou que Cristo se entregou como um resgate por todos (de fato, ele positivamente o afirma), mas recusou a acepção de John Goodwin da redenção universal, que Cristo morreu pelos pecados de todas as pessoas, pois ele *igualmente* intenta a salvação delas. Quando Scudder disse "não que todos os homens possam ser salvos se desejarem", afirma "se desejarem" no sentido do *livre-arbítrio*. Ele não estava declinando da ideia que todos os homens são redimíveis devido ao mérito do que Cristo fez. Ele preteriu a conotação do livre-arbítrio defendida por Goodwin. Caso contrário, Scudder estaria se contradizendo naquilo que disse em outro contexto sobre a morte de Cristo no livro *The christian's daily walk* [A caminhada diária do cristão].

George Walker (1581-1651) trabalhou na Assembleia de Westminster e parece ser um defensor do universalismo hipotético:

> Questão: Cristo também não faz intercessão por todos, pois ele morreu por toda humanidade?

> Resposta: Embora Cristo morresse e cumprisse a lei para um benefício comum a toda humanidade e seu resgate é suficiente para salvar a todos; contudo, ele jamais se propôs a redimir todos os homens por intermédio de sua morte. Porquanto ele sabia que muitos já estavam condenados e haviam perdido toda esperança de redenção, antes que ele morresse e que Judas foi um filho da perdição e, portanto, ele não se propôs a se entregar como um resgate por eles. Além de ele mesmo testificar que não orou pelo mundo, mas apenas pelos seus eleitos do mundo dados a ele por seu Pai (Jo 17.9). Por isso, sequer morreu com um intento, propósito e desejo de redimir e salvá-los.[961]

Walker continuou:

---

[960] W. Jenkyn, ΟΔΗΓΟΣ ΤΥΦΟΣ, *The blinde guide, or the doting doctor* (Londres: M. B., 1648), 112–13.
[961] G. Walker, *The key of saving knowledge* (Londres: T. Badger, 1641), 49–50.

Questão: Você corretamente demonstrou que Cristo com respeito à sua pessoa e ofícios é um redentor e salvador totalmente suficiente e é capaz, devido ao mérito infinito de sua mediação, salvar todos os homens. Ora, então, diga-me por que todos os homens não são salvos?

Resposta: Embora Cristo [em] seu resgate e satisfação seja capaz de salvar e redimir todos os que são participantes disso, até mesmo toda a humanidade, se eles tiverem graça para receber e aplicar Cristo e todos os seus méritos pela fé; contudo, como ninguém tem comunhão espiritual com ele, mas apenas aqueles que Deus escolheu para a vida eterna nele e os predestinou para serem eficazmente chamados de acordo com o seu propósito para o estado de graça e a se conformarem à sua imagem. Portanto, muitos que não são eleitos seguem seus caminhos perversos e não têm vontade nem se preocupam em se arrepender de seus pecados e crer em Cristo, mas correm voluntariamente para a destruição e extinção.[962]

Observe como Walker distinguiu entre o "resgate" ou "satisfação" e a aplicação da expiação. O primeiro é universal, mas o último é limitado àqueles "a quem Deus escolheu".

Questão: O benefício de Cristo, o mediador e redentor alcança apenas os eleitos?

Resposta: Embora a virtude salvadora de Cristo pertença somente aos eleitos; no entanto, há um benefício comum de Cristo, do qual os réprobos são participantes, que alcança também o mundo inteiro. Dado que ele disse que preserva homens e animais, isto é, mantém a vida e existência deles (Sl 36.6) e é o salvador de todos, especialmente daqueles que creem (1Tm 4.10) e que se entrega como um resgate por todos (1Tm 2.6) e por ele todas as coisas que são ditas subsistem (Cl 1.17).[963]

Walker falou do "benefício comum" da expiação, mas não limita esses benefícios não salvíficos à graça comum apenas.[964] Cristo é também o salvador de todas as pessoas e se entregou como um resgate por todos.

---

[962] Ibid., 52–53.
[963] Ibid., 55.
[964] Walker certamente correlacionou o "resgate" de Cristo com os "benefícios comuns" que alcançam "todos em alguma medida, maneira e nível, mesmo os infiéis" (*The Doctrine of the Sabbath*

Outro ilustre representante em Westminster foi Edmund Calamy (1600-1666). Ele disse:

> Estou distante da redenção universal no sentido arminiano, mas defendo o sentido de nossos teólogos no Sínodo de Dort, que Cristo pagou um preço por todos, – intenção absoluta para os eleitos, intenção condicional para os réprobos no caso de eles crerem, – que todos os homens devem ser *redimíveis, apesar da queda de Adão* ... que Jesus Cristo não morreu apenas suficientemente por todos, mas Deus ao conceder Cristo e Cristo ao se doar pretenderam estabelecer todos os homens em um estado de salvação, caso eles cressem.[965]

> Eu argumento segundo João 3.16 que ele é um fundamento para a intenção de Deus de conceder Cristo, do amor de Deus ao mundo, uma filantropia para o mundo dos eleitos e réprobos e não dos eleitos apenas; não se pode dizer dos eleitos porque "quem crer" ... Se o pacto da graça deve ser pregado a todos, então Cristo redimiu, em algum sentido, todos: os eleitos e réprobos.[966]

Deve-se observar diversos pontos salientes nessas citações. Primeiro, Calamy disse defender uma forma de redenção universal distinta do conceito arminiano. Segundo, ele viu seu conceito expressado por alguns no Sínodo de Dort. Terceiro, ele falou de uma suficiência intencional (condicional para os não eleitos; absoluta para os eleitos), que Cristo realmente pagou um preço por todos. Esse preço objetivo pago por todos torna todos os homens redimíveis, mas eles devem crer para obter o benefício. Observe que Calamy usou João 3.16 como uma prova de seu conceito e ele argumentou que "mundo" não pode denotar os "eleitos apenas" nessa passagem. Também alegou que uma proclamação universal pressupõe uma forma de expiação universal.

Em seu livro *Chain of Principles* [Série de Princípios], John Arrowsmith (1602-1659), como Calamy, interpretou João 3.16 para se referir ao "mundo imerecido da

---

[Amsterdam: Richt Right Press, 1638], 108) e ele limitou o "mundo" de João 3.16, 2 Coríntios 5.19 e 1 João 2.2. aos eleitos (*The history of the creation as it is written by Moses in the first and second chapters of Genesis* [Londres: impresso por John Barlet, 1641], 22). Contudo, ele ainda chamou Cristo de "o salvador comum e redentor de toda humanidade" (*The doctrine of the sabbath*, 104) e reconheceu como verdadeira uma premissa em uma questão que "os sofrimentos de um homem [Cristo] satisfazem por todos os homens" (The Key of Saving Knowledge, 47).

[965] A. F. Mitchell & J. P. Struthers, eds., *Minutes of the Sessions of the Westminster Assembly of Divines* (Edimburgo: W. Blackwood and Sons, 1874), 152.

[966] Ibid., 154.

humanidade", não ao "mundo dos eleitos".⁹⁶⁷ Thomas Ford (1598-1674), um membro também da Assembleia de Westminster, defendeu a expiação universal e argumentou a partir de João 3.16. Ford defendeu que os não salvos que morrem em seus pecados não perecem por falta de solução na morte de Cristo pelos seus pecados, mas devido à falha deles em aplicar essa solução. Ele declarou:

> Para a prova a esse respeito, recorro a João 3.16: "Deus amou o mundo de tal maneira que ele deu o seu único Filho, para que todo aquele que nele crer não pereça". Aqui é dito o suficiente, para mostrar, que Deus não precisa de mim, mas está querendo a eles. Há essa provisão realizada e o bastante, que ninguém pode perecer, exceto aqueles que se recusam a fazer uso dela ...
> Considere isso também que a palavra [mundo] não pode ser racionalmente compreendida em nenhum outro sentido. Pois no versículo seguinte [João 3.17] o mundo significa alguns que são salvos e alguns que perecem (como o reverendo Davenant observa) e aqueles que perecem, o fazem somente porque não creem no Filho de Deus.

Ford também questionou a sensatez de pregar a todos e tentar persuadir todos a crerem em Cristo se o próprio pregador não for persuadido que há uma provisão suficiente (expiação ilimitada) na morte de Cristo se alguém exercesse a fé nele:

> Conforme compreendo, não devemos persuadir os homens a crer em Cristo ao lhes dizer: "Se creem, então Cristo morreu por vocês". Pelo contrário, como suponho, podemos seguramente dizer-lhes: "Que Cristo morreu por vocês e por isso os persuado a crerem nele". Somos obrigados a crer que o fato é verdadeiro, antes que creiamos em nossa parte nisso. O objeto está na ordem da natureza antes da ação. Minha fé não torna algo verdadeiro, mas é verdadeira em si mesmo e, portanto, creio nisso. E esse é o método da Escritura, tanto quanto sei. A festa foi primeiramente preparada e os convivas foram convidados. Todas as coisas estão prontas, venham para o casamento (Mt 22.4). Os judeus, que são os

---

967 J. Arrowsmith, *Armilla Catechetica. A chain of principles; or an orderly concatenation of theological aphorism and exercitations; wherein, the chief heads of christian religion are asserted and improved* [Elo Catequético: Uma série de princípios ou uma concatençao ordeira da máxima e prátias teológicas em que os temas principais da religião crista são declarados e aprimorados] (Cambridge: John Field, 1659), 182. Mitchell e Struthers (Minutes, lvii) disseram que Thomas Gataker (AD 1574–1654), Joseph Caryl (AD 1602–1673), Jeremiah Burroughs (c. AD 1600–1646) e William Strong (d. AD 1654) concordaram com essa interpretação de João 3.16.

convivas, se recusaram a vir. Mas eles não foram totalmente rejeitados e postos nessa condição, na qual eles permanecem até essa época, fato que a narrativa anunciou "que o Filho de Deus veio para os seus, mas os seus não o receberam?" [Jo 1.11]. Como poderiam recusar se não havia provisão feita para eles? Ou pereceriam justamente apenas por recusar? Estou muito disposto a crer "que Cristo foi oferecido por mim, antes que fosse oferecido a mim e que se eu morrer em meus pecados, será apenas por não receber o Cristo oferecido a mim". Estou certo que a Escritura jamais determina a morte de pecadores devido à necessidade de um *lutron* ou preço de redenção, mas sempre devido à incredulidade, desobediência, negligência de e à falta da luz de Cristo e de suas coisas. E isso me basta: "que a Escritura jamais sugere qualquer impedimento para a salvação dos homens, mais do que um perverso coração incrédulo ..." E para estes eu digo que se morrerem em seus pecados não é por causa de Cristo não haver morrido por eles, mas somente porque não creram nele. E quanto a isso, eu apelo ao teor completo da Escritura e em particular a João 3.16, em que o dom de Cristo é comum, mas a eficácia disso é limitada à fé. Que outros debatam por quem Cristo morreu, (eu não posso impedi-los). Estou certo que Cristo jamais sofreu ou satisfez por alguém, de modo que ele terá os benefícios redentores de sua morte sem se apegar nele mediante uma fé viva. E terei certeza, por outro lado, "que seja quem for que creia no Senhor Jesus, com todo o seu coração, será salvo por ele". E considero isso como doutrina correta, que deve ser seguramente pregada a todos e a cada um, sem exceção, a saber: "Você, ó homem, seja você quem for, Cristo morreu por você e se você crer nele, com todo seu coração, conforme Deus lhe ordenou, será salvo". Nisso pregamos o teor do evangelho.[968]

William Twisse (1578-1646) foi o moderador da Assembleia de Westminster e pregou o sermão inaugural. O fascinante nele era o fato de ser calvinista supralapsariano, pré-milenista e universalista hipotético. A convicção de Twisse na expiação universal pode ser elucidada em numerosas citações de seus escritos:

> Estou pronto a professar e suponho, conforme disseram todos os teólogos, todo aquele que ouve o evangelho (sem distinção entre os eleitos e réprobos) é impelido a crer que Cristo morreu por ele (1 Jo 5.10, 11),

---

[968] Thomas Ford, *Autokatakritos; or, the sinner condemned of himself* (Londres: impresso por Edward Brewster, and are to be sold by Giles Widowes, at the Maiden-head, over against the Half- Moon, in Aldersgate-street, near Jewen-street, 1668), 22–23, 39–40, 46–56.

tanto quanto para garantir o perdão de seus pecados e a salvação de sua alma, caso se arrependa e creia.⁹⁶⁹

Observe que essa declaração por Twisse contém a terminologia usual encontrada nos escritos dos universalistas hipotéticos: "Todo aquele que ouve o evangelho ... é impelido a crer que Cristo morreu por ele ... caso se arrependa e creia". Com respeito a 1 João 2.2, Twisse preferiu entender "mundo" como os eleitos, mas note que ele também disse: "Confessamos voluntariamente que Cristo morreu para obter a salvação por todos, e cada um, os que creem nele". Twisse (e Baxter) ambos afirmam que há uma satisfação universal pelos pecados de todas as pessoas, juntamente com a condicionalidade da salvação: arrependimento e fé.⁹⁷⁰

Joseph Hall citou Twisse afirmando:

> Quando dizemos que Cristo morreu pela humanidade, queremos afirmar que ele morreu para o benefício da humanidade. Ora, que este seja distinguido e os debates cessarão, se esse benefício for considerado como a remissão de pecados e a salvação de nossas almas; eles são obtíveis somente sob a condição de fé e arrependimento. Por um lado, nenhum homem dirá que Cristo morreu para este fim de obter o perdão e a salvação para todos, se crerem e se arrependerem ou não; assim, por outro lado, ninguém negará que ele morreu, entretanto, para este fim que a salvação e remissão refletissem em todos e cada um, caso se arrependessem e cressem, porque isso depende da suficiência desse preço, o qual nosso Salvador pagou para a redenção do mundo. E pagar um preço suficiente para a redenção de todos e cada um, é, em um sentido justo, redimir todos e cada um.⁹⁷¹

---

969 W. Twisse, *The Riches of God's love unto the vessels of mercy, consistent with his absolute hatred or reprobation of the vessels of wrath* (Oxford: L. L. and H. H., 1653), I:154.

970 Assim observado por Boersma, *Hot pepper corn*, 197.

971 A referência de Hall registra: "*D. Twisse in his Animadversions upon D. Jackson*. E para o mesmo resultado, D Rivetius Disp. 6. [5. de statu humil. Christi.] *de Redemptione*." Citado em J. Hall, "The Peacemaker, Laying Forth the Right Way of Peace, em Matters of Religion," em *The works of the right reverend Joseph Hall, D.D.*, 9 vols., ed. P. Wynter (Oxford: Oxford University Press, 1863), 7:636. Observe que Hall correlacionou a posição de Rivet com o conceito intermédio ou moderado da expiação. Veja A. Rivet, "Disputationes Theologicae Undecim, In Synopsi purioris Theologiae Professorum Leydensium: Disputatio V. Thesis XXIII," em *Operum theologicorum quae Latine edidit*, 3 v. (Rotterdam: Arnoldi Leers, 1651–1660), 3:760; ou "XXVII. De Statu Humiliationis Christi", em *Synopsis Purioris Theologiae* (Lugduni Batavorum: Apud Didericum Donner, 1881), 268. No excelente capítulo de Denlinger sobre o Universalismo Hipotético Escocês, ele notou que Robert Baron (c.1596–1639) recorreu a André Rivet para apoiar sua posição moderada relativa à expiação, juntamente com Gregório Nazianzeno, Ambrósio, Crisóstomo, Agostinho,

Quando Twisse falou sobre Cristo morrer "pela humanidade", pretendeu se referir à provisão de salvação (extensão) e não à vontade de Deus por trás dessa provisão (intento), portanto, Cristo morreu "para o benefício da humanidade". Note que afirmou que se deve "distinguir" o "benefício" e os "debates cessarão". Ele, então, explicou a distinção. Ninguém recebe o benefício da morte de Cristo pelos pecados à parte da "condição de fé e arrependimento". A morte de Jesus *por consequência* não resulta em perdão dos pecados à parte das condições. Por outro lado, "ninguém negará" que Cristo morreu pelos pecados de todas as pessoas condicionalmente: "Caso eles se arrependam e creiam". Twisse afirmou uma suficiência universal na morte de Cristo: "Pagar um preço suficiente para a redenção de todos e cada um". Repare a especificidade dessa linguagem. Twisse esboçou uma distinção entre redenção realizada (que é para todos) e redenção aplicada (que é apenas para aqueles que creem).

J. I. Packer comentou:

> Baxter agora se lembrou que Twisse, seu oráculo, havia ele próprio declarado que Cristo morreu por todos nesse sentido que a salvação poderia ser oferecida a todos, sem exceção, sob a condição de fé (embora, evidentemente, ele falhasse em integrar essa ideia com o restante de sua soteriologia) e, revisando o caso, foi convertido em uma convicção na redenção universal.[972]

Evidência adicional para a adesão de Twisse à expiação ilimitada pode ser verificada em várias de suas obras[973] e no livro de Hans Boersma: *A Hot Pepper Corn: Richard*

Prosper de Aquitânia, os representantes britânicos no Sínodo de Dort (especialmente Martinius), Bullinger, Bucer, Calvino, Marlorat, Musculus, Gwalther, Pareus e Cameron, dentre outros. Veja A. C. Denlinger, "Scottish Hypothetical Universalism: Robert Baron (c.1596–1639) sobre God's Love and Christ's Death for All," em *Reformed Orthodoxy in Scotland: Essays on Scottish Theology 1560–1775*, ed. A. C. Denlinger (Londres: Bloomsbury Academic, 2015), 88, 90–91, 95, 97–98.

[972] J. I. Packer, *The redemption & restoration of man in the thought of Richard Baxter* (Vancouver: Regent College, 2003), 204. A seção a qual Packer se refere, na obra de Baxter sobre a *Redenção Universal*, afirma: E quanto aos primeiros, alguns dizem que por mundo denota-se parte dos eleitos do mundo; outros dizem (como o Dr. Twisse e outros) que significa a humanidade como distinta dos anjos - ninguém excluído - e não os eleitos apenas e além disso fala apenas da suficiência da satisfação de Cristo, que se não fosse suficiente para todos não haveria lugar para a promessa geral, que *Quem Crer Será Salvo*. Há mais verdade e solidez nessa exposição do que em algumas passagens contraditórias dos mesmos autores. De minha parte, eu defendo essa exposição do Dr. Twisse (conforme você pode constatar o esforço dele em explicar esse texto, Vindic. Grat. lib. 1. part 2. § 7. p. [mihi] 203). (R. Baxter, Universal Redemption of Mankind by the Lord Jesus Christ [Londres: impresso por John Salisbury at the Rising Sun in Cornhill, 1694], 287).

[973] Veja Twisse, *The Doctrine of the Synod of Dort and Arles Preface*, 15–17, 143–44, 152, 165; idem, *The Riches of God's love unto the vessels of mercy, consistent with his absolute hatred or reprobation of the vessels of*

Baxter's Doctrine of Justification in its Seventtenth-Century Context of Controversy[974]
[Um Tema Provocante: A doutrina da justificação de Richard Baxter em seu contexto controverso do século XVII].

Robert Letham, em sua obra significativa *The Westminster Assembly* [A Assembleia de Westminster], corretamente identificou Calamy como um universalista hipotético e citou das *Atas das Sessões* como Calamy distinguiu sua posição no arminianismo.

> Eles [arminianos] dizem que Cristo não comprou alguma impetração. Calamy insistiu que seus conceitos "não interferem [na] doutrina da eleição especial ou da graça especial". Seu pensamento era que o arminianismo afirmava que Cristo simplesmente sofreu; todas as pessoas estão em uma situação potencialmente redimível, de modo que qualquer pessoa que creia será salva. Por contraste, ele próprio cria que a morte de Cristo salva seus eleitos e garante uma possibilidade condicional de salvação aos restantes. Seaman, apoiando Calamy, argumentou que os conceitos dos remonstrantes eram irrelevantes, o que importava era a verdade ou falsidade do caso. Calamy, insistiu, falava não de uma redenção relativa ao homem, mas a Deus; ele, até agora, se reconciliou com o mundo, de modo que teria misericórdia de quem ele quisesse ter misericórdia.[975]

Letham continuou:

> Em cada caso, os universalistas hipotéticos falharam em obter a aprovação da Assembleia, que permaneceu leal. Isso ocorreu a despeito de aproximadamente um terço dos pronunciamentos registrados favorecerem a posição de Calamy. Eles poderiam reivindicar apoio dos *Trinta e Nove Artigos* e legitimamente negar alguma conexão com o arminianismo. É impreciso também descrevê-los como amiraldianos, visto que o universalismo hipotético na Inglaterra antecipou Amyraut e não foi tão longe como ele no dualismo decretal ... A Assembleia não era um grupo partidário nas fronteiras de seu calvinismo genérico, mas permitia que conceitos diferentes coexistissem.[976]

---

wrath (Oxford: L. L. and H. H., 1653), I:5–6, 153–55; e *A Discovery of D. Iacksons Vanitie* (Amsterdam: Giles Thorp/Londres: W. Jones, 1631), 526–27.

[974] Boersma, *A hot pepper corn*, 80–88.
[975] R. Letham, *The Westminster Assembly: Reading its theology in historical context* (Phillipsburg, NJ: P&R, 2009), 176–77.
[976] Ibid., 181-82.

David Ponter questionou a precisão de algumas das afirmações e conclusões de Letham. Notando que os comentários de Letham são úteis em demonstrar a diversidade do tema da extensão da expiação em Westminster, ele, no entanto, errou em vários pontos. Por exemplo, Amyraut "explicitamente fundamentou a presciência no decreto incondicionado de Deus". Mas Letham talvez esteja se baseando na "definição inadequada de Warfield e Smeaton da teologia de Amyraut", que eles mesmos basearam-se nos oponentes de Amyraut para formular suas definições, enquanto ele descreveu a convicção de Amyraut sobre o decreto do Pai "como baseado na presciência de Deus, simplesmente considerado". Ponter prosseguiu:

> A afirmação que Amyraut postulou um *decreto* dualista é equivocada, porque implica um decreto unívoco duplo (como Smeaton e Warfield sugeriram exatamente). Contudo, para Amyraut, o decreto universal foi uma expressão da *vontade revelada* e assim não contradiz o secreto decreto absoluto de Deus com respeito à salvação dos eleitos. E, portanto, quando Amyraut falou dos decretos distintos e aparentemente sequenciais, não atribuiu um sentido unívoco a cada decreto, como é verificado nas ordenações padrão infra e supralapsarianas. É simplesmente inútil falar das distinções de Amyraut como se elas tivessem a mesma relação lógica e natureza que se constata nos esquemas infra e supralapsarianos.[977]

Letham também errou em sua descrição dos universalistas hipotéticos ingleses "como não aderindo ao princípio que Deus, de alguma forma, *intenta* à salvação de todos os homens". Theophilus Gale falou das declarações de Davenant sobre esse tema demonstrando que Letham está errado.[978] Alguns calvinistas, como Davenant, usarão o enfático termo volitivo "intento" para a vontade revelada de Deus.[979]

---

[977] D. Ponter, "Robert Letham on the English Hypothetical Universalists at the Westminster Assembly," *Calvin and Calvinism*, http://calvinandcalvinism.com/?p=5229.

[978] Conforme observado por Theophilus Gale, *The Court of the Gentiles. Part iv. Of reformed philosophie. Wherein plato's moral and metaphysic or prime philosophie is reduced to a useful forme and method* [A Corte dos Gentios. Parte iv. Da filosofia reformada em que a moral e metafísica platônica ou filosofia primordial é reduzida a uma forma e método úteis] (Londres: J. Macock, 1677), 357 (II.v.4). Para mais sobre Gale, consulte D. D. Wallace, Shapers of English Calvinism, 1660–1714: Variety, Persistence, and Transformation (Oxford: Oxford University Press, 2011), 87–119. Wallace afirmou que o calvinista Peter Sterry (n. AD 1613), pregador no parlamento nos anos 1640 e conselheiro de Oliver Cromwell nos anos 1650, defendeu a expiação ilimitada (76).

[979] Outros calvinistas, sejam extremos ou moderados sobre a expiação, também usaram o enfático termo volicional "intento" para a vontade legislativa de Deus ou para o seu desejo de salvar todas as pessoas expresso na vontade revelada. Incluídos nesta lista estão J. Calvino, M. Martinius, J. Burroughs, A. Burgess, T. Gale, H. Scudder, J. Edwards, J. Flavel, J. Howe, E. Polhill, G. Swinnock e G. Whitefield, para citar alguns.

Letham, seguindo Moore, também errou ao deduzir uma clara dicotomia entre os universalistas hipotéticos ingleses e samurianos com os reformadores originais. Conforme Ponter observou, "Richard Muller refutou essa afirmação. Além disso, nenhuma dicotomia rígida existe entre a escola saumuriana e os universalistas hipotéticos ingleses. Essas tentativas de dicotomias, mais frequentes do que não, residem nas descaracterizações da doutrina de Amyraut dos decretos (Turretini, Smeaton, Warfield etc.)".[980]

Ponter argumentou, contra Warfield, e como Muller demonstrou,

> os documentos da Confissão de Fé de Westminster não foram escritos para excluir a teologia dos universalistas hipotéticos ingleses. A sugestão que aproximadamente um terço dos representantes da assembleia assinaria um documento que repudiava um elemento central da teologia deles é insensata. Isso, juntamente com o fato que muitos universalistas hipotéticos ingleses continuaram a subscrever os documentos da CFW nas décadas procedentes, torna as afirmações de Warfield altamente inadmissíveis.[981]

Letham, entretanto, ressaltou que é historicamente impreciso atribuir a designação "amiraldianos" aos calvinistas moderados na Assembleia de Westminster:

> Amyraut defendeu que Deus, prevendo a queda, enviou seu Filho para expiar os pecados de todas as pessoas. O Pai prevendo também que nem todos aceitariam o evangelho, elegeu alguns para salvação. Calamy e os universalistas hipotéticos ingleses defenderam uma expiação eficaz para os eleitos e condicional para os não eleitos conforme um decreto de eleição com o restante ignorado. Em relação a essas razões teológicas, é um erro descrever esses homens da assembleia como amiraldianos, como Fesko o faz; também é historicamente errôneo, pois essa linha de pensamento estava presente na Inglaterra muito antes que Amyraut escrevesse sobre o tema.[982]

---

[980] Ponter, "Robert Letham on the English Hypothetical Universalists".
[981] Ibid.
[982] Letham, *The Westminster Assembly*, 178. Veja também J. Fesko, "The Westminster Confession and Lapsarianism: Calvin and the Divines," em *The Westminster Confession into the 21st Century: Essays in Remembrance of the 350th Anniversary of the Westminster Assembly*, 3 v., ed. J. L. Duncan III (Fearn, Scotland: Mentor, 2004), 2:477–525.

A. Craig Troxel demonstrou confusão a respeito do universalismo hipotético na Assembleia de Westminster quando sugeriu que "formas de pelagianismo e arminianismo ... são incluídas, em geral, sob o título de 'universalismo hipotético'".[983] Troxel não citou Amyraut em nenhuma fonte primária. Ele também erroneamente identificou Millard Erickson como um universalista hipotético amiraldiano.[984]

No período da Assembleia de Westminster, Fesko notou que Gisbert Voetius propôs uma taxonomia básica de quatro conceitos sobre a extensão da expiação:

1. Satisfação universal para cada pessoa (os remonstrantes).
2. Aqueles que afirmam a suficiência universal da satisfação de Cristo e argumentam que ela é aplicada em algum sentido a todos, mas apenas eficazmente aos eleitos. (Isso é enganoso, porque falha em distinguir qual tipo de suficiência, intrínseca ou extrínseca, se pretende).
3. Aqueles que admitem a suficiência universal da satisfação de Cristo, mas negam sua aplicação a todos (os escolásticos, como Lombardo, Aquino, bem como Calvino e outros; a mesma ambiguidade como no item 2).
4. Aqueles que defendem que Cristo morreu somente pelos eleitos.[985]

Fesko classificou esses conceitos respectivamente como universalismo, universalismo hipotético, a posição clássica suficiente/eficiente e o particularismo estrito.[986]

Contudo, há problemas com a taxonomia de Voetius. Com respeito à real extensão da expiação, considerada em distinção do intento de Deus para aplicar, os primeiros três conceitos estavam de acordo. Cristo satisfez pelos pecados de todas as pessoas. Os universalistas hipotéticos afirmaram o acordo deles com os remonstrantes sobre o tema simples da extensão da expiação. Como vimos, o princípio de Lombardo da suficiência/eficiência originalmente declarava que Cristo morreu pelos pecados de todas as pessoas, mas aplicou eficazmente apenas aos eleitos. Todos os universalistas hipotéticos concordaram com isso. De fato, conforme demonstramos, foram os defensores da expiação limitada que conscientemente qualificaram e modificaram o princípio original suficiente/eficiente em uma mera suficiência hipotética.

---

[983] A. Troxel, "Amyraut 'At' the Assembly: The *Westminster Confession of Faith* and the Extent of the Atonement," *Presbyterian* 22 (1996): 46.

[984] Ibid., 54-55.

[985] J. V. Fesko, *The Theology of the Westminster Standards: Historical Context & Theological Insights* (Wheaton, IL: Crossway, 2014), 191; citando e traduzindo G. Voetius, "Problematum de Merito Christi, Pars Secunda," em Select arum Disputationum Theologicarum, Pars Secunda (Utrecht: Johannem a Waesberge, 1654),
251– 53.

[986] Fesko, *The Theology of the Westminster Standards*, 189.

Qualquer taxonomia sobre o tema da extensão da expiação precisa cuidadosamente distinguir entre o intento em aplicar e a extensão. Foi sobre o tema do intento que os remonstrantes diferiram dos universalistas hipotéticos e dos particularistas. Mas quando se tratou da real extensão da expiação considerada em e de si mesma, os arminianos, os universalistas hipotéticos ingleses e os amiraldianos estavam de acordo. Cristo satisfez pelos pecados de todas as pessoas. Essa é a distinção primordial na teologia reformada. Somente o quarto conceito de Fesko do particularismo rejeita que Cristo sofreu pelos pecados de todos os homens.

Podemos sumarizar a Assembleia de Westminster com respeito à extensão da expiação, como segue:

1. Muitos na assembleia afirmaram a expiação universal e rejeitaram a expiação limitada.[987] "Cerca de dois terços dos representantes defendiam a expiação limitada; um terço defendia a expiação universal ou uma 'abordagem dupla'".[988]
2. Os padrões de Westminster não foram escritos de um modo a excluir o universalismo hipotético ou amiraldianismo, como Baxter, Muller, Fesko, Gatiss e outros corretamente observaram.[989]
3. Sobre a análise do período inicial e clássico da teologia reformada, incluindo a Assembleia de Westminster, o tema da extensão jamais foi satisfatoriamente resolvido.[990]

---

[987] Moore, *English hypothetical universalism*, 148–52. "Os ortodoxos reformados tiveram que esperar até 1675, antes que uma confissão reformada inequivocamente e sem qualquer meio possível de escape, explicitamente condenasse e excluísse o universalismo hipotético em todas as suas formas: o Consenso da Fórmula Helvética. Mas jamais foi amplamente usado" (152). Veja também Wallace, *Puritans and Predestination*, 133–34.

[988] C. Daniel, *The History and Theology of Calvinism* (Springfield, IL: Good Books, 2003), 51.

[989] R. Baxter, *Certain disputations of right to sacraments and the true nature of visible christianity* (Londres: William Du Gard, 1657), B4ʳ; R. Muller, "John Cameron and Covenant Theology," *Mid-America Journal of Theology* 17 (2006): 36–38; J. V. Fesko, *The Theology of the Westminster Standards* (Wheaton, IL: Crossway, 2014), 202–3; Gatiss, "A Deceptive Clarity?", 194; e L. Gatiss, "'Shades of Opinion within a Generic Calvinism.' The Particular Redemption Debate at the Westminster Assembly," *Reformed Theological Review* 69 (2010): 101–18. Muller escreveu: "A Confissão de Westminster foi de fato escrita com essa diversidade de conceitos, abrangendo confessionalmente os variantes reformados sobre a natureza da limitação da satisfação de Cristo para os eleitos, exatamente como está escrita para incluir os conceitos infra e supralapsarianos sobre a predestinação" (Muller, *Post-reformation reformed dogmatics: The rise and development of reformed orthodoxy, ca. 1520–ca. 1725*, 4 v., 2nd ed. [Grand Rapids, MI: Baker, 2003], 1:76–77).

[990] Thomas, *Extent of the Atonement*, 250. Para mais sobre a Assembleia de Westminster e sua teologia, especialmente a influência de Ussher nos universalistas hipotéticos e naqueles como Calamy, Twisse e outros que adotaram o universalismo hipotético, consulte J. V. Fesko, *The theology of the westminster standards*, esp. 169–206.

Richard Baxter disse a respeito do Capítulo VIII, da Confissão de Westminster: "Eu falei com um teólogo eminente, ainda vivo, que era da assembleia, que me garantiu que eles propositalmente evitaram determinar essa controvérsia e alguns deles professaram o meio-termo da redenção universal".[991]

Para a evidência que muitos em Westminster não afirmaram a expiação limitada (o particularismo), consulte as *Atas das Sessões da Assembleia de Westminster*[992] de Mitchell e Struthers.

Conclusão

John Spurr argumentou convincentemente em defesa da fluidez do calvinismo na teologia puritana durante o século XVII. Foi uma teologia "constantemente definida na controvérsia religiosa, na especulação intelectual e na prática pastoral".[993] Os debates sobre a extensão da expiação no calvinismo, durante esse período, servem como exposição clássica da afirmação de Spurr.

Um número significativo de anglicanos e puritanos na Inglaterra, durante essa época, subscreveu uma forma de expiação universal. De fato, Baxter chegou a estimar que "metade dos teólogos da Inglaterra defendia a expiação universal.[994] Além disso, o universalismo hipotético precedeu a redenção particular, o arminianismo e o amiraldismo. É inexato historicamente rotular Ussher, Davenant e Preston de amiraldianos, pois eles rejeitaram o que posteriormente seria conhecido como o conceito amiraldiano do decreto divino.[995]

Ademais, é uma imprecisão histórica grosseira usar o "universalismo hipotético" como um termo genérico para incluir o pelagianismo e o arminianismo, conforme alguns na tradição reformada têm a tendência de fazer.[996] É útil igualmente tentar fundir o universalismo hipotético e o amiraldianismo em um esforço de construir um "meio-termo" unificado entre o arminianismo e o calvinismo extremo, como Baxter o

---

[991] Baxter, Certain Disputations of Right, B4ʳ.

[992] Mitchell and Struthers, *Minutes*, liv– lxi. Schaff (*Creeds of Christendom*, 1:770) mencionou também o nome de Thomas Gataker em sua análise da Confissão de Westminster. C. Daniel observou a composição teológica diversa dos representantes em Westminster: "Aproximadamente 3/4 dos teólogos eram infralapsarianos, 1/4 supralapsariano. Cerca de 2/3 defendiam a expiação limitada, 1/3 defendia a expiação universal ou uma abordagem "dupla" (*The history and theology of calvinism*, 51).

[993] J. Spurr, English Puritanism: 1603–1689 (Nova York: St. Martin's, 1998), 166–70.

[994] R. Baxter, Certain Disputations of Right, B2ᵛ.

[995] Moore, *English hypothetical universalism*, 217.

[996] Essas imprecisões foram ressaltadas por Moore, *English hypothetical universalism*, 217.

fez.⁹⁹⁷ A evidência demonstra claramente que muito mais estava acontecendo do que uma disputa a céu aberto entre os reformados e os arminianos.⁹⁹⁸

Joseph Truman (1631-1671) esclareceu o ponto de vista daqueles da tradição reformada, próximo ao fim do século XVII, que rejeitaram a expiação limitada e ainda assim afirmaram, contrário ao arminianismo, a intenção de Deus de salvar somente os eleitos. Em relação às duas séries de passagens no Novo Testamento que falam de Cristo morrer por todas as pessoas e aquelas que falam de sua morte por um grupo seleto como a igreja, Truman declarou:

> Embora Deus e Cristo, como se afirma, *igualmente* intentaram essa satisfação, uma propiciação condicionalmente aplicável a todos; no entanto, ele não fez *com igualdade de direitos*, como intencionado totalmente que ela fosse de fato aplicável a todo homem [...] Você não pode dizer que os demônios continuam a ser condenados porque eles rejeitam Cristo, pois se o aceitassem, ainda assim pereceriam; porquanto não houve satisfação feita por eles. E o mesmo não pode ser dito daqueles que perecem, se nenhuma satisfação é feita por eles? ...
>
> Se a eleição e redenção foram da mesma amplitude e restrição, você também poderia dizer aos pecadores: "Arrependam-se porque vocês estão eleitos, pois são conhecidos previamente no sentido da Escritura, pois vocês são concedidos ao Filho pelo Pai, nesse sentido especial; como, arrependam, porque foram redimidos, Cristo morreu por vocês; *foram comprados por um preço, portanto, glorifiquem a Deus com seus corpos e espíritos, que são dele*. Mas o apóstolo não se aventuraria a falar assim: Vocês são eleitos, por isso arrependam-se, glorifiquem a Deus. Como ele falaria o que sabia não ser verdadeiro.
>
> Não direi nada mais a não ser isso aqui: Se há uma forma mais provável de estabelecer um fundamento para religião neste mundo, para encorajar e atrair os corações dos homens para se arrependerem, para lhes dizer que Cristo morreu por eles e que obteve isso do Pai para vocês, que se vocês retornarem, viverão, apesar de todos os seus pecados anteriores; ou, dizer: Arrependam-se, retornem. Visto que qualquer coisa que saibam, Cristo morreu por vocês; visto que qualquer coisa que saibam, ele obteve isso de Deus; que se vocês retornarem, viverão; embora seja dez a um, então como isso é verdadeiro, que se os demônios se arrependessem

---

⁹⁹⁷ Ibid., 219.

⁹⁹⁸ Para a situação com a tradição anglicana reformada durante o final dos séculos XVII e XVIII, consulte S. Hampton, *Anti-Arminians: The anglican reformed tradition from Charles II to George I* (Oxford: Oxford University Press, 2008).

e retornassem, ainda assim pereceriam, porque nenhuma satisfação foi feita por eles; portanto, se vocês se arrependerem e crerem, ainda assim pereceriam, pois nenhuma satisfação foi realizada por vocês.[999]

Próximo ao fim do século XVII, William Lorimer (1640-1722) analisou a controvérsia sobre a extensão da expiação e a denominada abordagem de meio-termo, com a qual ele se identificou. Ele notou que a controvérsia começou com Beza e Piscator e o escrito deles concernente à expiação limitada. Ele corretamente identificou a posição arminiana relativa à extensão como Cristo morreu "igualmente" por todas as pessoas. Ele identificou a posição arminiana e a posição particularista como "extremas" e usa a expressão "meio-termo" para descrever a posição que historicamente precede o arminianismo e a expiação limitada e foi corretamente expressada no princípio de Lombardo.

Lorimer afirmou que todos os reformados concordaram que Cristo morreu eficazmente pelos eleitos apenas. Relevante para os nossos propósitos é sua afirmação que o "meio-termo" não foi apenas tolerado, mas aprovado pelo Sínodo de Dort e que muito antes de Dort, o conceito foi defendido pelos primeiros reformadores na Inglaterra e no continente, incluindo Calvino.[1000]

A erudição reformada agora reconhece que a Confissão de Westminster não determinou a expiação limitada para excluir a expiação ilimitada. Os padrões claramente permitem espaço para o universalismo hipotético. Fesko argumentou:

> Confirmação que os padrões admitem o universalismo hipotético como uma opção é evidente quando comparamos a confissão com a *Fórmula Consensual* de Turretini (1675), que foi escrita especificamente para refutar Amyraut, embora não necessariamente o conceito de Davenant, Ussher ou Twisse. Turretini provavelmente considerou esses três no âmbito da ortodoxia, porquanto Davenant e outros universalistas hipotéticos foram signatários de Dort, enquanto os conceitos de Amyraut surgiram cerca de quinze anos depois. A Fórmula Consensual declara:
>
> > Não podemos aprovar a doutrina contrária destes que afirmam que de sua própria intenção e de seu próprio conselho e do Pai que o enviou, Cristo morreu por todos e cada um sob a condição impossível, desde que cressem; que ele obteve para todos uma salvação que, entretanto,

---

[999] J. Truman, *The great propitiation; or, Christ's satisfaction; and man's justification by it upon his faith; that is, belief of, and obedience to the gospel* [A magnífica propiciação ou a satisfação de Cristo e a justificação do homem por sua fé, isto é, a fé e obediência ao evangelho] (Londres: A. Maxwell, 1672), 216–20.

[1000] W. Lorimer, *An apology for the ministers who subscribed only unto the stating of the truths and errours in Mr. William's Book* (Londres: impresso por John Lawrence, at the Angel in the Poultry, 1694), 191–92.

não é aplicada a todos e por meio de sua morte mereceu salvação e fé para ninguém individualmente e certamente (*proprie et actu* = literal e realmente), mas apenas removeu o obstáculo da justiça divina e adquiriu para o Pai a liberdade de estabelecer um novo pacto de graça com todos os homens. Nada dessa natureza aparece nos Padrões de Westminster. E mesmo a fórmula caracteriza o conceito de Amyraut como "contrário à simples Escrituras e à glória de Cristo" (§ 16), mas não uma heresia.[1001]

A primeira confissão reformada a afirmar uma *expiação limitada* é provavelmente a *Fórmula Consensual* de Turretini (1675). Conforme observado anteriormente, ela evidentemente e sem equívoco defende a expiação limitada à exclusão da expiação ilimitada.

Herman Bavinck analisou a situação na Inglaterra com respeito ao debate sobre a extensão da expiação no século XVII:

> Na Inglaterra, em contraste com a escola rigorosamente reformada de Twisse, Rutherford, Gillespie, [Thomas] Goodwin e outros havia um grupo moderado representado por Davenant, Calamy, Arrowsmith, Seaman e outros e especialmente por Richard Baxter. O conceito deles estava completamente de acordo com o dos teólogos franceses Cameron, Testard, Amyraut e outros. Havia um decreto antecedente pelo qual Cristo havia condicionalmente satisfeito por todos, sob a condição de fé, e outro decreto particular subsequente pelo qual ele havia feito uma satisfação pelos eleitos, que ele também, no tempo, lhes concederia fé e infalibilidade que os levariam à salvação.[1002]

Depois do retorno da monarquia sob Charles II (1660), muitos novos bispos foram nomeados na Igreja da Inglaterra e poucos desses eram calvinistas. Em 1662, como resultado do Ato de Uniformidade, dois mil ministros, a maioria calvinistas, renunciaram em vez de se conformarem com as novas leis da Igreja da Inglaterra. A partir desse período em diante o calvinismo jamais sustentou a posição que ele tinha uma vez desfrutado na Igreja Anglicana. Embora alguns calvinistas mantivessem uma adesão à expiação limitada, outros certamente foram mais moderados no que concerne à extensão da expiação, afirmando um *intento* limitado para aplicar a expiação somente aos eleitos, mas simultaneamente afirmando uma *extensão* ilimitada da expiação.

[1001] Fesko, *The Theology of the Westminster Standards*, 201.
[1002] H. Bavinck, *Sin and Salvation in Christ*, v. 3 of *Reformed Dogmatics* (Grand Rapids, MI: Baker, 2006), 461.

4

A EXTENSÃO DA EXPIAÇÃO NO PERÍODO MODERNO

O Século XVIII

O século XVIII testemunhou o nascimento do movimento missionário moderno com William Carey; grandes reavivamentos na Inglaterra e América com a pregação de Wesley, Whitefield e Edwards e a influência religiosa intercambiada entre Inglaterra e América. Durante esse século, os debates sobre a extensão da expiação continuaram entre os reformados e os não reformados, bem como entre os próprios reformados.

A Controvérsia Marrow[1003 e 1004]

Uma controvérsia primordial no século XVIII relativa à extensão da expiação, embora não limitada a esse assunto, foi a Controvérsia Marrow na Escócia e Inglaterra. O livro

---

[1003] E. Fisher, *The marrow of modern divinity*, ed. C. G. M'Crie (Glasgow: David Bryce & Son, 1902). Uma edição acessível é E. Fisher, *The marrow of modern divinity* com notas por Thomas Boston (Fearn, Scotland: Christian Focus, 2009). Veja também Robertson, *History of the atonement controversy*; D. C. Lachman, *The marrow controversy: An historical and theological analysis* (Edimburgo: Rutherford, 1988); D. Wright and N. M. De S. Cameron, *Dictionary of scottish church history and theology* (Edimburgo: InterVarsity, 1993). A mais recente e provavelmente a melhor análise da história e teologia da controvérsia é W. Van Doodewaard, *The marrow controversy and seceder tradition* (Grand Rapids, MI: Reformation Heritage, 2011).

[1004] A Controvérsia Marrow foi um debate na Igreja Presbiteriana da Escócia provocado pela republicação da obra de Thomas Fisher: *The marrow of modern divinity* [O Cerne da Teologia Moderna], que ressaltava a graça de Cristo e era uma contraposição ao legalismo predominante na igreja escocesa no final do século XVII, que ensinava o dever de libertar dos pecados primeiramente para depois receber Cristo. Além do tema da expiação, fazia parte da controvérsia a discussão sobre a livre oferta do evangelho, a função da lei na vida cristã e a segurança da fé. [N. do E.]

de Fisher, *The marrow of modern divinity* [O Cerne da Teologia Moderna] se tornou muito popular depois de sua publicação, em 1646, passando por diversas edições. Thomas Boston o descobriu e o publicou em 1718.[1005] Ela declarava:

> Portanto, como Paulo e Silas disseram ao carcereiro, eu digo a você, creia no Senhor Jesus e será salvo, isto é, se convença em seu coração que Jesus Cristo é seu e que você terá vida e salvação por meio dele; que tudo que Cristo fez pela redenção da humanidade, ele o fez por você.[1006]

> Vá pregar o evangelho a toda criatura, isto é, vá e diga a todo homem, sem exceção, que aqui há *boas-novas* para ele; Cristo *morreu por ele e se o receber e crer na sua justiça, o terá*.[1007]

O surgimento da controvérsia na Escócia suscitou dissensão e em seguida uma oposição crescente, liderada pelo reitor Hadow de St. Andrews. O Supremo Concílio da Igreja nomeou uma comissão para a "Pureza de Doutrina", dividida em duas partes; uma se reunia em Edimburgo e outra em St. Andrews. Em Edimburgo, quatro homens foram examinados, incluindo Hog, que havia escrito o prefácio para a obra republicada *The Marrow* [A Medula] em 1718 e Hamilton de Airth. Hamilton afirmou dois tipos de suficiência com respeito à morte de Cristo: "uma suficiência absoluta e intrínseca" baseada na deidade de Cristo e uma "suficiência federal e legal" baseada na plenitude da satisfação de Cristo da lei e sua morte e vista nas passagens da Escritura afirmando que Jesus se entregou como um resgate por todos, provou a morte por todo homem e se tornou uma propiciação pelos pecados do mundo todo.[1008]

A publicação de livretos e os frequentes debates presbiterais e sinodais prolongaram o assunto. No Supremo Concilio de 1720, o livro *The Marrow* foi condenado e os pregadores proibidos de recomendá-lo nas pregações, escritos ou impressos. Mas esse ato de condená-lo não foi bem-aceito por muitos. Hog, Ebenezer e Ralph Erskine, Bathgate e Wardlaw redigiram uma proposta a ser apresentada ao Supremo Concílio. Alguns não estavam satisfeitos e Thomas Boston redigiu outra versão, que, depois de mais edições, foi submetida à comissão do Supremo Concílio.[1009] Isso definitivamente foi inútil e outra comissão foi nomeada pelo Supremo Concílio para redigir uma jus-

---

[1005] Quanto à concordância de Boston com a teologia dos adeptos da Medula, veja abaixo sob o título de Thomas Boston.

[1006] E. Fisher, *Marrow of modern divinity*, 112.

[1007] Ibid.

[1008] Robertson, *History of the atonement controversy*, 16.

[1009] Ibid., 20-21.

tificação para o ato de censura da reunião do Supremo Concílio. O resultado foi que o Supremo Concílio de 1722 publicou um segundo ato, que explicou e confirmou o ato de 1720 com uma recusa de revogá-lo.[1010] Os denominados adeptos da Medula começaram a sofrer "grave perseguição".[1011]

Nos dez anos seguintes, a situação continuou a piorar. Uma petição contendo quase duas mil assinaturas para anular o Ato de 1720 foi apresentada ao Supremo Concílio em 1732, apenas um ano antes que ocorresse a famosa separação na igreja escocesa. Ela foi recusada pelo supremo concílio, sem qualquer audiência.[1012]

A controvérsia da Medula foi a principal causa da separação da Igreja da Escócia em 1733. Em 1742, os separatistas emitiram o "Ato Concernente à Doutrina da Graça" em que "a dita doutrina ... é declarada e defendida dos erros propagados e publicados em alguns Atos das Assembleias dessa Igreja".[1013] Neste documento os autores falaram, de *The Marrow Of Modern Divinity* [O Cerne da Teologia Moderna], da "Obra da Graça ou Doação" que Deus fez para toda a humanidade e garante a oferta universal do evangelho:

> Ora, essa obra de graça ou doação feita a toda humanidade, na palavra, é o verdadeiro fundamento de nossa fé e a razão e garantia da oferta ministerial, sem a qual nenhum ministro poderia ter autoridade para pregar o evangelho a toda criatura ou fazer uma oferta plena, livre e acessível de Cristo, sua graça, justiça, salvação para toda s humanidade, a quem eles têm acesso na providência ... Essa obra de graça ou doação de Cristo ao mundo para os pecadores da humanidade, como tais, é expressamente anunciada em diversos textos da Escritura.[1014]

Ao mesmo tempo, o documento afirmava, em bom estilo reformado, que Cristo morreu eficazmente apenas pelos eleitos e que a doutrina arminiana de uma expiação feita com igual intento de aplicar a todas as pessoas é errônea.[1015]

Preservando esses sentimentos, os Pais da Separação, estavam acostumados, juntamente com outros teólogos ortodoxos, a restringir a Cristo

---

[1010] Ibid., 38. Deve ser notado que temas diferentes da extensão da expiação, como a natureza da fé etc, eram parte desse debate.

[1011] Ibid., 41.

[1012] Ibid., 42.

[1013] Ibid., 46-47.

[1014] Ibid., 52.

[1015] Ibid., 48-49.

os termos: substituto, representante e fiador como realizações para os eleitos; e, portanto, não hesitaram em afirmar que ele representou e sofreu por eles apenas. Mas embora recusassem a admitir que Cristo morreu por todos, que foi destinado para todos de modo idêntico; no entanto, obstinadamente defenderam a doutrina que Cristo "foi morto por todos" e morto por todos de maneira igual, isto é, conforme explicaram, morto para que todos venham a Cristo e que sua graça, justiça e salvação sejam acessíveis a todos e não somente isso, mas de fato disponíveis para aceitação de todos por meio da obra de graça, a qual é concedida para todos; um direito igual, pleno, legal de apropriarem-se de Cristo e todos os seus benefícios.[1016]

Robertson comentou sobre o significado da "Obra de Graça":

> Dessas sínteses, parece que os adeptos da Medula não compreenderam a obra de graça como uma oferta simples do evangelho, mas a consideraram como o fundamento sobre o qual a oferta é feita; a última pressupondo a primeira. Portanto, o ministro do evangelho deve oferecer a salvação a todos, não meramente porque ele é ordenado por Deus a fazê-lo, mas porque ele pode apontar para a obra de graça do Pai, o que constitui o fundamento sobre o qual a oferta se apoia.[1017]

Em um sermão sobre Hebreus 11.7, Ebenezer Erskine falou da natureza humana de Cristo e como toda humanidade está relacionada a ele: "É impossível conceber como toda humanidade, especialmente os ouvintes do evangelho, não devem ter um interesse em sua morte. Quero dizer que os permita a dizer com fé: "Ele me amou e se entregou por mim".[1018]

O que é importante notar aqui é que esses calvinistas afirmaram a redenção particular com respeito aos eleitos e talvez uma expiação ilimitada para todas as pessoas ou pelo menos uma expiação que removeu "todas as barreiras legais que existiam no caminho do pecador".[1019] Esse escopo "ilimitado" da expiação é uma expressão do amor de Deus para toda a humanidade. Os adeptos da Medula se referiam a esse amor como o "amor doador de Deus" e eles recorreram a versículos como João 3.16 para afirmá-lo.

[1016] Ibid., 57.
[1017] Ibid., 154.
[1018] Ibid., 65-66.
[1019] Ibid., 49.

Em 1828, William Pringle pregou dois sermões sobre o texto "Está Consumado" (Jo 19.30), nos quais afirmou que Cristo morreu por todos os homens e isso foi o fundamento para a oferta universal do evangelho. Forrester, que estava auxiliando Pringle com a ceia do Senhor durante o sermão, reclamou junto ao Presbitério de Perth. Robertson mencionou:

> Da evidência demonstrada, pareceu que o sr. Pringle não negou que, em conexão com o decreto de eleição, Cristo morreu pelos eleitos apenas, mas que em adição a isso, ele defendeu que o Filho morreu por todos no sentido de que sua expiação é suficiente para todos; essa suficiência universal constitui a base sobre a qual os convites do evangelho procederam.[1020]

O sínodo tratou do assunto em 1830 e considerou que a acusação era infundada, pois Pringle não ensinou nada inconsistente com os padrões doutrinários da igreja. O que aconteceu em seguida é muito interessante. O sínodo nomeou uma comissão para discutir como o tema da extensão da expiação deveria ser tratado pelos ministros. Pregadores foram ordenados

> a tomarem cuidado para não introduzir discussões em suas ministrações ou empregar linguagem que poderia se opor à doutrina da redenção particular ou à doutrina que Cristo ao fazer expiação pelo pecado substituiu apenas os eleitos, e que poderiam confundir as mentes das pessoas a esse respeito ou dar ocasião para que os membros de outras igrejas suspeitassem da pureza de nossa fé ... e o sínodo recomenda da mesma forma a evitar essa linguagem que pareça se opor à doutrina, "que Cristo ao fazer a expiação pelo pecado substituiu apenas os eleitos".[1021]

A ordem prosseguiu:

> O chamado do evangelho, conforme proclamado por Deus aos pecadores da humanidade, é fundamentado no mérito todo suficiente da morte de Cristo para a salvação de homens culpados, sem exceção; no dom de Deus de seu Filho para que todo aquele que nele crer não pereça, mas tenha a vida eterna e no seu mandamento a todos para que creiam no nome de seu Filho que ele enviou.[1022]

[1020] Ibid., 154.
[1021] Ibid., 156-57.
[1022] Ibid., 157.

A controvérsia da Medula demonstrou que alguns calvinistas na Escócia afirmaram uma forma de expiação ilimitada juntamente com a adesão à redenção particular em termos do intento de Deus de salvar apenas os eleitos.

Thomas Boston (1676—1732)

Thomas Boston republicou a obra de Fisher, *The marrow of modern divinity* [O Cerne da Teologia Moderna], em 1778, na Escócia, conduzindo à controvérsia da Medula. Ele próprio, provavelmente, aderiu à expiação ilimitada:

> Mas que Deus concedeu vida eterna a certo grupo seleto de homens jamais pode, com razão, ser considerado uma garantia para *todos* os homens crerem. Além disso, o grande pecado de incredulidade reside *não em crer* nesse *relato*, mas não reside em não crer que Deus concede vida eterna aos crentes de fato, ou aos *eleitos*; pois os incrédulos mais desesperados creem de tal modo que a fé que eles têm amplia o tormento deles; mas ele reside na incredulidade deles, que para os pecadores da humanidade e para si mesmos em particular, Deus concede vida eterna. Isso é o insulto ao evangelho de Deus, que é a obra proclamada do *dom* e *doação* de Cristo e todos os seus benefícios aos pecadores da humanidade, declarando a doação a ser *feita* a eles e chamando-os a *tomar* posse da mesma como deles *próprios*.[1023]

Em um de seus sermões, Boston afirmou o seguinte:

> Cristo é dado aos pecadores da humanidade indefinidamente. Não é para os eleitos apenas, mas aos pecadores indefinidamente, eleitos ou não eleitos; pecadores da raça de Adão, sem exceção, não importa o que foram, o que eles são, as qualificações que tenham e não importa o que queiram.

1. Esse dom e doação são concedidos nos mesmos termos amplos, sem qualquer restrição a algum grupo particular de homens.
2. Cristo é dado aos pecadores da humanidade como o maná foi dado aos israelitas. Ora, o maná foi dado indefinidamente; para aqueles que o odiaram, bem como àqueles que o amaram.

[1023] T. Boston, *A view of the covenant of grace from the sacred records* (Edimburgo: J. Gray, 1775), 261–62 (ênfase no original).

3. Há indefinidamente para os pecadores da humanidade um dom dos benefícios de sua compra, o qual, entretanto, jamais é concedido, exceto em e por meio dele mesmo.
4. Por fim, se Cristo não fosse concedido aos pecadores da humanidade indefinidamente, mesmo que houvesse alguns do mundo que não teriam parte no dom do Filho, então os ministros do evangelho não poderiam oferecê-lo a todos, nem todos poderiam recebê-lo.

Contemple, admire, creia que o grande amor de Deus por um mundo perdido é prover um salvador; e um salvador para eles que é até mesmo o seu próprio Filho! A Escritura fala disso em uma melodia sublime. João 3.16: "Deus amou o mundo de tal maneira que ele deu o seu único Filho" etc. Havia em Deus um amor pelo homem, Tito 3.4: "Mas, quando apareceu a benignidade e o amor de Deus, nosso Salvador, para com os homens", – um amor desse tipo pela humanidade. Ele apareceu em dois exemplos eminentes: primeiro, ao garantir por um decreto irreversível a salvação de alguns deles; segundo, ao prover um salvador para todos os tipos, constituindo seu próprio Filho, salvador para a família perdida de Adão indefinidamente. Creia nisso com aplicação para vocês mesmos. Se depois disso uma murmuração secreta começar a nascer em seu coração, como: *"Mas isso não era para mim"*. Acabe com isso logo, pois essa murmuração é uma semente do inferno. Se você não é um tipo de demônio, mas da humanidade pecadora, isso *era* para você. O Pai concedeu Cristo, um salvador para você, que se crer nele, não perecerá; ele enviou seu Filho do céu com instruções completas e amplos poderes para salvar você, se crer.[1024]

Essas declarações parecem indicar que Boston provavelmente foi moderado sobre a expiação, embora em outros contextos tenha se mostrado mais rigoroso em seu conceito da extensão.

Daniel Whitby (1638—1726)

Whitby foi um clérigo arminiano na Igreja da Inglaterra. Em 1710 ele escreveu seu *Discourse on The Five Points*[1025] [Discurso sobre os Cinco Pontos] contra o calvinismo,

---

[1024] T. Boston, "Christ, the Son of God, Gifted to Sinners," em *The whole works of the late reverend Thomas Boston of Ettrick*, 12 vols., ed. S. McMillan (Aberdeen: George and Robert King, 1851), 10:196–97. Também citado em J. Morison, *The extent of the atonement; or, the question, for whom did Christ Die? Answered* (Kilmarnock: J. Davie; Londres: Thomas Ward & Co., 1842), 83–85.

[1025] D. Whitby, *A discourse concerning i. the true import of the words and the things signified by them in the Holy Scripture. II. The Extent of Christ's Redemption. III. The Grace of God; where it is enquired, whether it be vouchsafed sufficiently to those who improve it not, and irresistibly to those who do improve it; and whether men be wholly passive in the work of their regeneration. IV. The liberty of the will in a state of trial and probation. V.*

o que eventualmente despertou reações do batista particular inglês John Gill com a obra em 1735: *The Cause of God and Truth* [A Causa de Deus e a Verdade] e do congregacionalista americano Jonathan Edwards em 1754 com o livro *Freedom of Will* [Liberdade da Vontade]. O tratamento de Whitby da extensão da expiação está no Discurso II e cobre oito páginas.[1026]

Whitby rejeitou como "absurda" a noção que Cristo morreu suficientemente por todos, mas intencionalmente apenas pelos eleitos, abandonando todos os não eleitos "sob uma impossibilidade de perdão e salvação".[1027] Sendo esse o caso, não pode ser o dever de alguém além dos eleitos crer em Cristo. Ele também rejeitou o conceito calvinista moderado do intento da expiação (embora concordasse com eles sobre a extensão real da expiação), bem como um universalismo tal que todos por quem Cristo morreu serão salvos.

Whitby afirmou que Cristo morreu *igualmente* por todos com o intento de salvar todos que cumprissem a condição de fé.[1028] O novo pacto é igualmente estabelecido "a todos que cumprem as condições dele". Ele notou que "não há uma palavra" na Escritura declarando que Cristo morreu somente pelos eleitos.[1029]

Whitby respondeu a uma quantidade de objeções levantadas pelos particularistas, incluindo o uso da palavra "muitos" em contextos relacionados à extensão. Não se pode afirmar que Cristo morreu por "muitos", exclusivo de "todos", mais do que se pode afirmar que Daniel declarou uma ressurreição limitada quando disse que "muitos dos que dormem no pó da terra ressuscitarão" (Dn 12.2). A declaração de Daniel não contradiz a afirmação do Novo Testamento que "todas" as pessoas ressuscitarão dos mortos.[1030]

The perseverance and defectibility of the saints, with some reflections on the state of heathens, the providence and prescience of God, [Um Discurso concernente I. ao verdadeiro significado das palavras e dos fatos expressos por elas na Sagrada Escritura. II. A extensão da redenção de Cristo. III. A graça de Deus em que se indaga se é suficiente para aqueles que não a cultivam e se é irresistível para aqueles que a cultivam; e se os homens são totalmente passivos na obra da regeneração. IV. A liberdade da vontade no estado de sofrimento e provação. V. a perseverança e imperfeições dos santos com algumas reflexões sobre o estado dos pagãos, a providência e a presciência de Deus] 3rd ed. (1710; reimp. Londres: F. C. & J. Rivington, 1816). Para informação biográfica, consulte D. Wallace, "Whitby, Daniel," em *Dictionary of major biblical interpreters*, 2nd ed., ed. D. K. McKim (Downers Grove, IL: InterVarsity, 2007), 1048–52; and A. Gordon, "Whitby, Daniel," em *Dictionary of national biography*, 61:28–30.

[1026] Whitby, *A Discourse*, 106–86.
[1027] Ibid., 106-7.
[1028] Ibid., 108.
[1029] Ibid., 113.
[1030] Ibid., 115.

O clérigo analisou passagens-chave como 1 Timóteo 2.4-6; Tito 2.11, 2; Hebreus 2.9 e 2 Pedro 3.9 como declarações sobre a expiação ilimitada.[1031] Também cobriu todas as passagens que tratam do "mundo" em contextos relacionados à extensão, concluindo que "mundo" não pode ser restringido ao sentido de "os eleitos".[1032] Ele então recorreu às passagens que indicam haver Cristo morrido pelos pecados daqueles que definitivamente perecem eternamente.[1033]

A necessidade de todas as pessoas crerem em Cristo forneceu a Whitby outro argumento em defesa da expiação ilimitada.[1034] Ele respondeu as objeções feitas à Escritura levantadas pelos particularistas sobre a expiação ilimitada,[1035] seguida por sua exposição de argumentos da razão a favor e contra dela.[1036]

Experience Mayhew (1673–1758)

Experience Mayhew foi um missionário calvinista para os índios wampanoag em Martha's Vineyard, Massachusetts.[1037] Ele recebeu um título honorífico de Harvard aos 25 anos. Sua obra *Indian Converts* [Conversões Indígenas] de 1727 é um relato histórico relevante que traça quatro gerações de índios wampanoags em Martha's Vineyard, na América colonial.

No sermão final de Mayhew, intitulado *Graça Defendida* (1744), ele escreveu:

> Ora, o que aqui pretendo dizer é que a humanidade desde a queda em um estado de pecado e de morte fez tanto por ela para sua restauração desse estado miserável para um estado redimível. Pois do contrário, não haveria rspaço para uma oferta de dalvação a ser feita a ela. Além disso, a humanidade, desde a apostasia, pode ser concebida em uma condição redimível em dois aspectos ou por duas razões. (1) Com respeito à suficiência de Deus de encontrar e prover uma maneira para a sua salvação, não importa as dificuldades aparentes. Com respeito à denunciada ameaça contra pecadores e de sua própria verdade e justiça, que pareceram prevalecer contra ela; ainda assim, não obstante, eu digo, a sabedoria, bondade e poder de Deus foram de uma tal monta, que

---

[1031] Ibid., 118-23.
[1032] Ibid., 124-32.
[1033] Ibid., 132-36.
[1034] Ibid., 136-42.
[1035] Ibid., 142-47.
[1036] Ibid., 148-86.
[1037] Para informação sobre Mayhew e seu calvinismo, consulte L. A. Leibman, ed., *Experience Mayhew's Indian Converts: A Cultural Edition* (Amherst, MA: University of Massachusetts Press, 2008), 10–16.

foi, a esse respeito, possível para ele encontrar e prover uma maneira na qual esses pecadores, como a humanidade, poderiam ser eternamente salvos. Mas isso não é o que pretendo dizer primordialmente. Portanto, (2) pode-se afirmar que a humanidade está em um estado redimível com respeito ao preço já pago...

É com respeito a esse preço de redenção que afirmo aqui que a humanidade está em um estado redimível. Ela está assim agora com respeito a um preço já pago por ela para sua felicidade eterna. E isso suponho ser uma verdade com respeito a toda humanidade, sem exceção; de modo que embora haja muitos que jamais serão salvos, entretanto, a razão disso não é porque não há um preço suficiente pago pela redenção, nem porque ele não seja uma solução aplicável a eles, de acordo com o teor do novo pacto, mas por outras razões a serem mencionadas a seguir.[1038]

Mayhew então declarou que essa verdade é

claramente revelada na Palavra de Deus e que a razão porque não é tão geralmente crida não é devido não ser suficientemente declarada na Escritura, mas porque muitos, sem fundamentos suficientes, supõem que uma convicção disso não pode ser conciliada com alguns outros artigos de fé, que eles consideram clara e perfeitamente revelados.[1039]

Nesse ponto, Mayhew recorreu a Romanos 5.12-19; João 3.16; 1 João 2.2; Hebreus 2.9; 1 Timóteo 2.6; 2 Coríntio 5.14, 15 e 1 Timóteo 4.10 como apoio bíblico de que a expiação é universal.

Mayhew continuou:

[1038] E. Mayhew, *grace defended: in a modest plea for an important truth: namely, that the offer of salvation made to sinners in the gospel, comprises in it an offer of the grace given in regeneration; and shewing the consistency of this truth with the free and sovereign grace of God, in the whole work of man's salvation; in which the doctrine of original sin and humane impotence, the object and extent of redemption, the nature of regeneration, the difference between common and special grace, the nature of justifying faith, and other important points, are considered and cleared* (Boston: B. Green and Company, 1744), 40–41. [*Graça Defendida*. Em uma modesta defesa de uma verdade importante, a saber, que a oferta de salvação feita aos pecadores no evangelho inclui uma oferta de graça concedida na regeneração e demonstra a consistência dessa verdade com a livre e soberana graça de Deus na obra completa da salvação do homem; na qual a doutrina do pecado original e da impotência humana, o objeto e extensão da redenção, a natureza da regeneração, a diferença entre graça comum e especial, a natureza da fé justificadora e outros aspectos importantes são considerados e esclarecidos].

[1039] Ibid., 42.

Penso que é muito evidente que o sentido mais óbvio desses textos da Escritura é que Jesus Cristo morreu por todos os homens, sem exceção. Nem que temos permissão de reduzir o valor desse sentido sem alguma necessidade urgente que nos compila a isso, o que suponho jamais pode ser demonstrado; mas em vez disso, lhe demonstrarei a necessidade de compreendê-los na plena amplitude em que eles são expressos. Portanto, eu não me surpreendo que há grandes e muitos teólogos eminentes na nação inglesa que estão longe de serem arminianos, que clara e integralmente afirmaram que a morte de Cristo é para todos, conforme eu poderia facilmente demonstrar se dependesse das autoridades humanas, embora eu não dependa.[1040]

Mayhew recorreu a Twisse (*The Riches of God's love to the vessels of mercy* [As riquezas do amor de Deus para os vasos de misericórdia] para explicar o debate sobre a extensão. Twisse perguntou se alguém deveria usar a frase: "Cristo morreu por mim" e Mayhew concluiu afirmativamente:

Sou obrigado a crer que Cristo morreu para a aquisição desses benefícios para mim, de uma maneira que Deus ordenou; a saber, não absolutamente, mas condicionalmente, isto é, caso eu creia e me arrependa. Visto que Deus não ordenou de uma maneira diferente, que eu deveria colher os benefícios do perdão e salvação por causa do mérito da morte e paixão de Cristo, a menos que eu creia nele e me arrependa.[1041]

Mayhew continuou a citar Twisse afirmando que quem ouve o evangelho é obrigado a crer que Cristo morreu por ele. Twisse até mesmo afirmou que Judas poderia ter sido salvo caso ele se arrependesse e cresse.[1042]

Mayhew expressou um pensamento relevante: "Não se supõe, naquilo que aqui se sustenta, que Jesus morreu igualmente ou no mesmo sentido por toda humanidade, eleitos e não eleitos".[1043] Ele baseou essa afirmação no pacto da redenção, pelo qual os membros da trindade designaram eficazmente proporcionar os benefícios da expiação aos eleitos e o pacto da graça, o qual é um pacto com toda humanidade. Mayhew explicou que todos os homens, eleitos e não eleitos, estão no mesmo nível. Nesse pacto, os benefícios da salvação são oferecidos sob a condição de fé em Cristo.

[1040] Ibid., 41.
[1041] Ibid., 42.
[1042] Ibid., 43.
[1043] Ibid.

E visto que há expiação feita para todos os homens, todos os homens são redimíveis se =crerem. É claro, de uma perspectiva reformada, os não eleitos não crerão porque eles não podem crer (eles possuem a habilidade natural para crer, mas não a habilidade moral para crer), exceto se forem eficazmente chamados, o que Deus não desejou que ocorresse. Conforme Mayhew salientou, se alguém não crê "não é porque não há uma solução suficiente provida, mas por outras razões expostas na Palavra de Deus".[1044]

Mayhew prosseguiu indagando como é possível que o evangelho seja pregado a algum pecador por quem Cristo não morreu. E respondeu negativamente, pois não há preço pago por Cristo para esse pecador. "Posso muito seriamente dizer que não conheço bondade que seja demonstrada em uma oferta assim, isto é, uma oferta de salvação feita aos pecadores que não estão em um estado redimível".[1045]

Citando Romanos 3.24-26, Mayhew observou:

> Em quais palavras temos a garantia de que existiria a justiça de Deus para justificar um pecador, embora não houvesse um cristão se Cristo não fosse revelado, como nas palavras expressadas. Não será mais consistente com a justiça de Deus oferecer salvação a um pecador por quem Cristo não morreu, do que realmente salvá-lo sem a morte de Cristo por ele? E a salvação poderia também ter sido oferecida ao mundo inteiro, se Cristo não tivesse morrido de forma alguma por qualquer pecador.[1046]

Portanto, para Mayhew, a extensão universal da expiação foi o fundamento necessário para a oferta livre do evangelho a todos.

Isaac Watts (1674—1748)

Embora seja lembrado mais por sua hinologia do que por sua teologia, Watts foi importante no calvinismo inglês do século XVIII. Seus escritos não deixam dúvida de que ele defendeu a expiação ilimitada.

Falando das muitas passagens universais na Escritura com respeito à expiação, Watts afirmou que essas passagens podem somente ser explicadas por supor que a morte de Cristo proveu "um perdão condicional suficiente e salvação condicional para os não eleitos, embora ela também proveja perdão e salvação absolutos, eficazes e certos para aqueles a quem Deus elegeu".[1047] Ele afirmou:

[1044] Ibid., 45.
[1045] Ibid., 46.
[1046] Ibid., 47.
[1047] I. Watts, "The Ruin and Recovery of Mankind," em *The Works of the Reverend and Learned Isaac Watts, D.D.*, 6 vols. (Londres: Impresso por e para John Barfield, 1810), 6:151.

Observe que quando os remonstrantes afirmam que Cristo morreu por toda humanidade, meramente para comprar salvação condicional para eles e quando, aqueles que professam ser os calvinistas mais estritos, declaram que Cristo morreu apenas e simplesmente para obter perdão e salvação absolutos e eficazes para os eleitos, não é porque a Escritura inteira em todo lugar expresse ou claramente revele, ou declare sentimentos particulares de ambas as facções, excluindo-se a outra. Mas a razão dessas diferentes afirmações de homens é essa: que os escritores sagrados, em diferentes textos, procuraram assuntos diferentes e falaram de pessoas diferentes, às vezes parecendo favorecer cada uma dessas opiniões e as pessoas, confusas para conciliá-los por qualquer meio, correm para extremos diferentes e seguem inteiramente uma dessas linhas de pensamento e negligenciam a outra [...] Nem de fato posso conceber porque os remonstrantes deveriam se sentir apreensivos porque o perdão e a salvação são absolutamente providos para os eleitos, considerando que todo o restante da humanidade, especialmente aqueles que ouvem o evangelho, têm a mesma salvação condicional que eles defendem, sinceramente proposta para que a aceitem. Nem posso enxergar qualquer razão porque os calvinistas mais rigorosos deveriam se sentir contrariados que o mérito todo suficiente de Cristo transbordasse tanto em sua influência para prover a salvação condicional a toda humanidade, visto que os eleitos de Deus têm essa salvação certa e absoluta, que defendem, garantida a eles pelo mesmo mérito; e especialmente dado que o grande e admirável reformador João Calvino, cujo nome estimam usar e por cuja autoridade eles têm excepcional consideração, afirmou muito explicitamente em seus escritos que há um sentido no qual Cristo morreu pelos pecados do mundo inteiro ou de toda humanidade; e às vezes vai muito além de denominar isso de a redenção para todos. Veja seus comentários sobre as seguintes Escrituras.[1048]

Watts então prosseguiu citando Mateus 24.28; Romanos 5.18; 1 Coríntios 8.11, 12; 1 João 2.2; 2 Pedro 2.1 e Judas 4 juntamente com os comentários de Calvino sobre cada texto, demonstrando sua argumentação e concluindo com uma afirmação:

[1048] Ibid., 6:151–54. Essa citação é também mencionada por Edward Griffin, "An Humble Attempt to Reconcile the Differences of Christians Respecting the Extent of the Atonement," em *The Atonement: Discourses and Treatises* (Boston: Congregational Board of Publication, 1859), 251–52.

"Portanto, parece que o próprio Calvino compreendeu que Cristo e sua salvação são oferecidos a todos e que em algum sentido ele morreu por todos".[1049]

Pode-se captar o sentimento da compreensão dualista de Watts da expiação evidenciada em sua descrição de que Cristo morre "absolutamente" pelos pecados dos eleitos, mas "condicionalmente" pelos pecados de toda humanidade:

> Aliás, um cristão pode ter prazer em fixar seu olho e esperança em Cristo como um fiador ou representante de seus eleitos ou daqueles que ele certamente e finalmente salva e, por essa razão, ele sofreu a morte particularmente no lugar deles e lhes garantiu certa libertação e salvação; contudo, ele não pode, portanto, afirmar que Cristo não morreu, em algum sentido, por todos os homens, como um amigo do homem ou sofreu a morte para o bem deles; nem ele pode afirmar que os benefícios de sua morte não alcançam de alguma forma toda a humanidade. Outro, talvez diga, considerando que todos estão mortos, que ele morreu por todos como um mediador comum entre Deus e o homem ou como um benfeitor geral para obter salvação condicional para todos os homens e oferecê-la a eles se estiverem dispostos a vir até ele e recebê-la; mas ele não pode dizer que não era um fiador adequado ou representante de seus eleitos por meio do que ele garantiu certa salvação a eles somente. Pois como já demonstrei em artigos anteriores, que ele, por sua justiça e morte direta e absolutamente, obteve essa salvação para os seus eleitos, como cabeça e representante deles; mas, entretanto, também obteve salvação, com todas as glórias dela, condicionalmente, para o restante da humanidade, sobre qual fundamento essas bênçãos são oferecidas a todos os homens no Evangelho.[1050]

A sentença final indica que Watts acreditava que uma expiação universal é fundamental para a oferta bem-intencionada do evangelho a todas as pessoas.

[1049] Ibid., 6:154.

[1050] I. Watts, *Orthodoxy and charity united: In several reconciling essays on the law and gospel, faith and works* (Londres: T. Longman & T. Shewel, 1745), 254–55. Também em Isaac Watts, "A View of the Manifold Salvation of Man by Jesus Christ, Represented in Order to Reconcile Christians of Different Sentiments," em *Works*, 3:674.

Herman Venema (1697—1787)[1051]
Venema sucedeu Vitringa em 1723 como professor de teologia em Franecker, um posto que ele manteve por mais de cinquenta anos. A sua obra *Institutes of Theology* [Institutas de Teologia] foi publicada postumamente em inglês em 1850. Venema parece ser um universalista hipotético, crendo que Cristo substituiu todas as pessoas em seus pecados e que, se todos arrependessem e cressem no evangelho, seriam salvos.

> A Escritura nos assegura que o amor de Deus para com os homens é universal – que ele "não tem prazer na morte do homem" e "envolverá todos os homens para que sejam salvos e venham ao conhecimento da verdade" – que ele "não deseja que nenhum pereça, mas que todos se arrependam"— Ezequiel 18.32; 1 Timóteo 2.4; 2 Pedro 3.9. Dessas passagens, inferimos que há uma vontade geral ou propósito de Deus, ensinado no evangelho, pelo qual ele conectou a fé e a salvação sem excluir nenhum homem e declarou que é aprazível a ele que todos creiam e vivam. Se isso for negado então conclui-se que ele absolutamente desejou que alguns perecessem e que, de acordo com seu beneplácito, a proposição que "aquele que crer será salvo" não deveria se aplicar a eles. O que acontece nesse caso com o seu amor universal? Como devemos interpretar as passagens nas quais ele declara que não deseja a morte do pecador e quer que todos os homens sejam salvos?[1052]

Essa citação de Venema demonstra sua convicção na vontade redentora de Deus. Ele pode ter sido moderado sobre a expiação, mas apenas essa declaração não indica isso notoriamente.

Philip Doddridge (1702—1751)
Doddridge foi um pastor, professor, autor e prolífico hinista, autor de mais de quatrocentos hinos.[1053] Sua obra mais famosa, *The rise and progress of religion in the soul* [A

[1051] Veja Muller, *Post-reformation reformed dogmatics*, 1:51, 308–9; Johannes Cornelis de Bruïne, Herman Venema: *Een Nederland[d]se theoloog in de tijd der Verlichting* [Um teólogo holandês na era do iluminismo] (Franeker: Wever, 1973), que contém uma bibliografia das obras de Venema p. 174–78; e H. J. M. Nellen and E. Rabbie, eds., *Hugo Grotius, Theologian: Essays in honor of G. H. M. Posthumus Meyjes*, Studies in the History of Christian Thought 55 (Leiden: Brill, 1994), 215.

[1052] Muller, *Post-reformation reformed dogmatics*, 1:306. Veja também H. Venema, *Institutes of Theology*, trad. A. W. Brown (Andover, MA: W. F. Draper Brothers, 1853), 163–64, 252.

[1053] J. Stoughton, *Philip Doddridge: His life and labors* (Londres: Jackson and Walford, 1851).

elevação e progresso da religião na alma] foi dedicado ao amigo Isaac Watts e circulou amplamente. Atribui-se a ele a conversão do abolicionista William Wilberforce.

Seu hino "Graça: este é um cântico maravilhoso" expressa sua adesão à expiação ilimitada no refrão: "Salvo pela graça apenas, isso é toda minha justificativa. Jesus morreu por toda humanidade e Jesus morreu por mim".[1054]

Jonathan Edwards (1703—1758)

Considerado por muitos como o mais eminente teólogo que a América já produziu, Jonathan Edwards foi o mais famoso calvinista da América. Seus escritos hoje continuam a ser influentes, de forma especial entre o novo movimento calvinista no evangelicalismo. É um fato surpreendente para calvinistas e não calvinistas saberem que Edwards afirmou a expiação ilimitada.

Em seus escritos volumosos, raramente Edwards trata diretamente do assunto da extensão da expiação. Entretanto, uma leitura cuidadosa de seus escritos fornece evidência suficiente para confirmar a adesão dele à expiação universal.

Por exemplo, Edwards escreveu nas *Miscellanies* [Miscelâneas] sob o título "Redenção Universal":

> 424. REDENÇÃO UNIVERSAL. Cristo morreu por todos nesse sentido, que todos por sua morte têm uma oportunidade de serem [salvos]; e ele teve esse desígnio ao morrer, que eles teriam essa oportunidade por meio dela. Pois ela foi certamente algo que Deus designou, que todos os homens deveriam ter essa oportunidade ou do contrário não a teriam; e eles a têm mediante a morte de Cristo.[1055]

Semelhantemente, Edwards escreveu:

> Dessas coisas, inevitavelmente se conclui que, pode-se afirmar, em algum sentido, que Cristo *morreu por todos* e para redimir[1056] todos os cristãos

---

[1054] Veja também A. Clifford, "The Christian Mind of Philip Doddridge (1702–1751)," *Evangelical Quarterly* 56.4 (Oct.–Dec. 1984): 227– 42, para evidência adicional dos escritos de Doddridge que ele defendeu a expiação universal.

[1055] J. Edwards, "Miscellanies," em *Works of Jonathan Edwards Online*, 73 v., ed. H. S. Stout (Jonathan Edwards Center, Yale University, 2008), 13:478.

[1056] É fundamental notar o uso universal de Edwards do termo "redimidos", o qual é como o de Calamy anteriormente. Embora alguns calvinistas extremos digam que "Cristo morreu por todos" no sentido de adquirir a graça comum até mesmo para os não eleitos, eles são cuidadosos para *não* afirmar que Cristo "redimiu" alguns dos não eleitos, pois isso envolve pagar o preço do resgate deles.

visíveis, sim, o mundo inteiro por meio de sua morte; contudo, deve haver algo *particular* no desígnio de sua morte, com respeito àqueles que ele pretendia que realmente deveriam ser salvos desse modo.[1057]

Pode-se verificar que Edwards defende uma forma de dualismo no que concerne à extensão da expiação. Pode-se afirmar que Cristo morreu por todos que ele *redimiu* todos, mas há ainda algo particular em sua obra no caso dos eleitos, pois propõe que somente eles obtenham o benefício mediante a fé. A redenção aplicada é *limitada*, mas a redenção *realizada* é ilimitada.

Stephen Holmes se referiu a essa mesma citação de Edwards e declarou que embora este quisesse defender o tema teológico da expiação limitada, ele estava insatisfeito com a expressão. Holmes falou sobre Edwards "sugerir que há genuinamente um componente universal para a expiação", que todas as pessoas teriam a oportunidade de serem salvas.[1058] É evidente que Edwards quer expressar com isso expiação universal do pecado, mas não fica claro se Holmes afirma que isso é a conotação dele ou não.[1059]

Sob o título "Redenção Universal", o teólogo escreveu,

> Em algum sentido, a redenção é universal a toda humanidade; toda humanidade agora tem uma oportunidade de ser salva, de outra forma ao que eles teriam se Cristo não tivesse morrido. Uma porta de misericórdia foi de alguma forma aberta para eles. Esse é um benefício de fato consequente da morte de Cristo, mas os benefícios que são, de fato, consequência dessa morte e são obtidos pela morte, sem dúvida, Cristo pretendeu obter mediante à sua morte. Isso foi algo que ele teve como meta por meio dela ou que é a mesma coisa que ele morreu para obtê-la, como um propósito por ela.[1060]

Da mesma forma, escreveu Edwards que a

[1057] J. Edwards, "On the Freedom of the Will," em *The Works of Jonathan Edwards*, 2 v., ed. E. Hickman (1834; reimp. Edimburgo: Banner of Truth, 1979), 1:88. Isso não é afirmar que Edwards não viu sentido de particularidade no desígnio ou intento da morte de Cristo, mas apenas que ele não viu nenhuma limitação na extensão do sofrimento de Cristo em favor do mundo inteiro.

[1058] S. Holmes, *God of Grace and God of Glory: An account of the theology of Jonathan Edwards* (Grand Rapids, MI: Eerdmans, 2001), 159.

[1059] Ibid., 157-59.

[1060] J. Edwards, "Book of Minutes on the Arminian Controversy," Gazeteer Notebook, em *Works of Jonathan Edwards Online*, 37:10–11.

encarnação de Cristo, seus labores e sofrimentos, sua ressurreição etc., foram para a salvação daqueles que não são eleitos, na linguagem da Escritura, no mesmo sentido que os meios de graça são para a salvação deles; no mesmo sentido que a instrução, conselhos, advertências e convites transmitidos a eles, são para a salvação deles.[1061]

Edwards afirmou no livro sobre a "Vida de David Brainerd", como segue:

> II. Como e em que sentido ele "tira o pecado do mundo", não porque o mundo todo será realmente redimido do pecado por ele, mas porque (1) Ele sofreu o suficiente para responder pelos pecados do mundo e assim redimir toda a humanidade; (2) Ele de fato tira os pecados do mundo eleito.[1062]

> Ele foi capacitado para cumprir e sofrer a plena vontade de Deus e alcançou o propósito total de seus sofrimentos: uma expiação perfeita para os pecados do mundo inteiro e a salvação plena de cada um daqueles que foram dados a ele no pacto da redenção e de todos que se gloriam no nome de Deus, que sua mediação foi designada para cumprir; nem um jota ou til falhou.[1063]

Agora, considere essas declarações adicionais por Edwards:

> Jesus Cristo, o redentor, não terá pena de você. Embora ele tivesse muito amor para com os pecadores tanto a estar disposto a entregar a sua vida por eles e lhe oferecer os benefícios de seu sangue, enquanto você está neste mundo ele sempre o chama para aceitá-lo; no entanto, ele não terá pena de você. Você jamais ouvirá mais instruções dele; ele recusará totalmente ser o seu mestre; pelo contrário, será o seu juiz para pronunciar a sentença contra você.[1064]

Contextualmente, Edwards fala para e sobre aqueles que eventualmente se perderão, daí os não eleitos. Ainda disse que depois que perecerem, Jesus Cristo não

---

[1061] J. Edwards, "'Controversies,' Notebook," em *Works of Jonathan Edwards Online*, 27: Part III.
[1062] J. Edwards, "The Life of David Brainerd," em *The Works of Jonathan Edwards*, 2:374.
[1063] J. Edwards, "Christ's 'Agony,'" em *The Works of Jonathan Edwards*, 2:874.
[1064] J. Edwards, "The End of the Wicked Contemplated by the Righteous" em *The Works of Jonathan Edwards*, 2:211.

mais terá piedade deles. Entretanto, para esse mesmo grupo de "pecadores", o teólogo também afirmou que Jesus os "amava" para "dar a sua vida por eles".

Edwards declarou:

> Quando Cristo estava pendurado e morrendo na cruz, estava fazendo o ato mais maravilhoso de amor que já existiu e a postura que morreu foi muito apropriada para expressar seu livre e grande [amor]. Ele morreu com seus braços estendidos como se estivesse pronto para abraçar todos que viriam até si. Ele foi levantado [na] cruz, acima da terra, com os braços abertos e ali ele fez uma oferta de seu amor ao mundo; ele foi apresentado abertamente, à vista, para o mundo como o seu salvador.[1065]

Edwards afirmou:

> II. Sejamos todos exortados a aceitar a graça do evangelho. Pode-se pensar que não deveria haver necessidade de admoestações como essa, mas infelizmente tal é a terrível perversidade e a ingratidão horrenda do coração do homem, que ele precisa de muita persuasão e súplica para aceitar a bondade de Deus, quando lhe é oferecida. Devemos considerar ingratidão repugnante em uma pobre e necessitada criatura recusar nossa ajuda e bondade quando nós, devido à simples pena, nos prontificamos a socorrê-lo e ajudá-lo. Se você visse um homem em extrema aflição e desesperadamente necessitado de ajuda e socorro, você se disporia com muito esforço e custo devido à compaixão por ele, que teria que ser socorrido. Como você reagiria se ele orgulhosa e maliciosamente a recusasse e desprezasse, em vez de agradecê-lo por ela? Você não consideraria algo assim como grande ingratidão, irracional e indigna? E por que Deus não é mil vezes a causa de vê-lo como indigno e ingrato, se você recusa sua graça gloriosa no evangelho, que ele lhe oferece? Quando Deus viu a humanidade em uma condição muito carente, em aflição a mais grave e extrema, sendo exposta ao fogo do inferno e à morte eterna, dos quais era impossível que jamais se libertasse ou que nunca se libertaria por outros meios, ele teve pena dela e a libertou das garras da destruição por intermédio de seu próprio sangue. Ora, que grave ingratidão é recusar uma graça como essa?

[1065] J. Edwards, "'Miscellanies' no. 304," em *Works of Jonathan Edwards Online*, 13:390.

Mas isso é assim: multidões não aceitarão o dom gratuito das mãos do rei do mundo. Eles têm a ousada e horrível presunção quanto [a] recusar uma bondade oferecida pelo próprio Deus e não aceitam um dom das mãos de Jeová, nem de seu próprio Filho, seu próprio Filho, igual a si mesmo. Sim, eles não o aceitarão, embora ele tenha morrido por eles; sim, embora ele tenha morrido a morte mais atormentadora, embora tenha morrido para que pudessem ser libertados do inferno e para que pudessem ter o céu; eles não aceitarão esse dom, embora estejam necessitados dele, pois eles serão miseráveis para sempre sem ele. Sim, embora Deus o Pai os convide e os importune, eles não aceitarão o dom; embora o Filho de Deus mesmo bata e chame à porta deles até que sua cabeça esteja molhada com o orvalho e seus cabelos com as gotas da noite, argumentando e suplicando para aceitá-lo por causa deles; embora ele faça tantas promessas gloriosas, embora ofereça muitos benefícios preciosos para induzi-los à felicidade, talvez por muitos anos juntos; entretanto, obstinadamente recusam tudo. Alguma vez se ouviu tal ingratidão ou pode uma ingratidão mais grave ser concebida?

O que você queria que Deus fizesse, para que pudesse aceitá-lo? O dom que ele oferece é tão insignificante, que você pensa que ele é muito pouco para que o aceite? Deus não lhe oferece seu Filho, e o que mais Deus poderia oferecer? Sim, podemos dizer que o próprio Deus não tem dom mais excepcional para oferecer. O Filho de Deus não fez o bastante por você, para não o aceitar? Ele não morreu, e o que mais poderia fazer? Sim, podemos dizer que o Filho de Deus não poderia fazer algo mais extraordinário pelo homem. Você recusa porque quer ser convidado e lisonjeado? Você pode ouvi-lo, dia após dia, convidando-o, se apenas escutá-lo. Ou é porque ão precisa da graça de Deus? Você não precisa dela tanto quanto deve recebê-la ou ser condenado por toda eternidade; e é possível haver uma necessidade maior que essa?

Infelizmente, somos criaturas miseráveis, além de não considerarmos o dom de Deus oferecido no evangelho tão magnífico para nós, não somos dignos de nada; somos menos do que a menor de todas as misericórdias de Deus. Em vez de merecermos o moribundo Filho de Deus, não somos dignos da menor migalha, da menor gota de água ou do menor raio de luz; além de Cristo não haver feito o suficiente por nós ao morrer, em um sofrimento e ignomínia tais, não somos dignos de que ele deva olhar tanto para nós, de que ele derrame o seu sangue em nosso lugar. Não somos dignos que Cristo uma vez devesse fazer uma oferta do menor benefício e, além disso, de sua longa insistência conosco para sermos eternamente felizes.

Aquele que continua a recusar Cristo, descobrirá daqui em diante que em vez da necessidade dele, a menor gota do sangue dele seria mais valiosa para eles do que o mundo todo; portanto, que ninguém seja ingrato a Deus e tão insensato a ponto de recusar a graça gloriosa do evangelho.[1066]

Falando do amor de Deus para com os não salvos, Edwards declarou:

> Tão imensa quanto essa ira seja, ela não é mais extraordinária que esse amor de Deus que você desprezou e rejeitou. Deus, na infinita misericórdia aos pecadores perdidos, proveu uma forma para escaparem da miséria futura e obterem a vida eterna. Para esse fim, ele concedeu o seu Filho unigênito, uma pessoa infinitamente gloriosa e honorável em si mesma, sendo igual a Deus e está infinitamente próximo a Deus e é querido por Ele. Esse amor é dez mil vezes maior do que se Deus tivesse dado todos os anjos no céu ou o mundo inteiro para os pecadores. Ele concedeu o Filho para encarnar-se, sofrer a morte, ser feito uma maldição por nós e experimentar a terrível ira de Deus em nosso lugar e assim comprarsse para nós a glória eterna. Essa pessoa gloriosa foi oferecida a você vezes sem conta e ele esteve e bateu na sua porta, até que seus cabelos estivessem com o orvalho da noite. Mas tudo que ele fez não o conquistou. Você não vê forma nem amor nele, nem perfeição para que o queira. Quando ele se ofereceu como seu salvador, você jamais livre e sinceramente o aceitou. Esse amor que você desdenhou é tão imenso quanto a ira da qual você está em perigo. Se o aceitasse, teria experimentado o seu amor em vez de suportar essa ira terrível. De modo que a miséria da qual ouviu não é mais desmedida do que o amor que você desprezou e a felicidade e glória que rejeitou. Quão justo então Deus seria por executar em você essa terrível ira, a qual não é mais notável do que esse amor que você desprezou! Hebreus 2.3: "Como escaparemos nós se não atentarmos para uma tão grande salvação?"[1067]

[1066] J. Edwards, "Sermons and Discourses 1720–1723," em *Works of Jonathan Edwards Online*, 10:397–98.

[1067] J. Edwards, "The Portion of the Wicked", em *The Works of Jonathan Edwards*, 2:887.

Na seguinte declaração, Edwards falou da humanidade inteira como "indivíduos aptos a receberem a misericórdia redentora":

> Deus lida com a humanidade em geral, em seu presente estado, muito diferentemente por ocasião da redenção de Jesus Cristo do que ele de outra forma o faria; pois, sendo indivíduos aptos a receberem a misericórdia redentora, eles têm um dia de paciência e graça e várias bênçãos temporais concedidas a eles; as quais, como o apóstolo expressa (At 14.17), são testemunhos da reconciliação de Deus com os homens, para fazê-los que o busquem.[1068]

Observe a linguagem de Edwards aqui. Ele falou da "reconciliação de Deus com homens pecadores". Isso é mais do que graça comum, dado o contexto no qual ele fala sobre a "a humanidade em geral".

Edwards também afirmou:

> Cristo é o mais importuno pretendente para os pecadores, que ele pode se tornar o soberano deles. O Filho sempre expõe diante deles a necessidade que eles têm dele, a condição miserável na qual estão e a magnífica provisão que é feita para o bem das almas deles e os convida a aceitar essa provisão e promessas, que serão deles sob a simples aceitação. Todas as pessoas da trindade estão agora buscando sua salvação. Deus o Pai enviou o seu Filho, que abriu o caminho para sua salvação e removeu todas as dificuldades, exceto aquelas que estão em seu próprio coração.[1069]

Um dos exemplos mais claros da convicção de Edwards em uma expiação ilimitada é encontrado nesta declaração:

> O sangue dele que derramou, a vida dele que entregou, foram um preço infinito porque foi o sangue de Deus, conforme foi expressamente chamado (At 20.28). Ora, conforme essa explicação, o preço oferecido era equivalente ao demérito dos pecados de toda humanidade [e] seus

---

[1068] J. Edwards, "The Great Christian Doctrine of Original Sin Defended", em *The Works of Jonathan Edwards*, 1:227.

[1069] J. Edwards, "The End of the Wicked Contemplated by the Righteous", em *The Works of Jonathan Edwards*, 2:212.

sofrimentos equivalentes aos sofrimentos eternos do mundo inteiro, [de] toda humanidade.[1070]

Seguindo essas citações, McMullen notou que Edwards considerou vitalmente importante a questão do preço pago por Cristo pelos pecados do mundo, pois ele fez várias anotações sobre esse tema em suas *Miscellanies* [Miscelâneas]. Para o teólogo, as ameaças de Deus seriam sem fundamento, a menos que Cristo tivesse realmente pago o preço de todos os pecados. Edwards considerou que a morte de Jesus pertence a todo ser humano. Como o pecado de Adão é o pecado de toda humanidade, assim há um sentido em que toda humanidade morre na morte de Cristo, conforme ele considerou em sua Miscelânea 281.[1071]

O conceito dele da suficiência da expiação é que a morte de Cristo é uma provisão pelos pecados de todas as pessoas. Além disso, Edwards afirmou a possibilidade de salvação para todas as pessoas, como indicou:

> A possibilidade de obter, embora seja compreendida com muita dificuldade, no entanto, não é algo impossível [...] Não importa quão pecador um indivíduo seja e não importam suas circunstâncias, há, apesar disso, uma possibilidade de sua salvação. Ele próprio é apto a isso e Deus é capaz de realizá-la e tem misericórdia suficiente para isso; e há provisão suficiente por meio de Cristo, que Deus pode fazer de forma consistente com a honra de sua majestade, justiça e verdade. Portanto, não há necessidade de suficiência em Deus ou aptidão no pecador para isso.[1072]

Outros exemplos poderiam ser dados, mas esses são suficientes para indicar que Edwards acreditava na expiação ilimitada.

No tópico de um comentário, em um blog, no qual argumentei contra a expiação limitada, um leitor usou a seguinte citação de Edwards em uma tentativa de demonstrar que eu estava enganado sobre o conceito dele sobre a extensão da expiação:

[1070] J. Edwards, "The Sacrifice of Christ Acceptable," em *Works of Jonathan Edwards Online*, 14:452; citado em M. McMullen, "'The Wisdom of God in the Work of Redemption': Soteriological Aspects of the Theology of Jonathan Edwards 1703–1758" (PhD diss., University of Aberdeen, 1992), 132.

[1071] McMullen, "'The Wisdom of God in the Work of Redemption,'" 132-33.

[1072] J. Edwards, "Pressing into the Kingdom of God," em *The Works of Jonathan Edwards*, 1:656, citado em McMullen, "'The Wisdom of God in the Work of Redemption,'" 198.

A redenção universal precisa ser negada no sentido próprio dos calvinistas, se a predestinação é reconhecida ou não, admitindo que Cristo sabe todas as coisas. Pois se Cristo certamente sabe de todas as coisas que acontecem, ele certamente sabia, quando morreu, que havia homens desse tipo que jamais seriam melhores devido à sua morte. E, portanto, seria impossível que ele morresse com um intento de fazê-los (pessoas particulares) felizes. Considerando que é uma contradição absoluta [dizer que] ele morreu com um intento de torná-los felizes, quando, ao mesmo tempo, sabia que não seriam felizes. A predestinação ou não predestinação é tudo isso. Isso é tudo que os calvinistas expressam quando dizem que Cristo não morreu por todos, que ele não morreu intencionando e designando que tais e tais pessoas particulares devessem ser melhores por causa de sua morte; e que é evidentemente demonstrado. Ora, arminianos, quando [dizem] que Cristo morreu por todos, não podem exprimir, em qualquer sentido, que ele morreu por todos, a não ser que ele conceda a todos uma oportunidade para serem salvos; e isso os próprios calvinistas jamais negaram. Ele morreu por todos nesse sentido; isso supera toda contradição.[1073]

Em resposta, ressaltei que Edwards afirmou a expiação ilimitada com respeito à *extensão*. O que ele negou é que Jesus morreu com o intento de realmente salvar todas as pessoas. Observe que o teólogo reconheceu que muitos jamais serão salvos, isto é, eles nunca participarão dos benefícios da expiação. Ele afirmou: "É impossível que ele [Cristo] deva morrer com um *intento* de fazê-los felizes". Além disso, Edwards declarou que é uma "contradição [dizer que] ele morreu com um *intento* de torná-los felizes", quando Jesus de fato sabia que jamais seriam salvos. Então, ele declarou: "Isso é tudo que os calvinistas indicam quando dizem que Cristo não morreu por todos, que ele não morreu *intencionando* e *designando* que tais e tais pessoas particulares devessem ser melhores devido a isso".

Note o que Edwards afirmou que os arminianos expressam pela extensão da morte de Cristo. "Eles não podem dizer, em qualquer sentido, que ele morreu por todos, a não ser para conceder a todos uma oportunidade de serem salvos". Em outras palavras, o teólogo corretamente afirmou o que os arminianos creem: Cristo morreu para tornar a salvação *possível para todos*. Nenhum arminiano crê que Jesus morreu com o *desígnio* ou *intento* de salvar qualquer pessoa particular, algo que claro é exatamente o que Edwards e todos os calvinistas de fato creem, que Cristo realmente

---

[1073] J. Edwards, "The Miscellanies", em *The Works of Jonathan Edwards Online*, 13:174.

morreu com o intento ou desígnio de salvar os eleitos. Logo surge a citação cunhada de Edwards: a declaração de que os arminianos creem que Cristo morreu por todos para conceder a todos uma oportunidade de serem salvos, "que, os próprios calvinistas nunca negaram. Ele morreu por todos nesse sentido; isso supera toda contradição". Essa é uma afirmação clara que o teólogo cria que calvinistas e arminianos concordavam que o Filho morreu por todas as pessoas *com respeito à extensão da expiação, mas que os calvinistas e arminianos diferiam relativo ao intento da expiação*.

Os particularistas devem interpretar que Edwards exprime que o desígnio da expiação foi limitado aos eleitos, portanto, ele cria que a extensão da expiação era limitada também; então, os erros lógicos seriam óbvios. Primeiro, há a fusão do intento com a extensão. A pressuposição é que por "desígnio", Edwards expresse "desígnio de enviar Cristo para morrer por qualquer pessoa". Segundo, isso presume uma extensão limitada, que os particularistas estão tentando provar, baseado em um intento limitado em aplicar apenas aos eleitos.

Terceiro, o teólogo de fato concordou com os arminianos que Cristo morreu para dar a todas as pessoas uma oportunidade de serem salvas. Portanto, deve-se extrair a conclusão que Edwards cria que a *extensão* da expiação era universal, de modo que todas as pessoas teriam a oportunidade de serem salvas; mas ele também acreditava, como um bom calvinista, que o *intento* da expiação era limitado somente aos eleitos, que seria aplicado apenas a eles, de acordo com a eleição incondicional.

Quarto, Edwards afirmou que é possível para os não eleitos serem redimidos se crerem no evangelho, porque ele cria que Cristo morreu pelos pecados de todos. A lógica prescreve que embora os calvinistas afirmem a virtude de uma relação penal com os eleitos apenas, tornando assim a salvação deles possível, é concebível para os não eleitos serem salvos, *se eles crerem*. A morte de Cristo pelos pecados é uma precondição necessária para a salvação de quaisquer pessoas, *se elas crerem ou não*. Sem essa precondição, mesmo se elas cressem, não poderiam ser salvas porque nenhuma expiação existe para os pecados delas de acordo com a expiação limitada. É por essa razão, dentre outras, que defendo que a expiação limitada não é apenas teologicamente falha, mas logicamente contraditória.[1074]

Calvinistas extremos presumem que o intento de aplicar e a extensão são e precisam ser coextensivos, embora tenhamos demonstrado que muitos calvinistas, desde os primórdios da Reforma, distinguiram os dois em sua exegese dos textos bíblicos e defenderam uma forma de expiação universal, como fez Edwards.

Oliver Crisp extraiu diversas conclusões convincentes dessa comparação de

---

[1074] D. Allen, "The Atonement: Limited or Universal?", *Whosoever Will*, 93–94.

Edwards com Joseph Bellamy, um calvinista da Nova Teologia, que defendeu a expiação ilimitada. Primeiro, ele observou como o conceito reformado da extensão da expiação jamais foi monolítico, até mesmo antes de Dort.[1075] Segundo, corretamente ressaltou que o conflito do século XVII entre os calvinistas de Princeton e da Nova Teologia divindade em que Charles Hodge e Warfield "procuraram superar seus oponentes ao defender a razão para o calvinismo extremo".[1076]

Terceiro, Crisp parece ter ignorado o fato que Edwards, como muitos antes dele, defendeu que a expiação com respeito à extensão (escopo) na realidade expiou os pecados de todas as pessoas, mas que o intento de Deus foi apenas aplicar seus benefícios aos eleitos.[1077] As citações de Edwards indicam que havia um sentido muito real no qual a morte de Cristo incluía os pecados dos réprobos. Quarto, Crisp está correto ao dizer que o próprio Edwards afirmou uma expiação penal.[1078]

Crisp concluiu seu capítulo para tratar da questão de por que Edwards endossou a doutrina de Bellamy. Crisp pensa que a diferença de Edwards com Bellamy foi de um "mecanismo diferente" para a expiação no conceito de Edwards, entretanto, "ele produziu resultados equivalentes".[1079] Parece que Edwards pensou que havia uma similaridade suficiente ou lembrança familiar entre sua doutrina e a de Bellamy, e ele estava disposto a ratificar a obra de Bellamy".[1080] Talvez a melhor explicação seja que Edwards e Bellamy concordaram sobre o escopo da extensão da expiação.

O prefácio de Edwards para a obra de Joseph Bellamy: *True religion delineated* [A verdadeira religião delineada] causou grande consternação entre os estudiosos de Edwards. O autor elogia a obra de Bellamy. Ele afirmou o conceito de Bellamy sobre a expiação? Nisso Bellamy claramente afirmou uma expiação ilimitada, tanto o prefácio quanto a evidência precedente parecem indicar que Edwards concordou com Bellamy sobre a questão da extensão da expiação. Não precisamos nos deter no debate erudito, mas uma pesquisa acessível e útil pode ser encontrada na dissertação de McMullen sobre o conceito de Edwards da expiação em que McMullen cuidadosamente, e penso corretamente, concluiu que Edwards, é provável, defendia a expiação ilimitada, mas

---

[1075] O. Crisp, "The Moral Government of God: Jonathan Edwards and Joseph Bellamy on the Atonement," em *After Jonathan Edwards: The Courses of the New England Theology*, ed. O. Crisp and D. Sweeney (Oxford: Oxford University Press, 2012), 79–80.

[1076] Ibid., 81.

[1077] Ibid., 85.

[1078] Ibid.

[1079] Ibid., 88.

[1080] Ibid., 89.

não aprovava todos os aspectos governamentais da Nova Teologia[1081]* com respeito à expiação.[1082]

Por meio de Jonathan Edwards e seus sucessores, a abordagem governamental da expiação foi transmitida para o calvinismo da Nova Inglaterra e foi amplamente defendida por congregacionalistas da Nova Inglaterra e os presbiterianos da Nova Escola.[1083][1084]* Alguns desses calvinistas afirmaram uma combinação de expiação penal com a teoria governamental.

George Whitefield (1714—1770)

O evangelista fervoroso do Grande Avivamento foi George Whitefield.[1085] Ele era um calvinista, mas se defendeu a expiação limitada é, no mínimo discutível, dado que algumas de suas declarações seriam inconsistentes com uma substituição limitada por Cristo na cruz devido ao pecado:

> Ora, minhas queridas irmãs, direi umas poucas palavras a vocês que ainda não se uniram ao Senhor Jesus. É um grave pecado e seguramente vocês afrontam altamente o Senhor que as comprou. É, também, insensatez de vocês recusar e negligenciar a graciosa proposta de ser esposa de Cristo.[1086]
>
> Os convites de Cristo para ser esposa dele são sinceros. Ele as chama e não apenas convida, mas sinceramente também; sim, ele usa muitos argumentos com vocês. Ele as pressionará a virem até ele; pois odeia receber um não de vocês. Ele bate e bate intensamente na porta de seus corações para ser recebido e certamente vocês não rejeitarão o Senhor

---

[1081] A Nova Teologia foi um sistema de teologia proeminente entre os congregacionalistas da Nova Inglaterra, no final do século XVIII, e se notabilizou por alterar alguns dogmas do calvinismo, como o livre-arbítrio, a natureza da expiação de Cristo e sua justiça imputada aos cristãos. [N. do E.]

[1082] Veja McMullen, "The Wisdom of God in the Work of Redemption", 147–64.

[1083] W. A. Brown, "Expiation and Atonement (Christian)," em *Encyclopædia of religion and ethics*, 13 v, ed. J. Hastings (Nova York: Charles Scribner's Sons, 1908), 5:647.

[1084] A Nova Escola é um termo para definir os teólogos congregacionalistas da Nova Inglaterra que divergiram e formularam uma reconstrução do calvinismo. Teólogos como Jonathan Edwards, Samuel Hopkins e Joseph Bellamy apoiaram o reavivamento. Portanto, disso resultou um cisma no presbiterianismo norte-americano em que a velha escola, liderada por Charles Hodge defendeu um calvinismo conservador e não apoiava o reavivamento. [N. do E.]

[1085] G. Whitefield, "Christ the Best Husband," em *The works of the reverend George Whitefield*, 6 v. (Londres: Edward and Charles Dilly, 1771–1772), 5:71.

[1086] G. Whitefield, "Christ the Best Husband," in *The Works of the Reverend George Whitefield*, 6 vols. (London: Edward and Charles Dilly, 1771–1772), 5:71.

da vida e glória que morreu e deu a si mesmo por vocês. Ó, minhas queridas irmãs, permita que essa seja a noite de seu casamento com o Senhor Jesus Cristo.[1087]

Agora tu desfrutas os meios de graça, como a pregação de sua palavra, oração e sacramentos e Deus envia os seus ministros para os campos e estradas a convidar, a persuadir-te para vir; mas estás cansado para eles, tu tens antes de estar em teus prazeres; daqui há pouco, meus irmãos, eles acabarão e vós não ficareis mais perturbados com eles, mas tu darias dez mil mundos por um momento desse tempo misericordioso de graça que tu desprezaste; então, tu clamarás por uma gota desse precioso sangue que agora tu pisas; então, tu desejarás mais uma oferta de misericórdia por Cristo e tua livre graça para serem oferecidas a ti novamente, mas teu clamor será em vão, pois como tu não te arrependerias aqui, Deus não te dará uma oportunidade de arrepender-te na vida futura. Se tu não te arrependerias no tempo de Cristo, tu não te arrependerás no teu próprio. Em que condição terrível tu, então, estarás? ...

Ó que isso te despertes e faça-o humilhar-te devido aos teus pecados e a implorar perdão por eles, para que tu possas encontrar misericórdia no Senhor ...

Não vá embora, não permita que o dabo o afugente antes que o sermão termine, mas permaneça e tu terás um Jesus oferecido a ti, que fez satisfação por todos os teus pecados.[1088]

Retiraríamos nossos pensamentos de vez em quando dos objetos sensíveis e pela fé meditaríamos um pouco nas misérias dos condenados? Eu não duvido, mas devemos, por assim dizer, ouvir muitas almas infelizes desabafando seus lamentos inúteis em prantos comoventes como esses ...

Mas, ai de mim, essas reflexões chegam muito tarde; esses desejos agora são vãos e infrutíferos. Não sofri e, portanto, não devo reinar com eles. Eu, na verdade, neguei o Senhor que me comprou e, portanto, com justiça, sou negado por ele. Mas devo viver para sempre atormentado nessas chamas? Este meu corpo, que há muito tempo não estava no estado de graça, deve ser vestido em púrpura e linho fino e exibido suntuosamente todo dia, ele deve estar aqui eternamente confinado e

---

[1087] Ibid., 5:75.
[1088] G. Whitefield, "A Penitent Heart, the Best New Year's Gift," em *Works*, 6:12–13.

escarnecido por demônios ofensores? Ó eternidade! Esse pensamento me enche de desespero: Devo ser miserável para sempre.[1089]

Por conseguinte, podemos traçar a infidelidade até sua origem, pois isso nada mais é, senão um orgulho da compreensão, uma indisposição de se submeter às verdades de Deus, que faz muitos que se professam sábios se tornarem tolos a ponto de negar o Senhor, que tão amavelmente os comprou e duvidam da divindade da palavra eterna "em quem eles vivem, se movem e têm o seu ser". Sendo assim, deve-se justamente temer que eles trarão sobre si mesmos a certeza, se não a rápida destruição.[1090]

Embora Whitefield fosse terminantemente contra o conceito arminiano de Wesley da redenção universal (Cristo morreu *com igual intento de salvar* todas as pessoas), ele ainda assim disse aos incrédulos que Jesus morreu por eles, os comprou, foi dado a eles e satisfez pelos pecados deles. Apesar de Whitefield não entrar em detalhes sobre seu conceito da expiação, é bastante extraordinário que ele proclamaria o evangelho dessa forma para aqueles que claramente pensam que são incrédulos. Se ele de fato afirmou a expiação limitada, então essas declarações apresentadas, e muito mais como essas, diferem claramente dessa convicção.

David Brainerd (1718—1747)

Brainerd foi um missionário para os índios norte-americanos. Tossindo sangue de seus pulmões tuberculosos, lhes pregou o evangelho incansavelmente. É claro que ele defendeu a expiação universal:

> II. Considerado como e em qual sentido ele "tira o pecado do mundo" e observado o sentido e a forma em e pela qual ele tira os pecados dos homens, foi o seu "dar-se por eles", cumprindo e sofrendo no lugar deles. E afirma-se que ele tira o pecado *do mundo*, não porque o mundo *todo* será *realmente* redimido do pecado por meio dele, mas porque (1) Ele cumpriu e sofreu o *suficiente* para ser responsável pelos pecados do mundo e assim redimir toda humanidade. (2) Ele *realmente* tira os pecados do mundo *eleito*.[1091]

[1089] G. Whitefield, "The Eternity of Hell-Torments," em *Works*, 5:401-2.
[1090] G. Whitefield, "The Extent and Reasonableness of Self-Denial", em *Works*, 5:429-30.
[1091] "Life and Diary of the Rev. David Brainerd", em *The Works of Jonathan Edwards*, 2:374.

> E, em *segundo* lugar, frequentemente me esforcei para revelar-lhes a *plenitude da autossuficiência e liberdade* dessa *redenção*, que o Filho de Deus realizou mediante sua obediência e sofrimentos para os pecadores que perecem; como essa provisão que ele fez foi apropriada para todas as necessidades deles; e como os chamou e os convidou para aceitar a vida eterna livremente, apesar de toda pecaminosidade, inabilidade, indignidade e assim por diante.[1092]

Quando Brainerd falou sobre Jesus tirar "o pecado do mundo", definiu isso como sofrendo "no lugar" do mundo. Ele não interpretou "mundo" representando os eleitos, quando afirmou que Cristo "sofreu no lugar deles" e "redimiu toda humanidade", como muitos particularistas fizeram e fazem. Quando o missionário falou sobre o pecado "do mundo, dos eleitos ser removido", ele teve em vista o perdão dos pecados ou a aplicação da morte de Cristo. É evidente que ele não ensinou a salvação universal.

A morte de Cristo na cruz pagou o preço pelos pecados do mundo. Brainerd declarou que os benefícios da expiação serão apenas aplicados aos eleitos e então somente quando cressem em Cristo. Ele também afirmou que a oferta universal do evangelho é baseada na suficiente expiação universal de Jesus. Seu zelo missionário não é baseado simplesmente na suficiência hipotética da expiação, mas em uma suficiência real em que Cristo sofreu pelos pecados de todas as pessoas. Isso é algo que ele "frequentemente se esforçou em revelar" a todos os perdidos para que eles pudessem ver que a "provisão que ele havia feito era adequada a todas as necessidades deles".

Joseph Bellamy (1719—1790)

Joseph Bellamy foi um pastor congregacionalista americano e um renomado teólogo na Nova Inglaterra, na segunda metade do século XVIII. O seguinte extrato de sua obra demonstra sua convicção na expiação ilimitada e que, uma provisão limitada para o pecado exclui uma oferta livre e ilimitada do evangelho:

> O que Cristo fez é, de fato, suficiente para abrir uma porta para Deus, por meio dele, para tornar-se reconciliável com o mundo todo ... Deus pode agora, portanto, por intermédio de Jesus Cristo, estar pronto a perdoar o mundo inteiro ... De modo que não há nada no caminho, mas que a humanidade possa, por meio de Cristo, ser recebida no pleno favor e tenha o direito à vida eterna.

[1092] Ibid., 2:432.

E Deus expressamente declarou que foi o desígnio da morte de Cristo abrir essa porta de misericórdia a todos. "Deus amou o mundo de tal maneira que ele deu o seu único Filho, para que todo aquele que nele crer não pereça, mas tenha a vida eterna" [...]

E agora, toda as coisas estando assim prontas da parte de Deus e as ofertas, convites e chamados do evangelho para todos, sem exceção; [...]

E já, porque a porta da misericórdia está assim aberta ao mundo todo pelo sangue de Cristo, portanto, na Escritura, ele é chamado o salvador do mundo. "O Cordeiro de Deus que tira o pecado do mundo". "Uma propiciação pelos pecados do mundo todo". "Que se entregou como um resgate por todos". "E provou a morte por todo homem". Esses são os sentidos claros de todas as expressões que podem, eu penso, sem qualquer perigo de erro, serem aprendidas de João 3.16: "Deus amou o mundo de tal maneira que ele deu o seu único Filho, para que todo aquele que nele crer não pereça, mas tenha a vida eterna".

Além disso, se Cristo morreu meramente pelos eleitos, isto é, com o intento de que eles, apenas sob fé, pudessem, consistentemente com a honra divina, serem recebidos com favor, então Deus não poderia, com fundamento em sua justiça, salvar ninguém mais, se eles cressem, "pois sem derramamento de sangue não há remissão". Se Cristo não designasse pela sua morte abrir uma porta para todos serem salvos condicionalmente, isto é, sob a condição de fé, então não há essa porta aberta; mas, ela não é aberta mais amplamente do que Cristo pretendeu que fosse; não há nada adquirido por sua morte do que aquilo que ele pretendeu. Se esse benefício não fosse intencionado, então não seria obtido; se ele não é obtido, então os não eleitos não podem, nenhum deles, serem salvos, de acordo com a justiça divina. E, por consequência, se é esse o caso, então, primeiro, os não eleitos não têm direito de forma alguma de ter algum, o mínimo encorajamento, da morte de Cristo ou os convites do evangelho, para retornarem a Deus por meio de Cristo, com esperanças de aceitar; pois não há razões dadas para encorajamento. Cristo não morreu por eles em algum sentido. É impossível que os pecados deles devam ser perdoados, justamente tanto quanto é impossível se jamais houvesse um salvador, como se Jesus jamais tivesse morrido. E, portanto, não há absolutamente encorajamento para eles; e, portanto, seria presunção deles ter algum. Tudo isso é aparentemente contrário ao teor inteiro do evangelho, que em todo contexto convida todos e transmite encorajamento igual a todos. "Venham, pois todas as coisas estão prontas", disse Cristo aos judeus réprobos [...]

> E agora, se a expiação e méritos de Jesus são assim suficientes para todos, [...] E, portanto, podemos verificar sobre quais fundamentos o pobre, convencido e humilhado pecador é encorajado e estimulado a arriscar tudo em Cristo e retornar para Deus por intermédio dele.[1093]

Observe dois fatos importantes nas declarações de Bellamy. Primeiro, ele cria que todas as barreiras legais entre Deus e o homem foram removidas pela expiação de Cristo. Segundo, salientou claramente que, se esse não é o caso, não há alternativa possível para a salvação ser oferecida a alguém por quem nenhuma provisão existe na expiação.

John Newton (1725—1807)

O grande pastor e hinista John Newton é mais bem conhecido pelo seu famoso hino *"Graça Maravilhosa"*. Em seu sermão sobre João 1.29, ele parece afirmar a expiação universal. O sermão é estruturado em três pontos, o terceiro dos quais é "A Extensão do Pecado, O Pecado do Mundo".

No início da terceira divisão, Newton afirmou: "Muitos de meus ouvintes não precisam ser informados, que debates inflamados e extensos continuam concernentes à extensão da morte de Cristo. Receio que a vantagem dessas controvérsias não tem sido suficiente para o zelo dos debatedores".[1094] Depois de negar o universalismo e afirmar que o desígnio pretendido pela expiação é salvar os eleitos e negar a equivalência quantitativa, ele pareceu fundamentar a oferta universal do evangelho a todas as pessoas na morte suficiente de Cristo para todas. Para Newton, essa suficiência afigura-se uma suficiência objetiva em que Jesus morreu pelos pecados de todas as pessoas:

> II. A extensão designada dessa remoção gratuita do pecado, mediante a oblação do cordeiro de Deus, é expressa de uma maneira ampla e indefinida. Ele tira o pecado do mundo. Muitos de meus ouvintes não precisam ser informados que debates inflamados e extensos continuam concernentes à extensão da morte de Cristo. Receio que a vantagem dessas controvérsias não tem sido suficiente para o zelo dos debatedores. Quanto a mim, desejo ser conhecido por nenhum título, exceto o de cristão e implicitamente não adotar nenhum sistema além da Bíblia. Geralmente, esforço-me para pregar ao coração e consciência e desprezo, tanto quanto

---

[1093] J. Bellamy, "True Religion Delineated", em *The Works of Joseph Bellamy*, 2 vols. (Boston: Doctrinal Tract and Book Society, 1853), 1:292–95, 297 (parte da ortografia está atualizada).

[1094] J. Newton, "Sermon XVI: The Lamb of God, The Great Atonement", em *The Works of the Rev. John Newton*, 2 v. (Philadelphia: Uriah Hunt, 1839), 2:270.

posso, todos os tópicos controversos. Mas como o tema está diretamente diante de mim, devo acolher a oportunidade e de forma simples e sincera revelar a você os sentimentos de meu coração a esse respeito.[1095]

Mas, por outro lado, não posso pensar que o sentido da expressão seja suficientemente explicado, por dizer que o mundo, e fala-se do mundo inteiro, para nos ensinar que o sacrifício do cordeiro de Deus não foi confinado, como as ofertas levíticas, à nação de Israel apenas. Mas que ele está disponível para os pecados de um determinado número de pessoas chamadas de os eleitos, que estão dispersos entre muitas nações e encontram-se em uma grande variedade de estados e circunstâncias da vida humana. Essa é, sem dúvida, a verdade, até certo ponto. Mas não, eu compreendo de forma plena, conforme a maneira bíblica de representação, que há uma eleição de graça sobre que somos claramente ensinados. Entretanto, não é dito que Jesus Cristo veio ao mundo para salvar os eleitos, mas que veio salvar pecadores, buscar e salvar aqueles que estão perdidos (1 Tm 1.15; Lc 19.10). Sob essa razão, eu concebo que os ministros têm uma garantia de pregar o evangelho a toda criatura e se dirigir à consciência de todo homem na presença de Deus e que toda pessoa que ouve esse evangelho tem assim uma garantia, um encorajamento, sim, uma ordem, para receber Jesus Cristo para a salvação. E aqueles que recusam se excluem e perecem, não porque jamais tiveram nem possivelmente teriam algum interesse na expiação de Cristo, mas simplesmente porque não virão a Cristo para que possam ter vida.[1096]

Newton também repudiou a noção de uma equivalência quantitativa na expiação nesse sermão: "Mas essa precisão calculista não parece análoga a essa magnificência e esplendor sem limites, que fascinam a mente atenta na contemplação da conduta divina no mundo natural".[1097]

Jonathan Edwards Jr. (1745—1801)

Jonathan Edwards Jr. foi pastor por muitos anos e em seguida, por um breve período, foi presidente da Union College [Universidade União] de Nova Iorque, antes da sua morte em 1801. Seus sermões mais importantes são os três sobre a expiação

---

[1095] Ibid.
[1096] Ibid., 2:271.
[1097] Ibid., 2:270.

que ele pregou em New Haven em 1785. Nesses sermões, afirmou sua convicção na expiação universal.[1098]

Edward Williams (1750—1813)

Williams foi um nativo do País de Gales que pastoreou Carr's Lane em Birmingham, foi reitor da Independent Academy [Academia Independente] de Roterdá e um dos fundadores da London Missionary Society [Sociedade Missionária de Londres]. A principal obra dele *An essay on the equity of divine government and the sovereignty of divine grace* [Um ensaio sobre a equidade do governo divino e a soberania da graça divina] tratou do tema a soberania de Deus e a responsabilidade humana na salvação. A teologia de William foi influente no País de Gales e contribuiu para os debates sobre a extensão da expiação nos séculos XVIII e XIX.

Os comentários de Williams sobre o conceito de Calvino da extensão da expiação associados aos seus comentários sobre suas próprias opiniões são instrutivos:

> Tendo me esforçado para explicar e ilustrar o que presumi chamar "o princípio harmonizador" em referência ao célebre tópico da redenção, agora advertirei com suas declarações de senhorio sobre o assunto. Fica declarado em primeiro lugar que a doutrina da redenção universal foi diretamente combatida por CALVINO. Seu senhorio, espero, me desculpará de afirmar, em troca, que esse eminente reformador não se opôs "diretamente" à doutrina da redenção universal no sentido agora explicado, até onde posso captar mediante uma pesquisa frequente de seus escritos volumosos. Ele admitiu um preço universal de redenção, mas tinha inúmeras razões contra a noção de uma redenção real de todos os homens do pecado e miséria. Ele defendeu que a solução era universal e que ela seria universalmente proposta à humanidade, de acordo com o desígnio soberano de Deus. O desígnio soberano de Deus não foi tornar a humanidade submissa universal e indiscriminadamente e transigente com os termos nos quais as bênçãos resultantes disso deveriam ser desfrutadas. Fosse esse o seu desígnio, ninguém da raça humana pereceria; pois "quem jamais resistiu à sua vontade?" Se Deus designasse isso e para exercer seu poder sobre o coração consequentemente, quem poderia

---

[1098] J. Edwards, "Sermons 1, 2, 3," em *The Works of Jonathan Edwards, with a memoir of his life and character*, 2 v., ed. T. Edwards (Andover, MA: Allen, Morrill & Wardwell, 1842), 2:11–52. Esses sermões podem ser encontrados em J. Smalley et al., *Sermons, essays and extracts by various authors selected with special respect to the great doctrine of atonement* (Nova York: George Forman, 1811), 325–85.

impedi-lo? O que o decreto de reprovação mal digerido de CALVINO implicou indiretamente é outra consideração.

CALVINO, contudo, certamente "combateu" sua noção de senhorio da redenção universal, o que agora procedemos a examinar. As orações explanatórias indicando o que foi intencionado pela frase "redenção universal" são isso: "a saber, que *os benefícios* da paixão de Cristo se estenderam a *toda raça humana*", ou, "que todo homem é *apto* a alcançar a salvação por meio dos méritos de Cristo". Se por "*os* benefícios" signifique *alguns* benefícios, o que calvinistas, antigos e modernos, alguma vez negaram? Mas se por "*os* benefícios" denote *todos* os benefícios da paixão de Cristo certamente seu senhorio deliberadamente não vai sustentar isso, pois é "diretamente oposto" por muitos *fatos* óbvios. Por exemplo, um coração puro, um espírito reto, justificação, adoção, amor divino derramado amplamente no coração, sendo cumprido pelo poder divino mediante a fé para a salvação, uma introdução à Jerusalém celestial, uma ressurreição gloriosa e vida eterna. Todas essas realidades são benefícios da paixão de Cristo, mas elas são estendidas "a toda a raça humana?" Se for afirmado que elas são estendidas condicionalmente, propostas objetivamente ou de tal maneira que todos possam obtê-las, se não, seria devido à própria falta deles. Isso eu já admiti.[1099]

Williams indicou sua convicção que o próprio Calvino jamais afirmou a expiação limitada. Em outra obra, declarou:

> A *mediação*, a expiação e os méritos de Cristo são o fundamento de todas as ofertas do evangelho e a designação soberana delas se estende a todas as pessoas na terra, mas a *fiança* de Cristo, o exercício de seu poder e a aplicação de sua graça são o fundamento da justificação, regeneração, santificação e perseverança; e a designação *decretal* delas se estende apenas às pessoas que eventualmente amam a DEUS e desfrutam o céu: os *escolhidos*, os *chamados*, os *fiéis*. Toda nova bênção do pacto flui por intermédio da mediação e méritos de Cristo, quando, portanto, ofertas de perdão, reconciliação, justiça e paz são feitas aos *pecadores* e não meramente aos pecadores eleitos e assim pode a consequência ser evitada que as bênçãos adquiridas pela morte de Cristo sejamsoberanamente

---

[1099] E. Williams, *A defence of modern calvinism: Containing an examination of the bishop of Lincoln's work, entitled a "refutation of calvinism"* (Londres: Impresso por e comerdializado por James Black, 1812), 192–93 (parte da ortografia está atualizada; ênfase no original).

designadas para eles? A provisão não deve ser igualmente extensiva com a oferta? A proposta feita é *ilusória* ou real? Se é real, as vantagens propostas não devem ser a aquisição do mediador? Ou a oferta feita é fundamentada na *aversão* prevista do pecador à coisa proposta e a *certeza* de uma recusa se deixada na mão de sua própria deliberação? E, então, a proposta seria hipotética. Portanto, se você cumprir, o que certamente não o fará, você será salvo? Isto é, se crer em uma falsidade de que há provisão feita para os pecadores, quando, sob a suposição de que há provisão somente para os pecadores eleitos, qual eleição não pode ser conhecida como um requisito para crer que DEUS deseja conceder perdão. Mas tal proposta é digna do supremo ou melhor que *ilusória?* Concluímos, portanto, que o desígnio *soberano* da morte de Cristo (não importa quão sublime seja a raridade que há nela) se estende à *raça humana* toda, não meramente àqueles que são ou realmente serão, mas também àqueles que podem ser evangelizados ou discipulados, isto é, *todas as nações* passadas, presentes e futuras.[1100]

Essas declarações por Williams indicam sua convicção em uma expiação ilimitada como uma base necessária para a livre oferta do evangelho a todos.

John Wesley (1703–1791)

A vida e ministério de Wesley são bem conhecidos, como também sua adesão à expiação universal, demonstrada em seus sermões e escritos e a imensa literatura secundária sobre sua vida.[1101] Embora as datas da vida dele sejam anteriores, aqui o mencionamos antes de passar para o século seguinte.

[1100] E. Williams, *An essay on the equity of divine government and the sovereignty of divine grace* (Londres: J. Burditt, 1899), 107–9. Em uma nota de rodapé por Williams nesta seção, ele declarou: "Esse ilustre reformador e escritor admirável, CALVINO, tratou demasiadamente da predestinação e das doutrinas da graça especial, mas embora suas obras consistam de nove volumes de folio, não penso que haja uma sentença neles que milite contra a descrição anterior e em muitos contextos ele se expressa de uma maneira que abundantemente a justifica, particularmente seus comentários sobre diversas passagens do Novo Testamento". Williams então citou os comentários de Calvino em latim referentes a Mateus 26.8 e Romanos 5.18.

[1101] Veja, por exemplo, John Wesley, "Predestination Calmly Considered," em *The Works of John Wesley*, 14 v. (Peabody, MA: Hendrickson, 1991), 10:225, onde Wesley recorre a 2 Coríntios 5.14,15 e 1 João 2.2 em apoio à expiação ilimitada; e seu sermão "Livre Graça" em *Doctrinal and controversial treatises I*, em *Works of John Wesley*, 14 v., ed. R. Maddox (Nova York: Abingdon, 2012), 3:73–86. Aqui, Wesley enfaticamente declarou e defendeu a expiação ilimitada. Para a literatura secundária, consulte K. J. Collins, *The Theology of John Wesley* (Nashville: Abingdon, 2007), 99–103; W. R. Cannon, *The Theology of John Wesley* (Nova York: Abingdon-Cokesbury, 1946), 250; J. E. Vickers, "Wesley's Theological Emphases," *The Cambridge Companion to John Wesley*, ed. R. L.

Allan Coppedge analisou os hinos wesleyanos, os quais foram editados por John Wesley para publicação, como uma fonte de sua teologia. Coppedge notou: "Uma análise da pregação de Wesley ..., juntamente com seus hinos e publicações anteriores sobre a predestinação, já demonstrou sua enérgica adesão à doutrina da redenção universal".[1102]

Concernente a se Wesley defendeu a substituição penal ou não, Collins observou: "Há um amplo acordo na literatura secundária que o conceito de satisfação de Wesley sobre a expiação é melhor compreendido em termos de substituição penal".[1103]

Conclusão

Quando o século XVIII chegou ao fim, muitos calvinistas, de todas as denominações, na Grã-Bretanha e na América afirmavam a expiação ilimitada, incluindo um célebre personagem como Jonathan Edwards. Todos esses calvinistas afirmaram um *intento* especial da expiação, que o desígnio de Deus era salvar apenas os eleitos. Mas com respeito à *extensão*, afirmaram uma expiação universal, que a morte de Cristo pagou a pena pelos pecados de todas as pessoas. Eles defenderam que a *aplicação* da expiação era limitada pelo intento de Deus apenas aos eleitos.

O Século XIX

O século XIX testemunhou uma inundação de livros e artigos a respeito do tema da extensão da expiação. Eminentes teólogos calvinistas, como Thomas Chalmers, na Escócia, e Charles Hodge, Robert Dabney e W. G. T. Shedd, nos Estados Unidos, argumentaram contra a expiação limitada e criticaram muitos dos argumentos de Owen e outros particularistas.

Na primeira metade do século, o debate sobre a extensão da expiação entre os reformados estava em plena atividade na Grã-Bretanha. O debate no País de Gales é melhor narrado por Owen Thomas (1812-1891) em sua biografia de 1874 do célebre

---

Maddox and J. E. Vickers (Cambridge: Cambridge University Press, 2010), 190–97. O batista calvinista, Isaac Backus, analisou a crítica de Wesley à expiação limitada e respondeu em seu livro *Isaac Backus on church, state, and calvinism: Pamphlets 1754–1789*, ed. W. McLoughlin (Cambridge, MA: Harvard University Press, 2013), 453– 55. Veja Backus, *The atonement of christ, explained and vindicated against late attempts to exclude it out of the world* (Boston: Printed by Samuel Hall, in State-Street, and sold by Philip Freeman, in Union- Street, 1787).

1102 A. Coppedge, *John Wesley in theological debate* (Wilmore, KY: Wesley Heritage, 1987), 134.
1103 Collins, *The Theology of John Wesley*, 102.

pregador galês John Jones.[1104] Essa é a fonte mais importante sobre os debates relativos à extensão da expiação durante os períodos dos séculos XVIII e XIX no País de Gales.

O livro é dividido em três partes principais: (1) controvérsias entre calvinistas e arminianos (1707—1831), (2) controvérsias entre calvinistas (1811—1841) e (3) controvérsias entre os calvinistas metodistas (1814—1841). Uma seção longa dessa biografia, com 338 páginas, contém uma pesquisa histórica dos debates no meio dos reformados entre os anos de 1811 e 1841. Essa seção da biografia foi traduzida para o inglês por John Aaron e publicada em 2002.[1105]

Após uma síntese do tema desde a igreja primitiva até aproximadamente o fim do século XVIII, Thomas cobriu os trinta anos decisivos, ou seja, de 1811 a 1841, no País de Gales.[1106] O livro ilustra muito bem uma das principais teses desse volume, a saber, que jamais houve um consenso a respeito da extensão da expiação entre calvinistas, desde a era da Reforma até os tempos modernos. Assim como na Inglaterra e Escócia durante os séculos XVIII e início e metade do século XIX, muitos calvinistas galeses afirmaram a expiação universal junto com a redenção particular em termos de aplicação aos eleitos.

Thomas notou que os conceitos de muitos na Inglaterra, como Andrew Fuller, que argumentou em defesa do aspecto universal da expiação, eram bem conhecidos no País de Gales no princípio do século XIX e alguns pastores calvinistas galeses pregaram "conceitos similares" em 1809.[1107] Ironicamente, o que desencadeou o debate em público foi uma publicação pelo pitoresco batista galês, Christmas Evans, que defendeu a expiação limitada ao estabelecer a natureza comercial da expiação em termos consistentes de equivalência quantitativa, de modo que a natureza da substituição de Cristo é definida como a quantidade exata de pecados de cada um dos eleitos que foi gerado por Jesus na cruz. "O preço, ou o sofrimento, teria que ser equivalente para a medida de pecados, tanto quanto a quantidade, o peso e extensão".[1108] Como consequência, Evans argumentou que não há suficiência real na expiação para os não eleitos.

Thomas sugeriu que os muitos calvinistas que afirmaram um aspecto universal para a expiação foram relutantes em falar muito publicamente "visto que havia um

---

[1104] O. Thomas, *The Life of John Jones, Talsarn* (Wrexham: Hughes and Son, 1874).

[1105] O. Thomas, *The atonement controversy in welsh theological literature and debate, 1707–1841*, trad. J. Aaron (Edimburgo: Banner of Truth, 2002). Pode-se também verificar algo dessa controvérsia em Owen Jones, *some of the great preachers of wales* (Londres: Passmore and Alabaster, 1886). Veja especialmente o capítulo sobre Christmas Evans (159–222), bem como os capítulos sobre Henry Rees (357–462) e John Jones (463–538).

[1106] O. Thomas, *The atonement controversy*, 151–283.

[1107] Ibid., 152.

[1108] C. Evans, *The particular nature of redemption sought out, taking notice of all that it entails. together with select remarks from the works of Andrew Fuller, Kettering* (Aberystwyth: James and Williams, 1811), iv.

grande preconceito entre todas as facções calvinistas contra algo que poderia parecer ter alguma conexão com o arminianismo".[1109] Em 1814, John Roberts publicou um livreto de vinte e quatro páginas contendo duas cartas a um amigo concernente à natureza e extensão da expiação.[1110] A essência do argumento de Robert era que Cristo tinha intenções gerais (universais) e particulares na expiação. É claro que Roberts acreditava que Jesus sofreu pelos pecados de todas as pessoas, não apenas dos eleitos.

Dois anos mais tarde, Thomas Jones publicou um livreto com cinquenta e oito páginas, que foi expandido e republicado em 1819, defendendo a expiação limitada.[1111] Jones defendeu a suficiência da expiação baseada no seu mérito ou dignidade e isso, de acordo com o seu pensamento, com base no chamado universal do evangelho. Nesse ponto, Jones diferiu significativamente de Christmas Evans, que argumentou que não há suficiência na expiação para os não eleitos.

Owen Thomas citou as principais declarações em cada uma dessas três obras em um esforço para permitir que os autores falassem por si mesmos e então os contestou quanto aos pontos fortes e fracos de seus argumentos. Thomas claramente apontou para a crítica de Jones do uso de Robert de "todos", "todo homem" e "o mundo todo", que este não tenta demonstrar

> porque ou por quais razões, ele crê que as mesmas frases são suficientes para provar uma oferta geral do evangelho, que ainda é consistente com um chamado particular e eficaz, enquanto argumenta que elas são completamente insuficientes para provar uma expiação universal, que poderia, como é argumentado, ser consistente com uma redenção eficaz, particular.[1112]

[1109] Thomas, *The atonement controversy*, 158.

[1110] J. Roberts, *A humble attempt at explaining what we are taught in the scriptures of truth concerning the general and particular purposes of the suffering of Jesus Christ, in two letters to a friend* (Llanbryn-mair, Carmarthen: J. Evans, 1814).

[1111] T. Jones, *Conversations upon redemption between two friends, enquirer and oldman* (Denbigh: Thomas Gee, 1816), reimpresso como *Conversations upon redemption between enquirer and oldman; one tending towards a degree of generality in the redemption; and the other tending to the opposite, which is much worse, and setting a limit to the merit of Christ's Sacrifice! and a cywydd etc., on the same matters* [Conversas sobre a redenção entre um inquiridor e um idoso; um tende a defender uma generalidade na redenção e o outro tende ao oposto, o que é muito pior, e estabelece um limite para o mérito do sacrifício de Cristo e métrica etc., sobre os mesmos assuntos (Denbigh: Thomas Gee, 1819).

[1112] Thomas, *The atonement controversy*, 173.

Essa é uma ideia absolutamente importante para ser expressa e realça um problema fundamental no argumento em defesa da expiação limitada associado ao argumento que defende uma oferta universal do evangelho.

Thomas resumiu o que ele considerou ser a principal dificuldade em cada autor. Ele considerou que a dificuldade com Christmas Evans é

> como conciliar o chamado sincero, honesto e universal do evangelho para todos com a suficiência para os eleitos apenas? E se a suficiência do sacrifício somente corresponde com a quantidade e iniquidade dos pecados daqueles por quem Cristo sofreu e se ele sofreu mais por alguns de seu povo do que por outros e se não poderia haver suficiência nele por outros sem que tivesse sofrido mais, como podemos explicar palavras tais como "ele é a propiciação", "mas, agora, na consumação dos séculos, uma vez se manifestou, para aniquilar o pecado pelo sacrifício de si mesmo" e frases similares? E, especialmente, como pode um conceito como esse ser conciliado com a justiça punitiva daqueles que definitivamente recusam a Cristo?[1113]

A dificuldade com John Roberts era

> como Jesus Cristo poderia ser uma expiação pelos pecados de todos sem ter sido designado para todos; pois os pecados estão associados apenas às pessoas? Ou, se ele está designado para todas as pessoas, onde está a relação particular (que Roberts argumenta) entre ele em sua morte e os eleitos por quem ele é o mediador?[1114]

A dificuldade com Thomas Jones era "como conciliar a suficiência geral para todos com uma designação específica para apenas alguns? E se pode haver nele uma suficiência para aqueles por quem ele não foi designado, que necessidade haveria para uma designação por algum?"[1115]

Christmas Evans não perdeu tempo ao responder a Thomas Jones.[1116] Evans alegou haver modificado seus conceitos sobre a natureza comercial e equivalente quantitativa da expiação, embora seja difícil constatar precisamente como moderou esse tópico.

[1113] Ibid., 178.
[1114] Ibid., 177.
[1115] Ibid.
[1116] C. Evans, *Redempton within the compass of election . . . together with a refutation of the misinterpretations of Mr. Thomas Jones of denbigh of a booklet of similar title to this* [Redenção na esfera da eleição ...

Entretanto, continuou seus argumentos rigorosos para provar a suficiência limitada da expiação. Evans foi grosseiro em sua resposta e, às vezes, "deturpa completamente" os conceitos de Jones e Roberts.[1117]

Em poucas semanas após o livro de Evans, Thomas Jones respondeu em uma carta curta de oito páginas,[1118] narrando duas conversas amistosas que os dois tiveram em 1819. Contudo, Jones terminou sua carta "com uma referência hostil, expressada de uma maneira um tanto reprovadora".[1119]

Rapidamente, depois que essa carta foi publicada, alguns batistas responderam a Thomas Jones em uma carta, fazendo uma série de perguntas para mostrar o erro de Jones.[1120] Isso foi seguido por outra carta anônima, escrita provavelmente por Christmas Evans em um estilo insolente, consistindo "principalmente de ataques a Jones ao *acusar, difamar, insultar, denegrir, injuriar, blasfemar e zombar* de Christmas Evans".[1121]

Nesse ponto, John Roberts respondeu a Thomas Jones em um esforço para promover o argumento que Cristo morreu pelos pecados dos não eleitos, bem como dos eleitos.[1122] Thomas chamou essa obra de um livro extraordinário na história da controvérsia teológica galesa porque serviu como um expoente para os conceitos dos

---

juntamente com uma refutação às deturpações do sr. Thomas Jones de Denbigh de um livreto de título similar a isso] (Caernarvon: L. E. Jones, 1819).

1117 O. Thomas, *The atonement controversy*, 185.

1118 T. Jones, *A Letter for T. Jones to all who read it and especially to those ministers and members of that body of people known as baptists, concerning a booklet written by mr. Christmas Evans* [Uma carta para T. Jones a todos que a leram e especialmente àqueles ministros e membros do grupo de pessoas conhecidas como batistas, concernente a um livreto escrito pelo sr. Christmas Evans] (Denbigh: T. Gee, 1820).

1119 O. Thomas, *The atonement controversy*, 189.

1120 *a letter from a few members in denbighshire of that body of people known as baptists . . . in answer to a letter written to us by him and relating to a book by mr Christmas Evans on the particular nature of redemption* [Uma carta de uns membros em Denbighshire desse grupo de pessoas conhecidas como batistas ... em resposta à carta escrita a nós por ele e relacionada ao livro pelo sr. Christmas Evans sobre a natureza particular da redenção] (Trefriw: John Jones, 1820). Para as questões específicas dessa carta, veja Owen Thomas, *The atonement controversy*, 190–93.

1121 O. Thomas, *The atonement controversy*, 193 (ênfase no original).

1122 J. Roberts, *A serious call for inquirers after the truth to consider the testimony of the scriptures relating to the extent of christ's atonement, and containing comments on a book by the rev. Thomas Jones of denbigh on redemption* [Um sério chamado aos inquiridores da verdade para considerarem o testemunho das Escrituras relacionado à extensão da expiação de Cristo e contendo comentários sobre um livro escrito pelo Rev. Thomas Jones de Denbigh sobre a redenção](Llanbryn-mair, Dolgelley: Richard Jones, 1820).

galeses independentes, que defendiam alguma forma de expiação ilimitada.[1123] Thomas resumiu o livro capítulo por capítulo e apresentou seus comentários avaliativos.[1124]

A controvérsia sobre a extensão da expiação no País de Gales continuou e ampliou-se durante o período de 1820—1827 com uma série de sermões e artigos publicados sobre o tema. Os quatro sermões de John Hurrion defendendo a redenção particular apareceram em 1820 com uma breve introdução por John Elias, que opôs o arminianismo e àqueles no calvinismo que afirmaram uma expiação universal.[1125] Isso foi seguido por uma resposta a Elias por C. Jones[1126] em 1820 e John Griffiths em 1821.[1127] John Davies, influenciado pelo conceito de Andrew Fuller sobre a expiação e sua extensão universal, publicou dois sermões. Isso engendrou uma reação de apoio de Richard Foulkes, um batista, na edição de abril de 1822 de *Gomer's star* [A estrela de Gomer]. Outros artigos foram publicados em um período de muitos meses de debate contínuo.[1128]

O período de 1826—1841 também continuou a produzir sermões, livros e artigos sobre o assunto.[1129] Em 1841, havia se tornado evidente que ambos os lados haviam apresentado suas defesas, nenhuma das facções se movia próxima a outra e pouco restou a ser dito. Ambos os grupos concordaram que a obra mais importante disponível era a pregação do evangelho.

A seção final do livro de Thomas: *The Atonement Controversy* [A Controvérsia Da Expiação] lidou com as discussões e debates relativos ao assunto entre os metodistas calvinistas no País de Gales. Uma consequência da chegada dos metodistas wesleyanos ao País de Gales foi o mover do pêndulo de alguns já calvinistas estritos para posições e convicções opondo ao arminianismo que beirava o extremo. Esse fato foi reconhecido por alguns calvinistas galeses que defendiam firmemente a expiação limitada.

O livro de Thomas ilustra bem que a questão da extensão, natureza e suficiência da expiação eram assuntos provocativos durante o início e até a metade do século XVIII no País de Gales, com muitos calvinistas afirmando que Cristo morreu pelos pecados de todos.

[1123] O. Thomas, *The atonement controversy*, 197–98.

[1124] Ibid., 198-217.

[1125] J. Hurrion, *A defense of the scriptural doctrine of particular redemption*, trad. Evan Evans (Trefriw: J. Jones, 1820).

[1126] C. Jones, *A defense of the nonconformists* (Dolgelley: R. Richards, 1820).

[1127] J. Griffiths, *A letter to the rev. John Elias* (Dolgelley: R. Jones, n.d. [1821]).

[1128] Para citações, detalhes e outras obras sobre a controvérsia publicada até 1827, veja Thomas, *The atonement controversy*, 221–27.

[1129] Ibid., 239–83.

Igualmente, na Escócia, desde o princípio até meados do século XIX, uma torrente de livros, panfletos e artigos debatendo o tema da extensão foram publicados sem nenhuma redução até o começo do século XX.[1130] A controvérsia fundamental era a extensão da expiação. Em meados até o final do século XIX, a controvérsia alterou-se mais para a natureza da expiação. Muitos dos principais atores e seus conceitos serão considerados na sequência.

Na América, o final do século XVIII e o princípio do século XIX testemunharam a ascensão da Nova Teologia, na Nova Inglaterra. Obras sobre a expiação, incluindo sua extensão, foram publicadas por Stephen West, Jonathan Edwards Jr., e John Smalley durante um período de doze meses de 1785 a 1786. Durante esse mesmo período de tempo, a Nova Inglaterra experimentou um forte movimento em direção ao universalismo, cujos defensores derivaram alguns de seus argumentos das noções de comercialismo inerentes no sistema da expiação limitada.

Maxcy sucedeu a Edwards como presidente da Union College [Universidade União] e escreveu sobre a expiação em 1796. Edwards Park notou como havia diversos batistas que estavam persuadidos pela teoria de Edwards após a publicação da obra de Maxcy a respeito da expiação. De 1800 a 1826, Nathanael Emmons também defenderia a abordagem de Edwards. Griffin publicou sua obra *Humble Attempt To Reconcile The Differences Of Christians* [Tentativa Humilde de Conciliar as Diferenças de Cristãos] em 1819, uma obra significativa que defendia a expiação universal. Três anos depois, Caleb Burge publicou uma obra defendendo a expiação ilimitada.[1131]

Todos esses homens eram calvinistas que descreveram a natureza da expiação em categorias governamentais e, como seus primeiros semelhantes, afirmaram uma expiação ilimitada. Os particularistas frequentemente presumem que todos que afirmaram um conceito governamental da expiação rejeitaram a substituição penal. Isso é falso.

R. Larry Shelton estudou as teologias arminiana e wesleyana com respeito à teoria governamental de Grotius, demonstrando que muitos defenderam uma forma de substituição e de justiça governamental.[1132] Por exemplo, "Courcelles enfatizou a

---

[1130] Malcolm Kinnear notou que na segunda e terceira décadas dos anos 1800, pouco mais de vinte livros, panfletos e artigos sobre a expiação foram publicados na Escócia e em cada década. Contudo, entre 1840 e 1850, mais de 120 livros, panfletos e artigos foram publicados ("Scottish New Testament Scholarship and the Atonement c. 1845–1920" [dissertação de PhD, University of Edimburgo, 1995], 402). A bibliografia de Kinnear é muito útil sobre o material de fonte primária produzido nesse período (404–13).

[1131] C. Burge, "Essay on the Scripture Doctrine of Atonement: Showing its Nature, Its Necessity, and its Extent," em *The Atonement: Discourses and Treatises*, ed. E. Park (Boston: Congregational, 1859), 429–546. Essa obra por Burge foi publicada originalmente em 1822.

[1132] R. Larry Shelton, "A Covenant Concept of Atonement", *Wesleyan Theological Journal* 19 (1984): 91–108.

ideia de sacrifício em vez de satisfação da ira por meio da punição, descrevendo assim a obra sacerdotal de Cristo como propiciatória, mas não penal".[1133] "Os seguidores de Wesley geralmente criaram alguma forma de teoria governamental da expiação. Richard Watson formulou uma teoria governamental modificada que enfatizava a expiação como substitutiva e penal".[1134] William Pope foi atraído pela teoria governamental, mas tendeu a relacionar a obra vicária de Cristo ao conceito de penalidade".[1135] O teólogo metodista americano do século XIX, John Miley defendeu que a expiação é uma satisfação pelos pecados, mas não é pena de retribuição. "Para Miley, a expiação é realizada em sua satisfação, mas em cumprimento do ofício governamental de justiça".[1136] Shelton notou que H. Orton Wiley afirmou um conceito penal da cruz, mas rejeitou a teoria da satisfação penal. Wiley equivocadamente acreditou que a teoria da substituição penal levou ao universalismo ou à eleição incondicional/expiação limitada. Aqui, Wiley está conferindo muita razão para um conceito comercialista da substituição penal, induzindo-o a extrair as mesmas conclusões de falso dilema que muitos calvinistas extraíram.[1137]

Em uma obra publicada em 1859, Edwards Park mapeou a ascensão da teoria Edwardsiana da expiação, um sinônimo comum para a Nova Teologia refletindo a influência de Jonathan Edwards.[1138] Park notou que de acordo com Emmons, um notável proponente daquele Movimento, a expiação foi designada para tornar a salvação de todos os homens possível, removendo todos os obstáculos que a lei e a justiça distributiva apresentaram contra a salvação dos não eleitos, bem como dos eleitos. Deus concede graça regeneradora apenas aos eleitos, no entanto, sem particular respeito à expiação. Embora apenas os eleitos sejam regenerados com base na expiação, Emmons negou que a regeneração de uma pessoa em vez de outra é uma consequência da expiação em si mesma.[1139]

[1133] Ibid., 101; citando Courcelles, *Institutes*, V19.15.

[1134] Ibid., 102; citando R. Watson, *Theological Institutes*, 2 vols. (Nova York: Carlton & Phillips, 1856), 2:139; 87–102.

[1135] Ibid., 103; citando W. B. Pope, *A compendium of christian theology*, 3 v. (Londres: Wesleyan Conference Office, 1880), 2:265, 313–14.

[1136] Ibid.; citando J. Miley, *Systematic Theology*, 2 vols. (Nova York: Easton and Mains, 1984), 2:186. Shelton notou que Miley citou Miner Raymond para apoio de sua posição (M. Raymond, *Systematic Theology*, 3 vols. [Nova York: Phillips and Hunt, 1880], 2:257–58).

[1137] Ibid.; citando Wiley, *Christian Theology* (Kansas City: Beacon Hill, 1952), 2:221–26; 245–49.

[1138] E. Park, "The Rise of the Edwardean Theory of the Atonement," em *The Atonement: Discourses and Treatises*, vii– lxxx.

[1139] Ibid., xiii. Veja N. Emmons, *The Works of Nathanael Emmons*, 6 vols., ed. J. Ide (Boston: Crocker & Brewster, 1842), 5:66.

Joseph Bellamy também foi uma luz notável que defendeu a teoria de Edwards da expiação. Park discutiu o conceito de Bellamy da extensão da expiação.

O que Cristo fez, de fato, é suficiente para abrir uma porta para Deus, por meio dele, para tornar reconciliável o mundo inteiro. Os sofrimentos de Cristo, considerando todas as coisas, demonstraram bastante o ódio de Deus ao pecado e garantindo muita honra de sua lei, como se o mundo todo fosse condenado; como ninguém negará, aquele que crê na dignidade infinita de sua natureza divina. Deus pode agora, portanto, por intermédio Jesus Cristo, estar preparado para perdoar o mundo inteiro. Não há nada no caminho. E a obediência de Jesus propiciou mais honra a Deus e à sua lei, como a obediência perfeita de Adão e de toda sua raça teria feito; os direitos do cabeça de Deus são mais declarados e mantidos. De modo que não há nada no caminho; mas que a humanidade possa, por meio de Cristo, ser recebida no pleno favor e tenha o direito à vida eterna. Deus pode estar preparado para fazer isso, consistentemente com sua honra. O que Jesus fez é de todo modo suficiente. "Todas as coisas estão preparadas".[1140]

Bellamy frequentemente falou da morte de Cristo a remover os obstáculos para a salvação de todas as pessoas. Se Jesus morreu somente pelos eleitos, então os não eleitos não têm uma porta de salvação aberta para eles, visto que não há expiação para os pecados deles. Não existem razões para eles serem encorajados no evangelho. Além disso, ninguém pode racionalmente ter algum encorajamento do evangelho nesse sistema até que saiba que é eleito porque, até então, ele não pode saber que há razão para tal.[1141]

Park observou o fato que Bellamy e Hopkins eram amigos próximos de Jonathan Edwards e que os conceitos desses três sobre a expiação estão essencialmente de acordo com essa doutrina adotada pela escola do mais jovem Jonathan Edwards.[1142]

Da perspectiva da abordagem da Nova Teologia para a expiação e sua extensão, a falta de lógica de postular Deus como o soberano que faz o que ele é obrigado a fazer na justiça distributiva (o sistema da expiação limitada) é amenizado por atribuir a aplicação da expiação ao direito do Deus soberano, bem como à sua soberana

---

[1140] J. Bellamy, "True Religion Delineated," em *The Works of Joseph Bellamy*, 2 vols. (Boston: Doctrinal Tract and Book Society, 1853), 1:292; citado em Park, *The Rise of the Edwardean Theory*, xlv–xlvi. Jonathan Edwards escreveu o prefácio para a obra de Bellamy, recomendando-a calorosamente.

[1141] Ibid., 1:294–96; citado em Park, *The Rise of the Edwardean Theory*, xlvi–xlvii.

[1142] Park, *The Rise of the Edwardean Theory*, lxii.

graça.¹¹⁴³ O tratamento de Park é útil ao traçar a ascensão da Nova Teologia na Nova Inglaterra e sua influência na faculdade fundadora do *Andover Theological Seminary* [Seminário Teológico de Andover].

O espaço não permitirá uma análise completa de tudo que está escrito sobre o tema da extensão durante esse século, mas tentaremos uma cobertura das principais obras.

O livro de Ezra Styles Ely: *A Contrast Between Calvinism And Hopkinsianism* [Um Contraste entre o Calvinismo e o Hopkinsianismo] foi publicado em 1811.¹¹⁴⁴ A meta de Ely era comparar e contrastar o que ele considerava ser o calvinismo histórico com a revisão do calvinismo promulgado por Samuel Hopkins, no final do século XVIII na Nova Inglaterra, e apelidado de "hopkinsianismo", também conhecido como a Nova Teologia. Suas raízes remontam a Jonathan Edwards. É claro que Hopkins foi um calvinista, mas ele era moderado sobre a extensão da expiação. Um de seus dogmas fundamentais, e daqueles que concordaram com seus ensinos, era a convicção que Cristo morreu pelos pecados de todas as pessoas.

Um dos livros mais antigos no que concerne ao tema da extensão da expiação em minha biblioteca pessoal é *Sermons, essays and extracts by various authors selected with special respect to the great doctrine of atonement* [Sermões, ensaios extratos de vários autores com respeito especial à grande doutrina da expiação] publicado em 1811. Essa obra é uma coleção de vários sermões e escritos de autores calvinistas sobre o assunto, a maioria escrita ou pregada no século XVIII e defendia a expiação ilimitada. Os primeiros dois capítulos são sermões sobre João 6.44 por John Smalley (1734-1820), um pastor em Farmington, Michigan. Ambos foram pregados na última metade do século XVIII. O sermão dois é de especial interesse e é intitulado: "A habilidade natural dos homens para compreender e receber o evangelho considerado e o assunto aplicado".¹¹⁴⁵

> O pecado está em nosso caminho e impede que obtenhamos a salvação. Não está em nosso poder eliminá-lo. Até que o pecado seja enfrentado, não é consistente com a honra do caráter de Deus e direitos de seu governo favorecer o pecador. Mas Cristo removeu toda dificuldade desse tipo. Mediante seu sacrifício todo suficiente ele fez expiação completa pelo pecado e abriu um caminho para o exercício da graça. Deus está pronto para justificar cada pecador que deseja se submeter à justiça de Cristo e consente que se perdoe seus pecados e seja salvo dessa forma.

1143 Ibid., lxxvii.

1144 E. S. Ely, *A Contrast between calvinism and hopkinsianism* (Nova York: S. Whiting & Co., 1811).

1145 J. Smalley, *Sermons, essays and extracts by various authors selected with special respect to the great doctrine of atonement* (Nova York: George Forman, 1811), 35–78.

E, agora, ele pode dizer e de fato tem dito: "todas as coisas agora estão preparadas" ... Não há nada na terra; não há nada em todos os decretos celestiais; não há nada em todo o poder do inferno que pode impedir sua salvação se você mesmo não a impedir.[1146]

Smalley afirmou que Cristo satisfez pelos pecados de todas as pessoas. Em outro contexto, ele recorreu à distinção de Jonathan Edwards entre a habilidade natural e moral na humanidade caída. As pessoas têm a habilidade natural de crer em Cristo, mas lhes falta a habilidade moral.[1147] Quando pecadores não vêm a Cristo devido à inabilidade moral, eles não têm a quem culpar, senão a eles mesmos. O fato que Deus soberanamente escolheu conceder habilidade moral apenas aos eleitos para se arrependerem e crerem no evangelho não contradiz o caráter de Deus, de acordo com Edwards e Smalley.

Smalley continuou:

> Os fatos que foram ditos podem ajudar-nos a compreender que há uma porta universal de misericórdia aberta aos pecadores e uma esperança gloriosa diante de todos, sem exceção, pela qual eles têm razão infinita para glorificar Deus e serem gratos; entretanto, há uma limitação no texto. Se não fosse feita uma provisão suficiente para a salvação de apenas um remanescente da humanidade; ou, os termos para obter uma parte no pacto da graça seriam naturalmente impossíveis aos homens sem essa influência divina especial, que é concedida somente a um número de eleitos; pareceria de fato, como alguns objetam, que as ofertas de misericórdia não poderiam, com alguma sinceridade, serem feitas aos não eleitos; e que não poderia ser o erro deles não serem salvos. Mas nenhuma dessas situações é verdadeiramente o caso.[1148]

[1146] Ibid., 71–72.

[1147] Para mais sobre esse tema de Smalley, veja J. Smalley, *Consistency of the Sinner's Inability to Comply With The Gospel. The Consistency of the Sinner's Inability to Comply With The Gospel; With His Inexcusable Guilt in not Complying with it, Illustrated and Confirmed in Two Discourses, on John VIth, 44th* [Consistência da inabilidade do pecador de consentir com o evangelho; com sua culpa indesculpável em não consentir com ele, ilustrada e confirmada em dois discursos em João 6.44] (Hartford, CT: Green & Watson, 1769).

[1148] J. Smalley, "The law in all respects satisfied by our saviour, in regard to those only who belong to him; or, none but believers saved through the all-sufficient satisfaction of Christ", ["A lei em todos os aspectos é satisfeita por nosso salvador em relação apenas àqueles que lhe pertencem ou ninguém, exceto os crentes são salvos por intermédio da satisfação toda suficiente de Cristo"] em *Sermons, Essays and Extracts*, 162.

Smalley citou Hebreus 2.9 e 1 João 2.2 com respeito à sua afirmação da expiação universal. Contudo, é interessante notar que ele não ofereceu apoio bíblico para o conceito de inabilidade moral. Declarações como essas simplesmente não poderiam consistentemente ser ditas por alguém que defendia a expiação limitada.

Nesse volume, de 1811, também está oculto um excerto do livro de John Newton *Messiah* [Messias] intitulado "O cordeiro de Deus, a grande expiação", demonstrando que Newton rejeitou um conceito quantitativo da expiação e é provável que defendesse uma forma de expiação universal.[1149]

Após Newton, há um sermão de duas partes em Hebreus 2.10 pregado, em 11 e 25 de novembro de 1796, na capela de Rhode Island College [Universidade de Rhode Island] pelo presidente Jonathan Maxcy, intitulado "Um discurso, designado para explicar a doutrina da expiação em duas partes".[1150] A seção mais importante tratou de como a expiação fez plena satisfação para a justiça sem obrigá-la a libertar pecadores, mas permitindo que a libertação deles fosse um ato de graça pura. "Como é possível que essas pessoas perdoadas não devam nada, visto que Cristo pagou o preço?" Aqui, Maxcy aborda e critica o denominado pagamento duplo ou o risco do pagamento duplo popularizado por John Owen. Muito importante para nós é o que é afirmado a respeito da expiação limitada. Ela "representa Cristo sofrendo com base na justiça distributiva". "Representar os sofrimentos de Jesus como os mesmos de seu povo é destruir toda graça na salvação. Pois se nele, eles suportaram tudo a que foram expostos, do que são libertados? Em que aspecto eles são perdoados?"[1151] Maxcy formula o argumento que se Cristo somente sofreu pelos pecados dos eleitos no sentido da justiça distributiva, então a expiação deve aos eleitos e o princípio da graça na aplicação desaparece pela janela.

Há muito mais nesse livro, incluindo o material de Andrew Fuller e Jonathan Edwards Jr., que os editores incluíram como evidência de que esses homens afirmaram a expiação universal. Vamos analisar Fuller, na sequência.

A obra de James Willson: *A Historical Sketch Of Opinions On The Atonement* [Um Esboço Histórico de Opiniões Sobre a Expiação] foi publicada em 1817.[1152] Willson

---

[1149] J. Newton, "The Lamb of God, the Great Atonement," 177–78.

[1150] J. Maxcy, "A Discourse Designed to Explain the Doctrine of Atonement: In Two parts — Delivered in the Chapel of Rhode-Island College, on the 11th and 25th of November, 1796," 179–212.

[1151] Ibid., 210–11.

[1152] J. R. Willson, *A historical sketch of opinions on the atonement, interspersed with biographical notices of the leading doctors, and outlines of the sections of the church, from the incarnation of christ to the present time; with translations from Francis Turretin, on the Atonement* [Um esboço histórico de opiniões sobre a expiação, intercalado com informações biográficas dos doutrores eminentes e esboços das seções sobre a igreja, a encarnação de Cristo até o tempo presente com traduções de Francis Turretini sobre a expiação](Philadelphia: Edward Earle, 1817).

foi um calvinista extremo. Essa obra é extensa e se arremessa, se joga pela história da igreja. A maior parte dela lida com a expiação mais geralmente e apenas de maneira ocasional toca no tema da extensão.

O tom do livro é, às vezes, tolerante, especialmente na crítica a Armínio e ao arminianismo. Há alguns erros históricos em sua análise, juntamente com outras declarações que precisam ser compreendidas. Por exemplo, o autor citou Lutero como alguém que limita a extensão da expiação aos eleitos apenas.[1153] A análise dele das convicções de Armínio não é inteiramente precisa também.[1154] Ele indicou que os arminianos em Dort foram chamados de "remonstrantes" devido à oposição escrita aos Cânones de Dort, mas os arminianos foram chamados de "remonstrantes" antes de Dort.[1155] Ele falou dos batistas como diferentes de outras denominações somente na questão do batismo e do governo eclesiástico. Isso é muito simplista. Curiosa e corretamente, penso que ele percebeu uma ligação mais estreita dos batistas com os anabatistas do que muitos dos próprios batistas, especialmente os batistas calvinistas, estão dispostos a admitir.[1156] Ele também afirmou devidamente a adesão de Andrew Fuller à expiação ilimitada.[1157]

Dos *Trinta e Nove Artigos* da Igreja da Inglaterra, junto com o *Livro de Homilias*, Willson admitiu que não há uma afirmação explícita da expiação limitada,[1158] mas ele não pode compreender como esses artigos poderiam transmitir algum sentido arminiano com respeito à extensão da expiação. Ele também pareceu equivocar-se com a diversidade em Dort e Westminster a respeito do tema da extensão da expiação.

Na América, já em 1732, dogmas do arminianismo encontraram caminho em Yale e se disseminaram entre os pastores da Nova Inglaterra. Ele parece não distinguir entre os arminianos que afirmaram uma expiação geral e os calvinistas moderados que também afirmaram uma satisfação universal pelos pecados com respeito à extensão.

Ele referiu-se aos franceses amiraldianos que vieram à Inglaterra como consequência da revogação do Edito de Nantes e falaram de uma enorme quantidade de pastores londrinos que "abraçaram" esses erros[1159] e como a conexão estreita com seus correlatos da Nova Inglaterra os influenciaram também. Isso indica o imenso número de pastores calvinistas que acolheram a expiação ilimitada na França, Inglaterra e Nova Inglaterra no final do século XVII e princípio do século XVIII.

[1153] Ibid., 22.
[1154] Ibid., 32.
[1155] Ibid., 37.
[1156] Ibid., 114.
[1157] Ibid., 116.
[1158] Ibid., 78, 80, 83.
[1159] Ibid., 132.

Willson concluiu que a doutrina da expiação indefinida foi responsável por muitas igrejas sucumbirem ao socinianismo.[1160]

Concernente à faculdade e o corpo discente inicial do Andover Seminary [Seminário de Andover], fundado em 1808, Willson afirmou: "O número de alunos é acima de sessenta; entre todos, professores e alunos, não há provavelmente nenhum que não defenda a doutrina da expiação geral".[1161] Se essa declaração for precisa, parece que confirmaria que Adoniran Judson e Luther Rice (graduados de Andover e os primeiros missionários congregacionalistas que se tornaram batistas) como calvinistas que afirmaram a expiação universal. De fato, Willson chamou Andover de "uma Saumur americana".[1162] O livro de Willson foi publicado somente nove anos depois da fundação do Seminário de Andover.

Willson também discutiu o livro de Ely: *A Contrast Between Calvinism And Hopkinsianism*[1163] [Um Contraste Entre Calvinismo E Hopkinsianismo].

A conclusão concernente à situação sobre os conceitos da extensão da expiação no início do século XIX, na Nova Inglaterra, é que "uma imensa maioria dos professores de religião nos Estados Unidos era hopkinsianos ou inteiramente arminianos e como tais se opuseram à doutrina da expiação definida".[1164]

Essas obras, publicadas antes de 1820, ilustram a diversidade no calvinismo relativa ao tema da extensão da expiação desde o século XVIII, na Nova Inglaterra. Isso também impinge na situação que cerca a fundação da Southern Baptist Convention [Convenção Batista do Sul] em 1845, como veremos na sequência.

Diálogo Hipotético sobre a Extensão da Expiação
Durante o final dos séculos XVIII e XIX, alguns autores, como Andrew Fuller, apresentaram seus conceitos a respeito da extensão da expiação por meio de um diálogo hipotético entre dois ou três interlocutores.[1165] Geralmente, um orador representaria a expiação ilimitada e o outro a expiação limitada.

[1160] Ibid., 155.
[1161] Ibid., 163.
[1162] Ibid.
[1163] Ibid., 172–75.
[1164] Ibid., 215.
[1165] Veja, por exemplo, A. Fuller, "Three Conversations between Andrew, James, and John on Imputation, Substitution, and Particular Redemption," em *Dialogues and Essays on Various Subjects, in The Works of Andrew Fuller*, 8 vols. (New Haven: S. Converse, 1824), 4:79–111. Veja também Anon., *A dialogue on the extent of the atonement between clericus and honestus* (Edimburgo: J. Leslie et al., 1842), 1–38. O editor e redator, John Leslie, elogia essa obra como a substância de "um debate amigável" na forma de diálogo, que de fato aconteceu, entre um ministro e um leigo (denominados de modo a identificar os oradores como "ministro" que defendeu a expiação limitada, e "passageiro"

Um desses melhores tipos de estratégias pode ser encontrado na edição de 1823 de *Utica Christian Repository* [Arquivo Cristão de Utica] intitulado "Diálogo sobre a Expiação".[1166] Os colegas para o diálogo eram Paulinuw (P.) e Aspásio (A.), em que P. afirma uma versão da expiação ilimitada e A. representa um calvinista que afirma a expiação limitada. Eu apresentarei a essência do diálogo com apenas um raro comentário ou nota de rodapé; portanto, o leitor pode com mais facilidade seguir o fluxo da discussão e compreender os argumentos que os calvinistas, que afirmam a expiação universal, formulam contra a expiação limitada.

P. inquire de A. por que Deus escolhe salvar uma parte ao contrário de toda humanidade. A. responde que ele supõe que o Pai amou uma parte da humanidade mais do que amou o restante e assim deu o seu Filho para morrer por ela e não pelo restante. P. então indaga por que Deus

> deveria amar os eleitos antes da regeneração mais do que os não eleitos? Nenhuma razão surge. Eles não são melhores por natureza, nem a felicidade deles em si mesma é de algum valor. Que ele os ama mais é uma mera suposição sua e não tem apoio da palavra de Deus.[1167]

P. contesta que Deus não tem amor maior pelos eleitos do que pelos não eleitos. Deus exerceu seu amor por todos ao ceder Cristo para morrer por todos.

A. argumenta que a razão por que Cristo morreu foi definitivamente apenas a salvação daqueles por quem ele morreu, os eleitos. P. concorda com A. que somente a uma parte da humanidade foi concedida o Filho no pacto da redenção, mas sugere que isso logicamente não implica uma expiação limitada exclusivamente. Deus teve outros propósitos para a expiação.

A. inquire a P. quanto ao propósito ou motivo que o Pai teve para que Cristo morresse por aqueles que ele tinha a intenção de salvar. P. responde que o grande propósito de Deus é promover sua própria glória. A. contesta ao questionar exatamente como que a glória de Deus é promovida mediante a morte de Cristo pelos não eleitos. P. afirma:

> A misericórdia dele é glorificada na oferta de perdão, que é feita a eles pelo amor de Cristo; sua verdade e sinceridade são glorificadas em seu

---

que defendeu a expiação ilimitada) que viajavam para Edimburgo em um barco a vapor. Veja também L. Edwards, *The doctrine of the atonement* (London: Hodder & Stoughton, 1888).

[1166] W. R. Weeks, "Dialogue on the Atonement," *Utica christian repository* (Utica, NY: Merrell & Hastings, 1823); e mais tarde publicado em *The Atonement: Discourses and Treatises*, 549–83.

[1167] *A dialogue on the extent*, 551.

convite a eles para mudarem e viver; sua paciência e longanimidade são glorificadas na sua tolerância à ingratidão deles e ao desprezo à oferta de misericórdia; e finalmente sua justiça é glorificada na grave condenação deles por rejeitarem o salvador que lhes foi provido.[1168]

A. contesta essa resposta ao perguntar por que Deus não poderia ter sua misericórdia glorificada na oferta de perdão aos não eleitos, mesmo se Cristo não tivesse morrido por eles. P. responde questionando: "A misericórdia poderia ser glorificada no perdão de pecadores se nenhuma expiação fosse realizada?" P. continua:

> Se, então, nenhuma expiação é realizada, nenhum perdão pode ser concedido. Logo, conclui-se que se nenhuma expiação é realizada, nenhum perdão pode ser oferecido; pelo menos não há nenhuma manifestação de misericórdia nessa oferta. Pois se a oferta deve ser aceita, o perdão não poderia ser concedido. O que os não eleitos pensarão do grande dia, se eles soubessem que o perdão lhes foi oferecido da parte de Deus com a mais sublime manifestação de compaixão por eles e ao mesmo tempo descobrissem que se eles tivessem aceitado a oferta, o perdão teria sido recusado?[1169]

A. responde que essa é uma situação que jamais pode acontecer. P. contesta:

> Os não eleitos são capazes ou incapazes de aceitar a oferta. Se eles são capazes então a situação pode acontecer; e a manifestação de misericórdia, expressa na oferta, deve ser julgada consequentemente. Se são incapazes, então a dificuldade é ampliada enormemente; pois eles não são apenas atormentados com a oferta de perdão, que não pode ser concedido, mas são zombados com propostas que não podem cumprir. É o mesmo que chamar um homem que está se afogando para agarrar uma corda e salvar-se, quando não há nenhuma corda ao seu alcance. Mas ele não tem mãos para agarrar uma corda, se houvesse. No entanto, se Cristo morreu por todos os homens, todos podem ser perdoados se se arrependerem e crerem.[1170]

[1168] Ibid., 554.
[1169] Ibid.
[1170] Ibid.

De acordo com P., se Cristo morreu por todos, então a verdade e sinceridade de Deus são glorificadas em seu convite a todos para salvação. P. ilustra esse ponto ao descrever um homem que prepara uma festa e convida vinte pessoas para vir e participar. O convite diz a todos os convidados: "Venham, pois há provisão feita" ou "Venham, pois não há provisão feita?"[1171] A resposta óbvia é a primeira.

A. responde que pregadores do evangelho não sabem quem são os eleitos. P. responde que o convite para vir à festa não é esse dos pregadores, que são servos, mas o convite é do Mestre. Ele sabe por quantos ele fez a provisão. P. pergunta como Deus pode sinceramente convidar a todos a vir quando a provisão foi feita apenas para alguns.

A. se desvia dessa questão ao argumentar que o convite do evangelho não é feito à raça humana inteira, pois uma grande parte do mundo jamais ouviu o evangelho. P. contesta ao perguntar a A. se ele pensa que todos que ouvem a pregação do evangelho são eleitos. A. responde que não pensa isso. P. declara: "Então o fato que o evangelho não foi de fato pregado a toda criatura não terá nenhuma utilidade".[1172]

A. sugere que o convite do evangelho pode ser transmitido a todas as pessoas tão sinceramente sob seu sistema da expiação limitada quanto sob o sistema da expiação ilimitada de P. Ele procede com uma ilustração:

> Suponha que mil cativos são confinados em uma prisão. Suponha que uma pessoa deseja redimir cem deles e para esse propósito paga à autoridade que os mantém na prisão uma pérola de grande valor, suficiente para redimir todos os cativos. Mas a pessoa que paga tem em vista redimir apenas seus próprios amigos. Essa intenção do redentor e a aceitação do preço pela autoridade que os mantém cativos constituem uma pérola de resgate e a confina ao número daqueles para quem ela foi designada. Mas a pérola em si mesma é suficiente para resgatar todo o restante de cativos se ela fosse empregada em favor deles. Para prosseguir com a alusão, suponha que a pessoa encarregada de redimir seus amigos dissesse: "Eu proclamarei na prisão que todos que me reconhecerem como seu libertador e se submeterem à minha autoridade podem sair imediatamente devido ao resgate que paguei, pois ninguém, exceto os meus amigos aceitarão esses termos, os demais preferirão a prisão à liberdade, a qual somente pode ser obtida pela submissão a mim, a quem eles odeiam profundamente". Ora, a pessoa comissionada a transmitir essas notícias na prisão se sentiria autorizada a proclamar libertação a todos que desejassem aceitar os termos e a usar os argumentos e motivos para

---

[1171] Ibid., 555.
[1172] Ibid., 556.

induzi-los a se submeterem, mas o que aconteceria se ninguém aceitasse a oferta, senão os amigos reais do redentor? Isso ele sabia desde o início e, portanto, ele pagou o resgate por nenhuns outros. Há algo de falso em toda essa atividade?[1173]

P. responde com a pergunta: "A pérola foi paga pelo todo ou apenas por uma parte?" A. replica que foi pago pelos cem que foram destinados desde o início a serem resgatados, mas não foi paga pelos demais. P. contesta: "Então, seu valor não faz diferença".[1174]

A. afirma que estava previsto que nenhum deles, por quem não havia um preço pago, aceitaria a oferta. P. diz que isso não ameniza o problema. Há uma ampla diferença entre ser impedido de receber algo por causa da recusa voluntária e ser impedido devido à falta de um preço pago pela libertação de alguém.

P. pergunta se os demônios são obrigados a receber Cristo como salvador. A. responde negativamente, afirmando que não é um dever razoável para eles porque a condição e circunstâncias dos mesmos são diferentes do que as da humanidade. P. refuta que pela mesma razão, de acordo com a expiação limitada, os não eleitos não são obrigados a crer em Cristo porque não há expiação por eles, porque Jesus não morreu por eles. Pela mesma razão que os demônios, não pode ser dever dos não eleitos, no sistema da expiação limitada, crer em Cristo. Não é possível que eles tenham Cristo como salvador, porquanto ele não morreu por eles.

Por essa razão, P. afirma que os não eleitos, de acordo com a expiação limitada, por consequência, não podem ser acusados de incredulidade. Assim, a paciência de Deus em poupá-los da destruição imediata é, conforme o sistema da expiação ilimitada, mais gloriosamente demonstrado do que no sistema limitado.

Quando A. inquire P. para concordar que a justiça de Deus é glorificada na condenação dos não eleitos, embora Cristo não morresse por eles, P. retruca que é essa a situação, "mas em um nível menor".[1175] Considerando que Cristo não morreu pelos não eleitos, a justiça de Deus não pode ser glorificada em condená-los por o rejeitarem, pois não há salvador para eles rejeitarem. P. continua a pressionar a situação, ressaltando que uma vez que Cristo morreu pelos pecados dos não eleitos, "eles são inseridos em uma situação muito diferente daquela em que estavam se ele não tivesse morrido por eles".[1176]

[1173] Ibid.
[1174] Ibid., 557.
[1175] Ibid., 559.
[1176] Ibid., 561.

Nesse instante, A. profere outro argumento em defesa da expiação limitada. A morte de Cristo, como uma expiação, propiciação e satisfação plena para a lei e justiça de Deus, portanto, deve ser eficaz em nome daqueles por quem ele morreu. Por conseguinte, se Cristo morreu por todas as pessoas, então todos devem ser salvos. Todos não são salvos, assim sendo Jesus não morreu por todos. A. emprega o argumento do pagamento duplo quando indaga como Deus pode punir os mesmos crimes duas vezes e permanecer justo?

P. responde ao esclarecer o propósito da expiação para compreender sua natureza. Ele pergunta

> se uma expiação era necessária para restaurar ao homem sua agência moral [...] 2. Eu pergunto se era necessário uma expiação ser realizada para estimular a compaixão de Deus [...] Se você pretende dizer que a propiciação é essa que se torna consistente para a pessoa a quem ela é oferecida para demonstrar favor, eu não tenho objeção à ideia. Mas se quer dizer que uma propiciação é essa que torna a pessoa a quem ela é oferecida disposta para mostrar favor; se você quer expressar que é intencionada a movê-lo para demonstrar favor, quando sem ela, ele não teria essa inclinação, isso não pode ser correto quando aplicado a Deus [...] 3. Eu pergunto se uma expiação era necessária para pagar ao Pai por favores a serem concedidos a nós [...]
>
> Eu pergunto, em quarto lugar, se uma expiação era necessária para satisfazer a justiça comutativa [...] Há três tipos de justiça, diferindo uma da outra, porque elas têm relações com coisas diferentes. Essas são, a justiça comutativa, que se relaciona com as atividades comerciais; a justiça distributiva, que se relaciona com o caráter moral e a justiça pública, que se relaciona ao bem público [...] É evidente, então, que uma expiação não era necessária para satisfazer a justiça comutativa. Eu reconheço que algumas "das palavras, pelas quais a morte de Cristo é frequentemente expressa, significam o preço pago pela redenção dos cativos e que a vida do Filho é chamada de um resgate". Mas essa linguagem é evidentemente figurativa. O sangue de Jesus não era nem ouro nem prata, nem outro meio comercial. Adotar a linguagem figurativa e extrair conclusões disso, como se fosse literal, certamente nos levará a erros. Se essa linguagem fosse compreendida literalmente, de fato se concluiria, como você diz, que "Quando um preço suficiente é pago pela redenção de um cativo, ele não pode com propriedade ser detido na escravidão". O resultado seria que aqueles por quem o preço do resgate foi pago seguramente serão de fato redimidos ... Mas todas essas conclusões literais, extraídas da

linguagem figurativa como se fossem literais, são extraídas sem qualquer fundamento e são as perversões mais indesculpáveis sobre a palavra de Deus. A expiação, portanto, não foi uma atividade comercial e não era necessário que uma fosse feita para satisfazer a justiça comutativa ... 5. Eu pergunto se uma expiação era necessária para remover nosso castigo miserável ... 6. Eu pergunto se uma expiação era necessária para satisfazer a justiça distributiva?[1177]

A. responde e pergunta como a expiação poderia realizar a salvação pelos pecadores sem satisfazer a justiça distributiva. P. replica que a expiação satisfaz a justiça pública. A. contesta por perguntar se a justiça distributiva não é satisfeita pelos pecadores, então quando eles são absolvidos da punição, por que não se comete nenhuma injustiça?

P. ressalta que a justiça distributiva exige que a alma que peca deve morrer. Nenhuma injustiça é cometida, pois a injustiça consiste em tratar as pessoas pior do que elas merecem. Quando as pessoas são tratadas melhor do que merecem, isso não é injustiça, mas graça. Jesus não sofreu a justiça distributiva quando morreu, porque ele não era um pecador.

A. indaga como, então, se conclui desse ponto de vista da expiação que ela é universal. P. afirma que a expiação foi uma satisfação para a justiça pública pela qual os fins da punição são respondidos. A expiação é, segundo sua própria natureza, tão suficiente para um homem quanto para outro e para todos os homens quanto para um homem.[1178]

P. então move a discussão para outra direção e pergunta a A. se ele crê que os eleitos estão sob o julgamento de Deus até o momento que eles creem em Cristo. A. responde afirmativamente. P., então, declara que há uma diferença entre "uma cobertura por" e "uma cobertura de". A expiação é "uma cobertura pelo pecado", porque é adaptada para ser uma cobertura de pecado; mas ela não se torna uma cobertura de pecado para qualquer indivíduo até que ele a coloque, isto é, até que ele de fato creia em Cristo e receba seu perdão".[1179]

P. questiona como, no sistema da expiação limitada, os eleitos incrédulos estão ainda sob o julgamento de Deus. Ele declara que a Escritura diferencia entre a expiação e a reconciliação.

[1177] Ibid., 563-67.
[1178] Isso, incidentalmente, é o mesmo argumento para a expiação universal formulado por Andrew Fuller e Charles Hodge, entre muitos outros calvinistas que poderiam ser citados. Contudo, eles discordariam com algumas das categorias e argumentos que P. usa no diálogo.
[1179] *A Dialogue on the Extent*, 571.

A. apresenta um quarto argumento em defesa da expiação limitada: Cristo apenas intercede por aqueles por quem ele morreu. P. reponta que extrair essa conclusão é ter a certeza de que possivelmente não morreria por ninguém, exceto pelos eleitos e, portanto, presume a conclusão. Além disso, P. não admite que Cristo interceda apenas pelos eleitos. A. contesta que a Escritura diz que Cristo não ora pelo mundo, "mas por eles que tu me deste".[1180] P. responde que contextualmente, nessa oração particular, Cristo ora especificamente pelos seus discípulos e não outros. Para afirmar dessa declaração que Jesus não ora de forma alguma pelo mundo é presumir a conclusão. A obra mediatária do Filho inclui a expiação e a intercessão. A. não concorda que em alguns aspectos Jesus intercede pelos não eleitos.

A. apresenta seu quinto argumento em defesa da expiação limitada. A expiação limitada, para o pacto da redenção, obtém o dom da fé para os eleitos. Só os eleitos recebem o dom da fé; portanto, Cristo morreu apenas pelos pecados dos eleitos.

P. contesta que o argumento silogístico é logicamente falacioso e provê dois exemplos desse tipo de lógica sofística.

> Deus é o doador de todas as coisas boas.
> Deus é o doador da fé.
> A fé aplica-se somente aos eleitos,
> Portanto, Deus não concede boas coisas a quaisquer uns, mas apenas aos eleitos.

> O sol e a chuva produzem vegetação.
> Mas não há vegetação em uma rocha árida.
> Portanto, a chuva jamais cai e o sol jamais brilha na rocha árida.[1181]

Ambas as conclusões são falsas. P. diz que para A tornar seu argumento correto, ele teria que dizer:

> A morte de Cristo assegura o desfrute de todas as bênçãos espirituais para aqueles por quem ele morreu.
> Ela, portanto, garante o dom da fé.
> A fé não é dada a alguém, exceto aos eleitos.
> Portanto, Cristo não morreu por alguém, a não ser pelos eleitos.[1182]

[1180] Ibid., 573.
[1181] Ibid.
[1182] Ibid.

P. declara:

> Esse seria um silogismo correto e a conclusão procederia se ele fosse verdadeiro, que a morte de Cristo realmente garante o desfrute de todas as bênçãos espirituais a todos aqueles por quem ele morreu. Presumir que ela o faz é presumir o próprio tópico em debate. Isso é presumir a conclusão novamente. Esse argumento, contudo, é bom por outro lado e prova que Cristo morreu por todos os homens.[1183]

A. formula outro argumento em defesa da expiação limitada. Se Cristo morreu por todos os homens, então ele morreu por aqueles que já estão no inferno, cuja salvação é impossível e que jamais podem receber a oferta de salvação. P. reverte a situação a seu favor e pergunta como Cristo pode morrer pela salvação dos eleitos que já estão no céu, cuja salvação é completa e que nunca podem receber a oferta de salvação.

A. responde que aqueles que já estão no céu estão ali pela fé em Cristo que viria no futuro. P. refuta que aqueles que já estão no inferno foram para lá em que pese a falta de fé no salvador que viria. O problema de A. de acordo com P., é supor que Cristo não poderia ter algum propósito ou intenção em morrer por alguém, a menos que ele intentasse salvá-lo. Isso é presumir a conclusão outra vez.

A. argumenta que se Cristo morreu por todos, então a justiça de Deus exigiu a punição do pecador e de Jesus. Como os mesmos crimes podem ser punidos duas vezes sem injustiça? P. responde que eles não podem ser punidos duas vezes. Cristo, de acordo com P., não foi punido de maneira alguma. A satisfação que ele fez não foi uma satisfação para a lei ou para a justiça distributiva. Somente sob os princípios da expiação limitada a lei é satisfeita duas vezes.

A. então defende a ideia que se Cristo morreu por todas as pessoas, então ele expiou pelos pecados que jamais são perdoados, como a blasfêmia contra o Espírito Santo e a incredulidade definitiva. Isso é um absurdo. P. diz que sob o mesmo princípio, embora os eleitos estejam sem arrependimento, o pecado deles não pode ser perdoado. Portanto, supor que o pecado dos eleitos é expiado enquanto ainda são incrédulos, é um absurdo.

A. apresenta outro argumento em favor da expiação limitada. A morte de Cristo não beneficia aqueles que jamais ouvem o evangelho. Se Cristo morreu por todas as pessoas, como Deus permite que muitos milhões delas permaneçam na ignorância do evangelho?

[1183] Ibid.

P. responde que essa situação pressupõe que Cristo não poderia morrer por alguém, a menos que ele intentasse a salvação dele, portanto A. presume a conclusão. P. retribui o favor com algumas questões próprias para A, como "Por que ele [Deus] não salva realmente todos os homens? Por que ele, pelo menos, não salva todos que desfrutam a luz do evangelho? ... Por que ele não converte um [dos eleitos] no amanhecer da vida e outro não até o encerramento dela?"[1184] Essas, e as questões semelhantes, são definitivamente irrespondíveis porque a Escritura não as responde. Portanto, conclui P, é a questão sobre aqueles que jamais ouviram o evangelho. A Escritura não fornece resposta.

A. expõe outro argumento em favor da expiação limitada: desonra a Cristo que muitos por quem ele morreu pereçam definitivamente na incredulidade. P. responde que o argumento de novo presume a conclusão ao supor que Cristo não morreu por alguém, mas pelos eleitos.

A. então argumenta que a Escritura diz em alguns contextos que a morte de Cristo é restrita a um grupo de pessoas, como a igreja, as ovelhas e assim por diante. Mas P. retruca que os particularistas não deveriam inferir dessas declarações que Cristo não poderia morrer ou não morreu por outros, pois fazê-lo, uma vez mais, presume a conclusão.[1185]

A. insiste que a expiação ilimitada é inconsistente com a doutrina da eleição particular. Aqui, P. e A. se envolvem na discussão lapsarianas tão comum nos debates intramuros entre os reformados. Essa parte do diálogo é menos útil sobre o tema da extensão da expiação, pois em toda a história reformada pode-se encontrar supralapsarianos que defenderam uma forma de universalismo hipotético (como William Twisse), bem como infralapsarianos (como Charles Hodge e W. G. T. Shedd) e não lapsarianos (como R. L. Dabney) que defenderam a expiação ilimitada. Herman Bavinck, como Dabney, argumentou contra a especulação lapsarianas, e, no entanto, como veremos, ele defendeu um ponto de vista estrito da expiação.[1186] Contrário à opinião popular, portanto, o conceito de alguém sobre o lapsarianismo ou a ordem decretiva não é decisivo para que ele fracasse no que concerne ao tema da extensão.

A. apresenta um argumento final em favor da expiação limitada: expiação e redenção significam o mesmo, assim todos que são expiados, são redimidos. Somente os eleitos são redimidos, portanto, a expiação foi realizada pelos eleitos. P. contesta que a expiação e redenção não são a mesma coisa. "Expiação é satisfação *pelo* pecado;

[1184] Ibid., 575.

[1185] Esse raciocínio também emprega a falácia da inferência negativa, que afirma que a prova de uma proposição não refuta seu contrário.

[1186] Herman Bavinck, *Reformed Dogmatics: God and Creation*, 4 v., ed. J. Bolt, trans. J. Vriend (Grand Rapids, MI: Baker, 2004), 2:388–92; *Reformed Dogmatics: Sin and Salvation in Christ*, 3:455– 75.

redenção é libertação *do* pecado. Se a expiação e a redenção fossem a mesma coisa, seria impróprio orar por redenção quanto por expiação".[1187]

Nesse ponto, A. convida P para declarar seus argumentos em favor da expiação limitada. Considerando que a maioria dos argumentos de P. foram apresentados em sua refutação aos argumentos de A, P. brevemente os repete à forma de resumo.

1. Uma oferta sincera do evangelho que convida todas as pessoas a participar de suas bênçãos precisa de uma expiação ilimitada. O convite do evangelho declara que há salvação provida e disponível a todos, não apenas para alguns. Sem uma expiação ilimitada, essa oferta universal é falsa e esse convite é uma mera zombaria.
2. Todos que ouvem o evangelho têm o dever de responder a ele. Mas se Cristo não morreu por todos, não pode ser dever de todos obedecer ao evangelho. Não pode ser dever dos demônios crer no evangelho, pois Cristo não morreu pelos demônios.
3. Todos que rejeitam Cristo finalmente são condenados e punidos devido à incredulidade deles. Mas como podem ser justamente punidos por rejeitarem uma salvação jamais provida para eles?
4. A natureza da justiça pública, que a expiação satisfez, requer uma expiação universal.
5. Visto que todas as pessoas recebem bênçãos de Deus como consequência da morte de Cristo, deve haver um sentido no qual Cristo morreu por todos.
6. A morte de Jesus situa todas as pessoas em um estado de provação em que elas têm uma oportunidade de receber o benefício da expiação se cumprirem a condição divina de salvação. Mas os não eleitos não têm essa oportunidade, porque Cristo não morreu pelos pecados deles. Não importa o que façam, eles jamais poderiam receber a salvação.
7. A Escritura claramente afirma uma expiação ilimitada em vários contextos.[1188]

Para esse último argumento, A. adverte que P deve admitir que "mundo" e "todos" são, às vezes, usados em um sentido limitado, desse modo os termos devem ser usados em todas as passagens que falam da extensão da expiação. P. admite que essas palavras são na ocasião empregadas em um sentido limitado. Contudo, quando esse é o caso, o contexto é claro em determinar a limitação. Não é possível que todas as passagens sobre a expiação, que usam intencionalmente essas palavras, falem de algo que seja limitado.

[1187] *A dialogue on the extent*, 579 (ênfase no original).
[1188] Ibid., 579-80.

O diálogo entre A. e P. é designado para apoiar a posição da expiação ilimitada na tradição reformada. Esse tipo de conversa hipotética é valioso porque adota vocabulário teológico e conceito elevados e, às vezes, simples e os situa no nível em que virtualmente todos podem facilmente compreender o sentido. Essa estratégia é ainda ocasionalmente empregada no discurso teológico.

Por exemplo, compare o diálogo anterior com esse hipotético postado no site de John Piper entre um evangelista que crê na expiação limitada e um incrédulo. Meus comentários estarão entre colchetes.

Incrédulo: Então, o que você me oferece?
Evangelista: A salvação da ira de Deus e de seu pecado. Vida eterna.
I: Como?
E: Porque quando Jesus, o Filho de Deus, morreu, ele absorveu a ira de Deus, a removeu e expiou a culpa do pecado por todos que nele confiam. [Isso é expiação limitada. Cristo expiou apenas o pecado por todos que nele confiam].
I: Ele fez isso por mim?
E: Se você o tiver, isto é, recebê-lo, terá tudo que ele é para você e tudo que ele fez por você. Se confiar nele, sim, ele o fez por você. [Note o quanto uma resposta assim é difícil e inconveniente para o incrédulo. Se você crer, sim, ele fez isso por você; se não crer, ele não fez isso por você ou se você é um dos eleitos esse chamado que recebe agora é o chamado geral, não o chamado especial para salvação, que receberá em algum momento no futuro e você responderá a esse chamado especial].
I: Então, você não sabe se ele fez isso por mim? [Exatamente. O evangelista não sabe se Cristo morreu por esse incrédulo ou não, dada a sua convicção na expiação limitada].
E: Ele se oferece a você agora mesmo, livremente. Ele oferece a você uma obra de redenção maravilhosa e acabada. Tudo que ele realizou ao absorver a ira de Deus e cancelar pecados. Tudo isso é seu para possuir agora mesmo. Se você não tiver isso, não é seu. Se você tiver, isso é seu. Há uma única forma de saber se seus pecados foram cancelados e sua sentença de morte foi substituída na morte de Jesus. Creia nele. A promessa dele é absoluta: Se você crer, será salvo. Se você não crer, permanece em seu pecado e sob a ira de Deus. [Note os problemas aqui se esse alguém é realmente um dos eleitos. Primeiro, o evangelista está equivocadamente dizendo a esse incrédulo não eleito que Deus lhe oferece algo quando, de fato, o que é oferecido não existe. Não há expiação pelos pecados dele; ele não poderia ser salvo mesmo se o quisesse. Segundo, e mais

problemático, o próprio Deus oferece a salvação a esse incrédulo não eleito. Porém, como isso pode acontecer se o próprio Deus não proveu expiação para os pecados do incrédulo não eleito? Isso coloca em dúvida a sinceridade de Deus na oferta e de fato em seu próprio caráter].

I: Então, o que você me pede para receber?

E: Jesus. Receba Jesus! Porque Jesus realmente fez essas coisas. Ele realmente garantiu a liberdade de seu povo da ira de Deus. Ele realmente expiou os pecados em seu corpo no madeiro. Se você o receber, é um deles. Você está incluído. Tudo isso é verdade para você. Ele oferece a você livremente agora mesmo. [Note que Jesus garantiu a liberdade "de seu povo". Isso é expiação limitada. Mas não haveria uma pergunta que não quer calar na mente desse incrédulo se ele de fato cresse? Como: "O que aconteceria se minha fé não fosse real? Talvez eu não seja um dos eleitos e estou enganado?"].

I: Eu pensei que poderia saber que Jesus morreu por mim antes de crer. Isso é o que sempre me disseram: Creia nele, porque ele morreu por todos.

E: Não posso dizer com certeza, mas as pessoas que lhe ensinaram, provavelmente disseram isso: Jesus morreu para que o evangelho pudesse ser oferecido a todos e todos que creem serão salvos. Isso é verdadeiro. Mas se eu dou essa certeza antes que você creia que seus pecados foram cancelados e sua libertação da ira de Deus foi obtida, eu o enganaria. Imagine se eu lhe dissesse, Jesus certamente conseguiu sua libertação da ira de Deus e certamente cobriu todos os seus pecados. Agora, creia nisso. O que você diria? [Aqui as coisas realmente se atrapalham. Ninguém que eu conheço que crê na expiação ilimitada diz a um incrédulo que seus pecados são cancelados e sua libertação da ira de Deus está obtida meramente porque Cristo morreu pelos pecados dele. Aqui, o evangelista aproveita-se de dois erros: uma teoria comercial da expiação que funde a extensão da expiação com sua aplicação e o fracasso em reconhecer a natureza condicional da aplicação da expiação: ela é unicamente aplicada quando os incrédulos creem].

I: Eu diria, ótimo. Agora, o que acontece se eu não crer? Então, ainda sou salvo? Considerando que meus pecados foram certamente cobertos. Está consumado. [Ora, o incrédulo também está confuso].

E: Sim, isso é provavelmente o que você diria e estaria errado, porque eu teria o enganado. As boas-novas é que Jesus realmente propiciou a ira de Deus e realmente cobriu os pecados de seu povo. Está consumado. E é isso que eu lhe ofereço. Isso é gratuito. Isso é perfeito. Isso é completo. Isso é glorioso. E a sua promessa absoluta para você é essa: ela é sua se você o receber. Creia no Senhor Jesus Cristo e você será salvo. [Novamente, observe a ilógica dessa resposta pelo evangelista. Ao incrédulo é oferecido algo que nem ele nem o evangelista podem estar certos que existe para ele. Outra vez, no sistema da expiação limitada, a oferta do evangelista e o próprio Deus não podem ser sinceros, genuínos se esse incrédulo estiver entre os não eleitos].[1189]

Agora, vamos analisar algumas das personalidades eminentes, que desempenharam um papel no debate sobre a extensão no século XIX.

James Richards (1747—1843)

Richards foi professor de teologia no Seminário Teológico em Auburn, Nova York, de 1823 a 1843. A palestra 13, em sua obra *Lectures on mental philosophy and theology* [Palestras sobre filosofia da mente e teologia] (1846) lidou com a extensão da expiação. Já vimos que Richards afirma uma expiação universal. Sua palestra é importante por muitas razões.

Primeira, ele citou vários autores patrísticos que afirmaram a expiação ilimitada. Segunda, se referiu aos primeiros reformadores, incluindo Calvino e os luteranos como afirmando a expiação ilimitada. Com respeito a Calvino, Richards ressaltou um pensamento importante no que concerne à exegese de Calvino da palavra "todos" em algumas passagens referentes à expiação.

> Contudo, é simplesmente claro admitir que em algumas passagens em que a palavra todos é indagada, esse escritor supõe que ela signifique todos de cada tipo ou todas as sortes, ao contrário de todo, todos. Mas isso ele faria com facilidade e consistentemente defenderia como doutrina do Novo Testamento, que a morte de Cristo foi um sacrifício pleno e perfeito pelos pecados de todos os homens absolutamente. Essa doutrina ele certamente sustentou, como diversos dos extratos de seus escritos agora expostos claramente evidenciam. Portanto, não precisamos ter receio de que nosso *calvinismo* será essencialmente desfigurado por defender a doutrina de uma propiciação geral, a menos que desejemos ser mais calvinistas que o próprio Calvino.[1190]

[1189] Veja John Piper, "A Five-Pointer Shares the Gospel," Desiring God (blog), March 9, 2011, http://www.desiringgod.org/articles/a-five-pointer-shares-the-gospel.

[1190] J. Richards, *Lectures on Mental Philosophy and Theology* (Nova York: M. W. Dodd, 1846), 311 (ênfase no original).

Terceira, ele corretamente notou o pensamento dos *Trinta e Nove Artigos* da Igreja da Inglaterra refletido na expiação ilimitada. Quarta, ele observou acertadamente que o cânone definitivo de Dort sobre o assunto foi escrito de tal forma que ambas as partes, os particularistas e aqueles que afirmavam a imputação ilimitada dos pecados a Cristo, pudessem assinar. Quinta, ele analisou e respondeu os argumentos teológicos sempre feitos contra uma expiação ilimitada. Finalmente, analisou certas passagens bíblicas que indicam uma expiação universal.[1191]

Para Richards, a expiação "foi um sacrifício verdadeiro e adequado pelo pecado" e "esse sacrifício criou uma relação com os pecados dos homens, quando um caminho foi aberto através dele para a restauração da inteira família humana ao favor de Deus".[1192]

George Hill (1750—1819)

Hill foi um líder moderado na igreja escocesa, professor de teologia e subsequentemente reitor de St. Mary's College [Universidade de Santa Maria] em St. Andrews. Ele publicou suas *Lectures in divinity* [Palestras em teologia] no início do século XIX. Essas palestras foram utilizadas por muitos anos, depois de sua morte, como um manual padrão em faculdades de teologia até os anos 1870, quando a *Teologia sistemática* de Charles Hodge se tornou popular.

A obra de Hill foi menos calvinista na essência do que a dos líderes posteriores da Igreja Livre; também foi menos interessado na teologia federal. Ele falou da morte de Cristo não como a punição verdadeira devido aos pecadores, mas como um meio alternativo para cumprir a obrigação indigna do homem.[1193] Hill estava mais confortável com a evolução da Nova Teologia dos calvinistas americanos nos primórdios do século XIX. Ele parece tender em direção a uma expiação ilimitada. Por exemplo, sobre João 6, afirmou: "Aqui estão as doutrinas da redenção particular e universal aparentemente ensinadas no mesmo discurso".[1194]

Hill declarou:

> Se a eficácia do remédio está inseparavelmente relacionada com a sua aceitação, não pode ser a intenção do todo-poderoso um remédio universal, considerando que ele privou os meios de aceitação a muitos daqueles por quem anunciou-se que ele foi provido. As palavras do apóstolo, portanto, "Deus deseja que todos os homens se salvem e cheguem

---

[1191] Ibid., 302-27.

[1192] Ibid. Veja também R. B. Welch, "Rev. Dr. James Richards and His Theology", *The Presbyterian Review* 5.18 (April 1884): 401–42.

[1193] G. Hill, *Lectures in Divinity*, ed. Alexander Hill (Philadelphia: Herman Hooker, 1844), 505–12.

[1194] G. Hill, *Extracts from lectures in divinity* (Edinburgh: William Blackwood & Sons, 1861), 88.

ao conhecimento da verdade", devem ter uma interpretação diferente daquela que é bastante óbvia; e todos os outros textos que argumentam em favor da redenção universal estão, da mesma forma, limitados pelo anúncio imperfeito do evangelho.[1195]

Alexander Ranken (1755—1827)

Foi um teólogo e moderador da Igreja da Escócia. Ele publicou seu livro: *Institutes of theology* [Institutas de teologia] em 1822,[1196] o qual foi algo como uma tentativa de fornecer uma versão abreviada da obra de Hill. Ele esperava que o calvinismo moderado e o arminianismo moderado pudessem encontrar razões para uma reaproximação. Ranken se inclinou em direção à teoria governamental da expiação e afirmou uma expiação universal.

Timothy Dwight (1752—1817)

Dwight foi um notável pregador congregacionalista americano, teólogo, autor e presidente da Yale College [Universidade Yale] de 1795 até 1817. Ele foi um calvinista influente. Muitos de seus sermões foram publicados postumamente em 1818-1819 em quatro volumes sob o título *Theology explained and defended*[1197] [Teologia explicada e defendida].

No volume 2, sermão 56, sob o título V, Dwight tratou da extensão da expiação. Ele afirmou: "A expiação de Cristo foi suficiente em sua extensão para abrir a porta para o perdão de todos os pecadores".[1198] Essa doutrina "é sempre e tão claramente declarada nas Escrituras, que estou surpreso em encontrar dúvida concernente a ela, nutrida por uma pessoa qualquer".[1199] Ele prosseguiu, registrando seis argumentos em favor da expiação universal:

1. Se a expiação foi tal que Deus pode consistentemente perdoar um pecador, ele poderia com igual consistência perdoar qualquer quantidade de pecadores. A expiação necessária para salvar o mundo foi igualmente necessária, e da mesma forma e intensidade, para salvar um pecador.
2. A expiação é, devido à infinita dignidade de Cristo, considerada meritória infinitamente. Uma expiação infinitamente meritória é suficiente para o mundo todo.

1195 Hill, *Lectures in Divinity*, 510.
1196 A. Ranken, *Institutes of theology, or, a concise system of divinity* (Glasgow, University Press, 1822).
1197 T. Dwight, *Theology explained and defended in a series of sermons*, 4 v., 4th ed. (New Haven, CT: S. Converse, 1825).
1198 Ibid., 2:217 (ênfase no original).
1199 T. Dwight, "Sermon 56," em *Theology explained and defended*, 2:217.

3. Cristo sofreu no lugar daqueles que veio redimir.
4. Se Cristo não tivesse realizado uma expiação suficiente por outros, além dos eleitos, então sua salvação não pode ser oferecida a eles de maneira alguma e eles não são culpados por não recebê-la. Mas isso é contrário à Escritura.
5. O evangelho é as boas-novas para todas as pessoas, não apenas para os eleitos. Se a expiação é limitada, o evangelho não é proclamado aos não eleitos de forma alguma.
6. Pregadores são requeridos a pregar o arrependimento e a fé a todos os pecadores como dever deles. Mas se nenhuma expiação existe pelos pecados deles, eles não podem crer, pois Cristo não é um objeto possível da fé deles.[1200]

Relativo à questão por que todas as pessoas não são salvas, Dwight respondeu que todos não creem em Cristo. "Nenhum homem é perdoado meramente por causa da expiação realizada por Cristo; mas devido à sua própria aceitação, também, dessa expiação, pela fé".[1201]

John Chavis (1763–1838)

Chavis estudou em Princeton por três anos, então, completou seus estudos na Washington College [Universidade Washington] em 1802. Foi o primeiro pregador presbiteriano afro-americano e ele defendeu a expiação ilimitada.[1202]

Chavis foi prejudicado pela lei de 1832, na Carolina do Norte, que proibia afrodescendentes de ensinar ou pregar, privando-o efetivamente de seu meio de subsistência. Pouco tempo depois, Chavis decidiu escrever um sermão sobre a expiação, uma vez que o tópico era debatido em sua própria denominação. Ele ficou do lado dos presbiterianos da Nova Escola, a maioria dos quais aderiu à expiação ilimitada. A sua intenção era que o sermão fosse publicado, mas o presbitério de Orange recusou-se a publicá-lo. Finalmente, ele foi publicado em 1837 em Raleigh, Carolina do Norte.

O principal argumento de Chavis em defesa de uma expiação ilimitada é o mandamento de Deus de pregar a todas as pessoas. "O caráter do salvador, o plano de redenção, a razão e o bom senso proíbem essa convicção [em uma expiação limitada]".[1203]

[1200] Ibid., 217-18.

[1201] Ibid., 218.

[1202] Veja H. C. Othow, *John Chavis, African American Patriot, Preacher, Teacher and Mentor (1763–1838)* (Jefferson, NC: McFarland and Company, 2001).

[1203] John Chavis, "Letter upon the Doctrine of the Extent of the Atonement of Christ," em *Preaching with Sacred Fire: An Anthology of African American Sermons, 1750 to the Present*, ed. M. Simmons and F. Thomas (Nova York: W. W. Norton and Co., 2010), 35. O sermão completo pode ser encontrado nas pp. 32– 44 e também em Othow, John Chavis, 13–32.

Edward Dorr Griffin (1770—1837)

Um graduado de Yale, Griffin foi licenciado para pregar em 1792. Em 1815, ele se tornou pastor da Segunda Igreja Presbiteriana em Newark, Nova Jersey, e mais tarde, em 1821, se tornou presidente da Williams College [Universidade Williams] em Massachusetts, até 1836. Foi um pregador relevante durante o segundo grande avivamento.

Griffin escreveu sobre a extensão da expiação sob um título extraordinário: *Uma humilde tentativa de conciliar as diferenças dos cristãos com respeito à extensão da expiação por demonstrar que a controvérsia que existe sobre o assunto é primordialmente verbal.*[1204] Nesse volume, Griffin defendeu a expiação ilimitada. Ele refutou o argumento do pagamento duplo.[1205]

Seu conceito de sobre a expiação é geral: Cristo morreu pelos pecados de todas as pessoas. Já seu entendimento sobre redenção é duplo: O que ele chamou de "redenção inferior" corresponde essencialmente à expiação e fala da expiação como satisfazendo a lei pelos pecados de todas as pessoas. A "redenção superior", para Griffin, significava libertação realizada. Assim, Cristo morreu pelos pecados de todos (expiação e redenção inferior), mas apenas eficazmente pelos pecados dos eleitos (redenção superior).[1206]

Em sua *Humilde tentativa*, Griffin recorre a Calvino, Isaac Watts e outros calvinistas que afirmaram a expiação ilimitada. Ele considerou a evidência dos sermões e comentários de Calvino como "decisivos" para sugerir a convicção de Calvino em uma expiação ilimitada, "a mesma dos escolásticos e pais antes dele".[1207]

Nos sermões de Griffin há mais evidência de sua convicção na expiação geral. Em seu sermão: "A Serpente Abrasadora" com base em João 3.14,15, afirmou que a morte de Cristo é uma expiação pelos pecados do mundo.[1208]

Griffin se sentia confortável com a abordagem governamental para a expiação, mas como muitos que a defendiam, ele também defendeu uma forma de satisfação penal pelos pecados. A "expiação removeu a barreira penal, que o pecado havia erguido".[1209]

Griffin compreendeu a expiação como uma provisão completa pelos pecados de todas as pessoas como agentes morais. A preocupação dele com alguns de seus

---

[1204] E. Griffin, *A humble attempt to reconcile the differences of christians respecting the extent of the atonement, by showing that the controversy which exists on the subject is chiefly verbal. To which is added an appendix exhibiting the influence of Christ's Obedience* [Uma humilde tentativa de conciliar as diferenças dos cristãos com respeito à extensão da expiação por demonstrar que a controvérsia que existe sobre o assunto é primordialmente verbal. Para o que é acrescentado um apêndice apresentando a influência da obediência de Cristo] (Nova York: Stephen Dodge, 1819).

[1205] Ibid., 113-14.

[1206] Ibid., 95–101.

[1207] Ibid., 379–80.

[1208] E. Griffin, *The life and sermons of Edward D. Griffin*, 2 v. (Edimburgo: Banner of Truth, 1987), 2:15–27.

[1209] Ibid., 175.

colegas calvinistas era com a falha deles em distinguir as pessoas como agentes morais e receptores passivos. "O erro está em não perceber que uma expiação intencionada meramente para agentes, é completamente para eles sem referência à questão se as mesmas criaturas devem ser regeneradas".[1210] Para Griffin, como para todos os calvinistas, isso está no alcance da eleição soberana de Deus.

Por exemplo, ele afirmou que a morte de Cristo é a causa de todas as bênçãos espirituais e assim ela é a causa "do dom da fé". Mas declarou que "isso não tem nada a ver com a extensão da expiação".[1211] Cristo morreu pelos não eleitos e se eles perecem é devido à dureza de seus corações e uma recusa em crer. Griffin explicou essa ideia ao fazer duas perguntas: por quem Cristo *expiou*? E, por quem Cristo *morreu*? A primeira deve ser respondida universalmente. A última responde à questão: Quem Jesus pretendeu salvar pela obra do chamado eficaz e o dom da fé neles como receptores passivos? Cristo intenciona salvar apenas os eleitos.[1212]

Isso é compatível com a aceitação de Griffin do pacto da redenção como uma formulação válida para compreender a soteriologia.[1213] Entretanto, o pacto da redenção, eleição, a aquisição do dom da fé por Cristo para os eleitos e coisas semelhantes não têm relação com a extensão da expiação, de acordo com ele.[1214]

Assim como o homem precisa ser compreendido enquanto agente moral e receptor passivo, então, Griffin afirmou que Deus precisa ser compreendido como governador moral e como a causa eficiente soberana. Essas são as duas "grandes divisões da administração divina. E elas são bastante distintas que quando um homem abre seus olhos para uma, ele não pode, por assim dizer, ver a outra".[1215]

Essa obra por Griffin provê discernimento em como os apoiadores da abordagem governamental da expiação pensam sobre os temas.

Ralph Wardlaw (1779—1853)

Wardlaw foi um congregacionalistas escocês e figura central na posterior controvérsia *Marrow*. Como pregador, deteve um lugar proeminente na Escócia, mas foi por meio de seus escritos teológicos que ficou mais famoso na Grã-Bretanha e na América.

Wardlaw se propôs a considerar os conceitos calvinistas sobre a extensão sob três categorias: hipercalvinismo, calvinismo ortodoxo e calvinismo moderado. A respeito dessa última categoria, afirmou que ele é "habilmente elucidado pelo finado Andrew

---

[1210] Ibid., 179.
[1211] Ibid., 180.
[1212] Ibid., 181-82.
[1213] Ibid., 175.
[1214] Ibid., 192.
[1215] Ibid., 209.

Fuller", juntamente com outros, e é "agora adotado por uma proporção crescente de ministros calvinistas e cristãos professos".[1216]

Concernente à posição hipercalvinista referente à extensão da expiação, Wardlaw considerou o conceito como equivalente quantitativo.[1217] Ele não mede palavras relativas ao seu desprezo pelo conceito: "Expressei anteriormente minha reprovação irrestrita dessa doutrina, como insignificante, medíocre e uma completa incompatibilidade com a dignidade divina do mediador, totalmente revoltante em minha avaliação e convicções".[1218] Ele mencionou e discutiu várias objeções a esse conceito. Por exemplo:

> Se é admitido, como é geralmente, pelos defensores da expiação, que foi da divindade de Jesus que seu sacrifício derivou seu valor; eu poderia, creio, ir um passo além e afirmar que a ideia de uma equivalência para os méritos dos eleitos apenas é uma impossibilidade na própria natureza das coisas. A dignidade infinita de sua pessoa mediatária estabelece necessariamente e é eternamente impossível que o valor de seus sofrimentos propiciatórios devesse ser avaliado e delimitado pelo montante da pena devida às criaturas finitas. A sua substituição e obediência até a morte devem, por necessidade, ter excedido infinitamente um equivalente para os sofrimentos penais de qualquer número concebível da raça humana.[1219]

Outra objeção é que a teoria da equivalência torna a expiação impossível para aqueles outros que não os eleitos que poderiam desejar a salvação, pois a impossibilidade surgiria não deles mesmos, "mas na própria natureza e constituição do plano de redenção". Não há expiação por eles.[1220] Wardlaw argumentou que não pode haver uma

---

[1216] R. Wardlaw, *Systematic Theology*, 3 v., ed. J. R. Campbell (Edimburgo: Adam and Charles Black, 1856–1857), 2:439. A discussão completa de Wardlaw sobre o assunto pode ser encontrada em 2:438–84.

[1217] Wardlaw (ibid., 2:439) descreveu como equivalentes
àqueles que defendem a expiação limitada no sentido de ser suficiente apenas, quanto à compensação legal, para a salvação dos eleitos; de modo que, se uma quantidade maior fosse salva, mais sofrimento seria suportado; que Cristo, estando no lugar dos eleitos e se revelando como substituto e representante deles, expiou os pecados deles exclusivamente, realizando uma expiação adequada para a remissão deles e por mais ninguém, pagando precisamente (para usar a fraseologia ordinária, mas muito distorcida) o montante do débito deles. Esse conceito da expiação tem sido defendido por não poucas pessoas e tem sido promovido novamente e sustentado como o único conceito justo e bíblico por alguns escritores modernos.

[1218] Ibid.

[1219] Ibid., 440-41.

[1220] Ibid., 442.

oferta universal do evangelho genuína com essa teologia.¹²²¹ Finalmente, argumentou que o comercialismo dessa posição nega o princípio da graça em que o benefício da expiação é devido aos eleitos.¹²²²

A análise de Wardlaw do segundo conceito, o calvinismo ortodoxo, é o conceito padrão da expiação limitada ou definida, pela qual Cristo substituiu somente pelos pecados dos eleitos. Ele considerou esse conceito para justamente defender a suficiência plena e intrínseca da expiação. Contudo, refletiu que o conceito destrói a base para a oferta universal do evangelho. Essa posição essencialmente convida os pecadores para algo que não existe.¹²²³

O conceito calvinista moderado "defende que a expiação é uma solução geral com uma aplicação particular".¹²²⁴ Em sua crítica do segundo conceito, já apresentado, Wardlaw corretamente indagou como pode ser consistente afirmar ao mesmo tempo que a expiação é limitada somente aos eleitos enquanto seu valor, "admite-se, está contido infinitamente além do montante real de salvação que surgirá dela".¹²²⁵

Wardlaw afirmou, adicionalmente, que não haveria fundamento para a oferta universal do evangelho, nessa abordagem, e as mesmas objeções feitas contra a posição equivalente quantitativa podem também ser levantadas contra a denominada posição calvinista ortodoxa.

Wardlaw não está impressionado com o argumento do pagamento duplo. Quanto à posição equivalente quantitativa, considerou que a expiação definida nega o princípio de graça: "É certamente muito claro, então, que não pode haver graça em conceder o que seria um ato de injustiça privar".¹²²⁶ Ele continuou:

> Mas, de acordo com a atual hipótese, a graça deve existir exclusivamente na determinação soberana de Deus, que o preço da redenção ou resgate deva ser pago. Quando ele foi pago, Deus não pôde, consistentemente com essa hipótese, "justificar espontaneamente por sua graça" aqueles por quem ele foi pago, mas foi estabelecido, pelo pagamento dele, sob uma obrigação de justiça perdoar e salvá-los. Poderia haver graça em admitir a proposta de uma garantia para pagar o débito; mas não haveria graça, quando o débito foi pago, ao absolver o devedor. Poderia haver graça

---

1221 Ibid., 442-43.
1222 Ibid., 443-44.
1223 Ibid., 443.
1224 Ibid., 445.
1225 Ibid., 446.
1226 Ibid., 451.

em permitir que um substituto voluntário suportasse a pena merecida; mas não poderia haver nenhuma, quando o substituto suportasse a pena, remetendo-a ao transgressor.[1227]

Para Wardlaw, citando Payne com aprovação: "Estritamente falando, a expiação não foi realizada por um homem ou por todos os homens; ela foi realizada para Deus pelo pecado, isto é, por causa do pecado".[1228] Ele não encontrou inconsistência nessa posição sobre a extensão da expiação combinada com a intenção especial de Deus em aplicá-la somente aos eleitos.[1229]

Nesse ponto, Wardlaw recorreu a uma análise das passagens-chave no Novo Testamento que afirmam uma expiação ilimitada. Ele ressaltou que aqueles que argumentam em defesa da expiação definida para conciliar as passagens universais por restringir o sentido de "mundo" e "todos" aos eleitos. Também considerou um estratagema que "nenhuma mente honesta jamais pode estar satisfeita". Ele se opôs a essa abordagem por duas razões: ela é "forçada e antinatural" e "ela introduz inconsistência e absurdo em algumas declarações dos escritores sagrados".[1230] Para ele, essa abordagem subverteu os princípios da hermenêutica bíblica correta.

Wardlaw concluiu sua discussão da extensão da expiação com um sumário da posição que defendeu em sua *Teologia sistemática*.

> A expiação é uma magnífica solução geral, que glorifica todas as perfeições divinas no perdão e salvação dos culpados; possui suficiência de valor para a salvação de todos e, por essa razão, proclama e oferece salvação da mesma forma a todos; mas limitada, quanto à sua real eficácia salvadora, pelo propósito soberano de Deus na eleição de graça. No primeiro conceito, corresponde ao desígnio imperial de Deus, como imperador

---

[1227] Ibid., 451–52.

[1228] Ibid., 454.

[1229] Ibid., 456: O conceito que assim expus parece muito mais autoconsistente e livre de dificuldades embaraçosas do que o esquema da equivalência ou o esquema da destinação especial. A grande vantagem dele é que ele permite que tudo esteja aberto; e, portanto, por não introduzir restrições prévias tendo para a referência a expiação em si mesma, ele preserva, livre de toda distorção, uma base para a obrigação universal dos pecadores da humanidade aceitarem a misericórdia oferecida e pela sinceridade da oferta universal dela para esta aceitação. Em nenhum dos outros esquemas sentimos que nosso caminho está claro; há restrição, seja no caminho da suficiência limitada ou da destinação limitada na propiciação em si mesma.

[1230] Ibid., 460-61.

moral do mundo; e no último, ao propósito soberano de Deus no livre e irrestrito exercício de Sua misericórdia eterna.[1231]

Wardlaw expressou seus pensamentos sobre o assunto em outra obra intitulada *Discourse on the nature and extent of the atonement* [Discurso sobre a natureza e extensão da expiação]:

> Ao defender a universalidade da redenção, não estamos, por um lado, obrigados a admitir a universalidade do perdão e da salvação, nem, por outro lado, negando a graça da eleição soberana. Podemos, com perfeita consistência, negar uma e adotar a outra. Se a *expiação* e a *remissão de pecados* foram necessariamente coincidentes em extensão – de modo que o pecado expiado precisa ser necessariamente perdoado e cancelado – certamente que é um fato extraordinário que os mesmos termos de universalidade não são usados da mesma forma com respeito a ambos. O efeito das seguintes questões deveria, eu penso, ser reconhecido. E será por cada mente honesta. "Se, afinal, fosse verdadeiro, que por essas expressões: 'o mundo', 'o mundo inteiro', 'todos os homens', 'todo homem', Deus pretenda dizer apenas os eleitos, como termos igualmente extensivos" (isto é, conforme aqueles usados relativos à expiação) "não são empregados para falar de eleição e justificação? Se essas duas e a expiação fossem realmente coextensivas, como jamais lemos que Deus *elegeu* 'o mundo' e o "mundo inteiro', e 'todos os homens' e 'todo homem' e justificou 'o mundo' e 'o mundo inteiro' e 'todos os homens' e 'todo homem'? Particularistas admitem que um poderia ser dito tanto quanto o outro e como então jamais se diz? Não somente isso precisa ser explicado, mas diante do caso parece bastante claro e palpável que há uma diferença entre a extensão da expiação e a extensão da eleição e justificação e a repentina identificação dessas é tão absurda, que, a não ser que uma demonstração sólida e decisiva seja dada da coextensão delas, o sistema da limitação desmorona e a expiação universal passa a ser aceita como um fato natural. Há uma vasta diferença entre a linguagem que descreve a expiação e essa que descreve a eleição e a justificação quanto à extensão; e o sentido geral, fácil e irrestrito da Escritura que ensina muito claramente a propiciação ilimitada pelo sangue de Cristo, que ela jamais pode ser substituída, exceto por sólida e irrefutável prova da

---

[1231] Ibid., 483.

limitação direta".* — Confesso-me incapaz de verificar alguma possibilidade de responder satisfatoriamente a essas questões, como estão formuladas, com base na expiação e justificação sendo necessariamente coextensivas. — Mas ao admitir a universalidade da expiação e a restrição soberana da justificação para aqueles que creem e são os objetos da escolha graciosa de Deus, a diferença na linguagem sobre um assunto e o outro é explicada de uma vez. É precisamente o que compreendemos que deve ter sido, supondo que foi formulado sob esse princípio. Não é isso, então, a verdade? Os termos mais restritos que são usados com respeito ao perdão real ou justificação estão em correspondência com o caráter restritivo do amor eletivo de Deus e de sua determinação publicada para justificar pecadores somente por meio da fé. Há um *propósito limitado para salvar*. A expiação é o fundamento sobre o qual o propósito de salvar está. Porém, o propósito de salvar, sobre o fundamento da expiação, não penetra e não pode penetrar a essência da expiação em si mesma. O propósito e isso sobre o qual o propósito se baseia não podem, em nenhum aspecto, ser a mesma coisa. Mas ainda assim, existia na mente divina a provisão e a realização da expiação, esse propósito soberano de salvar – esse propósito soberano que, embora realizado pela humanidade – cumpriu o desígnio indefinido de glorificar a Deus no perdão do pecado e na aceitação da salvação dos pecadores. Isso deveria causar um efeito real na salvação de alguns, embora outros permanecessem indesculpáveis pela rejeição disso. E, certamente, a existência desse propósito fornece uma considerável suficiência de peculiaridade para os textos que usam os termos de limitação, sem supor a limitação na expiação em si mesma; uma suposição que faz surgir uma dificuldade superlativa para todo tipo de artificialidade e esforço na interpretação daquelas passagens nas quais os termos são universais e nas quais eles não podem ser compreendidos de outra forma do que no sentido universal, sem torná-los, especialmente em algumas de suas ocorrências, autocontraditórios.[1232]

Wardlaw também afirmou:

> O propósito ou intenção de salvar, que é representado como a peculiaridade da expiação em sua relação com os eleitos, não é, como penso que

---

[1232] R. Wardlaw, *Discourse on the nature and extent of the atonement of Christ* (1843; reimp. Londres: Forgotten Books, 2013), 222–24. O asterisco se refere à citação de Wardlaw das "Dificuldades de Robert Morison relacionadas à doutrina da expiação limitada".

deva ser óbvio a você, alguma parte da expiação em si mesma – não faz parte de forma alguma de sua natureza – é um propósito, ou intenção, relativo aos efeitos ou resultados da expiação – é um propósito com respeito às pessoas a quem a expiação é em si mesma indefinida e a mesma para todos, deve, pela graça de Deus, ser eficazmente redentora. Portanto, não é a expiação em si mesma, mas esse propósito soberano associado com ela, embora não essencialmente pertencendo a ela, que garante a salvação deles. Não pode haver nada na natureza ou essência da expiação para um mais do que para outro; de modo que se, por um lado, a expiação foi para todos, e um "propósito de salvar" pertença à sua natureza, todos devem ser salvos. E, se por outro lado, um propósito de salvar efetivamente não pertencia propriamente à sua natureza, mas estava relacionado com ela, determinando e limitando seus efeitos; então, o que temos aqui senão a própria coisa que estamos debatendo: uma redenção universal como a base do convite universal e um propósito especial, o resultado de um favor soberano especial, mas imerecido no que se refere à sua aplicação real ou eficiência salvadora?[1233]

Como um calvinista, o alarme de Wardlaw a respeito de forçar uma interpretação da Escritura para ajustá-la a uma teologia preconcebida é ainda mais significativo:

> Sempre pensei que os calvinistas, em geral, ao defenderem a doutrina da redenção particular, se expuseram consideravelmente à crítica pelas interpretações artificiais, que eles aplicaram em algumas partes da fraseologia bíblica; a algumas das quais tivemos a oportunidade de fazer referência. Esse princípio de interpretação deveria certamente ser adotado como o correto, que, com a menor evidência ou realidade de explicação forçada e artificial de palavras e frases, corresponde às várias e, à primeira vista, às passagens aparentemente conflitantes da palavra divina.[1234]

Thomas Chalmers (1780—1847)

Muitos consideram Thomas Chalmers o mais formidável pregador da Escócia no século XIX. Antes da Ruptura em 1843, foi um pastor, pregador e professor bem-sucedido. Foi na essência o fundador e principal líder da evangélica Free Church of Scotland [Igreja Livre da Escócia], servindo como o moderador da primeira assembleia. Ele também afirmou a expiação universal e a considerou definitiva para o fundamento

---

[1233] Veja a explicação de R. Wardlaw em ibid., 207–8.
[1234] Wardlaw, *Systematic Theology*, 483.

da livre oferta do evangelho a todas as pessoas. "Se Cristo morreu apenas pelos eleitos e não por todos", os pregadores "estão confusos para compreender como devem proceder com os chamados e convites do evangelho".[1235] Nós dizemos a você da voz suplicante de Deus. Nós lhe garantimos, em seu nome, que ele não deseja que você morra. Nós lhe convidamos a ousar receber o perdão da expiação realizada por aquele que morreu por todos".[1236]

No mesmo sermão sobre Romanos, Chalmers explicitamente declarou que Cristo morreu por todos os homens e o fervor com que ele exortou seus ouvintes a seguir a Cristo é evidente:

> Dizemos a você da voz suplicante de Deus. Nós lhe garantimos, em seu nome, que ele não deseja que você morra. Nós lhe convidamos a ousar receber o perdão da expiação realizada por aquele que morreu por todos os homens. Nós lhe convidamos a colocar em prática imediatamente a graça e santidade, para que você possa ser qualificado para ingressar nesse céu beatífico de cujas muralhas se fazem sinais de boas-vindas e cujos portões são amplamente abertos para receber você. Proclamamos essa palavra simples de salvação a toda consciência e batemos com ela na porta de todo coração; e como somos ordenados a pregar o evangelho não a alguns poucos escolhidos, enquanto o retemos das hostes de réprobos, mas para pregar a toda criatura sob o céu; novamente suplicamos que ninguém presente aqui proíba a si mesmo, pois é mais do que certo que Deus não os proibiu. Mas venham a Cristo todos vocês que estão cansados e sobrecarregados e terão descanso. Olhem para ele, todos os confins da terra; e embora nesse instante vocês estejam nos limites mais longínquos da distância moral e alienação, mesmo assim olhem para ele e serão salvos.[1237]

O biógrafo de Chalmers, citando um de seus ouvintes, escreveu de sua paixão nessa área:

> Ele se inclinava sobre o púlpito e nos pressionava a receber o dom, como se o segurasse naquele momento em sua mão e não ficava satisfeito até que cada um de nós o possuísse. E sempre quando o sermão terminava e

---

1235 T. Chalmers, *Institutes of Theology*, 2 vols. (Edimburgo: Sutherland and Knox, 1849), 2:418.
1236 T. Chalmers, *Lectures on the Epistle of Paul the Apostle to the Romans* (Nova York: Robert Carter & Brothers, 1863), 398.
1237 Ibid.

o cântico era entoado, ele se levantava para pronunciar a bênção, vindo novamente com um novo apelo, pouco disposto a permitir que saíssemos até que ele fizesse mais um esforço para nos persuadir a aceitá-lo.[1238]

Em um sermão sobre Romanos, Chalmers afirmou sua convicção que Cristo morreu pelos pecados de todas as pessoas:

> Não é dito em nenhum contexto da Bíblia que Cristo morreu por mim em particular, como que pelo simples ato de ele morrer os benefícios de sua expiação são minha possessão. Mas em todos os contextos da Bíblia é dito que ele morreu por mim em particular, como que pelo simples ato de ele morrer os benefícios de Sua expiação são meus pela oferta. Eles são meus se eu quiser.[1239]

Chalmers se dirigiu aos seus alunos e afirmou tanto a expiação universal como a proclamação audaz do evangelho:

> Você está plenamente autorizado a realizar isso pelos termos nos quais a mensagem do evangelho é concebida, por palavras, por exemplo, dessa universal e ao mesmo tempo dessa indicada e específica aplicação, como "aquele que" e "todos" e "algum" e "todo" sendo associados com os chamados e convites do Novo Testamento.[1240]

A seguinte declaração é cristalina sobre o tema:

> Cristo não morreu por todos como se todos realmente recebessem o dom da salvação; mas ele morreu por todos, como que todos a quem ele é pregado têm a real e honesta oferta de salvação. Ele não está em sua possessão até que você se apose dele pela fé. Mas ele é seu em oferta. Ele é tão seu quanto algo do qual você pode dizer: eu tenho isso para receber.

[1238] W. Hanna, *Memoirs of the life and writings of Thomas Chalmers*, 4 v. (Edimburgo: Edmonston and Douglass Hamilton, Adams, and Co., Londres, 1867), 1:318.

[1239] Chalmers, *Romans*, 167.

[1240] T. Chalmers, "Prelections on Butler's Analogy," em *Posthumous works of the Rev. Thomas Chalmers*, 9 vols., ed. W. Hanna (Edimburgo: T. Constable and Co., 1852), 9:167. Chalmers disse repetidas vezes a mesma coisa nas Institutas (168): "Eu não objeto, você notará, ao objeto da fé deles sendo dessa forma particular, que ele Morreu pelos meus pecados, porque considero preciosos os termos de todos, e algum e qualquer um, e aquele a quem as propostas do evangelho são expressas, garante-se abundantemente essa aplicação abençoada".

Você, um e todos vocês, meus irmãos, têm a salvação para receber; e se não escolhem recebê-lo é porque ele de fato não pertence a vocês.[1241]

Chalmers esclareceu a ideia de que a oferta é universal, porque a expiação é universal:

> O remédio [para o pecado humano], de fato, é muito mais extensivo na proposição do que em seu efeito. Isto pode ser prometido, na proposição, a todos, enquanto ao mesmo tempo, e efetivamente, ele é limitado àqueles que se arrependem e creem, embora a maioria, certamente todos aqueles que se arrependem e creem serão salvos. E isso também é muito verdadeiro, que apesar da oferta de redenção ser rejeitada por todos, há um sentido no qual essa redenção poderia ainda ser chamada de universal. A oferta não poderia ser feita sem ela; e agora que Cristo morreu, a oferta poderia ser feita a um e a todos os tipos.[1242]

Essa declaração é importante por causa da distinção que Chalmers fez entre a oferta e a expiação ("redenção"). Ele afirmou que a "redenção" pode ser chamada de "universal". Os conceitos dele são mais confirmados ainda por sua declaração explícita em que concordou com o arminiano William Palley, que "Cristo morreu pelo mundo inteiro, porque agora e em consequência de Sua morte, a oferta da remissão de pecados pode ser feita ao mundo inteiro".[1243]

Em um sermão sobre Lucas 2.14, intitulado: "Sobre a universalidade da oferta do evangelho", Chalmers se dirige aos não salvos: "Considerando que a remissão de pecados sem o derramamento de sangue é impossível, ele abriu o caminho entre ele e o mundo culpado dessa poderosa barreira. Em vez de lhe perder para sempre, ele enviou seu Filho para derramar sua alma até a morte por você".[1244] Chalmers entusiasticamente suplicou aos seus ouvintes não salvos:

> Ele não se aflige mais pela dureza de seus corações, quando vocês desistem de resistir à consideração impressionante de sua boa vontade para com vocês e às provas comoventes de sua boa vontade no sofrimento de seu Filho por vocês, na morte dele por vocês, nele suportar um peso de

---

[1241] Chalmers, *Romans*, 319. Para mais sobre a livre oferta do evangelho, veja Chalmers, *Institutes*, 2:409–12.

[1242] Chalmers, "Prelections on Butler's Analogy," 9:326.

[1243] Ibid., 9:107–8.

[1244] T. Chalmers, "On the Universality of the Gospel Offer" em *The Select Works of Thomas Chalmers*, 4 vols. (Nova York: Robert Carter & Brothers, 1850), 3:237.

misteriosa agonia por amor a vocês e derramar o sangue da expiação para lavá-los da culpa e poluição de todas as suas iniquidades.[1245]

Chalmers considerou "como lamentável a afirmação que Cristo não morreu por todos os homens, mas apenas por aqueles de toda nação que, por fim, são salvos".[1246] Finalmente, ele associou a necessidade de uma expiação universal como as bases para a livre oferta do evangelho:

> Se Cristo não morreu por todos, como posso oferecer a sua salvação a todos? Se ele morreu apenas pelos eleitos, em quais termos posso declarar a prontidão de Deus para aceitar a multidão diante de mim? Como eu o represento esperando ser gracioso, se, no exercício de uma graça discriminadora, ele tem propósitos de misericórdia somente para certas pessoas que me são desconhecidas, embora não tenha esse propósito para outras, que também desconheço? ...
>
> Lemos que Cristo morreu pelo mundo, mas ele morreu por mim em particular? O fundamento está estabelecido em Sião pela sua morte expiatória, um fundamento amplo o suficiente para eu me apoiar? As ofertas de reconciliação que procederam do céu são, como imagino, ofertas dirigidas a mim mesmo? Como posso recebê-las depois de ser informado que Cristo morreu apenas por alguns e que em contexto nenhum se afirma que estou incluído na porção feliz? Que perplexidade sente um ministro no púlpito quanto aos termos nos quais ele deveria propor a mensagem de reconciliação; é a verdadeira perplexidade sentida pelo ouvinte relativa aos termos nos quais ele deveria recebê-la. ...
>
> Se Cristo não morreu por mim, como se ele estivesse em minha possessão, ele, pelo menos, morreu por mim, como se ele fosse meu em oferta. ...
>
> Devo considerar que essa doutrina tem o efeito mais grave em seu desempenho no púlpito, se você não se dirigir a todos os homens, como as pessoas do perdão e justificação propostos; se não lhes garantir uma reconciliação ao se voltarem para Deus e terem fé no Senhor Jesus Cristo; se você, para esse propósito, não os persuadir a mudar e lhes expor com afeição tanto quanto plenamente a verdade como ela é em Jesus; se não lhes disser, exatamente como esses salvacionistas universais fazem, que a salvação deles depende da fé deles. O remédio de fato é muito mais

---

[1245] Ibid., 240.
[1246] "Prelections on Butler's Analogy," 9:356.

extenso na proposição do que em seu efeito. Ele pode ser oferecido e honestamente oferecido, em proposição, a todos, enquanto ao mesmo tempo, e efetivamente, está limitado àqueles que se arrependem e creem, embora seja mais do que certo que todos que se arrependerem e crerem serão salvos. E é também muito verdadeiro que, embora a oferta de redenção fosse rejeitada por todos, há um sentido no qual essa redenção poderia ser chamada de universal.[1247]

George Payne (1781—1848)

Payne foi um inglês congregacionalista. A obra dele de 1836: *Lecutres On Divine Sovereignty, Election, The Atonement, Justification And Regeneration*[1248] [Palestras Sobre Soberania Divina, Eleição, A Expiação, Justificação E Regeneração] foi contestada por J. A. Haldane, entre outros, a quem ele respondeu na edição final de 1846.

Payne promoveu a abordagem governamental da expiação. Ele declarou como sua terceira proposição,

> embora, por um lado, o salvador não possa ter intencionado garantir a salvação de todos os homens pelo ato de se oferecer como um sacrifício pelo pecado, no entanto, esse sacrifício precisa, por outro lado, ter sido em si mesmo adequado à salvação de todos os homens, de modo a tornar-se um fundamento adequado para os chamados geral e ilimitado do evangelho.[1249]

Payne reconheceu a ambiguidade na questão se Cristo morreu com um *desígnio* de salvar alguns homens ou todos os homens.

> Salvar, deve-se afirmar, pode significar estabelecer para os homens um fundamento de salvação, isto é, para supri-los com o meio de salvação; ou de novo, tornar aqueles meios eficazes para a salvação deles e, consequentemente, responder à questão deve variar, como um ou outro desses sentidos é relacionado às palavras. Se a questão for: "Cristo morreu com o desígnio de estabelecer um fundamento de salvação para *todos* os homens ou por *alguns* homens?" Eu respondo que, nesse sentido, ele morreu por todos os homens. Se a questão for: "Ele morreu com o

---

[1247] Ibid., 317-18, 321, 326.
[1248] G. Payne, *Lectures on Divine Sovereignty, Election, the Atonement, Justification, and Regeneration* (Londres: Hamilton, Adams, and Co., 1836). A Palestra 13 é sobre "A Extensão da Expiação".
[1249] Ibid., 208-9.

desígnio de tornar esses meios eficazes para a salvação de *todos* os homens ou de *alguns* homens?" Eu respondo que, nesse sentido, ele morreu por alguns homens apenas.

> Eu creio na suficiência ilimitada, universal e infinita da expiação de Cristo. Eu creio que foi a intenção de Deus, *como o governador moral*, de conceder o seu Filho como um sacrifício pelo pecado, ... para prover um remédio equivalente à enfermidade. Eu creio, por outro lado, na aplicação limitada da expiação. Eu creio que foi a intenção de Deus, *como um soberano*, tornar esse remédio eficaz, mediante uma influência especial e soberana, no caso de certos indivíduos *apenas*, que são afetados pela enfermidade geral, de modo que a intenção de Deus, como um *soberano* e como um *imperador*, em referência à expiação, é diferente, uma é geral e a outra é particular.[1250]

Payne descreveu a expiação como uma satisfação pelo pecado prestada a Deus como o governador moral do mundo, que removeu todo obstáculo da parte do Pai de um modo que ele poderia agir com graça e salvação com pecadores. Ele pensou que se isso descreve verdadeiramente a natureza da expiação, então a morte de Cristo deve ser suficiente para a salvação do mundo inteiro. Payne afirmou:

> Ora, se essa é a natureza da expiação, o sacrifício de nosso Senhor deve ser em si mesmo suficiente para a salvação do mundo todo. Conceber alguma limitação em referência ao seu próprio mérito ou adequação é totalmente impossível. Supor que a morte de Cristo removeu os obstáculos que teriam, de outro modo, impedido a salvação de alguns homens e não aqueles que teriam obstruído a salvação de outros, é supor não apenas o que é antibíblico, mas o que é absurdo.[1251]

"Se a morte de Cristo foi de natureza moral e não uma satisfação pecuniária, então essa satisfação que foi suficiente para um deve ser suficiente para todos", raciocinou Payne.[1252] A menos que a expiação seja universal, a consistência das exortações e ameaças bíblicas é impossível de serem justificadas.[1253]

[1250] Ibid., 210.

[1251] Ibid., 211.

[1252] Ibid., 212. Payne citou o sermão 35 por Timothy Dwight: "A expiação, em outras palavras, que foi necessária para um mundo, foi igualmente necessária e justamente do mesmo modo e intensidade, para um pecador" (213).

[1253] Ibid., 214.

Concernente à suficiência da expiação, Payne registrou seu espanto que alguns poderiam dar crédito à "monstruosa proposição" que nenhuma provisão expiatória existe por multidões que são, entretanto, convidadas por Deus a participarem dela e, porém, estão condenadas por rejeitá-la.[1254] Para ele: "É um absurdo basear a *suficiência* da expiação no propósito divino em referência à sua aplicação".[1255] Se a expiação não fosse suficiente, independentemente da vontade de Deus quanto a quem ela deveria ser aplicada, Payne argumentou que ela não poderia ter sido suficiente sequer para uma pessoa. Além disso, se a expiação é suficiente em si mesma em termos de mérito e valor, como todos os calvinistas concordariam, então, de acordo com o autor, ela poderia ser eficiente no caso de todos, se Deus quisesse assim.

Payne afirmou que se alguém supõe que a suficiência da expiação se baseia somente no propósito de Deus para a aplicação aos eleitos, o resultado deve ser uma suficiência limitada, pois ela não tem poder de garantir a salvação, exceto àqueles a quem o Pai determinou previamente que deveriam recebê-la. No entanto, Deus convida todos a recebê-la. Payne talvez tenha tornado explícito o que é implícito em seu pensamento, a saber, que sobre o sistema da expiação limitada, a expiação não pode ser suficiente para aqueles por quem ela não existe, os não eleitos.

Para ele, o governo moral de Deus de suas criaturas simplesmente não pode apoiar a noção da expiação limitada. Uma porta de misericórdia está aberta a todas as pessoas. Isso, portanto, é necessário que o fundamento para a recepção da salvação, a expiação, "deva ser em si mesmo suficiente para a salvação de todos".[1256]

Robert Morison (1781—1855; pai de James Morison)
Em 1841, publicou *Difficulties connected with the doctrine of a limited atonement*[1257] [Dificuldades relacionadas com a doutrina da expiação limitada] em que, como seu filho James, claramente defendeu a expiação ilimitada. Ele teve o mesmo destino nas mãos do sínodo, como seu filho.[1258]

Morison não constatou que as passagens típicas usadas pelos particularistas, para apoiar a expiação limitada, eram "de maneira alguma convincentes da limitação".[1259]

[1254] Ibid.

[1255] Ibid., 214-15.

[1256] Ibid., 217.

[1257] R. Morison, *Difficulties connected with the doctrine of a limited atonement; or, the question for whom did Christ Die?* (Kilmarnock: J. Davie, 1841), 3– 7.

[1258] Veja A. Robertson, *History of the atonement controversy: In Connexion with the session church, from its origin to the present time* (Edimburgo: William Oliphant and Sons, 1846), 170–75.

[1259] R. Morison, *Difficulties Connected*, 4.

Ele concluiu: "Se a limitação não é evidente e absoluta, o *onus probandi* ou ônus da prova, está incontestavelmente do lado dos particularistas".[1260]

Morison incisivamente criticou a noção particularista da suficiência quando perguntou o que queriam dizer por isso:

> Isso significa simplesmente que há muito valor abstrato na obra de Cristo que seria suficiente para todos os homens, se assim fosse designada? Se ela representa tudo isso, a próxima questão é: ela não foi designada para todos os homens? Se ela foi designada, de alguma forma, para todos os homens, então foi de que forma? Se ela foi designada para todos os homens, mas foi designada a ser menos do que uma propiciação pelos pecados deles, o que foi designado para eles?
>
> Se por outro lado, afirma-se que ela não foi designada para todos os homens, mas é em sua natureza algo suficiente para todos os homens, então, pergunto: Ela pode, em algum sentido, ser suficiente para o que jamais foi designada? Ela foi designada para todos os homens como uma expiação pelos seus pecados ou ela não pode mais estar disponível para aqueles por quem ela não foi designada, de modo que pode estar disponível aos anjos caídos.
>
> Se a expiação de Cristo foi somente uma obra que poderia ter sido suficiente —se assim fosse planejada —, que não implica que na realidade seja suficiente; ou é suficiente, mas seria assim apenas sob certas condições supostas. Seu valor intrínseco não é o fato aqui. A intenção é tudo. Essa suficiência deve, de fato, ser determinada por sua eficiência.
>
> Em um conceito, a eficiência da expiação (isto é, seus frutos reais) é mensurada por sua aplicação ou o propósito da aplicação e nesse sentido vago de eficiência, ela é de natureza restrita. Mas outro e ainda mais importante conceito de sua eficiência é seu caráter propiciatório, que legalmente "elimina o pecado". Esse caráter antecede à aplicação e é nisso que consiste sua própria eficiência.
>
> Ela é precisamente eficiente, portanto, quanto à remoção de todos os pecados e todos os pecados de todos os pecadores, para os quais ela foi eficiente como uma propiciação. Ela é suficiente para tudo isso, mas não mais. Como uma atividade de *boa* fé em favor dos pecadores, sua suficiência é delimitada por sua eficiência e surge dela; ou, em outras

---

[1260] Ibid., 10.

palavras, ela não é na realidade suficiente para qualquer um, exceto àqueles por cujos pecados ela foi uma propiciação.

Se ela foi uma propiciação eficiente pelos pecados do mundo inteiro, então ela basta ou é suficiente para a salvação do mundo todo; mas se não foi uma propiciação eficiente pelos pecados do mundo todo, então não basta ou não é suficiente para a salvação do mundo inteiro. E ela não é suficiente justamente porque não foi eficiente.

Isso é, portanto, uma séria dificuldade relacionada à doutrina de uma expiação limitada, que ao negar a eficiência ilimitada do sangue de Cristo como uma propiciação, anula sua suficiência universal para a salvação dos pecadores, sem exceção.[1261]

Morison questionou como o pecador pode conhecer o amor de Deus, o dom de Cristo e a propiciação que Cristo realmente realizou na cruz pelos seus pecados, "exceto sob o princípio da expiação universal. Esse é o único meio que a Bíblia fornece, pelo qual ele pode saber que a propiciação foi por seus pecados". Morison não considerou possível que alguém cresse no evangelho, a menos que ele "procedesse praticamente sob o princípio da expiação ilimitada. Sem isso, não há testemunho disponível que ele possa compreender que venha diretamente a ele para que possa crer".[1262]

Morison continuou sua crítica ao defender que a expiação limitada "representa Deus de uma forma a mais desfavorável na pregação do evangelho".[1263] Um homem jamais prega realmente o evangelho, no sentido da palavra em Paulo, a não ser que tudo que ele apresente seja tão preparado quanto a lançar às almas de seus ouvintes o grande fato: 'Cristo morreu pelos seus pecados de acordo com as Escrituras'".[1264] O chamado universal e o mandamento universal de crer no evangelho indicam uma provisão dele para todas as pessoas.[1265]

Concernente à propiciação, Morison cria que pode haver propiciação onde não há salvação, mas não pode haver salvação onde não há propiciação. Na expiação ilimitada, a propiciação se estende para além da salvação. Contudo, no sistema particularista, a propiciação existe apenas para uns poucos selecionados e, consequentemente, a salvação existe somente para um grupo seleto. Esse sistema "representa Deus enviando uma mensagem falsa e enganosa".[1266]

[1261] Ibid., 14-16.
[1262] Ibid., 17.
[1263] Ibid., 19-20.
[1264] Ibid., 20.
[1265] Ibid.
[1266] Ibid., 21.

Em conclusão, Morison não viu conflito com seus próprios conceitos e aqueles de Westminster. Ele citou Twisse, o moderador em Westminster, dizendo: "Todo homem que ouve o evangelho (sem distinção entre eleito e réprobo) está fadado a crer que Cristo morreu por ele". Morison continuou a aludir a Twisse sobre João 3.16: "Isso transmite uma luz adequada da exposição para aqueles contextos, no qual é dito que Cristo morreu pelos pecados do mundo, sim, do mundo inteiro" e concluiu ao afirmar: "Certamente que o Dr. Twisse sabia que isso era unânime para os padrões de Westminster".[1267]

John Brown (1784–1858)
John Brown foi um pastor escocês e professor de teologia na Igreja da Secessão. Ele foi neto dos famoso John Brown de Haddington. Brown esteve envolvido na controvérsia sobre a expiação entre 1840 e 1845, levando à formação da Igreja da Secessão. Foi julgado diante do sínodo presbiteriano por afirmar que a extensão da expiação era universal. Foi honrosamente inocentado.[1268]

Ilustrando seu moderado dualismo calvinista, com respeito à expiação, Brown afirmou,

> Quase nada no Novo Testamento parece mais claro a mim do que em um sentido, Cristo se entregou como um resgate por todos e em outro, no sentido mais elevado, ele se entregou pela igreja. A declaração que ele morreu com uma referência especial àqueles que são realmente salvos, não interfere em nenhum nível com a declaração que ele morreu com uma referência geral: "o justo pelos injustos".[1269]

Falando a respeito de Hebreus 9.28, Brown afirmou: "Os pecados do mundo inteiro foram postos nele".[1270] Falando sobre Hebreus 9.14, Brown disse concernente ao sangue de Cristo, "que ele veio oferecê-lo pelos pecados da humanidade".[1271] Nos *Discourses And Sayings Of Our Lord* [Discursos e Declarações de Nosso Senhor], ele falou também duas vezes da morte de Cristo, em termos universais, "pelos pecados

---

[1267] Ibid., 34.

[1268] Veja J. Brown, JU. Hay e A. Marshall, *Report of Proceedings in Trial by Libel of John Brown, D.D.* (Edimburgo: W. Oliphant, David Robertson, 1845).

[1269] J. Brown, *An Exposition of the Epistle of the Apostle Paul to the Hebrews*, 2 vols., ed. D. Smith (Edinburgh: W. Oliphant and Co., 1862), 1:429.

[1270] Ibid., 1:430–31.

[1271] Ibid., 2:341.

da humanidade".[1272] Em seu comentário sobre Romanos, Brown interpretou 1 João 2.2 expressando que Cristo morreu pelos pecados de todas as pessoas, não apenas dos eleitos.[1273]

Com respeito a João 3.16, Brown discutiu o sentido da palavra "mundo" como aplicado a toda humanidade. Em bom estilo calvinista, afirmou o amor especial de Deus pelos eleitos, mas sustentou que Cristo satisfez pelos pecados do mundo de uma maneira que

> não apenas a expiação oferecida por Jesus Cristo foi suficiente para a salvação do mundo todo, mas foi planejada e preparada para remover do caminho da salvação de pecadores em geral, toda barreira que as perfeições do divino caráter moral e os princípios do divino governo moral apresentaram. Sem essa expiação nenhum pecador poderia ser perdoado coerentemente com a justiça. Como consequência dessa expiação, todo pecador pode ser e se ele crer em Jesus, certamente será perdoado e salvo.[1274]

Os particularistas sempre recorrem à oração intercessória de Jesus em João 17 como evidência para a expiação limitada. Brown argumentou contra essa interpretação mediante uma exegese cuidadosa da passagem.[1275]

Robertson registrou os comentários de Brown ao sínodo relativo aos seus pontos de vista da extensão da expiação:

> Que ele estava igualmente persuadido, que, por divina designação, a morte de Jesus Cristo remove as barreiras legais no caminho da salvação e abre a porta da misericórdia a toda humanidade, tornando-a consistente com as perfeições do caráter divino e os princípios do governo divino, para fazer uma livre oferta de salvação a todo ser humano por meio da fé e da verdade, e que, devido à divina designação, a morte de Jesus Cristo

---

[1272] J. Brown, *Discourses and Sayings of Our Lord Jesus Christ*, 2 v. (Nova York: Robert Carter and Brothers, 1857), 1:38–39; 42. Veja também seus comentários na p. 526 que "não há dúvida" de que" Jesus é a propiciação pelos pecados do mundo inteiro.

[1273] J. Brown, *Analytical Exposition of the Epistle of Paul to the Romans* (Nova York: Robert Carter and Brothers, 1857), 556. Brown também afirmou sua adesão à expiação ilimitada em seus *Expository Discourses of the First Epistle of the Apostle Peter*, 3 v. (Edimburgo: William Oliphant and Co., 1866), 2:87–90.

[1274] J. Brown, *Discourses and Sayings*, 49–50.

[1275] J. Brown, *An Exposition of Our Lord's Intercessory Prayer* (Edimburgo: William Oliphant and Co., 1866), 101–4.

garante a salvação real daqueles que Deus, na misericórdia soberana, desde toda eternidade, elegeu para a vida eterna.[1276]

Robertson continuou a referir-se a Brown como afirmando que Cristo satisfez pelos pecados da raça humana, não apenas dos eleitos.

William Cogswell (1787-1850)

Cogswell foi um pastor em Dedham, Massachusetts, por quatorze anos. Posteriormente, serviu como professor de história na Dartmouth College [Universidade Dartmouth] e então, como presidente do Gilmanton Theological Seminary [Seminário Teológico Gilmanton] e professor de teologia cristã; escreveu muitos livros, incluindo *The theological class book; Containing a system of divinity in the form of question and answer*[1277] [O manual teológico; Contendo um sistema de teologia na forma de pergunta e resposta].

Na seção sobre a expiação, a pergunta dez é: "Quão extensiva é a expiação?" A resposta dada diz: "Ela é geral e se estende em sua suficiência a toda família humana".[1278] Observe a forma como Cogswell responde essa questão declarando que a expiação é "geral" – isto é, "pelos pecados de todas as pessoas" – e que se "estende em sua suficiência" a toda humanidade. Aqui, Cogswell compreende "suficiência" como mais do que o valor ou dignidade da morte de Cristo, de modo que a suficiência é apenas hipotética. Ao contrário, a suficiência consiste no fato que Jesus realmente substituiu pelos pecados de todas as pessoas.

A Questão 11: "Como isso acontece?" A resposta explica:

> 1. Do caráter de Cristo. O Salvador é um ser de dignidade e mérito infinitos. Portanto, seus sofrimentos e morte são de valor e eficácia infinitos; e assim, a expiação é suficiente por toda a humanidade. Concluir o contrário seria depreciativo para o caráter glorioso do redentor. 2. A expiação por sua natureza parece ser tão suficiente para todos quanto para uma parte da raça humana. Isso se deve a Deus que pode consistentemente dispensar graça ao culpado – pode ser justo e ainda o justificador de todos, que

---

[1276] Robertson, *History of the atonement controversy*, 179–81.

[1277] William Cogswell, *The theological class book; containing a system of divinity in the form of question and answer, accompanied with scripture proofs, designed for the benefit of theological classes, and the higher classes in sabbath schools* [O manual teológico; contendo Um sistema de teologia na forma de pergunta e resposta, acompanhado com provas da Escritura, designado para o benefício dos cursos teológicos e para os cursos superiores das escolas sabáticas] (Boston: Crocker & Brewster, 1831).

[1278] Ibid, 79.

creem, não importa quão enorme seja o número. 3. Essa doutrina pode ser provada dos mandamentos, convites e exortações da Escritura. Deus é sincero em todas suas relações com os homens. Consequentemente, ele não ordenaria, convidaria e exortaria a todos para que aceitem a salvação, se ela não fosse provida para eles. A inferência, então, é, que a expiação é suficiente para todos. 4. Outro argumento para provar a suficiência da expiação é o mandamento, transmitido nas Escrituras, para orar por todos os homens. Deus não nos ordenaria orar por todos os homens, a menos que a salvação fosse provida por todos. 5. As Escrituras ensinam essa doutrina por declarações expressas.[1279]

Primeiro, Cogswell deduziu do caráter e natureza de Cristo e seus sofrimentos que não é possível que Jesus devesse sofrer por alguns pecados e não por outros. Isso seria "depreciativo" ao caráter do salvador. Segundo, baseado na morte do Filho para todos, Deus pode dispensar graça ao culpado de uma maneira justa, não importa quão enorme seja o número. Por isso, é possível que todos pudessem ser salvos se todos se arrependessem e cressem no evangelho porque há uma expiação suficiente realizada pelos pecados de todas as pessoas. Terceiro, a sinceridade de Deus em ordenar e convidar todos a crerem no evangelho depende da expiação realizada por todos que ouvem esses mandamentos e convites. Senão, Deus é falso nessas ofertas. Quarto, o mandamento para orar por todos implica uma salvação provida a todos. Quinto, essas verdades são ensinadas por "expressa declaração" na Escritura. Elas não são apenas logicamente deduzidas, mas de fato ensinadas.

Cogswell também ressaltou que se distinguirmos propriamente entre a expiação e a redenção, em que a "expiação" tem a ver com a penalidade paga pelo pecado e "a redenção" é reservada para falar da libertação real da pena do pecado por meio da aplicação da expiação, então "ninguém jamais inferiria na doutrina da salvação universal da extensão geral da expiação". A "suficiência da expiação depende de sua natureza, mas sua eficiência depende de sua aplicação, pelo Espírito de Deus".[1280]

Daniel Dewar (1788-1867)
Dewar foi o reitor da Marischal College [Universidade Marischal], Aberdeen, e um ministro da Igreja da Escócia. Sua obra *Nature, Reality, And Efficacy Of The Atonement* [Natureza, Realidade e Eficácia Da Expiação] foi publicada em 1831.[1281] Ele afirmou uma expiação limitada.

[1279] Ibid., 80–81.
[1280] Ibid., 83.
[1281] D. Dewar, *The nature, reality, and efficacy of the atonement* (Edimburgo: Waugh and Inns, 1831).

A abordagem de Dewar para o tema da extensão pode ser resumido como segue:

1. A Escritura afirma que Cristo morreu pelo seu povo, suas ovelhas.
2. A morte de Cristo é restrita àqueles que lhe foram dados pelo Pai.
3. Expiação e intercessão estão associados.
4. Há uma conexão inseparável entre o dom do Filho e o dom do Espírito.
5. Considerando que a morte de Jesus expressa seu amor extraordinário ou infinito, ela só pode ser pelos eleitos.
6. A natureza da promessa de Cristo garante a salvação de todos aqueles por quem ele morreu.
7. O Filho mereceu fé, santidade, e vida eterna para aqueles por quem ele morreu.[1282]

Dewar fundamentou a oferta do evangelho universal na suficiência intrínseca da expiação de Cristo.[1283]

Charles Hodge (1797-1878)

Seria difícil citar alguém mais ilustre do que Charles Hodge como um teólogo reformado no século XIX. As credenciais de Hodge são impecáveis. Ele foi professor de teologia em Princeton e influenciou alguns fundadores batistas do Sul, especialmente J. P. Boyce.

Hodge realçou um pensamento pertinente sobre a necessidade de teologia bíblica que serve como fundamento para a teologia sistemática nas duas citações seguintes:

> Isso é o que se expressa quando é dito ou sugerido na Escritura, que Cristo se entregou como uma propiciação, não por nossos pecados apenas, mas pelos pecados do mundo todo. Ele foi uma propiciação efetivamente pelos pecados de seu povo e suficientemente pelos pecados do mundo todo. Agostinianos não têm necessidade de distorcer as Escrituras. Eles não têm a necessidade de separar-se do princípio fundamental, que é o dever do teólogo subordinar suas teorias à Bíblia e não ensinar o que parece a ele ser verdadeiro ou razoável, mas simplesmente o que a Bíblia ensina.[1284]

[1282] Ibid., 385-89.
[1283] Ibid., 391.
[1284] C. Hodge, *Systematic Theology*, 2:558–59.

> É o dever do teólogo subordinar suas teorias à Bíblia e não ensinar o que parece a ele ser verdadeiro ou razoável, mas simplesmente o que a Bíblia ensina.[1285]

Em diversos contextos de sua *Teologia sistemática* e seus sermões, Hodge evidenciou sua afirmação da expiação universal. Por exemplo, em um sermão, declarou:

> Aqui [em João 3.16], como também ensinado em outro contexto, foi o desígnio de Deus tornar possível a salvação de todos os homens, por intermédio do dom de seu Filho. Não havia nada na natureza ou no valor, ou no desígnio de sua obra para torná-la disponível apenas para uma classe de homens. Quem quer que creia etc. Isso não é incoerente com outras representações que fizeram parte do desígnio de Deus, para tornar a salvação de seu povo certa pela morte de seu Filho.[1286]

A obra de Hodge: *The Orthodox Doctrine Regarding The Extent Of The Atonement Vindicated*[1287] [A Doutrina Ortodoxa Concernente à Extensão da Expiação Justificada] é frequentemente ignorada, porém lança luz sobre o tema e indica a adesão de seu autor a uma forma de expiação ilimitada. Hodge contesta a obra de Nathan Beman, *Christ, The Only Sacrifice: Or The Atonement In Its Relations To God And Man* [Cristo, O Único Sacrifício: Ou A Expiação Em Suas Relações Com Deus E O Homem]. Fundamental para os comentários de Hodge é sua distinção entre o intento da expiação e a extensão da expiação.

Ele criticou o comercialismo.[1288] Afirmou que a obra de Cristo "teria sido a mesma se Deus tivesse o propósito de salvar uma alma ou as almas da humanidade".[1289] Para Hodge, a distinção é no *desígnio* ou *propósito* da expiação, não sua natureza. Com respeito à expiação, declarou: "Quanto à sua natureza [isto é] tão adaptada a um homem quanto a outro; tanto a todos quanto a um".[1290] Que ele afirma uma expiação universal da parte de Cristo é evidente por sua declaração "que os reformados e luteranos não diferem de forma alguma quanto à natureza da satisfação de Cristo, embora difiram relativo ao desígnio". Quando falou da "natureza", ele inclui a noção de "extensão".

[1285] Ibid., 2:559.

[1286] C. Hodge, *Princeton Sermons* (Londres: Thomas Nelson and Sons, 1879), 17.

[1287] C. Hodge, *The Orthodox Doctrine regarding the Extent of the Atonement Vindicated* (Edimburgo: John Johnstone, 1846).

[1288] Ibid., 47–48.

[1289] Ibid., 54.

[1290] Ibid.

Hodge criticou a noção de Beman que o único propósito da expiação é estabelecer o fundamento para a oferta de salvação a todas as pessoas. Ele não discordou totalmente de Beman, mas argumentou que a expiação "não apenas remove os obstáculos do caminho, mas de fato garante a salvação de seu povo". Ele concorda com isso ao afirmar que essa remoção de obstáculos "estabelece o fundamento de uma oferta livre, completa e irrestrita de salvação a todos os homens".[1291] Note a conexão aqui. É a remoção de todas as barreiras legais por meio de uma expiação ilimitada que estabelece o fundamento para a oferta universal do evangelho a todos. Essa é uma distinção importante omitida pela maioria dos calvinistas, que afirma uma extensão limitada da expiação de Cristo.

Hodge também afirmou uma satisfação ilimitada pelo pecado na morte de Jesus quando observou que a morte, para garantir a salvação dos eleitos, cumpriu as condições da lei "sob as quais eles e toda a humanidade se encontravam". Essas condições eram a obediência perfeita e a satisfação à justiça divina "por sofrer a pena ameaçadora contra o pecado".[1292] Perceba que Hodge não diz "contra o pecado do eleito". Ele continuou: "Essa justiça é precisamente o que a lei exige de todo pecador para a sua justificação diante de Deus. Ela é, portanto, em sua natureza, adaptada a todos os pecadores que estão sob a lei". Isso é expiação ilimitada por Cristo na cruz, de acordo com Hodge. Note cuidadosamente sua próxima declaração: "Sua natureza já não é pelo fato de que foi realizada por uma porção apenas desses pecadores ou que é garantida a eles pelo pacto entre o Pai e o Filho".[1293] Aqui, novamente, ele faz a distinção entre o *intento* da expiação e sua *extensão*. "O que é necessário para a salvação de um homem, é necessário para a salvação de outro e de todos".[1294]

Hodge falou da expiação como "adaptada a todos os homens" e de valor infinito quanto a ser suficiente para todos". E continuou: "Nessas duas bases, sua adaptação a todos e sua suficiência para todos, reside a oferta apresentada no evangelho para todos".[1295] A próxima sentença de Hodge é importante: "O seu desígnio não tem nada a ver com isso".

Ele distingue outra vez entre a *extensão* da expiação e o *intento*. Então, faz essa declaração sensacional: "Se um dos eleitos cresse ... essa justiça seria imputada a ele para a salvação". Como os não eleitos poderiam ser salvos se cressem no sistema da expiação limitada? Eles não poderiam, pois nenhuma expiação existe para os pecados deles. Mas Hodge indicou que eles poderiam ser salvos se cressem. Por quê? Porque uma

---

[1291] Ibid., 60.
[1292] Ibid., 68.
[1293] Ibid.
[1294] Ibid.
[1295] Ibid.

expiação existe pelos pecados deles. A expiação "abre a porta para a misericórdia no que concerne as obstruções legais".[1296]

Onde se lê que aqueles que defendem a expiação limitada falam assim? Qual teólogo reformado que afirma a expiação limitada fala que a morte de Cristo remove todas as obstruções legais que impediam a salvação da humanidade?[1297] Ninguém que eu conheço. Essa não é a linguagem da expiação limitada, mas da expiação ilimitada com respeito à real extensão da morte de Cristo.

Hodge também realçou que a aplicação da expiação é impedida e, *por conseguinte*, não liberta aqueles por quem foi realizada na morte de Cristo na cruz. Os eleitos ainda são filhos da ira (Ef 2.1-3). Ele rejeita o argumento do pagamento duplo.[1298]

Albert Barnes (1798—1870)

Albert Barnes, um pregador batista americano e autor de uma extensa e ampla coleção de comentários sobre a Bíblia inteira, foi julgado em 1835 pelo Segundo Presbitério de Filadélfia por sua convicção na expiação ilimitada. O julgamento de Barnes foi um dos incidentes que levou à divisão da Igreja Presbiteriana, nos Estados Unidos, em 1837.[1299] Em sua própria defesa, nesse julgamento, ele lembrou aos ouvintes o sermão que havia pregado que causou consternação entre os calvinistas extremos, mas que de forma alguma violou a confissão de fé. Barnes salientou que a palavra "expiação" não é usada na confissão, mas o termo "redenção" é usado. Ainda destacou como a confissão "em nenhum exemplo nega" o uso do termo "expiação" para se referir à satisfação de Cristo pelos pecados de todos os homens, concluindo: "Como pode ser que uma ofensa grave contra nossos padrões não exista?".[1300] Ele foi inocentado das acusações.

[1296] Ibid., 69.

[1297] Uma exceção possível seria A. A. Hodge, filho de Charles Hodge. A. A. Hodge falou das barreiras removidas pela morte de Cristo, mas, diferentemente de seu pai, pareceu afirmar incoerentemente uma expiação limitada.

[1298] Veja Hodge, *Teologia Sistemática*, 2:471-72, 555, 557-58.

[1299] E. Moyer, "Barnes, Albert," em *Wycliffe biographical dictionary of the church*, revisado e ampliado por E. E. Cairns (Chicago: Moody Press, 1982), 29.

[1300] A. Barnes, *The Way of Salvation: A Sermon, Delivered at Morristown New Jersey, Together With Mr. Barnes Defence of the Sermon, Read Before the Synod of Philadelphia, at Lancaster, October 29, 1830, and his "defence" before the Second Presbytery of Philadelphia, in Reply to the Chargers of the Rev. Dr. George Junkin*, [O Método da salvação: Um sermão pregado em Morrison, Nova Jersey, juntamente com a defesa do sr. Barnes do sermão lido diante do Sínodo da Filadélfia em Lancaster, em 29 de outubro de 1830 e sua defesa diante do Segundo Presbitério de Filadélfia em resposta às acusações do Rev. Dr. Geoge Junkin] 7th ed. (Nova York: Leavitt, Lord & Co, 1836), 67-69.

Barnes escreveu um extenso tratado defendendo a expiação ilimitada intitulado: *The Atonement In Its Relation To Law And Moral Government*[1301] [A Expiação em sua Relação com a Lei e o Governo Moral]. Os conceitos dele sobre a extensão da expiação podem também ser encontrados em seus comentários e sermões.

Em seu sermão sobre *O método da salvação*, expressou claramente sua defesa da expiação ilimitada. O plano de Deus é prover um bálsamo curativo designado por Deus que se estende até o extremo da enfermidade do pecado. Jesus morreu pela raça humana, de modo que um método de salvação estaria disponível para todas as pessoas.[1302]

Citando John Owen, Barnes afirmou que a expiação, em e de si mesma, não garantiu a salvação de ninguém. Somente sob a condição de arrependimento e fé alguém receberia a salvação de alguém. Na expressiva retórica de sua paixão, declarou:

> Eu não defendo doutrinas – e pela graça de Deus jamais defenderei alguma – que será em meus conceitos incoerente com a livre e plena oferta do Evangelho a todos os homens; ou que atará as minhas mãos ou travará minha língua ou congelará meu coração, quando eu estiver diante de pecadores para lhes dizer de um salvador moribundo.[1303]

Nesta obra, *The Atonement* [A Expiação], ao distinguir entre "expiação" e "redenção", Barnes afirmou que o número exato dos eleitos não foi fixado pela natureza e extensão da expiação. Ele distinguiu o propósito e intento da natureza real da expiação. Para a última, como muitos de seus contemporâneos, Barnes escolheu usar o termo "expiação". Para a aplicação real da expiação, escolheu usar a palavra "redenção". Nesse sentido, para ele, a morte de Cristo é ilimitada quanto à sua natureza (expiação), mas limitada relativa à sua aplicação (redenção). Essa distinção aparece mais tarde em Andrew Fuller, bem como nos teólogos calvinistas do século XIX, como Dabney e Shedd.

Entre os muitos argumentos que Barnes ressaltou em defesa da expiação limitada é a analogia das preparações medicinais que Deus estabeleceu na criação, que são de aplicabilidade universal. As leis de cura são as mesmas em todos os homens e o sistema medicinal é adaptado igualmente a todos. Não há limite para as provisões realizadas para curar a enfermidade. Barnes declarou: "Se admitir-se a indicação que há um plano, seria indicado, portanto, que o plano é de aplicabilidade universal".[1304] Ele não valorizou ao extremo esse argumento da analogia, porque admitiu que Deus

---

[1301] A. Barnes, *The atonement in its relation to law and moral government* (Filadélfia: Lindsay & Blakiston, 1860). A obra foi republicada sob o título *A Expiação* (Minneapolis, MN: Bethany, 1980).

[1302] A. Barnes, *The way of salvation*, 18.

[1303] Ibid., 22 (ênfase no original).

[1304] Barnes, *The Atonement*, 317–18.

poderia limitar a extensão da expiação se ele assim designasse. Mas Barnes compreendeu em natureza "uma inferência óbvia que as impressões que Deus designou causar em relação ao seu caráter em suas obras serão percebidas como sustentadas e confirmadas nas provisões para a salvação".[1305]

Barnes notou que uma objeção comum contra a expiação universal é a suposição que Cristo morreu por muitos que não serão redimidos; portanto, para essa porção a expiação é um desperdício.[1306] Percebe-se que o argumento é regularmente usado na história reformada: O sangue de Cristo é desperdiçado no conceito da expiação ilimitada.

Barnes corretamente contestou que essa objeção está arraigada em um conceito comercial da expiação e, ou, no conceito da equivalência quantitativa, em que o mesmo montante de sofrimento deve ser suportado por Cristo que seria suportado por aqueles por quem ele morreu. Ignorado esses problemas, e eles são difíceis de superar, Barnes afirmou que o argumento do "sangue desperdiçado" pressupõe mais do que temos o direito de pressupor sobre Deus e suas intenções na expiação. Quão frequente a chuva cai sobre rochas improdutivas ou campos estéreis onde nem a humanidade nem os animais se beneficiam?[1307] Em nenhum contexto na Escritura jamais o argumento do "sangue desperdiçado" é formulado.

Barnes deduziu da natureza da expiação certas implicações.

> Se, conforme me esforcei em mostrar, a expiação é (a) algo que *substitui* no lugar da pena da lei, que corresponde aos mesmos propósitos que a punição do próprio transgressor cumpriria; (b) que ela garante a reconciliação entre Deus e o homem; e (c) que ela é uma manifestação do caráter de Deus para os habitantes de outros mundos ao demonstrar-lhes como a justiça e a misericórdia podem ser fundidas no perdão dos transgressores, então parece claro admitir que ela pode ser *geral* em sua natureza e pode ser aplicável a algum número de transgressores. Ela não tem uma adaptação peculiar a um mais do que a outro. A esse respeito, ela é como a luz do sol, ou como as fontes inesgotáveis ou os riachos – adaptados a todos; como a medicina – aplicáveis não a uma classe da raça humana exclusivamente, mas tendo uma aplicabilidade original à *enfermidade* seja onde ela for encontrada.[1308]

[1305] Ibid., 321–22.
[1306] Ibid., 323.
[1307] Ibid., 329-30.
[1308] Ibid., 337 (ênfase no original).

Barnes pediu aos leitores que contemplassem a encarnação de Cristo e se perguntassem qual seria a interpretação correta sobre a extensão da expiação dessa contemplação. O fato sugeriria em si mesmo que o desígnio da expiação seria para toda humanidade. A ideia de ela ser limitada a uns poucos pareceria totalmente incompatível com a encarnação.[1309] Se há uma limitação, ela seria estabelecida no propósito de Deus e não na natureza da expiação.

Barnes indagou: "Se adotássemos nossos conceitos da expiação de seu caráter e admitíssemos que esses conceitos interpretam a expiação, não poderíamos falhar em concluir que ela foi planejada para ser ilimitada".[1310]

Barnes considerou os textos bíblicos que apoiam a expiação ilimitada, começando com João 3.16,17. Ele opinou contra a interpretação particularista de João 3.16, argumentando que a limitação foi intencionada, "a declaração deve ter sido de tal monta quanto a aceitar esse fato e não esse que sua interpretação óbvia seria contraditória a ela e inconciliável".[1311] Outros textos que ele analisou incluem Hebreus 2.9, 1 João 2.2, 2 Coríntios 5.14 e 2 Pedro 2.1.

Barnes considerou a oferta do evangelho à luz da natureza da expiação. A primeira ideia dele é que a oferta do evangelho é primeiramente feita por Deus, não pelo homem. Segunda, a oferta é sincera porque há uma expiação realizada pelos pecados de todas as pessoas.

> Na base do evangelho de Cristo, ele garante aos homens que está pronto para salvá-los, nada pode ser mais certo que o redentor tenha morrido por eles. Não será justo afirmar que a expiação é "suficiente" em sua própria natureza para todos os homens se Deus tivesse definido que ela seria realizada para todos.[1312]

O tema da suficiência foi definitivo para Barnes:

> É isto: a oferta de salvação é feita não na base de uma *suficiência original na expiação em si mesma*, mas na base que ela *tinha em referência aos pecadores* quanto a justificar uma oferta de perdão. Ela *não* é oferecida a uma classe com base no que ela faria por eles e a outros com base em que seria suficiente para eles, embora não fosse intencionada para eles. Não há qualquer traço nas Escrituras de alguma distinção assim. Se houvesse

---

[1309] Ibid., 341.
[1310] Ibid., 342.
[1311] Ibid., 345.
[1312] Ibid., 348.

uma distinção assim na mente de Deus, toda análise da sinceridade e veracidade exigiria que todos os fatos devessem ser conhecidos; ou, pelo menos, que a comunicação transmitida aos homens não devesse ser feita para deixar uma falsa impressão.[1313]

Howard Malcolm (1799—1879)

Malcolm foi um pastor batista americano e educador na Nova Inglaterra. E foi presidente da Georgetown College [Universidade Georgetown] em Kentucky até 1850. O livro dele *Extent and efficacy of the atonement* [Extensão e eficácia da expiação] foi publicado em 1833. Ele defendeu a tese da expiação limitada baseado no argumento que extensão e eficácia são coextensivas.[1314] Em um apêndice para essa obra, Malcolm argumentou que Andrew Fuller não afirmou a expiação universal, como muitos alegaram.

Nas citações sobre a natureza e extensão da expiação de Fuller que Malcolm fez, ele aparentemente falhou em observar o fato que Fuller usou a palavra "desígnio" ou "intento" distinguido de "extensão" em virtualmente todo caso. As declarações de Fuller que Deus limita o intento ou desígnio da expiação aos eleitos de forma alguma apoia a expiação limitada à luz de suas declarações que, com respeito aos pecadores enquanto pecadores, a expiação é adaptada a todos.

Note como o próprio Malcolm disse: "A consistência da redenção particular ou de um desígnio limitado na morte de Cristo".[1315] Ele igualou a "redenção particular" (extensão) com o "desígnio limitado" (intenção). Isso é o que Fuller posterior não o fez.

John McLeod Campbell (1800—1872)

Campbell foi um influente pregador e teólogo calvinista escocês do século XIX. Ele articulou seus conceitos sobre a extensão da expiação em sua obra famosa *The nature of the atonement* [A natureza da expiação], publicada em 1856.[1316] Campbell conhecia bem os escritos dos antigos pais da igreja, assim como o dos reformadores. Ele defendeu a expiação ilimitada, mas negou a natureza substitutiva da expiação. Também ensinou o perdão universal, que todas as pessoas foram realmente, ao contrário de potencialmente, perdoadas e a falha delas em desfrutar o benefício desse perdão foi a

---

[1313] Ibid., 349.

[1314] H. Malcolm, *The extent and efficacy of the atonement*, 2nd ed. (Nova York: Robert Carter, 1840), 117–21.

[1315] Ibid., 119.

[1316] J. M. Campbell, *The nature of the atonement* (1856; reimp. Grand Rapids, MI: Eerdmans, 1996). A obra de Campbell foi muito influente na Escócia e em outros lugares também, e passou por seis edições em 1866. As reimpressões continuaram até 1915. Para uma discussão útil do conceito de Campbell da expiação, seus influenciadores e aqueles que ele influenciou, veja Kinnear, "Scottish New Testament Scholarship and the Atonement," 68–123.

consequência de não crerem nisso. Ele foi acusado de heresia, julgado pelo Supremo Concílio e o culparam de ensino contrário aos padrões de Westminster. Robertson sugeriu que isso era a exclusividade da posição da expiação limitada que influenciou Campbell para o extremo oposto.[1317]

Wright tentou cooptar Campbell para apoiar a noção que se a expiação é substitutiva, a extensão limitada é uma conclusão necessária, conforme Owen havia afirmado. Ao contestar Owen, Campbell negou que a expiação fosse substitutiva, pensando que isso protegeria a expiação ilimitada. Ele apoiou o mesmo conceito errôneo ou a falácia de um conceito comercial da expiação tal como Owen. Campbell presumiu que o argumento de Owen da tríplice escolha era incontestável e, portanto, negou que a morte de Cristo satisfez a justiça de Deus; ao contrário, Cristo morreu para oferecer um arrependimento substituto.[1318]

Entretanto, a obra de Campbell Nature of the Atonement [Natureza da Expiação] fornece muitos argumentos excelentes em favor da expiação universal.

Erskine Mason (1805–1851)
Graduado no *Princeton Theological Seminary* [Seminário Teológico de Princeton], Mason foi pastor da prestigiosa Bleeker Street Presbyterian Church [Igreja Presbiteriana de Bleeker Street] em Nova York de 1830 até sua morte. Ele também foi professor de história da igreja no Union Theological Seminary [Seminário Teológico União].

Em seu sermão sobre 1 João 2.2 intitulado "Extensão da Expiação", expôs um vigoroso apelo para compreender essa passagem ensinando uma expiação ilimitada. Com uma lógica cuidadosa juntamente com uma prosa descritiva, Mason fervorosamente pressionou seus ouvintes no fim do sermão a viren ao salvador, que morreu pelos seus pecados.

Ele começou por notar que a questão da extensão da expiação não é questão de teologia especulativa, mas de séria praticidade. Como muitos calvinistas no século XIX, ele faz uma distinção entre a expiação e redenção, que afirmou deveria ser cuidadosamente defendida na discussão. Uma não implica necessariamente a outra. Para Mason, a expiação fala da obra real de Cristo na cruz referente ao pecado. A redenção

---

[1317] Robertson, *History of the atonement controversy*, 159. Veja também, A. Drummond and J. Bulloch, *The scottish church 1688–1843: The age of the moderates* (Edimburgo: Saint Andrew Press, 1973), 201–10. Drummond e Bulloch afirmam que Edward Irving discutiu com John McLeod Campbell que Cristo morreu por todos (201–2). Veja também J. Goroncy, "'Tha mi a' toirt fainear dur gearan': J. McLeod Campbell e P. T. Forsyth sobre a Extensão do Ministério Vicário de Cristo" em *Evangelical Calvinism: Essays resourcing the continuing reformation of the church*, ed. M. Habets and B. Grow (Eugene, OR: Wipf & Stock, 2012), 253–87.

[1318] Veja R. K. McGregor Wright, *No place for sovereignty* (Downers Grove, IL: InterVarsity, 1996), 149–54.

inclui a expiação, bem como os resultados factuais da expiação conforme aplicados, a saber, a salvação de fato. A redenção não é geral; a expiação é.[1319]

Mason distinguiu a natureza da expiação, que afirmou foi geral, de acordo com o propósito da expiação, que, como um calvinista, declarou foi pelos eleitos apenas. Com respeito à extensão da expiação, é claro: "Toda barreira legal e obstrução no caminho da salvação de todos homens é removida".[1320]

Mason formulou os mesmos argumentos analógicos em defesa da expiação geral conforme Barnes o fez em seu apelo à natureza e como Deus provê o sol e a chuva para todos. Igualmente, há uma provisão ilimitada na expiação pelos pecados de todos, embora nem todos se beneficiem dela. Isso pode ser demonstrado nos termos universais usados pela Escritura para falar da expiação.

A linguagem de Mason é enfática concernente à absoluta necessidade de uma expiação universal para fundamentar a oferta bem-intencionada do evangelho a todas as pessoas:

> Se a população inteira do globo estivesse antes de mim e houvesse alguém na portentosa assembleia por quem não houvesse provisão, eu não poderia pregar o evangelho; pois como eu poderia dizer com sinceridade e honestidade a todos e a cada um para virem e beber das águas da vida livremente?[1321]

Mason continuou:

> Com esses pontos de vista sobre a oferta do evangelho, eu não posso defender uma expiação limitada; não posso estabelecer uma restrição da provisão que não posso encontrar na oferta; não posso crer que Deus faria a um pecador, em suas necessidades e aflições, a oferta de uma libertação que não existisse ou que ele não quereria aceitar; não posso crer que Deus ordenaria suas criaturas a aceitar uma provisão que jamais foi feita para eles, ou a sancionasse devido ao risco dos interesses eternos de alguém, um mandamento que nunca se pretendeu que fosse obedecido e que em si mesmo excluiria a possibilidade de obediência.[1322]

> Isso de forma alguma soluciona a dificuldade do caso afirmar, nesse ponto, que se requer assim que indiscriminadamente ofereçamos o evangelho

---

[1319] E. Mason, *A pastor's legacy: Being sermons on practical subjects* (Nova York: Charles Scribner, 1853).
[1320] Ibid., 276.
[1321] Ibid., 282.
[1322] Ibid., 283.

e, portanto, imponhamos sua aceitação a todos, porque não sabemos se as pessoas por quem a provisão é feita —e a quem Deus designa – o aceitarão. A oferta não é nossa; somos apenas o canal por meio do qual ele é transmitido. O próprio Deus faz a oferta; nós somente recebemos as palavras de Deus e as anunciamos conforme ele as transmitiu a nós. Somos embaixadores de Cristo, não falando em nosso próprio nome, mas de acordo com suas instruções, que nos move a dizer a cada um e a todos os nossos ouvintes: "Venham, pois, todas as coisas agora estão prontas". Nessa questão, não temos responsabilidade além da simples transmissão da mensagem: "Essa é a vontade de Deus que vocês creiam naquele que ele enviou"; e a questão se volta para nós, como o Pai pode conciliar uma oferta universal com uma provisão limitada? Como podemos inocentar Deus da acusação de falsidade em fazer aos homens uma oferta e impor-lhes pelas sublimes sanções da eternidade a aceitação daquilo que jamais foi designado para eles em algum sentido, mas que, de fato, nunca foi provido?[1323]

Mason prosseguiu para contestar outra crítica feita pelos particularistas contra a expiação universal, a saber, como se pode conciliar uma provisão irrestrita com um resultado limitado? Por que Deus deve fazer uma provisão que ele sabia seria desnecessária para muitos? Sua resposta é incisiva.

> Eu não conheço, meus irmãos, um exemplo melhor do que as questões precedentes fornecem dessa regra de lógica que nos proíbe de admitir um argumento fraco para se sustentar isolado e desprotegido e requer de nós que combinemos esses argumentos e os apresentamos em um conceito, de modo que eles possam auxiliar um ao outro e ter a aparência, pelo menos, de uma força irresistível. Quando você considera todas as questões em conjunto, elas parecem ter muita relevância; mas quando consideradas isoladamente são totalmente absurdas e irrelevantes.
>
> Uma vez que podemos perguntar em retorno, o que algum propósito oculto tem a ver com nossa função de julgamento e ação? "Coisas ocultas", somos informados, "pertencem ao Senhor nosso Deus; mas as coisas que são reveladas pertencem a nós e a nossos filhos". A questão considerada segundo os propósitos ocultos da mente divina não pode ter efetividade seja o que for, porque é um apelo à nossa ignorância. Sabemos e podemos não saber nada sobre eles. Uma coisa, contudo,

---

[1323] Ibid., 284.

sabemos. Deus deve ser sempre e em todo contexto coerente consigo mesmo; e se podemos compreender isso ou não, é certo que não pode haver incoerência entre as verdades reveladas e as ocultas; e se o Senhor fez uma oferta de vida eterna por meio da expiação para todos os homens e ordenou a todos os homens aceitá-la, não pode haver em algum propósito de Deus concernente à sua natureza, algo que colidirá com e assim irá contradizer essa oferta universal.

Entretanto, esse argumento do propósito de Deus, que é tão frequentemente apresentado para limitar a natureza e disponibilidade da expiação de Cristo, como muitos outros argumentos, destrói a si mesmo por provar muito.[1324]

Mason ainda contestou esse argumento ao citar uma fonte sem referência:

> Sua necessidade não surge do número de pecadores, mas da natureza do pecado. A própria natureza do pecado requer uma expiação infinita para sua remissão honorável. Essa expiação como Cristo ofereceu foi indispensavelmente necessária para o perdão de um ato de pecado. E como o sol deve ser o que é, se ilumina um homem ou todo homem que vem ao mundo, não faz diferença alguma; assim também quanto à natureza ou disponibilidade dos sofrimentos de Jesus, se um pecador ou uma raça de pecadores deve ser salva por eles não importa. Não há mais desperdício ou gasto desnecessário em um caso do que no outro.[1325]

A porção final do sermão de Mason é um apelo fervoroso aos seus ouvintes não salvos para responder à expiação suficiente feita pelos pecados de todas as pessoas. Sou impactado por uma de suas sentenças finais concernente à importância da pregação e à extensão da expiação: "Não há mais desperdício na pregação do que criar uma expiação que não é recebida".[1326]

[1324] Ibid., 285-86.
[1325] Ibid., 288.
[1326] Ibid., 292.

Henry Carpenter (1806—1864)
Carpenter foi um pastor em Liverpool na Igreja de St. Michael. Ele publicou em 1857 *Did Christ die for all men, or for the elect only?*[1327] [Cristo morreu por todos os homens ou apenas pelos eleitos?] A obra é uma carta publicada a um amigo sobre o assunto da extensão da expiação.

Carpenter não estava convencido pelos argumentos comuns usados em favor da expiação limitada. Ele ousadamente afirmou: "Mas não há, estou persuadido, uma única passagem na Bíblia na qual se pode provar que a palavra 'mundo' é usada para denotar os eleitos apenas; nenhum contexto em que, por qualquer cânone de interpretação, esse sentido restrito e exclusivo deva ser conferido a ele".[1328]

Concernente aos *Trinta e nove artigos da Igreja Anglicana*, Carpenter notou como o Artigo 2 fala de Cristo como um

> "que verdadeiramente sofreu, foi crucificado, morto e sepultado para reconciliar seu pai conosco e ser um sacrifício não apenas pela culpa original, mas também pelos pecados reais dos homens". A partir disso, verificamos que o ministro da Igreja da Inglaterra é, mediante ensino dela, autorizado a dizer a cada pessoa, a todo ser humano: "A morte de Cristo foi um sacrifício por todos os pecados que você sempre cometeu".[1329]

Carpenter recorreu aos autores dos *Trinta e Nove Artigos*, que explicitamente ensinaram a expiação universal ao afirmarem que os pecados do "mundo" significa transmitir os pecados de toda humanidade: "Pois o que se expressa concernente à sua morte, em referência 'ao mundo', nos Artigos 15 e 31, o mesmo é dito dele, em referência aos 'homens' e à 'humanidade', nos Artigos 2 e 7".[1330]

Carpenter demonstrou mais evidência em favor da expiação universal da oração de Consagração, do Catecismo Anglicano e o Livro de Homilias. A Oração de Consagração fala de Cristo "que fez (por meio de sua única oblação de si mesmo) um pleno, perfeito e suficiente, sacrifício, oblação e satisfação pelos pecados do mundo inteiro".[1331] O catecismo emprega esta declaração: "Creio em Deus o Filho que me redimiu e a toda humanidade". As homilias também empregam linguagem similar. Na primeira parte do Sermão Concernente ao Sacramento, o autor falou de termos "fé segura e

---

[1327] H. Carpenter, *Did Christ die for all men, or for the elect only?* (Londres: T. Hatchard, 1857).
[1328] Ibid., 7.
[1329] Ibid., 5.
[1330] Ibid., 7-8.
[1331] Ibid., 8.

constante ... que a morte de Cristo está disponível pela redenção do mundo todo". Também, a Segunda Homilia sobre a morte e paixão de Cristo usa essas palavras: "Isso não foi um símbolo singular de amor magnífico? Mas a quem ele concedeu? Ele deu ao mundo todo, quer dizer, a Adão e a todos que viessem até ele".[1332]

Carpenter mencionou um argumento enfático contra a expiação limitada quando observou que a linguagem universal que é usada para descrever a morte do Filho pelos pecados em contexto algum é empregada sendo concernente à obra do Espírito Santo.

> Jamais lemos que o Espírito é o santificador do mundo, quando lemos que Cristo é o salvador do mundo. Nunca lemos sobre a purificação do Espírito de todo homem, quando lemos que Jesus prova a morte por todo homem. O mundo é redimido pelo Filho, mas os eleitos são somente santificados pelo Espírito. Mas essa é uma distinção que procuramos em vão, em seus escritos, que negam a doutrina da redenção geral.[1333]

Para o argumento que as intenções de Deus não podem ser frustradas, portanto a expiação limitada deve ser verdadeira, Carpenter sugeriu cautela pois

> temos certeza qual é o seu propósito antes que possamos pronunciar com alguma medida de confiança que ele é frustrado ... Estude a história da queda de Adão e dos anjos; estude a história do dilúvio e do arrependimento de Nínive; pondere esses fatos e considere o que está escrito sobre esses e outros assuntos similares e você verá que Deus fala às vezes em sua palavra como se suas expectativas fossem desapontadas e suas intenções frustradas.[1334]

Carpenter causou um grande impacto contra a expiação limitada em suas breves 24 páginas.

Robert Candlish (1806—1873)

Robert Candlish, juntamente com Thomas Chalmers, foi um líder fundamental na formação da Igreja Livre da Escócia em 1843. Pastor da Igreja de St. Georges em Edimburgo, foi famoso por suas habilidades homiléticas. Ele sucedeu a William Cunningham como reitor da New College [Universidade Nova] enquanto mantinha seu pastorado. Associado aos excelentes comentários sobre Gênesis e 1 João, Candlish

---

[1332] Ibid., 9.
[1333] Ibid., 10.
[1334] Ibid., 20.

foi autor de *The Atonement; Its Reality, Completeness And Extent* [A Expiação; Sua Realidade, Perfeição e Extensão] em 1861, que foi baseado em um trabalho menor, sobre o assunto, de 1845.[1335] Ele aderiu resolutamente à expiação limitada, como pode ser verificado em sua discussão sobre João 3.16.

Candlish explicou que o evangelho tem "um aspecto gracioso" para o mundo – isto é, para a humanidade como tal – sem referência aos eleitos ou aos não eleitos. Mas argumentou que no texto não há nada que diga sobre Deus conceder o seu Filho a todos. Ao contrário, os próprios termos "implicam uma limitação àqueles que creem".

> É o dom de seu Filho, com esse desígnio limitado, que é representado como uma fórmula e medida de seu amor ao mundo em geral ou à humanidade como tal; e é assim, mediante a manifestação que a cruz ministra a todos da mesma forma e indiscriminadamente, daquilo que está na mente e coração de Deus para fazer por uma raça de pecadores culpados.[1336]

É difícil de compreender como Candlish pode refletir que essa limitação na extensão da expiação a somente alguns da raça humana é de alguma forma uma demonstração do amor de Deus à humanidade em geral.

Além disso, outras declarações feitas por ele parecem ser incoerentes com sua confessada adesão à expiação limitada:

> Ele é a propiciação por todos os pecadores e por todos os pecados. Nenhum pecado, nenhum pecador está, em algum momento, além do alcance dessa magnífica expiação. Ela é justa com toda a humanidade ou o mundo todo e, portanto, é justa com você, devido sua apostasia ser tão séria, sua culpa ser sempre tão agravada, você jamais poderia se aventurar a apropriar-se de Cristo como a propiciação pelos seus pecados, a não ser que ele seja a propiciação pelos pecados do mundo inteiro. É apenas devido sua fé que você está seguro de que nenhum pecado, nenhum

---

[1335] R. Candlish, *An inquiry into the completeness of the atonement with especial reference to the universal offer of the gospel, and the universal obligation to be believed* [Uma pesquisa sobre a perfeição da expiação com referência especial à oferta universal do evangelho e a obrigação universal de crer] (Edimburgo: John Johnstone, 1845). Veja também R. Candlish, *The atonement; its reality, completeness and extent* (Londres: T. Nelson & Sons, 1861).

[1336] R. Candlish, *An Inquiry*, xxv–xxvii.

pecador em todo o mundo é excluído dessa fonte maravilhosa cheia de sangue, que você pode reunir coragem para se lançar nela novamente.[1337]

Observe a incoerência aqui. Candlish falou de Cristo ser a propiciação por "todos os pecadores e todos os pecados". Ademais declarou que não se pode aventurar a apropriar-se dos benefícios dessa propiciação pelos seus próprios pecados se não se estiver convencido de que ela também foi uma propiciação pelo mundo. Alguém é forçado a indagar a Candlish quanto exatamente isso se concilia com a expiação limitada como uma substituição limitada pelos pecados dos eleitos apenas.

Candlish citou Moses Stuart a respeito de Hebreus 2.9 em um esforço para apoiar sua própria interpretação da expiação limitada, mas no processo ele interpretou Stuart de maneira equivocada. Stuart disse que "todos" significa todos os homens, judeus e gentios. Isso não ajuda Candlish. Aqui, todos, sem distinção, ainda significam todos, sem exceção. Além disso, a ideia de Stuart foi censurar a salvação universal, não a expiação universal.[1338] Candlish ignorou esse aspecto contextual. Stuart questiona se a linguagem particularista com respeito à extensão da expiação pode fundamentar a oferta sincera do evangelho a todas as pessoas de uma forma coerente.

> A questão, em todas essas frases, evidentemente diz respeito à oferta de salvação, a oportunidade de recebê-la por intermédio de um redentor; não a aplicação real das promessas, o cumprimento daquilo que está relacionado apenas com o arrependimento e fé. Mas se uma oferta assim pode ser feita com sinceridade àqueles que são réprobos ... coerentemente com os fundamentos que os defensores da redenção particular sustentam, é uma questão para o teólogo, em vez do comentarista, discutir.[1339]

Stuart levantou o problema da oferta bem-intencionada do evangelho para aqueles que afirmam a expiação limitada. Analisando separadamente as passagens na Escritura em que aparece a palavra "todos", Candlish disse que é preciso perguntar o que é a ideia precisa sob discussão. Por exemplo, sobre Romanos 5.18 e 2 Coríntios 5.14, ele tentou se desviar do que essas passagens dizem referente à extensão da expiação ao sugerir que Paulo foca na imputação, não na extensão da expiação. A respeito de Romanos 5.18, ele tentou explicar a possibilidade da extensão universal por dizer se interpretada dessa maneira, o resultado é universalismo. Já acerca de 2 Coríntios 5.14,

---

[1337] R. Candlish, *First Epistle of John* (Grand Rapids, MI: Kregel, 1979), 75. Candlish parece ser incoerente aqui como um calvinista extremo.
[1338] R. Candlish, *An Inquiry*, xi–xii.
[1339] Ibid., xii.

Candlish afirmou que o tema de Paulo é união com Cristo e o tópico da extensão da expiação não está na mente do apóstolo.

Mas as passagens sob análise tratam mais do que a justa imputação e a união com Cristo. Elas fazem declarações concernentes à extensão da expiação que não podem ser ignoradas.

Alexander C. Rutherford (1810-1878)
O escocês Rutherford foi autor de *Universal Atonement Proved From The Nature Of The Gospel Offer In Four Letters To The Rev. William Fraser*[1340] [Natureza Da Oferta Do Evangelho Em Quatro Cartas Ao Rev. William Fraser]. Ele fez essa declaração interessante: "Mas, embora os antepassados da Secessão não admitiriam uma expiação universal, no sentido arminiano da expressão, eles defenderam a coisa expressa por ela, como empregada e compreendida por todo calvinista culto".[1341]

Referindo-se ao Ato do Presbitério Associado, aprovado em 21 de outubro de 1742, Rutherford afirmou:

> As pessoas a quem essa concessão e oferta são feitas NÃO SÃO OS ELEITOS APENAS, mas a humanidade, considerada como perdida. Considerando que o testemunho do Pai é algo que garante a todos crer no Filho de Deus, é evidente que não pode haver essa garantia para dizer a todos os homens que Deus concedeu vida eterna aos eleitos; como a oferta do dom de um certo grupo seleto, jamais pode ser uma garantia para todos os homens receberem ou tomarem posse dele.[1342]

Em uma carta a William Fraser, Rutherford disse que este, ao afirmar a expiação limitada, havia

> retrocedido da magnificente doutrina pela qual nossos antepassados tão esforçadamente defenderam. O maná realmente choveu para todos. Mesmo assim, a expiação, no sentido explicado, foi na realidade realizada por todos. Isso você nega; e, ao negar isso, ocupa o terreno preciso ocupado pelo Supremo Concílio de 1720 e 1722. Nós, então, defendemos a mesma verdade pela qual os Erskines lutaram. Mas é lamentável pensar que o honrado descendente de um Erskine devesse ser nosso antagonista.

[1340] A. Rutherford, *A Universal Atonement Proved from the Nature of the Gospel Offer: In Four Letters to the Rev. William Fraser* (Edimburgo: W. Oliphat and Son, 1841).

[1341] Ibid., 27.

[1342] Ibid.

Você disparou contra nós as armas precisas, também, as quais o Concílio arremessou tão imprudente e injustamente contra os apoiadores da Medula. Você nos chama de arminianos etc. Não esqueço que você é pai e eu não vou revidar as palavras. Espero, contudo, que a posição que você assumiu, jamais seja adotada pelo Sínodo da Sucessão.[1343]

Thomas Crawford (1812—1875)

Crawford foi um teólogo escocês que ingressou no ministério em 1834 e foi nomeado professor de teologia em Edimburgo em 1859. Foi moderador do Supremo Concílio em 1867. Crawford foi um contribuidor para o debate teológico envolvendo a expiação nos anos 1860 e 1870. Ele afirmou a expiação limitada.

Uma de suas três obras principais, publicada em 1883, lidou especificamente com a expiação.[1344] Sua obra é inovadora e ele tentou diligentemente seguir o método indutivo para compreender o ensino bíblico sobre a expiação. A partir desses dados, ele deduziu uma série de doze inferências concernentes ao assunto.

Crawford declarou:

> Do ponto de vista do HOMEM (o único ponto de vista do qual podemos considerar), isso [a expiação] não pode ser de outra forma compreendida ou tratada do que como "uma propiciação pelos pecados do mundo todo" – *suficiente para todos, adequada para todos* e, acima de toda controvérsia, *exortada para a aceitação de todos*.[1345]

Observe o que ele disse "do ponto de vista do homem".

Crawford tratou o tema das ofertas universais do evangelho da plataforma da expiação limitada e admitiu a "grande dificuldade" em harmonizar as duas. Primeiro, afirmou que nossa inabilidade de conciliar essas duas não deve ser prova de uma incoerência real. Por outro lado, isso poderia ser justamente o caso. Quando ele afirmou que os convites universais do evangelho são "plenamente coerentes com a verdade do caso",[1346] estava presumindo a conclusão relativa à extensão. Quando declarou que certos benefícios adquiridos pela expiação devem certamente ser obtidos por qualquer pecador desde que ele cumpra as condições para obtê-las (arrependimento e fé)",[1347]

[1343] Ibid., 28.
[1344] T. Crawford, *The doctrine of holy scripture respecting the atonement*, 4th ed. (Edimburgo: Blackwood, 1883).
[1345] Ibid., 201–2 (ênfase no original).
[1346] Ibid., 510.
[1347] Ibid.

ele está confundindo as categorias de uma expiação obtida e uma expiação aplicada. Ninguém nega que a Escritura ensina que todos aqueles que se arrependem e creem no evangelho terão o benefício da expiação aplicado a eles.

Segundo, Crawford nos lembrou que a mesma Bíblia fala das ofertas universais do evangelho, mas limitou as referências "àqueles que são concedidos a Cristo pelo Pai". Mas isso não tem nada a ver com a extensão da expiação. Novamente, isso presume a conclusão. Crawford não presumiu falsidade da parte de Deus nisso, porque ele acredita que ambos são ensinados na Escritura.[1348]

Terceiro, Crawford presumiu um conceito determinista da soberania e rejeitou o livre-arbítrio quando ele verifica uma diferença entre os convites do evangelho universal de Deus e os propósitos de sua vontade secreta.

> Mas, embora os mandamentos sejam expressões do que ele *deseja, aprova* e *tem satisfação*, como congenial com a bondade e santidade de sua natureza moral, eles não são declarações do que ele *quis* ou *determinou* em seu governo do universo para levar a efeito. Porque se fossem assim, é certo que seriam infalível e universalmente obedecidos por todas as suas criaturas; quando de fato, eles são frequentemente violados, sem qualquer interferência de sua parte para defender a autoridade deles e garantir a obediência dos mesmos.[1349]

Quarto, Crawford declarou que não há diferença entre todas as facções sobre a suficiência da expiação. Ele citou John Owen e Charles Hodge.[1350] Mas Crawford falhou por não observar a diferença entre Owen e Hodge. Owen falou apenas de uma suficiência hipotética. Hodge falou de uma suficiência real em que a expiação é "adaptada a todos" e que Cristo substituiu pelos pecados de todas as pessoas. Hodge defendeu a expiação universal, como constatamos.

Crawford compreendeu erroneamente o universalismo hipotético quando disse que eles (os universalistas hipotéticos) "negam a destinação especial da expiação para o benefício daqueles que são eventualmente salvos".[1351] Essa é uma caricatura da posição. Nenhum universalista hipotético nega a destinação especial da expiação pelos eleitos

---

[1348] Ibid., 511.

[1349] Ibid., 512 (ênfase no original).

[1350] Ibid., 513.

[1351] Ibid., 514. Crawford os chama de "semiarminianos". Esse termo pejorativo não é novo. Morris Fuller menciona uma carta por Samuel Ward (AD 1572–1643) escrita ao arcebispo James Ussher em que Ward diz: "Alguns de nós [ingleses moderados em Dort] fomos considerados por alguns [como] parcialmente remonstrantes, por estender a oblação [de Cristo] realizada pelo Pai a todos e por defender os diversos efeitos dela oferecidos seriamente e alguns realmente comunicados apenas. Eles meramente, em acréscimo à destinação especial de Deus, afirmam uma satisfação universal por todos os pecados.

Crawford tentou demonstrar que calvinistas que defendem a expiação universal com a intenção limitada não melhoram a posição deles sobre os particularistas:

> O fato é que, no que se refere à *realização efetiva* da salvação mediante o sacrifício de Cristo, há uma limitação nos princípios de cada facção, enquanto a *remoção desses obstáculos que estão no caminho da salvação é alcançável por todos os pecadores no evento do cumprimento fiel com os termos do Evangelho*. Há, nos princípios de cada facção, a mesma provisão perfeitamente conveniente e adequada feita nos méritos todo suficiente e nos sofrimentos do Filho de Deus. E assim, parece que os defensores do que é chamado "expiação universal" combinada com um propósito limitado na mente divina quanto à sua aplicação, não estão de fato em uma posição melhor do que aqueles que diferem deles, quando eles explicam a linguagem irrestrita na qual as Escrituras falam do Senhor Jesus Cristo como "o salvador do mundo" e convida todos os pecadores a receberem sua graça oferecida.[1352]

Para Crawford, ampliar a extensão da expiação compromete sua eficácia.[1353]

A explicação de Crawford falha em reconhecer as diferentes limitações no processo para ambas as facções. Para o calvinista extremo, a limitação está na expiação efetiva em si mesma; ela é limitada no sentido que Cristo substituiu somente os eleitos. Para os calvinistas que defendem a expiação limitada, a limitação está na aplicação eficaz apenas. Crawford falha em reconhecer o fato que nesse sistema, não há evangelho para oferecer aos não eleitos. Eles são efetivamente irredimíveis.

C. John Kennedy (1813—1900)

Kennedy foi um ministro escocês congregacional, autor e educador. Ele estudou nas universidades de Aberdeen, Edimburgo e Glasgow. Foi pastor de uma igreja congregacional em Aberdeen de 1836 a 1846, em seguida da Stepney Congregational Meeting House [Casa de Reunião Congregacional Stepney] em Londres até sua aposentadoria em 1882. De 1872 a 1876 foi professor de apologética ns New College [Universidade Nova], Londres.

---

aos réprobos" (M. Fuller, *The Life, Letters & Writings of John Davenant D.D. 1572—1641, Lord Bishop of Salisbury* [Londres: Methuen & Co., 1897], 90; ênfase no original).

[1352] Ibid., 515–16 (ênfase no original).
[1353] Ibid., 516.

Kennedy escreveu *The Doctrine Of Universal Atonement Vindicated*[1354] [A Doutrina da Expiação Universal Justificada] em resposta ao *Treatise On The Forgiveness Of Sins, As The Privilege Of The Redeemed; In Opposition To The Doctrine Of Universal Pardon*[1355] [Tratado Sobre o Perdão dos Pecados, como o Privilégio dos Redimidos; Em Oposição à Doutrina do Perdão Universal] de John Smyth. Ele foi ministro na Igreja de St George em Glasgow e defendeu a expiação limitada.

Smyth reagiu à noção de Thomas Erskine sobre a expiação ilimitada e o perdão universal.[1356] Ele adotou como seu texto fundamental, Efésios 1.7 e deduziu dele o seguinte silogismo:

> A redenção de Cristo não é de extensão universal.
> Perdão é uma bênção primária da redenção.
> Portanto, o perdão não é universal.

É evidente que a primeira proposição de Smyth presumiu a ideia a ser provada e assim o silogismo é falso. Além disso, não há nada em Efésios 1.7 sobre a extensão da expiação.

Smyth tentou argumentar a ideia que a menos que a expiação seja limitada somente àqueles por quem ele efetivamente salva, então o sangue de Cristo não tem valor e ele morreu em vão. Smyth afirmou que "onde quer que o sangue de Jesus seja mencionado em relação ao sistema de nossa salvação, ele é uniformemente descrito como efetivo para propósitos redentores".[1357]

Ele procedeu para discutir as passagens-chave que parecem apoiar a expiação ilimitada. Aqui, ele trilha o caminho bem degradado de tentar demonstrar que "mundo" e "todos" nem sempre significa "todas as pessoas, sem exceção" em um sentido universal.[1358] Smyth prosseguiu analisando as passagens que falam daqueles por quem Cristo morreu que não serão salvos e explica cada uma segundo uma interpretação da expiação limitada.[1359]

[1354] C. J. Kennedy, *The doctrine of universal atonement vindicated; in seven letters to the rev. John Smyth* (Glasgow: David Robertson, 1841).

[1355] J. Smyth, *Treatise on the forgiveness of sins, as the privilege of the redeemed; in opposition to the doctrine of universal pardon* (Glasgow: Thomas Ogilvie, 1830).

[1356] Veja T. Erskine, *The unconditional freeness of the gospel*, nova ed. revisada (Edimburgo: Edmonton and Douglas, 1870).

[1357] Smyth, *Treatise on the forgiveness of sins*, 118.

[1358] Ibid., 50–70.

[1359] Ibid., 71-95.

Ele analisou diversos assuntos práticos envolvendo três questões concernentes à expiação ilimitada: Ela glorifica a Deus? Ela humilha o pecador? Ela exalta o Salvador? Em resposta à primeira questão, Smyth considerou que a expiação universal desonra a graça eletiva de Deus, a graça redentora do Filho e a graça renovadora do Espírito Santo.[1360]

Finalmente, ele concluiu com uma série de afirmações seguida por sua defesa de um sistema da expiação limitada. (1) A expiação universal se opõe à supremacia moral de Deus como o transmissor da lei e juiz de suas criaturas. (2) A expiação universal inevitavelmente leva à salvação universal. (3) A expiação universal remove muitos motivos eficazes para uma vida de fé e santidade e obstrui o zelo missionário. (4) A expiação universal se baseia em princípios de interpretação que são igualmente insustentáveis e perigosos.[1361]

Kennedy reagiu à análise de Smyth de "mundo", "todos" e "todos os homens" ao demonstrar que pela aplicação correta e sentido comum, eles são irrestritos e significam universalidade absoluta. Embora haja casos em que esses termos não signifiquem "todos, sem exceção", entretanto, a limitação é exceção, não a regra. Kennedy criticou Smyth por tornar a exceção a regra. "Você aplicou esses termos como se tivesse a liberdade de presumir que o significado deles é restrito, quando lhe foi conveniente fazê-lo". De fato, Smyth restringiu esses termos em cada passagem nas quais elas são usadas com referência à extensão da expiação. Kennedy lembrou a Smyth: As regras orientam, as exceções não.[1362]

Kennedy com sagacidade reverteu a seu favor a lógica de Smyth.

> Se você pensa que tem o direito de usar esses exemplos para neutralizar essas passagens das Sagradas Escrituras as quais ensinam que Cristo morreu estritamente por todos, um ariano também tem o direito de usá-las para neutralizar as passagens que ensinam que Cristo é verdadeira e propriamente *Deus sobre todos* ... Os universalistas podem facilmente fornecer-lhe exemplos nos quais as palavras, traduzidas como "para sempre" "eterno" e "eternidade" não se refiram à duração estritamente sem fim, mas à uma duração limitada. Você não pode produzir nenhuma palavra denotando ou se referindo à duração que eles não podem provar ser, às vezes, usada na Bíblia em um sentido limitado.[1363]

[1360] Ibid., 97–118.
[1361] Ibid., 119-45.
[1362] Kennedy, *The doctrine of universal atonement vindicated*, 3– 5 (ênfase no original).
[1363] Ibid., 6 (ênfase no original).

Kennedy apresentou uma análise linguística cuidadosa de *kosmos*, notando que seu método é do exame indutivo paciente. A partir dos dados bíblicos, especialmente 1 João 2.2 e 5.19, Kennedy concluiu que "o mundo inteiro" significa o mundo inteiro não regenerado.[1364] Toda humanidade, sem exceção, está agrupada em duas classes de pessoas: os crentes (1 Jo 2.2) e o restante do mundo, os incrédulos (1 Jo 5.19).

Kennedy mencionou sete classes de sentido para "o mundo" no Novo Testamento:

1. Passagens em que "o mundo" significa a humanidade toda.
2. Passagens em que "o mundo" significa todos os ímpios.
3. Passagens em que "o mundo" significa todos os perdidos finalmente.
4. Passagens em que "o mundo" significa todos os ímpios vivendo ao mesmo tempo.
5. Passagens em que "o mundo" significa o público ou aquela parte toda da humanidade relativa a uma pessoa.
6. Passagens em que "o mundo" significa a parte ímpia do público.
7. Passagens em que "o mundo" significa os gentios em contraste com os judeus.[1365]

Kennedy recorreu a uma análise da palavra grega *pas*: "todos". Quando usada no singular, ela significa "todo"; quando usada no plural, significa "todos". Ele concluiu:

> As palavras traduzidas "o mundo", "todo homem", "todos os homens" no sentido natural e próprio, expressam universalidade. Sempre que esses termos não são restritos em sentido, quer pelos textos nos quais ocorrem em seus contextos, quer por outras passagens claras da palavra de Deus, elas devem ser interpretadas como denotando universalidade.[1366]

Nesse aspecto Kennedy começou a revelar e expor as falhas na metodologia interpretativa de Smyth. "De acordo com o seu princípio e seu modo de aplicá-la, a restrição quando *provada* em *um* caso, pode-se *presumir* que exista em *qualquer* caso. O seu é um princípio que ratifica limitações *arbitrárias*; o meu, um princípio que admite apenas limitações *reguladas, averiguáveis* e *demonstráveis*".[1367] Kennedy continuou:

> Ambos os princípios são baseados em um propósito diferente. Sobre um princípio, o contexto deve ser consultado para descobrir se não pode ser

---

[1364] Ibid., 12.
[1365] Ibid., 14–15.
[1366] Ibid., 17.
[1367] Ibid., 21 (ênfase no original).

uma restrição proibida: sobre o outro, descobrir se ele não requer restrição. Sobre um princípio, a prova do sentido ilimitado é requerida e, se essa prova não for evidente, a passagem é interpretada como que esses termos têm um sentido limitado. Sobre o outro princípio, a prova da *limitação* é requerida; e, se essa prova não for produzida, os termos em questão são interpretados na extensão total do sentido que é natural deles.[1368]

De uma forma intransigente, Kennedy pressionou Smyth ainda mais:

> Com respeito às passagens recorridas como prova de uma expiação universal, você observa, "É necessário pressupor que cada uma delas é expressa em *termos gerais*; a extensão precisa deve ser averiguada pelo contexto ou por uma comparação com outras de um caráter mais definido".

Kennedy salientou como Smyth pressupôs que o sentido dos termos universais como "mundo" e "todos" "precisam *ser averiguados*" e que essas passagens não são de caráter muito *definido*. De acordo com esses conceitos das passagens em questão, você procede impondo-lhes o sentido que se ajusta melhor com o seu sistema".[1369] Kennedy contestou a alegação de Smyth que essas passagens empregam "termos gerais", que são "de um caráter indefinido" e observou que pode-se afirmar que elas são mais precisamente empregadas em termos universais, que são bastante definidos.

Na análise de Smyth das passagens em que ele pensa apoiar a expiação limitada, consistentemente é vítima da falácia da inferência negativa. Smyth presumiu que as passagens falam do sangue de Cristo na expiação que é derramado somente pelos pecadores eleitos; mas Kennedy contestou que essas passagens falam do sangue como *aplicado realmente*.[1370]

Uma das declarações mais importantes na crítica de Kennedy a Smith, que se aplica a todos os calvinistas que afirmam a expiação limitada, é esta sentença: "Quando você prova a eficácia da expiação, você não invalida a universalidade da expiação".[1371]

Smyth tentou neutralizar a declaração direta em defesa da expiação universal em 2 Pedro 2.1 ao argumentar que a frase "o Senhor que os resgatou" não é o objeto da convicção de Pedro, mas da negação dos falsos mestres, isto é, Pedro fala do que os falsos mestres de fato negaram. Ele afirmou que é comum nas epístolas dirigir-se às pessoas "de acordo" com a própria confissão de fé delas. Kennedy respondeu que há

[1368] Ibid., 24 (ênfase no original).
[1369] Ibid., 25 (ênfase no original).
[1370] Ibid., 33.
[1371] Ibid., 34.

algo até mais comum nas epístolas, a saber, os escritores bíblicos se dirigem às pessoas "de acordo com a verdade".[1372] O sentido claro de 2 Pedro 2.1 é que a frase "o Senhor que os resgatou" foi o objeto da convicção de Pedro, bem como da negação dos falsos mestres. "Como redentor, e *somente* como redentor, pode-se afirmar que o Senhor *resgatou* qualquer ser humano", Kennedy declarou.[1373]

Smyth tentou induzir Judas 4 a apoiar a expiação limitada ao interpretar o termo grego *despotēs* para se referir a alguém diferente de Cristo. Kennedy demonstrou por que isso não é exegeticamente factível ou mesmo possível. Do insulto à injúria, ele declarou:

> Dedicado a desconstruir a doutrina da expiação universal, você parece imprudente quanto à segurança de outras doutrinas. Você não pode destruir a evidência corroborativa que essa passagem fornece da ilimitabilidade da expiação, sem primeiro destruir a evidência direta que ela apresenta da própria divindade de nosso salvador. Você sacrificou uma para proteger o seu sistema da outra.[1374]

Texto por texto, Kennedy refutou a exegese e lógica de Smyth. Por exemplo, Mateus 1.21 é um texto-chave usado pelos particularistas. No entanto, Kennedy corretamente notou que esse texto não nos diz por quantas pessoas Cristo morreu, mas apenas quem ele definitivamente salvará. Com respeito a João 1.9, Smyth disse: "A interpretação óbvia dessa passagem é que todo homem que recebeu a luz verdadeira para sua orientação celestial, a recebeu do Senhor Jesus Cristo". Kennedy revela a lacuna na interpretação de Smyth do texto:

> Não, rev. senhor, a interpretação óbvia da passagem é todo homem que vem ao mundo recebe a luz verdadeira para sua orientação celestial do Senhor Jesus Cristo ... O texto declara uma coisa. Ao contrário disso, você afirma outra; outra que é apenas uma parte do que o texto diz.[1375]

Em relação a João 1.7, Kennedy corrigiu a interpretação de Smyth (Deus determinou que todos que são capazes de crer devem realmente crer) que "Deus intencionou que todos os homens por meio de Cristo pudessem crer".[1376]

[1372] Ibid., 36.
[1373] Ibid., 40 (ênfase no original).
[1374] Ibid., 45.
[1375] Ibid., 87–88 (ênfase no original).
[1376] Ibid., 93.

Smyth interpretou João 3.16 como que ensinando a expiação limitada. Ele afirmou que "nem uma palavra" é afirmada em João 3.16 relativa à extensão do amor de Deus, exceto que ele eventualmente salva aqueles que creem (os eleitos). Kennedy respondeu fazendo uma indagação a Smyth quanto a se o texto ensina que Deus ama o mundo ou que ama aqueles que creem.

Baseando-se na análise do uso sétuplo de "mundo", Kennedy visualmente substituiu cada sentido por "mundo" em João 3.16 para determinar quais são as possibilidades interpretativas válidas.

	1. A humanidade toda.
	2. Todos os incrédulos.
	3. Todos os finalmente perdidos.
Deus amou de tal maneira	4. Todos os incrédulos que vivem, de modo que todo aquele que nele crer não perecerá.
	5. O coletivo como um todo.
	6. Todos os incrédulos em geral.
	7. Os gentios em contraste com os judeus.

Conforme Kennedy, o único significado que faz sentido no contexto é o primeiro. Se "o mundo" em João 3.16 deve ser interpretado como a humanidade toda, deve receber a mesma interpretação no versículo 17 também.[1377]

Kennedy notou como João 6.51,57 expressam fatos diferentes: O primeiro é sobre a extensão ilimitada da boa vontade de Cristo para todas as pessoas; o último foca na eficácia de sua morte ao salvar aqueles que creem.[1378]

Kennedy dedicou oito páginas a uma análise de 2 Coríntios 5.18,19 e à refutação da interpretação de Smyth sobre esse assunto. Ele notou os seguintes conceitos:

1. O ato de reconciliar é passado; ele foi realizado por Cristo.

[1377] Ibid., 99–100. A discussão inteira está nas p. 93–101.
[1378] Ibid., 103.

2. A reconciliação não pode ser o equivalente ao perdão dos cristãos porque isso, com respeito aos cristãos, não é um ato que já aconteceu.
3. A Escritura não fala de nenhuma reconciliação real entre Deus e o homem, exceto a que acontece na conversão.
4. A passagem, portanto, não pode se referir à reconciliação real e consumada do mundo com Deus.
5. Sendo assim, não haveria necessidade de Paulo exortar as pessoas a serem reconciliadas com Deus.
6. O que então foi essa reconciliação? É a provisão dos meios pelos quais as pessoas podem ser reconciliadas por intermédio da morte de Cristo.[1379]

Deus não está em um estado de reconciliação real (reconciliação subjetiva) com todas as pessoas. Ele está em um estado de reconciliação intencional (reconciliação objetiva) com todas as pessoas. Não há barreiras da parte do Senhor impedindo a salvação de qualquer pessoa.

Kennedy notou que João 3.36 afirma que a ira de Deus está sobre todos aqueles que são realmente expiados, ambos os eleitos e os não eleitos. Ele continuou a ilustrar a lógica sofística de Smyth.

> Se Jesus é a propiciação pelos pecados de todo indivíduo,
> Então todos estão em paz com Deus.
> Todos não estão em paz com Deus.
> Portanto, Jesus não é a propiciação pelos pecados de todo indivíduo.

Se alguém admite as premissas, é impossível negar a conclusão.

> Se Jesus é a propiciação pelos pecados de cada um dos eleitos,
> Então, todos os eleitos são reconciliados com ele.
> Mas todos os eleitos não são reconciliados, porque os eleitos incrédulos ainda estão sob a ira de Deus.
> Portanto, Jesus não é a propiciação pelos pecados de cada indivíduo dos eleitos.

Kennedy concluiu que seja qual for o absurdo que se atribua à doutrina do universalismo não se anexa à doutrina da expiação universal.

[1379] Ibid., 106-14.

Ele dedicou doze páginas a uma análise de 2 Coríntios 5.14,15. O "todos" na conclusão de Paulo no versículo 15 deve ter a mesma extensão com o 'todos" na proposição menor no versículo 14:

> "Cristo morreu por todos": caso contrário, infere-se que de fato a doutrina da depravação universal é falsa; pois essa doutrina pode ser capaz de ser provada por outros argumentos, mas compreende-se que se o "todos" na conclusão excede em extensão o "todos" na premissa menor, então o apóstolo argumentou inconclusivamente. Visto que ele argumentou assim: aqueles por quem Cristo morreu estavam mortos em delitos e pecados; uma vez que Cristo morreu por todos os eleitos; então, todos, sejam eleitos ou não eleitos, estavam mortos em delitos e pecados.[1380]

Kennedy notou como seu argumento é inconclusivo. Preferencialmente, a conclusão deveria ser "então todos os eleitos estavam mortos em delitos e pecados".

> Se então, a conclusão deve ser estendida a todos os homens, a proposição menor deve ser alterada, de modo a incluir todos os homens; e o silogismo do apóstolo, em que uma das premissas está implícita, terá o seguinte efeito: aqueles por quem Cristo morreu estavam mortos em delitos e pecados. Visto que Cristo morreu por todos os homens, sejam eleitos ou não eleitos; então todos os homens, sejam eleitos ou não eleitos, estavam mortos em delitos e pecados.[1381]

O argumento dele é claro:

> Se, como é evidente, do teor da passagem e seu contexto e como é comumente admitido mesmo por calvinistas, o apóstolo conclui que todos os homens estão mortos em delitos e pecados; logo, ele deve estar certo que Cristo morreu por todos os homens, do contrário, seu argumento deve ser um argumento inconclusivo; um simples sofisma.[1382]

Limite o "todos" na passagem e os "versículos não podem provar que todos os homens estão mortos em delitos e pecados".[1383]

[1380] Ibid., 130.
[1381] Ibid.
[1382] Ibid., 130-31.
[1383] Ibid., 135.

Se, no desprezo à consistência, Smyth limitou o "todos" na última sentença do versículo, outros não podem ter razão em limitar o "todos" na primeira sentença para fazer com que a declaração se concilie também com o seu sistema? O que é permitido a um é permitido ao outro.

Kennedy citou a tradução de Smyth dos versículos:

> Porque o amor de Cristo nos constrange, tendo assim julgado, que se um morreu por causa de todos (os crentes), então esses todos morreram e ele morreu por causa de todos (eles) para que eles, vivendo não devam mais viver para eles mesmos, mas para ele que morreu por causa deles e que ressuscitou (foi erguido) dos mortos.[1384]

Kennedy rejeitou a tradução interpretativa de Smyth:

> Você altera a versão comum sem razão. "Para" é um português tão exato quanto o equivalente para *huper* como "por causa de" é: agora, o primeiro é mais bem traduzido dos dois. "Para eles mesmos" e "para ele que morreu" são traduções tão corretas de *heautois* e *huper apothananti* quanto "para eles mesmos" e "para ele que morreu". Você insere "dos mortos", sem qualquer autoridade no texto, mesmo quando citado por si mesmo, para a inserção. Você também se aventurou a inserir, como suplementos, as palavras "crentes" e "deles", embora os termos sejam totalmente ilegítimos e desnecessários. Esse último ato é um tanto ousado. Considerando que esses suplementos não se baseiam em autoridade melhor do que a sua, irei excluí-los.
>
> Você insere também a palavra esses antes de "todos", embora não haja uma palavra correspondente no original, *hoi pantes* (literalmente "o todos" significando simplesmente "todos"). No versículo 10, temos um exemplo do artigo ocorrendo antes da palavra traduzida "todos" sem alterar sua amplitude de significado.[1385]

Kennedy analisou 1 Timóteo 2.6, uma passagem-chave que parece afirmar claramente a expiação ilimitada e uma passagem que particularistas como Smyth gastou muita tinta para explicar por que a passagem se refere a "todos os tipos ou classes

---

[1384] Smyth, *Treatise on the forgiveness of sins*, 96; citado por Kennedy, *The doctrine of universal atonement vindicated*, 138.

[1385] Kennedy, *The doctrine of universal atonement vindicated*, 139.

de pessoas" e não a todas as pessoas sem exceção. Retrocedendo aos seus primeiros comentários concernentes a "todos", Kennedy afirmou que

> a universalidade do sentido nos casos particulares não precisa de ser provada; é o bastante que ela não possa ser refutada. Como todo homem deve ser considerado inocente pelos seus colegas, até que ele se prove culpado, assim cada "todos" deve ser considerado como denotando universalidade até que se prove ser limitado em seu sentido.[1386]

Kennedy informou a Smyth que ele não precisa provar que "todos" no texto deve

> ser interpretado *absolutamente;* você deve *provar que ele tem que ser interpretado restritivamente.* A menos que você prove *sua* posição como verdadeira, tenho suficiente garantia de reconhecer a minha como verdadeira. Tenho o direito de dizer a você: "Prove que 'todos' seja limitado em seu sentido ou admita que é universal". Mas você não deve pensar que seja o bastante provar uma restrição possível. Eu exijo que você prove uma restrição necessária ou real. Você não deve formular um *pode ser*, mas um *tem que ser*.[1387]

O texto indica que Paulo exorta seus leitores a orar por todos os homens porque Cristo se entregou como um resgate por todos. Mas se Jesus não se entregou como um resgate por todos, sem exceção, então seguramente Paulo não produziu uma razão suficiente pela qual os cristãos devem orar por todos os homens sem exceção. Além disso, Kennedy indagou por que os cristãos devem orar por aqueles por quem Cristo não orou. "Por que devemos orar por aqueles por quem Jesus se recusou a morrer? ... Somos pecadores miseráveis para sermos mais graciosos do que Deus? Mais misericordiosos e benevolentes do que a Palavra encarnada que era cheia de graça?"[1388]

Kennedy desferiu outro golpe quando perguntou a Smyth:

> Você insinua que a frase "todos os homens" por quem devemos orar são apenas todos os reis e todos os outros que têm autoridade? Se você insinua; então, uma vez que "todos os homens" no versículo 1 e o termo "todos" no versículo 6 são evidentemente as mesmas pessoas, eu pergunto você defende que Jesus Cristo se entregou como um resgate por todas

---

[1386] Ibid., 150.
[1387] Ibid., 150–51 (ênfase no original).
[1388] Ibid., 152-53.

as classes e autoridades? ... Se não sustenta que essa intercessão foi por todos os homens que são reis e autoridades que Cristo Jesus se entregou como um resgate, o que há na citação precedente de seu tratado que tem alguma tendência em provar que Cristo não se entregou como um resgate por todos os homens sem exceção? Não posso ver nada.[1389]

A última carta de Kennedy a Smith listou sete vantagens da expiação ilimitada sobre a expiação limitada, seguidas por uma resposta a três objeções comuns à expiação limitada.

1. A doutrina da expiação universal magnifica a filantropia divina.
2. A doutrina da expiação ilimitada ilustra a graça do Emanuel.
3. A doutrina da expiação ilimitada legitima a justiça de Deus de entregar à destruição eterna todos que rejeitam a oferta de misericórdia feita a eles por meio de Cristo.
4. A doutrina da expiação ilimitada proporciona encorajamento abundante e satisfatório aos pecadores arrependidos.
5. A doutrina da expiação ilimitada estabelece o único fundamento disponível para a satisfatória segurança da salvação.
6. A doutrina da expiação ilimitada é peculiarmente favorável ao exercício da dependência simples e pura da graça de Deus, expressa nas promessas do Evangelho.
7. A doutrina da expiação ilimitada é eminentemente e evidentemente favorável à disposição do esforço zeloso para a salvação dos homens.[1390]

Comentando sobre esse sétimo ponto, Kennedy ressaltou como os particularistas sempre se rendem à influência da seriedade incomum pela salvação de seus semelhantes, eles são induzidos irresistivelmente a se dirigir a eles em linguagem que induziria qualquer pessoa simples a crer que eles defendem a doutrina da expiação ilimitada em linguagem precisamente similar a que é empregada por aqueles que creem nessa doutrina.[1391]

Kennedy citou e respondeu a três objeções regularmente formuladas contra a expiação universal. Primeiro, se Cristo morreu por todos os homens, todos precisam ser salvos. Segundo, se Jesus morreu por todos e se a salvação efetiva das pessoas depende de eles a aceitarem quando lhes for oferecida por meio de Cristo, então seria incerto se alguém seria salvo de alguma maneira. Terceiro, se o Filho morreu por todos e se a

---

[1389] Ibid., 154.
[1390] Ibid., 173-95.
[1391] Ibid., 189.

salvação efetiva das pessoas depende de elas a aceitarem quando oferecida, então uma pessoa precisa ter o direito à glória de sua própria salvação.

Com respeito à última objeção, Kennedy afirmou que ninguém tem o direito da própria glória. Embora a fé seja uma condição, ela não é uma condição meritória de salvação. "A oportunidade de crer, a inclinação para crer e a habilidade para crer são livremente concedidas a nós por Deus".[1392]

The Doctrine Of Universal Atonement Vindicated [A Doutrina Da Expiação Universal Justificada] de Kennedy é concluída com um apêndice que criticou Ralph Wardlaw, um amigo calvinista moderado, sobre sua interpretação de 1 Timóteo 2.4-6 em que Wardlaw interpreta o termo "todos" como denotando "todos os tipos de homens". Já vimos que essa interpretação da passagem de Agostinho até o tempo presente, notando que muitos calvinistas que claramente afirmam uma expiação universal interpretam o texto de Timóteo como referindo-se às classes de pessoas. Isso é especialmente importante observar visto que muitos calvinistas tendem a avaliar o conceito do indivíduo, do tema da extensão, baseado em como ele interpreta 1 Timóteo 2.4-6.

Edward A. Litton (1813—1897)

Litton foi um teólogo, educador e pregador anglicano. Ele afirmou uma expiação ilimitada em sua *Introuction to Dogmatic theology* [Introdução à teologia dogmática], originalmente publicada em 1882. Para Litton, o termo "redenção particular" expressa corretamente a redenção em sua consumação real na salvação dos eleitos.

> Se alguém substitui a palavra "redenção" por "expiação" ou "propiciação", então há verdade na declaração que Cristo morreu pelos pecados dos não eleitos. Se redenção é particular, não procede que a expiação ou propiciação pelo pecado não deva ser um benefício universal. E essa distinção, na verdade, parece ser o único método ou a conciliação das várias declarações da Escritura sobre o tema. A morte de Cristo situou a humanidade como um todo em uma posição nova e favorável em relação a Deus, embora para muitos essa posição jamais se realize ou se torne deles; foi uma propiciação não por nossos pecados apenas, mas também pelos pecados do mundo inteiro (1 Jo 2.2).[1393]

[1392] Ibid., 191.

[1393] E. A. Litton, *Introduction to dogmatic theology: On the Basis of the XXXIX Articles of the Church of England*, new ed., ed. P. E. Hughes (1882; reimp. Londres: James Clarke & Co., 1960), 235.

Para Litton, a suficiência absoluta da expiação para todas as pessoas fundamenta a oferta universal do evangelho. "Essa proclamação não poderia ser feita se a morte de Cristo não tivesse realizado uma expiação geral por nossa raça corrompida".[1394]

George Smeaton (1814—1889)

Outro escrito calvinista primordial do século XIX sobre a extensão da expiação foi o do teólogo escocês e professor George Smeaton. Smeaton foi aluno de Thomas Chalmers e ensinou teologia exegética na New College [Universidade Nova], Edimburgo, por mais de trinta anos.

As duas obras: *The Doctrine Of The Atonement According To Christ* [A Doutrina Da Expiação De Acordo Com Cristo] E *The Doctrine Of The Atonement According To The Apostles* [A Doutrina Da Expiação De Acordo Com Os Apóstolos], publicadas em 1868 e 1870 respectivamente, apresentaram as razões em defesa da expiação limitada empregando os argumentos padrão particularistas.[1395] Um apêndice para o segundo volume contém uma boa pesquisa da história da doutrina da expiação.[1396] O tema primordial para Smeaton quando se trata da extensão da expiação é a intenção divina.

Smeaton seguiu a trajetória da teologia do pacto conforme articulada no século XIX na Escócia por John Dick (1764—1833),[1397] professor de teologia na United Session Church [Igreja da Assembleia Unida] e William Symington (1795—1862) da Reformed Presbyterian Church[1398] [Igreja Presbiteriana Reformada]. Outros defensores escoceses da expiação limitada durante esse tempo foram A. Marshall,[1399] William Cunningham (1805—1861), professor de história da Igreja na New College[1400] [Universidade Nova] e Hugh Martin.[1401]

[1394] Ibid., 236.

[1395] G. Smeaton, *The doctrine of the atonement according to Christ* (Grand Rapids, MI: Sovereign Grace, n.d. [1868]); idem, *The doctrine of the atonement according to the Apostles* (1870; reimp. Peabody, MA: Hendrickson, 1988). Ambos os volumes foram reimpressos por Banner of Truth e por Hendrickson.

[1396] Smeaton, *Doctrine of the atonement according to the apostles*, 479–544. Para a discussão da doutrina da expiação de George Smeaton, veja Kinnear, "Scottish New Testament Scholarship and the Atonement," 124–80.

[1397] J. Dick, *Lectures on Theology*, 2nd ed. (Edimburgo: Oliver & Boyd, 1838).

[1398] W. Symington, *The atonement and intercession of Jesus Christ* (Edimburgo: White, 1834).

[1399] A. Marshall, *The atonement, or the death of Christ the redemption of his people* (Glasgow: Murray, 1868).

[1400] W. Cunningham, *Historical Theology: A review of the principal doctrinal discussions in the christian church since the apostolic age*, 3rd ed. (Edimburgo: T. & T. Clark, 1870). Para mais informação sobre Smeaton, Dick, Symington, Marshall, e Cunningham, consulte J. Walker, *The theology and theologians of Scotland 1560–1750* (Glasgow: MacLehose, 1872).

[1401] H. Martin, *The Atonement* (Edimburgo: Knox, 1870).

Smeaton se opôs ao amiraldismo ou alguma forma de universalismo hipotético, para o qual encontrou apoiadores na United Presbyterian Church[1402] [Igreja Presbiteriana Unida]. Smeaton pareceu aceitar, embora cautelosamente, o conceito do caráter de Deus como amor santo e procurou integrar o amor de Deus com a compreensão penal da expiação.[1403]

Kinnear criticou o extremo de Smeaton entre justiça e amor e sua visão distorcida da trindade quando Smeaton afirmou: "Somente quando o pecado é expiado a Paternidade começa propriamente".

Essa abordagem cria uma desarmonia trinitariana no ato da expiação. O extremo de Smeaton, nesse ponto, seria rejeitado pela maioria na tradição reformada.[1404]

Kinnear estava correto provavelmente quando notou que os dois volumes de Smeaton sobre a extensão da expiação "foram as primeiras análises exegéticas abrangentes e eruditas do ensino do Novo Testamento sobre a expiação de um autor britânico nesse período e em profundidade e detalhe sua obra não tem encontrado paralelo desde então na língua inglesa".[1405]

S. G. Burney (1814—1893)

Burney foi pastor na Cumberland Presbyterian Church [Igreja Presbiteriana Cumberland] de 1841 até 1872. Ele fundou a College for Women [Universidade para Mulheres] em Oxford, Mississippi, e foi presidente da Union Female College [Universidade Feminina União] de 1852 a 1861. Foi eleito para a cadeira de literatura inglesa da University of Mississippi [Universidade do Mississippi] de 1866 a 1872 e também foi professor de filosofia. Em 1881, atuou como professor de teologia sistemática e posteriormente, professor de literatura bíblica na Theological School of Cumberland University [Faculdade Teológica da Universidade Cumberland] em Lebanon, Tennessee.

Ele dedicou vinte páginas à extensão da expiação em sua *Atonement: Soteriology*[1406] [Expiação: Soteriologia]. Burney afirmou e argumentou em defesa da expiação ilimitada. A natureza humana de Cristo, bem como a lei determinaram que ele oferecesse um sacrifício pelos pecados de todas as pessoas.

[1402] J. MacGregor, *The question of principle as raised in the free church specially regarding the atonement* (Edimburgo: MacLaren, 1870).

[1403] Veja Kinnear, "Scottish New Testament Scholarship and the Atonement," 170–72.

[1404] Ibid., 176-79.

[1405] Ibid., 179.

[1406] S. G. Burney, *Atonement, Soteriology: The sacrificial, in contrast with the penal, substitutionary, and merely moral or exemplary theories of propitiation* (Nashville: Cumberland Presbyterian, 1888), 380–400.

Se alguém da raça é excluído, a lei não é cumprida. A lei requer que eu ame todas as pessoas, até mesmo meus inimigos e se o sacrifício de minha vida natural salva as almas deles e nada mais pode salvá-los, então a lei requer o sacrifício. Se me recuso a fazer o sacrifício, então não cumpro a lei, porque eu não amo o meu próximo como a mim mesmo. Ou, se amasse a metade deles e fizesse provisão por eles e abandonasse os outros sem provisão, não obedeceria a lei, mas seria culpado perante a lei ... Mas se jamais houve ou jamais haverá um ser humano ou alguém da grande irmandade por quem ele não se entregou como um sacrifício a Deus, é evidente que ele não cumpriu a lei ou a honrou. À luz desses fatos, o que o dogma da expiação limitada se torna? ... Ele é simplesmente varrido pelos ventos e totalmente destruído.[1407]

Burney continuou a apoiar a expiação ilimitada ao considerar a paternidade universal de Deus e seu amor para com todas as pessoas, a divindade de Cristo e suas implicações para a extensão da expiação e a revelação natural. Concernente à última, ele salientou que fome e sede são endêmicos para a humanidade e indicam que há uma provisão disponível de ambos. Esse tipo de raciocínio poderia ser replicado uma dúzia de vezes sobre o plano físico. Mentalmente, o caso é o mesmo de acordo com Burney. A mente humana anela por um futuro feliz, até mesmo pela imortalidade. "A conclusão irresistível, portanto, é que Deus criou todos os homens para esse estado, e que a sua realização em algum estágio da vida de toda pessoa é possível".[1408]

Essa condição levaria alguém a concluir que tanto na esfera espiritual, como no domínio natural, Deus proveu, por sua graça, um meio para a humanidade experimentar a salvação dos pecados mediante uma expiação toda suficiente e universal. Mas Burney foi cuidadoso ao assinalar que a possibilidade e a realidade são separadas por condições e é apenas quando as condições de arrependimento e fé são satisfeitas que a salvação se torna uma realidade para qualquer indivíduo.[1409]

Henry B. Smith (1815–1877)

Henry Smith emergiu como o notável porta-voz da teologia Nova Escola nas décadas seguintes a 1840. Smith foi professor de teologia sistemática no Union Theological Seminary [Seminário Teológico União] de 1854 a 1874. Ele desempenhou um papel na reunião da Igreja Presbiteriana nos anos 1860.[1410]

[1407] Ibid., 385-86.

[1408] Ibid., 399.

[1409] Ibid., 400.

[1410] E. Smith, ed., *Henry Boynton Smith, his life and work* (Nova York: A. C. Armstrong, 1881); L. F. Stearns, *Henry Boynton Smith* (Boston: Houghton Mifflin & Co., 1892); D. H. Holcomb, "The

Como muitos presbiterianos americanos, durante o século XIX, Smith distinguiu entre expiação e redenção, em que a primeira se refere ao sacrifício real na cruz, incluindo sua extensão e a última se refere à aplicação da expiação.[1411] Para ele, a primeira é ilimitada enquanto a última é limitada.

Smith dissertou positivamente sobre o pacto de redenção, mas com esse tópico adicional: "Somente no pacto está incluído tudo que a obra de Cristo realizou: Propiciação pelos pecados do mundo inteiro e a oferta geral de salvação, bem como a provisão para os eleitos".[1412]

Smith citou Soame Jenyns, que afirmou:

> Cristo sofreu e morreu como uma expiação pelos pecados do mundo é uma doutrina bastante infundida no Novo Testamento, que seja quem for examinará esses escritos e negará que ela está ali; pode-se com razão e verdade, depois de ler as obras de Tucídides e Lívio, declarar que nelas nenhuma menção é feita a alguns dos fatos em relação à história da Grécia e Roma.[1413]

Smith dedicou um capítulo em sua obra *System of christian theology* [Sistema de teologia cristã] à extensão da expiação. Depois de explicar as diferenças do tema, entre os conceitos luterano, arminiano e reformado, incluindo as diferenças necessárias nesses grupos, ele afirmou que a intenção da expiação é salvar os eleitos, mas que a expiação real em e de si mesma não salva ninguém até que seja aplicada.[1414]

Sob o título "Prova da expiação geral", Smith mencionou seis tópicos:

1. A passagem-chave é 1 Timóteo 4.10.
2. A oferta divina de salvação a todos indica provisão para todos. Smith aqui rejeita a interpretação de "todos" nos textos-chave bíblicos como significando "alguns entre todas as classes" e assim por diante, por três razões. Primeiro, essa é "uma distinção antibíblica". Segundo, "não sabemos que a oferta, no sentido do 'chamado eficaz' é feita a 'alguns em todos' esses casos". Terceiro, a sinceridade de Deus está em jogo. "Ele oferece a todos uma salvação que não proveu para todos".

Theology of Henry B. Smith (1815–1877): With Special Reference to Contemporary Influences" (ThM thesis, Southern Baptist Theological Seminary, 1963).

[1411] H. B. Smith, *System of Christian Theology*, 2nd ed. (Nova York: A. C. Armstrong and Son, 1884), 437.
[1412] Ibid., 377-78.
[1413] Ibid., 450.
[1414] Ibid., 478.

3. A culpa especial é atribuída àqueles que rejeitam a expiação (Mt 23.37; Lc 14.17; Jo 3.19; Atos 7.51).
4. A Escritura declara que a expiação é universal (Jo 1.29; 3.17; 12.47; 1Tm 2.6; 2Co 5.14, 15; Hb 2.9; 1Jo 2.2).
5. Todas as pessoas recebem alguns benefícios da expiação: (1) a oferta da vida eterna, (2) conhecimento do plano e métodos divinos e (3) a continuidade da experiência e muitas bênçãos temporais.
6. O argumento em favor da expiação geral é *ex concessis* [do que foi admitido] – se é admitida como "suficiente" para todos, então foi designada para todos. Portanto, é coerente a Deus oferecer a salvação a todos e se oferecer a todos, então concede-se sob condições a salvação a todos que as cumprem.

Smith prosseguiu citando outros quatro argumentos em favor da expiação geral:

1. O paralelo entre Adão e Cristo (Rm 5.18).
2. Cristo morreu por alguns que não são salvos (Rm 14.15; 1Co 8.11; Hb 10.29; 2Pe 2.1).
3. Da conexão de verdades: (1) do conceito que ela provê do caráter glorioso do governo divino – Deus é o Deus da graça, (2) da influência moral da doutrina nas pessoas, e (3) do conceito que ela apresenta da condenação final dos perdidos.
4. O relacionamento de Cristo com o universo é coerente apenas com a expiação geral.

Finalmente, Smith referiu e respondeu a seis objeções à expiação geral:

1. Ela supõe diferentes e incoerentes propósitos em Deus. Mas Smith indaga como ela é incoerente se o Senhor tem o propósito em tornar a salvação possível a todos, mas um segundo propósito de salvar somente alguns.
2. Deus faz provisão para um fim, que ele determina jamais realizar. Smith responde que não é esse o caso. Ele faz provisão para tornar possível a salvação de todos os homens.
3. Ela é incoerente com a doutrina da eleição. Smith contesta que a condenação dos não eleitos é, em parte, baseada na recusa deles, não é baseada na não eleição deles.
4. A santidade divina exige a salvação de todos por quem a provisão é realizada. Smith rejeita esse argumento ao notar que não é esse o caso se outras razões impedem a salvação de alguns.
5. A Escritura diz que Cristo morreu para salvar seu povo. Smith afirma que isso está correto, mas acrescenta que a Escritura também ensina que Jesus morreu pelos pecados do mundo todo.

O desígnio especial de Cristo não exclui um desígnio mais geral. Afirmar que ele veio salvar, redimir, libertar, santificar seu povo é mais verdadeiro certamente; contudo, nesse argumento, uma pressuposição da conclusão [*petitio principii*], ele admite que Jesus em sua obra teve apenas um desígnio. A doutrina da expiação geral não declara que o propósito de Deus na morte de Cristo teve igual relação com os eleitos e com os não eleitos, no sentido que Deus intentou aplicá-la igualmente.[1415]

6. A Escritura declara a união de Cristo e seu povo, assim, tudo que Cristo fez, ele o fez por aqueles que estão unidos com ele pela fé. Novamente, Smith concordou com essa declaração, mas disse que ela é irrelevante para a questão em foco. "A doutrina da expiação geral não declara que tudo que Cristo fez e faz, ele fez por toda humanidade".[1416]

J. C. Ryle (1816—1900)

J. C. Ryle se tornou o primeiro bispo anglicano de Liverpool, na Inglaterra, em 1880, depois de 38 anos no pastorado. Ele foi um autor calvinista evangélico e pregador. Falando sobre o tema da eleição e da extensão da expiação, Ryle ressaltou: "Não sabemos que somos eleitos de Deus e quem ele pretende chamar e converter. Nosso dever é convidar todos. Para toda alma inconversa, sem exceção, devemos dizer: 'Deus ama você e Cristo morreu por você'".[1417]

Sobre João 3.16, Ryle afirmou concernente ao conceito de Calvino sobre a extensão do amor de Deus pelo "mundo",

> Calvino observa, nesse texto, que "Cristo gerou vida, porque o Pai celestial ama a raça humana e deseja que ela não pereça". Outra vez, ele afirma: "Cristo empregou a expressão universal 'todo aquele que', para convidar indiscriminadamente todos a participarem da vida e eliminar toda desculpa dos incrédulos. Essa também é a tradução do termo mundo. Embora não haja nada no mundo que seja digno do favor de Deus, no entanto, ele se revela reconciliado com o mundo todo, quando convida todos os homens, sem exceção, à fé de Cristo". O mesmo conceito do "amor" de Deus e do "mundo" nesse texto é interpretado por Brentius, Bucer, Calvino, Glassius, Chemnitius, Musculus, Bullinger, Bengal, Nifanius, Dyke, Scott, Henry e Manton.[1418]

[1415] Ibid., 480.
[1416] Ibid., 478-81.
[1417] J. C. Ryle, *Expository thoughts on the gospels: John 1–6*, 3:157.
[1418] Ibid., 3:158.

Ryle claramente afirmou a expiação ilimitada. Note também sua referência a Bucer entre os nomes daqueles que assimilam uma interpretação similar de "mundo" em João 3.16.

Comentando sobre João 1.29, Ryle escreveu,

> Cristo é ... um salvador para toda humanidade ... Ele não sofreu por umas poucas pessoas, mas por toda humanidade ... O que Cristo removeu e expiou na cruz, não foi o pecado de certas pessoas apenas, mas a massa inteira acumulada de pecados de todos os filhos de Adão ... Eu defendo tão coerentemente quanto qualquer um, que a morte de Cristo não é benéfica a ninguém, exceto aos eleitos que creem em seu nome. Mas eu ouso não limitar e reduzir essas expressões como essa diante de nós. Não ouso dizer que nenhuma expiação foi realizada, em algum sentido, exceto pelos eleitos. Creio que é possível ser mais sistemático do que a Bíblia em nossas declarações ... Não ouso confinar a intenção da redenção aos santos apenas. Cristo é para todo homem ... Repudio a ideia da salvação universal como uma heresia perigosa e totalmente contrária à Escritura. Mas os perdidos não se provarão perdidos porque Cristo nada fez por eles. Ele expiou seus pecados, ele carregou suas transgressões, ele proveu o pagamento; mas eles alegariam não ter nenhum interesse nisso ... A expiação foi realizada pelo mundo todo, embora seja aplicada e desfrutada por ninguém, exceto os crentes.[1419]

James Morison (1816—1893)

Morison foi um pastor escocês que, na primavera de 1839, em seu caminho para pregar a uma igreja em dificuldades, leu *Revivals of religion* [Reavivamentos da religião] de Charles Finney. Assim, no domingo seguinte ele ignorou seu manuscrito e pregou de seu coração. Ele considerou esse evento como sua conversão real.

Morison abandonou o conceito calvinista extremo da expiação limitada. Em 2 de março de 1841, o presbitério realizou um julgamento dele à luz de seus conceitos sobre a expiação ilimitada.[1420] O sínodo nomeou uma comissão para lidar com os conceitos de Morison e fazer um relatório.

> A Comissão nomeada reuniu-se com o sr. Morison, mas ao perceber que nada os satisfaria, a não ser um reconhecimento distinto da referência especial à expiação, ele declinou de se reunir com eles novamente; e tendo

---

[1419] Ibid., 3:61-62.

[1420] E outros temas, mas o tema da extensão foi o problema primário.

desprezado a sentença de suspensão imposta pelo presbitério e mantida pelo sínodo, declarou-se que ele não mais tinha alguma conexão com a Igreja da Secessão.[1421]

Morison escreveu um livro sobre a extensão da expiação no qual ele declarou: "Creio firmemente, ó pecador ansioso, seja o que você for e o seu caráter, tudo que Jesus fez no Calvário, Ele o fez por *você*".[1422] "Jesus veio ao mundo salvar os pecadores ... A palavra *pecadores* nessa bendita passagem não é crosta que se oculta sob a palavra 'eleito'. Ela é uma palavra correta ... Ela é tão magnífica quanto o mundo. Qual palavra é mais universal que 'pecador'?"[1423]

Morison referiu-se aos pais da igreja, juntamente com Davenant, para ajudá-lo neste tema:

> Pois os Pais, quando falam da morte de Cristo, a descrevem para nós como realizada e suportada para a redenção da raça humana e nem uma palavra (que eu sei) é usada entre eles da exclusão de alguma pessoa pelo decreto de Deus. Eles concordam que ela é realmente benéfica somente àqueles que creem, entretanto, eles, em todo contexto, confessam que Cristo morreu em nome de toda humanidade [...] O bispo Davenant prossegue para apresentar mais detalhes a respeito das opiniões de Agostinho ... "Portanto, declaramos ... que Agostinho jamais tentou refutar essa proposição dos semipelagianos [sic], que Cristo morreu por toda raça humana, ... Pois Agostinho nunca se opôs como errônea a proposição 'que Cristo morreu para a redenção da raça humana inteira'; nem jamais reconheceu ou defendeu como própria 'que Cristo morreu, não por todos os homens, mas pelos predestinados somente'".[1424]

Morison claramente cria na expiação ilimitada associada à doutrina da eleição. "Não sou arminiano; chamem-me de calvinista moderado ou um não calvinista, se você preferir, mas eu não sou um arminiano".[1425]

Robertson notou que o conceito de Morison relativo à expiação era

---

[1421] Robertson, *History of the atonement controversy*, 164.

[1422] J. Morison, *The extent of the propitiation; or, the question for whom did Christ Die? Answered* (Kilmarnock: J. Davie, 1842), 6 (ênfase no original).

[1423] Ibid., 26 (ênfase no original).

[1424] Ibid., 66-67.

[1425] O. Smeaton, *Principle James Morison: The man and his work* (Edimburgo: Oliver & Boyd, 1902), 114. Veja também Robertson, *History of the atonement controversy*, 161–74, 323–25, para obras específicas sobre Morison.

que Cristo ao realizar a expiação não manteve um relacionamento especial com alguma porção da humanidade, mas permaneceu no mesmo relacionamento comum com todo pecador de nossa raça; sua expiação fez por todos seja o que for que fez por alguém. Ela não teve a pretensão de fazer nada mais do que abrir a porta de misericórdia e torná-la coerente com o justo caráter de Deus quanto a estender o perdão ao culpado.[1426]

Curiosamente, no mesmo sínodo, Robert Walker, que havia sido acusado pelo Presbitério de Perth por defender conceitos similares aos de Morison, foi questionado. Contrário a Morison, ele não negou a referência especial da expiação aos eleitos, mas defendeu que a expiação tinha uma referência geral a todas as pessoas, abrindo uma porta de misericórdia a todos. A comissão examinadora foi a favor de Walker.[1427] Parece que o sínodo temia que o conceito de Morison tendesse consideravelmente para o arminianismo.

Morison fez um comentário interessante em sua defesa da expiação ilimitada e seu impacto na pregação e missões.

> Se não fosse verdade que Cristo morreu pelos pagãos, ore. Qual evangelho o missionário pregará quando ele aterrissar em uma terra estranha? Ele lhes dirá que Deus amou uns poucos homens espalhados em algum lugar ou outro no mundo e que, portanto, de qualquer maneira ele sabe que pode haver alguns desses favorecidos entre eles e por esses Cristo morreu ... Os homens não precisam ir a países pagãos com a doutrina de uma expiação limitada em seus credos; ou, se eles irem com ela, eles precisam ocultá-la e pregar de uma maneira praticamente contraditória. Um dos mais notáveis missionários dos tempos modernos ... quando perguntado por mim o que ele pregava a esses pobres africanos, respondeu que havia uma máxima com ele e seu verdadeiro colega de trabalho: Dizer a todos e a muitos que Cristo morreu por eles. [Morison identifica que esse missionário é o famoso Robert Moffat].[1428]

Nessa obra concernente à natureza da expiação, Morison dedicou um capítulo explicando porque a expiação não é um pagamento de um débito em um sentido

---

[1426] Robertson, *History of the atonement controversy*, 163.
[1427] Ibid., 166.
[1428] J. Morison, *The extent of the propitiation*, 64–65.

comercial.[1429] De acordo com ele, a expiação nunca é representada na Escritura como o pagamento de um débito em um sentido comercial pelas seguintes razões:

1. Débitos quando pagos cessam de ser débitos; mas o pecado, embora expiado, ainda é um débito.
2. Débitos que são pagos não podem ser perdoados; mas embora o pecado seja expiado, ele deve também ser perdoado.
3. Débitos podem ser perdoados sem algum pagamento; mas o pecado não poderia ser perdoado sem uma expiação.
4. Débitos são transferíveis, pecados não.
5. O pagamento satisfatório de um débito não depende da dignidade da pessoa que o paga; mas o valor total da propiciação depende da posição e caráter superiores e gloriosos do sofredor.
6. O pecado foi expiado como um crime, não como um débito.
7. A propiciação de Cristo, portanto, é algo que se considera que Deus está disposto, ao contrário de estar exigindo um pagamento para perdoar nossos débitos.

Ao responder a questão: "O que é a propiciação?" Morison respondeu com várias ideias.

1. A propiciação é uma realidade, independentemente da fé do pecador.

> O pecador não é chamado para crer que ele é perdoado, justificado, redimido, ou ser um com Deus. Se ele cresse nisso, ele creria naquilo que não é verdadeiro até que se tornasse um cristão. O pecador é, portanto, chamado a crer que seus pecados foram expiados e, consequentemente, isso deve ser algo que é verdadeiro se ele crer ou não. Quando afirmamos que Jesus expiou os pecados, ... expressamos isso: que ele removeu todo obstáculo legal que existia entre eles e o perdão, justificação, redenção e reconciliação; de modo que se não fossem perdoados, justificados, redimidos, reconciliados, é a própria falta deles e permanecem para sempre "indesculpáveis".[1430]

[1429] J. Morison, *The nature of the atonement* (Londres: Simpkin, Marshall, Hamilton, Kent & Co., 1890), 61–73. Essa obra é uma reimpressão com uma pequena revisão de uma edição publicada anteriormente no ministério de Morison.

[1430] Ibid., 75-76.

2. Jesus removeu todo obstáculo legal, mas não todo obstáculo de todo tipo. A incredulidade permanece um obstáculo.
3. Se alguém é um incrédulo, seus pecados permanecem sem perdão.

Morison concluiu esse livro como um sermão pregado a um incrédulo, com apelos enérgicos, urgentes baseado na expiação de Cristo, devido ao amor pelo pecador para que se arrependa e creia no evangelho.[1431] Em uma nota no fim sobre Romanos 3.24 e Hebreus 9.15, ele argumentou que a palavra "redenção" "não significa *o preço de libertação*, mas *a libertação real obtida pelo preço*".[1432] Ele recorre aos famosos lexicógrafos e cita vários calvinistas, incluindo muitos que afirmam a expiação limitada, como enfatizando esse conceito.[1433]

Robert L. Dabney (1820—1898)

Poucos teólogos calvinistas foram tão amados e respeitados como Robert Dabney, o renomado teólogo presbiteriano do Sul, do século XIX. Dabney foi capelão do Exército Confederado e chefe de gabinete e biógrafo de Sotnewall Jackson. Sua obra mais importante é *Lectures On Systematic Theology* [Palestras Em Teologia Sistemática].

No Supremo Concílio de 1863 da Igreja do Sul Antiga Escola, uma comissão incluindo Dabney foi formada para discutir a probabilidade de uma união com a Igreja do Sul Nova Escola. A maior barreira para a união foi a acusação da Antiga Escola de que a Nova Escola não aderiu aos padrões da ortodoxia confessional com respeito à extensão da expiação. Benjamin Palmer e A. A. Porter acusaram Dabney de ensinar a expiação indefinida. Em um momento, Dabney respondeu a Porter: "Ele exige que afirmemos que Cristo foi o substituto somente dos eleitos e expiou a culpa apena dos pecados dos eleitos. Replicamos: Mostra-nos o texto da Bíblia ou da confissão de fé que declara isso".[1434] Os escritos de Dabney no que concerne à natureza e extensão da satisfação demonstra substancial discordância com a opinião da Antiga Escola.[1435]

Em suas *Lectures On Systematic Theology* [Palestras Em Teologia Sistemática], Dabney identificou o que acreditava que a expiação de Cristo na cruz garantiu. O que inclui: (1) a compra da redenção para os eleitos (todos os crentes); (2) um temporário

---

[1431] Ibid., 85-101.

[1432] Ibid., 93 (ênfase no original).

[1433] Ibid., 93–95.

[1434] B. M. Palmer, "The Proposed Plan of Union between the General Assembly and the United Synod of the South," *Southern Presbyterian Review* 16 (1864): 304.

[1435] Veja M. J. Lynch, "'*In Mediis Ibis*': An Examination of Robert Lewis Dabney's View of the Extent of Christ's Satisfaction" (artigo apresentado na reunião anual da the Evangelical Theological Society, San Diego, November 2014). O áudio está disponível em http://www.wordmp3.com/speakers/profile/.aspx?id=1732.

"adiamento da condenação" e um "adiamento da morte" para todos os não eleitos, incluindo os benefícios temporais (graça comum); (3) a misericórdia de Deus a todos os não eleitos que "vivem sob o evangelho" juntamente com "ofertas sinceras de salvação nos termos da fé"; (4) uma "condenação justamente ampliada" para todos os que rejeitam o evangelho, contendo uma manifestação da "justiça e racionalidade de Deus ao condenar aqueles que se recusam crer; e (5) um discurso da "ternura infinita" e compaixão por todos.[1436]

Falando dessas bênçãos que Cristo garantiu para os não eleitos por meio da expiação, Dabney criticou enfaticamente William Cunnigham por sua rejeição da noção que Cristo satisfez pelos pecados de todas as pessoas:

> Em vista desse fato, o desprezo que o dr. William Cunningham acumula sobre a distinção de um desígnio especial e geral na satisfação de Cristo é totalmente míope. Todos os seres sábios (a menos que Deus seja a exceção), às vezes, formulam seus planos de modo a garantir uma combinação de resultados dos mesmos meios. Essa é a forma própria que demonstram a habilidade e sabedoria. Por que se supõe que Deus seria incapaz desse ato sábio e útil? Eu repito, o desígnio do sacrifício de Cristo deve ter sido efetuar o que ele efetua. E vemos, que, juntamente com a redenção efetiva dos eleitos, ele realiza diversos fins subordinados. Há, então, um senso em que Cristo "morreu para" todos esses fins e pelas pessoas afetadas por eles.[1437]

Quando Dabney falou do que Deus "designou" ou "intentou", ele fala da vontade decretatória e não de sua vontade revelada. Mas deve ser notado que ele falou da graça comum como fluindo da cruz também. Observe que a rejeição do evangelho oferecido por Deus a todos resulta em uma "condenação ampliada". As palavras enfáticas de Dabney concernentes a Cunningham ("desprezo" que Cunningham acumula sobre a distinção de um desígnio especial e geral na expiação") são surpreendentes e devem ser notados cuidadosamente. Cunningham é um calvinista extremo que negou que Cristo morreu de alguma forma pelos não eleitos. Observe Dabney se referir a Cunningham como "míope" a esse respeito.[1438]

[1436] R. L. Dabney, *Systematic Theology* (Edimburgo: Banner of Truth, 2002), 528–29.

[1437] Ibid., 529.

[1438] Para a abordagem de Cunningham quanto à extensão da expiação, incluindo sua separação da oferta bem-intencionada do evangelho da suficiência da expiação, veja sua Historical Theology, 2 v. (Edimburgo: Banner of Truth, 1994), 2:343–70.

Falando sobre a Confissão de Westminster, Dabney salientou um ponto com respeito à extensão da expiação quando observou,

> Ela cuidadosamente evita confundir os dois conceitos de satisfação legal para a culpa com a consequente expiação ou reconciliação para o pecador crente. E ela não aprova a teoria equivalente da expiação, que afeta, com um extremo refinamento pernicioso, para afixar uma relação comercial entre os pecados dos eleitos e o mérito único, indivisível e infinito do sacrifício divino.[1439]

Falando da suficiência extrínseca do sacrifício de Cristo, Dabney disse:

> Mas sacrifício, expiação, é um ato único, glorioso e indivisível do redentor divino, infinito e inexaurível em mérito. Se houvesse apenas um pecador, Sete, o eleito de Deus, esse perfeito sacrifício divino seria necessário para expiar sua culpa. Se todo pecador da raça de Adão fosse eleito, o mesmo sacrifício seria suficiente para todos. Devemos absolutamente evitar o erro que a expiação é um agregado de dons para serem divididos e distribuídos, uma fração para cada recebedor, como frações de dinheiro de um saco para uma multidão de pobres. Se a multidão de pobres fosse maior, o fundo do saco seria alcançado antes que todo pobre recebesse suas esmolas e mais dinheiro teria que ser providenciado. Eu repito, essa noção é totalmente falsa enquanto aplicada à expiação de Cristo, porque ela é um ato divino. Ela é indivisível, inexaurível, suficiente em si mesma para cobrir a culpa de todos os pecados que sempre serão cometidos na terra. Este é o sentido abençoado no qual o apóstolo João afirma (1 Jo 2.2): "Cristo é a propiciação (a mesma palavra como expiação) pelos pecados do mundo todo".[1440]

Exatamente em duas páginas após essa citação, Dabney declarou: "Somos propensos a afirmar que, embora a expiação seja infinita, a redenção é particular".[1441] O

[1439] R. L. Dabney, "The Doctrinal Contents of the Westminster Confession of Faith," em *Discussions: Miscellaneous Writings*, 5 v., ed. J. H. Vamer (Harrisonburg, VA: Sprinkle, 1999), 5:130. Para a rejeição de Dabney da equivalência quantitativa e sua afirmação de uma expiação universal, veja também B. M. Palmer, "The Proposed Plan of Union", 278, 297, 304.

[1440] R. L. Dabney and Jonathan Dickinson, *The five points of calvinism* (Harrisonburg, VA: Sprinkle, 1992), 61.

[1441] Ibid., 63.

que eleexprimiu por essa declaração é que a expiação pelo pecado por Cristo na cruz é ilimitada, mas a aplicação da expiação, gerida pelo intento e propósito de Deus conforme compreendido pela teologia reformada, é pelos eleitos somente. Outra confirmação para isso é o fato que Dabney continuou baseando sua declaração na obra eletiva de Deus e não em algumas passagens-chave da Escritura sobre a extensão da expiação, que são geralmente argumentadas pelos calvinistas para apoiar a expiação limitada.

Talvez, Dabney seja mais claro sobre sua afirmação da expiação universal quando fala a respeito de João 3.16. Ele rejeitou a tentativa de associar "mundo" com os eleitos e evidentemente afirma que a morte de Cristo na cruz resultou em uma expiação ilimitada de pecados, não apenas uma expiação limitada.[1442]

Rejeitando a interpretação de Owen e outros que "mundo" aqui significa "os eleitos", Dabney demonstrou como exegeticamente a conexão entre João 3.17 e 18 demonstra que o "mundo" do versículo 17 inclui aqueles que creem e aqueles que não creem, no versículo 18.

> É difícil compreender como, se a ternura do sacrifício de Cristo não é em nenhum sentido uma manifestação verdadeira da benevolência divina para essa parte "do mundo" que "não crê"; a escolha deles em desprezar isso é uma razão justa para uma condenação mais profunda, conforme expressamente declarada no versículo 19.[1443]

Finalmente, Dabney declarou que Cristo pagou o "débito penal do mundo".[1444] Ele se opôs ao argumento do pagamento duplo de John Owen; o argumento fundamental usado pelos apoiadores da expiação limitada.[1445]

W. G. T. Shedd (1820—1894)

William G. T. Shedd completa o triunvirato americano dos teólogos reformados do século XIX [Charles Hodge e Robert Dabney são os outros dois] que rejeitaram a expiação limitada. Formado no Andover Theological Seminary [Seminário Teológico

---

[1442] R. L. Dabney, "God's Indiscriminate Proposals of Mercy as Related to His Power, Wisdom, and Sincerity," *The Princeton Review* 54 (July 1878): 64–65. Veja também em Dabney's *Discussions: Evangelical and Theological*, 5 v., ed. C. R. Vaughn (Harrisonburg, VA: Sprinkle, 1982), 1:282–313. Veja também sua Systematic Theology, 535, na qual declarou: "Talvez não haja nenhum texto bíblico que forneça uma explicação tão completa e abrangente do desígnio e resultados do sacrifício de Cristo como João 3.16-19".

[1443] Ibid.

[1444] R. L. Dabney, *Christ our penal substitute* (Richmond, VA: Presbyterian Committee of Publication, 1898), 24.

[1445] R. L. Dabney, *Systematic Theology*, 521.

de Andover], onde ele foi influenciado por Leonard Woods, (sobre quem teremos mais a dizer, na sequência), ele ensinou por um breve tempo no Auburn Theological Seminary [Seminário Teológico Auburn], em seguida foi professor de história da igreja em Andover de 1853 a 1862. Depois disso, foi por dois anos pastor da Brick Presbyterian Church, na cidade de Nova Iorque. Posteriormente, Shedd ensinou no Union Theological Seminary [Seminário Teológico União] de 1874 a 1892, onde terminou sua teologia sistemática.

Semelhantemente a Robert Dabney e Charles Hodge, Shedd acreditava que não havia contradição entre a satisfação ilimitada pelo pecado por intermédio de Cristo na cruz, predestinação e a oferta universal do evangelho para todos.[1446] Ele claramente afirmou que a morte de Jesus não é apenas suficiente hipoteticamente como os calvinistas extremos afirmaram, mas é de fato suficiente porque ela expia todos os pecados.

Shedd recorreu a 1 João 2.2 para argumentar em defesa de uma satisfação ilimitada pelos pecados na cruz. Ele falou da justiça de Deus sendo "completamente satisfeita por meio da morte de Cristo pelo pecado do homem", algo que é uma "oblação ampla pelo pecado do mundo" e que a morte dele na cruz "expiou completamente a culpa humana".[1447] Shedd argumentou que a morte de Cristo estava "relacionada às exigências da lei a toda a humanidade" e "cancela essas exigências totalmente". De fato, ele afirmou,

> A morte do Deus-homem natural e necessariamente cancelou todas as exigências legais. Quando uma pessoa confia nessa expiação infinita e ela é imputada a ele por Deus, então ela se torna sua expiação para propósitos judiciais como se realmente ele mesmo a tivesse realizado e, portanto, natural e necessariamente cancela sua culpa pessoal.[1448]

Ele prosseguiu ressaltando que

> Pois como a situação está agora, não há necessidade, no que concerne à ação de Deus, que um homem jamais deveria ser sujeito à futura punição ... todos os obstáculos legais para o exercício desse formidável atributo [misericórdia] foram removidos pela morte do Filho de Deus pelos pecados do mundo inteiro (1 João 2.2).[1449]

[1446] W. G. T. Shedd, *Dogmatic Theology* (Phillipsburg, NJ: P&R, 2003), 349.
[1447] Ibid., 709.
[1448] Ibid., 724-25.
[1449] Ibid., 930.

Shedd respondeu à questão: Se a morte de Cristo remove todos os obstáculos legais e expia todo pecado, como é que o universalismo não é a consequência? Sua resposta simples é a mesma que todos os calvinistas moderados realçaram desde os primeiros debates sobre esse assunto: Ninguém é salvo, a menos que exercite a fé em Cristo. A expiação em e de si mesma não salva ninguém.[1450] Para Shedd, como para todos os calvinistas moderados e não calvinistas, a aplicação da expiação é limitada; a expiação é ilimitada. Ele cria que esse conceito considerava todos os textos bíblicos; aqueles que afirmam que Cristo morreu por todos, bem como aqueles que afirmam que ele morreu pela igreja.[1451] Além disso, ele evidentemente extraiu uma distinção entre a intenção e a extensão da expiação. A primeira é limitada pelo desígnio e propósito de Deus; a última é ilimitada.[1452]

Shedd compreendeu que a suficiência da expiação como que expia "o pecado de todos os homens indiscriminadamente; ... Não há pecado do homem pelo qual uma expiação infinita não foi provida". Ele então fundamenta a oferta universal do evangelho nessa expiação universal.[1453]

Shedd não apenas articulou o seu conceito da expiação como universal em sua teologia, mas também o fez em sua pregação. Considere o sermão: "A Culpa do Pagão". Aqui, Shedd claramente declarou que o sangue de Cristo foi derramado por aqueles que definitivamente o rejeitariam.[1454]

À semelhança de Dabney, Shedd foi contrário ao argumento do pagamento duplo comumente usado em apoio à expiação limitada.[1455]

Hugh Martin (1821—1885)

Hugh Martin foi um teólogo e pastor escocês. A obra dele, *The atonement: In its relations to the covenant, the priesthood, the intercession of our Lord* [A Expiação: em suas relações com o pacto, o sacerdócio, a intercessão de nosso Senhor] foi publicada em 1877.[1456] Como o título indica, ela é uma defesa da expiação limitada argumentada primariamente segundo o ofício e ministério sacerdotal de Cristo. Martin tentou

---

[1450] Ibid., 726.
[1451] Ibid., 743.
[1452] Ibid., 739-42.
[1453] Ibid., 743.
[1454] W. G. T. Shedd, *The guilt of the pagan: A Sermon* (Boston: American Board of Commissioners for Foreign Missions, 1864), 23–24.
[1455] Shedd, *Dogmatic Theology*, 727.
[1456] H. Martin, *The Atonement: In its relations to the covenant, the priesthood, the intercession of our Lord* (1877; reimp. Edimburgo: Banner of Truth, 2013). Veja especialmente os capítulos 3 e 4.

demonstrar que Jesus orou somente pelos eleitos (Jo 17), portanto, ele sofreu pelos pecados dos eleitos.

A. A. Hodge (1823—1886)

Hodge era filho do famoso Charles Hodge do Seminário de Princeton. Um líder e teólogo presbiteriano americano, A. A. Hodge foi o reitor do Seminário de Princeton entre 1878 e 1886.

Ele publicou uma obra significativa sobre a expiação em 1867.[1457] Hodge tratou da intenção da expiação primeiro da perspectiva arminiana e em seguida da perspectiva do universalismo hipotético.[1458] Ele dividiu a última categoria em dois grupos: (1) aqueles como Amyraut, Wardlaw, Balmer, John Brown e James Richards do Auburn Theological Seminary [Seminário Teológico Auburn]; e (2) Jenkyn, Taylor, e Fiske, a quem acusou de abandonar a "fé verdadeira" sobre a natureza da expiação, "cujos conceitos quanto à sua universalidade indefinida é uma dedução necessária de seus conceitos quanto à sua natureza".[1459]

Hodge é particularmente condescendente com aqueles do primeiro grupo de universalistas hipotéticos. Eles possuem "uma insatisfação quase consciente com as peculiaridades do calvinismo, dando origem a um arminianismo inconsciente; ou a divergência deles se refere somente à uma ausência de clareza de pensamento e à consequente imprecisão no uso dos termos".[1460] O último grupo "falta sinceridade ou conhecimento eficiente quanto ao estado verdadeiro da controvérsia".[1461] Ele se refere aqui ao fato que o último grupo nega a substituição penal.

Hodge esboçou suas análises sobre o tema da extensão como segue:

1. A declaração do tema no debate.
2. O relacionamento da natureza da expiação com seu desígnio.
3. Esboço da história relativo ao assunto.
4. Calvino sobre o tema.
5. A evidência bíblica.
6. Resposta aos argumentos por defensores da expiação geral.

[1457] A. A. Hodge, *The Atonement* (Philadelphia: Presbyterian Board of Publication, 1867).
[1458] Ibid., 348-54.
[1459] Ibid., 351.
[1460] Ibid., 351-52.
[1461] Ibid., 353.

Para Hodge, o tema em foco não se relaciona à suficiência da satisfação. Ele fala apenas de um valor intrínseco.[1462] Esta é uma avaliação imprecisa porque a questão é muito mais a respeito da natureza da suficiência da expiação. Nem tampouco o tema se relaciona à aplicabilidade da satisfação realizada por Cristo às demandas da lei. Para Hodge,

> Cristo morreu e sofreu precisamente pelo que a lei exigia de cada homem pessoalmente e todo homem indiscriminadamente e isso pode ser em qualquer momento aplicado para a redenção de um homem assim como de outro, no que concerne à satisfação em si mesma. Unindo essas duas coisas, portanto, a suficiência para todos e a precisa adaptação para cada, é claro como o sol que a morte de Cristo removeu todos os obstáculos legais do caminho para a salvação de Deus de qualquer homem que ele queira salvar. Nesse sentido, se você se contenta, Cristo tornou a salvação de todos os homens indiferentemente possível, *em Deus* [*a parte Dei*]. Ele pode aplicá-la a qualquer um que ele deseje.[1463]

Hodge se parece bastante com o pai dele quando declarou:

> Necessariamente se conclui que quem crer nele, os não eleitos (se isso fosse subjetivamente possível) tanto quanto verdadeiramente os eleitos, encontrariam uma expiação perfeita e uma recepção cordial preparada por ele quando ele vir ... mas a expiação de Cristo é em si mesma objetivamente mais certa e livremente *disponível* a cada e todo pecador a quem ela é oferecida, sob a condição *que ele creia*.[1464]

No entanto, há uma diferença sutil entre A. A. Hodge, nesse aspecto, e em seu pai, Charles Hodge. Como vimos, Charles Hodge afirmou que havia uma expiação objetiva realizada pelos pecados de todas as pessoas, embora a intenção de Deus na expiação seja salvar apenas os eleitos. A. A. Hodge parece afirmar o mesmo quando falou da lei de Deus como "satisfeita" pela morte de Cristo. Entretanto, Hodge argumentou em defesa da expiação limitada. Essa é uma séria incoerência.

Note na segunda citação que Hodge pareceu pensar que pode falar sobre uma expiação que é "objetivamente" disponível a "cada e todo pecador" e, no entanto, afirmar uma substituição limitada por Cristo na cruz. Mas ele não explicou como essa expiação pode estar disponível aos não eleitos quando essa expiação pelos pecados não existe. A questão da extensão não se relaciona à aplicação real dos benefícios salvífico

---

[1462] Ibid., 355.
[1463] Ibid., 356-57.
[1464] Ibid., 538.

da obra de Cristo a cada e toda pessoa, de acordo com ele. Para Hodge, a intenção de Deus na expiação é a salvação dos eleitos somente.

Hodge disse que o tema "não se relaciona à oferta universal em perfeita boa-fé de um interesse redentor na obra de Cristo sob a condição de fé. Isso é admitido por todos".[1465] Na realidade, isso não é admitido por todos. Todos os não calvinistas e calvinistas moderados não creem que a oferta do evangelho pode ser em "boa-fé" por aqueles por quem não há expiação.

Finalmente, o tema não diz respeito "ao *desígnio* de Cristo em morrer *que está relacionado a todos os benefícios* garantidos à humanidade por meio de sua morte".[1466] Tendo determinado o que o tema não é, Hodge recorre à identificação do conceito correto do tema. Ele afirmou que o tema

> verdadeiramente e apenas se relaciona ao desígnio do Pai e do Filho com respeito às pessoas, para cujo benefício a expiação foi realizada; isto é, a quem, ao realizá-la, eles intentaram aplicar ... (a) sua natureza essencial, envolvendo sua exata adaptação às relações legais e necessidades de cada e todo homem indiferentemente; (b) sua suficiência intrínseca para todos; (c) sua honesta e legítima oferta a todos; (d) sua aplicação *real*; (e) sua aplicação *pretendida* ... Quinto, todos os calvinistas precisam crer que ela está limitada aos eleitos.[1467]

Hodge considerou que o princípio de Lombardo é "impreciso e inadequado em de falso".[1468]

Ele indagou se o motivo de Deus em entregar Cristo para morrer foi "amor pessoal de certos indivíduos definidos, conhecidos previamente desde a eternidade" ou "uma filantropia geral e impessoal, porém permitindo que a maioria daqueles amados perecessem".[1469] Isto é, claro, uma dicotomia falsa da parte de Hodge. Como pode o amor de Deus pela "humanidade" ser impessoal? Não conheço nenhum arminiano ou não calvinista que afirme algo assim.

Hodge perguntou:

> Cristo morreu com o desígnio e efeito de tornar a salvação de todos os homens indiferentemente possível e a salvação de nenhum certa ou

---

[1465] Ibid., 357.
[1466] Ibid., 359 (ênfase no original).
[1467] Ibid., 360.
[1468] Ibid., 361.
[1469] Ibid., 363.

ele morreu em busca de um pacto eterno entre o Pai e ele mesmo para o propósito, bem como com o resultado de realizar a salvação de seu próprio povo?

Novamente, isso é uma falsa dicotomia. Onde na Escritura se declara isso ou o falso dilema?

Hodge apresentou o tema em algumas questões adicionais que não podem nos deter aqui. Basta dizer que ele continuou a criar os falsos dilemas por meio de falácias injustificadas.

Igual a seu pai, Hodge corretamente rejeitou o conceito comercialista da expiação e o caracterizou como uma "satisfação penal vicária".[1470] Como todos os particularistas, ele afirmou que a redenção "deve ser para realizar o propósito da eleição soberana de alguns, então é certo que Cristo morreu para garantir a salvação dos eleitos e não para tornar a salvação de todos os homens possível".[1471] Mas isso é uma falsa dicotomia para os não calvinistas e os calvinistas que afirmam uma redenção ilimitada. Por que Deus não pode realizar ambos os propósitos e mesmo outros além desses?

Hodge retornou à noção que a expiação remove todos os obstáculos legais do caminho de Deus para salvar qualquer pessoa. "Que em um sentido estritamente objetivo, a expiação é tão livremente disponível, sob a condição de fé, para os não eleitos que ouvem o evangelho quanto é para os eleitos".[1472] Como pode ser esse o caso dado a adesão de Hodge à expiação limitada, ele não diz.

Concernente à frase: "Cristo morreu pelo mundo inteiro", ele afirmou que isso pode ser interpretado em três sentidos:

> (a) Que ele morreu pelos judeus, bem como pelos gentios, por um povo eleito de todas as nações e gerações. (b) Que ele morreu para garantir muitas vantagens para todos os homens desde Adão até a última geração, especialmente por todos os cidadãos nos países cristãos, (c) Que ele morreu para garantir a salvação de cada e todo homem que já viveu; isto é, que ele morreu no mesmo sentido pelos não eleitos quanto pelos eleitos. Os dois primeiros afirmamos; o último, negamos.[1473]

Mas aqui, Hodge falhou em incluir um quarto uso que é mais compatível com a Escritura: Cristo morreu objetivamente pelos pecados de todas as pessoas, tornando

---

[1470] Ibid., 368.
[1471] Ibid., 370.
[1472] Ibid., 371-72.
[1473] Ibid.

assim a salvação possível para todos, entretanto, com um propósito de salvar apenas aqueles que cressem (os eleitos, na teologia reformada).

Hodge pensou que o conceito da extensão ilimitada na teologia reformada se desenvolveu somente no século XVII com a escola de Amyraut e Saumur e o século XVIII com a Controvérsia da Medula.[1474] Semelhantemente a muitos, ele desejou rotular o conceito da expiação ilimitada na ortodoxia reformada como uma "novidade". Condescendentemente falou dessa "novidade" "não como heresia, mas como uma evidência de pensamento absurdo, confuso e linguagem desordenada sobre o assunto".[1475] De fato, Hodge é temerário ao dizer: "Se os homens serão coerentes em aderir a essas 'novidades', eles precisam se tornar arminianos".[1476]

> Sempre tem sido uma característica marcante dos arminianos, em suas controvérsias com os calvinistas, que eles insistam na importância da distinção entre a impetração e a aplicação da redenção. Eu desafio a qualquer um a mostrar (1) como a aplicação *pretendida* da expiação poderia ser mais geral do que sua aplicação *efetiva*? E (2) se a aplicação pretendida é admitida como limitada aos eleitos, o que resta da referência geral à expiação, exceto (a) a suficiência intrínseca; (b) a adaptação exata; e (c) a oferta *bona fide* – tudo que, concorda-se unanimente, é sem algum limite de forma alguma?[1477]

A resposta ao desafio de Hodge pode ser vista nas muitas declarações dos calvinistas moderados já citados nesta obra.

Hodge tratou do problema da oferta bem-intencionada do evangelho de uma plataforma particularista. Ele admitiu a dificuldade sobre esse assunto, identificando três áreas nas quais parece haver incoerência. Primeiro, o fundamento para todas as ofertas do evangelho "deve ser encontrado somente na grande comissão ... Mesmo se a expiação pode ser demonstrada como universal, nosso direito de oferecê-la a todos os homens não pode estar nessa demonstração, mas, como dito antes, nos termos claros dessa comissão que já temos". Segundo, o mesmo se aplica para o fundamento da fé pessoal. Terceiro, o fundamento para Deus agir como ele o faz reside em sua soberania.[1478]

[1474] Ibid., 375.
[1475] Ibid., 377.
[1476] Ibid., 384.
[1477] Ibid., 385.
[1478] Ibid., 418-20.

Considerando o assunto do *ponto de vista dos universalistas calvinistas*, nós desafiamos nossos oponentes a nos mostrar em que há mais incoerência com a boa-fé da oferta indiscriminada de um interesse na redenção de Cristo acerca de nosso conceito, que foi designado somente pelos eleitos do que há quanto ao conceito deles, que Deus previu e intentou que as condições sob as quais ela é oferecida a todos os homens devem ser impossíveis. Lembre-se que a questão entre eles e nós diz respeito ao único tópico relativo ao *desígnio* da expiação.[1479]

O problema com o tópico de Hodge apresentado anteriormente é sua deturpação dos "universalistas calvinistas". Eles também creem que a expiação foi *designada* apenas pelos eleitos com respeito à aplicação, mas que também foi constituída a ser uma satisfação universal pelos pecados. A precisão da última sentença de Hodge depende do que ele expressa por "desígnio".

Finalmente, com referência ao uso de 'todos' e "mundo" nos contextos da expiação, Hodge tentou argumentar, seguindo Candlish, "que expressões particulares e definidas devem limitar a interpretação das gerais, ao contrário do inverso". Hodge não pode encontrar uma razão plausível por que Cristo, "se ele morreu para tornar a salvação de todos possível, dele deve-se, no entanto, dizer em alguma conexão, ter morrido com o propósito de certamente salvar seus eleitos".[1480]

Mas por certo é evidente que as poucas passagens que falam de Jesus morrer por um grupo específico como sua "igreja", especialmente em contextos dirigidos à igreja, não pode ser interpretado como expressando que ele morreu por eles apenas sem invocar a falácia da inferência negativa e isso especialmente à luz de muitas passagens universais.

Um tópico final do interesse em Hodge. Ele não gosta da frase "expiação limitada", porém, acreditava que Cristo em algum sentido satisfez a justiça de Deus ao suportar a pena da lei. Hodge declarou: "Quando totalmente analisada e precisamente definida, a verdadeira doutrina que Cristo satisfez a justiça retribuidora de Deus ao suportar a própria pena da lei, logicamente *não* leva a quaisquer consequências, as quais podem ser precisamente expressadas pela frase expiação *limitada*".[1481] Mas Hodge, de fato, cria que a expiação é limitada em termos de sua satisfação pelos pecados, pois é restringida aos pecados dos eleitos apenas. Ele jamais explicou como é que Cristo pode satisfazer a lei e justiça de Deus sem satisfazer pelos pecados de todas as pessoas que são condenadas por essa lei.

[1479] Ibid., 421 (ênfase no original).
[1480] Ibid., 424-25.
[1481] Ibid., 343.

Herman Bavinck (1854—1921)

Bavinck foi um teólogo reformado holandês cuja obra magna é sua *Reformed Dogmatics* [Dogmática Reformada] em quatro volumes, publicada entre 1895 e 1901.[1482]

Bavinck tratou do tema da extensão historicamente e em seguida bíblica e teologicamente. Ele notou, devidamente, que os pais da igreja antes de Agostinho afirmaram a expiação ilimitada. Ele concluiu equivocadamente que o próprio Agostinho ensinou a expiação limitada baseada em três razões: (1) eleição, (2) a explicação de Agostinho de 1 Timóteo 2.4-6 e (3) a repetida associação de Agostinho da obra de Cristo "apenas com os eleitos".[1483]

Com respeito aos primeiros reformadores, Bavinck afirmou: "Os teólogos reformados consequentemente, com a doutrina da satisfação particular, ficaram virtualmente sozinhos. Acresça-se a isso que eles não eram de forma alguma unânimes e gradualmente divergiram até mais além uns dos outros".[1484] Isso também é uma distorção dos primórdios da história reformada, como a maioria, se não todos, dos primeiros teólogos reformados não afirmaram a expiação limitada. Bavinck corretamente observou que havia aqueles calvinistas que rejeitaram a expiação limitada, mas incorretamente indicou que eles todos divergiram da posição original sobre a expiação limitada. No final do século XIX, Bavinck declarou que a doutrina da expiação limitada "foi quase que universalmente abandonada".[1485]

Considerando os dados bíblicos, Bavinck mencionou diversos textos bíblicos que ele interpretou que associa o sacrifício de Cristo "somente à igreja". Ele aderiu à falácia da inferência negativa. Nenhum dos textos da Escritura que citou limita a expiação somente aos grupos restritos mencionados. Ele argumentou que a "Escritura deduz que o sacrifício e intercessão de Cristo, portanto, também a aquisição e aplicação da salvação, são inseparavelmente ligados".[1486] Bavinck e outros particularistas interpretam João 17 dessa maneira.

Bavinck se envolveu em uma falsa dicotomia quando afirmou: "Temos que fazer uma escolha: Deus amou todas as pessoas e Cristo fez satisfação por todas – e, então, todas elas, sem erro, serão salvas – ou a Escritura e a experiência testificam que esse

---

[1482] H. Bavinck, *Reformed Dogmatics*, 4 v., ed. J. Bolt, trans. J. Vriend (1895– 1901; reimp. Grand Rapids, MI: Baker, 2003–8). A segunda edição revisada e ampliada foi publicada entre 1906 e 1911, seguida por uma terceira edição inalterada em 1918 e uma quarta edição inalterada em 1928 com uma paginação diferente. A seção sobre a expiação limitada é publicada no volume 3: "Pecado e Salvação em Cristo", 445–75.

[1483] H. Bavinck, "Sin and Salvation in Christ" em *Reformed Dogmatics*, 3:456–57.

[1484] Ibid., 460.

[1485] Ibid., 463.

[1486] Ibid., 466.

não é o caso".¹⁴⁸⁷ Isso, é claro, é baseado no conceito comercialista da expiação pelo qual a expiação *consequentemente* garante sua própria aplicação.

Quando Bavinck sugeriu que "Deus, portanto, ordenou seu Filho à morte da cruz sem um plano definido para salvar alguém sem falhar", ele caricaturou e deturpou os arminianos e os calvinistas moderados da mesma forma.¹⁴⁸⁸ Seu argumento final contra a expiação universal é a denominada desunião que ela cria entre os membros da trindade. Já vimos esse tema tratado por muitos moderados calvinistas e eu tratarei disso com mais detalhes posteriormente.

Richard Webster (1811—1856)
Entre os muitos artigos que foram publicados, durante esse século, há um, em três partes, no *The Presbyterian* [O Presbiteriano] escrito por "R. W." que defende a tese da expiação limitada usando os argumentos padrão:

1. A substituição penal implica expiação limitada.
2. A extensão da expiação não deve ser decidida com base na suficiência (valor) ou com base no amor. Se o amor infinito é a medida da provisão, por que ele não pode ser também a medida da aplicação? (livre-arbítrio).
3. A principal questão é: Qual foi a intenção de Deus com a expiação? Como Owen, o propósito precisa ser argumentado pelo resultado. Deus não teve o propósito de salvar todos, visto que todos não são salvos.
4. O pacto da redenção é a base da expiação limitada.
5. A intercessão limitada implica expiação limitada; a eficácia e a limitação da intercessão são inseparáveis.
6. O dom do Espírito é restringido, assim também o dom do Filho em realizar a expiação é limitado.¹⁴⁸⁹

Os Teólogos Arminianos do Século XIX

Charles Finney (1792—1875)
Quando se trata do Segundo Grande Avivamento e reavivamento na história americana, poucos nomes são tão proeminentes como o do pregador presbiteriano Charles

---

1487 Ibid., 467.
1488 Ibid., 468.
1489 R. W. [Richard Webster], "The Extent of the Atonement, No. 1," *The Presbyterian Magazine* 4, ed. C. V. Bensselaer (November 1854): 496–502; "The Extent of the Atonement, No. 2," *The Presbyterian Magazine* 4 (December 1854): 533–40; "The Extent of the Atonement, No. 3," *The Presbyterian Magazine* 5 (February 1855): 49–57.

Finney. Alguns o chamam de o pai do moderno reavivamento. Finney ensinou na Oberlin College [Universidade Oberlin] e foi seu segundo presidente de 1851 a 1866. Ele rejeitou alguns de seus antecedentes calvinistas, o que causou a ira do líder presbiteriano Charles Hodge.

Os conceitos de Finney sobre a extensão da expiação são mais bem expressos em suas *Lectures on systematic theology* [Palestras em teologia sistemática], primeiramente publicada em 1846.[1490] Na primeira sentença de sua palestra sobre o tema da extensão, declarou que a própria glória de Deus é a razão suprema para toda sua conduta, incluindo a expiação, que foi realizada para "satisfazer a ele mesmo".

Refletindo da natureza da expiação em si mesma, Finney concluiu que ela foi designada e adaptada para beneficiar "todos os habitantes desse mundo".[1491] Ele concluiu que a expiação foi realizada por toda humanidade porque: (1) ela é oferecida a todos indiscriminadamente; (2) pecadores são universalmente condenados por não recebê-la; (3) Deus não é sincero ao fazer uma oferta de salvação a todas pessoas por meio da expiação; (4) se a expiação fosse realizada somente por uma parte da humanidade, ninguém poderia saber se teria direito a recebê-la, a menos que Deus o revelasse; e (5) se os pregadores não cressem que a expiação fosse realizada por todos, como poderiam "sincera e honestamente" promover o evangelho a todo indivíduo ou congregação?[1492]

Finney associou a suficiência da expiação à sua natureza geral, indicando a possibilidade de ser suficiente para aqueles por quem ela foi realizada. Citando textos como Provérbios 1.20-23; Isaías 1.18;48.17, 18, ele inferiu a universalidade da expiação baseada no fato que "Deus os adverte por não aceitarem seus convites". Igualmente, Deus "reclama" quando pecadores rejeitam suas ofertas de misericórdia, como Provérbios 1.24; Zacarias 7.11-13 e Mateus 22.2-6.[1493]

Finney ressaltou que aqueles que se opõem a uma expiação geral

---

[1490] C. G. Finney, *Lectures in systematic theology* (Oberlin, OH: James Fitch, 1846). Esse foi efetivamente o volume 2 da Teologia Sistemática de Finney, com o volume 3 publicado em 1847. Nos volumes de 1851, os volumes 2 e 3 foram unidos e publicados como a Teologia sistemática de Finney. O volume 1 não foi publicado até 1860 e foi composto por manuscritos inéditos. Em 1878, todos os 3 volumes da Teologia sistemática de Finney foram abreviados da versão de 1851. Todas as versões subsequentes foram extraídas da versão de 1878. A Teologia sistemática de Finney foi republicada em 1976 e novamente em 1994; a última foi uma edição ampliada contendo duas palestras sobre a verdade das edições de 1847 e 1851 e unidas em uma seção. Veja C. Finney, *Finney's systematic theology*, ed. D. Carroll, B. Nicely, and L. G. Parkhurst (Minneapolis, MN: Bethany House, 1994).

[1491] Finney, *Finney's systematic theology*, 223.

[1492] Ibid., 224–25.

[1493] Ibid., 225-26.

tomam precisa e substancialmente o mesmo rumo para fugir dessa doutrina que os unitarianos que desprezam a doutrina da trindade e da divindade de Cristo. Eles citam essas passagens que provam a unidade de Deus e a humanidade de Jesus e, então, presumem que elas refutam a doutrina da trindade e da divindade de Cristo.[1494]

Concernente ao argumento do sangue desperdiçado (se Jesus derramou seu sangue por uma alma que não é efetivamente redimida, então seu sangue é "desperdiçado") dos calvinistas extremos, Finney respondeu que a objeção presume um conceito comercialista da expiação. Além disso, mesmo se pecadores não respondem à pregação do evangelho, a expiação ainda provê benefícios à humanidade, bem como ao universo. Até mesmo se todas as pessoas rejeitassem a expiação, ela ainda "seria de valor infinito para o universo, como a mais gloriosa revelação de Deus".[1495] Finalmente, para Finney, a expiação não implica universalismo porque ela não é um pagamento literal de débito de uma maneira pecuniária.[1496]

Thomas Summers (1812—1882)

Summers foi um teólogo metodista americano que escreveu no último trimestre do século XIX. Foi professor de teologia sistemática e mais tarde reitor na Vanderbilt University [Universidade Vanderbilt], posteriormente conhecida como Vanderbilt Divinity School [Faculdade de Teologia Vanderbilt].

O capítulo dele sobre a extensão da expiação contém uma análise excelente de 2 Coríntios 5.14,15 como apoiando a expiação ilimitada. Ele interagiu com muitos tradutores da passagem e estudou como os pais da igreja como Crisóstomo e Agostinho analisaram a passagem, derivando uma intepretação ilimitada da expiação. Ele concluiu esse capítulo com uma descrição de dezesseis provas da expiação universal.[1497]

[1494] Ibid., 228.

[1495] Ibid.

[1496] Finney tem seus problemas teológicos. Para uma crítica a Finney da perspectiva calvinista extrema, consulte o ensaio de Michael Horton: "O Legado de Charles Finney" em Modern Reformation 4 (1995): 5– 9. Também disponível on-line em http://www.modernreformation.org/default.php?page=articledisplay&var2=625.

[1497] T. Summers, *Systematic Theology: Complete body of wesleyan arminian divinity, consisting of lectures on twenty- five articles of religion*, 2 v., ed. J. J. Tigert (Nashville: Methodist Episcopal Church, South, 1888), 1:234–37.

John Miley (1813—1895)

Um dos teólogos arminianos mais importantes do século XIX foi John Miley.[1498] O calvinismo "defende a destinação divina da expiação como determinante para sua extensão. Concordamos totalmente com essa posição. O calvinismo está certo, não na limitação da expiação, mas em determinar a lei de sua extensão".[1499] Citando Turretini, Miley considerou que o pivô no qual gira a controvérsia era "qual foi o propósito do Pai ao enviar seu Filho para morrer e o objeto ao qual Cristo tinha em vista ao morrer; não qual é o valor e eficácia de sua morte". Essa avaliação é apenas parcialmente correta. É verdade que o tema não é o valor da morte de Jesus. Mas o tema é maior que a questão do propósito também, a não ser que interpretemos o propósito para se referir ao propósito de Deus de expiar os pecados de todas as pessoas (que ele claramente cria) e não ao propósito do Pai em salvar apenas os eleitos (o que ele rejeitava). Miley estava correto quando afirmou que a questão da soberania de Deus é indiferente à expiação limitada ou ilimitada.[1500]

Miley tratou a questão da relação de Deus com a humanidade como criador e Pai de todos e não identifica diferença em seu relacionamento, que poderia ser uma razão para a limitação da expiação.[1501] Não há diferença no estado de perversidade da humanidade também. A expiação originou-se na compaixão do Senhor por uma humanidade perdida e pecadora. Ele considerou que é difícil conceber "como o amor de Deus poderia impor a si mesmo uma limitação arbitrária quando a verdadeira razão disso existia igualmente em todos? Poderia ser o prazer do Pai limitar a expiação a uma parte, quando sua compaixão, na qual ela se originou, acolheu todos igualmente?"[1502] Ademais, a justiça, santidade, sabedoria e bondade de Deus não proveem razão para a limitação na expiação. Como o Senhor poderia, diante de uma bondade infinitamente magnífica, ter preferido uma expiação limitada?[1503]

Dado que os calvinistas creem na suficiência da expiação como o fundamento para a sinceridade da oferta universal do evangelho, qual razão ou motivo da medida de sofrimento necessária que haveria para Deus ter preferência por uma expiação limitada?[1504]

[1498] J. Miley, *Systematic Theology*, 2 v. (Nova York: Hunt and Eaton, 1889), 2:217–40 é a seção em que a extensão da expiação é tratada. Veja também, Miley, *Systematic Theology*, 2 v. (Peabody, MA: Hendrickson, 1989), 2:217–40.

[1499] Ibid., 2:221. Conforme já foi demonstrado, o calvinismo não é tão monolítico, como Miley o representa.

[1500] Ibid., 222.

[1501] Ibid., 223.

[1502] Ibid.

[1503] Ibid., 224.

[1504] Ibid., 225.

Miley levantou um ponto importante, às vezes levantado por calvinistas que rejeitam a expiação limitada, que todas as passagens que falam de Cristo morrer por um grupo restrito, como "a igreja", "seus amigos", ou "seu corpo" são uma classe distinta e limitada que realmente é salva, não como redimida [objetivamente expiada], e especialmente não antes da redenção dela". Em outras palavras, é um erro pensar de todos os eleitos como uma classe abstrata e aplicar textos como esses, dessa forma. Esses versículos estão sempre falando dos eleitos crentes.[1505]

Referindo-se a 1 Timóteo 4.10, Miley disse se Deus "não é em alguma similaridade de sentido o salvador de todos os homens, como ele é especialmente o salvador dos crentes, há aqui uma comparação sem alguma base de analogia".[1506] Mais de uma vez na Escritura encontramos uma coextensão de pecado e expiação estabelecida. "A oferta de graça salvadora a todos; a oportunidade de salvação para todos; o dever de todos crerem; e a culpa da incredulidade imperativamente requerem uma expiação universal e, assim requerendo, afirmam sua verdade".[1507]

Miley expôs nove falácias na defesa da expiação limitada:

1. Certos fatos sobre a grande comissão devem ser admitidos: o evangelho é para todos, a salvação é o privilégio de todos sob o evangelho; e a fé salvadora em Cristo é o dever de todos.
2. Todos admitem a sinceridade divina na oferta do evangelho, mas a expiação limitada é inconsistente com a sinceridade de Deus. Sob o conceito limitado, o evangelho não pode consistente ou sinceramente ser pregado àqueles por quem a morte de Cristo não foi divinamente destinada como uma expiação.
3. Particularistas tentam uma justificação da sinceridade divina sob uma alegada suficiência da expiação por todos, mas a suficiência é apenas intrínseca, não "uma suficiência real e disponível para todos".[1508]
4. Um verdadeiro senso de suficiência não é meramente intrínseco, mas uma suficiência real. "Uma suficiência intrínseca é algo que uma coisa é em sua própria capacidade. Uma suficiência real é de sua apropriação". Uma suficiência intrínseca não é apta para ser apropriada por todos, mas é apenas apta para salvar ou libertar aqueles por quem ela está realmente disponível. Esse conceito não pode justificar Deus em sua oferta universal ou defender o dever de todos de ter fé em Cristo. "Somente uma suficiência real e disponível corresponderá assim".[1509]

[1505] Ibid., 226-27.
[1506] Ibid., 227.
[1507] Ibid., 232.
[1508] Ibid., 233.
[1509] Ibid.

5. A extensão da expiação é determinada por sua destinação divina. "Os sofrimentos de Cristo não têm valor expiatório, exceto quando foram vicariamente suportados por pecadores com o propósito de uma expiação ... A destinação divina fixa absolutamente o limite de sua extensão. Não há expiação além". Um argumento em defesa da expiação suficiente para todos, enquanto sustenta sua destinação limitada é firmemente defendido, é a falácia mais pura. Ela é totalmente insuficiente para todos por quem ela não foi divinamente destinada como se nenhuma expiação fosse realizada por alguém".[1510]
6. A expiação limitada é absolutamente insuficiente para alguém e todos por cujos pecados a satisfação penal não é prestada à justiça como se nenhuma expiação fosse realizada ou não havia Cristo para realizá-la. De acordo com a expiação limitada, segundo seus próprios princípios, a expiação da satisfação é necessariamente eficiente, precisamente, tão amplamente quanto ela é suficiente. Uma suficiência contingente que poderia ter sido, mas que não é uma suficiência real. Portanto, a sinceridade divina na oferta do evangelho a todos é impossível de se conciliar.
7. Nossa inabilidade de conciliar a contradição é dita pelos calvinistas como irrelevante. Mas essa solução conjectural não responderá uma dificuldade real. "Podemos aceitar por fé o que está acima de nossa razão, mas não podemos por alguma simples conjectura resolver, ou mesmo atenuar, uma dificuldade a qual é contraditória à nossa razão".[1511]
8. Os particularistas tentam justificar o conceito deles com a pressuposição de uma necessidade que surge do estado mesclado dos eleitos e dos não eleitos.

    Que a expiação seja pregada com o anúncio de sua parcialidade e que os não eleitos não tenham interesse nisso e nenhum dever a esse respeito, o resultado, como determinado por uma soberania absoluta atuando monergisticamente, será o mesmo. E uma expiação limitada contradiz ainda fatos divinamente transmitidos. Ela deve, portanto, ser um erro.[1512]
9. Distinguir entre a vontade secreta e preceptiva de Deus não resolverá o problema. "Os preceitos e propósitos de Deus podem se opor um ao outro? Ele pode oferecer livremente uma graça e com as formas do convite e promessa graciosos, que ele secretamente pretende não conceder e para um propósito eterno reter?"[1513]

[1510] Ibid., 233-34.
[1511] Ibid., 238.
[1512] Ibid., 239.
[1513] Ibid.

Miley concluiu: "A expiação, como uma provisão de amor infinito para uma raça comum em uma ruína comum de pecado, com sua irrestrita oferta de graça e exigência de fé salvadora em Cristo, é e deve ser uma expiação por todos".[1514]

A crítica de Miley da teoria da substituição penal que "leva necessariamente ao universalismo por um lado ou à eleição incondicional por outro" é o mesmo falso dilema baseado em um conceito comercialista da expiação que o calvinista extremo emprega. Entretanto, em sua *Teologia Sistemática*, ele confirmou que muitos dos congregacionalistas do século XIX e os presbiterianos da Nova Escola afirmaram a expiação ilimitada.

Conclusão

O século XIX testemunhou um amplo espectro de debate sobre a extensão da expiação nas linhas dos reformados. Na Grã-Bretanha assim como na América, os reformados continuaram a se afastar da expiação limitada. Na América, o triunvirato de Charles Hodge, Robert Dabney e W. G. T. Shedd foram vigorosamente influentes para continuamente afastar o calvinismo presbiteriano da expiação limitada.

A Declaração de Auburn (1837) se originou durante o conflito que precedeu a divisão da American Presbyterian Church [Igreja Presbiteriana Americana] em 1837. Aqueles que posteriormente foram conhecidos como presbiterianos da Nova Escola foram acusados de rejeitar aspectos do "calvinismo verdadeiro" e dos padrões de Westminster,[1515] que supostamente incluía a expiação limitada. A facção da Nova Escola respondeu com uma declaração de suas convicções e as expôs no supremo concílio que ocorreu em 1837.[1516] Essas declarações doutrinárias foram subsequentemente adotadas por uma convenção representativa em Auburn, Nova York, em 1837. O grupo da Nova Escola organizou-se como uma igreja separada em1838, mas os dois grupos dissidentes se reuniram em 1870.[1517] A confissão afirma a expiação ilimitada.

Um exame de muitos dos livros de sermões publicados por calvinistas, na América, durante esse século, revela que uma quantidade deles, em suas pregações, afirmaram a expiação ilimitada. Por exemplo, os Sermões de Thomas Williams sobre Assuntos Importantes foram publicados em 1810 e uma série de dez sermões sobre

---

[1514] Ibid.

[1515] Essas acusações são citadas em E. D. Morris, "The Auburn Declaration", *Presbyterian Quarterly and Princeton Review* 17 (January 1876): 7– 8.

[1516] Ambas as acusações, chamadas de "Erros" e a resposta, chamada de "Doutrinas Verdadeiras" podem ser encontradas em W. Moore, *A new digest of the acts and deliverances of the general assembly of the presbyterian church in the United States of America* (Philadelphia: Presbyterian Publication Committee, 1861), 315–18. Veja também E. D. Morris "The Auburn Declaration," 5–40.

[1517] Veja B. Dickinson, "The Auburn Declaration" em *The creeds of christendom*, 3:777– 80.

textos-chave da expiação: 1 Timóteo 2.4; Lucas 14.17; Apocalipse 22.17; João 5.40 e seis sermões sobre João 6.37. Williams foi um calvinista estrito em todos os aspectos, mas defendeu a expiação ilimitada.[1518]

O Século XX

A torrente de obras do século XIX sobre a extensão da expiação dissipou-se significativamente no século XX. Discussão e debate sobre a extensão da expiação foram aperfeiçoados, mas muitos outros temas teológicos prementes estiveram em foco.

Na teologia reformada, por aproximadamente dois primeiros terços do século, a expiação limitada foi defendida por quatro teólogos que dominavam o cenário: B. B. Warfield, Louis Berkhof, R. B. Kuiper e John Murray.

B. B. Warfield (1851—1921)

Como Charles Hodge, Warfield foi um gigante da teologia reformada de Princeton. Ele é um calvinista extremo declarado, cuja defesa da expiação limitada é, às vezes, carregada com argumentos fraudulentos. Por exemplo, ele considerou que os amiraldianos prescreviam a posição deles sobre a substituição condicional, mas ignorou o fato que o conceito amiraldiano não era substituição condicional, mas a aplicação condicional da expiação; condicionada sob arrependimento e fé. Warfield interpretou erroneamente o amiraldismo.

Segundo, Warfield errou quando concluiu que a morte de Cristo removeu todos os obstáculos legais da perspectiva de Deus ou que Jesus morreu para salvar somente um número limitado de pessoas. Essa é a falácia do falso dilema. Nenhum teólogo reformado cria em uma às custas de outra, como já vimos. Além disso, nenhum calvinista moderado crê que todos os obstáculos foram removidos pela cruz. Isso é uma caricatura do calvinista moderado e da posição não calvinista. A incredulidade certamente não foi removida.

Broughton Knox criticou Warfield por falhar em apreender o significado da ideia que os eleitos não são salvos no momento da morte de Cristo na cruz, mas apenas no momento da aplicação da expiação, quando o pecado deles é removido na regeneração. Até esse momento, como Knox corretamente notou, os eleitos permanecem sob a ira de Deus (Ef 2.1-3).[1519]

[1518] T. Williams, *Sermons on important subjects* (Hartford: Peter B. Gleason, 1810), 17, 27.

[1519] B. Knox, "Some Aspects of the Atonement" em *The Doctrine of God, D. Broughton knox selected works*, 3 v., ed. T. Payne (Kingsford, NSW: Matthias Media, 2000), 1:260–66. Knox continuou a notar o uso errôneo de Edwin Palmer da doutrina da substituição para estabelecer, "conclusivamente" nas palavras de Palmer, a expiação limitada. Palmer sucumbiu a uma combinação de comercialismo e/ou falácia. Veja E. Palmer, *The five points of calvinism* (Grand Rapids, MI: Baker, 1972), 48.

Terceiro, Warfield tentou manietar aqueles calvinistas e não calvinistas que afirmaram uma substituição ilimitada com a teoria governamental da expiação, embora muitos, mesmo a maioria, afirmassem uma teoria da substituição penal da expiação.

Quarto, ele concluiu, erroneamente, que se a expiação apenas tornou a salvação possível para todos os homens, então ela nada fez por qualquer homem.[1520] Claramente, a expiação tornou a salvação possível, mesmo se apenas pelos eleitos conforme a teologia reformada, pois eles permanecem sob a ira de Deus até o momento em que creem.

Em um artigo publicado em 1921, Warfield interpretou a frase "pelo mundo inteiro" em 1 João 2.2 para se referir não a cada e todo indivíduo, mas a todos os pecados de todos os crentes do mundo.[1521] Ele considerou João como "um universalista; ele ensina a salvação do mundo inteiro. Mas João não é um universalista 'cada e todos'; ele é um universalista 'escatológico' ... e no fim, portanto, não veremos nada menos do que um mundo salvo por ele".[1522]

Em um sermão sobre Hebreus 2.9, Warfield interpretou a frase "provasse a morte por todos" significa a raça humana, não toda pessoa na humanidade.[1523] Mas não expôs nenhuma exegese ou explanação a respeito de como ou por que essa frase deveria denotar o que ele disse que ela significa. Além disso, a raça humana em geral não incluiria todos os indivíduos?

No mesmo volume, Warfield tem um sermão a respeito de João 3.16. Ele tentou debater em defesa da palavra "mundo" com o sentido de os eleitos de Deus no mundo, como Owen havia feito antes dele. O "amor" aqui celebrado por João é o amor salvífico de Deus, o qual é reservado somente aos eleitos. Ele afirmou que isso é o que o texto significa e o que "deve" significar.[1524] Para Warfield, "O amor de Deus ao mundo é demonstrado pela salvação de uma multidão tão grande que ele salva o mundo".[1525] A exegese refletida em sua análise de João 3.16 é na realidade muito surpreendente.

Louis Berkhof (1873—1957)
Berkhof foi um teólogo reformado, batavo-americano, mais conhecido por sua Teologia Sistemática publicada em 1932. Foi presidente do Calvin Theological Seminary

---

[1520] B. B. Warfield, *The plan of salvation* (Philadelphia: Presbyterian Board of Publications, 1915), 121–22.

[1521] B. B. Warfield, *Selected shorter writings*, 2 v., ed. J. Meeter (Phillipsburg, NJ: P&R, 2001), 1:170. Veja também idem, "Jesus Christ the Propitiation for the Whole World", *The Expositor* 21 (1921): 241–53.

[1522] Ibid., 176-77.

[1523] B. B. Warfield, *The Saviour of the World: Sermons Preached in the Chapel of Princeton* (Nova York: Hodder and Stoughton, 1913), 181–82.

[1524] Ibid., 111.

[1525] Ibid., 114.

[Seminário Teológico Calvino] (1931-1944), onde ensinou por quase quatro décadas. Berkhof aderiu à expiação limitada.[1526]

O principal erro de Berkhof está em identificar a expiação limitada como "a posição reformada". Embora ele conheça calvinistas que rejeitem a expiação limitada, escreve como se a posição da expiação ilimitada no calvinismo fosse algo como um desvio: "Os universalistas calvinistas procuraram mediar entre a posição reformada e essa dos arminianos".[1527]Berkhof parece desconhecer o fato que os universalistas calvinistas estavam na cena antes daqueles que defenderam a expiação limitada. Ele se refere aos amiraldianos como defendendo esse "conceito duvidoso e muito insatisfatório".[1528] Ele menciona que esse conceito foi defendido por alguns dos eruditos ingleses, os representantes da Nova Teologia e por alguns dos homens da *Marrow*, embora ele não diferencie cuidadosamente entre o amiraldianismo e o universalismo hipotético.[1529]

R. B. Kuiper (1886—1966)

Kuiper (não deve ser confundido com Abraham Kuyper) foi um dos fundadores do Westminster Theological Seminary [Seminário Teológico Westminster] e professor de teologia sistemática. Ele escreveu uma obra importante sobre o assunto da extensão da expiação, *For whom did Christ die?*[1530] [Por Quem Cristo Morreu?], na qual ele defendeu a expiação limitada. Também argumentou que a graça comum é um dos frutos da expiação e que ela é a base para a oferta do evangelho a todas as pessoas, embora Cristo tenha morrido apenas pelos eleitos. Kuiper sugeriu que nós simplesmente devemos viver com esse paradoxo.

John Murray (1898—1975)

Murray foi um dos fundadores e professor de teologia no Seminário de Westminster. Ele escreveu uma obra relevante, *Redemption accomplished and applied*[1531] [Redenção consumada e aplicada], na qual defendeu a expiação limitada clara e concisamente. Murray dividiu o livro em duas seções. A primeira é a tentativa de justificar a razão bíblica e teológica para a expiação limitada: a redenção consumada.

[1526] L. Berkhof, *Teologia Sistemática* (Grand Rapids, MI: Eerdmans, 1939), 393–98.

[1527] Ibid., 394.

[1528] Ibid.

[1529] Ibid.

[1530] R. B. Kuiper, *For whom did Christ Die?: A study of the divine design of the atonement* (Eugene, OR: Wipf & Stock, 2003).

[1531] J. Murray, *Redemption accomplished and applied* (Grand Rapids, MI: Eerdmans, 1955).

Seguindo os capítulos sobre a "Necessidade", "Natureza" e "Perfeição" da expiação, o autor discutiu a "Extensão" da expiação.[1532] Primeiramente, Murray tentou reduzir o impacto da linguagem universal na Escritura com respeito ao tema da extensão por tentar demonstrar que "todos", "mundo" e os termos similares nem sempre significam "todos sem exceção". Ele argumentou que Cristo veio não para tornar a salvação possível, mas de fato salvar. Isso é a falácia do falso dilema, pois Jesus veio fazer ambos. Para ele, a limitação na expiação "garante sua eficácia e conserva seu caráter essencial como redenção eficiente e efetiva".[1533]

Murray expôs dois argumentos bíblicos em favor da expiação limitada baseados em Romanos 8.31-39; 2 Coríntios 5.14-21 e passagens similares. Então, ele analisa duas passagens usadas para afirmar a expiação ilimitada: 2 Coríntios 5.14, 15 e 1 João 2.2.

A segunda seção cobre o conceito de Murray de justificação para *ordo salutis* reformada. Entre outros escritos dele relacionados ao assunto em foco é *A expiação e a livre oferta do evangelho*, em que tentou justificar a oferta bem-intencionada do evangelho a todas as pessoas, embora Cristo morresse apenas pelos pecados dos eleitos.[1534]

O Calvinismo Ressurgente no Final do Século XX

Quatro calvinistas relevantes tiveram uma forte influência na ressurgência do calvinismo no evangelicalismo no último terço do século XX e no século XXI: Roger Nicole, R. C. Sproul e John MacArthur na América e J. I. Packer na Grã-Bretanha. Vamos considerar Nicole no capítulo abaixo sobre os batistas norte-americanos.

J. I. Packer (1926-)

Um renomado calvinista evangélico que defende enfaticamente a expiação limitada é o anglicano britânico J. I. Packer. A contribuição dele para o debate acontece em três fases. A primeira é centrada em torno de sua introdução à edição de 1959 de Banner of Truth de *Death of death* de Owen.[1535] A segunda, em torno do artigo de Packer de 1974 sobre a lógica da substituição penal.[1536] A terceira, em torno de suas contribuições para esse assunto no século XXI.

O artigo de Packer de 1973 é um recurso primordial no debate sobre a extensão. Com isso, ele ressaltou que a teologia reformada escolástica lutou devidamente contra

---

[1532] Ibid., 59-85.

[1533] Ibid., 74.

[1534] J. Murray, "The Atonement and the Free Offer of the Gospel" em *The claims of truth, in collected works of John Murray*, 4 v. (Edimburgo: Banner of Truth, 1976), 1:59–85.

[1535] Veja na sequência uma análise dessa introdução.

[1536] J. I. Packer, "What Did the Cross Achieve? The Logic of Penal Substitution", *Tyndale Bulletin* 75 (1974): 3–45. Essa é a publicação da Palestra em Teologia Bíblica em Tyndale de Packer em 1973.

o socinianismo, mas errou em "admitir a pressuposição sociniana que todo aspecto da obra de Deus de reconciliação será exaustivamente explicável em termos de uma teologia natural do governo divino, extraída do mundo do pensamento contemporâneo legal e político. Portanto, no zelo deles de demonstrarem-se racionais, se tornaram racionalistas".[1537]

Packer sugeriu que deveríamos pensar da substituição de Cristo na cruz "como um relacionamento definido, um a um", entre Cristo e cada indivíduo pecador. Sendo assim, então a cruz garante a salvação para aqueles por quem Jesus substituiu. Sua morte garantiu a reconciliação com Deus como dons a serem recebidos. Igualmente, a fé é um dom dado àqueles por quem Cristo substituiu. Ele argumenta que, se é esse o caso, então temos somente duas opções: o universalismo ou a expiação limitada.

Se essas opções são rejeitadas, Packer pensa que nos resta apenas uma opção: supor que Deus propôs salvar toda pessoa por meio da expiação; no entanto, alguns impedem seu propósito pela incredulidade. Somente isso pode ser o caso, Packer disse, se se sustenta que Deus torna a fé possível e permite que o indivíduo torne a fé real. Isso força alguém a redefinir a substituição em termos imprecisos ou ignora o termo completamente, "pois eles estão se comprometendo a negar que o sacrifício vicário de Cristo garante a salvação de alguém".[1538] Além disso, o argumento do pagamento duplo entra em ação.

> Portanto, parece que se afirmarmos a substituição penal por todos sem exceção, devemos inferir a salvação universal ou o contrário, abandonar essa inferência, negar a eficácia salvadora da substituição por alguém; e se afirmarmos a substituição penal como um ato redentor eficaz de Deus, devemos inferir a salvação universal ou o oposto, abandonar essa inferência, restringir o escopo da substituição, tornando-a uma substituição por alguns, não por todos.[1539]

Esse é o mesmo argumento proposto por John Murray,[1540] como vimos anteriormente.

A substituição implica salvação? Essa é a questão fundamental. Packer disse que os escritores do Novo Testamento constantemente consideram que a expiação é o ato de Deus que torna certa a salvação daqueles que são salvos.[1541] No entanto, deve-se

---

[1537] Ibid., 5.
[1538] Ibid., 37.
[1539] Ibid.
[1540] John Murray, *The atonement* (Philadelphia: P&R, 1962), 27.
[1541] Packer, "What Did the Cross Achieve?", 37–38.

notar a ambiguidade aqui. Os arminianos poderiam afirmar essa declaração também com referência à salvação, embora a maioria afirme a possibilidade da perda da salvação.

Para Packer, a cruz é decisiva como aquisição da salvação e isso leva à expiação limitada.[1542]

R. C. Sproul (1939—2017)

Sproul foi um teólogo, filósofo, autor e pastor presbiteriano americano. Fundou e atuou como presidente do Ligonier Ministries [Ministérios Ligonier] e organizador do programa de rádio *Renewing your mind* [Renovando sua mente]. Ele foi um enérgico proponente da expiação limitada que fez declarações imprudentes sobre o tema. Em uma de suas conferências, quando perguntado como chamaria alguém que se identificasse como um calvinista de quatro pontos, respondeu como um "arminiano".[1543]

John MacArthur (1939-)

John MacArthur é um famoso e influente pastor evangélico da Grace Community Church [Igreja Comunidade da Graça] em Sun Valley, Califórnia, desde 1969. Ele é também conhecido nacionalmente por seu programa de rádio *Grace to you* [Graça para você]. Também é um autor prolífico e influente. No início de seu ministério, MacArthur pareceu afirmar a expiação universal, como exemplificado em um sermão baseado em 1 Timóteo 2.5-8 pregado em 1986.[1544]

Entretanto, no final dos anos 1980 ou início dos anos 1990, parece ter se voltado para a expiação limitada. Desde esse tempo, ele defende a expiação limitada em seus

---

[1542] Ibid., 39. Em um volume de 2007 como coautor com Mark Dever, *In my place condemned he stood* (Wheaton, IL: Crossway, 2007), três das obras principais de Packer sobre a expiação estão reunidas em um lugar. Essas obras incluem sua famosa introdução à edição de 1959 da Banner of Truth de *Death of death in the death of Christ* de Owen, "The Heart of the Gospel" da famosa obra de Packer: *Knowing God* e "The Logic of Penal Substitution," uma palestra proferida em Tyndale House em 1973 e publicada em 1974.

[1543] R. C. Sproul, *The truth of the cross* (Lake Mary, FL: Reformation Trust, 2007), 141–43.

[1544] J. MacArthur, "Evangelistic Praying: Part 3" (pregado na Grace Community Church, Sun Valley, California, em 26 de janeiro de 1986), disponível em http://www.gty.org/resources/sermons/54–13. MacArthur disse: "Ele foi um resgate por todos. Você divulgaria isso? Essa é a ideia aqui. Cristo morreu por uns poucos? Ele morreu por todos. Isso é o que o texto diz. E essa é a ideia-chave de Paulo. Ele não está aqui, por falar nisso, pretendendo conferir uma análise complexa sobre a teologia da expiação. Ele não está aqui tentando enfatizar tudo que poderia ser dito a respeito do resgate substitutivo de Jesus Cristo. A ideia dele aqui é o 'todos'. O que ele quer que você compreenda é que Cristo é o mediador que veio realizar a obra na cruz em nome do homem e de Deus, que proveria um resgate por todos os homens".

sermões, escritos,[1545] comentários e estudos bíblicos.[1546] MacArthur às vezes falou de Cristo morrer por toda humanidade, como em um sermão em Tito 2.11, "A Graça Salvadora", mas esclareceu o que quis expressar com isso.[1547] Ele cria que a expiação produz bênçãos temporais aos não eleitos, mas em termos de expiação real, Cristo morreu somente pelos pecados dos eleitos.

MacArthur emprega o argumento do pagamento duplo de Owen em seu sermão baseado em 2 Coríntios 5.18-21.

> Cristo realmente pagou a pena pelos pecados de todos? E se ele pagou a pena pelos pecados de todos, então o sofrimento pelo pecado já foi realizado. Como no mundo poderia alguém então ter que sofrer eternamente pelo seu pecado? ... Se pecadores são enviados ao inferno para pagar eternamente pelos pecados deles, os pecados deles não poderiam ter sido pagos por Cristo na cruz. A expiação real foi realizada somente por aqueles que creriam. Somente os pecados deles foram expiados, do contrário ninguém poderia ir para o inferno se Deus tivesse causado em Cristo a punição pelos pecados deles. Não haveria pecados para que eles fossem punidos.[1548]

No comentário de MacArthur a respeito de João 1-11, publicado em 2003, ele afirmou a expiação limitada.

> Redenção é a obra de Deus. Cristo morreu para realizá-la, não apenas para torná-la possível e, então, finalmente a cumpriu quando o pecador creu. A Bíblia não ensina que Jesus morreu por todos potencialmente, mas por ninguém efetivamente. Pelo contrário, Cristo adquiriu a salvação

---

[1545] Veja J. MacArthur, *The freedom and power of forgiveness* (Wheaton, IL: Crossway, 1998), 20, 21, 26.

[1546] Veja as notas da *MacArthur study bible* sobre passagens-chave da expiação como 2 Coríntios 5.14–21; Hebreus 2.9; e 1 João 2.2. A nota sobre 1 João 2.2 registra: "Cristo realmente pagou a pena somente por aqueles que se arrependeriam e creriam ... A maior parte do mundo será eternamente condenada ao inferno para pagar pelos seus próprios pecados, portanto eles não foram pagos por Cristo ... O sacrifício dele foi suficiente para pagar a pena de todos os pecados de todos que Deus conduz à fé ... a satisfação e expiação reais foram realizadas somente por aqueles que creem".

[1547] J. MacArthur, "Saving Grace: Part 1" (pregado na Grace Community Church em 2 de maio de 1993), em http://www.gty.org/resources/sermons/56–18.

[1548] Transcrito de J. MacArthur, "The Ministry of Reconciliation" (pregado na Grace Community Church em 26 de março de 1995), disponível em http://www.gty.org/resources/sermons/47–38. Veja também J. MacArthur, *Truth endures: Landmark sermons from forty years of unleashing God's truth one verse at a time* (Wheaton, IL: Crossway, 2011), 163–67. Nesse sermão sobre 2 Coríntios 5.21, MacArthur claramente afirmou a expiação limitada.

por todos que Deus chamaria e justificaria; ele realmente pagou a pena completamente por todos que algum dia creriam. Pecadores não limitam a expiação pela falta de fé; Deus o faz pelo seu desígnio soberano.[1549]

Em seu comentário a respeito de 2 Coríntios, MacArthur afirmou que "Cristo não morreu por todos os homens sem exceção, mas por todos os homens sem distinção".[1550] Muitos outros contextos poderiam ser citados em seus comentários.

MacArthur tem tido a tendência, em anos recentes, de fazer declarações igualando o calvinismo ao evangelho e fala de Jesus e Paulo como calvinistas.[1551]

Embora consideremos poucos particularistas neste capítulo, a maioria dos nomes a serem discutidos a partir desse momento em diante serão calvinistas que defenderam a expiação ilimitada no século XX, juntamente com alguns arminianos.

Henry C. Sheldon (1845–1928)

Formado duas vezes em Yale, Sheldon foi pastor de duas igrejas de 1871 a 1875, professor e coordenador de teologia sistemática na Boston University School of Theology [Faculdade de Teologia da Universidade de Boston] de 1875 até sua aposentadoria em 1921.

Em sua obra *System of christian doctrine* [Sistema de doutrina cristã], publicada em 1903, Sheldon discutiu a extensão da expiação. Incorretamente presumiu que o conceito da satisfação penal da expiação era comercialista em sua natureza e, portanto, implicava a expiação limitada. Porém estava correto ao notar a conexão lógica entre um conceito comercialista da expiação e uma extensão limitada da satisfação pelos pecados.[1552] Assim, equivocadamente pressupôs que esse precisa necessariamente ser o caso. Sheldon citou a descrição de Charles Hodge de como a satisfação penal

---

1549 J. MacArthur, *John 1–11* (Chicago: Moody, 2006), 259. Veja também seu *1–3 John* (Chicago: Moody, 2007), 49–50, no qual ele claramente afirmou a expiação limitada.

1550 J. MacArthur, *2 Corinthians* (Chicago: Moody, 2003), 202.

1551 Allen, "The Atonement: Limited or Universal?", 102. Uma rusga interessante no que concerne a MacArthur é que alguns questionam como ele poderia assinar a declaração doutrinária da IFCA [Igrejas Fundamentais Independentes da América] que enuncia: "Cremos que o Senhor Jesus Cristo morreu na cruz por toda humanidade como um sacrifício, representativo, vicário e substitutivo" (Seção 3b). O uso da frase "por toda humanidade" parece negar claramente a expiação limitada.

1552 H. C. Sheldon, *System of christian doctrine* (Cincinnati: Jennings and Graham, 1903), 401. Sua crítica que o comercialismo implica expiação limitada é similar a essa dos calvinistas moderados que levantaram as mesmas objeções. Por exemplo, o perdão se torna uma questão de justiça mais do que de graça; a fé se torna menos uma condição de salvação e é reduzida à mera instrumentalidade e é difícil conciliar com a vontade redentora universal de Deus como expressa na Escritura.

funciona, mas não pareceu perceber que o próprio Hodge rejeitou o comercialismo e afirmou que Cristo morreu igualmente pelos pecados de todas as pessoas com respeito à satisfação real pelos pecados, mas com um intento especial, baseado no pacto da redenção, para salvar apenas os eleitos.[1553]

Sheldon estava em *terra firme* teológica quando desafiou defensores da expiação limitada a indicar um único versículo da Escritura que necessariamente implique em "algo mais que os sofrimentos de Cristo proporcionaram: um fundamento geral para um governo gracioso e nesse sentido contemplou todos os pecados em necessidade de perdão".[1554] Mas estava em um terreno menos firme quando afirmou que a satisfação penal é "exposta a todas as objeções sérias, bíblicas e racionais, que se mantêm contra as doutrinas da expiação limitada e da eleição incondicional".[1555] Esse seria o caso se a satisfação penal fosse inextricavelmente associada à expiação limitada.

Sheldon defendeu a necessidade da inter-relação de todos os atributos divinos desempenhando uma função na expiação. O amor de Deus é a companhia inseparável de sua justiça. Contudo, compreende-se que na expiação e em sua extensão, o amor de Deus jamais deve ter uma função menos importante em relação à sua justiça.[1556] Em termos da teoria da expiação, Sheldon optou por uma modificação do conceito governamental, mas advertiu que a analogia pode ser e é bastante afastada dos dias de Grotius até o tempo atual.[1557] Ele defendeu os aspectos objetivos e subjetivos da expiação. "O governo da graça, como revelado em Cristo, provê uma base para a salvação de todos os homens em iguais condições, em vez de estritamente adquirir ou garantir absolutamente a salvação de alguém".[1558]

Referindo-se a Romanos 5.18, 19, declarou:

> Na realidade, ele [Paulo] afirma que a justificação oferecida por meio de um foi designada para ser universal tanto quanto a condenação ocasionada pelo outro, se na verdade não a superasse. O tom da passagem indica que Paulo teria considerado uma calúnia contra a generosidade da graça de Deus, se alguém o tivesse interrompido com a sugestão que a área da salvação possível mediante Cristo estava limitada e contraída, conforme comparada com essa da condenação por intermédio Adão.[1559]

[1553] Ibid., 397-98.
[1554] Ibid., 400.
[1555] Ibid.
[1556] Ibid., 403-4.
[1557] Ibid., 407.
[1558] Ibid., 411.
[1559] Ibid., 427.

Para Sheldon, os particularistas

> são obrigados a admitir que Deus autorizou uma oferta universal e impõe uma obrigação universal de aceitação, embora, no entanto, ele fizesse somente uma provisão limitada e não tem vontade ou intenção que todos os homens devam se beneficiar das ofertas graciosas.[1560] Como eles explicam e justificam essa incoerência? Eles não podem explicar, exceto por uma negação das próprias premissas. Nenhuma sutileza humana é adequada para justificar uma imagem de Deus que o representa como defendendo uma oferta universal em uma mão estendida e mantendo o tempo todo na mão, atrás das costas, uma sentença de anulação contra sua universalidade.[1561]

Se a expiação limitada é verdadeira, "conclui-se que inevitavelmente se todos os homens são solicitados a se apropriarem dos benefícios da morte de Cristo, alguns devem ser solicitados a receber o que não existe para eles".[1562]

Sheldon criticou a abordagem dos calvinistas moderados também quanto à expiação:

> Uma vantagem artificial verbal na interpretação da Escritura pode ser obtida por aqueles defensores da predestinação que afirmam que Cristo morreu por todos, embora Deus não tenha nenhuma intenção de aplicar os benefícios de sua morte a outros que não fossem os sujeitos de sua escolha incondicional. Mas, como já se notou, essa representação é autoanulável. Um propósito que Cristo deveria morrer por todos, seguido por essa indiferença total a alguns que são ordenados à perdição eterna, embora pudessem ser salvos sem alguma violência à natureza moral deles, como os defensores da teoria são compelidos pelas próprias premissas a admitir, é contradição palpável.[1563]

A discussão de Sheldon é uma contribuição substancial para o tema.

[1560] O calvinismo ortodoxo realmente pressupõe a vontade de Deus redentora e universal, embora os calvinistas extremos se esforcem para justificá-la sob o sistema da expiação limitada.
[1561] Ibid., 428.
[1562] Ibid., 429.
[1563] Ibid.

Olin Alford Curtis (1850—1918)
Depois de servir em três pastorados, Curtis ensinou na Universidade de Boston de 1889 a 1895 e em seguida, como professor de teologia sistemática no Drew Theological Seminary [Seminário Teológico Drew] de 1896 a 1914. Sua obra teológica principal *the christian faith: A system of doctrine* [A fé cristã: Um sistema de doutrina] foi publicada primeiramente em 1905.

Curtis afirmou a expiação universal, compreendendo a morte de Cristo de uma perspectiva mais governamental, mas incluindo o elemento da substituição penal. O sofrimento de Jesus na cruz foi sofrimento representativo "como o Homem da Raça pela raça inteira".[1564]

Lewis Sperry Chafer (1871—1952) e o Dallas Theological Seminary
Lewis Sperry Chafer, fundador e primeiro presidente do Seminário Teológico de Dallas, afirmou a expiação ilimitada.[1565] A declaração doutrinária do Seminário Teológico de Dallas claramente afirma a expiação ilimitada em uma parte do Artigo 6:

> Cremos que, no amor infinito pelos perdidos, ele voluntariamente acatou a vontade de seu Pai e tornou-se o cordeiro sacrificial divinamente provido e removeu o pecado do mundo, suportando os julgamentos santos contra o pecado que a justiça de Deus deve impor. Sua morte foi, portanto, substitutiva no sentido mais absoluto: o justo pelos injustos. E por sua morte ele se tornou o salvador dos perdidos (Jo 1.29; Rm 3.25, 26; 2Co 5.14; Hb 10.5-14; 1Pe 3.18).[1566]

A discussão de Chafer sobre esse assunto é lúcida e profunda. Ele sugeriu quatro posições em relação ao tema: (1) os extremos redentoristas limitados (os ultracalvinistas que se comparam com os hipercalvinistas), (2) calvinistas que são redentoristas

---

[1564] O. A. Curtis, *The christian faith: A system of doctrine* (1905; reimp. Grand Rapids, MI: Kregel, 1971), 321.

[1565] L. S. Chafer, *Systematic Theology*, 8 vols. (Dallas: Dallas Seminary Press, 1976), 2:183–205. Veja também Chafer, "For Whom Did Christ Die?", *Bibliotheca Sacra* 137.4 (October 1980): 310–26. Esse artigo foi originalmente impresso na *Bibliotheca Sacra* 105.1 (January 1948): 7–35. A reimpressão de 1976 passou por uma pequena edição.

[1566] Dallas Theological Seminary, "Doctrinal Statement", acessado em 9 de fevereiro de 2016, http://www.dts.edu/about/ doctrinalstatement/. Para detalhes sobre o debate entre J. F. Walvoord e S. L. Johnson sobre a extensão da expiação nos primórdios do STD que levaram ao afastamento de Johnson, veja J. D. Hannah, *An Uncommon Union: Dallas Theological Seminary and American Evangelicalism* (Grand Rapids, MI: Zondervan, 2009), 174–76.

limitados, (3) calvinistas que são redentoristas ilimitados e (4) arminianos.[1567] A respeito de alguns nas categorias 1 e 2 que afirmam a equivalência, Chafer é claro: essa abordagem é errônea. Relativo à categoria 3 em que ele se inclui, notou que a morte de Cristo "torna todos os homens *salváveis*".

Chafer indicou que o tema da expiação de Cristo na cruz é uma coisa, enquanto afirmar que a expiação de pecado é equivalente à salvação de alguém por quem Jesus morreu é outra muito diferente. Ele considerou "antibíblico e deturpador" implicar que não há distinção entre a expiação e sua aplicação.[1568]

Como muitos calvinistas antes dele, Chafer ressaltou:

> Os homens não podem rejeitar o que sequer existe e se Cristo não morreu pelos não eleitos, eles não podem ser condenados por incredulidade (cf. Jo 3.18). Ambas a salvação e a condenação são condicionadas sob a reação do indivíduo a uma e à mesma coisa, a saber, a graça salvadora de Deus tornada possível por meio da morte de Cristo.[1569]

Chafer argumentou que as pessoas não podem ser condenadas por incredulidade se Cristo não morreu pelos pecados delas. Todos concordam que o julgamento divino é adiado devido à expiação, uma expiação com valor universal. Portanto, é um passo "insignificante" da posição da expiação limitada para a expiação universal.[1570]

Ele habilmente notou a distinção entre o grupo de palavras que inclui "redenção", "reconciliação" e "propiciação" e o grupo de palavras que inclui "perdão", "regeneração", "justificação" e "santificação". O último grupo se refere a aspectos da verdade que *pertencem apenas àqueles que são salvos*. O primeiro grupo se refere ao que Cristo realizou por sua morte na cruz pelos não salvos. "Redenção" fala do relacionamento entre o pecador e seus pecados. "Reconciliação" fala do relacionamento entre Deus e o pecador com respeito às barreiras removidas que Deus pode agora ser conciliado com aqueles que cumprem sua condição para reconciliação. "Propiciação" fala do relacionamento entre o Pai e o pecador com respeito à satisfação da justiça divina, de modo que ele pode ser justo quando justifica o pecador.[1571]

Chafer continuou:

[1567] Chafer, *Teologia Sistemática*, 3:184– 85 (ênfase no original).
[1568] Ibid., 186.
[1569] Ibid., 187.
[1570] Ibid.
[1571] Ibid., 189-90.

De acordo com 2 Coríntios 5.19 há uma reconciliação declarada como mundial e realizada totalmente por Deus; entretanto, no versículo que segue no contexto, é indicado que o pecador tem a responsabilidade, em acréscimo à reconciliação universal realizada por Deus, de se reconciliar com ele. Portanto, há uma reconciliação que de si mesma não salva ninguém, mas que é a base para a reconciliação de alguém e de todos que creem.[1572]

Os particularistas afirmam que a redenção requer a salvação de todos aqueles por quem Cristo morreu. Mas a morte de Jesis em si mesma não perdoa o pecador nem torna desnecessária a obra regeneradora do Espírito Santo. As pessoas não são salvas pelo ato de Cristo morrer, mas pelo contrário devido à aplicação divina da expiação quando eles creem. No Antigo Testamento, o sangue do cordeiro pascal tornou-se eficaz apenas quando aplicado nos umbrais das portas.[1573]

Chafer corretamente notou que enquanto as pessoas estão no estado regenerado, nenhuma distinção vital entre os eleitos e os não eleitos é reconhecida na Escritura. Ele também assinalou o problema da oferta bem-intencionada do evangelho no sistema da expiação limitada.

Como, deve-se insistir, um evangelho universal pode ser pregado se não há uma provisão universal? Afirmar, em um momento, que Cristo não morreu pelos não eleitos e, em outro, que sua morte é a base na qual a salvação é oferecida a todos os homens, é perigosamente próximo à contradição.[1574]

Chafer está preocupado que esse estado de coisas dificulte a pregação do evangelho a toda pessoa. "Crer que alguns são eleitos e alguns são não eleitos não cria problema para o ganhador de almas, desde que ele seja livre em suas convicções para declarar que Cristo morreu por todos a quem ele fala ... isso se torna preferivelmente uma questão de *veracidade* na declaração da mensagem".[1575] O evangelho é *real* em sua disponibilidade, porque Cristo morreu por todos. O evangelho é potencial em sua

---

[1572] Ibid., 192.
[1573] Ibid., 193.
[1574] Ibid., 194.
[1575] Ibid., 195.

aplicação porque ninguém é salvo à parte da fé em Cristo. As pessoas são condenadas pela incredulidade delas de acordo com João 3.18 e por implicação, João 16.7-11.[1576]

Conforme os particularistas, os não eleitos morrem porque (1) eles não eram eleitos (2) os pecados deles não foram expiados por Cristo. Mas a Escritura diz que a condição sobre a qual alguém pode evitar a morte em pecado não está baseada em Jesus não morrer por eles, mas ao contrário está baseada na *fé* deles em Cristo.[1577]

Chafer desafiou o argumento de Owen da tríplice escolha contra a expiação ilimitada. Cristo expiou todos os pecados dos não eleitos? Se afirmativo, ele expiou o pecado de incredulidade também. Portanto, como alguém pode ser condenado? Mas como já vimos, o argumento de Owen prova muito. Se Jesus expiou o pecado de incredulidade com os outros pecados dos eleitos, então como pode um pecador eleito em seu estado não regenerado estar sujeito à condenação e julgamento de Deus?[1578]

Chafer demonstrou a falta de lógica de alguns particularistas quando recorrem a essas passagens que Cristo morreu por sua igreja como fornecendo as bases suficientes para contestar que ele não morreu por ninguém mais. Então poderia se argumentar

> com inexorável lógica que Cristo morreu somente por Israel (cf. João 11.51; Is 53.8); e que ele morreu apenas pelo apóstolo Paulo, pois Paulo declara: "o qual me amou e se entregou a si mesmo por mim" (Gl 2.20). Também, alguém poderia argumentar que Cristo restringiu suas orações a Pedro por causa do fato de que ele disse a Pedro: "Mas eu intercedi por ti" (Lucas 22.32).[1579]

Nesse aspecto, Chafer considerou várias passagens do Novo Testamento que afirmam a expiação ilimitada.[1580]

Chafer concluiu ao notar três ideias importantes. Primeiro, se Deus quis que Cristo morresse pelos pecados de todas as pessoas para prover uma legítima oferta do evangelho a todos, ele poderia ter usado uma linguagem mais explícita na Escritura do que essa que é usada? Segundo, é "totalmente impossível" para o particularista, quando prega o evangelho, "ocultar com alguma habilidade sua convicção que a morte de Cristo é apenas pelos eleitos". Terceiro, se o pregador crê que alguns a quem ele prega não poderiam ser salvos sob quaisquer circunstâncias, "aqueles a quem se fala tem o direito de saber o que o pregador crê e em tempo saberão".

[1576] Ibid., 196.
[1577] Ibid., 197.
[1578] Ibid., 198.
[1579] Ibid., 202.
[1580] Ibid., 203-4.

Para Chafer, "nenhum erro maior poderia ser imposto do que esse, por uma contemplação filosófica de verdades que são pulsantes com glória, luz e bênção, que o fervor evangelístico de alguém chamado a pregar a salvação por meio de Cristo aos homens perdidos deva ser amortecido".[1581]

Henry Thiessen (1883—1947)
Thiessen foi um calvinista moderado, professor de teologia no Dallas Theological Seminary e também coordenador do departamento de pós-graduação da Wheaton College [Universidade Wheaton], Illinois. Sua obra principal: *Lectures in systematic theology* [Palestras em teologia sistemática] (1949), foi influente e regularmente usada em muitos institutos bíblicos e seminários.

Para Thiessen, a resposta ao tema da extensão está relacionada à concepção da ordem decretatória. Os supralapsarianos creem que Cristo morreu pelos eleitos; os infralapsarianos defendem, em algum sentido, que ele morreu pelo mundo.[1582] Isso é uma generalização extrema, como vimos que William Twisse, um supralapsariano, também defendeu a expiação universal. Thiessen mencionou as duas posições sobre a extensão, juntamente com as passagens da Escritura apoiando cada uma. Citando Augustus Strong, ele indicou seu apoio em defesa da expiação ilimitada.[1583]

T. F. Torrance (1913—2007)
A obra da vida de Torrance sobre a expiação foi publicada sob o título *Atonement: The person and work of Christ*[1584] [Expiação: A pessoa e obra de Cristo]. Torrance formulou a questão: Quem Cristo representa em sua encarnação e em sua morte? Isso por sua vez levanta mais duas questões. (1) Qual é a relação da encarnação com a expiação? (2) Qual é a relação entre a obra redentora de Cristo e a eleição?

Se a encarnação e a expiação não podem ser separadas, então Cristo representa em sua morte tudo que ele representa em sua encarnação. Se elas podem ser separadas, Cristo representa apenas os eleitos e, em caso afirmativo, como assim? Torrance argumentou em defesa da inseparabilidade da expiação e encarnação e do alcance da representação. Na encarnação, Cristo assume a natureza de toda humanidade e, portanto, os representa a todos. Ele repudiou a noção de que a humanidade de Cristo foi meramente instrumental nas mãos de Deus para obter a salvação dos eleitos.[1585] "A

[1581] Ibid., 205.

[1582] H. Thiessen, *Lectures in systematic theology* (Grand Rapids, MI: Eerdmans, 1949), 329.

[1583] Ibid., 330.

[1584] T. F. Torrance, *The person and work of Christ*, ed. R. T. Walker (Downers Grove, IL: InterVarsity, 2009). Veja as páginas 181–92 para sua análise específica do tema da extensão.

[1585] Ibid., 182.

eleição de Deus não pode ser separada de Cristo e é essencialmente integrada nele. Não podemos falar de uma eleição ou uma predestinação detrás das costas de Jesus Cristo e assim dividir a ação salvadora de Deus em duas, na eleição e na obra de Cristo na cruz".[1586] Para Torrance, a eleição é essencialmente integrada no pacto, que é totalmente cumprido na morte de Cristo que, como representante de todos, ama a todos.[1587]

Torrance indagou: Qual é a relação entre a morte de Cristo e o Pai no céu? "É impossível dividir a deidade e a humanidade de Cristo ou Cristo do Pai".[1588] Ele considerou que a expiação limitada dividia a divindade de Cristo de sua humanidade e assim baseia-se em uma heresia nestoriana primária (duas pessoas, divina e humana, em Cristo).[1589]

Torrance continuou sua crítica:

> Como podemos pensar da cruz apenas como um julgamento parcial contra o pecado? Isso é o que ela é se a expiação limitada for real. Ela significaria uma substituição parcial. Ela representaria uma separação da cruz do julgamento final. Ela denotaria que fora de Cristo há ainda um Deus de ira que julgará a humanidade à parte da cruz. Mas isso é separar Deus de Cristo e eliminar o ensino bíblico da ira do cordeiro (Ap 6.26), que Deus delegou todo julgamento ao Filho (João 5.22).[1590]

Torrance moveu-se para a questão da natureza da eficácia da expiação e encontrou uma distinção entre "suficiência" e "eficácia". Ele fez a pergunta se a expiação flui da vontade de Deus ou de sua natureza. Notando que a "predestinação é usada para propiciar uma noção de eficácia causal; ela salva apenas os eleitos". Ele perguntou como, então, se preserva a liberdade e transcendência de Deus. Se alguém pensa que a expiação se baseia na vontade arbitrária (liberdade), como Samuel Rutherford, então a predestinação se torna a categoria controladora, e a natureza divina do amor se torna algo como uma questão secundária.

De acordo com Torrance, se alguém pensa que a expiação flui da natureza de Deus, mas que ele ama somente (os eleitos) e não outros, como na abordagem de John Owen, então a natureza de Deus (sua ilimitada benevolência) é refutada. Se, como Owen sugeriu, a natureza divina é absoluta causalidade e a expiação flui, então

---

[1586] Ibid., 183.
[1587] Ibid., 183-84.
[1588] Ibid., 184.
[1589] Ibid., 185.
[1590] Ibid.

logicamente ninguém escapa da conclusão que a expiação ilimitada pressupõe universalismo, como Owen de fato argumentou.[1591]

Ele concluiu que tanto o universalismo quanto a expiação limitada são atrelados ao racionalismo. "Ambos recusam inclinar a razão deles diante da cruz". Para Torrance, a expiação ilimitada é a única realidade inescapável baseada na encarnação e na natureza de Deus e seu amor.

Leon Morris (1914—2006)
Morris foi um anglicano evangélico, teólogo, escritor e erudito do Novo Testamento. Foi autor de muitos comentários do Novo Testamento, incluindo volumes sobre Lucas, João, Romanos e 1 Coríntios. Examinando os comentários de Morris sobre textos-chave a respeito da extensão em João, Romanos e 1 Coríntios evidencia seu apoio à expiação universal.[1592]

Broughton Knox (1916—1994)
Broughton Knox foi um teólogo anglicano e reitor da Moore Theological College [Faculdade Teológica Moore] em Sydney, Austrália, até sua aposentadoria em 1985. Ele defendeu a expiação ilimitada. Sua discussão do tema é sucinta, mas lúcida e profunda.

Knox começou por observar que certas verdades, compreendidas em e delas mesmas, indicam a natureza universal da expiação. Essas incluem a encarnação de Cristo na qual ele assumiu a natureza da humanidade, não a dos eleitos apenas; sua vida de obediência perfeita à lei, que cumpriu toda obrigação da humanidade, não dos eleitos somente; sua vitória sobre Satanás, que foi por toda humanidade, não pelos eleitos apenas; e a expiação de Cristo da maldição, que foi por toda humanidade não meramente pelos eleitos apenas.[1593]

Com respeito à pregação, Knox notou que do ponto de vista do pregador, "Cristo morreu por toda sua audiência". Se assim não fosse, ele continuou, não seria possível estender uma oferta universal do evangelho, pois a oferta deve se estabelecer em bases adequadas. A única forma que uma oferta genuína pode ser feita a qualquer indivíduo é se Cristo morreu por todos, de modo que o pregador possa promover o evangelho a cada pessoa por dizer: "Cristo morreu por você".[1594]

[1591] Ibid., 186-87.

[1592] Veja, por exemplo, L. Morris, *The gospel according to John*, NICNT, rev. ed. (Grand Rapids, MI: Eerdmans, 1995), 130–31, sobre Jo 1.29. Veja também idem, *The Atonement: Its meaning and significance* (Leicester: InterVarsity, 1983); *The Cross in the New Testament* (Grand Rapids: Eerdmans, 1999).

[1593] B. Knox, "Some Aspects of the Atonement," 260.

[1594] Ibid., 261.

Ele notou corretamente que a extensão da expiação é limitada apenas nas "intenções e propósitos de Deus". Ele atentou ainda que a noção calvinista da eleição incondicional não torna a expiação limitada necessária, chamando isso de um *non sequitur* [não se segue = falácia]. Como um calvinista, Knox afirmou: "Isso não é o que a expiação limitada declara positivamente, mas o que ela declara negativamente, que é objetável (isto é, o uso da palavra 'apenas' para o mais apropriado 'especificamente' ou 'especialmente')".[1595] Ele falou da expiação limitada como uma "doutrina sem texto", visto que em lugar nenhum na Escritura somos informados que Cristo morreu apenas pelos eleitos e que não morreu por todos os homens.

Knox rejeitou o comercialismo que reforça a expiação limitada. "Se a substituição de Cristo é concebida dessa forma pecuniária, se conclui que todos os santos são livres da ira no momento em que a substituição é realizada e recebida. Do contrário, Deus seria injusto".[1596]

Ele concluiu: "A expiação limitada como comumente proposta, introduz conceitos antibíblicos na doutrina da relação de Deus com o mundo e pode provar-se um calcanhar de Aquiles para o reavivamento da teologia reformada".[1597]

John Stott (1921—2011)

Stott foi um renomado anglicano evangélico até sua morte em 2011. Ele foi autor de mais de cinquenta livros; um dos mais importantes é *A Cruz de Cristo*.[1598] Embora tenha escrito quase nada especificamente a respeito da extensão da expiação, o tema surge de uma breve seção, que discute Isaías 53.12 em seu livro *A Cruz de Cristo*; ele foi um moderado calvinista que rejeitou a expiação limitada.[1599]

Homer Hoeksema (1923—1989)

Hoeksema é o filho do teólogo reformado, Herman Hoeksema e foi pastor de duas igrejas protestantes reformadas de 1949 a 1959. De 1959 até sua morte foi professor do Protestant Reformed Seminary [Seminário Reformado Protestante]. Por muitos anos, atuou como editor de *The Standard Bearer* [O Mensageiro Padrão]. Sua obra principal foi *The Voice Of The Fathers* [A Voz Dos Pais], um estudo dos Cânones de Dort.

[1595] Ibid., 262.
[1596] Ibid., 265.
[1597] Ibid., 266. Para uma crítica a Knox da perspectiva limitante, veja G. Williams, "The Definite Intent of Penal Substitutionary Atonement" em From Heaven He Came and Sought Her, 468–72.
[1598] J. Stott, A Cruz de Cristo (Editora Vida).
[1599] Ibid., 147.

Hoeksema contribuiu com um capítulo sobre a expiação limitada em *The Five Points Of Calvinism*[1600] [Os Cinco Pontos do Calvinismo]. Ele argumentou que os Cânones de Dort afirmam a expiação limitada. A sua discussão do pecado como "débito" indica sua adesão ao conceito comercial da expiação como o fundamento em defesa da expiação limitada. Se a expiação é uma satisfação substitutiva pelos pecados, então a expiação limitada naturalmente procede.

James B. Torrance (1923–2003)

O teólogo escocês James Torrance, juntamente com seu irmão T. F. Torrance, formulou argumentos significativos contra a expiação limitada. O artigo de J. B. Torrance, em 1983, sobre a encarnação e a expiação limitada interconecta a expiação de maneira trinitária por falar de um "momento na eternidade", o amor eterno do Pai; "um momento da história", a morte de Cristo na cruz; e um "momento de experiência", quando o Espírito Santo aplica a expiação.[1601]

Torrance considerou um erro interpretar a liderança de Cristo sobre todos como mediador e o chamado eficaz do Espírito em termos de uma dicotomia aristotélica entre "realidade" e "possibilidade".[1602]

Torrance criticou a noção de John Owen do amor de Deus ou a falta dele para os não eleitos. Para Owen, se Deus ama a todos e todos não são salvos, então Deus os ama em vão. Portanto, ele não ama a todos. Owen argumentou que o amor não é a natureza de Deus, mas antes é um ato de sua vontade. Referindo-se a 1 João 4.7-11, Torrance sinalizou isso como lógica contradizendo a Escritura.[1603]

Ele compreendeu o erro dos sucessores de Calvino como duplo: (1) os calvinistas escolásticos tornaram a eleição anterior à graça e (2) eles deram prioridade à lei natural acima da graça. O decreto duplo: predestinação e reprovação fundamenta as doutrinas da graça, encarnação e expiação como o método de Deus de cumprir o decreto. Logicamente, Cristo morreu somente pelos eleitos. Isso falha, conforme Torrance, em perceber o significado da trindade.[1604] Se alguém torna esse decreto duplo, o local lógico inicial, o resultado é o calvinismo federal e a teologia do pacto.[1605]

[1600] H. Hoeksema, "Limited Atonement" em *The five points of calvinism*, ed. H. Hanko, H. Hoeksema, and G. Van Baren (Grandville, MI: Reformed Free, 1976), 45–66.

[1601] J. B. Torrance, "The Incarnation and 'Limited Atonement,'" *Evangelical Quarterly* 55, nº 2 (April 1983): 83.

[1602] Ibid., 84.

[1603] Ibid., 84-85.

[1604] Ibid., 87.

[1605] Ibid., 88.

Torrance percebia os calvinistas federais tendo uma "confusão profunda" entre "pacto" e "contrato". Owen assimilou o federalismo como a conclusão lógica que a justiça é o atributo essencial de Deus, enquanto o amor se torna arbitrário.[1606]

Torrance alegou que nossa salvação é certa, não apenas possível, mediante a obra conjunta da trindade e não por meio da cruz somente, considerada isoladamente.

O conceito de Torrance, nesse artigo, foi também argumentado previamente por James Orr.[1607] Orr declarou que Calvino jamais ensinou a expiação limitada. Orr e Torrance argumentam que Calvino errou quando ele subordinou o amor de Deus à sua soberania.[1608]

Donald Bloesch (1928—2010)

Bloesch foi um teólogo evangélico influente, cuja obra *Essentials of evangelical theology* [Fundamentos da teologia evangélica] foi amplamente lida. Ele afirmou a expiação ilimitada: "Em nossa opinião aqueles que enfatizam a expiação universal de Cristo são mais fiéis ao testemunho da Escritura".[1609] Bloesch lutou com a questão se a Escritura ensina explicitamente que toda humanidade está realmente em um estado de redenção em virtude da expiação, um tema que ele disse estar implícito, se não explícito, na teologia de Barth. Ele corretamente rejeitou esse conceito bartiano, notando que Cristo morreu como um substituto pelos pecados de todas as pessoas, mas sua morte é eficaz apenas para os crentes.[1610]

Michael Green (1930-)

Green é um pastor e teólogo anglicano evangélico e desde 1997 é um pesquisador antigo e associado, supervisor de evangelismo e apologética no Wycliffe Hall, Oxford. Green afirma a expiação ilimitada e considera a expiação limitada um erro muito sério que

> beira o blasfemo e contradiz totalmente 1 João 2.2, no qual o escritor nos garante que "ele é a expiação por nossos pecados e não por nossos apenas, mas pelos pecados do mundo inteiro". Há uma prodigalidade gloriosa da graça em Deus. Não há parcimônia e equação precisa na obra de Cristo com aqueles que responderão.[1611]

[1606] Ibid., 92.

[1607] J. Orr, *Progress of Dogma* (Londres: Hodder & Stoughton, 1901), 297.

[1608] Torrance, "The Incarnation and Limited Atonement," 93–94.

[1609] D. Bloesch, "God, Authority, and Salvation" em *Essentials of Evangelical Theology*, 2 v. (Nova York: Harper & Row, 1978), 1:165.

[1610] Ibid., 166-67.

[1611] M. Green, *The EMPTY CROSS of Jesus* (Downers Grove, IL: InterVarsity, 1984), 84.

Robert Lightner (1931—2018)

Lightner foi professor emérito de teologia sistemática no Dallas Theological Seminary [Seminário Teológico Dallas], onde ministrou cursos em estudos bíblicos e teologia desde 1968. Ele escreveu uma obra significativa sobre o assunto em 1967, *The Death Christ Died: A Biblical Case For Unlimited Atonement*[1612] [A Morte que Cristo Morreu: Uma Defesa Bíblica Da Expiação Limitada]. Essa obra apresenta a evidência histórica, bíblica e teológica em favor da expiação limitada.

Lightner usou três termos para ajudar a distinguir entre os três conceitos: "obtida", "garantida" e "provida". A posição da expiação geral percebe que a morte de Cristo *obteve* a redenção para todos, mas não a garantiu para ninguém. O conceito da expiação limitada compreende que a morte de Cristo *garante* a salvação aos eleitos, mas apenas para estes. A posição da redenção singular compreende que a morte de Cristo *provê* salvação para toda a humanidade, mas os benefícios da expiação são garantidos apenas para aqueles que creem e estes são aplicados no tempo da conversão deles.

Portanto, nas palavras de Robert Lightner, o conceito da redenção singular pode ser resumido assim: "Cristo morreu para tornar possível a salvação de todos os homens e tornar certa a salvação daqueles que creem".[1613]

Lightner resumiu seu próprio conceito:

> Nós, portanto, rejeitamos a ideia que Cristo morreu para a garantir a salvação de todos os homens ou que ele forneceu graça suficiente a todo homem para cooperar com Deus. Se isso é verdadeiro, Deus está derrotado porque todos os homens não serão salvos. Também rejeitamos a ideia que Jesus morreu para garantir a salvação dos eleitos apenas. Se isso é verdade, a cruz não mais pode ser a base da condenação para aqueles que não creem (Jo 3.18). Cremos preferivelmente que o testemunho duplo da Escritura pode ser harmonizado apenas no conceito que acredita que ele morreu para tornar possível a salvação de todos os homens e tornar certa a salvação daqueles que creem.[1614]

Lightner considerou 1 João 2.2 o texto mais importante no Novo Testamento em apoio à expiação universal. A discussão de Lightner pode ser resumida como segue.

Primeiro, alguns aderentes à expiação limitada creem que a propiciação não está relacionada com a morte de Cristo como um sacrifício pelo pecado, mas está associada

---

[1612] R. Lightner, *The Death Christ Died: A Biblical Case for Unlimited Atonement* (1967; reimp. Grand Rapids, MI: Kregel, 1998).
[1613] Ibid., 47.
[1614] Ibid., 46.

com o propiciatório (Lv 16.14), no santo dos santos, onde o sumo sacerdote no dia da expiação aspergia o sangue. A morte de Cristo tipologicamente cumpriu essa ação e sua morte é compreendida como "por seu povo apenas", exatamente como o sangue aspergido no propiciatório foi para Israel somente.[1615] Contudo, Lightner corretamente observou que a propiciação é intimamente associada à obra substitutiva de Cristo na cruz, conforme evidenciado em 1 João 4.10; Romanos 3.24, 25 e outros contextos nos quais o grupo de palavras *hilasmos* é usado. Cristo não foi apenas o lugar da propiciação (tampa da expiação), mas o sacrifício em si mesmo.

Segundo, o Antigo Testamento elucida que o sangue aspergido na tampa da expiação foi por todo o povo de Israel. Tentar restringir o evento somente aos "eleitos" em Israel não tem apoio textual e é teologicamente anacrônico.

Terceiro, Lightner notou que se alguém interpreta a primeira frase "por "nossos pecados" e a última frase "pelo mundo inteiro" como referência aos eleitos, então a declaração de João é reduzida à redundância.[1616]

Quarto, Lightner disse que a tentativa de interpretar "nossos pecados" com os pecados dos judeus eleitos e "pecados do mundo inteiro" com os gentios eleitos é também insustentável.[1617] Ele recorreu ao comentário de Westcott sobre essa passagem: "Mas a propiciação de Cristo é válida igualmente para todos. A propiciação se estende até a necessidade dela em todos os lugares e em todos os tempos. Compare 4.14 (João 4.42; 12.32; 17.22-24)". Lightner também citou A. T. Robertson em apoio para essa interpretação de 1 João 2.2.[1618]

Quinto, Lightner disse que alguns que apoiam a interpretação limitada da passagem consideram que a propiciação não é por João ou seus leitores apenas, mas por todos os redimidos de todos os tempos e não uma distinção entre judeus e gentios. O problema aqui é reforçar o sentido de "redimido" na palavra "mundo", um movimento lexical inválido.[1619]

Sexto, Lightner mencionou e criticou os três argumentos de John Murray para explicar o sentido universal aparente de 1 João 2.2. Murray admitiu que não há texto na Escritura que apresenta apoio mais plausível para a expiação universal. Seu raciocínio quanto a por que esse texto não ensina a expiação ilimitada é que outros textos ensinam uma expiação limitada, portanto, esse texto precisa ser interpretado como ensinando-a também. De acordo com Murray, João estabelece o escopo da propiciação como não limitado aos discípulos imediatos. Segundo, João enfatiza a "exclusividade"

[1615] Ibid., 82.
[1616] Ibid.
[1617] Ibid.
[1618] Ibid., 83.
[1619] Ibid., 83-84.

da propiciação: somente Jesus é a propiciação. Terceiro, João fala da "perpetuidade" da propiciação; ela permanece para sempre.[1620]

Lightner ressaltou que João não lida tanto com a natureza da expiação quanto com sua extensão. Murray falha em lidar com o problema que a expiação limitada enfrenta nesse texto.[1621]

Sétimo, Lightner citou a interpretação de John Owen desse versículo:

> Por mundo, em outros contextos, denota-se homens vivendo no mundo, assim por mundo inteiro, nesse texto, nada pode ser compreendido, exceto homens vivendo no mundo inteiro, em todas as partes e regiões dele (em contraste com os habitantes de alguma nação, lugar ou país).[1622]

Mas Owen determina um sentido para a palavra "mundo" que é inadmissível lexicalmente. Não há evidência textual para apoiar a interpretação de Owen.

Desde a sua publicação, cinquenta anos atrás, *The death Christ died* [A morte que Cristo morreu] sempre é citado por proponentes da expiação ilimitada. Ele se mantém como um dos melhores argumentos globais em favor da expiação ilimitada e contra a expiação limitada.

Norman Geisler (1932—2019)

Geisler é autor, teólogo, apologista cristão e cofundador do Southern Evangelical Seminary [Seminário Evangélico do Sul]. Ele escreveu sobre o assunto da extensão da expiação, apresentando a defesa da expiação ilimitada, em sua volumosa *Teologia Sistemática* e em seu livro popular *Eleitos, mas livres*.[1623]

Geisler metodicamente analisa a base bíblica para a expiação ilimitada, começando com Isaías 53 e então indo para o Novo Testamento. Concernente a Mateus 22.14 e contra John Owen, que havia argumentado que os mandamentos de Deus revelam nosso dever, não seu propósito, Geisler afirmou: "Seria enganoso e absurdo para Deus ordenar alguém a ser salvo se ele não tivesse provido a salvação para todos".[1624] Ele

---

[1620] Ibid.
[1621] Ibid.
[1622] Ibid., 85.
[1623] N. Geisler, "Pecado, Salvação" em Teologia Sistemática vol. 3 (Editora Vida, 2004), 347–87; Eleitos, mas livres: um conceito equilibrado sobre a soberania de Deus e o livre-arbítrio, 3rd ed. (Editora Vida, 2010).
[1624] Geisler, *Sin, Salvation*, 348.

declarou que Owen falhou em considerar outra alternativa: "Deus ordena não apenas que ele quer que façamos, mas também o que ele deseja (quer) que seja feito".[1625]

Analisando a interpretação de John Gill de Mateus 23.37, na qual disse que o choro de Jesus sobre Jerusalém significava não um ajuntamento para a salvação, mas apenas um ajuntamento para ouvir Cristo pregar e, portanto, ser influenciado para o tipo de fé que poderia preservá-los da ruína temporal, Geisler chama isso de uma "interpretação desesperada". Essa conclusão leva alguém a crer que a preocupação de Jesus com nossa condição temporal supera a preocupação dele com nossas almas eternas.[1626]

Com respeito a Romanos 5.18, 19, Geisler empregou um bom argumento defendendo por que "os muitos" significa "todos", incluindo apoio do próprio Calvino, que afirmou isso.[1627] O mesmo é o caso com a análise de Geisler sobre 2 Coríntios 5.14, 15 e a nomenclatura de Paulo de "mundo" e "ele morreu por todos".[1628]

Geisler prosseguiu examinando 1 Timóteo 2.3-6; 4.10; Hebreus 2.9; 2 Pedro 2.1; 3.9 e João 2.2., todos textos-chaves apoiando a expiação ilimitada. Com referência ao último e em conjunto com 1 João 5.19, ele concluiu: "Isso vai além do empenho da credulidade de alguém concluir de alguma forma que *kosmos* em 1 João 2 se referia apenas aos eleitos; se essa interpretação for correta, apenas aqueles que Deus escolheu estão sob o poder do diabo".[1629]

Geisler então continuou a responder as objeções contra a expiação limitada baseando-se nas seguintes passagens: Efésios 1.4; 1 Coríntios 14.3; João 5.21; 6.37; 17.9; Efésios 5.25; Romanos 5.15; Marcoc 10.45; Romanos 9.11-13; 1 Coríntios 15.22; 1 Pedro 3.18 e 1 Pedro 2.24.[1630]

Na sequência, Geisler recorreu à base teológica da expiação ilimitada. Ele lida com a infinita benevolência de Deus e analisa cinco objeções levantadas contra esta.[1631] Ele também considera uma quantidade de problemas filosóficos da expiação limitada, como o relacionamento entre a natureza e a vontade de Deus (essencialismo e voluntarismo).[1632]

Finalmente, Geisler analisou brevemente a base histórica para a expiação ilimitada na igreja primitiva, nos pais medievais, nos líderes reformados incluindo Calvino e

---

[1625] Ibid.
[1626] Ibid., 348-49.
[1627] Ibid., 351-53.
[1628] Ibid., 353-54.
[1629] Ibid., 359.
[1630] Ibid., 359-69.
[1631] Ibid., 369-73.
[1632] Ibid., 373-79.

teólogos e historiadores posteriores incluindo Philip Schaff, Earl Radmacher e Millard Erickson.[1633]

R. T. Kendall (1935-)

Kendall foi pastor da famosa Capela de Westminster depois de Martin Lloyd-Jones e em anos posteriores prosseguiu em um ministério de pregação itinerante, ensino e literário. Ele é autor de mais de cinquenta livros, o mais significativo para o assunto em foco é *Calvin and english calvinism*[1634] .

Kendall geralmente é considerado o responsável por iniciar o denominado debate Calvino contra os calvinistas[1635]

Brian Armstrong (1936—2011)

Armstrong foi professor na Georgia State University [Universidade do Estado da Georgia], historiador e autor que foi presidente por diversos mandatos da Calvin Studies Society [Sociedade de Estudos sobre Calvino], da Sixteenth Century Studies Society [Sociedade de Estudos do Século XVI] e o International Congress for Calvin Research [Congresso Internacional para A Pesquisa sobre Calvino].

Ele foi autor de uma obra importante sobre Amyraut e os debates reformados referentes à extensão da expiação na França do século XVII.[1636] Armstrong argumentou

---

[1633] Ibid., 379-87.

[1634] R. T. Kendall, *João Calvino e o calvinismo inglês até 1649: os puritanos ingleses e a modificação da teologia de Calvino* (Editora Carisma: Natal, 2019).

[1635] C. Trueman, em seu prefácio à obra de Moore: *English hypothetical universalism*, afirmou que a obra de Moore "lança nas cinzas da história duas das teses centrais do argumento 'Calvino contra os calvinistas', conforme encontrado na obra influente de R. T. Kendall. Ao demonstrar que o universalismo hipotético de Preston poderia coexistir apropriadamente com sua adesão à predestinação experimental, ele corta a conexão estreita entre a expiação limitada e a última sobre a qual Kendall e seus seguidores conferem muita relevância. Além disso, devido ao estudo cuidadoso da ordem decretatória na ortodoxia reformada, ele também elimina a conexão simplista extraída por Kendall, Clifford e outros que estão entre o universalismo hipotético e o amiraldismo. Os dois não são lados diferentes da mesma moeda e não estão conectados de alguma forma significativamente orgânica ou estrutural; em contraste, o universalismo hipotético foi formulado na ordenação ortodoxa dos decretos e, como uma opção em um calvinismo inglês heterogêneo" ("Prefácio," em *English Hypothetical Universalism*, x). A afirmação de Trueman carece de uma pequena correção, pois deduz que o universalismo hipotético se desenvolveu *após* a expiação limitada, o que é impreciso historicamente. As várias tentativas de ordenar os decretos no universalismo hipotético se desenvolveram no tempo de Amyraut e dos universalistas hipotéticos no século XVI, mas a natureza universal da expiação expressada no amiraldismo e outras formas de universalismo hipotético antecede à expiação limitada na teologia reformada.

[1636] B. Armstrong, *Calvinism and the Amyraut Heresy: Protestant scholasticism and humanism in seventeenth-century France* (Madison: University of Wisconsin Press, 1969). Veja anteriormente a discussão sobre Amyraut e sua teologia.

que Amyraut defendeu essencialmente os mesmos conceitos de Calvino, especialmente a respeito da extensão universal da expiação. Armstrong é totalmente familiarizado com os escritos de Amyraut. Uma grande preocupação para Amyraut foi o que ele considerou ser a exegese desonesta da Escritura que a ortodoxia reformada empregou ao formular o conceito da expiação limitada começando com a teologia decretatória em vez da Escritura.[1637] "Em uma palavra, Amyraut e seus amigos parecem dizer que a metodologia falaciosa *a priori* produziu na ortodoxia uma barreira para a honesta pesquisa histórico-exegética".[1638] Amyraut também defendeu energicamente, que Calvino mesmo defendeu a expiação ilimitada, segundo os próprios escritos deste.

Armstrong notou que Amyraut contestou ainda "que a metodologia ortodoxa e a doutrina haviam destruído a eficácia da pregação reformada".[1639] Para Amyraut, quando se trata da pregação, a universalidade da expiação é determinante.[1640] A teologia impacta a metodologia. Armstrong demonstrou o compromisso evidente de Amyraut com a redentora vontade universal de Deus. Para Amyraut, "Deus quer a salvação de todos os homens sob a condição que eles creiam".[1641]

Fundamental para a teologia de Amyraut é a provisão de Deus da expiação para todos, mas ela é somente aplicada àqueles que cumprem a condição de Deus para a salvação: fé. O que é hipotético no conceito de Amyraut da extensão da expiação é que a salvação é somente eficaz quando a condição de Deus é cumprida.

O livro de Armstrong mantém-se como uma contribuição primordial para o tema da extensão da expiação histórica e teologicamente considerada.

Gary Long (1937-)

Gary Long foi diretor executivo do Sovereign Grace Ministries [Ministérios da Graça Soberana] de 1979 a 2009. Argumentou em defesa da expiação limitada em seu livro *Definite atonement* [Expiação definida]. A obra de Long depende bastante de fontes secundárias, que o desvia historicamente em alguns tópicos. Por exemplo, sua primeira sentença no capítulo 1 é historicamente imprecisa em que ele, seguindo Nicole, afirma que Amyraut é o "pai do universalismo hipotético calvinista".[1642]

Long conclui em favor da expiação limitada. O livro tem três apêndices que tratam de três textos-chave da expiação universal: 2 Pedro 2.1; 1 João 2.2 e 2 Coríntios 5.19.[1643]

[1637] Ibid., 166.
[1638] Ibid.
[1639] Ibid., 167.
[1640] Ibid., 167-69.
[1641] Ibid., 189-90.
[1642] G. Long, *Definite Atonement*, 2nd ed. (Frederick, MD: New Covenant, 2006), 1.
[1643] Ibid., 67–110. Long foi influente em persuadir S. Lewis Johnson da expiação limitada.

John Frame (1939-)

John Frame atualmente é professor de teologia sistemática da cátedra J. D. Trimble e de filosofia no Reformed Seminary [Seminário Reformado] em Orlando, Flórida. Ele ensinou previamente no Westminster Theological Seminary [Seminário Teológico Westminster] e foi um dos membros fundadores da faculdade no Westminster Seminary, na Califórnia.

Em sua *Systematic theology* [Teologia sistemática], Frame afirmou a expiação limitada.[1644] Ele notou devidamente que há apenas dois conceitos sobre o tema: a expiação é limitada aos eleitos apenas ou é ilimitada. Depois de notar que muitas passagens da Escritura fazem a expiação ilimitada parecer "relativamente óbvia" ... há alguns problemas reais com ela".[1645]

Frame defendeu que se a expiação ilimitada é verdadeira, pois a expiação é substitutiva em natureza, logo resultaria o universalismo. Se a expiação é universal, ela garante a salvação para todos".[1646] Se alguém defende a expiação ilimitada, "você deve defender um conceito menos enfático do que a expiação é".[1647] Para Ele, a expiação então seria algo "menos do que um sacrifício substitutivo que proporciona perdão absoluto".[1648]

Frame apresentou uma segunda crítica contra a expiação universal: ela realmente não salva, mas "apenas torna a salvação possível para aqueles que livremente decidem vir à fé".[1649] Frame já rejeitou o livre-arbítrio libertário no capítulo 35 de sua *Sistemática*. Para ele, "a expiação realmente salva".

> Aqueles que dizem que a expiação tem uma extensão limitada creem que ela tem uma eficácia limitada, um poder limitado para salvar. Aqueles que creem que a expiação é limitada aos eleitos, contudo, creem que ela tem uma eficácia ilimitada. Portanto, todos creem em algum tipo de limitação. A expiação é limitada em sua extensão ou é limitada em sua eficácia.[1650]

Frame considera a eficácia da expiação a controvérsia fundamental no tema da extensão.

[1644] J. Frame, *Systematic Theology: An introduction to christian belief* (Phillipsburg, NJ: P&R, 2013), 904–7.
[1645] Ibid., 905.
[1646] Ibid.
[1647] Ibid.
[1648] Ibid.
[1649] Ibid.
[1650] Ibid.

Sua obra exegética, em algumas passagens concernentes à extensão da expiação, deixa a desejar. Com respeito a João 10.11, 15, Frame deduziu que a expiação é apenas pelos eleitos. Isso, é claro, invoca a falácia de inferência negativa. Ele citou Romanos 8.32-39 e concluiu do texto a segurança eterna do crente. Com razão, mas isso não tem nada a ver com a extensão da expiação. Paulo fala das pessoas que já são seguidoras de Jesus e o que é verdadeiro deles nesse estado.

Concernente às passagens que empregam "mundo" e "todos", Frame tentou desqualificá-las como se referindo a um cósmico, ético ou "todos" que inclui judeus e gentios. Ele notou adequadamente que às vezes "todos" é usado hiperbolicamente e não literalmente para expressar "todos". Isso não está em debate e não atenua o problema das passagens em que há o termo "todos" com respeito à extensão da expiação. Ele interpreta que Paulo se refere a "todos os cristãos" ou a "todos os eleitos" em 1 Coríntios 16.22.[1651] A ideia do apóstolo é apenas que em Cristo 'todos' serão vivificados. Novamente, essa declaração nada diz sobre a extensão da expiação. Falando de 2 Coríntios 5.15, "e ele morreu por todos, para que os que vivem não vivam mais para si, mas para aquele que por eles morreu e ressuscitou". Frame ignorou o pensamento de Paulo que Cristo morreu por todos, mas apenas "aqueles que vivem" – isto é, aqueles que são crentes – devem viver não para si mesmos, mas para Cristo.[1652] A maioria dos comentários exegéticos padrão não apoia a interpretação de Frame do texto grego.[1653]

No que concerne a 1 Timóteo 2.6 e 1 João 2.2, Frame interpretou o "todos", nesses versículos, como garantia da livre oferta do evangelho a todos, não que Cristo tenha morrido por todos.[1654] Mas o contexto fala claramente de expiação real, não da oferta do evangelho, embora seja verdadeiro que o evangelho possa ser livremente oferecido sob as bases de uma expiação realizada por "todas" as pessoas.

Frame interpretou Hebreus 10.29 e 2 Pedro 2.1 como se referindo a membros da igreja visível que não foram verdadeiramente "unidos a Cristo de uma forma redentora".[1655] De acordo com Hebreus 4.15 e 7.25, ele argumentou que o ministério intercessório de Cristo é apenas por aqueles que creem. O ato sacerdotal da expiação

---

[1651] Ibid., 906.

[1652] Ibid., 906-7.

[1653] Veja, por exemplo, M. Thrall, "A Critical and Exegetical Commentary on the Second Epistle to the Corinthians" em *The international critical commentary, vol. 1, Introduction and Commentary on II Corinthians I–VII* (Edimburgo: T. & T. Clark, 1994), 411–12; M. Harris, "The Second Epistle to the Corinthians: A Commentary on the Greek Text" em *The new international greek text commentaries* (Grand Rapids, MI: Eerdmans, 2005), 422–24; G. Guthrie, "2 Corinthians," em *Baker exegetical commentary on the New Testament* (Grand Rapids, MI: Baker, 2015), 303– 6; R. Martin, "2 Corinthians" em *Word Biblical Commentary*, 52 vols. (Waco, TX: Word, 1986), 142–45.

[1654] Frame, *Systematic Theology*, 907.

[1655] Ibid.

e o da intercessão são, para Frame, coextensivos. Cristo morreu apenas por aqueles por quem ele intercede, embora em contexto algum da Escritura isso seja afirmado.

David Engelsma (1939-)

Engelsma pastoreou igrejas protestantes reformadas de 1963 a 1988 e foi professor emérito do Protestant Reformed Seminary [Seminário Protestante Reformado] em Grand Rapids, Michigan, onde ensinou de 1988 a 2008. Ele é rotulado de hipercalvinista pela maioria dos calvinistas, embora negue o rótulo. Em 1994, foi publicada sua obra importante sobre o calvinismo e a livre oferta do evangelho.[1656] Nisso ele argumenta contra a oferta bem-intencionada do evangelho a todas as pessoas.

Engelsma se referiu ao Artigo 33 dos artigos confessionais das igrejas do evangelho padrão. Eles argumentam que um chamado a uma pessoa inconversa para se arrepender e crer implicaria "poder da criatura", isto é, a habilidade da pessoa inconversa de realizar o que ele foi chamado a realizar. Assim, o chamado ao inconverso implicaria em livre-arbítrio e seria uma negação da depravação total. Engelsma também afirmou que tal chamado negaria a expiação limitada. Se todos são chamados a crer em Cristo, então Jesus deve ter morrido por todos e deve desejar ser o salvador de todos. Mas visto que ele morreu somente pelos eleitos, somente os eleitos devem ser chamados na pregação.[1657]

Engelsma negou que o chamado ao réprobo é de alguma forma uma expressão do amor de Deus por ele ou um desejo de Deus de salvá-lo. O propósito do Pai é único: salvar os eleitos e os eleitos apenas. O chamado geral do evangelho aos não eleitos não é uma expressão do amor de Deus por eles, nem isso implica que Cristo morreu pelos pecados deles.[1658] A oferta bem-intencionada do Pai no evangelho ao mundo não pode ser mais ampla em escopo do que a satisfação objetiva de Cristo na cruz. Jesus satisfez somente pelos pecados dos eleitos; por isso a oferta somente pode ser genuinamente feita aos eleitos.

Engelsma afirmou que as igrejas reformadas protestantes são distorcidamente tidas como hipercalvinistas por outros calvinistas devido à negação deles da oferta bem-intencionada do evangelho.[1659]

[1656] D. Engelsma, *Hyper-Calvinism and the call of the gospel: An examination of the "well-meant" offer* (Grand Rapids, MI: Reformed Free, 1994). Outros calvinistas que rejeitaram a noção de uma oferta bem-intencionada do evangelho incluem Herman Hoeksema e K. Schilder. Veja A. C. De Jong, *The well-meant gospel offer: The Views of H. Hoeksema and K. Schilder* (Franeker: T. Wever, 1954). Calvinistas extremos que concordam com a noção da oferta bem-intencionada do evangelho incluem K. W. Stebbins, *Christ freely offered* (Lithgow, NSW: Covenanter, 1978).

[1657] Engelsma, *Hyper-Calvinism and the Call*, 19.

[1658] Ibid., 24.

[1659] Ibid., 29.

Engelsma fez referência à controvérsia nos anos 1960 envolvendo Harold Dekker (1918-2006), antigo reitor acadêmico e professor de missões na Calvin College [Universidade Calvino].[1660] Por causa da influência de Dekker, a Christian Reformed Church [Igreja Reformada Cristã] parece ter admitido a doutrina da expiação universal. Dekker fundamentou a doutrina da expiação universal na doutrina da oferta bem-intencionada. Ele estava convencido de que a adesão à expiação limitada enfraquecia o princípio do amor universal de Deus e tendia a inibir o zelo e a atividade missionária. Dekker argumentou em defesa do amor universal de Deus e uma expiação universal:

> O amor universal de Deus é também revelado em seu convite do evangelho sinceramente estendido a todos sem reserva ou limitação. Além disso, o convite sincero de Deus do evangelho a todos envolve seu desejo que ele seja aceito por todos ... é a salvação que a expiação torna *disponível* a todos os homens? De fato, é. Do contrário, a oferta bem-intencionada do evangelho é uma farsa, pois ela oferece sinceramente a todos os homens o que não pode ser sinceramente dito que está disponível a todos.[1661]

Engelsma admitiu que Dekker provou conclusivamente que a doutrina da oferta universal sugere expiação universal.[1662] Seu raciocínio é, de fato, difícil de refutar:

> Considere a oferta universal e sincera do evangelho ... Pode alguém realmente dizer que o amor divino expressado no evangelho, nas boas-novas dos atos redentores em Jesus Cristo, é um amor *não redentor*? Como pode o amor que oferece redenção ser descrito como não redentor em caráter? Isso faz sentido realmente? As alternativas parecem claras: o amor de Deus expresso no convite do evangelho é redentor ou não é

[1660] Os relevantes artigos sobre a controvérsia Dekker foram publicados nas edições do Reformed Journal de dezembro de 1962 a maio-junho de 1964 e incluíam os seguintes artigos: "Deus Amou de tal Maneira Todos os Homens" (dezembro, 1962); "Deus Amou de tal Maneira Todos os Homens! (II)" (fevereiro, 1963); "O Amor de Deus Pelos Pecadores – Um ou Dois?" (março, 1963); "A Restrição do Amor de Cristo" (dezembro, 1963); "O Amor Redentor e a Oferta do Evangelho" (janeiro, 1964); "Falando as Boas-Novas a Todos os Homens" (março, 1964) e "Expiação Limitada e Evangelismo" (maio–junho, 1964). A edição de setembro de 1964 continha uma réplica por Dekker a uma carta concernente à sua doutrina do amor redentor universal e à expiação universal.

[1661] Citado em Engelsma, *Hyper-Calvinism and the Call*, 61–62 (ênfase no original). Veja H. Dekker, "God So Loved—All Men!," 5–7; idem, "Limited Atonement and Evangelism" 24.

[1662] Engelsma, *Hyper-Calvinism and the Call*, 63.

redentor. Parece a mim que se ele não é redentor, a oferta do evangelho não tem sentido real.[1663]

Engelsma não pode ser mais claro sobre o tema: "Paulo ... não cria, nem pregou, que Deus amou todos os homens, foi gracioso para todos os homens e desejou a salvação de todos os homens, isto é, ele não creu ou ensinou a oferta bem-intencionada do evangelho".[1664]

Paul Helm (1940-)

Helm ensinou filosofia na Liverpool University [Universidade Liverpool] e foi nomeado para a cadeira de história e filosofia da religião na King's College [Universidade do Rei], Londres, em 1993. Foi professor da cátedra J. I. Packer no Regent College de 2001 a 2005, quando foi nomeado monitor acadêmico. Faz publicações no blog Helm's deep [A perspicácia de Helm].

Helm é conhecido nos círculos calvinistas e fora deles por sua enérgica defesa da expiação limitada. Ele escreveu uma resposta à obra de R. T. Kendall: *Calvin and english calvinism* [Calvino e o calvinismo inglês] intitulada *Calvin and the Calvinists* [Calvino e os Calvinistas].[1665] Um de seus primeiros artigos lidando especificamente com a questão da extensão da expiação é "A Lógica da Expiação Limitada".[1666]

Helm procurou responder à crítica de McLeod Campbell e J. B Torrance da expiação limitada. Ambos objetaram à formulação de Owen da expiação limitada sob muitas razões, nem a mais insignificante delas faz justiça à ênfase bíblica sobre a centralidade do amor de Deus. Para Helm, é uma incompreensão da expiação supor que Deus trata todos os homens com justiça, mas apenas alguns com misericórdia. Os eleitos não experimentam a justiça de Deus quando ela concerne a eles, mas Cristo satisfaz a justiça por eles. Portanto, não é que alguns experimentam o amor e a justiça enquanto outros experimentam apenas a justiça. "É preferivelmente, de acordo com a doutrina, que alguns experimentam o amor, outros a justiça, nem ambos e cada um ou outro. A desigualdade é simétrica".[1667]

[1663] Citado por Engelsma, *Hyper-Calvinism and the call of the gospel*, 96 (ênfase no original). Veja Dekker, "Redemptive Love and the Gospel Offer," 8-10.

[1664] Engelsma, *Hyper-Calvinism and the call of the gospel*, 53.

[1665] P. Helm, *Calvin and the Calvinists* (Edimburgo: Banner of Truth, 1998). Veja minha crítica a essa obra na seção sobre Calvino e minha crítica ao capítulo de Helm em *Do Céu Cristo Veio Buscá-la*, na sequência.

[1666] P. Helm, "The Logic of Limited Atonement", *Scottish Bulletin of Evangelical Theology* 3, nº 2 (Autumn 1985): 47-54.

[1667] Ibid., 49.

Mesmo reconhecendo isso, ainda existe um problema: o fato que alguns experimentam o amor de Deus em Cristo e outros não. Helm o admitiu. Como Deus pode coerentemente com seu caráter aceitar a satisfação de Cristo por alguns e não por outros? Ele recorreu a Paulo em Romanos 9.20. Simplesmente não temos o direito de questionar a Deus, de acordo com Helm.[1668]

Ele tentou refutar as alegações de Campbell e Torrance ao recorrer à natureza da misericórdia de Deus. Como pode ser que haja misericórdia para alguns e não para outros? Helm desviou-se do aspecto moral da questão por novamente recorrer a Romanos 9. Ele então tentou responder a parte lógica da questão. Considerou que o problema para Campbell é sua lógica equivocada da misericórdia como "amor não merecido". Se Deus tem que exercer misericórdia como tem que exercer justiça, então a misericórdia cessa de ser misericórdia. O caráter lógico da misericórdia é amplamente diferente dessa justiça. "Uma justiça que poderia ser unilateralmente abandonada não *seria* justiça e a misericórdia que poderia ser unilateralmente abandonada não seria misericórdia".[1669]

Em síntese, se a misericórdia é um ato da vontade divina, ela é igualmente arbitrária quer essa misericórdia seja particular, quer seja universal. Se por outro lado a misericórdia é parte da natureza divina, exigida por quem Deus é, se essa misericórdia é particular ou universal, o seu caráter como misericórdia não é comprometido, de acordo com Helm.

Ele defendeu Owen. Também atribuiu o amor de Deus à vontade dele, como faz Owen, e argumentou que isso não torna o amor arbitrário ou sem razão. A origem não é devida à reação de Deus em conhecer o pecado humano, mas a uma determinação de sua vontade de acordo com seu caráter. Em si mesma, ela não tem relação de maneira alguma no escopo do amor divino.[1670]

Helm admitiu que "esse exercício é, em um sentido técnico, 'arbitrário', mas não é arbitrário no sentido de ser caprichoso, irresponsável ou irracional".[1671]

Para ele, a lógica de Campbell é que qualquer atributo necessário a Deus (amor e justiça) é necessariamente exercido por ele em todas as criaturas em quem isso é logicamente possível de ser exercido. Helm disse: "Tudo bem até agora, mas note então a consequência desse argumento. O problema lógico para Campbell é o que isso resulta: qualquer atributo necessário a Deus é necessariamente exercido por Deus igualmente em todos em quem isso é logicamente possível de ser exercido".[1672]

[1668] Ibid.
[1669] Ibid., 50 (ênfase no original).
[1670] Ibid., 52.
[1671] Ibid.
[1672] Ibid., 53 (ênfase no original).

Helm aplicou isso à criação. Por que o Deus amoroso e sábio deveria ordenar e criar um universo com formas manifestas? Alguns são fortes, fracos, machos, fêmeas, saudáveis, enfermos e assim por diante. Helm não mencionou que muitas dessas "formas" são devido à pecaminosidade humana. Se diferenciações da criação são proporcionais aos atributos divinos, então é presumivelmente possível, pois há de ser assim com respeito aos propósitos redentores de Deus, que são inteiramente coerentes com os atributos divinos.[1673]

Helm refutou o argumento de que há uma diferença entre Deus ser arbitrário sobre cor do cabelo, e assim sucessivamente, e a salvação eterna ao perguntar como essa alegação pode ser defendida. "Não há qualquer distinção entre os propósitos não redentores de Deus, nos quais a arbitrariedade é permissível, e seus propósitos redentores nos quais não é permissível que pareça ser uma distinção arbitrária?"[1674]

Supor que a expiação limitada torna arbitrária a ação de Deus em um sentido objetável é compreender erroneamente a natureza da misericórdia divina e a natureza da vontade divina, de acordo com Helm.[1675]

Ele também declarou em outra obra: "Há uma diferença notável entre Calvino e a abordagem da expiação de Owen e outros. O ponto de partida deles não é a expiação em si mesma, como foi com Calvino, mas com a doutrina de Deus. A abordagem é muito mais obviamente escolástica em seu método".[1676]

A posição reformada prevalecente sobre a expiação no tempo de Owen foi sua natureza "altamente judicial".

> O que domina a discussão é a justiça inexorável de Deus e como a expiação se ajusta a ela ou antes, que tem que se ajustar a ela. O foco na expiação como a expressão do amor e misericórdia de Deus é secundário. Deus pode ser amor, mas Deus certamente é justiça e a expiação é primariamente um ato de justiça divina, que torna a misericórdia possível, enquanto que com Calvino a expiação é um ato de misericórdia divina que é consistente com a justiça.[1677]

Escrevendo sobre a diferença entre Calvino e Owen, Helm afirmou:

[1673] Ibid.
[1674] Ibid.
[1675] Ibid., 54.
[1676] P. Helm, *Calvin at the Centre* (Oxford: Oxford University Press, 2010), 183.
[1677] Ibid., 194.

A razão que ele [Calvino] provê para mover do mero perdão para o perdão pela expiação de Cristo não é a exigência da justiça divina que é característico do conceito de Owen, que a justiça demanda satisfação. A justiça divina não é central para seu argumento, mas o amor divino. Deus enviou seu Filho não porque sua justiça o exigiu, mas porque ele nos amou com profundidade intransponível e assim quis despejar sobre nós uma expressão excelente de sua misericórdia.[1678]

A questão em toda análise de Helm aqui é se amor, graça e misericórdia são naturais ao caráter de Deus. Vamos começar com o amor. Se alguém aceita a premissa que Deus necessariamente ama o que é bom, então ele ama o homem criado à sua imagem. O homem nesse aspecto é considerado por Deus "bom". Assim, segue-se que ele precisa amar o homem.

Se Helm tivesse que dizer que ama o que é bom, nas não a humanidade como portadora de sua imagem, isso seria um exemplo de arbitrariedade. Se Helm tivesse que circunscrever o amor de Deus pela humanidade nas fronteiras da graça comum, então esse amor seria um tipo diferente de amor. Ele poderia dizer que Deus não ama todos, mesmo com um amor de graça comum, na mesma extensão, pois alguns morrem jovens e alguns vivem com dor e enfermidade, enquanto outros prosperam. Nesse aspecto, a premissa básica de Helm que o amor de Deus não pode ser necessário é arruinada. Ele é descartado com uma objeção revisada por Torrance: Deus não ama a todos igualmente.

A essência da objeção de Torrance é que, sob os termos de Owen, Deus inicia seu relacionamento com o homem, mesmo o homem caído, com a lei e não com o amor ou misericórdia. O amor de Deus é tal que ele não precisa ser provocado a amar ou despertado por alguma ação da humanidade. Mas se o amor não é natural a Deus, então ele precisa de ser disposto a amar. Mas a Escritura indica que o amor de Deus flui livremente de sua própria natureza. Se Owen está certo, somente a lei flui livremente. Portanto, Owen e Helm involuntariamente atacam o caráter verdadeiro de Deus. Deus é lei antes que ele seja amor.

A Escritura não indica que o amor de Deus é um ato puro de sua vontade e não é naturalmente endêmico à sua natureza, enquanto a lei é endêmica à sua natureza. Exatamente o oposto é o caso com respeito ao amor. A Escritura diz que Deus amou o mundo de tal maneira. Para Owen e Helm, "mundo" é equivalente aos eleitos, portanto, eles percebem Deus de uma maneira fundamentalmente distinta. Como todos os calvinistas que afirmam um pacto de obras, Owen e Helm compreendem o

---

[1678] Ibid., 195. Note que isso se compara à crítica de Torrance a Owen.

relacionamento do Senhor com a humanidade no estado pré-queda como essencialmente legal. O mesmo é verdadeiro no denominado pacto da redenção. Aqui, novamente, é a lei, não o amor, que funciona como o mecanismo fundamental de como Deus se relaciona. O que liga a Trindade é um contrato legal. O que liga Deus à humanidade é também um contrato legal: o pacto das obras.

Essa formulação inteira suprime a essência do verdadeiro caráter de Deus como revelado na Escritura desde o princípio: Deus é amor. Ele realmente ama sua criação fragmentada de uma forma que preparou um remédio para a fragmentação, uma forma de salvação.

A abordagem de Calvino é muito diferente da de Owen e Helm. Comentando sobre Ezequiel 18.1-4, Calvino declarou que a passagem deve ser compreendida de um modo

> que nada é mais indigno do que Deus ser acusado de tiranizar os homens, quando ele, pelo contrário, os defende, como sua própria obra. Quando, portanto, Deus pronuncia que todas as almas são suas, ele não apenas afirma soberania e poder, mas preferivelmente demonstra que é sensibilizado com o amor paternal para com a raça humana, pois ele a criou e a formou; porque, se um artesão ama sua obra uma vez que reconhece nisso os frutos de seu empreendimento, então, quando Deus manifestou seu poder e bondade na formação dos homens, ele deve certamente recebê-los com afeição. De fato, é verdade que somos abomináveis à vista de Deus, por sermos corrompidos pelo pecado original, como se diz em outro contexto (Sl 14.1, 2), mas enquanto seres humanos devemos ser queridos para Deus e nossa salvação deve ser preciosa em sua presença. Agora vemos que tipo de refutação é essa: todas as almas são minhas, ele afirma: "Eu as formei todas e eu sou o criador de todas e, por isso, sou sensibilizado com o amor paternal para com todas e elas sentirão minha clemência, desde o mais simples até o mais nobre, do que experimentar bastante rigor e severidade.[1679]

Calvino declarou o próprio fato que Helm nega.

[1679] J. Calvin, "Commentaries on the Prophet Ezekiel" em *Calvin's Commentaries*, 22 v., trad. T. Myers (Grand Rapids, MI: Baker, 1981), 12:216-17. Veja também os comentários de Calvino sobre Lamentações 3.33 em "Comentários sobre o Livro do Profeta Jeremias e as Lamentações" em *Calvin's Commentaries*, 22 vols., ed. J. Owen (Grand Rapids, MI: Baker, 1981), 11:422.

Alan C. Clifford (1941-)

Clifford é um famoso pastor britânico amiraldiano que escreveu muito sobre o tema da extensão da expiação.[1680] O conceito sintético de Clifford da expiação limitada na história do século XVII, na Inglaterra e além, é refletido na seguinte carta ao editor de *English Churchman* [Pastor da Igreja]:

> A doutrina da expiação limitada é um alienígena para o anglicanismo reformado como é para o ensino de Amyraut e Calvino. No século XVII, as influências escolásticas na teologia reformada influenciaram este país, bem como a França. Portanto, o distorcido calvinismo "extremamente ortodoxo" do dr. John Owen e muitos (mas não todos) dos teólogos de Westminster foi rejeitado por Richard Baxter e outros. Nos séculos XVIII e XIX, o biblicismo equilibrado de Calvino, dos outros reformadores, de Amyraut e Baxter foi mantido pelos não conformistas Matthew Henry, Isaac Watts e Philip Doddridge e os anglicanos John Newton, Charles Simeon e o bispo Ryle. Embora eu lamente a adoção de Ryle do episcopado, seu calvinismo autêntico é inquestionavelmente ideal! De acordo com esse conceito do Novo Testamento, enquanto definitivamente apenas os eleitos efetivamente participam da salvação, a expiação de Cristo universalmente designada e suficiente torna o evangelho disponível ao mundo inteiro. Isso é verdadeiro cristianismo e verdadeiro calvinismo![1681]

Clifford não mede palavras nesta carta ao editor publicada um mês depois:

> O rev. Edward Malcolm virtualmente admite que os Artigos XV e XXXI são universalistas quando reconhece que os compiladores "estão apenas citando a Escritura". Ele então critica com uma "preconcepção" aqueles que os interpretam em sentido natural. Se ele pensa que esse é um conceito arminiano, o anglicano Clement Barksdale objetou em 1653 que "você está equivocado por pensar que a doutrina da Redenção Universal é arminianismo. Ela era a doutrina da Igreja da Inglaterra antes que Armínio nascesse. Sabemos por meio do antigo catecismo da igreja: 'Eu creio em

---

[1680] A. C. Clifford, ed., *Christ for the World: Affirming Amyraldianism* (Norwich, UK: Charenton Reformed, 2007); idem, *Calvinus: Authentic Calvinism: A Clarification* (Norwich, UK: Charenton Reformed, 1996); idem, *Atonement and Justification: English evangelical theology 1640–1790* (Oxford: Clarendon, 1990); idem, "Justification: The Calvin-Saumur Perspective," Evangelical Quarterly 79, no. 4 (October 2007): 331–48.

[1681] A. C. Clifford, letter to the editor, *English Churchman*, June 6, 2000.

Jesus Cristo, que me redimiu e toda humanidade. E a igreja aprendeu da simples Escritura que Cristo é o cordeiro de Deus que tira os pecados do mundo'". Richard Baxter seguramente acertou o alvo quando escreveu: "Quando Deus disse tão expressamente que Cristo morreu por todos [2 Co 5.14, 15] e provou a morte por todo homem (Hb 2.9) e é o resgate por todos (1 Tm 2.6) e a propiciação pelos pecados do mundo inteiro (1 Jo 2.2), convém a todo cristão preferivelmente explicar em que sentido Cristo morreu por todos do que terminantemente negá-lo". Quanto à citação do sr. Malcolm de Calvino parecer apoiar a expiação limitada, sua citação parcial dessa declaração isolada ignora o fato que o reformador discute as implicações da teoria luterana da consubstanciação em vez da extensão da expiação. Várias outras declarações são consistentemente universalistas (veja meu "Calvino").[1682]

Donald Macleod revisou e criticou o *Amyraut redivivo*, de Clifford, em 2009.[1683] Seu conceito é problemático em vários aspectos. Por exemplo, ele censurou Clifford por afirmar que Thomas Chalmers é moderado na extensão da expiação, quando vimos que não há dúvida que este defendeu a expiação universal. Macleod falou de Chalmers como que "explicitamente comprometido com o determinismo teológico de Jonathan Edwards e é difícil imaginá-lo argumentando que a cruz foi estabelecida em um eterno conselho divino, que simultaneamente preordenou a redenção hipotética de todos e a redenção real de alguns".[1684]

Macleod parece não saber que Edwards foi ele próprio um moderado sobre a expiação, como demonstramos.[1685] No calvinismo, o compromisso de alguém com o determinismo teológico não determina um compromisso com a expiação limitada.

Ele reconheceu devidamente que não se pode inferir a doutrina da expiação limitada da doutrina da eleição. Mas então afirmou "nem podemos inferir a doutrina da redenção universal da doutrina da proclamação universal".[1686] Isso é verdadeiro até certo ponto, mas aqueles que afirmam a expiação universal não a inferem da proclamação universal. Eles a encontram na Escritura e argumentam que a proclamação

---

[1682] A. C. Clifford, letter to the editor, *English Churchman*, July 3, 2000.

[1683] D. Macleod, "*Amyraldus Redivius*: A *review article*", *Evangelical Quarterly* 81.3 (July 2009), 210– 29.

[1684] Ibid., 212.

[1685] É impróprio para Clifford rotular Edwards e todos os calvinistas moderados como "amiraldianos", pois não há evidência da influência de Saumur no pensamento de Edwards, a menos que talvez indiretamente por meio de alguns dos puritanos como Charnock e outros que defenderam a expiação universal.

[1686] Ibid., 218.

universal do evangelho não pode ser genuína da parte de Deus ou de seus mensageiros se não há expiação para todas as pessoas, pois isso resultaria em uma situação na qual algo foi oferecido que para algumas pessoas não existe evidentemente.

Macleod, concordando com Owen, baseou a proclamação universal do evangelho no (1) "elo orgânico entre Cristo e a raça humana inteira" e (2) a suficiência intrínseca da expiação é adequada para expiar os pecados do mundo todo.[1687] Mas o elo entre Cristo e a humanidade é, de acordo com Owen, mera coincidência e necessário para Jesus morrer pelos pecados dos eleitos. Além disso, uma suficiência de valor é insuficiente para a salvação de alguém por quem não há expiação real. Sugerir o contrário é mero jogo de palavras.

Ademais, Macleod parece não estar ciente do *universalismo hipotético inglês* de Jonathan Moore, que demonstrou além de qualquer dúvida que John Preston defendeu a expiação universal. Ele apelou à declaração de Preston: "Vá e diga a todo homem sem exceção que há boas-novas para ele: Cristo morreu por ele".[1688] No entanto, como Moore demonstrou, a base dessa declaração é o universalismo hipotético de Preston. Macleod referiu-se à *The Marrow Of Modern Divinity* [*O Cerne da Teologia Moderna*], juntamente com a versão de Preston da Grande Comissão, conforme endossada "por esses magistrais calvinistas como Thomas Boston, Ebenezer Erskine e Adam Gib". Porém, *The Marrow Of Modern Divinity*, junto com Erskine, Gib e, talvez, Thomas Boston todos afirmaram a expiação universal com um intento limitado.[1689]

Macleod afirmou que Deus ama todas as pessoas, mas advertiu que evangelistas precisam escolher as palavras cuidadosamente quando expressarem o amor de Deus ao pecador. Ele falou da "redenção universal", do "perdão universal".[1690] Por "redenção", expressou expiação pelos pecados de todos; por "perdão universal", denotou "perdão potencial" e por "salvação universal", Macleod exprimiu universalismo em que todos são salvos no fim. Ele, então, informou aos seus leitores que calvinistas e outros que afirmam a expiação universal, como Baxter e Wesley, afirmam que depois que Deus fez tudo, ele ainda requer a fé humana. É confuso compreender o que esse tópico tem a ver com seu argumento contra a expiação universal.

A ambiguidade histórica de Macleod foi revelada quando ele discutiu o amiraldismo, no século XIX, na United Presbyterian Church [Igreja Presbiteriana Unida] na Escócia. Ele citou no preâmbulo o Ato Declaratório de 1879, que permitiu que uma exceção fosse adotada para o ensino da Confissão de Westminster sobre a extensão da

---

[1687] Ibid., 222–23.
[1688] J. Preston, *The breast-plate of faith and love*, 6th ed. (Londres: Printed by G. Burstow, 1651), 8.
[1689] Ibid., 225.
[1690] Ibid., 226.

expiação. De acordo com Macleod, isso cuidadosamente fez emergir um decreto da necessidade de assimilar o amiraldianismo.[1691]

Mas como tem sido demonstrado na recente erudição sobre Westminster, o amiraldismo não foi situado fora da fronteira confessional da Confissão de Westminster. A afirmação de Macleod que o amiraldismo dissolveu o elo entre as igrejas presbiterianas escocesas e o credo delas carece de comprovação histórica.[1692]

Curt Daniel (1952-)

Daniel é um pastor reformado da Faith Bible Church [Igreja da Fé Bíblica] em Springfield, Illinois, autor e palestrante em teologia reformada. Seu livro *History and theology of calvinism* [História e teologia do calvinismo], junto com sua dissertação de doutorado "Hipercalvinismo e John Gill", apresentam a defesa da expiação ilimitada desde os primórdios da história da teologia reformada.[1693] O apêndice de cinquenta páginas no fim de sua dissertação contém uma das mais completas listas de citações de Calvino, que provam sem sombra de dúvida que este não afirmou a expiação limitada.[1694]

Daniel declarou a seguinte narrativa histórica com respeito ao calvinismo e a extensão da expiação. Agostinho cria na expiação universal. Godescalco foi provavelmente o primeiro a limitar expressamente a expiação apenas aos eleitos. Lutero defendeu a expiação ilimitada. Os reformadores ingleses todos creram na expiação ilimitada como expressada no Artigo 31, dos *Trina e Nove Artigos*. Na Reforma suíça, encontramos o mesmo em Zwinglio, Bullinger e Musculus. Daniel afirmou: "A evidência é impressionante que João Calvino concordou com todos os outros reformadores que Cristo morreu por todos". "Nisso ele foi seguido por Peter Martyr Vermigli, Zacharias Ursinus e outros reformadores". A expiação universal foi claramente o ponto de vista aceito da teologia reformada até aproximadamente o ano 1600". Beza é provavelmente o primeiro reformador a explicitamente ensinar a expiação limitada e provavelmente o primeiro reformador a ensinar o supralapsarianismo.[1695]

Enquanto Dort rejeitou o arminianismo, muitos, como Davenant, afirmaram o dualismo com respeito à expiação. John Owen formulou a defesa clássica do conceito limitado. Isso foi comparado a Turretini no continente. Daniel argumentou que Bunyan defendeu a expiação ilimitada.

[1691] Ibid., 227.

[1692] Ibid., 228-29.

[1693] C. Daniel, *History and theology of calvinism* (Springfield, IL: Scholarly Reprints, 1993); idem, "Hyper-Calvinism and John Gill."

[1694] Daniel, "Hyper-Calvinism and John Gill," 777–828.

[1695] Ibid., 360.

Durante o século XVIII, homens como Doddridge, Watts e outros ensinaram um calvinismo moderado, enquanto John Gill e os hipercalvinistas ensinaram o oposto. Uma abordagem mediana surgiu dos homens da Medula no debate escocês sobre *The Marrow Of Modern Divinity* [*O Cerne da Teologia Moderna*]. Alguns homens da Medula ensinaram o dualismo.

No século XIX, William Rushton defendeu um conceito limitado da extensão da expiação. A teologia da Nova Inglaterra e Albert Barnes defenderam a expiação universal. Embora James Morison e Ralph Wardlaw na Escócia, juntamente com Charles Hodge, Shedd e Dabney na América, enfatizassem aspectos particulares da expiação em termos de intento, eles afirmaram os aspectos universais da expiação, incluindo a expiação de Cristo do pecado por todas as pessoas.

Daniel mencionou Griffith-Thomas, Lewis Sperry Chafer, R. T. Kendall, Robert Lightner e Norman Douty entre aqueles que afirmaram a expiação universal no século XX. Ele notou que Louis Berkhof, John Murray, Rienke Barend Kuiper e Gary Long fizeram importante contribuições para a questão do lado limitado da equação. A obra de Kuiper *For Whom Did Christ Die?* [Por Quem Cristo Morreu?] aprimorou o sistema da expiação limitada, de acordo com Daniel. Kuiper falou dos benefícios universais da expiação aos não eleitos, mas a questão é se ele quer dizer expiação do pecado ou apenas algo similar à graça comum, com a última tendo o sentido mais provável.

Daniel declarou que, agora, eruditos admitem que não há um conceito reformado predominante no que concerne à extensão da expiação.[1696] Ele notou como a maioria dos livros sobre calvinismo descrevem o tema da extensão como uma escolha: Cristo morreu igualmente por todas as pessoas ou Cristo morreu somente pelos eleitos. Bíblica e historicamente, é mais de ambos e o equilíbrio.[1697]

Daniel resumiu os benefícios universais da expiação que os calvinistas concordam, não importa o conceito deles do tema da extensão, com respeito aos pecados da humanidade: (1) graça comum, (2) adiamento do julgamento, (3) Cristo é agora Senhor de todos de acordo com Romanos 14.9 e (4) a livre oferta universal do evangelho.[1698]

Daniel ressaltou um ponto fundamental que foi verificado em uma pesquisa acadêmica mais recente, a saber, que o chamado quatro pontos do calvinismo historicamente precedem aos cinco pontos do calvinismo.[1699]

Ele corrige o erro lógico de John Gill com respeito ao amor de Deus e a extensão da expiação. Gill afirmou: "Aqueles por quem Cristo morreu, ele ama com o amor magnífico; mas não ama todo indivíduo com o amor magnífico; portanto, ele não

---

[1696] Ibid., 361.
[1697] Ibid.
[1698] Ibid., 364.
[1699] Ibid., 365.

morreu por todo indivíduo".[1700] Ao contrário de Gill, Daniel afirmou que Cristo morreu para prover salvação para todos em um sentido geral (isto é, para remover todos os impedimentos legais a eles na situação em que o Pai escolheu aplicá-la), mas ele morreu com um intento especial pelos eleitos.[1701]

Daniel criticou o argumento do pagamento duplo e discutiu as objeções centrais à expiação limitada: as passagens que falam de "perecimento", 2 Pedro 2.1, as passagens em que aparecem o termo "mundo", as passagens em que ocorre "todos" e "muitos", a livre oferta do evangelho e a fé e segurança.[1702]

Já tivemos razão para referir à dissertação de Daniel em muitas ocasiões, especialmente na seção sobre João Calvino. A pesquisa dele e a crítica à expiação limitada de uma perspectiva histórica cobre os seguintes tópicos amplos: (1) contexto, (2) a defesa hipercalvinista da expiação limitada, (3) a expiação limitada e a livre oferta, (4) Cristo se fez pecado e (5) a terminologia universal sugere a expiação geral.[1703]

Martin Davie (1957-)

Davie foi secretário teológico para o Concílio da Igreja da Inglaterra para a Unidade Cristã. Em 1999, proferiu a palestra sobre Doutrina Tyndale, que foi publicada em 2001.[1704] Davie interpretou "um morreu por todos" em 2 Coríntios 5.14 como uma referência à expiação ilimitada. Ele se referiu a essa postura vacilante em relação a esse tema entre os calvinistas, mas concluiu:

> Posso perceber a atração da posição de Dort. Ela é hábil, pura e não deixa pontas soltas. Contudo, como Alister McGrath nota: "Os críticos tendem a considerá-la como perigosa para a afirmação do Novo Testamento da universalidade do amor e redenção de Deus" e penso que esses críticos estão corretos. A influência geral do ensino do Novo Testamento nos atrai para a afirmação anglicana clássica feita no culto de Santa Ceia no *Livro de Oração Comum*, que, na cruz, Cristo fez um pleno, perfeito sacrifício, oblação e satisfação suficientes *pelos pecados do mundo todo*".[1705]

1700 J. Gill, *The Cause of God and Truth* (1855; reimp. Grand Rapids, MI: Baker, 1980), 104.
1701 Ibid., 368.
1702 Ibid., 371-77.
1703 Ibid., 496-607.
1704 M. Davie, "Dead to Sin and Alive to God", *Scottish bulletin of evangelical theology* 19.2 (2001): 158–94.
1705 Ibid., 193.

Teólogos Arminianos do Século XX

J. Rodman Williams (1918—2008)

Williams foi um pastor, teólogo e professor de teologia renovada na Regent University [Universidade Regente] em Virgínia Beach, Virgínia, desde meados dos anos 1980. Recebeu títulos de mestrado e doutorado do Union Theological Seminary [Seminário Teológico União]. Foi professor de teologia sistemática no Austin Presbyterian Theological Seminary [Seminário Teológico Presbiteriano Austin] e foi presidente da International Presbyterian Charismatic Communion [Comunhão Carismática Presbiteriana Internacional] e um participante do Roman Catholic Pentecostal Dialogue [Diálogo Pentecostal Católico Romano] nos anos 1960 e seguintes. Williams foi o presidente fundador da Melodyland School of Theology [Faculdade de Teologia Moelodyland] em Anahein, Califórnia, e serviu como presidente da Society for Pentecostal Studies [Sociedade para Estudos Pentecostais] em 1985. Ele, às vezes, é considerado o pai do movimento carismático moderno denominado de teologia da renovação. Sua obra mais importante é a teologia sistemática em três volumes, *Renewal Theology*[1706] [Teologia da Renovação]. Williams detém a distinção de escrever a primeira teologia sistemática completa a partir de uma perspectiva carismática.

Citando 2 Coríntios 5.18-21; 1 João 2.2; 1 Timóteo 1.15 e João 3.16, Williams afirmou que a expiação foi universal em extensão, mas limitada somente àqueles que exercem a fé em Cristo. Os aspectos objetivos e subjetivos da expiação precisam ser mantidos em mente. Objetivamente, Deus realizou a expiação fora e à parte de qualquer coisa que o homem faça. Subjetivamente, os benefícios da expiação não decorrem a qualquer pessoa até o ponto da fé.[1707]

J. Kenneth Grider (1921—2006)

Grider foi um erudito arminiano, de origem nazarena, que escreveu uma teologia da perspectiva arminiana wesleyana publicada em 1994.[1708] Em sua pesquisa das várias teorias da expiação, falou da teoria da punição em distinção com a teoria da satisfação de Anselmo e da teoria governamental grotiana. O que Grider expressou por teoria da punição é mais bem conhecido como a abordagem substitutiva penal para a expiação: "O conceito de Calvino e do calvinismo". Ele escreveu como se essa abordagem da expiação não existisse até o tempo de Calvino. Calvino afirmou o conceito da subs-

---

[1706] J. R. Williams, *Renewal Theology*, 3 vols. in 1 (Grand Rapids, MI: Zondervan, 1996).

[1707] J. R. Williams, "God, The World, and Redemption, vol. 1" em Renewal Theology (Grand Rapids, MI: Zondervan, 1988), 369–70.

[1708] J. K. Grider, *A wesleyan-holiness theology* (Kansas City, MO: Beacon Hill, 1994). A seção relevante sobre a extensão da expiação é encontrada nas p. 326-35.

tituição penal da expiação, mas não foi o primeiro a fazê-lo. Grider corretamente declarou que o próprio Calvino defendeu a expiação ilimitada.[1709]

Um dos problemas de Grider com a substituição penal é que "ela é injusta com os não eleitos".[1710] Essa crítica é uma incompreensão da substituição penal. Muitos arminianos, incluindo o próprio Armínio e John Wesley, defenderam esse conceito da expiação. A substituição penal não deduz a expiação limitada, como Grider pensou. A objeção dele é com a doutrina reformada da eleição, não com a natureza da expiação.

Grider distinguiu entre Cristo ser punido por nós, o que ele considera antibíblico, e sofrer por nós, o que considera bíblico. Grider optou pelo conceito governamental, que conforme seu pensamento, pode incorporar todos os dados bíblicos e a maioria das outras teorias da expiação.[1711] Ele afirmou a natureza "substitutiva" da expiação, mas rejeitou o aspecto "penal".

Dave Hunt (1926—2013)

Hunt foi um apologista cristão, orador, autor, e fundador do site The Berean Call [O Chamado Bereano] em 1992. A principal obra de Hunt que lida com o calvinismo é *What love is this? Calvinism's misrepresentation of God*[1712] [Que amor é esse? A deturpação de Deus no calvinismo]. Hunt e James White foram coautores de *Debating calvinism* [Debatendo o calvinismo].[1713]

O livro de Hunt *What love is this?* [Que amor é esse?] tratou do tema da expiação limitada no capítulo 13. O autor pareceu não notar o fato que muitos calvinistas, do passado e do presente, não afirmaram a expiação limitada. Erros históricos adicionais ocorreram, como a declaração de que Spurgeon rejeitou a expiação limitada.[1714] Hunt faz alguns julgamentos desnecessários e imprudentes ao longo do caminho, como "[John] Owen foi um homem brilhante superior ao intelecto de Calvino ou Lutero".[1715]

Ele coligiu uma quantidade de bons argumentos contra a expiação limitada. Notou, adequadamente, que uma distinção deve ser feita entre expiação realizada e expiação aplicada. Todos não são salvos porque não creem. Hunt citou as muitas passagens bíblicas que são padrão no argumento contra a expiação limitada. Também rejeitou o argumento do pagamento duplo, bem como o argumento que o sangue

---

[1709] Ibid., 328.

[1710] Ibid., 329.

[1711] Ibid., 330-31.

[1712] D. Hunt, *What love is this? Calvinism's misrepresentation of God* (Sisters, OR: Loyal, 2002).

[1713] D. Hunt and J. White, *Debating calvinism: Five points, two views* (Colorado Springs, CO: Multnomah, 2004). Esse livro é uma abordagem de ponto-contraponto ao tema.

[1714] Hunt, *What love is this?*, 240.

[1715] Ibid., 244.

de Cristo foi "desperdiçado" no conceito da expiação ilimitada. Ele argumentou que "mundo" não pode ser interpretado para denotar "os eleitos", como muitos calvinistas são propensos a fazer. O capítulo concluiu com uma análise de 1 João 2.2 em apoio à expiação ilimitada. No capítulo 14, Hunt tratou de João 3.16; 1 Timóteo 2.4; 4.10; Hebreus 2.9 e 2 Pedro 3.9.

A apresentação de Hunt é mais em nível popular, mas cita muitos calvinistas e se envolve com eles. O capítulo final retoma o título do livro e resume sua tese principal que o calvinismo distorce o amor de Deus por todas as pessoas.

Thomas Oden (1931—2016)

Os três volumes de teologia sistemática do teólogo metodista Thomas Oden provavelmente é a mais completa teologia arminiana moderna disponível. A adesão de Owen à expiação ilimitada é clara: "A expiação é designada a toda a humanidade, intencionada para todos, suficiente para todos; entretanto, ela é efetivamente recebida por aqueles que respondem a ela em fé".[1716]

I. Howard Marshall (1934—2015)

Ian Howard Marshall foi um renomado erudito do Novo Testamento na tradição metodista. No capítulo de sua obra: "Graça Universal e a Expiação nas Epístolas Pastorais", ele argumentou em defesa da expiação universal. Por exemplo, concernente à passagem-chave de 1 Timóteo 2.6, declarou:

> Eruditos concordam que 1 Timóteo 2.6 é um reescrito da afirmação de Jesus em Marcos 10.45, com o termo "todos" substituindo o termo "muitos" encontrado nesse texto. Tito 2.4 é uma paráfrase do mesmo texto (com alguma influência do Sl 130.8 e Ex 19.5). Uma afirmação de Jesus que fala como o Filho do homem veio para dar sua vida como resgate por "muitos" foi reexpresso usando formas gregas de expressão mais idiomáticas.[1717]

[1716] T. Oden, *The word of life: Systematic Theology*, 3 v. (New York: Harper Collins, 1989), 2:388.

[1717] I. H. Marshall, "Universal Grace and Atonement in the Pastoral Epistles" em *The Grace of God and the will of man*, ed. C. Pinnock (Minneapolis, MN: Bethany House, 1985), 59. O capítulo de Marshall é uma excelente refutação exegética da interpretação de 1 Timóteo 2.4–6 como "todos os tipos de pessoas" em vez de todas as pessoas universalmente. Veja também Marshall sobre 1 Timóteo 2.4–6 em idem, *A critical and exegetical commentary on the pastoral epistles*, ICC (Edimburgo: T. & T. Clark, 1999), 425–33.

O mais importante artigo de Marshall com respeito à extensão da expiação é "Por Todos, Por Todos Meu Salvador Morreu".[1718] Ele trata exegética e teologicamente das passagens universais, particularmente nas pastorais, que parecem indicar uma expiação ilimitada. Com respeito à linguagem universal nas pastorais, como 1 Timóteo 2.4-6, Marshall afirmou:

> O propósito e efeito da fraseologia nas epístolas pastorais não é exatamente enfatizar que gentios são incluídos juntamente com judeus, mas magnificar a graça de Deus que está concernida por todas as pessoas e não apenas por algumas pessoas. Na interpretação limitada temos que fazer um ou outro do seguinte. Temos que presumir que os leitores apreendam o sentido de "Deus deseja salvar todos os tipos de pessoas, mas é claro que deve ser compreendido que ele não quer realmente salvar todos. Não é justo que possa haver ou haverá pessoas que rejeitem a salvação, mas que ele quer salvar apenas alguns ao contrário de todos". Ou temos que presumir que há o segredo, o pensamento não declarado do escritor. Essa limitação é evidente que vai contra o impacto das declarações concretas e acaba por minimizar a graça de Deus em vez de maximizá-la.[1719]

Marshall respondeu ao ponto de vista que a falta no Novo Testamento das palavras "Cristo morreu por você" em contextos evangelísticos é apoio para a expiação limitada. Ele devidamente ressaltou que isso é "prontamente explicado pelo fato que a maioria do ensino do Novo Testamento é designado para aqueles que já são cristãos e exemplos de pregação evangelística são poucos".[1720] Ele notou que 1 Coríntios 15.3 "é seguramente uma situação que o pregador inclui sua audiência não salva em uma declaração inclusiva. É mais certo que *não* é uma declaração que ele morreu somente pelos pecados daqueles que já são cristãos".[1721]

Marshall tratou do tópico argumentado por alguns particularistas, como Helm e Letham, que há uma diferença na lógica da justiça e misericórdia divina. O argumento que Deus não está sob obrigação de demonstrar misericórdia a todos e é, portanto, justo em condenar alguns enquanto demonstra misericórdia a outros é falho em sua perspectiva.

[1718] I. H. Marshall, "For All, for All My Saviour Died" em *Semper Reformandum: Studies in Honour of Clark H. Pinnock*, ed. S. Porter and A. Cross (Carlisle, UK: Paternoster, 2003), 322–46.
[1719] Ibid., 331.
[1720] Ibid., 336.
[1721] Ibid.

Primeiro, a alegação de "que Deus pode arbitrariamente exercer misericórdia a alguns e não a outros deve ser rejeitado como injusto. Um juiz que trata uma mulher grávida com misericórdia, mas não demonstra nenhuma a outra em circunstâncias similares não seria tolerado". Segundo, "não há presumivelmente limites estabelecidos para a capacidade da provisão misericordiosa de Deus [...] Se Deus pode demonstrar misericórdia a alguns, ele tem a habilidade de demonstrar misericórdia a todos". Terceiro,

> o ensino bíblico sobre a graça e misericórdia mostra que ela é motivada essencialmente pela necessidade, transtorno e impotência do afligido ... A misericórdia demonstrada por Deus não é algo arbitrário que surge puramente de seus próprios propósitos inescrutáveis; ao contrário, ela é despertada por ser reconhecimento da necessidade de pecadores impotentes.[1722]

Ciente que os calvinistas recorrerão a Romanos 9.6-24 para argumentar que a misericórdia de Deus é demonstrada a alguns e não a outros, Marshall realçou que o conceito de Paulo, nessa passagem, é que as promessas de Deus não falham simplesmente porque os judeus falharam em seguir o Messias. A ênfase do apóstolo é no fato que "misericórdia é prerrogativa de Deus e não é sua reação às obras humanas (Rm 9.11, 12, 16); consequentemente, não pode ser afirmado como de direito ou como algo merecido por qualquer pessoa, mas mantém-se como o ato de Deus em sua liberdade (Rm 9.15)".[1723]

Ao nos aproximarmos do fim de Romanos 11, "Paulo declara que o propósito de Deus na luz de Cristo é 'ter misericórdia de todos eles' (11.32)".[1724] O argumento do apóstolo da história passada que as pessoas não podem alegar misericórdia com base nas obras delas não pressupõe que sua misericórdia é agora seletiva e arbitrária. De fato, o oposto é verdadeiro".[1725]

Marshall tratou muito mais passagens e temas do que podemos analisar neste momento. Este capítulo preserva-se como uma das melhores refutações arminianas da expiação limitada disponível.

[1722] Ibid., 343.
[1723] Ibid., 344.
[1724] Ibid.
[1725] Ibid.

Teólogos Luteranos Representativos e a Extensão da Expiação[1726]

Milton Valentine (1825—1906)
Valentine foi presidente da Pennsylvania College [Universidade da Pensilvânia] em Gettysburg, Pennsilvânia, de 1868 a 1884 e foi o terceiro presidente e professor de teologia sistemática no Lutheran Theological Seminary [Seminário Teológico Luterano] em Gettysburg de 1884 a 1903. A obra principal dele é *Christian theology* [Teologia cristã] apresentada em dois volumes.

Sobre a extensão da expiação, Valentine declarou:

> A teologia luterana e toda teologia não calvinista afirma: *por todos os homens*. E isso no sentido: (1) *Negativamente*, que não há limitação em sua *suficiência* ou *eficiência* por qualquer eleição predestinista de alguns para vida e que ignora outros, como está envolvido na concepção dos decretos absolutos independentemente da presciência e condicionamento. (b) *Positivamente*, que a expiação expressa o propósito eterno de Deus, que ele propôs em Cristo Jesus, prover perdão, salvação eterna e todos os meios para isso, pois a aceitação real e o uso de todos os homens – uma provisão na qual, em sua natureza e desígnio, todos podem ser salvos sob a condição de assentimento da fé. O desígnio da expiação foi remover os obstáculos morais e legais para a salvação de *todos* os homens, de modo que ela fosse aplicável a um como também ao outro nos termos que são disponíveis e imparciais a todos. Isso é uma expiação geral ou universal.[1727]

Valentine continuou a argumentar que esse escopo universal precisa ser considerado retrospectivamente tanto quanto prospectivamente, pelo que ele expressa que Cristo morreu pelos pecados de todos aqueles que viveram e morreram antes de sua morte na cruz. Isso é claro "da universalidade afirmada da expiação, como coextensivas com os frutos do pecado de Adão (Rm 5.18). (b) Das passagens que distintamente se referem à sua expiação retroativa", como Romanos 3.25; Hebreus 9.15, 25, 26; 1 Pedro 3.18-20 e Apocalipse 13.8.[1728]

Valentine encontrou prova de expiação geral em:

[1726] Veja D. Scaer, "The Nature and Extent of the Atonement in Lutheran Theology", *Journal of the Evangelical Theological Society* 10 (1967): 179–87, para um resumo útil de uma perspectiva luterana. Todos os luteranos, desde Lutero, afirmam a expiação ilimitada.

[1727] M. Valentine, Christian Theology, 2 v. (Filadélfia: Lutheran Publication Society, 1906), 2:158–59 (ênfase no original).

[1728] Ibid., 2:159.

1. Textos que declaram diretamente a provisão universal em Cristo devido ao pecado, como João 1.29; 3.16; 6.51; 14.47; Romanos 5.18-21; 2 Coríntios 5.14, 15; Romanos 5.9; Hebreus 2.9; 1 Timóteo 2.6; 4.10 e 1 João 2.2.
2. Textos que diretamente afirmam que a salvação é oferecida a todos, como Isaías 45.22; 55.1-3; Mateus 11.28-30; Apocalipse 3.20; 22.17 e 1 Timóteo 2.4.
3. Textos que falam da culpa do pecador que recusa o chamado do evangelho, como Mateus 23.37; Lucas 14.17-24; João 3.19; Atos 7.51; Hebreus 2.3; Atos 13.46 e Hebreus 10.28,29.
4. Textos que certificam que Cristo morreu por alguns que definitivamente perecerão eternamente, como Romanos 14.15; 1 Coríntios 8.11; Hebreus 10.29 e 2 Pedro 2.1.
5. Textos que pressupõem a expiação geral, como Deus não faz acepção de pessoas (At 10.34; Rm 2.11; 2Cr 19.7); Deus declara que ele não tem prazer na morte do ímpio (Ez 18.23-32; 2Pe 3.9); e os homens são responsáveis pela condenação eterna deles (Hb 3.7-19).
6. Textos que sugerem que a expiação limitada deprecia o evangelho e a graça de Deus.[1729]

Valentine mencionou e respondeu as objeções comuns à expiação geral:

1. Deus pode ser derrotado em seu propósito. No entanto, não é esse o caso se o desígnio dele fosse prover uma salvação condicionada à fé que aceita a provisão.
2. A vontade "geral" de Deus e sua vontade "especial" pressupõem propósitos diferentes e conflitantes na trindade. O propósito do amor de Deus para todos é abrir o caminho de salvação a todos, mas seu propósito adicional é salvar apenas àqueles que desejam aceitar sua provisão amorosa.
3. Todas as ações de Deus, com respeito ao caráter absoluto delas, devem ser totalmente do próprio Deus. O condicionamento dos resultados da expiação representa sua vontade como determinada por algo fora dele mesmo. Mas o plano inteiro de salvação, incluindo todas as partes, é inteiramente da autodeterminação e do amor espontâneo de Deus. "A verdadeira concepção da soberania de Deus inclui sua habilidade para ajustar sua obra ao amor redentor dada a natureza do homem, para o propósito da restauração espiritual".[1730]

[1729] Ibid., 159-61.
[1730] Ibid., 163.

4. Deus faz provisão para um fim (a salvação de todas as pessoas) que ele sabe não será realizado? Entretanto, o fim do propósito de Deus é duplo: a salvação dos cristãos e a comprovação de sua bondade com respeito aos incrédulos.
5. A justiça de Deus exige a salvação real de todos por cujos pecados Cristo fez satisfação. Essa objeção é somente eficaz em uma abordagem comercialista, pecuniária e de equivalência quantitativa à expiação, que não é o ensino bíblico. Além disso, a "Justiça não *deve* nada ao pecador, mesmo sob uma expiação, exceto *na maneira* que a provisão expiatória a propõe".[1731]
6. Algumas passagens ensinam que Jesus morreu especificamente pelos eleitos, como João 10.11-15; Atos 20.28 e Efésios 5.25. Mas enquanto essas declarações afirmam uma verdade clara, elas não declaram nada concernente à extensão da expiação sendo restrita apenas a esses grupos. Isso é meramente presumir a conclusão. A afirmação de uma extensão mais ampla é claramente feita nas declarações muito positivas concernentes a isso, na Escritura.[1732]

Francis Pieper (1852—1931)

Pieper foi um teólogo luterano influente cujos quatro volumes da *Christian Dogmatics* [Dogmática Cristã] foi publicado de 1950 a 1953. Em resposta à questão por quem Cristo prestou satisfação na expiação, Pieper afirmou que foi "para a humanidade, para todos os homens".[1733]

Conclusão

O século XX esclarece os diversos calvinistas que rejeitaram a expiação limitada e afirmaram que Cristo morreu pelos pecados de todas as pessoas. Quando o século XX chegou ao fim, vários ministérios baseados na teologia reformada foram influentes no cristianismo evangélico americano e em outros lugares. Três dos mais significativos são Ligonier Ministries [Ministério Ligonier], fundado por R. C. Sproul em 1971; The Shepherd's Conference [A Conferência do Pastor], fundado por John MacArthur e Desiring God Ministries [Ministério Desejando Deus], fundado por John Piper em 1994. Cada um desses homens é bem conhecido por sua adesão à expiação limitada.

[1731] Ibid., 164.
[1732] Ibid., 161-64.
[1733] F. Pieper, *Christian Dogmatics*, 4 v. (St. Louis, MO: Concordia, 1951), 2:381. Veja também seu capítulo sobre "Graça Universal".

Durante a última década do século XX, em parte como resultado desses ministérios e em parte devido a outros fatores,[1734] a soteriologia reformada fez grandes investidas em alunos de universidades e seminários em instituições evangélicas, especialmente entre os batistas do Sul.

O Século XXI

No início do século XXI, duas novas organizações reformadas surgiram no cenário. The Gospel Coalition [A Coalização do Evangelho] foi fundada, em 2005, por D. A. Carson e Tim Keller. Together for the Gospel [Unidos Pelo Evangelho], em 2006, por Mark Dever, Al Mohler, Cl J. Manhaney e Ligon Duncan. Dever e Mohler são batistas; Duncan é presbiteriano. A publicação de Collin Hansen: *Young, restless, and reformed* [Jovem, incansável e reformado] em 2008 e o subsequente artigo principal sobre isso em *Christianity Today* [Cristianismo Hoje] serviu para impulsionar a publicidade do crescente movimento reformado. Como os calvinistas mais antigos R. C. Sproul e John MacArthur, os líderes do "novo calvinismo" todos afirmam a expiação limitada.

O século XXI testemunhou uma profusão de livros publicados (e em alguns casos republicados)[1735] lidando com algum aspecto do calvinismo, geralmente da perspectiva do TULIP. Alguns desses livros são escritos com o intento de promover a ressurgência do calvinismo enquanto outros são escritos para explicar sua doutrina. A maioria presta pouca atenção à extensão da expiação em alguma discussão séria, expressando quer abertamente, quer por implicação que Cristo morreu somente pelos pecados dos eleitos. A frase "expiação limitada" pode ou não ser utilizada por esses autores. Observa-se regularmente frases como "Cristo morreu pelos pecados de seu povo" nessas obras, uma frase comum indicando adesão à expiação limitada onde a pessoa que fala ou o escritor tem em mente que Jesus morreu *somente* pelos pecados de "seu povo".

A ordem dos seguintes nomes geralmente aparece de acordo com as datas de publicação, não necessariamente conforme os anos do nascimento.

[1734] Como Iain Murray e a impressão seletiva da Banner of Truth de literatura puritana do calvinismo extremo no século XX.

[1735] Veja, por exemplo, D. Steele, C. Thomas, and S. L. Quinn, *The five points of calvinism: Defined, defended, documented*, 2nd ed., revisado e ampliado (Phillipsburg, NJ: P&R, 2004). Essa obra foi originalmente publicada em 1963 por Steele e Thomas. Veja também, R. C. Reed, The Gospel as Taught by Calvin (Edimburgo: Banner of Truth, 2009). Essa obra foi originalmente publicada no princípio do século XX.

O. Palmer Robertson (1937-)

Robertson ensinou em muitos seminários proeminentes, incluindo o Reformed [Reformado], Westminster, e Knox, assim como foi reitor do African Bible College [Faculdade Bíblica Africana].

Ele foi autor do capítulo "Expiação Definida" do livro de R. C. Sproul, *After Darkness, Light: Distinctives Of Reformed Theology*[1736] [Depois Das Trevas, Luz: Diferenciais Da Teologia Reformada]. Ele expôs os argumentos padrão em favor da expiação limitada: (1) se a expiação é substitutiva e se Cristo propiciou a ira de Deus por todos, então todos devem ser salvos; (2) o argumento do pagamento duplo; (3) Cristo comprou alguns pecadores para si mesmo; (4) o Pai concedeu um número seleto de pessoas (os eleitos) ao Filho; e (5) Cristo obteve os meios e os fins da salvação, incluindo a fé, pelos eleitos.

Palmer afirmou concernente à aquisição da fé: "Se você tem fé salvadora em Cristo hoje, você pode saber que pessoalmente foi uma parte do plano eterno de Deus para a salvação dos pecadores e que Jesus Cristo tinha você em mente quando ele sofreu a punição devido ao pecado".[1737]

Ele continuou: "Conclui-se, então, que aqueles que não têm fé não são aqueles por quem ele morreu". Mas essa declaração é em si mesma problemática para a teologia reformada, pois mesmo o eleito incrédulo pode resistir ao chamado geral até esse tempo quando recebem o chamado especial, irresistível. O que Palmer teria dito é, aqueles que não têm fé no momento da morte não são aqueles por quem Cristo morreu.

Para Palmer, "Cristo morreu por todos que virão e todos por quem ele morreu virão".[1738]

Robert Godfrey (1946-)

Robert Godfrey é presidente do Westminster Seminary (Califórnia) e professor de história da Igreja. Ele é um célebre autor reformado. Sua dissertação de doutorado sobre o debate relativo à extensão da expiação no Sínodo de Dort é uma importante contribuição histórica para a discussão.[1739] Godfrey demonstrou a diversidade com respeito ao tema da extensão que existia em Dort.

[1736] O. P. Robertson, "Definite Atonement" em *After darkness, light: Distinctives of reformed theology*, ed. R. C. Sproul (Phillipsburg, NJ: P&R, 2004), 95–110.

[1737] Ibid., 97.

[1738] Ibid., 110.

[1739] R. Godfrey, "Tensions within International Calvinism: The Debate on the Atonement at the Synod of Dort, 1618–1619" (PhD diss. Stanford University, 1974).

Em 2009, Godfrey contribuiu com um capítulo intitulado "O Consenso da Reforma sobre a Expiação" para um livro de vários autores.[1740] Sua discussão referente ao tema da extensão é surpreendentemente generalizada, dada sua dissertação, como evidenciado por essa sentença: "Calvinistas afirmam que se Cristo foi um substituto, um sacrifício e uma satisfação por todas as pessoas e todo indivíduo, então certamente isso deve significar que todas as pessoas e todo indivíduo será salvo".[1741] Ele é bem ciente que registros de calvinistas, incluindo muitos em Dort e Westminster, rejeitaram essa afirmação e apresentaram seus argumentos contra ela. Calvinistas jamais foram monolíticos quando se trata do tema da extensão da expiação, um fato que Godfrey bem sabe. Ele declarou que "os calvinistas pensaram muito cuidadosamente sobre isso".[1742] Essa declaração é verdadeira sobre alguns, mas a evidência nesse volume sugere que outros não pensaram a respeito disso tão cuidadosamente.

Sua declaração: "É interessante que Lutero cria na eleição, mas nunca viu a implicação disso",[1743] presume que a eleição signifique expiação limitada, o que é altamente debatido na teologia reformada. Quando ele citou Hebreus 9.28 e o interpretou como denotando "não os pecados de todos, mas de muitos, isto é, dos eleitos", confundiu intenção com extensão e empregou a falácia de inferência negativa.[1744]

Godfrey definiu a suficiência da expiação como seu valor e a relacionou diretamente com eficiência.[1745] Ele pressupõe que a limitação na extensão da expiação não é sobre limitar o amor de Jesus.[1746] Mas isso também não é inteiramente preciso. O amor de Cristo pelos não eleitos, não importa como seja descrito, certamente fica aquém do amor redentor na maior parte da teologia reformada.

Richard Muller (1948-)

Muller é professor de teologia histórica no Calvin Theological Seminary [Seminário Teológico Calvino] desde 1992. Ele é considerado uma das principais autoridades em pensamento reformado dos séculos XVI e XVII. Os comentários de Muller sobre o tema são importantes para a situação histórica em Dort e além com respeito ao tema da extensão. Duas questões fundamentais precisaram ser respondidas, de acordo com Muller.

[1740] R. Godfrey, "The Reformation Consensus on the Atonement" em *Precious blood: The atoning work of Christ*, ed. R. D. Phillips (Wheaton, IL: Crossway, 2009), 145–62.

[1741] Ibid., 159.

[1742] Ibid.

[1743]

[1744] Ibid.

[1745] Ibid.

[1746] Ibid., 161.

Primeira, formulada por Armínio e respondida em Dort, é a questão: "Dada a suficiência da morte de Cristo pagar o preço por todo pecado, como deve-se compreender a limitação de sua eficácia a alguns?"[1747] Conforme Armínio, a eficácia é limitada pelo indivíduo que escolhe crer ou não. De acordo com Dort, a eficácia foi limitada pelo próprio Deus na eleição pré-temporal para seus eleitos. Como vimos, os Cânones Finais de Dort não definem essa eficácia limitada em termos de uma extensão limitada para a expiação.

Segundo, o valor da morte de Jesus é hipoteticamente universal de uma forma que poderia ter sido suficiente por todo pecado se Deus tivesse planejado assim ou o valor da morte de Cristo é que se todos cressem, todos seriam salvos (uma suficiência real)?[1748]

Dort rejeitou a noção de que Jesus morreu igualmente por todos de tal modo que ele não morreu por nenhuma pessoa efetivamente. Dort não rejeitou a noção de que elemorreu pelos pecados de todos os homens. O conceito particularista da expiação e os conceitos do universalismo hipotético davenantiano/amiraldiano mantém-se consistente com os Cânones de Dort, como Muller notou.

Muller reparou como Calvino e Bullinger ensinaram a suficiência da expiação como uma satisfação por todo pecado.[1749] Pode-se perguntar se Muller reconheceu que Calvino e Bullinger concordaram no aspecto da suficiência, por que ele não mencionaria Calvino como um universalista hipotético conforme claramente o faz com Bullinger? Parece haver continuidade entre Calvino e Bullinger sobre esse tema, de acordo com Muller.

Muller esclareceu seu ponto de vista que a teologia salmuriana se inclui nas fronteiras da ortodoxia reformada confessional.[1750] Ele também ressaltou como até mesmo

---

[1747] R. A. Muller, "Was Calvin a Calvinist?" em *Calvin and the reformed tradition: On the work of Christ and the order of salvation* (Grand Rapids, MI: Baker, 2012), 61. Veja também sua palestra no H. Henry Meeter Center for Calvin Studies (Calvin College, Grand Rapids, MI) proferida em 15 de outubro de 2009 sobre o tópico: "Was Calvin a Calvinist? Or, Did Calvin (or Anyone Else in the Early Modern Era) Plant the 'TULIP'?," 9– 10. Disponível em https://www.calvin.edu/meeter/Was%20Calvin%20a%20Calvinist-12-26-09.pdf.

[1748] R. A. Muller, *Was Calvin a Calvinist? Or, Did Calvin (or anyone else in the early modern era) plant the "TULIP"?*, 9–10.

[1749] R. A. Muller, "John Calvin and Later Calvinism: The Identity of the Reformed Tradition" em *The Cambridge Companion to Reformation Theology*, ed. D. Bagchi and D. C. Steinmetz (New York: Cambridge University Press, 2005), 147.

[1750] R. A Muller, *Post-reformation reformed dogmatics*, 4 v., 2nd ed. (Grand Rapids, MI: Baker, 2002), 2:15; "Beyond Hypothetical Universalism: Moïse Amyraut (1596–1664) on Faith, Reason, and Ethics" em *The Theology of the French reformed churches: From Henri IV to the revocations of the edict of Nantes*, 198, 205, 208. Muller notou:

Aproximadamente toda a erudição mais antiga se desviou da evidência factual em suas pressuposições que o universalismo hipotético de *per se* colide contra as confissões reformadas,

Turretini admitiu que os conceitos de John Cameron e de seus sucessores salmurianos não constituem heresia, mas se estabeleceram nas fronteiras da ortodoxia reformada.[1751]

Igualmente, observou como o universalismo hipotético de Amyraut não levou a acusação de heterodoxia contra os semelhantes de Davenant em Dort ou aqueles de pensamento similar em Westminster. Muller afirmou: "A Confissão de Westminster foi de fato escrita com essa diversidade em conceito, abrangendo confessionalmente os conceitos variantes reformados sobre a natureza da limitação da satisfação de Cristo aos eleitos".[1752]

Em *Calvin and the reformed tradition* [Calvino e a tradição reformada], Muller contribuiu com um capítulo intitulado "Calvino sobre a Satisfação de Cristo e sua Eficácia: O Tema da 'Expiação Limitada'".[1753] Muller está certamente correto nesta declaração: "Em síntese, a fixação no termo anacrônico 'expiação limitada' e na antiga, mas inerentemente linguagem vaga que 'Cristo morreu por todas as pessoas' ou, em contraste, 'pelos eleitos', tem levado à argumentação falaciosa em todos os lados do debate".[1754] Muller afirmou que o termo 'expiação limitada teria sido "incompreensível para Calvino e, de fato, para os representantes no Sínodo de Dort".[1755]

A crítica de Muller do uso de Kevin Kennedy do termo em *Union With Christ And The Extent Of The Atonement* [União com Cristo e a Extensão da Expiação] confunde. Kennedy é claro sobre o que pretende dizer pelo uso de "expiação limitada", isto é, uma imputação limitada de pecado a Cristo. O próprio Muller falha em definir o que expressa por "suficiência" em sua crítica a Kennedy.[1756] Como temos demonstrado, o termo "suficiência" é também ambíguo na teologia reformada. A questão que Muller tem que responder com respeito à obra de Kennedy é simplesmente: Calvino

---

notavelmente, os Cânones de Dort, e que a forma de Amyraut do universalismo hipotético, derivada da teologia de seu mestre, Cameron, foi representativa do universalismo hipotético em geral (ibid., 205). Warfield é um exemplo desse tipo de erudição mais antiga que envolve à descaracterização e à confusão histórica.

See B. B. Warfield, The Westminster Assembly and Its Work (1959 reimp.; Edmonton, AB, Canada: Still Waters Revival Books, 1991), 56, 144n94; The Plan of Salvation (1989; reimp. Eugene, OR: Wipf and Stock, 2000), 118.

[1751] R. A. Muller, "Divine Covenanters, Absolute and Conditional: John Cameron and the Early Orthodox Development of Reformed Covenant Theology", *Mid-America Journal of Theology* 17 (2006): 36–37.

[1752] Muller, *Post-Reformation Reformed Dogmatics*, 1:76–77.

[1753] R. A. Muller, "Calvin on Christ's Satisfaction and Its Efficacy" em *Calvin and the Reformed Tradition*, 70–106.

[1754] Ibid., 73.

[1755] Ibid., 74.

[1756] Ibid., 75.

cria que Cristo sofreu por todos os pecados de todas as pessoas ou pelos pecados dos eleitos apenas?

Essa questão não é anacrônica de modo algum. Contrário a Helm e muitos calvinistas extremos sobre o conceito de Calvino da extensão da expiação, não se deve presumir que se Calvino não debateu um dado assunto, não se pode saber se ele defendeu uma posição sobre esse assunto. Aquino não debateu a expiação limitada, mas, no entanto, defendeu uma posição: a expiação ilimitada.

Muller erra quando declara:

> O problema para a doutrina da 'expiação limitada", portanto, reside no fato que o debate do século XVI e do princípio do século XVII não se referiu ao objetivo da morte sacrificial de Cristo considerada como a expiação ou *expiatio* oferecida a Deus pelo preço do pecado, sobre o que todas as facções do debate estavam de acordo, ou o poder, o mérito, a dignidade e o valor ilimitados. Ou a "suficiência' da *satisfação*, sobre a qual todas as facções também concordavam, nem precisamente, de fato, com a *eficácia* ou *aplicação* limitada, à medida que todas as facções do debate negaram a salvação universal.[1757]

O tema foi bastante debatido, como os escritos de Davenant esclarecem. A natureza da suficiência havia sido redefinida na revisão do princípio de Lombardo, um tópico que Muller ignora.

Minha avaliação da análise de Muller do conceito de Calvino sobre o tema da extensão pode ser encontrado na seção a respeito de Calvino.

Robert Letham (1947-)

Letham é um teólogo e ex-pastor presbiteriano que ensina teologia sistemática na Wales Evangelical School of Theology [Faculdade de Teologia Evangélica de Wales]. Ele é autor de duas obras relevantes relacionadas à expiação e sua extensão[1758] e defende a expiação limitada. Eu já me envolvi bastante com o tratamento de Letham, do conceito de Calvino sobre o tema da extensão na seção anterior, daí então o tratamento será restrito aqui.

Letham está devidamente preocupado com os perigos do chamado pacto da redenção:

[1757] Ibid., 76.

[1758] R. Letham, *The Work of Christ: Contours of christian theology* (Downers Grove, IL: InterVarsity, 1993); idem, *The Westminster Assembly: Reading its theology in historical context* (Phillipsburg, NJ: P&R, 2009).

Descrever as relações das três pessoas da trindade como um pacto ou afirmar que havia uma necessidade para elas de estabelecerem relacionamentos pactuais, até mesmo contratuais, é abrir a porta para a heresia ... Considerando todas as boas intenções daqueles que o propuseram, a formulação dos relacionamentos das três pessoas da trindade em termos pactuais é um abandono da clássica ortodoxia trinitariana.[1759]

Essa é uma declaração bastante incisiva da parte de Lethan, concernente a esse aspecto da teologia federal do calvinismo. Como já vimos, John Owen baseou-se consideravelmente no pacto da redenção em apoio à expiação limitada. A remoção desse pilar de suporte a enfraquece.

Michael Horton (1964-)

Horton é professor da cadeira J. Gresham Machen de teologia sistemática no Seminário Teológico Westminster, Califórnia. Ele também é convidado do programa de rádio semanal da *White horse inn* [Pousada cavalo branco] e editor chefe da revista *Modern Reformation* [Reforma Moderna]. Horton é um fervoroso defensor da expiação limitada.

O livro *Doutrinas da Fé Cristã* muito se baseia no conceito do pacto da redenção como um argumento em favor da expiação limitada.[1760] As três principais respostas ao tema da extensão foram dadas na história da igreja. A primeira é o universalismo, que Horton rejeitou. A segunda é que Cristo morreu "para tornar a salvação de todo ser humano possível". Ele identificou esse conceito com os arminianos e os universalistas hipotéticos. O terceiro conceito "é que Cristo morreu por todos os pecados dos eleitos, redimindo-os assim na cruz". Horton prefereo termo "redenção particular" em vez de expiação limitada, para essa visão que ele afirma.[1761]

Ele citou dois argumentos primordiais em defesa da redenção particular: (1) ela enfatiza o relacionamento entre a trindade e a redenção e (2) ela enfatiza a eficácia e objetividade da obra redentora de Cristo. Com respeito ao primeiro, Horton se baseia no pacto da redenção. Ele citou Efésios 1.4-13; 2 Tessalonissenses 2.13, 14 e Tito 3.5-8 como "passagens explícitas sobre esse pacto eterno".[1762] Contudo, nem uma dessas passagens apoia a noção de um pacto da redenção.

Além disso, ele tentou usar Romanos 8.32-36; João 10.11, 15; Atos 20.28; Efésios 5.25-27 e Mateus 1.21 para apoiar a "intenção de Cristo de redimir seus eleitos".[1763]

[1759] Letham, *The westminster assembly*, 236.
[1760] M. Horton, *Doutrinas da fé cristã* (Editora Cultura Cristã, 2011), 516–20.
[1761] Ibid., 516-17.
[1762] Ibid., 518.
[1763] Ibid.

Horton cometeu dois erros. Primeiro, ele extrai desses versículos uma noção abstrata dos eleitos, amontoando-os como os crentes eleitos e aqueles que crerão em algum momento no futuro. Entretanto, o Novo Testamento fala sempre dos eleitos como o grupo de crentes como redimidos, jamais de forma abstrata como crentes e incrédulos. Segundo, Horton comenta a falácia da inferência negativa ao assumir que considerando que de Cristo é afirmado que redime certo grupo de pessoas, então ele não morreu por aqueles que não são parte desses grupos.

O segundo argumento de Horton em defesa da redenção particular concernente à eficácia e objetividade da obra redentora de Cristo falhou em distinguir propriamente entre a intenção, extensão e aplicação da expiação. Ele pensa que a redenção particular não limita a suficiência da expiação. "Com o Novo Testamento, defensores da redenção particular podem alegremente proclamar: 'Cristo morreu pelos pecadores', 'Cristo morreu pelo mundo' e 'a morte de Cristo é suficiente para você', reconhecendo também com as Escrituras que a segurança que 'Cristo morreu por você é conferida somente aos crentes".[1764] Isso é óbvio em um conceito da suficiência como apenas hipotética e intrínseca; ela é suficiente para pagar pelos seus pecados *se Deus tivesse planejado assim*, mas ele não planejou que ela o fizesse pelos não eleitos, portanto, na realidade, ela é apenas suficientemente verdadeira pelos eleitos.

Em seu livro *As Doutrinas Maravilhosas Da Graça*,[1765] Horton tentou associar alguns escritores patrísticos à expiação limitada, juntamente com Lutero. Parece que Horton confundiu o fato que esses homens argumentam contra o universalismo, não uma expiação universal.

O método historiográfico de Horton com respeito à patrística em referência à extensão da expiação é tão inadequado quanto inoportuno. Não há referências de rodapé para conferir as citações ou o contexto delas. A maioria das citações não apoia a expiação limitada de maneira alguma. Ele parece estar lendo teologia reformada remontando aos escritos dos pais da igreja.

Horton citou Justino Mártir como tendo afirmado:

> Ele suportou sofrimentos por aqueles homens cujas almas são [realmente] purificadas de toda iniquidade ... como Jacó serviu Labão pelo gado que era malhado e de várias formas, assim Cristo serviu mesmo até a cruz pelos homens de todo tipo, de muitas e várias formas, adquirindo-os por seu sangue e o mistério da cruz.[1766]

[1764] Ibid., 519.
[1765] M. Horton, As doutrinas maravilhosas da graça (Editora Cultura Cristã, 2003), 290–95.
[1766] Ibid., 244.

A citação procede do *Diálogo com Trifão*, de Justino. Por alguma razão, Horton inseriu a palavra "realmente" no texto entre colchetes. A palavra não aparece na citação original. Em acréscimo, reuniu dois conjuntos de textos de capítulos inteiramente diferentes, separados pela elipse.

A primeira parte da citação procede do capítulo 41, em que Justino fala a respeito da oferta da melhor farinha no Antigo Testamento sendo uma figura da ceia do Senhor. A segunda parte da citação surge do capítulo 134. Nela, Justino afirmou que os dois casamentos de Jacó foram tipos de Cristo; sua morte pelos judeus (Lia) e pelos gentios (Raquel). Para ambos, de acordo com Justino, "Cristo até agora serve", o qual é a declaração concernente à expiação. Ao contrário de apoiar a expiação limitada, a passagem realmente serve para apoiar a expiação ilimitada.

Horton citou Tertuliano, que disse: "Cristo morreu pela salvação de Seu povo ... pela igreja". Em lugar algum dos escritos de Tertuliano alguém encontra essa citação exata. Ele parece extrair do comentário de Gill sobre Tertuliano nesse aspecto em que Tertuliano escreve contra Marcião. O contexto é uma referência à vontade de Moisés de sacrificar a si mesmo pelo pecado do povo, quando erigiram o bezerro de ouro.[1767] Em nenhum lugar na citação de fato Tertuliano diz "seu povo" como na versão de Horton. Essa é uma leitura da teologia reformada posterior a Tertuliano. A passagem em questão nem mesmo concerne à extensão da expiação.

Com respeito a Cipriano, Horton mencionou esta citação:

> Todas as ovelhas que Cristo buscou por seu sangue e sofrimentos são salvas ... Quem quer que seja encontrado no sangue e com a marca de Cristo escapará ... Ele redimiu os crentes com o preço de seu próprio sangue ... Que tenha medo de morrer quem não é reconhecido como tendo parte na cruz e sofrimentos de Cristo.[1768]

Não posso localizar essa citação em nenhum contexto dos escritos de Cipriano. Parece, novamente, que Horton depende de John Gill como fonte secundária. O uso de elipses parece indicar que ele extraí declarações individuais de Cipriano, não apenas da mesma obra, mas de obras diferentes, e as relaciona à parte do contexto. As palavras "são salvos" na primeira declaração parecem estar inseridas na citação por Horton, por exemplo, a primeira declaração afigura-se ser extraída da carta de Cipriano ao papa Stéfano I: "Pois embora sejamos muitos pastores, no entanto, apascentamos

---

[1767] Ibid., 245.
[1768] Ibid.

um rebanho e deveríamos recolher e cuidar de todas as ovelhas que Cristo, por seu sangue e paixão, buscou".[1769]

A segunda declaração provavelmente procede da carta de Cipriano para Demétrio:

> O que procedeu anteriormente por uma imagem do cordeiro morto é cumprido em Cristo, a verdade que ocorreu depois. Assim, quando o Egito foi ferido, o povo judeu não pôde escapar, exceto pelo sangue e o sinal do cordeiro; assim também o mundo começará a ser desolado e ferido; quem for encontrado no sangue e com o sinal de Cristo, só ele escapará.[1770]

Por o "sinal de Cristo", Cipriano se refere ao batismo.

A terceira declaração, da citação de Horton sendo de Cipriano, deriva-se de uma parte diferente de sua carta a Demétrio: "Ele redimiu os cristãos com o preço de seu próprio sangue". A declaração final na citação de Horton é extraída de *On the Morality* [Sobre a Moralidade]. O contexto concerne ao destino do pagão quando morrem e nada afirma a respeito da extensão da expiação.

Horton citou a *Demonstratio Evangelical Book 7* [Exposição Evangélica, Livro 7] de Eusébio: "Ele se refere a qual "nós", a menos que seja a eles que creem nele? Porquanto aos que não creem nele, ele é o autor do fogo e fervor deles. A causa da vinda de Cristo é a redenção daqueles que foram salvos por ele".[1771]

Essa citação é também uma conflação de declarações de contextos diferentes e não é sequer uma citação exata das palavras de Eusébio. O conceito deste é que Cristo proporcionou salvação aos crentes gentios e os deu à Eucaristia, mas àqueles que permanecem na incredulidade, Cristo decreta a condenação. Não há nada no contexto que fala sobre a extensão da expiação, muito menos afirma a expiação limitada.

De fato, a terceira sentença na citação de Horton procede de uma seção diferente que tem a seguinte declaração nela: "E afirmamos distintamente que a Palavra de Deus era ele que foi enviado como o salvador de todos os homens". Contextualmente, Eusébio está de fato afirmando uma expiação ilimitada.

Horton voltou-se para Jerônimo com esta citação:

> Cristo é sacrificado pela salvação dos crentes ... Nem todos são redimidos, pois nem todos devem ser salvos, mas os remanescentes ... Todos aqueles

---

[1769] Veja Cyprian, "To Father Stephanus, Concerning Marcianus of Arles, Who Had Joined Himself to Novatian," em ANF, 5:369.

[1770] Cyprian, "Treatise V, An Address to Demetrianus," 5:464.

[1771] Horton, *As doutrinas da maravilhosa graça*, 245.

que são redimidos e libertados pelo sangue retornam a Sião, que tu preparaste para ti mesmo por teu próprio sangue ... Cristo veio para redimir Sião [uma metáfora para a igreja] com seu sangue. Mas não pensemos que todos são Sião ou cada um em Sião é verdadeiramente redimido do Senhor; aqueles que são redimidos pelo sangue de Cristo formam a igreja ... Ele não deu sua vida por todo homem, mas por muitos, isto é, por aqueles que creriam.[1772]

Note a elipse. Outra vez, Horton fundiu uma quantidade de declarações de diferentes contextos de Jerônimo. Parece também que ele é dependente de Gill nesse ponto. Horton omite o contexto da ceia do Senhor no qual Jerônimo faz a declaração sobre Cristo ser sacrificado "pela salvação dos crentes". A declaração final na citação não é uma referência à extensão real da expiação, mas antes à intenção e aplicação. Somente aqueles que creem serão beneficiados com a expiação.

Robert Peterson (1944-) e Michael D. Williams (1960-)

Peterson e Williams são coautores de *Why I Am Not An Arminian* [Por Que Eu Não Sou Um Arminiano], publicado em 2004. Eles, acertamente, ressaltam que os arminianos dos tempos modernos, que rejeitam a expiação substitutiva, erram. Então, eles mesmos erram em argumentar que a expiação limitada é uma implicação da expiação substitutiva. Conforme notado anteriormente, esse argumento foi respondido várias vezes por calvinistas renomados do século XVI em diante.

Peterson e Williams alegam algo que poucos calvinistas que afirmam a expiação limitada estão dispostos a declarar. Eles, acertadamente, salientam que provar que essas passagens nas quais se afirma que Cristo morreu por suas "ovelhas" ou sua "igreja" são frágeis argumentos em defesa da expiação limitada é muito difícil, visto que elas não podem ser interpretadas para significar que Jesus não morreu por outras pessoas.[1773] Eles também consideram que é frágil argumentar que a eleição pressupõe expiação limitada. A defesa da expiação limitada deve ser feita pela Escritura e não pela teologia sistemática.[1774] Esse é um ponto interessante, pois tentativas mais recentes de apoiar a expiação limitada são baseadas mais na teologia sistemática e menos na exegese das passagens relevantes.

A defesa deles da expiação limitada é tripla: a harmonia trinitariana, a exclusão de passagens e a eficácia de passagens. Com base em Efésios 1.3-14, a obra trinitariana

---

[1772] Ibid., 246-47.

[1773] R. Peterson and M. Williams, *Why i am not an arminian* (Downers Grove, IL: InterVarsity, 2004), 202.

[1774] Ibid., 202–3.

da redenção "implica uma expiação definida ou limitada". Como e por que essa é a situação da passagem em si mesma, os autores não dizem. Eles imediatamente associam João 17 à oração sumo sacerdotal de Jesus. Considerando que Jesus ora somente pelos "eleitos" (um aspecto debatido, como notamos), é lógico concluir que ele morreu apenas pelos eleitos.[1775] Novamente, esse argumento foi respondido por vários calvinistas na história, como verificado anteriormente.

O segundo argumento concerniu às exclusões nas passagens sobre a expiação substitutiva. Os autores recorrem a João 10 em que Jesus dá a sua vida pelas "ovelhas" e então declarou: "Você não crê, porque não é minha ovelha".[1776] Isso falha em reconhecer que o texto também afirma que a razão por que alguns não estavam entre as ovelhas de Cristo é sua incredulidade. A passagem nada diz sobre a extensão da expiação. Os autores também recorrem a João 17 em que Jesus ora somente por aqueles que creem.[1777]

O terceiro argumento é a eficácia da obra da cruz. Baseando-se em Apocalipse 5.9, os autores argumentaram que a expiação de Cristo não torna a salvação potencial, mas real. Dessa passagem, eles estabelecem um paradigma hermenêutico para interpretar todas as outras passagens sobre a extensão da expiação que fazem uso de "mundo" e "todos" em um esforço de argumentar que essas palavras significam "todos sem distinção", ao contrário de "todos sem exceção".[1778] Esse argumento também já foi tratado anteriormente.

Peterson e Williams admitiram o esforço com João 3.16 quando se trata da expiação limitada. Eles compreendem a passagem como o ensino que "Deus assume uma postura redentora para com o mundo caído. Quando questionado como conciliamos essas passagens com aquelas que ensinam o amor especial de Deus pelos eleitos, admitimos que nossa teologia contém arestas".[1779]

R. Larry Shelton (1941-)
Shelton é professor emérito no George Fox Evangelical Seminary [Seminário Evangélico George Fox] em Portland, Oregon. Sua obra de 2006: *Cross and* Covenant: Interpreting the *atonement for 21st century mission* [*Cruz e Pacto*: Interpretando a expiação para a missão do século 21] trata do tema da expiação de uma perspectiva

---

[1775] Ibid., 204-5.
[1776] Ibid., 205.
[1777] Ibid.
[1778] Ibid., 206-7.
[1779] Ibid., 212.

não calvinista.¹⁷⁸⁰ Nós incluímos Shelton nesta discussão por causa de sua discussão dos aspectos substitutivo e governamental da expiação.

A substituição penal descreve a absolvição do pecador por intermédio da expiação em termos de transferência de pena ou um pagamento de satisfação a Deus. A expiação limitada admite a "justiça para quantificar a porção do mérito necessário para equilibrar os livros contábeis celestiais com os méritos contribuídos pela morte de Cristo".¹⁷⁸¹ Shelton parece pensar que a única outra opção sob um sistema de substituição penal é o universalismo, dado que os méritos de Cristo são infinitos em valor. Ele considera difícil conciliar substituição penal e expiação limitada.

Shelton mencionou o conceito de H. Orton Wiley que a substituição penal leva à eleição incondicional ou ao universalismo.¹⁷⁸² O conceito governamental da expiação em algum sentido como penal, mas "não no sentido mais comercial como compreendido na doutrina da expiação limitada".¹⁷⁸³

Shelton afirmou que depois de Dort, o princípio de amor tornou-se subordinado à justiça nos teólogos reformados. Como o perdão pode ser aplicado quando a pena do pecado já foi paga? Se se afirma uma expiação universal, então resulta em universalismo. A expiação limitada é a única solução lógica. Isso altera a base da expiação do amor para a justiça.¹⁷⁸⁴

Ele tem uma ideia a respeito do calvinismo escolástico extremo que sempre está imerso em um conceito comercial da expiação, mas sua ideia não se aplica tanto aos moderados calvinistas que rejeitam a expiação limitada. Shelton mencionou Calvino como um dos que ensinam que a expiação foi concebida em categorias legais, mas motivada por amor.¹⁷⁸⁵ Ele percebeu, como Grotius, depois de tentar modificar o conceito penal por causa de sua associação com a expiação limitada, e tornou-se um arminiano.¹⁷⁸⁶

G. Michael Thomas (1966-)

Em anos recentes, diversas obras eruditas proeminentes têm sido publicadas que debatem a questão da extensão da expiação. Duas dessas são tratados históricos sobre o tema

---

1780 R. L. Shelton, *Cross and Covenant: Interpreting the Atonement for 21st Century Mission* (Tyrone, GA: Paternoster, 2006).
1781 Ibid., 174.
1782 Ibid., 189.
1783 Ibid., 190; citando H. R. Dunning, *Grace, faith and holiness* (Kansas City, MO: Beacon Hill, 1988), 336–37.
1784 Shelton, *Cross and Covenant*, 199.
1785 Ibid., 199-200.
1786 Ibid., 202.

na teologia reformada, aproximadamente do fim do século XVII e ambas reconhecem um esforço significativo dos teólogos reformados que rejeitaram a expiação limitada.

A obra de G. Michaels Thomas: *The extent of the atonement: A dilemma for reformed theology from Calvin to the Consensus 1536-1675*[1787] [A extensão da expiação: Um dilema para a teologia reformada desde Calvino até o Consenso de 1536-1675] é um livro que deveria ser lido por todos os interessados nessa discussão. Ele demonstra, sem dúvida, que muitos no princípio da tradição reformada não aderiram à expiação limitada e ensinaram que Cristo morreu pelos pecados de todas as pessoas.

Considerando que esse livro foi mencionado muitas vezes nas seções que lidam com a primeira geração de reformadores durante o tempo da Assembleia de Westminster, mais sobre ele não será dito aqui. Basta dizer que a obra de Thomas é um dos livros mais relevantes historicamente, que lida com os conceitos reformados sobre a extensão da expiação até 1675.

Jonathan David Moore (1975-)

O livro de Jonathan Moore: *English hypothetical universalism: John Preston and the softening of reformed theology*[1788] [O universalismo hipotético inglês: John Preston e a moderação da teologia reformada] ressaltou o aspecto histórico que o famoso puritano John Preston defendeu a expiação ilimitada, juntamente com muitos amigos puritanos.

A revisão de Richard Muller do livro de Moore contém discernimentos sobre o tema histórico da extensão da expiação. Como Muller afirmou: "Moore ressuscita um tema reconhecido no século XVII por Davenant, Baxter e outros e notou com referência à Assembleia de Westminster por Alexander Mitchell que havia um universalismo hipotético inerente na teologia reformada britânica".[1789]

Entretanto, de acordo com Muller, o estudo de Moore contém duas falhas significativas, a segunda das quais colide na discussão em foco. Moore

> subestima a presença de formas não amiraldianas ou não especulativas de universalismo hipotético na tradição reformada como um todo e por isso, na opinião desse resenhista, desconstrói a posição de Preston como uma "moderação' da teologia reformada, em vez de como uma trajetória do pensamento reformado que havia estado presente desde o início do século XVI em diante. Afirmações claras de universalismo

---

[1787] G. M. Thomas, *The extent of the atonement: A dilemma for reformed theology from Calvin to the Consensus 1536–1675* (Carlisle, UK: Paternoster, 2006).

[1788] J. Moore, *English hypothetical universalism* (Grand Rapids: Eerdmans, 2007).

[1789] R. Muller, "*Review of english hypothetical universalism: John Preston and the softening of reformed theology*", *Calvin Theological Journal* 43 (2008): 149–50.

não hipotético podem ser encontradas (como Davenant reconheceu) em *Décadas* de Heinrich Bullinger e comentário sobre o Apocalipse em *Loci comunes* [Locais comuns] de Wolfgang Musculus, em *Catechetical Lectures* [Palestras catequéticas] de Ursinus e em *Tractatus de praedestinatione sanctorum* de Zanchi [Tratado da santa predestinação] entre outros lugares. Em acréscimo, o Cânone de Dort, ao afirmar a distinção padrão de uma suficiência da morte de Cristo por todos e sua eficiência pelos eleitos, realmente evita canonizar a forma antiga de universalismo hipotético ou a pressuposição que a suficiência de Cristo serve apenas para abandonar o não eleito sem desculpa. Embora Moore possa citar declarações da conferência de York que Dort " aberta ou secretamente negou a universalidade da redenção do homem" (156), ainda prevalece que vários dos signatários dos cânones foram universalistas hipotéticos – não apenas a delegação inglesa (Carleton, Davenant, Ward, Goad e Hall), mas também alguns dos representantes de Bremen e Nassau (Martinius, Crocius e Alsted) – que Carleton e outros representantes continuaram a afirmar os pontos doutrinários de Dort enquanto se distanciavam da disciplina da igreja da confissão belga e que no curso do debate do século XVII, mesmo os amiraldianos foram capazes de argumentar que o ensino deles não foi contrário aos cânones. Em outras palavras, a forma não especulativa, não amiraldiana de universalismo hipotético não era nova nem nas décadas depois de Dort nem foi uma "moderação" da tradição. Os conceitos de Davenant, Ussher e Preston seguiram uma trajetória inata há muito reconhecida como ortodoxa entre os reformados.[1790]

Essa citação um tanto extensa é definitiva para a discussão em foco. Note especialmente a declaração de Muller que o universalismo de Preston não é uma "moderação' da tradição reformada com respeito à extensão da expiação, mas, pelo contrário, é "uma continuação de uma trajetória do pensamento reformado que havia estado presente desde os primórdios do século XVI em diante". Pelo menos, essa declaração afirmou que no próprio começo da teologia reformada, havia uma "trajetória" que defendia a expiação universal.

Muller afirmou o mesmo, três anos mais tarde:

> Dado que havia uma significativa trajetória universalista hipotética na tradição reformada desde seus primórdios, é sem dúvida menos que útil

---

[1790] Ibid.

descrever sua continuidade como uma moderação da tradição. Mais importante, a presença de várias formas de universalismo hipotético, bem como várias abordagens para uma definição mais particularista torna isso bastante problemático descrever a tradição como "em geral" particularista e, desse modo, identificar o universalismo hipotético como uma corrente dissidente, subordinada da tradição, ao contrário de uma corrente relevante (ou, talvez os dois) entre outras, tendo legitimidade igual para a ortodoxia confessional.[1791]

Se, como já citado, Calvino e Bucer não defenderam a expiação limitada (e se o mesmo é verdadeiro quanto a John Bradford), então entre a primeira geração de reformadores do continente e na Inglaterra, a expiação ilimitada foi de fato a única atividade na cidade. A expiação limitada não começa a se desenvolver até o tempo de Beza, no final do século XVI, depois da morte de Calvino.

Tom Barnes (1961-)

Barnes é um pastor e professor de teologia cuja obra *Atonement matters* [A expiação é importante] foi publicada em 2008.[1792] É um tratado popular do assunto e defende uma expiação limitada. Barnes abordou o tópico de um ângulo bíblico, teológico e prático. Ele é muito dependente de fontes secundárias, especialmente em seu capítulo que cobre a história da expiação definida. Consequentemente, de forma equivocada, ele identificou muitos na história da igreja como proponentes da expiação definida, quando, na realidade, defenderam a expiação ilimitada.

Muitos problemas com esse livro se tornam evidentes na introdução. Por exemplo, Barnes afirmou concernente à expiação geral: "Esse conceito defende que Cristo morreu potencialmente por todas as pessoas sem exceção".[1793] É evidente que isso é uma distorção. O que ele quis dizer, como é patente da próxima sentença, é que Cristo morreu por todas as pessoas que é possível que todas as pessoas sejam salvas. Isso é de fato o que a expiação geral significa. Barnes também compreendeu erroneamente o princípio de Lombardo quando ele disse que não afirma explicitamente a expiação ilimitada.[1794]

[1791] R. Muller, "Diversity in the Reformed Tradition: A Historiographical Introduction" em *Drawn into Controversies*, 24–25.

[1792] T. Barnes, *Atonement Matters* (Webster, NY: Evangelical, 2008).

[1793] Ibid., 22.

[1794] Ibid., 25.

Barnes fez uso dos argumentos padrão em favor da expiação limitada, principalmente o argumento *intento, determina a extensão* e o argumento do pagamento duplo que a expiação substitutiva deduz a expiação limitada.

Carl Trueman (1967-)

Trueman é professor de história da igreja no Seminário Teológico Westminster em Filadélfia. Trueman propôs quatro desafios principais para a posição reformada clássica a respeito da expiação expressada nas Confissões de Heidelberg e Belga: (1) catolicismo, (2) arminianismo, (3) amiraldismo e (4) socinianismo.

Ele levantou a questão certa concernente à oferta bem-intencionada do evangelho se a expiação limitada é correta.[1795] Trueman crê que a tentativa de fundamentar a oferta bem-intencionada do evangelho apenas altera a natureza das questões fundamentais da expiação para a intenção de Deus na expiação.[1796] Parece como se Trueman tenha falhado em distinguir entre a intenção e a extensão da expiação e que ele compreende as duas como coextensivas. Isso meramente desvia a questão e não responde o problema posto para aqueles que aderem à expiação limitada e à oferta bem-intencionada do evangelho. Isso é um problema para o calvinismo extremo e é admitido por Berkhof:

> Afirma-se que, de acordo com essa doutrina, ele oferece o perdão de pecados e a vida eterna àqueles por quem ele não planejou esses dons. Não é preciso negar que há uma dificuldade real nesse aspecto, mas essa é a dificuldade com a qual sempre somos confrontados, quando procuramos conciliar a vontade de Deus de decreto e de preceito.[1797]

Trueman prosseguiu contrastando os conceitos de John Owen e Richard Baxter relativos à extensão da expiação. Esse capítulo de Trueman é uma análise muito útil das diferenças entre Owen e Baxter sobre o tema da extensão.

Ele também foi autor de um capítulo em um livro recente de vários autores sobre a extensão da expiação (*Perspectives On The Extent Of The Atonement: 3 Views* [A Extesão da Expiação em Debate: 3 Perspectivas]), que será discutido na sequência.[1798]

[1795] C. Trueman, "Post- Reformation Developments in the Doctrine of the Atonement" em *Precious blood: The atoning work of Christ*, ed. R. D. Phillips (Wheaton, IL: Crossway, 2009), 187.

[1796] Ibid., 189.

[1797] L. Berkhof, Teologia sistemática, 462.

[1798] C. Trueman, "O Ponto de Vista da Expiação Definida" em *A Extensão da Expiação em Debate*, ed. Andrew David Naselli e Mark A. Snoeberger (Natal: Editora Carisma 2015), 36-97.

Kevin DeYoung (1977-)
DeYoung é um pastor calvinista e autor popular. Ele tratou brevemente do tema da extensão da expiação em *The Good News We Almost Forgot: Rediscovering The Gospel In A 16th Century Catechism*[1799] [As Boas-Novas que Quase Esquecemos: Redescobrindo o Evangelho no Catecismo do Século XVI].

DeYoung citou Ursinus em defesa da expiação limitada, parecendo não perceber que ele defendeu a expiação ilimitada, como foi demonstrado.[1800] DeYoung sucumbiu à falácia do falso dilema quando afirmou: "Se a expiação não é particular e unicamente pelas ovelhas, então temos o universalismo – Cristo morreu no lugar de todos e, portanto, todos são salvos – ou temos algo menos que a substituição completa".[1801]

Declarações como: "Eu ridicularizo essa ideia não para desprezar irmãos e irmãs arminianos, mas conferir a Jesus Cristo sua glória plena"[1802] são especialmente desconcertantes quando expressam algo de uma mentalidade elitista, triunfalista. Todos os calvinistas que afirmam a expiação ilimitada, para não mencionar os não calvinistas e arminianos que o afirmam, não procuram conferir a Cristo sua glória plena? De fato, muitos argumentariam que a posição da expiação ilimitada confere a Cristo mais glória do que o conceito limitado.

Timothy A. Williams (1965-)
William é autor de *The Heart Of Piety: An Encouraging Study Of Calvin's Doctrine Of Assurance* [A Essência Da Piedade: Um Estudo Encorajador Da Doutrina De Calvino Da Segurança], originalmente publicado em 2010.[1803] Embora a obra não foque no tema da extensão, ela contém uma pesquisa útil da literatura do século XX sobre a extensão da expiação.

Dan Phillips (1955-)
Phillips é autor de *The World-Tilting Gospel: Embracing A Biblical Worldview And Hanging On Tight*[1804] [O Evangelho que Revolucionou o Mundo: Adotando Uma

---

[1799] K. DeYoung, *The good news we almost forgot: Rediscovering the gospel in a 16th century catechism* (Chicago: Moody, 2010), 82–84.

[1800] Ibid., 82.

[1801] Ibid., 83. Já temos visto como muitos calvinistas na história reformada desconstruíram esse falso dilema.

[1802] Ibid., 84.

[1803] T. Williams, *The heart of piety: An encouraging study in Calvin's doctrine of assurance* (Raleigh, NC: Lulu, 2012).

[1804] D. Phillips, *The world-tilting gospel: Embracing a biblical worldview and hanging on tight* (Grand Rapids, MI: Kregel, 2011).

Cosmovisão Bíblica e Sendo Leal a Ela], uma obra popular que trata da extensão da expiação em poucos contextos. Phillips não argumentou formalmente em defesa da expiação limitada, mas pareceu assumi-la, pois falou coerentemente de Cristo sofrer pelos pecados de "seu povo", como, em Isaías 53.10-12.[1805] Ele falou de Jesus destruir o orgulho humano "para a própria salvação da humanidade".[1806] Aqui, a "humanidade" não pode se referir a todas as pessoas sem exceção, mas unicamente aos eleitos na humanidade, visto que é unicamente pelos pecados deles que Cristo morreu. Phillips afirmou: "Cristo morreu como um substituto pelo seu povo"[1807] e "objetivamente, vimos que Jesus expiou os pecados de seu povo na cruz e assim satisfez a justiça de Deus".[1808]

Kenneth Stewart (1950-)

Stewart é professor de estudos teológicos na Covenant College [Universidade Pacto] em Lookout Mountain, Georgia. Sua obra *Ten Myths About Calvinism* [Dez Mitos Sobre O Calvinismo] foi publicada em 2011.[1809] Esse livro lida com os "mitos" que são criados por calvinistas e não calvinistas a respeito do calvinismo. Entre as cinco razões que Stewart mencionou porque ele escreveu esse livro, uma é a tendência observável ao extremismo no calvinismo.

Stewart demonstrou indubitavelmente que o acróstico TULIP não pode ser usado como um critério para mensurar o que é verdadeiramente reformado.[1810] Ele observou devidamente a distorção concernente à extensão da expiação, que ocorre quando há um foco míope na formulação moderna do TULIP ao contrário de no engajamento com o que aconteceu realmente em Dort, algo que está na ordem do dia.[1811] Com respeito à extensão, Stewart notou que escritores calvinistas mais antigos se esforçaram para explicar os vários sentidos e aspectos da extensão da expiação na teologia reformada, enquanto escritores mais modernos sempre falham em fazê-lo.

> Hoje, os escritores calvinistas que não demonstram esse generoso interesse em definir e articular o seu calvinismo, isso pode ser uma indicação que agora admitem teologizar por um indefinível calvinismo estreito, um calvinismo irrelevante, em vez de pela tradição protestante evangélica como um todo. Essa tendência se, de fato existe, representa uma inversão

---

[1805] Ibid., 111.
[1806] Ibid., 121.
[1807] Ibid., 142.
[1808] Ibid., 145.
[1809] K. Stewart, *Ten myths about calvinism* (Downers Grove, IL: InterVarsity, 2011).
[1810] Ibid., 75-96.
[1811] Ibid., 89-90.

dramática, uma guetização autoimposta comparada até mesmo com o século XIX.[1812]

Esse livro é repleto de análise histórica concernente ao calvinismo que é proveitoso às pessoas de ambos os lados do corredor teológico. Seu capítulo "Recuperando Nossos Propósitos: Calvinismo no Século XXI" é um resumo importante sobre em que ponto a teologia reformada está hoje e os cinco "ressurgimentos" reformados desde a Revolução Francesa até 1990.[1813]

Greg Forster (1957-)

Forster é um autor reformado cujo livro *The Joy Of Calvinism* [A Alegria Do Calvinismo] foi publicado em 2012.[1814] Ele esclareceu que escreveu com a pressuposição de que seu grupo de leitores consiste em cristãos: "Nesse livro, eu falo das promessas de salvação com referência a 'você', como, 'quando Jesus ressuscitou, ele lhe salvou',[1815] – sob a suposição que você, leitor, possui essas promessas".[1816] Mas essa forma de expressar as coisas é problemática. Ela implica a salvação na cruz pelos eleitos.

É surpreendente verificar Forster expressando categoricamente que o calvinismo em si mesmo não implica posição de uma forma ou de outra se Deus ama o perdido. Ele afirmou que Westminster não adotou posição sobre isso, mas que Dort explicitamente endossou o amor de Deus pelos perdidos.[1817] Isso é uma distorção do calvinismo histórico, porque Dort e Westminster deduzem o amor universal de Deus por todos.[1818]

Ainda mais problemática é esta declaração de Forster: "Mas eu penso que há outra razão para tendermos a evitar perceber o amor de Deus como pessoal. Isso é assim, porque Deus não salva toda pessoa".[1819] Forster prosseguiu:

> Mas não poderíamos dizer que o amor salvífico de Jesus – o amor que realiza a obra de salvação – foi praticado em lugar do perdido. De fato, dado que Jesus conhece o perdido detalhada e tão intimamente quanto

---

[1812] Ibid., 89.

[1813] Ibid., 270-88.

[1814] G. Forster, *The joy of calvinism: Knowing God's personal, unconditional, irresistible, unbreakable love* (Wheaton, IL: Crossway, 2012).

[1815] Ibid., 47. Esse é um dos subtítulos do capítulo no livro, após o título: "Deus ama você pessoalmente".

[1816] Ibid., 27.

[1817] Ibid., 39.

[1818] Veja W. G. T. Shedd, *Calvinism: Pure & Mixed* (Edimburgo: Banner of Truth, 1986), 22–24.

[1819] Forster, *Joy of Calvinism*, 50.

ele conhece seu próprio povo, a exclusão do perdido da obra salvadora de Jesus teria também de ser uma exclusão pessoal ... Ficamos espantados de horror – eu sinto tanto quanto você – por esse pensamento ... Porque Deus é todo-poderoso, seja o que ele tentar fazer precisa ser bem-sucedido. Qualquer "solução" para um problema teológico que descreve Deus tentando fazer algo e falhando precisa sair diretamente pela janela. Seja qual for a obra que Deus põe sua mão, ela precisa ser efetiva ... Portanto, a única forma de resolver esse problema é dizer que o amor redentor de Deus não é dirigido a indivíduos pessoalmente. Se queremos dizer que ele não exclui indivíduos específicos pessoalmente, então precisamos também dizer que ele não salva indivíduos específicos pessoalmente. Se a salvação é pessoal, a exclusão precisa também ser pessoal. Portanto, se queremos que a obra salvadora de Deus seja universal, ela não pode ser pessoal.

Essa declaração indica a convicção de Forster que se Deus planejou que Cristo morresse por todas as pessoas, então todas as pessoas precisam ser salvas ou Deus falha em sua intenção. Isso é acreditar cegamente em uma teoria comercial da expiação com seus problemas resultantes, como vimos previamente. A dicotomia da salvação expiação/pessoal é um falso dilema.

Forster não compreendeu e desconstruiu o amor de Deus e suas dimensões, mesmo quando expressas por aqueles na própria tradição reformada. Afirmar que todas as outras tradições reformadas distintas da teologia reformada operam em uma abordagem de o amor salvador que não acolhe e não pode acolher pessoas como indivíduos baseia-se nas pressuposições que sua noção do amor de Deus é precisa e ela pressupõe que o livre-arbítrio libertário não pode fazer parte da equação; pressuposições que seriam rejeitadas por todos os não calvinistas. A lógica de Forster é como segue:

> Se o amor de Deus é por todas as pessoas, então todos eles são salvos (o que sabemos não ser verdadeiro) ou a obra de Deus falha em seu propósito (o que também sabemos não ser verdadeiro). O amor redentor de Deus é um amor pessoal que acolhe algumas pessoas e não outras ou não é um amor pessoal de modo algum.[1820]

Forster também caminha em uma confusão sobre a obra redentora de Jesus na cruz como "disponível *versus* efetiva".[1821] A menos que ele deseje afirmar a regeneração

---

[1820] Ibid., 52–53.
[1821] Ibid., 53.

na cruz, precisa declarar que a salvação é possível, mesmo para os eleitos incrédulos, até que eles creiam, no momento em que a salvação se torna efetiva.

A dependência de Forster de uma teoria comercial da expiação é compreendida em sua linguagem, como "Jesus adquiriu para você um lugar no reino de Deus",[1822] e sua convicção que em todas as tradições à parte do calvinismo, "Jesus realizou a sua obra redentora impessoalmente", o que "entra diretamente em conflito com algum conceito significativo da expiação substitutiva".[1823] Quando ele declarou: "Se Jesus morreu por todas as pessoas e sua morte removeu os pecados daqueles por quem ele morreu, todos precisam ser salvos", ele demonstra sua adesão ao comercialismo de Owen.

De fato, Forster não pode escapar de sua própria lógica aqui mais do que Owen foi apto a escapar da sua. Ele evidentemente afirmou: "Jesus morreu e ressuscitou por você pessoalmente. E quando ele o fez, atualmente o salvou, pessoalmente. A salvação real acontece na cruz e no túmulo vazio".[1824] Esse é o erro do hipercalvinismo da justificação na cruz.

Mais um exemplo da imprudência do pensamento de Forster é evidenciado ao afirmar: "Jesus realizou a expiação somente pelos pecados daqueles que são na realidade salvos. Se Jesus realiza a expiação pelos seus pecados".[1825] Ele esqueceu completamente sobre os eleitos incrédulos? Qualquer número de leitores não salvos poderia estar lendo seu livro que, de acordo com seu próprio sistema, estão entre os eleitos, significando em algum momento no futuro, que eles serão de fato salvos. Assim, é impreciso e, de falto, falso, afirmar "se você não é salvo, ele não realizou expiação pelos seus pecados".

O último parágrafo de Forster no livro é, talvez, o mais impressivo de todos. Em um esforço para magnificar a glória de Deus, ele segue para outro extremo mórbido ao denegrir não apenas a noiva de Cristo, mas até o próprio caráter de Deus.

> Com esta descrição jamais nos sentiremos à vontade com o amor supremo que nos salva. Sempre nos lembraremos do conhecimento que estando diante de um Deus santo, somos – e sempre seremos – de segunda classe. Somos salvos não porque Deus nos amou tanto que ele reordenou tudo no universo devido à nossa salvação, mas porque ele foi capaz (felizmente!) de nos espremer em sua agenda, para ajustar nossa salvação a outras coisas mais importantes que ele fazia no universo. Não somos a

---

[1822] Ibid., 55.
[1823] Ibid., 56.
[1824] Ibid., 58-59.
[1825] Ibid., 66.

coroa da glória de Deus, mas apenas uma das gemas na coroa cósmica da natureza; e uma gema que, na visão de Deus, não precisava estar ali.[1826]

Terrance Tiessen (1944-)

Tiessen é um teólogo reformado e professor emérito de teologia sistemática e ética no Providence Seminary [Seminário Providência], em Ontário, Canadá. Em uma postagem em seu blog em 15 de março de 2012,[1827] ele explicou como havia abandonado a posição da expiação limitada como consequência de sua interação com David Ponter.

Em seu livro *Who Can Be Saved?: Reassessing Salvation In Christ And World Religions*[1828] [Quem Pode Ser Salvo?: Reavaliando A Salvação Em Cristo E As Religiões Mundiais], Tiessen havia defendido a posição da expiação limitada. A sua explanação da jornada pessoal distante da expiação limitada é uma leitura interessante. Ele agora afirma a posição clássica moderada sobre a extensão, referindo-se à abordagem de Bruce Demarest em seu livro *The cross and salvation*[1829] [A cruz e a salvação]. Tiessen, como todos os calvinistas moderados, agora concorda com os arminianos sobre o tema específico da extensão da expiação.

Ele compreende o problema com a abordagem do calvinismo extremo para a questão da suficiência. Ele afirmou que Calvino, Charles Hodge e outros na tradição reformada foram aderentes à expiação ilimitada e rejeitaram o argumento do pagamento duplo de Owen.

Robert Peterson (1949-)

Peterson é professor de teologia sistemática no Covenant Theological Seminary [Seminário Teológico Covenant], St Louis Missouri, onde ensina desde 1990. Ele é autor de muitas obras relacionadas à expiação, incluindo *Calvin and the Atonement And Why I Am Not An Arminian* [Calvino e a Expiação e Por Que eu não sou um Arminiano], que ele foi coautor com o colega Miachel Williams.[1830] O livro dele *Salvation accomplished by the son: The Work of Christ* [Salvação realizada pelo Filho: A Obra de Cristo] é seu trabalho mais recente a respeito da expiação e é muito bem escrito.[1831]

[1826] Ibid., 153-54.

[1827] T. Tiessen, "For Whom Did Christ Die?", *Thoughts Theological: From the Pen of Terrance L. Tiessen* (blog), March 15, 2012, http://www.thoughtstheological.com/for-whom-did-Christ-die/.

[1828] T. Tiessen, *Who can be saved?: Reassessing Salvation in Christ and world religions* (Downers Grove, IL: InterVarsity, 2004).

[1829] B. Demarest, *The cross and salvation: The doctrine of salvation*, Foundations of Evangelical Theology, ed. J. S. Feinberg (Wheaton, IL: Crossway, 1997), 193.

[1830] R. Peterson, *Calvin and the Atonement* (Fearn, Scotland: Mentor, 1999); Peterson and Williams, *Why i am not an arminian*.

[1831] R. Peterson, *Salvation accomplished by the Son: The Work of Christ* (Wheaton, IL: Crossway, 2012).

A principal linha de pensamento de Peterson com respeito à extensão da expiação é como segue: "Substituição implica eficácia, que implica particularidade". "Se essa obra redentora é substitutiva, há apenas duas possibilidades: ela é universal e todos são salvos ou ela é particular e todos a quem Deus escolheu são salvos. O universalismo é antibíblico, portanto, a particularidade é estabelecida".[1832] Em um apêndice sobre a extensão da expiação, que foi originalmente editado em *Why I am not an arminian* [Por que eu não sou arminiano], ele afirmou sua ideia principal: a expiação limitada é uma implicação da expiação substitutiva.[1833]

Peterson notou que a expiação limitada, para ser verdadeira, não precisa apenas ser coerente sistematicamente com o calvinismo, mas precisa também ser ensinada na Escritura e a tese precisa ser defendida da Escritura e não apenas da teologia sistemática. Ele encontrou apoio para a expiação limitada em Efésios 5.25 e João 10.15.[1834] Porém, quando fala em relação às "ovelhas" de Cristo ou sua "igreja", não é de forma alguma incomum que Jesus e outros autores bíblicos diriam que ele morreu por eles. Isso, de jeito nenhum, implica ou sugere que ele não morreu por outros.

Peterson compreende a eleição como pressuposição da expiação limitada. Realmente, a eleição calvinista somente pressupõe um intento de aplicar a expiação apenas aos eleitos, não uma expiação exclusivamente *limitada* para aqueles que são eleitos.

Para Peterson, a expiação limitada é deduzida em algumas passagens que falam da morte substitutiva de Cristo. Ele encontrou três evidências para a expiação limitada: a harmonia trinitariana, a exclusão de passagens e a eficácia de passagens.

Um exemplo de uma exclusão de passagem é João 10.26: "Jesus segue suas declarações sobre morrer por suas ovelhas por meio de uma negação gritante que alguns são suas ovelhas. Seria difícil sustentar que ele entrega sua vida para salvá-las, pois ele as excluiu do número de suas ovelhas".[1835] Outra passagem de exclusão é João 17, na qual, de acordo com Peterson, Jesus não orou pelo mundo.

Concernente à eficácia da expiação, Peterson perguntou se a expiação torna a salvação possível ou eficaz. Mas isso cria uma falsa dicotomia. A expiação faz ambos.

Peterson recorreu a Apocalipse 5.9 em apoio à expiação limitada, mas o versículo nada diz sobre a extensão da expiação, só a respeito da extensão da aplicação.

Considerando que ele pode constatar poucos contextos em que o termo "mundo" não é usado para denotar "todos sem exceção", Peterson faz o movimento injustificado

---

[1832] Ibid., 410–11. O mesmo argumento é formulado por A. T. B. McGowan, "A Expiação como Substituição Penal" em *Always Reforming: Explorations in systematic theology*, ed. A. T. B. McGowan (Downers Grove, IL: InterVarsity, 2006), 183–210.

[1833] Ibid., 566-75.

[1834] Ibid., 566-67.

[1835] Ibid., 570. Também em Peterson e Williams, *Why I am not an arminian*, 205.

interpretando "mundo" nas passagens sobre a expiação em um sentido coletivo em vez de distributivo.

A tentativa honesta de Peterson de lutar contra as tensões na sua própria teologia é elogiável. Ele concordou com Armínio concernente a João 3.16 e textos similares que falam do amor de Deus por toda pessoa.

> Compreendemos essas passagens como ensino que Deus assume uma postura redentora para com o mundo caído. Quando perguntado como conciliamos essas passagens com as que ensinam o amor especial de Deus pelos eleitos, admitimos que nossa teologia contém arestas. Mas preferiríamos ter uma teologia imperfeita e sermos fiéis ao testemunho integral da Escritura a calar a voz de alguns textos como os calvinistas, às vezes, fazem (João 3.16 e passagens similares) e como arminianos fazem (os textos que ensinam o amor especial de Deus pelos eleitos).[1836]

Ele falou de dois tipos de passagens bíblicas concernentes à cruz: aquelas que falam da atitude amável de Deus para com o mundo perverso e outras que falam "apenas do amor efetivo de Deus pelos eleitos". Peterson sugeriu que a Escritura em si mesma mantém os dois tipos de passagens em tensão criativa, portanto ele sente que tem razão em fazer assim em sua própria teologia.[1837]

Na realidade, nenhuma tensão existe. Deus ama o mundo, Jesus morreu pelos pecados do mundo e Jesus chama para si mesmo todos aqueles que genuinamente creem nele (os eleitos). O amor especial que Jesus tem por aqueles que são seus filhos é exibido em como se relaciona com eles e o que ele lhes concede.

Myk Habets (1966-) e Bobby Grow (1979-)

Habets and Grow editaram um livro com muitos autores, que foi publicado em 2012, intitulado *Evangelical Calvinism: Essays resourcing the continuing reformation of the church*[1838] [Calvinismo Evangélico: Ensaios resgatando a reforma contínua da igreja]. Essa obra é uma das publicações mais importantes dos calvinistas moderados em anos recentes. Ela mapeia as várias teologias reformadas, identificadas por Habets e Grow como clássicas, federais e evangélicas. A obra ilustra perfeitamente a diversidade, tanto do passado quanto da atualidade, na teologia reformada com respeito ao denominado cinco pontos do calvinismo.

[1836] Ibid., 574.
[1837] Ibid., 575.
[1838] M. Habets and B. Grow, eds., *Evangelical Calvinism: Essays resourcing the continuing reformation of the church* (Eugene, OR: Pickwick, 2012).

Os autores estão preocupados com as formas mais fundamentais de calvinismo hoje, que tendem a subordinar a graça à natureza, a tornar a justiça de Deus essencial, mas o amor de Deus é arbitrário e afirmam a expiação limitada, que é contrária ao sentido claro da Escritura e está divorciada da doutrina da encarnação.[1839]

Habets e Grow mapeiam a topografia reformada em três áreas amplas: calvinistas conservadores, representados por pessoas como Charles Hodge; calvinistas liberais, representados por Schleiermacher; e calvinistas evangélicos, representados por Karl Barth. A doutrina da Escritura defendida por calvinistas conservadores é mais rejeitada pelos calvinistas liberais e evangélicos.[1840] O maior desses três grupos é o conservador.

Expoente da abordagem desses autores concernente ao problema da expiação limitada é o comentário de Adam Nigh.

> Embora o calvinismo evangélico descubra na Escritura que Cristo morreu e realizou a expiação por toda humanidade, ele não afirma a salvação universal ... nem nega o alcance universal da expiação de Cristo ao interpretar a apropriação subjetiva limitada da expiação, em nome da humanidade, na vontade eterna de Deus mediante uma doutrina da expiação limitada, precisamente porque essas conclusões pressupõem uma necessidade causal determinando as ações de Deus, que é estranha ao testemunho da Escritura e, de fato, ao ser de Deus.[1841]

Concordando com T. F. Torrance, o capítulo de Myk Habets expressou preocupação pelas "tendências nestorianas" na noção de expiação limitada com "uma declarada compreensão forense na qual a expiação é considerada como um pacto externo a Deus, em vez de como a expressão definitiva do amor de Deus por todos".[1842] Habets não percebe como a expiação universal leva ao universalismo sem distorcer a autorrevelação de Deus como amor santo, conforme Torrance havia argumentado.[1843]

[1839] Ibid., 10-12.

[1840] Ibid., 25. Isso basicamente torna ineficaz alegações por aqueles como Al Mohler que a teologia reformada preserva o cristianismo conservador e a inerrância bíblica. Veja M. Worthen, "O reformador: Como Al Mohler transformou um seminário, ajudou a mudar uma denominação e desafia uma cultura secular", *Christianity Today*, 1 de outubro de 2010, http://www.christianitytoday.com/ct/2010/October/3.18.html.

[1841] A. Nigh, "The Depth Dimension of Scripture" em *Evangelical Calvinism*, 91.

[1842] M. Habets, "Não há Deus atrás de Jesus Cristo: Eleição cristologicamente condicionada" em *Evangelical Calvinism*, 184.

[1843] T. F. Torrance, *Scottish Theology: From John Knox to John McLeod Campbell* (Edimburgo: T. & T. Clark, 1996), 277.

Qualquer coisa inferior a uma expiação universal circunscreve a encarnação de uma forma contrária a Escritura.

Jason Goroncy pesquisou os conceitos de McLeod Campbell e P. T. Forsyth da expiação. Os calvinistas nos séculos XVII e XVIII abertamente focaram na natureza objetiva da expiação e sua ação em Deus, enquanto no tempo de Forsyth a ênfase havia se alterado para um subjetivismo igualmente distorcido, de acordo com Goroncy.[1844]

Em um capítulo conclusivo, Myk Habets e Bobby Grow apresentam uma quantidade de teses para esclarecer a teologia deles da natureza e extensão da expiação.[1845] A Tese 2 concerne a primazia da vida trina de Deus como fundamentada no amor, pois a Escritura ensina "Deus é amor". Habets e Grow afirmaram que seria errado inferir dessa tese que eles estão arbitrariamente classificando os atributos divinos e situando o "amor" no topo, como no teísmo aberto. "A reflexão teológica em 1 João 4.8 diz respeito a Deus como relacional e trino-pessoal, não como uma forma suprema de amor *humano*".[1846]

A Tese 3 declarou que há um pacto de graça. Segundo Calvino, a Confissão Escocesa de 1560 claramente ensina a unidade da Escritura baseada em torno da ideia de um único pacto entre Deus e a humanidade. O calvinismo federal moveu esse princípio organizador para um princípio teológico sistêmico, com não apenas um mas três pactos: o pacto da redenção, o pacto das obras e o pacto da graça.[1847]

A Tese 6 afirmou que a graça precede a lei. O calvinismo federal acaba distorcendo o evangelho das boas-novas em uma nova lei.[1848] Diferentemente do calvinismo federal, o calvinismo evangélico recusa introduzir um obstáculo entre graça e lei.[1849]

A Tese 11 afirmou que Cristo morreu por toda humanidade. A falha em aceitar essa "teo-lógica" admite "a possibilidade que Cristo teria assumido uma humanidade particular, que não era verdadeiramente representante da real humanidade corrompida, algo que potencialmente injeta nestorianismo na teologia reformada".[1850]

Anthony Badger (1966-)
Badger graduou-se no Dallas Theological Seminary [Seminário Teológico Dallas] e ex-pastor e professor em várias instituições. Seu livro *Confronting Calvinism*

[1844] J. Goroncy, "'Tha mi a' toirt fainear dur gearan': J. M. Campbell e P. T. Forsyth sobre a Extensão do Ministério Vicário de Cristo" em *Evangelical Calvinism*, 263.

[1845] M. Habets and B. Grow, "Teses sobre um Tema" em *Evangelical Calvinism*, 425–55.

[1846] Ibid., 429.

[1847] Ibid., 431.

[1848] Ibid., 434.

[1849] Ibid., 435.

[1850] Ibid., 445.

[Confrontando o Calvinismo] foi publicado em 2013.[1851] Em um capítulo sobre a expiação limitada, ele discutiu e brevemente respondeu às passagens usadas para apoiar a expiação limitada, declarou o conceito da expiação limitada, afirmou o conceito da expiação ilimitada, empregou e negou oito argumentos principais usados para defender a expiação limitada e concluiu que biblicamente é preciso distinguir entre expiação obtida e expiação aplicada. No primeiro caso, Cristo morreu por todos; no último, a expiação é apenas aplicada àqueles que creem.[1852]

David Gibson (1975-) e Jonathan Gibson (1977-)

Uma das pesquisas eruditas mais recentes em defesa da expiação limitada é *Do Céu Cristo veio buscá-la*,[1853] publicado em 2013 e editado por David Gibson e Jonathan Gibson. Esse livro é aclamado por muitos na tradição reformada como a obra definitiva sobre o assunto; um elogio sublime de fato, considerando que essa expressão é comumente reservada para a famosa obra de John Owen: *Por* Quem Cristo Morreu?

O livro inclui 23 capítulos escritos por um grupo de eruditos e é um tomo extenso de 703 páginas, incluindo índices, publicado por Crossway [no Brasil, editora Fiel]. Vinte e um autores de variados contextos (incluindo presbiteriano, anglicano e batista) contribuem com os capítulos. O principal propósito do livro é defender a noção da expiação definida (expiação limitada) ao apresentar argumentos de apoio e tenta responder aos contra-argumentos.

Devido à relevância desse tomo, provi uma resenha de capítulo por capítulo detalhadamente e uma crítica de *Do Céu Cristo veio buscá-la* em um capítulo posterior nesta obra. Embora o livro provavelmente seja muito para alguns leigos digerirem, eu encorajaria todos os seminaristas, pastores e eruditos a reservarem um tempo para lê-lo e estudá-lo. É provável que ele seja a defesa mais abrangente disponível da expiação definida. Na aparência, ele parece formidável, mas tem um ponto fraco e é vulnerável a muitas críticas.

Andrew Naselli (1981-) e Mark Snoeberger (1972-)

Naselli e Snoeberger editaram o volume de 2015 *Perspective on the extent of the Atonement: 3 Views*[1854] [A Extensão da Expiação em Debate: 3 Perspectivas]. Esse livro é o mais recente a tratar especificamente do tema da extensão da expiação, segundo

---

[1851] A. Badger, *Confronting Calvinism: A free grace refutation and biblical resolution of radical reformed soteriology* (Lancaster, PA: impresso por CreateSpace, An Amazon.com Company, 2013).

[1852] Ibid., 213-52.

[1853] Gibson e Gibson, *Do Céu Cristo veio buscá-la*.

[1854] Andrew David Naselli and Mark Snoeberger, eds., *A Extensão da Expiação em Debate: 3 perspectivas* (Natal: Editora Carisma, 2019).

os três principais conceitos. Três autores se engajaram no assunto: Carl Trueman defende a expiação limitada, Grant Osborne defende a expiação ilimitada a partir de uma perspectiva arminiana e John Hammett a partir de um conceito de múltiplas intenções da expiação. Esse volume é uma apresentação justa e efetiva dos conceitos básicos sobre o tema.

Na introdução, Snoeberger escreveu que o conceito da múltipla intenção não é precisamente esse do amiraldismo ou do universalismo hipotético, mas há semelhança suficiente e eles podem ser fundidos sob um título.[1855] Na realidade não há nada novo no conceito da múltipla intenção que não era uma parte do amiraldismo ou do universalismo hipotético. Entre os escritores patrísticos, alguns afirmaram múltiplas intenções na expiação e a noção não é estranha também ao arminianismo.

Trueman abordou a questão da extensão da expiação "como uma inferência extraída de sua natureza e eficácia".[1856] Ele formulou essa defesa da natureza do ofício mediatário de Cristo e da unidade entre o sacrifício intercessão. Dessa perspectiva, a extensão da expiação limitada é uma "inferência necessária" da natureza da expiação.

Ele devidamente reconheceu que não há um único texto na Escritura que ensina a expiação limitada. "Ela é o resultado da força cumulativa e implicações de uma série de filamentos do ensino bíblico". Trueman citou dois filamentos envolvendo sua posição: (1) a intenção particular da missão salvadora de Cristo (2) a eficácia objetiva da obra redentora dele. Ele, então, estabelece esses dois filamentos comparativamente com o contexto bíblico sobre a intenção, eficácia, e expiação na Escritura. A partir desse ponto, Trueman está preparado para analisar "os textos que parecem aparentemente militar contra a expiação definida".[1857]

Embora na aparência essa abordagem possa afigurar-se elogiável, em uma análise mais profunda ela parece situar a teologia antes da exegese. A abordagem de Trueman também revela o fato que enquanto não há declarações na Escritura afirmando a expiação limitada, há muitas que, patentemente, afirmam a expiação ilimitada. Quando a situação fica difícil, esses versículos acabam sendo forçados, dentro de uma estrutura particularista, para servir um sistema teológico particular, como os dois autores no livro ressaltam.

O tratamento de Trueman da breve postagem do blog de Kevin Bauder: "A Lógica da Expiação Limitada"[1858] é bastante revelador. Ele falou de Bauder expor uma "objeção recente" à expiação limitada baseada na distinção entre provisão e aplicação. A questão aqui é como Trueman está usando o termo "recente". Se ele denota recente

---

[1855] Ibid., 10.
[1856] C. Trueman, "O Ponto de Vista da Expiação Definida" em *A Extensão da Expiação em Debate*, 36.
[1857] Ibid., 23.
[1858] K. T. Bauder, "The Logic of Limited Atonement," ΤΩ ΧΡΟΝΟΥ ΚΑΙΡΩ: *"In the Nick of Time"* (blog), February 4, 2005, http://seminary.wcts1030.com/publications/Nick/Nick001.htm.

pelo fato de que a postagem de Bauder foi publicada justamente há poucos anos (sete anos desde o tempo da postagem até a época de Trueman acessá-la), então tudo bem. Mas se exprime que o argumento contra a expiação limitada se baseou em uma distinção entre a provisão e a aplicação é "recente", então, a declaração de Trueman está errada, pois esse argumento foi usado por calvinistas que rejeitam a expiação limitada por séculos.

Ao contrário de analisar os tópicos de Bauder, Trueman meramente informou o leitor que abordou o assunto de um ângulo diferente: a particularidade em vez da limitação. Entretanto, não há definitivamente distinção entre esses dois quando se trata da questão real: pelos pecados de quem Cristo morreu? Trueman falhou em analisar a ideia de Bauder.

Quando Bauder pediu um exemplo textual de alguém por quem Cristo não morreu, Trueman respondeu recorrendo a João 17.12, onde Cristo, supostamente, excluiu Judas de sua oração e juntamente o versículo 9 em que Cristo não ora por aqueles a quem o Pai não lhe concedeu. Se a interpretação de Trueman, de João 17, se demonstrar exegeticamente problemática, como penso, então a afirmação de Bauder ainda subsiste.

Trueman é um bom exemplo de como muitos particularistas contemporâneos defendem a tese da expiação limitada e seu capítulo é claro e concisamente escrito.

O capítulo de Grant Osborne defende a expiação ilimitada, analisando as passagens padrão que apoiam a posição.[1859] Trueman constatou que a principal falha de Osborne em sua análise da intercessão celestial de Cristo é a própria ideia sobre a qual Trueman se baseia em apoio à expiação limitada. A maior parte da resposta dele depende desse tema.

Hammett formulou seu conceito em torno de três intenções da expiação: universal, particular, e cósmica, dependendo bastante de Gary Shultz sobre o assunto.[1860] Ele notou corretamente que a abordagem de múltiplas intenções à expiação não é nova. Os argumentos de Hammett são geralmente bem considerados Em sua seção relativa às "considerações históricas", ele se equivocou em sua análise de Agostinho como proponente da expiação limitada. Ele também erroneamente situou Dabney e Shedd no campo particular, ignorando aparentemente o fato que ambos os homens defenderam a expiação limitada do pecado com uma intenção particular de aplicar a expiação apenas aos eleitos, na mesma tendência como Hammett.[1861]

[1859] G. Osborne, "O Ponto de Vista da Expiação Ilimitada" em *A Extensão da Expiação em Debate*, 124–192.

[1860] Veja G. Shultz, *A multi-intentioned view of the extent of the atonement* (Eugene, OR: Wipf & Stock, 2014).

[1861] J. Hammett, "O Ponto de Vista das Múltiplas Intenções na Expiação" em *A Extensão da Expiação em Debate*, 214.

Hammett rejeitou a noção de Trueman que a expiação universal rompe a unidade entre a expiação real e a intercessão de Cristo. O argumento é formulado sob três pressuposições: (1) que Cristo de fato morreu apenas pelos eleitos, (2) que Cristo intercedeu somente pelos eleitos e (3) que Cristo morre por e intercede pelo mesmo número de pessoas. Hammett devidamente declarou que essas pressuposições simplesmente não são sustentadas na Escritura.[1862]

Seguindo Shultz, o apelo de Hammett a 1 Coríntios 15.3 e a pregação de Paulo aos coríntios antes da conversão deles fornecem um argumento incisivo contra a expiação limitada.[1863] Curiosamente, esse argumento foi usado no passado por calvinistas que afirmam a expiação ilimitada contra seus irmãos particularistas. A passagem é omitida ou ignorada em *Por Quem Cristo Morreu?* de John Owen e foi também omitida ou ignorada no livro recente *Do Céu Cristo veio buscá-la*.

Outra virtude do capítulo de Hammett é seu foco na função do Espírito Santo na aplicação subjetiva da expiação, um aspecto que sempre recebe pouca atenção dos particularistas.[1864]

A resposta de Trueman para Hammett tem uma preocupação menor em lidar com a evidência factual e está mais preocupada em promover sua noção de que a tipologia do Antigo Testamento do sacerdócio determina a obra sacerdotal de Cristo e leva à expiação limitada. Trueman se engana ao mencionar Hammett como que minimizando a ênfase do Novo Testamento que a expiação realiza a salvação que Deus intenta pelos eleitos.

> O universalista hipotético deve inevitavelmente eliminar a conexão causal imediata entre a morte de Cristo e a realização concreta da salvação no cristão, como ele também deve eliminar a conexão entre o propósito da morte de Cristo (para prover salvação a todos) e a intercessão de Cristo (prover salvação para alguns apenas).[1865]

[1862] Ibid., 165-66.
[1863] Ibid., 168-69.
[1864] Ibid., 174-76.
[1865] C. Trueman, "Resposta" em *A Extensão da Expiação em Debate*, 301-13.

Sinto-me confuso para compreender a ideia de Trueman nessa declaração. Todos precisam reconhecer a distinção (cronológica ou o contrário) entre a realização concreta da expiação e sua aplicação. Ele afirmaria o erro hipercalvinista da justificação na cruz? Além disso, defende a tese que pode haver mais de um propósito no intento de Deus da expiação, até mesmo de acordo com a soteriologia reformada.

A interação entre Trueman, Osborne e Hammett é em geral muito útil.

Antes de deixar nossa discussão do século XXI, uma palavra deve ser dita sobre os populares autores calvinistas que escrevem de forma a inferir que a expiação limitada é na realidade uma parte do evangelho. Recentemente, uma quantidade de livros foi publicada de autores calvinistas que lidam com o tema "do evangelho".

O livro de Greg Gilbert *What is the gospel?* [O que é o evangelho?] falou oito vezes, em quatro páginas, da morte de Cristo "por seu povo": "como um sacrifício substitutivo por seu povo", "pelos pecados de seu povo", "devido ao amor por seu povo ele voluntariamente entregou sua vida, o cordeiro de Deus morto para que seu povo pudesse ser perdoado". Cristo morreu como a punição "pelos pecados de seu povo", "Jesus suportou todo o peso horrível do pecado do povo de Deus", Deus "viu os pecados do povo de seu Filho sobre seus ombros", "Jesus expiou os pecados de seu povo e morreu no lugar deles", "a resposta para todas essas questões é encontrada na cruz do Calvário, na morte substitutiva de Jesus por seu povo". "Exatamente eles que são seu povo'?"[1866] Gilbert continuou no próximo capítulo a demonstrar que aqueles que exercem arrependimento e fé constituem "seu povo".

Embora Gilbert citasse várias passagens da Escritura que falam de Cristo morrer "por seu povo", como Mateus 1.21 ou Cristo morrer pelos "muitos", conforme Marcos 10.45, ele não mencionou nenhuma das muitas passagens da Escritura que falam de Jesus morrer por "todos" e pelo "mundo". A breve seção de Gilbert sobre a expiação é parcial. Ele aplica essas passagens que parecem limitar a expiação a um grupo específico de pessoas e ignorou aquelas passagens que parecem ensinar que Cristo morreu por todas as pessoas.

Quando os calvinistas extremos falam ou escrevem, como Gilbert, o que expressam por "seu povo" é "povo eleito". Cristo morreu na cruz apenas pelos pecados "de seu povo", a saber, os eleitos. Parte do problema, em acréscimo à falha em considerar o todo da Escritura sobre o assunto, é uma distorção de Mateus 1.21 ao projetar anacronicamente a teologia reformada dos séculos XVI e XVII ao texto do primeiro século. Contextualmente, "seu povo" em Mateus 1.21 é uma referência a Israel, não ao grupo abstrato dos eleitos de acordo com a teologia reformada.

[1866] G. Gilbert, *What is the gospel?* (Wheaton, IL: Crossway, 2010), 66–69.

É evidente que Gilbert está certo de que Cristo de fato morreu por aqueles que definitivamente serão salvos, isto é, aqueles que creem (os eleitos). Mas ele também morreu pelos pecados daqueles que não serão definitivamente salvos. Muitos outros exemplos poderiam ainda ser mencionados das obras modernas de calvinistas.

Conclusão

Muitas obras de natureza popular foram publicadas ou republicadas no século XXI, por calvinistas e não calvinistas.[1867] Essas obras, em níveis variados, discutem comumente a extensão da expiação de acordo com a estrutura do TULIP e a discussão é em geral resumida. Isso não parece que interessa ao calvinismo e especialmente o tema da extensão da expiação desaparecerá a qualquer momento, em breve.

[1867] As seguintes obras são ilustrativas, mas não exaustivas: J. M. Boice and P. G. Ryken, eds., *The doctrines of grace* (Wheaton, IL: Crossway, 2002); M. Coate, *A cultish side of calvinism* (Collierville, TN: Innovo, 2011); S. Ferguson, *By grace alone* (Lake Mary, FL: Reformation Trust, 2010); D. Johnson, *And the petals fall . . . A rebuttal of tulip theology* (n.p., 2010); P. Lumpkins, *What is calvinism?* (Carrollton, GA: Free Church, 2013); J. Piper, *Fifty reasons why Jesus came to die* (Wheaton, IL: Crossway, 2006); R. C. Reed, *The gospel as taught by Calvin* (Edinburgh: Banner of Truth, 2009); D. E. Spencer, *TULIP: The five points of calvinism in the light of scripture*, 2nd ed. (Grand Rapids, MI: Baker, 2009); J. Williamson, *L of the TULIP: A case for particular redemption* (Baltimore: Publish America, 2009); and Hutson Smelley, *Deconstructing Calvinism: A biblical analysis and refutation*, rev. ed. (Maitland, FL: Xulon, 2009), 149–70.

PARTE II

A Extensão da Expiação na Tradição Batista

Analisamos a história da extensão da expiação dos pais da igreja até 2015. A parte dois examina a questão da extensão da expiação na vida e no pensamento dos batistas do século XVII a 2015. Nesta parte, meu foco será os batistas ingleses (gerais e particulares) até o final do século XIX, então analisarei os batistas americanos do Norte (excluindo os batistas do Sul) de 1800 a 2015. Neste ponto, me voltarei para o que os Batistas do Sul disseram sobre a questão da extensão da expiação de 1845 a 2015.

5

A Extensão da Expiação entre os Batistas Ingleses, Gerais e Particulares

Os batistas ingleses surgiram no início do século XVII nascidos do movimento separatista puritano inglês. O grupo mais antigo, os batistas gerais, era mais arminiano na teologia e obtiveram essa designação por sustentarem a expiação ilimitada (geral). Aproximadamente trinta anos depois, surgiram os Batistas Particulares, designados assim por serem mais calvinísticos na teologia e por, e em grande parte, sustentarem a expiação limitada. Contudo, os Batistas Particulares não estavam em completa sincronia sobre a questão da expiação limitada.[1868]

[1868] W. Estep, seguindo Glen Stassen, alegou que os Batistas Particulares modificaram seu calvinismo sob a influência de *Foundation Book* de Menno Simons, citado na Primeira Confissão de Londres (1644; WR Estep, *The anabaptist story: An introduction to sixth century-anabaptism*, 3a ed. Rev. [Grand Rapids, MI: Eerdmans, 1996], 301-2; idem, *Why Baptists?: A study of baptist faith and heritage* [Dallas: Baptist General Convention of Texas, 1997], 49).

Batistas Gerais[1869]

O que o Anabatismo tem a ver com Arminianismo? Possivelmente mais do que muitas pessoas pensam. Os batistas ingleses mais antigos sustentaram uma posição teológica similar ao que viria a ser chamada "arminianismo", com alguns historiadores sugerindo que esses distintivos surgiram com o próprio Armínio. William Estep, notável erudito do anabatismo, sugeriu que os anabatistas ingleses eram claramente arminianos antes de Armínio.[1870]

Jerry Sutton proferiu a sugestão da influência anabatista na ascensão dos Batistas Gerais via Armínio.[1871] Claramente os anabatistas antecederam Armínio por quase um século com seus distintivos teológicos do calvinismo.

Sutton analisou a interação de Armínio com anabatistas e comparou algumas das visões de líderes notáveis entre os anabatistas sobre soteriologia com as de Armínio. Armínio conheceu e interagiu com Coonhert, que influenciou os menonitas holandeses, especialmente a ramificação Waterlander.[1872]

Em junho de 1599, os sínodos da Holanda do Norte e da Holanda do Sul concordaram em atribuir a Armínio a tarefa de refutar os Anabatistas a partir das Escrituras. Armínio aceitou relutante e solicitou que qualquer ministro holandês com folhetos anabatistas enviasse-os para Amsterdã onde ele pudesse ler, avaliar e combatê-los. Em 1601, ele leu todos os livros anabatistas que pôde encontrar, chegando a pedir que outros fossem enviados a ele caso pudesse não tê-los visto. Em 1602, elatou ao Sínodo da Holanda do Norte que tinha começado o trabalho. No entanto, Armínio jamais escreveu uma refutação completa que tinha sido comissionado a escrever, e em 1606 ele foi dispensado de tal projeto.[1873]

[1869] Para uma pesquisa dos Batistas Gerais até 1660, consulte B. R. White, "The English Baptists of the Seventeenth Century," in *A history of the english baptists*, v. 1 (Oxford: Baptist Historical Society, 1996), 15–58. Para uma pesquisa dos Batistas Gerais em meados do século XIX, consulte W. Underwood, *The general baptist denomination: Its past history, distinctive peculiarities and present condition* (Birmingham, AL: Henry James Tresidder, 1864). Para uma pesquisa dos Batistas Gerais até o início do século XIX, confira A. Taylor, *History of the english general baptists* (London: T. Bore, 1818). Para um levantamento dos batistas ingleses durante o século XIX, consulte J. H. Y. Briggs, "The English Baptists of the 19th Century" in *A history of the english baptists*, vol. 3 (Oxford: Baptist Historical Society, 1994).

[1870] Estep, *The anabaptist story*, 267–303.

[1871] J. Sutton, "Anabaptism and James Arminius: A Study in Soteriological Kinship and Its Implications," *Midwestern Journal of Theology* 11 (2012): 54–87.

[1872] Ibid., 66.

[1873] Ibid., 66-67.

Sutton conjecturou que uma possibilidade de Armínio nunca ter completado o projeto foi que ele se viu em simpatia com os anabatistas.[1874] No início do século XVII, a soteriologia anabatista estava mais alinhada com Armínio do que o calvinismo restrito reformado.

Em uma conversa que Sutton manteve por telefone com Carl Bangs, notável erudito em Armínio, Bangs confirmou que um documento havia sido localizado no qual Armínio refuta os anabatistas. Porém, a refutação lida com questões periféricas e não havia qualquer menção a questões da soteriologia.[1875]

Sutton concluiu que uma boa conjectura pode ser feita de que Armínio absorveu e adotou a soteriologia Menonita e Anabatista, e não o contrário. Ele acrescenta: "Se Armínio sustentava a soteriologia anabatista, e os batistas gerais defendiam a soteriologia arminiana, a lógica diz que os batistas gerais defenderam a soteriologia anabatista através de um filtro arminiano, de modo que, no final das contas, os batistas gerais ingleses têm verdadeiras raízes anabatistas."[1876] Essa questão é de alguma significância não somente para a discussão em pauta, mas para a história dos batistas em geral.

Thomas Grantham (1634—1692)[1877]

Grantham, o principal batista geral inglês, da última metade do século XVII, subscreveu a expiação ilimitada. Ele tinha algumas similaridades com o calvinismo bem como algumas diferenças com o arminianismo, como bem observou J. Matthew Pinson.[1878] Como Armínio, Grantham sustentou a expiação substitutiva. Em seu *Christianismus Primitivus*, ele declarou que Cristo cumpriu a lei por ser um substituto "no lugar e em benefício da humanidade."[1879] Para remediar o problema o pecado, Deus intencionou que Jesus fosse o remédio para curar a doença do pecado da humanidade. Ele fez isso fornecendo um emplastro compatível com a ferida. Como resultado, Grantham disse que

> ninguém pode gritar e dizer: estou desfeito, estou ferido com a inevitável ferida da humanidade e não há bálsamo para mim, o médico fez o emplastro tão estreito, que milhares, e dez milhares, possivelmente

---

[1874] Ibid., 67.

[1875] Ibid., 68.

[1876] Ibid., 86.

[1877] Quando não estão disponíveis, os anos de nascimento são apenas aproximações.

[1878] J. M. Pinson, "The Diversity of Arminian Soteriology: Thomas Grantham, John Goodwin, and Jacob Arminius" (ensaio apresentado no encontro nacional da American Society of Church History, Florida State University, Tallahassee, FL, Spring 1998).

[1879] T. Grantham, *Christianismus Primitivus* (London: Printed for F. Smith, 1678), 62.

não podem ser curado por ele; não, ele determinou nos ver perecer sem remédio. Ai de nós! Não há ninguém para nos salvar, nem poderíamos nos juntar e gritar no mundo; nascemos para ser destruídos, e destruídos devemos ser. Reprimir essa queixa hedionda (e realmente justíssima)... Somos ordenados a contemplar o cordeiro de Deus.[1880]

Dan Taylor (1738–1816)

Taylor foi o principal batista geral em sua geração e fundador da Nova Conexão dos Batistas Gerais. Ele publicou 49 livros, sermões, folhetos e planfetos. Se envolveu em um famoso debate sobre a extensão da expiação com Andrew Fuller. Seu embasamento para a expiação ilimitada é célebre.[1881]

Como todos os batistas gerais asseguravam a expiação ilimitada, não é necessário analisar seus escritos teológicos e sermões para demonstram tal visão. W. Underwood explicou bem a diferença entre os Batistas Gerais e os Batistas Particulares em meados do século XIX. Concernente a morte de Cristo, ele declarou,

> Cremos que a morte de Cristo foi voluntária e vicária, e que, em conexão com isso sua obediência e sofrimentos constituíram uma expiação real, satisfazendo a lei de Deus, reconciliando o Deus ofendido ao homem e o ofensivo homem a Deus; que o mundo inteiro, sendo culpado diante de Deus, está sob a condenação da morte eterna, mas que todos os arrependidos que confiam em Cristo têm "redenção por meio do seu sangue, o perdão dos pecados". Mas, o princípio distintivo do qual tomamos nosso nome, *geral*, que foi prefixado nos antigos pactos da igreja, o qual inserimos em muitos de nossos títulos de propriedade, e que alegremente "proclamamos nos eirados", é *o amor de Deus em Cristo para toda humanidade*".[1882]

Underwood contrastou esse entendimento com o dos batistas particulares:

> Quando o batista particular pleno declara que Cristo morreu somente para uma parte da humanidade, por sua ovelha ou a igreja; e quando o

---

[1880] Ibid., 63.

[1881] A descrição feita por seu biógrado sobre os debates entre Taylor e Fuller pode ser encontrada em Adam Taylor, *Memoirs of the Rev. Dan Taylor* (London: Baynes and Son, 1820), 172–82.

[1882] W. Underwood, *The general baptist denomination, its past history, distinctive peculiarities, and present position* (London: Henry James Tresidder, 1864), 12 (ênfase no original).

moderado diz que Cristo morreu para a igreja em um sentido, e para o mundo em outro, o batista geral difere de ambos... Quando o batista particular moderadamente diz "redenção, enquanto é *particular*, possui em adição um aspecto universal," batistas gerais não calvinistas são bastante confusos com essa representação dupla da redenção. Quando nos é dito que o amor do Pai por sua descendência é todo abrangente, e que a provisão feita por sua salvação pela medição sacrificial do Filho é ilimitada, mas que a aplicação requerida dessa salvação pelo Espírito Santo é *propositadamente parcial*, isso parece distinguir uma simpatia desigual e unidade imperfeita nas pessoas da divindade; e uma trindade tão dispare e dividida que não podemos aceitar.[1883]

Segundo Underwood, os batistas gerais não se consideravam arminianos:

> Por outro lado, posso declarar que, conhecendo pouco de Armínio além do seu nome, e não gostando do todo do pouco que conhecemos, nunca nos chamamos de seus seguidores... Estou ciente do dito com respeito a divindade dogmática semelhante ao que foi dito sobre filosofia, e como todo homem é considerado como sendo um plantonista ou um aristotélico, assim supõe-se que todo crente em Cristo deve ser ou calvinista ou um arminiano. A suposição é errônea, e a fonte dela é tanto preconceito quanto ignorância.[1884]

Parece que a principal diferença teológica entre os batistas gerais e os batistas particulares diz respeito à extensão da expiação. Underwood notou que Thomas Grantham

> admitiu que não havia um ponto mais importante de diferença entre aquelas igrejas do que o que diz respeito a extensão do resgate pago para a humanidade; mas ele argumentou que tal diferença não justificaria uma divisão porque os pontos de concordância eram mais numerosos e importantes do que aqueles em que eles diferiam.[1885]

[1883] Ibid., 15-16 (ênfase no original).
[1884] Ibid., 18.
[1885] Ibid., 23-24.

Os Batistas Particulares

Paul Hobson (1666-)

Hobson foi um dos principais pastores e evangelistas batistas particulares de Londres, em seu tempo. Foi responsável pela plantação de várias igrejas em Newcastle e Northumberland. Assinou a Confissão de Londres de 1644 e 1646.[1886] Nas edições de 1644 e 1646, a ênfase estava na aplicação da obra de Cristo a um certo número de pessoas. Ele se alinhava com isso. A Confissão de Westminster dividiu seu artigo sobre a extensão do sacrifício da extensão da aplicação a fim de admitir posições sobre a extensão da expiação como a amiraldiana bem como o universalismo hipotético.

Hobson declarou sua crença de que "Cristo morreu por todo homem, mas não por todos igualmente". Como suporte da primeira proposição, ele citou 1 Timóteo 4.10; Hebreus 2.9 e 2 Pedro 2.1. Dado que Gênesis fala do pecado de Adão como trazendo a morte sobre toda humanidade, Deus envia Cristo "para se colocar entre a declaração de maldição, o ato de merecer e a execução da maldição", de maneira que o homem não morra imediatamente sob a maldição de Deus. Jesus suportou a ira divina e satisfez a justiça do Pai "e assim Cristo foi o salvador da execução dessa maldição para todo homem". A morte dele por todas as pessoas provocou a suspensão da execução, adiando a ira de Deus.[1887]

Podemos ver claramente a natureza dual da expiação em Hobson: Cristo morreu pelos pecados de todas as pessoas, mas morreu especialmente ou com intenção particular de salvar somente os eleitos. Hobson prossegue afirmando: "Cristo provou a morte por todos os homens, e negá-la é heresia."[1888]

[1886] Para mais informações sobre Hobson, consulte W. T. Whitley, "The Reverend Colonel Paul Hobson," *Baptist Quarterly* 9 (1938–39): 307–10; e M. Bell, *Apocalypse How? Baptist movements during the english revolution* (Macon, GA: Mercer University Press, 2000), 82, 91–94, 104–5, 155–56, 238–40, 247–49.

[1887] P. Hobson, *Fourteen queries and ten absurdities about the extent of Christ's death, the power of the creatures, the justice of God in condemning some, and saving others, presented by a free-willer to the church of Christ at newcastle, and answered by Paul Hobson a member of said church* (London: Henry Hills, 1655), 6–14. Veja também o capítulo sobre Hobson in R. Greaves, *Saints and Rebels: Seven non-conformists in stuart england* (Macon, GA: Mercer University Press, 1985).

[1888] Hobson, *Fourteen Queries*, 101. William Pedelsden escreveu uma resposta a Hobson sob o título *Sound doctrine, or, the doctrine of the gospel about the extent of the death of Christ; being a reply to Mr. Paul Hobson's pretended answer to the author's fourteen queries and ten absurdities: with a brief and methodicall compendium of the doctrine of the holy scriptures...: also of election and reprobation...: whereunto is added the fourteen queries and ten absurdities pretended to be answered by Mr. Paul Hobson, but are wholly omitted in his book* (London: Printed for Richard Moon, 1657).

Thomas Lamb (1672 ou 1686).
Lamb foi um pastor e pregador batista particular popular na Inglaterra do século XVII.[1889] Benjamin Brook, em sua obra *Lives of the puritans*, disse que "é extremamente óbvio, que, sobre os pontos controversos, ele era um calvinista radical."[1890]

Lamb deixou claro que sustentava a expiação universal. "Assim também afirmativamente eu declaro, Cristo se deu em resgate e propiciação pelos pecados de todos e de todos os homens."[1891] E afirmou que Cristo "sofreu por todos os pecados e transgressões dos homens contra a santíssima lei de Deus de forma que agora nenhum homem perecerá mas somente pela não crença na remissão dos pecados por meio de Cristo somente."[1892]

Lamb assegurou seu acordo com o arminiano John Goodwin sobre a questão da extensão: "Ainda que eu não negue, antes concorde com ele [John Goodwin], de que a negação da morte de Cristo por todos os pecadores desvirtue da filantropia de Deus, e negue a Deus ser aquele que ama os homens e, de fato, destrua o fundamento e a base da fé cristã."[1893]

Lamb argumentou que:

> Para quem não tem salvação nele, Deus não ordena a nenhum homem crer em Cristo para a salvação; pelo contrário, em todas as ocasiões Deus aconselha e responsabiliza homens a tomarem cuidado com dependências incertas, vazias e vãs e de procurar ajuda, paz e segurança onde elas não são encontrados.[1894]

Ele entendeu que, se Cristo sofreu somente pelos pecados dos eleitos, então Deus estaria ordenando o não eleito a crer em seu Filho para uma salvação que não existe.

Lamb participou aos seus leitores que sua visão foi desafiada por outros calvinistas que asseguraram que ela negava a eleição, apoiava o livre-arbítrio, e que a apostasia se tornava possível. Sua resposta a esses desafios foi a seguinte:

> por boas razões tenho conscientemente negado que essas doutrinas são consequência natural da crença da morte de Cristo por todos os homens,

---

[1889] B. Brook, *The lives of the puritans*, 3 vols. (1813; Pittsburgh, PA: Soli Deo Gloria, 1994), 3:461–66.
[1890] Ibid., 3:466.
[1891] Thomas Lamb, *Absolute freedom from sin by Christ's death for the world* (London: H. H., 1656), 254.
[1892] Ibid., 254.
[1893] Ibid., 248.
[1894] Ibid., 268.

Ainda assim, muitos que adotam a visão da morte de Jesus por todos, tomam essas como verdadeiras consequências. Esses, por sua vez, não são somente pessoas comuns ou ignorantes, mas homens habilidosos e desejosos por aprender.

Por isso os opositores da morte de Cristo por todos ficam empolgados a concluir que essas consequências inevitavelmente a seguem e, portanto, a rejeitam completamente como uma doutrina falsa.

Tenho sido pressionado em meu espírito a publicar algo sobre isso, declarando e demonstrando com clareza que a morte de Cristo por todos não tem relação direta com essas coisas, mas é uma verdade sem elas.[1895]

John Bunyan (1628—1688)

Bunyan é um dos mais conhecidos entre os batistas particulares e os puritanos do século XVII. Ele, como os citados anteriormente, também assegurou a expiação ilimitada:[1896]

> Cristo morreu por todos... pois se aqueles que perecem nos dias do evangelho, terão, pelo menos suas condenações aumentadas porque eles negligenciaram e recusaram receber o evangelho, era necessário que o evangelho tivesse sido oferecido a eles com toda a sinceridade; o que não poderia ser, a menos que a morte de Cristo fosse estendida a eles; João 3.16; Hebreus 2.3. Pois a oferta do evangelho não pode ser, com a permissão de Deus, ofertada além de onde a morte de Cristo vai. Pois, se isso for tirado, não há evangelho, nem graça a ser estendida.[1897]

Falando de Atos 3.23 e aqueles que serão "cortados" do povo se eles se recusarem a ouvir a pregação do evangelho, Bunyan declarou, "Mas Deus poderia ter ameaçado dessa forma, se Cristo, por seu sangue e os méritos, não tivesse pago o preço completo a Deus pelos pecadores, e obtido eterna redenção por eles?"[1898]

Bunyan declarou que a ira de Deus permanecerá eternamente sobre aqueles que rejeitam a Cristo,

---

[1895] Ibid., x-xi.

[1896] D. Wenkel, "John Bunyan's Soteriology during His Pre-prison Period (1656–1659): Amyraldian or High Calvinist?," *Scottish Journal of Theology* 58 (2005): 333–52.

[1897] J. Bunyan, "Reprobation Asserted," in *The whole works of John Bunyan*, 3 v. (Grand Rapids, MI: Baker, 1977), 2:348. Veja também "The Jerusalem Sinner Saved, or, Good News for the Vilest of Men," em *Works*, 1:90. Aqui Bunyan faz a "ousada proclamação" aos incrédulos, e diz: o Filho "morreu por ti".

[1898] J. Bunyan, "Light for Them That Sit in Darkness," in *Works*, 1:429.

Pois eles querem [carecem de] um sacrifício para pacificar a ira por seus pecados, tendo resistido e recusado o sacrifício do corpo de Cristo. Portanto, eles não podem partir de sua condição atual de recusa em aceitar o compromisso de Cristo por ele.[1899]

Bunyan manifestou sua crença na expiação ilimitada neste breve verso poético:

Dei meu filho para te fazer bem
Te dei espaço e tempo
Com ele para aproximar, o que você resistiu,
E fez com o inferno combinar.[1900]

Ele também declarou:

Sim, onde fica aquilo, ou ele, que coloca em dúvida a suficiência superabundante que está no mérito de Cristo, quando Deus continua a libertar, dia a após dia, sim, continuamente, a todo momento, pecadores dos seus pecados, morte e inferno, por amor a redenção que é obtida em nosso benefício por Cristo?

Deus deve ser louvado plenamente; fora isto não há mais nada! Há nele o que é suficiente e muito mais! Será pelo mérito de Cristo, mesmo no fim do mundo, como foi com os cinco pães e dois peixes, depois que os cinco mil homens, além de mulheres e crianças, comeram o suficiente. Havia, à vista de toda multidão, mais alimento do que parecia no início. Antes de tudo, havia apenas cinco pães e dois peixes que um menino levou. Por fim, eram doze cestos cheios cujo peso, suponho, um homem muito forte não poderia carregar. Melhor que isso, estou convencido de que no fim do mundo, quando os condenados verem que há suficiência de mérito em Cristo, além do que foi concedido aos que foram salvos por ele, irão enlouquecer pela angústia de coração ao pensar quão tolos foram por não vir a ele, e confiar nele para serem salvos, tal como seus amigos pecadores o fizeram. Porém, é revelado isto a Israel, algo que o piedoso pode esperar. Portanto, espera Israel, no Senhor, porque com ele há uma grande redenção."[1901]

[1899] Ibid., 1:430.
[1900] J. Bunyan, "One Thing Needful," em *Works*, 3:734.
[1901] J. Bunyan, "Israel's Hope Encouraged," em *Works*, 1:607–8.

São inúmeros os outros lugares na obra de Bunyan onde ele assegura uma expiação ilimitada.[1902]

O artigo de Ben Rogers, "John Bunyan and the Extent of the Atonement,"[1903] foi escrito em resposta ao meu capítulo sobre extensão da expiação em *Whosoever will*. Rogers criticou meu argumento de que Bunyan sustentava a expiação universal e argumentou que ele, na verdade, assegurava a expiação limitada. Dois anos depois, Rogers contribuiu com um capítulo sobre Bunyan em *Whomever he wills*.[1904] Curiosamente, em sua participação nessa obra, Rogers abriu mão do seu argumento de que Bunyan afirmou a expiação limitada. A princípio Rogers cria que Bunyan assegurava a expiação limitada, mas diante desse fato, pode ser que ele agora considere a visão deste indeterminada devido à autoria debatida de *Reprobation asserted,* ou ele chegou a ver a Bunyan como um moderado quanto à expiação.

Rogers está errado sobre duas questões e correto sobre uma. Primeiro, ele errou ao pensar que Bunyan é impreciso; segundo, errou ao pensar que Bunyan não é o autor de *Reprobation asserted*. É razoável concluir que Bunyan é o autor. Pois, o conteúdo da obra é consistente com suas outras obras.[1905] Contudo, Rogers está certo nisso: Quem quer que tenha sido o autor de *Reprobation asserted* creu que Cristo morreu pelos pecados de todas as pessoas.

[1902] Seguem alguns exemplos selecionados das obras de Bunyan onde ele assegurou a expiação limitada: Bunyan, "Justification by an Imputed Righteousness," em *Works*, 1:334; "Light for Them That Sit in Darkness," em *Works*, 1:408–9, 416, 429, 432; "Doctrine of Law and Grace," in *Works*, 1:526; 561–63; "The Saints Privilege," em *Works*, 1:667; "Some Gospel Truths Opened," em *Works*, 2:166–67; "A Vindication of Gospel Truths," em *Works*, 2:181, 194, 203, 208; "A Defense of the Doctrine of Justification," em *Works*, 2:297–98; 306–7; 309; 329–30; "Reprobation Asserted," em *Works*, 2:348–49; "A Few Sighs From Hell," em *Works*, 3:348; "Heavenly Footman," em *Works*, 3:384; "The Jerusalem Sinner Saved, or, Good News for the Vilest of Men," em *Works*, 1:90.

[1903] B. Rogers, "John Bunyan and the Extent of the Atonement," *Founders Journal* 82 (2010): 17–31.

[1904] B. Rogers, "Sovereign Grace and Evangelism in the Preaching of John Bunyan," em *Whomever he wills: A surprising display of sovereign mercy*, ed. M. Barrett and T. J. Nettles (Cape Coral, FL: Founders, 2012), 316–36.

[1905] Confira eruditos em Bunyan, R. L. Greaves, who says no: "John Bunyan and 'Reprobation Asserted,'" *Baptist Quarterly* 21 (1965): 126–31; e P. Helm who says yes: "John Bunyan and 'Reprobation Asserted,'" *Baptist Quarterly* 28 (April 1975): 87–93.

Hipercalvinistas entre os Batistas Particulares na Inglaterra do século XVIII

O *background* e a ascensão do hipercalvinismo são muito complexos e não podem ser considerados em profundidade aqui. Talvez, a melhor versão histórica venha de Peter Toon em *The emergence of hyper-calvinism in english nonconformity, 1689-1765*,[1906] e Curt Daniel em "Hyper-Calvinism and John Gill."[1907] Tobias Crisp, Joseph Hussey, John Skepp, John Gill e John Brine são nomes de peso na ascensão do hipercalvinismo entre os batistas particulares.

Tobias Crisp (1600—1643)

Crisp foi um pastor não conformista[1908*] e pregador popular. Após sua morte, suas obras foram publicadas sob o título *Christ Alone Exalted*.[1909] A primeira edição surgiu em 1643. Em 1690, suas obras foram reeditadas com adições por um dos seus filhos e, em 1755, por John Gill. Essa incluía 52 sermões, quatorze das quais foram baseadas em Isaías 53.6. Essa publicação criou a "controvérsia crispiana" e a "controvérsia antinomista" que continuariam ainda por pelos menos dez anos.[1910]

Na defesa de Crisp da expiação limitada, ele "tendia a falar mais literalmente acerca da imputação dos pecados em Cristo (e também da justiça de Cristo para com os eleitos)."[1911] Crisp era um antinomista doutrinal e sustentava a justificação eterna.[1912] Para ele, a justificação pode ser vista como acontecendo em três estágios. Primeiro, os eleitos foram, na mente de Deus, justificados na eternidade na base da aliança da redenção. Segundo, os eleitos foram justificados em Cristo em virtude de sua liderança federal. Terceiro, justificação pela fé ocorre quando o indivíduo eleito é assegurado de sua justificação eterna.[1913] Diferentemente dos hipercalvinistas poste-

---

[1906] P. Toon, *The emergence of hyper-calvinism in english nonconformity, 1689–1765* (London: Olive Tree, 1967).

[1907] C. Daniel, "Hyper-Calvinism and John Gill."

[1908] * Membro de uma igreja protestante na Inglaterra que discorda da igreja Anglicana (N. do T.).

[1909] T. Crisp, *Christ alone exalted in the perfection and encouragements of the saints, notwithstanding sins and trials. Being the complete works of Tobias Crisp D. D. sometime minister of the gospel at Brinksworth in whitshire containing fifty-two sermons on several select texts of scripture*, 4 v. (London: R. Noble, 1791).

[1910] P. Toon, *Emergence of hyper-calvinism*, 49–54.

[1911] P. Toon, *Emergence of hyper-calvinism*, 56.

[1912] Para uma discussão útil sobre "justificação eterna" e sua variedade de nuances, consulte O. Crisp, *Deviant calvinism: Broadening reformed theology* (Minneapolis, MN: Fortress, 2014), 41–69.

[1913] Toon, *Emergence of hyper-calvinism*, 60.

riores, Crisp não hesitava em oferecer o evangelho a todas as pessoas e convidá-las a responder com fé em Cristo.[1914]

Joseph Hussey (1659—1726)

Hussey foi ordenado como presbiteriano e foi pastor em Cambridge. Mudou sua visão sobre governo de igreja para congregacional em 1694 e também se tornou hipercalvinista em sua teologia.[1915] Hussey era prudente ao evitar alguns termos em suas pregações dirigida aos perdidos. Falar em "oferecer" o evangelho poderia implicar uma habilidade inata da pessoa para responder. Seu livro *God's Operations Of Grace But No Offers Of Grace* expõe sua abordagem.[1916]

Hussey acreditava na pregação do evangelho a todos, contudo, não cria na oferta do evangelho a todos indiscriminadamente. Ele alegava que somente os eleitos podem responder com fé ao evangelho.[1917] Também negou que o não eleito tinha qualquer

---

[1914] Ibid., 63.

[1915] Ibid., 74-84.

[1916] J. Hussey, *God's operations of grace: But no offers of his grace* (London: D. Bridge, 1707). *The glory of Christ unveil'd*, publicada em 1706, postulou que a natureza humana de Cristo existia no céu com base na aliança trinitariana da redenção.

[1917] Geralmente os hipercalvinistas são caricaturados hoje como se não cressem na pregação a todos. Isso não é preciso. Curt Daniel abordou essa questão:

> Apesar de suas posições teológicas em outros pontos, o hipercalvinismo enfatiza a primazia da pregação de uma maneira que surpreende muitos dos seus críticos. Ao contrário da opinião de alguns dos seus oponentes, eles quase sempre acreditam que o evangelho deve ser pregado indiscriminadamente a todos os homens. Essa não é uma visão minoritária, nem um desenvolvimento posterior, pois nós a encontramos desde muito cedo. A primeira reposta dada por Hussey a pergunta [Como devemos pregar o evangelho, se não oferecemos o evangelho?], "Em geral, na audiência, devemos pregar a doutrina da salvação a todos os pecadores." A mesma opinião pode ser encontrada no assunto específico de nosso estudo, Dr. John Gill: "o evangelho deve ser pregado a todos". Claro, isso se aplica somente a criaturas racionais. Mas, como todos os homens tem o dever natural de escutar e crer no que Deus os revela, assim o pregador tem o dever de pregar e proclamar a todos. (Daniel, *Hyper-calvinism and John Gill*, 448–49).
>
> Daniel também declarou: "Com exceção de uns poucos batistas primitivos [N. do E.: grupo que se separou dos demais batistas devido à controvérsia sobre a participação de igrejas e membros em juntas missionárias, seminários, sociedades bíblicas] extremos, todos os hipercalvinistas acreditaram que devemos 'pregar' o evangelho a todos, mas 'oferecê-lo' a ninguém. Pregar, explicar, ordenar – sim. Oferecer – não. Alguns também discutiam sobre o uso da palavra 'convidar', argumentando que só podemos convidar 'pecadores conscientes [convictos]', não pecadores em geral. Tudo isso está relacionado com o antimissionismo (C. Daniel, *The history and theology of calvinism* [Springfield, IL: Good Books, 2003], 89). [N. do E.: O antimissionismo é uma referência a divisão entre Batistas Primitivos e Batistas Missionários. A despeito da terminologia, isso não necessariamente implica que os Batistas Primitivos lutavam contra missões. A controvérsia não se explica somente apelando para questões doutrinárias como o

dever de responder ao evangelho visto que ele não tinha tal habilidade. Para Hussey, a incapacidade era equivalente a nenhuma obrigação moral por parte dos não eleitos de crer no evangelho.

John Skepp (1675—1721)

Skepp tornou-se batista e pastoreou em Curriers' Hall em Londres. Seu papel na ascensão do hipercalvinismo foi a introdução da teologia de Hussey nos batistas particulares. Toon declarou que "Skepp permanece, por assim dizer, na história do dogma, como a conexão entre a teologia de Hussey o hipercalvinismo de muitos batistas particulares através do século XVIII."[1918]

John Gill (1687—1771).

Gill foi um importante pastor batista particular bem como um autor prolífico. Em 1719, tornou-se pastor da Igreja Batista em Horsleydown e permaneceu lá até sua morte em 1771. Skepp participou da ordenação de Gill e esse tinha grande respeito por Skepp. Em alguns dos seus pontos de vista, Gill foi um calvinista extremado e um polemista. "O hiper-calvinismo de Richard Davis, intensificado pela controvérsia com o baxterianismo e arminianismo, transformado pela assimilação das doutrinas crispianas e severamente condicionado pela influência da teologia do 'sem ofertas de graça' de Hussey, foi o ambiente teológico no qual Gill foi alimentado."[1919]

Gill foi um fervoroso defensor da expiação limitada e é geralmente classificado por eruditos com um hipercalvinista.[1920] Ele foi responsável pela republicação da obra

---

hipercalvinismo, mas para os métodos, as políticas missionárias daqueles dias e o entendimento do governo da igreja].

Seguindo a mesma linha Ian Murray disse: "Se Deus escolheu um povo, então, argumentava o hipercalvinismo, ele não pode desejar a salvação de todos os outros e falar como se estivesse desejando. Isso seria negar a particularidade da graça. Claro, hipercalvinistas aceitavam que o evangelho fosse pregado a todos, mas eles negavam que tal pregação tinha a intenção de demonstrar algum amor da parte de Deus para com todos, ou qualquer convite para que todos recebessem a misericórdia" (I. H. Murray, *Spurgeon v. hyper-calvinism: The battle for gospel preaching* [Edinburgh: Banner of Truth, 2000], 89).

[1918] P. Toon, *Emergence of hyper-calvinism*, 88–89. O hipercalvinismo de Skepp pode ser visto em sua *The divine energy: Or, the efficacious operations of the spirit of God in the soul of man, in his effectual calling and conversion: Stated, proved, and vindicated. Wherein the real weakness and insufficiency of moral persuasion, without the super-addition of the exceeding greatness of God's power for faith and conversion to God, Are full evinced. Being an antidote against the pelagian plague* (London: Printed for Joseph Marshall, 1722).

[1919] P. Toon, *Emergence of hyper-calvinism*, 99.

[1920] Both T. Nettles e T. George tentaram redimir Gill do seu hipercalvinismo. Veja T. George, "John Gill," em *Theologians of the baptist tradition*, ed. T. George e D. Dockery (Nashville: B&H, 2001), 11–33. Embora Nettles esteja correto ao notar a distinção de Gill entre a pregação do evangelho e a oferta de salvação a todos, J. L. Garrett está correto em ressaltar, "a rejeição de Gill da 'oferta'

de John Skepp, de 1722, *The divine energy*. Skepp foi membro da igreja de Hussey, em Cambridge, e era amigo próximo e mentor de Gill. Andrew Fuller foi afetado pela avaliação de Gill quanto ao "chamado efetivo" e sua depreciação do "chamado geral" na pregação. Referindo-se a obra de Gill, *Cause of God and truth,* Clipsham declarou a situação em termos firmes: "Gill... fez grandes esforços para explicar o significado de 'todos' no qual ele aparece em conexão com a proclamação universal do evangelho, e diligentemente evitou os mandamentos diretos e exortações das Escrituras ao arrependimento e a crença em Cristo para a salvação."[1921]

O argumento de Gill contra a expiação universal era baseado na pressuposição de que os objetos da eleição e da redenção são coextensivos; consequentemente somente a expiação limitada pode ser a posição bíblica.[1922]

Obtemos uma noção do raciocínio de Gill sobre expiação limitada a partir de seus comentários de 2 Coríntios 5.14-15:

> Esse texto não declara que Cristo morreu por *todos os homens*, mas por *todos*; e portanto, alinhada com outras passagens das Escrituras [Mt. 1:21; Jo. 10:15; Ef. 5:25; Hb. 2:9, 10], pode ser entendida como todo *o povo* que Jesus salva de seus pecados... O que é dito na última parte do texto, que aqueles por quem Cristo morreu, para eles também ressuscitou, portanto ele deve viver... Jesus não morreu por ninguém mais do que

---

e 'presente' com suas implicações para a pregação significa que ele dificilmente pode ser removido das fileiras dos hipercalvinistas" (J. L. Garrett, *Baptist Theology: A four-century study* [Macon, GA: Mercer University Press, 2009], 99). A. Sell declarou, "Não importa o quão possamos respeitar Gill por suas obras prodigiosas... permanece o fato de que todas suas declarações da necessidade de *proclamar* o evangelho, ele parece ter menosprezado o *chamado* do evangelho", (A. Sell, *The great debate: calvinism, arminianism, and salvation,* [Eugene, OR: Wipf & Stock, 1998], 82). R. Oliver resenhou a obra de Nettles *By his grace and for his glory* e corrigiu a interpretação de Nettles sobre Gill (*Banner of truth* 284 [May 1987], 30–32). Iain Murray observou: "É difícil ver como a defesa de Nettles sobre Gill pode ser mantida" (*Spurgeon v. hyper-calvinism*, 131). Parece que em anos recentes Nettles recuou em sua visão sobre Gill: "Embora eu entenda que o julgamento deveria estar cercado de cuidados e advertências, pode haver evidências convincentes de que Gill manteve o dogma distintivo do hipercalvinismo" (T. Nettles, "John Gill and the Evangelical Awakening," em *The life and thought of John Gill (1697–1771): A tercentennial appreciation*, ed. M. Haykin [Leiden: Brill, 1997], 153). Nettles tem em mente a negação do "dever da fé" ou a responsabilidade de crer no evangelho. B. H. Howson também observou as recentes mudanças de Nettles (*Erroneous and Schismatical Opinions: The question of orthodoxy regarding the theology of hanserd knollys (c. 1599–1691)* [Leiden: Brill, 2001], 172).

[1921] E. F. Clipsham, "Andrew Fuller and Fullerism," *Baptist Quarterly* 20 (1963): 102.

[1922] J. Gill, *The cause of God and truth* (1735–1738; repr. Grand Rapids, MI: Baker, 1980), 98. Veja também sua obra *A complete body of doctrinal and pratical divinity: Or a system of evangelical truths deduced from scripture* (Parish, AK: Baptist Standard Bearer, 1987), livro 6, capítulos 3 e 4.

pelos que ressuscitou; para quem ele ressuscitou, ressuscitou para a justificação desses; se Cristo ressuscitou para a justificação de todo homem, todo homem seria justificado, ou o objetivo da ressurreição de não teria sucesso; mas todos os homens não são, nem serão justificados; alguns serão condenado: isso implica que Cristo não ressurgiu dos mortos por todos os homens e consequentemente não morreu por todos os homens.[1923]

O mais completo tratamento dado por Gill à temática da extensão da expiação está em sua obra *Body of Doctrinal and Practical Divinity*.[1924] Ele assegurou a expiação limitada com firmeza. Para isso, lançou mão de três grupos de argumentos contra a expiação ilimitada: (1) a natureza e os atributos de Deus são retratados negativamente na expiação (Gill a denomina "redenção") ilimitada; (2) a expiação ilimitada deprecia a graça de Cristo em sua obra como redentor, e (3) a expiação universal é inútil para quem não é salvo.[1925]

Quanto ao primeiro grupo de argumentos, Gill acreditava que a expiação universal operava a despeito do amor de Deus. Ele questionava: "Que tipo de amor deve ser esse que não assegura a salvação de ninguém?" Além disso, o amor do Pai é imutável – não de acordo com o projeto de uma expiação limitada, visto que ele ama o pecador o suficiente para morrer por eles e deseja que sejam salvos – e esse amor ainda se torna ira e Deus os pune eternamente. Finalmente, de acordo com Gill, o amor de Deus não é direcionado para aqueles que nunca ouviram o evangelho. "Amor como esse é indigno de Deus."[1926]

Gill sugeriu que a expiação universal reflete negativamente a sabedoria de Deus. "Onde está sua sabedoria em arranjar um projeto [expiação ilimitada] no qual ele falha no fim?"[1927] Ora, simplesmente porque Gill não pode conceber qualquer sabedoria da parte de Deus em uma expiação ilimitada não prova seu argumento de que não existe sabedoria nela.

[1923] J. Gill, *Cause of God and Truth*, 41–42 (ênfase no original).

[1924] Gill, *A complete body of doctrinal and practical divinity*, 461–75.

[1925] Ibid., 463–67.

[1926] Ibid., 464. Os problemas com o entendimento de Gill quanto ao amor de Deus devem ser evidenciados. Primeiro, o amor do Pai realmente assegura a salvação de todos os que creem, mesmo em um entendimento arminiano da expiação. Em segundo lugar, Gill falhou em reconhecer que o Senhor ama e fica irado com as mesmas pessoas. Será que ele esqueceu de que Efésios 2.3 fala dos eleitos incrédulos como estando sobre a ira de Deus? Em terceiro lugar, o problema com os não evangelizados é um dilema tanto para a soteriologia reformada quanto para a soteriologia arminiana.

[1927] Ibid.

De acordo com Gill a justiça de Deus também é contestada pela expiação ilimitada. Nesse ponto, ele apela para o argumento do duplo pagamento. O erro de Gill está em sua compreensão comercial da expiação e em não reconhecer que a Escritura ensina que o eleito incrédulo permanece sob a ira de Deus.

Gill assegurava que a onipotência de Deus é difamada visto que ele é incapaz de "levar seus projetos a execução."[1928]

Para Gill, seguir a visão de uma expiação ilimitada é questionar a imutabilidade de Deus. Ele "às vezes tem uma intenção, às vezes uma outra; às vezes planeja salvá-los; e em um outro momento sua intenção é condená-los."[1929] Esse argumento está sob a mesma crítica anterior concernente ao amor de Deus. Além disso, o argumento de Gill aqui é minado por aqueles dentro da tradição reformada que postulam a noção das duas vontades de Deus: a revelada e a decretada.

Por fim, Gill assegurava que a expiação ilimitada rouba a glória de Deus. Todo calvinista moderado ou não calvinista simplesmente responderia que o inverso é que é verdadeiro. Expiação ilimitada resulta em reconhecimento máximo da glória de Deus à medida que magnifica todos os seus atributos divinos incluindo o seu amor.

Na segunda categoria dos argumentos de Gill contra a expiação ilimitada (ela deprecia a graça de Cristo), ele lista cinco argumentos. Primeiro, questiona: Que tipo de amor é esse que morre por todos, mas retém os meios de graça da maioria deles de forma que não podem ser salvos?[1930] Nesse ponto, ele, claro, está assumindo como verdadeira sua soteriologia reformada. Gill pode dirigir essa mesma pergunta também aos parceiros do calvinismo moderado. Ela seria bem mais danosa para a sua soteriologia.

Segundo, Gill sugere que a expiação ilimitada reflete negativamente a obra de Cristo, visto que "Deus é reconhecido somente como reconciliável, não reconciliado, nem o homem é reconciliado com ele". Gill falhou em entender o lado objetivo e subjetivo da reconciliação listados por Paulo em 2 Coríntios 5:18-20.

Terceiro, ele presumiu que, se todos por quem Cristo morreu não são, no final das contas, salvos; então sua morte foi em vão. Apelando para Romanos 8:32-33, Gill concluiu o seguinte: visto que aqueles por quem Cristo morreu não estão sob condenação, e visto que muitos estarão sob condenação, deve ser verdade que Cristo não morreu por eles. "A morte de Jesus não tem eficácia contra a condenação."[1931] Esse é um argumento comum no arsenal limitariano. A resposta é simples: "A audiência e o assunto de Paulo são os crentes. Ele não está falando de maneira abstrata acerca

---

[1928] Ibid.
[1929] Ibid., 465.
[1930] Ibid.
[1931] Ibid., 466.

de todos os eleitos (como os eleitos ainda não nascidos e os eleitos descrentes vivos). O ponto do apóstolo é que nenhuma condenação atinge o *crente*, não que Cristo não morreu por todos os pecadores. Esse argumento foi devidamente refutado por David Ponter.[1932]

Quarto, ele argumentou que a morte e o ministério de intercessão pós-ressurreição de Cristo são iguais em extensão. Em outras palavras, de acordo com Gill, Cristo não morreu para aqueles por quem ele não ora. Como temos visto, esse argumento é exegeticamente falacioso. Quinto, se Jesus morreu por todos, então não "verá o penoso trabalho de sua alma e se satisfará" como temos em Isaías 53.11. Esse argumento simplesmente levanta a questão em pauta.[1933]

A terceira categoria dos argumentos de Gill, contra a expiação ilimitada, diz respeito a sua ineficácia para todos aqueles que estão eternamente perdidos. Ele sustenta o argumento de que, se Cristo morreu por aqueles que estão perdidos eternamente, então sua morte foi em vão.[1934] O mesmo, argumenta, é verdade para aqueles que nunca ouviram o evangelho. Gill entendia que expiação ilimitada implica em incerteza quanto à salvação de todas as pessoas. Essa é uma caricatura da posição não calvinista. Não calvinistas creem que a expiação possibilita a salvação para todos e garante a salvação de todos os que creem – embora a maioria dos arminianos declare que a salvação pode ser perdida devido à apostasia.

Finalmente, Gill assegura que a salvação como apresentada pela visão da expiação ilimitada pode levar os salvos a pensar que são salvos por suas próprias obras e assim negligenciar o amor, o louvor e a ação de graças a Cristo por sua redenção. Fica claro que Gill confundiu fé com obras.

Ele, então, empreendeu no tratamento de vários textos que, vistos superficialmente, parecem dar suporte para uma expiação ilimitada. Esses são considerados sob três categorias: (1) os textos nos quais encontramos "todos" e "muitos", (2) textos com "mundo", e (3) os textos que falam de Cristo morrendo por aqueles que, no fim, são perdidos eternamente.[1935] Visto que todos esses textos, ou foram abordados previamente ou serão na sequência, não é necessário empenho ponto a ponto de Gill.

[1932] D. Ponter, "Romans 8:32 and the Argument for Limited Atonement," *Calvin and Calvinism*, May 26, 2011, http://calvinandcalvinism.com/?p=10318#more-10318.

[1933] Gill, *A complete body of doctrinal and practical divinity*, 466.

[1934] Ibid.

[1935] Ibid., 467-475.

John Brine (1703—1765)

Brine se tornou pastor da Currier Hall, em Londres, em 1729, e lá permaneceu até sua morte. Ele era envolvido ativamente na vida dos batistas particulares e continuou sua tendência hipercalvinista entre muitos batistas particulares dos seus dias. Escreveu uma resposta a visão de Isaac Watts sobre expiação universal apresentando oito razões do porquê Cristo poderia ter morrido somente pelos eleitos.[1936] Suas explicações eram fundamentadas na sua crença de que eleição implica em expiação limitada.

A análise resumida de Toon sobre os fatores envolvidos na mudança do alto calvinismo para o hipercalvinismo é útil. Ele alista quatro fatores:

1. Depois de 1660, a maioria dos puritanos que era calvinista restrito deixou a Igreja da Inglaterra e tornou-se não conformistas. A liderança religiosa foi deixada nas mãos de calvinistas e arminianos mais moderados. "Com o passar dos anos, o alto Calvinismo tornou-se cada vez mais a única salvaguarda dos batistas particulares e indepedentes."[1937]
2. Hussey e os hipercalvinistas posteriores tornaram-se presas de uma lógica rígida na qual a eleição e a graça irresistível implicavam que Cristo não deveria ter sido oferecida a todas as pessoas.
3. A maioria dos hipercalvinistas mais antigos eram autodidatas, vivendo em um ambiente fechado e escolhiam sua teologia antes de examinar alternativas.
4. Obsessão com a defesa das tendências hipercalvinistas conduziram a uma situação em que "as notas evangelísticas das Escrituras, onde encontramos basicamente Deus aberto aos pecadores, foi silenciada. Essa falta de interesse no evangelismo (uma referência a evangelismo nos seus livros é praticamente impossível de encontrar) veio, como já vimos, com a dedução do dever do ministro em pregar os mistérios da vontade de Deus, à vontade de seus decretos."[1938]

C. H. Spurgeon falou do hipercalvinismo de John Gill e de sua influência sobre as igrejas: "O sistema de teologia com que muitos identificam seu nome esfriou muitas igrejas às suas próprias almas, pois os levaram a omitir os convites gratuitos ao evangelho."[1939]

[1936] J. Brine, *The certain efficacy of the death of Christ, Asserted* (London: Printed for, and Sold by Aaron Ward, at the King's Arms in Little-Britain, 1743), 4–80. Veja também Toon, *Emergence of hyper-calvinism*, 121–22, 138.

[1937] Toon, *Emergence of hyper-calvinism*, 146.

[1938] Ibid., 148.

[1939] Whitley, *Calvinism and evangelism in England* (London: Kingsgate, c. 1933), 28.

Foi esse tipo de extremismo que motivaria Andrew Fuller, no final do século XVIII, a um calvinismo mais evangélico.

Daniel Turner (1710—1798)

O historiador batista Robert Oliver registrou uma carta de 1782 escrita pelo batista particular Daniel Turner em que este declarou não subscrever a visão da redenção particular:

> Daniel Turner pode ter compartilhado com John Ryland um amor pela liberdade, mas havia uma grande diferença entre esses dois homens. Em uma carta escrita em 1782, Turner revelou que não subscrevia a doutrina da redenção particular. Ele escreveu, "Eu sou um daqueles que com o bom sr. Polhill, sr. How[e], dr. Watts e muitos outros que sustentam a doutrina da eleição particular bem como a redenção geral como pode ser chamada". Esses eram sentimentos incomuns por um ministro batista particular nos anos de 1780.[1940]

De interesse adicional fica a lista de Turner com Edward Polhill, John Howe, Isaac Watt e muitos outros que também subscreviam uma redenção geral.

Robert Hall (1764—1831).

Robert Hall foi um líder e pregador batista particular conhecido por sua oratória no púlpito. Ele foi impactado com as palestras teológicas de Alexander Gerard, um líder entre os calvinistas moderados. O próprio Hall era moderado sobre a questão da extensão da expiação.

Em uma carta a W. Bennett, datada de 10 de janeiro de 1810, ele expressou sua visão sobre a extensão da expiação.

> Eu acho que você seguiu um feliz caminho intermediário entre a rigidez do calvinismo e a frouxidão do arminianismo. Além disso, foi afortunado na solução de uma grande dificuldade – a consistência entre ofertas e convites dirigidos a todos e a peculiaridade da graça divina. Essa questão tão interessante é tratada com habilidade magistral. Sobre esse ponto, a exposição dos calvinistas há muito tempo me pareceu deficiente, e

---

[1940] Daniel Turner, "Daniel Turner to Mr Mumm, Watford, 14 June 1782", Angus Library, Regent's Park College, Oxford, in R. W. Oliver, *History of the english calvinistic baptists 1771–1892* (Edinburgh: Banner of Truth, 2006), 62.

que, aprisionados por seu próprio sistema, não conseguem, de maneira nenhuma, ir tão longe no encorajamento e insistência aos pecadores usarem da oração, leitura das Escrituras, autoexame etc., como as Escrituras justificam. Aqui o arminianos, tais como os evangélicos, tiveram grande vantagem sobre os calvinistas no apelo aos pecadores. E emprestei seu livro para B. – ele está muito satisfeito e só deseja que tivesse se expressado mais claramente a favor da extensão geral da morte de Cristo. Creio que você a assegurou por implicação, embora eu desejasse que a tivesse declarado de maneira inequívoca; estou convicto de que se trata de uma doutrina da Escritura e que ela estabelece a única base consistente do convite ilimitado. Penso que os calvinistas mais esclarecidos são bastante reservados quanto a essa questão e que sua recusa em declarar, com o testemunho das Escrituras, que Cristo morreu por todos os homens, tende a confirmar o preconceito dos metodistas e de outros contra a eleição e a graça especial.[1941]

Robert Balmer[1942] estabeleceu três ou quatro conversas com Robert Hall em 1819 e 1823. Ele lembra uma conversa sobre a questão da extensão da expiação.

Ao informá-lo de que fiquei confusosobre a questão da extensão da expiação da morte de Cristo, e expressando um desejo de conhecer sua opinião, ele replicou, "Senhor, meus sentimentos superam o seu; pois sobre esse ponto específico não nutro nenhuma dúvida: creio firmemente na 'redenção geral'; constantemente prego sobre ela e considero o fato de que 'Cristo morreu por todos os homens' como a única base que pode sustentar a oferta universal do evangelho". – "Mas você confessa a doutrina da eleição – que necessariamente implica limitação. Você entende que eleição e redenção particular estão inseparavelmente conectadas?" – "Eu creio firmemente", ele replicou, "na eleição, mas não entendo que ela implica em redenção particular; considero o sacrifício de Cristo como um remédio, não somente adequado, mas intencionado a todos, e colocando tudo em um estado salvável removendo todas as barreiras

---

[1941] S. Drew, ed., *The imperial magazine*, v. 1, Second series (May 1831), 216–17.

[1942] R. Balmer (1787–1844), foi ministro na United Secession Church da Escócia, professor de teologia pastoral e posteriormente de Teologia Sistemática. Ele foi pastor em Berwick-on-Tweed na Escócia por trinta anos até sua morte. Suas obras coletadas são: R. Balmer, *Academical lectures e pulpit discourses, with a memoir of his life by rev. dr. Henderson, of Galashiels*, 2 v. (Andersons: Scottish Nation, 1845).

exceto as que surgem de suas próprias perversidades e depravação. Deus previu ou sabia que ninguém aceitaria o remédio, por si mesmo e, portanto, pelo que pode ser considerado um arranjo separado, ele resolveu glorificar sua misericórdia aplicando afetivamente a salvação a um certo número de nossa raça mediante a ação de seu Espírito Santo. Entendo, então, que a cláusula restritiva implícita na eleição não diz respeito à compra, mas a aplicação da redenção. Na época, essa exposição pareceu para mim cheia de dificuldades consideráveis; e não estava certo se tinha compreendido corretamente. Escolhendo, contudo, não solicitar ao sr. H. que repetisse ou esclarecesse suas declarações, perguntei-lhe se poderia me encaminhar qualquer livro no qual pudesse encontrar o que ele considerava a doutrina cristã declarada e ilustrada sobre o assunto. Ele me encaminhou um livro no qual o dr. Smith, de Homerton, tinha, não muitos dias antes, me encaminhado em resposta a um pedido similar, – "True religion delineated", de Bellamy.

No decorrer de nossa conversa sobre a extensão da morte de Cristo, o sr. Hall discorreu extensivamente sobre o número e a variedade de expressões da Escritura que parecem afirmar explicitamente, ou necessariamente implicar, que ela foi intencionada, não exclusivamente para os eleitos, mas para a humanidade em geral, tais como "mundo", "todos", "todos os homens", "cada homem" etc. Ele fez algumas observações impressionantes sobre o perigo de distorcer essas expressões de seu significado óbvio, e sobre o absurdo das intepretações impostas por alguns defensores da redenção particular. Ele mencionou especialmente o absurdo de explicar "mundo" em João 3.16 como significando o mundo eleito, assumindo assim que o texto ensinaria que alguns dos eleitos não acreditariam. Além disso, ele notou que a doutrina da redenção geral não era declarada expressivamente em muitos textos, mas pressuposta em outros, tais como "Não destruas por causa da tua comida" etc., e "Negando o Senhor que os comprou;" e que foi incorporada com outras partes do sistema cristão, particularmente com as ofertas universais e convites ao evangelho.[1943]

Em um discurso sobre a expiação, Hall declarou:

[1943] O. Gregory, ed., *The works of the rev. Robert Hall, A. M.*, 3 v. (New York: J. & J. Harper, 1833), 3:76–77. Esse mesmo relato está em R. Balmer, *Academical lectures and pulpit discourses*, 1:80–81.

Quem pode conceber a extensão da vindicação que a lei de Deus recebeu no sofrimento de uma pessoa que estava inseparavelmente unida a Deus;... Em seu sacrifício todos os propósitos morais a serem realizados pelo sofrimento da raça humana são completamente respondidos e realizados.[1944]

Por essa razão, e por outras que podem ser mencionadas, temos base para crer que o ser divino não fez e nunca permitirá que tal evento aconteça na economia da providência; ou permite que qualquer outro exemplo estendido da substituição de uma pessoa para uma multidão de pecadores deve ocorrer, ou que o destino de toda raça seria suspenso na interposição voluntária e amor incomparável de um grande redentor e benfeitor.[1945]

Esses exemplos são suficientes para mostrar que existiram alguns batistas particulares que não afirmavam a expiação limitada.[1946] Ainda havia outro batista particular que, parece, assegurou a expiação universal. Ele exerceu influência significante entre os batistas americanos e ingleses, no século XIX, incluindo os fundadores da Convenção Batista do Sul: Andrew Fuller.

Andrew Fuller (1754—1815)[1947]Fuller foi um dos gigantes entre os batistas na Inglaterra. Pastor, teólogo e autor, Fuller, junto com William Carey, contribuiu na fundação da Sociedade Batista Missionária. Sua mais famosa obra, *The gospel worthy of all acceptation*, foi publicada em 1785, revisada e republicada em 1801.

Crescendo no meio da sufocante influência do hipercalvinismo do século XVIII, Fuller viu em primeira mão seus efeitos debilitantes na pregação, evangelismo e missões. Por meio de um cuidadoso estudo das Escrituras e a influência de John Bunyan e Jonathan Edwards, Fuller afastou-se do hipercalvinismo e desenvolveu duas

---

[1944] R. Hall, "The Substitution of the Innocent for the Guilty," em *The atonement: Being five discourses* (New York: American Tract Society, 1840), 117.

[1945] Ibid., 121.

[1946] Assim, o comentário de Peter Naylor "de que mesmo aqueles batistas particulares que adotaram a separação entre 'suficiência' e 'eficiência' nunca aceitaram que Cristo entregou sua vida deliberadamente a favor de todos os que por ouviram o evangelho, ou, realmente, por todos os homens," não é historicamente preciso (*Calvinism, communion and the baptists: A study of english calvinistic baptists from the late 1600s to the early 1800s*, Studies in Baptist History and Thought 7 [Carlisle, UK: Paternoster, 2003], 169).

[1947] Alguns dos materiais nesta seção apareceram primeiro em minha "Preaching for a Great Commission Resurgence," em *Great commission resurgence: Fulfilling God's mandate in our time*, ed. Chuck Lawless and Adam Greenway (Nashville: B&H, 2010), 281–98.

teses chaves que defendeu brilhantemente em sua famosa obra *The gospel worthy of all acceptation*.[1948] Primeiro, é dever de todo pecador crer no evangelho. Todos os pecadores devem ser encorajados por meio da pregação a crer em Cristo. Segundo, Fuller argumentou que é dever de pregadores oferecer o evangelho a todas as pessoas. Assim, pregadores devem fazer todo esforço para exortar todos a crerem em Cristo.[1949] A chave para entender as duas teses de Fuller é a influência de Jonathan Edwards concernente *à* habilidade natural dos pecadores de responder ao evangelho, mas de sua incapacidade moral de fazer isso.[1950] Essa distinção eduarsiana forneceu a Fuller a fundamentação teológica para sua obra *Gospel Worthy*.

Fuller nos lembra o fato de que existe variedade *dentro* do grupo de pessoas que se autodescreve como o rótulo de "redenção particular". J. L. Dagg, um rigoroso particularista, tinha ciência dessa diversidade em seus dias. Além dos calvinistas que sustentam uma expiação estritamente limitada, ele faz referência a algumas "pessoas que mantêm a doutrina da redenção particular", que "fazem uma distinção entre expiação e redenção e, por causa da referida adaptabilidade, consideram a morte de Cristo uma expiação para os pecados de todos os homens."[1951]

Todos os calvinistas concordam sobre a ideia da *intenção* ou *propósito efetivo* de Cristo de salvar somente os eleitos, e *todos* também concordam que isso resulta em uma eventual limitada *aplicação efetiva* dos benefícios aos eleitos. Essas categorias se relacionam necessariamente umas com as outras e são essenciais *à* sua visão de uma

---

[1948] A. Fuller, "The Gospel Worthy of All Acceptation, ou the Duty of Sinners to Believe em Jesus Christ, with Corrections and Editions; a qual foi acrescentada um apêndice sobre a necessidade de uma santa disposição em Order to Believing in Christ," em *Fuller's Works*, 3 v., 2:328–416. *Fuller's gospel worthy* foi publicada primeiro em 1785, mas uma segunda edição com suas revisões foi publicada em 1801. A segunda edição aparece em *Fuller's Works*.

[1949] P. Morden, *Offering Christ to the World: Andrew Fuller (1754–1815) and the revival of eighteenth century particular baptist life*, Studies in Baptist History and Thought 8 (Carlisle, UK: Paternoster, 2003), 26–27. Trata-se de uma excelente biografia de Fuller. Como Morden observou, Fuller seguiu o conceito de Jonathan Edwards de inabilidade moral e natural nos pecadores. Todos os não regenerados têm habilidade para responder ao evangelho, mas ninguém tem habilidade moral para tal. Fuller acreditava que ninguém pode responder à parte da graça da eleição e da obra regeneradora do Espírito (44).

[1950] Ibid., 49. Por "incapacidade moral", Edwards e Fuller querem dizer que ninguém viria a Cristo à parte da obra do Espírito Santo. Morden observou corretamente que a distinção "natural" e "moral" tem sido criticada até mesmo por alguns dentro da tradição reformada (ibid., 61). Um excelente análise da dependência de Fuller quanto à distinção de Edwards é G. Priest, "Andrew Fuller's Response to the 'Modern Question': A Reappraisal of *The gospel worthy of all acceptation*," *Detroit Baptist Seminary Journal* 6 (2001): 45–73.
Priest rejeita a distinção natural/moral em Edwards e Fuller.

[1951] J. L. Dagg, *Manual of Theology* (Harrisonburg, VA: Gano, 1990), 326.

eleição pré-temporal, trinitariana e incondicional *à fé*. *Todos* eles adotam essas duas categorias de uma intenção efetiva limitada e uma aplicação efetiva limitada.

Como o próprio Dagg observou, calvinistas diferem sobre a *extensão* da expiação. Existem pelo menos três posições de redenção particular dentro do calvinismo. Uma dessas posições afirma que Cristo morreu para os pecados de todas as pessoas.

A tabela a seguir ilustra as três posições dentro do campo da redenção particular. Todos os calvinistas concordam sobre a *intenção* e *aplicação* da expiação. A discordância fica por conta da *extensão*.

Expiação	Redenção Particular Significado #1	Redenção Particular Significado #2	Redenção Particular Significado #3
INTENÇÃO	Um propósito efetivo em Cristo de salvar somente os eleitos.	Um propósito efetivo em Cristo de salvar somente os eleitos.	Um propósito efetivo em Cristo de salvar somente os eleitos.
EXTENSÃO	Muito sofrimento por muito pecado.	Infinito valor do sofrimento por muito pecado.	Infinito valor do sofrimento por infinito (todos) pecado.
	(Equivalentismo quantitativo).	(Equivalentismo não quantitativo).	(Equivalentismo não quantitativo).
	(Suficiência intrínseca e extrínseca somente para os eleitos).	(Suficiência intrínseca para os eleitos e não eleitos; suficiência extrínseca para os eleitos somente).	(Suficiência extrínseca e intrínseca para os eleitos e não eleitos).
APLICAÇÃO	Aplicação efetivamente limitada que corresponde a intenção de Cristo em salvar.	Aplicação efetivamente limitada que corresponde a intenção de Cristo em salvar.	Aplicação efetivamente limitada que corresponde a intenção de Cristo em salvar.

Na primeira coluna temos a posição de Dagg. A expiação de Cristo é vista como "muito sofrimento para muito pecado". Essa visão é geralmente classificada como "comercial" ou, às vezes, posição "equivalentista"[1952] (embora eu prefira usar a frase "equivalentista quantitativo" para identificar essa posição). Existe uma quantidade quantificável de sofrimento que Cristo padeceu que corresponde ao exato número de pecados dos eleitos somente. Apenas o sofrimento devido a essa quantidade quantificável dos pecados dos eleitos corresponde ao grau do sofrimento de Cristo e o pagamento literal por esses pecados na cruz.

A segunda coluna é a visão majoritária entre os calvinistas desde os dias da Reforma até hoje. John Owen, Francis Turrentin, e uma multidão asseguraram essa visão.

A terceira coluna é a visão da primeira geração de teólogos reformados, com a possível exceção de Calvino e Bucer (embora, eu entenda ser claro que ambos sustentaram essa visão), e outros calvinistas moderados, que às vezes são chamados de dualistas. Como observou Dagg, essa terceira visão ainda é outra variedade *dentro* do campo autodescrito da redenção particular.

Como os eruditos reformados hoje afirmam, a questão mais calorosamente contestada no Sínodo de Dort foi a extensão da expiação. A delegação genebrina defendeu com veemência uma expiação estritamente limitada enquanto as delegações inglesa e de Bremen defendiam uma expiação universal. Contrária a opinião popular, Dort não prescreveu a estrita visão particularista de que Cristo morreu apenas pelos pecados dos eleitos. Os cânones *permitiram* essa visão, junto com a visão de que Jesus morreu pelos pecados de todas as pessoas. Havia uma ambiguidade deliberada na redação dos cânones visando permitir ambos os grupos dentro do Sínodo a assinarem. Dort não tomou partido no debate envolvendo a imputação do pecado em Cristo, mas somente sobre a questão do propósito eficaz de Deus para salvar seus eleitos por intermédio da obra de Cristo e a aplicação efetiva do Espírito – contrário ao pensamento dos remonstrantes sobre esses pontos.

Onde devemos localizar a posição conceitual de Fuller sobre a extensão da expiação? Fuller é um exemplo de um redencionista particular que sustenta a expiação universal.[1953]

[1952] A expressão "equivalentista" é vaga e infeliz. Pode-se pensar em uma equivalência *idêntica, quantificável* ou *moral*. A primeira é a visão comercial, mas todos os defensores da substituição penal reconhecem que a morte de Cristo é *moralmente equivalente* ao que a justiça de Deus requer de um e todos os pecadores semelhantemente, embora não seja o exato tipo de punição que cada um merece. Lembre-se do debate *idem-tantundem* entre Owen e Baxter.

[1953] No verão de 2014, Michael Haykin, Tom Nettles e eu nos envolvemos em posts com progressões e voltas sobre se Andrew Fuller chegou a rejeitar a expiação limitada no momento em que publicou a segunda edição de *Gospel Worthy*. Haykin e Nettles argumentaram que Fuller nunca

Fuller e Dan Taylor[1954]

Um dos aspectos mais fascinantes de obra de Fuller, *Gospel Worthy* diz respeito a influência do batista geral Dan Taylor sobre sua visão quanto à extensão da expiação.[1955] Na primeira edição de *Gospel Worthy*, escrita em 1781, mas publicada em 1785, é evidente que Fuller estava comprometido com a redenção particular (expiação limitada) no sentido posto por Owen ao termo.[1956] Porém, depois de seus debates com Dan Taylor, ele foi persuadido de que a redenção particular no sentido de substituição limitada (posição 2 na tabela anterior) não é compatível com as Escrituras. Taylor tinha argumentado o caso para a expiação universal e que o convite universal aos pecadores a crer no evangelho só pode ser propriamente fundamentado à luz de uma provisão universal na morte de Cristo. Ele continuou apontado que se a expiação limitada fosse verdadeira, então não haveria provisão alguma para os não eleitos na morte de Cristo.

Fuller sentiu o peso desse argumento e não pode refutá-lo. Posteriormente, ele confessou, em 1803: "Tentei responder meu oponente... mas, não pude. Não encontrei meramente seus raciocínios, mas as próprias Escrituras, barrando meu caminho."[1957] Como um calvinista, o conceito de redenção de Fuller era ainda "particular" no sentido de que a particularidade não estava localizada na *extensão* da expiação, mas no *desejo* e *aplicação* da expiação. Fuller cria que os eleitos estavam determinados à salvação no propósito eletivo de Deus na eternidade passada. Para Fuller, uma expiação universal salvaguardava as bases para uma oferta universal do evangelho.

A prova da mudança de Fuller pode ser encontrada em uma comparação entre a primeira e segunda edição de *Gospel Worthy* na qual ele lida com a redenção

---

abandonou seus compromissos antigos com a expiação limitada. Esses posts podem ser acessados em http://www.drdavidlallen.com/resources/. Os títulos são: "Gaining a Fuller Understanding: Response to Dr. Michael Haykin" (April 24, 2014); "Andrew Fuller on the Extent of the Atonement: A Response and Rebuttal" (May 5, 2014); "Response to Tom Nettles' 'Andrew Fuller and David Allen, Parts 1 & 2'" (June 1, 2014).

[1954] Para relatos sobre o engajamento de Fuller com Taylor, consulte J. W. Morris, *Memoirs of the life and writings of the rev. Andrew Fuller* (Boston: Lincoln and Edmonds, 1830), 275–96; e Adam Taylor, *Memoirs of the eev. Dan Taylor* (London: Baynes & Son, et. al., 1820), 172–82.

[1955] Parte do conteúdo dessa seção apareceu primeiro em "Preaching for a Great Commission Resurgence," 281–98.

[1956] Veja A. Fuller, *The Gospel of Christ worthy of all acceptation* (Northhampton: T. Dicey & Co., 1785), 132–39.

[1957] A. Fuller, "Six Letters to Dr. Ryland Respecting the Controversy with the Rev. A. Booth", in *Fuller's Works*, 2:709–10.

particular.¹⁹⁵⁸ *A seção sobre redenção particular na primeira edição foi quase completamente reescrita na edição seguinte.*¹⁹⁵⁹ Todas as referências à redenção particular no sentido de que Cristo sofreu somente para os pecados dos eleitos foram extirpadas por Fuller. Ele abandonou seu argumento pecuniário (comercial) de que a morte de Jesus foi um pagamento de uma dívida literal. Esse argumento comercial é um dos argumentos centrais para a expiação limitada. Ele argumentou contra o conceito da morte de Cristo como um pagamento de uma dívida literal afirmando que se sua morte foi realmente um pagamento literal, então seria inconsistente com o convite universal ao evangelho. Esse conceito também negaria o princípio da graça em que a salvação poderia ser reivindicada pelo eleito visto que Cristo pagou por ele na cruz. Fuller acreditava que nenhuma inconsistência sucedia do "especial desejo" de Deus na morte de Cristo em sua aplicação aos eleitos e ao fato de que todos em todos os lugares estavam sob a obrigação de crer no evangelho. Somente se a expiação limitada for mantida é que temos inconsistências.¹⁹⁶⁰

A seção sobre redenção particular na segunda edição é cerca de metade do comprimento da edição anterior. Fuller apresenta uma longa citação de Elisha Coles, na primeira edição, na qual é citado duas vezes. Primeiro, afirmando que "Cristo não morreu por todos," e depois, "O primeiro ato de fé *não* é que Cristo morreu por *todos*, ou por *você* em particular: o primeiro não é verdade; o outro não é certo para você."¹⁹⁶¹ Ele continua citando Coles afirmando que existem muitas razões para induzir pessoas a crer no evangelho "sem lançar mão da redenção geral para fundamento da fé deles".¹⁹⁶² Fuller citou Witsius afirmando que "todos, e todos em particular, portanto, a quem o evangelho é dirigido, não são exigidos imediatamente a crer que *Cristo morreu por eles*; isso é falsidade".¹⁹⁶³

Todas essas citações são extirpadas na segunda edição. Não existe declarações, seja por citação, ou por palavras do próprio Fuller advogando a expiação limitada nessa seção da segunda edição. Em ambas as edições o autor citou John Owen. Na primeira, depois de uma citação de Owen, Fuller escreve outro parágrafo de oito sentenças referindo-se às declarações dos escritos de Owen que revelam que ele não via qualquer

---

1958 Morden, *Offering Christ to the World*, 73–74, ilustra das mudanças substanciosas. A obra de Morden é muito importante na mudança de Fuller sobre a extensão da expiação.

1959 Veja Fuller, *Gospel of Christ Worthy of all acceptation*, 132–39; e "Gospel Worthy", em *Fuller's Works*, 2:373–75.

1960 See Morden, *Offering Christ*, 68–76.

1961 Fuller, *Gospel of Christ Worthy of All Acceptation*, 135.

1962 Ibid., 135.

1963 Ibid., 137 (ênfase no original).

conflito entre arrependimento e fé sendo responsabilidade "de todos os homens em geral, e isso eles [Owen, Coles, Witsius e Ridgely] entendiam ser consistente com a redenção particular".[1964] O parágrafo inteiro foi extirpado na segunda edição.

Além disso, quando Fuller citou John Owen na primeira edição, se referiu a ele como "o grande Owen" e "Doutor".[1965] Contudo, na segunda edição esses títulos escaporam e Fuller nem sequer nomeia Owen, optando por introduzir uma única citação delecom as palavras "diz um outro".[1966] Em uma interessante nota de rodapé, Alan Clifford em sua obra *Atonement and Justification* declarou: "Andrew Fuller se opôs ao hipercalvinismo de Gill e, em uma carta ao pupilo de Jonathan Edwards, Samuel Hopkins (1721-1803) datada de 17 de março de 1798, lamentou a constante influência de Owen. (veja Fuller's letter em Angus Library, Regent's Park College, Oxford)."[1967]

Fuller e o Movimento da Nova Teologia

A Nova Teologia exerceu uma grande influência sobre Fuller. Quanto à expiação, o movimento interpretou "suficiente" como significando mais do que apenas "hipoteticamente" suficiente. Eles entenderam e usaram o termo para se referir a uma real suficiência em que Cristo realmente substituiu a si mesmo pelos pecados de todas as pessoas. Isso pode ser reconhecido dos escritos de Joseph Bellamy e de outros proponentes que pertenciam ao movimento.

A posição madura de Fuller sobre a extensão da expiação é praticamente idêntica à da Nova Teologia. Fuller tinha chegado a um estágio no qual entendeu a expiação de Cristo ser "suficiente" para os pecados de todas as pessoas porque ele realmente substituiu a si mesmo[1968] pelos pecados de todas as pessoas. Ainda assim, manteve a crença no propósito efetivo de Cristo em aplicar os benefícios salvíficos de sua morte somente aos eleitos.

[1964] Ibid., 138.
[1965] Ibid., 137.
[1966] Fuller, "Gospel Worthy", em *Works*, 2:375.
[1967] A. Clifford, *Atonement and Justification* (Oxford: Clarendon, 1990), 122.
[1968] G. Priest observou corretamente que Fuller nunca abandonou a expiação penal substitutiva, mas sugeriu que o uso de Fuller de termos governamentais enlameou as águas da soteriologia. Veja "Andrew Fuller's Response to the 'Modern Question'", 50–51.

Fuller, equivalentismo quantitativo e "suficiência"

Alguns assumem que a única mudança em Fuller se deu no distanciamento de um entendimento "comercial" da expiação, (posição 1, na tabela). Assim, ele manteve sua visão de redenção particular em um sentido que inclui a noção de que Cristo só substituiu a si mesmo pelos pecados dos eleitos (posição 2, na tabela), não somente de maneira equivalentista quantitativa.

No entanto, em *Gospel Worthy*, na seção "Sobre Redenção Particular", ele diz que a morte de Cristo, em si, é "igual à salvação do mundo inteiro se todo o mundo a receber" e "a peculiaridade [particularidade] que a acompanha não [consiste] em sua insuficiência em salvar mais dos que são alvos, mas na soberania de sua aplicação". Deve ser observado aqui que Fuller está falando sobre a extensão real do sofrimento de Cristo com respeito à humanidade, não a questão equivalentista quantitativa do "este por esse" da visão comercial da expiação com respeito somente aos pecados dos eleitos.

Note a diferença no que Fuller disse comparado com o que ele afirmou (aproximadamente dezesseis anos antes) considerando a morte de Cristo sendo de infinito valor "se fosse do agrado de Deus ter designado o valor da redenção deles". Aqui, (em 1801) a morte de Cristo não é somente de infinito valor, suficiente para todo o mundo, mas é realmente "igual a salvação de todo o mundo". A diferença é significante. Fuller fechou o ciclo e abandonou a expiação limitada como entendida e defendida por Owen e Booth.

A questão é se o Fuller posterior continuou a acreditar na variedade da "redenção particular" que manteve uma imputação não comercial a ainda limitada do pecado para Cristo com respeito a sua substituição – definida como somente sofrendo pelos pecados dos eleitos (posição 2, na tabela). Minha argumentação é que a resposta para essa questão é dupla: sim, o Fuller posterior manteve uma visão não comercial da expiação, mas não, o Fuller posterior manteve uma imputação limitada dos pecados para Cristo (expiação limitada). Ele simplesmente não mudou de 1 para 2, como outros, mas mudou para a posição 3.

Fuller, expiação limitada e a oferta do evangelho

Os debates entre Fuller com Dan Taylor também se voltaram para a questão das bases necessárias para a oferta gratuita do evangelho. Taylor argumentou que somente uma expiação ilimitada poderia fundamentar a oferta livre do evangelho.[1969]

[1969] Veja D. Taylor, *Observations on the rev. Andrew Fuller's late pamphlet entitled the gospel worthy of all acceptation* (London: Paternoster-Rown. d. [1786]); idem, *Observations on the rev. Andrew Fuller's reply to*

Pode-se perguntar, como o problema da livre oferta do evangelho pode ser remediado somente pelo abandono de uma abordagem comercial à expiação enquanto ainda se mantém a expiação limitada? Não pode. Se Cristo substituiu a si mesmo somente em benefício dos eleitos, então a salvação do não eleito seria "naturalmente impossível," disse Fuller. Porém, ele passou a declarar:

> Se existe uma plenitude objetiva na expiação de Cristo suficiente para qualquer número de pecadores, caso acreditassem nele, não existe outra impossibilidade no caminho da salvação de qualquer homem a quem o evangelho chegue do que aquilo que surge do estado da sua própria mente.[1970]

Em toda história da Reforma, muitos dentro dessa tradição – em breve o próprio Fuller – argumentaram a hipótese de que a livre oferta do evangelho não era possível fundamentada em um esquema substitutivo limitado. Eles estavam argumentando contra os irmãos reformados que em sua vasta maioria rejeitava o equivalentismo quantitativo.

Para Fuller, a livre oferta é fundamentada no fato de que Cristo morreu pelos pecados de todas as pessoas, não apenas os eleitos. Isso é evidenciado posteriormente na secção de sua obra "Sobre Redenção Particular":

> Não existe contradição entre essa peculiaridade [particularidade] de desejo na morte de Cristo e uma obrigação universal de crer sobre aqueles que escutam o evangelho ou recebem um convite universal. Se Deus, por meio da morte do seu Filho, prometeu salvação a todos que assentirem a mensagem do Evangelho; e se não há qualquer impossibilidade natural quanto ao cumprimento [note aqui a distinção edwardiana entre habilidade natural e moral no homem], nem qualquer obstrução, exceto a que surge de uma aversão do coração; exortações a crer e ser salvo são consistentes; e nosso dever, como pregadores do evangelho, é administrá-las sem qualquer consideração ao resgate específico do que para a eleição.[1971]

---

philanthropos, 2nd ed. (London: T. Bloom, 1788); idem, *The friendly conclusion occasioned by the letters of Agnostos to the rev. Andrew Fuller respecting the extent of our saviour's death* (London: W. Button, 1790).

[1970] Fuller, "Six Letters to Dr. Ryland, Letter III, 'Substitution'", em *Works*, 2:709.

[1971] Fuller, "On Particular Redemption", em *Works*, 2:374.

Fuller afirmou não haver qualquer obstrução à salvação que não a aversão do coração humano. Se a redenção particular entendida como substituição limitada pelos pecados dos eleitos somente fosse a posição madura de Fuller, ele nunca teria feito tal declaração de maneira consistente. Nesse caso, haveria uma enorme impossibilidade: nenhuma expiação existe pelos pecados dos não eleitos mais do que existe para os anjos caídos que não têm expiação pelos seus pecados.[1972]

Esse é ponto de concordância de Fuller com Taylor. Ele afirmou isso claramente na carta XII, em *Reality and efficacy of divine grace*.[1973] Fuller admitiu que tinha se equivocado acerca dos termos "resgate" e "propiciação" sendo aplicado somente àqueles que estavam entre os eleitos. Visto que eram "aplicados a humanidade em geral", um reconhecimento que mostra claramente que Fuller abandonou a expiação/substituição limitada, não somente a visão anterior do quantitativo comercial. Ninguém que assegura um tipo de redenção particular com componentes de substituição limitada diria que a morte de Cristo opera como uma "propiciação" e "resgate" para os pecados de todas as pessoas.[1974]

Nesse ponto, parece bastante claro que Fuller estava de acordo com Taylor quanto à extensão da substituição de Cristo; ele morreu por cada pessoa.

Fuller e Abraham Booth

As críticas de Abraham Booth a Fuller são bem conhecidas. Em 1802, eles se encontraram para discutir suas diferenças. Fuller persistiu em sua argumentação de que morte de Cristo "referindo-se somente ao que é em si suficiente para, ...foi para pecadores como pecadores". Essa é a declaração de Fuller de expiação ilimitada com respeito a extensão. Mas ele continuou observando que no tocante ao desígnio ou propósito da expiação, ela foi para os eleitos somente. Para Fuller, a morte de Cristo, quando considerada em e de si mesma, era para pecadores como pecadores. Ele entendeu que ela era para todos os pecadores como tais. Desenvolverei isso mais *à frente,* lidando com a carta III de Fuller a John Ryland sobre "Substituição".

Quando comparamos a noção de Booth sobre a suficiência da expiação com a de Fuller, percebemos uma diferença. Booth afirmou que estava disposto a admitir a suficiência "para redimir toda a humanidade e ter todos os pecados de toda espécie

---

[1972] Ibid.
[1973] Fuller, "Reality and Efficacy of Divine Grace, Letter XII", in *Works*, 2:550.
[1974] Veja "Reply to Philanthropos", em *Works*, 2:496, 2:550 respectivamente. Veja também *Works*, 2:555, onde Fuller concorda com Taylor sobre João 3.16, Mateus 22.1–11, e João 6.32 com respeito à extensão da expiação cobrindo os pecados de todas as pessoas.

humana igualmente imputados nele". Ele cria somente em uma suficiência hipotética, ou uma imputação limitada do pecado em Cristo. Mas *não é assim* que pensa o Fuller posterior.

Fuller e Richard Baxter

Booth exigiu que Fuller fosse reconhecido entre os seguidores de Richard Baxter que também criam que Cristo carregou o pecado de maneira ilimitada. Fuller respondeu sobre essa questão na Carta VI, sobre "Baxterianismo".[1975] Observe as próprias palavras de Fuller no terceiro parágrafo:

> Sr. Baxter pleiteia para a "redenção universal"; eu só argumento em prol da suficiência da expiação, considerada em si, para a redenção e salvação de todo mundo; e isso proporciona uma base para um convite universal a pecadores crerem; o que foi mantido por Calvino e todos os antigos calvinistas. Considero a redenção como inseparavelmente conectada com a vida eterna e, portanto, aplicável a ninguém exceto aos eleitos redimidos entre os homens.[1976]

Uma das diferenças entre Fuller e Baxter ficava por conta do uso do termo "redenção". Baxter o conecta tanto à substituição de Cristo pelos pecados do mundo na cruz *quanto* à aplicação àqueles que creem. Já Fuller reservou o termo "redenção" somente à aplicação da expiação: aqueles que são realmente salvos ou possuem a vida eterna.[1977] Como demonstrado, Fuller já havia afirmado sua fundamentação para uma imputação ilimitada do pecado em Cristo.[1978] Ele escreveu: "A particularidade

---

[1975] Veja A. Fuller, "Baxterianism", em *Works*, 2:714–15.

[1976] Ibid., 714.

[1977] Assim como alguns calvinistas do século XIX, como Robert Dabney. Essa distinção pode ser encontrada em alguns escritos de calvinistas americanos pelo menos na primeira década do século XIX. Veja "Atonement and Redemption Not the Same" em *Sermons, essays, and extracts by various authors selected with special respect to the great doctrine of atonement* (New York: George Forman, 1811), 171–77.

[1978] Deve ser observado que Fuller não foi influenciado por Baxter. Assim, não é justo associá-lo como "baxterianismo". Ele discordou de Baxter sobre muitas coisas, dentre elas não menos que "termos obscuros", "distinções artificiais", o papel da fé na justificação, o evangelho como uma "nova lei" (neonomianismo), o sentido de Baxter da habilitação universal da graça e até que ponto este entendia que calvinistas e arminianos poderiam ser reconciliados. Contudo, Fuller declarou que encontrou vários dos seus sentimentos em Baxter. No que diz respeito à extensão da

da redenção consiste no soberano favor de Deus com respeito à aplicação da expiação; ou seja, com respeito às pessoas a quem será aplicada".

Assim podemos afirmar que Fuller mantém a "redenção particular", embora ele visse Cristo como satisfazendo os pecados de todas as pessoas. Se perguntado por que ainda denominamos a visão de Fuller de "redenção particular" quando funcionalmente sua visão corresponde a uma versão calvinista da redenção universal, é por que essa é a forma que o próprio Fuller *rotulou* sua visão. A questão pode existir de acordo com categorias e diferenças em terminologias. Como Baxter, mas diferentemente de Fuller, Jonathan Edwards estava disposto a denominar a expiação de Cristo como "redenção universal".

O ponto principal é esse: Baxter realmente assegurou uma satisfação ilimitada para os pecados assim como Fuller. Contudo, ele discordou com o uso de Baxter da palavra "redenção" para a suficiência da morte de Cristo na cruz para os pecados de todas as pessoas, e também com a noção de Baxter da satisfação ilimitada de Cristo pelos pecados.

Carta III de Fuller a John Ryland: "Substituição"

Uma análise da carta II a John Ryland sobre "Substituição", escrita em 1803, dois anos depois de Fuller publicar sua segunda edição de *Gospel Worthy*,[1979] demonstra o compromisso dele com a expiação ilimitada.

Essa é uma das seis cartas que Fuller escreveu em janeiro de 1803 a seu amigo John Ryland. Ela diz respeito a disputa em andamento de Fuller, principalmente sobre expiação, com Abraham Booth – um antigo arminiano convertido ao calvinismo. Booth era crítico, em especial, da influência, que ele cria, que homens da Nova Teologia estavam tendo sobre Fuller. Ele sugeriu que Fuller chegou a negar a substituição. Na terceira carta de Fuller a Ryland essa acusação é negada. Esse contexto é determinante para a interpretação da carta. Fuller não está contestando com Dan Taylor, o arminiano, com um companheiro calvinista que pode ter sido a fonte de um falso rumor de que ele tinha admitido, em particupar que já não era mais calvinista, mas um arminiano.

No segundo parágrafo, o ponto importante fica por conta da última declaração: "Mas, talvez, o sr. B. [Booth] considere 'uma *real*[1980] e *própria* imputação de nossos

---

morte de Cristo, Baxter, embora com suas próprias particularidades, concordava com Cranmer, Latimer, Hooper, Ussher e Davenant, assim como Fuller.

[1979] A. Fuller, "Substitution," em *Works*, 2:706–9.
[1980] Todos os itálicos nas citações de Fuller são seus.

pecados em Cristo', pelo que parece significar que eles foram *literalmente transferidos* para ele, como essencial a essa doutrina [substituição]; e se é assim, reconheço que, no momento, não creio".[1981] Aqui Fuller assegura duas coisas. Primeiro, ele interpretou a visão de Booth sobre a imputação como sendo uma transferência ("pecados sendo literalmente transferidos" a Cristo). Segundo, Fuller declarou que não crê no comercialismo.

O quarto parágrafo começa: "O único tema sobre o qual eu deveria ter sido interrogado é, 'As pessoas por quem Cristo foi um substituto; se eram somente as eleitas, ou a *humanidade em geral*'". Fuller assegurou que pretendia ser "tão explícito quanto puder" em sua resposta. Aqui ele clara e corretamente identificou a questão. E ela não era se cria na substituição, pois ele claramente cria.

No quinto parágrafo, Fuller imaginou uma pergunta hipotética sendo dirigida a ele: quando o evangelho é apresentado em um país, "*Para quem foi enviado?*" Sua resposta é dupla e leva em consideração sua crença na vontade revelada de Deus bem como na vontade secreta. Se respondida em relação a primeira, Fuller disse que o evangelho "é enviado para o homem, não como eleito ou como não eleito, mas como pecadores". "Mas se considero a vontade secreta ou o compromisso de Deus quanto à sua aplicação, devo dizer ... para *tirar dele* um povo para seu nome".[1982] Aqui temos a afirmação de Fuller de uma redenção particular no sentido da *intenção última de Deus na expiação: salvar os eleitos e somente eles. Essa declaração sozinha indica que na mente dele existe uma distinção entre para quem a expiação foi realizada e para quem ela foi designada para salvar.* Mas isso não implica que Fuller é um proponente da substituição limitada. Ele não disse nada sobre uma expiação limitada, somente uma intenção e aplicação limitada.

O sexto parágrafo continua esse assunto:

> De maneira semelhante no que diz respeito a morte de Cristo. Se eu falo disso *independent do propósito do Pai e do Filho, como a seus objetos que devem ser salvos por ele*, somente referindo-me ao que em si é suficiente, e declaro no evangelho ser adaptada a,... Foi para *pecadores como pecadores*; mas se eu refiro ao *propósito* do Pai em dar seu Filho para morrer, e ao *desígnio* de Cristo em dar sua própria vida, eu deveria responder, *foi apenas para os eleitos*.[1983]

[1981] Fuller, *Works*, 2:706.
[1982] Ibid., 2:705.
[1983] Ibid., 2:707.

Fuller agora mudou a questão de "para quem o evangelho foi enviado" e "de forma semelhante" falou da morte de Cristo. Note que semanticamente ele está contrastando que a expiação "é em si mesma suficiente para ... e declarou no evangelho ser adaptada para", com seu *propósito* e *desígnio* somente para os eleitos. O que está sendo contrastado? Uma expiação que é "para pecadores como pecadores" é distinta de uma expiação que é, em intenção e propósito salvar, "somente para os eleitos".

Fuller notou uma distinção à *natureza* e ao *desígnio* (aplicação) da satisfação. O que ele quer dizer com o termo "pecadores"? Todos os pecadores ou alguns pecadores? No contexto aqui e ao longo da carta fica claro que Fuller pretendia significar "todos os pecadores". Sempre que ele intenciona referir-se apenas aos pecadores eleitos qualificava cuidadosamente a palavra "pecadores" com "eleito" ou uma frase ou termo equivalente. Para ele, "pecadores como pecadores" significa "pecadores *qua* pecadores". Se eu digo que amo americanos como americanos, não quero me referir somente a alguns americanos, mas americanos *qua* americanos. Não há qualquer outra distinção em mente. Se alguém é um americano, eu o amo por definição. O uso de Fuller do termo "pecadores" deve ser universal como também qualitativo (oposto a limitado e quantitativo). Se um homem é um pecador, Cristo o substituiu por seu pecado. Essa é a essência da explicação de Fuller a Ryland do argumento contra Booth.

Fuller colocou uma nota de rodapé na qual cita a distinção de John Owen entre o que a expiação em si *é* suficiente, e o que ela é quando aplicada. Ele citou mais uma vez Owen: "Que seja *aplicada* a qualquer um, pague-lhes o preço e lhes torne-se benéfico de acordo com a dignidade que está nela, lhe é externa, não surge dela, mas simplesmente depende da intenção e vontade de Deus". Fuller corretamente observou que é sobre esse fundamento que Owen "explica a propiciação de Cristo sendo apresentada em expressões gerais e indefinidas."[1984]

Mas, em sua citação de Owen, Fuller tinha a intenção de indicar sua concordância com a noção de substituição limitada de Owen? Não, porque contextualmente ele já tinha indicado que a verdadeira expiação foi "para pecadores como pecadores", não que era meramente suficiente em termos de seu valor intrínseco e interno a todos os pecadores. Nada na nota de rodapé de Fuller sobre o conceito de Owen sobre a suficiência é usado para deduzir uma substituição limitada. A visão de Fuller de suficiência difere da de Owen.

O sétimo parágrafo continua: "Na *primeira* dessas visões, encontro os apóstolos... dirigindo-se aos pecadores sem distinção, e sustentando a morte de Cristo como fundamento de fé a todos os homens". Por que Fuller diz "todos os homens" aqui? Esse ponto é vital. Se é somente o pecado de alguns homens, então aqueles por quem a

---

[1984] Ibid.

morte de Cristo não foi uma substituição não tem "fundamento de fé". Eles não são salváveis. Esse, Fuller sugeriu, é seu desafio a Booth.

Ele apelou para duas passagens, Mateus 22.4, onde os servos são enviados para chamar convidados para a ceia das bodas, "Venha, *todas as coisas estão prontas*", e 2 Coríntios 5.21, "Ele se fez pecado por nós que não conhecíamos pecado, para que pudéssemos ser feitos justiça de Deus nele".[1985] Nesse contexto, Fuller não apela para a suficiência da expiação como "fundamento de fé a todos os homens", mas a própria expiação como essa base de fé para todo homem. Isso é claramente evidenciado por sua citação de 2 Coríntios 5.21. Ele não interpreta a primeira oração desse verso de maneira limitada como aqueles calvinistas que afirmam imputação limitada do pecado em Cristo. Antes, ele usa o verso para fundamentar a argumentação de que existe uma base de fé para todas as pessoas na morte de Cristo. Qual é essa base de fé? É a morte substitutiva de Cristo por todos.

No oitavo parágrafo Fuller continua: "Na última visão" (Declarações de Fuller no sexto parágrafo concernente à vontade secreta de Deus para o "propósito" e "desígnio" da expiação) a "graça discriminatória" de Deus é para os eleitos somente. Isso não é afirmação de substituição limitada porque Fuller está falando acerca de "propósito" e "desígnio" para efetivamente aplicar satisfação, não "extensão". Observe aqui e em outros lugares dessa carta que Fuller nunca responde a pergunta feita no quarto parágrafo (se Cristo foi um substituto para os "eleitos somente" ou para a "humanidade em geral") com qualquer declaração afirmando que foi somente para os eleitos. De fato, o contexto claramente indica que ele está argumentando para toda a humanidade em geral.

Fuller continuou a elaborar seu significado no nono parágrafo. Ele declarou que, se sua definição de substituição está correta, então no que diz respeito ao "fim designado" da expiação, ela "é estritamente aplicável [Fuller quer dizer 'aplicada'] a ninguém, mas aos eleitos". Observe com cuidado a frase "fim designado" e a ideia de que ela só é efetivamente aplicada ao eleito. A próxima declaração dele é muito importante nesse contexto:

> qualquer que seja a base para os pecadores, como pecadores, crer e ser salvo, nunca foi o desígnio de Cristo transmitir fé a quaisquer outros que não aqueles que foram dados pelo Pai. Ele, portanto, não *morreu* com a intenção de que qualquer outro *não deveria morrer*.[1986]

[1985] Fuller, *Works*, 2:707.
[1986] Ibid.

Observe que Fuller claramente afirmou que a limitação não está na extensão da expiação, mas em sua aplicação. Isso é evidenciado no fato de ele ter contrastado "a base para pecadores, como pecadores, crer e ser salvo" (substituição ilimitada para pecadores como pecadores) com seu argumento de que "nunca foi o desígnio de Cristo transmitir fé a qualquer outro" que os eleitos. Ele não diz que nunca foi plano de Jesus fazer expiação ou substituir qualquer outro que não os eleitos. Antes, Fuller afirmou que nunca foi o desejo de Cristo *transmitir fé* a qualquer outro que não aos eleitos. Ele distinguiu *intenção*, *extensão* e *aplicação* da expiação.

No décimo parágrafo, Fuller assegurou que se ele pode reconciliar essas duas declarações (a morte de Cristo como base para pecadores como pecadores serem salvos e o fato de que nunca foi o plano de Cristo transmitir fé a qualquer outro que não aos eleitos), então ambas poder ser cridas e ensinadas nas Escrituras e não vistas como se fossem inconsistentes. Se tudo que ele quer dizer com isso era que a reconciliação de uma suficiência intrínseca com o entendimento de que a intenção da expiação era para os eleitos somente, não haveria razão para responder a Booth, pois ele afirma o mesmo. Há muito mais em jogo.

É a próxima declaração de Fuller, nesse parágrafo, que indica que ele está falando acerca de algo mais do que mera suficiência de valor da morte de Cristo. Se a morte de Jesus foi uma substituição de tal tipo a ser

> igualmente requerida para a salvação de um pecador como de muitos – não é a mesma coisa que reconhecer que a expiação exigia ser realizada pelo *pecado como pecado*; e, sendo feita, era aplicável a *pecadores como pecadores*? Em outras palavras, não é reconhecido que Deus redimiu seus eleitos por uma expiação em sua própria natureza adaptada a todos, assim como ele chama seus eleitos por um evangelho dirigido a todos?[1987]

Note primeiro que Fuller fala de substituição, não suficiência. Segundo, ele se refere a essa substituição como "igualmente requerida" para um ou muitos pecadores. Terceiro, ele assegurou que a expiação foi realizada "para pecado como pecado" e "foi aplicável a pecadores como pecadores". Certamente, Fuller não diz – realmente, rejeita a ideia – que a expiação foi feita para os pecados dos eleitos somente, mas para pecadores como pecadores. Não é possível, nesse contexto, interpretar o uso que ele

---

[1987] Ibid., 2:708. Veja C. Hodge, *Systematic Theology*, 2:544-45; e Dabney, *Systematic Theology*, 525, 527. Hodge usou uma terminologia quase idêntica a de Fuller ao lidar com o mesmo assunto. Tanto Hodge quanto Dabney não afirmavam a expiação limitada e acreditavam na morte substitutiva de Cristo pelos pecados de todos os homens.

faz de "pecadores" ser o mesmo que "pecadores eleitos"; antes, deve significar "todos os pecadores".

Quarto, Fuller falou dos eleitos como sendo "redimidos" por uma expiação "em sua própria natureza adaptada a todos". Como tal linguagem pode ser usada por alguém que se declarava adepto da substituição limitada? Como a expiação pode ser "adaptada a todos" e aplicável a todos se ele é somente uma substituição para os eleitos? Quinto, ele faz uma comparação ("assim como") da expiação com o chamado do evangelho dirigido ao mundo. Como Fuller poderia fazer esses comentários e essa comparação se assegurou tanto uma substituição limitada quanto um chamado do evangelho a todos? As bases de sua comparação estariam minadas.

O décimo primeiro parágrafo é vital para nossa questão. Aqui Fuller cuidadosamente distinguiu intenção, extensão e aplicação da expiação:

> Se a peculiaridade da redenção deve ser colocada na *própria* expiação, e não na soberana *vontade de Deus*, ou no desígnio do Pai e do Filho, com respeito a pessoas a quem serão aplicadas, ela deve, até onde posso perceber, prosseguir sobre o princípio da satisfação comercial. Neles o pagamento é proporcional ao montante da dívida; e, sendo assim, não é de valor suficiente a mais do que aqueles que são realmente libertados por ela; nem é verdade, nesses casos, que a mesma satisfação seja requerida tanto para um quanto para muitos. Mas, se a satisfação de Cristo não foi nada menos que o necessário para a salvação de um, nada mais poderia ser necessário para a salvação de todo mundo, e o mundo inteiro poderia ter sido salvo *se tivesse sido concedido com soberana sabedoria aplicá-la*. Segue-se também que, se a satisfação de Cristo era *em si* suficiente para todo mundo, não existe espaço para perguntas como essas – "De quem foram os pecados imputados em Cristo? Por quem ele morreu como substituto?" – quando questionam quem foram as pessoas designadas a serem salvas por ele? Aquilo que é igualmente necessário tanto para um quanto para muitos, em sua própria natureza, deve igualmente ser suficiente tanto para muitos quanto para um; e não pode seguir disso a ideia de que os pecados de alguns colocados sobre Cristo, em vez de outros, diferentes daqueles que estavam no plano do Pai e do Filho, por meio de um meio todo suficiente, para perdoar os pecados dos eleitos em vez dos não eleitos.[1988]

[1988] A. Fuller, "Six Letters to Dr. Ryland, Letter III", em *Fuller's Works*, 2:708.

Fuller questionou se a "especialidade [particularidade] da redenção", "deveria ser colocada na *própria* expiação" (ele quer dizer substituição limitada) e não na vontade ou propósito de Deus. Com respeito aos recipientes (eleitos), então, deve-se seguir o "princípio de satisfação pecuniária," na qual o pagamento feito é um equivalente exato da dívida.[1989]

Se esse é o caso, ele concluiu que a satisfação "não é de *valor* suficiente para um número maior do que aqueles que foram realmente libertados por ela. Absolutamente correto. Ele também concluiu que nesses casos não é verdade "que a mesma satisfação é exigida tanto para um quanto para muitos", como observado no décimo parágrafo. Ele continua: "Se a satisfação de Cristo foi, *em si*, suficiente para todo mundo", não existe necessidade de se perguntar de quem os pecados foram imputados em Cristo ou por quem ele morreu como substituto, assim como perguntar "quem foram as pessoas *designadas* a serem salvas por ele?"[1990] Como Fuller pode dizer isso? Ele pode porque a satisfação de Cristo é para pecadores, ou a todos os pecadores como tais.

Fuller já assegurou sua afirmação de que "a mesma satisfação que é necessária para um é a mesma para muitos". Ele usou o termo "muitos" como equivalente ao mundo todo. Ele conclui que, se a expiação é limitada em extensão, então, no que diz respeito ao eleito, deve a partir de princípios comerciais, assim negando a afirmação de que a mesma satisfação é exigida tanto para um quanto para muitos. E se esse é o caso, Fuller conclui que "não é de valor suficiente" para qualquer outro que não o eleito. Ele rejeitou o comercialismo e, dessa forma, afirmou a substituição universal, não uma substituição limitada universal. Caso contrário, suas palavras se tornariam incoerentes.

A próxima declaração de Fuller é determinante: "Aquilo que é igualmente necessário tanto para um como para muitos, deve, em sua própria natureza, ser igualmente suficiente para muitos quanto para um, e não pode decorrer do princípio de que os pecados de alguns foram levado por Cristo em vez de outros".[1991] Depois dessa argumentação, ele novamente declarou que o propósito e a intensão salvífica da expiação foi para os eleitos somente. "A eles, sua substituição foi a mesma, *efetivamente*, como se seus pecados tivessem sido transferidos para ele numeral e literalmente". Claro, Fuller já deixou claro que ele rejeita a noção de comercialismo e/ou transferência literal de pecados, daí a razão de aplicar a partícula condicional "se" e na expressão "*efetivamente*". Essa última colocada em itálico.

Seu ponto é que quando se trata de substituição real, não é possível que Cristo substituía alguns (os eleitos) e não outros. A única maneira que uma substituição limitada pode operar é por meio de um entendimento comercial e quantitativo da

---

[1989] Ibid.
[1990] Ibid.
[1991] Ibid.

imputação dos pecados – o que Fuller claramente rejeitou. Porém, é possível para Deus ter um *propósito* em realizar uma expiação totalmente suficiente para ser aplicada somente aos eleitos – exatamente o que Fuller acreditava. Finalmente, ele conclui o parágrafo com a declaração "Suponho que tudo isso está incluído no propósito do Pai e do Filho, ou na 'soberana aplicação' da expiação".[1992]

Tendo estabelecido que não é possível que Cristo tenha realizado uma expiação substitutiva limitada, no décimo segundo parágrafo Fuller volta sua atenção para responder a seguinte questão: Como a suficiência da morte de Cristo pode providenciar base necessária para a oferta geral (universal) do evangelho, "se o *propósito* foi confinado ao povo eleito?"[1993] Observe que Fuller não diz "se a *extensão* foi confinada ao eleitos," mas, "se o *propósito* foi confinado ao eleito". Ele demonstrou que não confunde esses dois conceitos.

Fuller ofereceu uma terceira resposta no décimo terceiro parágrafo:

> 1. É fato que as Escrituras fundamentam o convite geral do evangelho na expiação de Cristo, 2 Coríntios 5.19-21; Mateus 22.4; João 3.16. 2. Se não há suficiência para a salvação dos pecadores na expiação e mesmo assim eles ainda são convidados a se reconciliar com Deus, são convidados para o que naturalmente é impossível. Nesse caso, a mensagem do evangelho seria como se os servos que saíram para convidar dissessem "Vem", contudo, de fato, se muitos vierem, nada estará preparado. 3. Se existe uma plenitude objetiva na expiação de Cristo suficiente para qualquer número de pecadores, se eles crerem nele, não há outra impossibilidade no caminho da salvação de qualquer homem a quem o evangelho chega. Tal impossibilidade surge do estado de sua própria mente.[1994]

Para Fuller, "plenitude objetiva" é o mesmo que substituição ilimitada. É interessante observar que essa é a mesma linguagem e uso de Mateus 22.4 que dezenas de calvinistas (que asseguram a substituição ilimitada, antes, durante e depois dos dias de Fuller) usam para defender uma expiação estritamente limitada. Deus não pode oferecer a um não eleito o que não existe para ele – isto é, uma expiação como fundamento para a salvação deles.

Esse foi coração do argumento de Taylor. Fuller o compreendeu com clareza e abandonou sua visão completamente de substituição limitada – não somente a noção comercial de substituição limitada. Nessa carta, ele está tentando responder a acusação

---

[1992] Ibid.
[1993] Ibid.
[1994] Ibid., 709.

de Booth de que abandonou completamente a substituição. Contudo, ele não a tinha abandonado; tinha simplesmente a definido de maneira diferente da proposta por Booth. Fuller tinha rejeitado uma substituição limitada juntamente com um entendimento comercial da expiação – ambas asseguradas por Booth.

Como Fuller disse com respeito aos seus debates com Dan Taylor em *The reality and efficacy of divine grace* [*A Realidade e Eficácia da Graça Divina*], Carta X, publicada em 1790:

> Ele [Taylor] não contestaria, ao que parece, que a morte de Cristo tinha em vista a salvação de alguns, contanto que eu admita que, em um outro aspecto, ele morreu por toda a humanidade. Aqui parece que estamos mais próximos do que às vezes somos. Ele apela para a extensão universal da morte de Cristo somente para estabelecer uma base para o ensino de que os homens podem ser salvos caso desejem – e isso é o que eu confesso. Eu entendo que morte de Cristo abriu um caminho pelo qual Deus, consistente com sua justiça, pode perdoar qualquer pecador que se volte a ele por Cristo e, se isso pode ser chamado de morrer pelo homem (o que não vou contestar), então pode-se reconhecer que Cristo morreu por toda a humanidade.[1995]

Parece claro que Fuller estava de acordo com Taylor quanto à extensão da substituição de Cristo: "Cristo morreu por toda a humanidade".

Podemos sumarizar a visão dele sobre a extensão da expiação por meio de quatro perguntas e suas devidas respostas:

1. Fuller, especialmente em seus últimos escritos, fez uma distinção entre intensão, extensão e aplicação da expiação?
Sim.
2. Qual o entendimento de Fuller sobre a expiação e a substituição de Cristo pelos pecados?
Fuller acreditava que Cristo substituiu por todos os pecados de todos os pecadores, na medida em que morreu pelos pecadores como pecadores. Contudo, de acordo o desígnio e propósito de Deus na expiação, somente os eleitos serão salvos.

[1995] Fuller, "Reality and Efficacy of Divine Grace", in *Works*, 2:543–44. Mais tarde nessa carta Fuller faz referência aos reformadores ingleses que "declararam plenamente a doutrina da predestinação e ao mesmo tempo falavam da morte de Cristo por toda a humanidade". Fuller não somente assegurou isso historicamente, mas declarou seu acordo com isso também. Ele cita exemplos: Cranmer, Latimer, Hooper, Ussher e Davenant. Davenant foi o líder da delegação inglesa a Dort e um signatário do documento.

3. O que Fuller viu na expiação que faz com que seja considerada "um fundamento para qualquer pecador se aproximar de Deus para a salvação"?
A substituição de Cristo pelos pecados de toda a humanidade (isto é, pecadores como pecadores implica em pecadores por definição).
4. O que Fuller quer dizer quando se refere à "suficiência" da morte de Cristo?
O contexto determina a resposta. Às vezes, é uma referência à suficiência de valor e dignidade. Em outras ocasiões ele fala de uma suficiência que é objetiva e o resultado da substituição de Cristo pelos pecados de todos.

Em suma, a interpretação de substituição limitada em Fuller falha no teste de congruência e torna suas declarações incoerentes. Ele não pode ser interpretado como excluindo o não eleito da obra substitutiva de Cristo na cruz. Ele descartou qualquer tipo de satisfação quantitativa ou substituição limitada aos eleitos e exclusão dos não eleitos. Ele simplesmente negou as duas opções.

Conclusão

Um número de historiadores e teólogos concluíram que Fuller sustentou a expiação ilimitada. J. R. Wilson, um calvinista restrito, reconheceu o compromisso de Fuller com a expiação ilimitada em sua obra de 1817 *Historical sketch of opinions on the atonement*.[1996]

David Benedict, um historiador batista do século XIX, falando acerca do conflito entre os seguidores de Gill e os de Fuller, observou que os últimos eram frequentemente considerados arminianos pelos primeiros. Contudo, como Benedict corretamente reconhece, Fuller não discordava muito de Gill em outras áreas da soteriologia calvinista – exceto a extensão da expiação.

> Apesar de o sistema de Fuller ter tornado consistente a todos os arautos do evangelho o apelo a todos os homens ao arrependimento bem como ter sido bem recebido por uma classe de ministros, o mesmo não se deu com os defensores da antiga teoria da expiação. De acordo com a visão desses últimos, todo aquele por que Cristo sofreu e morreu certamente seria efetivamente chamado e salvo. Essas opiniões conflitantes causaram discussões de considerável severidade por algum tempo entre os batistas – que até então estavam unidos pela ortodoxia. Os seguidores de Gill

---

[1996] J. R. Willson, *A historical sketch of opinions on the atonement, interspersed with biographical notices of the leading doctors, and outlines of the sections of the church, from the incarnation of Christ to the present time; with translations from Francis Turretin, on the Atonement* (Philadelphia: Edward Earle, 1817), 116.

sustentavam que as exposições de Fuller eram infundadas e subvertiam a genuína fé do evangelho. Se, eles diziam, a expiação de Cristo é geral em natureza, ela deve ser semelhantemente em seus efeitos. Nenhum dos seus sofrimentos será em vão. A doutrina da salvação universal inevitavelmente resultará desse perigoso credo.[1997]

James P. Boyce também entendeu que Fuller defendia uma expiação geral.[1998] No início do século XX, o historiador batista H. C. Vedder declarou:

> Fuller corajosamente aceitou e defendeu uma doutrina da expiação que, até os dias de hoje sempre tem sido estigmatizada de arminianismo. Ou seja, que a expiação de Cristo quanto ao seu valor e dignidade foi suficiente para os pecados de todo mundo; e que não foi uma oferta aos eleitos somente, como os calvinistas de todos as tradições sustentavam até então.[1999]

Kerfoot serviu como editor da segunda edição de *Abstract of systematic theology* de J. P. Boyce. Boyce, provavelmente indicando a crença de Kerfoot de que Fuller sustentava a ideia de uma expiação ilimitada, fez um comentário a seu respeito: "Cremos que Andrew Fuller fez um bom trabalho ao enfatizar essa característica geral da expiação, que altos calvinistas até então falharam devido à sua insistência zelosa em entender a limitação de acordo com a eleição".[2000]

W. T. Whitley, um respeitado historiador batista da primeira metade do século XX, declarou que, quando o assunto é a extensão da expiação, Fuller ensinou basicamente o que Baxter já havia ensinado.[2001]

W. Lumpkin fez um comentário interessante que sustenta nossa argumentação de que o próprio Andrew Fuller assegurava a expiação universal.

> Como principal teólogo dos seus dias, Fuller buscou unir a força doutrinária do calvinismo com o fervor evangélico dos antigos Batistas

---

[1997] D. Benedict, *Fifty years among the baptists* (New York: Sheldon & Co., 1860), 141.

[1998] Tom Nettles, *By his grace and for his glory: A historical, theological and practical study of the doctrines of grace in baptist life*, 2nd ed., rev. and expanded (Cape Coral, FL: Founders, 2006), 153.

[1999] H. C. Vedder, *A short history of the baptists* (Philadelphia: American Baptist Publication Society, 1907), 249. Vedder errou ao unir todos os calvinistas anteriores em torno da afirmação da expiação limitada. Ele também errou ao rotular a visão de Fuller como "Calvinismo Modificado".

[2000] J. P. Boyce, *Abstract of systematic theology*, 2nd ed., rev. e ed. F. H. Kerfoot (Philadelphia: American Baptist Publication Society, 1899), 274.

[2001] W. T. Whitley, *Calvinism and evangelism in england especially in baptist circles* (London: Kingsgate, c. 1933), 33.

Gerais. Ele fez isso mediante sua teoria da redenção. Nela ele separou a doutrina de uma expiação geral da doutrina da redenção particular. Mantendo a estrutura calvinista, ele acrescentou a ênfase dos Batistas Gerais na expiação geral.[2002]

Robert Oliver reconheceu a mudança de Fuller quanto à expiação e falou do impacto de sua visão no século XIX. Contudo, parece vago se ele realmente veio a crer em uma expiação ilimitada. "Ele [Fuller] passou a defender uma redenção particular, na qual seus efeitos dependiam do seu caráter... assim qualquer limitação da expiação deve ser vista somente em sua aplicação."[2003] Essa declaração pode indicar que Oliver entende que Fuller assegurava a expiação ilimitada no que diz respeito à resolução do pecado, mas continuou sustentando uma aplicação limitada somente aos eleitos.

O historiador batista W. Wiley Richards declarou: "Expiação limitada...era a posição mais proeminente até metade do século XIX. Por meio da influência de Andrew Fuller e outros, a expiação limitada foi pela expiação geral".[2004] Da mesma forma, P. E. Thompson, em um artigo de 2004 intitulado "Baptists and 'Calvinism:' Discerning the Shape of the Question," afirmou a crença de Fuller em uma expiação geral.[2005]

Peter Modern apontou como Fuller, em sua resposta a Dan Taylor, "declarou sua posição revisada sobre a expiação de maneira clara e aberta".[2006] A conclusão de Mordens é surpreendente e importante: A visão de Fuller da extensão da expiação, "pode ser apropriadamente ser chamada de 'geral'"[2007].

> Fuller tanto esclareceu quando modificou sua teologia da salvação entre os anos de 1785 e 1801. Durante esse tempo, essa teologia foi a causa principal para mudanças na vida da denominação dos Batistas Particulares. A mudança mais importante foi deixar uma visão limitada da expiação para uma geral durante seu debate com o arminiano evangélico Dan Taylor.[2008]

[2002] W. Lumpkin, *Baptist confessions of faith* (Philadelphia: Judson, 1969), 344.

[2003] R. Oliver, "The Emergence of a Strict and Particular Baptist Community among the English Calvinistic Baptists 1770–1850" (PhD diss., London Bible College, 1986), 160.

[2004] W. Wiley Richards, *Winds of Doctrine: The origin and development of southern baptist theology* (New York: University Press of America, 1991), 193.

[2005] P. E. Thompson, "Baptists and 'Calvinism': Discerning the Shape of the Question", *Baptist history and heritage* 39 (2004): 67–68.

[2006] Morden, *Offering Christ*, 70. For Fuller's reply, see "Reply to Philanthropos", in *Fuller's Works*, 2:488–89.

[2007] Morden, *Offering Christ*, 70.

[2008] Ibid., 75-76.

Em 1811, uma obra com a participação de vários americanos calvinistas intitulada *Sermons, essays, and extracts by various authors: Selected with special respect to the great doctrine of the atonement* dedicou-se a comprovar a expiação limitada.[2009] Essa obra contém sermões e ensaios escritos por calvinistas da Inglaterra e América do Norte incluindo figuras como Jonathan Edwards Jr., John Smalley, Jonathan Maxcy, John Newton e outros. Também encontramos um capítulo sobre "Três Diálogos sobre Imputação, Substituição e Redenção Particular", de Andrew Fuller. A obra conclui com um capítulo de uma página e dois parágrafos, "A peculiaridade da Redenção", parte da seção "Redenção Particular" da segunda edição de *Gospel Worthy*. A inclusão desse material, em uma obra devotada especificamente para comprovar que a expiação universal é a posição bíblica ilustra, no mínimo, que esses autores acreditavam que o Fuller posterior sustentava a mesma doutrina. É razoável concluir que ou, (1) Fuller deu permissão para que suas obras fossem incluídas nesse volume – o que constituiria uma evidência clara de que ele sustentava a doutrina da expiação ilimitada; ou, (2) o(s) editor(es) incluíram esses escritos de Fuller porque eles mesmos acreditavam que ele assegurava a expiação ilimitada. Em ambos os casos, não existe evidência de que o próprio Fuller ou qualquer de seus colegas contestaram a presença de suas palavras nesse livro.

Finalmente, o primeiro biógrafo de Fuller, J. W. Morris, afirmou – não uma, mas três vezes – que ele admitiu a universalidade da morte de Cristo pelos pecados de todas as pessoas em seus debates com Dan Taylor.[2010]

A evidência parece ser bastante forte de que Fuller realmente mudou de uma posição limitada para uma visão ilimitada da extensão da expiação. Ele foi um redentorista particular que sustentava uma expiação universal. Como o mais importante batista particular no final do século XVII e início do século XIX, esse ponto é sísmico em suas consequências para a história e teologia batista.

William Carey (1761—1834)

William Carey, batista, calvinista, e fundador do movimento moderno de missões mundiais é uma figura lendária. Não há material suficiente de Carey sobre a questão da extensão da expiação para se fazer uma rigorosa declaração sobre sua visão. Porém, do que ele escreveu, parece provável que Carey chegou a algum entendimento da expiação como tendo realmente pago os pecados de todas as pessoas.

Carey e seus companheiros missionários elaboraram "O acordo de Serampore", em 1805, como um sumário de seus princípios orientadores. Ele enfatiza a soberania de Deus no empreendimento missionário. Mas observe o que esse acordo declara:

[2009] *Sermons, essays, and extracts.*
[2010] J. W. Morris, *Memoirs of Fuller*, 204, 206, 207.

Quinto. Ao pregar aos pagãos, devemos manter o exemplo de Paulo, e fazer do Cristo crucificado o maior tema de nossa pregação. Seria muito fácil para um missionário não pregar nada além de verdades por muitos anos sem qualquer esperança bem fundamentada de tornar-se útil para uma alma. A doutrina da morte expiatória de Cristo e seus méritos totalmente suficientes foram, e devem permanecer, o grande meio de conversão. Essa doutrina, e outras diretamente conectadas a ela, tem constantemente nutrido e santificado a igreja. Que essas gloriosas verdades possam ser a alegria e a força de nossas próprias almas, assim elas não deixarão de tornar-se o assunto de nossas palavras com os outros. Foi a proclamação dessas doutrinas que fez com que a Reforma do papado nos dias de Lutero propagasse com tamanha rapidez. Foram essas verdades que preencheram os sermões dos modernos apóstolos, Whitefield, Wesley etc, quando a luz do evangelho foi exposta com gloriosos efeitos pelos puritanos quase extintos na Inglaterra. É um fato bem conhecido que a maioria dos missionários bem-sucedidos no mundo hoje fazem da expiação de Cristo seu tema contínuo. Aqui nos referimos aos Morávios. Eles atribuem todo seu sucesso à pregação sobre a morte de nosso salvador. No que diz respeito à nossa experiência, devemos reconhecer com franqueza que todo hindu ganho entre nós foi conquistado pelo espantoso e constrangedor amor exibido na morte propiciatória do nosso redentor. Então, que possamos determinar a não fazer conhecido nada entre os hindus e os muçulmanos senão a Cristo e este crucificado.[2011]

Note a referência de Carey à "morte expiatória de Cristo e os méritos todo suficientes". Carey incluiu Wesley com Whitefield como aqueles que pregaram "essas doutrinas". Ele faz referência aos morávios com sendo "os missionários mais bem-sucedidos no mundo no presente". É importante lembrar que eles não eram calvinistas e asseguravam uma expiação ilimitada. Por fim, note a referência de Carey ao "amor constrangedor revelado na morte propiciatória do nosso redentor".

Considerem também essa citação de Carey em uma carta datada de 10 de abril de 1796:

[2011] Veja G. Smith, *The Life of William Carey: Shoemaker and Missionary* (London: J. Murray, 1885), 444. Esse "pacto" foi escrito por W. Carey, J. Marshman e W. Ward. Foi impresso na Brethren's Press, Serampore, em 1805 e foi reimpresso pela Baptist Mission Press, Calcutta, em 1874, com a seguinte folha de rosto: "Pacto respeitando os Grandes Princípios sobre os quais os irmãos da Missão em Serampore entendem que é seu dever atuar no trabalho de instrução dos pagãos acordado em uma reunião dos Irmãos em Serampore, na segunda-feira, 07 de outubro de 1805."

> Prego todos os dias aos nativos e constantemente por duas vezes no dia do Senhor, além de outros trabalhos itinerantes. Tento falar de Jesus Cristo somente e ele crucificado, mas minha alma geralmente está desanimada por não ver frutos. Essa manhã, preguei a um bom número de pessoas sobre "conhecer o amor de Deus que excede todo entendimento". Eu mesmo fui muito tocado, fiquei tomado de tristeza e angústia de coração porque sabia que, sendo este o primeiro dia do ano hindu e a nova lua do Ramadã dos maometanos, eles iriam, imediatamente após a pregação, às festas idólatras e maometanas. Suponho que eles estão indo às suas abominações neste momento. Espero pregar para eles novamente à noite. Eu falei do amor de Deus em suportar seus inimigos, em apoiar e prover, em enviar seu Filho para morrer por eles e enviar o evangelho a eles e em salvar muitos deles da ira eterna.[2012]

O referente para "eles" certamente parece incluir todos os cidadãos incrédulos com quem ele eventualmente falou. Note como Carey declarou que Deus enviou "seu Filho para morrer por eles" em referência a todos os incrédulos da nação.

Carey também escreveu uma carta para Andrew Fuller em novembro de 1800 na qual ele explica como compartilhou o evangelho a várias pessoas em uma vila:

> Você e eu, bem como todos os que são pecadores, estamos em um estado de abandono. Mas eu tenho coisas para contar a você. Deus, na riqueza de sua misericórdia, encarnou em forma humana. Ele viveu mais de trinta anos na terra, sem pecado, e se devotou a fazer o bem. Deu visão ao cego, curou o doente, o coxo, o surdo e mudo – e, por fim, morreu no lugar dos pecadores. Nós merecemos a ira de Deus, mas ele suportou tudo isso. Não poderíamos fazer expiação suficiente por nossa culpa, mas ele aniquilou o pecado e nos enviou para declarar a vocês que sua obra está completa e para chamá-los à fé e dependência no Senhor Jesus Cristo.[2013]

Nessas duas citações parece que Carey está fazendo "a ousada declaração" dizendo que Deus enviou seu Filho para morrer por eles (todos em sua audiência perdida) e outros "inimigos", alguns dos quais (não todos) são salvos da ira eterna. Se Carey subscrevia a substituição limitada (expiação limitada), ele teria se equivocado sobre o termo "pecadores" e falsificado o termo inclusivo "nós" como se não quisesse realmente fazer referência a todos em sua audiência.

[2012] T. G. Carter, ed., *Journal and Selected Letters of William Carey* (Macon, GA: Smyth & Helwys, 2000), 85.
[2013] Ibid., 149.

Carey falou sobre como sua pregação mudou quando chegou ao campo missionário. "Minha pregação é muito diferente do que era na Inglaterra; a culpa e a depravação da humanidade e a redenção realizada por Cristo, com a presença da misericórdia de Deus, são os temas que mais insisto[2014] Embora essa declaração em si não constitua uma prova do compromisso dele para com a expiação ilimitada, é interessante em si mesma.

Carey relatou uma de suas conversas com um cidadão incrédulo: "Disse a eles como Deus enviou seu Filho para salvar os pecadores, que ele veio salvá-los do pecado, e que morreu em lugar dos pecadores e que qualquer que crer nele tem vida eterna e torna-se santo".[2015] A palavra "eles" definidamente inclui todos aqueles em sua audiência perdida. Assim, parece que ele está usando "pecadores" para incluí-los quando diz "ele [Cristo] morreu no lugar do pecadores", de tal forma que "qualquer [deles] que crer nele obterão vida eterna."

A visão de Carey sobre a substituição penal pode ter um componente governamental:

> Minha grande preocupação agora é ser encontrado em Cristo. Seu sacrifício expiatório é toda minha esperança. Sei que seu sacrifício é de tal valor que Deus o aceitou como vindicação completa do seu governo no exercício de sua misericórdia aos pecadores bem como é a razão pela qual ele aceitará o maior criminoso que o procura por perdão. A aceitação desse sacrifício de expiação foi testificada pela ressurreição dos mortos de nosso Senhor e pela comissão para se pregar o evangelho a todas as nações com uma promessa, ou uma declaração de que todo aquele que crê no Filho será salvo, não entrará em condenação, mas passou da morte para a vida.[2016]

Embora não se possa afirmar definitivamente que Carey sustentou uma expiação limitada, parece provável a partir desses extratos de seus próprios escritos que essa foi sua visão. Por outro lado, semelhantemente não se pode afirmar definitivamente que ele sustentou uma expiação limitada.

Richard Furman (1755—1825)

Furman foi eleito primeiro presidente da Convenção Trienal (a primeira Associação Batista Nacional de igrejas) e foi o primeiro presidente da Convenção Batista da Carolina do Sul. No início, Furman sustentou a expiação estritamente limitada,

---

[2014] Ibid., 84.
[2015] Ibid., 54.
[2016] Ibid., 251-52.

mas aparentemente foi influenciado por Andrew Fuller e mudou para a posição da expiação geral.[2017]

Andrew Broaddus (1770—1848).
Broaddus foi um batista calvinista[2018] do século XIX que deixou claro que aceitou a expiação ilimitada. Após suas declarações expressando sua crítica a um entendimento comercial da expiação, afirmou:

> Essas observações sobre a *natureza* da expiação nos levam à questão de sua *extensão*. E aqui aproveito a ocasião para dizer que, uma visão consistente e escriturística do assunto para nos levar a concluir que a expiação é geral em sua natureza e extensão. Ao abrir um caminho para a salvação dos pecadores, considerados *como pecadores*, é geral em sua natureza; e sendo de valor suficiente para salvação do mundo, é geral em sua *extensão*. Ao mesmo tempo, pode ser apropriado que a redenção, considerada resultado e aplicação da expiação, é limitada, claro, àqueles que realmente se tornam objetos da graça. Em outras palavras, àqueles que se tornam crentes em Jesus.[2019]

Não existiram muitos batistas particulares que asseguraram uma expiação universal, também nem todos interpretaram a eleição seguindo estritamente os paradigmas de Dort. De acordo com Philip Thompson, pode-se encontrar "representações marcantes de eleição como sendo primariamente uma realidade corporativa". Thompson menciona *The baptist catechism* (1683/84) que segue de perto os moldes do *breve catecismo de westminster*. *The baptist catechism* raramente se afasta da citação da citação literal dos artigos do *Catecismo menor de westminster*. Mas o artigo sobre eleição demonstra um distanciamento notável. Westminster fala da eleição como, "Deus, simplesmente por sua boa vontade, desde a eternidade, elegeu alguns para a vida eterna". Em *The baptist catechism* temos: "Deus, simplesmente por sua boa vontade, desde a eternidade, elegeu

---

[2017] Richards, *Winds of Doctrine* (Lanham, MD: University Press of America, 1991), 58.

[2018] Para informações sobre a vida de Broaddus confira W. B. Sprague, *Annals of the American Baptist Pulpit*, 9 vols. (New York: Robert Carter & Brothers, 1860), 6:291–96.

[2019] A. Broaddus, "The Atonement," em *The sermons and other writings of the rev. Andrew Broaddus, with a memoir of his life*, ed. A. Broaddus (New York: Lewis Colby, 1852), 109. Um biógrafo contemporâneo, Jeremiah Jeter, categorizou Broaddus como um "calvinista moderado", nos moldes de Andrew Fuller (*Sermons and other writings of the rev. Andrew Broaddus with a memoir of his life* [New York: Lewis Colby, 1852], 45 [ênfase no original]).

um povo para a vida eterna".²⁰²⁰Esse é um distanciamento significativo de Westminster e, da mesma forma, pode ser facilmente interpretado visando apoiar, tanto uma eleição corporativa quanto uma eleição individual.

Howard Hinton (1791–1873) e James Haldane (1768–1851)

John Howard Hinton foi um batista particular e líder denominacional que serviu como presidente da União Batista em 1837 e 1863 e foi secretário de 1841 a 1866. Ele, junto com as 36 igrejas da Baptist Midland Association, publicaram uma carta circular em 1839 na qual defendiam uma expiação ilimitada juntamente com uma discussão sobre os meios de salvação: o Espírito e a Palavra.²⁰²¹ Isso despertou a ira de J. A. Haldane que publicou uma resposta.²⁰²² Hinton seguiu com uma réplica a Haldane.²⁰²³ Esse intenso diálogo ilustra a realidade de que, a essa altura, tanto na Inglaterra quanto na América, os calvinistas estavam fortemente engajados no debate sobre a extensão da expiação.

Para nossos propósitos, estamos interessados somente na segunda parte da resposta de Haldane a Hinton visto que abordou especificamente a questão da extensão da expiação. Aqui encontramos todos os argumentos fundamentais a favor da expiação limitada. É preciso superar uma grande quantidade de falsas dicotomias e falácias lógicas para entender a argumentação de Haldane: a extensão da expiação é governada pela intenção da expiação. Deus intencionou salvar somente os eleitos, consequentemente ele morreu somente por eles. O edifício de Haldane é construído por duas frágeis bases: o entendimento comercial de expiação de John Owen e a suposição de que a intenção e extensão da expiação coincidem.

Haldane, juntamente com outros críticos de Hinton, basicamente acusaram seus irmãos calvinistas de se inclinarem para o arminianismo.²⁰²⁴ Essa acusação, contudo, é obviamente falsa visto que a carta circular é introduzida com uma lista de doutrinas

---

[2020] P. E. Thompson, "Baptists and Calvinism: Discerning the Shape of the Question", *Baptist history and heritage* (Spring 2004), 73. Veja "The Westminster Shorter Catechism", em *The Book of Confessions* (Louisville, KY: The Office of the General Assembly, 1994), 182; e *The baptist catechism* (1683/1684; repr. Grand Rapids, MI: Baker, 1952), 20.

[2021] Veja também J. H. Hinton, "Whether Christ Died for All Men, Essay XII, " em *Theological works of the rev. John Howard Hinton, M. A.*, 6 v. (London: Houlston & Wright, 1864), 2:361–77.

[2022] J. A. Haldane, *Man's responsibility; the nature and extent of the atonement; and the work of the holy spirit in reply to mr. Howard Hinton and the Baptist Midland Association* (Edinburgh: William Whyte and Co., 1842).

[2023] J. H. Hinton, "A Rejoinder to Mr. Haldane," in *The theological works of the rev. John Howard Hinton*, 1:125–82.

[2024] Isso é evidenciado pelos comentários feitos em resenhas críticas de Hinton aliadas com resenhas positivas de Haldane em *The Primitive Church Magazine* 11 (November 1, 1841): 241–54; *The Primitive Church Magazine* 15 (March 1, 1842): 49–53, 67–68, 124–128.

que a igreja assegura. Nela encontramos: "Eleição Pessoal e Eterna, – Pecado Original, – Redenção Particular, – Justificação Gratuita pela Justiça Imputada de Cristo, – Graça Eficaz na Regeneração, – Perseverança Final dos Santos".[2025] Isso seguramente não soa muito arminiano.

Note em especial a frase "Redenção Particular". Essa frase geralmente é igualada com "expiação limitada". Mas, como vimos, não é incomum, especialmente no século XIX, ver teólogos calvinistas assegurando uma expiação ilimitada e, ao mesmo tempo, uma "redenção particular", isto é, a salvação somente dos eleitos. Hinton foi um batista particular. Contudo, ele e outros, como Andrew Fuller antes dele, asseguravam uma expiação ilimitada.

A réplica de Hinton abordou a questão do papel do Espírito Santo na conversão. Ele reportou Haldane a seus escritos sobre a extensão da expiação em outras de suas obras. É evidente que Hinton assegurou uma expiação ilimitada.[2026]

Charles Spurgeon (1836—1892)

Charles Haddon Spurgeon tem sido frequentemente citado, especialmente pelos batistas, como um calvinista convicto. Enquanto, Spurgeon, de fato, assegurava uma expiação limitada, às vezes, fica claro que ele era inconsistente em suas pregações sobre o assunto. A. C. Underwood, em *A history english baptists*, escreveu que a "a rejeição de Spurgeon de uma expiação limitada teria estarrecido João Calvino."[2027] Underwood está errado em ambas as acusações. Spurgeon realmente afirmou uma expiação limitada, mas João Calvino, não. De acordo com Underwood, Spurgeon frequentemente orava: "Apressa-te em trazer todos os teus eleitos, e depois escolhe mais alguns". O Spurgeon mais maduro confidenciou ao arcebispo Benson, "Sou um péssimo calvinista, verdadeiramente calvinista – vejo o tempo quando os eleitos serão o mundo todo."[2028]

Em um sermão sobre expiação, Spurgeon apelou para o argumento do duplo pagamento como evidência para se ver a morte de Cristo com sendo somente para os eleitos bem como assegurar a segurança da salvação para aquele que crer.

> Podem existir homens com mentes tão distorcidas que concebam ser possível que Cristo morresse por um homem que, posteriormente, se perde; digo que existem tais pessoas. Lamento dizer que ainda podemos encontrar tais pessoas. Seus cérebros foram confundidos em sua juventude e não podem ver que o que sustentam é uma ridícula falsidade e

---

[2025] Haldane, *Man's Responsibility*, 178–79.
[2026] Veja Hinton, "Whether Christ Died for All Men," 2:361–77.
[2027] A. C. Underwood, *A history of english baptists* (London: Unwin Brothers Ltd., 1947).
[2028] A. C. Benson, *The life of Edward White Benson*, 2 vols. (London: Macmillan & Co., 1900), 2:276.

uma difamação blasfema. Cristo morreu por um homem e Deus pune esse homem mais uma vez; Cristo sofreu no lugar de um pecador, Deus condena o homem mesmo assim! Por que, meus amigos, fico chocado somente em mencionar um erro tão terrível. Se não fosse tão atual, eu o ignoraria com o desprezo que merece.

A doutrina da Santa Escritura é essa: Deus é justo, Cristo morreu no lugar do seu povo; como Deus é justo ele nunca punirá uma alma solitária da raça de Adão por quem o salvador houvesse derramado seu sangue. Realmente, o salvador morreu, em certo sentido, por todos; todos os homens recebem inúmeras misericórdias por meio do seu sangue. Contudo, que ele foi o substituto e a garantia para todos os homens é tão inconsistente, tanto quanto à razão quanto para com as Escrituras, que somos obrigados a rejeitar com repúdio. Não, minha alma, como será punida se teu Senhor suportou a punição por você? Ele morreu por você? Ó minha alma, se Cristo não foi seu substituto e não morreu em seu lugar, ele não é seu Salvador. Mas, se ele foi seu substituto, se ele sofreu como tua garantia em seu lugar, então minha alma, "Quem a condenará?" Cristo morreu, sim, mas ressuscitou e assentou-se no lado direito do Pai e intercede por nós. Esse o principal argumento: Cristo "deu sua vida por nós," e "se, quando éramos inimigos, fomos reconciliados a Deus, salvos por sua vida" (Rm 5.10). Se as agonias do salvador tiram nossos pecados, a vida eterna do salvador, com os méritos de sua morte, deve preservar seu povo até o fim.[2029]

Spurgeon também falou acerca do relacionamento da morte de Cristo por nós e nossa crença no evangelho.

> Às vezes me sinto um pouco em desacordo com esse verso – "Assim como eu estou – sem apelo, mas seu sangue foi derramado por mim". É eminentemente adequado para um filho de Deus, não estou certo se seja o modo preciso de se colocar a situação de um pecador. Não creio em Jesus Cristo por que sou persuadido que seu sangue foi derramado por mim; antes, descobri que seu sangue foi derramado por mim pelo fato de ter crido nele. Jesus morreu com a intenção especial de sermos salvos.[2030]

[2029] C. H. Spurgeon, "The Death of Christ for His People", em *Metropolitan Tabernacle Pulpit*, 57 v. (Pasadena, TX: Pilgrim, 1977), 46:6–7.

[2030] C. H. Spurgeon, "Faith and Regeneration", em *Metropolitan Tabernacle Pulpit*, 17:139.

Depois dessa declaração é surpreendente que Spurgeon ainda apelasse aos incrédulos em sua congregação, não somente na base da expiação de Cristo, mas na base do que ele realmente fez ao morrer pelos seus pecados:

> Vêm, suplico, para o monte do Calvário, e veja a cruz. Eis o Filho de Deus, que fez os céus e a terra, *morrendo por seus pecados*. Olhe para ele. Não existe poder nele para salvá-lo? Olhe sua face cheia de piedade. Não existe amor no seu coração para provar que ele está disposto a salvar? Esteja certo pecador, a visão de Cristo o ajudará a crer.[2031]

Observe a gritante inconsistência aqui. Como alguém que acredita em expiação limitada, Spurgeon sabe que há sempre alguns dos não eleitos em sua audiência quando ele prega. Para essas pessoas, não há expiação. No entanto, Spurgeon se dirigiu a eles e disse categoricamente que Cristo morreu pelos seus pecados. Isso é, no mínimo, inconsistência para alguém que sustenta a expiação limitada.

Em outro sermão, "Por que Cristo Morreu?", Spurgeon disse que Jesus morreu pela humanidade, que normalmente seria entendido como o mundo inteiro. Ele também disse que Cristo morreu pelo "ímpio". Novamente, essa é uma palavra ampla e pode ser interpretada como implicando uma expiação ilimitada. "Podemos concluir razoavelmente que Jesus morreu por homens que precisam de tal morte; e, como precisavam dela como um exemplo – e, de fato, não é um exemplo para eles – ele deve ter morrido pelos ímpios."[2032] Levando em conta a crença de Spurgeon na expiação limitada, nessa última declaração ele deve querer dizer que Cristo morreu pelo "eleito ímpio".

Também nesse mesmo sermão, ele perguntou e respondeu à multidão (que incluía os incrédulos) sobre quem não pode crer que Cristo morreu por eles. Spurgeon declarou que se Cristo não morreu pelo ímpio, então tal pessoa faz de Deus um mentiroso.[2033]

É interessante que Spurgeon pregou duas vezes sobre o Salmo 147.3. Uma vez no começo do seu ministério em 1855 e mais tarde em 1890 – apenas dois anos antes de sua morte. Uma comparação desses sermões revela algo bem interessante. Em 1855, Spurgeon não tem vergonha de dizer à sua audiência, que inclui descrentes, que Cristo morreu por seus pecados.

[2031] C. H. Spurgeon, "Compel Them to Come In," em *New Park Street Pulpit*, 6 v. (Pasadena, TX: Pilgrim, 1981), 5:23 (ênfase minha).

[2032] C. H. Spurgeon, "For Whom Did Christ Die?", em *Metropolitan Tabernacle Pulpit*, 20:497.

[2033] Ibid., 500.

No silêncio de sua agonia, olhe para aquele que por suas feridas lhe curou. Jesus sofreu a penalidade de seus pecados e suportou a ira de Deus em seu favor. Veja-o ali crucificado no Calvário e veja em destaque que aquelas gotas de sangue estão caindo por você, as mãos pregadas são perfuradas por você, e seu lado aberto contém um coração dentro dele cheio de amor por você.[2034]

Essas declarações certamente dariam a impressão de que Spurgeon assegurava uma expiação ilimitada. Ele não poderia consistentemente falar dessa maneira a partir de uma perspectiva da expiação limitada.

No sermão de 1890, Spurgeon mitigou um pouco essa linguagem ousada: "A cura para corações quebrantados vem da expiação, expiação por substituição, sofrimento de Cristo em nosso lugar. Ele sofreu por todo aquele que nele crê, e aquele que nele crê não é condenado, e nunca pode ser condenado, porque a condenação devida a ele foi imposta sobre Cristo."[2035] Note nessa declaração que Spurgeon disse que Cristo "sofreu por todo aquele que nele crê." Essa é uma declaração compatível com a expiação limitada. Contudo, mesmo aqui, ele não diz que Cristo morreu *somente* pelos pecados daquele que creem nele, embora seja provável que essa seja sua intenção.

Claramente Spurgeon creu na expiação limitada. Mas, é igualmente claro que ele não foi sempre consistente com essa crença em suas próprias pregações.

Certa vez, Spurgeon admitiu seu desconforto nos debates sobre a extensão da expiação dentro do calvinismo:

> Sempre me sinto muito nervoso quando teólogos começam a fazer cálculos sobre o Senhor Jesus. Era comum debates muito intensos acerca da redenção particular e redenção geral. E, embora me considere fundamentalmente um crente na doutrina calvinista, nunca me senti à vontade em tais discussões. Uma coisa é crer nas doutrinas da graça, outra é aceitar todas as incrustações que se formaram sobre essas doutrinas. Uma questão muito diferente também é concordar com o espírito que se revela em alguns que professam propagar a pura verdade.
>
> Não tenho nada a ver com o cálculo do valor da expiação de Cristo. Vejo com clareza a especificidade do propósito e intenção de Cristo ao apresentar seu sacrifício expiatório. Contudo, não consigo ver um limite para sua preciosidade. Não ouso entrar em cálculos quanto ao

---

[2034] C. H. Spurgeon, "Healing for the Wounded," em *New Park Street Pulpit*, 1:410.
[2035] C. H. Spurgeon, "Christ's Hospital", em *Metropolitan Tabernacle Sermons*, 38:281.

seu valor ou possível eficácia. Avaliadores e peritos não encontram lugar nessa questão.[2036]

Diante da declaração de Spurgeon sobre seu próprio calvinismo, é certamente irônico o fato de ter sido difamado já em seus dias por muitos calvinistas que o acusaram de adotar o arminianismo. Ian Murray, em seu fascinante livro *Spurgeon v. hyper-calvinism* [Spurgeon vs hipercalvinismo], revelou quantos calvinistas viram o ministério de Spurgeon como um "ministério de segunda-mão profundamente contaminado com um espírito arminiano".[2037]

Fusão dos Batistas Gerais e Particulares na Inglaterra

1891 foi um ano divisor de águas para os Batistas Gerais e Batistas Particulares na Inglaterra. Depois de um namoro por uns sessenta anos, os dois grupos finalmente se uniram, principalmente em torno da questão prática das missões. Era um trem se aproximando.[2038]

Nas últimas três décadas do século XIX, o cenário estava sendo preparado para a fusão definitiva que ocorreria cem anos depois. A New Connexion General Baptist [Nova União dos Batistas Gerais] foi revigorada com uma ordotoxia evangélica, sem suas antigas inclinações socinianas, enquanto os batistas particulares, sob a influência de Andrew Fuller, começaram a se livrar do julgo do hipercalvinismo. Ambos os grupos estavam preocupação e comprometidos com missões transculturais e evangelismo em casa. A reorganização da União Batista em 1832, seguida do avanço da possibilidade de união nas décadas de 1860, 1870 e 1880, preparou o terreno para uma eventual reunião das duas denominações.

Houve uma considerável troca fecunda em termos de ministério e educação entre os dois grupos na década de 1860. Isso perdurou ainda nas próximas duas décadas. W. Underwood descreveu a situação em um artigo, em 1864, diante da União Batista da Grã-Bretanha e da Irlanda, na Capela Cannon Street, em Birmingham:

"As Igreja Batistas *Gerais* estão bastante acostumadas a escolher pastores Batistas *Particulares*; e um número proporcional de pastores batistas gerais

---

[2036] C. H. Spurgeon, "Rivers of Water in a Dry Place", em *Metropolitan Tabernacle Pulpit*, 21:388.

[2037] I. Murray, *Spurgeon v. hyper-calvinism*, 54.

[2038] A história é bem narrada por J. H. Y. Briggs in "Evangelical Ecumenism: The Amalgamation of General and Particular Baptists in 1891, Part 1", *Baptist Quarterly* 34, no. 3 (July 1991): 99–115; idem, "Evangelical Ecumenism: The Amalgamation of General and Particular Baptists in 1891, Part 2", *Baptist Quarterly* 34, no. 4 (October 1991): 160–79.

estão estabelecidos em igrejas batistas particulares. O intercâmbio de púlpitos em ocasiões tanto especiais quanto ordinárias é frequente bem como os sermões, se considerado na integralidade, é admissível tanto em um lugar com o outro".[2039]

Com os passar do tempo, as fileiras dos que ocupavam uma *via media* entre os extremos de um calvinismo restrito não moderado e uma tendência ao unitarianismo entre alguns do lado dos batistas gerais aumentou na União Batista.

John Clifford e Alexander Maclaren desempenharam papéis estratégicos no estabelecimento das bases para a união. Clifford havia proposto uma resolução em favor da fusão, em 1889, na assembleia da União Batista. De acordo com Clifford, mesmo onde o calvinismo era forte em certas igrejas e associações, cerca de dois terços dos membros dessas igrejas não estavam de acordo com as declarações doutrinárias calvinistas. Mesmo entre muitas dessas declarações, a noção de expiação limitada já havia sido abandonada há muito tempo.

A interessante declaração de um pastor de Londres, Dan Burns, na *The Baptist Magazine*, em março de 1889, mostrou que muitos batistas particulares não estavam tão arraigados em seu compromisso com os cinco pontos do calvinismo como as gerações anteriores poderiam ter sido. Ele mencionou cinco sextos dos pastores e igrejas com sendo "essencialmente 'gerais' em sua doutrina como os Batistas Gerais."[2040]

A etapa final da união ocorreu durante o encontro da Associação em Burnley, em junho de 1891, onde John Cliffort serviu como presidente. Claramente alguns batistas calvinistas, como o próprio Spurgeon que era profundamente desiludido com a união por razões teológicas, ainda sustentavam a expiação limitada. Contudo, Alexander Maclaren resumiu a postura da maioria quando destacou que não tinha tempo para debater sobre a expiação limitada ou geral quando todo mundo estava perguntando se existia alguma expiação.[2041]

Confissões Menonitas e Batistas – séculos XVI-XVIII

A *Confissão Waterland* (1580) foi uma confissão de teologia menonita. O Artigo 7, "Sobre a Predestinação, Eleição e Reprovação de Deus", afirma uma expiação universal:

[2039] Underwood, *The General Baptist Denomination*, 23.
[2040] Briggs, "Evangelical Ecumenism, Part 2", 174.
[2041] A. Maclaren, *Missionary Observer* (August 1891): 320; citado em "Evangelical Ecumenism, Part 2", 177.

Mas, na medida em que este bom Deus, tão verdadeiramente como vive, não se deleita na destruição de ninguém (f), nem deseja que alguém pereça, mas que todos os homens sejam salvos (g) e alcancem a salvação eterna, assim também ele decretou e criou todos os homens para a salvação (h); e estes quando caíram, mediante seu amor inefável (i) ele restaurou-os em Cristo e nele ordenou e preparou para todos um medicamento de vida (k), se de fato Cristo foi dado (l), oferecido (m) e morreu como propiciação por todos.[2042]

Da mesma forma, o Artigo 8 afirma a expiação ilimitada: "Confessamos que a obediência do Filho de Deus (a), sua paixão amarga (b), morte (c), derramamento de sangue (d) e sacrifício único na cruz, é uma reconciliação (e) e satisfação por todos nós e pelos pecados do mundo inteiro".[2043]

Outra confissão menonita influente, *The Dordrecht Confession* [A Confissão Dordrecht] (1632), afirma a expiação ilimitada no Artigo 9:

Além disso, nós cremos e confessamos que este é o mesmo... que foi enviado ao mundo, e a si mesmo entregou o seu corpo preparado por ele, como "uma oferta e sacrifício a Deus, como um aroma suave"; sim, para o conforto, redenção e salvação de todos – da raça humana.[2044]

Por volta de 1587-1588, foi iniciada uma congregação separatista em Londres. Mais tarde, alguns dessa congregação imigraram para Amsterdã, deixando um número em Londres. Essa congregação separatista produziu *A True Confession* [Uma Confissão Verdadeira] (1596), documento usado para guiar os dois grupos. Embora a confissão afirmasse de forma mais tímida uma expiação estritamente limitada, ela conecta a expiação com a redenção dos eleitos de Deus no Artigo 14:

No tocante ao seu sacerdócio, sendo consagrado, ele se manifestou de uma vez para acabar com o pecado, oferecendo e sacrificando a si mesmo; e para este fim, cumpriu e sofreu plenamente todas aquelas coisas, pelas quais Deus por meio do sangue daquela cruz, em um sacrifício aceitável, poderia ser reconciliado com seus eleitos; e tendo quebrado o muro de separação, e com isso terminado e removido todos aqueles

---

[2042] W. L. Lumpkin, *Baptist confessions of faith* (Valley Forge, PA: Judson, 1959), 47.
[2043] Ibid., 51.
[2044] Ibid., 69.

ritos legais, sombras e cerimônias, é agora introduzido além do véu no Santo dos Santos..."[2045]

Em 1609, John Smyth produziu a *Short Confession of Faith in 20 Articles* [Breve confissão de fé em 20 artigos]. O Artigo 2 declara: "Que Deus criou e redimiu a raça humana à sua própria imagem, e ordenou a todos os homens (ninguém sendo reprovado) para a vida".[2046]

No ano seguinte, o partido de Helwys produziu *A short confession of faith* (1610) [Uma breve confissão de fé]. O Artigo 7 declara: "Além disso, muito mais... tendo previsto e ordenado nele [Cristo] um remédio de vida para todos os pecados, desejou que todas as pessoas ou criaturas, por meio da pregação do evangelho, tivessem essas coisas publicadas e declaradas a elas".[2047] Da mesma forma, o Artigo 12 afirmava: "Além disso, como sumo sacerdote... ele finalmente se entregou obedientemente (pela reconciliação dos pecados do mundo)... Nós reconhecemos... que a obediência do Filho de Deus... é uma perfeita reconciliação e satisfação pelos nossos pecados e pelos pecados do mundo".[2048]

Em 1611, Thomas Helwys produziu *A Declaration of Faith of English People Remaining in Amsterdam in Holland* [Uma declaração de fé do povo inglês que permanece em Amsterdã, na Holanda]. Lumpkin explicou sobre essa confissão:

> A influência menonita é prontamente vista na confissão, pois mostra uma partida do calvinismo do movimento separatista, até então marcadamente consistente. Mas mostra também sinais decididos do histórico calvinista de seus autores. É anticalvinista na doutrina da expiação e antiarminiano em suas visões do pecado e da vontade.[2049]

O Artigo 3 declara: "Que pela semente prometida da mulher, Jesus Cristo, e pela sua obediência, todos são feitos justos. Romanos 5.19. Todos são feitos vivos, 1 Coríntios 15.22. Sua justiça sendo imputada a todos".[2050]

Os seguidores de John Smyth produziram uma confissão intitulada *Propositions and*

[2045] Ibid., 85.
[2046] Ibid., 100. Lumpkin observou que essa confissão era única de duas maneiras: era anticalvinista e antipedobatista.
[2047] Ibid., 104.
[2048] Ibid., 105–6.
[2049] Ibid., 115.
[2050] Ibid., 117.

conclusions concerning true christian religion (1612-14) [Proposições e conclusões sobre a verdadeira religião cristã]. Os artigos 22, 27 e 28 afirmam uma expiação ilimitada. O Artigo 28 fala de Cristo "que ele comprou aqueles que o negam (2 Pe 2.1)".[2051]

É importante salientar que, nessa conjuntura, os primeiros batistas gerais não abraçaram um arminianismo completo, como Philip Thompson observou. Eles não eram tão "vigorosamente anticalvinistas como frequentemente são retratados".[2052]

A Confissão de Psalgrave, *"A full declaration of the faith and ceremonies professed in the dominions of the most illustrious and noble Prince Frederick V., Prince Elector Palatine"* ["Uma declaração completa da fé e cerimônias professada nos domínios do mais ilustre e nobre Príncipe Frederico V., Príncipe Eleitor Palatino"], foi traduzida por John Rolte e publicada em Londres, em 1614. Ela afirma fortemente uma expiação ilimitada: "Do poder da morte de Cristo cremos que, a morte de Cristo, (embora não sendo apenas um homem despido, mas o Filho de Deus morto) é um pagamento completo e todo suficiente, não só pelos nossos pecados, mas também os pecados do mundo inteiro".[2053]

A primeira confissão batista conhecida é *The London confession* (1644) [A Confissão de Londres]. Essa confissão é fortemente dependente do trabalho separatista de 1596, *A True Confession*. O Artigo 17 declara: "No tocante ao seu Sacerdócio, Cristo... apareceu de uma vez para acabar com o pecado pela oferta e o sacrifício de si mesmo, e para esse fim cumpriu e sofreu plenamente todas aquelas coisas pelas quais Deus, mediante o sangue da sua cruz, em um sacrifício aceitável, para que pudesse reconciliar somente seus eleitos".[2054] O Artigo 21 declara: "Que Cristo Jesus, por sua morte, trouxe salvação e reconciliação somente para os eleitos". [2055]

Lumpkin assumiu que esses artigos ensinam uma expiação estritamente limitada. Mas uma observação cuidadosa na redação do documento revela que esse não é necessariamente o caso. O que os dois artigos afirmam claramente é que a morte de Cristo providenciou "salvação" e "reconciliação" somente para os eleitos. Essa redação não exige expiação limitada; ela apenas ordena, em boa forma calvinista, que os benefícios reais da expiação redundam apenas nos eleitos. Qualquer calvinista que afirmasse uma

---

[2051] Ibid., 128.
[2052] Thompson, "Baptists and 'Calvinism'", 65.
[2053] *A Declaration of the Pfaltzgraves: Concerning the faith and ceremonies professed in his churches*, trans. J. Rolte (London: Printed for Thomas Jones, and are to bee sold at his Shop in the Strand neere Yorke-House, 1637), fol. B3r (alguma linguagem modernizada).
[2054] Lumpkin, *Baptist confessions of faith*, 160.
[2055] Ibid., 162.

expiação ilimitada poderia assinar essa declaração de fé e, de fato, Paul Hobson, um batista particular que claramente afirmou a expiação ilimitada, fez exatamente isso.[2056]

Lumpkin sugeriu que alguns batistas gerais de Londres

> responderam a essa confissão em 1645 com um panfleto chamado *The fountaine of free grace opened* [A fonte aberta da livre graça], no qual, defendiam sua doutrina distintiva de uma expiação geral, mas distinguiam-se dos "Arminianos" e denunciaram "aspersões escandalosas" que eles mantinham à liberdade da vontade e negavam a livre eleição da graça.[2057]

Outra confissão batista geral apareceu em 1651: *The faith and practice of thirty congregations* [A fé e a prática de trinta congregações]. Lumpkin disse sobre essa confissão: "Nenhum sistema arminiano consistente é revelado; antes, algumas ênfases tradicionais do calvinismo são apresentadas".[2058] O artigo 17 declara: " Que Jesus Cristo, por meio da (ou pela) graça de Deus, sofreu a morte por toda a humanidade, ou por todo homem; Hebreus 2.9."[2059]

No final de 1640, Thomas Lover emitiu uma confissão que os batistas gerais reeditaram em 1654: *The true gospel faith* [A verdadeira fé do evangelho].[2060] O Artigo 4 declarava: "Que Deus, de seu amor, enviou seu Filho ao mundo para nascer de uma mulher, morrer pelos pecados de todos os homens sob o primeiro pacto, João 3.16". O Artigo 5 também declarou: "Que ele fez a vontade do Pai ao dar a sua vida por todos os pecadores, Filipenses 2.8... 1 Timóteo 2.6, afirma que ele se deu a si mesmo em resgate por todos".[2061]

Os batistas particulares produziram a *Midland Association Confession* (1655) [Confissão da Associação Midland], que foi inspirada na *London Confession* [Confissão de Londres]. O Artigo 7 declara: "Que Jesus Cristo foi, na plenitude do tempo, manifestado na carne... se entregou pelos eleitos, a fim de redimi-los para Deus pelo seu sangue".[2062]

[2056] Veja M. Bell, *Apocalypse how? Baptist movements during the english revolution* (Macon, GA: Mercer, 2000), 82, 91–94.
[2057] Ibid., 147.
[2058] Ibid., 173.
[2059] Ibid., 178.
[2060] L. McBeth, *The baptist heritage: Four centuries of baptist witness* (Nashville: Broadman, 1987), 70.
[2061] Lumpkin, *Baptist confessions of faith*, 192–93.
[2062] Ibid., 199.

A *The Somerset confession* (1656) [Confissão de Somerset] é uma confissão batista particular notável, porque representa o primeiro esforço importante em reunir os Batistas Particulares e os Gerais. Lumpkin observou: "O calvinismo da Associação Western não era de um tipo rígido. Collier, como um evangelista leigo, estava perturbado por algumas das mesmas dificuldades práticas que os Batistas Gerais disseram ter visto na doutrina de uma expiação restrita ou particular, contudo, ele gostava da estrutura calvinista".[2063] Apesar disso, a confissão ainda afirmou uma expiação limitada no Artigo 15: "Que o homem Jesus Cristo sofreu a morte... levando os pecados do seu povo em seu próprio corpo na cruz... e por sua morte na cruz, ele obteve eterna redenção e libertação para sua igreja".[2064]

The Standard Confession (1660) [A confissão padrão] era, segundo Lumpkin, "levemente arminiana"[2065] e claramente afirmava uma expiação universal. O Artigo 3 declara: "Que há um só Senhor Jesus Cristo, [...] a quem Deus enviou livremente ao mundo (por causa de seu grande amor ao mundo) que livremente se deu em resgate por todos, 1 Timóteo 2.5,6; provando a morte por todo homem, Hebreus 2:.9".[2066]

The second London confession (1667 and 1688/89) [A segunda confissão de Londres] é uma das mais importantes confissões batistas. Essa confissão é fortemente calvinista e parece afirmar superficialmente uma expiação limitada; no entanto, também pode ser ambígua, como a Confissão de Westminster, com relação à questão da extensão.[2067] O capítulo 8.5 declara: "O Senhor Jesus... satisfez plenamente a justiça de Deus, obteve a reconciliação e comprou uma herança eterna no reino dos céus, por todos aqueles a quem o Pai lhe deu". Da mesma forma, o capítulo 8.8 diz: "A todos aqueles por quem Cristo obteve a eterna redenção, ele certamente aplicará e comunicará a mesma".[2068]

A Segunda Confissão de Londres foi instantaneamente desafiada por Collier e outros. Ele publicou seu *Body of divinity* [Corpo de Doutrinas], em 1674. Como resultado do desafio de Nehemiah Coxe à teologia de Collier, este último escreveu um suplemento sobre *Election, universal and special grace* [Eleição, Graça Especial

---

[2063] Ibid., 201-2.

[2064] Ibid., 201-2

[2065] Ibid., 221.

[2066] Ibid., 225.

[2067] A Segunda Confissão de Londres é uma adaptação, em parte, da Confissão de Westminster. Cf. W. J. McGlothlin, *Baptist confessions of faith* (Philadelphia: American Baptist Publication Society, 1911), 217: "A influência controladora nessas mudanças foi, sem dúvida, a Confissão de Westminster, a crescente estabilidade e regularidade das igrejas batistas, e o crescente desejo de harmonia com outros protestantes..."

[2068] Ibid., 262.

e Universal], à qual Coxe respondeu em 1677, seguido por uma réplica de Collier. As associações batistas se envolveram e mais confissões rivais foram escritas em Londres, em 1677.[2069]

Os batistas gerais produziram *The orthodox creed* (1678[9]) [O Credo Ortodoxo]. Lumpkin observou que essa confissão "se aproxima do Calvinismo mais do que qualquer outra confissão geral Batista".[2070] Nessa confissão, uma forma suavizada de calvinismo apresenta a predestinação e a eleição dentro de uma estrutura cristocêntrica.[2071] Afirma claramente a expiação ilimitada no Artigo 18: "De Cristo morrendo por toda a humanidade".

> Deus, o Pai, em sua generosidade real, e fonte de amor, quando toda a humanidade caiu em pecado, ao quebrar o primeiro pacto de obras feitas em Adão, escolheu Jesus Cristo e o enviou ao mundo para morrer por Adão, ou o homem caído. E o amor de Deus é manifesto a toda a humanidade, na qual, ele não está desejoso, como mesmo jurou, e declarou abundantemente em sua palavra, que esta deveria perecer eternamente, mas teria tudo para ser salva, e chegar ao conhecimento da verdade... E Cristo morreu por todos os homens, e há suficiência em sua morte e méritos pelos pecados de todo o mundo, e designou o evangelho para ser pregado a todos e enviou seu Espírito para acompanhar a palavra a fim de gerar arrependimento e fé: para que, se alguém perecer, não seja por falta dos meios de graça manifestados por Cristo a eles, mas pelo não aperfeiçoamento da graça de Deus, oferecida gratuitamente a eles por meio de Cristo no evangelho.[2072]

Essa confissão fala tanto da graça eletiva de Deus como da "graça do Filho em morrer por todos os homens".[2073]

Em 1691, foi publicada *A short confession or a brief narrative of faith* [Uma pequena confissão ou uma breve narrativa de fé]. As circunstâncias que envolvem

---

[2069] W. T. Whitley, *Calvinism and evangelism in england especially in baptist circles* (London: Kingsgate, [1933]), 21.

[2070] Lumpkin, *Baptist confessions of faith*, 296.

[2071] M. Medley, "A Good Walk Spoiled?: Revisiting Baptist Soteriology," em *Recycling the past or researching history?*, Studies in Baptist History and Thought 11, ed. P. E. Thompson and A. R. Cross (Carlisle, UK: Paternoster, 2005), 101.

[2072] Lumpkin, *Baptist confessions of faith*, 310–11.

[2073] Ibid., 303.

essa confissão são interessantes. Lumpkin observou que, no país ocidental, durante o último quarto do século XVII, "houve uma notável corrente de distanciamento do calvinismo entre algumas Igrejas Batistas Particulares fundadas por Thomas Collier".[2074] Whitley explicou como, após a morte de Collier (1691) e Coxe (1688), a confissão de 1677 foi reimpressa. Pouco tempo depois, uma assembleia de representantes de igrejas batistas calvinistas em toda a Inglaterra e País de Gales reuniu-se para considerar como seria melhor trabalharem juntas no ministério. A assembleia incentivou as igrejas a apoiar a confissão reimpressa. No entanto, a influência de Collier ainda era sentida em algumas igrejas que ele havia plantado e/ou influenciado, pois nem todos se sentiam confortáveis com o nível de calvinismo da confissão. Uma segunda assembleia foi realizada em Bristol (1690), e, dois anos depois, as igrejas no "oeste" da Inglaterra emitiram outra confissão repudiando explicitamente as seções sobre eleição e reprovação da confissão de 1677 e claramente afirmando uma expiação universal no Artigo 6, "Sobre a extensão da morte de Cristo":[2075]

> Quanto à extensão da morte do nosso querido redentor, cremos que é adequado ao grande propósito de Deus, o Pai, enviá-lo ao mundo, para se entregar a si mesmo em resgate por toda a humanidade; para o mundo, o mundo inteiro; e que aqui o mundo em seu presente estado; e que, desse modo, há um caminho de reconciliação, aceitação e salvação aberto a todos os homens: de onde concluímos que, se alguém fica aquém de obter reconciliação, aceitação e salvação, não é por falta de graça no Pai, nem no sacrifício do Filho.[2076]

Na Inglaterra do século XVIII, um dos principais batistas gerais, Dan Taylor, produziu *Articles of religion of the new connexion (1770)* [Artigos de religião da nova conexão]. O artigo 3, "Sobre a pessoa e obra de Cristo", afirma a expiação ilimitada: "que ele sofreu para fazer uma completa expiação por todos os pecados de todos os homens".[2077]

[2074] Ibid., 334–35.
[2075] Whitley, *Calvinism and evangelism in England*, 23–24.
[2076] Lumpkin, *Baptist confessions of faith*, 336.
[2077] Ibid., 343.

Conclusão

A história demonstra a variedade do calvinismo encontrada até entre os batistas particulares na Inglaterra, especialmente no que diz respeito à extensão da expiação. O historiador batista inglês, Thomas Crosby (1685–1752), declarou:

> E sei que existem várias igrejas, ministros e muitas pessoas em particular, entre os *Batistas Ingleses*, que desejam não usar a nomenclatura de *'gerais ou particulares'*, nem podem, com razão, *ser classificados sob qualquer um desses grupos; porque aceitam* aquilo que pensam ser a verdade, sem considerar em qual esquema humano se concorda ou discorda.[2078]

[2078] T. Crosby, *The history of the english baptists*, 3 v. (London: Printed and Sold by, the Editor, 1738), 1:174 (ênfase no original).

6

A Extensão da Expiação entre os Batistas Norte-Americanos

Neste capítulo, com exceção dos batistas do Sul, consideraremos o que os principais batistas dizem sobre o sobre assunto. No capítulo seguinte consideraremos o assunto na história dos batistas do Sul (de 1845 até o presente).

Batistas Norte-americanos do Século Dezoito até o Século Vinte e Um

John Leland (1754–1841)
Leland era um líder batista proeminente da antiga Virgínia e Massachusetts. Ele desempenhou um papel significativo influenciando Jefferson e Madison a incluir a liberdade religiosa na Declaração de Direitos. Após pregar um sermão antiescravagista, Leland deixou a Virgínia e foi para Massachusetts em 1791, onde ajudou na fundação de muitas igrejas Batistas, em Connecticut.

Leland afirmou:

> Concluo que os *eternos propósitos* de Deus e a *liberdade da vontade humana* são ambos verdadeiros, e é um fato que a pregação que mais tem sido abençoada por Deus e mais útil aos homens é a doutrina da

graça soberana na salvação das almas, misturada com um pouco do que é chamado de Arminianismo.²⁰⁷⁹

Provavelmente, esse "pouco" se refere, no mínimo, à expiação ilimitada. O próprio Leland era um calvinista e pode ter sido comprometido com a expiação limitada.²⁰⁸⁰

David Benedict (1779–1874)

Benedict serviu como um pastor por muitos anos em Pawtucket, Rhode Island. Após a aposentadoria, seguiu com seu amor pela história dos Batistas e publicou sete livros. Narrou a diversidade de visões entre Batistas na Virgínia e no Kentucky. Ele localizou como as diversas perspectivas na Virgínia foram transpostas para dentro das associações Batistas do Kentucky, organizadas desde, pelo menos, 1785.²⁰⁸¹

> Os batistas na Virgínia, na época em que começaram a enviar colônias populosas de seus irmãos para o país ocidental (ou parte ocidental do país), foram divididos em Regulares e Separados, embora os Separados fossem muito mais numerosos. Os *Regulares* era professamente, e alguns deles em altíssimo nível, calvinistas; mas os *Separados* estavam longe de ser unânimes em suas opiniões doutrinárias. A maioria deles, entretanto, era Calvinista, dos demais, uma parte era muito inclinada ao lado Arminiano da controvérsia; e alguns dos mais distintos entre eles, em oposição aos altos esforços do Calvinismo, os quais eram incessantemente, e em muitos casos dogmaticamente comprometidos com seus irmãos ortodoxos, tinham se aproximado da plena extensão da doutrina de Armínio. Outros, com diferentes modificações dos artigos objetáveis de ambos os sistemas, estavam empenhados em buscar um meio termo. Tal era o estado dos Batistas da Virgínia, com respeito à doutrina, no período em consideração, e alguns de todas aquelas classes diferentes estavam entre os imigrantes das férteis regiões do oeste; mas a maioria deles eram separados em seus estados nativos. Mas o mesmo povo que tinha viajado junto antes de sua retirada, que ao menos respeitava sua conexão associativa, buscou um caminho diferente quando se estabeleceu

---

[2079] J. Leland, "A Letter of Valediction on Leaving Virginia, 1791" ,in *The writings of the late elder John Leland*, ed. Louise F. Green (New York: G. W. Wood, 1845), 172 (ênfase no original).

[2080] Veja T. J. Nettles, *By his grace and for his glory*, rev. ed. (Cape Coral, FL: Founders, 2006), 87–88

[2081] S. Lemke, "History or Revisionist History? How Calvinistic Were the Overwhelming Majority of Baptists and Their Confessions in the South until the Twentieth Century" *Southwestern Journal of Theology* 57 (2015): 233.

no Kentucky. Os *Calvinistas Separados* se uniram com os poucos *Batistas Regulares* entre eles, e estabeleceram a Associação de Elkhorn, a qual, em seu início, adotou a Confissão de Fé da Filadélfia; enquanto os inclinados ao sistema Arminiano, assim como aqueles que adotaram algo do credo Calvinista em um sentido qualificado, se uniram com a Associação cuja história nós agora a temos sob consideração [o distrito Sul]. Assim, os nomes dos *Regulares* e dos *Separados* foram transportados para além das montanhas, e dois interesses separados foram estabelecidos na vizinhança uns dos outros.[2082]

Benedict identificou uma associação de igrejas batistas formada na Pensilvânia ocidental chamada de "Batistas Independentes Pactuais". "Essas igrejas são, como eles dizem, chamadas por alguns de semicalvinistas e por outros de semiarminianas."[2083]

Luther Rice (1783-1836) e Adoniram Judson (1788-1850)

Judson e Rice são nomes de excelente reputação na antiga empreitada missionária Batista. Judson não foi um teólogo escritor e a maioria do que ele realmente escreveu, destruiu ou foi pedido para ser destruído. Desde que Judson foi ensinado na tradição da Nova Teologia, em Andover, e parece que seu pai, um pastor Congregacionalista, foi talhado da mesma madeira, é altamente provável que seus influenciadores não sustentavam a expiação limitada.[2084] O artigo 5, do sacramento de Judson, afirma que Cristo "entregou sua vida pelo homem... pelo qual fez uma expiação por todos

---

[2082] D. Benedict, *A general history of the baptist denomination in america and other parts of the world* (New York: Lewis Colby and Company, 1848 [originalmente publicado em 1813 em dois volumes]), 821. Veja também R. B. Semple, *A history of the rise and progress of the baptists in Virginia*, rev. e ed. G. W. Beale (Richmond, VA: Pitt and Dickinson, 1810), disponível online em https://archive.org/details/historyofrisepro00semp.

[2083] D. Benedict, *A general history of the baptist denomination in america, and other parts of the world*, 2 vols. (Boston: Lincoln & Edmands, 1813), 1:602.

[2084] J. Willson, *A historical sketch of opinions on the atonement, interspersed with biographical notices of the leading doctors, and outlines of the sections of the church, from the incarnation of Christ to the present time; with translations from Francis Turretin, on the atonement* (Philadelphia: Edward Earle, 1817), 163, notou: "A respeito da faculdade e do corpo estudantil inicial do Seminário de Andover, fundado em 1808, o número de alunos é superior a sessenta; entre todos eles, professores e alunos, não há, provavelmente, nenhum que não tenha mantido a doutrina da expiação geral". Se essa afirmação é precisa, confirmaria, provavelmente, que ambos, Adoniram Judson e Luther Rice, eram calvinistas que afirmavam a expiação universal. De fato, Willson chama Andover de "um Saumur Americano". O livro de Willson foi publicado somente nove anos após a fundação do Seminário de Andover.

que estão dispostos a crer".²⁰⁸⁵ Essa frase é, no mínimo, ambígua, na forma como está afirmada e não indica claramente se Judson acreditava na expiação limitada. De fato, parece que a afirmação de que Cristo "deu a vida pelo homem" indicaria expiação universal, desde que "homem" aqui provavelmente se refira a "humanidade". Observe que Judson não diz nada sobre Cristo morrer somente pelos eleitos.

Uma questão chave nessa afirmação é o que Judson pretendia atribuir à palavra "expiação". Se ele queria falar da extensão da expiação, então a declaração estaria afirmando expiação limitada, mas se falou somente da aplicação da expiação como sendo "para todos que estão dispostos a crer", não necessitaria de expiação limitada mais do que necessitaria de expiação ilimitada. A ambiguidade da palavra "expiação" no contexto da afirmação não pode ser usada para argumentar em favor de qualquer um dos lados.²⁰⁸⁶

Leonard Woods, o pregador que proclamou o sermão de ordenação missionária de Judson e Rice no dia 6 de Fevereiro de 1812, claramente articulou uma crença na expiação ilimitada. Além disso, desenvolveu esse ponto teológico como um motivo importante para missões e evangelismo.²⁰⁸⁷ Isso é ainda mais interessante, já que Woods era um calvinista, graduado em Harvard em 1796 como o primeiro de sua classe, um dos fundadores do Andover Theological Seminary [Seminário Teológico de Andover], em 1808, e seu primeiro professor de teologia. Desde sua própria fundação, o Seminário de Andover foi moderado em seu Calvinismo. Ele foi governado por curadores e um

---

[2085] F. Wayland, *A memoir of the life and labors of the rev. Adoniram Judson*, 2 v. (Boston: Phillips, Sampson, & Co., 1854), 2:469.

[2086] T. Nettles notou corretamente que Judson não afirmou explicitamente a expiação limitada, mas então tentou, sob a base dos comentários de Judson acerca da redenção de Cristo e do eleito, dizer que isto "certamente a implica" *By his grace and for his glory: An historical, theological and practical study of the doctrines of grace in baptist life*, 2nd ed. [Cape Coral, FL: Founders, 2006], 100).

[2087] Para confirmação, veja *Sermon preached at the Tabernacle in Salem February 6, 1812, on Occasion of the Ordination of the Rev. Messrs. Samuel Newell, Adoniram Judson, Samuel Nott, Gordon Hall, and Luther Rice, Missionaries to the Heathen in Asia, under the Direction of the Board of Commissioners for Foreign Missions* (Boston: Samuel T. Armstrong, 1812). Ele pode ser acessado em https://archive.org/details/sermondelivereda00wood. A longa discussão de Woods sobre a questão da extensão da expiação (Lectures LXXXI and LXXXII) deixa claro que ele era um valvinista moderado (Leonard Woods, "Lectures," em *The eorks of Leonard Woods* [Boston: John P. Jewett & Company, 1851], 490–521). Por exemplo, Woods afirmou: "Mas esse desígnio geral da expiação, e o respeito igual, afirmado anteriormente, o qual ele teve, universalmente, com o caso dos pecadores, não implica, por quaisquer meios, que todos serão tratados da mesma maneira pela providência de Deus, ou que todos compartilharão da mesma maneira a influência do Espírito Santo. Não implica que o propósito do Pai a respeito da real doação das bênçãos espirituais foi o mesmo para todos os homens. A provisão geral é uma coisa; a influência divina que dispõe os homens a valer-se dessa provisão, é outra coisa" (496). Aqui Woods distinguiu entre a extensão da expiação, a qual é universal, e a intenção, a qual é restrita somente àqueles que creem.

corpo de inspetores que, embora todos fossem calvinistas, afirmavam uma expiação ilimitada.[2088]

O texto do sermão de Woods foi o Salmo 67. No primeiro parágrafo, Woods apontou que o salmista expressa a batida do coração do próprio Deus para que todos os homens possam ser salvos.[2089] Ele declarou o propósito de seu sermão: "Eu persuadiria vocês a agirem, decidida e zelosamente sob a influência do amor cristão".[2090] O teor inteiro desse sermão está envolto em torno do amor de Deus por cada ser humano no planeta terra e como nosso amor pelo não salvo deveria motivar nosso esforço missionário. O esboço de seu sermão consiste de sete motivos para missões e evangelismo. O primeiro deles é "a dignidade das almas". "As almas de todos estes são tão preciosas quanto às suas próprias. A sabedoria de Deus,– o sangue do salvador moribundo assim declarou".[2091] O segundo motivo de Woods, que ele insistiu com seus ouvintes, é "a plenitude da provisão que Cristo tem feito para a salvação deles". [2092] "Houvesse alguma coisa insuficiente nessa provisão, – alguma deficiência na graça divina, – alguma coisa circunscrita na oferta evangélica; nosso zelo por propagar o evangelho seria suprimido".

A afirmação seguinte de Woods claramente revelou sua própria afirmação na morte de Cristo pelos pecados de todas as pessoas.

> Meus irmãos, a palavra da verdade eterna tem nos ensinado que Jesus provou a morte por todo homem; que ele é a propiciação por nossos pecados, e não somente pelos nossos, mas também pelos pecados de *todo* o mundo; que um rico banquete é preparado, e todas as coisas estão prontas; que quem quer que queira pode vir e provar da água da vida livremente. Essa grande expiação é tão suficiente para asiáticos e africanos como para nós. A porta do reino de Cristo está igualmente aberta para eles e para nós. Inumeráveis milhões de nossa raça têm entrado; e ainda há lugar. A misericórdia de Deus é um oceano absolutamente inesgotável; e assim, como sua benevolência é um padrão para nossa imitação, e uma

---

[2088] Para uma breve bibliografia de Woods, consulte D. B. Raymond, "Woods, Leonard," em *American National Biography*, eds. J. A. Garraty and M. C. Carnes, 24 v. (New York: Oxford University Press, 1999), 23:813–45.

[2089] Woods, *Sermon preached*, 10.

[2090] Ibid., 11.

[2091] Ibid., 12.

[2092] Ibid., 13.

regra para governar nossos esforços e orações, assim também *ele deseja que todos os homens sejam salvos*.[2093]

Observe que Woods afirmou a vontade salvadora universal de Deus para todos os homens e que Deus tem provido a propiciação para os pecados de todos os homens. Ele citou Hebreus 2.9, onde temos a declaração de que Jesus "provou a morte por cada homem" (KJV). Tudo isso está fundamentado no amor salvador de Deus pela humanidade. Woods suplicou a seus leitores que "se empenhem ao máximo pela salvação da humanidade; seus esforços cairão muito abaixo da altura do amor redentor".[2094] Isso não é expiação limitada.

O terceiro motivo de Woods para a ação missionária era o mandamento bíblico de levar o evangelho a "cada criatura", o que é "uma expressão exata do coração de Jesus; uma exibição da *vastidão* de seu amor." Nenhum dos sete motivos de Woods inclui as coisas comuns dos escritos e sermões reformados contemporâneos, tais como a glória de Deus, a soberania de Deus ou a doutrina da eleição. Não há dúvida de que ele acreditava nessas coisas. Woods não mergulhou na, assim chamada, vontade secreta divina quando veio aos motivos para as missões; em vez disso, ele permaneceu dentro da vontade revelada de Deus e falou do que a Bíblia claramente afirma sobre o porquê devemos fazer missões e evangelismo: o fato de que o Senhor ama todas as pessoas, deseja que todas sejam salvas, fez provisão na morte de Cristo para os pecados de todas as pessoas de modo que elas possam ser salvas, se arrependam e creiam, e nós devemos nos entregar às missões e ao evangelismo por causa do amor de Deus por cada alma perdida no planeta terra, do nosso amor por Cristo e do nosso amor por cada alma perdida singular. Como Woods disse a Judson e Rice em seu desafio concludente no sermão: "Vocês irão, nós cremos, porque o amor de Deus é derramado amplamente em seus corações pelo Santo Espírito... A causa na qual vocês têm se alistado é a causa do amor divino".[2095]

O próprio sermão de Woods, unido com o que conhecemos dos escritos de Judson e Rice, deixa claro que, como calvinstas, Judson e Rice mantinham a doutrina da eleição e criam na soberania de Deus em missões e no evangelismo. Se eles sustentavam a expiação limitada é outro assunto.

A evidência de que Judson provavelmente não afirmava a expiação limitada pode ser encontrada em um de seus discursos proferidos enquanto estava de licença nos Estados Unidos, em março de 1846. Falando da morte de Cristo, ele declarou: "Mas ele

---

[2093] Ibid., 13–14 (ênfase no original).
[2094] Ibid., 14–15.
[2095] Ibid., 26 (ênfase no original).

não cedeu; ele sofreu por mais de três horas terríveis, até que o Pai viu que tudo estava cumprido – que o preço da nossa redenção fora pago – que sofrimento suficiente tinha sido suportado para tornar possível a cada indivíduo de nossa raça perdida encontrar salvação".[2096] A sentença não poderia ser pronunciada consistentemente por alguém que sustentasse a expiação limitada.[2097] A razão é óbvia. De acordo com a expiação limitada, Cristo não morreu pelos pecados dos não eleitos. Assim, não é possível que "cada indivíduo de nossa raça perdida" possa encontrar salvação. Nenhuma expiação foi feita para os não eleitos e a salvação não é possível à parte da expiação de Cristo.

David Jessee (1783–1856)

Jessee se tornou pastor da Igreja Batista em Castle Woods, Virgínia, em 1803. James Taylor descreveu as crenças doutrinárias de Jessee acerca da extensão da expiação:

> Com respeito às doutrinas mantidas e pregadas por ele, pode ser suficiente dizer que elas coincidiam geralmente com aquelas dos Batistas Regulares. Suas visões, entretanto, em referência à extensão da expiação, sofreu uma mudança. Na parte inicial de seu ministério ele advogou a alta visão Calvinista sobre a temática; mas nos últimos anos de sua vida ele apoiou a visão agora geralmente adotada pelos Batistas, isto é, de que a expiação é geral em sua natureza.[2098]

Essa afirmação é importante por várias razões. Primeira, ela identifica Jessee com os batistas regulares, que eram calvinistas na teologia. Segunda, ela fala do afastamento de Jessee da expiação limitada em favor da expiação geral. Terceira, observe a afirmação de Taylor de que a visão dos batistas "agora geralmente adotada" não é a expiação limitada, mas a expiação universal. Essa era a situação de acordo com Taylor em 1860, apenas quinze anos após a fundação da Convenção Batista do Sul.

Francis Wayland (1796–1865)

Wayland serviu como professor no Andover Theological Seminary [Seminário Teológico de Andover], foi um dos fundadores da Newton Theological Institution [Instituição Teológica Newton], presidente da Brown University [Universidade Brown] e pastor

---

[2096] R. T. Middleditch, *Burmah's great missionary* (New York: E. H. Fletcher, 1859), 387.

[2097] É possível que Judson pretenda falar da suficiência infinita intrínseca da morte de Cristo, como muitos calvinistas destacados fazem, mas, mesmo que, como temos pontuado, tal relato da suficiência é completamente inadequado e, por definição, não visa de maneira alguma os pecados dos não eleitos, senão de maneira hipotética.

[2098] J. Taylor, *Virginia Baptist Ministers* (New York: Sheldon & Co., 1860), 289.

da First Baptist Church in Boston and First Baptist Church of Providence, Rhode Island [Primeira Igreja Batista em Boston e da Primeira Igreja Batista de Providence]. Ele tinha uma influência significativa sobre os antigos líderes Batistas do Sul, como Boyce e Manly.

Nas *Wayland's notes on the principles and practices of Baptist churches* [Notas sobre os princípios e práticas das igrejas Batistas de Wayland] publicadas apenas doze anos depois da fundação da Convenção Batista do Sul, ele é muito claro sobre o afastamento da expiação limitada que já tinha tomado lugar na vida batista. Ele escreveu:

> A extensão da expiação tinha sido e ainda é uma questão de diferença honesta, mas não indelicada. *Nos últimos cinquenta anos, uma mudança tem gradualmente tomado lugar na visão de uma ampla porção de nossos irmãos.* No início daquele período a Teologia de Gill era um tipo de padrão, e os Batistas que absorviam suas opiniões eram o que quase podiam ser chamados de hipercalvinistas. Uma mudança começou com a publicação dos escritos de Andrew Fuller, especialmente seu "Gospel Worthy of all Acceptation" [Evangelho Digno de Toda Aceitação]."...
>
> É difícil conceber nos dias atuais a que extensão a doutrina da expiação limitada, e as visões da eleição que a acompanhavam, foram levadas. Uma vez, eu soube de um ministro popular que costumava citar a passagem, "porque Deus amou o mundo de tal maneira" etc., inserindo a palavra *eleito* antes de mundo: "porque Deus amou o mundo *eleito* de tal maneira" etc. Eu estava, no início do meu ministério, estabelecido em uma cidade respeitável de Massachusetts. Um dos meus membros, um homem muito digno, filho de um ministro batista e reputado por ser "muito esclarecido nas doutrinas" – (esse era o termo aplicado a esta forma de crença) – tinha uma família curiosa, completamente entregue ao mundanismo. Eu desejava conversar com eles sobre o tema da religião pessoal, e mencionei a ele meu desejo. Ele gentilmente, mas com clareza, me disse que não desejava que ninguém conversasse com seus filhos sobre esse tema. Se eles fossem eleitos, Deus os converteria em seu próprio tempo; mas se não, a conversa não os faria nenhum bem, ela só os tornaria hipócritas. Acredito que ele era o último pilar do Gillismo remanescente na igreja...
>
> Em minha última sessão, me referi à mudança que havia tomado lugar no entendimento dos Batistas sobre o tema da expiação. O ponto principal em questão era a *extensão* do sacrifício evangélico; em outros assuntos, creio que sempre tenha havido uma harmonia completa. Pode ser bom afirmar brevemente o que suponho ser a crença prevalecente no

presente sobre essa doutrina. Nos estados do Norte e do Oeste é geralmente defendido que toda a raça se tornou pecadora em consequência do pecado do primeiro Adão; e que, por outro lado, o caminho da salvação estava aberto para a toda a raça pela obediência e morte do segundo Adão. Entretanto, isto, por si só, não garante a salvação de ninguém, pois os homens estão tão mergulhados no pecado, que todos, com consentimento, começam a dar desculpas, e recusam universalmente a oferta de perdão. Deus, então, em sua misericórdia infinita, escolheu alguns para a vida eterna, e, pela influência do Espírito Santo, torna a palavra eficaz para sua salvação e santificação. Em sua oferta de misericórdia, ele é perfeitamente honesto e sincero, porque o banquete tem sido providenciado e é estendido a *todos*. Isto, no entanto, não interfere em seu propósito gracioso de salvar, por sua soberana misericórdia, aqueles que ele possa ter escolhido. Há aqui soberania, mas não parcialidade. Não pode haver parcialidade, pois ninguém tem indício de crédito; e, se alguém perece, não é pela falta de uma plena e livre provisão, mas por sua própria perversidade intencional. Não quereis vir a mim para que possais ter vida.[2099]

Wayland aparentemente afirmava uma expiação ilimitada.

Edward T. Hiscox (1814—1901)
Hiscox serviu como pastor de muitas igrejas Batistas na Nova Inglaterra e em Nova Iorque. Ele é mais conhecido por seus manuais das igrejas Batistas, alguns dos quais ainda estão em publicação hoje.

> Os Batistas do Norte são decididamente calvinistas quanto à substância da doutrina, mas moderadamente, sendo um meio termo entre os extremos do Arminianismo e do Antinomianismo. Embora diversidades de opiniões possam inclinar a quaisquer extremos, a visão da "expiação geral" é sustentada pela maior parte, enquanto a teoria da "expiação particular" é mantida por não mais que uns poucos. A liberdade da vontade humana é declarada, enquanto a soberania da graça divina e a absoluta necessidade da obra do Espírito na fé e salvação são mantidas.[2100]

[2099] F. Wayland, *Notes on the principles and practices of Baptist Churches* (New York: Sheldon, Blakeman, and Co., 1857), 18, 19, 20 (ênfase no original).

[2100] E. T. Hiscox, *The standard manual for Baptist Churches* (Philadelphia: American Baptist Publication Society, 1890), 49.

Alvah Hovey (1820—1903)
Hovey era um líder na Triennial Convention [Convenção Trienal], bem como professor e, posteriormente, presidente na Newton Theological Institution [Instituição Teológica Newton], em Massachusetts, de 1849 a 1899. Hovey é mais conhecido, talvez, como o editor da antiga série *American commentary on the New Testament* [Comentário americano sobre o Novo Testamento], que apareceu em 1885. Hovey defendeu que a intenção da expiação era salvar o eleito, mas a extensão da expiação era para os pecados de todas as pessoas:

> Essas e outras porções similares da Palavra de Deus indicam, não simplesmente que a expiação é suficiente para todos os homens, mas também que ela foi realizada dessa maneira intencionalmente; que Deus intencionou, por meio da expiação, fazer provisão para o perdão de todos os homens, – para dar a todos eles uma nova liberdade condicional e oferta de vida, pela economia da graça, bem como conduzir alguns ao arrependimento pelo poder renovador do seu Espírito. Qualquer outra visão dessas passagens me parece não ser natural e, portanto, errônea.
>
> Se houvessem afirmações explícitas na Palavra de Deus, no sentido de que Cristo sofreu somente pelos eleitos, – de que ele não sofreu por aqueles que estarão finalmente perdidos, – certamente nos seria necessário buscar uma explicação diferente para essas passagens; contudo, não estamos a par de tais declarações, e, portanto, não podemos suportar por sua óbvia importação.[2101]

Augustus H. Strong (1836—1921)
Strong foi um pastor batista americano, professor e presidente do Rochester Theological Seminary [Seminário Teológico Rochester], onde ensinou por quarenta anos. Sua influente *Systematic theology* (1876) [Teologia Sistemática] alcançou oito edições e foi regularmente adotada em faculdades e seminários bíblicos por muitos anos. Strong era um calvinista moderado na questão da extensão da expiação.

> A Escritura retrata a expiação como tendo sido feita por todos os homens, e como suficiente para a salvação de todos. Portanto, não é a expiação que é limitada, mas a aplicação da expiação mediante a obra do Espírito Santo... A expiação é ilimitada, – a raça humana inteira poderia ser salva

---

[2101] A. Hovey, *A manual of christian systematic and christian ethics* (Boston: Henry A. Young, 1877), 229–30. Veja também idem, *God with us: Or, the person and work of christ* (Boston: Gould and Lincoln, 1872), 166–77.

por meio dela; a aplicação da expiação é limitada, – somente aqueles que se arrependem e creem são realmente salvos por ela.[2102]

Sobre a visão de Calvino, Strong declarou: "Enquanto em sua obra mais antiga, as *Institutas*, ele evitou afirmações definidas de sua posição com respeito à extensão da expiação, em suas últimas obras, os *Comentários*, aderiu à teoria da expiação universal. O supralapsarianismo é, portanto, hipercalvinista, em vez de calvinista.".[2103] A primeira parte dessa afirmação é acurada. A última, acerca do supralapsarianismo, não é, por duas razões. Primeira, o supralapsarianismo pode *conduzir* ao hipercalvinismo, mas não é hipercalvinista em si mesmo. Segunda, embora sejam poucos e distantes entre si, existem supralapsarianos, como William Twisse, prolocutor da Assembleia de Westminster, que defendem uma expiação ilimitada.

Arthur Pink (1886–1952)

Pink era um pastor batista, evangelista e professor de Bíblia com pouco estudo formal (seis semanas no Moody Bible Institute). Ele editou a revista mensal *Studies in Scripture* [Estudos das Escrituras] e produziu mais de dois mil artigos. Estes formaram a base de seus livros publicados postumamente. Seu biógrafo, Iain Murray, declarou, "A ampla circulação de seus escritos após sua morte fez dele um dos mais influentes autores evangélicos na segunda metade do século XX".[2104]

Pink era um calvinista fervoroso que oscilava entre o hipercalvinismo e o calvinismo restrito. Por vezes negou o desejo salvador universal de Deus, o amor de Deus pelos não eleitos e manteve uma visão extrema da soberania divina. Foi um forte advogado da expiação limitada:

> Dizer que ele [Cristo] morreu pela raça humana não é apenas ignorar a clareza dessa escritura, mas é desonrar grosseiramente o sacrifício de Jesus... Nenhum sofista pode se evadir do fato de que essas palavras dão segurança positiva de que todos por quem Cristo morreu irão, com toda certeza, ser salvos.[2105]

2102 A. H. Strong, *Systematic theology* (Valley Forge, PA: Judson, 1907), 771, 773. Strong referenciou tanto João Calvino quanto Matthew Henry como defensores dessa visão.

2103 Ibid., 777.

2104 I. H. Murray, *The Life of Arthur W. Pink*, rev. ed. (Edinburgh: Banner of Truth, 2004), xiii. Veja também Richard P. Belcher, *Arthur W. Pink: Born to write* (Columbia, SC: Richbarry, 1982); Richard P. Belcher, *Arthur W. Pink: Predestination* (Columbia, SC: Richbarry, 1983).

2105 A. W. Pink, *Studies in the acriptures 1921–1925*, 17 v. (Lafayette, IN: Sovereign Grace, 2004), 2:81.

Pink negou a suficiência da expiação também, em vez de limitá-la estritamente ao eleito: "A expiação, portanto, não é, em sentido algum, suficiente para um homem, a menos que o Senhor Jesus tenha morrido por aquele homem". Ele voltou-se para William Rushton, um crítico de Andrew Fuller, e o citou dizendo: "Assim, então, todo o orgulho deles pela 'suficiência' da Expiação é apenas uma *oferta vazia* de salvação em certos termos e condições; e uma expiação tal é fraca demais para encarar o caso desesperado de um pecador perdido". Para Pink, "a Palavra de Deus nunca apresenta a *suficiência* da salvação como mais ampla que o *desígnio* da expiação".[2106]

Norman Douty (1899—1993)

Douty era um pastor batista, professor e pregador itinerante. Sua obra mais importante é *Did Christ die only for the elect? A treatise on the extent of the atonement* [Cristo morreu apenas pelos eleitos? Um tratado sobre a extensão da expiação],[2107] publicado em 1972. O livro de Douty é uma importante contribuição do século XX que argumenta em favor da expiação ilimitada a partir de uma perspectiva calvinista moderada.

Douty aceitou o aspecto dualista no desígnio da expiação, conforme a fórmula de Lombardo: suficiente para todos (plena expiação de todo pecado) mas eficiente apenas para o eleito. O livro contém uma lista interessante de citações de figuras chaves que afirmavam a expiação ilimitada, desde a era patrística até a Igreja Moderna.

O autor avaliou as passagens chave, a maioria no Novo Testamento, lidando com a extensão da expiação. A limitação da expiação não diz respeito a imputação do pecado a Cristo; antes, ao decreto de aplicar os benefícios da expiação somente ao eleito. O livro de Douty é uma tentativa de correção da teologia decretal do calvinismo restrito como se apresenta na visão da expiação limitada.

Roger Nicole (1915—2010)[2108]

Roger Nicole foi um líder do século XX, defensor da expiação limitada.[2109] Ele foi um dos fundadores da Evangelical Theological Society [Sociedade Teológica Evangélica] e do International Council on Biblical Inerrancy [Concílio Internacional sobre Iner-

---

2106 A. W. Pink, *Exposition of the gospel of John*, 2 v. (Grand Rapids, MI: Zondervan, 1962), 2:220–21 (ênfase no original).

2107 N. Douty, *Did Christ die only for the elect? A treatise on the extent of the atonement* (Eugene, OR: Wipf & Stock, 2007).

2108 Nicole também é abordado na seção sobre Calvino.

2109 Suas obras abordando a extensão da expiação incluem R. Nicole, "John Calvin's View on the Extent of the Atonement", em *An elaboration of the theology of John Calvin*, 8 v., ed. R. C. Gamble (New York: Garland, 1992), 8:119–47. Esse ensaio foi publicado anteriormente também: R. Nicole, "John Calvin's View of the Extent of the Atonement," *Westminster Theological Journal* 47 (1985): 197–225. Veja também idem, "Covenant, Universal Call and Definite Atonement," *Journal of the*

rância Bíblica]. Nicole era um batista reformado suíço. Foi professor de teologia no Gordon Conwell Theological Seminary [Seminário Teológico Gordon Conwell] de 1949 até sua aposentadoria em 1986. Ele continuou a ensinar teologia no Reformed Theological Seminary [Seminário Teológico Reformado] em Orlando, Flórida. Nicole foi autor de mais de uma centena de artigos e contribuiu com cinquenta livros e obras de referência. Sua dissertação de doutorado sobre Amyrault foi publicada em 1981.[2110]

Os argumentos de Nicole para a expiação limitada são convencionais. Ocasionalmente, sua historiografia falhou, por exemplo, quando erroneamente afirmou que Charles Hodge e Robert Dabney sustentavam a expiação limitada.[2111]

Como tantos em ambos os lados do corredor, a afirmação de Nicole da própria questão é falha. Para ele, a questão é a *intenção* da expiação.[2112] Intenção e extensão estão relacionadas, mas na mente de Nicole elas são uma e a mesma coisa. Daí, se Deus *intencionou* a expiação somente para o eleito, então a *extensão* da expiação cobre somente os pecados do eleito. Como tem sido demonstrado, essa não é uma avaliação acurada da problemática e cerne da questão. A questão da extensão da expiação é se Cristo foi um substituto pelos pecados de todas as pessoas ou somente pelos eleitos. Nicole afirmou a última, mas parece não haver categoria para uma intensão dupla, na qual Deus pretenda que Cristo morra por todas as pessoas (extensão ilimitada) mas também planeje que somente os eleitos sejam efetivamente redimidos (redenção particular).

Com respeito à bem-intencionada oferta do evangelho, Nicole considerou como pré-requisito essencial para uma oferta genuína: se os termos da oferta são observados, aquilo que é oferecido é realmente garantido. Ele achava que a expiação limitada apoiava a oferta sincera do evangelho: "Ela provê uma salvação real em vez de hipotética".[2113] Na verdade, o caso é exatamente o oposto. Nicole está confundindo aqui uma oferta com uma afirmação nua de verdade condicional. A afirmação "se qualquer um se arrepender e crer no evangelho, será salvo" não é uma oferta. Não é nem mesmo um mandamento ou um chamado a qualquer coisa. É uma simples afirmação de verdade condicional. Nicole falhou em considerar a questão à luz de Deus fazendo a oferta, não o pregador. Se a oferta é sincera da parte do Pai para todas as pessoas, incluindo o não eleito, então, no esquema da expiação limitada, Deus está oferecendo ao não

---

Evangelical Theological Society 38 (1995): 403–12; e idem, "Particular Redemption," in *Our saviour God: Man, Christ and the atonement*, ed. J. M. Boice (Grand Rapids, MI: Baker, 1980), 165–78.

[2110] R. Nicole, *Moyse Amyraut: A bibliography with special reference to the controversy on universal grace* (New York: Garland, 1981).

[2111] Nicole, "Covenant, Universal Call and Definite Atonement", 405.

[2112] Nicole, "Particular Redemption" ,167.

[2113] Nicole, "Covenant, Universal Call and Definite Atonement", 410.

eleito algo que não existe e não é possível entender isso de outra maneira. Não há expiação feita por seus pecados.

David Nettleton (1918—1993)
Nettleton adicionou limites à expiação, mas argumentou em *Chosen to salvation* [Escolhido para a salvação] que a expiação limitada não é um corolário necessário da eleição no paradigma calvinista.[2114]

John Reisinger (1924-)
Um ex-batista do sul, Reisinger foi um batista calvinista, evangelista e professor de Bíblia por mais de cinquenta anos. Seu irmão, Ernest, foi um pastor batista do sul e balvinista com uma paixão por devolver a SBC — Southern Baptist Convention — [Convenção Batista do Sul] às suas raízes calvinistas.

Em 2002, J. Reisinger publicou um tratado de 62 páginas intitulado *Limited atonement* [Expiação limitada][2115]. Infelizmente, a historiografia de Reisinger é profundamente falha. Ele argumentou que a expiação limitada foi a doutrina histórica da igreja, embora tenha dito que tenha sido ensinada implicitamente em vez de explicitamente. "Expiação universal é uma nova e inovadora doutrina quando alguém olha sobre o todo da história da igreja".[2116] Reisinger deduziu a expiação limitada de seu breve estudo das quatro palavras-chaves descrevendo a expiação no Novo Testamento: resgate, substituto, reconciliação, e propiciação.[2117]

Reisinger desvirtuou o entendimento arminiano da natureza e extensão da expiação, caricaturando-o praticamente tornando-o irreconhecível.[2118] O livro conclui com um apêndice intitulado "*All* Equals *Many* but *Many* Does Not Equal *All*"[*Todos* são iguais a *muitos*, mas *muitos* não são iguais a *todos*], no qual ele tentou mostrar que o uso de Paulo de "muitos" em Romanos 5.12-19 não significa "todos sem exceção".

Leroy Forlines (1926-)
Forlines ensinou Bíblia e Teologia na Free Will Baptist Bible College [Faculdade Bíblica Batista do Livre-arbítrio], agora Welch College [Faculdade Welch]. Sua obra mais bem conhecida, *Biblical systematics* (1975) [Sistemática bíblica], foi revisada e republicada como *The quest for truth* [A busca pela verdade] em 2001. Sua mais recente obra, *Classical arminianism: A theology of salvation* [Arminianismo clássico: uma teologia da

---

[2114] D. Nettleton, *Chosen to salvation* (Schaumburg, IL; Regular Baptist, 1983), 79.
[2115] J. Reisinger, *Limited atonement* (Frederick, MD; New Covenant Media, 2002).
[2116] Ibid., 12.
[2117] Ibid., 14-26.
[2118] Ibid., 28-38; 45-47.

salvação], lançada em 2011, foi editada por Matthew Pinson, e consiste de materiais publicados anteriormente sobre calvinismo e arminianismo.[2119]

No capítulo onze de *The quest for truth*, Forlines argumentou por um entendimento substitucionário-penal da expiação. Ele criticou a visão governamental da expiação, caracterizando-a como "profundamente inadequada".[2120] Respondeu as objeções levantadas pela visão governamental contra a substituição penal.

Especialmente importante é a sua crítica da noção de que a substituição penal da expiação implica na expiação limitada.

> O calvinista pode querer insistir que a objeção é válida e que Cristo morreu somente pelos eleitos. O único modo desse argumento poder ter qualquer validade seria negar a possibilidade da expiação provisória, *isto significa* que, se Cristo morreu por uma pessoa, sua justificação *nunca é provisória*, mas sempre *real*. Na explicação da visão da expiação limitada, Louis Berkhof comenta: "O calvinista ensina que a expiação meritória assegura a aplicação da obra da redenção aos que foram intencionados e sua completa salvação é certa". Um breve olhar sobre o que Berkhof disse irá mostrar que isto não exclui o princípio provisório na expiação. Ele diz que a expiação "torna certa" a salvação daqueles aos quais ela foi intencionada. Ele não disse que a expiação automaticamente salva qualquer um a qual ela foi intencionada. Calvinistas não ensinam que o eleito é justificado antes da experiência da fé. Eles ensinam que a pessoa pela qual Cristo morreu certamente será justificada, mas eles não consideram a pessoa justificada até que ela experimente a fé como condição da justificação. Então, a expiação é provisória até o tempo de esta ser aplicada. O único modo para negar a natureza provisória da expiação é considerar todo o povo pelo qual Cristo morreu ser justificado *antes* deles experimentarem a fé.[2121]

Forlines ilustra o fato de que nem todos os arminianos rejeitam a visão da substituição penal da expiação.

C. Gordon Olson (1930-)

Olson foi professor de teologia e missões na Northeastern Bible College [Faculdade Bíblica do Nordeste](1967-90) e serviu no pastorado batista em New Jersey e na cidade de Nova York. Ele é atualmente um professor adjunto na Liberty University

---

[2119] L. Forlines, *Classical arminianism: A theology of salvation* (Nashville: Randall House, 2011).
[2120] L. Forlines, *The quest for truth* (Nashville: Randall House, 2001), 204.
[2121] Ibid., 206-7 (ênfase no original).

[Universidade Liberdade], Lynchburg, Virginia. Em 2002, no seu *Beyond calvinism and arminianism* [Além do calvinismo e do arminianismo], Olson apresenta uma seção lidando com a extensão da expiação, criticando a expiação limitada e argumentando em defesa da expiação ilimitada.

Olson erra notoriamente quando afirma: "Hipercalvinismo *sozinho* mantém a 'expiação limitada' em que Cristo morreu somente pelos 'eleitos' e não, em qualquer sentido real, por toda a humanidade".[2122] Certamente é verdade que o hipercalvinismo afirma isso, mas Olson parece dizer que todos os que mantêm essa posição são hipercalvinistas, e, neste caso, ele está histórica e teologicamente equivocado.

Sua afirmação de que a expiação limitada nunca aparece em qualquer credo antes do Sínodo de Dort é verdadeira em certo sentido, mas carece de qualificação. Atualmente, Dort *admite* a expiação limitada, mas não a ordena, como temos visto. Dort também admite uma expiação ilimitada como uma expiação limitada pelo pecado com uma intenção limitada a aplicar a expiação somente aos eleitos. De fato, a mais antiga confissão reformada que afirma exclusivamente uma expiação limitada restrita é a *Formula Consensus* de Turrentin (1675).

Olson considerou passagens-chave da Escritura que são interpretadas como suportando a expiação limitada, e então considerou aquelas passagens que suportam uma expiação ilimitada[2123]. Ele listou as seguintes "sérias implicações" da visão limitada:

1. Limita o amor de Deus somente aos eleitos.
2. A oferta universal do evangelho é cortada.
3. Perda de personalização da apresentação do evangelho – limita a oferta em termos gerais.
4. O requerimento da fé é evitado. (Olson erra aqui. O calvinismo não nega que a fé é a condição requerida para a salvação).

J. Ramsey Michaels (1931-)

Michaels é um teólogo batista, estudioso do Novo Testamento e autor de importantes comentários sobre 1 Pedro, Apocalipse, Hebreus e João. Ele ensinou o Novo Testamento em muitos seminários teológicos (Gordon-Conwell, Andover-Newton, Fuller, e Bangor Seminary em Portland, Maine) e se aposentou em 1994. Ele ainda ensina ocasionalmente.

Michael afirma a expiação limitada. Em "Atonement in John's Gospel and Epistles" [Expiação no evangelho e epístolas de João], ele apoia a interpretação de Roger Nicole

---

[2122] G. Olson, *Beyond calvinism and arminianism: An inductive, mediate theology of salvation*, 3rd ed. (Cedar Knolls, NJ: Global Gospel Ministries, 2012), 282.
[2123] Ibid., 283-91.

das passagens no corpus Joanino como sugerindo expiação limitada. Com respeito a 1 João 2.2, Michael é crítico de muitas exegeses calvinistas. Entretanto, afirma: "O ponto não é que Jesus morreu por cada um indiscriminadamente, tanto que cada um no mundo está, em princípio, perdoado, mas que todos os quais foram perdoados são perdoados com base no sacrifício de Cristo e não de outro modo".[2124]

Earl Radmacher (1931—2014)
Radmacher foi um importante líder na Conservative Baptist Association of America [Associação Batista Conservadora da América]. Ele serviu como presidente do Western Seminary [Seminário Ocidental, em Portland, Oregon, de 1965 a 1990, e ensinou teologia sistemática. É autor de numerosos livros, incluindo *Salvation* [Salvação], em que ele afirma uma expiação ilimitada.[2125]

Robert Picirilli (1932-)
Um dos autores dos primórdios do XXI sobre a extensão da expiação é Robert Picirilli. Ele é um batista do livre-arbítrio e um teólogo arminiano que, em 2002, em *Grace, Faith and Free Will: Contrasting Views of Salvation* [Graça, fé e livre-arbítrio: visões contrastantes da salvação], argumenta em favor da expiação ilimitada.[2126] Picirilli ilustra o fato que nem todos os teólogos arminianos confirmam a teoria governamental da expiação. Ele claramente afirma uma visão de substituição penal da expiação[2127].

Picirilli também entende a suficiência da expiação no mesmo modo que os calvinistas moderados: "A suficiência da expiação pode ser afirmada somente sobre aqueles a quem pode ser potencialmente aplicada".[2128] Não importa quão intrinsecamente suficiente a expiação é em termos de dignidade e valor, simplesmente não se pode dizer ser suficiente para os pecados das pessoas por quem Cristo não sofreu, já que a expiação nunca pode aplicada a eles.[2129]

[2124] J. R. Michaels, "Atonement in John's Gospel and Epistles", em *The glory of the atonement*, ed. C. E. Hill and F. James III (Downers Grove, IL: InterVarsity, 2004), 117.

[2125] E. Radmacher, Salvation, in Swindoll Leadership Library, ed. C. Swindoll and R. Zuck (Nashville: Thomas Nelson, 2000).

[2126] R. Picirilli, *Grace, faith and free will: Contrasting views of salvation: Calvinism and arminianism* (Nashville: Random House, 2002), 83-137.

[2127] Ibid., 98. Veja também L. Forlines, Biblical Systematics (Nashville: Randall House, 1979), 149-73, quem, como um arminiano, argumenta em defesa da visão substitutiva da expiação contra a visão governamental.

[2128] Ibid., 99.

[2129] Como notado por Armínio, The Works of James Arminius, 3 v., trans. J. Nichols e W. Nichols (Grand Rapids, MI: Baker, 1986), 3:77, 346.

Em resposta ao argumento de Berkhof de que a extensão universal da expiação implica em universalismo, Picirilli frisa uma importante questão linguística:

> É típico da linguagem falar de uma ação que é intencionada a ser realizada como se *realmente* ela já fosse, mesmo se essa ação tornar somente possível o realizar.
>
> Deste modo, o potencial de uma ação é falado de como abrangendo a própria ação, mesmo que alguma condição ou aplicação posterior seja requerida... Qualquer ação pode, linguisticamente, ser falada abrangendo seus resultados.[2130]

Picirilli apelou ao calvinista moderado W. G. T. Shedd para apoio adicional,[2131] junto com as réplicas de Arminius a Perkins: "Você confunde o resultado com a ação e paixão, de onde ela existe... a obtenção da redenção com sua aplicação... reconciliação feita com Deus pela morte e sacrifício de Cristo, com a aplicação da mesma, que são coisas plenamente diferentes".[2132]i

Ele respondeu ao argumento dos calvinistas de que a fé salvífica é um dom de Deus dado somente aos eleitos, e assim a expiação é limitada:

> Esse argumento assume uma doutrina posterior que não está em evidência: a saber, que a fé salvífica é, de fato, um dom *como parte* da aplicação da salvação em vez de uma condição para a aplicação da salvação. Para dizer deste modo – que é precisamente o que os calvinistas alegam – é expô-la como não bíblica.[2133]

Picirilli nos lembra que a afirmação de Berkhof acerca da questão da expiação é incorreta. Este erroneamente afirma que os arminianos creem que Deus intentou, pela expiação, salvar todas as pessoas. Em vez disto, de acordo com Picirilli, "O que Deus intentou fazer, ele faz, seus propósitos finais nunca são frustrados". A questão é sobre provisão. Isto é o que Deus intentou fazer na expiação: fazer uma provisão para a salvação de todas as pessoas de tal forma que aqueles que cumprirem as condições de Deus para a salvação, arrependimento e fé, serão, de fato, salvos.

[2130] Ibid., 3:93.

[2131] W. G. T. Shedd, *Dogmatic Theology*, 2nd ed., 3 vols. (Nashville, TN: Thomas Nelson, 1980), 2:440, 477.

[2132] Picirilli, *Grace, Faith and Free Will*, 94; citando Armínio, *The Works of James Arminius*, 3:454.

[2133] Picirilli, *Grace, faith and free will*, 97 (ênfase no original).

Outro argumento em favor da expiação ilimitada adicionado por Picirilli é que a condenação do descrente, biblicamente falando, é o resultado de sua rejeição a crer no testemunho de Deus acerca de seu Filho, como, em 1 João 5.10-11.[2134]

Para Picirilli, "O não eleito certamente *não aceitará* a oferta [do evangelho]. Mas não há necessidade dessa certeza. A posição mais coerente é que a oferta do evangelho é universal, porque a provisão é universal e todos quem ouvirem pode, de fato, receber a salvação oferecida".[2135]

A provisão de Deus da expiação é grande como o pecado da humanidade. Picirilli apela para Romanos 3.22-25 para atestar seu ponto:

(a) Não há diferença,
(b) Porque *todos* pecaram,
(c) Sendo justificados pela sua graça
    – mediante a redenção que há em Cristo,
    – em quem Deus pôs como propiciação
    – por meio da fé, em seu sangue.

> Claramente, a propiciação e redenção adquiridas pela morte expiatória (sangue) de Cristo sustentam a justificação. Isto, por sua vez, modifica o "todos" que pecaram, de quem Paulo especificamente diz "não há diferença". A razão específica que não há nenhuma diferença é que todos pecaram; isto sozinho fala fortemente em favor da expiação por todos. E isto, no verso 22, é citado como a razão para justificação ser gratuitamente providenciada mediante a expiação de Cristo pela fé. Alguém pode comparar Romanos 10.11, 12 onde novamente o fato de que a salvação é pela fé e conectada com o fato deque "não há diferença"; Atos 15.9 pode também ser observado.[2136]

Deus não faz acepção de pessoas.

Uma salvação incondicional de alguns *versus* outros significa que Deus trata alguns diferentemente de outros. As passagens que afirmam esse princípio básico parecem estar implicando, portanto, que Deus lida com os homens com base em nenhuma predisposição de sua parte, mas

---

[2134] Ibid., 118.
[2135] Ibid., 119 (ênfase no original).
[2136] Ibid., 120.

somente na base de como eles respondem aeEle que lida igualmente com todos.²¹³⁷

Picirilli também é autor de um capítulo em *Grace for all: The arminian dynamics of salvation* [Graça para todos: A Dinâmica arminiana da salvação.²¹³⁸ Esse é um artigo excelente, escrito com clareza que articula um entendimento arminiano da extensão da expiação mediante uma abordagem bíblico-sistemática. Picirilli cuidadosamente distingue entre a intenção e a extensão da expiação. Ele explica e resume os termos-chave gregos no Novo Testamento para a expiação, como "resgate", "propiciação", e "reconciliação".²¹³⁹

Com respeito a Romanos 5.18-19, Picirilli entende a referência de Paulo a "todos os homens", no verso 18, e os "muitos", no verso 19, se referindo a toda a humanidade, com o sentido de "que a *provisão* ou a *base* para a justificação e vida é feita para todos, de forma que *todos* abrange toda a humanidade... o Novo Testamento pode (como pode qualquer um de nós em um discurso normal) falar de um evento como *cumprindo* o que é mais tecnicamente dito ser *feito possível* ou *fundamentado nisto*".²¹⁴⁰. O mesmo é verdade para 2 Coríntios 5.18-19.

Picirilli erroneamente assumiu que W. G. T. Shedd sustentava a expiação limitada, mas observou corretamente que Armínio foi um "leal defensor" da satisfação penal.²¹⁴¹ Falando da intenção de Deus na expiação, Picirilli afirmou: "*Deus intencionou a expiação para salvar seu povo? Sim*, e isto explica todas as passagens frequentemente usadas para dar suporte a doutrina da expiação limitada". "*Deus intentou a expiação para todo o mundo? Novamente, sim*... Ele intentou aplicá-la somente àqueles que se apropriassem de sua provisão pela fé".²¹⁴²

Por fim, Picirilli fez referência tendência dos calvinistas restritos de falar da "suficiência" da expiação enquanto negam sua universalidade. Se não há expiação feita para os não eleitos, em hipótese alguma é suficiente para eles pela definição do termo "suficiência". "É especialmente assim, então, que uma expiação que foi intencionada por Deus para cumprir a salvação de todos por quem ela foi feita, não é adequada para salvar aqueles por quem ela não foi feita".²¹⁴³. De fato, uma questão válida.

2137 Ibid., 121.
2138 R. Picirilli, "The Intent and Extent of Christ's Atonement", em *Grace for all: The arminian dynamics of salvation*, ed. C. Pinnock e J. Wagner (Eugene, OR: Resource, 2015), 51-68.
2139 Ibid., 52-61.
2140 Ibid., 60 (ênfase no original).
2141 Ibid., 65.
2142 Ibid. (ênfase no original).
2143 Ibid., 66.

Tom Wells (1933-)

Wells é um pastor da The King's Chapel (Reformed Baptist Church) e escritor em West Chester, próximo a Cincinnati, Ohio. Seu trabalho sobre a extensão da expiação, *A Price for a People* [Um preço para um povo][2144], é uma defesa padrão da expiação limitada.

Partindo de Romanos 8.29-30 Wells entendeu que há um sentido em que nós fomos salvos na cruz, visto que lá nossa salvação foi realizada. Em outro sentido nós fomos salvos quando cremos, quando nossa salvação se tornou real para nós.[2145] O problema é que Paulo está se referindo ao plano eterno de Deus e não a evento históricos específicos. Wells viu na passagem o que realmente está lá. Ele falhou em ver o problema de que, na visão dele, o texto também poderia ensinar que somos glorificados no momento da salvação.

Wells clamou que "a morte de Cristo não 'cria oportunidades', ela estabelece certezas".[2146] Essa é uma falsa dicotomia. Como Henebury observa persuasivamente: "A verdade é que o decreto de Deus estabelece certezas, enquanto a expiação é instrumental na administração do decreto para ambos os eleitos e não eleitos. Este é o porquê a expiação deve ter toda a humanidade (eleitos e não eleitos) como seu referente".[2147]

Bruce Demarest (1935-) e Gordon Lewis (1926-)

Demarest é professor sênior de Teologia Cristã e Formação Espiritual no Denver Seminary [Seminário Denver], onde serviu desde 1975 até sua aposentadoria formal em 2011. Ele é PhD graduado da University of Manchester, sobre a tutoria do renomado acadêmico bíblico F. F. Bruce.

Demarest é um calvinista moderado. Em sua obra, *The Cross and Salvation* [A cruz e a salvação][2148], ele argumentou em prol de uma expiação ilimitada dentro da soteriologia calvinista (embora Demarest também tenha rejeitado a noção de que a regeneração precede a fé). Corretamente, ele considerou a distinção entre a provisão da expiação e a aplicação da expiação.

> Concluímos que em termos de *provisão* da expiação, Cristo morreu não somente pelos eleitos, mas por todos os pecadores em todos os tempos e lugares. Cristo bebeu o copo do sofrimento pelos pecados do mundo inteiro. Ele morreu como um substituto, uma propiciação, um resgate

---

[2144] T. Wells, *A Price for a people: The meaning of Christ's death* (Edinburgh: Banner of Truth, 1992).

[2145] Ibid., 45-47.

[2146] Ibid., 50.

[2147] P. M. Henebury, "Christ's Atonement: Its Purpose and Extent, Part 1", *Conservative Theological Journal* 9 (2005): 108.

[2148] B. Demarest, *The cross and salvation* (Wheaton, IL: Crossway, 1997), 189-95.

etc., por todo o universo de pecadores. Os não eleitos têm seus pecados pagos na cruz, ainda que por causa da descrença, eles não se apropriem pessoalmente dos benefícios da obra dele. Cristo, em outras palavras, proveu salvação para mais pessoas do que aqueles pelos quais ele se propôs aplicar esses benefícios salvíficos. A provisão universal da expiação remove cada barreira entre o santo Deus e os pecadores, desencadeia no mundo um poder para o bem que restringe o mal, garante a futura ressurreição de todas as pessoas da morte (João 5.28-29), provê uma base justa adicional para a condenação dos descrentes e oferece motivação para a proclamação das boas-novas a cada criatura. Arminianos corretamente enfatizam a universalidade do lado provisional da expiação.[2149]

Demarest também é coautor de uma teologia sistemática de três volumes, *Integrative Theology* [Teologia integrativa] (1990), com Gordon Lewis. Lewis é o professor sênior de Teologia Filosófica e Teologia Sistemática no Denver Seminary, em Littleton, Colorado, onde tem servido desde 1958. Ele serviu na faculdade do Baptist Bible Seminary de 1951 a 1958. Ele é também um ex-presidente do Evangelical Philosophical Society e do Evangelical Theological Society.

Os autores corretamente distinguem entre expiação como provisão e aplicação da expiação. "Um propósito duplo, universal e particular, para a cruz explica coerentemente três tipos de passagens relacionadas": (1) As passagens universais indicando que Cristo morreu pelos pecados de todas as pessoas, (2) passagens com intenções especiais onde a "igreja" ou "eleitos" são destacados como recebendo salvação por meio da expiação (como Mc 10.45; Jo 17.9,20,24; At 20.28; Ef 1.4-7; 5.25; e 2Tm 1.9-10), e (3) passagens que combinam um foco universal e particular, como 1 Timóteo 4.10.[2150]

Lewis e Demarest parecem dar suporte a uma dupla intenção na expiação de tal forma que Cristo morreu pelos pecados de todas as pessoas, e também proveu uma revelação geral e graça comum a todos, ainda que Cristo tenha morrido com a intenção específica de trazer salvação somente para os eleitos.

[2149] Ibid., 191-92 (ênfase no original). Observe a distinção que Demarest faz, como um calvinista moderado, entre o *propósito de Deus* ou a *intenção para salvar* e a *extensão* da expiação:
Em resumo, acerca da questão, Por quem Cristo morreu? Encontramos uma autorização bíblica para dividir a questão do propósito de Deus com respeito a *provisão* da expiação e seu propósito concernente a sua *aplicação*... O lado *provisional* da expiação é parte da vontade geral de Deus que deve ser pregada a todos... O lado *aplicativo* da expiação é parte da vontade especial do Pai compartilhada com aqueles que vem à fé. (ibid., 193; ênfase no original).

[2150] G. Lewis e B. Demarest, Integrative Theology (Grand Rapids, MI: Zondervan, 1990), 409-10.

D. A. Carson (1946-)

Carson é um proeminente erudito e teólogo batista, autor que trabalha como um pesquisador na Trinity Evangelical Divinity School [Faculdade Evangélica da Divindade da Trindade] onde leciona desde 1978. É um dos fundadores da "The Gospel Coalition". Carson adere a uma soteriologia reformada, incluindo a expiação limitada.

Em um artigo de 1999 e depois no livro publicado um ano depois, *A difficult doctrine of the love of God* [Uma doutrina difícil do amor de Deus],[2151] Carson explicou o relacionamento entre o amor de Deus, a extensão da expiação e a oferta do evangelho.

> Nos últimos anos tenho tentado ler tanto fontes primárias quanto secundárias sobre a doutrina da expiação a partir de Calvino. Uma das minhas impressões mais fortes é que as categorias do debate mudam gradualmente com o tempo, de modo a forçar a disjunção naqul uma pequena diferença no enquadramento, na formulação dos questionamentos, permitiria uma síntese. Corrigir isso, sugiro, é uma das coisas mais úteis que podemos a partir de um estudo adequado do amor de Deus apresentado nas Escrituras. Deus é uma pessoa. Certamente não é surpresa que o amor que o caracteriza como uma pessoa se manifeste em uma variedade de formas em relação a outras pessoas. Mas é sempre amor. Tanto arminianos quanto calvinistas deveriam corretamente afirmar que Cristo morreu por todos no sentido que a morte de Cristo foi suficiente para todos e que a Escritura retrata Deus como convidando, ordenando e desejando a salvação de todos, por amor (no terceiro sentido desenvolvido na primeira palestra). Além disso, todos os cristãos deveriam confessar que, em um sentido ligeiramente diferente, Cristo Jesus, na intenção de Deus, morreu efetivamente somente para os eleitos de acordo com a maneira que a Bíblia fala do amor seletivo e especial de Deus para os seus eleitos (no quarto sentido desenvolvido na primeira palestra).
>
> Pastoralmente, são muitas implicações importantes. Mencionarei somente uma. Essa abordagem, afirmo, certamente deve ser um alívio para os jovens pregadores da tradição reformada que desejam pregar o evangelho efetivamente, mas não sabem até onde podem ir dirigindo-se aos descrentes com palavras como "Deus te ama". Quando prego ou palestro em círculos reformados, frequentemente me perguntam,

---

[2151] D. A. Carson, *The difficult doctrine of the love of God* (Wheaton, IL: Crossway, 1999). Esse livro é o conteúdo publicado de suas palestras no Dallas Theological Seminary. Elas foram publicadas também como "God's Love and God's Wrath", *Bibliotheca Sacra* 156 (1999): 387–98. Essa é a quarta e última parte de um artigo publicado em *Bib Sac*.

"Você se sente à vontade para dizer aos descrentes que Deus os ama?" Historicamente a Teologia Reformada, no seu melhor, nunca foi morosa no evangelismo como podemos ver, por exemplo, na vida de George Whitefield ou praticamente em todas as luzes no Convenção Batista do Sul até o final do século passado. Obviamente, não tenho qualquer hesitação em responder à pergunta feita pelos pregadores reformados: claro, eu digo aos não convertidos que Deus os ama.

Nem por um momento estou sugerindo que quando alguém prega de maneira evangelística, ele deve recorrer a passagens do terceiro tipo (demonstrado anteriormente), ocultando o quarto tipo até que a pessoa seja convertida. Existe alguma fragilidade nesse tipo de abordagem. Certamente é possível pregar de maneira evangelística quando lidamos com passagens que explicitamente ensinam a eleição. Charles Spurgeon fazia isso com regularidade. Mas estou dizendo que, desde que haja um compromisso honesto de se pregar todo conselho de Deus, pregadores de tradição reformada não devem hesitar, por um instante sequer, em declarar o amor de Deus pelo mundo perdido – por indivíduos perdidos. As maneiras de como a Bíblia fala do amor de Deus são suficientemente abrangentes para não somente permitir isso, mas exigir.[2152]

De maneira semelhante Carson declarou:

> Argumento, então, que tanto arminianos como calvinistas deveriam afirmar que Cristo morreu por todos, *no* sentido de que a morte de Cristo foi suficiente para todos e que a Escritura retrata Deus como convidando, ordenando e desejando a salvação de todos, *por amor*.... Além disso, todos os cristãos devem também confessar que, em um sentido ligeiramente diferente, Cristo Jesus, na intenção de Deus, morreu efetivamente somente para os eleitos, *de acordo com a maneira que a Bíblia fala do amor seletivo e especial dele para os seus eleitos*.... Essa abordagem, afirmo, certamente deve ser um alívio para os jovens pregadores da tradição reformada que desejam pregar o evangelho efetivamente, mas não sabem até onde podem ir dirigindo-se aos descrentes com palavras como "Deus te ama". Quando prego ou palestro em círculos reformados, frequentemente me perguntam, "Você se sente à vontade para dizer aos descrentes que Deus os ama?"...Do que já tenho dito, é

[2152] Carson, "God's Love and God's Wrath", 394–95.

óbvio que não tenho qualquer hesitação em responder à pergunta feita pelos pregadores reformados afirmativamente: *Claro*, eu digo aos não convertidos que Deus os ama.[2153]

Essas declarações são impressionantes por várias razões. Observe que Carson disse que a morte de Cristo é "por todos" "no sentido de que a morte de Cristo foi *suficiente* para todos". O que Carson pretende dizer depende do seu uso para palavras "suficiente". À primeira vista pode-se assumir que ele crê que a morte de Cristo satisfez os pecados de todos os seres humanos. Nesse caso, estaria usando a palavra "suficiente" visando significar "suficiência extrínseca", ou no sentido clássico. Essa possível leitura é reforçada pelo fato de ter dito que "arminianos" deveriam assegurar esse fato também. Arminianos realmente o assegurariam no sentido de uma imputação ilimitada dos pecados em Cristo. Mas, observe que Carson diz "tanto arminianos *quanto* calvinistas deveriam afirmá-la". Nenhum calvinista restrito afirmaria uma "suficiência extrínseca" por crerem que a morte de Cristo satisfez somente os pecados dos eleitos. Assim, pelo uso do termo "suficiente", Carson pode querer dizer "suficiência intrínseca".

Todos os calvinistas e não calvinistas podem assegurar a declaração "A morte de Cristo foi suficiente para todos", na qual "suficiente" é entendida como a dignidade infinita de Cristo e que o valor de sua morte é capaz de satisfazer os pecados de todos os incrédulos. O problema é que calvinistas moderados e todos os não calvinistas entendem o termo "suficiente" não significando somente que a morte de Cristo *poderia* satisfazer os pecados de todos os descrentes, se essa fosse a intenção de Deus, mas também que sua morte, de fato, *satisfez* os pecados de toda humanidade. Carson provavelmente rejeita, junto com todos os calvinistas restritos, esse significado de suficiência. Para eles, a morte de Cristo foi *intencionada* somente para os eleitos e que essa intenção também limita a imputação do pecado a Cristo (ou a *extensão* de seus sofrimentos também).

O significado pretendido por Carson é ambíguo visto que sua declaração é passível de diferentes interpretações,[2154] e sua ambiguidade pode ser deliberada.

Além disso, Carson quer dizer com as palavras "efetivamente" e "somente" que "a morte de Cristo resulta em salvação apenas para os eleitos?" Se for assim, nenhum calvinista moderado ou não calvinista discordaria de tal afirmação. Todos concordam que a aplicação da expiação é somente para os eleitos. Essa leitura é potencialmente

---

[2153] D. A. Carson, *A Difícil Doutrina do Amor de Deus* (Rio de Janeiro: CPAD, 2007), 77–78 (ênfase no original).

[2154] Carson leu a obra de G. Michael Thomas, *The extent of the atonement*, então, sem dúvidas, ele está familiarizado com essas significantes diferenças históricas. Veja D. A. Carson, "God's Love and God's Wrath", 394.

reforçada pelo fato dele ter dito que "todos os cristãos" (incluindo os não calvinistas) devem ser capazes que fazer essa afirmação. Contudo, se esse é o significado, trata-se de uma tautologia.

Carson poderia ter lido como significando que Jesus morreu especialmente para os eleitos *somente*, onde "somente" é explicado na oração seguinte: "*de acordo com a maneira que a Bíblia fala do amor seletivo e especial de Deus para os seus eleitos*". Nessa interpretação, a morte de Cristo teve uma intenção dupla: ele morreu em um sentido pelos pecados de todas as pessoas, mas em um sentido especial para os eleitos somente.

Novamente Carson está correto ao declarar que todo cristão pode fazer essa declaração quando as suposições implícitas de suas palavras são explicitadas. Primeiro, de sua declaração de que Jesus "morreu somente pelos eleitos" de acordo com "o amor especial de Deus para com os eleitos", Carson quer dizer que a natureza do amor de Deus para com seus eleitos é diferente da que ele tem para com os não eleitos. Essa diferença é revelada no fato de que Deus "selecionou" o eleito para ser recipiente da morte expiatória de Cristo *de uma forma que não é verdade para o não eleito*. Ou seja, o amor do Pai por seus filhos escolhidos deve, de alguma maneira, ser diferente do seu amor por aqueles que não são seus filhos escolhidos.

Segundo, a morte de Cristo pelos não eleitos lhes proporciona a graça comum. Assumindo que alguém deixe o significado de "selecionar" ambíguo, todos os não calvinistas podem assegurar essas declarações *até onde elas podem ir*. O problema tanto para calvinistas moderados quanto para não calvinistas é que as declarações de Carson não são suficientes. Ele não especifica pelos pecados de quem Cristo sofreu.

A seguinte interpretação das palavras de Carson também é possível. Se ele quis dizer que Cristo morreu realmente somente pelos pecados dos eleitos e não pelos pecados dos não eleitos, então, logicamente a morte de Cristo não pode ser "suficiente" para os não eleitos de modo que ela possa ser aplicada a eles. A visão de uma carga limitada de pecados é adotada pelos calvinistas restritos e é o cerne da expiação limitada (particularismo estrito).[2155]

Observe que Carson encorajou os jovens pregadores reformados a declarar aos "descrentes" que Deus os ama. Contudo, ele fica em silêncio sobre dizer ao *descrente* que Cristo *morreu por eles* no sentido que sua morte satisfez a penalidade por seus pecados. Sua teologia pode proibir tal declaração. Se esse é o significado de sua intenção, então, sua declaração de que "todo os cristãos" devem ser capaz de assegurá-la é

[2155] No áudio de uma entrevista de Mark Dever com Carson, postada no site *9Marks*, é claro que Dever (um calvinista restrito) entende que Carson concorda com sua visão de imputação limitada. Dever tenta colocar Carson contra Bruce Ware, calvinista moderado, professor no Southern Baptist Theological Seminary, em Louisville, Kentucky. A entrevista aconteceu no dia 25 de Fevereiro de 2009. "On Books with D. A. Carson", em http://9marks.org/interview/books-d-carson/.

errônea. Nenhum calvinista moderado ou não calvinista crê que a morte de Cristo providenciou *somente* benefícios da graça comum ao não eleito.

Pode ser que a segunda interpretação seja o significado pretendido por Carson. Mas, se for assim, ele está deixando muito para ser lido nas entrelinhas. A morte de Cristo na cruz satisfez o pecado da humanidade? O parágrafo de Carson, em última análise, não responde a essa questão de maneira explícita.

Mas se ele realmente estiver do lado dos calvinistas restritos, deve responder "não". Com relação a intenção e a extensão da expiação, os calvinistas restritos creem o seguinte: Deus amou todas as pessoas (não igualmente), o Pai deseja a salvação de todas as pessoas, mas Jesus satisfez somente os pecados dos eleitos e de ninguém mais. Calvinistas moderados e todos os não calvinistas creem da seguinte forma: Deus ama todas as pessoas, ele deseja a salvação de todas as pessoas e Cristo morreu por todas as pessoas no sentido que sua morte satisfez os pecados de todas as pessoas.[2156]

Vamos comparar Carson com Calvino. Aqui está o que Calvino disse sobre João 3.16:

> De fato o nosso Senhor Jesus foi *oferecido para todo o mundo*. Não se está se referindo a três ou quatro quando diz: "Deus amou o mundo de tal maneira que não poupou seu único Filho". Ainda assim, precisamos observar o que o evangelista acrescenta nessa passagem: "aquele que crer nele não pereça, mas tenha a vida eterna". Nosso Senhor Jesus *sofreu por todos*[2157] e hoje não existe grande ou pequeno que seja indesculpável, pois podemos obter salvação nele.[2158] Incrédulos que se afastam dele e que se privam de sua pessoa por sua malícia são hoje *duplamente culpados*, pois como poderão se desculpar de sua ingratidão em não receber a bênção na qual eles poderiam compartilhar pela fé?[2159]

Primeiro, Calvino assegura que Jesus foi "oferecido" a todo mundo. Não calvinistas, calvinistas moderados e a maioria dos calvinistas restritos concorda que Deus tem uma "vontade salvadora universal"[2160] na medida em que ele deseja a salvação de todas as pessoas em sua vontade revelada.

[2156] O calvinista moderado, porém, argumenta que o amor de Deus por todos não é idêntico assim como seu desejo de salvar. Portanto, a *intenção* de Cristo em morrer pelos pecados de todos também foi desigual.

[2157] "Sofreu por todos" diz respeito a uma carga de pecado ilimitada.

[2158] Sua morte é realmente aplicável a todas as pessoas visto que ele "sofreu por todos".

[2159] J. Calvin, *Sermons on Isaiah's prophecy of the death and passion of Christ* (1559; London: James Clark, 1956), 141 (ênfase acrescentada).

[2160] Essa expressão é encontrada três vezes em J. Piper's "Are There Two Wills in God?", em *Still Sovereign*, ed. T. R. Schreiner and B. Ware (Grand Rapids, MI: Baker, 2000), 107, 108, 122; e

Mas isso não é tudo que Calvino afirmou. Observe que ele também disse que Jesus "sofreu por todos". O "todos" aqui não pode significar somente os eleitos porque ele é acompanhado da citação de João 3.16 com seu "todo aquele" e a declaração de que ninguém é indesculpável, "pois nós obtemos a salvação nele," seguida pela declaração de que "incrédulos se afastam dele...são duplamente culpados" e falham em receber "a bênção que poderiam compartilhar pela fé".

Calvino claramente igualou "todos" com "todos os incrédulos" e disse explicitamente que "Jesus sofreu por todos". Por causa disso, aqueles que rejeitam Cristo são "duplamente culpados". Por quê? Porque estão rejeitando a morte de Cristo em seu favor – o que poderia providenciar salvação para eles, caso acreditassem.

Diferentemente de Carson, Calvino não tinha escrúpulos declarando explicitamente que "Jesus sofreu por todos". Não apenas Calvino não empregou o famoso argumento do duplo pagamento, como os calvinistas restritos costumam fazer desde Owen, ele afirmou que os incrédulos são "duplamente culpáveis" por sua rejeição dessa "bênção" disponível em Cristo "a qual ele poderia compartilhar pela fé." Calvino nunca usou o argumento do pagamento duplo por que ele não acreditava que as Escrituras ensinavam uma limitação na carga de pecados ou na extensão da morte de Cristo.

John Piper (1946-)
Como avaliaremos a visão de Piper sobre a expiação limitada em mais detalhes a segior, nesse ponto observaremos somente o que ele escreveu em "Going beyond the limits of unlimited atonement" ["Indo além dos limites da expiação limitada"] em *Taste and See* [Prove e veja].[2161]

Piper declarou que a morte de Cristo foi intencionada por Deus para obter o desejo de crer.[2162] Ele ainda declarou:

1. Não há desacordo de que Cristo morreu para obter benefícios salvadores para todos os que creem.

---

também em C. Daniel's *The history and theology of calvinism* (Dallas, TX: Scholarly Reprints, 1993), 208. B. Ware também a usou positivamente em "Divine Election to Salvation: Unconditional, Individual, and Infralapsarian", em *Perspectives on election: Five biews*, ed. C. Brand (Nashville: B&H, 2006), 32.

[2161] J. Piper, "Going beyond the Limits of Unlimited Atonement", em *Taste and see* (Colorado Springs, CO: Multnomah, 1999), 325–27. Em *Five points: towards a deeper experience of God's grace* (Fearn, Scotland: Christian Focus, 2013) também contém uma discussão sobre expiação limitada nas páginas 37–52. Contudo, o argumento aqui é essencialmente o que temos em seu capítulo de *From heaven He came and sought her*. Abordaremos na sequência este capítulo. *Five Points* pode ser encontrado e está disponível para download em http://cdn.desiringgod.org/website_uploads/documents/books/five-points.pdf?1414777985.

[2162] Ibid., 325.

2. Não há desacordo de que Cristo morreu para que pudéssemos dizer a todas as pessoas em todos os lugares, sem exceção: Deus deu seu Filho para morrer pelo pecado de forma que, se você crer nele, pode ter a vida eterna (João 3.16).[2163]

Piper entende ser fundamental observar o que os arminianos *não* dizem. "Eles não dizem que, na morte de Cristo, Deus intencionou efetivamente salvar todos por quem Cristo morreu. Eles dizem somente que Deus intencionou fazer possível a salvação para todos por quem Cristo morreu".[2164] A partir disso Piper concluiu: "Arminianos entregam ao homem e não a Deus a determinação de quem é salvo".[2165]

David Wenkel analisou a teologia de Piper da expiação limitada.[2166] Ele fez referência a posição oficial deste sobre expiação limitada de acordo com o livreto "Arminians give man and not God the final determination of who is saved" ["O que acreditamos sobre os Cinco Pontos do Calvinismo"] disponível on-line em desiringgod.org.[2167]

1. Cristo adquiriu para os eleitos a graça da regeneração e o dom da fé.
2. Todos os homens são beneficiários da cruz em algum sentido.
3. Cristo morreu por todos os pecados de alguns homens.

Baseado nessas três proposições, Wenkel afirmou que Piper pode declarar a todos que Cristo morreu por eles – eles apenas não sabem como e em que medida. Wenkel nos lembra de como a paixão de Piper pela glória de Deus às vezes causa um curto-circuito no amor do Pai quando ele diz que Deus está "comprometido com algo mais valioso do que salvar a todos", isto é, "a plenitude da glória de Deus".[2168] Para Piper, "a morte de Cristo para sua própria glória e sua morte para demonstrar amor não são apenas ambos *verdadeiros*, são *as mesmas*".[2169] Contudo, em outra obra, ele parece colocar o amor de Deus em uma posição inferior à sua glória.[2170]

[2163] Ibid., 326.
[2164] Ibid.
[2165] Ibid. Realmente, o que arminianos junto com todos os não calvinistas afirmam é que Deus soberanamente deu ao homem a liberdade de rejeitar ou aceitar o evangelho oferecido.
[2166] D. Wenkel, "A Palatable Calvinism: Limited Atonement in the Theology of John Piper", *Journal of Dispensational Theology* 11 (2007): 69–83.
[2167] J. Piper, "What We Believe about the Five Points of Calvinism", *Desiring God* (blog), March 1, 1985 (rev. Março 1998), http://www.desiringgod.org/articles/what-we-believe-about-the-five-points-of-calvinism.
[2168] J. Piper, *The pleasures of God*, rev. ed. (Sisters, OR: Multnomah, 2000), 313.
[2169] J. Piper, *The passion of Jesus Christ* (Wheaton, IL: Crossway, 2004), 82 (ênfase no original).
[2170] Piper, *Taste and see*, 44.

Wenkel ainda nos lembra que para Piper o amor de Deus não é demonstrado tanto no sacrifício de Cristo como na medida infinita de sua glória. No entanto, a Escritura coloca a expiação de Jesus em estreita proximidade com o amor de Deus como fator motivador. Wenkel afirma: "É uma conclusão teológica natural enfatizar a glória da cruz em vez da mensagem do amor salvador, que, segundo Piper, é tão ampla quanto a expiação limitada".[2171]

Wenkel destaca uma tensão (contradição?) na abordagem de Piper sobre a glória infinita do Pai, a alegria manifestada no envio do seu Filho para morrer unida a um amor universal. Contudo, "não está claro como um pecador pode conhecer o amor de Deus visto que ele não está apoiado em uma expiação substitutiva".[2172] Piper se envolveu em raciocínio circular quando assegurou que fé é alegria encontrada na oferta jubilosa da gloriosa cruz. Mas, como alguém pode ter certeza de que o sacrifício foi por ele?[2173]

O paradoxo de Piper está em tentar manter duas coisas juntas: nossa capacidade de declarar a todas pessoas, sem exceção, que "Deus ofereceu Cristo a fim de morrer pelo pecado de tal forma que se você crer, pode ter a vida eterna," e ainda, por outro lado, negar que "Deus intencionou fazer a salvação possível para todas as pessoas".[2174]

Wayne Grudem (1948-)

Grudem é teólogo, professor de seminário, autor, cofundador do Council on Biblical Manhood and Womanhood [Concílio sobre Masculinidade e Feminilidade] e serviu como editor geral da Bíblia de Estudo ESV. Sua *Systematic theology* (1994) [Teologia sistemática] tem sido amplamente usada em faculdades e seminários ao redor do mundo.

A seção da obra de Grudem que lida com a expiação é concisa tomando somente cerca de dez páginas. Ele tem o mérito de ressaltar que a questão não é tanto o *propósito* da expiação (criticando Berkhof nesse ponto), mas "o que realmente aconteceu na expiação". Cristo pegou os pecados de todas as pessoas ou não? Essa é a questão-chave.[2175]

Um dos problemas dessa seção está na maneira como ele fala da "Visão Reformada" da expiação limitada. Em nenhum lugar, Grudem reconhece o debate *dentro da comunidade reformada*, desde o fim do século XVI, sobre a questão. Ele simplesmente fala como se todos os calvinistas afirmassem a expiação limitada e os que a rejeitam não são reformados. Isso é, claro, um grande problema histórico para Grudem.

[2171] Wenkel, "A Palatable Calvinism", 76.
[2172] Ibid., 77.
[2173] Ibid., 81.
[2174] Piper, *Taste and see*, 326.
[2175] W. Grudem, *Systematic theology: An introduction to biblical doctrine* (Grand Rapids, MI: Zondervan, 1994), 601.

O autor começa destacando os textos básicos usados para sustentar a visão da expiação limitada, em seguida apresenta aqueles que sustentam o que ele chama "Visão não reformada (redenção geral ou expiação ilimitada)".[2176] Ele assegura que existem três pontos de concordância entre todas as partes, um deles é "pode-se corretamente fazer uma livre oferta do evangelho a todas as pessoas".[2177] É verdade que todas as partes *concordam* que a livre oferta pode ser feita a todas as pessoas, mas também é verdade que todos os arminianos e outros não calvinistas não concordam que o calvinismo restrito possa sustentar essa posição com alguma consistência.

Grudem argumentou que os que sustentam uma expiação universal não podem adequadamente responder a seguinte pergunta: "Quando Cristo morreu, *pagou de fato a pena* pelos pecados somente dos que creriam nele ou pelos pecados de todos os que já viveram?"[2178] Ele assegurou os que estão no inferno sofrem a punição de seus próprios pecados, "portanto, a punição deles não poderia ter sido tomada completamente por Cristo".[2179] Grudem, na verdade, está negociando uma compreensão comercialista da expiação junto com o argumento do pagamento duplo. Ele não leva em conta que é preciso distinguir entre a extensão da expiação e sua aplicação real.

O autor tentou atenuar a força da linguagem universal em passagens que lidam com a expiação sugerindo que elas podem ser explicadas de acordo com a ideia de que a expiação está sendo *oferecida* a todo o mundo. Além de ser exegeticamente problemático, Grudem se embaraça em contradições quando afirma que em 1 João 2.2, o apóstolo

> pode ser simplesmente compreendido como querendo dizer que Cristo é o sacrifício expiatório que evangelho agora *põe à disposição* pelos pecados de todos no mundo [...] Seria completamente consistente com a linguagem do versículo pensar que João está simplesmente afirmando que Cristo é o sacrifício expiatório disponível para pagar os pecados de todos no mundo. Semelhantemente, quando Paulo diz que Jesus "se deu em resgate *por todos*" (1Tm 2.16), devemos entender isso como resgate disponível a todas as pessoas, sem exceção.[2180]

Como ele está disponível a pagar pelos pecados de "todos os que estão no mundo" quando fez expiação somente por um povo específico no mundo, os eleitos?

[2176] Ibid., 595–97.
[2177] Ibid., 597.
[2178] Ibid. (ênfase no original).
[2179] Ibid.
[2180] Ibid., 598-99.

O mesmo se aplica a referência de Grudem a 1 Tm 2.6. Como um resgate pode ser disponível a todas as pessoas "sem exceção" quando não existe resgate para todas as pessoas sem exceção?

Mais adiante, isso é visto no apelo de Grudem de que os reformados não devem se apressar em criticar um evangelista que proclama a um público de não salvos,

> "Cristo morreu por seu pecados", se ficar claro no contexto que é necessário confiar em Cristo antes que se possa receber os benefícios oferecidos pelo evangelho. Nesse sentido, a sentença simplesmente é entendida como querendo dizer "Cristo morreu para oferecer perdão dos pecados". O ponto importante aqui é que os pecadores percebam que a salvação está disponível a todos e que o pagamento dos pecados é disponível a todos.[2181]

Mas, novamente, os problemas não findam. Todos os cristãos ortodoxos asseguram a necessidade da crença em Cristo antes de se receber os benefícios oferecidos pelo evangelho. A frase "Cristo morreu pelos seus pecados" é entendida como querendo dizer duas coisas: (1) uma satisfação objetiva pelos pecados do incrédulo foi realizada e (2) se o incrédulo vier a crer no evangelho, então, com base nessa expiação objetiva feita pelos pecados, ele pode receber os benefícios – a salvação. Como pode ser logicamente possível para um incrédulo, se, de acordo com a Teologia Reformada, ele está entre os não eleitos, receber uma genuína oferta de salvação quando nenhuma expiação pelos seus pecados objetivamente existe? Afinal de contas, a salvação não está disponível a todos, como Grudem assegurou. Na realidade, ela está disponível somente para os eleitos. Especialmente problemática é a declaração final de Grudem de que "o pagamento pelos pecados está disponível a todos". Por razões óbvias, esse simplesmente não é o caso de um plano de expiação limitada. Só existe pagamento para os pecados dos eleitos. Todos os não eleitos não têm pagamento pelos seus pecados. Mesmo se acreditassem, eles não seriam salvos.

O tratamento dado por Grudem às outras passagens que ensinam expiação universal sofre da mesma miopia exegética. Tal realidade é evidenciada em sua confiança na tortuosa interpretação de John Gill de 2 Pedro 2.1.

Stanley Grenz (1950—2005).

Grenz foi um teológico batista especializado em ética. Foi considerado um teólogo evangélico de destaque antes de sua morte prematura. Durante 12 (1990-2002)

[2181] Ibid., 602.

Grenz ocupou a posição de Professor Pioneiro McDonald de História dos Batista, teologia e ética na Carey Theological College [Faculdade Teológica Carey] e na Regent College [Faculdade Regent] em Vancouver. Escreveu inúmeras obras incluindo uma teologia sistemática – *Theology for the Community of God* [Teologia para a comunidade de Deus].[2182]

Grenz assegurou uma expiação substitutiva universal em seu alcance: "Como nossa expiação, o sacrifício de Jesus cobre todo pecado, de forma que Deus é capaz de perdoar a todos e qualquer um".[2183] Ele rejeitou a ideia de que uma expiação universal implica em universalismo:

> Nossa situação humana miserável consiste não somente no pecado que evoca o desprazer de Deus, mas também em nossa própria inimizade com ele. Por meio de Cristo, Deus é reconciliado conosco. Mas em nossos pecados permanecemos em desacordo com ele. Do lado de Deus, portanto, o sacrifício expiatório de Jesus é universal; do lado humano, porém, sua eficácia requer nossa resposta, a saber, que nos reconciliemos com Deus que reconciliou consigo mesmo o mundo (2Co 5.19-20).[2184]

Roger Olson (1952)

Olson é um professor de teologia no George W. Truett Theological Seminary [Seminário Teológico George W. Truett] e na Baylor University [Universidade Baylor] e um autoproclamado arminiano. Olson é um dos eruditos arminianos atuais mais importantes cujos livros sobre teologia arminiana devem ser lidos, especialmente por aqueles reformados que algumas vezes estão prontos para interpretar Armínio e o arminianismo erradamente. Seu livro, Against calvinism [Contra o calvinismo],[2185] contém uma seção sobre a extensão da expiação (capítulo 6).

Olson informa aos seus leitores que ele se opõe aos seguintes pontos reiterados pelos calvinistas que afirmam a expiação limitada:

1. Substituição penal deve ser entendida como a necessidade de crer que Cristo morreu somente pelos eleitos, caso contrário, universalismo é implicado.
2. A suficiência da expiação repousa unicamente em seu valor, enquanto sua eficiência é somente para os eleitos já que foi designado somente para eles.

[2182] S. Grenz, *Theology for the community of God* (Nashville: B&H, 1994).
[2183] Ibid., 456.
[2184] Ibid.
[2185] R. Olson, *Against calvinism* (Grand Rapids, MI: Zondervan, 2011).

3. Os não eleitos obtêm alguns benefícios universais da expiação, mas não a expiação do pecado já que ela nunca foi pretendida fazer a salvação possível para eles.
4. Se a expiação é universal em extensão, o argumento do duplo pagamento implica que a penalidade pelo pecado é injustamente demandada duas vezes (primeira paga por Cristo na cruz e então paga por todos os não eleitos no inferno para toda eternidade).[2186]

Olson resumiu suas objeções à expiação limitada:

1. Não é sustentada pelas Escrituras.
2. Nunca foi ensinada pela Igreja Cristã até o século XVI.
3. Contradiz o amor de Deus por todas as pessoas.
4. Os limitarianos concluem erroneamente que redenção universal implica em universalismo.
5. Expiação limitada implica que não pode haver oferta do evangelho bem-intencionada para todos indiscriminadamente.
6. O argumento da "suficiência" dos calvinistas restritos (suficiência em valor, mas não suficiente como pagamento por todos os pecados) é uma posição ilógica a partir de qual argumentar contra a distinção arminiana entre expiação cumprida para todos, mas com a aplicação limitada somente àqueles que se arrependem e acreditam no evangelho.[2187]
7. Muitos delegados em Dort e Westminster rejeitaram a expiação limitada.
8. As Escrituras afirmam a expiação ilimitada.[2188]

Olson disse:

> Arminianos acreditam que qualquer limitação da intenção de Deus para a salvação de todos, incluindo expiação limitada, necessária e inexoravelmente contrariam o caráter de Deus mesmo quando calvinistas insistem no contrário. Arminianos não alegam que calvinistas dizem que Deus não é bom ou que não ama; eles dizem que o Calvinismo implica isso necessariamente, assim esses calvinistas devem dizer isso para que sejam logicamente consistentes consigo mesmos.[2189]

[2186] Ibid, 136-50.
[2187] Ibid, 137.
[2188] Ibid, 136-50.
[2189] Ibid, 67.

Kevin Bauder (1955-)

Bauder conquistou seu Ph.D. em Teologia Sistemática e Teologia Histórica no Dallas Theological Seminary [Seminário Teólogico Dallas] e serviu como presidente do Central Baptist Theological Seminary [Seminário Teólogico Batista Central], em Minneapolis, de 2003 a 2011. Ele é atualmente professor e pesquisador de teologia sistemática no seminário.

Bauder postou, em um blog, em 2005, um artigo intitulado *"The logic of limited atonement"*["A lógica da expiação limitada].[2190] Ainda que seja pequeno, Bauder levantou um forte questionamento contra a confusão lógica e teológica que ele pensa ser inerente à expiação limitada.

A falha em distinguir adequadamente entre a provisão da expiação e sua aplicação é um erro teológico fundamental da expiação limitada. O erro lógico é descoberto quando alguém se pergunta se Deus pretendeu limitar a expiação em sua provisão. Bauder percebe corretamente que alguém não pode responder isso apelando à evidência da aplicação limitada.

> Mesmo se alguém reconheça (como calvinistas fazem) que parte da intenção de Deus por meio da morte de Cristo era assegurar a aplicação da salvação aos eleitos, tal crença não revela para quem Deus pretendeu prover salvação. Isso expõe a confusão lógica no argumento da expiação limitada.

Bauder continuou a mostrar a falácia lógica envolvida em sustentar que a eleição incondicional é incompatível com a rejeição da expiação limitada. A expiação limitada inclui uma afirmação que Deus pretendeu tanto prover salvação somente para os eleitos, aplicá-la somente aos eleitos e uma negação de que ele pretendeu prover salvação para os não eleitos. De acordo com o professor, essa negação é o que realmente define expiação limitada.

Ele considerou a questão em três proposições:

[2190] K. T. Bauder, "The Logic of Limited Atonement," ΤΩ ΧΡΟΝΟΥ ΚΑΙΡΩ: *"In the Nick of Time"* (blog), February 4, 2005, http://seminary.wcts1030.com/publications/Nick/Nick001.htm.

1) Algumas pessoas não são aquelas por quem Cristo pretendeu assegurar a provisão da salvação.
2) Todos são as pessoas por quem Cristo pretendeu assegurar a provisão da salvação.
3) Algumas pessoas são as que Cristo pretendeu assegurar a aplicação da salvação.

Bauder disse:

> Aqueles que rejeitam a expiação limitada não contestam o que ela afirma, a saber, que Cristo morreu para prover salvação para os eleitos. A questão fica por conta do *status* dos não eleitos: Cristo pretendeu prover salvação para eles, ou não? Nesse ponto, aqueles que rejeitam a expiação limitada respondem com uma afirmativa. Cristo de fato pretendeu prover salvação para todas as pessoas.[2191]

A primeira sentença deve ser flexível. Calvinistas que rejeitam a expiação limitada estarão aptos para afirmar essa sentença. Não calvinistas concordariam somente se for entendido que os eleitos são sinônimos daqueles que genuinamente creem no evangelho. Eles rejeitariam o entendimento calvinista da eleição incondicional.

Bauder corretamente afirma que a proposição um e dois contradizem diretamente uma à outra. Ambas as afirmações não podem ser verdade.

Acerca da eleição incondicional, Deus somente pretendeu aplicar salvação aos eleitos, consequentemente, s proposição três. Bauder pensa que não há incompatibilidade da proposição três com a proposição um ou dois pela razão que o predicado da proposição três contém um termo diferente. "Nas duas primeiras proposições, o predicado é sobre aqueles por quem Cristo pretendeu prover salvação. Na terceira proposição, o predicado é sobre aqueles por quem Cristo pretendeu aplicar salvação. Em outras palavras, eleição incondicional é logicamente compatível tanto com expiação limitada quanto com expiação geral".[2192] O argumento de que eleição incondicional implica expiação limitada não é logicamente saudável, de acordo com Bauder:

> A declaração que Cristo não morreria por alguém que ele não pretendeu salvar não é realmente uma declaração dele. É uma declaração acerca do que o falante faria se estivesse no lugar de Cristo. A mesma coisa é verdade acerca da declaração que Cristo não falharia em eleger alguém que ele derramou seu sangue. Tais argumentos soam razoáveis e parecem persuasivos. Após exame, entretanto, sua persuasão é vista ser psicológica

---

[2191] Ibid.
[2192] Ibid.

em vez de lógica. Elas são especulações acerca de como Deus lidaria consigo mesmo se ele fosse totalmente como um de nós.[2193]

Bauder concluiu que se a expiação limitada é verdade, sua verdade não pode ser estabelecida por um apelo à consistência lógica.

> O exemplo mais forte para a expiação limitada seria feito se seus proponentes pudessem oferecer textos bíblicos específicos que nomeassem indivíduos particulares ou grupos por quem Cristo não morreu para prover salvação. Exceto com tal evidência, o melhor que pode ser dito sobre a expiação limitada é que ela permanece em dúvida.[2194]

O pequeno artigo de Bauder atraiu a atenção de Carl Trueman, que respondeu a ele em seu capítulo defendendo a expiação limitada no livro, de 2015, *Perspectives on the Extent of Atonement: 3 Views* [Perspectivas sobre a extensão da expiação: 3 visões]*[2195]*.

James R. White (1962-)

White é um autor batista reformado, debatedor na área de apologética cristã e diretor do Alpha and Omega Ministries [Ministério Alfa e Ômega]. Ele serve como presbítero em Reformed Baptist Church [Igreja Batista Reformada], em Phoenix, Arizona. Dois de seus trabalhos tratam especificamente o assunto do calvinismo e cada um tem uma secção sobre a extensão da expiação.[2196]

The Potter's Freedom [A liberdade do oleiro] trata da extensão da expiação nos capítulos 10 e 11. No capítulo 10, White definiu o tema da expiação ao corretamente distinguir entre *intenção, abrangência e efeito* da expiação.[2197] Como muitos calvinistas restritos dos dias modernos, White não gosta da fórmula tradicional suficiente/eficiente e diz que ela "não é totalmente reformada". Ele pensa que ela carrega alguma verdade, contudo ele se queixa de que ela "falha na questão mais importante": se Cristo pretendeu morrer por cada ser humano individual em particular, ou se foi pretendido fazer expiação somente pelos eleitos. Esse ditado ("suficiente para salvar cada ser humano

---

[2193] Ibid

[2194] Ibid

[2195] C. Trueman, "Definite Atonement View of the Atonement," in *Perspectives on the extent of the atonement*, 31-32.

[2196] J. White, *The potter's freedom*, rev. ed. (Amityville, NY: Calvary, 2000); D. Hunt and J. White, *Debating calvinism: Five points, two views* (Colorado Springs, CO: Multnomah, 2004). *The potter's freedom* é a refutação de White a obra de Norman Geisler *Chosen but free* (Minneapolis, MN: Bethany House, 2001).

[2197] White, *The potter's freedom*, 232.

em particular, mas eficiente para salvar somente os eleitos") não diz nada realmente sobre o ponto do debate. Sem dúvida, White, como Beza e Owen, sente a necessidade de revisar a fórmula lombardiana em seu sentido original de "suficiente para todos" já que ela significou originalmente que Cristo expiou os pecados de todos os homens.

White faz uma caricatura do arminianismo ao dizer: "Arminianos históricos entenderam que acreditar na ideia da expiação substitutiva não se encaixaria com seu sistema de teologia".[2198] Isso viria como um choque ao próprio Armínio, que sustentou firmemente a expiação substitutiva, sem mencionar John Wesley e uma legião de outros arminianos do passado e do presente. White parece ignorar que o próprio Hugo Grotius afirmou uma expiação substitutiva em sua explicação da teoria governamental.[2199]

White continuou fazendo uma caricatura do arminianismo: "Arminianos modernos são geralmente inconscientes da história do arminianismo e do fato de que as frases 'Jesus tomou o lugar de pecadores' ou 'Jesus morreu por nós' ou 'a morte de Jesus pagou a pena pelo pecado' são 'emprestadas do calvinismo'".[2200] Esse tipo de frase pode ser encontrada em todos os tipos de escritores arminianos do passado e do presente. Elas certamente não são propriedade única do calvinismo. White pressupõe que a substituição implica em redenção particular e se baseando nisso declarou que arminianos rejeitaram a expiação substitutiva e trocaram-na pela teoria governamental.[2201]

White discute Romanos 8.31-34 e Hebreus 7-10 como afirmando expiação limitada. Contudo, nada nessas passagens afirma expiação limitada.[2202] Talvez, o erro mais notório que White cometeu foi de natureza hermenêutica. Fazendo referência a Gálatas 2.20, ele declarou, "Porém, deixe-nos perguntar essa questão: pode o pecador justamente condenado que permanece sobre os parapeitos do inferno na eternidade

---

[2198] Ibid., 233.

[2199] Veja, por exemplo, G. Williams, que procurou corrigir esse mal-entendido em algumas das fontes secundárias com respeito à visão de Grotius da justiça divina e a ênfase governamental entre escritores reformados. Sua tese de doutorado é muito útil nesse ponto: G. Williams, "A Critical Exposition of Hugo Grotius's Doctrine of the Atonement in *De satisfaction Christi*" (PhD diss., University of Oxford, 1999). Veja também seu capítulo "Punishment God Cannot Inflict: The Double Payment Argument *Redivivus*," em *from heaven he came and sought her*, 490–93.

[2200] White, *The potter's freedom*, 234.

[2201] Ibid., 235.

[2202] Entre os calvinistas restritos há uma generalização apressada de termos sobre Romanos 8.32. Eles convertem o "nós" no termo geral "todos", no sentido de "todos" os eleitos da fé, dessa forma argumentando que a "todos por quem Cristo morreu serão dadas todas as coisas". No contexto, entretanto, o "nós" se refere especificamente aos justificados ou crentes. A ideia é que já que Deus dá seu Filho para aqueles de nós que creem, quanto mais ele dará (aos que creem) todas as coisas? Paulo também usa a mesma forma do argumento *a fortiori* em Romanos 5.8-10.

porvir, gritando em ódio em direção aos saguões do paraíso, dizer, 'Fui crucificado com Cristo! Ele me amou e deu a si mesmo por mim!' Certamente não!"[2203]

Primeiro, e obviamente, o contexto tem a ver com a união real ou vital com Cristo. Esse é o motivo pelo qual Paulo prossegue a dizer, "não vivo mais eu, mas Cristo vive em mim; e a vida na qual hoje vivo na carne vivo pela fé no Filho de Deus". Nenhum descrente pode dizer, "tenho sido crucificado com Cristo", mesmo se for um eleito descrente, porque nenhum deles está "vivendo pela fé no Filho de Deus" (NKJV). Se White considerasse o texto e suas próprias pressuposições teológicas cuidadosamente, até mesmo ele teria de dizer que Jesus morreu por mais pessoas do que podem dizer "fui crucificado com Cristo", já que alguns dos eleitos ainda estão em descrença. O mesmo acontece com passagens que dizem que Jesus entregou sua vida pela igreja. Essa declaração da mesma forma só diz respeito aos crentes. Todas as partes (quer calvinistas ou não) aceitam que Cristo morreu por mais pessoas do que as que estão em um estado de crença. Calvinistas restritos entendem que Jesus morreu somente por aqueles que virão eventualmente a crer, não somente por aqueles que creem presentemente. White, como é comum em sua argumentação,[2204] está involuntariamente colocando união com Cristo antes da fé e assumindo que todos os eleitos, como tais, podem, portanto, declarar "tenho sido crucificado com Cristo".

Segundo, é um espantalho no que diz respeito tanto a arminianos quanto a calvinistas moderados. Nenhum deles usa Gálatas 2.20 para advogar sua posição, porque todos eles facilmente reconhecem que o verso obviamente pertence àqueles em união vital com Cristo. Nenhum deles pensa que os condenados no inferno podem dizer "tenho sido crucificado com Cristo", mas somente que podem dizer "Cristo morreu por mim". Os oponentes de White asseguram o último, não o primeiro. Ele argumentou como se essas duas proposições fossem as mesmas e assim deturpou seus oponentes, assim como fé com o texto.

White começou se dedicando ao tópico teórico da redenção particular com Calvino[2205] em vez da Escritura. Ele cometeu a falácia de inferência negativa ao assumir que passagens que parecem limitar a extensão da expiação devem ser interpretadas como Cristo morrendo *somente* por aqueles grupos limitados de pessoas. White falha em notar que na maioria, se não em todos, esses casos a limitação é devido ao uso personalizado da linguagem quando um grupo específico de pessoas está sendo dirigido ou referenciado. Quando um autor bíblico diz "Cristo morreu por nós", não se pode inferir que essa declaração significa que Jesus morreu *somente* por aquele grupo, como ele faz.

[2203] White, *The potter's freedom*, 248.
[2204] White frequentemente fala de todos os eleitos como tal sendo "salvos na cruz".
[2205] White, *The potter's freedom*, 253-62.

White apelou à interpretação padrão de muitos calvinistas de João 17.9 como prova da expiação limitada. Ele presumiu que Cristo orou somente pelos eleitos e não pelo mundo nesse capítulo. Novamente, isso presume a falácia de inferência negativa. O apelo de White ao uso de "muitos" em Marcos 10.45 como evidência da limitação na expiação é baseado em um mal entendimento de "muitos" como distinto de "todos" em vez de o significado correto de "muitos" como distinto de "um" ou "poucos".

Ele identificou o que considerou ser os três erros do arminianismo: rejeição da "doutrina bíblica do decreto positivo de Deus", rejeição da "doutrina bíblica da morte do homem em pecado e sua inabilidade de fazer qualquer coisa que é agradável a Deus", e rejeição da "doutrina bíblica da expiação, incluindo sua *intenção e resultado*".[2206] Na verdade, todos as três declarações acerca dos arminianos de White estão erradas, cada uma pode ser demonstrada por uma leitura cuidadosa do próprio Armínio assim como teólogos arminianos do passado e presente.

O entendimento de White da expiação no modelo comercial assim como sua má interpretação do que arminianos de fato acreditam é evidenciado em sua declaração:

> Seu sangue pode "comprar" o perdão, mas nossa escolha determina se toda a obra de Cristo em nosso favor será bem-sucedida ou fracassada. Isso esvazia a palavra "pago" do seu significado. Se alguém paga minhas contas, eu não devo mais dinheiro. A visão arminiana deixa-nos com uma situação contratual, na qual Cristo se oferece para pagar a conta baseada na perfomance do ato livre da fé.[2207]

White corretamente percebe que os benefícios da expiação não são aplicados à pessoa até o momento da regeneração. Porém, então volta e diz que a certeza da aplicação está baseada no decreto da eleição de Deus e a substituição de Cristo pelos eleitos na cruz assegura que os benefícios serão aplicados para cada indivíduo eleito "que recebeu a graça soberana de Deus na eternidade passada".[2208] Essas duas declarações parecem estar em contradição. White menospreza Efésios 2.1-3, o qual declara que eleito descrente permanece sob a ira de Deus até a regeneração. Ninguém "recebeu" a graça de Deus na eternidade passada. A única forma disso não ser uma contradição é se White estiver se referindo ao mero fato da eleição divina dos indivíduos na eternidade passada constituindo-se como sua designação de receber sua graça no futuro.

[2206] Ibid., 266 (ênfase no original).
[2207] Ibid., 267.
[2208] Ibid., 268.

Em referência a 1 João 2.2, White declara: "O entendimento reformado é que Jesus Cristo é a propiciação pelos pecados de todos os cristãos aos quais João estava escrevendo, e não somente eles, mas por todos os cristãos pelo mundo, judeus e gentios, em todas as épocas e em todos os lugares".[2209] Há vários problemas com essa declaração. Primeiro, não há um entendimento reformado monolítico de "pelo mundo todo" em 1 João 2.2, como vimos. Um segmento inteiro de teólogos reformados e comentadores que interpretam essa frase como uma referência a todas as pessoas é ignorado. Segundo, contextualmente isso ignora o uso da mesma frase em 1 João 5.19 na qual "o mundo inteiro" claramente significa todos os descrentes na terra no tempo que João escrevia. Terceiro, qual é a justificativa para interpretar a frase como se referindo a todos os crentes "em todas as épocas e em todos os lugares"?

A defesa de White da expiação limitada tanto em *The potter's freedom* e *Debating calvinism* emprega os argumentos padrões em um nível popular, mas misturados com várias falácias lógicas e interpretações erradas.

Em todos os escritos de White sobre o calvinismo e a extensão da expiação, sua pressuposição tácita é que Deus não deseja a salvação dos não eleitos. Será reconhecido nos seus escritos essa dicotomia: ou (1) ele somente deseja a salvação dos eleitos ou (2) Deus igualmente deseja a salvação de todos os homens. É persistentemente ausente em suas discussões a posição geral ortodoxa calvinista de que (3) o Pai deseja a salvação de todos os homens em sua vontade revelada, mas propõe o efeito da salvação somente aos eleitos de acordo com a sua vontade secreta. Os argumentos de White sobre a extensão da expiação sempre pressupõem a opção 1, não a 3. Esse certamente é o caso de suas discussões com Dave Hunt assim como em *The potter's freedom* quando ele lida com Mateus 23.37; 1 Timóteo 2.4; e 2 Pedro 3.9.

As interpretações falhas de White dessas passagens e suas proposições acerca da vontade de Deus não passaram despercebidas pelos próprios calvinistas. Cornelius Venema; presidente do *Mid-America Reformed Seminary*)[Seminário Reformado na América Central]; em sua exposição acerca da livre oferta e disposição de Cristo em relação à Jerusalém, toma a visão calvinista padrão da vontade de Deus quando fala acerca de Lucas 13.34:

> É difícil ver como esse texto poderia ser tomado de qualquer outra forma do que como uma expressão de desejo sincero de Jesus de que os habitantes de Jerusalém encontrem salvação. Parece expressar claramente um

---

[2209] Ibid., 274.

desejo que somente poderia surgir a partir de um interesse compassivo e sincero em sua salvação.[2210]

Em contraste, Venema observou o tratamento de White da passagem paralela em Mateus 23.37 e declarou:

> White trata o paralelo desse texto [Lucas 13. 34] em Mateus 23.37, e tenta argumentar que no contexto Jesus não está falando acerca da salvação de todos os habitantes de Jerusalém, mas somente dos líderes dos judeus. Em sua leitura, o texto não expressa qualquer desejo pela salvação dos habitantes de Jerusalém, alguns dos quais poderiam ser nãos eleitos. Apesar da leitura de White de Mateus 23.37 ser muito improvável, ele negligencia observar que o contexto em Lucas 13.34 tem a ver com o assunto da salvação ou não salvação, e que fala, de forma geral, de muitos entre os habitantes de Jerusalém que perdem sua oportunidade de entrar no reino enquanto a porta estava aberta para eles.[2211]

No tratamento de White das passagens da Escritura que lidam com a vontade de Deus (por exemplo, Ez 18.23; 33:11; Mt 23.37; Jo 5.34; 1Tm 2.4 e 2Pe 3.9), e

---

[2210] Cornelis Venema, "Election and the 'Free Offer' of the Gospel (Part 2 of 5)," *The Outlook* 52.4 (April 2002): 19.

[2211] Ibid. Para uma refutação da diferenciação de Gillite entre "Jerusalém" e "teus filhos" (que White frequentemente usa quando lida com Mt 23.37), veja o tratamento da passagem de David Silversides em *The free offer: Biblical & reformed* (Glasgow: Marpet, 2005), 50–54. Silverside diz que "nesse verso, Jerusalém evidentemente se refere às pessoas dessa cidade. Podem ser os líderes (denunciados nos versos anteriores) especialmente em mente, mas eles não foram unicamente responsáveis pela morte dos profetas, ou até mesmo do próprio Cristo; nem o julgamento caiu somente sobre eles, como muitas pessoas comuns pereceram na queda de Jerusalém". Ele continua: Os pronomes ingleses antigos da nossa versão autorizada (refletindo a distinção do singular e do plural do grego) são úteis aqui. A palavra *thy* (singular) claramente se refere à Jerusalém (singular). Os filhos (plural), representados como os pintinhos, estão em vista na frase *ye* (plural) *would not*, em que o inglês reflete o plural do verbo grego... São os filhos que não serão ajuntados. Jerusalém é simplesmente uma descrição coletiva da cidade e seu povo, como um corpo. Os filhos de Jerusalém não são nada mais complicados do que aquele mesmo povo considerado como uma coleção de indivíduos (ibid., 52). Similarmente, Carson percebeu que durante o ministério de Jesus, "ele 'geralmente' ansiou reunir e abrigar Jerusalém (por metonímia incluindo todos os judeus) como uma galinha faz com seus pintinhos (cf. Dt 32.11; Sl 17.8; 36.7; 91.4; Jr 48.40); pois a despeito dos sofrimentos, Jesus, como o "Senhor Soberano" em Ezequiel 18.32, "não tem prazer na morte de ninguém". (D. A. Carson, "Matthew," em *The Expositor's Bible Commentary*, 12 v., ed. F. E. Gaebelein [Grand Rapids, MI: Zondervan, 1984], 8:486–87). Como J.C. Ryle disse, "devemos ser cuidadosos... Para não restringir "ye would not" aos escribas, fariseus governantes. O verso que se segue [Lc 13.35] mostra claramente que nosso senhor inclui habitantes de Jerusalém".

aquelas relacionadas com a morte de Cristo (por exemplo, Jo 1.29; 3.16; 1Tm 2.6; 2 Pe 2.1), a posição tácita parece sempre de que Deus deseja a salvação somente dos eleitos.

Paul Martin Henebury (1962-)

Henebury é o fundador e presidente do Telos Biblical Institute. É autor de dois artigos sobre a extensão da expiação, cobrindo algumas das passagens do Novo Testamento que parecem afirmar uma expiação ilimitada e respondendo objeções contra elas.[2212]

Laurence M. Vance (1963-)

Vance é o diretor do Francis Wayland Institute, no momento é instrutor adjunto no Pensacola Junior College e erudito adjunto no Ludwig von Mises Institute. Ele tem graduações em história, teologia, contabilidade e economia. Também é um autor prolífico.

The Other Side of Calvinism [O outro lado do calvinismo] de Vance é uma crítica ao calvinismo e contém uma seção sobre a expiação limitada.[2213] Originalmente publicado em 1991, foi revisado em 2007. Vance apimenta seu trabalho com citações calvinistas demonstrando como, às vezes, alguns calvinistas fizeram caricaturas do arminianismo. Na ocasião, ele também erra, como quando alega que a fórmula suficiência/eficiência foi cunhada por Agostinho.[2214]

O tratamento de Vance se sai melhor quando se dirige aos argumentos em favor da expiação limitada.[2215] Avalia-se que o capítulo de Vance sobre a expiação limitada é uma coleção de citações de calvinistas, geralmente dentro dos últimos cem anos, a respeito da expiação limitada e a expiação ilimitada que são exemplos patentes de caricatura, más interpretações grosseiras e imprecisão histórica.

[2212] P. M. Henebury, "Christ's Atonement: Its Purpose and Extent, Part 1," *Conservative Theological Journal* 9 (2005): 88–108; and idem, "The Extent of the Atonement, Part 2," *Conservative Theological Journal* 9 (2005): 242–57.

[2213] L. Vance, *The other side of calvinism*, rev. ed. (Pensacola, FL: Vance, 2007), 405–73.

[2214] Ibid., 421

[2215] Ibid., 422–32.

Conclusão

Não há dúvida de que os batistas norte-americanos, durante esse período, não estavam em sintonia acerca das questões da extensão da expiação. Os registros históricos indicam uma ampla variedade sobre a questão dentro do campo reformado.

Nos últimos trinta anos houve um aumento na influência do calvinismo no mundo evangélico, via de regra, mas especificamente nos Estados Unidos. De forma geral, os guardiões do movimento, pessoas como D. A. Carson, John Piper, Al Mohler, Ligon Duncan, John MacArthur, R. C. Sproul e outros, são todos fortemente comprometidos com a expiação limitada. Dessa forma, provavelmente a maioria dos jovens estudantes calvinistas que se identifica como reformada estaria comprometida com a expiação limitada, pelo menos em parte devido à influência desses líderes principais.

7

A Extensão da Expiação e os Batistas do Sul

A Convenção Batista do Sul nasceu em Augusta, Geórgia, em 1845.

A questão da quantidade de Igrejas Batistas Calvinistas, no Sul, que existia naquele momento depende dos critérios utilizados para fazer sua determinação: a declaração doutrinária de cada igreja, a designação moderna da TULIP, e assim por diante. Igrejas que rejeitaram a expiação limitada, mas aceitaram outros padrões doutrinários básicos do calvinismo, seriam justamente consideradas calvinistas. Nossa preocupação específica é com a questão da extensão da expiação, principalmente a partir do momento do nascimento da Convenção até o presente.

Muito antes da fundação da Convenção Batista do Sul, batistas no Norte e no Sul diferiam entre si sobre a questão específica da extensão da expiação. De acordo com Hackney, até meados do século XVIII, os Batistas Gerais, que afirmavam a expiação universal, eram mais numerosos do que os Batistas Particulares na Nova Inglaterra e nas colônias do Sul.[2216]

O historiador batista John Sparks observou como em 1775 a Kehukee Regular Baptist Association [Associação Batista Regular Kehukee] se dividiu. Um grupo, composto por batistas separatistas e alguns batistas regulares, reorganizou-se em 1777 sob o nome "United Baptists" (União Batista). O outro grupo manteve o

---

[2216] W. Brackney, ed., *Baptist Life and Thought: A Sourcebook*, rev. ed. (Valley Forge, PA: Judson, 1998), 97.

nome "Regular Baptists" (Batistas Regulares) e manteve seu relacionamento com a Associação Charleston.[2217]

A Associação Rapidan também disputou acerca do calvinismo e do arminianismo, especialmente sobre a questão da expiação limitada. Sparks concluiu que a maioria dos batistas:

> se contentaram em se estabelecer no sistema de John Leland, sendo ele mesmo um batista separatista de Nova Inglaterra, que se instalou na Virgínia e na Associação Rapidan por volta da época da Revolução. Como Leland descreveu, a pregação de maior sucesso foi "a Graça Soberana de Deus, misturado com um pouco do que é chamado de Arminianismo".[2218]

William Lumpkin relatou o seguinte incidente como ilustrativo da situação.

> Em maio de 1775, na Associação Geral dos Batistas Separatistas, em Virgínia, a seguinte pergunta foi discutida: "A salvação por Cristo é possível para cada indivíduo da raça humana?" Seguiu-se um debate quente, em que quase todos os pregadores tentaram participar [...] no fim do dia, verificou-se que os calvinistas eram uma pequena maioria.
>
> Naquela noite, os arminianos, estavam determinados a ver se seus pontos de vista seriam um impedimento para a comunhão, e no dia seguinte eles perceberam, para sua consternação, que este parecia ser o caso. Eles, em seguida, retiraram-se porta afora, levando o moderador com eles. Os calvinistas escolheram John Williams como seu moderador. Durante algum tempo, os dois grupos foram separados, comunicando-se por mensageiros. Finalmente, os arminianos ofereceram o que parecia ser um compromisso: "Não negamos a primeira parte de sua proposta, respeitando a eleição particular da graça, ainda mantendo nossa liberdade no que diz respeito à estrutura". A isso a outra parte consentiu, e seguiu-se uma feliz reunião.[2219]

Setenta anos antes da fundação da Convenção Batista do Sul, um número significativo de ministros batistas separatistas da Virgínia não estava de acordo com

---

[2217] J. Sparks, The Roots of Appalachian Christianity: The Life and Legacy of Elder Shubal Stearns (Lexington: University Press of Kentucky, 2001), 189.

[2218] Ibid. Veja J. Leland, "A Letter of Valediction on Leaving Virginia, 1791", em The Writings of the Late Elder John Leland, ed. L. F. Green (New York: G. W. Wood, 1845), 172.

[2219] W. Lumpkin, Baptist Foundations in the South (Nashville: Broadman, 1961), 103.

o calvinismo restrito sobre a questão da eleição particular ou da redenção particular. Eles eram "arminianos" sobre esses pontos.

A maioria dos batistas coloniais que se autoidentificava como calvinistas havia adotado o "New Light Calvinismo" ["Calvinismo da nova luz"] de Jonathan Edwards e, posteriormente, o calvinismo modificado de Andrew Fuller. "Praticamente todos os principais batistas coloniais do século XVIII foram calvinistas modificados", poderiam até serem tipificados como 'calvinianos' devido à sua combinação única de uma forma suavizada do calvinismo".[2220] Isto, obviamente, incluiu uma rejeição da expiação limitada.

O *Registro Anual da Denominação Batista* de John Asplund mostrou que, no final do século XVIII, de 35 associações nos territórios dos Estados Unidos e da fronteira, 17 formalmente subscreveram à Confissão da Filadélfia, e mais nove ao "sistema calvinista" ou "sentimento calvinista". Da mesma forma, mesmo alguns dentro dessas associações, juntamente com outras associações que eram mais arminianas, abraçaram a expiação universal. Alguns não adotaram qualquer confissão devido, em parte, à diversidade sobre a questão do calvinismo e do arminianismo entre os pastores e as pessoas dessas igrejas. Asplund informou que a Associação Sandy Creek não mantinha nenhuma confissão de fé no momento "pois a maioria deles se apega à provisão geral [expiação ilimitada]".[2221]

Mesmo que alguns batistas separatistas tenham aceitado muitas das doutrinas expressas na Confissão da Filadélfia, Sparks observou que se recusaram a apoiá-la, não só por causa de dúvidas por motivo de os credos serem feitos por homens, mas também porque "ainda eram arminianos comprometidos que pregavam a salvação disponível a todos durante todo o curso de seus ministérios".[2222]

Sparks discorreu sobre o papel de Shubal Stearns no início da vida batista americana:

> Doutrinariamente, a partir das evidências mais disponíveis, parece que Shubal Stearns ainda era um evangelista calvinista leve ao estilo de Whitefield, mas agora ele estava exibindo uma forte perspectiva dos Batistas Gerais também... Muito mais revelador é o preâmbulo do *Short Covenant* [Pacto curto] que quase certamente ele escreveu ou ditou para outra

---

[2220] M. Williams, "The Influence of Calvinism on Colonial Baptists," Baptist History and Heritage 39 (Spring, 2004): 37–38.

[2221] J. Asplund, *The Annual Register of the Baptist Denomination in North America to the First of November, 1790* (Philadelphia: Thomas Dobson, 1792), 48–53; citado em Thompson, "Baptists and 'Calvinism'", 62–63.

[2222] J. Sparks, *The Roots of Appalachian Christianity*, 107–8; citando R. Semple, *Rise and progress of the Baptists in Virginia* (Lafayette, TN: Church History Research and Archives, 1976), 107–8.

igreja Batista e ajudou a organizar dentro de cinco anos de sua própria imersão. Copiado na reorganização da igreja em 1783, lê-se textualmente o seguinte: ...Esta breve declaração não foi copiada por Stearns, e nem foi sua essência retirada da Confissão de Westminster, da Primeira ou da Segunda Confissão de Londres, ou da Confissão da Filadélfia. É uma lista simples dos Seis Princípios dos Batistas Gerais liderados por uma afirmação separatista da autoridade das Escrituras e complementadas por apenas um artigo calvinista: a da perseverança dos santos.[2223]

Como Thomas Kidd e Barry Hankins observaram, a maior parte das igrejas Batistas no final do século XVIII defendiam crenças calvinistas moderadas:

Eles geralmente mantêm as opiniões doutrinárias do ministro inglês, batista, Andrew Fuller, que defendia uma visão calvinista modificada da expiação. Fuller argumentou que a morte de Cristo na cruz foi "suficiente" para perdoar os pecados de todos, mas "eficiente" apenas para os eleitos. Em 1795, a Associação Danbury recebeu um questionamento de um membro da igreja: "os não eleitos são, em qualquer sentido, comprados pelo sangue de Cristo?" Ele respondeu: "Se por ser comprado você quer na verdade perguntar se a expiação é suficiente para o mundo inteiro; nós respondemos afirmativamente, mas se você estiver querendo perguntar se a expiação de Cristo comprou qualquer um da raça caída, de modo a libertá-los da maldição da lei divina até que eles sejam regenerados, respondemos negativamente". Alguns pensaram que essa posição era quase arminiana, sugerindo que Cristo havia de algum modo morrido por toda a humanidade. Calvinistas ferrenhos veem a expiação como suficiente para somente aqueles predestinados para a salvação. Na Igreja Batista Powelton, na Geórgia, quatro membros tornaram-se separatistas, em 1791, porque a igreja aprovou a teologia da expiação de Fuller. O pastor Silas Mercer entrevistou a congregação, perguntando se ele devia "excomungar um membro por defender o que é chamado de uma disposição geral". A maioria votou negativamente, e eles decidiram expulsar os quatro separatistas hipercalvinistas em vez disso.[2224]

GW Pascal descreveu a situação na Carolina do Norte com relação ao calvinismo nos dias pós-revolucionários:

[2223] Ibid., 45–46.
[2224] T. Kidd and B. Hankins, *Baptists in America: A History* (Oxford: Oxford University Press, 2015), 82.

O calvinismo rígido que foi pregado em muitas das igrejas batistas dos dias pós-Revolucionários absorveu todo o interesse religioso e era poderoso em modificar o apelo evangélico que as igrejas faziam aos não convertidos. A reunião anual com seus sermões austeros enfatizando a doutrina da eleição e o desamparo dos pecadores não conseguiu trazer para a comunhão das igrejas nem os filhos e filhas de seus próprios membros, e ensinou penitentes a esperar alguma intervenção divina especial que deveria obrigá-los a entrar. O resultado foi que algumas igrejas cresceram cada vez mais fracas, ano após ano, e finalmente passaram a não existir mais, enquanto a nova denominação dos metodistas entrou no campo e reuniu ricas colheitas de almas ansiosas.[2225]

Os efeitos debilitantes do calvinismo extremo são bem conhecidos na Inglaterra e na América nos séculos XVIII e XIX. Embora a declaração de Pascal não mencione a expiação limitada especificamente, foi certamente um entrave nesse sistema.

Na virada do século XIX, muitos entre os Batistas Regulares e Separatistas estavam preparados para considerar a unificação. Em 1801, a Igreja Batista Regular e a Separatista de duas Associações Batistas de Kentucky uniram-se. O plano das Nações Batistas recém-formadas incluía onze princípios (artigos), incluindo a seguinte declaração: "A pregação de (que) Cristo provou a morte por todos os homens, não deve apresentar barreira à comunhão".[2226]

Os separatistas recusaram-se a aceitar a Confissão da Filadélfia na união proposta com os batistas regulares (Particulares). Nos onze artigos adotados em 1801, as doutrinas da eleição particular e uma compreensão limitada da extensão da expiação foram omitidas.

Os artigos de fé de associações batistas no centro-sul de Kentucky e na parte superior de Cumberland no Tennessee no início do século XIX não refletem qualquer compromisso com a expiação limitada. Nos artigos de fé da Green River Association (1800), Associação Creek de Russell (1804), Associação Stockton Valley (1805),

---

[2225] G. W. Paschal, *History of North Carolina Baptists*, 2 v. (Raleigh: The General Board North Carolina Baptist State Convention, 1955), 2:5. Paschal observou que embora muitos líderes batistas tendiam a serem fortes calvinistas, o povo nos bancos não era. Algumas associações.s tais como a Yadkin Baptist Association, rejeitaram a noção de uma eleição particular individual de acordo com Dort. A Big Ivy Association só assegurou a Confissão de fé da Filadéfila depois que a declaração sobre eleição foi removida (ibid., 2:432). Paschal também descreve um problema. Principalmente na Associação Batista Regular Kehukee, que tomou Philadelphia Association para orientação. Os pastores da Primeira Igreja Batista da Philadelphia, Thomas Ustick e Morgan Edwards, adotaram um hipercalvinismo "sem oferta" em 1796, mas foram incapazes de levar outros pastores e líderes a esse extremo.

[2226] Sparks, *The roots of appalachian christianity*, 200.

Associação Gaspar River (1812) e Associação Barren River (1830), não há nenhuma menção à expiação limitada. Da mesma forma, não há nenhuma menção de graça irresistível, e apenas na Associação Gaspar River há alguma menção da eleição. O que é afirmado em todos esses artigos de fé, entre outros princípios doutrinários, é alguma forma de depravação total e declarações claras sobre a perseverança dos santos.[2227]

Em uma discussão sobre a mudança das funções das associações batistas na Geórgia, na primeira metade do século XIX, Jarrett Burch observou:

> Ao não diferenciar teologia fulleriana do arminianismo, os batistas primitivos aglomeraram todas as novas metodologias na categoria de heresia. .. qualquer método que chamava pecadores ao arrependimento ativo confirmava a crença em uma expiação geral. De acordo com seu pensamento, uma expiação geral exigiu redenção geral (ou seja, se Deus pretendia salvar a todos, todos serão salvos). Batistas primitivos não podiam visualizar a pregação de um evangelho universal, enquanto acreditavam nos atos específicos e exclusivos de Deus chamando os seus para a salvação. Qualquer pregador que fez algum apelo geral para a salvação não deve acreditar em uma expiação particular[2228].

Além dos batistas primitivos, outras igrejas batistas da Georgia lutaram com a questão da extensão da expiação. Por exemplo, na reunião de 1829 da Associação Ocmulgee, uma das questões era acerca de um questionamento da Igreja Batista Walnut Creek, no Condado de Jones: "Jesus Cristo sofreu, sangrou e morreu, na cruz, por toda a humanidade? Ou somente, por quantos o divino Pai Llhe deu no pacto da graça?"[2229]

Em 1830, Cyrus White publicou um pequeno trabalho de dezenove páginas sobre a expiação e sua extensão, argumentando pela expiação ilimitada.[2230] White era um pastor calvinista que se convenceu da expiação universal durante o movimento de renascimento na década anterior. Sua abordagem para a expiação não era a de calvinistas moderados que também afirmaram uma expiação ilimitada, mas mais em linha

---

[2227] C. P. Cawthorn & N. L. Warnell, *Pioneer Baptist Church Records of South-Central Kentucky and the Upper Cumberland of Tennessee 1799–1899* (Gallatin, TN: Church History Research & Archives, 1985), 13–23.

[2228] J. Burch, *Adiel Sherwood: Baptist Antebellum Pioneer in Georgia* (Macon, GA: Mercer University Press, 2003), 89.

[2229] *Minutes of the Ocmulgee Baptist Association* (Milledgeville, GA: Georgia Journal Office, 1829), 2, citado em Burch, *Adiel Sherwood*, 96.

[2230] C. White, *A scriptural view of the atonement* (Milledgeville, GA: Statesman and Patriot, 1830). White era um pregador intinerante e agente para *Christian index*, the Georgia Baptist paper. Era um calvinista que saiu da expiação limitada para uma visão ilimitada.

com o arminianismo. Burch disse que as igrejas batistas da Georgia "que se seguiram a tradição regular e ordenada do calvinismo acharam essa proposta inaceitável".[2231]

Jesse Mercer reagiu à proposta de White e publicou uma série de cartas refutando a visão de White,[2232] e os batistas da Geórgia a comunhão White da comunhão em 1830. Por sua vez, a associação de White, a Associação United, retirou-se da Convenção Batista Georgia.[2233]

Entre outras questões da práxis observada por Burch, de 1828 a 1836 as igrejas batistas da Georgia foram despedaçadas pela "luta de facções" e dividida sobre a questão doutrinal da extensão da expiação.[2234]

O comentário de Burch é esclarecedor:

> Note-se que as confissões foram criadas após a Associação Georgia [Georgia Baptist Convention] não ter abordado a questão da expiação limitada. O artigo quatro falava apenas sobre a redenção particular. Portanto, esses batistas que aceitaram a visão de Andrew Fuller da expiação poderiam ainda ser considerados ortodoxos. O quarto artigo afirma: "Cremos no amor eterno de Deus para o seu povo, e na eterna eleição de um número definido da raça humana, à graça e glória; e que havia um pacto de graça ou resgate feito entre o Pai e o Filho antes do começo do mundo, em que a salvação desses é assegurada, e que, em particular, são redimidos".[2235]

Essa declaração é significativa na medida em que Burch diferencia o ato de expiação da aplicação específica da expiação aos eleitos segundo a eleição eterna. Seu ponto é que a declaração confessional dos batistas da Geórgia não afirma uma expiação estritamente limitada à exclusão de uma expiação ilimitada.

O julgamento de heresia, ocorrido em 1831, de Efraim Moore (1793 — 1875) na Associação Batista de East Tennessee também ilustrou a crescente ambivalência batista acerca do calvinismo estrito.

[2231] J. Burch, *Adiel Sherwood*, 91. "Durante esse tempo na América, batistas continuaram a lutar com o conceito de Andrew Fuller de provisão geral, uma visão da expiação similar a declaração creedal, 'suficiente para todos, eficiente para os eleitos'" (ibid.).

[2232] J. Mercer publicou uma série de cartas na *Columbian Star* (August 28–November 20, 1830) refutando White (*Ten letters addressed to the reverend Cyrus White in reference to his scriptural view of the atonement* [Washington, GA: News Office, 1830]).

[2233] Burch, *Adiel Sherwood*, 91.

[2234] Ibid., 108.

[2235] Ibid., 111. Burch also cited S. Boykin, *History of the Baptist denomination in Georgia* (Atlanta: James P. Harrison and Co., 1881), 196.

W. Wiley Richards relatou a história. Moore pregou a salvação gratuita para todos os que cressem no evangelho. O julgamento convocou Élder James Kennon como moderador. Kennon era conhecido por suas rígidas visões sobre a predestinação. Depois que Moore admitiu sua crença na expiação geral, a igreja votou para excluí-lo da comunhão. No entanto, muitos membros permaneceram ao lado de Moore e, eventualmente, restauraram-no à comunhão em 1843.[2236]

Em 1833, doze anos antes da fundação da Convenção Batista do Sul, batistas de New Hampshire compuseram o que se tornaria a Confissão Batista mais utilizada na vida batista na América. Garrett disse acerca desse documento: "Pode-se concluir que o rótulo de 'moderadamente arminiano' seria tão preciso quanto o termo 'moderadamente calvinista'".[2237]

Uma comparação entre a Confissão de fé de 1833 de New Hampshire com a Confissão de fé, de 1742, da Filadélfia, revela o quanto da linguagem calvinista da Confissão da Filadélfia foi deixada de fora da Confissão de New Hampshire. Artigos inteiros da Confissão da Filadélfia articulando aspectos da soteriologia calvinista foram excisadas da Confissão de New Hampshire. Muitas igrejas batistas do Sul adotaram a Confissão de New Hampshire.

Em 1840, a primeira Associação Batista no Texas foi fundada: Associação Batista União. Os artigos de fé refletem um calvinismo moderado, especialmente com respeito à expiação limitada. O artigo 6 declarou:

> Acreditamos que Cristo morreu pelos pecadores, e que o sacrifício que ele fez honrou tanto a lei divina que o caminho da salvação está sempre aberto para todo pecador a quem o evangelho é enviado, e que nada, a não ser a sua própria rejeição voluntária do evangelho impede a sua salvação.[2238]

Não há declaração exigindo expiação limitada aqui, embora seja escrito com ambiguidade suficiente para permitir esse ponto de vista.

J. J. Burnett explicou como os representantes de Holston, Tennessee, East Tennessee e Associações Batistas de Nolachucky reuniram-se em agosto de 1843 para adotar uma confissão. Usando a Confissão de New Hampshire como um guia, eles

---

[2236] W. W. Richards, "Southern Baptist Identity: Moving Away from Calvinism", *Baptist history and heritage* 31.4 (1996): 27. Richards observou: "Uma erosão gradual das doutrinas calvinistas da depravação e expiação levou os batistas do Sul a construir uma posição teológica que seria uma forma de calvinismo enfraquecido. Eles reafirmaram suas crenças na segurança eterna do crente, mas mudaram as outras quatro".

[2237] J. L. Garrett, Baptist Theology: *A four-century study* (Macon, GA: Mercer University Press, 2009), 132.

[2238] *Minutes of the first session of the union Baptist Association* (Houston: Telegraph Press, 1840), 8.

afirmaram expiação ilimitada e acrescentaram enfaticamente que nada nos artigos deveria ser interpretado como afirmando uma eleição e/ou reprovação incondicional e definida.[2239]

Em 1845, as igrejas batistas de Sandy Creek adotaram uma confissão que era muito parecida com a Confissão de New Hampshire, mas com os artigos "de arrependimento e fé" e "de santificação" removidos. Essa confissão diferia da confissão de 1816 que falava do chamado eficaz e da eleição eterna. O artigo "do propósito da Graça de Deus" falou de eleição como "coerente com o livre-arbítrio do homem",[2240] terminologia que apareceria mais tarde na Fé e Mensagem Batista de 1925.

Escrevendo em 1852 sobre batistas no vale Mississippi do Sul, no final do século XVIII, John Peck observou que por volta de 1785 havia três associações batistas em Kentucky: Elkhorn, Salem e de Kentucky do Sul. Elkhorn e Salem eram batistas regulares; a de Kentucky do Sul era separatista. Peck faz referência a uma "porção" dos pastores batistas regulares que vieram para Kentucky, nesse período, que "seriam agora considerados como hipercalvinistas na doutrina, especialmente em suas visões limitadas acerca do papel mediador de Cristo e das reservas que eles tinham sobre ofertas indiscriminadas de misericórdia e de salvação a todas as pessoas mediante a fé em Cristo".[2241]

Em alguns lugares permaneceu uma profunda divisão entre Igreja Batista Regular e os Batistas Separatistas. Os batistas regulares ocasionalmente excluíam pastores e igrejas de associações que se recusavam a afirmar a expiação limitada.[2242]

Steve Lemke tem demonstrado que o *calvinismo estrito* não era a coisa mais importante para os batistas na fundação da Convenção Batista do Sul. Nem foi por algum tempo. Parece claro que alguns, embora não todos, dos pais fundadores da

---

[2239] J. J. Burnett, *Sketches of Tennessee's Pioneer Baptist Preachers, Being, Incidentally, A History of Baptist Beginnings in the Several Associations in the State Containing, Particularly, Character and Life Sketches of the Standard Bearers and Leaders of Our People*, First Series, 2 v. (Nashville: Marshall and Bruce Company, 1919), 1:380–82.

[2240] G. W. Purefoy, *A History of the Sandy Creek Association from its organization in A.D. 1758 to A.D. 1858* (New York: Sheldon and Company, 1859), 199–214; aqui 205.

[2241] J. Peck, "Baptists of the Mississippi Valley", *The christian review 70* (1852): 485. Peck declarou posteriormente que a doutrina do hipercalvinismo "tornou-se mais proeminente, especulações foram ensinadas até antinomianismo [sic] em espírito, teoria e prática prevaleceram em uma escala destruidora entre as igrejas no Vale do Mississipi". (486).

[2242] Veja A. W. Wardin, Jr., *Tennessee Baptists: A comprehensive history, 1779–1999* (Brentwood: The Executive Board of the Tennessee Baptist Convention, 1999), 112–14. Elijah Hanks é um caso em questão: "When Elijah Hanks (1793–1871), pastor das Knob igrejas Creek e Friendship, membro da Cumberland Association, começou pregando que Cristo provou a morte por todo homem em vez de somente pelos eleitos. Três dos principais líderes da Associação, incluindo Garner McConnico e Peter S. Gayle, o visitaram por volta de 1829. Sua recusa em mudar de visão resultou na retirada de suas igrejas da Associação".

CBS eram calvinistas que afirmaram expiação limitada. O que também parece claro é que a maioria dos leigos em igrejas batistas do Sul, à época, não eram calvinistas rigorosos de cinco pontos. A maioria deles, ao que parece, não afirmava a expiação limitada. Na verdade, o registro histórico indica que a maioria dos batistas do Sul, na época da fundação da CBS, aderiu a uma teologia em algum lugar entre o calvinismo e arminianismo.[2243]

Líderes batistas e/ou historiadores da era anterior e até cinquenta anos após a fundação da CBS indicam que muitos batistas no Norte e no Sul não afirmavam a expiação limitada. Iremos olhar para vários homens, geralmente em ordem cronológica de acordo com o seu nascimento, para determinar seus pontos de vista sobre a extensão da expiação.[2244]

Batistas do Sul do Século XVIII ao Século XXI

Jesse Mercer (1769—1841)[2245]

Mercer foi um dos líderes da pré-guerra civil Batista da Geórgia, líder da Associação Batista da Geórgia, e primeiro presidente da Convenção Batista da Geórgia, cargo que ocupou por dezenove anos (1822—1841). Ele foi quatro vezes como delegado à Convenção Trienal, fundador do Georgia *Christian Index*, que foi originalmente a antiga *Columbian Star*, e um dos fundadores e primeiro presidente da Mercer University. Poucos batistas possuíam uma estatura mais alta do que esse estadista. Com relação à expiação limitada, seus comentários são fundamentais para a era em que ele viveu e escreveu.

> Parece ser dado como certo que todos aqueles veneráveis pais, que fundaram a denominação batista neste estado [Geórgia], eram tão severos pregadores calvinistas como são os opositores dos *novos planos*. Mas isso é um grande erro. Abraham Marshall [filho de Daniel] nunca foi considerado um pregador predestinarista. Alguns deles eram assim — pareciam estar prontos para a defesa do evangelho. Destes, Silas Mercer

---

[2243] Veja S. Lemke, "History or Revisionist History? How Calvinistic Were the Overwhelming Majority of Baptists and Their Confessions in the South until the Twentieth Century?," *Southwestern Journal of Theology* 57 (2015): 227–54.

[2244] J. R. Nalls, "The Concept of the Atonement in Southern Baptist Thought" (ThD diss., New Orleans Baptist Theological Seminary, 1985), é um sumário útil da visão dos pricipais teólogos batistas sobre a natureza da expiação com uma breve análise de suas visões sobre extensão.

[2245] Embora Mercer tenha morrido quatro anos antes da fundação da Convenção Batista do Sul, sua influência na nova Convenção foi extraordinária – o que justifica sua inclusão aqui.

e Jeptha Vining eram o chefe. Abraham Marshall nunca foi considerado um pregador *predestinarista*. Para usar sua própria figura, ele costumava dizer, "ele tinha as *pernas curtas* e não podia andar em águas tão profundas". Ele, com vários outros, era considerado sadio na fé, embora calvinistas "inferiores". Peter Smith e alguns outros foram considerados *arminianos*; alguns *realmente*. ... E aqui pode não ser errado acrescentar que os batistas nas regiões superiores da Carolina do Sul, naqueles dias, compreendidos principalmente, acredita-se, na Associação de Bethel, eram provisionistas gerais. Eu acho que a maioria de seus ministros pregou o que agora é chamado de Expiação Geral.[2246]

Esse trabalho foi publicado um ano antes da fundação da Convenção Batista do Sul. O próprio Mercer mudou de seu compromisso original da expiação limitada à posição ilimitada.[2247] A posição madura de Mercer sobre a extensão da expiação era a mesma que a de Andrew Fuller.[2248]

William Bullein Johnson (1782—1862)

Johnson era um líder entre os batistas da Carolina do Sul, sendo um dos fundadores da Convenção Batista do Estado da Carolina do Sul, em 1821, e sucedendo Richard Furman como presidente. Ele serviu nessa função até 1852. Johnson foi fundamental na fundação da Furman University, a universidade matriz do Seminário Teológico Batista do Sul.

Ele serviu como o primeiro presidente da recém-formada Convenção Batista do Sul, em 1845, cargo que ocupou até 1851. Também atuou como presidente do comitê designado para redigir a constituição da CBS. Johnson detém a distinção de ser o único homem a participar da reunião inicial da Convenção Geral Batista Missionária (1814), da Convenção Batista do Sul (1845), e servir como presidente de ambas. Além de pastorear igrejas, Johnson ajudou na fundação de igrejas em Greenville e Columbia,

---

[2246] J. Mercer, "Reply to H.—No. 3", *The Christian Index*, February 25, 1836, 101 (ênfase no original). Veja também C. D. Mallary, *Memoirs of Elder Jesse Mercer* (New York: John Gray, 1844), 201–2. Essa citação pode ser vista em J. D. Mosteller, *A History of the Kiokee Baptist Church in Georgia* (Ann Arbor, MI: Edwards Brothers, 1952), 37; e A. Chute, *A Piety above the Common Standard: Jesse Mercer and the defense of evangelistic calvinism* (Mercer, GA: Mercer University Press, 2005), 68, embora Chute não entenda a linguagem de Mercer e indique que ele acreditasse em uma expiação estritamente limitada.

[2247] Mallary, *Memoirs of Elder Jesse Mercer*, 290, 297–303. Veja também Richards, *Winds of doctrines*, 58; e A. Chute, *A Piety above the Common Standard*, 71–72.

[2248] J. Mercer, "Excellency of the Knowledge of Christ Jesus the Lord", in *The Georgia Pulpit*, ed. R. Fleming (Richmond, VA: H. Kelly & Son, 1847), 46. Em 1833, Mercer declarou que não concordava com Fuller, mas mudou pouco antes de sua morte em 1841.

Carolina do Sul. Enquanto chanceler da Johnson Female University [Universidade Feminina Johnson] (1853 a 1858), foi pioneiro no ensino superior para mulheres.[2249]

De acordo com Roxburgh, Johnson só podia ser considerado um calvinista moderado na melhor das hipóteses.[2250] Ele falou da expiação em termos governamentais, o que seria altamente improvável se ele afirmasse a expiação limitada. Tom Nettles confirmou a influência da nova divindade em Johnson.[2251]

Boyce publicou uma série de oito artigos na Batista do Sul afirmando a imputação da justiça de Cristo ao crente. Nettles acha que esses artigos foram dirigidos contra os pontos de vista adotados na sala de aula da Furman University, por J. S. Mims. Boyce também publicou sete artigos questionados por Johnson, que adotou uma opinião contrária.[2252]

Como presidente do conselho de administração, Johnson já havia respondido às críticas de J. L. Reynolds a Mims em uma carta na qual defendia Mims como ortodoxo. Johnson também escreveu a Mims uma carta na qual declarou: "Em sua opinião, a doutrina da imputação estava gradualmente saindo de uso e que os batistas, pelo menos neste estado, estavam se tornando calvinistas moderados".[2253] Em uma carta posterior a Mims, Johnson afirmou que a marca hipercalvinista do calvinismo que Reynolds definiu nunca seria popular na Carolina do Sul, porque "tais visões nunca foram incorporadas na Constituição da Convenção, ou na Constituição da Instituição, ou prescritas pelos professores ou pela WB Johnson".[2254]

[2249] Veja H. Woodson, *Giant in the land: A biography of William Bullein Johnson* (Nashville: Broadman, 1950); K. Roxburgh, "Creeds and Controversies: Insights from William Bullein Johnson", em *Baptist identities: International studies from the seventeenth to the twentieth centuries*, em Studies in Baptist History and Thought 19 (Paternoster, 2006), 138–52; and R. J. Legendre, "William Bullein Johnson: Pastor, Educator, and Missions Promoter" (PhD diss., New Orleans Baptist Theological Seminary, 1995).

[2250] Para verificar isso baseado nos sermões e escritos de Jonhson, veja Roxburgh, "Creeds and Controversies", 150–51.

[2251] T. Nettles, "Boyce the Theologian", *Founders Journal 69* (2007): 11–12.

[2252] Nettles declarou a respeito desses artigos escritos por Boyce: "Eles criticaram especificamente o socianismo, arminianismo, pelagianismo, a Nova Teologia, com também uma refutação ponto a ponto de William B. Johnson e sua absorção no ponto de vista da Nova Teologia" ("Boyce the Theologian", 12).

[2253] Carta a J. S. Mims, March 25, 1848, cited by R. J. Legendre, "William Bullein Johnson", 73 e por Roxburgh, "Creeds and Controversies", 150.

[2254] Carta a J. S. Mims, September 6, 1848, citada por R. J. Legendre, "William Bullein Johnson", 76 e por Roxburgh, "Creeds and Controversies", 150.

Este excerto de "The Sovereignty of God and the Free Agency of Man" ["A Soberania de Deus e a Livre Agência do Homem"] pode indicar que Johnson não aceitou a graça irresistível:

> *Ora, ora*, ó companheiros pecadores, vocês têm o poder de colocar-se sob influências, que são espirituais e salvadoras; ou sob influências que são carnais e condenatórias. Você pode ler a Bíblia ou o livro da Infidelidade; o sermão da verdade ou o romance de ficção; pode participar da festa do prazer pecaminoso ou da reunião da santa oração; pode ir ao festim da meia-noite ou à casa de Deus. Você pode levantar a oração do publicano, ou o uivo do bacanal. Você pode proferir o louvor do Altíssimo ou expelir a blasfêmia do Arco do Futuro. Quão solenes são as responsabilidades que estão sobre você. Sob que terrível responsabilidade sua livre agência coloca você? A liberdade de escolha é a liberdade de rejeitar. Oh! Exerça essa liberdade corretamente. Pare, considere o seu final. "Escolha você neste dia a quem servirá". As dificuldades acompanham a decisão. Para sua remoção, busque as Escrituras, implore o ensino desse Espírito Santo, a quem Deus dará a todos que pedirem com sinceridade. E, oh, que ele ilumine os olhos de sua compreensão e lhe dê a visão de Cristo nas escrituras como sua "sabedoria, retidão, santificação e redenção".[2255]

Em um artigo escrito para a Southern Baptist em 1855, Johnson argumentou que alguns batistas "acreditam no esquema calvinista, e alguns no arminiano. Alguns são hipercalvinistas e alguns são calvinistas moderados".[2256]

Essa afirmação é importante por vários motivos. Primeiro, Johnson afirmou que tanto os calvinistas quanto os arminianos compõem a Convenção Batista do Sul. Segundo, dentro das fileiras dos calvinistas, Johnson distinguiu dois grupos: hipercalvinistas (calvinistas extremos) e calvinistas moderados. Mesmo dentro do campo calvinista, nem todos concordavam com a expiação limitada.[2257] Terceiro, Johnson escreveu essas palavras quatro anos antes da fundação do *Teological Baptist Seminary* [Seminário Teológico Batista], em Louisville, Kentucky, o primeiro seminário batista do sul.

[2255] W. B. Johnson, "Free Agency of Man", *The Baptist pulpit in the Unites States*, ed. J. Belcher (New York: Edward H. Fletcher, 1853), 126–27.

[2256] W. B. Johnson, *Southern Baptist 7* (November, 1855); citado em Roxburgh, "Creeds and Controversies", 147–48.

[2257] Isso não quer dizer que todos os que acreditam em expiação limitada devam ser classificados como "hipercalvinistas". No entanto, é verdade que todo hispercalvinista crê em uma expiação limitada.

O primeiro presidente da Convenção Batista do Sul, em 1845, certamente não era um calvinista de cinco pontos.

John L. Dagg (1794–1884)

Dagg era um homem notável que lutava fisicamente com uma quase cegueira e também era aleijado. Sua educação formal era limitada, mas ele tem a distinção de ser o primeiro batista a escrever uma teologia sistemática na América, o *Manual of theology* (1857) [Manual de teologia]. Ele pastoreava na Filadélfia e depois serviu como presidente da Mercer University, na Geórgia.

Como mencionado anteriormente, Dagg era um calvinista restrito com respeito à expiação, mas ele claramente entendeu que, dentro da teologia reformada e ortodoxa, havia um grupo que afirmava "redenção particular" no sentido da salvação final, mas uma expiação ilimitada com respeito à extensão. Ele afirmou que há variedade dentro do grupo daqueles que se descrevem pelo rótulo da "redenção particular": "Outras pessoas que mantêm a doutrina da redenção particular distinguem entre redenção e expiação, e devido à adaptabilidade referida, consideram a morte de Cristo uma expiação pelos pecados de todos os homens; ou como expiação pelo pecado em abstrato".[2258]

R. B. C. Howell (1801–1868)

Howell foi pastor da Primeira Igreja Batista em Nashville, Tennessee, e depois da Igreja Batista da Segunda Rua, em Richmond, Virgínia. Ele serviu cinco anos como presidente da CBS e como editor do jornal batista estadual do Tennessee, The Reflector, até 1848.

Howell escreveu dois livros sobre o tema da salvação: *The way of salvation* [O caminho da salvação], publicado em 1849, e *The cross* [A cruz], publicado em 1854.

Em nenhum dos volumes, Howell declarou explicitamente que a expiação é limitada em sua extensão. No primeiro, ele falou da expiação como uma "satisfação infinita" e rejeitou uma equivalência quantitativa nos sofrimentos de Cristo.[2259] Ao discutir a natureza substitutiva da expiação, citou numerosas passagens que fazem referência a Jesus morrendo por "todos". Concernente à morte de Cristo como um substituto, Howell declarou: "Ele carregou os nossos pecados; ele morreu por todos".[2260]

Em *The cross*, Howell fez uma afirmação que também poderia ser interpretada como um reflexo de sua crença em uma expiação ilimitada: "Os pecados de um mundo

---

[2258] Dagg, *Manual of theology*, 326. Como já observado, o Andrew Fuller posterior parecia estar nessa categoria junto com alguns outros batistas particulares na Inglaterra e na América.

[2259] R. C. B. Howell, *The way of salvation*, 5th ed. (Charleston, SC: Southern Baptist Publication Society), 87, 91.

[2260] Ibid., 90.

rebelde estavam pressionando seu coração dilacerado".²²⁶¹ Ao discutir os muitos benefícios não salvadores que a cruz traz ao mundo, começou a seção observando que Jesus morreu por todos. Em nenhum lugar ele distingue entre a morte de Cristo pelos pecados dos eleitos e sua morte pelo resto do mundo em termos de seus benefícios não salvadores. Parece que Howell assumiu que Cristo morreu pelos pecados de todas as pessoas.

J. M. Pendleton (1811–1891)

Pendleton era um importante pregador, pastor e teólogo batista. Ele foi um dos "grandes triunviratos" do movimento Landmark, junto com A. C. Dayton e J. R. Graves. Ele esteve envolvido na fundação do Crozier Theological Seminary [Seminário Teológico Crozier]. Seu principal trabalho teológico é *Christian doctrines* [Doutrinas cristãs], publicado pela primeira vez em 1878.

Pendleton considerou uma "grande impertinência" tentar limitar a suficiência da expiação para toda a humanidade. "No que diz respeito às reivindicações da lei e da justiça, a expiação evitou todas as dificuldades no caminho da salvação de qualquer pecador... Coloca o mundo, para usar a linguagem de Robert Hall, "em estado de salvação".²²⁶² Os convites universais do evangelho só podem ser baseados em uma disposição universal na expiação. Pendleton então citou Andrew Fuller largamente para apoiar sua alegação.²²⁶³

Ele declarou:

> Se, então, é dever de todos os homens acreditarem, e se fé implica confiança na expiação, e se a expiação foi feita apenas para uma parte da raça, segue-se que é dever daqueles, para quem nenhuma expiação foi feita, confiar naquilo que não tem existência. Isso é um absurdo. Quanto mais o ponto for considerado, mais evidente parecerá que o dever de todos os homens de crer no evangelho é inseparável da "plenitude objetiva" das provisões da expiação para a salvação de todos os homens.²²⁶⁴

2261 R. C. B. Howell, *The cross* (Charleston, SC: Southern Baptist Publication Society, 1854), 19. Para a visão de Howell sobre expiação, consulte C. M. Wren, "R. B. C. Howell and the Theological Foundations for Baptist Participation in the Benevolent Empire" (PhD diss., Southern Baptist Theological Seminary, 2007).

2262 J. M. Pendleton, *Christian doctrines: A compendium of theology* (Valley Forge, PA: Judson, 1878), 241–42.

2263 A. Fuller, *The complete works of the rev. Andrew Fuller*, 3 v., ed. A. Belcher (Harrisonburg, VA: Sprinkle, 1988), 2:691–92.

2264 J. M. Pendleton, *Christian doctrines*, 244–45.

De um modo similar, Pendleton argumentou:

> Por crermos em Cristo, não apenas cremos fundamentalmente que ele morreu pelos pecadores, mas, secundariamente, que ele morreu por nós como incluídos entre os pecadores. A última crença de forma alguma deve tornar-se tão proeminente quanto a primeira, mas ela é essencial para uma posse promissora das bênçãos da salvação. Ora, se Cristo não morreu por todos e se é dever de todos crerem nele, é dever de alguns — aqueles por quem ele não morreu — crer em uma mentira. Essa perspectiva também reduz o tema a um absurdo, porque não é dever de ninguém crer naquilo que não é verdadeiro. Devemos descartar a posição de que é dever de todas as pessoas crerem no evangelho ou admitir que a expiação de Cristo faz referência a todos os seres humanos.[2265]

Pendleton estava evidentemente comprometido com a expiação ilimitada.

J.R. Graves (1820—1893)

Graves trabalhou como editor de *The Baptist* [O Batista] começando em 1848 e foi um dos líderes do movimento de Landmark movement in Baptist life [Transformação na vida dos batistas]. Em *The work of Christ in the covenant of redemption* (1883) [A obra de Cristo no pacto da redenção], Graves pareceu afirmar a expiação ilimitada. A morte de Cristo fez uma provisão plena para os pecados de todas as pessoas ao remover "todos os impedimentos legais e governamentais, de modo que, lealmente, a salvação pela graça pudesse ser livremente oferecida a todos".[2266]

Essa não é a linguagem usada pelos limitadores.

James P. Boyce (1827—1888)

Boyce foi um dos fundadores do *Southern Baptist Theological Seminary* [Seminário Teológico Batista do Sul] em Louisville, Kentucky. Ele foi o primeiro presidente e professor de teologia do seminário.[2267] Publicado um ano antes da sua morte, o seu

---

[2265] Ibid., 245.

[2266] J. R. Graves, *The work of Christ in the covenant of redemption; Developed in seven dispensations* (Memphis, TN: Baptist Book House, 1883), 103.

[2267] Para a mais recente biografia sobre Boyce, consulte T. Nettles, *James Petigru Boyce: A southern baptist stateman* (Phillipsburg, NJ: PYR, 2009).

Abstract of Systematic Theology [Compêndio de Teologia Sistemática] é um dos tratados fundamentais de teologia sistemática publicado na história dos batistas do sul.

Sabe-se que Boyce foi aluno imensamente influenciado por Charles Hodge.[2268] O debate dele sobre a extensão da expiação é muito interessante.[2269] Ele enumerou três teorias: (1) o universalismo, que corretamente rejeita; (2) a expiação geral por meio da qual Cristo morreu pelos pecados de todos os seres humanos de maneira igual. Esse é o conceito "arminiano" tradicional; e (3) o propósito limitado: "Deus planejou somente a salvação verdadeira de alguns e qualquer que seja a provisão feita para outros, ele determinou este planejamento definitivo em que a salvação de certas pessoas está garantida". Boyce registrou três aspectos em favor dessa teoria e duas dificuldades contra ela, incluindo que a oferta da salvação é designada a todas as pessoas na Escritura e que a morte de Jesus é descrita na Escritura como para o "mundo", de uma forma que contrasta o mundo com aqueles que creem.[2270]

Em seguida, Boyce tentou explicar e conciliar as expressões geral e universal sobre a extensão da expiação com o propósito definido de Deus de salvar os eleitos. Primeiramente, mencionou as opiniões de Andrew Fuller a respeito da expiação. Ele alterou o pensamento de Fuller quando disse que essa teoria "cumpre o propósito almejado somente por atribuir tal natureza à expiação, visto que a torna somente um método de reconciliação para o povo de Deus, e não a reconciliação de fato".[2271]

Em segundo lugar, Boyce recorreu a uma citação extensa de A. A. Hodge para uma "explicação mais apropriada".[2272] Ele citou Hodge afirmando como segue:

> Os calvinistas creem que a dispensação inteira de tolerância sob a qual repousa a raça humana desde a queda, incluindo as misericórdias temporais justas, bem como injustas e os meios de graça são partes que o sangue de Cristo adquiriu. Eles admitem que Cristo, nesse sentido, morreu por todos os seres humanos, de modo que removeu todos os impedimentos legais da salvação de todo ser humano e que a satisfação

---

[2268] Veja, por exemplo, W. W. Richards, "A Study of the Influence of Princeton Theology upon the Theology of James Petigru Boyce and His Followers with Special Reference to the Works of Charles Hodge" (Th.D. diss., New Orleans Baptist Theological Seminary, 1964).

[2269] J. P. Boyce, *Abstract of Systematic Theology* (Philadelphia: American Baptist Publication Society, 1887), 336-40.

[2270] Ibid., 336-37.

[2271] Ibid., 338. Veja a discussão de Fuller apresentada anteriormente.

[2272] Veja A. A. Hodge, *Outlines of Theology*, second ed. (Nova York, Robert Carter & Brothers, 1863), 416-17.

de Cristo pode ser aplicada a uma, como também a outra pessoa, "se Deus assim o quiser".²²⁷³

Boyce prosseguiu citando Hodge:

> O propósito de Cristo ao morrer foi efetuar o que ele efetivamente realiza no resultado. Primeiro, *incidentalmente* remover os impedimentos legais do caminho de todas as pessoas e conceder a salvação objetivamente a todo ouvinte do evangelho que for possível, de maneira que cada um tenha o direito de apropriar-se dela voluntariamente. Em segundo lugar, especificamente o propósito de Cristo era suplicar a salvação de fato por seu próprio povo. De acordo com o estilo dos discípulos de Agostinho, Calvino sobre 1 João 2.2, afirma que Cristo morreu suficientemente por todos, mas eficientemente apenas para os eleitos".²²⁷⁴

A. A. Hodge era filho de Charles Hodge, o famoso professor de teologia de Princeton. Charles Hodge foi também professor de Boyce em Princeton. A. A. Hodge utiliza a mesma linguagem que o pai usou sobre o tema da extensão da expiação. Quando Charles Hodge falou das "barreiras/impedimentos legais" removidos, ele esclareceu que afirmava a substituição universal da parte de Cristo para todas as pessoas.

Entretanto, A. A. Hodge parece defender uma expiação limitada em seus escritos, mas continuou usando a linguagem de seu pai. Isto pode indicar confusão do tema da parte de A. A. Hodge. Se todas as barreiras legais foram removidas pela morte de Jesus, então a morte dele tem que servir como um substituto para os pecados de todos os seres humanos.

Terceiro, Boyce propôs a própria declaração relativa ao tema para esclarecimento. Ele sugeriu que não adota mais do que na realidade está implícito na declaração de Hodge, que citou.

> A vantagem é que a declaração apenas reconhece mais explicitamente a relação da obra expiatória de Cristo com o mundo e com os eleitos; uma relação claramente indicada para ser de um modo que ele pode ser chamado, em um sentido geral, de o salvador de todos os homens, embora ele mantenha essa relação mais especialmente com aqueles que creem. Em 1 Timóteo 4.10, a declaração sugerida é que embora ele tenha feito para os eleitos uma expiação real, pela qual

---

²²⁷³ Boyce, *Abstract*, 338. Veja A. A. Hodge, *Outlines of Theology*, 416-17.
²²⁷⁴ Ibid., 339.

foram realmente reconciliados com Deus e que, devido a isso, estão sujeitos à graça divina especial, mediante o que eles se tornam crentes em Cristo e são justificados por meio dele. Jesus, ao mesmo tempo e na mesma obra, proveu um meio de reconciliação para todos os seres humanos, que removeu todo impedimento legal para a salvação deles, após a aceitação das mesmas condições em que a salvação é concedida aos eleitos.

Conforme esta declaração:

1. Cristo de fato morreu para a salvação de todos, de modo que ele pudesse ser chamado de o salvador de todos. Isto porque a obra dele é suficiente para assegurar a salvação de todos os que crerão nele.
2. Contudo, Cristo morreu em um sentido especial pelos eleitos, porquanto ele obteve para os eleitos não uma salvação possível, mas real.
3. Sua morte abre o caminho para uma oferta sincera da salvação por Deus, para todos que aceitarem as condições que ele estabeleceu.
4. No entanto, essa mesma morte garante a salvação para os eleitos, porque por ela, Jesus também obteve para eles aquelas influências graciosas, pelas quais eles serão convencidos a cumprir tais condições.
5. A obra de Cristo, contemplada como garantia dos meios de reconciliação, é um equivalente pleno para todos que defendem a afirmação de uma expiação geral. Portanto, eles não supõem que mais do que isso foi realizado pela humanidade em geral, embora os calvinistas prontamente reconheçam que essa expiação foi realizada para todos.
6. Porém, embora a realização de uma expiação concreta para os eleitos não seja inconsistente com a garantia de um método de expiação para todos, a afirmação de que ela foi a obra especial realizada por eles está de acordo com a natureza da expiação, conforme compreendida até o momento e demonstra como Cristo poderia ser especialmente o salvador deles e também o salvador de todos.[2275]

As seguintes proposições são afirmadas por Boyce nessa citação:

1. Cristo pode ser chamado em um sentido geral de "o salvador de todos os homens".
2. Cristo proveu um meio de reconciliação para todos os homens.
3. Esse meio de reconciliação "removeu todo impedimento legal".

[2275] Ibid., 339-40.

4. Com base na remoção desses impedimentos legais, a mesma condição de salvação se aplica ao não eleito, como também ao eleito.
5. "Cristo realmente morreu para a salvação de todos".
6. A morte de Cristo provê os fundamentos para a oferta sincera de salvação para todas as pessoas.
7. Sua morte é um "equivalente pleno", conforme todos os defensores da Expiação Universal afirmam.

A partir dessa evidência, pareceria que não se pode afirmar claramente que Boyce esteja no campo da expiação limitada. Acresça-se a isso o fato de que o *Abstract of principles* [Compêndio de Princípios], a declaração doutrinária do Southern Baptist Theological Seminary [Seminário Teológico Batista do Sul] não inclui uma declaração sobre a expiação limitada (ou graça irresistível). Talvez seria porque o próprio Boyce não defendia a expiação limitada?

O próprio Tom Nettles, que defendia a expiação limitada, se sente confuso pelo tratamento que Boyce confere à extensão da expiação. Nettles sugeriu que ele introduziu "um elemento de ambiguidade" na discussão. Boyce "virtualmente adota a visão [a expiação geral com aplicação particular] que procura rejeitar". Nettles citou a declaração dos "impedimentos legais" de Boyce e perguntou: "Se todo 'impedimento legal' foi removido de todos os seres humanos, em que aspecto o tratamento de Boyce da expiação difere de uma expiação geral?"[2276]

A resposta para a questão de Nettles é dupla: (1) Em termos da extensão apenas, não há diferença. (2) Em termos da *intenção*, há uma diferença. Aqueles que afirmam a "expiação geral" o fazem com o sentido de que Cristo morreu *intencionando igualmente* a salvação de todas as pessoas. Os calvinistas, que afirmam a expiação limitada, asseveram que a intenção de Cristo é morrer somente pelos pecados dos eleitos. Os calvinistas que rejeitam a expiação limitada sustentam essa intenção especial pelos eleitos, mas concordam com os não calvinistas que em termos da extensão apenas, Cristo substituiu os pecados de todas as pessoas, portanto, todos os "impedimentos legais" são removidos.

Nettles tratou desse enigma dos pontos de vista de Boyce sobre a extensão da expiação em sua biografia. Primeiro, Nettles afirmou que Boyce rejeitou a visão de Andrew Fuller "que a expiação é geral em sua natureza, mas 'limitada em sua aplicação'".[2277] Segundo, Nettles provou que o ponto de vista de Boyce parece ser totalmente

---

[2276] T. Nettles, By His Grace and for His Glory, second ed. (Cape Coral, FL: Founders, 2006), 153.
[2277] T. Nettles, James Petigru Boyce, 461.

inconsistente com o seu argumento anterior".²²⁷⁸ Terceiro, Nettles demonstra sua intenção e revela porque ele pensa que Boyce é inconsistente:

> O leitor poderia perguntar como é possível, conforme a discussão de Boyce a respeito da natureza da expiação, que ele escreva finalmente sobre um "meio de reconciliação para todas as pessoas, que removesse o impedimento legal para a salvação delas" sem que isto fosse eficaz? Eles não cumpriram as condições, ele respondeu. Ah, mas cumprimento das condições é uma bênção adquirida em uma reconciliação genuína; o perdão deve ser dado a todos aqueles por quem os impedimentos legais foram removidos. Concluir o contrário muda radicalmente a natureza da expiação em algo que não é o que Boyce descreveu anteriormente.²²⁷⁹

Aqui, Nettles traiu seu comprometimento com uma compreensão comercial da expiação. De fato, como ele revelou em *By his grace and for his glory*, [Por sua graça e para a sua glória] é um "equivalente" quantitativo com respeito à natureza da substituição de Cristo na cruz pelos pecados dos eleitos. Ele crê que há um aspecto quantitativo na expiação. Essa posição é minoritária nos círculos da teologia reformada e ainda mais entre os batistas, do passado e do presente, que professam a expiação limitada.

Boyce não é inconsistente enquanto intencionou, por meio de sua linguagem, indicar que há um senso no qual Cristo pagou pelos pecados de todos os seres humanos. Isto pareceria ser um uma leitura legítima de Boyce e se exata, o removeria do campo dos limitadores estritos com respeito à extensão da expiação. Timothy George aludiu à forma de Boyce falar no que concerne ao aspecto universal da expiação "de uma maneira não inteiramente dissimilar de Fuller".²²⁸⁰

A maioria dos sucessores imediatos de Boyce, na faculdade do Southern Seminary [Seminário do Sul], não conservou totalmente o seu calvinismo dortiano.²²⁸¹

John A. Broadus (1827—1895)

Broadus foi professor de Novo Testamento e homilética *no Southern Baptist Theological Seminary* [Seminário Teológico Batista do Sul]. Nas lembranças de Broadus sobre Boyce, ele citou aprovando E. E. Folk, o editor do *Baptist reflector* [Refletor batista], seguindo a descrição da teologia dos novos alunos no Southern Seminary [Seminário do Sul] a quem Boyce ensinou nos anos 1800, após a guerra civil: "Os jovens eram

---

2278 Ibid., 464;
2279 Ibid., 465.
2280 J. L. Garrett, *Baptist theology: A four-century study* (Macon, GA: Mercer University Press, 2009), 150.
2281 J. L. Garrett, *Baptist theology: A four-century study* (Macon, GA: Mercer University Press, 2009), 150.

geralmente considerados como arminianos quando vinham para o seminário" até que se deparavam com "as enérgicas opiniões calvinistas" de Boyce.[2282]

Essa citação é importante para o tema disponível. Observe que Folk disse que a maioria dos novos alunos no seminário era "considerada arminiana". Como isto poderia acontecer se essas pessoas vinham de igrejas onde os cinco pontos do calvinismo eram a norma?

B. H. Carroll (1843—1914)

Convertido do ateísmo a Cristo depois de ser ferido na Guerra Civil, Carroll seguiu uma carreira brilhante como policial texano, professor na Baylor University [Universidade Baylor], fundador e primeiro presidente do Southwestern Baptist Theological Seminary [Seminário Teológico Batista do Sudoeste] em Fort Worth, Texas.

Carroll apelou a João 1.29, 2 Coríntios 4.1-20, Hebreus 2.9, 1 Timóteo 4.9, 10 e 1 João 2.2 como exemplos da expiação universal. Ele argumentou "que não importa em que sentido a expiação era eficaz, relativa a Deus, para todos os homens, ela não pode resultar em salvação universal, pois "quem não crê já está condenado". Carroll prosseguiu:

> Não importa em que sentido a expiação foi, relativa a Deus, para todos os seres humanos, ela pode ser útil para nós somente pela fé. Portanto, a questão da salvação universal não está associada à reconciliação com Deus, seja qual for a extensão dela, mas com o ministério da reconciliação e nossa aceitação ou rejeição da misericórdia oferecida.[2283]

Carroll analisou a seção de James Boyce sobre a questão da extensão no *Compêndio* de Boyce.

> Considero James P. Boyce como o mais eminente de todos os batistas que surgiu no Sul. Embora em sua Systematic theology [Teologia sistemática] ele ensine que a expiação dos pecados de todos os seres humanos signifique salvação universal; no entanto, antes de ele encerrr a discussão, usa estas palavras extraordinárias, as quais eu cito:
> (1) Embora Cristo realize uma expiação verdadeira para os eleitos, pela qual são de fato reconciliados com Deus e devido a isso tornam-se sujeitos

---

[2282] J. A. Broadus, *Memoir of James Petigru Boyce* (Louisville, KY: Baptist Book Concern, 1893), 265.

[2283] B. H. Carroll, "Colossians, Ephesians, and Hebrews", in *An interpretation of the english bible* (Grand Rapids, MI: Baker Book House, 1973 reimpresso), 86-92, para a completa discussão dele sobre a questão da extensão.

à graça divina especial, pelo que eles creem em Cristo e são justificados por intermédio dele.

(2) Cristo, ao mesmo tempo e na mesma obra, proveu um meio de reconciliação para todos os homens, que removeu todo impedimento legal para a salvação deles, como consequência da aceitação das mesmas condições nas quais a salvação é concedida aos eleitos.

(3) Na página 297, ele afirma:

A obra expiatória de Cristo não foi suficiente para a salvação do ser humano. Esda obra foi apenas em relação a Deus e somente removeu todos os obstáculos do caminho do perdão de Deus para o pecador. Mas o pecador está também em inimizade com Deus e precisa ser persuadido a aceitar a salvação e precisa aprender a amar e servir a Deus. Esda é a obra especial do Espírito Santo para tornar isdo realidade. O primeiro passo é fazer com que o homem conheça o evangelho, que contém as boas-novas de salvação, sob influências que deveriam conduzir a sua aceitação.

Com o propósito de comentar, eu assinalo esdes parágrafos (1), (2), e (3). Parece difícil conciliar (1) com (3), mas (2) e (3) estão em perfeita harmonia. Em (1) ele diz que "para os eleitos, Cristo implementou uma expiação real", "eles foram reconciliados com Deus". Mas em (3), declara que "a obra expiatória não foi suficiente para a salvação do homem, porque a obra era somente em relação a Deus e apenas removeu todos os obstáculos do caminho do perdão de Deus para o pecador". Esda linguagem se aplica, é óbvio, aos eleitos. Mas em (2) ele diz que "Cristo proveu um meio de reconciliação para todos os homens, o qual removeu todo impedimento legal para a salvação deles". Então, para os eleitos a expiação "não foi suficiente para a salvação do homem e somente removeu todos os obstáculos do caminho do perdão de Deus para o pecador", e se para "os não eleitos a expiação proveu um meio de reconciliação", "removendo todo impedimento legal para a salvação deles", qual é a diferença em relação a Deus? Qual é a diferença no que concerne à obra de Cristo? A diferença não procede da obra do Espírito em conexão com a aplicação da expiação e o ministério da reconciliação?[2284]

[2284] Ibid., 89-90.

Em seguida, Carroll recorreu à obra do batista calvinista William Buck, *Theology: The philosophy of religion* [Teologia: A filosofia da religião], em que Buck defendeu uma expiação ilimitada.[2285]

A. H. Newman (1852—1933)

Newman foi membro da comissão fundadora do Southwestern Baptist Theological Seminary [Seminário Teológico Batista do Sudoeste], onde ensinou história da igreja. Ele também trabalhou em faculdades das seguintes instituições: Baylor University [Universidade Baylor], Rochester Baptist Theological Seminary [Seminário Teológico Batista de Rochester], McMaster University [Universidade McMaster], Vanderbilt University [Universidade Vanderbilt] e University of Chicago [Universidade de Chicago]. Ele faz uma descrição do cenário batista em 1894, como segue:

> No que diz respeito ao conjunto de doutrinas sobre o qual Agostinho diferia de seus teólogos antecessores e os calvinistas modernos dos arminianos, os batistas sempre foram divididos. As seitas evangélicas medievais foram todas, ao que parece, antiagostinianas e as facções batistas do século XVI seguiram os passos dos ancestrais do período medieval nesse e em outros aspectos importantes. As facções batistas dos tempos modernos, cujas relações históricas são muito profundas com as facções evangélicas medievais e os grupos antipedobatistas do século XVI, rejeitaram o sistema calvinista; enquanto aquelas que devem a origem ao puritanismo inglês, com o wycliffismo e o lollardismo por trás e com o calvinismo profundamente arraigado da era elisabetana inglesa como suas características principais, são notadas pela adesão leal aos princípios calvinistas. Não, é claro, devido a alguma suposta autoridade de Calvino ou dos líderes puritanos ingleses, mas porque lhes parecem ser bíblicos. Batistas calvinistas e arminianos tiveram períodos de extremo desenvolvimento, os primeiros, às vezes, raramente escaparam ao fatalismo e antinomianismo; os últimos, algumas vezes, caíram na negação sociniana da deidade de Cristo e na negação pelagiana do pecado original. A grande maioria dos batistas

---

[2285] Ibid., Veja W. Buck, Theology: *The Philosophy of Religion* (Nashville: Southwestern Publishing, Graves, Marks & Co., 1857), 46-56, 118. Para mais sobre Buck, consulte J. H. Spencer, *A History of Kentucky Baptists*, 2 vols. (1886; reimpresso por Gallatin, TN: Church History Research and Archives, 1984), 2:171-77. Buck pastoreou diversas igrejas, mais notavelmente, a Primeira Igreja Batista em Louisville, Kentucky. Note que o editor do livro de Buck, "Graves", é uma referência a J. R. Graves e indica que ele endossou este livro, que promoveu a expiação ilimitada.

modernos se apega ao que pode ser chamado de calvinismo moderado ou calvinismo misturado com o antiagostinianismo evangélico, o qual surgiu por meio dos irmãos morávios a Wesley e por ele foi praticado nos grupos de cristãos evangélicos.[2286]

Newman indicou que uma "grande maioria" de batistas defendia uma expiação ilimitada.

E. C. Dargan (1852—1930)

Dargan foi professor de homilética no Southern Baptist Theological Seminary [Seminário Teológico Batista do Sul] de 1892 a 1907 e pastor da First Baptist Church [Primeira Igreja Batista] em Macon, Geórgia, de 1907 a 1917. Ele trabalhou três anos como presidente da SBC [CBS] de 1911 a 1913 e como secretário da Sunday School Board [Junta da Escola Dominical]. Ele ratificou a expiação ilimitada.

Dargan considerou inadequada a noção de que Cristo pagou o débito "por todos que aceitaram os serviços dele". Considerou também que a visão bíblica é que Cristo sofreu a penalidade do pecado no lugar da humanidade como um "substituto apropriado e suficiente" para toda a raça humana, mas apenas eficiente para aqueles que de fato creem.[2287]

Z. T. Cody (1858—1935)

Cody foi um graduado da Mercer University [Universidade Mercer] que estudou teologia tendo como professor James P. Boyce no Southern Seminary [Seminário do Sul] e obteve o título de mestre em teologia em 1887. Mais tarde concluiu a graduação de doutor em divindade na Bowden College [Universidade Bowden]. Ele trabalhou como pastor de várias igrejas proeminentes no Sul, incluindo a First Baptist Church [Primeira Igreja Batista] em Greenville, Carolina do Sul e foi editor do *South Carolina's Baptist Courier* [Arauto Batista da Carolina do Sul] de 1911 a 1935. Ele é descrito como "um teólogo de primeira categoria" pela *Encyclopedia of Southern Baptists* [Enciclopédia dos Batistas do Sul].[2288]

Ele escreveu um artigo fascinante e popular no *Baptist Courier* [Arauto Batista] intitulado "Os Batistas são Calvinistas?". O artigo foi reimpresso na revista *Baptist*

[2286] A. H. Newman, *A History of the Baptist Churches in the United States* (Nova York: Christian Literature Co., 1894), 5-6.

[2287] E. C. Dargan, *The Doctrines of our Faith* (Nashville: Sunday School Board of the Southern Baptist Convention, 1905), 139.

[2288] S. Lemke, "History of Revisionist History?", 238.

World [Mundo Batista] e na *Christian Union Relative to Baptist Churches* [União Cristã Relativa às Igrejas Batistas], editados por James M. Frost.

> Os batistas são calvinistas? A resposta para essa questão depende do que se exprime por calvinismo. Se significa tudo que o próprio Calvino ensinou e praticou uma resposta negativa é a única possível. Porquanto, Calvino cria que se devia queimar pessoas por heresia perniciosa, na união da igreja com o estado e no batismo infantil e em muitas outras coisas boas que sempre foram rejeitadas por todos os batistas. Mas essas coisas, embora ensinadas e praticadas pelos genebrinos, agora não são consideradas como essenciais para o sistema deles; e muitos admitem que as igrejas podem rejeitá-las e ainda assim serem chamadas de calvinistas. Os "Cinco Pontos do Calvinismo" considerados são as doutrinas essenciais do sistema. As pessoas da modernidade os esqueceram, mas no passado eram tão familiares como as letras do alfabeto. Eles são: a Depravação Total, a Eleição Incondicional, a Expiação Limitada, a Graça Irresistível e a Perseverança dos Santos. Ora, se esse é o sistema que constitui o calvinismo, novamente digo que por certo os batistas não são calvinistas... Mas pode-se afirmar, com segurança, que não há atualmente nenhuma igreja batista que crê e defende os cinco pontos do calvinismo. Algumas das doutrinas são repugnantes para o nosso povo. Poderia haver um ministro em nossa igreja que cresse na teoria da expiação limitada? ... Portanto, respondendo nossa questão, diríamos que os batistas não são calvinistas e embora o calvinismo seja um título honrado, porém, usá-lo depreciaria um pouco uma honra mais eminente que diz respeito propriamente aos batistas.[2289]

Esses dados históricos tornam claro que qualquer historiografia sugerindo que os batistas eram calvinistas, que afirmavam todos os cinco pontos do esquema TULIP mais moderno, antes do início do século XX, é equivocado. Conforme Steve Lemke ressaltou:

> O vestígio de evidência necessário para refutar que a "esmagadora maioria" dos batistas do Sul, antes da guerra, era calvinista de cinco pontos é bastante escassa. A evidência não precisa mostrar, por exemplo, que

---

[2289] Z. T. Cody, "Are Baptists Calvinists?" *Baptist Courier*, February 16, 19111; reimpresso em *Baptist World*, April 12, 1911, e em *Christian union relative to Baptist churches*, ed. J. M. Frost (Nashville: Sunday School Board of the Southern Baptist Convention, 1915), 32-35.

(a) alguns batistas do Sul não eram calvinistas de cinco pontos, ou que (b) uns poucos eminentes batistas do Sul não eram calvinistas de cinco pontos, ou que (c) alguns teólogos ou instituições defendiam os cinco pontos do calvinismo. Tudo que a evidência deve revelar é que havia um número substancial de batistas no Sul que não era calvinistas de cinco pontos. A evidência obviamente basta e supera esse vestígio de evidência.[2290]

E. Y. Mullins (1860—1928)

Mullins trabalhou como presidente e professor de teologia do Southern Baptist Theological Seminary [Seminário Teológico Batista do Sul] de 1899 a 1928. Devido à administração, ao ensino e aos seus escritos se tornou um líder da Southern Baptist Convention [Convenção Batista do Sul], exercendo a função de presidente da SBC [CBS] de 1921 a 1924. Seria virtualmente impossível superestimar a influência de Mullins na vida e teologia dos batistas do Sul no século XX e além.

É óbvio que ele foi um proponente da expiação universal.

> A expiação de Cristo foi para todos os seres humanos. A relação dele estabelecida com a humanidade envolve a consequência que ele morreu por todos. Há várias passagens da Escritura que não deixam margem para dúvida. Em João 3.16 é declarado que "Deus amou o mundo de tal maneira que ele deu o seu próprio Filho"; em Hebreus 2.9 é dito: "para que, pela graça de Deus, provasse a morte por todo homem". Em 2 Pedro 2.1 é afirmado relativo aos falsos mestres, destinados à destruição, que eles chegaram "até ao ponto de renegarem o Soberano Senhor que os resgatou". Em João 2.2 lemos: "ele é a propiciação pelos nossos pecados e não somente pelos nossos próprios, mas ainda pelos do mundo inteiro". Em 1 Timóteo 2.6 encontramos novamente a mesma declaração desta forma: "o qual a si mesmo se deu em resgate por todos". Em Tito 2.11 lemos: "Porquanto a graça de Deus se manifestou salvadora a todos os homens". Em 1 Timóteo 4.10 faz-se uma distinção entre a raça como um todo e aqueles que creem. Deus é "o salvador de todos os homens, especialmente daqueles que creem".

Essa passagem torna claro o fato que todos os homens não compartilham igualmente os benefícios da expiação de Cristo. Aqueles que permanecem na incredulidade

---

[2290] S. Lemke, "History or Rvisionist History?", 240.

não são salvos. Contudo, mesmo assim, eles compartilham muitas bênçãos comuns da vida mediante a obra de Cristo. A ira de Deus contra o pecado humano é restringida para que os homens se arrependam. O evangelho provê motivo e apelo suficientes para induzi-los a fazê-lo.[2291]

Mullins acusou os particularistas de partirem de uma falsa premissa ("a mera vontade" de Deus) e chegarem à falsa conclusão da expiação limitada por aplicarem uma "lógica rígida".[2292]

Edwin M. Poteat (1861—1937)
Poteat teve uma carreira impressionante como pastor nas igrejas em Maryland, Connecticut e Pensilvânia; professor em Wake Forest College [Universidade Wake Forest] e presidente da Furman University [Universidade Furman] de 1903 a 1918. A obra dele *The scandal of the cross: Studies in the death of Jesus* [O escândalo da cruz: Estudos sobre a morte de Jesus] foi publicada em 1928.

Embora Poteat não tenha escrito nada sobre a extensão da expiação, é claro que ele defendeu a expiação universal. Ele declarou: "A redenção prevalece como um fato, pois o que Deus fez em Cristo, ele o fez por toda a raça humana".[2293]

A. T. Robertson (1863-1934)
Robertson foi o renomado erudito do grego entre os batistas do Sul, que ensinou no Southern Seminary [Seminário do Sul] em Louisville. Ele foi autor da volumosa *Greek grammar in the light of historical research* [Gramática grega à luz da pesquisa histórica], bem como da obra em seis volumes *Word pictures in the new testament* [Imagens da Palavra no Novo Testamento] juntamente com outros 43 livros.

Robertson afirmou a expiação ilimitada, como se pode verificar, por exemplo, nos comentários dele de 1 João 2.2: "a propiciação por Cristo provê salvação para todos (Hb 2.9) se forem reconciliados com Deus (2 Co 5.19-21)".[2294]

[2291] E. Y. Mullins, *The Christian Religion in its Doctrinal Expression* (Valley Forge: Judson, 1974 reimpresso), 336.

[2292] Ibid., 339.

[2293] E. M. Poteat, *The Scandal of the Cross: Studies in the Death of Jesus* (Nova York: Harper & Bros., 1928), 40.

[2294] A. T. Robertson, "The General Epistle and the Revelation of John", in *Word pictures in the new testament*, 6 v. (Nashville: Broadman, 1933), 6:210.

W. O. Carver (1868—1954)[2295] Carver ensinou no Southern Seminary [Seminário do Sul] de 1896 até sua aposentadoria em 1943. Ele escreveu o artigo sobre a expiação na International Standard Bible Encyclopedia [Enciclopédia Bíblica Padrão Internacional], na qual ele rejeitou a expiação limitada:

> Não é mais impossível ler a Bíblia e supor que Deus se relaciona misericordiosamente com apenas uma parte da raça humana. Todas as passagens separadas da Escritura empregadas antigamente para apoiar essa opinião são agora empregadas na autointerpretação progressiva de Deus para os homens por intermédio de Cristo, que é a propiciação pelos pecados do mundo inteiro (1Jo 2.2).[2296]

W. T. Conner (1877—1952)
W. T. Conner exerceu uma carreira de ensino por 39 anos no Sothwestern Baptist Theological Seminary [Seminário Teológico Batista do Sudoeste] como professor de teologia sistemática. Autor de quinze volumes e diversos artigos.[2297] As opiniões dele sobre a extensão da expiação podem ser melhor verificadas em *Christian doctrine and the gospel of redemption* [A Doutrina cristã e o evangelho da redenção], na qual é evidente que ele defendeu a expiação ilimitada.[2298]

H. W. Tribble (1889—1967)
Tribble ensinou teologia no Southern Seminary [Seminário do Sul] por 22 anos, foi presidente do Andover Newton Seminary [Seminário de Andover Newton] por três anos e em seguida tornou-se presidente da Wake Forest College [Universidade Wake

---

[2295] Carver foi mais teologicamente liberal do que os predecessores. Veja a avaliação de J. Duesing sobre Carver, "W. O. Carver, Southern Seminary and the Significance of Adoniram Judson", *Footnotes* (blog), 5 de março de 2014, http://www.jgduesing.com/2014/03/05/2-o-carver-southern-seminary-and-the/.

[2296] W. O. Carver, "Atonement", em *The International Standard Bible Encyclopedia*, 5 v., rev. ed., ed. J. Orr (Chicago: Howard Severance Co., 1915), 1:324.

[2297] De acordo com W. Boyd Hunt, as obras de Conner foram lidas mais do que as de Boyce, Dag and Mullins ("Southern Baptists and Systematic Theology", *Southwestern Journal of Theology* 1 [1959]: 47).

[2298] W. T. Conner, Christian Doctrine (Nashville: Broadman, 1937), 169-77. Veja também D. Dockery, "Southern Baptists and Calvinism: A Historical Look", em *Calvinism: A southern baptist dialogue*, ed. E. R. Clendenen and B. Waggoner (Nashville: B&H Academic, 2008), 37-38.

Forest] em 1950. Em uma obra de 1936, *Our doctrines* [Nossas doutrinas], ele afirmou: "Cristo morreu pelos pecados de toda humanidade".²²⁹⁹

W. A. Criswell (1909—2002)

Criswell pastoreou a prestigiada First Baptist Church [Primeira Igreja Batista] em Dallas, Texas, por mais de cinquenta anos, começando em 1944. Ele foi um dos pregadores dos batistas do Sul mais conhecido e estimado. Ele foi autor de mais de cinquenta livros, a maioria deles coleções dos seus sermões dos vários livros da Bíblia. Foi, por duas vezes, presidente da Southern Baptist Convention [Convenção Batista do Sul], Criswell desempenhou uma função fundamental no ressurgimento Conservador que varreu a convenção no último trimestre do século XX.

Embora Criswell fosse geralmente calvinista em sua teologia, ele afirmava a expiação ilimitada.²³⁰⁰ Em um sermão em 1 João 2.1,2 intitulado: "Se Alguém Pecar", Criswell disse:

> Jamais pude compreender como os calvinistas, alguns deles, creem em uma "expiação limitada". Isto é, o sacrifício de Cristo é aplicado somente àqueles que são os eleitos, mas não há sacrifício de Cristo pelo mundo inteiro. Embora João expressamente afirme que ele é o sacrifício, expiação, o dom de Deus é concedido a nossas vidas para o mundo todo (1 Jo 2.2). E isto é justo quer concordemos, quer não se a vida de nosso Senhor é eficaz para nós em sua morte expiatória.²³⁰¹

Theodore R. Clark (1912—1999)

Clark tornou-se professor de teologia no New Orleans Baptist Theological Seminary [Seminário Teológico Batista de Nova Orleans] em 1949. Em *Saved by his life* [Salvo por sua vida], publicado em 1959, Clark afirmou a expiação ilimitada. Cristo, em sua morte e ressurreição, "fornece a pista para o propósito da obra reconciliadora e salvadora de Deus entre todos os homens".²³⁰²

Contudo, a obra de Clark é problemática, visto que ele negou a punição substitutiva, juntamente com a inerrância da Escritura. Ele foi apoiado nessa abordagem

---

2299 H. W. Tribble, *Our doctrines* (Nashville: Sunday School Board of the Southern Baptist Convention, 1936), 32.

2300 Corretamente notado por D. Dockery, "Southern Baptist and Calvinism", 39.

2301 W. A. Criswell, "If Anyone Sin" (sermão pregado na Primeira Igreja Batista de Dallas, TX, 8 de abril, 1973).

2302 T. R. Clark, *Saved by His Life: A Study of the New Testament Doctrine of Reconciliation and Ressurrection* (Nova York: Macmillan, 1959), 32.

por Frank Stagg, professor de Novo Testamento no Seminário de Nova Orleans e mais tarde no Seminário do Sul. Stagg semelhantemente afirmou a expiação ilimitada. Um terceiro professor de teologia do Seminário de Nova Orleans, Fisher Humphreys, também negou a natureza da punição substitutiva da cruz, apesar de que defendeu alguma forma de substituição na sua obra de 1978, *The death of Christ* [A morte de Cristo], como também a expiação ilimitada.[2303]

William W. Stevens (1914—1978)

Stevens foi Theophilus W. Green, professor de Bíblia e grego do Novo Testamento na Mississippi College [Universidade de Mississippi] em Clinton, Mississippi. Na obra *Doctrines of the christian religion* [Doutrinas da religião cristã], ele afirmou que o universalismo e a expiação limitada são "visões insustentáveis sobre a extensão da expiação. A encarnação tornou necessária uma expiação universal e Stevens recorreu aos textos como João 3.16, 1 João 2.2, Hebreus 2.9 e 2 Pedro 2.1 para apoio.[2304]

Dale Moody (1915—1992)

Moody ensinou teologia sistemática no Southern Seminary [Seminário do Sul], em Louisville, de 1948 a 1984. Em acréscimo à crítica da inerrância, as opiniões dele sobre apostasia não estavam de acordo com a declaração doutrinária da Igreja Batista do Sul ou o *Abstract of principles* [Compêndio de princípios] que orientam o Seminário do Sul. Esses problemas contribuíram para sua aposentadoria antecipada.

Moody escreveu *The word of truth* [A palavra da verdade], publicado em 1981.[2305] Embora ele não tenha explicitamente discutido a extensão da expiação, era sabido que professou a expiação ilimitada. Moody também rejeitou o modelo da punição substitutiva da expiação.

Robert H. Culpepper (1924—2012)

Culpepper serviu como missionário no Japão de 1950 a 1980 e depois ensinou teologia no Southeastern Baptist Theological Seminary [Seminário Teológico Batista do Sudeste] em Wake Forest, Carolina do Norte, por mais de vinte anos. Em *Interpreting the atonement* [Interpretando a expiação], publicado em 1966, ele confirmou a expiação ilimitada: "A expiação é ilimitada em sua provisão, mas limitada em sua aplicação".[2306]

[2303] F. Humphreys, *The Death of Christ* (Nashville: Broadman, 1978), 94. Veja também idem, *Thinking about God* (Nova Orleans: Insight, 1974), 117.

[2304] W. W. Stevens, *Doctrines of the christian religion* (Grand Rapids, MI: Eerdmans, 1967), 191-92.

[2305] D. Moody, *The Word of Truth: A Summary of Christian Doctrine Based on Biblical Revelation* (Grand Rapids, MI: Eerdman, 1981).

[2306] R. Culpepper, *Interpreting the Atonement* (Grand Rapids, MI: Eerdmans, 1966), 123.

Charles Ryrie (1925—2016)

Ryrie ensinou por muitos anos no Dallas Theological Seminary [Seminário Teológico de Dallas] e é famoso como teólogo e autor de *Ryrie Study Bible* [A Bíblia anotada e expandida de Ryrie]. Ele seria melhor descrito como um calvinista moderado. O seguinte excerto sobre a extensão da expiação procede de sua *Teologia básica ao alcance de todos*, originalmente publicada em 1986.[2307]

> Porque alguns rejeitam não invalida a provisão ou signifique que a provisão não foi designada para eles. Se dissermos que um pai provê alimento suficiente para a família dele, não excluímos a possibilidade que alguns membros daquela família possam recusar comer o que foi provido. Mas a recusa deles não significa que a provisão foi designada somente para aqueles que de fato comeram o alimento. Da mesma forma, a morte de Cristo proveu o pagamento pelos pecados de todas as pessoas; para aqueles que aceitaram esse pagamento e para aqueles que não o aceitaram. A recusa em aceitar não limita a provisão feita. Prover e apropriar-se não são o mesmo.[2308]

James Leo Garrett (1925-)

Garrett é um destacado professor emérito de teologia sistemática no Southwestern Baptist Theology Seminary [Seminário Teológico Batista do Sudoeste]. Em sua brilhante carreira acadêmica, ele ensinou no Seminário Teológico Batista do Sudoeste (1949-1959, 1979-1997), no Southern Baptist Theological Seminary [Seminário Teológico Batista do Sul] (1959-1973) e na Baylor University [Universidade Baylor] (1973-1979). Seu *opus magnum teológico* é a Teologia Sistemática em dois volumes publicada em 1995. Ele também foi autor da celebrada obra *Baptist theology: A four-century study* [Teologia batista: Um estudo de quatro séculos].[2309]

Garrett abordou o assunto de uma forma puramente descritiva em sua *sistemática*. Ele primeiro listou os textos do Novo Testamento usados para apoiar a expiação

---

[2307] C. Ryrie, *Teologia Básica Ao Alcance de Todos* (Chicago: Moody, 1986). Este material pode ser encontrado online em http://www.bible-reading.com/atone.htmel#extent. Muitos concordariam com Ryrie que a opinião de alguém sobre a questão lapsariana (ordem dos decretos) não lança muita luz sobre o tema da extensão da expiação. Isto é verdadeiro por várias razões, não a menos importante é o fato na história do calvinismo que tanto infralapsarianos quanto supralapsarianos defenderam a expiação ilimitada.

[2308] Ibid., 318.

[2309] J. L. Garrett, *Systematic theology: Biblical, historical and evangelical*, 2 vols. (Grand Rapids, MI: Eerdmans, 1995); J. L. Garrett, *Baptist theology: A four-century study* (Macon, GA: Mercer University Press, 2009).

limitada, seguidos por aqueles usados para sustentar a expiação ilimitada. Segundo, ele resumiu a história do debate desde Agostinho, Prosper, Lombardo, Calvino, Beza, Armínio, Dort, os Batistas Gerais, os Batistas Particulares, o pietismo alemão e os teólogos de Princeton. Finalmente, Garrett listou brevemente doze argumentos em favor da expiação limitada e seis argumentos em prol da expiação geral. Ele concluiu que os argumentos em favor de uma expiação geral "parecem persuasivos".[2310]

Millard Erickson (1932-)

Erickson é um reconhecido professor de teologia no Western Seminary [Seminário Ocidental] em Portland, Oregon, e o autor da teologia sistemática amplamente celebrada intitulada *Christian theology* [Teologia cristã], bem como mais de vinte livros. Ele foi por muitos anos professor de teologia e decano no Bethel Seminary [Seminário Betel] e previamente ensinou no Southwestern Baptist Theological Seminary [Seminário Teológico Batista do Sudoeste] e na Baylor University [Universidade Baylor].

Erickson é um calvinista moderado que defendeu a expiação universal em um capítulo sobre o assunto na *Christian theology*.[2311] Ele afirmou: "A hipótese da expiação universal é capaz de explicar um segmento maior do testemunho bíblico com menos distorção que é a hipótese da expiação limitada".[2312]

O capítulo de Erickson geralmente é muito bom, mas falta distinção própria em certos aspectos. Ele organizou a discussão, não é de surpreender, visto que ele mesmo é um calvinista, a partir da perspectiva da noção dortiana da eleição e das várias posições lapsarianas sobre a ordem dos decretos de Deus".[2313] Entretanto, o tema real da extensão não é de fato associado, como todos os calvinistas que rejeitam a expiação limitada afirmam, à eleição incondicional e ambos, os supralapsarianos e os infralapsarianos podem ser encontrados na história da Reforma que defendiam a expiação ilimitada. Erickson corretamente notou que a tentativa de deduzir a expiação limitada da doutrina da eleição é incorreta.[2314]

Erick formulou alguns argumentos convincentes em favor da expiação ilimitada. Em referência a 1 Timóteo 2.6 ele compara a declaração de Paulo com a declaração original em Mateus 20.28 e repara:

[2310] Garrett, *Systematic theology*, 2:65.
[2311] M. Erickson, Teologia Sistemática, terceira ed. (Sociedade Religiosa Edições Vida Nova, São Paulo, 2015), 841-60.
[2312] Ibid., 761.
[2313] Ibid., 766.
[2314] Ibid., 760-61.

Em 1 Timóteo, Paulo aperfeiçoa significativamente as palavras de Jesus ... mas mais importante aqui os termos "para muitos" ... torna-se "para todos" .... Quando Paulo escreveu as palavras da tradição (isto é, como aparecem em Mateus), elas podem ter sido bem familiares a ele. É quase como se deliberadamente ele enfatizasse que o resgate foi universal em seu propósito.[2315]

Erickson reconheceu os textos que falam da morte de Cristo por "suas ovelhas" e "sua igreja". Ele prosseguiu ressaltando:

> Esses textos, contudo, não apresentam problema se considerarmos as passagens universais como normativas ou determinativas. Certamente se Cristo morreu por todos, não há problema em declarar que ele morreu por uma parte específica do todo. Insistir que aquelas passagens que focam na sua morte pelo seu povo requer a compreensão de que ele morreu somente por eles e não por outros contradiz as passagens universais. Concluímos que a hipótese da expiação universal é capaz de elucidar um segmento maior do testemunho bíblico com menos distorção que é a hipótese da expiação limitada.[2316]

Clark Pinnock (1937—2010)

Pinnock foi um teólogo batista, aluno de F. F. Bruce. Ele ensinou no New Orleans Baptist Theological Seminary [Seminário Teológico Batista de Nova Orleans], Trinity Evangelical Divinity School [Seminário Evangélico da Divindade Trinitária], Regent College [Universidade Regente] em Vancouver e foi professor emérito de interpretação cristã na McMaster Divinity College [Universidade de Teologia McMaster] de 1977 a 2002. Pinnock foi um calvinista cuja teologia gradualmente mudou para o arminianismo e então, mais tarde, para uma defesa do teísmo aberto.

Ele editou dois volumes importantes criticando o calvinismo; o primeiro publicado em 1975 sobre a universalidade da graça de Deus intitulado *Grace unlimited* [Graça para todos] e outro em 1989, *The grace of God and the will of man* [A graça de Deus e a vontade do homem].[2317]

[2315] Ibid., 758.
[2316] Ibid., 761.
[2317] C. Pinnock, ed. *Graça para todos* (São Paulo, 2016); e C. Pinnock, ed., *The grace of God and the will of man* (Minneapolis, MN: Bethany House, 1985). *Graça Para Todos* antigamente era intitulado *Graça Ilimitada*, mas recentemente foi revisado e atualizado por J. Wagner e publicado como *Graça Para Todos: A Dinâmica Arminiana da Salvação* (Eugene, OR: Resource, 2015). Dentre

Grace unlimited contém treze capítulos escritos por vários autores não calvinistas e cobre uma série de temas bíblicos, históricos e teológicos relacionados ao calvinismo. Os primeiros dois capítulos, escritos por Vernon Grounds e Donald Lake tratam, dentre outros temas, da extensão da expiação. Grounds primariamente analisa a noção de graça na salvação. Ele não mede palavras com respeito a passagens como Romanos 11.32, 1 Timóteo 2.6, Hebreus 2.9, 2 Pedro 3.9 e 1 João 2.2 e a universalidade delas. É preciso talento exegético, o que é algo diferente da virtude erudita para esvaziar esses textos do sentido óbvio; é preciso talento exegético beirando sofismas para negar a universalidade explícita das passagens".[2318]

O capítulo de Donald Lake, "Ele Morreu por Todos: As Dimensões Universais da Expiação" é o único capítulo dedicado completamente ao tema da expiação. Ele se ocupou com Agostinho, Calvino (os quais ele erradamente pensa que defendiam a expiação limitada) e Barth em um pouco de teologia histórica, em seguida prosseguiu examinando algumas passagens no evangelho de João e 1 João, como também as epístolas de Paulo. Lake afirmou: "Uma expiação universal honra verdadeiramente a graça de Deus e liberta Deus da acusação de que ele é responsável, mediante a eleição, por excluir alguns de seu reino".[2319]

Em uma seção final sobre a "expiação limitada", Lake afirmou que os calvinistas, como Berkhof, falham em reconhecer que a expiação é uma oferta universalmente válida da graça salvadora, porque a obra expiatória de Cristo pelo pecado é completa. O tema da salvação não diz respeito ao pecado da pessoa, mas a seu relacionamento com Cristo. Para Lake, todas as pessoas estão em um estado "salvável" porque há uma expiação para elas, que devem crer.[2320]

Em *The grace of God and the will of man* [A graça de Deus e a vontade do homem] vários autores se envolveram com o calvinismo. Os capítulos escritos por I. Howard Marshall e Terry Miethe focam na extensão da expiação. O capítulo de Marshall, "A Graça Universal e a Expiação nas Epístolas Pastorais" é uma análise substancial de quatro passagens-chave das epístolas pastorais: 1 Timóteo 2.3, 4; 2.5, 6; 1 Timóteo

---

os capítulos mantidos, Wagner os atualizou e editou. Seis capítulos foram incluídos: R. Olson: "Arminianismo é Teologia Centrada em Deus", 1-17; G. Shellrude, "O Calvinismo e as Interpretações Problemáticas de Textos do Novo Testamento ou Por Que Não Sou Calvinista? 29-50; R. Picirilli, "A Intenção e Extensão da Expiação de Cristo", 51-68; J. M. Pinson, "Jacobus Armínius: Reformado e Sempre Reformando", 146-76; V. Pensador, "As Doutrinas de John Wesley Sobre a Teologia da Graça", 177-96; e S. Witzki, "Fé Salvadora": O Ato de um Momento ou a Atitude de uma Vida?", 242-74.

[2318] V. Grounds, "A Graça Salvífica Universal de Deus", em *Graça para todos*, 27.
[2319] D. Lake, "Ele Morreu por Todos: As Dimensões Universais da Expiação", em *Graça para todos*, 43.
[2320] Ibid., 45-48.

4.10; e Tito 2.11. Com foco principal em 1 Timóteo 2.3-6, Marshall analisou a passagem sob oito títulos:

1. A palavra "salvem" e os cognatos são usados aqui no sentido espiritual comum.
2. A ênfase de *"thelo"* [propósito] não deve ser enfraquecida.
3. O escopo de "todos" inclui todos os homens e mulheres.
4. O escopo de "todos" não está confinado aos cristãos.
5. A alternância entre "todos" e "nós" não contradiz a universalidade.
6. O termo "todos" não deve ser restringido para se referir apenas aos "muitos".
7. "Todos" não significa simplesmente "todos os tipos de".
8. A graça de Deus é identificada com seu ato salvador em Cristo.[2321]

Marshall então considerou o conceito de "eleição" nas epístolas pastorais. Ele faz uma importante afirmação que sempre que o termo traduzido por "eleito" é usado na LXX e no Novo Testamento para pessoas, a referência é às pessoas que já são o povo de Deus como cidadãos de Israel ou a comunidade salva – a igreja. A noção reformada de um grupo de pessoas chamadas os "eleitos", considerados de uma forma abstrata, não é uma noção bíblica.[2322]

O capítulo de Marshall é uma excelente análise exegética das passagens nas epístolas pastorais que apoiam a expiação ilimitada.

O capítulo de Terry Miethe, "O Poder Universal da Expiação" analisou oito argumentos em favor da expiação limitada e oito argumentos em prol da expiação ilimitada. Ele também considerou a visão de Calvino sobre a extensão da expiação e concluiu baseado nas declarações de Calvino nos sermões e comentários em que defendeu a expiação ilimitada.[2323]

James E. Tull (1938—1985)

Tull ensinou teologia no Southeastern Baptist Theological Seminary [Seminário Teológico Batista do Sudeste] de 1955 a 1985. Ele foi basicamente liberal em seu pensamento teológico.[2324] O livro dele, *The atoning gospel* [O evangelho expiatório], foi publicado em 1982. Tull enfatizou a natureza representativa da morte de Cristo acima da substituição. Embora não haja uma declaração direta de seu ponto de vista a respeito do tema da extensão, ele falou de Cristo como aquele que "representou

---

[2321] I. H. Marshall, "Graça Universal e Expiação" em *Graça para todos*, 54-64.
[2322] Ibid., 64-69.
[2323] T. Miethe, "O Poder Universal da Expiação", em *Graça para todos*, 71-96.
[2324] Sobre o liberalismo de Tull, consulte M. Williams e W. Shurden, eds., *Turning Points in Baptist History* (Macon, GA: Mercer University Press, 2008), 87.

toda a humanidade. Ele foi o novo homem, o verdadeiro homem, o representante sem pecado da humanidade",[2325] algo que provavelmente indica sua convicção na expiação ilimitada.

Paige Patterson (1942-)

Patterson é o presidente do Southwestern Baptist Theological Seminary [Seminário Teológico Batista do Sudoeste] em Forth Worth, Texas, e é um renomado pregador, teólogo, pastor, líder e autor batista do Sul. A liderança primorosa de Patterson na SBC [CBS] inclui a presidência de dois seminários, bem como a presidência da Criswell College [Universidade Criswell] por um período de mais de quarenta anos. Ele foi presidente por dois mandatos da SBC [CBS] e nomeado para a comissão que revisou a Fé Batista e a Declaração Doutrinária para os batistas do Sul no ano 2000.

Patterson foi um enérgico defensor da expiação ilimitada em seu ministério de pregação, ensino e literário. Em acréscimo às muitas declarações na imprensa ao longo dos anos apoiando a expiação ilimitada,[2326] ele articulou o que acreditava ser a posição bíblica no seu capítulo: "A Obra de Cristo" em *A theology for the church* [Uma teologia para a igreja], como segue: "A ideia de uma expiação limitada somente para os eleitos é um conceito que pertence ao sistema lógico, incluindo outros elementos, como graça irresistível, que muitos consideram atraente".[2327] Ele também afirmou:

> A expiação de Cristo é universal em escopo, mas aplicável somente àqueles que ao recebem (Jo 1.10-12). Ela é universal ou ilimitada em sua provisão, mas limitada em sua aplicação. Ela é suficiente para todos, mas eficiente apenas para aqueles que creem, que são os eleitos de Deus.[2328]

Tom Nettles (1946-)

Nettles é um professor aposentado de história da igreja no Southern Baptist Theological Seminary [Seminário Teológico Batista do Sul] em Louisville. Ele desempenha uma função primordial no Southern Baptist Founders Ministries [Ministério dos

---

[2325] J. Tull, *The atoning gospel* (Macon, GA: Mercer University Press, 1982), 115.

[2326] Veja, por exemplo, "Patterson: Calvinism OK, but Wrong" em um artigo em Baptist Press [Jornal Batista] no Baptist Standard [Padrão Batista] (novembro, 24, 1999): "A Bíblia defende de fato 'exatamente o oposto' de uma crença na expiação limitada, ele [Patterson] declarou: Ela diz que ele não apenas morreu por nossos pecados, mas também pelos pecados do mundo inteiro. Isto é uma expiação ilimitada se eu já li alguma coisa a respeito de alguma forma".

[2327] P. Patterson, "The Work of Christ" em *A theology for the church*, segunda ed., ed. Daniel L. Akin (Nashville: B&H Academic, 2014), 585-86. Veja também idem, "Reflections on the Atonement", *Criswell theological review* 3 (1989): 307-20.

[2328] P. Patterson, "The Work of Christ", 587.

Fundadores Batistas do Sul]. Escreveu um livro relevante narrando o calvinismo na vida dos batistas do Sul,[2329] Em que registrou precisamente o calvinismo de muitos fundadores e posteriormente dos líderes da Southern Baptist Convention [Convenção Batista do Sul].

No entanto, é importante ressaltar porque muitos desses homens aos quais ele faz referência não defenderam a expiação limitada. Nettles é rápido para nos informar os que defendem, com evidência dos escritos ou sermões, mas para a maior parte, com respeito àqueles que não declaram suas opiniões, Nettles não reconhece isto diretamente nem afirma que esses homens provavelmente não apoiavam a expiação limitada. A impressão resultante que alguém capta da leitura de *By his grace and for his glory* [Pela sua graça e para a sua glória] é que virtualmente todos esses homens apoiavam todos os cinco pontos do calvinismo como popularmente compreendidos – uma impressão não compatível com os fatos. A maioria dos líderes batistas do século XIX não cria na doutrina da eleição incondicional, mas quando se trata das noções de expiação limitada e graça irresistível, a evidência indica que muitos deles rejeitaram uma ou ambas.

O argumento de Nettles que a maioria dos líderes batistas apoiava as chamadas doutrinas da graça, as quais significavam uma soteriologia dos cinco pontos do calvinismo, não tem fundamento histórico. Por exemplo, eleafirmou: "As duas primeiras gerações de batistas do Sul se apoiavam firmemente ao sistema teológico do *Religious Herald* [Arauto Religioso] chamado de 'as Doutrinas da Graça'".[2330] Nettles citou a confissão de F. H. Kerfoot, de 1913, que incluía a soberania de Deus, decretos, salvação como dom gratuito de Deus, a eleição em Cristo desde a eternidade e a perseverança.[2331] Mas as palavras de Kerfoot sobre essas posições doutrinárias não exibem um vigoroso calvinismo de "cinco pontos". Há a ausência de qualquer menção da expiação limitada. Na realidade, Kerfoot foi editor do *Abstract of theology* [Compêndio de Teologia] de Boyce e seus escritos indicam que sua própria espécie de calvinismo era mais moderada que a de Boyce.[2332]

[2329] T. Nettles, *By His Grace and for His Glory*.

[2330] T. Nettles, "Southern Baptist Identity: Influenced by Calvinism", *Baptist History and Heritage* 31 (1996): 17.

[2331] Ibid., 17-18.

[2332] F. H. Kerfoot, "A simples questão é: o que as Escrituras ensinam? E pode ser afirmado com segurança que elas ensinam que Cristo morreu por todos os homens, tão certo como ensinam que ele morreu especialmente pelos eleitos ... Andrew Fuller, consideramos, fez um bom trabalho ao enfatizar esse aspecto geral da expiação" (J. P. Boyce, *Abstract of systematic theology*, segunda ed., ver. e ed. F. H. Kerfoot [Filadelfia: American Baptist Publication Society, 1899], 274: ênfase no original).

É evidente que muitos batistas do Sul que se identificaram como calvinistas no século XIX não incluíram a expiação limitada em suas "doutrinas da graça".

Nettles dedicou um capítulo à expiação limitada. Depois de considerar brevemente alguns dos textos bíblicos que parecem ensinar contra a expiação limitada, declarou: "Historicamente, duas linhas de pensamento emergem dos escritos daqueles que defenderam a expiação limitada".[2333]

Uma linha de pensamento representada por Andrew Fuller e J. P. Boyce "afirmam tanto a suficiência da expiação em sua natureza para salvar os homens e a limitação da expiação para os eleitos somente em sua intenção". A segunda linha de pensamento, representada por Abraham Booth e J. L. Dagg, afirma que é a natureza da expiação salvar todos para quem ela é suficiente e, portanto, sua limitação em intenção é necessariamente uma limitação de sua suficiência".[2334] Nettles optou pela última linha de pensamento.

Nessa análise dupla, Nettles falhou em distinguir um tipo de suficiência que fazia parte da discussão reformada sobre a extensão da expiação historicamente no princípio: uma suficiência extrínseca, ordenada na qual Cristo realmente sofreu de forma substitutiva pelos pecados de todas as pessoas, embora apenas os eleitos receberiam a graça eficaz e seriam salvos. Nettles parece não ter conceito em seu pensamento para esse aspecto da suficiência.

Ele defendeu a tese de que esse tipo de suficiência "é definitivamente insensata e compreende de maneira incorreta a natureza da expiação".[2335] Nettles perguntou por que o termo "suficiente" é adotado. Porque é compreendido como a base para a oferta gratuita do evangelho. Se a morte de Cristo é suficiente somente para os eleitos, em quais fundamentos a salvação pode ser oferecida a todos? Assim defendeu Fuller.

Nettles defendeu que as pessoas são indesculpáveis se a expiação for suficiente ou não. Mas essa proposição erra o alvo. Isto não está em discussão. O tema é o que é oferecido ao não eleito que é indesculpável. No sistema da expiação limitada, não há nada a lhes oferecer, pois não há nenhuma expiação para eles.[2336]

Ele afirmou ainda que é um sofisma partir da deidade de Cristo como sacrifício para a suficiência para cada pessoa.[2337] Na suposta perspectiva da suficiência da expiação, Nettles pressupôs uma ausência de distinção precisa entre expiação e eleição incondicional ou chamado eficaz, ou ambos.[2338]

[2333] Nettles, By his grace, 340.
[2334] Ibid.
[2335] Ibid., 342.
[2336] Ibid., 344.
[2337] Ibid., 346.
[2338] Ibid., 348.

> Se ele [Cristo] morreu por todos suficientemente ... Não posso compreender como alguém distingue isto da expiação geral dos arminianos, que afirmam que Jesus morreu por todos os homens, mas os seus benefícios se aplicam apenas àqueles que creem. A diferença nas duas proposições não reside na expiação, mas na obra do Espírito de chamar.[2339]

Para Nettles, outro erro é "uma aparente necessidade de separar objetividade de eficácia para manter o conceito de suficiência para o mundo todo".[2340] Ele não gosta da declaração de que Cristo "remove os impedimentos legais", que Shedd, A. A. Hodge e Boyce usaram. Ele retorna ao argumento do pagamento duplo como evidência de uma estrita expiação limitada.[2341]

Portanto, embora se afirme, com segurança, os aspectos substitutivo e da pena legal da expiação, é preciso também admitir que aplicar esde conceito a todos os homens, sem exceção, abandona a expiação a um estado de ineficácia. Esda perspectiva corresponde ao erro daqueles que creem na expiação geral e até contém elementos de não substituição".[2342]

> A declaração: suficiente para todos, mas eficiente apenas para os eleitos não distingue esde conceito do conceito da expiação geral. Muito menos deve alguém afirmar que o intento da morte de Cristo foi o mesmo para todos os homens e que rle morreu por todos os homens sem exceção. Quando os benefícios necessários da morte de Cristo não terminam realmente em todos os homens, deve-se reconhecer a impossibilidade desde conceito.[2343]

Nessa citação, Nettles quis dizer por "intenção" o "propósito eficaz" da expiação. Nettles afirmou que é correto falar de um "elemento quantitativo, como também qualitativo na expiação".[2344] Ele, como John L. Dagg, é um equivalente quantitativo.[2345]

[2339] Ibid., 358.
[2340] Ibid., 349.
[2341] Ibid.
[2342] Ibid., 353.
[2343] Ibid., 357.
[2344] Ibid., 358.
[2345] Em 2008, Nettles escreveu um artigo intitulado "Por Que Seu Próximo Pastor Deve Ser Um Calvinista?", *Founders Journal* 71 (2008); 5-13. Embora neste artigo ele não faça referência à expiação limitada especificamente, parece claro que a versão de Nettles de um pastor calvinista é de alguém que afirma uma expiação limitada.

Timothy George (1950-)

George é o decano fundador da Beeson Divinity School [Faculdade de Teologia Beeson] em Birmingham, Alabama, e é editor de Christianity Today. Ele é um adepto da expiação limitada. Seu livro: *Amazing grace: God's pursuit, our response* [Maravilhosa graça: A busca de deus, nossa resposta] foi publicado primeiramente em 2000, seguido por uma segunda edição em 2011.[2346]

George sugeriu uma substituição para a sigla TULIP, que ele denominou "ROSES" [DGEVR]

- **R**adical Depravity [Depravação Radical]
- **O**vercoming Grace [Graça Vitoriosa]
- **S**overeign Election [Eleição Soberana]
- **E**ternal Life [Vida Eterna]
- **S**ingular Redemption[2347] [Redenção Singular]

Em sua discussão sobre a "redenção singular", George corretamente indicou que a tentativa de restringir os vários versículos em que aparece a palavra "todos" a um contexto de expiação com o sentido de "todos sem distinção", conforme a maioria dos calvinistas faz, é exegese forçada difícil de justificar em todo caso. A menos que o contexto claramente exija uma interpretação diferente, é melhor dizer que 'todos significa todos', mesmo se não pudermos conciliar o alcance universal da morte expiatória de Cristo com seu foco singular".[2348]

George descreveu o "atoleiro" do hipercalvinismo. Ele citou cinco traços do hipercalvinismo moderno:

1. Eles ensinam a doutrina da justificação eterna.
2. Eles negam o livre-arbítrio e s responsabilidade dos pecadores fr se arrependerem e crerem.
3. Eles restringem o convite do evangelho aos eleitos.
4. Eles ensinam que os pecadores não têm garantia de crer em Cristo até que sintam a evidência do mover do Espirito em seus corações.
5. Eles negam o amor universal de Deus.

[2346] Timothy George, *Amazing Grace: God's Pursuit, Our Response*, segunda ed., (Wheaton, IL: Crossway, 2011).
[2347] Ibid., 84.
[2348] Ibid., 94.

George denomina os hipercalvinistas de "uma perversão do verdadeiro calvinismo evangélico".[2349]

Frank Page (1952-)

Page é ex-pastor e atual presidente e diretor executivo do comitê executivo da Southern Baptist Convention [Convenção Batista do Sul]. A obra dele *Trouble with the TULIP* [Problemas Ccom a TULIP] foi publicada em 2000.[2350]

Essa obra é uma análise popular a respeito do calvinismo que proverá ao leigo as distinções básicas entre calvinismo e arminianismo, mas ocasionalmente retrata uma imagem imprecisa sobre o que muitos calvinistas realmente criam relativo à extensão da expiação. Por exemplo, ao descrever a expiação limitada, Page cita quatro calvinistas: Duane Spencer, Curt Daniel, R. B. Kuiper e W. G. T. Shedd. Ele parece sugerir que todos esses homens ratificavam a expiação limitada.[2351] Na realidade, Daniel e Shedd ratificam uma expiação limitada e representam o grupo de calvinistas que são moderados sobre o assunto da extensão.

Em 2011, Page nomeou uma força-tarefa consistida de vários teólogos batistas do Sul e pastores para tratar do tema calvinismo na SBC [CBS]. A força-tarefa identificou a expiação limitada como um tema discrepante. O grupo esboçou e publicou uma declaração para a SBC [CBS] demarcando algumas concordâncias e discordâncias teológicas sobre o calvinismo.[2352]

David Dockery (1952-)

Dockery é o atual presidente do Trinity Evangelical Theological Seminary [Seminário Teológico Evangélico da Trindade] e ex-presidente da Union University [Universidade União] é ex-aluno da Southern Baptist College [Faculdade Batista do Sul] em Jackson, Tennessee. Dockery é um renomado teólogo batista do Sul e um prolífico autor. Em seu livro *Southern baptist consensus and renewal* [Consenso e renovação batista do sul], publicado em 2008, Dockery afirmou sua crença na expiação universal: "A expiação é realizada quando Deus toma sobre si, na pessoa de Jesus, a pecaminosidade e culpa da humanidade, de modo que a justiça dele possa ser executada e os pecados dos homens e mulheres sejam perdoados".[2353] Em outro contexto, declarou:

[2349] Ibid., 103-5.

[2350] F. Page, *Trouble with the Tulip*, segunda ed. (Canton, GA: Riverstone Group, 2006).

[2351] Ibid., 24-25.

[2352] Calvinism Advisory Committee, "Truth, Trust, and Testimony in a Time of Tension: A Statement from the Calvinism advisory Committee", *SBC Life: Journal of the Southern Baptist Convention*, June 2013, http://222.sbclife.net/Articles/2013/06/sla5.

[2353] D. Dockery, *Southern Baptist consensus and renewal: A biblical, historical, and theological proposal* (Nashville: B&H Academic, 2008), 80.

A Bíblia ensina que Deus ama o mundo (Jo 3.16) e que a morte de Cristo foi suficiente para os pecados do mundo inteiro (1 Jo 2.2). Embora as boas-novas do evangelho sejam pregadas a todos e a graça de Deus esteja disponível a todos, ela é somente aplicável àqueles que confiaram somente em Cristo para o perdão de pecados (1Tm 4.10).[2354]

Ronnie Rogers (1952-)

Rogers é pastor titular da Trinity Baptist Church [Igreja Batista Trindade] em Norman, Oklahoma, e escreveu um livro muito interessante intitulado *Reflections of a disenchanted calvinist* [Reflexões de um calvinista desiludido] no qual ele, como um ex-calvinista, descreveu sua insatisfação com a lógica, exegese, teologia e conclusões do calvinismo.[2355]

Rogers crê que a expiação é ilimitada em seu valor e provisão. Não é apenas suficiente para pagar a pena de todos os pecados; na realidade ela pagou a pena de todos os pecados. Deus oferece o evangelho não apenas a todos os grupos de pessoas e nações, mas a todos individualmente. Ele declarou que a vontade oculta de Deus e sua vontade revelada são "absolutamente harmônicas e que jamais parece oferecer ou oferece algo que seja absolutamente contraditório pelo que ele sabe secretamente – sua vontade oculta".[2356]

Rogers negou "que o desejo de Deus para que todos experimentem a vida eterna, sabendo que alguns não crerão em Cristo, de alguma forma diminui a soberania dele, porquanto ele, sem restrição ou coerção, escolheu criar e garantir essa oportunidade".[2357] Considerando o amor de Deus, predestinação e a extensão da expiação, o autor insistiu que os calvinistas enfrentam uma tarefa difícil para explicar aos não eleitos sobre o dia do julgamento, como se pode afirmar que o Pai ama os não eleitos no inferno, pois ele nãos os amou o bastante para provê-los a mais remota oportunidade de escapar do tormento eterno.[2358]

Rogers não fez distinção entre a posição calvinista moderada e o calvinismo extremo sobre a extensão da expiação em conjunto com seu tópico a respeito do amor de Deus pelos não eleitos. O calvinista que afirma a expiação limitada parece

---

[2354] Ibid., 83. Apesar de parecer que a intenção de Dockery, nessa declaração, seja defender uma expiação ilimitada, a declaração em si mesma é suficientemente ambígua, que um calvinismo extremo poderia defendê-la por empregar o termo "suficiente" com o sentido de uma suficiência hipotética apenas e não uma suficiência real, como essa que Cristo morreu pelos pecados de todas as pessoas.

[2355] R. Rogers, *Reflections of a disenchanted calvinist* (Bloomington, IN: Crossbooks, 2012).

[2356] Ibid., 26.

[2357] Ibid.,

[2358] Ibid., 35.

ser vítima da crítica do autor, de fato, Deus não amou os não eleitos o suficiente para prover-lhes uma expiação para seus pecados. Portanto, é impossível que pudessem ser salvos do inferno.[2359]

Rogers admitiu que a Escritura ensina que Deus ama os eleitos "diferentemente" do que ama os não eleitos. Ele também afirmou que "o amor de Deus pelos perdidos seria diferente se tivessem se tornado eleitos mediante a fé, o que de fato eles teriam feito".[2360] Ele considerou uma "falsidade lógica" e uma "dedução antibíblica"

> concluir que a afirmação da Bíblia sobre o amor de Deus pelos eleitos significa que ele não ama todos os perdidos o bastante para prover-lhes uma oportunidade *real* de serem salvos. Esse conceito do amor de Deus é dramaticamente diferente do que o amor do calvinismo pelos perdidos, que não lhes permite uma chance de serem salvos, embora pareça ser uma oferta apresentada a eles.[2361]

Rogers negou que as distinções do amor humano pela esposa, filhos, e amigos seja análoga às distinções do amor de Deus pelos eleitos, e os perdidos a quem ele não oferece uma chance genuína de serem salvos (no sistema da expiação limitada). Ele ilustrou esta ideia:

> ... embora seja verdadeiro que eu ame meus filhos diferentemente dos filhos de outra pessoa, eu não ficaria de braços cruzados e deixaria que seus filhos fossem atropelados por um carro, quando poderia os livrar e então tentaria convencer o pai dessas crianças o quanto eu as amei, mesmo de uma forma diferente da que eu amo os meus filhos.[2362]

[2359] O calvinismo moderado crê o mesmo concernente à predestinação como o calvinista extremo, mas também declara que Cristo morreu pelos pecados de todas as pessoas por causa do amor por todos. O problema com essa posição, como Rogers constata, é que Deus retém sua graça salvadora por meio de sua vontade soberana na eleição e predestinação e, por isso, o resultado é o mesmo: os não eleitos não podem ser salvos devido à depravação total, que implica inabilidade total da parte de alguém para crer no evangelho, a menos que a graça salvadora de Deus seja concedida. Na verdade, esse é de fato o caso. O calvinista moderado defende que a posição dele inclua uma perspectiva bíblica sobre o amor de Deus por todos, embora esse amor ainda seja discriminador, pois Deus tem um "amor" especial pelos eleitos.

[2360] Rogers, *Reflections*, 36.

[2361] Ibid. (ênfase no original). Rogers precisa aprimorar essa declaração por notar que os calvinistas defendem que todas as pessoas são "redimíveis", apesar de, por implicação da expiação limitada, essa defesa seja logicamente impossível.

[2362] Ibid., 39.

Bruce Ware (1953-)
Ware é professor da cadeira T. Rupert e Lucille Coleman de teologia cristã no Southern Seminary [Seminário do Sul], onde ensina desde 1998. Ware é um calvinista e também leal à expiação ilimitada.[2363]

Gregg Allison (1954-)
Allison é professor de teologia cristã em The Southern Baptist Theological Seminary [Seminário Teológico Batista do Sul]. Seu livro *Historical theology: An introduction to christian doctrine* [Teologia histórica: Uma introdução à doutrina cristã] foi publicado em 2011 e é uma obra excelente.[2364] Ele fez a pergunta certa – por quem Cristo morreu? – e honestamente apresentou um resumo dos dois lados do debate sobre a extensão.[2365]

Contudo, o tratamento de Allison tem problemas e precisa ser explicado. Ele é correto ao notar que a visão de Calvino é contestável e que posteriormente teólogos reformados adotaram "um conceito limitado da expiação de Cristo, isto é, Cristo não morreu pelos pecados de todas as pessoas, mas somente pelos pecados dos eleitos". Ele então afirmou: "A declaração clássica sobre isso foi formulada nos *Cinco artigos do calvinismo no Sínodo de Dort em 1619*". O antecedente sobre "isso" é a declaração de que "Cristo não morreu pelos pecados de todas as pessoas". O problema aqui é que Dort *admitiu* a posição limitada, mas não defendeu essa posição, como temos verificado.

Ele confundiu o tema da *extensão* com o tema da *intenção*, neste aspecto. Dort *defendeu* a posição da intenção eficaz contra os arminianos, mas deixou espaço para *a diversidade sobre o tema da extensão*. Allison deixa o leitor com a impressão de que Dort defende a posição da "expiação limitada" no sentido que "*Cristo não morreu pelos pecados de todas as pessoas*". Isto não é muito preciso historicamente. O autor obscurece a distinção entre a *extensão* e a *intenção* nesse ponto.

Além disso, sua citação de Dort não sustenta a ideia que ele está tentando expressar. A citação *apenas* mostra que as pessoas em Dort, contrário aos remonstrantes, argumentaram por unanimidade que a "eficácia salvadora da morte extremamente preciosa de seu Filho deveria se estender a todos os eleitos". A citação segue afirmando que foi

---

[2363] Veja Bruce Ware, "Extent of the Atonement: Outline of the Issue, Positions, Key Texts, and Key Theological Arguments" (manuscrito inédito, data indisponível em http://www.epm.org/static/uploads/downloads/Extent_of_the_Atonement_by_Bruce_Ware.pdf). Ware publicou um artigo sobre a extensão da expiação na reunião anual da Evangelical Theological Society [Sociedade Teológica Evangélica] na qual ele defendeu a expiação ilimitada. Nesse artigo, Ware expressou sua estima e concordância com meu capítulo a respeito do tema da extensão em *Whosoever will: A biblical-theological critique of five-point calvinism*. Ware orientou a dissertação de Ph.D. de Gary Shultz, que defende o conceito de "múltiplas intenções" da expiação (veja a seção "Gary Shultz").

[2364] G. Allison, *Historical theology: An introduction to christian doctrine* (Grand Rapids, MI: Zondervan, 2011).

[2365] Ibid., 404-8.

"*a vontade de Deus* que Cristo, pelo sangue da cruz ... devesse *eficazmente* redimir ... todos aqueles, e somente aqueles, que foram escolhidos desde a eternidade para salvação e concedidos a ele pelo Pai". Dort defendeu uma *intenção eficaz limitada para salvar* com uma *aplicação limitada*, mas não defendeu o conceito de que "Cristo morreu somente pelos pecados dos eleitos", como Allison parece querer preservar. É evidente que alguns representantes defenderam essa posição, mas os cânones de Dort não.

Allison notou então que "o clássico conceito em defesa da expiação limitada foi proferido por John Owen", algo que deixa o leitor com a impressão sobre o que Owen ensinou é o que Dort defendeu. Seria mais correto afirmar que Dort admite o conceito de Owen (para expressar anacronicamente), mas *não o defende*.

Falando dos amiraldianos, Allison afirmou que eles "discordaram dessa perspectiva comum da expiação limitada". Mas como demonstramos historicamente, a posição mais antiga entre os reformados era a expiação ilimitada, juntamente com a variedade inglesa do universalismo hipotético. Ele não afirma claramente que o próprio Amyraut cria na intenção limitada para salvar e uma aplicação eficaz da expiação, como Dort e todos os reformados creem.

Embora seja verdadeiro que "a principal diferença surgiu no período da Reforma e da pós-Reforma: a posição da expiação limitada *versus* a posição da expiação ilimitada" é muito simplista. É preciso considerar o assunto de acordo com a *intensão* e a *extensão*.

Em relação a Shedd, Allison corretamente notou a distinção de Shedd entre expiação e redenção. Se Allison pretende declarar que a compreensão de Shedd da extensão da expiação era ilimitada *somente* "em seu valor, suficiência e proclamação, mas limitada em sua aplicação eficaz" e não ilimitada em sua satisfação real pelos pecados de todas as pessoas, então ele errou com respeito à posição de Shedd, como constatamos anteriormente. Todos os calvinistas extremos que defendem o conceito da suficiência interna da expiação concordariam com a declaração de Alisson tal como está. Isso não é controverso entre os calvinistas extremos. Mas o próprio Shedd claramente afirmou que a extensão da expiação em termos de satisfação real pelos pecados era universal.

Allison resumiu o conceito de Shedd dizendo: "No entanto, Shedd uniu estreitamente a suficiência da expiação e a intenção divina para aplicá-la na redenção do decreto divino, de modo que a posição dele é corretamente classificada como expiação limitada". Essa declaração somente pode ser correta se por ela, Alisson estiver comparando "expiação limitada" com "intenção limitada para aplicar a expiação" e não a extensão real da expiação. Caso contrário, a declaração está incorreta. Shedd pode honestamente ter dito que crê em uma *redenção* limitada no sentido de uma *aplicação eficaz* aos eleitos apenas, resultando do propósito eterno de Deus, mas ele não deve ter dito que crê na "expiação limitada". De fato, Shedd explicitamente rejeitou a "expiação limitada" e especificamente declarou a *expiação ilimitada*.

Outra possível evidência para o equívoco de Alisson deve ser o fato de que ele não identificou Bruce Demarest apoiando uma posição da expiação limitada da mesma forma que Shedd. Se a adesão de Shedd a uma intenção limitada para aplicar a expiação o define como defensor da expiação limitada, então por que Allison não identifica também Demarest como um defensor da expiação limitada? Demarest, como todos os calvinistas, concorda com um propósito eficaz limitado para aplicar a morte de Cristo aos eleitos somente mediante a concessão da fé, mas Allison diz que Demareste basicamente defendeu uma visão de múltiplas intenções, o que equivale à (ou é uma variedade de) "posição da expiação limitada ilimitada". Ele corretamente compreende as distinções de Demarest entre intenção e extensão. Não há diferença aqui entre Shedd e Demarest, ou Dort, ou com os primeiros reformadores e alguns puritanos posteriores, que afirmavam o mesmo dualismo com respeito à expiação.

Apesar desses problemas, a abordagem de Allison deve ser apreciada por sua tentativa de ser imparcial ao tratar os dois principais conceitos sobre o tema da extensão da perspectiva da teologia histórica.

Tom Ascol (1957-) e Founders Ministries [Ministérios Fundadores]

Tom Ascol é o pastor da Grace Baptist Church [Igreja Batista da Graça] em Cape Coral, Flórida. Ele é também o diretor do Founders Ministries [Ministérios Fundadores]. Aqui está a descrição da organização na página "Quem Somos" no site deles.

> Founders Ministries [Ministérios Fundadores] é um ministério de ensino e encorajamento que promove a doutrina e a devoção expressas nas doutrinas da graça e suas aplicações experimentais à igreja local, particularmente nas áreas de adoração e testemunho. Founders Ministries [Ministérios Fundadores] considera como seu sistema teológico a primeira confissão de fé reconhecida, que os batistas do Sul formularam. *The abstracts of principles*[2366] [O compêndio de princípios]. Desejamos encorajar o retorno a e a proclamação do evangelho bíblico que nossos antepassados batistas do Sul amavam.[2367]

Nessa mesma página, está a declaração de propósito:

> O propósito do Ministries Founders [Ministérios Fundadores] é a restauração do evangelho do Senhor Jesus Cristo na reforma das igrejas locais.

[2366] Como temos verificado, o *Abstrac* [Compêndio] defende três dos cinco pontos do calvinismo.

[2367] Founders [Fundadores] "Quem Somos", acessado em 15 de fevereiro, 2016, http://founders.org/about/.

Cremos que intrínseco a essa restauração é a promoção das doutrinas da graça em sua aplicação experimental à igreja local, particularmente nas áreas de adoração e testemunho. Isto deve ser realizado por vários meios, focando em conferências e incluindo publicação, educação, treinamento pastoral e outras oportunidades consistentes com o propósito. Cada um dos ministérios será implementado com atenção especial para alcançar a saudável integração de doutrina e devoção.[2368]

O Founders Ministries [Ministérios Fundadores] está comprometido com uma estrita compreensão dos cinco pontos do calvinismo do evangelho.

Em direta resposta à publicação de *Whosever will: A biblical-theological critique of five-point calvinism* [Quem quiser: Uma crítica bíblico-teológica dos cinco pontos do calvinismo]em 2010, Ascol publicou um livro intitulado *Whomever he wills* [Quem ele quiser] em 2012, editado por Matthew Barrett e Tom Nettles.

Ascol escreveu um capítulo em *Whomever he wills* intitulado "Fundamento do Calvinismo para Evangelismo e Missões".[2369] Neste capítulo, criticou partes de meu capítulo sobre a expiação limitada em Whosoever will. Eu revisei e critiquei esse capítulo também em uma postagem em 12 de setembro de 2012, que pode ser encontrada em meu blog.[2370]

No centro de minhas preocupações com os Founders Ministries está a distorção do registro histórico batista com respeito ao calvinismo, especialmente sobre a questão de como muitos dos primeiros batistas do Sul na verdade afirmavam a expiação limitada. Uma outra preocupação é a falha daqueles do movimento fundadores que vigorosamente promoveram os conceitos bíblicos da vontade de Deus de salvação universal e o amor universal de Deus.

Com respeito aos conceitos bíblicos da vontade de Deus de salvação universal, amor salvífico universal e a morte de Cristo por todas as pessoas, a oposição de Ascol aos pregadores que indiscriminadamente dizem a todos que "Cristo morreu por vocês" parece o mesmo que estar contra, afirmando-lhes que Deus deseja e está preparado para salvá-los. O uso da frase "Cristo morreu pelos pecadores" (algo que para o calvinista extremo significa que "Cristo morreu apenas para os pecadores eleitos), como oposto ao uso da frase: "Cristo morreu por vocês", deixa a impressão que o Filho morreu por todos eles. Isto para dizer o mínimo é confuso e no pior dos cenários é falso.

[2368] Ibid.,

[2369] T. Ascol, "Calvinism Foundational for Evangelism and Missions", em Whomever He Wills, 269-89.

[2370] A revisão das várias partes do capítulo de Ascol, publicadas em 18 de setembro de 2012, podem ser acessadas na seção de "Recursos" de meu website http:// drdavidlallen.com

De fato, opor-se a dizer para algum e para todos os pecadores que Deus deseja e está preparado para salvá-los é hipercalvinismo implícito no nível prático. Observe o meu uso das palavras *implícito* e *no nível prático*. Afirmar que "Cristo morreu por vocês" é equivalente a dizer que Deus deseja, é capaz e está preparado para salvar todos e o fará se vierem a Cristo por meio da fé e arrependimento, porque todos os pecados de todas as pessoas foram imputados a Cristo. A recusa de dizer a qualquer pecador assim: "Cristo morreu pelos seus pecados", implicitamente questiona a vontade salvadora de Deus e o amor redentor por aquela pessoa. Creio que essa postura acarreta problemas para o evangelismo, missões e pregação.

Portanto, à luz da descrição bíblica e histórica, não parece que a conclusão de Ascol que o calvinismo tem sido um fomentador de missões e evangelismo possa ser sustentada sem restrições e alterações. Alguém poderia convenientemente dizer que as doutrinas não calvinistas dos morávios defendidas no século XVIII promoveram missões e evangelismo ou as doutrinas dos metodistas wesleyanos adotadas nos séculos XVIII e XIX foram propulsoras para missões e evangelismo, ou as doutrinas que os Wycliffe Bible Translators [Tradutores da Bíblia Wycliffe] defenderam e defendem (muitos dos quais eram e não são calvinistas) no século XX foram estimulantes para missões e evangelismo, ou que as doutrinas essencialmente não calvinistas, que a maioria dos [Southern Baptists] batistas do Sul cria no século XX e continua a crer hoje e produziu uma das principais forças missionárias no planeta, foram impulsionadoras de missões e evangelismo.

Um último tópico digno de nota concernente à pesquisa histórica de Ascol. Concernente ao Sínodo de Dort, ele escreveu: "O Sínodo de Dort representa uma transformação no desenvolvimento do conceito reformado ortodoxo sobre a expiação. O segundo capítulo ou cânone da confissão publicada pela assembleia rejeita claramente qualquer ensino que considere a morte de Cristo como indefinida, universal, ou geral em natureza".[2371] Conforme observado na discussão dos Cânones de Dort, isto é simplesmente impreciso da perspectiva histórica, como inúmeros historiadores reformados ressaltam.

[2371] T. Ascol, "The Doctrine of Grace: A Critical Analysis of Federalism in the Theologies of John Gill and Andrew Fuller" (dissertação de PhD, Southwestern Baptist Theological Seminary, 1989), 215 (ênfase minha).

Daniel Akin (1957-)

Akin é presidente do Southeastern Baptist Theological Seminary [Seminário Teológico Batista do Sudeste] em Wake Forest, Carolina do Norte. Akin se inclina para o calvinismo em sua teologia, mas defende a expiação ilimitada. Em uma entrevista em áudio para 9Marks [9 Marcas], para responder a uma questão sobre o tema da extensão da expiação por Mark Dever, Akin respondeu que crê que há uma dupla intenção na expiação: ela provê o pagamento para os pecados do mundo, mas de fato assegura a salvação dos eleitos.[2372]

Ken Keathley (1958-)

Keathley é professor de teologia no Southeastern Baptist Theological Seminary [Seminário Teológico Batista do Sudeste] em Wake Forest, Carolina do Norte. O livro dele publicado em 2010, *Salvation and sovereignty: A molinist approach* [Salvação e soberania: Uma abordagem molinista] contém uma crítica à expiação limitada.[2373]

Keathley resumiu os três conceitos sobre a extensão da expiação: (1) expiação geral, (2) expiação limitada e (3) expiação ilimitada (redenção singular nas palavras de Keathley).[2374] É difícil distinguir o primeiro e o terceiro conceitos, porque ambos defendem uma expiação ilimitada. Keathley associou o primeiro conceito com a teoria governamental da expiação e o segundo e terceiro conceitos à teoria da substituição penal da expiação. Mas historicamente, os primeiros governamentais, como Grotius e mais tarde John Wesley, patentemente aderiram também ao conceito da substituição penal, embora muitos governistas posteriores não o fizessem.

Keathley citou o teólogo wesleyano J. Kenneth Grider como afirmando que o conceito de que Cristo pagou a pena pelos pecados "é estranha ao arminianismo, que ensina ao contrário que Cristo sofreu por nós". Grider então sucumbe ao argumento do pagamento duplo ao admitir que se Cristo pagou pelos pecados de todas as pessoas, logo ninguém poderia ser eternamente condenado. "O arminianismo ensina que Cristo sofreu por todos, de modo que o Pai poderia perdoar aqueles que se arrependem e creem".[2375]

[2372] Danny Akin, "Life and Ministry in the Southern Baptist Convention", 9Marks (blog), October 29, 2010, http://9marks.org/interview/life-and-ministry-southern-baptist-convention/. A parte relevante começa na marca dos 49 minutos.

[2373] K. Keathley, *Salvation and sovereignty: A molinist approach* (Nashville: B&H Academic, 2010), 191-210.

[2374] Ibid., 194. Keathley notou que muitos arminianos, como Robert Picirilli e Mathew Pinson, também aderiram ao conceito da redenção singular em vez de ao conceito da expiação geral.

[2375] Ibid., 194. Veja J. K. Grider, "Arminianism" em *Evangelical dictionary of theology*, segunda ed., (Grand Rapids, MI: Baker, 2001), 97-98.

Portanto, de acordo com o arminianismo e o conceito governamental da expiação, Cristo morreu por *nós*, não por nossos *pecados*. Keathley corretamente rejeitou essa formulação, mas é importante ressaltar que nem todos os arminianos, do passado ou do presente, defendem o conceito governamental sobre a expiação à custa do conceito da substituição penal. Esse fato é demonstrado por Roger Olson em sua obra *Arminian theology* [Teologia arminiana], que Armínio, Wesley e muitos outros arminianos ratificaram a substituição penal.[2376]

Keathley definiu o conceito da "redenção singular" sobre a extensão da expiação nas palavras de Robert Lightner: "Cristo morreu para tornar possível a salvação de todos os homens, mas tornar certa a salvação daqueles que creem".[2377]

Depois de resumir os argumentos fundamentais em favor da expiação limitada, Keathley apresentou cinco argumentos em prol da "redenção singular", a maioria extraídos de Calvino e Robert Lightner. A segunda ideia de Keathley não deve ser omitida. É mais fácil conciliar os versículos que parecem ensinar uma expiação limitada com aqueles que ensinam uma expiação ilimitada do que mutuamente.[2378]

Roy Clendenen (1949-) e Brad Waggoner (1957-)

O Southeastern Baptist Theological Seminary [Seminário Teológico Batista do Sudeste], os Founders Ministries [Ministérios Fundadores] e a LifeWay [Caminho da Vida] hospedaram em conjunto uma conferência sobre calvinismo em 2006. A conferência uniu calvinistas e não calvinistas para apresentar artigos a respeito de temas primordiais e o papel do calvinismo na Southern Baptist Convention [Convenção Batista do Sul]. Os artigos da conferência foram publicados dois anos mais tarde como *Calvinism: A southern baptist dialogue* [Calvinismo: Um diálogo batista do sul], editado por Clendenen e Waggoner.[2379]

Os dois capítulos relevantes, que tratam da extensão da expiação, foram escritos por David Nelson, que argumentou em defesa da expiação limitada e Sam Waldron, que argumentou em defesa da expiação limitada. Naquele período, Nelson foi professor no Southeastern Seminary [Seminário do Sudeste] e Waldron era diretor acadêmico e professor de teologia no Midwest Center for Theological Studies [Núcleo para Estudos Teológicos do Centro-Oeste].

[2376] Olson, *Arminian theology*, 221-41.

[2377] Keathley, *Salvation and sovereignty*, 197.

[2378] Ibid., 203.

[2379] B. Waggoner e R. Clendenen, *Calvinism: A southern baptist dialogue* (Nashville: B&H Academic, 2008). Escrevi uma revisão extensa capítulo por capítulo sobre esse livro: D. L. Allen, Calvinism: A Review (Nova Orleans: Center for Theological Research, 2008, http://www. baptisttheology. org/baptisttheology/assets/File/CalvinismaReview.pdf).

O capítulo de Nelson se divide em três seções principais, que cobrem o desígnio, natureza e extensão da expiação, com a maior parte incluindo a última seção.

Em relação ao desígnio, 2 Coríntios 5.19 talvez nos forneça a melhor declaração: "Em Cristo, Deus estava reconciliando consigo o mundo". Com respeito à natureza, Nelson certamente conclui a metáfora fundamental, embora não seja a única metáfora, pois a expiação é uma substituição penal. Quanto à extensão, ele formula o tema sob três tópicos: histórico, exegético e teológico.

Um significado-chave desse capítulo é a prova de Nelson que a expiação limitada não foi a posição da igreja antes da Reforma. Concordando com a obra de Michael Thomas, ele também demonstra que Dort era deliberadamente ambíguo em sua linguagem no que concerne à extensão da expiação. De fato, John Davenant, um signatário de Dort, era um dos muitos signatários que rejeitaram a expiação limitada e defendeu uma forma de expiação universal.

Ademais, Nelson salienta como muitas das declarações confessionais, do século XVII ao século XIX, mostraram diversidade sobre o tema da extensão da expiação, com algumas claramente afirmando a expiação universal. No entanto, ele cometeu um erro comum com referência à Confissão de Westminster quando disse que ela "explicitamente defende" a expiação limitada.[2380] De fato, embora a maioria dos teólogos de Westminster adotaram a expiação limitada e a citação que ele faz pode certamente ser interpretada dessa forma, os autores deliberadamente escolheram usar uma linguagem ambígua que permitiria aqueles que adotassem a expiação ilimitada, como Edmund Calamy, Henry Scudder e John Arrowsmith, entre outros, ratificá-la.[2381]

Exegeticamente, Nelson recorre aos versículos-chave que afirmam a expiação ilimitada, como: João 3.16-18, 1 Timóteo 2.1-6, 2 Coríntios 5, Hebreus 2.9, 14-18, 2 Pedro 2.1, 3.9, e 1 João 2.2. Ele corretamente declarou: "Em João 1 e 12 *kosmos* é usado no sentido de terra e todos os habitantes dela, indicando que na encarnação, Jesus veio à terra para salvar todos que creriam nele".[2382] Tentativas calvinistas de fazer com que *kosmos* se refira a algo diferente de "todos os povos" ou "universo" "são forçadas e desnecessárias".[2383]

Teologicamente, Nelson faz diversas observações, afirmações e negações. Qualquer que seja a definição de predestinação e eleição, o conceito de expiação não deve ser controlado por uma ordem especulativa dos decretos divinos. Ele mesmo afirma

---

[2380] D. Nelson, "The Design, Nature, and Extent of the Atonement" em *Calvinism: A southern baptist dialogue*, 126.

[2381] Pode-se consultar R. Muller's *Post-reformation reformed dogmatics*, 4 v. (Grand Rapids, MI: Baker, 2003), 1:76-80, para confirmar essa ideia.

[2382] Nelson, "Design, Nature, and Extent", 127-28.

[2383] Ibid., 128.

a eleição incondicional, mas rejeita a dupla predestinação, o supralapsarianismo e a justificação eterna. Ele faz duas perguntas pertinentes àqueles que adotam a expiação limitada: (1) você adota a expiação limitada fundamentalmente por causa de seu conceito sobre os decretos de eleição? Sendo assim, julga-se que a lógica está acima da exegese. (2) É a vontade de Deus ou o amor dele que é determinante para o seu conceito de expiação limitada? Se for o primeiro, o que dizer do último?

O conceito de Nelson da instrumentalidade da fé é que ela não tem valor meritório. Ele trata de dois argumentos-chave sobre a expiação limitada: pagamento pelo incrédulo e o pagamento duplo. *"Se Cristo morreu pelos pecados e a incredulidade é um pecado, então nem todo pecado precisa ser expiado?"* Essa objeção formula uma falsa pressuposição: a expiação atua à parte da fé. *Se Cristo morreu pelos pecados de todas as pessoas, conforme a doutrina da expiação geral sustenta, então não há dois pagamentos oferecidos pelos pecados daqueles que estão no inferno, o pagamento oferecido por Cristo em favor deles e o pagamento de cada pessoa condenada na morte eterna?"*[2384] Embora a resposta de Nelson a essa objeção do pagamento duplo seja correta (ninguém recebe os benefícios redentores da cruz à parte da fé e de acordo com Jo 3.18, os incrédulos são condenados pela rejeição a Jesus), ela é insuficiente porque o argumento anterior confunde pagamentos pecuniários com justiça penal, como já mencionado e ela falha em notar também que a objeção anacronicamente importa categorias da jurisprudência ocidental, que são estranhas ao Novo Testamento. Além disso, ambos os pagamentos por incredulidade e os argumentos do pagamento duplo são adequadamente rejeitados pelos próprios calvinistas, que adotam a expiação ilimitada (no sentido de uma expiação ilimitada dos pecados da humanidade), como assinalei anteriormente.

Uma das poucas preocupações que tenho com o capítulo de Nelson surge próximo do fim quando depois de mencionar o quanto a expiação limitada pode "minimizar ou extinguir a oferta gratuita do evangelho", ele então declarou que "o conceito da expiação ilimitada talvez promova uma oferta barata do evangelho, que pode miná-lo completamente".[2385] Evidentemente que a primeira declaração é verdadeira. Nelson afirmou que isso pode resultar de

> tolice homilética ou pode ser uma dedução da expiação geral para a convicção de que podemos dispensar as doutrinas da eleição e do chamado eficaz, produzindo assim apresentações "desumanas" do evangelho. Por isto quero dizer que nossos oferecimentos do evangelho parecem implicar

---

[2384] Ibid., 134 (ênfase no original).
[2385] Ibid., 136-37.

que Deus não tem nada a ver com a salvação. Tanto pelos nossos métodos quanto por nossa retórica, isso parece-me evidente.[2386]

Alguns que defendem a expiação ilimitada são culpados por suas porções de tolices homiléticas, artifícios e truques retóricos. Mas essas ofertas baratas do evangelho são uma analogia da expiação ilimitada ou são um resultado de uma *falsa dedução*? Em outras palavras, a expiação limitada logicamente leva a uma minimização da oferta gratuita do evangelho, dado que por definição, não há satisfação pelos pecados na expiação pelos não eleitos. Esse é um problema endêmico para a própria doutrina, que só pode ser superado oferecendo o evangelho a todos, a despeito do fato de que não há realmente satisfação disponível para todos na morte de Cristo. Não há falsa dedução envolvida, apenas dedução correta dada à doutrina.

Por outro lado, há satisfação pelos pecados na expiação para *todas as pessoas* no conceito ilimitado. Tolice homilética, artifícios ou trapaças retóricas não podem *logicamente* ser deduzidos da expiação ilimitada. Essas bizarrices podem ser praticadas, às vezes, por aqueles que creem na expiação ilimitada, mas não como uma analogia lógica da doutrina em si mesma. Nelson fez uma declaração impressionante quando admitiu que não pode afirmar que "qualquer um dos conceitos sobre a expiação provoca essas aberrações". Ele deve preferivelmente dizer algo semelhante a essas linhas: "A expiação limitada logicamente provoca um problema para a oferta gratuita do evangelho. A expiação ilimitada não *fomenta* ofertas baratas do evangelho".[2387]

Concluindo, o capítulo de Nelson é bem escrito, argumentado convincentemente e é um dos melhores do livro.

Sam Waldron faz a defesa da expiação limitada. Esse é o capítulo mais breve do livro e constatei que ele é claro, conciso e objetivo. Entretanto, surgem problemas imediatamente.

Depois de esclarecer que a questão não é: para o benefício de quem Jesus morreu; a expiação é limitada ou a expiação é suficiente para expiar os pecados do mundo? Ele conclui que a questão real é: "no lugar de quem Cristo substituiu a si mesmo?" O comentário de Waldron não é que a questão "a expiação é suficiente para redimir os pecados do mundo" esteja simplesmente errada. A questão é muito mais sobre a suficiência da expiação. Os particularistas como Waldron limitam a suficiência a uma mera suficiência intrínseca, que na realidade significa que a morte de Cristo *teria expiado os pecados do mundo se Deus tivesse essa intenção, mas não a teve; pelo contrário,*

[2386] Ibid.,
[2387] Ibid., 137.

ele teve a intenção de fazer a expiação somente dos eleitos.[2388] Para os não eleitos essa expiação não é suficiente de forma alguma. Ela os oferece perdão sem uma satisfação existente para os pecados deles.

Precisamos distinguir entre *suficiência intrínseca*, que é o conceito daqueles que creem em uma expiação limitada, como Waldron, e a *suficiência extrínseca*, que é a visão de todos os calvinistas de quatro pontos, arminianos e batistas não calvinistas. Ele então procura responder à questão: "no lugar de quem Cristo substituiu a si mesmo?", sob dois títulos: as provas da redenção particular e os problemas da redenção particular. Conforme esses dois títulos, Waldron cobre os principais argumentos em favor da expiação limitada (redenção particular). Uma análise superficial em suas onze notas de rodapé indica sua dependência do livro de John Owen, *Por Quem Cristo Morreu* e do livro de John Murray, *Redenção Consumada e Aplicada*.

Waldron trata de quatro temas de acordo com seu primeiro título: (1) a natureza substitutiva da expiação, (2) os beneficiários restritos da expiação, (3) os efeitos garantidos da expiação e (4) o contexto do pacto da expiação. Waldron defende que "a natureza da expiação como maldição substitutiva exige uma redenção particular".[2389]

Seguindo John Owen, Waldron força o argumento do "pagamento duplo" contra a expiação universal. (Esse argumento já foi apresentado e respondido anteriormente). Ele comenta: "Amplo apoio pode ser mobilizado para a ideia de que a natureza da expiação requer que todos aqueles por quem Cristo morreu sejam de fato e definitivamente salvos".[2390] O uso da frase "amplo apoio" é um tanto exagerada dada a evidência geral. Aqueles que creem na expiação universal só podem fazê-lo "reprimindo ou retrocedendo da ideia de substituição penal, de acordo com Waldron. Essa é uma tolice calvinista comum que se lê frequentemente na literatura popular. Ela falha em reconhecer que muitos arminianos são defensores fervorosos da substituição penal. De imediato pode-se pensar em João Wesley.[2391] A afirmação de Waldron revela uma consciência histórica limitada e conhecimento de seu próprio campo calvinista, pois uma hoste de calvinistas, incluindo o próprio Calvino, defenderam a expiação ilimitada e a substituição penal.[2392]

[2388] S. Waldron, "The Biblical Confirmation of Particular Redemption", em *Calvinism: A southern baptist dialogue*, 139-40.

[2389] Ibid., 140.

[2390] Ibid., 141.

[2391] Veja Olson, *Arminian Theology*.

[2392] Em acréscimo à minha discussão acima sobre Calvino, veja Daniel, "Hyper-Calvinism and John Gill"; e K. Kennedy, Union with Christ and the Extent of the Atonement in Calvin, Studies in Biblical Literature 48 (Nova York e Bern: Peter Lang, 2002).

Como evidência adicional para a expiação limitada, Waldron recorre a Apocalipse 5.9, 10, que afirma que Cristo comprou com o próprio sangue para Deus homens de toda tribo, língua, povo e nação. Ele confunde a extensão da expiação com a aplicação da expiação. Evidentemente que a aplicação é limitada somente aos eleitos que creem, que é a ideia desse texto de Apocalipse. Mesmo Bullinger, um renomado calvinista do século XVI, disse em um sermão sobre essa passagem que "significa universalidade, pois o Senhor morreu por todos; mas todos não são participantes dessa redenção devido à própria falta".[2393]

Segunda Coríntios 5.14 declara, de acordo com Waldron, que a morte substitutiva significa morte representativa; somente aqueles por quem Cristo sofreu são salvos, por essa razão ele sofreu apenas pelos eleitos. Mas o que Paulo pretende dizer nesse texto? Waldron, como John Murray,[2394] recorre à 2 Coríntios 5.14,15 para apoiar sua hipótese de que Jesus morreu apenas por todos os eleitos. Ele presume que o pronome "todos" "designe todos aqueles em Cristo que são parte de uma nova criação (v. 18)".[2395] Quando Paulo refere-se a "nós", está se referindo àqueles que morreram e foram ressuscitados com Cristo mediante a fé. Porém, quando o apóstolo usa "todos" três vezes nesses versos de 2 Coríntios 5 há três interpretações possíveis, somente uma que sustenta a expiação limitada. Waldron compreende os três exemplos de "todos" como "cristãos" e "eles" como "cristãos". O segundo ponto de vista presume que "todos" denote "toda humanidade" em todas as três ocorrências.

Imagine que os versículos sejam parafraseados dessa maneira: "Jesus é aquele que morreu por toda a humanidade, portanto, toda humanidade morreu. Ele morreu por toda humanidade, de modo que eles (os eleitos) que agora vivem não vivam mais para si". "Todos" indica expiação universal; "os que vivem" indica a aplicação da expiação aos eleitos. Uma terceira abordagem supõe que as palavras de Paulo formem um paralelo de estrutura lógica coincidente. Nesse caso, a passagem seria parafraseada assim: "Jesus é aquele que morreu por toda a humanidade, de modo que todos os cristãos que vivem em Cristo morreram espiritualmente com ele. Ele morreu por toda humanidade, de modo que todos os cristãos que vivem em Cristo espiritualmente não devem viver para si mesmos".[2396] Além disso, o uso do "mundo", no versículo 19, não significa e não pode significar "os eleitos", mas o mundo da humanidade incrédula. Embora se diga que a interpretação de Waldron é uma opção coerente, há outras tão coerentes que conduziriam a uma conclusão diferente. Ademais, mesmo admitindo o conceito

---

[2393] H. Bullinger, *A Hundred Sermons upon the Apocalipse of Jesus Christ* (London: John Daye, 1573), 79-80.
[2394] Murray, *Redenção Consumada e Aplicada*, 76-79.
[2395] Waldron, "Biblical Confirmation of Particular Redemption", 143.
[2396] Ibid.

da passagem, Waldron não pode provar a própria hipótese, pois a expiação limitada não pode ser logicamente deduzida do fato de que Cristo morreu pelos cristãos.

Waldron então argumentou que há "uma relação inseparável entre a ideia da substituição e a ideia da representação" e ele associa essa noção com 2 Coríntios 5.14b: "Um morreu por todos, logo, todos morreram". Ele usa essa associação para provar a proposição que "se Cristo morreu por alguém, essa pessoa morreu na cruz". Entretanto, o leitor deveria notar a mudança no argumento que ocorre nesse momento. Uma coisa é dizer que 2 Co 5.14,15 afirma que os *cristãos* morreram em Cristo e outra coisa é afirmar que *todos* aqueles por quem ele morreu também morreram nele. Ao contrário de Waldron, Paulo declara explicitamente a primeira proposição, *não* a segunda. *A respeito da interpretação de Waldron*, tudo que ele pode estabelecer, conforme 2 Coríntios 5.14, 15 (bem como da citação dele de Rm 6.4-8), é que se Cristo morreu por você e você crê, logo, você morreu e vive em Cristo. As ideias de "morrer" e "viver" correspondem a "as coisas velhas já passaram" e "tudo se fez novo". Somente os cristãos experimentaram essa morte, sepultamento e ressurreição e não *todos aqueles por quem Cristo morreu*. Não penso que Waldron (ou Murray) queriam dizer que *todos* aqueles por quem Jesus morreu *são* novas criaturas. Sendo assim, conclui-se que com base nas próprias pressuposições deles, *todos os eleitos* seriam novas criaturas *no momento* da morte de Cristo. Essa é a falsa doutrina da justificação. Waldron, como é recorrente entre os calvinistas de cinco pontos e hipercalvinistas, obscurece a distinção entre união decretal e união real (vital) com Cristo. Paulo, em 2 Coríntios 5 e Romanos 6, afirma que os *cristãos* em união real com Jesus morreram nele e vivem nele. Esses dois fatos podem ser afirmados de todos em união *real* ou *vital* com Cristo. A participação na morte de Jesus e sua vida ressurreta não podem ser afirmados sobre toda a humanidade ou sobre aqueles em união *decretal* com Cristo (todos os eleitos *como tais*).

As diversas passagens que exprimem Cristo morrendo por suas "ovelhas", "amigos", "a igreja" e assim por diante não provam a expiação limitada como Waldron pressupõe. Mesmo Robert Reymond, um hipercalvinista supralapsariano (todos os supralapsarianos não são hipercalvinistas), admitiu:

> É verdade, é claro, que logicamente uma declaração de particularidade em si mesma não exclui necessariamente a universalidade. Isto pode ser demonstrado pelo princípio de subalternação na lógica aristotélica, que afirma que se todo S é P, então pode-se inferir que algum S é P, mas inversamente, não se pode inferir do fato que algum S é P que o restante

de S não é P. Uma hipótese em questão é o "mim" de Gálatas 2.20: o fato de que Cristo morreu por Paulo individualmente não significa que Cristo morreu somente por Paulo e por ninguém mais.[2397]

Consequentemente, os vários versículos que falam de Cristo morrendo por suas "ovelhas", sua "igreja" ou "seus amigos" não provam que ele não morreu por outros não incluídos nessas categorias.

Dabney, um calvinista respeitado por todos, também notou que declarações como Cristo morreu "pela igreja" ou "suas ovelhas" não provam uma expiação limitada, porque defender isto evoca a falsa inferência negativa: "A prova de uma proposição não refuta sua antítese".[2398] Não se pode inferir algo negativo (Cristo não morreu pelo grupo A) de uma simples declaração positiva (Cristo morreu pelo grupo B), não mais do que se pode inferir que ele morreu *apenas* por Paulo, porque Gálatas 2.20 afirma que Cristo morreu por Paulo. Isso é o mesmo tipo de erro lógico que John Owen comete várias vezes em sua obra *Por quem Cristo Morreu?* e é um sofisma constantemente praticado pelos calvinistas extremos com respeito à extensão da expiação.

[2397] R. L. Reymond, *A New Systematic Theology*, segunda ed. (Nashville: Thomas Nelson, 1998), 673-74. "Os hipers geralmente rejeitam a ideia de ofertas que são gratuitas, sérias, sinceras ou bem-intencionadas" (C. Daniel, *The History and Theology of Calvinism*, 89). 'Oferta gratuita foi a expressão debatida na corrente principal [ou clássica] do hipercalvinismo, mas 'oferta bem-intencionada' tem sido a frase debatida dentro da escola de Hoeksema. Contudo, na essência, elas são uma e a mesma. A primeira simplesmente revela o aspecto que Deus deseja dar algo sem custo, enquanto a segunda ressalta a vontade de Deus que ela seja aceita (C. Daniel, *Hyper-Calvinism and John Gill*, 410). Considerando que Reymond, como Gordon H. Clark (*Biblical Predestination* [Nutley, NJ: Presbyterian and Reformed Publishing, 1974], 130), explicitamente rejeitou a oferta bem-intencionada ou o desejo de Deus pela salvação do não eleito na oferta gratuita (*A New Systematic Theology*, 692-93), ele é descrito aqui e na lista a seguir como um hipercalvinista, embora seja moderado. Ele não era tão extremo quanto John Gill em outros assuntos, ou tão extremo quanto Hoeksema e Engelsma. Ao contrário de Hoeksema e Engelsma (mas como Gill), Reymond afirmou o amor universal de Deus e a graça comum. Veja R. L. Reymond, *'What is God?' An Investigation of the Perfectons of God's Nature* (Fearn, Ross-shire, UK: Mentor, 2007), 100, 239. Nessa obra de 2007, ele também é crítico de sua primeira pesquisa sobre o amor de Deus em *A New Systematic Theology* e considerou que "as declarações da tradição reformada são culpadas de heresia devido à desproporção quando integram a paciência de Deus e seu amor redentor à sua 'bondade' e falham em mencioná-los em suas definições sobre Deus" (Ibid., 244). Ele concordou com Donald MacLeod ao considerar que "as declarações reformadas são culpadas de defraudar o amor de Deus nas suas definições e descrições dele" (ibid.). Entretanto, ainda que com estas concessões, a mesma questão que Iain Murray fez a David Silversides aplica-se a Reymond também: "... mas pode o amor divino, que o autor quer defender, ser sem o desejo pelo bem supremo daqueles [não eleitos que são] amados?" ("Book Reviews", *Banner of Truth* 507 [December 2005]: 22).

[2398] Dabney, Systematic Theology, 521.

Waldron prosseguiu argumentando que os efeitos garantidos e o contexto do pacto da expiação exigem a redenção particular. Os efeitos garantidos da expiação exigem a aplicação da expiação a todos os eleitos; eles não negam o fato que a expiação foi realizada por todos os homens. O contexto do pacto também não faz por Waldron o que ele deseja que faça. Deus estabeleceu uma condição para seu pacto: os homens precisam se arrepender e crer no evangelho para serem salvos.

A segunda parte do livro de Waldron trata de três dos principais problemas com a expiação limitada: as passagens bíblicas empregando a terminologia universal com respeito à expiação, a oferta gratuita do evangelho e as passagens sobre apostasia. Deverei tratar apenas da oferta gratuita do evangelho. O autor faz o típico comentário do calvinista extremo: "A oferta gratuita do evangelho não requer que anunciemos aos homens que Cristo morreu por eles".[2399] Ele ainda acrescentou: "Essa forma de pregação é totalmente sem precedente bíblico". Finalmente, ele disse: Se a oferta gratuita do evangelho significasse dizer aos pecadores não convertidos que 'Cristo morreu por vocês', então a redenção particular seria inconsistente com a oferta gratuita. Mas em nenhum lugar na Bíblia o evangelho é proclamado por dizer aos pecadores não convertidos que Cristo morreu por eles".[2400]

Essas declarações ousadas são inteiramente contraditas em diversos lugares do Novo Testamento. Elas são contestadas pela afirmação de Paulo sobre o evangelho em 1 Coríntios 15.3: "Porque primeiramente vos entreguei o que também recebi: que Cristo morreu por nossos pecados, segundo as Escrituras" (ARC). Paulo diz aos coríntios o que lhes proclamou *antes que fossem salvos*. O apóstolo lhes proclamou que "Cristo morreu pelos pecados deles". A declaração de Waldron é refutada por Atos 3.26, que afirma: "Ressuscitando Deus a seu Filho Jesus, primeiro o enviou a vós, para que nisso vos abençoasse, no apartar, a cada um de vós, das vossas maldades" (ARC). Pedro diz à sua audiência incrédula que Deus enviou Jesus para abençoar *cada um* deles e *todos* eles e para apartar *cada um deles* das maldades. *Isso é equivalente a Pedro dizer: Cristo morreu por vocês*. Como Jesus poderia salvar todos eles (algo que envolve abençoar e apartar das maldades) se ele não morresse realmente pelos pecados de todos eles? Certamente que "cada um" dos judeus, a quem Pedro se dirigiu, alguns incluídos provavelmente não eram eleitos.

Como se isso não bastasse, o que Waldron fará com Lucas 22.20,21? "Semelhantemente, tomou o cálice, depois da ceia, dizendo: 'Este cálice é o novo testamento no meu sangue, que é derramado por vós. Mas eis que a mão do que me trai está comigo à mesa'" (ARC). Aqui Jesus declara obviamente que o sangue dele foi derramado por Judas e, no entanto, este não estava entre os eleitos. Não será oportuno tentar

---

[2399] Waldron, "Biblical Confirmation of Particular Redemption", 149.
[2400] Ibid.

argumentar que Judas não estava à mesa naquele momento, porque o texto claramente afirma que ele estava. O próprio Calvino em muitos contextos explicitamente diz que Judas estava à mesa.[2401]

A tentativa de Waldron em provar a expiação limitada falha histórica, bíblica e teologicamente.

David Allen (1957-) e Steve Lemke (1951-)

Fui decano da School of Theology at Southwestern Baptist Theological Seminary [Faculdade de Teologia no Seminário Teológico Batista do Sudoeste] (SWBTS = STBS) em Fort Worth, Texas, por doze anos e atualmente sou professor da cadeira de pregação no SWBTS [STBS]. Lemke é vice-presidente e reitor do New Orleans Baptist Theological Seminary [Seminário Teológico Batista de New Orleans]. Coeditamos *Whosoever Will: A Biblical Theological Critique of Five-point Calvinism* [Quem Quiser: Uma Crítica Bíblico-teológica dos Cinco Pontos do Calvinismo], que foi publicado em 2010.[2402] Esse livro surgiu da Conferência João 3.16 realizada em 2008 na First Baptist Church [Primeira Igreja Batista] em Woodstock, Geórgia. A conferência foi promovida conjuntamente com Jerry Vines Ministries [Ministérios Jerry Vines], Soutwestern Baptist Theological Seminary [Seminário Teológico Batista do Sudoeste] e o New Orleans Baptist Theological Seminary [Seminário Teológico Batista de New Orleans]. O propósito da conferência foi apresentar artigos sobre soteriologia que provessem uma crítica aos tradicionais cinco pontos do calvinismo. Os artigos na conferência, juntamente com outros que foram escritos a pedido dos editores, foram compilados e publicados em 2010.

Escrevi o capítulo sobre a expiação limitada, tratando dos temas da definição, história, exegese, teologia, lógica e implicações práticas. Este trabalho atual é uma expansão desse capítulo.

Em uma resenha do livro, Greg Wills do Southern Seminary [Seminário do Sul] declarou o seguinte, no que concerne ao meu argumento em "A Expiação: Limitada ou Universal?", que os calvinistas Charles Hodge e Robert Dabney defenderam uma expiação universal:

> Allen está certo de que a maioria dos pregadores calvinistas defendeque Cristo morreu por todas as pessoas em algum sentido. Calvino cria nisso. Assim também, Edwards, Hodge, Boyce e Dabney. A morte dele por todos

---

[2401] Veja J. Calvin, Tracts and Treatises, 2:93, 234, 297, 370-71, 378; e também seu comentário de Mateus 26.21 e João 6.56. Agostinho também creu que Judas estava à mesa.

[2402] D L. Allen e Steve Lemke, eds., *Whosoever Wills: A Biblical-Theological Critique of Five-Point Calvinism* (Nashville: B&H Academic, 2010).

foi tal que qualquer pessoa, mesmo Judas, se ele se arrependesse e cresse no evangelho, não seria rejeitado, mas receberia misericórdia. A maioria dos calvinistas defende que a morte sacrificial de Jesus foi universal e que ele tornou os homens salváveis, contingente ao arrependimento e fé deles em Cristo. Mas Allen está incorreto em argumentar que essa posição não é expiação limitada, porquanto esses mesmos teólogos afirmaram que a expiação era em aspectos importantes, particular aos eleitos.[2403]

Wills continuou:

> Charles Hodge e Robert Dabney defenderam que o argumento de Owen contra a dupla punição era inválido para estabelecer a verdade da redenção particular e defenderam os aspectos universais da expiação. Entretanto, os dois ensinaram que a redenção particular era escriturística. Dabney recorreu ao ensino da Bíblia sobre a eleição incondicional como um dos diversos "fundamentos irrefutáveis sobre o qual provamos que a redenção é particular". Ele cria que certos aspectos da expiação eram gerais, satisfação e expiação, por exemplo, mas que outros eram particulares, redenção e reconciliação. "Cristo morreu por todos os pecadores em algum sentido", Dabney resumiu, mas "a obra redentora de Cristo foi limitada em intenção aos eleitos".[2404]

Observe como Wills definiu a morte de Cristo: qualquer pessoa poderia ser salva caso se arrependesse e cresse. Porém, ele não menciona como realmente isso pode acontecer na hipótese do sistema limitado. Ninguém contesta o fato de que qualquer um que se arrependa e creia no evangelho pode ser salvo. Essa não é a ideia em debate.

Wills não parece perceber que admitiu a ideia que estou argumentando sobre Hodge e Dabney. Note a definição dele do que significa dizer que os calvinistas defendem que Cristo morreu por todas as pessoas "em algum sentido". Ele afirmou que a morte de Jesus "por todos foi de uma forma que qualquer pessoa, mesmo Judas", seria "salvável" caso se arrependesse e cresse no evangelho. Isso é exatamente o que argumentei. A morte de Cristo é universal no fato de que realmente ela pagou pelos pecados de "todos" (observe o uso de Will de "todos") caso se arrependessem e cressem, incluindo pessoas como Judas, que estava claramente entre os não eleitos. Essa

---

[2403] Greg Wills, *"Whosoever Will*: A Review Essay", *Journal for Baptist Theology and Ministry* 7.1 (Spring 2010), 16.

[2404] Ibid., 17.

é precisamente a posição dos calvinistas moderados e todos os não calvinistas com respeito à extensão da expiação.

Wills contradisse sua própria posição aqui. É inconsistente dizer que Judas é "salvável" se Jesus morreu somente devido aos pecados dos eleitos. Aqueles que defendem a expiação limitada não creem que a morte de Cristo pagou pelos pecados dos não eleitos. Não há solução para os pecados de Judas na morte de Jesus. A declaração de Wills é falsa, dada a expiação limitada. Se Judas se arrependesse e cresse não poderia de fato ser salvo; ele não é "salvável" porque Cristo não morreu pelos pecados dele.

Whosoever Will também contém um capítulo por Kevin Kennedy sobre o conceito de Calvino sobre a extensão da expiação.[2405] Kennedy convincentemente argumentou que a evidência dos próprios escritos de Calvino indica que ele defendia a expiação ilimitada.[2406]

A *Journal of Baptist Theology and Ministry* [Revista de Teologia e Ministério Batista é publicada pelo New Orleans Baptist Theological Seminary [Seminário Teológico Batista de New Orleans]. A edição da primavera de 2010 foi dedicada ao tema: "Os Batistas e a Doutrina da Salvação". A primeira parte contém três resenhas do livro *Whosoever Willl* [Quem Quiser]. A segunda parte contém três resenhas do livro de Ken Keathley *Salvation and Sovereignty* [Salvação e Soberania]. Em cada parte, uma resenha de perspectiva calvinista é incluída.[2407]

Albert Mohler (1959–)

Mohler é presidente do Southern Baptist Theological Seminary [Seminário Teológico Batista do Sul], cofundador do Together for the Gospel [Juntos pelo Evangelho] e um dos porta-vozes mais famoso e influente do calvinismo na Southern Baptist Convention [Convenção Batista do Sul] e do mundo evangélico em geral. Mohler defende a expiação limitada como pode ser deduzido de suas obras publicadas, nas quais ele fala sobre a extensão da expiação e do debate com Paige Patterson na assembleia anual da Southern Baptist Convention. Ele também tacitamente defendeu sua lealdade à expiação limitada em um vídeo apresentado em seu gabinete e biblioteca pessoal. Segurando um livro de sua biblioteca, ele declarou:

> Há um livro em particular que é importante para mim e penso nele quando penso em *Together for the Gospel* [Juntos pelo Evangelho]. Este

---

[2405] K. Kennedy, "Was Calvin a Calvinist? John Calvin on the Extent of the Atonement", em *Whosoever Will*, 191-212. Esse capítulo é algo do sumário da dissertação de doutorado de Kennedy de 1999, que foi mais tarde publicada como *Union with Christ and the Extent of the Atonement in Calvin*.

[2406] Veja na seção sobre Calvino, onde faço referência e uso a obra de Kennedy.

[2407] *Journal of Baptist Theology and Missions* 7 (Spring 2010).

livro belo e pequeno é a primeira impressão de *Por Quem Cristo Morreu* de John Owen. E ele foi enviado para mim da Inglaterra por meu querido amigo Mark Dever, como um presente na minha eleição como presidente do Southern Seminary [Seminário do Sul], quase dezessete anos atrás.[2408]

Em um sábado, 3 de maio de 2014, Mohler apresentou seu programa de rádio "Ask Anything: Weekend Edition" [Pergunte Qualquer Coisa: Edição de Fim de Semana]. Um interlocutor fez uma pergunta sobre a extensão da expiação, referindo-se a João 3.16; 1 Coríntios 15.22; e 1 João 2.2. O interlocutor declarou que se Jesus verdadeiramente morreu pelos pecados da humanidade e mesmo se alguém acabasse no inferno, então isso seria um escárnio da suficiência do sangue expiatório de Cristo.[2409] Há muitos problemas com a declaração do interlocutor. Ele compreende a expiação em termos de categorias comerciais e pensa que se Jesus morreu pelos pecados de uma pessoa, então eles devem ser perdoados. A noção de que a expiação universal resulta em salvação universal está implícita na declaração do interlocutor. Segundo, o interlocutor não entende a natureza da suficiência da expiação ao falhar em distinguir entre suficiência intrínseca e extrínseca. Terceiro, o interlocutor funde a extensão da expiação com sua aplicação, presumindo que as duas sejam coextensivas.

Em sua resposta, Mohler não corrigiu o interlocutor sobre essas falsas noções. Na realidade, pela resposta, parece que ele concordou com a opinião do ouvinte sobre o tema. Mohler recorreu a diferentes usos de "todos" e "mundo" nos textos a respeito da expiação e afirmou que não importa qual o conceito que a pessoa tenha, ela deve interpretar essas palavras diferentemente em contextos diferentes. Então, Mohler fez uma declaração assim: se a obra redentora de Cristo é aplicada ao mundo e a todos que estão nele sob a mesma base, conclui-se que todos estão salvos, algo que evidentemente não é consistente com a Escritura. Mas a análise dele é falha. Sua exposição evita o tema da extensão da expiação completamente. Observe que ele fala a respeito da *aplicação* da expiação. A questão sobre a mesa é a extensão da expiação. Ele confunde e funde esses dois temas.

Finalmente, Mohler declarou a própria posição: Cristo morreu por aqueles que ele redimiu. Ele defende a expiação limitada.[2410]

[2408] A. Mohler. "Al Mohler: A Study Tour", *Together for the Gospel Online*, January 12, 2010, http://vimeo.com/groups/27420/videos/8693850.

[2409] A. Mohler, "Ask Anything: Weekend Edition", *AlbertMohler.com* (blog), May 3, 2014, http://www.albert-mohler.com/2014/05/03/ask-anything-weekend-edition-05-03-14/. A pergunta do visitante começa aproximadamente na marca de 9:53 minutos, seguida pela resposta de Mohler.

[2410] Embora deva-se notar que a declaração de Mohler é verdadeira à medida que é semelhante, isto é, Cristo morreu por todos que ele redime. Mas também morreu por aqueles que não são

Mark Dever (1960-)

Dever é pastor de Capitol Hill Baptist [Igreja Batista de Capitol Hill] em Washington, D. C. Ele é o fundador dos *9Marks Ministries* [Ministérios 9 Marcas] e um dos cofundadores do Together for the Gospel [Juntos pelo Evangelho]. Em um artigo intitulado "Qual Confissão?", Dever explicou suas opiniões sobre a New Hampshire Confession of Faith [Confissão de Fé de New Hampshire], notando que ela não declara formalmente a expiação limitada.[2411] Ele afirmou: "É fato, não houve necessidade de afirmar a expiação limitada no documento, mas os autores de New Hampshire inteligentemente ocultaram essa discordância ao usar a abordagem da primeira pessoa do plural, fazendo declarações sobre 'nós' e 'nos'".[2412] Ele prosseguiu:

> Não havia nada nisso que eu discordasse. Cristo fez uma expiação completa por nossos pecados. Ora, eu sabia que alguns afirmariam isto, considerando que Cristo também fez uma expiação completa pelos pecados dos não eleitos, mas eles também criam nisso. Jamais pensei que defender a expiação limitada fosse necessário para a salvação. Embora considere que isso seja bíblico, eu penso que compreendo quantos amigos, sobre esse assunto, talvez creiam na substituição tão integralmente quanto eu; afirmam que a morte de Cristo é o único caminho para salvação e ainda assim pensam que de alguma forma há uma secundária, não salvífica eficácia latente na morte de Cristo, até mesmo aplicada por ela, que é para todas as pessoas. Não estou convencido de que essa opinião esteja correta. Não pregarei essa opinião de nosso púlpito. Não teremos um presbítero que fará desse tema uma controvérsia. Mas cheguei a pensar que nosso povo é mais nobre e mais útil por não exigir concordância sobre esse tema no momento em que entra em nossa congregação. E a New Hampshire Confession [Confissão de New Hampshire] nos concede liberdade para ter uma ampla membresia evangélica, que, portanto, é liderada e ensinada por aqueles que, como eu mesmo, têm um conceito bíblico mais claro e consistente sobre a expiação.[2413]

Dever é autor do livro *The Gospel and Personal Evangelism* [O Evangelho e o Evangelismo Pessoal]. Ele sugeriu três razões para o evangelismo: obediência à Escritura,

---

redimidos. A propósito, Mohler é o único dos seis presidentes do Southern Baptist Seminary [Seminário Batista do Sul] que defende a expiação limitada.

[2411] M. Dever, "Which Confession", *The Founders Journal* 61 (Summer 2005), 6.
[2412] Ibid.
[2413] Ibid., 6-7.

amor pelos perdidos e amor a Deus.[2414] Concordo completamente. Porém, Dever falhou em mencionar duas outras razões fundamentais declaradas na Escritura: (1) a morte de Cristo por todas as pessoas e (2) a vontade redentora universal de Deus. É claro que ele não pode afirmar a morte de Cristo pelos pecados de todos os homens porque defende a expiação limitada. Eu presumo que ele concordaria com a vontade redentora universal de Deus, embora explicitamente não tenha declarado em parte alguma em seu livro tanto quanto posso afirmar (ou em qualquer um de seus outros escritos).

Em uma entrevista, em 2010, no programa de rádio *9Marks* [9 Marcas] com Daniel Akin, presidente do Southeastern Baptist Theological Seminary [Seminário Teológico Batista do Sudeste] em Wake Forest, Carolina do Norte, Dever perguntou a Akin sobre a extensão da expiação. No decurso, Dever fez esta declaração: "A relação hipotética da morte de Cristo com o não eleito não é parte do evangelho ... O evangelho é como [o que] Paulo diria: 'Ele morreu por mim'"[2415] Essa resposta é problemática. Como um calvinista extremo, a resposta de Dever pressupõe que a expiação limitada é verdadeira e, portanto, Cristo morreu de fato somente por pessoas específicas, os eleitos. Além disso, parece que ele está equiparando essa convicção com o evangelho. O que ele pretende dizer por "hipotético" não é claro. Se ele se refere aos universalistas hipotéticos, então eles responderiam que não há nada "hipotético" sobre a morte de Cristo pelos não eleitos. Jesus, de fato, morreu pelos pecados de todos, incluindo os dos não eleitos. Finalmente, Paulo declara em 1 Coríntios 15.3 que seu hábito de pregar o evangelho ao não salvo incluía a proposição: "Cristo morreu pelos nossos pecados", o que ratifica a expiação ilimitada.

Em uma postagem do Twitter, em 10 de abril de 2014, Kevin DeYoung (@RevKevDeYoung) reportou Dever dizendo: "Não temos boas-novas para os pecadores não arrependidos. Temos somente boas-novas para os pecadores arrependidos".[2416] Essa declaração reflete confusão entre o evangelho como objetivamente considerado e nossa resposta subjetiva a ele. O evangelho permanece objetivamente como boas-novas, não importa nossa resposta a ele; mesmo que o evangelho seja uma oferta, não importa qual seja nossa resposta quando o ouvimos. O evangelho não beneficiará ninguém eternamente, a não ser que se responda apropriadamente à sua oferta de vida eterna.

Em um painel de perguntas e respostas em T4G14, DeYoung reportou-se à citação de Dever sobre as boas-novas e disse: "É claro que temos a oferta de boas-novas". Mas, novamente, isto colapsa às boas-novas, em si mesmas, com a recepção a elas. O

[2414] M. Dever, *The Gospel and Personal Evangelism* (Wheaton, IL: Crossway, 2007), 96.
[2415] Akin, "Life and Ministry", A parte relevante começa aproximadamente na marca dos 50 minutos.
[2416] Kevin DeYoung, postagem do Twitter, 10 de abril de 2014, https://twitter.com/revkevdeyoung/statue/454071366250409984.

evangelho é objetivamente as boas-novas ao mundo inteiro, quer as pessoas recebam subjetivamente o que é oferecido, quer não.

Malcolm Yarnell (1962-)

Yarnell é professor de teologia no Southwestern Baptist Theological Seminary [Seminário Teológico Batista do Sudoeste]. Ele fez críticas à filosofia e teologia calvinista em sua obra seminal sobre o método teológico da igreja livre, *The Formation of Christian Doctrine*[2417] [A Formação da Doutrina Cristã], bem como em ensaios que contribuíram para duas obras na controvérsia calvinista na SBC [CBS].[2418] Yarnell formula a própria declaração sobre a expiação ilimitada em suas resenhas apreciativas da soteriologia e do fervor evangelístico dos primeiros anabatistas e dos primeiros teólogos batistas em duas revistas europeias, *Baptist Quarterly* [Batista Trimestral] e *Theologie Evangelique* [Teologia Evangélica], como também na sua revisão americana do Sínodo de Dort na *SBC Life* [Vida da CBS]. Yarnell também influenciou na criação do lema: "Nem calvinista nem arminiano, mas batista". [2419]

Russel Moore (1971-)

Moore é ex-decano e vice-presidente do Southern Seminary [Seminário do Sul] em Louisville, Kentucky e atual presidente de Southern Baptist Ethics and Religious Liberty Commission [Comissão de Ética Batista do Sul e Liberdade Religiosa]. Ele é um defensor da expiação universal.[2420]

[2417] M. Yarnell, *The Formation of Christian Doctrine* (Nashville, B&H Academic, 2007(49-59, 73-106, 154-57).

[2418] M. Yarnell, "The Potential Impact of Calvinist Tendencies upon Local Baptist Churches", em *Whosoever Will*, 213-32; idem, "Calvinism: Cause for Rejoicing, Cause for Concern", em *Calvinism: A Southern Baptist Dialogue*, 73-95.

[2419] Veja M. Yarnell, "Les baptistes son-ils calvinistes ou non-calvinistes", Theologie Evangelique 12 (2013): 1-26; idem, "We Believe with the Heart and with the Mouth Confess': The Engaged Piety of the Early General Baptists", *Baptist Quaterly* 44 (2011): 1-23; idem, "The TULIP of Calvinism: In Light of History and the Baptist Faith and Message", *SBCLife*, April 2006, que pode ser acessado em http://www.sbclife.net/Articles/2006/04/sla8; idem, Neither Calvinists nor Arminians but Baptists (New Orleans: Center for Theological Research, 2010; coescrito com vários líderes não calvinistas da Convenção Batista do Sul).

[2420] R. Moore, "The Triumph of the Warrior King: A Theology of the Great Commission", Russell Moore (blog), March 5, 2008, http://www.russellmoore.com/2008/03/05/triumph-of-the-warrior-king-a-theology-of-the -great-commission-part-3. Moore também me confirmou seus conceitos em uma conversa pessoal.

Erick Hankins (1971-)

Em 2012, Eric Hankins, pastor da First Baptist Church [Primeira Igreja Batista] Oxford, Mississippi e Ph.D. do Southwestern Baptist Theological Seminary [Seminário Teológico Batista do Sudoeste] escreveu uma "Declaração Tradicional de Soteriologia Batista do Sul". A declaração articulou uma soteriologia não reformada e foi publicada e assinada por muitos batistas do Sul, incluindo alguns diretores de instituições, antigos presidentes da SBC [CBS], presidentes de seminário e universidade, pastores e leigos.

Fui solicitado a escrever uma exposição para ser publicada sobre o Artigo 3: "A Expiação de Cristo". O artigo consiste de uma proposição afirmativa e três proposições negativas. É a última negativa que trata especificamente da questão da extensão da expiação.[2421]

> Nós afirmamos que a substituição penal de Cristo é o único sacrifício disponível e eficaz pelos pecados de cada pessoa. Nós negamos que essa expiação resulta em salvação sem a livre resposta de arrependimento e de fé da pessoa. Nós negamos que Deus imponha ou sonegue essa expiação sem respeito a um ato de livre-arbítrio da pessoa. Nós negamos que Cristo morreu somente pelos pecados daqueles que serão salvos.[2422]

A "Declaração Tradicional" atraiu a atenção da liderança batista do Sul e resultou em uma força-tarefa para estudar o tema do calvinismo na CBS nomeada por Frank Page, presidente do Comitê Executivo da CBS. A força-tarefa formulou uma declaração sobre os temas que identificaram tópicos de acordo e desacordo entre os calvinistas e os não calvinistas na CBS intitulada: "Verdade, Confiança e Testemunho em um Tempo de Tensão".[2423] Uma das áreas fundamentais de discordância concerniu à extensão da expiação.

Há duas declarações diretas sobre a expiação. A primeira aparece na seção "Verdade" do documento; a segunda na seção "Tensão". A primeira identifica onde todos concordam com a expiação; a segunda ressalta as discordâncias sobre a extensão da expiação.

[2421] D. L. Allen, "Commentary on Article 3: The Atonement of Christ", *Journal of Baptist Theology and Ministry* 9 (2012): 41-48.

[2422] Ibid. Veja também Eric Hankins, "A Statement of the Traditional Southern Baptist Understanding of God's Plan of Salvation", *SBC Today: Southern Baptist News and Analysis*, June 2012, http://sbctoday.com/wp-content/uploads/2012/06/A-Statement-of-Traditional-Southern-Baptist-Soteriology-SBC-Today.pdf.

[2423] "Truth, Trust, and Testimony in a Time of Tension: A Statement from the Calvinism Advisory Committee", *SBC Life: Journal of the Southern Baptist Convention*, June 2013, http://www.sbclife.net/Articles/2013/06/sla5.

Nós afirmamos que a morte de Jesus Cristo na cruz foi penal e substitutiva e que a expiação que ele realizou foi suficiente para os pecados do mundo inteiro. Nós negamos que falte alguma coisa na expiação de Cristo para prover a salvação de qualquer um.

Nós concordamos que Deus ama a todos e deseja salvar todos, mas diferimos quanto a por que alguns são definitivamente salvos.

Nós concordamos que a morte penal e substitutiva de Cristo foi suficiente para os pecados do mundo inteiro, mas diferimos sobre se Jesus realmente substituiu todas as pessoas em seus pecados ou somente os eleitos.

Observe na segunda declaração que todas as tendências concordam sobre o amor universal de Deus e sua vontade redentora universal. A discordância primordial é a respeito da extensão da expiação: "se Jesus substituiu todas as pessoas em seus pecados ou apenas os eleitos".

Matthew Harding (1973-)
A dissertação de doutorado de Harding no Southwestern Baptist Theological Seminary [Seminário Teológico Batista do Sudoeste]: "A Teoria da Expiação Revisitada: Calvino, Beza e Amyraut sobre a Extensão da Expiação" foi concluída em 2014.[2424] Harding defendeu que o conceito de Amyrault de uma expiação universal equipara-se ao de Calvino e que Beza foi além de Calvino em defesa de uma expiação limitada.

Adam Harwood (1974-)
Harwood é professor assistente de teologia, diretor do Baptist Center for Theology and Ministry [Centro Batista de Teologia e Ministério], editor do Journal for Baptist Theology & Ministry [Revista de Teologia Batista e Ministério] no New Orleans Baptist Theological Seminary [Seminário Teológico Batista de New Orleans. Ele é um defensor transparente da expiação ilimitada, como evidenciado por um artigo talentoso e bem escrito: "O Evangelho é para Todas as Pessoas ou Somente para Algumas".[2425]

[2424] M. Harding, 'Atonement Theory Revisited: Calvin, Beza, and Amyraut on the extent of the Atonement" (PhD diss., Southwestern Baptist Theological Seminary, 2014). Veja também M. Harding, "Atonement Theory Revisited: Calvin, Beza, and Amyraut on the extent of the Atonement", *Perichoresis* 11 (2013): 49-73.

[2425] A. Harwood, "Is the Gospel for All people or Only Some People?", *Journal for Baptist Theology and Ministry* 11 (2014): 16-33.

Jarvis J. Williams (1978-)

Williams é professor assistente de hermenêutica do Novo Testamento no Southern Baptist Theological Seminary [Seminário Teológico Batista do Sul]. O livro dele *For Whom Did Christ Die? The Extent of the Atonement in Paul's Theology*[2426] [Por Quem Cristo Morreu? A Extensão da Expiação na Teologia de Paulo] é uma tentativa de apoiar a expiação limitada por comparar o material do judaísmo do Segundo Templo com as cartas de Paulo.

Esse é um trabalho muito parcial. Material que trata do judaísmo do Segundo Templo é, às vezes, útil. Lida com a extensão da expiação é histórica e exegeticamente frágil. A seção que analisa o tema da extensão é quase totalmente dependente de fontes secundárias. Williams falhou em tratar ou mesmo reconhecer a obra exegética e teológica de muitos calvinistas como Davenant, Baxter, Charles Hodge, Shedd e Dabney que se opuseram à expiação limitada; muitos escrevem obras relevantes contra isto. Ele demonstra não conhecer a obra principal de G. Michael Thomas, *The Extent of the Atonement* [A Extensão da Expiação] sobre os temas históricos que envolvem o problema da extensão na teologia reformada. Williams, de maneira equivocada, atribuiu o apelido de arminianismo ao livro de Ken Keathley, *Salvation and Sovereignty* [Salvação e Soberania].

Ele dedicou a maior parte do tempo pesquisando Romanos, com uma seção sobre o livre-arbítrio no judaísmo antigo, na Pseudoepigrafia e os Manuscritos do Mar Morto.[2427] Embora, algumas vezes, isso seja interessante e útil há pouca ou nenhuma conexão com a extensão da expiação. Na realidade, parece que ele tenta forçar sua tese preconcebida da expiação limitada nos textos do Segundo Templo. Isto é a clássica eisegesis. A maioria das obras antigas judaicas que ele discutiu não tem nada a ver com o problema da extensão.[2428] Williams analisou "o propósito e benefícios da

---

[2426] J. Williams, *For Whom Did Christ Die? The Extent of the Atonement in Paul's Theology*, Paternoster Biblical Monographs (Milton Keynes, UK: Paternoster, 2012).

[2427] Ibid., 33-187.

[2428] Por outro lado, quando se trata daqueles textos que de fato referem-se, quase que indiretamente, à questão dele, Williams parece desconhecer a relevância dos textos. Por exemplo, sobre o assunto da agência divina e humana, ele dedicou apenas um parágrafo a *1 Enoque*, não mencionou as passagens relevantes e negligenciou algumas fontes secundárias eruditas relativas ao tema. *1 Enoque* é uma obra composta, como Williams reconheceu. O que ele parece não saber é o fato de que eruditos escreveram muito sobre o tema da agência divina e humana nas obras que compõem esse corpus. Veja especialmente P. Sacchi, *Jewish Apocalyptic and Its History*, Revista para o estudo da Pseudoepigrafia, Suplemento série 20 (Sheffield, UK: Sheffield Academic, 1990), 83-83, 146, cujas ideias são seguidas de uma forma ampliada/modificada por G. Boccaccini, Beyond the Essene Hypotesis: The Parting of the Ways between Qumran and Enochic Judaism (Grand Rapids, MI: Eerdmans, 1998), 72-74, 133-35. Em síntese, de acordo com alguns eruditos, o *Livro*

morte de Jesus" no capítulo 4, do qual as primeiras páginas lidam com o sacrifício de animais na Bíblia hebraica e o sacrifício humano no judaísmo antigo, antes mesmo de alcançar Paulo.[2429] As páginas 200—214 são um estudo muito limitado das sete passagens paulinas primordiais, a maioria das quais não trata da extensão da expiação diretamente. Ele falhou em examinar aquelas que tratam, como Romanos 5.18, 19; 1 Coríntios 15.3; 1 Timóteo 2.3-6 e 1 Timóteo 4.10 para mencionar quatro. A análise dele de 2 Coríntios 5.14-21 é limitada a duas passagens e não apresenta a exegese. Não há análise de 1 Coríntios 15.1-11 indicando que Paulo compreendeu que o evangelho inclui a pregação habitual que "Cristo morreu por nossos pecados" a audiências não regeneradas, como ele o fez em Corinto.[2430]

---

dos Vigilantes (1 *Enoque 1-36*) ensina que o pecado está além do controle e Deus precisa agir para libertar os homens dos males que eles não podem evitar, embora a *Epístola de Enoque* (1 Enoque 92-105) enfatize que os seres humanos são absolutamente culpados de pecado. Conquanto eu considere que até mesmo esse conceito de *1 Enoque* seja um tanto simplista, ele é uma discussão relevante relacionada, pelo menos indiretamente, ao argumento de William de que ele deve se empenhar se argumenta que os judeus criam que "a agência divina envolve a agência humana", seja o que for que ele queira dizer por isso. A escassez de notas de rodapé nas porções do livro do judaísmo antigo parece sugerir que Williams consultou apenas uma pequena quantidade de obras eruditas sobre a literatura. Considerando que discutiu a teologia de uma obra (4 Esdras) duas vezes no mesmo capítulo, a conclusão que se afigura inevitável é que ele não compreendeu que essa obra é publicada em duas coleções (Apócrifos e Pseudoepigrafia) sob dois títulos diferentes. Em uma hipótese, ele discutiu um livro dos chamados Apócrifos, 2 Esdras, capítulos 3-14, dos quais um é pseudoepigráfico denominado 4 Esdras. Em seu tratado sobre a "Pseudoepigrafia", contudo, ele tem uma discussão separada a respeito de 4 Esdras. Ele reconhece em uma nota de rodapé, no caso de 2 Esdras, que os capítulos 3-14 são conhecidos como 4 Esdras, mas parece desconhecer completamente que esse é o mesmo 4 Esdras que discutiu na seção seguinte do capítulo. Ele não explica porque trataria disso duas vezes ou até mesmo encaminharia o leitor, em uma nota de rodapé, para outra discussão. Pelo contrário, de acordo com as notas de rodapé 7 e 19, ele direciona o leitor para uma tradução da obra em uma hipótese e para outra tradução noutra hipótese. É interessante que suas duas discussões da mesma obra são muito diferentes, o que ilustra a natureza altamente subjetiva de sua interpretação, pois nem ele próprio interpreta o mesmo texto da mesma forma duas vezes. Embora ele esteja correto em sua argumentação que os mártires expiam os pecados de Israel em 2 Macabeus e 4 Macabeus, não consigo perceber como esse fato sustenta a expiação limitada. Simplesmente não há nenhuma conexão entre 2 Macabeus e 4 Macabeus e a doutrina da expiação limitada. Os mártires morreram em lugar de Israel apenas (não por todas as nações), mas Israel é concebida corporativamente. Essas obras não parecem implicar que os mártires morreram somente em favor de certos membros de Israel. Apesar de que se possa corretamente contrastar a convicção de Paulo que Jesus morreu pelo mundo com essa convicção de 2 Macabeus e 4 Macabeus, que Jesus morre apenas por Israel, não há nada que apoie a ideia da expiação limitada nos textos judaicos ou em Paulo.

[2429] J. Williams, *For Whom Did Christ Die?*, 188-214.

[2430] James Morison discutiu esse texto como evidência da expiação ilimitada em sua obra *The Extent of the Propitiation*, ou, *The Question, For Whom Did Christ Die? Respondida* (Kilmarnock: J. Davie, 1842), 14-16, 94. Morison citou vários pais da igreja que assimilaram a mesma interpretação.

Isso é ainda mais problemático à luz do propósito declarado de Williams de "apresentar um estudo detalhado, exegético de textos selecionados em Paulo e no judaísmo antigo que esclareceu o conceito de Paulo sobre a extensão da morte de Jesus"[2431] e a afirmação dele de que a obra, até onde ele sabe, é "a única monografia que se preocupa exclusivamente em argumentar em favor da expiação particular, conforme as cartas paulinas, mediante o *rigor exegético*".[2432]

O livro de Williams, *Christ Died for Our Sins: Representation and Substitution in Romans and Their Jewish Martyrological* Background [Cristo Morreu Pelos Nossos Pecados: Representação e Substituição em Romanos em seu Contexto Martirológico Judaico] foi publicado em 2015.[2433] Williams continuou sua trajetória da expiação limitada em tons mais moderados. No prefácio, reconheceu a crítica a seu trabalho prévio e aprimorou sua tese para uma proposta mais modesta de que a teologia do martírio foi uma das diversas tradições que influenciou a concepção e apresentação de Paulo da morte de Cristo.[2434] Entre suas conclusões resumidas estão as três declarações, a seguir:

> Em Romanos, Paulo sugere que Jesus, um judeu obediente à Torá, morreu inocentemente pelos pecadores judeus e gentios que eram desobedientes à Torá, de modo que eles experimentassem os benefícios soteriológicos, tanto como resultado de sua morte por eles quanto como resultado da identificação deles com Jesus, pela fé.[2435]
>
> O uso de Paulo das tradições martirológicas judaicas em Romanos foi um movimento missiológico intencional da parte dele para contextualizar a morte de Jesus pelos judeus e gentios, a fim de ressaltar a natureza eficaz da morte de Jesus por eles.[2436]

[2431] J. Williams, *For Whom Did Christ Die?*, 1.

[2432] Ibid., 2 (ênfase minha).

[2433] J. Williams, *Christ Died for Our Sins: Representation and Substitution in Romans and Their Jewish Martyrological Background* (Eugene, OR: Pickwick, 2015).

[2434] Ibid., x-xi, 184-88.

[2435] Ibid., 186.

[2436] Ibid., 187.

Embora as narrativas judaicas martirológicas apresentem os judeus obedientes à Torá morrendo exclusivamente como substitutos e representantes dos judeus pecadores, Paulo usa as narrativas judaicas martirológicas para apresentar Jesus, um judeu obediente à Torá, como morrendo exclusivamente pelos pecadores judeus *e gentios* que creem. Segundo Paulo, o Deus de Israel é o Deus dos judeus e gentios (Rm 3.29, 30), porque "Cristo morreu por nós, sendo nós ainda pecadores" (Rm 5.8 – ARC).[2437]

Na primeira declaração, Williams parece pretender uma expiação limitada, pois Jesus morreu para que pecadores judeus e gentios "experimentassem os benefícios soteriológicos". Parece que "experimentassem" tem o sentido de "experimentarão". Se a última proposição composta – "como resultado de sua morte por eles e como resultado da identificação deles com ele, pela fé" – é intencionada para comunicar limitação em ambas partes, então ele interpreta que Paulo está afirmando a expiação limitada.

Na segunda declaração, eu presumo que Williams deseja exprimir a noção de limitação na morte de Cristo, embora como formulado necessariamente não expresse esse sentido. Paulo se dirige aos cristãos em Romanos. Quando o apóstolo fala sobe a natureza eficaz da expiação em favor e para aqueles que já são cristãos, logicamente que ele não está se comprometendo com uma expiação limitada estritamente em termos da *provisão* real da expiação, mas fala da *aplicação* real da expiação para eles, a qual é, de fato, eficaz. Entretanto, Williams parece comunicar o sentido de limitação pelo uso que faz de "eficaz".

Na terceira declaração de William, sua posição sobre a expiação limitada é clara: "Jesus morreu inclusivamente pelos pecadores judeus *e gentios* que creem". "Inclusivamente" refere-se aos pecadores judeus e gentios; "que creem" delimita a categoria de pecadores por quem Jesus morreu: *exclusivamente* por aqueles que creem.

O problema é que nada no estudo de Williams, da tradição martirológica de Isaías 53 ou Romanos, justifica, muito menos autoriza, tal interpretação. Ele provavelmente está lidando com um conceito comercial da expiação, de tal forma que todos aqueles a quem Cristo substituiu, a expiação *deve* ser aplicada. Isso simplesmente não é o que Paulo afirma em Romanos ou em qualquer contexto de suas cartas.

Finalmente, Williams falhou ao referir-se à dissertação de doutorado de Jintae Kim. *"The Concept of Atonement in 1 John: A Redevelopment of the Second Temple Concept Atonement"*[2438] [O Conceito de Expiação em 1 João: Uma Reformulação do Conceito da Expiação do Segundo Templo]. Kim demonstrou que 1 João, baseando-se

---

[2437] Ibid., 188.

[2438] Jintae Kim, "The Concept of Atonement in 1 John: A Redevelopment of the Second Temple Concept of Atonement" (Ph.D. diss., Westminster Theological Seminary, 2003).

nas tradições judaicas de perdão e expiação cultual nos escritos do Antigo Testamento e do Segundo Templo, integrou essas duas tradições em sua teologia da expiação e do perdão do pecado. A despeito das similaridades entre 1 João, o Segundo Templo e essas tradições rabínicas, incluindo as tradições martirológicas, há ainda diferenças decisivas entre eles. Os escritos do Segundo Templo e as tradições rabínicas posteriores foram particularistas em foco (centrada em Israel).

Conforme Kim, 1 João universaliza e individualiza perfeitamente as esperanças nacionais e corporativas de Israel por conectar as duas tradições judaicas (sacrifício vicário e o perdão do novo pacto) à única morte e perdão de Cristo para o pecado e estende o alcance da eficácia da expiação de Jesus para incluir o mundo inteiro. O fato é mais evidentemente exprimido em 1 João 2.2. A aplicação do termo "salvador do mundo" a Jesus em 1 João 4.14 enfatiza a eficácia universal da morte expiatória de Cristo em conexão com seu papel como "sacrifício expiatório" em 1 João 4.10. Ademais, João 1.29 aponta para a morte vindoura de Cristo como um sacrifício expiatório para o pecado do mundo, que será mais integralmente explicado em João 3.14-17.

A maneira pela qual 1 João funde esses dois elementos tradicionais do judaísmo é excepcional quando comparados aos escritos do Segundo Templo e aos escritos rabínicos. Semelhantemente a 1 João, Romanos e Hebreus aplicam a universalização das esperanças judaicas à morte expiatória de Jesus.[2439] De acordo com a mesma literatura do Segundo Templo e com as tradições martirológicas, Kim chegou à conclusão oposta à de Williams a respeito da extensão da expiação em Romanos e 1 João.

David Platt (1979-)

Platt é o presidente da International Mission Board of the Southern Baptist Convention [Junta de Missões Internacionais da Convenção Batista do Sul]. Ele foi pastor e lecionou homilética na faculdade do New Orleans Baptist Theological Seminary [Seminário Teológico Batista de New Orleans].

O calvinismo de Platt é renomado e muitos presumem que ele adota a posição da expiação limitada. Por exemplo, Adam Harwood concluiu isso em relação a Platt baseado nos comentários feitos na obra dele: *"Divine Sovereignty: The Fuel of Death--Defying Missions"* [A Soberania Divina: O Encorajamento das Missões Desafiadoras da Morte] em *O Evangelho Subestimado*.[2440] No mínimo, seus comentários indicam que ele afirma o *desígnio* ou intento limitado com respeito à expiação. Alguns dos diretores da Junta de Missões Internacionais mencionaram que Platt respondeu

---

[2439] Ibid., 200, 279, 292-93, 297.

[2440] Harwood, "Is the Gospel for All People", 23; citando David Platt, *"Divine Sovereignty: The Fuel of Death-Defying Missions"* em *The Underestimated Gospel*, ed. Jonathan Leeman (Nashville: B&H, 2014), 69, 71.

especificamente às questões sobre sua opinião a respeito da extensão da expiação e afirmou que Cristo morreu pelos pecados de todas as pessoas.[2441] Isso poderia sinalizar que ele defende a expiação limitada como muitos na história do calvinismo, presumindo que a compreensão desses diretores sobre a resposta de Platt está de acordo com o sentido pretendido por ele.

David Schrock (1980-)

Schrock é o pastor da Occoquan Bible Church [Igreja da Bíblia em Occoquan] em Woodbridge, Virgínia. Ele concluiu sua dissertação de doutorado, "Uma Pesquisa Histórico-Teológica do Sacerdócio e Pacto da Mediação de Cristo com Respeito à Extensão da Expiação" no Seminário do Sul, sob a orientação de Stephen Wellum.[2442] A dissertação dele, conforme admite, depende bastante do pacto progressivo explicado por Gentry e Wellum.[2443] Isto é significativo, porque a abordagem de Gentry e Wellum recebeu críticas seversas dos pactários e dispensacionalistas progressistas.[2444]

Schrock defendeu que um conceito da tipologia da mediação sacerdotal do novo pacto é necessário para compreender a extensão da expiação e os resultados que confirmam a expiação limitada. Para ele, a expiação universal não corresponde à tipologia sacerdotal do Antigo Testamento. Na realidade, a expiação universal "destrói" o relacionamento do tipo no Antigo e do antítipo no Novo Testamento.[2445] Consequentemente, Jesus precisa oferecer uma expiação que seja particular somente para os pecados dos eleitos.

Ao ler essa dissertação, fica-se impressionado primeiramente pela análise bíblica do sacerdócio no Antigo Testamento que geralmente é bem-feita. No entanto, a noção do autor que a descrição do ministério sacerdotal desse período revela uma expiação limitada e provê um paradigma tipológico/teológico para deduzir uma expiação limitada

---

[2441] Conversa pessoal do autor com alguns diretores.

[2442] D. Schrock, "A Biblical-Theological Investigation of Christ's Priesthood and Covenant Mediation with Respect to the Extent of the Atonement" (PhD diss., Southern Baptist Theological Seminary, 2013).

[2443] P. Gentry e S. Wellum, *Kingdom through Covenant: A Biblical-Theological Understanding of the Covenants* (Wheaton, IL: Crossway, 2012).

[2444] Veja os recentes artigos não publicados no 2014 ETS sobre esse tópico por P. Gentry, S. Wellum, C. Blaising, e a crítica bastante severa de D. Bock: C. Blaising, "A Critique of Gentry and Wellum's Kingdom Through Covenant: A Hermeneutical-Theological Response," The Master's Seminary Journal 26.1 (Spring 2015): 111– 27; D. L. Bock, "A Critique of Gentry and Wellum's, Kingdom through Covenant: A New Testament Perspective," The Master's Seminary Journal 26.1 (Spring 2015): 139– 45. Veja também as três resenhas por D. Bock, D. Moo e M. Horton em 11 a 13 de setembro de 2014 em http://thegospelcoalition.org/article/kingdom-through-covenant.

[2445] Schrock, "A Biblical-Theological Investigation", 362.

no Novo Testamento que é frágil na melhor das hipóteses. As conclusões teológicas que ele extraiu no fim de cada capítulo simplesmente não são justificadas pela base textual que ele pesquisou. Não há conexão evidente.

Schrock também afirmou que uma das principais razões pela qual os calvinistas moderados não afirmam a expiação limitada é a falha de incorporar o sacerdócio de Cristo em suas formulações teológicas.[2446] Essa característica é ampla, dado que muitos calvinistas moderados do passado (Davenant e Baxter, para citar dois) incorporaram o sacerdócio de Cristo em suas formulações teológicas concernentes ao tema da extensão.

Ele concluiu a partir da seção profética do Antigo Testamento que "a expectativa profética era um sacerdote que realizaria a salvação para as pessoas de todas as nações, mas não para cada pessoa. Portanto, eu concluí que os profetas sustentam a expiação limitada e negam a expiação geral".[2447] Baseado em Jesus como o sacerdote perfeito, que é ao mesmo tempo vitorioso, mediador e mestre, derivado de textos selecionados do Novo Testamento, como os Evangelhos, Hebreus e Apocalipse, Schrock argumentou que Jesus cumpriu extraordinariamente o tipo sacerdotal e morreu *pelo* seu povo e *contra* seus inimigos".[2448]

Schrock crê que todo texto sobre a expiação informa o ministério sacerdotal de Jesus. Visto que, como sacerdote, ele morreu apenas pelos pecados dos eleitos, todas as passagens sobre a expiação que parecem falar da morte dele como para o "mundo", "todos" e assim por diante devem ser interpretadas nessa luz particularista. Seu tratado exegético mesmo o teológico, dos textos-chave como 1 João 2.2 e Hebreus 2.9 é seriamente restrito. Em sua tentativa de integrar Moses Stuart, que afirmou uma expiação ilimitada, ele interpretou de maneira equivocada os comentários de Stuart em seus contextos. Aqui, ele cometeu o mesmo erro, como Robert Candlish em relação a Stuart.[2449]

Schrock considera que aqueles que creem em uma expiação geral afirmam que Jesus morreu "por causa do pecado de forma abstrata".[2450] Isto é impreciso. Presumo que por essa alegação, ele é dependente, de alguma forma, do conceito comercial da expiação. Conforme demonstrado por muitos calvinistas, uma expiação geral não significa que Cristo morreu devido a algum conceito amorfo de "pecado abstrato".

Schrock não explica como "ao pregar na cruz a lei com todas as suas exigências legais (Cl 2.13-15), Jesus destruiu eficazmente o julgamento contra o povo do pacto e simultaneamente conquistou o direito de julgar todos aqueles, cujos pecados não

---

[2446] Ibid., 352.
[2447] Ibid., 354.
[2448] Ibid. (ênfase no original).
[2449] Veja acima em Robert Candlish.
[2450] Schrock, "A Biblical-Theological Investigation", 364.

foram expiados no calvário". Se a lei com todas as exigências legais é satisfeita por Cristo na cruz, como que essa é a condição somente dos eleitos e não dos não eleitos? A Escritura simplesmente não se expressa dessa forma.

O principal erro de Schrock é a falha em distinguir propriamente entre expiação realizada e expiação aplicada.[2451] Em sua discussão do evangelho, conforme apresentado universalmente, ele também deixa a desejar. Como é que "a extensão da expiação deve necessariamente ser coincidente com a sua proclamação sacerdotal?"[2452] Onde isso é declarado no Novo Testamento? Para o autor, a natureza multiétnica do povo do pacto de Cristo (em outras palavras, os eleitos vistos por Schrock abstratamente), impele a pregação do evangelho a todas as nações.[2453] Ele não trata do problema de como essa pregação para todos, incluindo os não eleitos, com sua simultânea oferta de salvação para todos, pode ser sincera e genuína da parte do pregador e, mais importante ainda, da parte de Deus, pois não há expiação realizada para os não eleitos; portanto, não há nada a lhes oferecer.

O autor também escreveu um capítulo em *Whomever He Wills* [Quem Ele Quiser] em resposta ao meu capítulo criticando a expiação limitada em *Whosoever Will*[2454] [Quem Quiser]. Considerando que o capítulo de Schrock ilustra a perspectiva de muitos batistas calvinistas do Sul hoje, e já que ele é uma resposta direta ao meu capítulo, apresentarei uma crítica ampliada.

O capítulo de Schrock é dividido em cinco partes: "A Morte de Cristo é Particular", "A Morte de Cristo é Eficaz", "Os Argumentos Sacerdotais em Favor de Uma Expiação Particular e Eficaz", "A Natureza Pactual da Expiação", e "O Impacto Universal da Expiação Limitada".

Compreensão equivocada do Calvinismo Amiraldiano e Moderado

O título do capítulo de Schrock, "Jesus Salva, Nenhum Asterisco é Necessário: Por Que a Pregação do Evangelho como Boas-Novas Exige a Expiação Limitada" é intrigante. O que ele pretende dizer por "nenhum asterisco é necessário" e a pregação do evangelho "exige" a expiação definida? Schrock crê que "aqueles que pregam o evangelho de Jesus Cristo como o poder para a salvação (Rm 1.16) precisam adotar e declarar

---

[2451] Ibid., 366.
[2452] Ibid., 367.
[2453] Ibid., 368.
[2454] D. Schrock, "Jesus Saves, No Asterisk Needed: Why Preaching the Gospel as Good News Requires Definite Atonement", em *Whomever He Wills*, 77-119.

uma cruz que de fato salva e o único conceito que apoiará essa pregação *a longo prazo* é a expiação definida".[2455] Ele nos informa que usará o termo "igualitário" para todos os conceitos sobre a expiação: arminiano, amiraldianismo, molinista e calvinista modificado [as categorias dele], exceto o conceito da expiação definida, porque todos estes pressupõem que a morte de Cristo faz provisão igual para aqueles que em algum momento creriam, como também para aqueles que jamais creriam. Ele afirmou que eles "falham", pois articulam um conceito da expiação que é indefinido".[2456]

Esse é o primeiro de muitos erros no capítulo. Os conceitos amiraldiano e moderado do calvinismo (e provavelmente os molinistas também) não promovem um conceito da expiação que é indefinido. Como calvinistas, aqueles que defendiam e defendem hoje tais conceitos, afirmam claramente uma expiação definida em que o *intento* da morte de Cristo era garantir a salvação dos eleitos. Os amiraldianos e os universalistas hipotéticos afirmam que embora a *suficiência* da provisão seja igualmente para todos, a intenção de aplicá-la não é. Amontoar amiraldianos, molinistas e universalistas hipotéticos com os arminianos é historicamente impreciso e falso.

Schrock comete outro erro relevante quando declara que todos esses conceitos se apropriam "do fundamento teológico da expiação definida".[2457] Isso é historicamente anacrônico, porque o conceito da expiação limitada se desenvolveu na história no campo reformado *após* a posição universalista hipotética.

Na primeira parte, "A Morte de Cristo é Particular", Schrock afirmou: "A prova textual para a expiação definida começa com as declarações diretas que Cristo morreu por um povo particular".[2458] Ele lista Mateus 1.21; Tito 2.14; Atos 20.28; e Efésios 5.25-27, e em uma nota de rodapé ele acrescenta Romanos 5.8, 9; 1 Coríntios 15.3; 2 Coríntios 5.1-19; Gálatas 1.3, 4; Tito 3.5, 6; 1 Pedro 2.24; 3.18. De Tito 2.14, Schrock declarou: "Neste caso, Paulo vai além. Ele explicitamente fala de um povo 'redimido' e 'purificado' pela morte dele, para os propósitos dele".[2459] Ele errou ao considerar que não seria de forma alguma incomum ter esses tipos de textos na Bíblia quando muitos deles ocorrem em epístolas dirigidas somente aos cristãos e não ao "mundo" como um todo. Esse é um aspecto sempre ignorado na discussão.

Aqui e no capítulo inteiro de Schrock, ele continuamente emprega termos vagos como "seu povo", "o povo de Deus", "um povo", "todos que são seus", "seu povo peculiar" "a eles", "eles", "seu próprio", "aqueles que lhe foram dados", "suas ovelhas", e

---

[2455] Ibid., 78 (ênfase no original).
[2456] Ibid.
[2457] Ibid.
[2458] Ibid., 79.
[2459] Ibid.

"nos". Esse tipo de generalização obscurece a distinção entre cristãos e todos os eleitos abstratos. Os "eleitos" estão realmente em dois grupos: (1) aqueles que creram e (2) aqueles que ainda crerão. Schrock frequentemente confunde esses dois grupos. Mas os textos que ele citou diz respeito aos *cristãos*. Ele extraí o que é verdadeiro dos cristãos e então procura aplicar isso a todos os eleitos como uma classe abstrata.

No que concerne a esses textos, nenhum deles declara que Cristo morreu *apenas* pelo grupo mencionado no contexto. Inferir isso é cometer a falaciosa inferência negativa. Quando Paulo diz em Gálatas 2.20 que "Eu vivo pela fé no Filho de Deus, que me amou e se entregou por mim" [ARA], devemos inferir que Cristo morreu apenas por Paulo?

Em seguida, Schrock citou a obra de D. A. Carson: *The Difficult Doctrine of the Love of God*[2460] [A Complexa Doutrina do Amor de Deus] e declarou: "Entretanto, contra os igualitários que indiscriminadamente universalizam o variegado amor de Deus, Cristo ama sua noiva de uma forma que ele não ama os mercadores da Babilônia, que se prostituem com a grande prostituta (Apocalipse 17-19)".[2461] O problema com essa declaração é que os amiraldianos e os calvinistas moderados não "universalizam" indiscriminadamente (presumo que Schrock queira dizer "equalizar" por seu uso "universalizar") o amor variegado de Deus. É verdade que a maioria dos calvinistas distinguem níveis no amor divino em que afirmam um amor eletivo e um amor geral. Muitos não calvinistas afirmariam o conceito dos níveis do amor de Deus. Pode-se dizer que há um senso no qual nenhum evangélico seja propriamente um "igualitário" em que todos concordam que o amor do Pai, conforme compreendido com o sentido de doar os benefícios da salvação às pessoas que satisfazem a condição de fé divina e indica discriminação.

Dabney é incompreendido

Schrock citou meu apelo à falácia da inferência negativa e minha citação de Dabney. Ele disse que minha ideia seria bem assimilada se essas "simples declarações positivas" (textos que falam da extensão da expiação "pelo seu povo" ou "pela igreja") fossem tudo o que havia.[2462] "Entretanto, esses textos são apenas gêiseres visíveis lançados à superfície pelo poder do plano de Deus para salvar um povo particular. Como

---

[2460] D. A Carson, *The Difficult Doctrine of the Love of God* (Wheaton, IL: Crossway, 1999), 16-21.
[2461] Schrock, "Jesus Saves", 79.
[2462] Ibid., 81.

veremos, a fonte desses versículos é o relacionamento pactual de Deus com seu povo particular".[2463] Nada aqui atenua ou refuta o que eu disse.

Ele então citou Michaels: "A maioria das referências à morte de Jesus no evangelho de João tem a ver com os benefícios *para os cristãos*, dos próprios discípulos de Jesus e são, portanto, absolutamente consistentes com a 'redenção particular', como os primeiros batistas ingleses compreenderam".[2464] Mais uma vez, isto não tem nada a ver com o preço do chá na China. Não estamos falando dos benefícios da expiação sendo limitados apenas àqueles que creem. Todos concordam com isso. Nada na declaração de Michaels contradiz a noção de uma expiação ilimitada. Nada no relacionamento pactual de Deus com seu povo – isto é, os cristãos – determina redenção particular compreendida como limitada ao sofrimento de Cristo na cruz por causa do pecado.

A crítica de Schrock à minha "falácia de inferência negativa" e à citação de Dabney é registrada em uma longa nota de rodapé,[2465] na qual ele parece ser dependente da crítica de Greg Wills a meu capítulo na resenha dele.[2466] Essa crítica merece uma resposta detalhada, pois Wills e Schrock cometeram um erro significativo nesse ponto. Com respeito à falácia da inferência negativa e à extensão da expiação, o ônus está com Schrock para provar que uma simples inferência positiva pode resultar em negação universal. Essa é a alegação dele. O problema de Schrock é provar, segundo a Escritura, que Cristo morreu somente para expiar os pecados de algumas pessoas (uma imputação limitada de pecado). Mas ele não apresentou prova para tal proposição.

Schrock citou Dabney como a dizer: "Cristo morreu por todos pecadores em algum sentido".[2467] Ele negligenciou ao ressaltar que Dabney, por essa afirmação, quis dizer que a morte de Cristo realizou a expiação universal pelos pecados. Dabney torna isto claro em poucas páginas mais tarde em sua *Lectures in Systematic Theology* [Palestras em Teologia Sistemática], que eu observei na página 83, nota de rodapé 78, de meu capítulo: "A Expiação: Limitada ou Univesal?" em *Whosoever Will* [Quem Quiser]. Schrock se referiu ao "contexto" da citação de Dabney em um esforço de refutar minha compreensão de Dabney. Ele citou as páginas 527-529 e 533 das *Palestras* de Dabney, mas aparentemente falhou em ver a declaração diretada, que Cristo expiou os pecados de todas as pessoas. Aqui está a declaração de Dabney sobre o contexto de João 3.16:

[2463] Ibid.
[2464] Ibid., 81-82 (ênfase no original).
[2465] Ibid., 80-81.
[2466] G. Wills, "Review of *Whosoever Will: A Biblical-Theological Critique of Five-Point Calvinism*", em Journal for *Baptist Theology and Ministry* 7 (2010): 15-18.
[2467] Schrock, "Jesus Saves", 80.

O versículo 16: a missão de Cristo para fazer expiação pelo pecado é uma manifestação de benevolência inexprimível para o mundo todo, para o homem como homem e a um pecador; no entanto, é designada especificamente para resultar na salvação real dos cristãos. Isto não implica que essa mesma missão, rejeitada por outros, se tornará para eles ocasião (não a causa) de perecimento certamente ainda mais? Sim. Porém, (v. 17) nega-se que esse resultado vindicativo foi o desígnio primário da missão de Cristo e a declaração inicial é repetida, que esse desígnio primário foi manifestar Deus no sacrifício de Cristo, como compassivo para todos. Então, como se concilia o paradoxo aparente? Não por rejeitar qualquer declaração. A solução (v. 18) está no fato que os seres humanos, no uso da livre agência, demonstram recepções opostas a essa missão. Para aqueles que a aceitam como ela é oferecida, produz vida. Para aqueles que escolhem rejeitá-la, é ocasião (não a causa) de condenação. Considerando que (v. 19) a verdadeira causa desse resultado perverso é a má escolha dos incrédulos, que rejeitam a provisão oferecida na benevolência divina, devido a um motivo ímpio; relutância em confessar e abandonar seus pecados. A síntese do assunto é: a missão de Cristo é, para toda a raça humana, uma manifestação da misericórdia de Deus. Para os cristãos é um meio de salvação em razão do chamado eficaz, o qual Cristo expôs nos versículos anteriores. Para os incrédulos a missão se torna uma ocasião subsequente e secundária de desgraça agravada. Essa perversão melancólica, embora adotada no decreto permissivo de Deus, é causada pela própria contumácia deles.[2468]

Para que não restem dúvidas, aqui há mais duas citações diretas segundo o mesmo contexto das *Palestras* de Dabney, das quais Schrock citou:

> Em 1 João 2.2 é no mínimo duvidoso se a frase expressa: "todo o mundo" pode ser restringida ao mundo dos eleitos como incluindo outras pessoas que não os judeus. Posto que é indiscutível que o apóstolo estende a propiciação de Cristo para além daqueles que ele se refere como "nós" no versículo primeiro. A interpretação descrita obviamente procede da pressuposição de que esses são unicamente cristãos judeus. Isto pode ser provado? Essa epístola universal é endereçada apenas aos judeus? Isso é mais do que duvidoso. Parece, então, que o escopo do apóstolo é consolar

---

[2468] Dabney, *Systematic Theology*, 535.

e encorajar cristãos pecadores com o pensamento que como Cristo fez expiação por cada pessoa, não há perigo de que ele não estabelecerá uma propiciação para eles que, tendo já crido, abandonam seus pecados e agora sinceramente se voltam para ele.[2469]

Schrock citou a página 528 de Dabney, como já observado anteriormente. Aqui, a declaração de Dabney sobre essa mesma página afirmando, tão claramente quanto o som de um sino, sua convicção de que Cristo morreu pelos pecados de todas as pessoas: "A redenção é limitada, isto é, para os cristãos verdadeiros e é particular. A expiação não é limitada".

É bastante claro que Dabney cria que "Cristo fez expiação por cada pessoa" e não pelos eleitos apenas. Muitas outras referências poderiam ser fornecidas de seus escritos. A interpretação equivocada de Schrock sobre Dabney, nesse ponto e em tudo, é um grande problema em seu capítulo.

Ele disse que Dabney "também defende a eficácia particular da expiação". Exatamente correto. Este vê uma distinção entre "extensão" e "aplicação", que Schrock não compreendeu. Ele continuou a citar Dabney: "Não há passagem na Bíblia que declara uma intenção de aplicar a redenção a quaisquer pessoas, exceto aos eleitos". Note cuidadosamente o uso de Dabney da palavra "intenção" e "aplicar" aqui. Dabney creu, como todos os calvinistas, que a *intenção* de Deus na expiação é que ela seja *aplicada* somente aos eleitos. Mas Dabney claramente creu que a morte de Cristo expiou os pecados de todos os pecadores. Schrock teve a falsa pressuposição de que minhas referências aos aspectos universais das declarações de Dabney se referem à graça comum. Ele omite a própria posição declarada deste relativa à expiação universal dos pecados. Parte do que poderia estar estimulando a interpretação errônea de Schrock sobre Dabney é a falha em compreender que muitos calvinistas do século XIX distinguiram entre expiação e redenção, conforme já demonstramos. A expiação era ilimitada enquanto que redenção é limitada somente aos eleitos. Pode-se verificar essa mesma distinção nos escritos de Shedd, bem como nos de Dabney. Schrock criou uma falsa distinção ou distinção e tentou algemar Dabney com isso. Mais importante ainda, essa falsa distinção ou a distinção não é sustentada pela Escritura.

Schrock citou Dabney novamente: "O desígnio de Cristo em sua obra vicária foi realizar o que exatamente ela realiza". Observe de novo que o uso de Dabney da palavra "desígnio". "Desígnio" e "intento" são sinônimos. O desígnio de Cristo na expiação é que ela realmente traria a salvação apenas dos eleitos. Dabney creu que a expiação estava limitada em seu *intento* e *aplicação*, mas *não em sua extensão*. Contudo, Schrock

---

[2469] Ibid., 525.

erradamente concluiu dessa última declaração "que Dabney defende uma expiação limitada com efeitos (leia-se não redentores) 'temporais'".[2470] Essa é uma interpretação deficiente, pois é claro aqui e em outro contexto de seus escritos que Dabney afirmou uma expiação universal na morte de Cristo. Schrock confunde e assim funde os temas do intento, extensão e aplicação.

Schrock continuou em sua nota de rodapé:

> A citação de Allen sugere que Dabney defende seu conceito igualitário, mas não é esse o caso. Allen faz a expiação definida parecer uma questão de ginástica lógica, mas na realidade Dabney e seus irmãos reformados atentam cuidadosamente para todo o conselho da Escritura com o propósito de afirmar a salvação particular e os efeitos não salvadores da cruz de Cristo.

Portanto, ele concluiu esse primeiro parágrafo de três nessa nota de rodapé ao citar uma parte da resenha de Greg Will sobre *Whosoever Will* [Quem Quiser], especificamente a parte que lida com meu capítulo a respeito da expiação limitada. Meu objetivo com a citação de Dabney é mostrar que ele defendeu a expiação ilimitada no que se refere à extensão. Dabney fez mais do que "sugeri-la"; a declarou. Não é uma questão de "ginástica lógica", mas de declaração direta da parte de Dabney e da minha. É óbvio que ele, como eu, afirmou os efeitos não salvadores da cruz. Mas esse não é o assunto.

Schrock continuou o segundo parágrafo de sua nota de rodapé: "Lamentavelmente, esse é apenas um exemplo em que David Allen deturpa aqueles que defendem a expiação definida. Confundindo os temas, ele situa os defensores e oponentes da redenção particular na mesma lista e conclui: 'Todos eram calvinistas e todos não ensinaram a expiação limitada'". Ele então mencionou a nota de rodapé em que, explico que o que eles não estão ensinando é uma imputação limitada do pecado a Cristo, que é uma marca de redenção particular quando compreendida como uma expiação limitada. Schrock tentou justificar tal queixa de deturpação no próximo parágrafo de sua nota de rodapé por meio de um longo apelo à resenha de Wills do meu capítulo em *Whosoever Will* [Quem Quiser].

Antes de voltar a Wills, tratarei da queixa de "confusão" na minha lista de calvinistas que rejeitam a expiação limitada. Minha lista não contém calvinista que é um defensor do conceito estrito e inflexível da redenção particular. Schrock está equivocado e presume provar que Dabney não crê naquilo que estou afirmando que ele crê.

[2470] Schrock, "Jesus Saves", 8.

Além disso, suponho que Schrock esteja afirmando que pelo menos alguns nomes em minha lista representam precisamente os que rejeitam a expiação limitada. Se é este o caso, então ele precisa lidar com estes. Imagine que, devido ao argumento, que minha lista de muitos calvinistas contenha alguns erros. Tudo bem. Vamos eliminar estes e lidar com os calvinistas que restaram na lista que estão, de fato, afirmando a expiação ilimitada quanto à extensão e que são claramente reconhecidos por fazê-lo por teólogos ou historiadores reformados, como Richard Muller, Robert Letham e Robert Godfrey. Calvinistas eruditos sabem que há muitos calvinistas assim na história da teologia reformada. Quais são eles e quais são seus argumentos? Primariamente foram seus argumentos que usei no meu capítulo. Não posso encontrar um único trecho no capítulo de Schrock em que ele admite a ideia de que há e tem havido debate sobre esse tema *no campo reformado*. Schrock demonstra um conhecimento limitado da complexidade e diversidade na tradição histórica reformada.

Por isso, estou sem saber como compreender a que Schrock se refere quando fala de "confusão" em minha lista de nomes. Ou ele falhou em entender minha declaração que ele citou, esclarecendo a distinção entre afirmar uma limitação na aplicação da expiação (a qual os calvinistas e os não calvinistas afirmam) e uma limitação na expiação de Cristo por todas as pessoas, ou desconhece a história da teologia reformada sobre esse tema. Quando citei cuidadosamente e referi em notas de rodapé a vários calvinistas que afirmam a expiação ilimitada quanto à extensão, o ônus da prova está sobre ele para demonstrar quem na lista de fato é um defensor da extensão limitada. Mostrar nos escritos de Dabney onde ele afirma a limitação em intento ou a aplicação da expiação enquanto ignora as declarações nas quais afirma a expiação universal é um método histórico ou teológico inadequado.

Considerando que Schrock é dependente para sua crítica, nessa seção, da resenha de Wills, permita-me agora retornar a ele. Wills não analisa os fatos de meu capítulo. Por exemplo, ele evitou o tópico da morte de Cristo pelos pecados de todas as pessoas em minhas fontes calvinistas. Ele não foca em minha documentação sobre suficiência. Como Schrock, ele parece não compreender completamente os conceitos de Dabney relativos à expiação universal. Meu capítulo não se engaja nos "aspectos universais" da expiação sem definir cuidadosamente o que isso significa. Estou falando do fato de que Jesus morreu *pelos pecados* de todas as pessoas, incluindo os não eleitos. Eu esclareço, em meu capítulo, a quantidade de calvinistas notáveis do passado e do presente, eu menciono quase cinquenta realmente. Eles citam, discutem ou se referem a quem afirma essa extensão universal específica da expiação. Wills parece ignorar a minha declaração de propósito na página 65, isto é, "O foco deste capítulo é primariamente sobre a questão da extensão (como definida claramente por 'expiação') da expiação". Wills tenta empurrar toda a conversa de volta para a questão do "intento" enquanto não percebe o significado do que esses calvinistas precedentes disseram sobre o tema da extensão.

Na nota de rodapé 13, do terceiro parágrafo de Shrock, ele continua com a queixa "deturpada" e a sustenta com uma citação extensa da resenha de Wills sobre o meu capítulo. Já que discuti essa parte da crítica de Wills anteriormente, na seção a respeito de *Whosoever Will* [Quem Quiser], o leitor deve se referir a essa seção.

Suficiência intrínseca ou extrínseca?

A confusão continua quando Wills afirma que estou errado em argumentar que essa posição não é expiação limitada. Certamente é; e fui cuidadoso em meu capítulo para definir os termos com clareza, de modo que não houvesse confusão. Conforme afirmei em meu capítulo e aqui anteriormente, todos os calvinistas creem que a expiação é limitada ao aspecto da aplicação. Nem todos creem que ela seja limitada ao aspecto da extensão.

Wills afirmou que a expiação foi "suficiente pelos pecados do mundo". Bem no início de meu capítulo fui cuidadoso ao distinguir entre os dois usos de "suficiente" por calvinistas nesse debate de séculos: a suficiência intrínseca (*sufficientia nuda*) e a suficiência extrínseca (*sufficientia ordinata*). A primeira significa que a morte de Jesus foi intrinsecamente suficiente para pagar a dívida do pecado de todas as pessoas, se Deus tivesse intencionado que ela assim o fizesse. Quando aqueles que afirmam a redenção particular (conforme defendido por John Owen) usam o termo, por definição, pretendem dizer uma suficiência "intrínseca, limitada". A morte de Cristo, na realidade, não paga pelos pecados dos não eleitos. Ela poderia, mas não o fez. "Suficiência extrínseca" significa que a morte de Jesus de fato pagou a dívida do pecado de todas as pessoas, não apenas dos eleitos. Todos os calvinistas moderados e todos os não calvinistas concordam que esse é o ensino bíblico com respeito à morte de Cristo.

Eu notei em *Whosoever Will* [Quem Quiser] que calvinistas moderados como James Ussher, John Davenant, Nathanael Hardy e Edward Polhill distinguiram entre os sentidos de *sufficientia nuda* e *sufficientia ordinata* e defenderam a última. Também observei como Richard Baxter denominou a revisão de John Owen do princípio de Lombardo (suficiente para todos; eficiente para os eleitos) de uma "nova desculpa fútil". Quando Wills disse que a morte de Cristo foi "suficiente para os pecados do mundo", ele quis denotar o primeiro sentido (*sufficientia nuda*) e não o segundo (*sufficientia ordenata*). Então, afirmou que a morte de Cristo é "eficaz apenas para os eleitos". Corretamente afirmado. Porém, ele disse: "A diferença fundamental se relaciona à questão do intento, não à questão de sua suficiência universal". *Ao contrário!* Correto. A questão do intento é de fato uma diferença fundamental entre calvinistas e arminianos. Mas a questão da suficiência universal da expiação é na realidade *o tema basilar no debate sobre a extensão da expiação* entre calvinistas, bem como não calvinistas. É precisamente a suficiência universal da morte de Cristo que está em risco, como Henri Blocher acertadamente anotou em referência ao meu capítulo em *Whosoever Will* [Quem Quiser] no capítulo dele sob o título: *Do Céu Ele Veio e a Procurou* (veja minha avaliação de Blocher no próximo capítulo deste livro).

Todos concordam que a morte de Cristo foi intrinsecamente suficiente para salvar este mundo e mil mundos. Mas os calvinistas extremos, historicamente, não têm crido que a morte de Cristo é extrinsecamente suficiente para salvar os não eleitos. Eles não podem crer nisso; a razão é que não há satisfação na morte de Cristo para os pecados dos não eleitos. Baseado nesse conceito, os não eleitos não podem consistentemente serem considerados como "salváveis", mesmo se eles se arrependessem e cressem. Esse é o erro básico da nota de rodapé 13 de Schrock e Wills do capítulo de Schrock.

A oração sumo sacerdotal de Jesus, a falácia da inferência negativa e os falsos dilemas

Em seguida, Schrock direcionou a atenção para a expressão técnica "me deste" usada por Jesus, no evangelho de João, para falar de sua missão. Em outro contexto, essa frase expressa o grupo particular de pessoas que Jesus recebeu do Pai. Schrock afirmou: "Essa linguagem particular confere apoio consistente para a expiação definida".[2471] Na verdade, há pouco ou nada em qualquer desses tipos de declarações no evangelho de João, que empreste apoio para qualquer posição sobre o tema da extensão da expiação. Schrock simplesmente está fazendo uma pressuposição baseada na sua inferência que a expiação limitada é verdadeira. Na melhor das hipóteses, tais declarações poderiam ser usadas para reunir apoio para a doutrina da eleição, mas até então eles não afirmam diretamente o conceito dortiano específico da eleição. Ele cometeu uma aberração lógica aqui.

Schrock discutiu João 17 e a oração sumo sacerdotal de Jesus como evidência da expiação limitada. Robert Lightner questionou a noção de John Owen (pressuposição) que considerando que Jesus não intercede pelo "mundo" em João 17, ele não morreu pelos pecados do mundo. Esse é um argumento comum no arsenal da expiação limitada e é estudado e respondido até mesmo por muitos calvinistas, incluindo alguns como

---

[2471] Schrock, "Jesus Saves", 81-82.

Richard Baxter e John Bunyan. Robert Lightner chamou a pressuposição "logicamente injustificada" e "antibíblica".[2472]

Schrock verificou dois problemas com a abordagem de Lightner. Primeiro, "canonicamente", ela falha em compreender o ofício sacerdotal de Cristo, no qual ele cumpre inteiramente o seu ministério".[2473] Segundo, a queixa de ser "antibíblica" é "irônica porque ele [Lightner] não dedica tempo para examinar o ofício em tipo ou cumprimento", algo que Schrock o fará na seção seguinte deste capítulo. Schrock afirmou, com respeito à João 17.19, que "Jesus intenta morrer por aqueles que o Pai lhe dera". Ele continuou, "Lightner ignora o fato de que na oração sacerdotal de Cristo, ele limita não apenas sua intercessão, mas também sua crucificação ... Jesus ora e morre pelos seus".[2474]

O texto em si mesmo não afirma que Jesus morre por aqueles por quem ora. Sem dúvida, Schrock está correto em afirmar que o Filho "intenta" morrer por aqueles que o Pai lhe concede. Ignorar por um momento que a possibilidade no contexto é mais provável que seja uma referência aos discípulos e até mesmo considerar que se estende aos cristãos eleitos naquele tempo, mesmo que não se prove poder extrair a conclusão de que o texto significa que Jesus não morreu pelos pecados de todas as pessoas, dos eleitos e dos não eleitos. Aqui, Schrock novamente cai como presa ao generalizar que a eleição implica expiação limitada. Ele pressupõe que se Jesus ora somente pelos eleitos, então deve ter morrido apenas pelos eleitos. O erro aqui é um colapso da intercessão de Cristo em sua expiação pelos pecados. Isso meramente pressupõe a conclusão da extensão.

A abordagem de Schrock é refutada por Harold Dekker, antigo professor e diretor acadêmico do Calvin Theological Seminary, que escreveu o seguinte no que concerne à oração de Jesus em João 17:

Uma palavra deveria ser dita sobre a oração de Jesus em João 17. Alguns correspondentes citaram o versículo 9, no qual Jesus declara: "Eu rogo por eles; não rogo pelo mundo, mas por aqueles que me deste, porque são teus" para provar que Cristo amou apenas os eleitos e não o mundo. Mas o texto prova isto? A quem Jesus se refere pelas palavras "aqueles que me deste"? Os eleitos? Isto é exegese forçada. O contexto inteiro, começando com o versículo 4, esclarece que aqueles a quem Jesus se referiu no versículo 9 são aqueles que creram nele naquele tempo, as pessoas reais que o Pai dera a Jesus no seu ministério terreno naquela época, aqueles a quem ele disse, no versículo 8, que receberam e creram nas suas palavras. Essa interpretação é também

---

[2472] R. Lightner, The Death Christ Died: A Biblical Case for Unlimited Atonement ref. ed. (Grand Rapids, MI: Kregel, 1998), 103.

[2473] Schrock, "Jesus Saves", 83.

[2474] Ibid. (ênfase no original).

apoiada pelo versículo 20, no qual Jesus afirma: "Eu não rogo somente por estes, mas também por aqueles que, pela sua palavra, hão de crer em mim". É evidentemente correto que na mesma oração Jesus intercedeu não apenas pelo número limitado de pessoas que estava em vista no versículo 8, mas também por muitos que mais tarde creriam por meio da palavra, para compartilhar a fé deles.

Portanto, o que Jesus pretendeu dizer quando expressou: "Não rogo pelo mundo?". À luz do que foi acima mencionado, a explicação parece óbvia. Seguramente, Jesus não quis dizer que não amava o mundo e sob nenhumas circunstâncias oraria por isso. Devemos observar que foi certa oração, com petições específicas, que ele ofereceu por aqueles que o Pai lhe havia concedido e as quais ele declarou que não havia oferecido pelo mundo. Quais foram essas petições específicas que ele orou? As principais são que aqueles que creriam nele seriam fiéis, felizes, protegidos do maligno, santificados na verdade e unidos com aqueles que posteriormente creriam por meio deles. Haveria alguma razão para que Jesus orasse por essas coisas pelo mundo não convertido? Certamente que não. Que sle não o fez não prova nada sobre sua disposição para com o mundo, nem mesmo naquele momento. Ele simplesmente orou nos termos do relacionamento especial que havia entre si e seus discípulos, um relacionamento que o mundo não compartilhava. Por isso, nos versículos 21 e 23, parte da mesma oração, Jesus de fato ora pelo mundo. Ele orou a mesma coisa que seria apropriada somente para o mundo. Ele orou para que o mundo pudesse crer. O mesmo mundo sobre o qual João 3.16 nos ensina que Deus o amou com um amor redentor, nada menos do que o mundo de todos os seres humanos. Usar a oração sumo sacerdotal de Cristo em João 17 como um argumento para limitação no divino amor redentor é, parece-me, evidente uso deturpado da oração.[2475]

Nas páginas 83-84, Schrock mencionou João 10 e o tema do bom Pastor onde Jesus se refere às ovelhas como "suas" e ao fato de que deu sua vida por suas ovelhas. Schrock concluiu a partir disso que Cristo morreu *apenas* por aqueles que lhe foram dados. As declarações de Jesus, em João 10, de forma alguma provam exclusividade. Quando somos informados que ele morreu pelos seus "amigos", isto prova que morreu somente por eles? Ele não morreu também por seus inimigos? O fato aqui é que simples declarações positivas não podem logicamente serem usadas para inferir negações de categoria. Schrock continuamente repete o erro da falácia da inferência negativa nesse capítulo. Eu poderia também acrescentar que seu uso ambíguo das expressões "expiação limitada" e "redenção particular" em alguns contextos de seu capítulo o levam a cometer essa falácia também.

[2475] H. Dekker, "God's Love to Sinners: One or Two?", *Reformed Journal* 13 (1963): 14-15. Veja também Leon Morris, *The Gospel According to John* (Grand Rapids, MI: Eerdmans, 1971), 725, que também defendeu a mesma ideia.

Ao fim dessa seção, Schrock citou a discussão de Calvino em seu comentário sobre João e conclui que a referência de Jesus às "ovelhas" como "suas", à luz de João 6.37-39 e João 17, é mais provável que se refira "ao povo do pacto que lhe foi dado pelo Pai na eternidade passada".[2476] Certo. Mas devido às razões declaradas anteriormente, isto não é suporte para a expiação limitada. O último parágrafo de Schrock na página 84 é importante. Ele conciliou João 13.1 e João 15.13. As pessoas amadas de João 13.1 são situadas em contraste com Judas em 13.2. Ele escreveu:

> Portanto, embora haja em João um amor universal pelo mundo todo (3.16), isso não significa que o amor redentor de Deus se estenda a todas as pessoas. Jesus "amou os seus" e ele morreu por seus amigos". João 15 confirma isso. Falando desse amor particular, Jesus disse "Ninguém tem maior amor do que este: de dar alguém a própria vida em favor dos seus amigos".[2477]

Evidentemente que dessa declaração, de acordo com Schrock, os beneficiários do amor expiatório de Cristo não são todas as pessoas sem exceção, mas "seus amigos". Essa é a principal distorção de João 3.16. Pois o texto parece ensinar justamente o oposto: o amor do Pai pelo mundo é demonstrado em que ele "enviou" o seu Filho com o propósito de que qualquer que crer nele será salvo. Como isso pode ser descrito enquanto algo menos que o "amor salvador"? O amor salvador de Deus se estende a todas as pessoas. O Pai deseja a salvação de todos como explicitamente declarado em João 3.16 e 2 Pedro 3.9. O que não se estende a todas as pessoas é de fato a salvação, posto que ela é dependente de cumprir a condição de Deus: arrependimento e fé. Considerando que todas as pessoas não se arrependem e creem, todos não são salvos. Esse fato, contudo, não tem nada a ver com uma ausência do amor de Deus por eles.

Antes de deixar a seção de Schrock sobre a natureza particular da expiação, eu poderia ressaltar que ele não tentou incorporar ou interpretar quaisquer das declarações ou metáforas universais encontradas no evangelho de João. Palavras como "luz", "vida", "pão" e "dom" na forma em que aparecem em um contexto geral ou universal em João são importantes, considerando o tema em discussão. É interessante que a Escritura rotineiramente ressalta os aspectos universais da obra de Cristo, especialmente no evangelho de João.

[2476] Schrock, "Jesus Saves", 84.
[2477] Ibid.

A natureza eficaz da expiação

Schrock escreveu: "Historicamente, aqueles que defenderam a substituição penal comumente adotaram a expiação definida".[2478] À luz da ampla variedade de calvinistas durante a história da Reforma que afirmaram uma forma de expiação ilimitada, juntamente com outro número imenso de não calvinistas, como John Wesley, que afirmaram a expiação ilimitada paralelamente com a substituição penal, essa declaração precisa ser corrigida. Na nota de rodapé,[2479] ele erroneamente citou W. G. T. Shedd, que foi realmente um moderado sobre o tema da extensão da expiação (supondo que Schrock cita Shedd como um proponente da expiação limitada).

Ele recorreu ao famoso trilema de Owen. Citou a crítica de Clifford a esse respeito juntamente com meu apelo de aprovação a Clifford, então citou a crítica de Carl Trueman a Clifford. Como eu observei em *Whosoever Will* [Quem Quiser], como também neste livro, o trilema de Owen foi criticado por calvinistas e não calvinistas da mesma forma. A última sentença de Schrock na nota de rodapé é especialmente notável: "É o texto da Escritura que precisa ser "derrotado" para negar a expiação limitada".[2480] Aqui, Schrock confunde sua interpretação da Escritura com ela em si mesma.

O trilema de Owen enfrenta alguns problemas, dois dos quais parecem intransponíveis. O primeiro é o problema da questão do pecado original. Observe que não se trata dos "pecados" originais, mas do "pecado" original. Se Cristo morreu pelo pecado original, logo, ele morreu por no mínimo um dos pecados dos não eleitos. Se esse é o caso, então, o argumento de Owen é desmontado, pois ele precisa admitir que Cristo morreu por alguns dos pecados (pecado original) de todos os homens. O calvinista James Daane argumentando que podemos dizer a todos em uma audiência de não salvos que: "Cristo morreu por vocês", abordou esse tipo de argumentação. Ele escreveu:

> Além disso, se rejeitarmos inteiramente todo sentido possível sobre a declaração: Cristo morreu por vocês, o que faremos com o pecado original? A morte de Cristo expiou o pecado original; esse pecado que é a fonte de todos os outros pecados, o qual ao entrar no mundo, como Paulo ensina, trouxe morte a todos os homens; esse pecado que é o pecado de todo homem. Pode-se, conceitualmente, dizer que Cristo não morreu por todos os pecados de todo homem, mas não se pode dizer –

[2478] Ibid., 88.
[2479] Ibid.
[2480] Ibid., 89.

e permanecer no ensino bíblico – que ele não morreu por esse pecado que é o pecado de todo homem. Nem todo sentido de "por" pode ser rejeitado na declaração: Cristo morreu por seus pecados".[2481]

Na base desse problema está o segundo problema de Owen: pensar na imputação de pecado a Cristo como uma transferência da culpa de transgressões específicas. Owen consideraria a imputação da justiça do Filho aos cristãos como a transferência de muitos atos de cumprimento da lei? Não parece. Os cristãos são imputados com atos específicos de justiça da parte de Cristo? Não, somos imputados com a qualidade da justiça. Todos os atos da obediência de Jesus são incluídos na classe categórica de "justiça". Assim como os cristãos não são imputados com algo como muitas porções de justiça, mas, ao contrário, com justiça categoricamente, assim também Cristo não foi imputado com "porções de pecado", mas precisamente com o pecado de uma forma abrangente. Ele foi tratado como se fosse pecaminoso. Owen, e parece que Schrock também, tem uma noção errada de imputação. Cristo morreu uma morte que todos os pecadores merecem sob a lei. Ao pagar a pena que um pecador merece, ele pagou a pena que todo pecador merece. Ele sofreu a maldição da lei conforme definida pela lei. O trilema de Owen destrói o verdadeiro sentido da imputação e especula sob a pressuposição da transferência de pecados específicos.

Charles Hodge, em contraste, preservou o conceito correto de imputação:

> O que era adequado para um foi adequado para todos. A justiça de Cristo, o mérito da morte e obediência dele, é necessário para a justificação de cada pessoa de nossa raça e, portanto, é necessário para todos. Ela não é mais adequada para uma pessoa do que para outra. Cristo cumpriu as condições do pacto sob o qual todos os homens foram designados. Ele prestou a obediência exigida de todos e sofreu a pena que todos estavam sujeitos; e, por isso, a obra dele é igualmente adequada a todos.[2482]

No fim dessa seção, Schrock escreveu:

> Se Cristo realmente deu sua vida como resgate por muitos (Mt 20.28), se ele *realmente* sofreu a maldição em nosso lugar (Gl 3.13), se ele *realmente* se tornou pecado por nós (2 Co 5.21); então, deve-se sustentar que há alguns por quem ele não morreu. Caso contrário, como poderiam aqueles

---

[2481] J. Daane, "What Doctrine of Limited Atonement", *Reformed Journal* 14 (1964): 16.
[2482] Hodge, *Systematic Theology*, 2:545.

que ele resgatou, libertou da maldição e imputou justiça perecer, a não ser que a extensão de sua propiciação fosse menos que universal [sic].[2483]

O argumento de Schrock implica que todos os eleitos como uma classe (crendo e não crendo) foram realmente "libertados da maldição" e "imputados com justiça" na cruz. Esse é o erro sobre a justificação na cruz para todos os eleitos.

Ele mencionou minha crítica à dependência de Owen do argumento do pagamento duplo como baseando-se consideravelmente em um pagamento duplo escolástico pelos pecados para defender a expiação definida.[2484] Então, declarou: "Greg Wills descreve a análise francamente". Wills declarou que Owen, "Não se baseia tanto no argumento do pagamento duplo quanto no ensino da Bíblia". Na página 15, da resenha de Wills, ele afirmou que Owen pôs "pouco peso" no argumento do pagamento duplo". Mas o tópico mais importante que Wills deixou escapar é que o conceito de um "pagamento literal" de pecados por Cristo a Deus reforça o argumento inteiro de Owen do pagamento duplo e da expiação limitada. Na página 16 da resenha, Wills disse que "Owen concluiu repetidamente que todas as pessoas deveriam ser redimidas" se Cristo expiasse os pecados de todos. Note o uso da palavra "repetidamente". Na página 15, Wills disse que Owen "não se baseia tanto no argumento do pagamento duplo", então na página 16 declarou: "Owen concluiu repetidamente" baseado no uso do argumento do pagamento duplo. Essas declarações parecem ser incompatíveis.

Uma leitura cuidadosa de Owen revela que ele de fato fundamentou-se bastante no argumento do pagamento duplo. Esse é um dos principais pilares de sua tentativa inteira de argumentar em favor da expiação limitada. Virtualmente, toda tentativa calvinista contemporânea de apoiar a expiação limitada o faz por recorrer ao argumento do pagamento duplo. Remova a errônea noção comercial de um "pagamento literal" pelos pecados e o argumento do pagamento duplo de Owen desmorona.

O argumento sacerdotal em defesa da expiação limitada

Schrock escreveu: "O que quer que a Bíblia ensine sobre o sacerdócio de Cristo, isso determinará a natureza e extensão da expiação de Cristo".[2485] Não necessariamente. Não seria mais apropriado afirmar que seja o que for que a Bíblia ensine diretamente a respeito da extensão da expiação, isso determinará a questão?

[2483] Schrock, "Jesus Saves", 89.
[2484] Ibid.
[2485] Ibid., 90.

Ele pesquisou a tipologia sacerdotal do Antigo Testamento e na investigação encontrou apoio para a expiação limitada. "A eficácia do argumento é encontrada em seu conceito abrangente da Escritura e da unidade da pessoa e obra de Cristo".[2486] Essa declaração é referida em nota de rodapé, citando a *Historical Theology* [Teologia Histórica] de William Cunningham e *The Cross of Christ* [A Cruz de Cristo] de John Stott. Considerei interessante que John Stott não aderiu à expiação limitada. Notando que o sacerdote do Antigo Testamento sempre oferecia sacrifícios por pecadores específicos, Schrock concluiu com respeito a Jesus como antítipo: "É evidente que o sumo sacerdote representa um povo particular".[2487] E dessa conclusão ele extraiu outra, que a expiação é limitada em extensão.

Schrock apresentou quatro linhas de evidência em uma tentativa de provar sua tese: (1) as vestes sacerdotais, (2) a localização da expiação, (3) o sacrifício em si mesmo e (4) a relação entre intercessão e expiação. Com respeito às vestes usadas pelo sumo sacerdote, ele notou que os nomes das doze tribos de Israel foram gravados no éfode, "indicando assim o seu serviço particular por esses povos e não outros". Ele concluiu: "A esse respeito, o traje sacerdotal 'visualiza' a natureza particular da expiação".[2488]

Após cuidadosa reflexão, essa analogia se desfaz e, na realidade, contraria o argumento de Schrock. Devemos presumir que todos e cada membro de cada uma das doze tribos de Israel fossem genuinamente receptáculos dos benefícios do sacrifício realizado pelo sumo sacerdote, de modo que no momento da morte eles fossem redimidos e fossem para o céu? Se apenas um não fosse, a analogia de Schrock se desmorona. Não conheço nenhum calvinista que afirmaria isso. De fato, parece até que o próprio Schrock não o afirma, visto que ele menciona que "sob o Antigo Pacto, miríades de israelitas "redimidos" morreram no deserto (Sl 95), mas agora no novo pacto, Cristo comprou redenção, justificação (e fé), santificação, e glorificação para seu povo particular".[2489] Ao escrever "redimidos" entre aspas, ele nos informa que presume que aqueles que morreram no deserto não eram genuinamente redimidos. Essas pessoas não eram membros das doze tribos, cujos nomes o sumo sacerdote exibia em seu éfode? O sumo sacerdote fazia sacrifícios por eles no Dia da Expiação? Parece que sim. Schrock parece contradizer a sua própria analogia.

O contexto de Números 14, que descreve o fracasso em Cades-Barneia, na verdade indica que Deus perdoou os pecados daqueles que se rebelaram (14.20) e que

---

[2486] Ibid., 91.
[2487] Ibid.
[2488] Ibid., 91-92.
[2489] Ibid., 105.

as mortes no deserto durante 38 anos representaram a disciplina temporal do povo pactual de Deus e não deveria ser interpretado salvificamente.[2490]

Schrock em seguida, se voltou para o assunto da localização da expiação no Antigo Testamento. Ele argumentou que tipologicamente o sangue foi aplicado ao altar no antigo pacto, para que Deus fosse propiciado. Igualmente, Jesus aplicou seu sangue ao verdadeiro altar, no céu (Hb 9.23-28). Portanto, todos que Cristo como sumo sacerdote representou em sua morte são reconciliados com Deus. Jesus "não faz uma mera provisão para a salvação de todos os seres humanos, de alguma forma qualificando todos os homens para a salvação se apenas crerem". "Cristo realiza a propiciação diante de Deus quando ele aplica seu sangue ao altar no céu, reconciliando um Deus cuja ira é descarregada contra cada pecado cometido por aquelas pessoas a quem ele representa. Consequentemente, a tipologia do templo rejeita a expiação geral".[2491]

O principal problema aqui é a fusão da extensão da expiação com sua aplicação. O apelo de Schrock à tipologia de Cristo como nosso sumo sacerdote simplesmente não pode transmitir o sentido que ele deseja. A descrição dele de morrer pelos pecados específicos de pessoas específicas aproxima-se da equivalência quantitativa; a noção de que há uma porção de sofrimentos na morte de Jesus que corresponde exatamente à quantidade de pecados dos eleitos que ele representa. Somente uma minoria de calvinistas extremos afirma a equivalência quantitativa. A declaração final de Schrock "da tipologia do templo, que consequentemente rejeita a expiação geral", é uma falsa conclusão em que ele não prova suas premissas sobre a qual ela se baseia. Ele meramente extrapola da tipologia para a expiação limitada.

A terceira categoria de Schrock é os sacrifícios do Antigo Testamento. Ele declarou que essas ofertas diferentes "explicam o que Cristo fez na cruz e quando a questão da extensão/intento é aplicada a elas, torna-se evidente que são prenúncios de uma redenção particular".[2492] O tópico principal dele é posto que os sacrifícios da Páscoa e do Dia da Expiação são apenas por aqueles que estão na "comunidade pactual", logo, "não há nada universal ou geral nesses sacrifícios que tipificam Cristo (1 Co 5.7)".[2493] Ele relata que as pessoas que afirmam uma expiação ilimitada podem supor que o sumo sacerdote representasse os eleitos e os não eleitos em Israel no antigo pacto, então Jesus, o antítipo, morrerá por todas as pessoas no novo pacto também. Ele pensa que isso confunde o tema de duas formas. Primeiro, o sumo sacerdote não representa o Israel espiritual, mas o Israel segundo a carne. "Quando os igualitários leem categorias

---

[2490] Ibid., Veja meu D. L. Allen, Hebrews, The New American Commentary (Nashville: B&H, 2010), 253-70, 365-69, para o argumento em favor dessa compreensão do texto.
[2491] Schrock, "Jesus Saves", 93-94.
[2492] Ibid., 95.
[2493] Ibid.

de eleitos e não eleitos no sacerdócio do Antigo Testamento, confundem o tema ao fundir a liderança espiritual de Cristo com a constituição étnica de Israel".[2494] Segundo, "Cristo efetivamente salvará seu povo pactual de um modo que os sacerdotes do antigo pacto jamais poderiam". Finalmente, Schrock comparou Hebreus 10.14 com 2.12-16 e concluiu, "Embora participasse da carne e do sangue, a obediência de Cristo não é para toda a humanidade, ela é por seu povo particular".[2495]

É preciso ser cuidadoso com tipologia, de modo a não exagerar. Primeiro, a formulação do tipo/antítipo jamais foi designada para explicar todos os detalhes de comparação/contraste entre os dois. Segundo, o fato que os sacrifícios do Antigo Testamento foram para todas as pessoas da comunidade pactual realmente argumenta contra a expiação limitada. Se um israelita sob o antigo pacto não era definitivamente redimido, não era por falta de expiação, mas por seu próprio coração incrédulo. Terceiro, concordo com Schrock que não deveríamos ler categorias de eleitos e não eleitos do Novo Testamento no Antigo. Contudo, parece ser precisamente isso que ele faz em sua argumentação. Nem deveríamos ler categorias do Antigo Testamento no sistema sacrificial no Novo, a menos que tenhamos justificação bíblica específica para fazê-lo. Quarto, suas duas objeções simplesmente não são úteis em seu caso na medida em que não provê evidência para a expiação limitada com respeito ao sacrifício de Jesus. Quinto, a sua declaração que Jesus assumiu a forma humana não por causa da humanidade, mas somente por causa dos eleitos é enganosa e também se baseia em uma conclusão imprecisa. Note a diferença no conceito de Schrock do conceito cristológico clássico dos antigos pais da igreja, que afirmaram que Cristo sofreu pelos pecados de todos com quem ele compartilha sua natureza humana.

Por recorrer aos Hebreus 2.12-15, Schrock errou ao não mencionar o sentido da citação do Salmo 8.4-6 em Hebreus 2.6-8, seguida pelo versículo 9, que fala de Jesus "provar a morte por todos", a linguagem que indica que a morte de Cristo foi substitutiva em natureza e universal em extensão. A noção de Schrock de Jesus assumir a natureza humana compartilhada por todos é mera coincidência, porque os eleitos são humanos é o argumento que John Owen e muitos teólogos reformados formularam em uma tentativa de apoiar a expiação limitada. Tentar interpretar a citação, que fala de toda humanidade imediatamente seguida pela morte de Cristo como sendo para todos, usando termos mais restritos encontrados em Hebreus 2.12-16 é um retrocesso. O primeiro termo influencia o segundo e não o contrário. É interessante que diferentemente de John Owen que usou Hebreus 2.14 para se opor ao universalismo e defender a expiação limitada, João Calvino não fez esse uso de Hebreus 2.14 para se

---

[2494] Ibid., 96.
[2495] Ibid.

opor à mesma objeção. Para Calvino o que separa os eleitos dos não eleitos é a união redentora com Cristo, não a expiação limitada.

Schrock se referiu a Hebreus 9 várias vezes nessa seção de seu capítulo em um esforço de conectar a atividade sacerdotal de Cristo com a expiação limitada. Também é interessante verificar que o próprio Calvino afirma sobre Hebreus 9.28: "Cristo foi oferecido em sacrifício uma única vez, para tirar os pecados de muitos" (NVI). Comentando sobre essa passagem, Calvino declarou: "Ele diz muitos significando todos ... como em Romanos 5.15. É certo que nem todos desfrutam a morte de Cristo ..., mas isto acontece porque a incredulidade deles os impede".[2496] Calvino universaliza o termo "muitos" em vez de restringi-lo, como a maioria que defende a expiação limitada. Linguisticamente, "muitos" expressa o conceito semântico de "mais que poucos" e em Romanos 5.15 é claro que "muitos" significa "todos, sem exceção" como este corretamente notou.

A categoria final de Schrock nessa seção concerne ao tema da intercessão sacerdotal de Cristo. As notas de rodapé dele ilustram que ele é dependente do livro de William Symington *On the Atonement and Intercession of Jesus Christ* [Sobre a Expiação e Intercessão de Jesus Cristo]. A proposição basilar que Schrock tenta defender é esta: a expiação de Cristo não se estende para além daqueles por quem ele intercede. Tendo em vista que eu tratei basicamente disso, simplesmente encaminharei o leitor aos meus comentários neste aspecto.

A natureza pactual da expiação

A quarta seção principal de Schrock refere-se à natureza pactual da expiação. A morte de Jesus assinala devidamente a instituição do novo pacto, que o Novo Testamento, especialmente Hebreus, confirma. Recorrendo a Hebreus 9.15-22, Schrock sugeriu que há uma restrição textual sobre a extensão da expiação" no versículo 15, em que aqueles que são "redimidos" são também aqueles que são "chamados". Ele continuou o seu erro de fundir e assim confundir a expiação com sua aplicação. Na última sentença de seu parágrafo, Schrock notou que essa passagem em Hebreus "limita os benefícios da expiação de Cristo para aqueles que estão em pacto com ele. Os não eleitos permanecem fora de Cristo e sob o julgamento de Deus".[2497] Observe a palavra-chave "benefício" nessa declaração. Aqui, Schrock a compreende corretamente. Tudo que Hebreus diz é que a aplicação da expiação é para aqueles que estão em pacto com Cristo;

[2496] Calvin, *Hebrews*, 93-94. Veja Kennedy, *Union with Christ and the Extent of the Atonement*, 75-103; e minha breve dissertação sobre Calvino e Hebreus 2.14 e 9.28 em meu *Hebrews*, 233-35.

[2497] Schrock, "Jesus Saves", 101.

nada nessa passagem fala sobre a extensão da expiação sendo limitada. Ele extrai uma falsa conclusão. "A expiação de Cristo não torna simplesmente possível o perdão; ela decisivamente realizou o perdão e purificação". É claro que isso é verdadeiro. Mas a questão é: *quando* ocorreu o perdão e a purificação? Na cruz? Na eternidade passada? Não, perdão acontece no momento da fé, como a Escritura ensina. A expiação de Jesus, de fato, torna o perdão possível para os "eleitos", mas ela não "o realiza" por eles até que creiam. Novamente, nada aqui determina a expiação limitada.

Sob o título "A Novidade do Novo Pacto", Schrock escreveu: "Aqueles que se opõem à redenção particular pouco atentam para os sistemas pactuais da Bíblia e assim universalizam a bênção pactual de perdão tornando-o condicional à fé".[2498] Essa é uma declaração surpreendente dado que o Novo Testamento está repleto de versículos que declaram que a salvação está condicionada à fé. Ninguém recebe as bênçãos do pacto a menos que creia. Ele afirmou que "tornar a aplicação da expiação universal de Cristo dependente da fé retira de Cristo a honra de concluir e aplicar o pacto a cada pessoa individualmente".[2499] Como pode ser assim quando é o próprio Deus que condiciona a recepção da salvação à fé? A afirmação de Schrock que os "igualitários" creem que Cristo comprou pleno perdão para todos" é patentemente falsa.[2500] Todos que creem na expiação universal, calvinistas moderados ou o contrário, creem que o pleno perdão é possível para todos, pois Cristo substituiu todos os pecadores em seus pecados, mas o perdão real é aplicado somente àqueles que creem. Seja qual for o conceito de eleição e chamado eficaz, apenas aqueles que estão em pacto pela virtude da união com Jesus experimentam as bênçãos do pacto. De novo, isso de forma alguma determina a redenção particular.

Schrock citou com aprovação Bruce Ware, que verificou no novo pacto "não há nenhuma categoria para membros do pacto incrédulos".[2501] Então, ele prosseguiu com esta afirmação: "Associado ao conceito monergista da salvação, este conceito do Novo Pacto precisa de uma expiação particular e definida".[2502] Estou certo de que essa conclusão será como um choque para Bruce Ware, que como ele mesmo, um calvinista, rejeita a expiação limitada. Somente em três sentenças posteriores, Schrock afirmou justamente que "todos que são unidos a Cristo em sua morte receberão as bênçãos desse melhor pacto".[2503] Exatamente. As bênçãos do pacto exigem união com Jesus.

[2498] Ibid., 103.
[2499] Ibid.
[2500] Ibid., 104.
[2501] Ibid.
[2502] Ibid.
[2503] Ibid.

Mas ele, na próxima sentença, regride no erro de um conceito comercial da expiação pressupondo que "por aqueles que o Salvador morreu, ele verdadeiramente os salvou".

Isso é ilustrado no parágrafo final dessa seção do capítulo de Schrock, na qual ele referiu-se à morte de Cristo como tendo comprado a fé. Esse é um dos argumentos fundamentais de John Owen em favor da expiação limitada. Para Owen, não apenas a redenção é comprada, mas os meios de redenção – a fé – é também comprada somente para os eleitos. Como Owen, Schrock trata a fé como um produto que se pode comprar. Ele parece ignorar a quantidade de calvinistas que critica essa noção em Owen. Poder-se-ia também ler Richard Baxter que respondeu a Owen ao assinalar que a Escritura jamais diz que Cristo morreu para comprar a fé.[2504] Semelhantemente a muitos calvinistas extremos, parece que Schrock adotou uma teoria comercial sobre a expiação de maneira equivocada.

O impacto universal da expiação definida

Na seção final de Schrock, ele tratou de três assuntos vitais na discussão: (1) o amor universal de Deus, (2) a linguagem universal da Escritura, e (3) a oferta universal do evangelho.

Ele afirmou que eu comparo o amor de Deus com sua vontade universal de salvar todas as pessoas. Faço isso de fato. Na realidade, assim o faz a ortodoxia reformada. Embora eu discorde da noção de duas vontades de Deus (decretal e revelada), esse conceito é bem conhecido na ortodoxia reformada. Na assim considerada vontade divina revelada, o amor de Deus é de fato um amor salvador universal (Jo 3.16; 2Pe 3.9 etc.). Schrock erra novamente ao afirmar: "Para os igualitários não há lugar na mente ou coração de Deus para amores diferentes".[2505] Tendo em vista que ele já amontoou todos que rejeitam a expiação limitada no cesto igualitário, a afirmação de Schrock é mentirosa e falseia as convicções de muitos de seus irmãos calvinistas moderados, pois eles de fato distinguem níveis no amor de Deus. A afirmação de Schrock é até mesmo mentirosa para muitos não calvinistas que fazem o mesmo.

O que Schrock escreve nas páginas 108-9 é especialmente perturbador. Os cristãos não são salvos "por causa de algum insípido amor universal; o são por causa de em sua graça, Deus fixou o amor dele em vocês antes da fundação do mundo".[2506] Essa é a primeira parte dessa declaração que é bastante perturbadora para mim. "Insípido amor universal?" Meu coração se abate ao ler isso. Coloque esse comentário ao

---

[2504] R. Baxter, *Universal Redemption of Mankind by the Lord Jesus Christ*, 42-43.
[2505] Schrock, "Jesus Saves", 106.
[2506] Ibid., 108-9.

lado de João 3.16: "Porque Deus amou o mundo de tal maneira que deu o seu Filho unigênito, para que todo aquele que nele crê não pereça, mas tenha a vida eterna" (ARC). Shrock prosseguiu, "Cristo não lança as pérolas de seu amor sacrificial àqueles de quem ele não espera, sim até mesmo engendra, um amor correspondido".[2507] Pare e reflita sobre essa declaração. Com ecos da declaração de Jesus: "Não lancem ante os porcos as vossas pérolas", Schrock aplicou a analogia aos não eleitos. Desses não eleitos, Jesus não "espera" um amor correspondente tampouco, no bom estilo calvinista, ele "engendra" essa correspondência a eles. Schrock notou que Cristo procura sua noiva, de modo que ela "possa vivenciar a plenitude de seu amor". Ele, em seguida, afirmou: "Isso é muito diferente de dizer que Deus ama a todos, incondicionalmente, sem exceção".[2508] Infelizmente, certamente é. Como se não bastasse, Schrock fez uma declaração direta a qualquer um que é incrédulo:

> Talvez hoje, você esteja lendo isso, mas não conhece Cristo: permita que toda a bondade que Deus tem lhe demonstrado — seus dons, alegrias, família, filhos, sua própria vida — e a promessa de amor eterno o leve a se arrepender (Rm 2.4); confie em seu Filho e então você pode experimentar o amor pessoal do qual Paulo fala.[2509]

Devo expressar minha mais profunda preocupação com essa afirmação na linguagem a mais nítida. Essa mensagem ao não salvo é destituída do amor de Deus e está virtualmente falida. É *somente* a "bondade" de Deus que é idealizada a nos levar ao arrependimento? É somente a "promessa" de um vago amor eterno que é oferecida aos não salvos? Isso não é apenas má teologia, é má teologia reformada. Isso é similar, se não for absolutamente, hipercalvinismo.

Ela reduz a mensagem do evangelho a simples afirmações sobre fatos e declarações condicionais, nas quais a própria compaixão e disposição de Deus para que os não salvos sejam convertidos está inteiramente destituída de apelo. Schrock não pode sequer encontrar em si mesmo esse amor para dizer aos não salvos assim: "Jesus os ama" ou deseja que todos sejam salvos? O amor de Cristo pelos não salvos é suprimido de sua paixão e em seu lugar surge um insípido, até constrangedor, apelo aos não salvos. Deus pode amar você; você somente saberá com certeza se crer. Duvido que ele tenha sido convertido sob a pregação e ensino dessa expressão vacilante e anêmica do amor do Pai por ele.

[2507] Ibid., 109.
[2508] Ibid.
[2509] Ibid.

Essa porção do capítulo de Schrock é inexprimivelmente desapontadora e ilustra porque a discussão desse tema na Southern Baptist Convention [Convenção Batista do Sul] é tão vital neste tempo. A expiação limitada traz com ela outros erros para a igreja, tanto teológicos quanto práticos. A espécie de calvinismo de Schrock é seriamente problemática sobre a questão do amor de Deus e a extensão da expiação.

Schrock, em seguida, analisou o assunto da linguagem universal da Escritura. Essa é uma montanha difícil de escalar, para ele e todos os proponentes da redenção particular devido ao fato de que há muitas passagens no Novo Testamento que em uma leitura franca afirmam a expiação ilimitada. Ele formula dois argumentos para explicar como a linguagem universal do Novo Testamento sustenta a expiação definida: o argumento linguístico e o contexto histórico dos apóstolos.

Schrock observou o que todos afirmam. Às vezes, o uso da Bíblia de 'todos" e "mundo" não significa literalmente todas as pessoas no mundo. Ele devidamente nos lembra que o contexto é a chave. Ele elogiou John Owen por sua "atenção ao texto" para determinar o sentido do autor. Isso é curioso, porque Schrock parece desatento aos muitos calvinistas, para não mencionar outros, que criticaram Owen por sua falha nessa área. Por exemplo, como notado na seção sobre John Owen, Neil Chambers demonstrou como, de forma circular, Owen leu sua conclusão retrocedendo às razões para sua conclusão. O procedimento dele constantemente pressupõe a conclusão.

Além disso, Schrock parece não compreender o sentido de que, algumas vezes, essa linguagem universal é estilizada e hiperbólica. O apelo dele a Marcos 3.6 é um exemplo. A ideia de limitação aqui não é "alguns de todos os tipos" de pessoas, mas sim que o sentido é grandes grupos.

O que Schrock e muitos outros querem fazer é usar essa linguagem estilizada para normalizar todos os usos não estilizados de "todos" e "mundo" em contextos de expiação. O apelo dele ao conceito de 'todos sem distinção" é insensato. Quando "todos" é usado dessa forma, o termo significa "todos sem qualquer distinção étnica". O uso dessa linguagem não pretende denotar "algumas pessoas de todos os tipos". Meramente recorrer à noção de "todas as pessoas sem distinção" não exclui a ideia de todas as pessoas sem limitação. "Todas as pessoas" sempre significa sem qualquer distinção étnica.

Considere a citação de Schrock sobre o comentário de Moses Stuart, em Hebreus 2.9. Ele corretamente ressaltou que Stuart não aderiu à expiação limitada, mas depois, de forma equivocada, concluiu conforme a ideia de Stuart que, em alguns casos, a frase "por todos" ou "por todos homens" significa todos sem distinção — tanto judeus como também gentios. Não é incomum constatar alguns calvinistas que afirmam que Cristo morreu por todas as pessoas interpretando o âmago de alguns desses textos para indicar um foco em todos sem distinção étnica. O erro é concluir que, portanto, nenhum desses textos significa também "todos sem exceção" ou que não há textos nos quais "todos" ou "mundo" signifique "todos sem exceção" ou que não há textos onde "todos" ou "mundo" signifique "todos sem exceção". Shcrock já admitiu que Stuart afirmou a expiação ilimitada. Observe a conclusão que ele extraiu do pensamento de Stuart:

> Significativamente, Stuart não apenas interpreta as palavras de Hebreus 2.9 como distributivas (todos sem distinção), ele estabelece como princípio de sua interpretação ao afirmar o que segue: "O intérprete prudente, que compreende a natureza do idioma, jamais pensará em encontrar, nas expressões desse tipo, prova da salvação final *de cada indivíduo* da raça humana".[2510]

Schrock cometeu o sério erro de distorcer o que Stuart disse. Stuart concluiu que não se pode interpretar essa linguagem universal como prova para o universalismo. Ele não concluiu que essa linguagem sustenta a expiação limitada. Há um mundo de diferença entre "universalismo" e "expiação universal". Stuart rejeitou o primeiro termo assim como adotou o último.

O segundo argumento de Schrock concernente ao uso da linguagem universal na Escritura está na realidade de acordo com as mesmas linhas de seu argumento anterior. Ele tentou mostrar que "mundo", nas mentes dos apóstolos do primeiro século, era mais uma designação étnica para judeus e gentios. Como já dissemos, isso não deturpa o significado da linguagem universal. Se o foco de "mundo" significa "sem distinção" relativo a judeus e gentios", então tudo bem. Na cultura dos apóstolos, todas as pessoas no mundo são incluídas em uma daquelas duas classes. Como já dissemos, isso não anula a inpetração de "todos' e "mundo" em alguns contextos que significam "todas as pessoas não salvas". Schrock mencionou que João 3.16 declara ser a intenção de Deus salvar judeus e gentios de modo idêntico.[2511]

Há muitas outras passagens universais no Novo Testamento que se referem diretamente à extensão da expiação. Schrock mencionou algumas destas mas declinou considerá-las devido ao "espaço para considerações". Tudo bem. Mas sua declaração nessa seção parece infundada, dada a evidência "baseada na obra de outros, acredita-se que conclusões similares seriam verificadas nesses textos do Novo Testamento".[2512]

A terceira parte da seção final de Schrock lida com a questão da oferta universal do evangelho. Ele reconheceu que no Novo Testamento a oferta do evangelho foi apresentada indiscriminadamente a todas as pessoas sem exceção. Também reconheceu que é um problema para aqueles que creem na expiação limitada. Ele negligenciou

---

[2510] Ibid., 110 (ênfase no original).
[2511] Ibid., 113.
[2512] Ibid., 113.

informar aos seus leitores que um grupo significativo de calvinistas rejeita o conceito da oferta universal ou bem-intencionada do evangelho. Veja, por exemplo, o livro de David Engelsmas: *Hyper-Calvinism and the Call of the Gospel: An Examination of the Well-Meant Gospel Offer*[2513] [Hipercalvinismo e o Chamado do Evangelho: Uma Análise da oferta Bem-Intencionada do Evangelho]. Schrock não proveu definição sobre o que a oferta do evangelho é ou acarreta. Não há afirmação que Deus deseja a salvação de todos os homens em sua vontade revelada de acordo com a ortodoxia reformada. Essa ausência é reveladora.

Em uma tentativa de conciliar a expiação definida com uma oferta universal do evangelho, Schrock sugeriu cinco considerações. Primeira, "Jesus faz convites universais no mesmo contexto em que ele afirma a escolha particular de Deus de alguns e a rejeição de outros".[2514] Os versículos a que ele recorre de forma alguma sustentam a expiação limitada e são mais uma parte da discussão no que concerne à natureza da eleição. Segunda, Schrock levantou a questão daqueles que jamais ouviram o evangelho. Essa é uma questão espinhosa, não importa o conceito que se tenha sobre a extensão da expiação. Recorrer aos sacerdotes do Antigo Testamento que realizaram a expiação e então saíram para instruir as pessoas é deduzido pela questão: "Jesus realmente morreu para expiar os pecados de todos os homens e negligenciou enviar o Espírito dele para transmiti-los às novas?" isso simplesmente não convence. Esperamos realmente imaginar que uma única pessoa em Israel não foi assim instruída? Qual é a razão desse paralelo imaginado? A referência a enviar os sacerdotes para instruir as pessoas só pode ter apenas correlação geral. Portanto, por analogia, seria uma imagem da igreja indo ao mundo para transmitir a todas as pessoas as boas-novas. Isto não é argumento em favor da expiação limitada. Terceira, Schrock afirmou que a proclamação do evangelho era restrita antes e durante a vida de Jesus, mas depois de sua crucificação e ressurreição a oferta do evangelho é ordenada por Deus a ser oferecida a todas as nações. Qual é a razão para isso? Há ovelhas de outros apriscos por quem Cristo morreu (Jo 10.16).[2515]

Quarta, a oferta tem "múltiplas intenções". Ela traz salvação e julgamento. Concordo, mas como esse argumento sustenta a expiação limitada e o que isso tem a ver com uma genuína oferta da salvação a todos, incluindo os não eleitos? Além disso, como a oferta de salvação poderia trazer julgamento aos não eleitos se rejeitassem o que não existe para que recebam na morte de Cristo? Julgamento por rejeitar a oferta pressupõe ingratidão em rejeitar uma provisão apropriada para a salvação deles, ou não?

[2513] D. Engelsma, *Hyper-Calvinism and the Call of the Gospel: An Examination of the Well-Meant Gospel Offer* (Grandville, MI: Reformed Free, 1994).

[2514] Schrock, "Jesus Saves", 114.

[2515] Ibid., 116.

Quinta, aqueles que defendem uma expiação universal transmudam a graça em algo como um bem material em vez de algo a ser ouvido e crido. Essa ideia para mim é a mais bizarra de todas e esclarece como Schrock não parece compreender a contradição que sua posição envolve. A citação dele do calvinista moderado James Richards realça esse aspecto.[2516] Richards enfatiza a ideia impressionante de que no evangelho particularista da expiação limitada, o próprio Deus não pode oferecer salvação aos não eleitos, porque não há salvação a lhes oferecer. Cristo não morreu pelos pecados deles. Eles não podem ser redimidos mesmo se quisessem. Mas a ideia é que não lhes pode ser oferecido o que não existe para eles. O que é oferecido aos não eleitos? Nada. Não há salvação disponível para eles, porque não há expiação realizada por eles. Schrock nunca mencionou que essa crítica tem sido expressada por calvinistas moderados desde o início do século XVII. Nem parece que ele esteja ciente que sua questão: "Se Deus oferece salvação a qualquer um que satisfaça a condição de fé e arrependimento, ele não é capaz de prover uma redenção eterna?",[2517] aproxima-se do que os hipercalvinistas ensinam: a oferta não deve ser feita a qualquer um, mas àqueles que demonstram evidência de fé e arrependimento. Os hipercalvinistas ensinam que devemos pregar o evangelho a todos, porém oferecer apenas àqueles que mostram sinais evidentes de um interesse na salvação. As Escrituras ensinam que a oferta do evangelho é apresentada incondicionalmente a todos; é o benefício da salvação que está condicionado à fé e arrependimento.

Schrock concluiu a seção final com essa declaração: "Assim, a mensagem que pregamos não é simplesmente um convite sentimental para quem quer que venha".[2518] Eu simplesmente anexarei a essa declaração estas passagens de João 3.16 e Apocalipse 22.17,18: "Porque Deus amou o mundo de tal maneira que deu o seu Filho unigênito, para que todo aquele que nele crê não pereça, mas tenha a vida eterna". "E o Espírito e a esposa dizem: Vem! E quem ouve diga: Vem! E quem tem sede venha; e quem quiser tome de graça da água da vida".

A conclusão de Schrock é que aqueles que defendem a expiação universal são culpados de difamar a expiação definida. Essa é a última consideração em um fluxo invariável de palavras e frases que tendem a julgar as ações, até mesmo os motivos, de alguns daqueles com quem Schrock discorda. Note as seguintes frases que ele empregou nesse capítulo: "Allen se orgulha de desconstruir a expiação limitada"; "é o texto da Escritura que precisa ser 'desconstruído' para negar a expiação limitada"; "muitos que primeiramente zombaram e rejeitaram a expiação limitada". (...) "um movimento que se afasta da verdade bíblica para as concepções universais da expiação"; e "muitos

---

[2516] Ibid., 117.
[2517] Ibid.
[2518] Ibid., 118.

que difamam a expiação definida".[2519] O uso que ele faz de "orgulhar-se", "desconstruir", "zombar" e "difamar" pode sugerir algo da atitude dele em relação àqueles que discordam dele sobre a extensão da expiação. Essa linguagem também parece revelar a atitude equivocada de comparar a Escritura e sua interpretação.

Observe a contradição e a ironia do último parágrafo dele comparadas ao muito que ele escreveu nesse capítulo:

> Procuremos compreender e apreciar a doutrina da expiação definida, não tanto para que vençamos um debate, mas para que tenhamos maior segurança em ir até as pessoas por quem Cristo morreu; pessoas que hoje não têm sinais de rua proclamando o evangelho para elas, muitas que nem conhecem o nome dele. Cristo morreu por esses homens, mulheres e crianças de toda tribo, língua, dialeto e nação. Devemos ir até eles proclamando sem um asterisco: ... Jesus salva!

A ironia é que a mensagem "Jesus salva" não se aplica aos não eleitos. Não apenas isso, mas a notícia "Jesus Salva" não é uma oferta do evangelho nem um mandamento para crer no evangelho, nem é um convite para receber Jesus como salvador. O ensinamento "Jesus Salva" jamais pode aplicar-se aos não eleitos. Não há solução para os pecados deles, porque Cristo não morreu pelos pecados deles. Mas mesmo assim, não é verdade que a simples mensagem "Jesus salva" comunique a uma audiência não salva que Jesus é tanto capaz quanto disposto a salvar todos? Se assim, como há uma finalidade diferente em dizer: Jesus morreu por vocês?"

O problema que tenho com a pregação de alguns calvinistas extremos é que nem eles podem escapar da sugestão a todos seus ouvintes que Jesus morreu por eles. Mas eles não têm um conceito da expiação que pode sustentar tal sugestão. Portanto, eles camuflam e dizem à audiência: "Jesus morreu por pecadores". A audiência interpreta o sentido da declaração assim: "Sou um pecador, então, Jesus morreu por mim". Mas os pregadores hipercalvinistas expressam por essa declaração que "Jesus morreu pelos pecadores *eleitos*". A palavra "pecadores" aqui torna-se uma cifra para "os eleitos apenas". Essa é a posição inevitável em que estão todos que pregam o evangelho da expiação limitada. Francamente, isso é, na melhor das hipóteses dissimulação e, na pior delas, é enganoso dizer às pessoas que "Jesus morreu pelos pecadores" sem explicar o que realmente significa tal declaração.

A ironia do título e subtítulo do capítulo de Schrock : "Jesus Salva, Nenhum Asterisco é Necessário: Por que Pregar o evangelho como Boas-Novas Requer a

---

[2519] Ibid., 81, 89, 107 e 119, respectivamente.

Expiação Definida?" é evidente em si mesma: a expiação definida não é boas-novas aos não eleitos. A expiação definida é o evangelho com um asterisco, se declarado diretamente ou não: *Jesus morreu pelos pecados somente dos eleitos. Se você crer, ele morreu por você — e o ama também.

Gary Shultz (1981–)

Shultz escreveu uma dissertação de doutorado, em 2008, sob a supervisão de Bruce Ware no Southern Seminary [Seminário do Sul] sobre o tema da extensão da expiação, que foi publicada, em 2014, sob o título A *Multi-Intentioned View of the Extent of the Atonement*[2520] [Um Conceito Multiintencionado da Extensão da Expiação]. Essa é uma obra importante a respeito do tema porque é a primeira monografia para defender explicitamente um conceito de múltiplas intenções da expiação nos tempos modernos.

A premissa de Shultz é que a expiação não contém uma única intenção, a salvação dos eleitos, mas múltiplas intenções são evidentes na Escritura, incluindo a morte de Cristo pelos pecados de todas as pessoas. Deve-se reconhecer desde o início que ele escreve dentro do contexto da tradição reformada e se considera um calvinista soteriologicamente. Ele é um exemplo moderno da posição teológica que foi evidenciada na soteriologia reformada, desde o princípio do movimento reformado.

Shultz começou com uma análise útil do tema. Ele ressaltou corretamente que há somente duas posições: Cristo morreu pelos pecados de um número limitado de pessoas ou morreu pelos pecados de todos.

Schultz acredita que o debate sobre a extensão se concentra na questão do intento ou do propósito de Deus. Essa é de fato uma parte significativa do debate, mas não é o ponto principal. O debate relativo à extensão se concentra na resposta à questão: "Pelos pecados de quem Jesus morreu?" Os calvinistas diferem dos arminianos e de outros não calvinistas sobre a questão do intento de Deus na expiação. Mas os calvinistas que afirmam a expiação universal concordam com os arminianos e não calvinistas quanto à real extensão da expiação.[2521]

Shultz acertadamente identificou a falácia do falso dilema naqueles que desejam formular a questão em torno da eficácia da expiação *versus* a natureza provisional da expiação. Para ele, a expiação limitada defende o erro, porque foca-se em um único propósito ou intento na expiação, enquanto a expiação universal defende o erro, porque não se concorda com a noção que a intenção particular de Deus é salvar somente os eleitos. A obra de Shultz defende as intenções particular e geral da expiação.

O autor preparou o cenário com um capítulo sobre o contexto histórico do debate. Embora ele devidamente identifique o conceito ilimitado como o conceito da

---

[2520] G. Shultz, *A Multi-Intentioned View of the Extent of the Atonement* (Eugene, OR: Wipf & Stock, 2014).
[2521] Ibid., 5.

maioria ao longo da história da igreja, erra em sua afirmação de que a expiação limitada tem sido um conceito minoritário persistente. Como vimos, simplesmente não é esse o caso. A principal razão para essa afirmação é o conceito de Shultz que Agostinho tendeu em direção à expiação limitada. Seguindo uma breve discussão de Godescalco e os debates sobre a predestinação no século XI, ele retornou ao período medieval e concluiu que Gregório de Rimini e John Wycliffe defenderam a redenção particular e Pedro Lombardo talvez a tenha defendido.[2522] Mas como vimos, nenhuma destes de fato afirmaram a expiação limitada. Wyckliffe fez uma interpretação agostiniana de 1 João 2.2, mas, novamente, como demonstramos, isso não implica que alguém seja adepto da expiação limitada, especialmente admitindo-se outras declarações claras da expiação universal.

Com respeito a Calvino, Shultz pensa que há bastante evidência para apoiar uma posição da expiação limitada como há para a expiação universal.[2523] Vimos que não é esse o caso. Shultz supôs que a afirmação de Beza sobre a expiação limitada ocorre já em 1555 e considerando que Calvino não registrou discordância com Beza, ele pensou que, provavelmente, Calvino defendeu a expiação limitada. Isso é problemático. Não há declaração na *Tabula Praedestinationis* [Diagrama da Predestinação] de Beza, em 1555, que afirmasse a expiação limitada. Foi preciso esperar até 1586 para se ter a afirmação clara de Beza sobre a expiação limitada. Shultz baseou-se em declarações em "Teodoro Beza" de Jinkins e em *The Extent of the Atonement* [A Extensão da Expiação] para sua noção que este defendeu a expiação limitada em 1555. Mas as declarações de Jinkins e Thomas não fazem essa afirmação. Jinkins meramente disse que o conceito de Calvino sobre predestinação não diferiu do de Beza, entre outras razões, porque Calvino jamais contestou o conceito de Beza. Certamente foi isso que aconteceu, mas não é uma afirmação de que Beza defendeu a expiação limitada. O mesmo é verdadeiro com a declaração de Thomas. Este simplesmente declarou, com correção, preciso acrescentar, que a subordinação de Cristo e a obra dele quanto ao decreto divino de predestinação em Beza "apontaram o caminho para uma doutrina da expiação limitada".[2524] Thomas não declara que Beza defendeu a expiação limitada nesse período, embora ele o faria mais tarde. Shultz equivocou-se em sua interpretação de Jinkins e Thomas nesse aspecto.

Shultz forneceu um resumo acessível de Arminio, Dort e Amyraut sobre o tema da extensão. Ele evitou a armadilha em que muitos calvinistas caem com respeito às noções da vontade de Deus condicional e absoluta em Amyraut. Ao contrário de muitas caricaturas da posição de Amyraut, Shultz corretamente assinalou que este distinguiu

---

[2522] Ibid., 18.
[2523] Ibid., 25.
[2524] G. M. Thomas, *Extent of the Atonement*, 47.

entre a vontade condicional e absoluta de Deus, mas essas são dois aspectos da única vontade divina, não duas vontades distintas nele.[2525] Shultz também apresentou um resumo útil das posições de Richard Baxter e John Owen relativas ao tema da extensão. Finalmente, Shultz apresenta um resumo de cinco páginas do debate desde o século XIX até hoje.

Shultz concluiu essa seção ao notar precisamente que um conceito de múltiplas intenções sobre a expiação não é novo, pois foi defendido por muitos calvinistas desde o começo mesmo da história da teologia reformada. Essa perspectiva conecta e explica quatro aspectos importantes da expiação, de acordo com ele:

1. Cristo realmente pagou pelos pecados de todas as pessoas.
2. A morte de Jesus realiza aspectos universais da criação que se estende para além da morte dele pelos eleitos e até mesmo pelos não eleitos.
3. A expiação de Cristo garante a salvação dos eleitos.
4. O pagamento geral pelos pecados de todas as pessoas não absolve aqueles que não creem, mas, precisamente acrescenta mais uma razão para a justa condenação.[2526]

No capítulo 3, Shultz demonstrou que a suficiência universal da expiação implica que Cristo de fato morreu pelos pecados de todas as pessoas. Isso, por sua vez, garante a oferta gratuita do evangelho a todas as pessoas e torna indesculpável aqueles que se recusam a crer. Começando com Isaías 53, ele analisou todas as principais passagens sobre a extensão da expiação, concluindo que exegeticamente só podem ser interpretadas propriamente como ensino de que Cristo realmente morreu como um sacrifício pelos pecados de todas as pessoas.[2527] Esse é o capítulo mais enfático do livro. Deve-se observar especialmente sua análise de Isaías 53, João 3.16; 1 Coríntios 15.3; 2 Coríntios 5.14-21, 1 Timóteo 2.4-6, 1 Timóteo 4.10, Tito 2.11, Hebreus 2.9 e 2 Pedro 2.1.

No capítulo 4, Shultz definiu as quatro intenções gerais da expiação: Elas são:

1. Fundamentar a oferta universal do evangelho.
2. Tornar a graça comum possível.
3. Prover uma base adicional de condenação para aqueles que rejeitam o evangelho.
4. Prover a revelação suprema do caráter de Deus como amor.
5. Tornar possível o triunfo cósmico de Cristo sobre todo pecado.[2528]

[2525] Shultz, *A Multi-Intentioned View*, 36.
[2526] Ibid., 53.
[2527] Ibid., 56-83.
[2528] Ibid., 89.

Essa seção contém uma discussão importante do conteúdo do evangelho conforme 1 Coríntios 15.1-5. Aqui, Paulo indica que "o conteúdo do chamado do evangelho universal inclui o fato que Cristo morreu por todos os pecados e é, portanto, baseado em uma expiação que foi por todos os pecados. Parte do evangelho é dizer aos incrédulos que 'Jesus morreu por vocês'".[2529]

Shultz também considerou a função do Espírito Santo no chamado do evangelho. O Espírito convence "o mundo" no que concerne à mensagem do evangelho e João explicitamente conecta a obra de convencimento do Espírito com a morte de Cristo na cruz. "Conforme João 16.7-11 explica, a obra do Espírito Santo no mundo não é apenas para os eleitos ... Limitar a expiação de Cristo aos eleitos resulta em separar parte da obra do Espírito no mundo da obra do Filho na cruz".[2530] Ele notou que "o pagamento de Cristo pelos pecados de todas as pessoas resulta na obra do Espírito Santo entre os eleitos e os não eleitos e isso propicia graça e justiça quando é recebida ou rejeitada".[2531]

Shultz declarou que a graça comum e os dons naturais dos seres humanos são criados com base na expiação.[2532] Talvez seja esse o caso, especialmente com a graça comum, mas não parece necessariamente que isso seja declarado na Escritura.

A Escritura enfatiza a expiação como a expressão suprema do amor de Deus para com a humanidade. Passagens como João 3.16; 1 João 4.9,10 e Romanos 5.8, juntamente com muitas outras, revelam isso. Portanto, parece que a expiação é realizada pelos pecados de todas as pessoas. Para Shultz, o conceito das múltiplas intenções da expiação reconhece propriamente o amor universal que Deus tem por todos e o amor particular que ele tem pelos eleitos.

Uma expiação universal é necessária para que aconteça o triunfo cósmico de Cristo sobre o pecado. Textos, como Colossenses 1.20, parecem indicar que até os não eleitos são reconciliados objetivamente na expiação (embora permaneçam subjetivamente irreconciliados com Deus, porque se recusam a crer no evangelho e, por essa razão, permanecem em seus pecados). A expiação limitada não pode fundamentar a reconciliação de Cristo com todas as coisas, pois nenhuma expiação existe pelos pecados de todos os não eleitos.[2533]

Que o triunfo cósmico de Cristo sobre o pecado só é possível mediante seu pagamento por todos os pecados é verificado de quatro modos. Primeiro,

---

[2529] Ibid, 93.
[2530] Ibid., 96.
[2531] Ibid., 100.
[2532] Ibid., 101-4.
[2533] Ibid., 111.

podemos verificá-lo na natureza da vitória de Cristo na cruz sobre todo pecado ... Segundo, é evidente na natureza da reconciliação realizada pela cruz, porque os eleitos, os não eleitos e a criação são reconciliados com Deus, embora de diferentes maneiras. Terceiro, a ressurreição de todas as pessoas, os eleitos e os não eleitos, sustenta essa verdade. Finalmente, o verificamos na função de Cristo como rei, que é baseada em sua obra sacerdotal na expiação como um sacrifício por todos os pecados.[2534]

Shultz distinguiu entre "reconciliação salvífica" e "reconciliação cósmica" com base em Colossenses 1.21-23, João 5.26-28 e Apocalipse 20.5-7 que ensinam a ressurreição dos eleitos e dos não eleitos. Admitindo que incrédulos serão ressuscitados no *escato*, parece que são incluídos na expiação de Cristo, exatamente como aqueles que creram no evangelho.[2535]

Ele também ressaltou "intenções particulares", na expiação, que consistem principalmente em garantir a salvação dos eleitos. Esse capítulo inclui os argumentos do padrão reformado para compreender a intenção definitiva de Deus, ou propósito, na expiação, que é garantir a salvação daqueles que ele escolheu antes da criação do mundo a fim de redimi-los de seus pecados: os eleitos.

Shultz declarou que esse conceito de múltiplas intenções da expiação é coerente, abrangente e consistente interna e externamente com todos os aspectos do ensino bíblico sobre a expiação.

Confissões Batistas na América

Nenhuma pesquisa a respeito do tema da extensão da expiação entre os Batistas Gerais e os Batistas do Sul, em particular, seria completa sem uma análise das várias confissões batistas.

Lumpkin declarou que "na Virgínia e Carolina do Norte, os primeiros batistas defenderam conceitos arminianos e parece que geralmente adotaram a *Standard General Baptist Confession* [Confissão Batista Geral Padrão] de 1660".[2536] Contudo, a influência dos batistas regulares e separatistas do Sul, após meados do século XVIII, começou a arrastar muitos batistas gerais em direção a uma posição mais calvinista. A maioria das igrejas batistas gerais foi reconstituída em linhas calvinistas.[2537]

[2534] Ibid., 112.
[2535] Ibid., 119.
[2536] Lumpkin, *Baptist Confession of Faith*, 347.
[2537] Ibid.

Entretanto, sempre ocorreu que essas igrejas reconstituídas não adotaram a expiação limitada e preservaram o conceito da expiação ilimitada. Conforme já demonstramos, muitas igrejas e associações batistas regulares e separatistas ratificaram a expiação universal.

Uma das mais importantes e influentes confissões batistas do século XVIII, na América, é a Confissão da Filadélfia (1742). Ela foi baseada na Segunda Confissão de Londres (que foi baseada na Confissão de Westminster) e segue seu estilo redatorial muito similarmente em certos tópicos.[2538] Enquanto a Confissão da Filadélfia é sempre compreendida como ratificando a expiação limitada, um exame cuidadoso da seção relevante sobre a expiação revela que a confissão não prescreve ou sequer afirma a expiação limitada, mas afirma um tipo de redenção particular no sentido de que a expiação garante a salvação final de "todos aqueles por quem Cristo obteve redenção eterna". A seção específica tratando da expiação e sua extensão é o capítulo 8, parágrafos 4 a 8.

Capítulo 8:
4. Este ofício que o Senhor Jesus se submeteu voluntariamente, o qual ele poderia se desincumbir, foi exercido sob a lei e o cumpriu perfeitamente, sofrendo a punição devida a nós, que deveríamos nascer para nos submetermos e sofrermos, tendo se tornado pecado e maldição por nós. Ele suportou as mais cruciantes aflições em sua alma e os sofrimentos mais dolorosos em seu corpo; foi crucificado, morreu e permaneceu no estado da morte, no entanto, não viu corrupção e no terceiro dia surgiu dos mortos com o mesmo corpo no qual sofrera, com o qual também subiu ao céu. Ali se assentou à direita de seu Pai, faz intercessão e retornará para julgar homens e anjos no fim do mundo.
5. O Senhor Jesus, mediante sua obediência e sacrifício perfeitos, os quais ele mediante o Espírito eterno ofereceu uma vez ao Pai, satisfez plenamente a justiça de Deus, fez reconciliação e adquiriu uma herança eterna no reino do céu por todos aqueles que o Pai lhe concedeu.
6. Embora o preço da redenção não fosse realmente pago por Cristo até depois da encarnação, porém, a virtude, eficácia e benefício dela foram transmitidos aos eleitos em todas as eras, sucessivamente desde o princípio do mundo; em e por meio das promessas, tipos e sacrifícios em que ele foi revelado e significou a

---

[2538] Para uma comparação a respeito das originalidades batistas declaradas na Confissão da Filadélfia e na Segunda Confissão de Londres, que diferenciaram esses batistas particulares de algumas das doutrinas presbiterianas da Confissão de Westminster, consulte S. Lemke, "What Is a Baptist? Nine Marks That Separate Baptists and Presbyterians", *Journal for Baptist Theology and Ministry* 5 (2008): 10-39.

semente pela qual a cabeça da serpente deveria ser esmagada. E o cordeiro morto desde a fundação do mundo é o mesmo ontem, hoje e para sempre.
7. Cristo, na obra de mediação, age de acordo com ambas as naturezas. Cada natureza fez o que era apropriado a si mesma; contudo, em razão da unidade da pessoa, o que é próprio a uma natureza é, às vezes, na Escritura, atribuído à pessoa denominada pela outra natureza.
8. Para todos aqueles que Cristo obteve redenção eterna, ele certa e eficazmente aplica e transmite o mesmo, fazendo intercessão por eles; unindo-os a si mesmo por intermédio de seu Espírito, revelando-lhes, em e por sua Palavra, o mistério da salvação, persuadindo-os a crer e obedecer, governando seus corações mediante sua Palavra e Espírito e derrotando todos os seus inimigos por meio de sua onipotência e sabedoria, de maneira e processos que estão em harmonia com sua dispensação maravilhosa e insondável; e tudo proveniente de sua livre e absoluta graça, sem qualquer condição prevista neles para proporcioná-la.

Note também a declaração da confissão no capítulo 11.4: "Deus decretou desde toda a eternidade justificar todos os eleitos, e Cristo na plenitude dos tempos morreu pelos pecados deles e ressuscitou para a justificação deles; no entanto, eles não são justificados pessoalmente, até que o Espírito Santo no tempo devido realmente lhes aplique Cristo". A declaração não expressa que Cristo morreu *somente* pelos pecados de todos os eleitos. Sem dúvida, muitos inferiram isso, mas é importante assinalar que a declaração confessional não o diz. O que a declaração expressa é um tipo de redenção particular que não exclui uma expiação universal. A partir somente dessa declaração, não se pode saber se os autores da declaração quiseram afirmar *somente* uma expiação limitada, ou se a expressaram para admitir uma expiação ilimitada com respeito à substituição real pelos pecados, como é o caso com os Cânones de Dort e a Confissão de Westminster.

Em qualquer caso, Steve Lemke reparou corretamente que a Confissão da Filadélfia jamais foi amplamente adotada depois de 1845 por associações batistas, convenções estaduais ou instituições educacionais. Ela foi "largamente ignorada por batistas do Sul depois de meados do século XIX e permanece como algo bizarro na experiência batista do Sul durante o último século e meio".[2539]

The Articles of Faith of the Kehukee Association [Os Artigos de Fé da Associação Kehukee] de 1777, da Carolina do Norte, foram designados para tratar das objeções dos Separates to the Philadelphia Confession [Separatistas à Confissão da Filadélfia] e para se pronunciarem contra o arminianismo.[2540] Notoriamente ausente dessa

---

[2539] Lemke, "History or Revisionist History?", 244.

[2540] Lumpkin, *Baptist Confessions of Faith*, 354.

confissão é alguma declaração sobre a expiação limitada. A eleição é declarada como individual e incondicional.

The Separatist Baptist Sandy Creek Association [A Associação Separatista Batista Sandy Creek], na Carolina do Norte, produziu uma confissão chamada de Principles of Faith of the Sandy Creek Association [Princípios de Fé da Associação Sandy Creek] (1816).[2541] Luther Rice esteve envolvido na elaboração dessa confissão. Rice era provavelmente um calvinista moderado, conforme argumentamos anteriormente. Como a Kehukee Confession [Confissão de Kehukee], não há referência à expiação limitada. Segundo Thompson corretamente ressaltou, esses princípios eram breves e parece que ficaram inacabados o bastante para admitir amplitude de interpretação de certos tópicos.[2542]

Contudo, em 1845, a Sandy Creek Association [Associação Sandy Creek] revisou sua confissão de fé para que fosse a mesmo da New Hampshire Confession [Confissão de New Hampshire]. "Essa mudança reflete um movimento claro e deliberado, distante dos cinco pontos do calvinismo, que foi imposto por batistas regulares no século XVIII, para um conceito 'batista calvinista' modificado durante o período da fundação da Southern Baptist Convention [Convenção Batista do Sul]".[2543]

Outra confissão que nada declara sobre a expiação limitada é os Terms of Union between the Elkhorn and South Kentucky, or Separate, Associations [Termos da União entre as Associações de Elkhorn e Kentucky do Sul ou Separatistas] (1801). De fato, essa confissão não se pronuncia sobre a extensão da expiação.

A confissão batista mais importante do século XIX é indubitavelmente a New Hampshire Confession [Confissão de New Hampshire] (1833). Menos rigorosa que a Philadelphia Confession [Confissão da Filadélfia], ela foi designada a refletir um calvinismo mais moderado. Como as três confissões prévias, não há referência à expiação limitada. O documento é elaborado de uma forma que poderia se afirmar a expiação limitada ou a expiação ilimitada e ratificar a confissão. O Artigo 4 inclui esta declaração que Cristo "fez expiação por nossos pecados mediante sua morte".[2544]

[2541] A confissão pode ser encontrada nas Atas da Associação Sandy Creek de 26 de outubro de 1816 em G., W. Purefoy, *A History of the Sandy Creek Association*, 104-5.

[2542] P. Thompson, "Baptists and 'Calvinism'", 74. Veja também Lumpkin, *Baptist Confessions of Faith*, 358, que confirma isso.

[2543] Conforme observado por Lemke, "History or Revisionist History:", 245, (Veja as Atas da Associação Sandy Creek de 26 de setembro de 1845 em Purefoy, *A History of Sandy Creek Association*, 197-216). A Associação Sandy Creek não usou a Confissão da Filadélfia.

[2544] Lumpkin, *Baptist Confessions of Faith*, 362-63. Para uma análise mais detalhada de como a Confissão de New Hampshire diluiu alguns dos elementos mais calvinistas da Segunda Confissão de Londres, veja Yarnell, "Calvinism", 81.

Garrett declarou que a confissão poderia também ser descrita tanto como "moderadamente arminiana" quanto "moderadamente calvinista".[2545]

Uma comparação da Philadelphia Confession [Confissão da Filadélfia] com a New Hampshire Confession [Confissão de New Hampshire] é reveladora. A última é evidentemente mais moderada em seu calvinismo e da mesma forma não afirma a expiação limitada, um conceito estrito da eleição individual de acordo com as orientações de Dort, ou a graça irresistível, embora os dois últimos conceitos não sejam abertamente excluídos pela confissão.

Em 1834, *A Treatise on the Faith of the Free Will Baptists* [Um Tratado sobre a Fé dos Batistas do Livre-Arbítrio] foi publicado. O capítulo 6, "A Expiação e Mediação de Cristo", declara: "Cristo se ofereceu como sacrifício pelos pecados do mundo e, portanto, tornou a salvação possível a todos homens".[2546] Essa declaração afirma evidentemente a expiação ilimitada.

Henry Fish elaborou *The Baptist Scriptural Catechism* [O Catecismo Batista Bíblico] (1850). Ele é calvinista em perspectiva, conforme evidenciado pela distinção que Fish faz entre o *desígnio* da expiação e a *suficiência* da expiação:

Questão: A expiação, em seu desígnio redentor, abrange mais do que os eleitos?

Resposta: Os eleitos apenas; ... Mateus 1.21.

Questão: E, no entanto, não era em sua natureza de valor suficiente para a salvação de toda humanidade?

Resposta: Ela era e por esta razão é dito que Deus "enviou Seu Filho ao mundo", "para que o mundo através dele pudesse ser salvo" (Jo 3.17, Hb 2.9, Jo 1.29, 2 Co 5.14-20, 1 Tm 2.6, 1Jo 2.2).[2547]

Observe que não há uma declaração direta sobra a expiação limitada. Fish falou do "desígnio" da expiação para os eleitos apenas. Entretanto, ele falou de sua "natureza" como de "valor suficiente". Se ele expressa suficiência intrínseca em termos de mérito e valor, então é possível que o catecismo intente sugerir a expiação limitada. Mas se ele intenta falar de uma suficiência extrínseca no sentido que Cristo, na realidade,

---

[2545] Garrett, *Baptist Theology*, 151.

[2546] Lumpkin, *Baptist Confessions of Faith*, 372.

[2547] H. C. Fish, "Baptist Scriptural Catechism, 1850", *The Reformed Reader* (blog), acessado em 25 de maio de 2015, http://reformedreader.org/ccc/bsc.htm.

morreu pelos pecados de todos, com a salvação disponível a todos que creem, então o catecismo não pretende ensinar uma expiação limitada.

As declarações doutrinárias da American Baptist Association [Associação Batista Americana] (1905) e a North American Baptist Association [Associação Batista Norte Americana] (1950) ambas ratificam a expiação ilimitada. A Confession of the Fundamental Fellowship [Confissão da Fraternidade Fundamental] (1921) e mais tarde a Goodchild Confession [Confissão Goodchild] (1944) afirmaram a expiação ilimitada: "Cremos em Jesus Cristo ... que ele fez expiação pelos pecados do mundo por meio de sua morte".[2548] Os Artigos de Fé da Baptist Bible Union of America [União Bíblica Batista] (1923) declaram a expiação ilimitada no Artigo 8.

A mais importante confissão para os Batistas do Sul hoje é a Baptist Faith and Message [Fé e Mensagem Batista], adotada em 1925 e um pouco modificada em 1963, 1998 e novamente em 2000. Não há declaração que ratifique a expiação limitada nessa confissão. Os idealizadores da versão original de 1925, todos afirmaram a expiação ilimitada, como E. Y. Mullins, L. R. Scarbrough, C. P. Stealey, W. J. McGlothin, S. M. Brown, E. C. Dargan e R. H. Pitt que trabalharam na comissão redatora.

É verdade também que não há declaração direta no artigo sobre a salvação que especificamente afirme a expiação limitada. Entretanto, no Artigo 3, sobre o tema da humanidade, a seguinte declaração é significativa: "A sacralidade da personalidade humana é evidente em que Deus criou o homem à sua própria imagem e em que Cristo morreu pelo homem; portanto, todo homem possui dignidade e é digno de respeito e amor cristão".[2549]

A linguagem e o contexto dessa sentença enfaticamente indicam uma expiação ilimitada. Primeiro, referência é feita à "personalidade humana", uma frase que obviamente se refere a todos os seres humanos. A razão para a sacralidade da personalidade humana é afirmada como "Deus criou o homem à sua própria imagem". Aqui, a palavra "homem" claramente se refere primeiro a Adão e Eva como criação direta de Deus e como progenitores da raça humana; toda humanidade é contida na palavra "homem".

A segunda declaração: "Cristo morreu pelo homem" extrai o sentido contextualmente da declaração anterior. Aqui, "homem" obviamente significa "toda humanidade". Isso é ainda confirmado pelo terceiro uso de "homem" na sentença: "Portanto, todo homem possui dignidade". Aqui, "homem", como modificado por "todos", refere-se a todo indivíduo na terra. Não pode significar o contrário dado o contexto.

Em todos os três usos da palavra "homem", nessa sentença, não há limitação de forma alguma. De fato, o contexto exclui qualquer limitação. Toda humanidade é indicada. Se alguém quiser interpretar "morreu por" como incluindo uma provisão de

---

[2548] Lumpkin, *Baptist Confessions of Faith*, 383.
[2549] Ibid., 395.

graça comum, deve interpretar um sentido dual na declaração: Cristo morreu pelos pecados dos eleitos e morreu para proporcionar graça aos não eleitos, tudo contido na simples declaração: Cristo morreu pelo homem". Essa não parece ser o propósito da declaração.

Parece impossível escapar à conclusão que esse artigo da confissão afirma a expiação universal. Por implicação lógica, a expiação limitada é aqui negada.

Essa pesquisa dos credos e confissões indica vários fatos. Primeiro, mesmo entre os reformados, nenhuma das principais confissões históricas prescreveu a expiação limitada somente ou excluiu a expiação ilimitada. Segundo, algumas das primeiras confissões reformadas declaram a expiação ilimitada, embora também declarem um *intento* limitado da parte de Deus em quem será redimido, a saber, os eleitos. Terceiro, somente umas poucas confissões batistas declaram uma expiação limitada exclusivamente de uma forma que rejeita a expiação ilimitada. Mesmo a maioria das confissões batistas particulares são escritas com certa ambiguidade sobre esse tema específico.

Quarto, nenhuma confissão batista, do século XVIII e além, declara a expiação limitada, incluindo o Abstract Principles [Resumo de Princípios], a confissão do Southern Seminary [Seminário do Sul] fundada apenas poucos anos depois do nascimento da Southern Baptist Convention [Convenção Batista do Sul] em 1845. Quinto, essa evidência confessional sugere que mesmo muitos batistas calvinistas dos séculos XVIII e XIX abandonaram a expiação limitada. Sexto, nem a London Confession [Confissão de Londres] de 1689 tampouco a Philadelphia Confession [Confissão da Filadélfia] de 1742, as únicas duas confissões principais que proximamente afirmaram uma expiação limitada, apesar de nenhuma delas declarar uma expiação limitada, foram muito influentes nos batistas do Sul na época da fundação da nova convenção em 1845.[2550]

Sétimo, nenhum seminário batista jamais ratificou uma declaração confessional que incluísse a expiação limitada. O Abstract of Principles [Compêndio de Princípios] governando o Southern Baptist Theological Seminary [Seminário Teológico Batista do Sul] não faz menção à expiação limitada. Embora a Philadelphia Confession [Confissão da Filadélfia] de 1742 estivesse disponível, os autores decidiram não a utilizar. Curiosamente, um dos critérios que Basil Manly Jr. e a comissão fundadora do SBTS [STBS] empregaram para elaborar o Compêndio foi que ela não assumiria

---

[2550] Embora T. George tenha afirmado que todos os 293 representantes em Augusta, na fundação da Convenção Batista do Sul, vieram das igrejas e associações que haviam adotado a Confissão de Fé da Filadélfia/Charleston (George, *Baptist Confessions, Covenants, and Catechisms* [Nashville: B&H, 1996], 11).

posição sobre a qual havia divisão na nova Southern Baptist Convention [Convenção Batista do Sul].[2551]

Os autores elaboraram a confissão com sensibilidade à teologia calvinista moderada de Andrew Fuller juntamente com o movimento da Nova Teologia. Muitos influentes batistas do Sul, como William B. Johnson, primeiro presidente da Southern Baptist Convention [Convenção Batista do Sul] não defenderam expiação limitada. O autor principal dos primeiros esboços do Compêndio, Basil Manly Jr., ele mesmo um defensor da expiação limitada, foi incapaz de persuadir os outros membros da comissão a incluir a expiação limitada. O documento passou por um processo de diversas revisões pela diretoria do seminário, um grupo de pastores e uma comissão de educadores batistas. No máximo, o documento final afirma quatro dos cinco pontos tradicionais,[2552] embora a doutrina da graça irresistível também não seja encontrada especificamente no documento. Até mesmo Al Mohler, presidente do Southern Seminary [Seminário do Sul] e um calvinista extremo, descreve o Compêndio como um documento de três pontos do calvinismo, porque ele não declara a expiação limitada e a graça irresistível.[2553]

Steve Lemke observou devidamente que a SBC [CBS] na seção geral jamais deliberou sobre ou aprovou o Compêndio para que fosse a reflexão da perspectiva doutrinária da convenção. A New Hampshire Convention [Convenção de New Hampshire] sempre foi mais popular entre os batistas do Sul do que o Compêndio.[2554]

New Orleans Baptist Theological Seminary [Seminário Teológico Batista de New Orleans] [NOBTS – STBNO] foi fundado em 1917. O presidente Byron H. DeMent e o membro da diretoria, D. W. Denham, escreveram a confissão doutrinária para o seminário: The Articles of Religious Belief of NOBTS [Os Artigos da Fé Religiosa do STBNO] (1918). Ambos foram formados no Southern Seminary [Seminário do Sul],

---

[2551] J. P. Boyce, "Two Objections to the Seminary", *Western Recorder* 20 (1874): 2; e mencionadas em R. A. Baker, ed., *A Baptist Source Book: With Reference to Southern Baptists* (Nasville: Broadman, 1966), 140. Veja também G. Wills, *Southern Baptist Theological Seminary (1859-2009)* (Nova York: Oxford University Press, 2009), 31; e W. Mueller, *A History of Southern Baptist Theological Seminary* (Nashville, Broadman, 1959), 32.

[2552] Veja Wills, *Southern Baptist Theological Seminary* (1859-200), 32, 37-38.

[2553] J. A. Smith, Sr., "Mohler: Southern Baptists Need "Table Manners' When Discussing Calvinism", Southern News, November 15, 2013, http://news.sbts.edu/2013/11/15mohler-southern-baptists-need-table-manners-when-discussing-calvinism/.

[2554] Lemke, "History or Revisionist History:", 248-49, 251-52. A adoção do Seminário do Sul e o Compêndio de Princípios foi incomum "porque não foi realizada na sessão pública da convenção, mas nas reuniões auxiliares chamadas de 'Convenção da Educação' em 1857 e 1858. Portanto, nem o Compêndio de Princípios nem a adoção do Seminário do Sul receberam votação suficiente na convenção". Lemke citou Wills, Southern Baptist Theological Seminary, 31-52, e SBC Annuals de 1857 e 1858.

porém, nenhum deles se sentiu compelido a usar o Compêndio de Princípios ou sua linguagem. Steve Lemke, reitor de STBNO, descreveu a confissão como declarando "2.5 a 3.0 pontos do calvinismo clássico".[2555]

Não é incomum ouvir alguns batistas calvinistas afirmarem que os documentos confessionais dos batistas indicam um sólido compromisso com todos os chamados cinco pontos do calvinismo de Dort (em que Dort compreende-se como o apoio exclusivo à expiação limitada – um erro histórico, como já vimos).[2556] A história demonstra o contrário. Lemke ressaltou que "todo manual predominante da igreja Batista ou sobre as doutrinas batistas de 1853 a 1913 (embora conhecessem claramente a Philadelphia Confession [Confissão da Filadélfia] e o Abstract Principles [Compêndio de Princípios]) promulgou e recomendou a *New Hampshire Confession* [Confissão de New Hampshire] como a confissão que melhor expressava a perspectiva dos batistas".[2557]

Com respeito aos batistas associados com a Baptist World Alliance [Aliança Batista Mundial], Paul Fiddes declarou que ele não pôde encontrar "um único exemplo de expiação limitada em qualquer confissão de fé moderna".[2558] Fiddes também percebeu que as primeiras confissões batistas "eram um tanto não dogmáticas na compreensão dos *meios* da expiação ... Não foi assim até que nas duas principais confissões batistas de 1677 e 1679, ambas sob a influência da Confissão de Westminster, houve uma declaração explícita da substituição penal".[2559] Fiddes pressupõe que a doutrina da expiação limitada é uma consequência lógica do conceito de substituição penal envolvido na expiação.[2560] Essta avaliação está distante da verdade. No entanto, se alguém adota um conceito comercial da expiação em que a natureza da substituição de Cristo foi pelos pecados dos eleitos de um modo quantitativo equivalente, como se verifica em batistas como J. L. Dagg e Tom Nettles, então o argumento da conexão lógica se torna mais consistente.

[2555] Lemke, "History or Revisionist History?", 250-51.

[2556] Assim, por exemplo, Timothy George declarou: "Entre os batistas na América, a teologia de Westminster foi transmitida por meio da imensamente influente Confissão de Fé da Filadélfia. A despeito de uma permanente tensão arminiana na vida batista até o século XX, a maioria dos batistas aderiu fielmente à doutrina da graça como estabelecida na teologia paulino-agostiniana reformada" ("Baptists and the Westminster Confession", em *The Westminster Confession into the 21st Century*, ed. Ligon Duncan, [Fearn, Scotland: Christian Focus, 2004], 1:155). É óbvio que seja possível que o uso de George das "doutrinas da graça" inclua a posição moderada sobre a extensão da expiação.

[2557] Lemke, "History or Revisionist History:", 252.

[2558] P. Fiddes, *Tracks and Traces: Baptist Identity in church and Theology*, Studies in Baptist History and Thought 13 (Carlisle, UK: Paternoster, 2003), 239.

[2559] Ibid., 244.

[2560] Ibid., 243-44.

Quando se trata dos batistas do Sul, em particular, é claro que pelas confissões que formularam, eles escolheram uma abordagem teológica que é de certo modo uma mistura de calvinismo e arminianismo, mas tendendo para o lado calvinista com respeito à depravação total, eleição e perseverança.[2561]

A mudança contra a expiação limitada no princípio da Southern Baptist Convention [Convenção Batista do Sul] começou entre aqueles batistas que primeiro a defenderam, não entre os arminianos. Mercer e Furman mudaram o compromisso original com a expiação limitada para a posição ilimitada.[2562] Na época da organização da Southern Baptist Convention [Convenção Batista do Sul], muitos aspectos do calvinismo extremo eram temas de debate entre os batistas, especialmente a doutrina da expiação limitada. Embora alguns dos líderes originais do início da SBC fossem calvinistas, não eram de forma alguma todos calvinistas extremos e a maioria das pessoas que fazia parte da primeira SCB não eram calvinistas extremos ou mesmo calvinistas moderados no sentido em que afirmavam os outros quatro pontos do TULIP.

Historiadores batistas confirmaram a diversidade que havia entre os primeiros líderes da Southern Baptist Convention [Convenção Batista do Sul] com respeito ao calvinismo e especialmente à expiação limitada. Wayne Flint, distinto professor de história em Auburn University [Universidade Auburn], também confirmou essa moderação teológica da maioria dos batistas em Alabama.

> Nenhum debate bíblico moldou os primeiros batistas do Alabama tão profundamente quanto o calvinismo ... Embora os batistas fossem calvinistas no sentido geral do termo, eles modificaram a doutrina ... Se Charleston, na Carolina do Sul, fornece a linhagem mais pura de calvinismo; Sandy Creek, na Carolina do Norte, reivindica com solidez a tradição do reavivamento. Fervorosa, carismática, emotiva, independente, biblicista, a tradição de Sandy Creek fundiu elementos do calvinismo e do arminianismo.[2563]

Albert W. Wardin Jr., em sua história dos batistas do Tennessee, declarou: "Em 1856 o *Baptist Watchman* [Sentinela Batista] sustentou que os Separate Baptists [Batistas Separatistas] haviam triunfado e a maioria dos missionários ou United Baptists[Batistas

---

[2561] Lemke, "History or Revisionist History", 243.
[2562] Richards, *Winds of Doctrine*, 58.
[2563] W. Flynt, *Alabama Baptists: Southern Baptists in the Heart of Dixie* (Tuscaloosa: University of Alabama Press, 1998), 26-27.

Unidos] defendeu a expiação geral".[2564] Observe o ano: 1856 – exatamente onze anos depois da fundação da Southern Baptist Convention [Convenção Batista do Sul]. Os "United Baptists" [Batistas Unidos] resultaram da união dos Regular Baptists [Batistas Regulares] e os Separate Baptists [Batistas Separatistas] em Kentucky, Virgínia, e nas Carolinas no final do século XVIII e no início do século XIX. Falando, em geral, desse grupo, embora não apenas dele, emergiu a formação da Southern Baptist Convention [Convenção Batista do Sul] em 1845.

O historiador batista Nathan Finn, decano da School of Theology and Missions [Faculdade de Teologia e Missões] na Union University [Universidade União], confirmou essas narrativas de diversidade entre os primeiros batistas sobre a questão do calvinismo e a extensão da expiação especificamente.

> Isto não significa que os Southern Baptists [Batistas do Sul] eram uniformemente calvinistas – se por calvinista se denota estrita aderência a todos os "cinco pontos". Por exemplo, é claro que a geração originadora dos Southern Baptists [Batistas do Sul] estava debatendo o propósito da expiação, com alguns defendendo conceitos mais "limitados/particulares" e outros mais "gerais/ilimitados. É também claro, contudo, que houve um debate mínimo concernente às doutrinas da eleição ou perseverança.[2565]

À luz da evidência, a declaração final de Finn no que concerne à eleição precisa ser aprimorada. Em alguns lugares não houve a menor agitação sobre a natureza da eleição também. No início da história dos Southern Baptist [Batistas do Sul], a maioria das igrejas e associações não aderiu aos cinco pontos do calvinismo.

Segundo a evidência, podemos inferir as seguintes generalizações. New Light Calvinists [Calvinistas da Nova Luz] da nova era colonial na Nova Inglaterra seguiram Jonathan Edwards, mas na região de Sandy Creek e igrejas associadas com Sandy Creek, um sistema calvinista de um ponto (perseverança) prevaleceu. Richard Furman seguiu Andrew Fuller sobre o tema da extensão: a morte de Cristo substituiu todos os pecadores, mas a aplicação da expiação está limitada apenas aos eleitos.[2566] W. B. Johnson igualmente refletiu os conceitos de Fuller. R. B. C. Howell da Primeira

---

[2564] A. W. Wardin, Jr., Tennessee Baptist: A Comprehensive History, 1779-1999 (Nashville: Tennessee Baptist Convention, 1999), 148. Wardin também constatou: "Em sua adoção de uma nova constituição em 1844, a igreja de Concord [Brentwood, TN] eliminou referência à eleição e chamado eficaz e em vez disso declarou: "As bênçãos da salvação são acessíveis a todos por meio do evangelho" (148).

[2565] N. Finn, "On the 'Traditional Statement': Some Friendly Reflections from a Calvinistic Southern Baptist", *Journal for Baptist Theology and Ministry* 10 (2013): 66-67.

[2566] J. A. Rogers, *Richard Furman: Life and Legacy* (Macon, GA: mercer University Press, 1985).

Igreja Batista de Nashville, Tennessee, parece ser o mais prolífico e influente teólogo batista no grupo antes de 1845 dos batistas do Sul. O conceito dele sobre a extensão é o mesmo de Andrew Fuller.[2567]

Lemke resumiu a evidência e concluiu "que as confissões batistas (particularmente aquelas ratificadas no Sul), desde o início do século XIX até o princípio do século XX, não foram irrefutavelmente confissões calvinistas de cinco pontos, mas de fato refletiram vários níveis de acordo entre arminianismo e calvinismo".[2568] A conclusão de Lemke é difícil de resistir à luz da evidência. A situação histórica foi tal que os batistas eram mais calvinistas que alguns escritores não calvinistas querem admitir e eles foram menos calvinistas do que alguns escritores calvinistas querem reconhecer.

Apesar da insistência de calvinistas como Michael Horton e arminianos como Roger Olson de que um calvinismo e arminianismo híbridos não seja possível,[2569] os Southern Baptists [Batistas do Sul] demonstraram desde o princípio de sua existência que esse de fato é o caso.

[2567] W. B. Johnson, *The Gospel Developed through the Government and Order of Churches of Jesus Christ* (Richmond, VA: H. K. Ellyson, 1846), reimpresso em *Polity: A Collection of Historic Baptist Documents*, ed. M. Dever (Washington, DC: Center for Church Reform, 2001), 161-245.

[2568] Lemke, "History or Revisionist History?", 254.

[2569] M. Horton, "Preface", em R. Olson, *Against Calvinism* (Grand Rapids, MI: Zondervan, 2011), 10: R. Olson, *Arminian Theology: Myths and Realities* (Downers Grove, IL: InterVarsity Academic, 2006), 61-77.

PARTE III

A Extensão da Expiação
Uma Análise Crítica

8

Uma Análise Crítica de Do Céu Cristo Veio Buscá-la

Nos dois capítulos finais deste livro, examinarei criticamente a última obra acadêmica escrita em defesa da expiação limitada, *From Heaven He Came and Sought Her: Definite Atonement in Historical, Biblical, Theological, and Practical Perspective* (Do Céu Ele Veio Buscá-la: A Expiação Definida na Perspectiva Histórica, Bíblica, Teológica e Pastoral), e resumirei por que a expiação ilimitada é mais compatível com a Escritura.[2570] O livro foi promovido por alguns como a palavra acadêmica "definitiva" sobre a expiação definida (limitada). David Wells disse a respeito do livro em seu endosso na primeira página: "Este é o estudo definitivo". Cópias gratuitas dele foram distribuídas para os participantes da conferência *Together for the Gospel* (Juntos pelo Evangelho) em 2014.

David Gibson e Jonathan Gibson serviram como editores desse substancial tomo de 703 páginas, incluindo índices, publicado pela Crossway*. A obra inclui 23 capítulos escritos por um quadro notável de 21 autores de várias origens denominacionais (incluindo presbiterianos, anglicanos e batistas) abordando a perspectiva histórica, bíblica, teológica e pastoral sobre o tema.

Tal como em qualquer volume de múltiplos autores, os capítulos oscilam quanto ao conteúdo, estilo e matéria pertinente. Também há certa sobreposição ocasional e

---

[2570] D. Gibson e J. Gibson, eds., *Do céu ele veio buscá-la: a expiação definida na perspectiva histórica, bíblica, teológica e pastoral* (São José dos Campos, SP: Fiel, 2017).

* No Brasil publicado pela Editora Fiel com 818 páginas. [N. do E.].

inevitável do assunto em vários capítulos. Porém, isso não deprecia o que é no geral um estudo significativo sobre um assunto frequentemente mal compreendido.

O propósito principal do livro é defender a noção de expiação definida (mais comumente mencionada como "expiação limitada" e também como "redenção particular") apresentando argumentos de apoio e tentando responder a contra-argumentos.

Organizacionalmente, a estrutura quádrupla do volume (histórica, bíblica, teológica e pastoral) é provavelmente a melhor forma de abordar o tema. Os capítulos das três primeiras seções estão quase que igualmente divididos (sete, seis e seis), com cada seção totalizando aproximadamente 150 páginas. A seção pastoral final contém três capítulos.

O índice é claro e provê uma breve descrição do tópico principal de cada capítulo. A "Bibliografia Selecionada" tem apenas sete páginas de extensão e faltam algumas obras significativas que provavelmente deveriam estar listadas, mesmo para uma bibliografia selecionada. Três índices (referências bíblias, nomes e assuntos) provêm ao leitor uma referência útil. São razoavelmente úteis, embora haja alguns erros e omissões, os quais são praticamente inevitáveis em um livro desse tamanho.

Apesar do título do livro ser uma citação de um hino bem conhecido, ele gera preocupação. Buscá-"la", na soteriologia bíblica, somente é usada para a nação de Israel do Antigo Testamento e para a igreja do Novo Testamento que é composta de crentes. O pronome nunca é usado para uma classe abstrata de todos os eleitos que herdarão a vida eterna. O uso de "la" no título é indicativo do fato de que esses calvinistas rígidos estão continuamente se equivocando entre o sentido abstrato de "eleitos" e os "eleitos" como crentes. Não há uso no Novo Testamento de eleitos no sentido abstrato. Nesse sentido foi arrazoado – isto é, o que é verdadeiro a respeito dos crentes eleitos é seguro a respeito de todos os eleitos no sentido abstrato – o que foi uma das portas de acesso por meio da qual alguns calvinistas (os antinomistas teóricos) entraram no hipercalvinismo no final dos séculos XVII e XVIII. Observa-se que muitos autores desse volume meramente presumem que o que é veraz a respeito dos eleitos crentes é *ipso facto* autêntico a respeito da classe dos eleitos considerada atemporalmente no sentido abstrato. Eles presumem que o "la" que Cristo viria e buscaria seriam todos esses eleitos que estão designados à vida eterna, quer nascidos ou ainda não, quer crentes ou ainda não, em vez de "la" no sentido da igreja que a letra de Samuel Stone indica. Isso é problemático.

J.I. Packer contribuiu na apresentação,; bem escrita e repleta de grandes elogios ao livro. Muitos se lembrarão de sua introdução, mencionada anteriormente, à edição de Banner of Truth de *Death of Death in the Death of Christ* (A Morte da Morte na Morte de Cristo) de John Owen mais de cinquenta anos antes. Packer se referindo à sua antiga introdução à edição da Banner of Truth, de 1959, no atual prefácio nos informa: "Estou contente de poder dizer, desta vez, que nada vejo nela que precise ser modificada ou retratada."[2571] Felizmente, a apresentação mais recente dele é muito menos estridente do que a anterior, que estava saturada de epítetos para com os seus irmãos não calvinistas quase a ponto de lhes negar um assento à mesa da salvação.[2572] A respeito da presente obra, Packer dá "nota máxima para sua classificação de erudição sólida, de argumento irrefutável, de estilo ardoroso e zelo pela verdadeira glória de Deus".[2573]

Jonathan e David Gibson proveem um prefácio de duas páginas bem elaborado,[2574] resumindo como chegaram a adotar a expiação definida. Eles oferecem o livro "com a oração de que ele pinte um quadro irresistível de beleza e poder da expiação definida". Eles nos informam que, "A doutrina habita o drama poético e as proposições didáticas da Escritura".

Os editores almejam prover "profundidade e largura de perspectiva" sobre o assunto. Os ensaios estão escritos "conciliatoriamente" e "vozes dissidentes estão firmemente engajadas, mas não existe em nossas respostas tonalidade estridente. Não há animosidade de conteúdo na crítica de indivíduos e os movimentos associados a eles". Isso é, realmente, como deveria ser.

Contudo, nesse contexto a frase de abertura do último parágrafo do prefácio é surpreendente e não pouco preocupante: "Precisamente porque ele é articuladamente o

---

[2571] J.I. Packer, "Apresentação", em *Do céu ele veio buscá-la*, 14.

[2572] Há muito estou preocupado com o tom estridente e crítico da introdução de 1959 de Packer a essa edição da obra de Owen. Aqui está uma lista da linguagem ubíqua e, às vezes, não caridosa que ele emprega acerca daqueles que afirmam a expiação ilimitada: antibíblica; destrutiva para o evangelho; princípios não saudáveis de exegese; falazes; desonra a graça de Deus; desonra a Deus, desvaloriza a cruz (três vezes); faz Cristo ter morrido inutilmente; destrói a base escriturística da segurança; princípio antibíblico de autossalvação; perigoso equívoco; distorce o evangelho; confusão mental; priva Deus de sua glória; trivializa a fé e o arrependimento; nega a soberania de Deus; fé degenerada; sentimentalismo barato; apresentação degradadora; novo evangelho; superficial; faz de Cristo uma figura débil e fútil que bate desconsoladamente na porta do coração humano, o qual ele não é capaz de abrir; vergonhosa desonra para o Cristo; e solapa os alicerces. Owen nos informa que, se o tivéssemos ouvido, ele nos ensinaria como crer no evangelho e pregá-lo.

Embora nem tudo nessa lista seja duro (eu usaria alguns dos termos de Packer em crítica a respeito da sua visão e da de Owen, como "antibíblica," "princípios não saudáveis de exegese," "falazes," "destrói a base escriturística da segurança" e "perigoso equívoco"), aqui o criticismo de Packer parece estar além dos limites. Packer nunca se retratou de qualquer uma dessas palavras de linguagem contumeliosa que se aplicariam à maioria dos crentes, incluindo muitos dentro de sua própria tradição reformada.

[2573] J.I. Packer, "Apresentação", 17.

[2574] D. Gibson & J. Gibson, "Prefácio", em *Do céu ele veio buscá-la*, 19-21.

evangelho de Deus, este volume busca abolir toda autojustiça da parte dos que amam a expiação definida quando a ensinam para o bem da igreja".[2575]

Dado que algumas pessoas da tradição reformada, no passado e no presente, imprudentemente já fizeram declarações semelhantes como "calvinismo é o evangelho," parece prudente não dizer do livro que "ele é articuladamente o evangelho de Deus".[2576] Isso deve ser especialmente assim, à luz do fato de que a expiação definida é a posição minoritária no cristianismo hoje, juntamente com o fato de que já houve muitas pessoas da própria tradição reformada, tanto no passado quanto no presente, que a rejeitam. Contudo, uma vez que os editores nos sugerem que é "justo ao leitor tanta caridade quanto a que foi oferecida pelos diversos autores", darei o benefício da dúvida de que eles não pretendiam transmitir a noção de que a expiação definida, ou o calvinismo, é o evangelho.

Os editores contribuem com um capítulo introdutório intitulado "Teologia Sacra e a Leitura da Palavra Divina". Esse é um capítulo útil que dá uma visão geral da obra e de sua intenção de apresentar uma abordagem "bíblico-sistemática". As metáforas da produção de uma "rede" e de um "mapa" para e através da expiação definida, conseguem ajudar o leitor a se orientar quanto a como os autores do livro estão abordando o assunto.[2577]

Os editores expõem expiação definida de uma forma genérica que não articula claramente o coração do conceito como uma substituição limitada de Cristo somente pelos pecados dos eleitos.[2578] Isso ilustra a confusão sobre o estado real da questão. Sem dúvida essa substituição limitada é, de fato, o que os editores pretendem transmitir pela sua definição. Todavia, surpreendentemente, sua definição poderia ser afirmada por todos os calvinistas, incluindo amiraldistas e universalistas hipotéticos ingleses. O que distingue os dois últimos grupos de calvinistas dos autores desse livro é o desacordo deles com a definição da extensão da expiação como uma satisfação limitada pelos pecados. Todos os calvinistas (rígidos, amiraldistas ou universalistas hipotéticos ingleses) concordam sobre a intenção da expiação. Tal como a TULIP não mapeia o calvinismo, mas é um ponto no mapa, assim o rótulo "universalismo hipotético" não mapeia todos os calvinistas que adotam uma posição de satisfação ilimitada pelo pecado.

[2575] Ibid., 21.

[2576] Até mesmo Greg Welty, um calvinista rígido, desaconselhou chamar o calvinismo de evangelho. Veja G. Welty, "Election and Calling: A Biblical Theological Study," em *Calvinism: A Southern Baptist Dialogue*, ed. E.R. Clendenen e B. Waggoner (Nashville: B&H Academic, 2008), 243.

[2577] D. Gibson & J. Gibson, "Teologia Sacra e a Leitura da Palavra Divina", em *Do Céu Ele Veio Buscá-la*, 44.

[2578] Ibid., 38.

Note que a definição fala da "intenção" e da "aplicação" da expiação, mas não se refere especificamente a "extensão."

O resto do capítulo deixa claro por que isso é assim: os autores, como todos os calvinistas rígidos, não conseguem conceber qualquer categoria de substituição penal que não exija *ipso facto* expiação definida em relação à sua extensão real como satisfação ilimitada pelo pecado (por exemplo, as páginas 56-58 e a citação de John Murray afirmando que não existe tal coisa como uma expiação ilimitada ao insistir na falsa dicotomia *ou um/ou outro* entre uma eficácia limitada e uma extensão limitada).[2579]

Em uma entrevista acerca do livro, os Gibsons declararam que: "A ambiciosa alegação do nosso livro é que, a expiação substitutiva penal, corretamente entendida, naturalmente implica expiação definida".[2580] Eles declararam ainda que: "O nosso livro afirma que crer na substituição penal e ao mesmo tempo rejeitar a expiação definida é um equívoco comum a respeito da substituição penal".[2581]

Em suma, os autores misturam, e assim confundem, as noções de intenção e de extensão quando se trata da expiação. Por isso, a mera referência à "intenção" da definição[2582] é considerada suficiente para incluir também a extensão, visto que para os editores e autores desse volume, a intenção e a extensão são coextensivas.

É bom ver que a maioria dos autores repudia alguns erros históricos frequentes quando se trata da extensão da expiação. Muitos destes são resumidos na introdução pelos editores. Primeiro, eles corretamente notam que isso "introduz distorção" e "lobotomiza a história" para ver o assunto "através das lentes de rótulos derivados de nomes pessoais proeminentes na história da Reforma".[2583] Segundo, eles distinguem entre o amiraldismo e o universalismo hipotético inglês, uma distinção nem sempre feita na teologia reformada histórica. Terceiro, os autores evitam o termo "calvinista" preferindo "reformado" ao longo do livro, corretamente notando que, de forma alguma, é certo que o próprio Calvino afirmou a expiação definida. Quarto, os autores sabiamente querem evitar a discussão a respeito do uso anacrônico do acróstico TULIP, apesar de parecerem sucumbir à noção de Packer de que os cinco pontos permanecem

---

[2579] Ibid., 59.
[2580] D. Gibson e J. Gibson, entrevista por Fred Zaspel, *Books at a Glance* (blog), 18 de Março de 2014, http://booksataglance.com/author-interviews/david-and-jonathan-gibson-editors-of-from-heaven-he-came-and-sought-her.
[2581] Ibid.
[2582] D. Gibson & J. Gibson, "Teologia sacra e a leitura da palavra divina," em *Do céu ele veio buscá-la*, 38.
[2583] Ibid., 48.

ou caem juntos, uma noção que todos os calvinistas moderados, muitos evangelicais e batistas não calvinistas, como eu mesmo, rejeitam.[2584]

Os editores proveem o leitor com um útil exame dos capítulos seguintes. Os capítulos exegéticos tentam localizar os textos individuais a respeito da expiação dentro de uma estrutura teológica global,[2585] que é um método louvável. Os capítulos teológicos visam trabalhar quatro pontos-chave: a obra salvífica de Cristo (1) é indivisível, (2) é circunscrita pela graça e propósito eletivos de Deus, (3) é centrada na união com Cristo e (4) é trinitária.[2586] Os editores concluem com um exame dos capítulos pastorais do livro.

Muitos dentro da própria tradição reformada levantarão as sobrancelhas na seguinte declaração: "Os proponentes de uma expiação geral e universal de fato não podem, caso queiram ser consistentes, manter a crença na sincera oferta de salvação para cada pessoa".[2587] Isso é muito surpreendente na medida em que a história da teologia reformada está repleta de calvinistas moderados[2588] insistindo nesse mesmo argumento contra os seus irmãos da expiação definida, com pouca relação com a réplica seguinte. Está por se ver se essa alegação pode ser justificada pelos capítulos que se seguem. Estaremos interessados especialmente em como os que escrevem os capítulos teológicos e pastorais abordam tal problema.

Análise do capítulo de Michael Haykin, "'Confiamos no sangue salvador': A expiação definida na igreja primitiva" (65–86)

Michael Haykin contribui com um capítulo sobre a expiação definida na igreja primitiva. Apesar dele talvez ser mais conhecido como um estudioso da história Batista, ele escreveu uma dissertação sobre a controvérsia pneumatômica do quarto século. Historicamente, o ponto de partida normal para examinar a questão da extensão da expiação seria a era patrística.

Antes de se lançar em uma discussão a respeito dos sete principais pais da igreja, Haykin apontou que a questão da extensão da expiação não era controversa na igreja

---

[2584] Ibid., 49-50.
[2585] Ibid., 50.
[2586] Ibid., 52- 57.
[2587] Ibid., 61.
[2588] O meu uso do termo se refere a todos os calvinistas que afirmam que Cristo morreu pelos pecados de todos os homens em uma substituição ilimitada, quer sejam universalistas hipotéticos ingleses, amiraldistas ou baxterianos.

primeva. Por isso, "o que se pode coligir sobre a doutrina nessa era é principalmente de comentários implícitos em vez de afirmação direta".²⁵⁸⁹ Esse é um ponto importante a ser observado, porque, na verdade, não há uma afirmação explícita da expiação definida por qualquer um dos pais da igreja, embora haja várias declarações claras concernentes à expiação universal.

Haykin examinou os seguintes sete principais pais da igreja: Clemente de Roma, Justino Mártir, Hilário de Poitiers, Ambrósio, Jerônimo, e brevemente Agostinho e Próspero de Aquitânia.²⁵⁹⁰

Clemente de Roma

Haykin aceitou a "equação contextual" de "os eleitos de Deus" com o "nos" em 1 Clemente 49.5 como "inteiramente justificável".²⁵⁹¹ Mas isso não prova que Clemente defendeu a expiação definida no sentido de que Cristo morreu somente pelos pecados dos eleitos. Na verdade, ele mesmo nos apontou até 1 Clemente 7.4, onde este diz que o sangue de Cristo "fez disponível/conquistou [ὑπήνεγκεν] a graça do arrependimento para o mundo inteiro". Isto parece ser uma clara declaração afirmando um levar universal dos pecados por parte de Cristo em favor do mundo. Haykin concluiu sua breve análise de Clemente notando que as passagens examinadas "fornecem vislumbres de perspectivas soteriológicas, uma das quais parece estar claramente em linha com a ênfase do NT sobre a morte de Cristo visando os eleitos".²⁵⁹² Isso está muito distante da afirmação de que o próprio Clemente defendeu a expiação definida.

Justino Mártir

Haykin citou talvez uma dúzia de declarações de Justino, nenhuma das quais fala especificamente da questão da extensão da expiação. Ele concluiu que "Todas essas referências implicam uma especificidade na extensão da expiação". Duas coisas devem ser notadas: (1) O uso que Haykin faz de "implicam" é a sua confissão de que Justino Mártir não ensina explicitamente a expiação definida, e (2) na verdade, o que contextualmente todas essas referências fazem é implicar especificidade em relação à aplicação da expiação aos que creem, e não a uma limitação de levar os pecados na expiação somente pelos eleitos. Então, ele corretamente apontou para um texto-chave

---

2589   M. Haykin, "'Confiamos no sangue salvador': A expiação definida na igreja antiga", em *Do céu ele veio buscá-la*, 68.

2590   Veja o capítulo 1 da parte 1 deste volume.

2591   M. Haykin, "'Confiamos no sangue salvador': A expiação definida na igreja antiga", em *Do céu ele veio buscá-la*, 70.

2592   Ibid., 73.

que indica que Cristo morreu pelos pecados de todos: Jesus sofreu "no lugar da espécie humana."[2593] Mas Haykin concluiu que esses textos de Justino "não proveem uma afirmação inequívoca com respeito à extensão da expiação". A tentativa de justapor a clara declaração de Justino acerca de uma expiação universal com suas outras declarações e então concluir que elas "com razão podem ser interpretadas afirmando uma particularidade na extensão da expiação"[2594] equivale a uma súplica especial. Há particularidade na aplicação da expiação como todos os pais da igreja afirmam. Mas, não há qualquer declaração limitando a expiação em sua extensão apenas aos eleitos.

Hilário de Poitiers
Haykin citou Hilário a respeito do Salmo 129.9, incluindo a declaração de que Cristo "veio para tirar [*tollere*] os pecados do mundo".[2595] Notando que Hilário frequentemente usava a primeira pessoa do plural em relação à expiação em seu comentário sobre os Salmos, Haykin concluiu que "o conceito de uma redenção particular não está fora de alcance de seu pensamento".[2596] Mas isto não leva em conta que quando algum autor, bíblico ou não, fala da expiação no contexto de se dirigir a crentes ou em referência a crentes, o uso da primeira pessoa do plural seria inevitável e de forma alguma serviria para indicar que o autor estivesse falando somente dessas pessoas. Assumir isso seria invocar a falácia da inferência negativa. Que a morte de Cristo "tem uma implicação especial para os crentes"[2597] não é negada por ninguém, mas certamente não implica uma expiação definida.

Ambrósio
Haykin notou que "Uma análise conclusiva das afirmações de Ambrósio sobre a cruz revela as sementes de certas explanações textuais... que mais tarde seriam empregadas na defesa da expiação definida no final do século XVI para o XVII".[2598] Mas, novamente, esse não é um argumento de que Ambrósio defendeu a expiação definida. Haykin, dependente da tradução de Gill e Gill do original latino, assumiu que Ambrósio

---

[2593] Ibid., 74. Justin Martyr, "Dialogue with Trypho, a Jew," *The Apostolic Fathers, Justin Martyr, Irenaeus*, em *Ante-Nicene Fathers*, 10 vols., ed. A. Roberts e J. Donaldson, rev. por A.C. Coxe (1885; repr. Peabody, MA: Hendrickson, 2004), 1:247.

[2594] Ibid., 75.

[2595] Ibid., 77.

[2596] Ibid., 78.

[2597] Ibid., 79.

[2598] Ibid., 81.

empregou o argumento do duplo risco que John Owen usava para sustentar seu caso em favor da expiação definida. Mas, contextualmente, duas coisas se tornam evidentes.

Primeiro, está claro que Ambrósio afirmou uma expiação universal na seguinte citação imediatamente anterior a citação feita por Haykin:

> A Escritura diz, também, de um modo maravilhoso que, "ele o entregou por todos nós," para mostrar que Deus ama a todos os homens de tal maneira que ele entregou o seu tão amado Filho por cada um. Para os homens, portanto, ele deu o dom que está acima de todos os dons; é possível que ele não tenha dado todas as coisas nesse dom?[2599]

A dependência de Haykin de Gill em favor do seu ponto é problemática. Nada em Ambrósio levaria alguém a concluir que ele afirma expiação definida.

Segundo, Ambrósio não está usando o argumento do duplo risco (uma pessoa sendo punida duas vezes pelo mesmo crime) como Owen o usou. Como Shedd corretamente notou, o duplo risco como Owen tentou usá-lo é inadmissível, porque nenhuma pessoa está sendo punida duas vezes.[2600] Na seção que Haykin citou Ambrósio, este deixou claro que ele está se dirigindo a crentes (note a segunda pessoa "você"). Ele já havia declarado que Cristo morreu pelos pecados de todos os homens. Agora, ele está abordando os benefícios dessa salvação aos que creem. Ambrósio está corretamente distinguindo entre a extensão da expiação e a aplicação da expiação, o que Owen e Haykin não fazem. O significado de Ambrósio é que os crentes não podem mais ser passíveis de juízo futuro.

Jerônimo

Haykin citou o *Comentário Sobre Mateus* (3.20) de Jerônimo em referência a Mateus 20.28. Ele admite que há ambiguidade na declaração de Jerônimo, mas disse que as palavras "sugerem que o teólogo via a morte de Cristo como sendo em favor de um grupo particular de pessoas – os crentes".[2601] Novamente, aqui o problema é se Jerônimo tem em mente a intenção, a extensão ou a aplicação da expiação. Nada nessa citação afirma uma expiação definida nem exclui uma expiação universal.

[2599] Ambrose, "Jacob and the Happy Life," em *Seven Exegetical Works*. Fathers of the Church 65, trad. M. P. McHugh (Washington: Catholic University of America Press, 1970), 135– 36.

[2600] W.G.T. Shedd, *Dogmatic Theology* (Nashville, TN: Thomas Nelson, 1980), 2:443.

[2601] M. Haykin, "'Confiamos no sangue salvador': A expiação definida na igreja antiga", em *Do céu ele veio buscá-la*, 81.

Agostinho
Haykin nunca disse que Agostinho ensinou expiação definida, mas declarou que alguns dos seus comentários "implicam" isso.[2602] Ele apelou às declarações de Agostinho sobre João 10.26; 14.2; e 1 João 2.2. Muitos dos próprios calvinistas que afirmam uma expiação ilimitada interpretam 1 João 2.2 como se referindo somente à igreja.[2603] Além disso, Haykin não conseguiu notar o fato de que está claro que Agostinho pensou que Jesus expiou os pecados de Judas![2604]

Não tomarei espaço para relatar que, muitas vezes, Agostinho afirmou a expiação ilimitada por meio do uso de frases tais como Cristo morreu "pelos pecados do mundo inteiro", como a morte de Jesus é o "resgate pelo mundo inteiro" e como Cristo "pagou o preço pelo mundo inteiro". Veja sobre "Agostinho" anteriormente. Em sua *Exposição sobre o Livro dos Salmos*, Agostinho falou do "mundo" em relação à expiação de tal forma que exclui qualquer possibilidade de significar outra coisa senão cada pessoa do mundo.[2605]

Haykin apelou a Raymond Blacketer para sua exposição de Agostinho. Interessantemente, Blacketer corretamente notou que "não há uma única declaração do bispo de Hipona que explicitamente declare que a intenção de Deus na satisfação de Cristo era obter a redenção apenas para os eleitos". Mas ele depois, incorretamente, concluiu que era "precisamente a visão que Agostinho defendia".[2606]

Blacketer, e talvez Haykin, confundiu as declarações de Agostinho acerca da vontade predestinadora de Deus para os eleitos com a sua visão da satisfação real por todo pecado, a qual Cristo realizou na expiação.

[2602] Ibid., 83.

[2603] Por exemplo, veja o meu capítulo "The Atonement: Limited or Universal?" em *Whosoever Will: A Biblical-Theological Critique of Five-Point Calvinism*, ed. D.L. Allen e S. Lemke (Nashville: B&H Academic, 2010), 61-107.

[2604] Veja "Exposition of Psalm LXIX" de Agostinho, Seção 27, em *NPNF*, eds. P. Schaff e H. Wace (1892; repr. Peabody, MA: Hendrickson, 2004), 8:309.

[2605] Augustine, "Exposition of Psalm XCVI," em *NPNF*, 8:472. Para demonstrar que Agostinho claramente defendeu a expiação universal, veja a seção sobre Agostinho.

[2606] R. Blacketer, "Definite Atonement in Historical Perspective," em *The Glory of the Atonement: Biblical, Historical and Practical Perspectives*, ed. C. Hill e F. James III (Downers Grove, IL: InterVarsity, 2004), 308.

Próspero
Haykin, também erroneamente, interpretou o jovem Próspero de dar "fortes alusões de uma expiação definida em Agostinho".[2607] Ele citou Próspero como dizendo que Cristo morreu "por todos," mas também observou que este disse que Cristo "foi crucificado somente por aqueles para quem a sua morte derivava proveito".[2608] Haykin não conseguiu discernir em que sentido Próspero queria dar a essas declarações. Em resposta à objeção de que Jesus "não sofreu para salvação e redenção de todos os homens", Próspero claramente afirmou a morte de Cristo pelos pecados de todas as pessoas, mas também afirmou que somente os que creem se beneficiarão da obra salvífica do Filho: "Portanto, visto que o nosso Senhor, verdadeiramente, tomou sobre si a natureza e a condição que é comum a todos os homens, é correto dizer que todos foram redimidos e que, não obstante, nem todos estão realmente libertados da escravidão do pecado".[2609]

Além disso, Haykin notou que Próspero, mais tarde em sua carreira, "parece ter abrandado o compromisso com a expiação definida, ou até mesmo a rejeitado em favor de uma defesa da vontade salvífica universal de Deus com base em sua leitura de 1 Timóteo 2.4".[2610] Mas, mesmo em sua juventude, assim chamado período agostiniano rígido, Próspero defendeu a mesma exegese de 1 Timóteo 2.4 que ele fez na sua alegada fase tardia de afastamento. Não há qualquer evidência de sua interpretação a respeito desse texto, em *Da Vocação dos Gentios*, de que Próspero tenha se afastado de uma alegada posição anterior de expiação definida. Tudo isso é uma leitura errada de Próspero e assim pode ser vistoa quando se lê cuidadosamente as seções pertinentes da sua *Defesa de Santo Agostinho*.[2611] Está claro que Próspero defendeu uma expiação ilimitada e nunca uma expiação definida.

Em conclusão, Haykin deve ser elogiado pelo fato de que não declara que qualquer um desses autores que ele examinou claramente afirmam uma expiação definida. Mas deve ser criticado por vários problemas. Primeiro, o capítulo só tem um exame muito breve de sete pais da igreja. Segundo, Haykin perdeu evidências contrafactuais significativas que claramente mostram que alguns desses homens defenderam uma satisfação

---

[2607] M. Haykin, "'Confiamos no sangue salvador': A expiação definida na igreja antiga", em *Do céu ele veio buscá-la*, 84.

[2608] Ibid., 84.

[2609] Prosper, "Prosper of Aquitaine: Defense of St. Augustine," trad. e comentado por P. De Letter, S.J., em *Ancient Christian Writers*, 66 vols. (New York: Newman, 1963), 32:164.

[2610] M. Haykin, "'Confiamos no sangue salvador': A expiação definida na igreja antiga", em *Do céu ele veio buscá-la*, 85.

[2611] Prosper, "Prosper of Aquitaine: Defense of St. Augustine", 32:149-51; 32:159-60; 32:164.

ilimitada pelos pecados e, portanto, não afirmaram expiação definida. Jerônimo é um exemplo. Ele não investigou os escritos existentes dos pais da igreja escolhidos tendo em vista a prática de um exame analítico/sintético. Reconhecidamente, ele não consegue cobrir todo o terreno; ninguém poderia. Porém, mais terreno certamente precisa ser coberto do que é refletido nesse capítulo. Terceiro, ele parece ser fortemente dependente de fontes secundárias (Gill e Blacketer) e não consegue interagir com outras fontes secundárias significativas. Esses são sérios problemas metodológicos.

O capítulo de Haykin dá a sensação de ser escrito às pressas e de ser demasiadamente dependente de fontes secundárias. Isso, certamente, não é o tipo da escrita dele. Aprecio o seu meticuloso cuidado habitual. Mas nesse caso, o seu capítulo não é um guia confiável sobre esse assunto.

Análise do capítulo de David S. Hogg, "'Suficiente para todos, eficiente para alguns': Expiação definida na igreja medieval" (87–111)

O capítulo de Hogg enfoca três figuras (duas proeminentes e uma menos conhecida) do período medieval. Ele começou o capítulo com a declaração de que "Tem-se assumido com frequência que a expressão e defesa da expiação definida careceram de clareza ou suporte até os séculos XVI e XVII. Com respeito à igreja medieval, essa presunção é inexata e equivocada".[2612] Essa declaração em si é equivocada. Ela é exata no sentido de que o apoio à expiação definida pode ser encontrado em Godescalco, como notou Hogg. Ela é inexata na medida em que salvo Godescalco não há apoio à expiação definida quer de Pedro Lombardo ou de Tomás de Aquino, como Hogg tentou mostrar. Hogg interpretou mal os dois sobre o assunto.

Hogg notou que os teólogos durante essa era escreveram acerca de outras doutrinas reformadas de uma forma "que não é consistente apenas com as expressões posteriores da Reforma sobre a expiação definida, mas preparatória e fundamental para tal doutrina". Hogg se refere principalmente à fórmula lombardiana em relação a expiação: suficiente para todos, mas eficiente somente para os eleitos. Esse é um refrão comum em seu capítulo. Mas, como veremos, os teólogos medievais não escrevem acerca da extensão da expiação de uma forma que seja consistente com a corrente da teologia reformada tardia que defendeu a expiação definida.

[2612] D. Hogg, "'Suficiente para todos, eficiente para alguns': Expiação definida na igreja medieval", em *Do céu ele veio buscá-la*, 87.

Hogg começou seu tratamento com Godescalco. A maior parte daquilo que ele disse acerca de Godescalco está certo. De fato, este defendeu essencialmente a mesma posição sobre expiação definida que muitos calvinistas defendem hoje, porém com nenhum aspecto universal. O que Hogg não é tão claro é sobre Godescalco e alguns de seus apoiadores terem sido os únicos a defender essa posição durante o período medieval.

É preciso lembrar que a expiação definida afirma que Cristo derramou seu sangue somente pelos pecados dos eleitos. Essa não era a posição da igreja medieval. Hogg está, simplesmente, errado quando afirmou que a expiação definida "era apresentada aos estudantes de teologia como o ponto de vista dominante".[2613] Ele apelou às *Sentenças* de Lombardo, as quais eram usadas em todos os treinamentos teológicos como comprovação. Todavia, isso pressupõe que Lombardo ensinou a expiação definida, e não há qualquer evidência clara de que ele a tenha ensinado.

Quando Hogg declarou em relação a Lombardo que, "Para Pedro, Cristo morreu pelos eleitos",[2614] presumo que pretendia comunicar que Lombardo cria que Cristo morreu somente pelos eleitos e que ele está baseando isso em sua interpretação da fórmula lombardiana. Porém, a fórmula não declara que Cristo morreu somente pelos pecados dos eleitos. Na verdade, o seu significado original era que Jesus morreu pelos pecados de todos, mas se aplicava somente aos que creram (os eleitos). Lombardo claramente afirmou em 3.20.5 das *Sentenças* que Cristo como sacerdote se ofereceu pelos pecados de todos em relação à suficiência da satisfação, mas se ofereceu pelos eleitos quanto à sua eficácia. Essa é a interpretação dada à declaração pelos teólogos medievais e pelos primeiros reformadores.

A fórmula lombardiana seria, posteriormente, revisada a partir do seu significado e intenção original no final do século XVI e início do século XVII por Beza e outros. Seguindo Beza, alguns começaram a revisar a fórmula para usar uma linguagem hipotética de tal modo que a morte de Cristo "poderia ter sido" em vez de "foi" um resgate pelos pecados de todas as pessoas. John Owen estava consciente do fato de que ele estava revisando a fórmula de Lombardo ao colocá-la em termos hipotéticos para apoiar a sua visão de expiação definida. Richard Baxter repreendeu aquilo que chamou de "nova e fútil evasão" de Owen. William Cunningham[2615] reconheceu essa revisão no segundo volume de sua *Historical Theology* (Teologia Histórica).

O criticismo de Beza a respeito da fórmula lombardiana lançou um novo estágio no desenvolvimento da doutrina da expiação limitada. Até Beza, a fórmula lombardiana

---

[2613] Ibid., 93.
[2614] Ibid., 95.
[2615] W. Cunningham, *Historical Theology*, 2 vols. (Edinburgh: Banner of Truth, 1994), 2:332.

foi aceita por Calvino e todos os reformadores como reconhecendo que Cristo morreu pelos pecados de todos, mas a expiação sendo aplicada somente aos eleitos.

Hogg também errou quando declarou que "Portanto, dizer que os propósitos eletivos de Deus na predestinação são causativos e, assim, efetuam a salvação em pessoas particulares equivale não só a dizer que Deus realiza o que decreta na presciência, mas implica também que, se não o declarar explicitamente, Cristo morreu pelos eleitos".[2616] Não há nada que implique, e muito menos "declare explicitamente," que Jesus morreu somente pelos eleitos. É Hogg, não Lombardo, que defende que a questão da predestinação precisa de uma expiação definida.[2617] Note como ele declarou que Lombardo cria que a aplicação da expiação era "destinada" aos eleitos.[2618] Essa é uma questão completamente diferente do que a extensão da expiação. Hogg, como a maioria dos autores desse volume, não conseguiu distinguir a intenção da expiação de sua extensão e sua aplicação.

Ele concluiu que, considerada como um todo, a "teologia de Pedro é consistente com as últimas articulações da expiação definida"[2619] e que "as sementes da doutrina da expiação definida estiveram presentes nas escolas e igrejas".[2620] Pensei que Lombardo havia afirmado a expiação definida com sua fórmula? Isso soa como se Hogg não estivesse convencido. Isso só seria verdade se Lombardo defendesse a expiação definida, e não há evidência clara de que a tenha defendido. Na verdade, há evidência clara de que ele não a defendeu.

Hogg interpretou completamente mal os dados históricos quando disse que, "a expiação definida não constituía um conceito minoritário na igreja medieval".[2621] Claro que constituía! As únicas pessoas que claramente a defendiam foram Godescalco e os seus apoiadores.

Falando de Aquino,[2622] Hogg imediatamente nos informa que este não abordou a questão especificamente.[2623] Na verdade, Hogg até mesmo apontou que Aquino declarou, com base em 1 João 2.2, que Cristo morreu pelos pecados de toda a espécie humana.[2624] Isto não é expiação definida. Não obstante, eledisse que Aquino endossou

---

[2616] D. Hogg, "'Suficiente para todos, eficiente para alguns'", 99.
[2617] Ibid., 102-03.
[2618] Ibid.
[2619] Ibid., 103.
[2620] Ibid., 104.
[2621] Ibid., 103.
[2622] Ibid., 104-11.
[2623] Ibid., 104.
[2624] Ibid., 105.

a ideia de que o sangue de Cristo foi derramado somente pelos eleitos.[2625] Como ele poderia, se também afirmou que Cristo morreu pelos pecados de "toda a espécie humana"? Hogg não pode ter as duas coisas em Aquino. Ou Aquino cria que Cristo morreu somente pelos pecados dos eleitos ou que morreu pelos pecados do mundo inteiro.

A lógica de Hogg parece funcionar desta maneira:

>Aquino cria na predestinação.
>Crer na predestinação pressupõe crer na expiação definida.
>Portanto, Aquino cria na expiação definida.

O apelo de Hogg ao uso de "muitos" que Aquino faz na *Suma*, Questão 78, "A Forma do Sacramento", Artigo 3, não provê qualquer evidência à expiação definida. No contexto, Aquino aborda o palavreado preferido a ser usado na eucaristia. A sua referência a "muitos" refere-se aos eleitos gentios. Aqui está o contexto:

>Objeção 8. Além disso, como já se observou (48, 2; 49, 3), a paixão de Cristo foi suficiente para todos; enquanto que sua eficácia, foi benéfica para muitos. Portanto, devia-se ter dito que: "será derramado por todos" ou "por muitos", sem acrescentar, "por vós."

>Resposta à Objeção 8. O sangue da paixão de Cristo tem sua eficácia não apenas nos eleitos entre os judeus, a quem o sangue do Antigo Testamento foi dado, mas também aos gentios; nem somente em sacerdotes que consagram esse sacramento, e naqueles outros que participam dele; mas também naqueles para quem é oferecido. E, portanto, ele diz expressamente "por vós", os judeus, "por muitos," isto é, os gentios; ou "por vós" que comem dele e "por muitos," por quem é oferecido.

Não é possível concluir a partir disso, como Hogg faz, que o sangue de Cristo "foi derramado somente pelos eleitos".[2626] O uso que Aquino faz de "muitos" não é prova de expiação definida. Antes, fala da eficácia dos sacramentos para os crentes como o contexto demonstra. Em relação às declarações de Tomás de Aquino sobre 1 Timóteo 2.4, ele esqueceu o fato de que Aquino entende "vontade" como sendo a vontade antecedente de Deus e "todos os homens" como "todos sem exceção". Aquino não está dizendo que Deus deseja que "todos os tipos de homens sejam salvos". Esta

---

[2625] Ibid., 104-06.
[2626] Ibid.

é uma leitura muito errada de Aquino.[2627] Hogg afirmou que a teologia de Aquino está "mantendo a doutrina da expiação definida".[2628] Parece que não é esse o caso.

Ele concluiu com esta declaração: "É verdade que esses teólogos não determinam uma articulação abrangente da expiação definida, mas é também verdade que, quando vieram os reformadores do final do século XVI e XVII, eles não se puseram a preparar novo solo, mas continuaram a regar as sementes já plantadas muito antes deles".[2629]

Tal declaração precisa de qualificação. Não só os teólogos medievais não definiram uma "articulação abrangente" de expiação definida, mas com exceção de Godescalco e alguns outros que concordaram com ele, os teólogos medievais não afirmaram a expiação definida.

O capítulo de Hogg seria mais historicamente exato se ele tivesse concluído assim. Há alguns problemas metodológicos sérios nesse capítulo. Ele não examinou a ampla gama das declarações de Aquino sobre a questão "Por quais pecados Jesus morreu?" Não levou em conta muitos lugares onde Aquino afirma uma extensão ilimitada em relação à expiação.

Análise do capítulo de Paul Helm, "Calvino, linguagem indefinida e expiação definida" (113–142)

O capítulo de Paul Helm tenta defender a noção de que a linguagem indefinida de Calvino é "totalmente consistente com seu comprometimento com a expiação definida, a qual não pode ser usada como evidência convincente de que ele a negava".[2630] Seu capítulo não traz nada de novo à mesa, em relação à visão de Calvino, e é essencialmente o mesmo argumento que ele elaborou, em 1982, em *Calvin and the Calvinists* (Calvino e os Calvinistas). Contudo, muita coisa já aconteceu desde então sobre a questão em apreço. Helm faz referência a Clifford e a Kennedy do lado ilimitado e a Rainbow e a Nicole do lado limitado, todos os quais aparecem após 1982. Contudo, não levou em conta pelo menos três estudos importantes, todos de calvinistas, que concluem que Calvino defendeu a expiação ilimitada.

A tese de Ph.D. de Curt Daniel de 1983, "Hyper-Calvinism and John Gill", (Hipercalvinismo e John Gill) contém um extenso apêndice de cinquenta páginas

---

[2627] Ibid., 110-11.
[2628] Ibid., 111.
[2629] Ibid.
[2630] P. Helm, "Calvino, linguagem indefinida e expiação definida", em *Do céu ele veio buscá-la*, 113.

intitulado "Did John Calvin Teach Limited Atonement?" (João Calvino Ensinou Expiação Limitada?) Ele provê dezenas de citações contextualizadas com cuidadosa análise. Daniel aborda e analisa todas as passagens de Calvino que os proponentes da expiação limitada citam como indicando que este defendeu a expiação definida. A sua conclusão de que Calvino defendeu uma expiação ilimitada parece estar além de uma dúvida razoável.

Helm também negligencia o artigo de 2008 de Peter Rouwendal.[2631] A conclusão de Rouwendal é impressionante. Como Calvino poderia usar a clara linguagem universal em relação à extensão da expiação se ele realmente defendesse uma expiação definida? Para Rouwendal, as proposições universais, nas obras de Calvino, provam negativamente que ele não subscreveu uma expiação particular. Um tanto enigmaticamente, Rouwendal crê que as proposições universais de Calvino realmente "falseiam a conclusão de que Calvino era um particularista, mas não são suficientes para provar que ele foi um universalista".[2632] Isso é muito problemático. Dado que há somente duas posições sobre a questão da extensão da expiação, a objeção de Rouwendal é desnecessária.

Adicionalmente, Helm não consegue interagir com a pesquisa de David Ponter, um dos bibliotecários do Reformed Theological Seminary (Seminário Teológico Reformado), em Jackson, Mississippi, cujo site, *Calvin and Calvinism* (Calvino e Calvinismo), contém extensas citações e análises da visão de Calvino a respeito da extensão da expiação,[2633] incluindo um artigo não publicado criticando os argumentos de Nicole (e também de Helm) a favor da expiação limitada.

O ensaio histórico de duas partes de Ponter sobre a visão de Calvino a respeito da extensão da expiação que foi publicado no *Southwestern Journal of Theology*[2634]

[2631] David Ponter avaliou o artigo de Rouwendal em relação a Nicole e Helm: "Esse é um artigo excepcionalmente interessante que defende um esquema básico triplo de classificação do particularismo, universalismo hipotético e a posição clássica (a trajetória Próspero-Lombardo) dentro da teologia reformada. Parece-me que o seu esquema se encaixa bem com as divisões de Richard Muller a respeito do particularismo, do universalismo hipotético especulativo-amiraldista e do universalismo hipotético não especulativo. Reconhecer essa tripla categorização toma a nossa erudição após as dicotomias datadas de Nicole e Helm ("Pieter Rouwendal on Calvin and Heshusius," *Calvin and Calvinism*, 15 de Dezembro de 2008, http://calvinandcalvinism.com/?p=1268).

[2632] P.L. Rouwendal, "Calvin's Forgotten Classical Position on the Extent of the Atonement: About Sufficiency, Efficiency, and Anachronism,", *Westminster Theological Journal* 70 (2008): 328.

[2633] Veja D. Ponter, "John Calvin (1509-1564) on Unlimited Expiation, Sin-Bearing, Redemption and Reconciliation," *Calvin and Calvinism*, 1º de Março de 2008, http://calvinandcalvinism.com/?p=230.

[2634] D. Ponter, "Review Essay (Part One): John Calvin on the Death of Christ and the Reformation's Forgotten Doctrine of Universal Vicarious Satisfaction: A Review and Critique of Tom Nettles' Chapter in Whomever He Wills," *Southwestern Journal of Theology* 55, no. 1 (Fall 2012): 138-58;

(Jornal de Teologia do Sudoeste) levou o debate sobre Calvino a um novo nível e agora deve ser considerado por todos os que afirmam que ele defendeu a expiação limitada. Ponter conclui que Calvino defendeu a expiação ilimitada.

A abordagem da Helm a respeito do assunto é confusa e repleta de problemas. Por exemplo, ele escreve que:

> enquanto Calvino não *se comprometeu pessoalmente* com nenhuma versão da doutrina da expiação definida, seu pensamento é consistente com essa doutrina; isto é, ele não a negou em termos expressos, mas por meio de outras coisas que elesustentou muito definitivamente é possível dizer que ele *aderiu* a essa doutrina.[2635]

Isso beira a incoerência.

Primeiro, note cuidadosamente a confissão de Helm de que Calvino não se comprometeu com nenhuma versão da doutrina da expiação definida. Não tenho certeza de quantas versões existem da visão que Cristo substituiu somente os pecados dos eleitos. Só conheço uma, com diferenças entre os teólogos tardios entre uma equivalência quantitativa e qualitativa. Mas de qualquer forma, Helm corretamente reconhece que Calvino não se comprometeu com a expiação definida.

Segundo, Helm assegura que o pensamento de Calvino é "consistente" com a expiação definida, a qual ele especifica que Calvino não "a negou em termos expressos". Isso é logicamente problemático. Pode-se dizer que meu pensamento é consistente com a visão de que a lua é composta de queijo se eu não "negar em termos expressos" a proposição de que a lua é feita de queijo? A falácia lógica é autoevidente.

Terceiro, Helm declarou que, por meio de outros conceitos relacionados que Calvino a afirmou, é possível dizer que "aderiu" a doutrina da expiação definida. Ele está tentando mostrar que, por implicação, a expiação definida resulta de algumas das outras doutrinas ou conceitos que Calvino afirma. A menos que todas as declarações universais de Calvino possam de alguma forma ser liquidadas, o argumento de implicação de Helm não funciona. Se tais argumentos funcionam para Calvino, então eles implicariam que universalistas hipotéticos também creriam em expiação definida.

Então, como ele sugere, Calvino não "se comprometeu" com a expiação definida, mas é possível dizer que "aderiu a" expiação definida. Ele prossegue a fim de justificar

---

"Review Essay (Part Two): John Calvin on the Death of Christ and the Reformation's Forgotten Doctrine of Universal Vicarious Satisfaction: A Review and Critique of Tom Nettles' Chapter in Whomever He Wills," *Southwestern Journal of Theology* 55, no. 2 (Spring 2013): 252-70.

[2635] P. Helm, "Calvino, linguagem indefinida e expiação definida," 114.

essa afirmação nas páginas 115-119. Suspeito que a maioria dos leitores achará isso incoerente na melhor das hipóteses e, na pior, logicamente falho.

Helm argumenta que o acúmulo e o excesso de citações de Calvino em relação à questão da extensão é inapropriado, visto que tais textos-prova "nos abstraem da perspectiva teológica mais profunda".[2636] É claro que é preciso avaliar as declarações de Calvino à luz de toda a sua teologia. Isso nem é preciso dizer. Mas de modo algum iddo nega a importância de dr olhar com cuidado para o que Calvino disse em relação à questão da extensão.[2637] Pondero se a abordagem de Helm é de alguma forma resultado do fato de que há tantas declarações universais de Calvino com relação a extensão da expiação.

Há duas formas de se envolver na pesquisa histórica. Um método tenta examinar os dados por meio da indução. O que um autor realmente disse acerca do assunto específico? O outro método, o método de Helm, é dedutivo. Tal abordagem começa com certos pressupostos (isto é, Calvino defendeu a expiação limitada) e, depois, tenta descobrir isso no material de origem primário ou, pelo menos, mostrar que o pressuposto não está em desacordo com o que se encontra no material de origem.

O que Helm quer fazer em seu capítulo é usar a teologia reformada de Calvino para justificar a expiação definida. Ele busca responder à questão se a expiação definida "é mais adequada" do que a expiação universal no ensino de Calvino. A fim de cumprir tal objetivo, Helm desenvolve três argumentos.[2638] Primeiro, olha para a "A Providência e o Futuro". Ele admite que esse argumento pode parecer distante dos debates acerca da questão em apreço. Ele está correto, pois não há nada nessa seção que possa ser encontrado para apoiar remotamente a expiação definida.

Segundo, Helm olha para "A Linguagem de Aspiração", com a qual ele indica uma expressão da parte de Cristo e de Paulo, a qual Calvino explora, que enfatiza um desejo pelo bem eterno de todos, mesmo quando se desconhece a vontade decretiva de Deus. Mas, novamente, não há nada nessa seção que apoie remotamente a noção de expiação definida.

Helm faz uma declaração assustadora e profundamente perturbadora: "Em certas circunstâncias, uma pessoa, inclusive a pessoa do mediador [Cristo], pode ser distraída da vontade revelada de Deus e, no lugar, expressar sua aspiração imediata pela salvação

---

[2636] Ibid., 117.
[2637] Ademais, como o artigo em duas partes de D. Ponter sobre Calvino e a questão da expiação no *Southwestern Journal of Theology* defendeu, olhar os contemporâneos teológicos reformados de Calvino também é relevante ao tópico.
[2638] P. Helm, "Calvino, linguagem indefinida e expiação definida", 118-32.

dos que podem ou não ser eleitos para a salvação".²⁶³⁹ Cristo pode ter sido "distraído" da vontade revelada de Deus? Que tipo de cristologia é esta? Francamente, eu ficaria surpreso se os editores do livro não encorajassem Helm a deletar essa declaração do seu capítulo, já que ela é tão obviamente problemática. Mas essa assertiva parece problemática por outra razão. Alguns calvinistas erroneamente afirmam que Deus não deseja a salvação de todas as pessoas conforme sua vontade revelada. Baseando-se no conceito das duas vontades de Deus (ou melhor, nos dois aspectos de sua vontade), sua vontade revelada e a decretiva, a grande maioria dos calvinistas argumenta que Deus deseja a salvação de todos na revelada, mas não na vontade decretiva. Essa não é a posição de Helm e Blacketer nesse volume, embora seja a de outros contribuidores, tais como Schreiner, Blocher e Piper. Helm e Blacketer negam a oferta bem-intencionada do evangelho.

Note que Helm declarou que o próprio Cristo, em certas circunstâncias, poderia ser "distraído" do desejo de Deus de que todas as pessoas fossem salvas (normalmente considerada sua vontade revelada) e expressa sua "aspiração" pela salvação dos que são os não eleitos (os preteridos na vontade decretiva de Deus). Poderia se pensar que ele teria se expressado ao contrário: Cristo poderia ter sido distraído da vontade decretiva e, no lugar, teria exprimido o seu desejo pela salvação dos que podem ou não ser eleitos (todas as pessoas cairiam em uma dessas duas categorias).

O terceiro argumento de Helm é a "Pregação Universal". O seu argumento tenta mostrar que o uso de Calvino da linguagem universal em relação à pregação do evangelho não o compromete necessariamente com a expiação indefinida. Muito bem. Nem o compromete com a expiação definida, como Helm infere.

Ele está confundindo a questão da intenção da expiação com a sua extensão e aplicação. Calvino claramente cria que Deus pretendia efetuar a salvação somente dos eleitos; e, portanto, os eleitos só teriam realmente a expiação aplicada a eles. Helm raciocina a partir disso, contrariamente às outras declarações de Calvino acerca da extensão universal, que este também cria em expiação definida em relação à extensão, embora Helm tenha que admitir que Calvino em nenhum lugar de seus escritos afirma uma expiação estritamente limitada.

Como Ponter corretamente notou,

> o argumento de que a expiação traz em si mesma a sua própria aplicação ou que ela infalivelmente adquire fé e salvação é um argumento pós-Calvino. Para Calvino, fé e salvação são adquiridas por Cristo para todo o mundo, mas a aplicação é condicionada pela fé, a qual pode

---

²⁶³⁹ Ibid., 126.

ser anulada pela incredulidade do pecador. Na teologia mais ampla de Calvino, o dom da fé para alguns é determinado, não pela extensão ou natureza da satisfação, mas pela eleição e, então, secundariamente pelo chamado eficaz.[2640]

Helm passa a considerar dois estudos bíblicos de caso em uma tentativa de mostrar que o pensamento de Calvino é comensurável com a expiação definida. O primeiro estudo é sobre Ezequiel 18.23. Os comentários de Calvino sobre essa passagem incluem uma discussão da oferta universal do evangelho à luz do decreto eterno. Mas, novamente, não há nada nas declarações deste que Helm possa apontar, nem mesmo indícios de expiação definida. Ele presume que Calvino defendeu a expiação definida e então lê essas declarações sobre a distinção entre a vontade revelada e decretiva de Deus à luz dessa suposição.

O segundo estudo de caso de Helm é sobre 1 Timóteo 2.4 e o sermão de Calvino sobre essa passagem. Esta é uma tentativa de extrair a expiação definida das declarações de Calvino acerca da universalidade da pregação do evangelho. Mas, novamente, ele não consegue encontrar nada para apoiar a suposição de que Calvino defendia a expiação limitada. Helm presumiu que o entendimento deste sobre 1 Timóteo 2.4-6 tomava "todos os homens" como significando "alguns homens de todos os tipos" em vez de "todos os homens de cada tipo". Não há qualquer evidência disto a partir do próprio Calvino, pois ele não está falando da vontade secreta de Deus (como Agostinho havia abordado nesses versículos), mas da vontade revelada.

Do próprio sermão de Calvino, sobre a passagem de Timóteo, é evidente que "todas as pessoas" ou "todas as nações" significam algo semelhante a "todos os homens de todos os povos e de todas as nações" em um sentido distributivo.[2641] Isso também pode ser visto no comentário de Calvino sobre essa passagem:

> Pois há só um Deus, o Criador e Pai de todos, assim, [o apóstolo] declara, há só um mediador, por meio do qual o acesso a Deus nos está aberto, e esse mediador não é dado a só uma nação, ou a alguns poucos homens de uma classe particular, mas a todos, pois o benefício do sacrifício, pelo qual ele expiou a nossos pecados, aplica-se a todos... O termo universal "todos" sempre deve se referir a classes de homens, mas nunca a indivíduos. É como se ele tivesse dito: "Não só judeus, mas também gregos, não só pessoas de posição humilde, mas também príncipes foram redimidos pela

---

[2640] D. Ponter, "Review Essay (Part Two)", 261.
[2641] J. Calvin, *Sermons on Timothy*, 160.

morte de Cristo". Portanto, uma vez que ele pretende que o benefício de sua morte seja comum a todos, aqueles que defendem uma visão que exclui qualquer um da esperança de salvação, fazem-lhe injúria. O Espírito Santo nos insta a orar por todos, porque o nosso único mediador insta todos a ele, visto que pela sua morte, reconciliou todos com o Pai.[2642]

De fato, a passagem de Timóteo realmente afirma que o fundamento para a pregação universal do evangelho é uma expiação universal. Calvino em nenhum lugar nega isso.

Helm encerra a sua discussão notando três coisas. Primeiro, "dada a oportunidade de tornar o escopo da obra de Cristo universal em intenção, Calvino não faz isso, como o mostra sua exegese de 2 Coríntios 5.14". Helm indaga: "Portanto, se por seu uso de linguagem indefinida Calvino pressupõe uma expiação universal... por que, quando passa às passagens padrão em prol da 'expiação universal', tais como 1 João 2.2, ele não aproveita a oportunidade de declarar inequivocamente que é um proponente da expiação universal?"[2643]

Segundo, Helm quer distinguir entre o mundo compreendido como classes de indivíduos e o mundo compreendido como indivíduos de uma classe. Ele declarou que:

> É possível que surja a questão: essa linguagem indiscriminada autorizaria um pregador a asseverar a todo mundo que "Cristo morreu por você"? Só se o fundamento fosse tomado como uma inferência extraída de "Cristo morreu por todos" ou "Cristo morreu pelo mundo", mas não de se "Cristo morreu por cada um em particular". Calvino manteria que é genuína, enquanto a segunda é falsa. Isto é, deve-se fazer uma distinção entre o mundo compreendido como classes de indivíduos e o mundo compreendido como indivíduos de uma classe. Tomada no primeiro caso, a linguagem não seria autorizada, mas no segundo sentido a linguagem é claramente justificada. Cristo morreu pelo mundo.[2644]

Esse é um esforço para explicar a linguagem universal em 1 Timóteo 2.4-6 e para extrair a expiação definida da declaração de Paulo de que Cristo morreu por "todos".

[2642] J. Calvin, "The Second Epistle of Paul the Apostle to the Corinthians and the Epistles to Timothy, Titus & Philemon", em *Calvin's New Testament Commentaries*, 12 v., ed. D.W. Torrance & T.F. Torrance (Grand Rapids, MI: Eerdmans, 1994), 10:210-11.

[2643] P. Helm, "Calvino, linguagem indefinida e expiação definida", 138.

[2644] Ibid., 139.

Mas essa é uma tentativa frustrada. Tentar forçar o sentido de "todos sem distinção" nos textos universais é explodi-los com "pólvora gramatical", como Spurgeon disse em seu sermão sobre essa passagem. O conceito de "todos sem distinção" frequentemente se torna código para "alguns de todos sem distinção". Assim, "todos" se torna "alguns de todos os tipos", um movimento injustificado.

Em relação aos textos do NT que usam a linguagem universal, a bifurcação de "todos sem distinção" e "todos sem exceção" é, em última análise, uma distinção sem diferença. Se eu falo de todos os homens sem diferença racial, de gênero ou outras separações, não estou falando de todos os homens sem exceção? Qualquer que seja a distinção e qualquer que seja o escopo do "todos" deve ser apoiado pelo contexto. As duas frases simplesmente não podem ser compartimentalizadas linguisticamente. A separação é artificial.

Terceiro, Helm menciona a explicação de Calvino a respeito da conexão da pregação universal com a eleição. Mas, novamente, simplesmente não há nada aqui em Calvino que indique uma expiação definida.

A essência do capítulo de Helm é salientar que "a definição de convicção pode aliar-se à indefinição de expressão".[2645]

Helm declarou que:

> Acaso não podemos concluir, então, que o uso de linguagem indefinida [não é apenas consistente com a providência definida e a eleição definida, mas também que ela][2646] é consistente com o compromisso com a doutrina da expiação definida? Ainda que, como tenho afirmado, Calvino não se comprometa com essa opinião. O uso de linguagem indefinida não pode, portanto, ser um argumento contra tal adesão.[2647]

A conclusão de Helm simplesmente não se justifica. A evidência que ele aduz não apoia a posição que Calvino defendia uma satisfação limitada apenas aos pecados dos eleitos, nem enfraquece a evidência que sugere que ele defendia uma expiação indefinida.

Helm retrocede a uma versão tardia de expiação substitutiva em Calvino; uma que é determinada e definida pelos ditames de uma satisfação limitada apenas aos pecados dos eleitos semelhantemente a desenvolvida por John Owen e a versão revisada

---

[2645] Ibid., 142.
[2646] O trecho entre colchetes foi omitido no livro em português. [N. do T].
[2647] Ibid.

da fórmula lombardiana. Ele realmente falha em fazer o que deseja: ler Calvino historicamente como um teólogo em seu próprio contexto.[2648]

Análise do capítulo de Raymond A. Blacketer, "Culpando Beza: O desenvolvimento da expiação definida na tradição reformada" (143–168)[2649]

Raymond Blacketer tenta se desviar da provocação de que Teodoro de Beza desenvolveu a teologia de Calvino naquilo que ficou conhecido como expiação definida. Ele crê que há "uma trajetória identificável de pensamento na tradição cristã que pode ser descrita como particularista" e liga isto com a "intenção" de Deus de salvar somente os eleitos.[2650] Blacketer está completamente familiarizado com a literatura sobre Beza, e o seu capítulo está repleto de notas de rodapé úteis e substanciais.

O capítulo contém vários pontos úteis à discussão. Primeiro, ele notou, corretamente, que a frase "expiação limitada" é enganosa,[2651] visto que ela deriva do acrônimo TULIP, o qual não foi usado para descrever os Cânones de Dort até o início do século XX. Segundo, ele notou, de forma acertada, que o amiraldismo, como uma forma de universalismo hipotético, jamais foi considerado fora das fronteiras do calvinismo confessional.[2652] Terceiro, ele advertiu, sem erro algum, que se deve ter prudência para não ler os resultados dos últimos debates confrontados com o pensamento de Calvino.[2653] Quarto, Blacketer identificou, de modo correto, o problema de alguns

---

[2648] Helm publicou um artigo em um blog em 1º de Janeiro de 2015, intitulado "Hypothetical Universalism" (veja P. Helm, "Hypothetical Universalism," *Helm's Deep: Philosophical Theology* [blog], 1º de Janeiro de 2015, http://paulhelmsdeep.blogspot.com/2015/01/hypothetical-universalism.html). Ele parece confuso quanto ao estado da questão concernente à expiação limitada. Helm entende que Davenant argumenta fortemente em favor da expiação ilimitada, mas pensa que a razão para fazer isso não é clara. Ele não parece captar o foco de Davenant sobre a natureza da suficiência. Tem-se a impressão de que, para Davenant, os benefícios universais da expiação estão restritos à graça comum e à pregação universal do evangelho. Helm pensa que Calvino defendeu a expiação limitada e o coloca contra Davenant. Na realidade, tanto Calvino quanto Davenant afirmaram a expiação universal. Não obstante, a postagem de Helm ilustra a crescente compreensão do papel que o universalismo hipotético desempenhou no início da teologia reformada.

[2649] Blacketer expõe os mesmos argumentos em favor da expiação limitada em "Definite Atonement in Historical Perspective", em *The Glory of the Atonement*, 304-23.

[2650] R. Blacketer, "Culpando Beza: O desenvolvimento da expiação definida na tradição reformada", em *Do Céu Ele Veio Buscá-la*, 148.

[2651] Ibid., 142.

[2652] Ibid., 144-45.

[2653] Ibid., 145.

estudos do século XX a respeito de Calvino que tentaram ler seus escritos através do filtro de Barth e da neo-ortodoxia.[2654] Quinto, ele notou, claramente, os problemas em tentar confrontar Calvino contra o escolasticismo reformado tardio.[2655]

Contudo, sua abordagem não está isenta de problemas. Blacketer errou lógica e historicamente quando declarou que as visões de Calvino sobre a eleição e a soberania de Deus dão continuidade a trajetória particularista "e excluem uma redenção e um pagamento pelos pecados que sejam universais e indefinidos obtidos de algum modo por Cristo e que, potencialmente (não apenas hipoteticamente) estariam ao alcance de cada ser humano".[2656] Como vimos historicamente, não há uma "trajetória particularista" na era patrística, no período medieval, ou mesmo em Calvino. Logicamente, tal declaração impede a visão de Calvino a respeito da extensão da expiação ao fugir da questão, algo que Blacketer já indiciou que não se pode, nem se deve fazer.

Ele confunde a questão da "intenção" com a da "extensão" quando se refere a essa trajetória particularista "que identifica aqueles a quem Deus tenciona outorgar as bênçãos do pagamento dos pecados por Cristo como sendo os únicos eleitos".[2657] É claro que é verdade que Calvino e os primeiros líderes da tradição reformada criam nisso em relação à intenção da expiação. Onde Blacketer erra é em sua suposição de que eles também criam nisso em relação à extensão da expiação, algo que realmente nunca declararam. Essa é sua suposição. E ele não parece distinguir entre "intenção" e "extensão".

A sua declaração concernente a morte de Cristo excluindo o que "potencialmente (não apenas hipoteticamente) estariam ao alcance de cada ser humano"[2658] também é problemática. O universalismo hipotético realmente afirma a potencialidade de que cada ser humano poderia ser salvo se viesse a crer, porque há uma expiação feita pelos seus pecados. Não há nada "hipotético" acerca da extensão da expiação pelos pecados de todas as pessoas no universalismo hipotético. Portanto, não tenho certeza do que Blacketer quer dizer quando ele contrasta "potencial" com "hipotético".

Blacketer considera a análise de Beza a respeito de 1 Timóteo 2.4, na qual notou que, como Calvino e Agostinho antes dele, Beza interpretou essa passagem como se referindo a classes de pessoas, "não sobre cada indivíduo".[2659] Ele declarou que a "estratégia exegética" de Agostinho com textos que usam "todos", no contexto de

---

[2654] Ibid., 146.
[2655] Ibid., 146-47.
[2656] Ibid., 148.
[2657] Ibid.
[2658] Ibid.
[2659] Ibid., 152.

expiação, "significa todas as classes" e "não cada indivíduo," e também declarou que essa foi frequentemente a abordagem de Calvino.[2660]

Mas Blacketer não notou que Agostinho nunca ensinou a expiação definida e em vários lugares claramente ensinou a expiação universal. Nem o menor dos exemplos, que podem ser extraídos dos seus escritos, como já notei anteriormente, é a declaração de Agostinho de que Cristo morreu pelos pecados de Judas. O mesmo poderia ser dito em relação a muitas declarações de Calvino sobre "todos" ou "mundo", em que em vários contextos de expiação ele claramente não restringe o seu significado.

Tome os comentários de Calvino sobre Romanos 5.18, por exemplo: "Embora Cristo tenha sofrido pelos pecados do mundo, e seja oferecido pela bondade de Deus sem distinção a todos os homens, ainda assim nem todos o recebem".[2661] Igualmente, considere os comentários de Calvino sobre Colossences 1.14: "Ele diz que essa redenção foi alcançada mediante o sangue de Cristo, pois pelo sacrifício de sua morte todos os pecados do mundo foram expiados".[2662]

Como eu apontei em "The Atonement: Limited or Universal?" ("A Expiação: Limitada ou Universal?") em *Whosoever Will* (*Quem Quiser*), alguns calvinistas interpretam passagens tais como 1 Timóteo 2.4 como se referindo a classes de pessoas enquanto ao mesmo tempo afirmam uma expiação universal. Blacketer errou ao presumir que se alguém lê 1 Timóteo 2.4 em um sentido restrito, então deve afirmar uma expiação limitada. Ele se referiu a Lutero, que faz uma leitura similar da mesma passagem bíblica, mas está claro que este não afirmou a expiação definida e que, de fato, afirmou a expiação ilimitada. E, novamente, ao contrário de Blacketer, Lutero cria que "Deus... genuinamente quer (como a Escritura declara) a salvação de todas as pessoas".[2663]

Blacketer está correto na medida em que a *Tabula Praedestinationis* de Beza "não contém uma doutrina explícita da redenção definida".[2664]

Blacketer tenta deduzir a partir da leitura de Calvino de 1 João 2.2 a evidência de que este defendia a expiação definida: "Isso é uma forte evidência de que Calvino

---

[2660] Ibid., 153.

[2661] J. Calvin, *The Epistle of Paul the Apostle to the Romans and to the Thessalonians*, ed. D.W. Torrance e T.F. Torrance, trad. R. Mackenzie (Grand Rapids, MI: Eerdmans, 1960), 117-18.

[2662] J. Calvin, *The Epistles of Paul the Apostle to the Galatians, Ephesians, Philippians and Colossians*, ed. D.W. Torrance e T. F. Torrance, trad. T.H.L. Parker (Grand Rapids, MI: Eerdmans, 1996), 308.

[2663] R. Muller, "Predestination," em *The Oxford Encyclopedia of the Reformation*, 4 vols., ed. H.J. Hillerbrand (New York: Oxford University Press, 1996), 3:333. Veja também Martin Luther, *The Bondage of the Will*, trad. J.I. Packer & O.R. Johnson (Grand Rapids, MI: Revell, 2003), 170-71, 176.

[2664] R. Blacketer, "Culpando Beza: O desenvolvimento da expiação definida na tradição reformada", 157.

não ensinou uma redenção universal que incluía cada indivíduo, mas uma que era particular aos eleitos".[2665] Ele parece usar o termo "redenção" como sinônimo de "expiação". Como anteriormente, Blacketer não consegue reconhecer que um calvinista poderia defender uma leitura limitada de 1 João 2.2 e ainda assim afirmar uma expiação universal. Parece ser esse o caso de Calvino. Se ele tivesse declarado que, em relação à intenção da expiação, Calvino cria, baseado em passagens como 1 João 2.2, que Deus pretendia que a expiação fosse aplicada somente aos eleitos, ele estaria correto.

Blacketer parece sugerir que Ursino, Zanchi e Musculus[2666] todos defendiam formas de expiação definida. Isto é incorreto, pois todos esses homens, independentemente do que criam acerca da intenção da expiação, claramente criam que Cristo fez satisfação pelos pecados de todas as pessoas, ou o que também pode ser chamado de "redenção universal" (frase favorita de Musculus), e foram, portanto, universalistas hipotéticos,[2667] assim como Calvino.

Falando do sermão de Calvino sobre 1 Timóteo 2.3-5, Blacketer declarou que este salientou repetidamente que Deus não quer a salvação de cada indivíduo, entretanto, em relação à pregação do evangelho, ele declarou que Calvino cria que Deus não quer a salvação de todos (164). Realmente, para Calvino, Deus quer a salvação de todas as pessoas individualmente, e ele deixa claro sua visão em seus comentários sobre Lamentações 3.33:

> Assim também Deus, quando adota severidade para com os homens, ele na verdade o faz de bom grado, porque é o juiz do mundo; mas ele não faz assim do fundo do coração, porque deseja que todos sejam inocentes – pois longe dele está toda a ferocidade e crueldade; e como ele considera os homens com amor paternal, assim também queria que fossem salvos, se não fossem como à força o levassem com rigor.[2668]

Contrário a Blacketer, Calvino declarou que Deus "deseja que todos" sejam "inocentes" no sentido de que "ele queria que fossem salvos". O uso de Calvino de

---

[2665] Ibid., 161.

[2666] Ibid., 161, 166-67.

[2667] Como R. Muller documentou em "Revising the Predestination Paradigm: An Alternative to Supralapsarianism, Infralapsarianism and Hypothetical Universalism" (Mid-America Fall Lecture Series, Dyer, IN, Fall 2008) e em outros escritos recentes.

[2668] J. Calvin, "Commentaries on the Book of the Prophet Jeremiah and the Lamentations", *Calvin's Commentaries*, ed. J. Owen, 22 vols. (Grand Rapids, MI: Baker, 1981), 11:422-23.

"todos" e "mundo" deixa evidente que se refere ao mundo dos não eleitos. Calvino afirma tanto o amor universal de Deus quanto sua vontade salvífica universal.[2669]

Blacketer declarou que, na época de Dort, "a maioria dos pensadores reformados deixava cada vez mais explícito o que estava latente na vertente particularista do pensamento cristão, a saber que a intenção divina [note cuidadosamente o uso de Blacketer dessa palavra] do sacrifício de Cristo era proprocionar satisfação especificamente para os eleitos".[2670] Sem dúvida, Blacketer pretende pelo seu uso da palavra "intenção" exprimir também a extensão. Visto que Deus "intenta" salvar somente os eleitos, ele conclui que o pagamento pelos pecados na cruz foi igualmente realizado somente pelos eleitos e, posteriormente, aplicado somente a eles; por isso, expiação definida.

Mas esse é um salto na lógica infundada, um salto que parece ser feito pela maioria dos autores desse livro. Não conseguir distinguir adequadamente entre intenção, extensão e aplicação em relação à expiação é um erro crítico quando se investiga o assunto historicamente.

Finalmente, o que Blacketer não consegue apontar historicamente é que o universalismo hipotético cronologicamente precedeu a expiação definida na cena reformada. É claro que, para a primeira geração reformada, incluindo Calvino, a expiação definida (no sentido de que Cristo só fez satisfação pelos pecados dos eleitos) não foi afirmada ou articulada.[2671]

Análise do capítulo de Lee Gatiss, "O Sínodo de Dort e a expiação definida" (169–195)

Lee Gatiss nos leva em um passeio pelo Sínodo de Dort, e é um passeio informativo. O capítulo de Gatiss é um dos mais importantes do livro. É criterioso, com boas notas de rodapé de fontes primárias e secundárias, e escrito de forma clara e envolvente. O capítulo demonstra lucidamente três verdades, uma ou mais das quais foram e continuam a ser ignoradas ou negadas por muitos da tradição reformada. Primeiro, havia alguns calvinistas presentes no sínodo que claramente afirmavam que Cristo morreu pelos pecados de todos os homens. Segundo, os Cânones de Dort finais foram

---

[2669] J. Calvin, "The Lamentations of Jeremiah," em *Calvin's Commentaries*, 11:422-23. Veja na sequência.

[2670] R. Blacketer, "Culpando Beza: O desenvolvimento da expiação definida na tradição reformada", 168.

[2671] Com a possível exceção de John Bradford e Martin Bucer, embora J.C. Ryle tenha declarado que Bucer era moderado sobre a extensão da expiação (Ryle, *Expository Thoughts on the Gospels: John 1-6*, 4 vols. [Grand Rapids, MI: Baker, 1979], 3:158). Veja o capítulo 3 para mais informações sobre Bucer.

redigidos de tal forma a não excluir essa posição de dentro da doutrina reformada ortodoxa. Terceiro, a teologia reformada do início do século XVII sobre a questão da extensão da expiação não era de forma alguma monolítica.

O capítulo está dividido em três seções. A primeira parte examina o contexto histórico de Dort.[2672] Gatiss declara que a sua intenção é "colocar o Sínodo no contexto histórico e fazer algumas observações quanto à diversidade entre os delegados".[2673] Ele consegue fazê-lo muito bem em um resumo de três páginas.

A segunda parte aborda especificamente os Cânones de Dort sobre a morte de Cristo.[2674] Gatiss corretamente observa o fato de que os remonstrantes foram permitidos a participar das primeiras reuniões do sínodo, mas foram expulsos em janeiro devido sua "postura política e manobra obstrutiva".[2675] Não obstante, Gatiss pensa que aos remonstrantes "foi dada uma audiência justa" no sínodo.

Gatiss nota que Balcanquhall, às vezes, "se queixava do tratamento dado a eles [remonstrantes] nas mãos de alguns delegados", mas ele tenta colocar isso de lado ao declarar que as opiniões arminianas eram matérias bem conhecidas do registro público. Penso que alguém achará que o registro do que ocorreu em Dort indica também uma quantia razoável de "postura política e manobra obstrutiva" pelos delegados. Diante disso, eu penso que o capítulo de Gatiss precisa de algum contrapeso histórico dos estudiosos arminianos.

Ele discute os debates sobre a suficiência e eficácia da expiação (a fórmula lombardiana) e a diversidade de respostas reformadas ao emprego arminiano da fórmula. Gatiss pensa que a posição arminiana sobre a suficiência faz uso da primeira parte da fórmula lombardiana e "a desenvolve mais". Não vejo como esse pode ser o caso, visto que a intenção original da fórmula lombardiana era expressar o fato da morte de Cristo pelos pecados de todas as pessoas, uma intenção que estava em processo de ser reinterpretada por muitos da tradição reformada para apoiar a expiação definida.

Ele declarou que:

> A cruz foi não apenas suficiente mas realmente efetiva em pagar por cada pessoa e todas elas, e de fato foi designada por Deus para fazer isso... Assim, a posição arminiana sobre a expiação elaborou uma reivindicação

---

[2672] L. Gatiss, "O sínodo de Dort e a expiação definida", em *Do Céu Cristo Veio Buscá-la*, 171-174.
[2673] Ibid., 170.
[2674] Ibid., 174-88.
[2675] Ibid., 175.

explícita não apenas sobre sua extensão mas também sobre seu propósito e intenção na vontade de Deus.[2676]

No entanto, a declaração arminiana que Gatiss cita não dizia nada acerca da intenção de Deus na expiação em relação à sua eficácia. Certamente, é verdade que a posição arminiana era que Cristo morreu com a mesma intenção de salvar todas as pessoas e, neste ponto, todos os delegados em Dort discordaram. Toda a declaração arminiana, a qual Gatiss cita, afirma que Deus quis, ou propôs, que a morte de Cristo, em relação à sua extensão, deveria ser pelos pecados de todos os homens, e foi nesse ponto que alguns dos delegados de Dort estavam de acordo.

Além disso, o cânone final sobre esse ponto (Artigo 2.3), o qual Gatiss cita, declarava que: "Esta morte do Filho de Deus é o único e perfeitíssimo sacrifício e pagamento pelos pecados, e é de valor e excelência infinitos, abundantemente suficiente para expiar os pecados do mundo inteiro".[2677] (179). A palavra operativa aqui é "suficiente". A maioria dos delegados a interpretou como significando apenas o valor suficiente para ter pago o preço pelos pecados do mundo inteiro, mas de fato não o fez (expiação definida). Outros delegados, como Davenant, interpretaram a suficiência como significando que a morte de Cristo realmente pagou pelos pecados de todos os homens. A linguagem é deliberadamente ambígua para permitir que ambos os grupos assinassem.

Gatiss corretamente aponta que o Artigo 5 coloca "a abundante suficiência do sacrifício de Cristo lado a lado com a necessidade de evangelismo indiscriminado, mas sem fazer explicitamente uma conexão lógica entre elas".[2678] Ele então declarou que todos os delegados concordaram que os que estão, em última análise, perdidos não têm ninguém para culpar além de si mesmos. Essa foi certamente a declaração deles, mas como já argumentei em outro lugar é logicamente inconsistente e até mesmo incoerente fazer tal alegação sobre o esquema de expiação definida, pela simples razão de que nada pode ser suficiente para alguém (o não eleito) quando nada há nada em seu favor ou que funcione como a base para a oferta indiscriminada do evangelho a ele.

Gatiss se volta para discutir a eficácia intencional da expiação. Ele declarou que: "Então o sínodo afirmou, mais criteriosamente, que de certo modo a cruz foi eficiente [literalmente suficiente] para todos, mas *visava* ser eficaz somente aos eleitos".[2679]

[2676] Ibid., 177-78.
[2677] Ibid., 179.
[2678] Ibid., 180.
[2679] Ibid., 183.

Sob o subtítulo "Variações Reformadas", Gatiss explica os relatórios minoritários das delegações britânica e de Bremen ao sínodo sobre a questão da extensão. Embora concordando com a intenção especial da expiação pelos eleitos, os britânicos também argumentaram que Cristo "Morreu por todos, para que todos e cada um, mediante a fé, obtivessem remissão dos pecados e vida eterna em virtude desse resgate". Em outras palavras, Cristo morreu condicionalmente por todos, mas eficazmente somente pelos eleitos.

Gatiss falou a respeito de Martinius, um dos delegados de Bremen, como defendendo "opiniões arminianas" e tendo "inclinações pelos conceitos remonstrantes" sobre a expiação.[2680] Suspeito que Martinius acharia isso engraçado, visto que ele claramente rejeitou o arminianismo, assim como todos os delegados em Dort. Se alguém fala das visões de Martinius como "arminianas", então teria de fazer o mesmo a Davenant e a delegação britânica, junto com a delegação de Bremen, visto que todos eles afirmaram uma forma de universalismo hipotético. O único lugar em que o universalismo hipotético concorda com o arminianismo é sobre a questão específica da extensão da expiação: Cristo realmente substituiu os pecados de todas as pessoas. O uso de Gatiss do rótulo é, na melhor das hipóteses, descaritativo e, na pior, falso.[2681]

Ele pensa que os cânones finais não refletem necessariamente o contrapeso britânico à aversão genebresa pelo conceito de uma suficiência pela qual Cristo morreu condicionalmente por todos. Não tenho tanta certeza. Gatiss declara que: "Sem que os britânicos pressionassem o sínodo sobre tais pontos, pode ser que os Cânones não tivessem sido tão cuidadosamente declarados".[2682] Penso que isso expressa exatamente a situação.

Seguindo Jonathan Moore, Gatiss afirma que: "O Artigo II.8 afirmou que Deus 'quis que Cristo... redimisse *eficazmente* (*efficaciter*)... todos os que, e somente os que fossem escolhidos desde a eternidade', mas isso deixou uma porta entreaberta para Davenant e outros que tecnicamente não negam uma redenção universal *ineficaz* e final em adição a isso".[2683] Tal declaração não consegue entender a posição de Davenant ou questiona desnecessariamente a sua aprovação sincera dos cânones testificada por sua própria assinatura. Nenhum "tecnicismo" foi necessário. Isto é precisamente o que

---

[2680] Ibid., 184.

[2681] R. Godfrey notou que: "A declaração de Martinius [sobre a morte de Cristo] foi quase uma citação direta de Ursino... em nenhum sentido Martinius poderia ser corretamente associado com os remonstrantes ou a causa 'semirremonstrante'" (Godfrey, "Tensions within International Calvinism: The Debate on the Atonement at the Synod of Dort" [PhD diss., Stanford University, 1974], 196-98).

[2682] Gatiss, "O sínodo de Dort e a expiação definida", 188.

[2683] Ibid., 187.

Davenant cria e claramente escreveu. Este, junto com todos os outros universalistas hipotéticos em Dort, não precisava de uma "porta" para assinar os cânones de boa-fé.

A terceira seção de Gatiss aborda os assuntos "Após o Sínodo" e enfoca as Anotações Holandesas e o seu tratamento de quatro textos-chave: Isaías 53.10-12; João 3.16; 1 João 2.2; e 1 Timóteo 2.1-6. Ele concluiu "que havia cuidadosa e sólida obra exegética por detrás das formulações doutrinais do Sínodo".[2684]

Gatiss notou que as Anotações Holandesas ecoavam o Catecismo de Heidelberg, falando da morte de Cristo nestes termos: "Quando a pesada ira de Deus em razão dos pecados da humanidade foi posta sobre ele", e que Jesus "sofreu profundamente pela humanidade".[2685]

Em sua conclusão, Gatiss notou, corretamente, que (1) os cânones cuidadosamente deixaram certas questões sem decisão, (2) Davenant expôs uma forma do universalismo hipotético; e (3) o universalismo hipotético da delegação britânica exerceu alguma influência sobre o sínodo.[2686]

Ele afirmou o fato de que Richard Baxter estava fortemente comprometido com os Cânones de Dort apesar do fato de que este defendia uma substituição ilimitada pelos pecados de todas as pessoas na morte de Cristo. Essa é mais uma evidência da elasticidade da declaração final de Dort sobre a questão.

Além de sua declaração ligeiramente tendenciosa sobre Martinius, pode-se inferir um pouquinho de preconceito nessa declaração no parágrafo final de Gatiss. "A despeito das discordâncias entre outras delegações, felizmente Davenant e Ward aderiram à afirmação original [e primitiva] do 'calvinismo de cinco pontos'".[2687] Eu acho interessante o uso da palavra "primitiva".

Uma nota final sobre a sentença final de Gatiss:

> No entanto, a questão seria se hoje ele [Richard Baxter] ou os universalistas hipotéticos seriam tão cuidadosos em evitar o escorregadio declive do arminianismo como fizeram os britânicos em Dort, e se os reformados estão agora tão dispostos quanto estavam em Dort a tolerar um certa diversidade dentro de seus robustos debates internos.[2688]

[2684] Ibid., 193.
[2685] Ibid., 191.
[2686] Ibid., 194-95.
[2687] Ibid., 195.
[2688] Ibid.

Talvez Gatiss devesse ter acrescentado a esse comentário, do escorregadio declive, o perigo do "hipercalvinismo" por parte dos calvinistas rígidos, visto que isso é historicamente justificado, e como ele próprio notou, conforme Michael Thomas havia duas delegações em Dort "a prefigurar o 'hipercalvinismo'" em seu afastamento da noção da obrigação de evangelizar a todos.[2689]

Análise do capítulo de Amar Djaballah, "Controvérsia sobre a graça universal: Um exame histórico do *Brief Traitté de la Predestination* de Moïse Amyraut" (197—239)

O capítulo de Amar Djaballah sobre Amyraut é um dos mais fortes do livro. O autor evita as armadilhas de muitos que leram Amyraut através do filtro de fontes secundárias tendenciosas. A partir de fontes primárias bem documentadas, ele apresenta um resumo acessível da posição de deste.

Ninguém que lê esse capítulo nunca mais deve falar de Amyraut ou de sua posição com tanto desdém e condescendência como às vezes acontece entre os calvinistas rígidos. Djaballah aparentemente está ciente do mau tratamento que Amyraut, às vezes, recebe quando nos diz que este "deve ser estudado como membro da comunidade teológica reformada, com quem se pode diferir, e não como um adversário a ser reduzido ao silêncio".[2690]

O autor corretamente aponta como o universalismo hipotético inglês precede o amiraldismo e que os dois, embora relacionados, devem ser distinguidos um do outro.[2691] Ele declarou que, "uma forma de amiraldismo (universalismo hipotético ou condicional) algumas vezes é a posição [padrão] em relação à expiação por parte da maioria dos evangélicos com [tendências] reformadas".[2692] Talvez, seja melhor inverter isso e dizer que "o amiraldismo, uma forma de universalismo hipotético, é, às vezes, a posição padrão".

Na introdução, Djaballah informa a seus leitores que sua intenção "não é prover uma crítica abrangente do ensino de Amyraut sobre a predestinação e a expiação, mas, antes, apresentar uma visão histórica deste e de seus escritos e a controvérsia que se

---

[2689] Ibid., 180.

[2690] A. Djaballah, "Controvérsia sobre a graça universal: Um exame histórico do *Brief Traitté de la Predestination* de Moïse Amyraut", em *Do Céu Ele Veio Buscá-la*, 200.

[2691] Ibid., 198-99.

[2692] Ibid.

seguiu como resultado de sua publicação".²⁶⁹³ Ele tenta evitar "a hagiografia, de um lado, e a caricatura e a falsa representação, do outro".²⁶⁹⁴ E tem êxito em ambos os aspectos.

Quanto ao método, Djaballah propõe "apresentar a doutrina do 'Universalismo Hipotético' como exposta por Amyraut no *Brief Traitté*" (1634; segunda edição, 1658) sob cinco títulos: (1) biografia e contexto de Amyraut, (2) principais dogmas do *Brief Traitté*, (3) síntese das teses básicas de Amyraut sobre predestinação, (4) controvérsia sobre a graça universal gerada por seus escritos, e (5) amiraldismo hoje.²⁶⁹⁵

Na seção da biografia, Djaballah traça a influência do professor de Amyraut, John Cameron, o qual ensinou teologia na Reformed Academy of Saumur [Academia Reformada de Saumur]. Há um breve, mas útil parágrafo, que cobre as circunstâncias que levaram à redação do *Brief Traitté* a partir do próprio Amyraut.²⁶⁹⁶ É digna de nota a declaração de Djaballah de que este "deixa forte impressão de que ele vê as doutrinas que expressa não só como consonantes com a Escritura, mas também como fiéis a Calvino e à primeira geração de reformadores, e realmente como compatíveis com os Cânones de Dort".²⁶⁹⁷

A maior parte do capítulo cobre os principais dogmas do *Brief Traitté* de Amyraut.²⁶⁹⁸ Djaballah resume clara e concisamente cada capítulo. De especial interesse para o nosso propósito é o resumo do capítulo 7, "Qual é a natureza do decreto pelo qual Deus ordenou a concretização desse propósito, quer por sua extensão ou pela condição da qual depende".²⁶⁹⁹

Várias coisas se tornam claras a partir desse capítulo. Primeiro, Amyraut distingue entre a intenção eficaz de aplicar e a extensão da expiação. Segundo, o sacrifício de Cristo na cruz pelos pecados foi "igual para todos" em relação à extensão da satisfação. Terceiro, a salvação para qualquer pessoa é condicionada pela fé. A base disto é a crença de Amyraut de que (1) todos são iguais na criação e são igualmente pecadores, (2) a compaixão de Deus para livrar a humanidade do pecado é coextensiva ao sofrimento da humanidade e, por isso, é universal, e (3) Cristo assumiu a natureza humana, por isso a expiação foi igual para todos.²⁷⁰⁰ Amyraut afirma a vontade salvífica universal de Deus. "Esta vontade que torna a graça da salvação universal e comum a todos os

---

2693 Ibid., 199.
2694 Ibid.
2695 Ibid., 200.
2696 Ibid., 205-06.
2697 Ibid., 206.
2698 Ibid., 206-28.
2699 Ibid., 214-19.
2700 Ibid., 215.

seres humanos é tão condicional que, sem o cumprimento da condição, é inteiramente ineficaz".[2701] (219).

No capítulo 9 de Amyraut, Djaballah mostra como a visão deste a respeito da predestinação está de acordo com a doutrina reformada padrão. Como o autor notou, Amyraut é claro em sua afirmação de que "de sua misericórdia, Deus elege alguns para que creiam. Ele vence neles toda resistência..., domina a corrupção de sua vontade e os conduz à fé voluntariamente, abandonando os demais à sua corrupção e decorrente perdição".[2702] Sobre qual base Deus escolheu alguns para a salvação e deixou o restante para perecer? Amyraut pensa que a Escritura não responde essa pergunta. "O decreto de Deus e a ação decorrente se devem somente à sua vontade e aprovação".[2703] Ele também não pensa que o Pai pode ser acusado de parcialidade. Como Djaballah resume, "Ao conceder a fé, Deus não põe os demais em uma posição de queixa sobre sua decisão".[2704]

Na seção três, Djaballah sintetizou a posição básica de Amyraut sobre a predestinação. Ele notou que a distinção entre a vontade de Deus como secreta e revelada é a chave para entender Amyraut acerca da predestinação e da expiação.[2705] "A vontade revelada de Deus diz respeito ao desejo [universal] de salvar todos os homens sob a condição de que creiam. O Pai quis que seu Filho fizesse expiação por todos sob a condição de que creiam".[2706] Para Amyraut, não há causa e efeito necessários entre a salvação obtida por meio da expiação e da salvação aplicada. Essa é a distinção deles entre a extensão e a aplicação da expiação. Djaballah corretamente notou que o "universalismo hipotético" de Amyraut é hipotético no sentido de que a salvação é eficaz apenas "*quando e se* a condição de fé for cumprida".[2707]

A seção quatro aborda a controvérsia sobre a teologia de Amyraut de forma resumida. Três fases são traçadas, seguidas pelas consequências, cobrindo os anos 1634-75 e além. Os adversários de Amyraut o atacaram em vários níveis: ele não caiu dentro das fronteiras do Sínodo de Dort, sua posição constituía um retorno ao arminianismo, seu tratamento de Calvino estava errado, e ele não foi fiel à Escritura sobre o tópico em questão.[2708] Ele foi acusado de heresia em 1637 e novamente em

---

[2701] Ibid., 219.
[2702] Ibid., 221.
[2703] Ibid., 221.
[2704] Ibid., 222.
[2705] Ibid., 228.
[2706] Ibid.
[2707] Ibid., 229.
[2708] Ibid., 230-32.

1644-45, mas foi absolvido. O Consenso Helvético de 1675, elaborado por teólogos de Zurique e Genebra, principalmente para impedir a disseminação do amiraldismo, excluiu a expiação universal.

Djaballah conclui seu capítulo com uma breve menção de alguns que hoje poderiam ser considerados amiraldistas em seus pontos de vista, tais como Alan Clifford, da Inglaterra, e Bruce Demarest, da América. Como afirma conclusão: "Meu objetivo foi o de informar mais do que buscar um argumento, já que os conceitos de Amyraut são tão raramente compreendidos desde suas fontes primárias".[2709] Nesse objetivo, ele foi bem-sucedido.

Análise do capítulo de Carl R. Trueman, "A expiação e a aliança da redenção: John Owen sobre a natureza da satisfação de Cristo" (241–268)

O último capítulo da seção histórica diz respeito à dependência de John Owen do conceito de aliança da redenção em sua famosa defesa da expiação definida. O renomado estudioso de Owen, Carl Trueman, faz as honras.

O capítulo está bem estruturado. Depois de uma introdução, Trueman abordou o contexto histórico dos debates entre Baxter e Owen, seguido por uma discussão da assim chamada aliança da redenção como um baluarte no argumento de Owen em favor da expiação limitada. Ainda que tais questões sejam um tanto técnicas teologicamente, Trueman mantém a discussão relativamente acessível. Por exemplo, quando ele usa frases em latim, explica claramente o significado.

Trueman nos lembra que "proponentes competentes" da expiação definida geralmente não argumentam a partir de alguns textos isolados, mas a partir das "implicações de uma série de vertentes do ensino bíblico, desde os fundamentos da redenção na relação intratrinitariana".[2710] Essa é uma declaração digna de nota, visto que sublinha o fato de que não há declarações diretas e patentes na Escritura afirmando que Cristo morreu somente pelos pecados dos eleitos. Dado isto, os proponentes da expiação definida devem trabalhar no nível "teológico" mais do que no nível "exegético". A expiação definida é mais uma dedução teológica da Escritura e menos uma construção exegeticamente demonstrada.[2711]

[2709] Ibid., 239.

[2710] C. Trueman, "A expiação e a aliança da redenção: John Owen sobre a natureza da satisfação de Cristo", em *Do Céu Ele Veio Buscá-la*, 242.

[2711] Em outro lugar, Trueman respondeu a essa crítica:

Trueman reconheceu o criticismo de Owen a partir de vários estudiosos reformados, mas declarou que não pretende revisitá-los; em vez disso, ele busca "trazer à tona a forma com que o tratado de Owen indica as inter-relações existentes entre vários pontos soteriológicos".[2712]

Trueman nos mergulha dentro das águas profundas dos debates entre Richard Baxter e Owen sobre a natureza da justificação e da expiação. Simpático a Owen, Trueman citou uma das passagens mais importantes deste sobre a natureza da suficiência da expiação como refletida na famosa fórmula lombardiana. Trueman deixou de notar a revisão da fórmula lombardiana do final do século XVI e no início do século XVII.

O fato é que John Owen estava consciente de que ele e outros estavam revisando a fórmula lombardiana e preferiu colocá-la em termos hipotéticos: "O sangue de Cristo foi suficiente para *ter sido feito* um pagamento por todos".[2713] Essa reinterpretação de sua parte e de outras pessoas foi designada para apoiar o argumento de Owen em favor da expiação definida. Richard Baxter chamou o revisionismo de Owen da fórmula lombardiana de uma "nova evasão fútil", e refutou completamente a posição de Owen.[2714] Há muitos exemplos dessa revisão nos escritos dos calvinistas rígidos da época. Note também que Cunningham reconheceu essa revisão em sua obra reconhecida *Historical Theology* [Teologia Histórica].[2715]

Há muitos que veem a expiação limitada como uma mera dedução lógica da doutrina da eleição e da reprovação. Essa é uma forma tão simplista de encará-la, porque há considerável exegese subjacente à noção de expiação limitada e uma grande quantidade de reflexão sofisticada sobre as conexões entre o Antigo Testamento e o Novo Testamento no desenvolvimento do conceito. Portanto, para discordar da expiação limitada, você deve discordar da exegese que está subjacente e rejeitar a compreensão da relação entre os tipos do Antigo Testamento e os antítipos do Novo Testamento. Você não deve descartar a expiação limitada como uma dedução ingênua e demasiadamente lógica da doutrina da eleição, porque simplesmente não é esse o caso. Veja C. Trueman, "PostReformation Developments in the Doctrine of the Atonement", em *Precious Blood: The Atoning Work of Christ*, ed. R.D. Phillips (Wheaton, IL: Crossway, 2009), 197-98. Reconhecidamente, os que afirmam a expiação limitada não a veem "como uma mera dedução lógica", mas ela é ,com certeza, *principalmente* uma dedução com base em outras considerações teológicas A exegese de textos bíblicos de calvinistas rígidos como John Owen em apoio à expiação limitada, em uma rigorosa inspeção, é realmente bem fraca.

[2712] C. Trueman, "A expiação e a aliança da redenção: John Owen sobre a natureza da satisfação de Cristo", 243.

[2713] J. Owen, "The Death of Death in the Death of Christ," em *The Works of John Owen*, 16 v., ed. W.H. Goold (New York: Robert Carter and Brothers, 1852), 10:296 (ênfase minha).

[2714] R. Baxter, *Universal Redemption of Mankind by the Lord Jesus Christ* (London: Printed for John Salusbury at the Rising Sun in Cornhill, 1694), 343-45.

[2715] W. Cunningham, Historical Theology, 2 v. (Edinburgh: Banner of Truth, 1994), 2:332.

Trueman depois discutiu o conceito de Owen da "aliança da redenção".²⁷¹⁶ A noção de uma aliança da redenção é um constructo da teologia federal do século XVII. A aliança da redenção é uma tentativa de fundamentar uma *ordo salutis* (ordem da salvação) na trindade para reforçar a certeza do cumprimento. Ela é a fundação do apoio de Owen à expiação definida.

A aliança da redenção pode ser esboçada como se segue:

1. Deus promete a Cristo sucesso na obtenção da salvação dos eleitos.
2. Essa promessa é o único objetivo que o Filho alcança e pretende alcançar por meio da expiação. Portanto – expiação definida.
3. O Filho concorda em ser o representante constituído dos eleitos.
4. Uma nova relação entre o Pai e o Filho é a base da subordinação do Filho ao Pai na obra da redenção.
5. A encarnação só é empreendida com especial referência salvífica aos eleitos.

Trueman nos explicou a trajetória de Owen a respeito de pensar a aliança da redenção até sua posição de que a morte de Cristo assegura a "base causal para todas as condições anexadas à salvação para os eleitos", incluindo a aquisição da fé para estes.²⁷¹⁷ Para Owen não pode haver qualquer universalidade de extensão e particularidade na aplicação.²⁷¹⁸

A intenção eterna da aliança da redenção leva Owen a interpretar todas as declarações potencialmente universalistas concernentes a extensão da expiação à luz da aliança da redenção. Então, "mundo" se torna para Owen "mundo dos eleitos". Ele pressupõe, uma vez que nem todos se salvam, que Deus não pretendeu que todos fossem salvos. Por isso, Cristo morreu somente pelos eleitos. E assunto encerrado.

Por alguma razão, Trueman não ofereceu qualquer justificativa bíblica para a noção reformada da aliança da redenção ou para o conceito de fé de Owen como uma aquisição na cruz. Nas onze páginas em que ele discute a aliança da redenção, há uma penúria de referências bíblicas. Pelas minhas contas há apenas quatro referências bíblicas em toda essa seção, três das quais ocorrem em uma única citação de Owen,²⁷¹⁹ e mesmo Trueman declarou que Owen está fazendo um apelo "implícito" aos termos da aliança da redenção.

2716 C. Trueman, "A expiação e a aliança da redenção: John Owen sobre a natureza da satisfação de Cristo", 255-67.
2717 Ibid., 264-66.
2718 Ibid., 266-67.
2719 Ibid., 261.

A aliança da redenção é um conceito teológico sem qualquer evidência bíblica ou justificativa. Além disso, teria sido útil se Trueman tivesse resumido os principais argumentos daqueles de dentro da tradição reformada, bem como daqueles de fora, que não encontram qualquer fundamento bíblico para a aliança da redenção ou a aquisição da fé para os eleitos.[2720]

Para Owen, a suposta evidência bíblica vem de três lugares principais no Novo Testamento. Primeiro, a obediência do Filho à vontade do Pai como expresso no Evangelho de João sugere uma aliança da redenção da divindade na eternidade passada. Segundo, a declaração de Lucas 22.29 na última ceia sugere indicar a aliança da redenção. Mas aqui está claro que Cristo está falando de seu cumprimento da nova aliança, não da aliança da redenção. Terceiro, passagens como Hebreus 7.22; 10.5-7 e 12.24 são interpretadas como apoio à aliança da redenção. Mas, novamente, todas essas passagens falam da nova aliança, como o contexto deixa claro.

A suposição *a priori* de Owen por trás da aliança da redenção é que todas as relações de aliança envolvendo promessa e obediência são relações de aliança desde a eternidade. Em nenhum lugar isso é declarado na Escritura. Há uma série de problemas teológicos nessa interpretação, a maior parte dos quais Trueman não aborda. Mencionarei dez:

1. Não há aliança dentro da divindade revelada na Escritura. Todas as alianças na Escritura são entre Deus e os homens. O que temos aqui é o posicionamento de tratamentos legais ou contratuais dentro da divindade – o Pai exigindo pagamento; o Filho fazendo o pagamento.
2. Alianças implicam em um estado anterior de não concordância. É difícil de conceber como isto poderia ser postulado dentro da trindade. Curiosamente, Trueman fala a respeito da posição da expiação universal como criando dissonância na trindade. Na verdade, é justamente o oposto.
3. A aliança da redenção é um constructo legal, mas a Escritura revela que a expiação de Cristo na cruz foi baseada no amor, não em um acordo legal.
4. Alguém poderia perguntar: Onde está o Espírito Santo neste contrato eterno?
5. A Escritura ensina que a encarnação de Cristo foi no lugar de toda a humanidade, não apenas no dos eleitos.

[2720] Por exemplo, como N.A. Chambers, "A Critical Analysis of John Owen's Argument for Limited Atonement in the Death of Death in the Death of Christ" (tese de ThM, Reformed Theological Seminary, 1998).

6. Todas as alianças temporais mencionadas na Bíblia estão subordinadas à aliança da redenção. O foco está na assim chamada vontade secreta ou decretiva de Deus, em vez de sua vontade revelada, que é onde a Escritura enfoca.

7. Aqueles que como Owen postulam uma aliança da redenção têm uma tendência a trabalhar a partir da eternidade para dentro do tempo. O que é mais especulativo se torna o elemento controlador que sustenta todo o restante. Isso cria uma conexão tênue com a Escritura e é problemático.

8. Quando se lê Owen, é óbvio que a estrutura da aliança da redenção é introduzida antes do seu exame da Escritura. A sua pressuposição teológica controla a sua exegese.

9. Há uma falácia hermenêutica nesse processo. As promessas feitas ao messias no Antigo Testamento são feitas para refletir as promessas feitas ao Filho na eternidade. Todavia, não há qualquer base bíblica para tal.

10. Aqueles que como Owen afirmam a aliança da redenção declaram que os eleitos têm direito legal à salvação, tanto aos meios quanto aos fins. Como isto não destrói o princípio da graça na salvação?

Para Owen e a aliança da redenção, todos os termos bíblicos para salvação, tais como "resgate", "reconciliação", "redenção" e assim por diante, devem ser entendidos como referências somente aos eleitos. Dentro de tal abordagem, morrer é salvar. Simplesmente não é possível que se diga que Cristo morreu pelos pecados de qualquer um que não seja salvo em última análise.

Apesar dessas preocupações, o capítulo de Trueman é um resumo útil do pensamento de Owen sobre a aliança da redenção e a expiação definida. Esse capítulo conclui a seção histórica do livro.

Eu ofereço o seguinte como resumo dos pensamentos, impressões e sugestões sobre os sete capítulos da seção histórica de *Do Céu Cristo Veio buscá-la*.

1. Aqui há alguns capítulos úteis, especialmente em relação a Dort, Amyraut e Owen.
2. Haykin, Hogg e Helm refletem uma historiografia inadequada em seus capítulos.
3. A seção histórica termina em meados do século XVII. Não há como levar em conta os grandes debates dentro da tradição reformada desde aquele tempo até o presente.
4. Não há reconhecimento dos muitos que de dentro da tradição reformada não defenderam a expiação definida, incluindo muitos reformadores da primeira geração, puritanos, os homens da controvérsia Marrow, a controvérsia galesa, Jonathan Edwards, a Nova Teologia, o triunvirato do século XIX de teólogos sistemáticos universalistas hipotéticos como Charles Hodge, Robert Dabney

e W.G.T Shedd, e uma grande quantidade de teólogos e exegetas reformados no século XX.

5. Também notoriamente ausente é qualquer tratamento da ascensão e extensão do hipercalvinismo nos séculos XVIII e XIX ou o reconhecimento de que não se pode se tornar um hipercalvinista sem um compromisso com a expiação definida e seus corolários. Embora um compromisso com a expiação definida não seja hipercalvinismo, todos os hipercalvinistas defendem a expiação definida. O hipercalvinismo não pode existir sem expiação definida.
6. Finalmente, a seção histórica não consegue indicar claramente o fato de que a posição universalista hipotética dentro da teologia reformada antecedeu tanto a expiação definida quanto as disputas dos amiraldistas.

Análise do capítulo de Paul Williamson, "Porque ele amou vossos pais: Eleição, expiação e intercessão no Pentateuco" (271–293)

A segunda seção principal do livro (capítulos 9-14) aborda a evidência bíblica a favor da expiação definida. Esses capítulos não conseguem notar o fato marcante de que nem uma vez no Antigo ou no Novo Testamento há uma declaração direta que diga que Cristo morreu somente pelos eleitos. Tal declaração da Escritura é necessária para provar a expiação definida. Na ausência de tal declaração, os autores são forçados a ficar na defensiva e a gastar tempo explicando por que as muitas passagens universais sobre a expiação não significam o que parecem significar. Os autores nos informam que os textos reais que falam da universalidade da extensão da expiação devem ser interpretados à luz do contexto maior da teologia bíblica, a qual, conforme eles, indica uma limitação em Cristo ter assumido os pecados em favor somente dos eleitos.

Esse movimento, contudo, é problemático em quatro pontos. Primeiro, está em perigo de *petitio principii* – ou seja, petição de princípio. Segundo, há o constante refrão, presumido ou declarado, de que a intenção e a extensão da expiação são coextensivas, embora essa também seja uma dedução feita sem um único texto bíblico que afirme que esse seja o caso. Terceiro, os autores dessa seção estão lendo os textos "universais" à luz dos textos "limitados". Nenhuma consideração é dada à possibilidade de que muitos desses textos limitados estejam expressos dessa forma, porque os autores bíblicos estão escrevendo especificamente aos crentes. Quarto, os autores estão sobrepondo uma teologia sobre tais textos (eisegese) em vez de deixar os textos falarem por si mesmos (exegese).

Paul Williamson aborda o assunto da eleição, expiação e intercessão no Pentateuco no capítulo 9. Ele admite que "a expiação definida [não] é mencionada explicitamente em outros lugares" do Pentateuco, mas argumenta que há "insinuações desse conceito incorporado nele.²⁷²¹ É vital notar essa confissão fundamental. Williamson declara que: "E assim seria inapropriado inferir algum tipo de expiação geral da experiência coletiva de Israel da expiação. Qualquer expiação desse gênero é realizada e aplicada com base na eleição divina de Israel... Todavia, isto não implica que cada indivíduo israelita foi assim igualmente expiado e então 'eternamente perdoado'."²⁷²²

Em resposta, ninguém diz que cada indivíduo israelita foi igualmente expiado e eternamente perdoado mais do que as passagens de expiação ilimitada no NT que implicam que cada pessoa, individualmente, por quem Cristo morreu foi igualmente expiada e assim eternamente perdoada. As últimas quatro palavras contrariam a noção de que a extensão e a aplicação da expiação são coextensivas e confundem o assunto. Isso pressupõe que todos por quem a expiação é feita devem *ipso facto* ser "eternamente perdoados".

É difícil concluir que o ritual do Dia da Expiação (Levítico 16) era em algum sentido limitado. De fato, Williamson deve admitir que o ritual era em algum sentido "todo inclusivo".²⁷²³ Todavia, ele faz a suposição de que em Israel havia eleitos e não eleitos. "Aliança e eleição circunscreviam a expiação. Então uma expiação particular pode ainda ser mantida para uma comunidade pactual 'mista'".²⁷²⁴

Ele também declara que, "não é conveniente deduzir uma expiação geral e universal no NT de uma expiação por um Israel 'misto' a partir do AT. A expiação no AT..., portanto, é necessariamente particular".²⁷²⁵ Porém, tais declarações são problemáticas. Primeiro, elas retrocedem a uma suposta compreensão reformada da eleição individual de volta ao texto. Mas mesmo em hipótese concedendo isto, não há necessidade de que a eleição de alguns de dentro de Israel impeça que a expiação fosse feita por todos. Segundo, com qual lógica a expiação do AT é "necessariamente particular"? Onde estão as justificações para tal afirmação? O que Williamson deveria ter dito era que, "A expiação no Antigo Testamento está circunscrita pela aliança e eleição e é, portanto, necessariamente particular em sua aplicação, não em sua extensão".

2721 P. Williamson, "Porque ele amou vossos pais: Eleição, expiação e intercessão no Pentateuco", em *Do Céu Cristo Veio Buscá-la*, 272.
2722 Ibid., 274.
2723 Ibid., 280.
2724 Ibid., 281.
2725 Ibid., 285.

Ele discute o dia da expiação e a tipologia dentro das duas estruturas pactuais reformadas: "Um Vislumbre da Teologia no Novo Pacto" e a "Abordagem Pactual Reformada".[2726] Mas nada se encontra nessa seção que apoie a expiação definida.

O episódio da serpente de bronze de Números 21.4-9, ao qual Williamson apela,[2727] realmente trabalha contra a sua causa. Ele disse que, "se pode inferir que a serpente de bronze tinha um foco particular em vez de geral; ela foi designada para o benefício dos israelitas penitentes, não dos rebeldes impenitentes".[2728] Note aqui a palavra-chave "designada." Williamson não consegue discernir o simples fato de que a limitação para Israel não estava na provisão da serpente de bronze (ela foi dada para todo Israel); em vez disso, a limitação estava na aplicação: somente os que olharam viveram. Havia um remédio para todo Israel e eles seriam curados se apenas olhassem. Há um remédio na morte de Cristo para todos, e eles serão salvos se apenas crerem. A extensão (provisão) é universal; a aplicação é limitada.

Ao contrário da conclusão de Williamson, não há qualquer ideia de expiação definida, mesmo que uma subdesenvolvida, no Pentateuco.[2729] A sua afirmação de que a eleição é o prerrequisito teológico definitivo para a expiação, mesmo se verdadeira, não implica em expiação definida. Ela significa meramente que há uma expiação para os que são eleitos conforme a compreensão reformada da eleição. Ela não impede que uma expiação seja feita em nome dos que nunca creram.

Análise do capítulo de J. Alec Motyer, "Ferido pela transgressão do meu povo: A obra expiatória do servo sofredor de Isaías" (295–318)

No capítulo 10, Motyer nos brinda com uma sólida exegese de Isaías 53. Eu sempre tento ler sobre qualquer texto da Escritura que Motyer escreva. Ele é um excelente exegeta. Nesse, ele evita a confusão de citações de outros comentaristas e permanece com a sua exegese do texto. É bom velejar até chegarmos à página 301, na qual Motyer diz que uma tarefa universal será realizada com êxito; isso será alcançado pelo sofrimento; o sofrimento e o seu resultado corresponderão exatamente um ao outro. Como a estrutura de Isaías 52.14 demonstra: "O versículo compara osque se sentem aturdidos ante o sofrimento do servo com os que se tornam beneficiários

---

[2726] Ibid., 281-85.
[2727] Ibid., 288-89.
[2728] Ibid., 288.
[2729] Ibid., 292.

de seu sangue derramado, e assim o versículo nos introduz ao conceito de expiação substitutiva do servo".[2730] Há uma grande diferença entre declarar que o texto afirma a expiação substitutiva, o que ele enfaticamente faz, e declarar que o texto afirma que o sofrimento e o seu resultado corresponderão exatamente um ao outro, o que não ele não faz. Motyer importou indevidamente a noção de equivalência entre intenção, extensão e aplicação – algo que o próprio texto não afirma.

Os problemas surgem novamente na página 313 quando ele declara que, "Uma vez que o universalismo é excluído pela insistência de Isaías sobre 'os muitos'... 53.4-6 obriga o intérprete destituído de preconceito a uma compreensão efetiva e particularista da expiação". É claro que o universalismo no sentido de salvação universal está excluído, aqui e em toda a Bíblia. Motyer, aqui e nas próximas páginas, não conseguiu notar que o uso de "muitos" por Isaías não requer linguisticamente a conclusão de que (1) a expiação só foi feita por alguns e/ou que (2) a expiação não foi feita por todos.

Conforme Martin Hengel, Marcos 10.45 está claramente ligado a Isaías 53. "Nesse texto, a morte iminente de Jesus é interpretada de uma forma universal e inclusiva como sendo 'por todos os homens,' em conexão com Isaías 53 e o sacrifício da aliança de Êxodo 24.8 (cf. também Zc 9.11), como uma morte expiatória representativa 'por muitos'".[2731] Hengel continuou:

> Também é surpreendente que as primeiras fórmulas kerigmáticas muito cedo qualificaram o universal "por todos" e o reduziram a "por nós", significando a comunidade dos crentes. Isso fica claro, por exemplo, a partir de uma comparação entre Marcos 10.45 e 1 Timóteo 2.6 com outras fórmulas de rendição ou de Marcos 14.24 com 1 Coríntios 11.24 (cf. entretanto, 10.17). Essa compreensível tendência a reduzir o escopo da salvação à própria comunidade presumivelmente já começou com os eventos da Páscoa, os quais influenciavam só um grupo limitado.[2732]
>
> Provavelmente, Marcos 10.45 também pertence ao contexto daquela última noite; terá sido usado por ele para elucidar a sua misteriosa ação simbólica. Tanto de Marcos quanto de Lucas ouvimos que Jesus falou na Última Ceia acerca de "servir". As palavras sobre o cálice e sobre o

---

[2730] J.A. Motyer, "Ferido pela transgressão do meu povo: A obra expiatória do servo sofredor de Isaías", em *Do Céu Ele Veio Buscá-la*, 302.

[2731] M. Hengel, *The Atonement: The Origins of the Doctrine in the New Testament* (Philadelphia: Fortress, 1981), 42.

[2732] Ibid., 71.

resgate estão conectadas pelo serviço universal "por muitos," no sentido de "por todos," que presumivelmente é derivado de Isaías 53.[2733]

Como Motyer, é comum que os limitaristas apelem ao "muitos" em Isaías 52.14-53.12 como evidência a favor da expiação limitada. Mas essa é uma leitura errada do texto hebraico. Como Joachim Jeremias apontou em relação às interpretações pré-cristãs de "muitos" em Isaías 53, "muitos" se estende para incluir os gentios em 1 *Enoque* e em *Sabedoria de Salomão* e pode se referir principalmente a eles, se não exclusivamente, em Isaías 52.14–15. Mas, Jeremias continuou, no texto hebraico não há diferença entre o "muitos" de Isaías 52.14-15 e no capítulo 53, versos 11 e 12. Todos os judeus e gentios estão incluídos.

> De fato, a Peshitta traduz Isaías 52.15, "ele purificará muitos povos". *[sic]* Se a versão Peshitta do Antigo Testamento for pré-cristã (o que é provável), então temos aqui um exemplo da inclusão dos gentios no grupo de "muitos" para quem a obra expiatória do servo é eficaz... O "por muitos" das palavras eucarísticas é, portanto, como já vimos, não exclusivo ("muitos, mas não todos"), mas, na forma semítica de discurso, inclusivo ("a totalidade, consistindo de muitos") . A tradição joanina a interpreta dessa forma, em seu equivalente à palavra pão... parafraseia "por muitos" como "pela vida do mundo" (Jo 6.51c).[2734]

Outro problema é o uso de "destituído de preconceito" por Motyer. Isso é nada mais do que um ataque *ad hominem* aos que discordam de sua interpretação e conclusão. À luz de Isaías 53.6, outros poderiam facilmente dizer que qualquer intérprete "destituído de preconceito" estaria comprometido com uma extensão universal no carregar os pecados do servo sofredor.

Mas os problemas continuam. Ele declara que "as implicações teológicas são profundas: a expiação *propriamente dita*, e não algo fora da expiação, é a causa para

---

[2733] Ibid., 73. Veja também H.D. McDonald, *Forgiveness and Atonement* (Grand Rapids, MI: Baker, 1984), 127:

> Como o resgate pago por Jesus (Mt 20.28; cf. Mc 10.45; 1Tm 2.6), o derramamento do sangue da aliança é descrito como sendo 'por muitos'. Essa frase não põe limite à obra de Cristo. Pelo contrário, sugere que os benefícios do seu autossacrifício vão além das ovelhas perdidas da casa de Israel.

[2734] J. Jeremias, *The Eucharistic Words of Jesus* (Philadelphia: Fortress, 1966), 228-29.

qualquer conversão".²⁷³⁵ Isto não considera a revelação do Novo Testamento sobre o papel do Espírito Santo na conversão, deixa de reconhecer que a expiação não salva ninguém até que seja aplicada, não leva em conta os numerosos teólogos reformados (Charles Hodge vem à mente) que discordam, e não consegue distinguir adequadamente entre a extensão e a aplicação da expiação.

Até Paulo claramente indica em Efésios 2.1-3 que os eleitos crentes a quem ele se dirige estavam sob a ira de Deus antes da fé. Note as muitas vezes que o apóstolo salienta que os crentes já foram inimigos, mas agora, por meio da fé, temos paz, somos justificados, não experimentamos a condenação e assim por diante. Tal linguagem exige uma condição interveniente. Justificação na cruz é uma falsa doutrina.

Motyer se baseia nas declarações de "muitos" em Isaías 53 para argumentar a favor da expiação definida.²⁷³⁶ As muitas nações pelas quais a expiação é feita "Não obstante, isso não nos compromete com o universalismo ('todos sem exceção'),... de modo que, mesmo quando 'muitos' parece implicar em 'todos', contudo, efetivamente, se aplica somente ao nível individual – a alguns em contraste com todos".²⁷³⁷ É claro que esse é o caso porque a aplicação não é coextensiva a extensão. Contudo, isso não confirma a expiação definida ou nega a expiação universal.

Ele erra nesta declaração: "'Muitos', pois, têm em si certa especificidade, enquanto também retêm sua numerosidade inerente: se refere àqueles por quem o servo fez expiação e a quem ele aplica essa mesma expiação (cf. Ap 7.9)".²⁷³⁸ Novamente, Motyer presume o que está tentando provar – a saber, que a extensão da expiação é coextensiva à sua aplicação. O texto não declara isso. Além do mais, essa é uma má interpretação da passagem de Apocalipse, a qual é frequentemente citada a favor da expiação definida, mas que na verdade não tem nada a ver com a extensão da expiação, somente com os beneficiários da expiação.

Como comentário, embora Motyer não cite outros em apoio às suas conclusões exegéticas, é interessante que o próprio Calvino claramente afirma que o "muitos" de Isaías 53.6 significa "todos sem exceção".²⁷³⁹ Mais importantemente, Paulo usa o

---

²⁷³⁵ J.A. Motyer, "Ferido pela transgressão do meu povo: A obra expiatória do servo sofredor de Isaías", 313.

²⁷³⁶ Ibid., 316-17.

²⁷³⁷ Ibid., 317.

²⁷³⁸ Ibid., 317-18.

²⁷³⁹ Calvin, *Sermons on Isaiah*, 66, 70, 78-79.

"muitos" e "todos" intercambiavelmente em Romanos 5, como o texto grego claramente mostra.[2740]

O capítulo de Motyer é exemplo de uma exegese geralmente boa, acompanhada da leitura de uma teologia dentro do texto e a obtenção de conclusões erradas. Isaías 53.6 é o coração da passagem, e ela claramente afirma um paralelismo entre todos os que haviam se desgarrado e o fato de que "o SENHOR fez cair sobre ele a iniquidade de nós todos". Há, de fato, uma equivalência nessa passagem, mas não como Motyer sugere. A equivalência não é entre os sofrimentos de Cristo e os eleitos apenas. Ela é claramente declarada em 53.6, é entre os que se desgarraram (todos) e aqueles (todos) pelos quais o servo sofre. Isso é ainda mais claramente exposto pela inclusão que Isaías emprega, começando e terminando o versículo com a mesma palavra hebraica *kullānū*, traduzida como "todos". A questão não é o significado de "muitos". A chave é o significado e o uso de "todos" no próprio coração linguístico das cinco estrofes da canção – 53.6. A expiação definida simplesmente não pode passar pelo "todos" de Isaías 53.6.

Análise do capítulo de Matthew S. Harmon, "Para a glória do Pai e a salvação de seu povo: A expiação nos Sinóticos e na literatura joanina" (319–343)

Matthew Harmon é autor do capítulo sobre a expiação definida nos evangelhos sinóticos e na literatura joanina. Ele pretende argumentar três premissas: (1) Jesus morreu para manifestar a glória de Deus, (2) morreu para concretizar a salvação de seu povo, e (3) morreu pelos pecados do mundo (onde "mundo" não significa "todos sem exceção," mas "todos sem distinção").[2741]

Na parte 1, do seu capítulo, Harmon tenta encontrar a expiação definida em três passagens principais: João 6.22-58; João 17.1-26; e Apocalipse 4.1-5.14.

[2740] Donald M. Lake discutiu a alteração de "todos" por "muitos" em Romanos 5.18-19, notando a observação de C.K. Barrett, "Por 'muitos' ele dificilmente pode significar algo diferente de 'todos os homens' do verso 12 (cf. também 1Co 15.22). Esse uso inclusivo de 'muitos' é um hebraísmo; no Antigo Testamento o uso de 'muitos' frequentemente não significa 'muitos contrastado com 'todos,' mas 'muitos contrastado com um ou alguns'". Veja D.M. Lake, "He Died for All," em *Grace Unlimited*, ed. Clark H. Pinnock (Minneapolis, MN: Bethany Fellowship, 1975), 33.

[2741] M. Harmon, "Para a glória do Pai e a salvação de seu povo: A expiação nos Sinóticos e na literatura joanina", em *Do Céu Cristo Veio Buscá-la*, 319.

João 6

A partir de João 6.37-40,44, Harmon apontou que Jesus veio para fazer a vontade do Pai. No versículo 37, ele notou que o Pai dá um grupo específico de pessoas ao Filho, e no versículo 44, ele observou que ninguém pode vir ao Filho a não ser que o Pai o traga. Harmon concluiu que: "Assim é a eleição que o Pai fez de um grupo específico que define quem vai ao Filho..."[2742]

Vários pontos exigem explicação.

Primeiro, Harmon está interpretando "todo aquele que o Pai me dá" como se referindo a eleição. Isso pressupõe duas coisas: (1) a interpretação reformada da eleição está correta e (2) essa passagem está se referindo a ela. Para efeitos dessa discussão, por ora vamos conferir a primeira suposição. Mesmo assim, nada na passagem fala de "eleição". João 6 deve ser lido à luz do contexto precedente dos capítulos 1-5, bem como do seu contexto imediato.

Em João 1.6-9, João deixa claro que a intenção de Deus ao enviar João Batista era que todos pudessem crer em Cristo. Jesus, não João, é "a luz verdadeira, que alumia a todo homem que vem ao mundo" (ARC). Novamente em João 1.29, Cristo vem para que possa ser o salvador do mundo. Em João 3.16, o amor de Deus pelo mundo é a motivação para o envio de Jesus a fim de que todo o que nele crer tenha a vida eterna. João está estabelecendo um desejo universal da parte de Deus pela salvação do mundo e um remédio universal para tal por meio da morte de Cristo na cruz.

Segundo, quando essa "doação" aconteceu? Não na eternidade passada, pois o uso do verbo no tempo presente indica uma ação contemporânea: o Pai estava no próprio processo de dar ao Filho aqueles que creram nele.

Terceiro, em que sentido Deus "dá" pessoas ao seu Filho? Frequentemente, na Escritura se encontra os termos "dom" e "dar" que são empregados idiomaticamente para denotar o favor de Deus ao expressar sua obra redentora em favor da humanidade. Veja Salmo 2.8 e Atos 4.25-26 como exemplos. Nesses textos, é dito que as nações gentias são "dadas" a Cristo como herança. Todavia, essa linguagem claramente não indica que todas as nações ou todas as pessoas dessas nações são de alguma forma "eleitas" para a salvação na eternidade.

João faz uma conexão entre o "dar" e o "vir" em 6.37. Note como os versículos 44-45 usam imagens diferentes, mas expressam o mesmo significado.

> "Ninguém pode vir a mim se o Pai, que me enviou, não o trouxer; e eu o ressuscitarei no último dia. Está escrito nos Profetas: 'E todos serão

---

[2742] Ibid., 323.

ensinados por Deus'. Portanto, todo aquele que ouviu e aprendeu do Pai, esse vem a mim". (NAA)

Note que o "trazer" de Deus é paralelo ao seu "dar" no versículo 37. Como é que acontece o trazer conforme os versos 44 e 45? Por meio de ouvir, aprender e vir ao Senhor. Essa é a noção de João do que significa alguns serem "dados" a Cristo. A recusa dos incrédulos de vir ao Filho se deveu à recusa deles em ouvir do Pai, como o contexto de João 5.37-38 e João 6 deixa claro.

A razão pela qual muitos dos judeus não vieram a Cristo não é porque não foram "dados" a ele pelo Pai, mas se encontra em seus próprios corações obstinados. João 5.40 afirma que eles não queriam vir a Cristo, não que eles não poderiam vir por não terem sido "dados" a ele pelo Pai. Note como João 5.43-47 fala frequentemente de "crença".

A eleição simplesmente não está na imagem dessa passagem. O "vir" de João 6.37 é sinônimo de "crer", como indica o versículo 35. Ao que "todo aquele que o Pai me dá" se refere nos versículos 37 e 39? No versículo 39, a frase é equivalente a "todo aquele que vê o Filho e crê nele" do versículo 40. A frase do versículo 39 é equivalente à frase do versículo 37. João está oscilando entre os crentes vistos como um grupo e os crentes vistos como indivíduos, como o texto grego demonstra. Portanto, o grupo limitado daqueles dados pelo Pai ao Filho são aqueles que creram. É incorreto interpretar a passagem como ensinando que certas pessoas são eternamente eleitas para se tornarem crentes.

O que Jesus quis dizer quando disse "virá a mim" no versículo 37a? Alguns intérpretes calvinistas ligam a palavra "vem" dos versículos 35, 37b e 44 com "virá" no versículo 37a. Mas isto não consegue reconhecer as duas palavras gregas diferentes usadas. *Hēkō* é a palavra grega traduzida por "virá" no versículo 37a, enquanto *erchomai* é a palavra usada nos versículos 35 e 37b. Jesus parece estar pensando acerca de todos os crentes considerados como um grupo no verso 37a.

O que se pretende com a frase "virá a mim"? O verso 39 responde à pergunta. Todos os crentes são dados pelo Pai ao Filho, e eles alcançarão a salvação final no *eschaton*, por meio da ressurreição, nos últimos dias. Portanto, é a salvação final que está em vista, e não a eleição pré-temporal.

Há uma diferença em dizer que João 6.44 indica a graça eficaz específica dada somente aos eleitos e em vê-la como significando que ninguém pode vir a crer em Cristo a menos que o Pai o traga por meio da graça capacitadora. Jesus declarou várias vezes, antes de falar do "trazer" do Pai, que somente os crentes possuem a vida eterna (6.27-29, 40). O que João afirma no capítulo 6 é que Deus inicia e consuma o processo de salvação. A graça precede a resposta humana.

Não há nada nessa passagem que afirme a expiação definida.

João 17

A segunda passagem principal de Harmon é a assim chamada oração sacerdotal de Jesus. A lógica de Harmon é esta: intercessão (somente pelos eleitos) = expiação limitada (somente pelos eleitos). Visto que Jesus não intercedeu pelo mundo, ele não morreu pelos pecados do mundo.[2743]

Esse é um argumento comum no arsenal da expiação limitada e já foi abordado e respondido, até mesmo por vários calvinistas, incluindo Richard Baxter (1615-91), Gryffith Williams (1589-1672), Joseph Truman (1631-71), Nathaniel Holmes (1599-1678), Edward Polhill (1622-94) e W.G.T Shedd (1820-94).[2744]

Harmon escreve:

> Alegar que Cristo faz expiação pelos pecados de todos, mas aplica essa expiação somente aos eleitos, é contrário à totalidade da obra que Cristo realiza para glorificar o Pai. Essa alegação também apresenta as pessoas da trindade atuando com propósitos cruzados entre si.[2745]

Porém, Harmon não oferece apoio para essas alegações. Por que e como é que a expiação feita por toda a humanidade não glorificaria o Pai como uma expiação feita somente pelos eleitos? Não há desarmonia na trindade. (Abordarei essa alegação mais plenamente quando chegarmos aos capítulos teológicos do livro) Harmon está presumindo o que está tentando provar: a saber, que a expiação garante sua aplicação.

João 17 não declara que Jesus morre somente por aqueles por quem ele ora. Deixando de lado por um momento a possibilidade de que, no contexto, essa é provavelmente uma referência aos discípulos, e mesmo a considerando como extensiva aos crentes eleitos daquele tempo, mesmo assim a conclusão não é garantia de que o

---

[2743] Ibid., 324-25.

[2744] Baxter, *Catholick Theologie* (London: Printed by Robert White, for Nevill Simmons at the Princes Arms in St. Pauls Church-yard, 1675), 2:68-69; G. Williams, *The Delights of the Saints* (London: Printed for Nathaniel Butter, 1622), 37; J. Truman, *A Discourse of Natural and Moral Impotency* (London: Printed for Robert Clavel, 1675), 185-86; N. Holmes, "Christ Offering Himself to All Sinners, and Answering All Their Objection," em *The Works of Dr. Nathaniel Holmes* (London: Printed for the Author, 1651), 15; E. Polhill, "The Divine Will Considered in Its Eternal Decrees," em *The Works of Edward Polhill* (Morgan, PA: Soli Deo Gloria, 1988), 167-68, 170-71, 174; Shedd, *Dogmatic Theology*, 3:420-21.

[2745] M. Harmon, "Para a glória do Pai e a salvação de seu povo: A expiação nos Sinóticos e na literatura joanina", 325.

texto significa que Jesus não morreu pelos pecados de todas as pessoas, eleitas e não eleitas (falácia de inferência negativa).

Harmon é vítima de generalizar que a eleição implica expiação limitada. Ele pressupõe que, se Jesus ora somente pelos eleitos, então deve ter morrido somente pelos eleitos. O erro aqui é colidir com a intercessão de Cristo em sua expiação pelos pecados. Isto não responde à questão.

Uma melhor interpretação de João 17 foi dada por Harold Dekker, ex-professor e decano acadêmico do Calvin Theological Seminary (Seminário Teológico Calvino). Eu resumi o seu argumento:

- João 17.9 indica que Jesus morreu somente pelos eleitos? O contexto que começa com o verso 4 deixa claro que aqueles a quem Jesus se referiu no verso 9 são os que vieram a crer nele até aquele momento. O versículo 20 apoia isto, visto que ali Jesus diz que ele também ora por aqueles que (futuramente) crerão nele.
- Quando Cristo diz que ele não ora pelo mundo (v. 9), o que ele quer dizer? Ele orou uma oração específica por aqueles que criam e creriam nele. Não haveria razão em Jesus orar por coisas específicas pelos não convertidos, porque elas nunca poderiam ser verdade para os não convertidos até que eles se convertessem. O fato de que ele não fez isso não prova nada acerca de sua disposição para com o mundo ou para com a extensão de sua expiação em favor do mundo.
- Isso fica ainda mais claro em João 17.21-23. Jesus realmente ora em favor do mundo – a saber, que o mundo possa crer. Aqui a palavra "mundo" não pode ser limitada aos eleitos, ela significa nada menos que o mundo de todas as pessoas.[2746]

David Ponter, em "Revisiting John 17 and Jesus' Prayer for the World",[2747] [Revisitando João 17 e a Oração de Jesus em favor do mundo] apontou como, quando se trata de João 17, o seguinte é alegado, afirmado e assumido sem qualquer apoio de evidência confirmatória:

1. Que essa é uma oração sumo sacerdotal específica e eficaz da parte de Jesus.

[2746] H. Dekker, "God's Love to Sinners: One or Two?", *Reformed Journal* 13 (1963): 14-15. Veja também L. Morris, *The Gospel According to John* (Grand Rapids, MI: Eerdmans, 1971), 725, que argumentou o mesmo ponto.

[2747] D. Ponter, "Revisiting John 17 and Jesus' Prayer for the World", *Calvin and Calvinism*, 10 de Fevereiro de 2015, http://calvinandcalvinism.com/?p=15779.

2. Que o "mundo" de 17.9 representa o mundo dos réprobos.
3. Que os que foram "dados" no versículo 9 representam a totalidade dos eleitos.
4. Que a extensão da intercessão sumo sacerdotal delimita o escopo da satisfação.
5. Que as duas cláusulas paralelas nos versículos 21 e 23 são sistematicamente negligenciadas ou mal compreendidas.

Ponder se focou no número cinco. João 17.21 e 23:

> para que todos sejam um; assim como tu, Pai, estás em mim e eu em ti, para que também estejam em nós, a fim de que o mundo creia [πιστευω] que tu me enviaste... Eu neles e tu em mim, para que sejam aperfeiçoados na unidade, a fim de que o mundo conheça [γινωσκω] que tu me enviaste, e os amou, assim como tu me tens amado. (NASB)

Ponter notou como Calvino tomou "mundo" nos versículos 21 e 23 como o mundo dos réprobos (não eleitos) conforme seu uso ao longo de João 17. Mas quando Calvino chegou aos verbos "crer" e "conhecer", ele os interpretou como se referindo a algo diferente da verdadeira fé salvífica. Ponter apontou que John Gill fez a mesma coisa em sua interpretação de "mundo" no versículo 21. Embora a palavra possa significar o resto dos eleitos, Gill preferiu interpretá-la como significando os remanescentes judeus e os deístas (incrédulos) que serão forçados a reconhecer Jesus como o messias no *eschaton*. Ponter viu isto como uma leitura estranha e excêntrica do texto. Onde está a justificativa para mudar o significado normal de "crer" e "conhecer" no evangelho de João, de tal forma que signifiquem algo diferente de crença salvífica e conhecimento?

Ponter encontrou um uso paralelo em João 17.8: "Pois as palavras que tu me deste eu as dei a eles; eles as receberam e verdadeiramente entenderam [γινωσκω] que eu saí de ti, e eles creram [πιστευω] que tu me enviaste" (NASB). Jesus usa os dois verbos *crer* e *conhecer* com o referente idêntico dos apóstolos que vieram a conhecer e crer que o Filho verdadeiramente havia sido enviado do Pai. Esse mesmo ponto é repetido nos versículos 21 e 23, mas agora aplicado ao "mundo".

Ponter então considerou 17.25: "Pai justo, embora o mundo não tenha te conhecido, porém eu te conheci; e estes conheceram [γινωσκω] que tu me enviaste" (NASB). Essa mesma abordagem pode ser encontrada em outros lugares no Evangelho de João. Considere 6.69: "E nós temos *crido* e vindo a *conhecer* que tu és o Santo de Deus" (NASB, ênfase adicionada). Igualmente João 16.27: "Pois o próprio Pai vos ama, porque me amastes e *crestes* que vim da parte do Pai" e João 16.30: "Agora conhecemos que tu conheces todas as coisas e que não há necessidade de alguém te questionar; por isto *cremos* que tu vieste da parte de Deus" (NASB em ambos; ênfase adicionada).

Parece que essas expressões têm algo de um significado temático ou estereotipado para João conforme Ponter. Calvino e Gill presumiram e afirmaram que "mundo", no verso 9, denota os não eleitos em vez do mundo da humanidade em oposição a Deus e à igreja. O contexto e o uso mitigam contra a sua interpretação. Ponter concluiu que:

> Contudo, uma vez que o significado de *kosmos* ao longo do capítulo é permitido presumir o seu significado normal, e uma vez que os significados dos verbos *crer* e *conhecer* podem ser lidos consistentemente (como definido pelo contexto e uso em vez de interpolações atextuais), então conforme as regras do padrão da hermenêutica, a estrita leitura particularista dessa passagem realmente não tem fundamento nesse capítulo.[2748]

O último ponto de Ponter para apoiar a sua exegese da passagem é que a oração é em favor da salvação do mundo, como evidenciado pelo uso dos subjuntivos no grego: "para que o mundo creia" e "para que o mundo conheça". Jesus ora para que os futuros crentes sejam unidos por um propósito maior: que o mundo creia e conheça que ele foi enviado da parte do Pai. Ponter concluiu que a exegese de João 17 apoia mais uma expiação ilimitada.

Os calvinistas rígidos insistem que, se Cristo morreu por uma pessoa em particular, então ele orou por essa pessoa em particular. Mas esse argumento pode ser invertido. Todos teriam de concordar que se Cristo ora por uma pessoa em particular, ele deve ter morrido por essa pessoa. João 17.21 e 23 claramente afirmam que Cristo ora pelo mundo, portanto ele deve ter morrido pelo mundo.

Apocalipse 5.9-10

A terceira passagem de Harmon é Apocalipse 4.1-5.14. A chave aqui é Apocalipse 5.9-10, que Harmon presume que ensina expiação limitada. Ela simplesmente não ensina. Toda a passagem indica quem são os redimidos e de onde eles são (toda tribo, língua, nação). É preciso supor que a expiação e a sua aplicação são coextensivas para encontrar evidência em favor da expiação definida em Apocalipse 4-5, que é, obviamente, o que Harmon faz.

[2748] Ibid. (ênfase no original).

A Eleição Circunscreve a Expiação
Harmon conclui que a eleição circunscreve a expiação, e não o contrário.[2749] Ele toma "seu povo" em Mateus 1.21, juntamente com os textos de 20.28 e 26.28, e deduz a expiação definida. Ele não parece considerar a possibilidade de que o referente de "seu povo" seja provavelmente os judeus vistos etnicamente e não alguma noção reformada abstrata de eleição. Ele evita passagens como Lucas 22.20-21, nas quais Cristo inclui Judas no grupo daqueles por quem seu sangue é derramado. Como mencionei anteriormente, tanto Agostinho quanto Calvino afirmam que ele estava à mesa e Agostinho claramente declara que Jesus sofreu pelos pecados deele.

Harmon corretamente declara que: "Particularismo e universalismo são realidades complementares, não contraditórias".[2750] Precisamente. Porém, o seu comentário é em referência à extensão da expiação combinada com a proclamação universal. Ele quer argumentar a favor da suficiência intrínseca (valor) da expiação como base para uma pregação universal da expiação. Visto que este é o fardo do último capítulo de Piper no livro, abordarei esse assunto naquele ponto.

Literatura Joanina
Neste ponto, Harmon muda para a literatura joanina, na qual ele gasta a maior parte do tempo. Ele aponta como João inclui declarações acerca da eleição de Deus de um povo particular para receber os benefícios da morte de Jesus, em João 10. Todavia, ele não pode fazer qualquer declaração a respeito de João 10 que afirme a expiação definida.

"Mundo" na Literatura Joanina
Harmon conclui notando que a chave para a linguagem universal em João não é que a expiação é por todas as pessoas, mas que ela se estende além dos judeus para incluir pessoas de todas as tribos e línguas.[2751] Ele tenta apoiar esse ponto discutindo a palavra "mundo".[2752]

Algo de sua metodologia deficiente é evidenciada pelo seu comentário sobre João 1.29: não há nada no contexto para restringir o uso de "mundo," mas "os outros numerosos usos 'restritos' devem ser levados a sério".[2753] Mas por que "deve" ser assim? Como é que em cada passagem de expiação que usa a palavra "mundo", a maioria dos

---

[2749] M. Harmon, "Para a glória do Pai e a salvação de seu povo: A expiação nos Sinóticos e na literatura joanina", 323.
[2750] Ibid., 335.
[2751] Ibid.
[2752] Ibid., 336-42.
[2753] Ibid., 338.

calvinistas nos informa que a palavra deve ser restrita, se em alguns outros contextos ela é restrita?

Em relação ao uso de *kosmos* no Evangelho de João, a palavra caracteristicamente significa seres humanos em rebelião contra Deus. Veja João 1.29 onde estão os pecados do "mundo" que devem ser expiados. Em João 3.16, fala-se do mundo como sendo amado e condenado, e então alguns são salvos dele. Os dois últimos resultados ocorrem por causa de crença ou incredulidade conforme João 3.18. O verso 19, na sequência, é consistente com isto.

Uma comparação de 1 João 2.2 com 1 João 5.19 ilustra como o tratamento de Harmon a respeito de *kosmos* em 1 João 2.2 está errado. Em 2.2, Cristo é a propiciação pelos pecados "do mundo inteiro". Em 5.19, "o mundo inteiro" está sob a influência do maligno. A frase traduzida como "o mundo inteiro" em ambas as passagens é idêntica no grego. "Mundo" em 1 João 5.19 deve significar "o mundo incrédulo", como em todas as pessoas, com exceção dos crentes. A palavra não significa e não pode significar "alguns de todos os tipos" de pessoas, mas necessariamente deve se referir a todas as pessoas incrédulas, sem exceção.

O mesmo significado se atribui a 1 João 2.2. Cristo é a propiciação dos "nossos pecados" (crentes) e dos pecados do "mundo inteiro" (todos os incrédulos). A expiação é ilimitada. Harmon não parece ter seguido o seu próprio conselho: "Só o contexto pode determinar o que *kosmos* significa, não pressupostos *a priori*".[2754]

Como todos os capítulos dessa seção, Harmon baseia virtualmente todo o seu caso na suposição de que termos universais em relação à extensão da expiação significam "todos sem distinção" e não "todos sem exceção". (Veja os meus comentários sobre os problemas com isdo nas revisões anteriores e na sequência na revisão de Jonathan Gibson)

João 10: Cristo e as Suas Ovelhas
Harmon declarou, em uma nota de rodapé, a respeito de João 10.15 que: "Simplesmente se deixa afirmar que um texto como esse não diz explicitamente 'que Cristo *apenas* morreu pela igreja ou que ele não morreu pelos não eleitos', como faz David L. Allen".[2755] Todavia, ele reitera a minha afirmação básica: "De fato, a alegação de que Jesus deu sua vida por suas ovelhas não *demanda logicamente* que tenha morrido somente pelos eleitos". Ele, então, tenta diminuir a força desse fato. O que Harmon não pode demonstrar é onde o texto demanda logicamente que Cristo morreu somente

---

[2754] Ibid., 342.
[2755] Ibid., 331.

pelas ovelhas. Conforme o protocolo lógico padrão, todas as coisas devem ser estabelecidas por consequências boas e necessárias.

Por qual lógica se exclui os críticos de Jesus, do escopo da sua morte, pela revelação de que eles não são suas ovelhas? Não há nada na declaração de Cristo que limite o escopo de sua morte. Enquanto os fariseus e outros incrédulos recusarem o que Jesus está dizendo, eles serão incapazes de receber os benefícios salvíficos de sua morte. Mesmo se a declaração de Jesus indicasse que os seus críticos não estão agora nem nunca estarão entre suas ovelhas, isso não significaria nem implicaria uma expiação limitada. Afirmar que a declaração ensina ou implica expiação limitada é sucumbir à falácia da inferência negativa.

Mesmo a partir da perspectiva de Harmon, ele deve crer que Jesus morreu por mais do que apenas os que são as ovelhas de Cristo, visto que ele crê que o Filho morreu pelos eleitos incrédulos que ainda não são suas ovelhas. O erro de Harmon é pegar o que se aplica aos crentes e extrapolar a predicação para todos os eleitos no abstrato. Quais são as bases exegéticas para a leitura de "ovelhas", no contexto de João, como a classe abstrata de todos os eleitos? Não há nenhuma.

João 10 e a Lógica
Aqui está o argumento que Harmon deseja estabelecer em João 10:

>Cristo morreu por suas ovelhas.
>Fariseus não são suas ovelhas.
>Portanto, Cristo não morreu por eles.

A preocupação dessa seção e, na verdade, da maior parte do capítulo, é tentar empregar esse tipo de argumento lógico sem o declarar explicitamente. Mas o seu argumento lógico é inválido.

Considere este exemplo paralelo de D.A. Carson:

>Todos os judeus ortodoxos creem em Moisés.
>O Sr. Smith não é um judeu ortodoxo.
>Portanto, o Sr. Smith não crê em Moisés.[2756]

A conclusão não procede e o silogismo é logicamente falacioso. Analogias poderiam ser adicionadas *ad infinitum*.

[2756] D.A. Carson. *Os Perigos da Interpretação Bíblica*, ed. 2. (São Paulo: Edições Vida Nova, 2001), 107.

> John ama Mary.
> Bill não é Mary.
> Portanto, John não ama Bill.

Não importa como você analise, ela é uma lógica inválida e nenhum argumento sólido pode ser baseado em um argumento lógico inválido. Não importa qual interpretação das ovelhas alguém dê a João 10, o argumento é inválido.

Harmon erroneamente concluiu, a partir de João 10, que Cristo morreu somente por aqueles que lhe foram dados. As declarações de Jesus, em João 10, de forma alguma provam exclusividade. Quando nos é dito que ele morreu por seus "amigos", isso prova que morreu somente por eles? Ele também não morreu por seus inimigos? O ponto aqui é que simples afirmações positivas não podem logicamente ser usadas para inferir negações de categoria.

Conclusão

1. Harmon não envolve os vários autores reformados que criticam a interpretação padrão dessas passagens como limitadas somente aos eleitos. Onde está a referência a Charles Hodge, Robert Dabney ou W.G.T. Shedd em muitos destes textos universais?
2. Parece que Harmon está lidando com supostas implicações das suas próprias pressuposições, as quais ele traz ao texto a partir do sistema reformado.
3. O ônus da prova é de Harmon para mostrar por que e como em cada passagem da expiação onde termos universais são empregados o significado desses termos deve ser restrito e assim transmutado em termos limitados com base em alguns poucos exemplos onde contextualmente os termos são restritos. Isto simplesmente não é possível exegeticamente.
4. João emprega palavras tais como "luz", "vida", "pão" e "dom" que aparecem em um contexto geral ou universal. Essas são importantes em consideração da questão em apreço. A Escritura rotineiramente reproduz os aspectos universais da obra de Cristo, especialmente no Evangelho de João. Há muito mais termos e declarações universais com relação à extensão da expiação do que termos e declarações restritas.
5. Harmon continuamente repete a falácia de inferência negativa em seu capítulo.

Análise do capítulo de Jonathan Gibson, "Por quem Cristo morreu?: Particularismo e universalismo nas epístolas paulinas" (345—397)

O capítulo 12 de Jonathan Gibson é um dos mais robustos do livro, contando com mais de quarenta páginas. Isto é de se esperar, visto que há muito material nas cartas paulinas que impingem sobre a questão em apreço.

Após uma introdução de duas páginas, ele divide o seu capítulo em cinco seções: (1) textos particularistas (quatro páginas); (2) textos universalistas (mais de 25 páginas); (3) textos que tratam daqueles que perecem, falsos mestres e irmãos escandalizados por quem Cristo morreu (duas páginas); (4) Cristo morreu por "todos" e pelo "mundo" (cinco páginas); e (5) expiação definida e evangelismo (uma página). Isso é seguido por uma conclusão sumária.

O capítulo de Gibson é útil em muitas formas, principalmente em seu esforço para cobrir os textos-chave de Paulo de uma forma razoavelmente substantiva. Romanos 5.12-21 e 2 Coríntios 5.14-19 recebem tratamento mais demorado. O estilo de escrita é claro e o capítulo contém várias notas de rodapé úteis. Gibson tenta um tratamento justo e balanceado dos textos.

Como uma pequena queixa, a seção que lida com McCormick parece-me ser uma espécie de desvio do assunto que interrompe desnecessariamente o fluxo e tem pouco a ver com a questão em apreço.

Tensão em Paulo?
Gibson vê uma tensão em Paulo entre textos de expiação particulares e universais.[2757] Sua tese é: "demonstrarei que elementos universalistas na teologia paulina da expiação complementam, em vez de comprometer, a possibilidade de se interpretar a morte de Cristo como uma expiação definida".[2758] Eu diria que é o contrário. Os poucos textos limitados na teologia da expiação de Paulo elogiam, em vez de comprometer, os muitos textos universais que claramente afirmam uma expiação ilimitada.

Na seção um, Gibson lista seis "textos particularistas" que ele crê que indicam que Cristo morreu somente pelos eleitos.[2759] Ele está tentando interpretar os muitos textos universalistas à luz dos poucos textos restritos. Não há tensão entre estes, nem

---

[2757] J. Gibson, "Por quem Cristo morreu?: Particularismo e universalismo nas epístolas paulinas", em *Do Céu Ele Veio Buscá-la*, 346 .

[2758] Ibid., 347.

[2759] Ibid., 348-52.

os textos particularistas afirmam a expiação definida. Seria normal e natural para Paulo, ao escrever a crentes, falar da "morte de Cristo por nós". Dado esse tipo de contexto, inferir a partir disto que Cristo morreu somente por "nós" é invocar a falácia da inferência negativa.

Ele reconhece que o argumento da falácia de inferência negativa é "*prima facie*, inteiramente honesto",[2760] mas tenta minimizá-lo de três formas. Primeiro, ele declara que o argumento é simplista demais porque tentar deduzir a expiação universal a partir deste alegação é um *non sequitur*. O problema aqui é que a justificativa não é usada para deduzir a expiação ilimitada. Isso vem de uma exegese dos textos relevantes. A falácia de inferência negativa é o *non sequitur* lógico que o próprio Gibson está usando em uma tentativa de deduzir a expiação limitada a partir desses, assim chamados, textos limitados. A sua tentativa de virar a mesa não tem sucesso.

Segundo, Gibson tenta mostrar que Paulo absolutiza a universalidade do pecado com "todos" linguagem que é "Indiscutivelmente,... destituída de ambiguidade". Ele segue dizendo que não há qualquer declaração do apóstolo tal como "não houve sequer um por quem Cristo não morreu".[2761] Ele então disse: "Todavia, quando Paulo passa a 'universalizar' o público-alvo da expiação de Cristo, ele emprega, deliberadamente, linguagem *ambígua*: 'muitos', 'todos' e 'mundo', e pode significar 'todos, sem exceção', mas os termos podem igualmente significar 'todos, sem distinção'. O contexto deve determinar o significado em cada caso particular".[2762]

Gibson trabalha com a noção de "todos sem distinção" *versus* "todos sem exceção" ao longo desse capítulo. É o argumento principal que ele faz na tentativa de interpretar as passagens universais de uma maneira restrita. Mas essa é uma distinção válida?

Vários pontos precisam ser propostos em resposta. Primeiro, não há nada de ambíguo no uso de Paulo da palavra "todos" e "mundo". Tenha em mente que esses versículos universais foram rotineiramente interpretados pela igreja para ensinar a expiação universal desde o tempo dos pais da igreja primeva até o fim do século XVI. Segundo, em relação à declaração de que Paulo nunca diz "não houve sequer um por quem Cristo não morreu", esse é um argumento do silêncio. Por que o apóstolo faria tal declaração à luz das suas muitas declarações acerca do escopo universal da expiação? Gibson deixa de notar que também não há uma declaração na qual Paulo diz que Cristo morreu somente pelos pecados de algumas pessoas. Finalmente, seu terceiro argumento contra a validade da falácia da inferência negativa é declarar que o ônus

---

[2760] Ibid., 349.
[2761] Ibid., 350.
[2762] Ibid.

recai sobre os proponentes da expiação universal de explicar por que o apóstolo, às vezes, emprega uma linguagem limitada.

A resposta a esse ponto final é bem fácil de dar, e já a declarei anteriormente. Seria normal para Paulo usar uma linguagem restrita quando se dirigisse à igreja para falar da morte de Cristo "por nós". Gibson já reconheceu a validade da falácia da inferência negativa como um argumento lógico. Ele não demonstrou como é que o argumento não se aplica à forma como ele trata os assim chamados textos limitados.

Na verdade, o ônus recai sobre Gibson e todos os particularistas para explicar por que Paulo empregaria tanta linguagem de extensão universal em textos de expiação quanto ele. Note novamente o tamanho da seção que trata dos textos particularistas (quatro páginas) em comparação com o da seção que trata dos textos universais (mais de 25).

Na seção dois, ele aborda muitos dos textos universalistas que falam de Cristo morrendo por "muitos," "todos" e pelo "mundo".[2763] O argumento principal dessa seção é o fato de que "todos" e "mundo" nem sempre são usados em um sentido inclusivo de cada pessoa no planeta. Isso não é, obviamente, negado por ninguém (pelo menos, ninguém que eu conheça).

O problema é que Gibson quer tomar esse ponto e depois usá-lo para restringir cada uso exclusivo desses termos em contextos de expiação para significar algo semelhante a "todas as nações" ou "alguns de todos os tipos de pessoas" e assim por diante.

"Todos Sem Distinção" versus "Todos Sem Exceção"?

Vamos analisar a frase "todos os pecadores sem distinção". "Todos os pecadores" significa cada ser humano. "Sem distinção" significa cada ser humano, independentemente de etnia, gênero e assim por diante. Não é possível mudar o significado dessa frase para "alguns de todos os tipos de pessoas". Todavia, é exatamente isso o que Gibson está fazendo. O conceito de "todos sem distinção" se torna código para "alguns de todos sem distinção". Portanto, "todos" se torna "alguns de todos os tipos", uma alteração injustificada em Owen[2764] e seguida por Gibson.

Pergunte a si mesmo o que a declaração "todos sem distinção" significa no contexto das passagens de expiação. A resposta é "todos os tipos de pessoas" – isto é, todas as pessoas de cada tipo, não algumas pessoas de cada tipo. O problema de aplicar essa distinção a passagens como 1 Timóteo 2.4 é que o uso de "todos" no texto é transmutado para significar "alguns de todos os tipos de pessoas". Visto que o adjetivo "todos" modifica "homens", no texto grego de 1 Timóteo 2.4, não é possível mudar

---

[2763] Ibid., 352-85.
[2764] J. Owen, "The Death of Death in the Death of Christ", 10:197.

"todos" em "alguns homens de todos os tipos," fazendo com que o "todos" modifique "tipos" e não "homens" propriamente dito.

Todavia, essa é a mudança semântica que Gibson faz: "todos" se torna "alguns". Aparentemente para alguns calvinistas, visto que "todos" às vezes significa "todos de algum tipo" ou "alguns de todos os tipos", nunca pode significar em qualquer contexto de expiação toda a humanidade, incluindo cada pessoa. A falácia lógica é evidente. No contexto, Paulo está pedindo aos cristãos para orar por pessoas reais, não por classes de pessoas. O ponto é este: não exclua ninguém de suas orações, não importa o seu status social.

Agostinho discordou de Gibson sobre isso em relação a 2 Coríntios 5.18-21:

> A respeito dessa morte, o apóstolo Paulo diz: "Logo, todos morreram e ele morreu por todos, para que os que vivem não vivam mais para si, mas para aquele que morreu e ressuscitou por eles". Portanto, todos sem exceção, estavam mortos em pecados, quer no pecado original ou pecados voluntários, pecados de ignorância ou pecados cometidos contra o conhecimento; e por todos os mortos ali morreu a única pessoa que viveu, isto é, que não tinha qualquer pecado, a fim de que os que vivem pela remissão dos seus pecados vivam, não para si mesmos, mas para aquele que morreu por todos.[2765]

Aqui é evidente que Agostinho não faz uso do conceito de "todos sem distinção" e, de fato, claramente afirma que a extensão da morte de Cristo se estende a "todos" que estavam mortos em pecados.

Calvino e Spurgeon também discordam em relação a 1 Timóteo 2.4-6. A partir do próprio sermão de Calvino sobre a passagem de Timóteo, é evidente que "todas as pessoas" ou "todas as nações" significa algo na linha de "todos os homens de todos os povos e de todas as nações" em um sentido distributivo.[2766]

Isso pode ser visto também no comentário de Calvino sobre essa passagem, a qual Gibson cita:

> Pois há só um Deus, o criador e Pai de todos, assim, ele declara, há só um mediador, por meio do qual o acesso a Deus nos está aberto, e este mediador não é dado apenas a uma nação, ou a alguns poucos homens de uma classe particular, mas a todos, pois o benefício do sacrifício, pelo

---

[2765] Augustine, "The City of God", em *NPNF*, 2:425.

[2766] J. Calvin, *Sermons on Timothy* (Edinburgh: Banner of Truth, 1983), 160.

qual ele fez expiação por nossos pecados, aplica-se a todos... O termo universal, "todos", sempre deve se referir a classes de homens, mas jamais a indivíduos. É como se ele tivesse dito: "Não só judeus, mas também gregos, não só pessoas de classe humilde, mas também príncipes foram redimidos pela morte de Cristo". Portanto, visto que ele pretende que o benefício de sua morte seja comum a todos, os que defendem uma visão que exclua alguém da esperança da salvação, fazem-lhe injúria.

O Espírito Santo nos convida a orarmos por todos, porque o nosso único mediador convida a todos que venham a ele, visto que por sua morte ele reconciliou tudo com o Pai.[2767]

A declaração de Calvino de que o termo "todos" "deve se referir a classes de homens, mas jamais a indivíduos" deve ser lido cuidadosamente no contexto. O que Calvino quer dizer é "todos os homens de todas as nações" em um sentido distributivo. Em nenhum lugar nos escritos de Calvino ele usa essa distinção para deduzir expiação limitada como Gibson faz.

A tentativa de distinguir entre as frases "todos sem distinção" e "todos sem exceção" é, em última análise, uma distinção sem diferença. Falar de todas as pessoas sem distinção racial, de gênero ou outras distinções é falar delas como todas sem exceção. A distinção em si e o escopo do "todos" devem ser fornecidos pelo contexto. Compartimentalizar as duas frases linguisticamente é criar uma distinção artificial.

Que tal 1 Coríntios 15.3-11? Gibson não consegue discutir um dos mais importantes textos paulinos que fala a respeito da extensão da expiação: 1 Coríntios 15.3-11. No capítulo 15, verso 3, Paulo escreve: "Porque primeiramente vos entreguei o que também recebi: que Cristo morreu por nossos pecados, segundo as Escrituras". Nesse texto, Paulo está lembrando aos coríntios a mensagem que lhes pregou quando chegou em Corinto (At 18.1-18). Ele claramente afirma que o conteúdo do evangelho que pregou incluía o fato de que "Cristo morreu por nossos pecados".

Note cuidadosamente que o apóstolo está dizendo que foi isso que ele pregou na pré-conversão deles, não na pós-conversão. Portanto, o "nossos", em sua declaração, não pode ser tomado para se referir a todos os eleitos ou meramente aos eleitos crentes, que é o que os calvinistas que afirmam a expiação definida são forçados a argumentar. Toda a perícope de 1 Coríntios 15.3-11 deve ser levada em conta. Paulo retorna ao

---

[2767] J. Calvin, "The Second Epistle of Paul the Apostle to the Corinthians and the Epistles to Timothy, Titus & Philemon," em *Calvin's New Testament Commentaries*, 10:210-11. Veja também C. Spurgeon, "Salvation by Knowing the Truth", em *The Metropolitan Tabernacle Pulpit*, 26:49-50.

que ele havia dito no versículo 3 quando chega no versículo 11: "Quer, então, fosse eu ou eles, assim pregamos e assim crestes" (NASB). O tempo presente costumeiro, em grego, usado por Paulo quando diz "assim pregamos" junto com o tempo aoristo para "crestes" deixa claro que o apóstolo se refere a um ponto no tempo passado quando eles creram naquilo que era o seu costume pregar.

O que Paulo pregou a eles em seu esforço evangelístico para ganhar todos os não salvos para Cristo? Ele pregou o evangelho, o qual incluía que "Cristo morreu por nossos pecados". E assim eles creram. Portanto, 1 Coríntios 15.3 é uma das passagens mais fortes que apoiam a expiação ilimitada.

Análise do capítulo de Jonathan Gibson, "A gloriosa, indivisível, trinitária obra de Deus em Cristo: A expiação definida na teologia de Paulo sobre a salvação" (399—451)

Nesse capítulo, Jonathan Gibson tenta demonstrar a expiação definida na soteriologia de Paulo. A sua tese básica é que a expiação definida emerge das cartas paulinas quando se aborda o assunto de maneira bíblico-sistemática. "Expiação definida é uma conclusão teológica que abarca o outro lado da síntese completa".[2768]

Surpreendentemente, Gibson anuncia: "Quando a exegese se presta ao domínio da teologia construtiva... alguém pode argumentar não só que a teologia de Paulo admite uma expiação definida, mas também que isso pode não apontar noutra direção".[2769] Palavras fortes. Gibson pode dizer isto?

Tendo Efésios 1.3-14 como texto âncora, Gibson esboça cinco componentes principais da soteriologia paulina: a obra salvífica de Deus é (1) indivisível, (2) circunscrita pela graça de Deus, (3) abarcada pela união com Cristo, (4) trinitária e (5) doxológica.[2770] Nenhum cristão evangelical discordaria das amplas categorias de Gibson. O desacordo virá a partir do que ele deduz delas.

Gibson ilustra o primeiro componente a partir de Tito 3.3-7, concluindo a partir dos versículos 5 e 6 que a redenção aplicada flui da redenção concretizada da maneira causa-efeito. A partir de Romanos 5.9-10 e 8.29-30 ele desenvolve a eleição e a obra salvífica indivisível de Deus. Ele corretamente critica Barth por colidir a redenção

---

[2768] J. Gibson, "A gloriosa, indivisível, trinitária obra de Deus em Cristo: A expiação definida na teologia de Paulo sobre a salvação". em *Do Céu Ele Veio Buscá-la*, 400.
[2769] Ibid., 400-01.
[2770] Ibid., 401-02.

aplicada com redenção concretizada, mas parece inconsciente do fato de que é isso que ele e todos os calvinistas que afirmam a expiação definida realmente fazem,[2771] apesar de seus diversos protestos.

Ele critica o que considera ser o erro oposto de Barth – a saber, forçar uma separação entre os momentos da redenção (como é o caso do semipelagianismo, do arminianismo, do amiraldismo e do universalismo hipotético inglês).[2772] Com respeito aos dois últimos grupos, Gibson declara erroneamente que seus aderentes não conseguem manter a conexão entre a redenção concretizada e a redenção aplicada.

Ele corretamente nega qualquer justificação na cruz. Mas, a menos que haja uma condição interveniente (não mera temporalidade) antes de alguém ser justificado, parece não haver escapatória para essa posição. Muitos calvinistas, tal como Charles Hodge, por exemplo, claramente distinguem entre redenção concretizada e redenção aplicada.

O segundo componente soteriológico paulino de Gibson, a eleição, é tratado nas páginas 317-21. Gibson parece deduzir que eleição = expiação definida. Ele assevera que o arminianismo, o amiraldismo e o universalismo hipotético resultam em uma situação na qual "o amor geral e universal de Deus induz seu amor especial pelos eleitos àquela extensão que o último se torna uma mera 'reflexão tardia'".[2773] Essa declaração é falsa em relação aos dois últimos grupos e, no meu julgamento, também é incorreta em relação ao arminianismo.

O terceiro componente soteriológico de Gibson, a partir de Paulo, é a união com Cristo.[2774] Trabalhando com Romanos 5.12-21; 6.1-11; e 2 Coríntios 5.14-21, Gibson conclui que a união com Cristo é a chave da soteriologia de Paulo.

A partir dessas passagens, ele extrai cinco conclusões teológicas:

1. Afirmar as distintas, mas inseparáveis dimensões da união com Jesus previne a colisão de Barth de um aspecto contra o outro.[2775]
2. A união com Cristo previne qualquer tentativa de forçar uma separação entre a redenção concretizada e a aplicada, o que por sua vez torna necessariamente a eficácia da morte dele contingente à fé.[2776]

[2771] Ibid., 415.
[2772] Ibid., 416.
[2773] Ibid., 421.
[2774] Ibid., 421-34.
[2775] Ibid., 431.
[2776] Ibid., 431-32.

3. Afirmar a união com Jesus no momento da redenção concretizada contraria qualquer separação entre o efeito da morte substitutiva dele e o efeito da sua ressurreição.[2777]
4. A união com Cristo significa que sua expiação substitutiva é uma expiação representativa e não meramente uma simples expiação "no lugar de".[2778]
5. A união com Jesus significa que a particularidade da expiação deve acontecer antes do momento da redenção aplicada.[2779]

Há vários problemas com essas conclusões.

Primeiro, o que significa afirmar "distintas, mas inseparáveis dimensões" da união com Cristo? Se há alguma distinção entre a redenção concretizada e a aplicada, como Gibson admite, então qual é o problema? Se a distinção é meramente cronológica, como Gibson parece afirmar, então como a lógica do esquema da expiação definida é diferente da de Barth?

Segundo, não há "separação" forçada entre a redenção concretizada e a aplicada. Essa é uma distinção que a própria Escritura faz. Terceiro, Gibson declara que tal "separação" necessariamente torna "a eficácia da morte de Cristo contingente da fé". "Eficácia" é outra palavra para "aplicação". Biblicamente, a morte de Cristo não é aplicada até que a fé esteja presente. Ninguém recebe a aplicação da expiação até exercer fé. Mesmo os eleitos incrédulos permanecem sob a ira de Deus até crerem conforme Efésios 2.1-3.

Quarto, não há união com Cristo no momento da redenção concretizada, exceto na mente de Deus. A união real com Jesus acontece no momento da justificação. Quinto, devemos perguntar por que a união com Cristo significa que a particularidade da expiação deve acontecer antes da redenção aplicada? Onde isso é declarado na Escritura? Gibson não oferece justificativa para tal alegação.

O principal problema dessa seção e, na verdade, do capítulo, é que Gibson caiu na armadilha da falácia do falso dilema. Sua lógica é a seguinte: ou Cristo morreu por todos os homens de tal forma que todos são tornados salváveis se crerem ou ele morreu para efetuar a salvação dos eleitos. Se Cristo morreu para efetuar a salvação dos eleitos, então não morreu pelos pecados de todos os homens.

Em outras palavras, a lógica é A ou B. Não A, portanto B. A abordagem reducionista de Gibson não funciona. A extensão da expiação não é ou um/ou outro. É

[2777] Ibid., 433.
[2778] Ibid., 434.
[2779] Ibid.

tanto/quanto. Cristo morreu pelos pecados de todos os homens e morreu para efetuar a salvação de todos os que creem.

Outro problema com a discussão de Gibson a respeito da união com Cristo é que ele não consegue interagir com a *Union with Christ and the Extent of the Atonement in Calvin* (União com Cristo e a Extensão da Expiação em Calvino) de Kevin Kennedy, na qual Kennedy concluiu que Calvino defendia uma expiação ilimitada.

O quarto componente da soteriologia paulina de Gibson tem a ver com a trindade. "Uma abordagem trinitária nos move rumo à doutrina da expiação definida".[2780] Ele argumenta que qualquer forma de expiação ilimitada cria "dissonância" na trindade. Essa acusação é problemática por vários motivos. Primeiro, pressupõe que só pode haver um propósito de Deus na expiação: a salvação dos eleitos. Segundo, note essa sentença em relação aos universalistas hipotéticos: "Forçam a conclusão de que Cristo morreu por cada um como um 'salvador geral' [deles] oferecendo uma expiação que jamais realmente [expiaria]."[2781] Nesse ponto, Gibson está novamente confundindo a extensão da expiação com a sua aplicação. Suspeito que ele esteja trabalhando com um entendimento comercial da expiação, como John Owen, o qual exige que a expiação seja aplicada àqueles a quem é feita.

Terceiro, Gibson argumenta que, visto que o Espírito Santo não leva o evangelho a todos os não evangelizados, então, de alguma forma, há dissonância entre o Espírito, o Pai e o Filho. Mas isso negligencia o fato de que, primeiramente, são os cristãos que levam o evangelho aos não evangelizados e, então o Espírito Santo opera inteiramente por meio da Palavra. O "problema" dos não evangelizados é tanto uma dificuldade para o calvinista quanto para o não calvinista.

Finalmente, a acusação de Gibson concernente à desunião na trindade, especialmente em relação ao Espírito Santo, pressupõe uma compreensão reformada da antropologia (depravação total = incapacidade) e da natureza irresistível do chamado eficaz. Todos os nãos calvinistas também discordariam desses níveis.

Em última análise, Gibson está tratando com um falso dilema. Ele erroneamente presume que o Pai não pretendia que o Filho provesse satisfação por todos os pecados e, assim, importa uma dissonância na trindade que não existe.

A resposta tripla de Gibson ao que considera problemas com a posição de antigos universalistas hipotéticos como Davenant e, mais recentemente Daniel, a quem ele cita,[2782] é fraca. Primeiro, ele levanta novamente o argumento do não evangelizado e declara: "Nesse aspecto, o Espírito age secretamente e, ao fazer isso, traz desarmonia

---

[2780] Ibid., 445.
[2781] Ibid., 447.
[2782] Ibid., 446.

à Trindade".²⁷⁸³ Segundo, ele sugere que é difícil evitar o fato de que o Filho sai a campo com uma personalidade "confusa" ou "dividida".²⁷⁸⁴ Isto deixa de considerar o que a maioria dos calvinistas afirma concernente à distinção entre a vontade revelada de Deus e à sua vontade decretal. Terceiro, ele sugere que a noção de uma intenção dupla em relação à extensão da expiação "possibilita a impressão de que aí existem duas 'economias' da salvação".²⁷⁸⁵ Essa é uma impressão ou inferência de sua parte, uma que todos os universalistas hipotéticos negam e justificam sua negação em seus escritos.

Onde está o universalista hipotético que argumentou que o Filho queria a salvação de alguém contrário à vontade do Pai? Suponho que os universalistas hipotéticos considerariam a análise de Gibson uma caricatura de sua posição. Após Jonathan Edwards falar da "grande provisão que é feita para o bem de suas almas [pecadores perdidos]" e como "ele [Cristo] os convida a aceitar essa provisão", ele então acrescentou:

> Todas as pessoas da trindade estão agora buscando a tua salvação. Deus, o Pai, enviou o seu Filho, que abriu caminho para a tua salvação, e removeu todas as dificuldades, exceto as que estão em teu próprio coração. E ele está esperando para ser gentil contigo; a porta da sua misericórdia está aberta para ti; ele colocou uma fonte aberta para te lavar do pecado e da impureza. Cristo está te chamando, te convidando e te persuadindo; e o Espírito Santo está lutando contigo com teus movimentos e influências internas.²⁷⁸⁶

Interessantemente, os calvinistas que se opõem às noções de graça comum e amor universal de Deus usam o mesmo argumento que Gibson faz e postulam de forma idêntica sobre a desarmonia trinitária em um esforço para desacreditar tais noções. Curt Daniel salienta esse ponto no contexto estendido do que Gibson cita na página 446. A maioria dos calvinistas afirma tanto a graça comum quanto o amor universal e ainda assim não vê desarmonia na trindade, mesmo quando afirma amor e graça especiais apenas aos eleitos na "vontade secreta" de Deus. A expiação universal, o amor

---

2783 Ibid., 447.
2784 Ibid.
2785 Ibid., 449.
2786 J. Edwards, "The End of the Wicked Contemplated by the Righteous", em *The Works of Jonathan Edwards*, 2 vols. (Edinburgh: Banner of Truth, 1992), 2:212. Edwards, ao contrário de Gibson, não vê desarmonia em Cristo fazer provisão em sua morte por todos os pecadores perdidos, mesmo os que serão finalmente condenados, visto que Edwards também cria que todos os membros da trindade estão buscando a salvação deles.

universal do Pai e o desejo pela salvação de todas as pessoas, e a oferta universal do evangelho de modo algum implicam qualquer desunião intratrinitária.

O quinto componente paulino de Gibson diz respeito à glória de Deus. Ele declara abruptamente: "uma salvação tencionada, porém jamais concretizada, não conquista para Deus nenhum louvor".[2787] Mas como isso pode ser sustentado? Se, como muitos calvinistas argumentam, o Senhor é glorificado por meio da danação dos não eleitos, como é que ele não pode ser glorificado se em seu amor ele fez expiação pelos pecados de todos os homens de tal forma que no juízo eles são duplamente culpados por rejeitar o evangelho? De fato, esse é o ponto de Calvino em relação aos seus comentários sobre João 3.16. Se uma expiação limitada pode redundar na maior glória de Deus, como alguns calvinistas alegam, então uma expiação ilimitada pode redundar na máxima glória do Pai.

Gibson nos informa desde o início que ele não está "impondo" uma grade sistemática ao texto universal enquanto privilegia os textos particularistas.[2788] Todavia, conclui-se este capítulo com a sensação de que, infelizmente, é exatamente isso o que aconteceu. Ele falou a respeito de exegese, porém no seu capítulo anterior foi incapaz de fornecer um único texto paulino que afirme diretamente a expiação definida. Ele é, em certo sentido, forçado a deduzir a expiação definida teologicamente a partir de Paulo nesse capítulo, visto que os dados exegéticos não estão do seu lado.

A falácia do falso dilema de Gibson exclui qualquer possibilidade de que Cristo pudesse morrer pelos pecados de todas as pessoas.

Análise do capítulo de Thomas R. Schreiner, "'Textos problemáticos' para a expiação definida nas epístolas pastorais e gerais" (453–481)

O último capítulo da seção bíblica é de autoria de Tom Schreiner, professor de interpretação do Novo Testamento no Southern Seminary (Seminário do Sul). Conheço o Dr. Schreiner há muitos anos. Ele é um dos principais estudiosos dos batistas do Sul. Ele foi generoso o suficiente para escrever um endosso, alguns anos atrás, para o meu livro *Lukan Authorship of Hebrews* (Autoria Lucana de Hebreus),[2789] e, recentemente, copresidiu o Holman Christian Standard Bible Translation Oversight Committee for

---

[2787] J. Gibson, "A gloriosa, indivisível, trinitária obra de Deus em Cristo: A expiação definida na teologia de Paulo sobre a salvação", 449.

[2788] Ibid., 401.

[2789] D.L. Allen, *Lukan Authorship of Hebrews*, NAC Studies in Bible and Theology (Nashville: B&H Academic, 2010).

LifeWay Christian Resources [Comitê Padrão de Supervisão de Tradução da Bíblia Cristã Holman para Recursos Cristãos da Modo de Vida].

Schreiner aborda textos-chave problemáticos para a expiação definida: 1 Timóteo 2.4-6; 1 Timóteo 4.10; Tito 2.11-14; 2 Pedro 2.1; 2 Pedro 3.9; e Hebreus 2.9. Como os autores dos capítulos anteriores, ele baseia virtualmente todo o seu argumento na interpretação da linguagem universal desses textos, utilizando o modelo "todos sem distinção" *versus* "todos sem exceção". Já abordei a maioria dessas passagens bíblicas e a proposta "todos sem distinção" com algum detalhe nas revisões de capítulos anteriores.

Schreiner crê que o desejo de Deus de que as pessoas sejam salvas e a sua intenção de salvar somente os eleitos são elementos compatíveis na soteriologia bíblica.[2790]

1 Timóteo 2.4-6
Schreiner declarou que, "Deus deseja salvar todos os tipos de pessoas".[2791] É difícil discernir aqui se ele afirma o desejo universal salvífico de Deus, mas creio que esse é o caso. O professor alega, em resposta a I.Howard Marshall, que "o ponto de vista reformado não exclui indivíduos dos propósitos salvíficos de Deus, pois grupos de pessoas são formados de indivíduos".[2792] A palavra operativa aqui é "propósitos." Todos os teólogos reformados ortodoxos afirmam o "desejo" ou "vontade" salvífica universal de Deus, e parece que Schreiner confirma sua concordância aqui. Todavia, ele não parece ver que, em seu esquema de expiação definida, por vinculação todo indivíduo não eleito, independentemente de qual grupo de pessoas em que ele esteja, está excluído de qualquer oportunidade de salvação. Isto parece cortar ao meio o desejo salvífico universal de Deus.

1 Timóteo 4.10
Schreiner corretamente rejeita a interpretação de Skeat a respeito da palavra grega *malista* ("especialmente") como "a saber";[2793] o suposto significado universalista do texto;[2794] e a proposição de Baugh de que "salvador" não se refere à salvação espiritual, mas a como Deus se relaciona graciosamente com toda a humanidade.[2795]

[2790] T. Schreiner, "'Textos problemáticos' para a expiação definida nas epístolas pastorais e gerais", em *Do Céu Ele Veio Buscá-la*, 453.
[2791] Ibid., 456.
[2792] Ibid., 457.
[2793] Ibid., 459-61.
[2794] Ibid., 462.
[2795] Ibid., 462-63.

Ele interpreta o texto como se referindo ao desejo salvífico de Deus para com todos os tipos de pessoas – isto é, "todos os tipos de indivíduos de diversos grupos de pessoas".[2796]

> Parece, pois, que aqui Paulo está dizendo que Deus é *potencialmente* o salvador de todos os tipos de pessoas – isto é, como o Deus vivo não há outro salvador disponível às pessoas –, mas que ele é *realmente* o salvador somente dos fiéis... Existe a possibilidade de Deus ser aalvador para todos os tipos de pessoas porque existe um Deus vivo apenas (4.10b) e um só mediador acessível às pessoas (2.5,6).[2797]

Schreiner continua:

> [...] a expiação definida pode ser afirmada lado a lado com outras verdades bíblicas, tais como a postura salvífica de Deus para com o mundo e a possibilidade de as pessoas serem salvas se crerem em Cristo. Os que sustentam uma intenção definida na expiação de salvar somente os eleitos também creem que Deus deseja que pessoas sejam salvas... que ele é acessível como salvador a todos os homens (1 Tm 4.10), que a morte de Cristo é suficiente para a salvação de cada homem, e que todos são convidados a ser salvos sobre a base da morte de Cristo pelos pecadores (1 Tm 1.15).

Eu vejo que há vários problemas aqui. Primeiro, parece estranho e forçado dizer que o texto significa "todos os tipos de pessoas" em vez de "todas as pessoas". Segundo, como argumentei em revisões anteriores, a estrutura hermenêutica "todos sem distinção" e "todos sem exceção" para todos os textos de expiação simplesmente não funciona. Terceiro, Schreiner admite que o texto indica que Jesus é potencialmente o salvador de todos os tipos de pessoas. Mas os teólogos reformados que afirmam a expiação definida argumentam que Cristo não é potencialmente o salvador de qualquer um ou de qualquer grupo; ele é realmente o salvador dos eleitos.

Quarto, em relação a "possibilidade de pessoas serem salvas se crerem em Cristo", não há possibilidade dos não eleitos serem salvos se viessem a crer em Jesus, porque não há expiação pelos seus pecados. Isto é simplesmente uma impossibilidade lógica. Quinto, como pode Cristo ser acessível como salvador a todas as pessoas quando ele

---

[2796] Ibid., 466.
[2797] Ibid.

fez expiação somente por algumas pessoas: os eleitos? Novamente, isto é uma impossibilidade lógica. Sexto, o que importa dizer que a morte de Jesus é intrinsecamente suficiente em termos de sua dignidade ou valor para salvar "cada pessoa" se não for extrinsecamente suficiente para salvar cada pessoa, já que ele não satisfez os pecados de cada pessoa?

Sétimo, embora seja verdade que todos são convidados a ser salvos "sobre a base na morte de Cristo pelos pecadores", o que Schreiner quer dizer com "pecadores" parece envolver somente os pecadores eleitos, visto que Cristo não morreu pelos pecados dos não eleitos. Por isso, ele não explica como é possível que a salvação seja oferecida a "todos" quando não há satisfação pelos não eleitos. Isto é especialmente problemático, uma vez que a vida eterna está sendo oferecida a todas as pessoas que ouvem o chamado do evangelho dentro de todos os grupos de pessoas.

Tito 2.11-14
Aqui novamente Schreiner argumenta a favor da interpretação de "todos sem distinção".

2 Pedro 2.1
Schreiner rejeita a interpretação tradicional de que a palavra "resgatou" se refere à morte de Cristo na cruz pelos pecados dos falsos mestres. Ele opta por uma leitura "fenomenológica": "*era como se* o Senhor tivesse resgatado os falsos mestres com seu sangue (v. 1), ainda que, em termos concretos, realmente não pertencessem ao Senhor".[2798]

Sentindo a pitada forçada dessa exegese, Schreiner pergunta, "Acaso essa é uma interpretação artificial introduzida em apoio às tendências teológicas?"[2799] Ele, então, menciona "a leitura arminiana" desse texto, a qual é um tanto imprecisa, visto que os calvinistas que afirmam a expiação ilimitada também interpretam esse texto como

---

[2798] T. Schreiner, "'Textos problemáticos' para a expiação definida nas epístolas pastorais e gerais", em *Do Céu Ele Veio Buscá-la*, 471-72. Veja T. Schreiner, *1, 2 Peter, Jude*, New American Commentary (Nashville: B&H, 2003), 331, sobre linguagem fenomenológica em 2 Pedro 2.1. Ele faz um argumento similar para Romanos 14.15 em seu *Romans*, Baker Exegetical Commentary 6 (Grand Rapids, MI: Baker, 1998), 735: "Paulo se refere aos crentes fenomenologicamente, isto é, no nível das aparências, em vez do nível da verdadeira realidade espiritual". R.B. Kuiper faz a mesma abordagem em *For Whom Did Christ Die?: A Study of the Divine Design of the Atonement* (Eugene, OR: Wipf & Stock, 2003), 38. Para os comentários de Schreiner sobre o desejo salvífico de Deus como ensinado em 2 Pedro 3.9, veja *1, 2 Peter, Jude*, 380-83.

[2799] T. Schreiner, "'Textos problemáticos' para a expiação definida nas epístolas pastorais e gerais", 472.

fazem os arminianos. O teólogo luterano Francis Pieper também rejeitou a interpretação de Schreiner.[2800]

Ao confundir intenção, extensão e aplicação da expiação, ele, erroneamente, conclui que a expiação universal aqui compromete a doutrina da perseverança dos santos.[2801]

2 Pedro 3.9

Schreiner corretamente rejeita a interpretação de John Owen de que o significado de "alguns" e "todos" deve ser restringido pelo "convosco" anterior no versículo, e, portanto, "alguns" e "todos" se refere àqueles que têm vacilado na igreja e não a todas as pessoas (embora, pense que o significado restritivo seja "possível").[2802] Sua explicação gira em torno da distinção das duas vontades de Deus: decretiva e permissiva.[2803] Isso é obviamente problemático àqueles que não aceitam essa distinção. Eu também me oponho a declaração que, "é obvio, à luz de muitos textos, que ele [Deus] decreta a salvação somente de alguns".[2804]

Hebreus 2.9

A última parte de Hebreus 2.9 declara que "pela graça de Deus, provasse a morte por todos". Aqui, novamente, Schreiner apela ao contexto em apoio do seu modelo "todos sem distinção" em vez de "todos sem exceção". Ele reconhece que o contexto imediato da citação do Salmo 8 está falando de toda a humanidade, mas declara que "se bem que o autor tenha em vista os seres humanos em geral, ele não põe nenhuma ênfase em todos os seres humanos sem exceção".[2805] O ponto aqui não é o que é enfatizado. O ponto é o que é realmente declarado. O Salmo 8 está falando de "todos sem exceção".

Hebreus 2.10-18 inicia um novo subparágrafo. Schreiner quer utilizar as referências específicas aos benefícios da expiação aos crentes nesses versículos para restringir o significado de "todos" e "todos os homens" nos versículos anteriores. No meu ponto de vista isso é hermeneuticamente problemático.[2806]

[2800] F. Pieper, *Christian Dogmatics*, 4 v. (St. Louis, MO: Concordia, 1951), 2:21: "A objeção de que essas passagens se referem a casos que realmente não podem ocorrer destruiria todo o argumento do apóstolo".

[2801] T. Schreiner, "'Textos problemáticos' para a expiação definida nas epístolas pastorais e gerais", 474.

[2802] Ibid., 475.

[2803] Ibid.

[2804] Ibid., 476.

[2805] Ibid., 478.

[2806] Para mais informações sobre essa passagem, veja a minha dissertação: "Hebrews 2:14 and the Extent of the Atonement in John Calvin and John Owen" em *Hebrews*, The New American

Avaliação Sumária dos Capítulos 9—14, "Expiação Definida na Bíblia"

Felizmente, os autores nessa seção não recorrem ao erro exegético de John Owen ao argumentar que "mundo" significa os eleitos em lugares como João 3.16. Todavia, uma vez entendido que "todos sem distinção" e "todos sem exceção" é uma distinção inválida e, em última análise, impraticável, o muro que suporta o argumento da expiação definida é removido e a superestrutura erigida sobre ele desmorona.

A solidez de qualquer posição teológica é tão forte apenas quanto a base exegética sobre a qual está construída. Infelizmente, os autores dessa seção não tiveram sucesso em escorar a base exegética defeituosa da expiação definida. A hermenêutica, a exegese e a lógica diminuem a expiação definida biblicamente.

Análise do capítulo de Donald Macleod, "A expiação definida e o decreto divino" (486—526)

Donald Macleod começa uma seção de seis capítulos em "Expiação Definida na Perspectiva Teológica". Há muito material útil nesses capítulos. Provavelmente, o mais significativo seja a interação com as visões amiraldista e do universalismo hipotético inglês dentro da órbita da teologia reformada. Isso é louvável e abre a porta para que mais diálogos ocorram.

Contudo, essa interação não está isenta de problemas, como parece haver uma quantidade razoável de mal-entendidos e descaracterizações dessas posições. Macleod começa seu capítulo notando que: "O foco deste capítulo é o elo entre a intenção divina da expiação e sua extensão".[2807] Ele reconhece, corretamente, uma distinção entre a intenção e a extensão da expiação, mas como veremos, parece não entender a conexão entre os dois. Ele usa frequentemente a citada declaração de Berkhof: "O Pai, ao enviar Cristo, e Cristo, ao vir ao mundo para fazer expiação pelo pecado, fizeram isso com o desígnio ou para o propósito de salvar somente os eleitos ou todos os homens? Eis a questão, e essa é a única questão".[2808]

Isso leva a discussão para fora dos trilhos já bem no princípio. Note as palavras "desígnio" e "propósito". Todos os calvinistas, quer creiam em expiação definida ou em expiação universal, concordariam com a declaração de Berkhof porque eles creem

---

Commentary (Nashville: B&H, 2010), 233-35.
[2807] D. Macleod, "A expiação definida e o decreto divino", em *Do Céu Ele Veio Buscá-la*, 485.
[2808] Ibid., 486.

que o propósito último de Deus na expiação é a salvação dos eleitos. Macleod, como Berkhof, supõe que se o problema puder ser declarado dessa forma, então o jogo acaba. A expiação definida é estabelecida porque a intenção e a extensão são consideradas coextensivas. Macleod está lendo o problema através da lente filtrada de Berkhof, ele parece estar lendo o amiraldismo através das lentes da má caracterização de Warfield do amiraldismo.

O capítulo está dividido em cinco seções principais: "Arminianismo",[2809] "Predestinação Eterna",[2810] "Supra e Infralapsarianismo"[2811] e "Supralapsarianismo de Karl Barth; e Universalismo Hipotético".[2812] Essa seção final tem a mais longa discussão mantida a respeito do universalismo hipotético no livro.

Dessas cinco seções, as três do meio, embora interessantes em si e por si mesmas, oferecem pouca ajuda para o argumento da expiação definida.

Todos os cristãos ortodoxos afirmam a predestinação eterna; o debate ocorre sobre como isso se dá. A predestinação eterna simplesmente não implica em expiação limitada nem contradiz a expiação ilimitada. Mesmo se a noção de eleição da teologia reformada estivesse correta, o que podemos aceitar hipoteticamente, tudo o que isso implica é que haja uma expiação pelos eleitos, não que não possa haver uma expiação pelos pecados dos assim chamados não eleitos. Argumentar o contrário é uma falácia lógica.

O debate intrafamiliar dentro da teologia reformada sobre supra e infralapsarianismo é interessante, mas novamente não oferece qualquer ajuda para provar a expiação definida. Calvinistas de ambos os grupos afirmaram a expiação definida enquanto outros de ambos os campos afirmaram a expiação ilimitada. Pensa-se imediatamente em William Twisse, procurador da Assembleia de Westminster, que era tanto supralapsariano quanto um advogado da expiação ilimitada.

A seção sobre Karl Barth é especialmente desnecessária, uma vez que suspeito que a maioria dos reformados, juntamente com os não reformados, concordaria com a crítica de Macleod a Barth. Simplesmente não há qualquer ajuda a favor do argumento da expiação definida expondo os problemas de Barth sobre a questão da eleição.

[2809] Ibid., 487-91.
[2810] Ibid., 492-94.
[2811] Ibid., 494-99.
[2812] Ibid., 510-25.

Arminianismo

Macleod pergunta: "Mas como é possível que almas compradas por sangue pereçam?"[2813] Ele se volta para "o escocês arminiano James Morison" para uma resposta. Isso é interessante por três razões. Primeira, Morison era calvinista antes de mudar para visões mais arminianas sobre a expiação. Ele próprio negou ter se tornado arminiano. "Eu não sou arminiano; chame-me de baixo calvinista, ou não calvinista, se você quiser, mas eu não sou arminiano".[2814]

Segunda, Macleod poderia ter se voltado para muitos calvinistas de dentro da igreja escocesa que rejeitaram a expiação definida com uma resposta, como o famoso Thomas Chalmers. Terceira, Macleod cita Morison em relação à afirmação de que, na morte de Cristo, "enquanto [todos] os obstáculos objetivos legais para sua salvação foram removidos, outros obstáculos [internos] permanecem".[2815]

Tem-se a impressão de que esse ponto é exclusivo arminiano. Na realidade, essa linguagem de "obstáculos legais" sendo removidos pode ser encontrada em muitos calvinistas que afirmam a expiação ilimitada (vêm à mente John Davenant, Charles Hodge, Robert Dabney, W.G.T. Shedd e Andrew Fuller), como Macleod posteriormente reconhece,[2816] e até mesmo alguns que defendem uma expiação estritamente definida, como A.A. Hodge. Pondera-se por que Macleod não se envolve com os argumentos desses calvinistas em relação à morte de Cristo removendo obstáculos legais.

Macleod declara que o arminianismo postula que "não há comprometimento da parte de Deus em vencer a incredulidade humana".[2817] Essa é uma caricatura do arminianismo, visto que sua noção de graça preveniente funciona exatamente dessa forma. É claro que, o autor está trabalhando a partir do conceito reformado de que a depravação total = total incapacidade.

Um grande erro no capítulo de Macleod é a sua afirmação de que a descrição de James Morison da graça preveniente é "puro pelagianismo".[2818] Uma leitura cuidadosa de Morison revela que ele claramente cria na necessidade da graça capacitadora de Deus antes da resposta humana ao evangelho. Isso não é pelagianismo. Macleod caricaturou Morison nesse trecho.

[2813] Ibid., 487.

[2814] O. Smeaton, *Principal James Morison: The Man and His Work* (Edinburgh: Oliver & Boyd, 1902), 114. Veja também A. Robertson, *History of the Atonement Controversy in Connexion with the Secession Church* (Edinburgh: Oliphant, 1846), 161-74, 323-25, para algo mais específico sobre Morison.

[2815] D. Macleod, "A expiação definida e o decreto divino", 487.

[2816] Ibid., 521.

[2817] Ibid., 488.

[2818] Ibid.

Também é problemático o ponto de Macleod de que a "peculiaridade" do arminianismo "não faz provisão para a redenção do poder [do pecado]".[2819] Ele então cita o hino de Charles Wesley, "And Can It Be", ("E isso é possível") e diz que o hino "desafia cada elemento de teologia arminiana".[2820] Obviamente, isso sugere que Wesley, o arminiano, não entendia a sua própria teologia. Parece que Macleod não pode ter nuances em sua própria compreensão do arminianismo.

Macleod faz as seguintes declarações:

> Limitar os benefícios salvíficos da expiação para definir os objetos especiais do amor de Deus não constitui uma violação da mente de Cristo, e sim uma expressão dela... No juízo final, os "passados por alto" e os que ouvem Cristo declarar "afastai-vos de mim", não obstante "leva[m] a certeza de que o juízo não será sem misericórdia".[2821]

Misericórdia para quem? Como a pessoa que está perante Cristo, no juízo final, sem expiação pelos seus pecados, não eleita, não amada por Deus de maneira salvífica, pode ouvir as palavras "afastai-vos de mim" e ainda assim esse juízo "não ser sem misericórdia"? Isso é algo que está além da minha compreensão.

Os problemas com o capítulo de Macleod continuam quando ele considera o amor universal de Deus.[2822] Ele notou que no arminianismo o amor divino universal é estendido "igualmente" a todos os membros da família humana.

> Deus provisionou um salvador adequado às necessidades de cada ser humano e então comissionou seus embaixadores a rogar a cada ser humano que aceite os serviços desse salvador. Isso é tudo em que os arminianos creem; e os reformados creem em tudo isso – cada til e partícula dele.[2823]

Devo perguntar como é que Macleod pode afirmar essas coisas com alguma consistência.

Primeiro, nenhum calvinista, rígido ou moderado, crê que o amor salvífico universal de Deus é estendido "igualmente" a todos os membros da família humana.[2824] A

[2819] Ibid., 491.
[2820] Ibid.
[2821] Ibid., 492-93.
[2822] Ibid., 493-94.
[2823] Ibid., 494.
[2824] Veja D.A. Carson, *A Difícil Doutrina do Amor de Deus* (Rio de Janeiro: CPAD, 2007).

antiga distinção reformada do amor divino de benevolência e seu amor de complacência evidencia o meu ponto. Segundo, os defensores da expiação definida não podem coerentemente afirmar que Cristo é um salvador "adequado às necessidades de cada ser humano". Jesus é salvadoramente adequado apenas às necessidades dos eleitos, visto que ele só expia os pecados deles. Terceiro, Macleod parece não ter consciência do problema que ele e todos os calvinistas rígidos têm quando alegam que "cada ser humano" deve aceitar a Cristo – ou seja, ele não tem evangelho para oferecer aos não eleitos, pois Cristo não morreu pelos pecados deles. Ele está oferecendo aos não eleitos salvação que não existe em Jesus.

Universalismo Hipotético (510—25)
Macleod, citando Muller, corretamente notou que há variedade dentro do universalismo hipotético.[2825] Ele parece presumir que o universalismo hipotético, como o arminianismo, é historicamente um recém-chegado na teologia reformada. Na verdade, como Muller demonstrou, o universalismo hipotético antecede a expiação definida no campo reformado e não surgiu com o universalismo hipotético inglês.

Macleod afirma que a "vontade secreta" de Deus está em discussão no debate sobre a extensão da expiação.[2826] Como pode ser assim quando a vontade divina secreta é secreta? Na verdade, é a Escritura que está ativa na discussão. Não se pode interpretá-la à luz da vontade "secreta" senão da vontade "revelada", a qual fortemente propõe a expiação ilimitada.

Macleod reconhece a crítica a respeito da expiação definida feita por arminianos e universalistas hipotéticos ingleses com relação à oferta universal do evangelho.[2827] Ele disse que os grandes evangelistas da ortodoxia reformada não "se sentiram embaraçados ante a alegada inconsistência" e "não gastaram tempo se intrometendo nos conselhos secretos do Onipotente ou argumentando com ele que não havia nenhum ponto a debater com cada pecador, uma vez que somente os eleitos haviam de ser salvos". Mas ele deixa de mencionar o tormento do hipercalvinismo historicamente nessa mesma linha.

Uma característica preocupante desse capítulo é o que parece ser a má compreensão de Macleod a respeito do universalismo hipotético. Em uma discussão sobre a importância de não tentar se intrometer nos imponderáveis conselhos da vontade secreta de Deus, mas sim em se envolver na pregação indiscriminada, ele notou que os universalistas hipotéticos não se saem melhor do que os seus homólogos calvinistas

---

[2825] D. Macleod, "A expiação definida e o decreto divino", 511.
[2826] Ibid., 518.
[2827] Ibid., 519-20.

rígidos: "O universalismo hipotético não provia solução. Como poderiam depositar sua confiança em uma redenção hipotética? Como poderiam absolutamente crer a menos que fossem eleitos para a fé?"[2828]

A primeira pergunta de Macleod parece não entender exatamente o que é "hipotético", no universalismo hipotético. Para todos os universalistas hipotéticos, a expiação não é hipotética para os não eleitos, ela é real. O que é hipotético é a condicionalidade da fé: se alguém crê, ele será salvo com base no fato de que há uma expiação pelo pecado. A condicionalidade é ativa em todas as abordagens cristãs ortodoxas à salvação: a fé é uma necessidade.

Em relação à segunda pergunta, tal como calvinistas, todos os universalistas hipotéticos creem na eleição e na necessidade do chamado eficaz. O texto de Macleod na citação acima ("eleitos para a fé") pode sugerir sua crença de que a fé é um dom adquirido por Cristo na cruz somente para os eleitos. Essa é, obviamente, a visão defendida por John Owen, e ele é seguido por muitos calvinistas até os dias de hoje.

Porém, o argumento de Owen é falho em vários níveis:

1. Onde na Escritura somos informados que a fé é um dom adquirido para os eleitos? A salvação é adquirida, mas nunca a fé.
2. Essa abordagem trata a fé como uma mercadoria. Tal noção é um exemplo de confusão de categorias e é estranha à Escritura. A fé se torna algo de um objeto em vez de uma resposta relacional.
3. Se a fé é adquirida para os eleitos, então eles têm direito aos meios da salvação. A graça está viciada.
4. Essa noção de fé como aquisição está fundamentada na noção de uma aliança da redenção entre Deus e Cristo na eternidade. (Veja minha crítica disso na revisão do capítulo de Carl Trueman)
5. Fé como dom não é equivalente a fé como uma aquisição.
6. Simplesmente não há ligação causal entre a expiação e a fé. De fato, Owen disse que se a fé não é adquirida pela cruz, então a expiação universal é "estabelecida".

Macleod pergunta: "Não é fatalmente incoerente que Deus simultaneamente decrete que a cruz de Cristo redimisse todos os não eleitos e lhes fornecesse as bases para a maior condenação deles?"[2829]

[2828] Ibid., 521.
[2829] Ibid., 525.

Não pareceu ser assim para Calvino, que declarou esse mesmo ponto em seus comentários sobre João 3.16.

Não obstante esses problemas, o capítulo de Macleod deve ser lido por todos para se obter o entendimento de como os calvinistas tentam teologicamente descrever e definir a expiação definida.

Análise do capítulo de Robert Letham, "O Deus triúno, encarnação e expiação definida" (527—555)

A principal preocupação do capítulo de Letham é demonstrar que todas as formas de expiação universal criam desarmonia trinitária.[2830]

Letham junta amiraldistas com arminianos quando afirma que:

> a morte expiatória de Cristo, em si mesma, não assegura a salvação de ninguém em particular, visto que ela é contingente à resposta humana no caso do arminianismo ou à obra particular do Espírito em termos de amiraldismo. Além disso, visto que a expiação não é intrinsecamente eficaz, ela não pode produzir uma doutrina de substituição penal.[2831]

Essa declaração é problemática em vários aspectos. Primeiro, Letham acusa o arminianismo de tornar a eleição um "carimbo" para uma decisão humana.[2832] Essa é uma caricatura do arminianismo. Segundo, note a frase operativa "em si mesma". Interessantemente, lembro-me de Charles Hodge e W.G.T. Shedd declarando que a expiação "em si mesma" não assegura a salvação de ninguém. Ninguém é salvo até que, mediante a obra do Espírito Santo, seja trazido à fé em Cristo. Essa é a forma com que o NT expressa o assunto. A abordagem de Letham confunde a extensão com a aplicação. Terceiro, é incorreto argumentar que a falta de eficácia intrínseca nega a substituição penal. Essa conclusão se baseia em que lógica? Letham pode estar escorregando para a rede de uma visão comercialista da expiação.

Parece que ele pressupõe que, para Amyraut, Cristo morreu igualmente por todos em termos de intenção e extensão.[2833] Isto é verdade para arminianos, mas não para Amyraut e seus seguidores. Quando este falou de Cristo morrendo "igualmente" por

---

[2830] R. Letham, "O Deus triúno, encarnação e expiação definida", em *Do Céu Ele Veio Buscá-la*, 530.
[2831] Ibid., 530-31.
[2832] Ibid., 530.
[2833] Ibid., 529-31.

todos, fica claro que quis dizer que sua morte era igualmente suficiente para todos, não no sentido de intenção ou propósito.[2834] Amyraut cria que Cristo morreu com a intenção especial de salvar somente os eleitos.

Letham disse que o "problema-chave" com o universalismo hipotético é que "ele postula a desintegração na trindade".[2835] Os universalistas hipotéticos não "postulam" desintegração na trindade. O que ele quer dizer é que, em sua opinião, a posição do universalismo hipotético "implica" desintegração na rrindade. A prova dessa crítica é sua preocupação nas páginas 531-36. Ele está argumentando que a construção de Davenant implica conflito e incoerência, mas este está argumentando que a trindade age em unidade para concretizar uma dupla intenção na expiação e redenção.

A crítica de Letham ao amiraldismo e ao universalismo hipotético inglês ilustra seu ponto de que a questão acerca da intenção da expiação é inescapavelmente um mistério acerca de sua natureza. Para o amiraldismo e para o universalismo hipotético, a expiação não pode ser intrinsecamente eficaz, visto que os resultados da morte de Cristo não aparecem a todos.[2836]

Todavia, em nenhum lugar a Escritura diz que a expiação é intrinsecamente eficaz. Intrinsecamente suficiente, sim; eficaz, não. "Consequentemente, a igreja, através das eras, tem confessado tanto a inseparabilidade das obras de Deus como as apropriações".[2837] É verdade. A igreja também tem confessado a expiação ilimitada.

Letham conclui que para todas as formas de universalismo hipotético, a trindade é ambivalente: (1) Cristo deveria morrer por todos, (2) mas em contraste determinando que alguns, não todos, serão salvos.[2838] Nesse contexto, ele parece ser dependente do entendimento distorcido de Warfield e da crítica a respeito do universalismo hipotético.

Letham disse que o problema do universalismo hipotético é sublinhado em Davenant. Partindo da premissa de que a pregação universal do evangelho precisa estar

---

[2834] Como Proctor disse: Na declaração de que Cristo morreu *pro omnibus equiliter* (explicou Daillé, *Apologiae* ii 632), os teólogos de Saumur queriam dizer que o advérbio significava que não há ninguém por quem Cristo não morreu; isso não significa que todos são iguais em afeição ou vontade de Deus em dar Cristo à morte. Cf. Drost, *Specimen* 25: Amyraut e Testard explicaram a morte de Cristo por todos igualmente em termos de suficiência... Amyraut explicou os dois usos do advérbio em *De Grat* (Gen) 223. Veja L. Proctor, *The Theology of Moïse Amyraut Considered as a Reaction Against Seventeenth- Century Calvinism* (PhD diss., University of Leeds, 1952), 376n78; J. Daillé, *Apologia pro duabus Ecclesiarum in Gallia Protestantium Synodis Nationalibus*, 2:632; e M. Amyraldo [Amyraut], *Specimen Animadversionum in exercitationes de gratia universali* (Saumur: Jean Lesnier, 1648), 223.

[2835] R. Letham, "O Deus triúno, encarnação e expiação definida", em *Do Céu Ele Veio Buscá-la*, 531.

[2836] Ibid., 530.

[2837] Ibid., 533.

[2838] Ibid., 534.

fundamentada em uma provisão coextensiva, ele ensinou que a morte de Jesus era a base para a salvação de todas as pessoas. "Cada pessoa é salvável. Portanto, o escopo e a intenção da expiação são universais. Cristo pagou a pena não pelos pecados de pessoas individualmente particulares, mas por toda humanidade".[2839]

Ele notou que a fórmula lombardiana, "suficiente para todos, eficiente para os eleitos", significava para muitos particularistas apenas uma suficiência que era equivalente a valor infinito. Letham corretamente notou que Davenant defendia que Deus realmente provê salvação a todos. A suficiência é ordenada pelo Pai na aliança evangélica.[2840]

Letham continua:

> Para Davenant, essa provisão universal na expiação prefigurava e precedia um decreto no qual Deus determinou salvação para todos os eleitos. Não que a reconciliação ou salvação concreta venha antes de uma pessoa crer. Nisto, Deus, segundo a sua vontade, torna disponíveis ou subtrai os meios de aplicação da salvação às nações ou a indivíduos. Somente os eleitos recebem a fé salvífica. Esse decreto, que diferencia eleitos de réprobos, se conflita com a decisão de Deus de que Cristo, por sua morte, fez expiação por cada e toda pessoa. Primeiro, Deus decide uma coisa; depois, outra.[2841]

A avaliação de Letham a respeito da posição de Davenant[2842] parece estar incorreta. Davenant ensinou, com base em 2 Coríntios 5.18-20, que Deus se reconciliou com o mundo objetivamente, mas que nem todas as pessoas no mundo estão subjetivamente reconciliadas com ele. O entendimento de Davenant a respeito dessa provisão universal não "prefigurava" o decreto divino para salvar os eleitos.

Citando Jonathan Moore, Letham postula um conflito em Davenant entre o decreto de Deus para salvar somente os eleitos e o seu decreto para prover a expiação universal. Em suma, o universalismo hipotético é inerentemente inconsistente. O problema pode ser rastreado até a má interpretação de Warfield a respeito do conceito dos decretos divinos de Amyraut. Warfield, e aparentemente Letham, pensa que Amyraut postula quatro decretos absolutos (vontade secreta) sequencialmente, com

---

[2839] Ibid., 535.
[2840] Ibid.
[2841] Ibid.
[2842] Ibid.

os dois primeiros condicionais. Essa condicionalidade é vista como algo que o homem faz no processo.

Letham pensa que Amyraut ensinou que Cristo morreu por todos igualmente e por ninguém em particular. Quando Letham declara que, "Segundo Amyraut, Cristo morreu na cruz com a intenção de salvar todas as pessoas,"[2843] ele está enganado. Amyraut deixa claro que Cristo morreu com a intenção especial de salvar somente os eleitos. Letham entende que este ensinou que Deus ordenou que a morte de Cristo seria aplicada aos eleitos de tal forma que o decreto da eleição aparece no final da sequência dos quatro decretos. Todavia, para Amyraut, os dois primeiros decretos aparecem na vontade revelada de Deus e são condicionais, enquanto os dois decretos posteriores são absolutos. Além disso, os dois últimos decretos não são logicamente dependentes dos dois primeiros decretos. Ele interpretou mal o que Amyraut ensina acerca dos decretos divinos.

Aqui está o balanço final: a tentativa de sobrepor uma ordenação dos decretos em um esquema infralapsariano ou supralapsariano sobre Amyraut e Davenant, na tentativa de entender a abordagem de ambos, é enganosa e envolve uma falácia de categoria. Letham quer moldar a linguagem de Amyraut para sugerir que os decretos faziam parte da vontade decretal de Deus e ainda assim condicionados pelas ações dos homens. Para Amyraut, os dois primeiros decretos faziam parte da vontade divina revelada. Visto que há diferentes tipos de decretos, não há conflito, a menos que Letham queira afirmar que a vontade revelada de Deus contradiz sua vontade secreta.

Letham pensa que as posições de Amyraut e Davenant implicam conflito nos decretos divinos. Mas para estes, a trindade trabalha em perfeita harmonia (amor geral e especial, graça comum e especial, chamado externo e interno, livre oferta do evangelho e provisão para obter uma base universal para a salvação de todos os homens, juntamente com uma base para a salvação certa dos eleitos).

Finalmente, a crítica de Letham aos irmãos Torrance marca alguns pontos, mas duas coisas devem ser notadas. Primeiro, ele pode discordar de que a encarnação, para T.F. Torrance, implica expiação para todos os seres humanos,[2844] mas não nos esqueçamos de que essa era a posição dos pais da igreja e da igreja medieval. Segundo, ele está correto ao notar o erro de Torrance ao alegar que Calvino rejeitou a fórmula lombardiana, mas depois erra quando conclui a partir disso que este defendeu a expiação definida.[2845] Isso não leva em conta a revisão da fórmula após a morte de Calvino pelos apoiadores da expiação definida (veja a revisão anterior a respeito do capítulo

---

[2843] Ibid., 528.
[2844] Ibid., 539-40.
[2845] Ibid., 547.

de Hogg), bem como a esmagadora evidência dos escritos de Calvino de que ele não defendeu a expiação definida.

Análise do capítulo de Garry J. Williams, "A intenção definida da expiação penal substitutiva" (557–582)

Garry Williams escreve os próximos dois capítulos sobre substituição penal e o argumento do duplo pagamento. O resultado desses dois capítulos é uma tentativa de argumentar que a substituição penal implica expiação definida e que o argumento do duplo pagamento (que Deus não pode exigir o pagamento pelo pecado duas vezes) é uma construção válida e apoia a expiação definida.[2846] Williams declarou corajosamente que: "a insistência sobre uma expiação feita por todos, sem exceção, mina a fé na expiação penal substitutiva".[2847]

Na primeira vez, o autor parece um pouco condescendente quando declara que seu capítulo "se destina simplesmente a mostrar aos irmãos que nesse ponto eles estão errados". Teria sido melhor dizer isso ao longo das linhas mostrando aos irmãos "razões pelas quais talvez possam estar errados em sua avaliação".

Williams dedica a maior parte de seu capítulo (558-70) a uma avaliação e crítica do Arcebispo Ussher (século XVII) e as visões de Broughton Knox (século XX) a respeito da extensão da expiação em relação à substituição penal. Ambos eram calvinistas e afirmavam que Cristo morreu pelos pecados de todas as pessoas.

Arcebispo Ussher

Williams declara que Ussher é corretamente categorizado como um universalista hipotético "dada sua insistência de que a morte de Cristo teve o propósito de fazer satisfação por cada pessoa, se ele ou ela crer".[2848] Essa frase pode ser ardilosa. O que Ussher cria e o que Williams pretende transmitir acerca deste é que Cristo morreu pelos pecados de todas as pessoas, de modo que, se alguma pessoa crer, será salva porque há uma expiação feita pelos seus pecados. Como já notei em revisões anteriores, o que

---

[2846] G. Williams, "A intenção definida da expiação penal substitutiva", 557. Veja também G. Williams, "Penal Substitution: A Response to Recent Criticisms", *Journal of the Evangelical Theological Society* 50 (2007): 71-86.

[2847] G. Williams, "A intenção definida da expiação penal substitutiva", em *Do Céu Ele Veio Buscá-la*, 557-58.

[2848] Ibid., 558.

"hipotético" acerca do universalismo hipotético não é a extensão da expiação, mas a condicionalidade da aplicação da expiação – a fé do indivíduo.

Williams identifica três preocupações subjacentes para Ussher. Primeira é a pregação do evangelho. O arcebispo cria que uma expiação que não fosse universal em extensão não poderia ser base para a oferta do evangelho a todas as pessoas.[2849] Segunda, Ussher diferenciava entre a extensão da expiação e a aplicação da expiação.[2850] Terceira, Williams alega que Ussher ensinou que Cristo não fez satisfação especificamente por nenhum indivíduo, mas para a natureza humana como natureza.[2851] Esse é o terceiro ponto acerca de Ussher no qual penso que Williams está errado. Ele parece estar lendo o uso que o arcebispo faz da palavra "natureza" para indicar algo diferenciado de "pessoa." Isto não é o que Ussher quer dizer.

A sua crítica a Ussher sobre esse ponto é longa,[2852] parece que Williams entende mal o uso que este faz do termo "natureza" no contexto. Ussher não está distinguindo "natureza" de "personalidade", como afirma Williams. Em vez disso, no contexto, o arcebispo contrasta a natureza do homem com a natureza dos anjos caídos e corretamente aponta que Cristo não assumiu a natureza angélica, mas só a natureza humana. É óbvio o que Ussher quer dizer aqui – Jesus sofreu a punição devida à humanidade enquanto composta de pessoas individuais.

Williams quer levar isto em uma direção estranha ao significado e intenção de Ussher. Ele afirma que: "Nesse ponto de vista de Ussher, Cristo é uma pessoa e pagou pelos pecados como pessoa, mas não pagou pelos pecados *por* pessoas como tais".[2853] Consequentemente, Williams pensa que a posição de Ussher "nega logicamente a expiação substitutiva penal".[2854] O autor passa as próximas três páginas e meia derrubando o espantalho que Ussher cria que a natureza humana é objeto de expiação e não homens pecadores.

Broughton Knox

Williams declarou que Knox, como Ussher, preocupou-se com a oferta bem-intencionada do evangelho e como isso é necessário para uma expiação ilimitada. Também se

---

[2849] Ibid., 559.

[2850] Ibid., 560.

[2851] Ibid., 560-61. Note a dependência de Williams de C. Gribben, "Rhetoric, and Theology: James Ussher and the Death of Christ", *The Seventeenth Century* 20 (2005): 53-76.

[2852] G. Williams, "A intenção definida da expiação penal substitutiva", 561-65.

[2853] Ibid., 561.

[2854] Ibid., 563.

nota o ponto de Knox de que uma abordagem comercialista/pecuniária da expiação mina a expiação definida.[2855]

Williams corretamente notou que Knox distingue (não "separa," que é o termo que ele usa) a extensão da expiação da sua aplicação.[2856] Williams escreve como se a distinção de Knox entre intenção, extensão e aplicação da expiação fosse algo novo e inválido. Como já vimos, a distinção antecede a Reforma.

Williams também rejeitou qualquer noção de uma distinção entre a intenção e a extensão da expiação, todavia não ofereceu qualquer justificação bíblica para provar seu ponto. O seu argumento repousa unicamente na noção de que a vontade de Deus "*faz* deles [os sofrimentos de Cristo] o que são e assim faz deles [definidos]".[2857] Isto é simplesmente um *non sequitur*, bem como uma afirmação sem apoio.

Especificidade da Expiação na Escritura
Williams abordou alguns textos do NT e do AT, os quais ele apresentou como apoio à expiação definida. Mas nem um dos versículos que ele cita, direta ou ainda indiretamente, indica isso.

Ele faz muita questão de que "pecado" (genérico) e "pecados" (específico) não sejam mutuamente exclusivos em uso. Isso está correto. A sua conclusão, contudo, não segue e necessita de nuance: "Embora nenhum desses escritores do NT estivessem conscientes de estarem abordando nossa questão, evidentemente mantinham que Jesus morreu levando em si pecados específicos cometidos por pessoas particulares".[2858]

Na verdade, os autores do NT estavam conscientemente abordando a questão da extensão da expiação em vários lugares. Se por "específico" Williams quer dizer todos os pecados específicos, mas não de alguma forma quantificáveis, e se por "particular" ele quer dizer todas as pessoas individualmente e não algumas pessoas individualmente, então a declaração está correta. Se, como suspeito, Williams quer dizer "pessoas particulares" somente os eleitos, então a declaração é um exemplo de petição de princípio – ele está presumindo o que está tentando provar.

Williams tentou coletar a partir das instruções dadas a respeito de várias ofertas levíticas que "A expiação levítica era expiação definida".[2859] Todos os seus exemplos provêm de casos de indivíduos que trazem ofertas, as quais, por definição, são definidas para aquele indivíduo.

[2855] Ibid., 566-67.
[2856] Ibid., 569.
[2857] Ibid.
[2858] Ibid., 572-73.
[2859] Ibid., 579.

Isso não diz nada acerca da extensão da expiação pela nação de Israel ou além. Essa é a falácia lógica de presumir que as ofertas individuais do AT provam a expiação definida. Também se ignora o ritual do dia da expiação, o qual se dirige aos pecados de todo o povo e é desfavorável à expiação definida.

Conclusão
Williams concluiu o capítulo com um falso dilema (ou um/ou outro) ao declarar que: "Uma expiação [indefinida] deve ou abraçar o universalismo, ou contradizer a doutrina bíblica da substituição penal".[2860]

Tal conclusão é injustificada. Williams trata com uma visão comercialista da expiação, a qual deixa de considerar a noção bíblica adequada de imputação do pecado, combinada com uma falha em distinguir adequadamente entre a extensão e a aplicação da expiação. A noção dele de que a morte de Cristo exige que o perdão seja provido àqueles por quem Cristo morreu é simplesmente não justificada bíblica ou teologicamente.

Análise do capítulo de Garry J. Williams, "A punição divina não pode ser infligida duas vezes: O argumento do duplo pagamento redivivo" (583–623)

No capítulo 18, Garry Williams aborda o argumento do duplo pagamento.

O Argumento Oweniano do Duplo Pagamento
Classicamente formulado por John Owen, o argumento do duplo pagamento afirma que a justiça de Deus não permite que o mesmo pecado seja punido duas vezes, primeiro em Cristo e depois no pecador. A defesa de Owen, desse argumento, emprega uma compreensão comercialista da expiação, pela qual ele já foi corretamente criticado por calvinistas e não calvinistas.

Williams começa com a declaração de John Owen sobre o argumento do duplo pagamento, seguida por uma breve recitação de alguns calvinistas e não calvinistas que a rejeitam. O autor esboça o objetivo do seu capítulo: reexaminar e reapresentar o argumento do duplo pagamento.[2861] Ele tentará desenredar o argumento a partir de seus envolvimentos com o comercialismo ao reelaborá-lo "sem os conceitos comerciais" na

---

[2860] Ibid., 581.

[2861] G. Williams, "A punição divina não pode ser infligida duas vezes: O argumento do duplo pagamento redivivo", em *Do Céu Ele Veio Buscá-la*, 587.

esperança de salvá-lo para a defesa da expiação definida. Ele pretende argumentar que "a punição deve ser definida como *sofrimento infligido como uma resposta adequada ao pecado*. Esse sentido estabelecerá contra seus críticos um argumento de dupla punição que poderia prosseguir sem qualquer linguagem comercial".[2862]

A maior parte desse capítulo (587-611) é empregada para uma análise da natureza da metáfora e, especificamente, da metáfora da punição como reembolso de uma dívida. Embora haja um material interessante nele, a maior parte dessa seção é estranha ao argumento em questão. O material de extrema importância para apoiar a defesa de que o argumento do duplo pagamento é uma construção válida se encontra nas páginas 611-22.

Williams faz uma significativa concessão quando declara que, "É verdade que o argumento da dupla punição só é viável se for retida a ideia de definição; se a inquantificabilidade significa indefinibilidade, então o argumento fracassa".[2863] Ele pensa que essa é uma falsa escolha e prossegue mostrando o porquê.

A essência do argumento do duplo pagamento de John Owen é que a linguagem da "dívida" na Escritura vai além da metáfora e, realmente, descreve o mecanismo para o pagamento do pecado. Owen, e Williams, presume que uma vez que a satisfação é pelos "pecados" no plural e, não pelo "pecado" na abstração, logo ela deve ser definida (limitada somente aos eleitos). A transação é comercial: muito se deve e muito se paga. Se Cristo pagou por todos os pecados, então Deus não pode exigir um segundo pagamento de qualquer pecador. Parece como um caso resolvido.

Problemas com o Argumento do Duplo Pagamento[2864]
A metáfora é desviada para além do seu ponto legítimo de analogia e se torna, para Owen e Williams, o mecanismo real pelo qual o pecado é pago. A dependência de Williams em relação ao tratamento de Owen da parábola do servo incompassível,

---

[2862] Ibid., 587 (ênfase no original).
[2863] Ibid., 603.
[2864] Para uma crítica recente ao argumento do duplo pagamento a partir de um calvinista, consulte O.D. Crisp, *Deviant Calvinism: Broadening Reformed Theology* (Minneapolis, MN: Fortress, 2014), 213-33. Crisp faz uso das críticas de R.L. Dabney ao argumento do duplo pagamento. Veja também M. Lynch, "Not Satisfied: An Analysis and Response to Garry Williams on Penal Substitutionary Atonement and Definite Atonement" (artigo não puplicado, Calvin Theological Seminary, Spring 2015), 12-25. Como Lynch corretamente apontou contra Williams, "os teólogos reformados insistiram numa infalibilidade da aplicação da satisfação de Cristo aos eleitos, mas essa infalibilidade não pode ser encontrada ou baseada na *natureza* da satisfação. Repousar a infalibilidade de aplicação sobre a natureza da obra expiatória de Cristo pressupõe não apenas uma crassa lógica pecuniária concernente à satisfação, mas também colide à distinção entre a eleição com a obra de Cristo" (18).

em Mateus 18, o leva a interpretá-la erroneamente. O contexto da parábola não é a expiação, mas o perdão entre irmãos por meio de uma metáfora de dívida comercial. O ponto principal nela é o mecanismo do perdão, não o mecanismo da satisfação dos pecados.

Williams conclui que a satisfação de Cristo é um "reembolso". O erro é ver Deus como um credor a partir do fato de que o pecado é metaforicamente descrito como uma dívida.[2865] Pecado como dívida é acerca de obrigação, não acerca da morte de Cristo ser um pagamento a um credor (Deus). Em nenhum lugar da Escritura, Deus é visto como "credor" que recebe pagamento de uma dívida por meio da morte de Cristo.

Nesse ponto da discussão, Williams deve ser creditado por sua acurada descrição da visão de Hugo Grócio sobre a natureza da expiação.[2866] Frequentemente, Grócio é mal compreendido e descaracterizado como ensinando algo inferior à substituição penal. Williams notou e refutou esse erro.[2867]

Como parte do seu argumento, ele postula que é "tanto possível quanto necessário enfeixar a ideia de uma punição inqualificável e uma expiação inerentemente definitiva".[2868] Lembre-se da conclusão de Williams em seu capítulo anterior que só foram colocados "pecados" sobre Cristo na cruz, não "pecado" genericamente.

Isto é fundamentalmente uma bifurcação desnecessária e até mesmo falha. Ninguém alega que Cristo morre pelo "pecado" sem morrer pelos "pecados". Obviamente, Jesus não morreu por alguma noção abstrata de pecado. Ele morreu por pessoas reais – todas elas. Ele realizou isto ao se tornar "pecado" por nós (2 Co 5.21). Cristo morreu por "o um e os muitos", pelos "pecados" e pelo "pecado". Ao sofrer a única morte que um e todos os pecadores categoricamente merecem, ele fez satisfação por *todos os pecados* de *todos os pecadores*. O mesmo pode ser dito de *qualquer* outro pecado e de *qualquer* pecador.

Até mesmo Charles Hodge disse que:

> Cristo cumpriu as condições do pacto sob o qual foram postos todos os homens [não apenas os eleitos]. Ele exerceu a obediência exigida de todos [não apenas os eleitos], e sofreu a pena na qual todos haviam incorrido

---

[2865] G. Williams, "A punição divina não pode ser infligida duas vezes: O argumento do duplo pagamento redivivo", 591-95.

[2866] Ibid., 591-94.

[2867] Altamente recomendo a excelente dissertação de Ph.D. de Williams sobre Hugo Grócio: "A Critical Exposition of Hugo Grotius's Doctrine of the Atonement in *De satisfaction Christi*" (PhD diss., University of Oxford, 1999).

[2868] G. Williams, "A punição divina não pode ser infligida duas vezes: O argumento do duplo pagamento redivivo", 603.

[não apenas os eleitos]; e portanto sua obra é igualmente adequada para todos [não apenas os eleitos].[2869]

Essa visão descrita por Hodge não é a posição de que a morte de Cristo é uma "satisfação penal internamente não especificada só reduzida por sua aplicação", ou uma visão de que "não é uma resposta real e definida a qualquer pecado cometido por qualquer indivíduo", como se a morte de Cristo fosse "sem conexão com qualquer crime", como Williams sugere.[2870] Essas descrições de Williams são espantalhos.

Como Owen, Williams parece estar trabalhando a partir de um tipo de visão de transferência quantitativa de imputação: a culpa específica pelos pecados específicos dos eleitos é colocada sobre Cristo. Mas isso é problemático. Embora nossos pecados sejam imputados a Cristo, antes de nossa conversão, permanecemos sob a ira de Deus, como Paulo declara em Efésios 2.1-3. Como Dabney disse, Deus guarda os eleitos incrédulos da ira até que creiam. Williams mencionou esse problema,[2871] mas não conseguiu abordar essa objeção feita por Dabney e outros de que os eleitos incrédulos vivos estão sob a ira de Deus.

Ele também não conseguiu abordar como Deus pode *justamente* adiar a concessão da fé para as pessoas por quem Cristo morreu, se ele literalmente "adquiriu" a fé para eles. Hodge disse que, "No momento em que a dívida é paga, o devedor fica livre, e isso de maneira total. Não se pode admitir nenhum atraso, nem se pode impor condição alguma à sua libertação".[2872]

A Visão Defeituosa de Owen e Williams a Respeito de Imputação

Owen consideraria a imputação da justiça de Cristo aos crentes como a transferência de muitos atos de observância da lei? Parece que não. Os crentes são creditados com atos específicos de justiça da parte de Jesus? Não, somos creditados com uma qualidade de justiça, ou tratados como se tivéssemos obedecido categoricamente à lei de Deus em virtude de nossa união com o Filho. Todos os atos de obediência de Cristo caem sob a classe ou categoria moral de "justiça."

Assim como os crentes não são imputados com algo como muitos atos particulares de justiça, mas categoricamente com a justiça, assim também Jesus não foi imputado

---

[2869] C. Hodge, *Teologia Sistemática*, 891.

[2870] G. Williams, "A punição divina não pode ser infligida duas vezes: O argumento do duplo pagamento redivivo", 613.

[2871] Ibid., 586-87.

[2872] C. Hodge, *Teologia Sistemática*, 835.

com todos os atos pecaminosos particulares de algumas pessoas, como muitas "porções de pecado", mas com o pecado de uma forma abrangente. Ele foi tratado como se fosse pecador, ou categoricamente culpado dos pecados de toda a espécie humana.

Owen, e parece que Williams também, tem uma noção errada de imputação. A verdade é que Cristo morreu uma morte que todos os pecadores merecem sob a lei. Ao pagar a penalidade do que um pecador merece, ele pagou a penalidade que todo pecador merece. Ele sofreu a maldição da lei como definido pela lei. Os argumentos do duplo pagamento e do trilema de Owen minam o verdadeiro significado da imputação e trabalham no pressuposto da transferência de pecados específicos.

O trilema de Owen trabalha *necessariamente* no pressuposto de que houve uma imputação *quantitativa* de pecados a Cristo. A ideia bíblica de imputação não funciona dessa forma, e a maioria dos reformados nem sequer pensa a respeito da imputação da justiça de Cristo aos crentes dessa forma *quantitativa*.

Charles Hodge, em contraste, conservou a compreensão adequada da imputação:

> O que foi adequado para um foi adequado para todos. A justiça de Cristo, o mérito de sua obediência e morte, são coisas necessárias à justificação de cada indivíduo de nossa raça, e portanto necessárias a todos. Não é mais adequada para uma pessoa do que para outra. Cristo cumpriu as condições do pacto sob a qual foram postos todos os homens. Ele exerceu a obediência exigida de todos, e sofreu a pena na qual todos haviam incorrido; e portanto, sua obra é igualmente adequada para todos.[2873]

Williams está em desacordo com Hodge.[2874]

A Leitura Equivocada de Fuller e Dabney

Williams também está em desacordo com Andrew Fuller, a quem ele citou.[2875] Ele disse que, "Fuller [distancia] a natureza da expiação de seu desígnio e aplicação".[2876] Por quê? Porque Fuller veio a crer em expiação ilimitada no tempo em que escreveu as cartas ao dr. Ryland a quem Williams cita.

[2873] C. Hodge, *Teologia Sistemática*, 890-91.

[2874] Williams não consegue notar sua dissimilaridade com Hodge em sua breve nota de rodapé acerca de Hodge: "A punição divina não pode ser infligida duas vezes: O argumento do duplo pagamento redivivo", 618.

[2875] G. Williams, "A punição divina não pode ser infligida duas vezes: O argumento do duplo pagamento redivivo", 612.

[2876] Ibid.

O autor pensa que tem Fuller e Dabney em cima de um barril com o seu falso dilema ou um/ou outro.[2877] Ele não conseguiu reconhecer que os dois homens não pensaram em termos de uma imputação quantitativa do pecado a Cristo, ao contrário de Owen! Williams declarou que ambos "localizam a especificidade exclusivamente na aplicação da obra de Cristo".[2878] Como pode ser isto? Se a especificidade está "exclusivamente" na aplicação, ela não pode estar na extensão. Fuller e Dabney são, na verdade, defensores de uma visão de imputação ilimitada do pecado a Jesus e não de uma imputação quantitativa ou limitada do pecado à posição dele.

Williams, Comercialismo e Suficiência

Williams está comprometido com duas ideias contraditórias. Ele corretamente argumentou contra a noção de que Cristo morreu pelos pecados de algum tipo de modo quantitativa-equivalentista. Todavia, simultaneamente afirmou uma limitação nos pecados imputados a Jesus de tal forma que somente os pecados dos eleitos são então imputados. Mas isso leva Williams de volta para onde não quer ir: uma visão comercial/pecuniária da expiação que resulta em uma suficiência limitada da morte de Cristo, apesar do que ele disse nas páginas 602-3. Um evangelho que fala apenas de um mero valor infinito da morte de Cristo é um "frio conforto" para aqueles por quem Cristo não morreu, como disse Ussher:

> Uma mera suficiência em Cristo não serve para nada; isto seria um frio conforto. Suponha que um homem que estava em dívida, com medo de todos os sargentos e todos os xerifes, teria dito: "Senhor, há dinheiro suficiente na conta do rei para descontar todas as suas dívidas". Isso pode ser muito verdadeiro, mas que bem é esse para ele? Que conforto ele tem, a menos que o rei se ofereça para vir e assumir livremente a sua dívida?[2879]

No esquema da expiação definida de Williams, a natureza da expiação nunca pode ser suficiente para os não eleitos. Ele não consegue ter ambas as coisas.

O autor é dependente da articulação de Owen da compatibilidade da satisfação idêntica e da aplicação prorrogada com base na aliança da redenção.[2880] Contudo,

---

[2877] Ibid., 615.

[2878] Ibid., 616.

[2879] J. Ussher, "The Satisfaction of Christ", em *The Puritan Pulpit: The Irish Puritans*, ed. Don Kistler (Orlando, FL: Soli Deo Gloria, 2006), 117.

[2880] G. Williams, "A punição divina não pode ser infligida duas vezes: O argumento do duplo pagamento redivivo", 618.

como apontado em minha revisão do capítulo de Trueman, a assim chamada aliança da redenção carece de apoio bíblico e é problemática de diversas formas. O apelo à aliança da redenção não responde ao problema da expiação definida que a Escritura ensina em Efésios 2.1-3 que os eleitos incrédulos permanecem sob a ira de Deus.

O comercialismo de Williams fica ainda mais evidenciado quando ele trata da falácia do falso dilema ao afirmar que, "Se Deus pune todo pecado, então Cristo teria morrido pelo pecado de incredulidade, e se ele fez isso por todos, sem exceção, então todos, sem exceção, seriam salvos".[2881]

Qual é a importância do Pecado Original?

A tácita dependência de Williams do argumento do trilema de Owen enfrenta alguns problemas insuperáveis, um dos maiores é a questão do pecado original. Note que não são "pecados" originais, mas "pecado" original. Se Cristo morreu pelo pecado original, então ele morreu ao menos por um dos pecados dos não eleitos. Se esse é o caso, então o argumento de Owen é derrotado porque este deve admitir que Cristo morreu por algum dos pecados (pecado original) de todos os homens. Parece que Owen deve dizer que Jesus morreu por *algum dos pecados (pecado original) de todos os homens*, ou deve adotar a visão de que ele só sofreu punição por *algum dos pecados de alguns homens* (uma posição não listada em seu trilema).[2882]

Ao longo do capítulo de Williams, ele insiste que Cristo morreu por "pecados reais", especialmente nas páginas 613-14. O que ele nunca trata é o assunto de Jesus morrer pelo pecado original.

Williams, Ussher e Dabney

Williams também tenta criar uma brecha entre Ussher e Dabney. Ele diz que, "Diferentemente de Ussher, Robert L. Dabney defendeu a crença de que 'a obra redentora de Cristo foi, em sua intenção, limitada aos eleitos'".[2883]

Tudo o que Dabney quer dizer é que há uma limitação *na intenção de aplicar*. Williams pensa que Ussher foi arminiano? Obviamente, Ussher concordou com a ideia de que Cristo tinha uma intenção efetiva de aplicar sua morte apenas aos eleitos, o que correspondia ao propósito de Deus na eleição. Todos os calvinistas, incluindo o amplo espectro de universalistas hipotéticos, concordam com isso. É apenas o caso

---

[2881] Ibid., 622.

[2882] Como argumentado, por exemplo, pelo calvinista J. Daane, "What Doctrine of Limited Atonement?", *Reformed Journal* 14 (1964):16.

[2883] G. Williams, "A punição divina não pode ser infligida duas vezes: O argumento do duplo pagamento redivivo", 586.

em que Ussher fundamentou a eficácia *na intercessão de Cristo em favor dos eleitos*, não na morte ou satisfação em si.

Ussher disse que, "Pois a universalidade da satisfação não derroga nada da necessidade da graça especial na aplicação: nem a especialidade de uma forma que abrevie a generalidade da outra".[2884]

No final da mesma obra, ele escreveu:

> E, portanto, podemos seguramente concluir a partir de todas essas premissas, que "o cordeiro de Deus, oferecendo-se como sacrifício pelos pecados do mundo inteiro", pretendeu dar satisfação suficiente à justiça de Deus, fazer a natureza do homem, a qual ele assumiu, uma matéria adequada para a misericórdia e para preparar um remédio para os pecados do mundo inteiro, que não deveria ser negado a ninguém que pretendesse tirar proveito dela: tudo o que ele pretendia ao não aplicar o seu todo suficiente remédio a cada pessoa em particular para torná-lo eficaz para a salvação de todos, ou para obter, desse modo, o perdão real pelos pecados do mundo inteiro.[2885]

Conclusão

O argumento do duplo pagamento permanece como um conceito falho, mesmo com a tentativa de reformulação. Williams quer prosseguir sem as lacunas problemáticas envolvidas na linguagem comercial, mas em última análise ele não consegue se afastar das categorias e conceitos comerciais que conduzem seus argumentos. Owen concebeu a morte de Cristo como um "pagamento literal" e, portanto, os seus argumentos de duplo pagamento e do trilema funcionam com uma concepção quantitativa da imputação do pecado a Cristo.

Pós-escrito
Williams comete um sutil erro cristológico na página 602 e erroneamente pensa que é compatível à declaração de Turretini que ele cita na mesma página. Ele disse que, "Devemos atribuir as propriedades de uma natureza [de Cristo] à outra, porque ambas

---

[2884] J. Ussher, "The True Intent and Extent of Christ's Death and Satisfaction on the Cross", em *The Whole Works of the Most Rev. James Ussher*, 17 v., ed. C. R. Elrington (Dublin: Hodges, Smith, and Co., 1864), 12:553.

[2885] Ibid., 12:558-59.

se uniram em uma só pessoa".²⁸⁸⁶ Você notará que isso é precisamente o que Turretini não diz na citação da página 602. Este corretamente disse que as propriedades das naturezas de Cristo foram realmente comunicadas à pessoa, não necessariamente a outra natureza.

Eu penso que Williams errou na comunicação das propriedades. Por exemplo, se, como ele disse, devemos atribuir as propriedades de uma natureza à outra (natureza), então a natureza humana de Cristo deve ser considerada onipresente, ou ubique (entre outras confusões). Essa é a confusão que levou alguns luteranos a adotarem o ubiquitarianismo.

Turretini tem a ênfase antioquena e a preocupação com a verdadeira humanidade de Cristo, enquanto os alexandrinos tiveram a ênfase e preocupação com a unidade da pessoa de sua pessoa. Deveríamos, de fato, ser zelosos acerca de ambos. Turretini, para proteger a verdadeira humanidade de Jesus e, portanto, a identificação de sua natureza com a nossa natureza, não atribui as propriedades da natureza divina de Cristo à sua natureza humana, mas atribui as propriedades das duas naturezas à pessoa de Cristo.

Em outras palavras, tudo o que pode ser predicado a respeito de uma das naturezas de Jesus pode ser predicado de sua pessoa, mas o que é verdadeiro a respeito de uma natureza não pode ser necessariamente predicado de outra natureza (Jesus, em sua natureza humana, não era onipresente). Pense a respeito de Cristo como (1) uma pessoa, (2) natureza divina e (3) natureza humana. Aqui está o que podemos dizer corretamente acerca da cristologia: Tudo o que é verdade a respeito de 2 e 3 é verdadeiro a respeito de 1. Mas o que é verdade a respeito de 2 não é necessariamente verdade a respeito de 3.

Williams vai longe demais e basicamente diz que é preciso atribuir as propriedades de 2 para 3. Isso está incorreto. Admitido, em alguns casos, que o que é verdade a respeito de 2 pode ser verdade a respeito de 3 (dada a imagem de Deus no homem), com algumas qualificações significativas devido às distinções criador/criatura, mas na maioria dos casos não devemos atribuir as propriedades de uma das naturezas de Jesus para a outra natureza.

Essa questão não está diretamente relacionada ao argumento de Williams, mas indica onde ele erra em sua doutrina da cristologia, bem como em sua interpretação de Turretini.

[2886] G. Williams, "A punição divina não pode ser infligida duas vezes: O argumento do duplo pagamento redivivo", 602.

Análise do capítulo de Stephen J. Wellum, "A nova aliança – Obra de Cristo: Sacerdócio, expiação e intercessão" (625–652)

Stephen Wellum aborda o assunto do sacerdócio, da expiação e da intercessão em um esforço para demonstrar que somente a expiação definida leva em conta a obra sacerdotal unificada de Cristo: ele morre somente pelos pecados daqueles por quem intercede.

Na introdução, Wellum declara: "todos os pontos de vista da expiação universal dividiriam a obra sacerdotal unificada de Cristo, redefinindo a relação dele como sacerdote para seu povo e, finalmente, fazendo ineficiente sua obra como o cabeça da nova aliança – todos os pontos que a Escritura não admite".[2887] O autor prossegue ao abordar três questões: (1) questões metodológicas/hermenêuticas fundamentais e centrais para o argumento, (2) os sacerdotes do AT realizam uma obra particular e unificada, e (3) Cristo, como o sacerdócio do AT, efetua uma obra particular e eficaz por seu povo da aliança.[2888]

Seção Um
Na seção um, Wellum discute "Sacerdócio e Tipologia" e "Sacerdócio e Alianças". Ele está muito correto ao apontar que uma compreensão da natureza da obra sacerdotal de Cristo deve ser vista à luz das estruturas pactuais, especialmente da nova aliança.[2889] Ele cita Waldron e Barcellos: "Qual é o intuíto, a extensão e o desígnio da nova aliança? É uma aliança geral, feita com todos, que torna possível a salvação de todos, caso a recebam? Ou é uma aliança limitada feita somente com certas pessoas e assegurando salvação eterna delas?"[2890]

Como ele esclarece, alguém poderia perguntar: "a quem nosso Senhor, como o sumo sacerdote da nova aliança, representa em sua morte e oferece os frutos dessa aliança?" Wellum crê que todas as visões de expiação geral removem a obra de Cristo de seu contexto da nova aliança. Note cuidadosamente essa declaração: "A obra expiatória de Cristo não pode ser estendida a todas as pessoas sem também se estender a todos os benefícios e privilégios da nova aliança... Todos os pontos de vista da expiação universal devem redefinir a natureza da nova aliança ou argumentar que Cristo

---

[2887] S. Wellum, "A nova aliança – Obra de Cristo: Sacerdócio, expiação e intercessão", em *Do Céu Ele Veio Buscá-la*, 627.
[2888] Ibid.
[2889] Ibid., 631.
[2890] Ibid.

morre como o cabeça pactual de outra aliança, não importa qual seja".[2891] Aqui está a principal pressuposição de Wellum: a extensão e a aplicação da expiação devem ser coextensivas. Aqueles por quem Cristo morreu devem receber os benefícios da aliança.

Mas onde na Escritura isso é afirmado? Não há lugar na Escritura que assevere o ponto de Wellum. Como veremos, até mesmo a sua tentativa de derivá-lo tipologicamente falha.

Seção Dois
Na seção dois, Wellum discute a obra unificada dos sacerdotes da antiga aliança.[2892] Ele oferece um resumo útil da obra dos sacerdotes levíticos. Encontra-se apenas um lugar na seção em que Wellum busca criticar os defensores de uma expiação geral,[2893] e torna-se evidente que ele está seguindo o argumento de John Owen de que todos por quem Cristo morre ele intercede, e todos por quem ele intercede, morre. Owen e Wellum pensam que esse grupo é coextensivo e se aplica somente aos eleitos. A falácia lógica desse argumento se tornará evidente na sequência.

Seção Três
A terceira seção de Wellum aborda a obra unificada de Cristo como sacerdote da nova aliança. Ele se encaminha para uma crítica completa da expiação ilimitada.[2894] A sua tese básica é: "Um problema funcamental de todos os conceitos da expiação universal é que são fragmentos da obra sacerdotal de Cristo de oferecimento e intercessão".[2895]

Wellum afirma que o argumento de Robert Lightner de que a intercessão de Cristo está limitada à sua intercessão celestial somente pelos eleitos crentes está errado, assim como o argumento de Gary Shultz de que a intercessão de Cristo pode ser vista como salvífica pelos não eleitos. Todas as razões de Wellum giram em torno de sua própria noção preconcebida de que a extensão da expiação, bem como a intercessão de Jesus, é limitada somente aos eleitos, uma afirmação não provada de sua parte.

Wellum tem que depender da tipologia para chegar onde quer ir, e no processo tem que ignorar muitas passagens do NT que afirmam o escopo e a natureza ilimitada da expiação de Cristo. As declarações bíblicas diretas colocam de lado a tipologização.

[2891] Ibid., 631-32.
[2892] Ibid., 633-38.
[2893] Ibid., 637.
[2894] Ibid., 641-51.
[2895] Ibid., 641.

Ele reconhece os contra-argumentos que os defensores da expiação geral fazem ao seu argumento[2896] e tenta lhes responder. Mas aqui, novamente, ele depende da tipologia do AT que, visto que o sacerdócio do mesmo período representava somente pessoas da aliança, a expiação de Cristo se estendia somente aos eleitos.

Wellum interpreta erroneamente Hebreus 2.5-18 ao deixar de notar que o texto se baseia na citação do autor do Salmo 8 e na solidariedade da humanidade com Cristo em sua encarnação, levando à declaração de que Jesus "provou a morte por todos" em Hebreus 2.9. Na seção seguinte de Hebreus, os benefícios dessa morte são descritos como avindos aos que têm crido em Cristo. Hebreus 2.5-18 não afirma que a expiação e os benefícios da expiação são coextensivos. Essa é a pressuposição de Wellum.[2897] Hebreus limita os benefícios expiatórios de Cristo aos que estão na aliança com ele. Nada é dito em Hebreus acerca da extensão da expiação como sendo limitada.

O Novo Testamento está repleto de versículos que declaram que a salvação é condicionada pela fé. Ninguém recebe as bênçãos da aliança, a menos que creia. O próprio Deus condiciona a recepção da salvação na fé, conforme a Escritura. O perdão real dos pecados somente é aplicado aos que creem.

Qualquer que seja a visão de eleição, somente os que estão na aliança em virtude da união com Cristo experimentam as bênçãos da aliança a respeito do perdão. Como alguém entra em união com Jesus? A resposta escriturística é, pela fé. Isto, contudo, não exige de modo algum a expiação definida.

O apelo de Wellum à tipologia de Cristo como nosso sumo sacerdote simplesmente não consegue carregar o fardo que ele deseja colocar sobre ela. Deve-se tomar cuidado de modo a não ler no AT as categorias de eleitos e não eleitos do NT. Nem deveríamos ler as categorias do Antigo Testamento do sistema sacrificial no Novo, a menos que tenhamos uma justificação bíblica específica para fazê-lo.

Enquanto Wellum considera as objeções de estudiosos contemporâneos, não vejo onde ele aborda a crítica de sua posição feita por pessoas como Baxter, Bunyan, Shedd, Polhill, Decker e muitos outros dentro das fileiras reformadas.

Expiação Definida e Oração de Jesus em João 17

Wellum pressupõe que, se a intercessão de Jesus (João 17) é limitada aos eleitos, então ele morre somente pelos pecados dos eleitos. Mas em nenhum lugar o próprio texto declara que Jesus morre somente por aqueles por quem ele ora. Além disso, João 17 não faz menção da morte de Cristo. Deixando de lado por um momento a possibilidade de que, no contexto, isso seja provavelmente uma referência aos discípulos, e

---

[2896] Ibid., 643-46.
[2897] Ibid., 645-46.

mesmo a tomando como extensível aos eleitos crentes da época, ainda assim não se pode tirar a conclusão de que o texto significa que Jesus não morreu pelos pecados de todas as pessoas, eleitas e não eleitas.

Afirmar que a frase "aqueles que me deste" se refere aos eleitos é uma exegese forçada. O contexto deixa claro que aqueles a quem Jesus se referiu, no versículo 9, são os discípulos, e possivelmente todos os que já vieram a crer nele durante seu ministério terreno. O versículo 20 também apoia essa compreensão, pois lá Jesus diz que ele ora não só por aqueles que creram nele, mas também por aqueles que no futuro creriam.

Quando Jesus diz que não ora pelo mundo neste ponto, o significado é óbvio. Essa oração específica está focada em pessoas específicas. Ele estava orando para que os crentes exibissem certas características espirituais que somente eles poderiam demonstrar. Que propósito haveria para Jesus orar essas coisas pelos não convertidos?

Aqui está o ponto crítico. Que Cristo não orou pelo "mundo" nesse momento não prova que ele não orou pelo mundo dos incrédulos em outros momentos. Afirmar isso é invocar a falácia de inferência negativa, a qual Wellum parece fazer. Mas o engraçado é que nos versículos 21 e 23, Jesus orou pelo mundo. Ele orou para que o mundo pudesse crer. Extrair os "eleitos" de alguma forma desta palavra "mundo", nesse contexto, é obviamente uma eisegese.[2898]

O autor é vítima da generalização de que a eleição implica expiação limitada. O erro aqui é colidir com a intercessão de Cristo em sua expiação pelos pecados, um movimento injustificado biblicamente que faz petição de princípio.

Além das falácias lógicas de petição de princípio e inferência negativa, Wellum também comete a falácia de afirmar o consequente em seu tratamento da oração intercessória de Jesus. Sua lógica é a seguinte:

> Orou por todos = morreu por todos
> Portanto,
> Morreu por todos = orou por todos.

A lógica é obviamente falaciosa. Considere este exemplo:

> Se um homem está morto, ele não está respirando.
> Portanto,
> Se um homem não está respirando, ele está morto.

[2898] Veja minha crítica a essa linha exegética acima no capítulo de Matthew Harmon.

O último é uma inferência falsa e não é necessariamente verdade. O homem poderia estar prendendo a respiração.[2899]

Também se esconde por trás dos argumentos de Wellum o seu compromisso com uma visão comercialista da expiação, a qual já discutimos em revisões anteriores.

Conclusão

Como Doug Moo afirmou em sua resenha de *Kingdom Through Covenant* (Reino Através da Aliança), de Gentry e Wellum, que "estou menos certo do argumento a favor de uma expiação particular, cuja relevância para o argumento principal não é imediatamente óbvia".[2900] O mesmo pode ser dito aqui a respeito do capítulo de Wellum.

Análise do capítulo de Henri A.G. Blocher, "Jesus Cristo, o homem: Para uma teologia sistemática da expiação definida" (653—703)

O capítulo de Blocher é o capítulo final da seção sobre teologia, e apropriadamente, visto que ele tenta desenvolver algo a respeito de uma teologia sistemática de expiação definida. O capítulo está dividido em cinco seções principais, a primeira e a última não tratam especificamente da questão em apreço.

A seção um, "Prolegômeno" (654-60), é uma breve introdução à teologia sistemática, cobrindo três áreas: tradição, razão e Escritura. Essa é uma seção útil, mas um tanto terciária à questão em apreço. A seção dois (661-78) aborda a questão da extensão a partir de uma perspectiva histórico-teológica. Nela, Blocher discute brevemente Agostinho, Calvino, Andrew Fuller, Charles Hodge, Karl Barth e Bruce McCormack. A seção três (678-96) compara a expiação definida com o universalismo hipotético em cinco áreas: (1) uso da Escritura; (2) o amor de Deus e o convite do evangelho; (3) a harmonia trinitária, a oferta universal do evangelho e a certeza pessoal; (4) o argumento do duplo pagamento; e (5) a questão da suficiência. A seção quatro (696-702) aborda o assunto da unidade orgânica de Cristo com a humanidade e o

---

[2899] D. Ponter, "Some Invalid and Unsound Arguments for the Assertion That All Died-For Are All Prayed-For", *Calvin and Calvinism*, 28 de Fevereiro de 2013, http://calvinandcalvinism.com/?p=12337.

[2900] Veja D. Moo, "Kingdom through Covenant: A Review by Doug Moo," *The Gospel Coalition*, 12 de Setembro de 2012, http://www.thegospelcoalition.org/article/kingdom-through-covenant-a-review-by-douglas-moo.

seu impacto na extensão da expiação. A seção cinco (702-03) considera brevemente a questão da extensão e o tempo (sequenciamento histórico) e, assim como a primeira seção, é realmente terciária em relação à questão principal.

A minha avaliação e crítica se concentrará nas seções dois a quatro e será um pouco mais longa do que as revisões de capítulo anteriores. Eu sou especialmente grato pelo fato de Blocher se ocupar em algumas de minhas críticas à expiação definida em *Whosoever Will* (Quem Quiser)[2901] em numerosos pontos de seu capítulo.

Diferença entre Expiação Definida e Universalismo Hipotético
Blocher pergunta onde reside a diferença decisiva entre o universalismo hipotético e a expiação definida:

> Onde, pois, repousa a diferença decisiva? Na relação com a eleição. O propósito da expiação é idêntico para todos, eleitos e réprobos? O universalismo hipotético responde que sim; a expiação definida responde que não. Ou, na transação que ocorreu na cruz, que é descrita por frases como "suportar os pecados", "satisfazer a justiça divina", "pagar o preço do resgate", os réprobos estão incluídos como os eleitos? O universalismo hipotético diz que sim; a expiação definida diz que não. Ou, a expiação assegura a vida eterna de tal modo que aqueles por quem ela foi realizada segundo seu principal propósito e operação a receberão infalivelmente no final? A expiação definida diz que sim; o universalismo hipotético diz que não.[2902]

Em relação à primeira pergunta, é impreciso dizer que o universalismo hipotético afirma que o propósito da expiação é idêntico para todos. A extensão da expiação é idêntica para todos, mas a intenção (propósito), conforme o universalismo hipotético, é a mesma que a expiação definida: assegurar a salvação dos eleitos. Em relação à terceira pergunta, também é impreciso declarar que o universalismo hipotético não afirma que a expiação assegura a vida eterna "segundo seu principal propósito" visto que os apoiadores do universalismo hipotético afirmam que isso é realizado na aplicação com base tanto na intenção especial de Deus quanto à extensão da expiação.

O texto de Blocher, nesse parágrafo, é um tanto confuso. Se falamos da natureza da satisfação, ela é para todos os homens. Se falamos da intenção, a partir da perspectiva do

---

[2901] D.L. Allen, "The Atonement: Limited or Universal?", 61-107.

[2902] H. Blocher, "Jesus Cristo, o homem: Para uma teologia sistemática da expiação definida", em *Do Céu Ele Veio Buscá-la*, 662-63.

universalismo hipotético, ela é desigual. A expiação assegurou a base legal da salvação. A única diferença entre a expiação definida e o universalismo hipotético é a extensão do carregar os pecados que faz com que os universalistas hipotéticos falem diferentemente acerca da "intenção" da expiação. Os universalistas hipotéticos creem que Deus pretendia que Cristo morresse pelos pecados de todas as pessoas (expiação ilimitada), mas que ele também pretendia dar graça eficaz somente aos eleitos (propósito eficaz).

Má leitura de Agostinho, Calvino e Andrew Fuller e Charles Hodge
Agostinho: Blocher disse que o caso de Agostinho é "complexo" e que não há uma doutrina unificada de expiação que se destaque nos escritos dele.[2903] Na verdade, esse não é o caso. Este é claro em sua afirmação de que Cristo morreu pelos pecados de todas as pessoas, inclusive Judas.[2904] Blocher tenta usar a interpretação textual de Agostinho de algumas passagens para indicar sua adesão à expiação definida. Contudo, isto deixa de reconhecer que muitos universalistas hipotéticos interpretam essas passagens como Agostinho, ainda que claramente defendessem a expiação universal. Será que Blocher pensa que Agostinho tinha uma definição diferente de predestinação e graça do que os universalistas hipotéticos? O velho Agostinho afirmou a mesma definição de predestinação do que a dos universalistas hipotéticos, e todos os calvinistas que eu poderia acrescentar.

Calvino: Em relação a Calvino, já abordei essa questão na revisão do capítulo de Blacketer. Blocher é fortemente dependente da obra desatualizada de Nicole sobre a visão de extensão de Calvino. Muita pesquisa sobre a visão de Calvino aconteceu desde o artigo de Nicole, de 1985. Blocher fala de defensores (plural) em torno de Calvino, como Beza. Aqui devo inquirir: "Quem mais?" O autor não nomeia ninguém. A recente obra de Richard Muller e outros mostrou que virtualmente todos os reformadores da primeira geração defendiam a expiação universal. A afirmação de Beza a respeito da expiação definida não aparece até cerca de 25 anos após a morte de Calvino.[2905]

Andrew Fuller e Charles Hodge: Blocher também parece interpretar mal tanto Andrew Fuller quanto Charles Hodge, a quem ele designa ao campo da expiação definida, em desacordo com a minha colocação no campo do universalismo

---

[2903] Ibid., 663.
[2904] Augustine, "Exposition on the Book of the Psalms", em *NPNF*, 8:309.
[2905] Consulte o artigo em duas partes de D. Ponter sobre a visão de Calvino a respeito da extensão da expiação, na qual ele mostra além de qualquer dúvida razoável que Calvino afirmou a expiação universal ("Review Essay [Part One]" e "Review Essay [Part Two]").

hipotético.²⁹⁰⁶ O autor pensa que muitas das minhas citações "falham em convencer, porque a flexibilidade da linguagem usada pelos sustentadores da expiação definida não é reconhecida".²⁹⁰⁷ Concernente à minha abordagem de Fuller, Blocher disse que "alguns complementos são necessários para efetuar um equilíbrio próprio".²⁹⁰⁸

Na verdade, é o contrário. Blocher não consegue reconhecer a flexibilidade do dualismo da intenção e da extensão em Fuller e Hodge. Ele confunde a clara declaração de Hodge acerca de Cristo ter carregado os pecados pelo mundo com a questão da oferta universal.²⁹⁰⁹ Para Hodge, é a natureza universal da expiação que fundamenta a oferta universal, que é o ponto dele na própria citação que Blocher cita.²⁹¹⁰

Hodge claramente declara que, embora Cristo não tenha morrido "igualmente" por todos os homens (como no arminianismo), todavia ele morreu por suas "ovelhas" e pela "igreja" (como no calvinismo) e "ele fez tudo quanto era necessário, no que diz respeito à satisfação feita à justiça, tudo o que se requer para a salvação de todos os homens" (universalismo hipotético). Se a morte de Cristo cumpriu "tudo o que se requer para a salvação de todos os homens", então ela não pode ser uma substituição limitada como no esquema da expiação definida. Hodge afirmou o sofrimento universal de Cristo pelos pecados.²⁹¹¹

Hodge distingue cuidadosamente entre o propósito, o desígnio e a intenção da expiação a partir de sua extensão.²⁹¹² W.G.T Shedd também compartilha a mesma

---

2906 Para a evidência de que Fuller posteriormente veio a rejeitar a expiação limitada, veja "Andrew Fuller (1754—1815)", e P. Morden, *Offering Christ to the World: Andrew Fuller and the Revival of Eighteenth Century Particular Baptist Life*, Studies in Baptist History and Thought 8 (Waynesboro, GA: Paternoster, 2003), 26-27.

2907 H. Blocher, "Jesus Cristo, o homem: Para uma teologia sistemática da expiação definida", 666.

2908 Ibid., 667.

2909 Ibid., 669-70.

2910 Ibid., 670-71.

2911 C. Hodge, *Teologia Sistemática*, 899. Note também como Robert Dabney, contemporâneo de Hodge, cita Hodge como afirmando a expiação universal (R.L. Dabney, *Systematic Theology* (1878; repr. Edinburgh: Banner of Truth, 2002), 527). Dabney também escreveu, "Certamente a expiação feita por Cristo está tão relacionada a todos, independentemente da eleição, que Deus pode sinceramente convidar a todos para usufruir seus benefícios, que toda alma no mundo que deseja a salvação tem a garantia de se apropriar dela, e que até mesmo Judas, se viesse com sinceridade, não seria lançado fora". Veja também o comentário de Dabney: "A redenção é limitada, isto é, para os verdadeiros crentes, é particular. A expiação não é limitada " (ibid., 528). Dabney declarou que, "Cristo fez expiação por cada homem" (ibid., 525).

2912 C. Hodge, *Teologia Sistemática*, 890-91.

teologia.²⁹¹³ Em vez de demonstrar que Fuller e Hodge estão no campo da expiação definida, a análise de Blocher na verdade demonstra o oposto.

Lembre-se do ponto de Blocher acerca do método teológico no início de seu capítulo. Mostrar nos escritos de Hodge, nos quais ele afirma limitação na intenção ou a aplicação da expiação, enquanto negligencia declarações em que ele afirma que o sofrimento universal é, de fato, um método teológico que não corresponde ao expresso em seu prolegomeno.

Expiação Definida e Universalismo Hipotético Comparados

Na seção três, Blocher aborda cinco assuntos:

1. Escritura, incluindo Hebreus 2.9, e a falácia da inferência negativa.
2. O amor de Deus e o convite do evangelho.
3. Harmonia trinitária, a oferta universal do evangelho e a certeza pessoal.
4. O argumento do duplo pagamento.
5. A questão da suficiência.

Nós só podemos tocar brevemente em cada um desses.

O Uso da Escritura
Blocher sugere que os universalistas hipotéticos negligenciam "critérios naturais" de textos que superficialmente apoiam a expiação ilimitada.²⁹¹⁴ Ele toma Hebreus 2.9 como exemplo. Ele afirma que "homem" não faz parte do original. Isso é meramente um problema de tradução. O texto diz que Cristo morreu por "todos". Se "homem" ocorre ou não no texto é irrelevante.

Blocher, então, se encaminha para o seguinte contexto da passagem que fala daqueles que se beneficiam da expiação na tentativa de limitar o significado de Hebreus 2.9 aos eleitos. Isto falha em considerar o contexto anterior da citação do Salmo 8, o qual conecta a encarnação à obra de Cristo por todas as pessoas. Também falha em

---

²⁹¹³ W.G.T. Shedd, *Dogmatic Theology*, 3:418, afirma o mesmo sofrimento ilimitado na expiação: "A expiação do pecado é distinguível do seu perdão. O primeiro, concebivelmente, pode ocorrer e o segundo não. Quando Cristo morreu no Calvário, toda a massa, por assim dizer, o pecado humano foi expiado simplesmente por essa morte; mas a massa inteira não foi perdoada simplesmente por essa morte. As reivindicações da lei e da justiça pelos pecados do mundo inteiro foram satisfeitas pela 'oferta do corpo de Jesus Cristo, uma vez por todas' (Hb 10.10)".

²⁹¹⁴ H. Blocher, "Jesus Cristo, o homem: Para uma teologia sistemática da expiação definida", 679.

reconhecer a distinção bíblica entre a extensão da expiação, que é ilimitada, e a sua aplicação, que é limitada.

Ele notou meu ponto acerca da falácia da inferência negativa sendo empregada por aqueles que defendem a expiação definida. "Bastante justo", ele declara. Então, se esquiva do problema e tenta virar o jogo: "Não obstante, a lógica tendenciosa que provém daí favorece mais a expiação definida".[2915] Esta afirmação não é apoiada com qualquer evidência.

Blocher conclui que, "Uma exegese fragmentada não produz uma resposta bem delineada à escolha entre expiação definida e universalismo hipotético. A evidência deve ser 'assimilada' por reflexão *teológica*".[2916] É claro que todos afirmariam isso. Mas tal declaração presume que os que afirmam o universalismo hipotético se ocupam de uma "exegese fragmentada" enquanto os que afirmam a expiação definida "assimilam" a exegese por "reflexão teológica".

A minha observação é que uma exegese fragmentada é frequentemente culpa de alguns que argumentam a favor da expiação definida. A expiação definida é uma dedução teológica da Escritura, não tanto uma doutrina derivada a partir de uma clara exegese da Escritura.

O Amor de Deus e o Convite do Evangelho

O autor corretamente afirma o amor universal de Deus e a vontade salvífica universal[2917] e vê como afirmar que o primeiro necessariamente envolve o segundo, ao contrário de Helm e Blacketer. Ele disse que, "O amor de Deus para com todos também se refere à salvação última deles. Afirmações tais como Ezequiel 18.32 e 2 Pedro 3.9 (uma restrição implícita aos eleitos é pouco provável) declaram tal vontade".[2918]

Harmonia Trinitária, Oferta Universal do Evangelho e Certeza Pessoal

Já abordei o problema da harmonia trinitária e da oferta universal do evangelho nas revisões anteriores de capítulos de *Do Céu Ele Veio Buscá-la*. A discussão da certeza pessoal é breve e a ignorarei aqui.

Nessa seção, Blocher oferece uma resposta inadequada ao ponto de Gary Shultz acerca do conteúdo evangélico do kerygma de Paulo aos coríntios inconversos: "Cristo morreu pelos nossos pecados", em 1 Coríntios 15.1-3. Ele tenta dois anuladores: (1) Paulo não reproduz o discurso literalmente e (2) "por nós" pode significar o grupo

---

[2915] Ibid., 681.
[2916] Ibid.
[2917] Ibid., 681-84.
[2918] Ibid., 682.

do apóstolo e qualquer um que se juntaria a eles.²⁹¹⁹ Todavia, a declaração de Paulo claramente implica que ele pregou que Cristo morreu pelos pecados de todos. O apóstolo relembra aos coríntios a mensagem que lhes pregou quando chegou a Corinto pela primeira vez (At 18.1-18). Ele claramente afirma que o conteúdo do evangelho que pregou em Corinto incluía o fato de que "Cristo morreu pelos nossos pecados".

Note cuidadosamente que Paulo está dizendo que foi isso o que ele pregou na pré-conversão deles, não na pós-conversão. Assim, o "nossos" em sua declaração não pode ser tomado para se referir a todos os eleitos ou meramente aos eleitos crentes, que é o que o calvinista rígido é forçado a argumentar. De que outra forma, a partir de uma perspectiva reformada de expiação limitada, Paulo poderia pregar a todas as pessoas que Cristo havia morrido por seus pecados? Ele não poderia fazer isso com qualquer consistência.

Toda a perícope de 1 Coríntios 15.3-11 deve ser mantida em mente. Note como no versículo 11, Paulo retorna ao que ele havia dito no versículo 3: "Quer, então, fosse eu ou eles, assim pregamos e assim crestes" (NASB). O tempo presente costumeiro em grego usado pelo apóstolo quando diz "assim pregamos," juntamente com o tempo aoristo em grego para "crestes," deixa claro que ele se refere a um momento no tempo passado em que eles creram no que era seu costume pregar.

O que Paulo pregou a eles em seus esforços evangelísticos para ganhar todos os não salvos para Cristo? Ele pregou o evangelho, que incluía "Cristo morreu pelos nossos pecados". E assim eles creram.

Argumento do Duplo Pagamento

Blocher tenta atenuar os problemas com o duplo pagamento.²⁹²⁰ Visto que já abordei esse assunto em uma análise anterior, não vou lidar com ele aqui. Vou, contudo, levantar um problema menor. Blocher responde ao ponto de Gary Shultz acerca da reconciliação universal em Colossenses 1.²⁹²¹ Ele cita Shultz: "Para que, por meio de Cristo, reconciliasse todas as coisas com o Pai, ele teve de pagar por todo pecado, inclusive os pecados dos não eleitos. De outro modo, algum pecado estaria fora de sua obra expiatória e, assim, fora de seu triunfo cósmico". Blocher, então, declara que Shultz presumivelmente não afirmaria que Cristo morreu pelos pecados dos anjos caídos, "e, portanto, seu triunfo cósmico não requer seu pagamento pelos pecados de todos os seus inimigos". Shultz falou de "todos os pecados," que no contexto significa

---

[2919] Ibid., 687.
[2920] Ibid., 689-94.
[2921] Ibid., 693-94.

"todos os pecados humanos," inclusive os pecados dos não eleitos. Blocher toma isto e o estende além do que Shultz disse para incluir os anjos caídos.

Expiação e Suficiência
Visto que já abordei esse problema em outras revisões de capítulos, serei breve. Blocher argumenta que a expiação é suficiente para a salvação dos réprobos (os não eleitos) "já que ela torna infalível o dom da fé".[2922] Isso é problemático. Ele está tratando com uma suficiência de valor intrínseco, não com uma suficiência real ou um preço de resgate pago por todos esses que estavam entre os não eleitos para crer, se seria salvo. É impossível que esse seja o caso, por definição, não há expiação para os não eleitos. A expiação não é de forma alguma suficiente pelos pecados dos não eleitos, porque não existe expiação pelos seus pecados.

Cristo, O Redentor, como Homem
Blocher tenta argumentar que a liderança de Cristo sobre o "seu" povo exige uma expiação definida. Ele encontra "uma tensão" com a insistência de Andrew Fuller de que a morte de Cristo, considerada independentemente da "designação de Deus, com respeito à sua aplicação", foi feita "por homens, não como eleitos ou não eleitos, mas como *pecadores*".[2923] "O que é esse 'pecado' na frase de Fuller contra o qual a ira de Deus foi descarregada? ... A metáfora do 'preço pago' se refere à própria transação, não a aplicação posterior".[2924] Mas, não há tensão quando Blocher deixa de reconhecer que Fuller afirmou a expiação ilimitada e distinguiu a extensão da expiação de sua aplicação.

Para ele, Cristo morreu como o "cabeça" de uma nova humanidade. "Considerando a comunidade maior na qual a estrutura da liderança é estabelecida, e com implicação mais radical – o *genus* humano – podemos afirmar tanto a expiação definida como uma referência universal".[2925]

Blocher crê que a liderança de Cristo como o novo Adão fundamentou tais proposições como homem, em sentido genérico, foi redimido na cruz; o "mundo" foi reconciliado (2 Co 5.19); e "cada ser humano [enquanto ser humano] está envolvido".

"*Como* a humanidade está envolvida?" questiona Blocher. Cristo se apropria do "homem" em um sentido genérico da humanidade: "Ele cria em si judeus e gentios 'em um novo ἄνθρωπος...' Considerando a dimensão da unidade do gênero humano,

---

[2922] Ibid.
[2923] Ibid., 698.
[2924] Ibid.
[2925] Ibid., 699.

ele merece ser chamado 'o salvador do mundo (João 4.42)'".²⁹²⁶ E os que não creem? Para o autor, o vínculo da solidariedade humana implica que a obra de Cristo, como cabeça do genus, diz respeito a todas as pessoas. Todos são chamados a crer em Jesus. Se eles se recusam, eles "se excluem da humanidade como um genus: confirmam para si a condenação adâmica".²⁹²⁷

Blocher conclui essa seção: "Ressaltar a dimensão orgânica, o caráter coletivo da humanidade, ilumina o fundamento no convite universal da expiação, e o motivo de a fé ser requerida para o desfrute".²⁹²⁸ Mas exatamente como isso é possível em seus termos de é difícil de se ver. Não há fundamento para um convite universal porque não há fundamento para a salvação de todos os que são considerados não eleitos. O que uma mão dá, a outra tira no sistema de expiação definida de Blocher. A afirmação de expiação definida dele, uma "referência universal," e uma chamada universal do evangelho é problemática.²⁹²⁹

Conclusão

Embora eu aprecie o capítulo de Blocher, de muitas formas, não posso deixar de sentir que ele se envolve em uma má leitura sistemática de algumas das fontes primárias. A sua falha em notar uma clara linguagem de satisfação universal em Agostinho, Fuller e Hodge, não apenas uma linguagem de oferta universal, é problemática.

Em suma, há seis pressuposições comuns que sustentam os argumentos desses capítulos na seção de teologia sistemática de *Do Céu Ele Veio Buscá-la*:

1. Intenção limitada envolve extensão limitada. Essa é a noção de que a intenção de Deus na expiação (salvar os eleitos) implica uma limitação em Cristo carregar os pecados, de tal forma que há uma imputação somente dos pecados dos eleitos a Cristo na cruz.
2. Eleição implica extensão limitada. A intenção salvífica de Deus é expressa no decreto divino da eleição, e a eleição implica a noção de que a expiação somente é feita pelos pecados dos eleitos.
3. Substituição penal implica extensão limitada.
4. Universalismo hipotético em todas as formas implica discórdia trinitária.

---

²⁹²⁶ Ibid., 699-70.
²⁹²⁷ Ibid., 700-01.
²⁹²⁸ Ibid., 701.
²⁹²⁹ Ibid., 699.

5. Tipologia sacerdotal do Antigo Testamento implica a expiação definida do Novo Testamento.
6. Só há duas opções: expiação definida ou universalismo.

Temos visto nas revisões dos capítulos da seção teológica que (1) essas são deduções teológicas e que (2) nenhuma delas possui claro suporte escriturístico.

Análise do capítulo de Daniel Strange, "Morto pelo mundo?: O 'desconforto' dos 'não evangelizados' para uma expiação definida" (707–732)

Os três capítulos finais de *Do Céu Cristo Veio Buscá-la* abordam assuntos práticos. Nesse capítulo, Daniel Strange lida com o problema dos não evangelizados.

Introdução

Em sua introdução, Strange pensa que a expiação universal apresenta "dificuldades teológicas peculiares".[2930] Ele sugere que a expiação ilimitada não pode ser a base de uma oferta bem-intencionada do evangelho aos que nunca o ouviram, visto que "ela não faz absolutamente nenhuma oferta, e assim a torna 'limitada'".[2931] Mas isso certamente não é culpa da expiação universal. Não é a expiação universal que faz a oferta; são os cristãos que fazem a oferta em nome de Deus.

Conforme os que defendem a expiação universal, há um remédio objetivo para os pecados de todas as pessoas, independentemente de ser oferecido ou não, quer ouçam o evangelho ou não, ou se crerem ou não uma vez que tenham ouvido.

Strange continua:

> Como resultado, podem-se suscitar dúvidas adicionais quanto a essa natureza qualitativa e objetiva da expiação (especialmente se a teoria "penal", em vez da "governamental", for esposada) e, em última análise, do caráter e da soberania de Deus. Cristo proveu uma salvação *de jure* para todos, mas *de facto* ela não está acessível a todos e é limitada em seu escopo.[2932]

[2930] D. Strange, "Morto pelo mundo?: O 'desconforto' dos 'não evangelizados' para uma expiação definida", em *Do Céu Ele Veio Buscá-la*, 709.

[2931] Ibid.

[2932] Ibid., 709-10.

A "natureza objetiva" da expiação é como as pessoas ouvem o evangelho ou não. O caráter de Deus não é contestado se o evangelho não chegar aos não evangelizados. Romanos 1 parece deixar isso claro. Pelo contrário, é o caráter da igreja que é contestado pela falta de obediência em levar o evangelho a todas as nações. Curiosamente, o mesmo tipo de argumento a respeito do caráter de Deus – a saber, seu amor salvífico universal – poderia ser feito contra a expiação definida.

Esse capítulo é dividido em duas seções: (1) a questão dos não evangelizados em relação a expiação universal e (2) a questão dos não evangelizados em relação a expiação definida.

Os Não Evangelizados e a Expiação Ilimitada
Strange imediatamente apela para *Death of Death* [A Morte da Morte], de John Owen, com uma longa citação. Owen concluiu que, ou as pessoas podem ser salvas sem ouvir o evangelho, ou a expiação seria construída de tal forma que tanto o caráter de Deus quanto a unidade da economia da divindade seriam questionados.[2933]

Essa é uma falsa dicotomia. Não é uma situação de ou um/ou outro. Eu já abordei ambas as questões do caráter de Deus e da desarmonia trinitária nas revisões de capítulo anteriores, então não cobrirei esse assunto novamente. Strange prossegue tentando mostrar que a realização objetiva e a aplicação subjetiva da expiação é uma distinção insustentável.[2934] Ele questiona: Uma expiação universal pode ser apropriadamente chamada disso quando há condições para sua aplicação e quando nem todos para quem ela é feita ouvem acerca dela?

É claro que pode. A natureza da aceitação condicional em e por si mesma indica que nem todos satisfarão a condição. Além disso, a condição de arrependimento e fé para a aplicação da expiação é colocada pelo próprio Deus.

Strange tenta argumentar que os que afirmam a expiação universal estão na mesma posição daqueles que afirmam a expiação definida com relação à oferta do evangelho. Os não evangelizados não têm nenhuma oferta.[2935] Mas há uma grande diferença. A expiação universal provê as bases para a oferta universal do evangelho a todos. A expiação definida não. Como apontei numerosas vezes nessas revisões de capítulos, o que a expiação definida oferece aos não eleitos? Nada. Não há evangelho para lhes oferecer, porque não há expiação feita pelos seus pecados. Em sua visão, os não evangelizados não são ofertáveis (aptos a serem oferecidos consistentemente).

[2933] Ibid., 712.
[2934] Ibid., 715.
[2935] Ibid., 716.

Citando Robert Reymond, Strange declara que a expiação universal eviscera a obra expiatória de Cristo de seu infinito valor intrínseco.[2936] Absolutamente não. Os proponentes da expiação universal afirmam o valor intrínseco infinito da expiação e a sua suficiência extrínseca para salvar todos os que creem, incluindo todas as pessoas no planeta Terra caso cressem, porque há uma expiação feita por cada pessoa.

O autor pergunta, de que forma essa categoria de pessoas (as que nunca ouviram o evangelho) é salvável se elas não têm a oportunidade de responder? A resposta é realmente bem simples: elas não são salváveis a menos que creiam no evangelho, e elas não podem crer a menos que o ouçam. Elas são, não obstante, culpáveis diante de Deus, visto que têm o testemunho tanto da criação quanto da consciência segundo Romanos 1.18-32. A natureza da expiação objetiva de Deus não é colocada em questão na posição da expiação universal, como Strange sugere.

Ele, então, lança em uma discussão de Pinnock e Hackett sobre o problema. Então declara que eles são "internamente consistentes" em fazer conexão entre a expiação universal e a acessibilidade universal.[2937] O inclusivismo de Pinnock está errado, como Strange corretamente notou.[2938]

Strange apelou para o estudo de Miller a respeito de João 1.9 que sugere que a "luz que brilha no mundo" se dirige àqueles que respondem a ela. Aqui, o "mundo" não significa "mundo", mas efetivamente significa eleitos.[2939] Em revisões anteriores, já apontei a natureza problemática desse tipo de exegese.

Strange falou de outra dificuldade para a posição da expiação universal – a motivação para missões e evangelismo "se todos têm acesso para responder a Cristo sem o mensageiro humano".[2940] Porém, a grande maioria das pessoas que defende a expiação universal também rejeita o inclusivismo.

Os Não Evangelizados e a Expiação Definida
Strange dedicou quatro páginas a essa seção final. Ele tentou demonstrar que a expiação definida é comensurável à urgência no evangelismo e possui consistência intersistemática e harmonia intratrinitária. A sua posição básica é simples: Deus ordenou que os escolhidos para a salvação ouvirão o evangelho. Ele tenta ligar a universalidade do pecado com a particularidade da graça, como visto na história da revelação e na revelação

---

[2936] Ibid., 717.
[2937] Ibid., 719.
[2938] Ibid., 722-23.
[2939] Ibid., 724.
[2940] Ibid., 725.

da história.²⁹⁴¹ Strange corretamente notou que os defensores da expiação universal questionarão as pressuposições bíblicas e teológicas de seu caso. O apelo de Strange a Atos 16.6-8 para apoiar a expiação definida é tenso na melhor das hipóteses.²⁹⁴² Na verdade, a passagem não tem nada a ver com a extensão da expiação.

Não se pode negar que alguns proponentes da expiação definida ao longo da história mostraram urgência na evangelização. O que precisa ser acrescentado é que muitos defensores da expiação definida ao longo da história da igreja certamente careceram de urgência no evangelismo por causa de seu calvinismo, se bem que em uma versão distorcida dele.

Strange pressupõe que William Carey defendeu a expiação definida, mas não oferece base para tal alegação.²⁹⁴³ Claramente Carey era calvinista, mas, até onde sei, não há uma firme evidência em seus escritos de que ele defendeu a expiação definida. (Veja minha análise a respeito de Carey)

Conclusão

O capítulo de Strange não tem êxito em apoiar a expiação definida ou em mostrar que a expiação universal é insustentável. O fato de alguns grupos de pessoas estarem sem o evangelho não é menos um problema agudo para a expiação universal quanto para a expiação definida.

Análise do capítulo de Sinclair Ferguson, "'Bendita certeza, Jesus é meu'?: Expiação definida e a cura das almas" (733–762)

O capítulo de Sinclair Ferguson aborda o problema da certeza no ministério pastoral a partir da perspectiva da expiação limitada. A maior parte do capítulo é uma análise e crítica da visão do pastor presbiteriano escocês McLeod Campbell do século XIX a respeito da expiação definida e certeza. A *The Nature of the Atonement* [A Natureza da Expiação] de Campbell é a sua crítica à expiação substitutiva penal e à defesa de uma expiação geral.

---

²⁹⁴¹ Ibid., 728-29.
²⁹⁴² Ibid., 729.
²⁹⁴³ Ibid., 731.

McLeod Campbell sobre a Natureza e Extensão da Expiação
O principal erro de Campbell, que Ferguson também presume, é que a substituição penal exige uma expiação definida. Para ele, a única forma de justificar a posição bíblica da expiação geral era negar a substituição penal.

A escolha de Campbell por Ferguson para abordar a conexão da extensão da expiação com a certeza da salvação está enraizada no ministério pastoral de Campbell. Este estava profundamente preocupado com a falta de segurança da salvação que viu em muitos de seus membros da igreja. Ele concluiu que isto se devia à ênfase da teologia federal na expiação limitada "e que a certeza era o fruto de evidências reconhecedoras da graça como marcas de que alguém estava entre os eleitos".[2944]

Resposta à Crítica de Campbell a respeito da Substituição Penal e Expiação Definida
Ferguson lista e responde a cinco das críticas de Campbell a respeito da substituição penal e expiação definida:

1. Ela torna a justiça um atributo necessário de Deus, mas o amor em um atributo arbitrário.[2945]

Campbell argumentou que a expiação deve ser universal ou o caráter de Deus é contestado por amar alguns e não outros. Ferguson pensa que Campbell confundiu caráter e relacionamento. Ele responde que "é justo que o Deus *amoroso* odeie o pecado, inclusive revele que odeia os pecadores. Nenhuma interpretação inteligente de Malaquias 1.2,3... pode levar essas palavras a significarem que Deus ama a Jacó e a Esaú no mesmo sentido e da mesma maneira".[2946] Ferguson acusa Campbell de confundir justiça com justiça punitiva. A primeira é um atributo essencial de Deus, enquanto a segunda é uma resposta relacional devido ao pecado.

2. O calvinismo federal torna o relacionamento divino-humano essencialmente legal em vez de filial.[2947]

Ferguson responde de duas formas. Primeiro, o relacionamento filial é uma posição legal na Escritura, como revelado na linguagem paulina de "adoção". Segundo,

---

[2944] S. Ferguson, "'Bendita certeza, Jesus é meu'?: Expiação definida e a cura das almas", em *Do Céu Ele Veio Buscá-la*, 740.
[2945] Ibid., 742-44.
[2946] Ibid., 743.
[2947] Ibid., 745-46.

é questionável se o calvinismo federal vê "a relação edênica como fundamentalmente legal, porém não graciosa".²⁹⁴⁸

3. O perdão é logicamente anterior ao arrependimento e anterior à própria expiação.²⁹⁴⁹

A crítica de Ferguson é principalmente que Campbell confundiu uma disposição divina de graça com um ato divino de perdão.²⁹⁵⁰

4. A expiação não é uma substituição penal.²⁹⁵¹

Conforme Ferguson, Campbell via a expiação como um ato de expiação pelos pecados, mas não como substituição penal. Não há imputação de nossa culpa e punição a Cristo. Em vez disso, por meio da encarnação e crucificação, Cristo se arrepende perfeitamente por nós.

J.B. Torrance, em sua introdução à *Nature of the Atonement* [A Natureza da Expiação] de Campbell, contesta essa alegação de Ferguson e argumenta que Campbell afirmou a substituição penal. Ferguson corretamente aponta que esse conceito do "arrependimento" de Cristo é algo que a própria Bíblia nunca fala como a "chave principal" da expiação.²⁹⁵²

5. A expiação definida proíbe a certeza da salvação.²⁹⁵³

Do ponto de vista de Campbell, como alguém pode ter certeza da salvação se não sabe que Cristo morreu por ele? Ferguson está certamente correto de apontar em resposta que a certeza de fé não é obtida antes de nossa salvação.²⁹⁵⁴ Contudo, ele erra na nota de rodapé, número 70, quando declara que os réprobos têm o mesmo direito de crer em Cristo do que os eleitos. Semelhantemente, sua alegação de que em nenhuma ocasião do NT os apóstolos pregaram o evangelho em termos de "Cristo morreu por vós, portanto crede" é imprecisa.²⁹⁵⁵

---

²⁹⁴⁸ Ibid., 746.
²⁹⁴⁹ Ibid., 746-48.
²⁹⁵⁰ Ibid., 748.
²⁹⁵¹ Ibid., 749-53.
²⁹⁵² Ibid., 750-51.
²⁹⁵³ Ibid., 753-59.
²⁹⁵⁴ Ibid., 754.
²⁹⁵⁵ Ibid.

Primeiro, a partir de uma perspectiva de expiação limitada, como poderia o réprobo ter o mesmo direito de crer em Cristo? Não há expiação feita pelos seus pecados, por isso não há bases sobre as quais eles seriam aceitos por Deus caso se arrependessem e cressem no evangelho. A noção reformada de total depravação e sua implicação de que ninguém crerá, a menos que seja dada uma graça eficaz, na realidade, não diminui de forma nenhuma esse problema.

Segundo, 1 Coríntios 15.1-11 deixa claro que o método normal de Paulo de levar o evangelho a qualquer grupo, pela primeira vez, era pregar que "Cristo morreu pelos nossos pecados". (Veja minhas observações sobre isso na revisão do capítulo de Blocher anteriormente) A tentativa de Ferguson de livrar a teologia federal das críticas de Campbell com relação à certeza só é parcialmente bem-sucedida. Enquanto Campbell exagera a crítica, Ferguson a subestima.

Expiação Definida e Certeza Cristã

Uma última breve seção completa o capítulo intitulado "Expiação Definida e Certeza Cristã".[2956] Nesse trecho, Ferguson afirma que a expiação definida não apenas é bastante apta a sustentar a certeza cristã, mas, na verdade, a fundamentar. Na realidade, não é a questão da extensão da expiação que fundamenta a certeza cristã, mas a natureza da expiação e do salvador que a fez, que a fundamenta para todos os que se arrependem e creem no evangelho.

Nem o apelo de Ferguson ao argumento do duplo pagamento, nem seu apelo à ruptura na trindade oferecem apoio à expiação definida. Visto que já lidei com esses dois problemas em revisões de capítulos anteriores, não farei isso aqui em detalhes.

A nota de rodapé, número 94, de Ferguson, erige um argumento espantalho contra os universalistas hipotéticos. A sua afirmação de que a desarmonia trinitária se engaja em todas as formas de expiação universal negligencia a distinção bíblica de inter-relação entre a intenção, a extensão e a aplicação da expiação. Ele declara que, conforme os universalistas hipotéticos, "o Pai apresenta seu Filho como uma propiciação real pelos pecados de alguns a quem essa propiciação nunca atinge realmente. Essa permanece sendo uma propiciação que não propicia, a qual cria um duplo prejuízo".[2957] Não, a propiciação diz respeito a todos os pecados e pecadores, como 1 João 2.2 indica. Ferguson não consegue perceber que a expiação em e por si mesma não assegura a sua própria aplicação. A expiação só é aplicada àqueles que satisfazem a condição de Deus

---

[2956] Ibid., 759-61.
[2957] Ibid., 761.

para salvação (não propiciação), que é arrependimento e fé. Romanos 3.25 deixa isto claro: a propiciação é "pela fé no seu sangue". A propiciação não é aplicada até à fé.

Na abordagem do universalismo hipotético, Deus pretendia que Cristo fosse o substituto pelos pecados de todas as pessoas, por isso a extensão da expiação é ilimitada, mas o Pai também pretendia que a expiação só fosse aplicada aos eleitos por meio do chamado especial. Para todos os outros proponentes não calvinistas da expiação universal, Deus pretendia que Cristo fosse o substituto pelos pecados de todas as pessoas, por isso a extensão da expiação é ilimitada. O Pai desejou que os benefícios da expiação fossem adquiridos a todas as pessoas, embora ele também pretendesse que a expiação fosse aplicada somente aos que creem.

Análise do capítulo de John Piper, "'Minha glória não darei a outrem': Pregando a plenitude da expiação definida para a glória de Deus" (763–805)

O capítulo final de *Do Céu Cristo Veio Buscá-la* cobre o assunto da pregação e da expiação definida. John Piper faz as honras. Esse capítulo é uma conclusão conveniente para o livro enquanto Piper tenta mostrar que a pregação da expiação definida redunda na glória de Deus.

Introdução (763-68)
Piper afirma três coisas como fundacionais para o seu capítulo:

1. A glória de Deus é o coração do evangelho e o fim para o qual Deus criou o mundo.
2. A tarefa principal do ministério e da pregação é a magnificação da glória de Deus. Todo sermão deve ser expositivo, segundo Piper, ao qual eu profiro um caloroso "Amém!"
3. A cruz é o clímax da glória da graça de Deus.

Eu não vejo qualquer problema nisso.

A Expiação Definida é uma Parte Significativa da Glória da Graça de Deus (768-71)
Piper pensa que os textos de Efésios 1.4-6 e Apocalipse 5.9 apontam para a expiação definida. "Deus não ressuscita todos da morte espiritual... Ele ressuscita aqueles a quem 'predestinou para a adoção de filhos' (1.5)... Isso significa que, na expiação,

Deus designou e assegurou vida espiritual, bem como sua resultante fé, para aqueles a quem ele predestinou para a filiação".[2958]

Há cinco problemas aqui:

1. Esses textos não dizem nada acerca da extensão da expiação.
2. Piper está presumindo que a predestinação implica expiação definida. Em nenhum lugar da Escritura essa conexão é feita.
3. Ele compra a noção do Concílio de Dort, desenvolvida tardiamente por John Owen, que a fé é algo adquirido com a expiação pelos eleitos. Em nenhum lugar da Escritura se diz que a fé foi adquirida para os eleitos na cruz.
4. Piper parece pensar e falar acerca dos eleitos em um sentido abstrato. Sua generalização turva a distinção entre o eleito crente e todos os eleitos no abstrato. Na verdade, os eleitos devem ser considerados em dois grupos – os que creem e os que ainda não creem. Piper está confundindo esses dois. Mas ele não parece perceber que os textos que cita pertencem aos crentes, não aos eleitos no abstrato. Ele está lendo a teologia reformada no texto. Ele toma o que é verdadeiro a respeito dos crentes em Efésios 1.4-6 e depois busca aplicar a todos os eleitos como uma classe abstrata; um movimento hermenêutico ilegítimo.
5. Em relação a Apocalipse 5.9, até mesmo Heinrich Bullinger, um líder calvinista do século XVI, em um sermão sobre Apocalipse 5.9-10, disse que isso "significa uma universalidade, pois o Senhor morreu por todos: mas se nem todos se tornam participantes dessa redenção, é pela própria culpa deles".[2959]

O Amor de Deus e A Expiação Definida (771-74)

Piper argumenta que um "singular amor de Deus por seus eleitos que explica o singular efeito da expiação definida em salvá-los".[2960] Ele continua: "Outros não são revividos. Portanto, esse amor é distintivo. Não é dado a todos. É dado a pecadores que são predestinados à filiação".[2961]

Note a falácia lógica desse argumento. Conceda, hipoteticamente, que podemos distinguir diferentes tipos de amor (o amor salvífico de Deus pelos eleitos e o amor

---

[2958] J. Piper, "'Minha glória não darei a outrem': Pregando a plenitude da expiação definida para a glória de Deus", em *Do Céu Ele Veio Buscá-la*, 770.

[2959] H. Bullinger, *A Hundred Sermons upon the Apocalypse of Jesus Christ* (London: John Daye, Dwelling over Aldersgate, 1573), 79-80.

[2960] J. Piper, "'Minha glória não darei a outrem': Pregando a plenitude da expiação definida para a glória de Deus", 771.

[2961] Ibid.

geral pelos não eleitos), como isso apoia ou implica expiação definida? Em nada. Piper sucumbe à falácia da inferência negativa em seu argumento. Ele presume que um amor especial pelos eleitos não implica expiação pelos não eleitos.

Ele demonstra uma incapacidade para distinguir adequadamente entre as visões arminiana e amiraldista sobre o amor de Deus. Ele declara a respeito tanto dos arminianos quanto dos amiraldistas que: "A preciosidade desse amor pessoal é emudecida onde é vista como um exemplo do mesmo amor que Cristo tem por aqueles que finalmente perecem. Ele não é o mesmo".[2962] Os amiraldistas (e todos os outros universalistas hipotéticos, posso acrescentar) distinguem graus ou sentidos no amor de Deus pelos eleitos e não eleitos, assim como os que apoiam a expiação definida fazem. Piper caracterizou mal os amiraldistas nisso.

A partir de uma perspectiva reformada, o amor de Deus pelos eleitos é maior em grau, mas também em propósito, visto que envolve um propósito de salvar somente um número seleto de pessoas. Os não calvinistas, obviamente, discordariam desse propósito limitado. Adicionalmente, a maioria dos não calvinistas crê que não é necessariamente sábio falar acerca de graus de amor de Deus, especialmente quando as analogias dadas provêm da vida e do amor humanos. Talvez o amor do Pai não deva ser mensurado por graus de amor encontrados entre os seres humanos, visto que o amor dele é perfeito e o nosso não é.

Nessa mesma linha, em seu sermão sobre "Por quem Cristo morreu?" Piper ataca o arminianismo como uma teologia da autossalvação. Ele disse que, "A fim de dizer que Cristo morreu por todos os homens da mesma forma, o arminiano deve limitar a expiação para uma oportunidade impotente para os homens se salvarem do terrível estado de depravação".[2963] Essa é uma caricatura da posição arminiana.

A Nova Aliança e a Expiação Definida (774-76)

Piper declara que Cristo assegurou não apenas a possibilidade de que todos os que creem sejam salvos, mas também que todos os que são chamados creiam. Isto é o que faz a expiação definida conforme Piper. Ele continua, "A fé dos escolhidos e chamados de Deus foi adquirida pelo 'sangue da aliança' (Mt 26.28)".[2964]

[2962] Ibid., 773.

[2963] J. Piper, "For Whom Did Christ Die? And What Did Christ Actually Achieve on the Cross for Those for Whom He Died?," Monergism, 25 de Maio de 2015, http://www.monergism.com/thethreshold/articles/piper/piper_atonement.html. Piper ajustou esse texto em *Cinco pontos: em direção a uma experiência mais profunda da graça de Deus* (São José dos Campos, SP: Fiel, 2014), 48-49.

[2964] J. Piper, "'Minha glória não darei a outrem': Pregando a plenitude da expiação definida para a glória de Deus", 774.

O termo *expiação definida* se reporta a essa verdade – quando Deus enviou seu Filho para morrer, teve em vista a aquisição definida de um grupo de pecadores sem merecimento, cuja fé e arrependimento obteve pelo sangue de seu Filho. Esse é o propósito [divino] na cruz – adquirir e criar a fé salvífica em um grupo definido de pecadores graciosamente escolhido, indigno e rebelde.[2965]

Na verdade, todos os calvinistas que afirmam uma expiação ilimitada poderiam facilmente concordar com a declaração de Piper, com uma exceção: sua alegação concernente a fé como adquirida pela cruz.

É errado declarar que o que torna a expiação definida é apenas a intenção de Deus de salvar todos os chamados que crerão. Todos os amiraldistas e universalistas hipotéticos também creem nisto. O que torna a expiação "definida" como o termo é usado por todos os autores de *Do Céu Ele Veio Buscá-la* é a afirmação de que Cristo foi o substituto somente pelos pecados dos eleitos.

Deve-se distinguir adequadamente entre a intenção e a extensão da expiação. Piper está confundindo intenção e extensão em sua declaração anterior.

Fé Adquirida por Cristo na Cruz

Várias vezes, nessa seção e em todo o capítulo, Piper falou da "fé" como "adquirida" pela expiação. Esse é o argumento desenvolvido por John Owen em seu *Death of Death* [A Morte da Morte]. A fé é adquirida por Cristo na cruz e concedida incondicionalmente aos eleitos. A importância desse argumento para Owen pode ser vista em sua admissão de que, se isso não for verdade, a expiação universal e o livre-arbítrio são "estabelecidos".

Para Owen (e Piper), Deus designa que não só a meta (salvação dos eleitos), mas que os meios para essa meta (fé) sejam adquiridos por Cristo na expiação. A fé é concedida por Deus "absolutamente sem qualquer condição," conforme Owen.[2966]

[2965] Ibid., 775.

[2966] J. Owen, "The Death of Death in the Death of Christ", 10:203. Para a refutação de Baxter da ideia de Owen sobre Cristo adquirindo fé infalivelmente para todos os que ele morreu, veja *Universal Redemption*, 412-28; e *Catholick Theologie*, 2:69. Andrew Fuller também rejeitou a ideia de Cristo "adquirindo arrependimento e fé, bem como outras bênçãos espirituais", visto que isso implica que Deus está "sob um tipo de obrigação de mostrar misericórdia aos pecadores como um credor está sob a dívida de um devedor, por ter recebido plena satisfação nas mãos de um fiador" (A. Fuller, "The Gospel Its Own Witness," em *The Complete Works of the Rev. Andrew Fuller*, 2:82). Fuller "reconhece que nunca pôde perceber que qualquer ideia clara ou determinada foi transmitida pelo termo *adquirir*, nessa conexão; nem lhe pareceu ser aplicável ao assunto, a menos que fosse em um sentido impróprio ou figurativo" (ibid.; ênfase no original). Para a refutação de

Portanto, os eleitos têm direito aos meios de salvação adquiridos para eles por Cristo. Tudo isso está enraizado no conceito de Owen de aliança da redenção, que Piper nunca menciona, mas que está subjacente ao seu argumento. A aliança da redenção é um contrato na eternidade passada entre o Pai e o Filho para salvar os eleitos mediante os meios da morte do Filho na cruz. O Filho concorda em morrer somente pelos eleitos.

Não há declaração bíblica afirmando tal aliança. Piper não pode demonstrar em qualquer lugar da Escritura a noção de que a fé é algo "adquirido" para os eleitos na cruz. Tal linguagem não encontra apoio no NT. Onde Owen e Piper erram é em pensar que a fé como dom é equivalente a fé como aquisição. Não há ligação causal entre a morte de Cristo e a fé subjetiva. No esquema de Piper, a fé se torna uma mercadoria, um objeto em vez de uma resposta relacional. Essa é uma categoria confusa da parte dele.

"Dom" é a linguagem da graça. "Aquisição" é a linguagem dos direitos. A noção de Owen da "aquisição da fé" é uma construção teórica dependente da assim chamada aliança da redenção e uma compreensão comercial da expiação. Realmente, Owen declara que a salvação é devida aos eleitos e que eles têm "direito" a ela.[2967]

Calvinismo de Quatro Pontos? (781-92)

Piper critica a visão de Bruce Ware, professor de teologia no Southern Seminary [Seminário do Sul], Gary Shultz, pastor sênior da Primeira Igreja Batista de Fulton, Missouri, e professor de teologia do Baptist Bible Theological Seminary [Seminário Teológico Bíblico Batista] e da Liberty University [Universidade Liberty], e Gerry Breshears, professor de teologia sistemática no Western Seminary [Seminário do Oeste], que foi coautor de um livro sobre a expiação com Mark Driscoll. Piper reconhece que o assim chamado calvinismo de quatro pontos não é novo (o título da seção diz "O Surgimento Moderno de um Erro Antigo" – presumindo que os títulos da seção são dele e não do editor).

Chambers do argumento de Owen sobre a aquisição da fé, veja "A Critical Examination of John Owen's Argument for Limited Atonement in 'The Death of Death in the Death of Christ'" (ThM thesis, Reformed Theological Seminary, 1998), 195-217, 221-33. Chambers notou que: A fala de Owen sobre "adquirir" poderia ser vista como tendo um efeito de distorção na ideia bíblica de fé, coisificando-a, tornando-a uma coisa ou objeto ou mercadoria, em vez de uma resposta relacional. A frase "aquisição da fé" é uma categoria confusa, pois a confiança, como o amor, só pode ser dada pelo sujeito, não comprada, e surge no sujeito (ibid., 228). Filipenses 1.29 é o texto-chave usado para argumentar que a fé foi diretamente adquirida para os eleitos por Cristo. A relação entre a concessão para crer e Cristo nunca é exatamente declarada. E, dado o que a passagem diz, pode ser afirmado que o nosso sofrimento por Jesus não seja uma aquisição direta da expiação, então nem a concessão para crer. Obrigado a David Ponter por essa percepção.

[2967] J. Owen, "The Death of Death in the Death of Christ", 10:223-24.

Piper escolhe não abordar qualquer material histórico sobre esse assunto como fizeram muitos de *Do Céu Ele Veio Buscá-la*. Ware não publicou sobre o assunto, e Piper está baseando a sua discussão nas anotações de aulas de Ware que não foram publicadas e em algumas correspondências pessoais. Além disso, Piper admite que não leu a dissertação de Shultz, mas está baseando sua crítica em um artigo de doze páginas publicado por Shultz, em 2010. Finalmente, o material relevante sobre a expiação no volume Breshears/Driscoll tem menos que vinte páginas,[2968] e o relevante material sobre a extensão só tem quatro páginas.

O leitor desinformado pode ter a impressão, a partir de Piper, que o calvinismo moderado (calvinismo de quatro pontos) é, de algum modo, algo recente ou até mesmo uma aberração na teologia reformada. Note como Piper se refere ao "conceito tradicional reformado da expiação definida".[2969] Na mesma página, encontra-se esse título da seção: "É Necessário Revisar O Conceito Histórico Reformado da Expiação Definida?" A expiação limitada é *um* conceito tradicional dentro da teologia reformada, mas não é *o* conceito tradicional, nem é o conceito mais antigo dentro do campo reformado. O calvinismo moderado era a posição original da teologia reformada primeva. Virtualmente cada um, se não todos, da primeira geração de reformados a defenderam. Além disso, Richard Muller, entre outros, incluindo alguns nesse livro, demonstraram que o amiraldismo e o universalismo hipotético estão dentro das fronteiras da teologia reformada confessional.

A abordagem de Piper é indiciar Ware sob a acusação do argumento do duplo pagamento. Ele pensa que Ware "não conseguiu distinguir entre uma sentença penal e a execução real dessa sentença".[2970] Já critiquei o argumento do duplo pagamento em uma revisão anterior de capítulo. É suficiente dizer que o argumento do duplo pagamento foi criticado por muitos dentro da tradição reformada, incluindo J. Davenant, Richard Baxter, E. Polhill, C. Hodge, R. Dabney e W.G.T. Shedd.

Piper não consegue perceber o sentido de Ware acerca dos eleitos permanecerem sob a ira de Deus até que se arrependam e tenham fé (Ef 2.1-3). É claro que a sentença não foi levada a cabo por eles. O ponto é que, como o próprio Piper admite, "Até que viessem à fé, estavam encaminhados ao inferno".[2971] Ele explica o tempo de atraso entre a expiação e a aplicação da expiação com a analogia de um prisioneiro

---

[2968] Mark Driscoll e Gerry Breshears, *Doctrine: What Christians Should Believe* (Wheaton, IL: Crossway, 2010), 267-70.

[2969] J. Piper, "'Minha glória não darei a outrem': Pregando a plenitude da expiação definida para a glória de Deus", 792.

[2970] Ibid., 784.

[2971] Ibid., 783.

cuja dívida foi paga, mas a papelada leva tempo para ser processada e ser aplicada ao prisioneiro. Essa é uma analogia muito pobre e não explica o fato de que até mesmo os eleitos descrentes permanecem sob a ira de Deus e estariam eternamente perdidos se eles morressem antes de crerem, como Piper admitiu. Nenhum outro significado pode ser atribuído a Efésios 2.1-3.

Quem Agora Jaz no Inferno Está Reconciliado com Deus por meio de Cristo?

As outras tentativas de Piper para explicar a diferença entre a ira de Deus para os eleitos incrédulos e para os não eleitos no inferno também são problemáticas. Ele retorna sua crítica a Ware nesse momento. O que está em discussão para Piper é o uso de Ware do termo "reconciliação".[2972] Ele não consegue discernir que o conceito bíblico de reconciliação conforme 2 Coríntios 5.18-21 envolve tanto a reconciliação objetiva quanto a subjetiva.[2973] Pela morte de Cristo na cruz, há um sentido em que Deus se reconcilia com o mundo em que o pagamento pelo pecado foi feito. Mas 2 Coríntios 5.18-21 segue explicando que, além dessa reconciliação objetiva, deve ocorrer uma reconciliação subjetiva pela qual as pessoas se voltam a Deus por meio de Cristo com arrependimento e fé.

Todos os incrédulos no inferno foram beneficiários da reconciliação objetiva de Deus por meio da morte de Cristo na cruz. Se eles tivessem se arrependido e crido no evangelho, teriam sido salvos. Mas a Escritura é clara que ninguém é salvo apenas por essa reconciliação objetiva. Deve haver também uma reconciliação subjetiva. Esse é o ponto de Ware, que Piper critica.

Embora eu possa, diferentemente, expressar alguns dos pontos de Ware (concordaria com a objeção de Piper sobre o uso do termo "paz com Deus" para descrever os que estão no inferno), em essência, Ware está correto no que afirma acerca da reconciliação.

Expiação Definida e a Livre Oferta do Evangelho

Piper afirma a sua crença de que a livre oferta do evangelho a todas as pessoas é um dos "benefícios" ou "intenções" de Deus na expiação.[2974] A Escritura ensina a "livre oferta" do evangelho a todos. Mas isso não é algo que a expiação em si tenha "realizado", especialmente na visão de Piper. Realmente, esse é um dos principais problemas com a expiação definida e é uma das duas razões principais do por que tantos na tradição

---

[2972] Ibid., 786-90.

[2973] Veja a defesa de L. Morris deste ponto em seu excelente tratamento da reconciliação em *The Apostolic Preaching of the Cross*, 3rd rev. ed. (Grand Rapids, MI: Eerdmans, 1965), 214-50.

[2974] J. Piper, "'Minha glória não darei a outrem': Pregando a plenitude da expiação definida para a glória de Deus," 792.

reformada, como Bruce Ware, a rejeitam (a outra sendo a evidência exegética que é claramente contra a expiação limitada).

O autor corretamente declara que Shultz argumenta que não se pode pregar o evangelho sinceramente a todas as pessoas na plataforma da expiação definida: "Se Cristo não pagou pelos pecados dos não eleitos, então é impossível oferecer genuinamente a salvação aos não eleitos, já que não há salvação disponível a oferecer-lhes".[2975] Piper fica muito ofendido com essa alegação. Ela é articulada por Shultz e foi feita por muitos na tradição reformada desde os dias da ascendência da expiação limitada no final do século XVI.

Piper, citando Roger Nicole, ignora totalmente o ponto do argumento de Shultz: "*se os termos da oferta forem observados, aquilo que é oferecido realmente é concedido*".[2976] Certamente ninguém contesta isso. Todos os calvinistas e todos os não calvinistas concordam com tal declaração. Piper tenta justificar a validade de uma "oferta" se aquele que oferece "sempre e sem falha dá o que é oferecido àquele que satisfaz os termos da oferta".[2977] Mas isso é tudo o que é necessário? O que constituiria uma oferta válida? Pelo menos quatro elementos parecem ser necessários.

1. Aquele que oferece sinceramente deseja dar algo.
2. Aquele que oferece possui aquilo que ele oferece.
3. Aquele que oferece deseja que a coisa oferecida seja recebida.
4. Os destinatários da oferta são capazes de cumprir a condição da oferta.

O ponto-chave de Shultz é que alguém tem de ser capaz de dar o que é oferecido a qualquer um e a todos que vierem. O simples fato é que, conforme a expiação definida, se um dos não eleitos respondesse à oferta, seria impossível para Deus dar a salvação, pois não há expiação para os não eleitos a ser dada a qualquer um deles.

Piper, seguindo John Murray, tenta minimizar a força disso argumentando que o que é oferecido no evangelho é Cristo. Isto é uma saída pela tangente do problema. É claro que é Cristo quem é oferecido! Mas com que fundamento Jesus é oferecido a todos? Ele só pode ser oferecido com base em que ele pagou o preço pelo pecado de cada pessoa. Além disso, embora o próprio Piper não alegue, não será necessário argumentar que os eleitos não virão, visto que eles não recebem o chamado eficaz. Isso também contorna o problema.

Aqui está um exemplo da lógica da Piper:

[2975] Ibid., 794.
[2976] Ibid.
[2977] Ibid., 795.

O que é oferecido ao mundo, a cada um que ouve o evangelho, não é um amor ou uma realização salvífica designada a todos e, portanto, especialmente a ninguém; mas, antes, a oferta é a plenitude absoluta de tudo o que Cristo realizou por seus eleitos. A mais completa de todas as realizações possíveis é oferecida a todos – porque *Cristo* é oferecido a todos. E assim a expiação definida acaba sendo a única base de uma oferta plenamente bíblica do evangelho.[2978]

1. O que é oferecido é oferecido ao "mundo, a cada um que ouve o evangelho".
2. O que é oferecido não é algo "designado" a todos.
3. O que é oferecido ao mundo inteiro é a "plenitude absoluta de tudo o que Cristo realizou por seus eleitos".

Como, independentemente da lógica, pode o que Cristo designou e alcançou somente para os eleitos ser oferecido a todos no mundo? A conclusão de Piper, "E assim a expiação definida acaba sendo a única base de uma oferta plenamente bíblica do evangelho", é totalmente injustificada. Tal alegação me é espantosa. Piper pensa que todos os calvinistas e não calvinistas que afirmam a expiação ilimitada não têm base para oferecer o evangelho de uma maneira "plenamente bíblica".

Piper passa de uma consideração da validade da oferta universal à genuinidade dessa oferta.[2979] Primeiro, ele menciona os que apelam à presciência de Deus como problemática para a sinceridade da oferta do evangelho. Não conheço um único calvinista ou não calvinista que argumente que a oferta de salvação a todos não pode ser sincera, visto que Cristo sabe quem aceitará e quem não a aceitará. A razão da oferta não ser sincera em um esquema de expiação definida é porque aos não eleitos está sendo oferecido algo que, de fato, não existe para eles.

Segundo, Piper declara que o "no fundo, a objeção" não é o que Deus sabe, mas o que ele deseja. Piper toma a posição da maioria dos calvinistas, argumentando que o Senhor é capaz de desejar algo sinceramente, mas ainda assim decidir que o que ele deseja não acontecerá. Mas, novamente, Piper se envolve em um sutil afastamento do problema em questão. O problema não é a questão das duas vontades de Deus, como muitos afirmam na teologia reformada. O problema é ele oferecer algo aos não eleitos que não existe para receberem.

[2978] Ibid., 796.
[2979] Ibid., 797-802.

Piper nunca responde a essa questão. Ele prefere se envolver em evasões fúteis. O seu argumento aqui está errado e é simplesmente uma pista falsa. Eu também posso acrescentar que é, em ultima análise, incoerente argumentar que não oferecemos às pessoas a possibilidade de salvação. Mesmo na compreensão reformada de salvação, a salvação para os eleitos é tanto possível quanto inevitável por causa da eleição e do chamado eficaz. A menos que alguém queira argumentar em favor da justificação na eternidade ou da justificação na cruz (erros hipercalvinistas), então alguém tem que afirmar que a morte de Cristo torna a salvação possível até o ponto da fé quando essa salvação é aplicada aos eleitos.

Conclusão de Piper: Pregue a Plenitude da Expiação Definida
Piper conclui que o objetivo da pregação é demonstrar a plenitude da glória de Deus. "E a glória da cruz é a plenitude de seu empreendimento definido. Portanto, diminuímos a glória da cruz, e a glória da graça, e a glória de Deus, quando diminuímos a expiação definida".[2980] Justamente o oposto é verdadeiro. Não há qualquer declaração na Escritura que diga que Jesus morreu somente pelos pecados dos eleitos. Há muitas declarações que afirmam que ele morreu pelos pecados de todos.

Quando deixamos de pregar o evangelho de 1 Coríntios 15.3, que inclui a pregação do fato da morte de Cristo pelos pecados de todas as pessoas, diminuímos a glória da cruz e a glória da graça e a glória de Deus – e a glória do amor de Deus.

A glória de Deus é realmente o que interessa. A expiação ilimitada traz a Deus não apenas a "maior glória", mas a máxima glória.

Entre as resenhas de *Do Céu Ele Veio Buscá-la* há uma de Michael Lynch, estudante de Ph.D. sob a supervisão de Richard Muller no Calvin Theological Seminary [Seminário Teológico Calvino].[2981] Lynch é um calvinista moderado. Ele encontrou muitos dos mesmos problemas com esse livro que vim enumerando até aqui . "Ainda assim, o livro contém alegações confusas que põem em xeque se ele pode ser recomendado como uma defesa consistente e acurada da expiação definida. *Do Céu Cristo Veio buscá-la* carece de precisão suficiente sobre como a expiação definida se relaciona com a redenção consumada em distinção da redenção aplicada".[2982] Lynch descobriu que a deficiência mais gritante no livro era a ambiguidade sobre a definição de expiação definida no ensaio introdutório:

[2980] Ibid., 805.
[2981] M. Lynch, "Book Review of *From Heaven He Came and Sought Her*," *Calvin Theological Journal* 49 (2014): 352-54.
[2982] Ibid., 352.

Geralmente falando, a definição *de facto* do livro frequentemente equivale a pouco mais que isso: Deus pretendia ou designou *aplicar* salvificamente os benefícios da morte de Cristo apenas aos eleitos. Que Deus designou a morte de Cristo para ser aplicada salvificamente somente aos eleitos é dificilmente controverso entre qualquer teólogo reformado confessional, quer ele ou ela afirme o universalismo hipotético ou não. Em vez disso, o livro só ofusca a questão real que os defensores da expiação definida deveriam estar argumentando, a saber, que Cristo só fez satisfação pelos pecados dos eleitos.[2983]

Ele corretamente apontou que "essa confusão sobre o que é e não é a expiação definida infelizmente persiste não apenas no ensaio introdutório, mas pelo todo".[2984]

Lynch tinha mais preocupações acerca de algumas das más interpretações históricas nos capítulos de David Hogg e Michael Haykin. Ele não encontra um livro para superar o clássico de Owen, *The Death of Death in the Death of Christ* [A Morte da Morte na Morte de Cristo["em termos de precisão ou coerência de argumento".[2985]

[2983] Ibid., 353.
[2984] Ibid.
[2985] Ibid., 354.

9

A EXPIAÇÃO ILIMITADA E SUA IMPORTÂNCIA

Uma porção significativa desta obra tem sido um exercício de teologia histórica. A tabela a seguir lista nomes representativos, a maioria dos quais é discutida anteriormente, em quatro categorias: arminianismo, calvinismo clássico/moderado, calvinismo rígido e hipercalvinismo.[2986] Compare esta tabela com a da listagem de introdução definindo cada uma destas quatro categorias.

[2986] Nem todo grupo é capturado dentro destas categorias. Os batistas que não são calvinistas, em sua maior parte, não se consideram arminianos, visto que eles diferem em assuntos como segurança eterna, mas concordam na questão da extensão. Além disso, há muita diversidade dentro de cada um dos grupos listados. Alguns calvinistas rígidos são mais rígidos do que outros, mas todos eles afirmam o amor geral, a graça geral e a livre oferta do evangelho. Alguns na categoria hipercalvinista são mais extremistas do que outros. Um nome é listado no grupo hipercalvinista se (1) negar que Deus ama os não eleitos em qualquer sentido, *ou* (2) negar a graça comum, *ou* (3) negar a oferta bem-intencionada, *ou* (4) negar a responsabilidade humana de evangelicamente se arrepender e crer no evangelho (isto é, "dever-fé").

Representantes Notáveis da Extensão da Expiação

Arminianismo	Calvinismo Clássico/Moderado	Calvinismo Rígido	Hipercalvinismo
J. Armínio, S. Episcópio, J. Goodwin, H. Grócio, J. Horn, D. Whitby, J. Wesley, R. Watson, T. Grantham, A. Clarke, J. Taylor, T. Summers, W.B. Pope, J. Miley, H.O. Wiley, D. Moody, I.H. Marshall, H. Hammond, J. Griffith, S. Loveday, G. Cockerill, S. Ashby, M. Pinson, J.M. Hicks, P. Marston, R. Forster, J. Dongell, S. Harper, S. Hauerwas, W. Willimon, S. Grenz, J. Cottrell, L.F. Forlines, R. Picirilli, J. Walls, R. Shank, R. Dunning, S. Witzki, J.K. Grider, R. Olson, G. Osborne	J. Calvino, P. Vermigli, W. Musculus, J. Ecolampádio, G. Zanchi, A. Marlorate, H. Bullinger, U. Zuínglio, M. Lutero, Z. Ursino, J. Kimedoncius, D. Pareus, R. Rollock, T. Cranmer, H. Latimer, M. Coverdale, J. Ussher, J. Davenant, E. Culverwell, S. Ward, J. Hall, L. Crocius, J.H. Alsted, M. Martinius, J. Cameron, M. Amyraut, J. Daillé, J. Preston, G. Bucanus, R. Baxter, E. Polhill, R. Harris, J. Saurin, E. Calamy, S. Marshall, R. Vines, L. Seaman, H. Scudder, J. Arrowsmith, T. Adams, J. Bunyan, S. Charnock, J. Howe, W. Bates, J. Humfrey, J. Truman, G. Swinnock, J. Edwards, D. Brainerd, A. Fuller (escritos tardios), J.C. Ryle, T. Chalmers, R. Wardlaw, A. Strong, N. Douty, A.C. Clifford, M. Erickson, B. Demarest, C. Daniel, B. Ware	T. Beza, W. Perkins, W. Ames, S. Rutherford, E. Reynolds, J. Owen, F. Turretini, H. Witsius, T. Goodwin, O. Sedgwick, D. Dickson, J. Durham, H. Knollys, B. Keach, H. Collins, T. Ridgley, E. Coles, A. Booth, C. Spurgeon, J.L. Dagg, A. Kuyper, B.B. Warfield, W. Cunningham, J. Girardeau, H. Bavink, A.A. Hodge, L. Berkhof, L. Boettner, J. Murray, K. Stebbins, G. Bahnsen, I. Murray, E. Hulse, J.I. Packer, R. Nicole, R.C. Sproul, D. Wilson, M. Horton, D. Steele, C. Thomas, R.K.M. Wright, W. Grudem, S.L. Johnson, S. Storms, G. Long, J. MacArthur, J. Piper, A. Mohler	R. Davis, J. Hussey, J. Skepp, J. Gill, J. Brine, W. Gadsby, W. Huntington, J.C. Philpot, J. Wells, W.J. Styles, W. Rushton, A. Pink (escritos tardios), Herman e Homer Hoeksema, H. Hanko, G. Clark, J. Gerstner (escritos tardios), D. Engelsma, J. Robbins, V. Cheung, G. Ella, R. L. Reymond

As evidências históricas sobre a extensão da expiação, da Reforma até 1650, podem ser resumidas em quatro declarações. Primeiro, quase todos, se não todos, os primeiros reformadores, incluindo Calvino, defenderam uma forma de expiação universal.[2987] Segundo, a expiação limitada como uma posição doutrinária foi desenvolvida na segunda e na terceira geração de reformadores, começando principalmente com Beza. Terceiro, o Sínodo de Dort debateu o problema extensivamente e a linguagem final de Dort foi deixada deliberadamente ambígua sobre o assunto, de modo a permitir que aqueles dentre os delegados que rejeitavam o particularismo rígido e que defendiam uma forma de expiação universal assinassem o documento final. Quarto, a Assembleia de Westminster consistia de uma minoria significativa de delegados que rejeitava a expiação limitada e afirmava uma forma de expiação universal.

A controvérsia que ocorreu dentro da segunda e terceira gerações de teólogos reformados não foi a rejeição da expiação limitada, mas a introdução da expiação limitada. Na verdade, cronologicamente, após a introdução da expiação limitada, o calvinismo lentamente começou a abrir a porta para a rejeição da livre oferta do evangelho.[2988] Quando a livre oferta foi finalmente e explicitamente rejeitada, nasceu o hipercalvinismo.[2989] Deve-se notar que o hipercalvinismo não é um corolário necessário da expiação limitada, embora muitos calvinistas do passado e do presente tenham sido conduzidos por seu caminho, o qual começou com a expiação limitada.

Essa diversidade da extensão da expiação continuou a se desenvolver nos séculos XVII e XIX tanto na Inglaterra quanto na América. Muitos calvinistas em todas as linhas denominacionais eram moderados na questão da extensão. Na época da fundação da Convenção Batista do Sul, em 1845, muitos batistas eram moderadamente calvinistas em sua teologia, mas simplesmente não havia um acordo uniforme entre eles sobre a extensão da expiação, eleição ou graça irresistível. A evidência histórica não torna mais defensável argumentar que virtualmente todos os primeiros líderes batistas do Sul e leigos eram igualmente calvinistas rígidos de cinco pontos.

[2987] Ainda há alguma dúvida na mente de alguns estudiosos sobre as visões de Martin Bucer e John Bradford.

[2988] Realmente, já havia alguns delegados extremistas no Sínodo de Dort vindos da Guéldria e da Frísia, que rejeitavam ofertas indiscriminadas do evangelho. Veja R. Godfrey, "Tensions within International Calvinism: The Debate on the Atonement at the Synod of Dort, 1618-1619" (PhD diss., Stanford University, 1974), 210; e G. M. Thomas, *The Extent of the Atonement: A Dilemma for Reformed Theology from Calvin to the Consensus (1536-1675)* (Carlisle, UK: Paternoster, 1997), 149.

[2989] Veja C. Daniel, "Hyper-Calvinism and John Gill" (PhD diss., University of Edinburgh, 1983), 514. Não é como se os hipercalvinistas fossem contra a pregação a todos (ao contrário da opinião popular). Pelo contrário, eles eram contra a ideia de que Deus está "oferecendo" Cristo a todos e que os pregadores devem indiscriminadamente fazer o mesmo (ibid., 448-49; e I.H. Murray, *Spurgeon v. Hyper-Calvinism: The Battle for Gospel Preaching* [Edinburgh: Banner of Truth, 2000], 89).

Esta obra procurou demonstrar que não foi a expiação ilimitada expressa em qualquer variedade, seja universalismo hipotético, arminianismo, amiraldismo, baxterianismo, ou de outra forma, que foi a inovação teológica intrusiva em uma expiação limitada já aceita. A situação é justamente a inversa. A expiação limitada é a inovação na história da igreja. É vital entender esse ponto.

O famoso acrônimo TULIP, como aparece na literatura popular por calvinistas e não calvinistas, semelhantemente é inútil e contraproducente para estabelecer uma soteriologia reformada. Na verdade, ele não entrou em uso até o início do século XX, provavelmente até 1905 em uma palestra do Dr. Cleland Boyd McAfee, ministro presbiteriano do Brooklyn.[2990] A primeira popularização influente do acrônimo foi feita por Loraine Boettner em seu *Reformed Doctrine of Predestination* [A Doutrina Reformada da Predestinação].[2991] Isso é especialmente verdadeiro para o "L" da TULIP. "Expiação Limitada", em sua definição teológica, significa uma substituição limitada pelo pecado. Isso é rejeitado pelos calvinistas moderados. Contudo, todos os calvinistas moderados afirmam, com todos os outros calvinistas, sejam rígidos ou hiper, que a expiação é "limitada" em sua aplicação somente aos eleitos por causa do propósito eletivo de Deus. Se você perguntar a um calvinista moderado se ele crê em "expiação limitada" no sentido de expiação consumada, ele diria "não". Se você perguntar a um calvinista moderado se ele crê em "expiação limitada" no sentido da intenção última de Deus de salvar somente os eleitos, ele diria "sim". Ainda, se você perguntar a um calvinista moderado se ele crê em uma "expiação limitada" no sentido da sua aplicação, ele diria "sim", assim como todos os arminianos e não calvinistas. O exame histórico dos calvinistas moderados que falaram sobre esse assunto confirma essa realidade.

Alguém poderia perguntar por que foi necessário gastar tanto tempo no aspecto histórico dessa questão. Embora a verdade não possa ser determinada pelo número de aderentes, é necessário demonstrar que muitas pessoas em cada geração da história reformada rejeitaram a expiação limitada. Eu tenho discordâncias significativas com muitos desses homens em outras áreas de seu calvinismo, sem mencionar suas visões sobre eclesiologia e batismo, mas tais discordâncias não negam a verdade e a significância da importância deles, como influentes calvinistas históricos, estão admitindo e afirmando sobre o assunto da extensão da expiação.[2992] Muito tem sido escrito sobre a questão da extensão nos últimos anos, e muito disso depende de fontes secundárias modernas. Frequentemente há ignorância ou confusão acerca das visões da igreja

---

[2990] W. Vail, "The Five Points of Calvinism Historically Considered", *The Outlook* 104 (1913): 394.

[2991] Veja L. Boettner, *The Reformed Doctrine of Predestination*, 3rd ed. (Grand Rapids, MI: Eerdmans, 1932), 59-60, 150-61.

[2992] Diferente do que dizem acerca da intenção de Cristo e da natureza da aplicação.

primeva, dos primeiros reformadores, das diversas opiniões sobre o assunto dentro do movimento puritano,[2993] e da Grã-Bretanha e Nova Inglaterra dos séculos XVIII e XIX.

Falando, de forma geral, a maioria dos calvinistas modernos só vê duas teologias básicas: o calvinismo e o arminianismo. Para eles, não há meio termo. Dentro do próprio calvinismo há duas categorias: calvinismo rígido e amiraldismo (que é frequentemente filtrado através de duvidosas fontes secundárias, as quais frequentemente incorporam de forma incorreta o universalismo hipotético e o baxterianismo nele). Tudo o que resta cai no rótulo de arminianismo. Esses tipos de distinções são muito simplistas.[2994] O calvinista Curt Daniel estava certo quando afirmou que: "Aqueles que postulam que não há meio termo entre arminianismo e calvinismo ignoram os simples fatos da história da igreja".[2995] Para muitos calvinistas de hoje, visões intermediárias são simplesmente rejeitadas como sendo arminianas.

À luz das evidências históricas, alegações exageradas de alguns calvinistas rígidos e arminianos de que não há meio termo entre calvinismo e arminianismo são infundadas. Michael Horton, por exemplo, afirmou que: "Não existe calminianismo".[2996] O arminiano Roger Olson tem a mesma conduta que Horton.[2997] A famosa declaração de R.C. Sproul se enquadra nessa categoria: "Penso que um calvinista de quatro pontos é um arminiano".[2998] O absurdo dessa declaração é agora autoevidente.

A falha fatal dessa lógica é a incapacidade de reconhecer que o anabatismo, o luteranismo e o calvinismo moderado são anteriores ao calvinismo rígido e ao

---

[2993] Por exemplo, poucos sabem sobre as visões de John Howe e Stephen Charnock. Ambos defenderam uma forma calvinista de redenção universal.

[2994] Em relação às duas categorias dentro do calvinismo, Muller observou que a trajetória de Ursino, Bullinger, Musculus, Davenant, Ussher, e Preston é distinta do modelo de Saumur, apesar de todos eles defenderem uma forma de "universalismo hipotético" (R. Muller, "Review of English Hypothetical Universalism", *Calvin Theological Journal* 43 [2008]: 149-50). Além disso, em seu *Post-Reformation Reformed Dogmatics: The Rise and Development of Reformed Orthodoxy, ca. 1520 to ca. 1725*, 4 v. (Grand Rapids, MI: Baker, 2003), 1:76-80, Muller declarou que a visão amiraldista é compatível com Dort e a Confissão de Westminster. Isso significa que há, segundo Muller, *pelo menos três ramos dentro* da posição calvinista, uma noção que só começou a se estabelecer na historiografia reformada nos últimos vinte anos, porém muitos livros populares calvinistas praticamente não tomam nota desse entendimento e continuam a trabalhar a partir de uma historiografia desatualizada.

[2995] C. Daniel, "Hyper-Calvinism and John Gill", 732.

[2996] M. Horton, "Prolusão", em Roger Olson, *Contra o Calvinismo* (São Paulo, 2013), 12.

[2997] R. Olson, *Teologia Arminiana: Mitos e Realidades* (São Paulo, 2013), 77-99. Steve Lemke está certo em afirmar que tanto Horton quanto Olson estão cometendo o erro lógico conhecido como a "falácia do falso dilema" ("Using Logic in Theology: The Fallacy of False Alternatives", *SBC Today: Southern Baptist News and Analysis*, 3 de Junho de 2011, http://sbctoday.com/using-logic-in-theology-the-fallacy-of-false-alternatives/).

[2998] R.C. Sproul, *A Verdade da Cruz* (São José dos Campos: Editora Fiel, 2011), 124.

hipercalvinismo. Cronologicamente, com respeito à expiação limitada, o calvinismo rígido chegou tarde e o hipercalvinismo ainda mais tarde na discussão.[2999]

Do mesmo modo, o registro histórico expõe o extremismo de alguns calvinistas rígidos e de todos os hipercalvinistas, especialmente quando o calvinismo é igualado ao próprio evangelho. Por exemplo, Kuiper declarou que, "Próximo à própria Bíblia, a mais clara e pura expressão dessa doutrina é encontrada nos cinco pontos do calvinismo".[3000] Compare esse tipo de declaração com a do batista calvinista Andrew Fuller em referência aos seus oponentes calvinistas: "Os escritos do próprio Calvino seriam agora considerados arminianos por um grande número de nossos oponentes".[3001] John Gadsby registrou que seu pai, William Gadsby, "sempre considerou, e frequentemente declarou publicamente, que Andrew Fuller foi o maior inimigo que a igreja de Deus já teve, e que seus sentimentos estavam muito encobertos em pele de cordeiro".[3002]

Todo projeto lapsariano, com a sua concomitante especulação extremista concernente a uma *ordo salutis*, começou nos tempos modernos com Teodoro de Beza[3003] e William Perkins. A expiação limitada também é parte desse coquetel.

Considere a diferença entre John Owen e João Calvino sobre o assunto. Para Calvino, a morte de Cristo pagou suficientemente o preço pelos pecados de todas as pessoas, e assim todos podem receber a oferta de salvação de Deus. Muller corretamente notou que: "Porém, como vimos, Calvino também aponta consistentemente para a morte de Cristo como pagamento completo pelos pecados do mundo, dando suporte,

---

[2999] C. Daniel declarou que o "hipercalvinismo foi um intruso na teologia reformada" ("Hyper-Calvinism and John Gill", 768–69).

[3000] R.B. Kuiper, *For Whom Did Christ Die? A Study of the Divine Design of the Atonement* (Eugene, OR: Wipf & Stock, 2003), 70.

[3001] A. Fuller, "The Gospel Worthy of All Acceptation," em *The Complete Works of the Rev. Andrew Fuller*, 2:168.

[3002] J. Gadsby, *A Memoir of the Late Mr. William Gadsby* (Manchester: J. Gadsby, 1844), 34.

[3003] Beza aceitou algumas exegeses precárias e traduções (erros de tradução) de certos versículos que posteriormente foram usados por calvinistas federais para apoiar o sistema. Por exemplo, Muller declarou que: "Beza, em contraste, muda o texto para novas associações doutrinárias por meio de questões filológicas e de retradução. Ele traduz o texto 'Ego vero paciscor vobis, prout pactus est mihi Pater meus regnum', como *diatithemi* como *paciscor*, 'fazer aliança' e, dado o tempo dos verbos, temos: 'Eu faço aliança convosco [presente]... como meu pai fez aliança comigo [passado]'" ("Toward the Pactum Salutis: Locating the Origins of a Concept," *Mid-America Journal of Theology* 18 [2008]: 40). Veja também a crítica de M. Elliott a respeito de Beza nesse ponto, em referência a declaração de Muller: "Beza tem que deixar '*regnum*' suspenso no versículo. Pode alguém realmente 'fazer aliança com um reino?' Não é uma falácia típica do exegeta teológico ver *diatithemi* e fazer que o seu significado siga a do substantivo cognato (*diatheke*)? " (M.W. Elliott, *The Heart of Biblical Theology: Providence Experienced* [Farnham, UK: Ashgate, 2013], 133).

por assim dizer, à proclamação indiscriminada do evangelho".[3004] Essa também foi a visão de toda primeira geração de reformadores, e tem sido a opinião de todos os calvinistas moderados desde então. Por trás disso estava um entendimento particular da fórmula lombardiana "suficiente para todos, mas eficiente somente para os eleitos", a saber, que a morte de Cristo pagou pelos pecados de todas as pessoas, ainda que "eficiente somente para os eleitos" no sentido de que os benefícios da expiação são aplicados somente aos que creem – a saber, os eleitos. Calvino e todos os primeiros reformadores entenderam que as Escrituras ensinavam que as pessoas não perecem por falta de expiação pelos seus pecados, mas por causa de sua própria incredulidade. Obviamente, com relação ao lado da eficiência da fórmula, todos os calvinistas afirmam que a graça especial é necessária para trazer os eleitos incrédulos a um estado de crença, no momento do chamado, "irresistível", eficaz do Espírito.

Para Owen, por outro lado, a morte de Jesus não tinha relação direta ou referência aos pecados dos não eleitos. Há um carregar limitado dos pecados em sua morte: ele morreu somente pelos pecados dos eleitos. Owen e Calvino diferem em relação ao aspecto de suficiência da fórmula lombardiana.

A mesma diferença é encontrada em Andrew Fuller quando contrastado com Abraham Booth sobre o problema da suficiência. Fuller chegou a ver o problema da livre oferta do evangelho a partir da plataforma da expiação limitada em seus debates com o batista geral Dan Taylor. Como resultado, rejeitou a expiação limitada e reescreveu a seção sobre a extensão da expiação em sua segunda edição de *The Gospel Worthy* [O Evangelho Digno].[3005]

Fuller e Booth se confrontaram com essa questão. Booth, como Owen, trabalhou a partir de uma fórmula lombardiana revisada para tornar a suficiência da morte de Cristo uma suficiência hipotética. Para Booth, a morte de Cristo só é suficiente para aqueles a quem Cristo substituiu na cruz: os eleitos. Ele escreveu:

> Embora alegremente admitindo que a suficiência da morte de Emanuel redimiu toda a humanidade, que todos os pecados de toda a espécie humana foram igualmente imputados a ele; e que ele, como o representante universal, suportou a maldição da lei que era devida a toda

---

[3004] R. Muller, *Calvin and the Reformed Tradition* (Grand Rapids, MI: Baker Academic, 2012), 82. Veja também ibid., 105: "Visto que Cristo pagou o preço por todo pecado e consumou uma redenção capaz de salvar o mundo inteiro, seus benefícios são claramente colocados diante, proferidos ou oferecidos a todos os que ouvem".

[3005] Veja D.L. Allen, "Preaching for a Great Commission Resurgence," em *Great Commission Resurgence: Fulfilling God's Mandate in Our Time*, ed. Chuck Lawless and Adam Greenway (Nashville: B&H, 2010), 281-98.

a humanidade; todavia, não podemos perceber qualquer razão sólida para concluir que os seus sofrimentos propiciatórios são suficientes para a expiação dos pecados que ele não carregou, ou para a redenção dos pecadores que ele não representou, como fiador, quando expirou na cruz. Pois a substituição de Cristo, e a imputação do pecado a ele, são essenciais para a doutrina escriturística da redenção por nosso adorável Jesus. – Podemos, portanto, seguramente concluir, que a substituição voluntária de nosso Senhor e a redenção por sua morte vicária, são tanto limitadas àqueles, pelos quais ele foi feito pecado – por quem ele foi feito maldição – quanto por cuja libertação da ruína final, ele realmente pagou o preço de seu próprio sangue.[3006]

Note os dois tipos de suficiência do Booth: hipotética e real. Ele, como Owen antes dele, revisou conscientemente a fórmula lombardiana.

Todos os calvinistas teriam que dizer que Jesus morreu por um povo particular (seus eleitos), mas eles não precisam dizer que Cristo morreu *apenas* ou *somente* por eles, no sentido de ter apenas seus pecados imputados a ele. A "redenção particular" é uma terminologia historicamente vaga, visto que o termo "redenção" pode referenciar tanto o preço pago pelo resgate quanto o estado de libertado/perdoado que apenas os crentes desfrutam. É por isso que os teólogos falam de "redenção *cumprida*" e "redenção *aplicada*". Pode-se crer em "redenção particular" no sentido de que Cristo propõe efetuar o estado de perdoado (redenção *aplicada*) de todos os designados para a vida eterna (os eleitos) por meio de um preço de resgate *ilimitado* (redenção *cumprida*). Redencionistas particulares neste último sentido não precisam abraçar a limitação de Owen da redenção cumprida. Todos os calvinistas que afirmam uma expiação ilimitada também creem em um tipo de redenção particular.

Não há particularidade na *imputação* do pecado a Cristo. Pelo contrário, a particularidade, conforme os calvinistas moderados, está na vontade especial de Deus no caso dos eleitos, de tal forma que ele quer (segundo o seu decreto) *aplicar* essa morte toda suficiente apenas aos eleitos ao conceder-lhes a capacidade *moral* de crer.[3007] A particularidade conforme os arminianos e outros não calvinistas repousa na aplicação da expiação somente aos que creem no evangelho.

[3006] A. Booth, "Divine Justice Essential to the Divine Character", em *The Works of Abraham Booth*, 3 v. (London: Printed by J. Haddon, 1813), 3:61.

[3007] Veja a explicação de R. Wardlaw em *Discourses on the Nature and Extent of the Atonement of Christ* (1843; repr. London: Forgotten Books, 2013), 207-8.

Portanto, em suma, há três visões concernentes à extensão da expiação entre os calvinistas.

1. A expiação é limitada quantitativamente (equivalentismo) somente aos eleitos. (São exemplos, John L. Dagg e Tom Nettles.)
2. A expiação é limitada em seu desígnio e extensão somente aos eleitos. (São exemplos, John Owen e Al Mohler.)
3. A expiação é limitada em seu desígnio final ou intenção de ser aplicada aos eleitos, mas é ilimitada em relação à satisfação dos pecados de todos os homens. (São exemplos, John Davenant, Charles Hodge, Millard Erickson, Bruce Demarest e Bruce Ware.)

Se, conforme o calvinismo confessional ortodoxo, Deus não puder salvar a todos, mesmo que esteja disposto a fazê-lo, por que ele não pode querer que a morte de Cristo seja provisão por todos e ainda assim dar a fé somente a alguns? Essa pergunta é feita por Neil Chambers, um calvinista moderado, que afirma a expiação ilimitada dentro da estrutura reformada da incapacidade moral e uma compreensão compatibilista de livre-arbítrio. O seu ponto é bem-aceito. Mesmo dentro de uma estrutura reformada, a analogia é válida (embora a partir de uma estrutura não reformada, cada um tem a capacidade de crer no evangelho uma vez que ele tenha sido ouvido devido à provisão de Deus de graça capacitadora mediante a Palavra e a obra do Espírito).

O Problema Declarado, ou Ambiguidade e Equívoco no Calvinismo Rígido

Alguns calvinistas que afirmam a expiação limitada sustentam que a expiação de Cristo é suficiente para todas as pessoas, mesmo que só satisfaça os pecados dos eleitos.[3008] Nos últimos anos, em livros, blogs e outras mídias, os calvinistas rígidos tentaram abordar essa questão.

[3008] "Suficiente": adequado; satisfatório; tanto quanto necessário; igual ao que é necessário ou exigido; plenamente capaz; amplo; bastante; apropriado; abundante; feito ou apropriado ao propósito de. Se "expiação" for concebida como significando o valor ou a suficiência da morte de Cristo, somente alguns poucos teólogos envolvidos nos primeiros debates modernos ensinaram expiação limitada – e se a expiação for concebida como significando a genuína salvação cumprida em pessoas particulares, então ninguém ensinou expiação ilimitada (exceto talvez o malquisto Samuel Huber) (Muller, *Calvin and the Reformed Tradition*, 60-61).

O argumento da suficiência daqueles que defendem a expiação limitada prossegue dessa maneira: Cristo morreu somente pelos pecados dos eleitos. Não obstante, sua morte é suficiente para todas as pessoas, no sentido da sua infinita dignidade e valor. Portanto, devemos pregar o evangelho a todas as pessoas, visto que ele é suficiente e visto que não sabemos quem são os eleitos. Quem crer no evangelho será salvo.

Aqui está o problema: Como pode ser dito que a morte substitutiva de Cristo é suficiente pelos pecados do mundo inteiro, quando, conforme a expiação limitada, não há expiação pelos pecados dos não eleitos? O que os calvinistas rígidos realmente estão dizendo é que a expiação *seria* ou *poderia ser* suficiente para todos se Deus pretendesse que fosse suficiente para eles. Mas Deus, segundo eles, não pretendia que a expiação fosse feita como preço de resgate em favor dos não eleitos, portanto não há satisfação feita pelos seus pecados. A suficiência só pode ser entendida como uma declaração acerca do valor intrínseco infinito da expiação, de tal forma que ela poderia ser hipoteticamente satisfatória para todos, mas não é "extrinsecamente" ou "realmente" satisfatória para todos.

O Problema Ignorado por Muitos Calvinistas

Muitos calvinistas parecem não reconhecer a gravidade desse problema ou estão relutantes em abordá-lo. Pode-se entender o por que: ele torna a noção de expiação limitada teológica e irremediavelmente problemática. A única resposta ao dilema é usar a linguagem de suficiência de maneira ampla, indefinida, na tentativa de encobri-lo. Muitos calvinistas que afirmam a expiação universal têm, por séculos, insistido acerca dessa questão com os seus homólogos calvinistas rígidos, e o silêncio da resposta é ensurdecedor.[3009]

[3009] Por exemplo, esse mesmo problema foi abordado por John Davenant, líder da delegação inglesa em Dort e signatário dos Cânones de Dort. Davenant falou de uma "suficiência ordenada", com a qual ele queria dizer que Deus designou e pretendeu que a expiação satisfizesse os pecados de todos os homens e não apenas dos eleitos. Davenant foi um dos muitos em Dort que afirmou uma expiação universal em termos de sua extensão. Matthias Martinius, delegado de Bremen, também defendeu a mesma posição que Davenant. Ele disse que, "Nem aqui será suficiente afirmar tal suficiência de redenção como poderia ser suficiente; mas é ela completa tal como é suficiente, tal como Deus e Cristo consideraram suficiente. Pois de outra forma o mandamento e a promessa do evangelho são destruídos". (Veja Edward D. Griffin, "An Humble Attempt to Reconcile the Differences of Christians Respecting the Extent of the Atonement," em *The Atonement: Discourses and Treatises* [Boston: Congregational Board of Publication, 1859], 371). Realmente, como vimos, os historiadores de Dort reconhecem que o cânon final sobre a extensão da expiação foi deliberadamente redigido com ambiguidade, de modo que tanto os que defendiam uma satisfação limitada pelos pecados quanto os que defendiam uma satisfação universal pelos pecados poderiam

Consequências do Problema

Várias consequências fluem da questão da suficiência da expiação e sua extensão:

1. Se a expiação limitada é correta, Jesus não substituiu a si mesmo na cruz pelos pecados dos não eleitos.
2. Portanto, é impossível que os não eleitos possam ser salvos visto que não há expiação feita pelos seus pecados. Eles estão no mesmo estado de não salváveis que estariam se Jesus nunca tivesse vindo. Ou, como outros argumentaram, eles não são mais salváveis que os anjos caídos.
3. É impossível que a expiação possa ser descrita como suficientemente capaz de salvar os não eleitos de qualquer outra forma que não hipoteticamente: algo não pode ser suficiente para alguém a quem isso é inexistente. Sugerir o contrário é simplesmente se envolver em jogos semânticos, ofuscação ou equívoco.
4. Complicações adicionais emergem com relação à pregação do evangelho. Como os pregadores podem universal e indiscriminadamente oferecer o evangelho de boa-fé a todas as pessoas, o que inclui claramente muitos que não são eleitos, quando não há evangelho para oferecer-lhes – ou seja, quando não há satisfação para todos os seus pecados? A resposta habitual dos calvinistas rígidos é que não sabemos quem são os eleitos, então oferecemos o evangelho a todos. Mas isso não capta o sentido e o problema. A questão não é que não sabemos quem são os eleitos. Isso é um dado. A questão é que estamos oferecendo algo para todas as pessoas, incluindo aquelas que demonstram ser não eleitas, que de fato não existe para todos a quem a oferta é feita. Uma oferta feita para todos os pecadores implica contradição visto que o pregador sabe que a satisfação pelos pecados por Cristo na cruz não foi feita para todos aqueles a quem o evangelho chega, mas ele finge e fala como se houvesse uma oferta legítima a todos a quem o evangelho é pregado.
5. O problema é ainda mais grave em relação à oferta do evangelho, quando se compreende que é o próprio Deus fazendo oferta por meio de nós.[3010] 2 Corín-

---

assiná-lo de boa consciência. Deve-se notar que, embora esses calvinistas moderados concordem com seus irmãos arminianos e não calvinistas sobre a extensão da expiação, eles discordam sobre a intenção especial de Cristo em fazer uma expiação, visto que todos os calvinistas argumentam que Deus, desde a eternidade, pretendia salvar somente os eleitos.

[3010] "Essa distinção entre arautos noeticamente limitados e o Deus noeticamente perspicaz serve para obscurecer a real questão envolvida. Além disso, tal distinção negligencia a verdade que Deus fala

tios 5.18-20 deixa claro que Deus está oferecendo a salvação a todas as pessoas por meio da igreja *em razão da expiação de Cristo*. Se ele mesmo limitou essa substituição somente aos eleitos, como ele pode fazer tal oferta genuinamente para todas as pessoas? Isto não parece ser possível.

6. Se Cristo não morreu pelos pecados de todas as pessoas, do que exatamente os incrédulos são culpados de rejeitar? Não há expiação pelos seus pecados para rejeitar. A descrença do evangelho, por sua própria definição, envolve a rejeição da provisão da graça de Deus mediante a morte de Cristo.

7. A Escritura faz uso de exortações universais para se crer no evangelho. A expiação limitada priva esses mandamentos do seu significado.

Para todos os que afirmam a expiação limitada, a expiação só pode ser suficiente para aqueles a quem ela é eficiente. Esqueça o fato, segundo todos os calvinistas, de que os não eleitos não serão salvos, dado o propósito discriminatório de Deus de eleição; esse problema particular envolve o fato de que não há expiação feita por eles em primeiro lugar. De fato, um duplo risco.

O Problema Ilustrado na Declaração do Comitê Consultivo do Calvinismo Batista do Sul

Em 2012, tive o privilégio de fazer parte do SBC's Calvinism Advisory Committee [Comitê Consultivo de Calvinismo da Convenção Batista do Sul] e da declaração resultante, "Truth, Trust, and Testimony in a Time of Tension" ["Verdade, Confiança e Testemunho em Tempo de Tensão"]. Creio que ela seja uma declaração útil e que sirva como uma boa plataforma de lançamento para mais discussão. Documentos dessa natureza, às vezes, contêm alguma ambiguidade compreensível em prol da unidade. Deixe-me declarar desde o início que creio que todos os signatários da declaração agiram com consciência limpa e de boa-fé.

Considere as duas declarações seguintes sobre esse problema da "suficiência" em "Truth, Trust, and Testimony in a Time of Tension" ["Verdade, Confiança e Testemunho em Tempo de Tensão"] sobre o assunto da expiação de Cristo:

---

em e por meio da instrumentalidade do pregador " (A.C. De Jong, *The Well-Meant Gospel Offer: The Views of H. Hoeksema and K. Schilder* [Franeker: T. Wever, 1954], 123).

Afirmamos que a morte de Jesus Cristo na cruz foi tanto penal quanto substitutiva e que a expiação que ele realizou foi suficiente pelos pecados do mundo inteiro. Negamos que haja algo faltando na expiação de Cristo para prover a salvação de qualquer pessoa.[3011]

Na seção sobre "Tensões," a seguinte declaração ocorre: "Concordamos que a morte penal e substitutiva de Cristo foi suficiente pelos pecados do mundo inteiro, mas diferimos quanto a se Jesus realmente substituiu os pecados de todas as pessoas ou somente dos eleitos".[3012]

No espírito do convite do documento para um diálogo contínuo, aqui está uma questão para os que afirmam a expiação limitada: Como alguém pode afirmar as duas afirmações anteriores consistentemente? Note que em ambas as declarações a linguagem "suficiente pelos pecados do mundo inteiro" é usada. Como argumento, como pode a expiação, em qualquer sentido significativo, ser considerada suficiente pelos pecados dos não eleitos, visto que não há expiação pelos pecados dos não eleitos? Parece que os calvinistas que afirmam a expiação limitada são forçados a usar a palavra "suficiente" apenas de uma forma hipotética, o que não resolve o problema. Na verdade, cria-se um problema lógico, um problema teológico e um problema prático em relação à pregação e à evangelização.

Todos os que afirmam a expiação limitada enfrentam o problema da livre oferta do evangelho. Na verdade, em seu sistema a expiação só é suficiente para os que creem.

Calvinistas rígidos acabam turvando o problema da suficiência quando nos dizem que a morte de Cristo é suficiente no sentido de que, se alguém crer no evangelho, ele encontrará expiação suficiente pelos seus pecados. Portanto, todas as pessoas são salváveis, à medida que se alguém crer, ele será salvo. Naturalmente, ninguém duvida disso. Essa proposição é verdadeira até onde ela vai, porque ela apenas fala da relação causal entre fé e salvação: quem realmente crê certamente será salvo. Mas os calvinistas rígidos demonstram a sua confusão sobre esse problema quando perguntados por que isto acontece. A resposta deles: porque há uma expiação de valor infinito capaz de ser aplicada àquele que crê. Claro que há. Mas faça a pergunta desta forma: suponha que

---

[3011] Calvinism Advisory Committee, "Truth, Trust, and Testimony in a Time of Tension: A Statement from the Calvinism Advisory Committee", *SBC Life: Journal of the Southern Baptist Convention*, Junho de 2013, http://www .sbclife.net/Articles/2013/06/sla5.

[3012] Ibid.

um dos não eleitos creia. Ele poderia ser salvo? Não conforme a posição de expiação limitada, porque não há satisfação pelos pecados dos não eleitos.[3013]

Imagine que Cristo realmente não tivesse morrido na cruz. Agora, em tal cenário, imagine esta declaração: "Se alguém crê em Cristo, será salvo". Tal declaração não tem sentido e é, de fato, falsa. Nesse cenário, não há meios providos para que alguém seja salvo independentemente de crer ou não. Esse é precisamente o lugar onde os não eleitos se encontram neste mundo em relação à cruz de Cristo e o seu pecado no esquema de expiação limitada.

O meu argumento é simples: se não há expiação para algumas pessoas, então estas não são salváveis. Se não há expiação para alguns, como é possível que o evangelho possa ser *oferecido* àquelas pessoas para as quais não há expiação? Se alguém não é salvável, ele não é ofertável. Não se pode oferecer salvação de forma consistente a alguém a quem não há expiação. Calvinistas rígidos não podem ter as duas coisas. Ou Cristo substituiu os pecados de todos os homens ou não.[3014]

Esse é o enorme ponto cego que os calvinistas mais rigorosos demonstram. A maioria dos batistas do Sul há muito reivindicaram que todas as pessoas podem ser salvas porque Cristo morreu por todos.[3015] A expiação universal fundamenta a livre oferta do evangelho a todas as pessoas.

Escritura e a Extensão da Expiação

Em minha tentativa de ler amplamente, nessa área, ao longo dos últimos anos, tenho observado uma estratégia particular dos calvinistas rígidos quando se trata dos genuínos textos-chave bíblicos que lidam com a extensão da expiação. Eles frequentemente informam ao leitor que existem dois tipos de textos no Novo Testamento que desempenham um papel-chave na questão da extensão. Há aqueles textos que

---

[3013] Alguns podem tentar se esquivar do problema argumentando que os não eleitos não crerão porque não podem crer à parte do chamado eficaz. Há dois problemas com essa resposta. Primeiro, levanta a questão se a compreensão reformada da total depravação como da total incapacidade e a noção reformada do chamado eficaz estão corretas. Segundo, mesmo se estiverem corretas, o problema não é atenuado: não se pode oferecer algo de boa-fé a outro quando esse "algo" não existe.

[3014] Veja minha crítica a D.A. Carson sobre o seu uso ambíguo de "suficiência" com relação à extensão da expiação e em D.L. Allen, "The Atonement: Limited or Universal?", em *Whosoever Will: A Biblical-Theological Critique of Five-Point Calvinism*, ed. D.L. Allen e S. Lemke (Nashville: B&H Academic, 2010), 89-91.

[3015] Essa é certamente a implicação da seguinte declaração no artigo sobre o homem da *Baptist Faith and Message* (Fé e Mensagem Batista): "A santidade da personalidade humana é evidente no fato de que Deus criou o homem à sua própria imagem e em que Cristo morreu pelo homem; portanto, cada pessoa, de cada raça, possui plena dignidade e é digna de respeito e de amor cristão".

usam palavras como "todos" e "mundo" com referência à morte de Cristo. Depois, há aqueles textos que falam de Jesus morrendo por suas "ovelhas" ou pela "igreja". Então, algo como a seguinte alegação é assumida ou asseverada: a Bíblia afirma igualmente um aspecto limitado da expiação e um aspecto ilimitado. Os textos limitados só podem ser contextualmente entendidos como se referindo a Cristo morrendo somente pelos pecados daqueles mencionados no grupo restrito. Os textos universais ou estão falando da oferta do evangelho, que é para todo o mundo, ou usando termos como "mundo" e "todos" para se referir a (1) todos os eleitos (nos quais os eleitos crentes e descrentes ao longo da história significam), (2) judeus e gentios, ou (3) todos os tipos ou grupos de pessoas no mundo.

Tal alegação, seja assumida ou asseverada, não é insustentável. Primeiro, como virtualmente todos os calvinistas rígidos concordam, não há um único texto na Escritura que afirme uma expiação estritamente limitada. Segundo, há muito mais textos que falam do aspecto universal da expiação do que do aspecto limitado. Essa noção de que há um número "igual" de textos que abordam o assunto é simplesmente falsa. Terceiro, como tentei demonstrar nesta obra, não é hermenêutica ou contextualmente possível interpretar "mundo" e "todos" nos textos disputados de forma limitarista, nos quais não há razão contextual para atribuir tal significado restrito.

Esse é um problema linguístico/exegético. Às vezes, a Bíblia usa as palavras "todos" e "mundo" em um sentido que não significa "todos sem exceção". Esse ponto não está em disputa. O problema repousa no malabarismo hermenêutico/exegético inválido que transmuta as palavras "todos" ou "mundo" em algo menor do que toda a humanidade nas passagens do Novo Testamento, nos quais é usado em referência direta e indireta à extensão da expiação.

Passagens como João 1.29,[3016] João 3.16 e 1 Timóteo 2.4-6 simplesmente não podem ser acorrentadas com as cadeias lexicais particularistas que restringem o significado de "mundo" e "todos" a algo menor que toda a humanidade. Esse é um enorme erro linguístico. Como muitos calvinistas apontaram corretamente, "mundo" na Escritura nunca significa "os eleitos". O contexto geralmente deixa claro se "todos" ou "mundo" significa "todos sem exceção" ou se o foco está em todas as classes de pessoas, o que ainda incluiria todos sem exceção. Simplesmente não é exegeticamente possível interpretar "todos" e "mundo" nos três textos listados anteriormente, e em vários outros, de uma forma limitada.

[3016] Leon Morris corretamente notou que em passagens como João 1.29, a referência é acerca da totalidade do pecado do mundo, em vez de um número de atos de pecado individuais (*The Gospel According to John*, 148).

É claro que é verdade que, ao escrever para a igreja, os autores do Novo Testamento falam da expiação em referência à sua audiência. Portanto, não é surpreendente encontrá-los dizendo coisas como Cristo morreu pela igreja, e assim por diante. Por que exigiríamos que os autores bíblicos ressaltassem em todos os momentos quando falam da morte de Cristo em relação aos crentes, que eles também querem afirmar que Jesus morreu pelos pecados de todas as pessoas? Por que presumiríamos que tal é o caso, a menos que levemos uma teologia preconcebida ao texto?

Calvinistas frequentemente apelam para a pregação de Paulo em Atos para apoiar a argumentação de que os apóstolos nunca usaram tal linguagem como "Cristo morreu pelos seus pecados". Eles concluem a partir dessa lacuna que Paulo nunca empregou tal frase na pregação evangelística ou no testemunhar, e isto é evidência para expiação limitada. Mas tal conclusão é válida?

Primeiro, esse é um argumento do silêncio. Isso não prova conclusivamente que Paulo, Pedro ou qualquer outra pessoa não o tenha dito, nem é um argumento válido que eles não creram nisto. Segundo, todos os sermões em Atos são versões condensadas dos sermões pregados. Terceiro, em relação ao sermão de Pedro em Atos 2, de que outra forma ele poderia dizer aos seus ouvintes "Arrependei-vos, e cada um de vós seja batizado em nome de Jesus Cristo para remissão dos vossos pecados", (At 2.38) se ele não conectasse de alguma forma a morte de Cristo na cruz como cumprindo os meios para seu perdão e sua salvação? Devemos pensar que os ouvintes de Pedro não entenderam o que ele estava dizendo, em essência, que visto que Cristo morreu pelos seus pecados, a porta se abriu para que eles se arrependessem e cressem? Além disso, se Pedro cria em expiação limitada, como poderia dizer "Tendo Deus ressuscitado o seu dervo, enviou-o primeiramente a vós outros para vos abençoar, no sentido de que cada um [*hekastos* em grego significa 'cada um, todos']³⁰¹⁷ se aparte das suas perversidades dos vossos maus caminhos" (At 3.26)? Para qualquer um dos não eleitos presentes em sua audiência, não havia expiação por eles, então seria impossível para eles serem salvos, mesmo se quisessem. Também seria insincero, por parte de Pedro, dar a alguém essa falsa esperança.

Paulo realmente disse às pessoas não salvas que Cristo morreu pelos seus pecados e, além disso, a sua prática foi consistente em assim fazer conforme 1 Coríntios 15.3: "Antes de tudo, vos entreguei o que também recebi: que Cristo morreu pelos nossos pecados, segundo as Escrituras". Aqui o apóstolo está lembrando aos coríntios da mensagem que lhes pregou quando chegou a Corinto pela primeira vez (At 18.1-18).

3017 W. Bauer, *Greek- English Lexicon of the New Testament and Other Early Christian Literature*, trad. e rev. F.W. Danker, W.F. Arndt, e F.W. Gingrich, 3rd ed. (Chicago: University of Chicago Press, 2000), 298.

Ele claramente afirma que o conteúdo do evangelho que pregou em Corinto incluía o fato de que "Cristo morreu pelos nossos pecados". Note, cuidadosamente, que Paulo está dizendo que foi isso que ele pregou na pré-conversão deles, não na pós-conversão. Portanto, o "nossos" em sua declaração não pode ser tomado para se referir a todos os eleitos ou meramente aos eleitos crentes, que é o que o calvinista rígido é forçado a argumentar. Note como Paulo conecta o que ele diz no versículo 3 com o versículo 11: "Portanto, seja eu ou sejam eles, assim pregamos e assim crestes". O uso de Paulo do tempo presente costumeiro em grego ("assim pregamos") juntamente com seu uso do tempo aoristo em grego ("crestes") deixa claro que ele se refere a um ponto passado no tempo quando os coríntios creram no que era o costume dele pregar. Conforme o versículo 3, o costume de Paulo era pregar aos não salvos: que "Cristo morreu pelos nossos pecados".

A afirmação de que o apóstolo não pregou uma expiação universal é falsa com base em 1 Coríntios 15.3-11. O que queremos dizer quando pregamos aos não salvos que, "Cristo morreu pelos vossos pecados"? Não pretendemos transmitir que Deus deseja salvar a todos e que Deus está preparado para salvar a qualquer um e a todos, visto que a morte de Jesus é realmente suficiente para salvá-los? Alguém pondera se a relutância em dizer que "Cristo morreu por você" expressa implicitamente uma relutância em dizer às pessoas não salvas que Deus está disposto a salvar todas elas e está preparado para assim fazer se elas se arrependerem e crerem.

Finalmente, esse argumento de que os apóstolos nunca usaram tal linguagem como "Cristo morreu pelos seus pecados" é uma faca de dois gumes. Nem é *explicitamente* dito nas escrituras do NT por qualquer evangelista a uma pessoa perdida que "Deus ama você", apesar de todos os calvinistas ortodoxos afirmem que a ideia está *implícita*. Concluiremos que os apóstolos e os autores inspirados *não* creram no amor benevolente universal de Deus, visto que em nenhum lugar *explicitamente* disseram aos perdidos que, "Deus ama você"? Os hipercalvinistas usam esse tipo de argumento sobre o amor de Deus, e os calvinistas rígidos usam um argumento paralelo quando apelam para a ausência da linguagem explícita "Cristo morreu por você" no Novo Testamento. Ambos são falaciosos.

O Amor de Deus e a Extensão da Expiação

A expiação limitada ultrapassa a revelação bíblica do amor de Deus. Se o Pai determinou que o Filho morresse somente pelos pecados dos eleitos, então está claro que ele ama os eleitos mais e de uma forma drasticamente diferente em comparação aos não eleitos. John Frame falou do amor temporal de Deus pelos não eleitos, que deve ser distinguido de seu amor salvífico, o qual se delimita só aos eleitos.[3018] Passagens como João 3.16 que ensinam o amor do Senhor por todo o mundo devem ser entendidas em valor nominal. Como se poderia dizer que Deus ama alguém na oferta do evangelho quando ele não proveu um meio para sua salvação por meio de uma expiação?

Deve-se distinguir onde e como é que os calvinistas rígidos e moderados diferem sobre a questão do amor de Deus pelos eleitos e não eleitos, e onde eles concordam. Ambos concordam em distinguir o amor do Pai pelos eleitos dos não eleitos, no sentido de que ele só provê a graça salvífica necessária mediante o chamado eficaz para redimir os eleitos. Todos os calvinistas, por causa de sua doutrina da eleição incondicional, falam acerca do amor divino de formas que distinguem entre diferentes tipos do amor de Deus pelos eleitos e não eleitos.[3019] Alguns preferem dizer que Deus tem um amor "especial" ou "salvífico" pelos eleitos que ele não tem pelos não eleitos.

Ambos concordam, pelo menos a maioria em ambos os campos, que a humanidade tem a capacidade natural de crer, mas não tem a capacidade moral de crer à parte do chamado eficaz, a qual vem somente aos eleitos. Mas os moderados afirmam que o amor de Deus por seu mundo, como ensina a Escritura, se estende até o ponto de Cristo morrer pelos pecados de toda a humanidade, de modo que se alguém crer, ele será salvo, com base em uma expiação extrinsecamente suficiente feita por todos. Nesse constructo, ninguém perece por falta de uma expiação pelos seus pecados. No calvinismo rígido, os não eleitos não poderiam ser salvos, mesmo se quisessem, porque a expiação limitada, por definição, afirma que não há expiação pelos seus pecados. Isso parece contrariar a revelação bíblica da onibenevolência de Deus e de Cristo pelo mundo inteiro.

Todos os não calvinistas acham que essa noção de "amor salvífico" de Deus ou "amor especial", como definido pelos calvinistas, é problemática. O amor do Pai é expresso no relacionamento real com todos os crentes de uma forma que não é o caso com os incrédulos. Mas é uma questão diferente sugerir, como todos os calvinistas fazem, que Deus tem um amor salvífico por alguns indivíduos e não por outros. De uma perspectiva não calvinista, a Escritura não faz tal distinção.[3020]

O ponto de Henry Sheldon acerca dessa noção de "amor especial" de Deus é digno de consideração:

[3018] J. Frame, *The Doctrine of God* (Philadelphia: P&R, 2002), 417-20.

[3019] Veja D.A. Carson, *A Difícil Doutrina do Amor de Deus* (Rio de Janeiro: CPAD, 2007).

[3020] Nesse sentido, a eleição corporativa de Israel no AT não deveria ser usada como um paradigma para a eleição salvífica do NT.

Os predestinistas costumam dissertar sobre o amor especial de Deus, como se um amor que é inteiramente independente da dignidade relativa de seus objetos e que ignora alguns para fitar exclusivamente em outros, constituísse um mistério agradável. Contudo, um amor desse tipo pertence a uma condição patológica. Ele é bem possível a seres limitados, nos quais o sentimento e a razão não estão necessariamente em verdadeira coordenação. Mas imputá-lo a Deus, cujo sentimento nunca supera a sua inteligência toda perfeita, não tem qualquer justificativa racional. As diferentes medidas de seu amor devem corresponder às diferentes realidades de seus objetos. Ele não está sujeito a inverdade em qualquer um de seus sentimentos mais do que está sujeito a erros em suas percepções intelectuais.[3021]

A monografia de John Peckham, *The Love of God: A Canonical Model* [O Amor de Deus: Um Modelo Canônico], é um excelente tratamento do assunto com influência significativa sobre a extensão da expiação. Peckham analisou indutivamente todos os textos da Escritura que falam direta ou indiretamente a respeito do amor de Deus. Ele examinou os modelos transcendente-voluntarista e imanente-experiencialista do amor divino dentro da teologia atual e encontrou elementos verdadeiros, bem como fraquezas em ambos.

A Escritura ensina que Deus busca universalmente uma relação de amor recíproco, mas ele também só entra em um relacionamento particular com aqueles que respondem apropriadamente ao seu amor.[3022]

"O amor de Deus pelo mundo é volicional, mas não necessária nem exclusivamente volicional".[3023] Peckham argumentou que tais passagens como Êxodo 33.19 e Romanos 9.15-18 não apoiam a noção de que o amor de Deus é *exclusivamente* volitivo em uma eleição arbitrária de algumas pessoas para receber salvação, enquanto a misericórdia é recusada a outras.[3024]

Malaquias 1.2-3 fala do "amor" de Deus por Jacó e do "ódio" por Esaú. Os teólogos reformados interpretam essa passagem como eleição e rejeição. Mas Peckham rebateu que, nesse contexto, a palavra hebraica traduzida como "amor" não significa "escolha". Exegeticamente, em todos os outros exemplos bíblicos que falam do "ódio" de Deus

---

[3021] H.C. Sheldon, *System of Christian Doctrine* (Cincinnati: Jennings and Graham, 1903), 433.
[3022] J. Peckham, *The Love of God: A Canonical Model* (Downers Grove, IL: InterVarsity, 2015), 67.
[3023] Ibid., 90.
[3024] Ibid., 98-100.

para com as pessoas, tal disposição é incitada por suas más ações.[3025] A resposta do Senhor não é arbitrária, mas valorativa. O tratamento de Deus a Israel com compaixão e graça "é um modelo daquilo que ele concederá a todos os pecadores que aceitam o seu amor (Jo 3.16; Rm 10.13; 1Jo 1.9)."[3026] Isso é transferido aos comentários de Paulo sobre esta passagem em Romanos 9.

Peckham declarou que: "Muitas passagens no cânon explicitamente apresentam o chamado e a eleição de Deus como condicionais à resposta, todavia nenhuma passagem claramente descreve o chamado ou a eleição de Deus como unilateralmente eficaz".[3027] Conforme Mateus 22.1-4, os chamados nem sempre são os escolhidos. Jesus descreve os escolhidos como aqueles que aceitam o convite. "A relação divino-humana de amor desfrutada pelos eleitos, então, exige uma resposta apropriada (compare Rm 10.9, 12-13; 11.22-23)".[3028]

Não há qualquer exemplo na Escritura de amor causalmente determinado. Ele regularmente descreve o amor de Deus e o amor humano como voluntários.[3029] Peckam argumentou ainda que o amor de Deus é valorativo. "Em toda a Escritura, Deus se regozija, se deleita, aprecia e encontra valor nos seres humanos. O amor de Deus pelos seres humanos está explicitamente ligado a aprovação e/ou a desaprovação valorativa semântica e tematicamente".[3030] Do mesmo modo, a desaprovação de Deus, na Escritura, nunca é declarada como arbitrária, mas é sempre motivada e incitada pelo mal.[3031]

Peckham falou do amor de Deus como "pré-condicional", com o qual ele quer dizer que "o amor de Deus é livremente concedido antes de qualquer condição, mas não sem incluir condições".[3032] Ele é cuidadoso ao notar a prioridade absoluta do amor divino no relacionamento divino-humano. O amor do Pai inicia todo amor. O amor humano não é nem primário nem meritório aos olhos dele. Peckham corretamente notou que o amor não merecido não é o mesmo que amor incondicional. "Algo pode ser condicional, ainda que imerecido, contingente a uma resposta, mas não auferido ou dignado quando é recebido".[3033]

[3025] Ibid., 105.
[3026] Ibid., 106.
[3027] Ibid., 109.
[3028] Ibid., 110.
[3029] Ibid., 113.
[3030] Ibid., 118-19.
[3031] Ibid., 126.
[3032] Ibid., 191.
[3033] Ibid., 202.

Para Peckham, amor incondicional não é maior que amor condicional. "Quando Deus finalmente extirpar os que lhe rejeitaram, isso é apenas em resposta à decisão *final* deles de não ouvi-lo. Quando (na medida em que ele está comprometido em respeitar o livre-arbítrio de amar ou não amar) não há nada mais que possa fazer (Is 5.1-7)."[3034]

Peckham argumenta que a Escritura indica:

> um relacionamento amoroso recíproco entre Deus e cada indivíduo não pode ser unilateralmente determinado por Deus. Isto não se deve a qualquer imperfeição divina ou falta de poder, mas se deve à natureza do amor em si, o qual, conforme este modelo [canônico], exige significativa liberdade... Se significativa liberdade é uma condição necessária do amor, é impossível a Deus determinar que todos os seres *livremente* o amem.[3035]

Peckham também argumenta que há tanto uma condicionalidade quanto uma incondicionalidade no amor de Deus como revelado na Escritura. Isto se deve aos aspectos objetivos e subjetivos do amor dele. O amor subjetivo do Pai é aquele que é inerente em seu caráter, independentemente da resposta humana. O amor objetivo dele é o amor que é afetado pela resposta das pessoas. O amor objetivo de Deus "descreve suas relações amorosas (interativas) com objetos criados e, portanto, refere-se àquele amor que inicia o relacionamento com as criaturas e corresponde valorativamente as, e é afetado pelas, disposições e ações de seu objeto. É, portanto, (pré)condicional e exige amor recíproco para sua continuação permanente".[3036]

O amor subjetivo de Deus é incondicional e fundamenta o amor objetivo pré--condicional dele. No sentido subjetivo, o amor do Pai é descrito na Escritura como eterno. Os aspectos objetivos de seu amor são relacionais e baseado na resposta humana ao amor preveniente e imerecido de Deus. "Portanto, o amor de Deus é incondicional, porque o seu caráter de amor é imutável e ele sempre quer amar a todos (amor subjetivo), mas condicional em relação à valorização e ao relacionamento divino (amor objetivo)".[3037] O amor subjetivo de Deus é eterno, incondicionalmente constante e baseado em seu caráter eterno de amor.[3038]

[3034] Ibid., 203.
[3035] Ibid., 207-8 (ênfase no original).
[3036] Ibid., 212.
[3037] Ibid., 213.
[3038] Ibid., 214.

A Escritura indica que o amor do Pai é tanto universal quanto particular.³⁰³⁹ O amor dele pelo mundo é pré-condicional e universalmente relacional. Ele ama a todas as pessoas e deseja que todos cheguem a um relacionamento salvífico com ele por meio de Cristo.³⁰⁴⁰ Deus ama todos os indivíduos pré-condicionalmente com o propósito de amá-los particularmente em um relacionamento de amor recíproco.

Por que o amor de Deus é particular? A teologia reformada argumenta que assim acontece por causa da escolha seletiva dele de alguns, os eleitos, para a salvação, sobre quem ele define o seu amor salvífico. Peckham concorda que a Escritura diferencia entre amor universal e particular de Deus, mas ele crê que o Pai deu à humanidade "significativa liberdade" para escolher amá-lo de volta ou rejeitá-lo. Alguns são amados por Deus mais intimamente do que outros, recebendo as bênçãos do seu amor salvífico, não por causa de uma eleição soberana e arbitrária, mas por causa da rejeição humana ao seu amor.

Se a interpretação de Peckham dos dados canônicos sobre o amor de Deus estiver correta, então a noção de uma expiação limitada está descartada e por razões óbvias. Como se poderia dizer que Deus ama, em qualquer sentido significativo do termo, aqueles por quem ele não proveu expiação pelos seus pecados? Como se poderia dizer que o Senhor deseja a salvação de todas as pessoas se ele não proveu expiação por todas? Visto que possivelmente ninguém pode ser salvo à parte da expiação de Cristo, é simplesmente contraditório falar do amor universal de Deus e de sua vontade salvífica universal na plataforma da expiação limitada.³⁰⁴¹

João 3.16 indica claramente que as intenções salvíficas de Deus são tão amplas quanto o mundo. João claramente conecta o ato de Deus da expiação pelos pecados com o amor dele em 1 João 4.9-10. Canonicamente, a lógica de Romanos 1-11 também demonstra isto. Em Romanos 1-3, Paulo demonstra que o escopo da pecaminosidade humana é universal. Em Romanos 11.32, o escopo da misericórdia de Deus é universal. Que o apóstolo possa estar se referindo a grupos de judeus e gentios não muda o fato de que o propósito de Deus é mostrar misericórdia a todos dentro dos dois grupos.

Muitos na história da tradição reformada subordinaram o amor de Deus à sua soberania. No coração dessa abordagem repousa uma leitura fundamentalmente

---

3039   Ibid., 235-47.

3040   Veja D.A. Carson, *A Difícil Doutrina do Amor de Deus*, 17-18, 80-81. A ilógica tentativa de Carson de tentar abraçar o amor universal de Deus com eleição particular e expiação limitada no contexto específico de pregação e evangelismo é trazida por J. Walls e J. Dongell, *Por que não sou calvinista* (São Paulo: Editora Reflexão, 2014), 175-78.

3041   Como Walls e Dongell notaram em *Por que não sou calvinista*, 53, "Em nosso julgamento, perde-se o sentido reivindicar que Deus deseja salvar a todos, simultaneamente também insistindo que Deus se abstém de tornar possível a salvação de todos".

errada da natureza e relação intratrinitária de amor perfeito e como isso se expressa ao mundo por meio de Jesus Cristo. A natureza de Deus é tal que ele ama a todos os indivíduos e deseja a sua salvação eterna. Consequentemente, ele proveu expiação pelos pecados de todos.

Além disso, dado que o amor é intrínseco à sua natureza, postular uma distinção arbitrária entre o seu amor salvífico pelos eleitos e o seu amor geral, embora não salvífico, o amor pelos não eleitos é, na verdade, questionar o caráter de Deus como revelado na Escritura.

O amor de Deus é realmente uma doutrina difícil para a doutrina da expiação limitada no calvinismo rígido.

A Lógica e a Extensão da Expiação

Alguns leem versículos que dizem que Cristo morreu por suas "ovelhas", "igreja" ou "amigos" e concluem que, visto que esses grupos são limitados, então a expiação deve ser limitada. Tal linha de argumentação é logicamente falha, porque invoca a falácia da inferência negativa, a qual diz que a prova de uma proposição não refuta o seu oposto. Quando Paulo diz "Cristo morreu por mim" em Gálatas 2.20, não podemos inferir que ele morreu somente por Paulo. Esse é o erro lógico cometido por todos os calvinistas rígidos nesse aspecto. Não há qualquer declaração na Escritura que diga que Jesus morreu somente pelos pecados dos eleitos.

Alguns argumentam que, se Jesus morresse pelos pecados de todas as pessoas, todas as pessoas seriam salvas. Essa é uma conclusão falsa por várias razões. Primeiro, a Escritura é clara que nem todos serão salvos. Segundo, ela confunde a extensão da expiação com a aplicação da expiação. Ninguém é salvo pela morte de Cristo na cruz até que creia nele. Isto foi observado por Shedd, um calvinista com credenciais impecáveis.[3042] Como declarado anteriormente, Efésios 2.1-3 deixa claro que até mesmo os eleitos estão sob a ira de Deus e "não têm esperança" até crerem.

Terceiro, como 2 Coríntios 5.18-21 elucida, a reconciliação tem um aspecto objetivo e um subjetivo. A morte de Cristo objetivamente concilia Deus ao mundo no sentido de que a sua justiça é satisfeita e que ele está pronto para perdoar, mas o lado subjetivo da reconciliação não ocorre até que a expiação seja aplicada quando o indivíduo se arrepende do pecado e põe a fé em Cristo. Assim sendo, não perca Colossenses 1.19-20, que fala da reconciliação universal de Cristo de todas as coisas. Isto, obviamente, não significa "universalismo", mas significa que a morte de Cristo

---

[3042] W.G.T. Shedd, *Dogmatic Theology* (Nashville, TN: Thomas Nelson, 1980), 2:477.

na cruz é um aspecto fundamental de seu senhorio sobre todas as pessoas e coisas (Fp 2.9-11); pois todo joelho se dobrará.

Quarto, um dos argumentos principais usados pelos calvinistas em favor da expiação limitada é o argumento do duplo pagamento (veja John Owen). Como já notado, em essência, argumenta-se que a justiça não permite que o mesmo pecado seja punido duas vezes. Há pelo menos quatro argumentos fortes contra isto: (1) nunca é encontrado nas Escrituras, (2) confunde uma compreensão comercial de pecado como dívida com uma satisfação penal pelo pecado (a última é a visão bíblica), (3) até mesmo os eleitos ainda estão sob a ira de Deus até que creiam (Ef 2.1-3), e (4) nega o princípio da graça na aplicação da expiação, visto que a ninguém se deve a aplicação.

Quinto, outro argumento lógico/teológico usado para apoiar a expiação limitada é o argumento da tripla escolha. Ele é construído sobre o argumento do duplo pagamento. Ou Cristo morreu por todos os pecados de todas as pessoas, ou morreu por todos os pecados de algumas pessoas, ou morreu por alguns dos pecados de todas as pessoas. Se ele morreu pelos pecados de todos, então por que nem todos são salvos? O argumento soa logicamente bem, mas é falho. A Escritura nunca diz que uma pessoa vai para o inferno porque nenhuma expiação lhe foi provida. Diz-se na Escritura que as pessoas perecem porque não creem. Apesar de Cristo ter morrido por todos, ele não aplica salvação a todos. A fé em Jesus é a condição para a salvação. Finalmente, o argumento quantifica a imputação do pecado ao Filho, como se houvesse uma relação entre todos os pecados daqueles que ele representa e os sofrimentos dele, um movimento desnecessário dada a suficiência extrínseca de sua morte pelos pecados do mundo.

Sexto, vimos que muitos calvinistas rígidos sucumbem ao pensamento disjuntivo sobre o assunto em questão. "Ou Cristo veio salvar ou ele veio tornar a salvação possível" é um exemplo.[3043] Biblicamente, ambos são verdadeiros. Mesmo do ponto de vista arminiano e não calvinista, Cristo veio tanto para tornar a salvação possível para todos os homens quanto para salvar todos os que creem.

Pregação, Evangelismo, Missões e a Extensão da Expiação

Há algumas implicações práticas negativas para o ministério comprometido com a expiação limitada em relação à pregação e evangelismo. Estas podem ser listadas sob três títulos.

[3043] Veja L. Gatiss, *For Us and for Our Salvation* (London: Latimer Trust, 2012), 112.

Diminuição da Vontade Salvífica Universal de Deus
Os calvinistas têm dificuldade em defender à vontade salvífica universal de Deus a partir da plataforma da expiação limitada. O problema básico é este: se Cristo não morreu pelos não eleitos, como isto pode ser reconciliado com passagens da Escritura tais como João 17.21, 23; 1 Timóteo 2.4-6; e 2 Pedro 3.9 que afirmam que Deus deseja a salvação de todas as pessoas? Calvinistas moderados e não calvinistas não têm problema algum nisso, visto que eles afirmam que Cristo realmente morreu pelos pecados de todas as pessoas, por isso Deus pode fazer a oferta bem-intencionada para todos. Sem a crença na vontade salvífica universal de Deus e na extensão universal de Cristo ter carregado os pecados, não pode haver oferta bem-intencionada de salvação da parte de Deus para os não eleitos que ouvem o chamado do evangelho.

A oferta bem-intencionada do evangelho
Devemos expressar e demonstrar o amor de Deus pela humanidade de forma que ordenemos a todos os homens que se arrependam, em nossa pregação do evangelho, em nossos convites compassivos e em nossas ofertas indiscriminadas de Cristo a todos. O próprio coração e ministério de Jesus, nesse aspecto, é o nosso padrão. Devemos direcionar os perdidos para a suficiência de Cristo para salvá-los. Além das expressas ordens evangelísticas do Filho e da vontade do Pai de que todos sejam salvos, a suficiência real de Cristo em sua expiação por todos também deve formar uma base para o nosso evangelismo.

A expiação limitada mina a oferta bem-intencionada do evangelho. Devemos evangelizar, porque Deus quer que todos os homens sejam salvos e por ter feito expiação por todos os homens, removendo assim as barreiras legais que exigem a condenação deles. Cristo não morreu somente pelos "pecadores", mas também pelos pecados de todos os pecadores. Quando os calvinistas rígidos usam a terminologia "Cristo morreu pelos pecadores", o termo "pecadores" se torna uma espécie de palavra-código para "somente os eleitos". A fim de serem consistentes com sua teologia, os calvinistas devem recorrer a uma declaração deliberadamente vaga "Cristo morreu pelos pecadores".

Segundo Coríntios 5.19-20 declara que, "a saber, que Deus estava em Cristo reconciliando consigo o mundo, não imputando aos homens as suas transgressões, e nos confiou a palavra da reconciliação. De sorte que somos embaixadores em nome de Cristo, como se Deus exortasse por nosso intermédio. Em nome de Cristo, pois, rogamos que vos reconcilieis com Deus". Aqui temos o próprio Pai oferecendo salvação a todos. Mas como ele pode fazer isso conforme a expiação limitada, visto que não há provisão para a salvação dos não eleitos na morte do Filho?

Além disso, como Deus pode fazer essa oferta com integridade? Parece difícil supor que ele possa. Sem a crença na vontade salvífica universal dele e na extensão universal de Cristo ter carregado os pecados, não pode haver oferta bem-intencionada de salvação da parte de Deus para os não eleitos que ouvem o chamado do evangelho. Seria como ser convidado para a mesa de banquete do mestre, onde nenhuma cadeira, mesa e comida foi realmente provida. Isto compromete e questiona o caráter de Deus ao se fazer a oferta de salvação aos não eleitos, porque de fato não há salvação a oferecer: Cristo não morreu pelos pecados deles.

John Murray e Ned B. Stonehouse tentaram atenuar a força desse argumento oferecendo uma resposta em *The Free Offer of the Gospel* [A Livre Oferta do Evangelho].[3044] Eles declaram que o ponto real em questão é se pode ser propriamente dito que Deus deseja a salvação de todas as pessoas. Murray e Stonehouse adotam a postura das "duas vontades": a vontade decretiva de Deus e sua vontade revelada. Eles argumentam que só se pode dizer que Deus deseja a salvação dos réprobos (não eleitos) na vontade revelada dele, senão ocorre uma contradição.[3045]

Portanto, na oferta do evangelho ao mundo, há mais do que uma "mera vontade preceptiva de Deus" envolvida, mas sim "a disposição de benignidade da parte de Deus apontando para a salvação a ser alcançada por meio da complacência com a oferta do evangelho da graça". Os autores argumentam que quando "Deus deseja" a salvação de todas as pessoas, isto expressa uma atitude genuína de benignidade inerente à livre oferta a todos.[3046]

Murray e Stonehouse mencionam várias passagens em apoio à sua abordagem, incluindo Ezequiel 18.23, 32; 33.11.[3047] Mas eles são sinceros o suficiente para declarar que quando falam da vontade decretiva de Deus, "deve ser dito que Deus absolutamente decreta a morte eterna de alguns ímpios e, nesse sentido, está absolutamente satisfeito com o decreto".[3048] Realmente, em referência à palavra hebraica *chaphez*, os autores declaram: "E nem há evidência para mostrar que aqui na palavra *chaphez* há alguma noção comparativa do efeito que Deus tem maior satisfação em salvar os homens do que em condená-los".[3049] Os autores continuam:

[3044] J. Murray e N. Stonehouse, *The Free Offer of the Gospel* (Phillipsburg, NJ: Lewis Grotenhuis, n.d.). Essa breve obra também aparece nas *Atas* da Décima Quinta Assembleia Geral da Igreja Presbiteriana Ortodoxa, 1948, Apêndice, 51-72.

[3045] Ibid., 3.

[3046] Ibid., 4.

[3047] Ibid., 5-15.

[3048] Ibid., 19.

[3049] Ibid.

Obviamente, contudo, não é sua vontade decretiva que todos se arrependam e sejam salvos. Embora que, por um lado, ele não tenha decretivamente desejado que todos sejam salvos, ainda assim ele declara inequivocamente que essa é a sua vontade e, implicitamente, é do seu agrado que todos se convertam e sejam salvos. Somos novamente confrontados com o mistério e a adorável riqueza da vontade divina. Pode nos parecer que uma exclui a outra. Mas não é assim.[3050]

Ao contrário de alguns limitaristas, Murray e Stonehouse não creem que 2 Pedro 3.9 deve ser interpretado como restrito aos eleitos.[3051] Deus quer a salvação de todos os pecadores. Mas, obviamente, essa é a vontade divina revelada, não a sua vontade secreta, conforme teólogos reformados como Murray e Stonehouse. Calvino também afirma o mesmo em sua exegese de 2 Pedro 3.9:

> Poderia se perguntar aqui: se Deus não quer que ninguém pereça, por que tantos, de fato, perecem? Minha resposta é que aqui não é feita qualquer menção a respeito do decreto secreto de Deus, pelo qual os ímpios são condenados à sua própria ruína, mas só é feita menção a respeito de sua benignidade como nos faz conhecida no evangelho. Deus estende a mão para todos, mas ele só segura aqueles (de tal forma a trazer para si mesmo) a quem escolheu antes da fundação do mundo.[3052]

Para todos os de fora da teologia reformada, a noção de que Deus "deseja" e "quer" coisas por um lado e ignora por outro, por meio de sua vontade decretiva beira o ilógico e o absurdo. Somos informados de que "não devemos nutrir qualquer preconceito contra a noção de que Deus deseja ou se agrada da consumação daquilo que ele não deseja decretivamente", mas sim respeitar o mistério. A vontade universal (revelada) do Pai de que todos sejam salvos demonstra "que há em Deus benevolente benignidade para com o arrependimento e salvação daqueles que ele não decretou salvar. Esse anseio, vontade, desejo é expresso no chamado universal ao arrependimento".[3053]

[3050] Ibid.

[3051] Ibid., 23-25.

[3052] J. Calvin, "The Epistle of Paul the Apostle to the Hebrews and the First and Second Epistles of St. Peter", em *Calvin's New Testament Commentaries*, 12 v., ed. D. W. Torrance & T. F. Torrance (Grand Rapids, MI: Eerdmans, 1994), 12:364.

[3053] Murray e Stonehouse, *The Free Offer of the Gospel*, 26. Veja também D. J. MacLean, *James Durham (1622-1658) and the Gospel Offer in Its Seventeenth- Century Context*, Reformed Historical Theology 31 (Göttingen: Vandenhoeck and Ruprect, 2015).

O apelo dos autores ao "mistério" para explicar esse enigma se desgasta rapidamente com a maioria das pessoas. Ainda mais preocupante é o exemplo deles do próprio Jesus, que "quis a outorga de sua graça salvífica e protetora sobre aqueles a quem nem o Pai nem ele decretou assim salvar e proteger".[3054] Onde está o apoio escriturístico para tal alegação?

Murray e Stonehouse concluem que a livre e completa oferta do evangelho é uma graça concedida a todos e é uma manifestação de amor do coração de Deus.

> A graça oferecida é nada menos que a salvação em sua riqueza e plenitude. O amor ou a benignidade que repousa dessa oferta não é nada menos que isso; é a vontade para essa salvação. Em outras palavras, é Cristo em toda a glória de sua pessoa e em toda a perfeição de sua obra consumada que Deus oferece no evangelho. A vontade amorosa e benevolente que é a fonte dessa oferta e que fundamenta a sua veracidade e realidade é a vontade para a posse de Cristo e o desfrute da salvação que nele reside.[3055]

Mas é necessário perguntar: como isto pode acontecer se não há expiação para fundamentar a oferta para os não eleitos? Mesmo em um constructo de vontade revelada/decretiva, é simplesmente impossível que Deus possa estar oferecendo algo de boa-fé aos que não são eleitos quando o que está sendo oferecido não existe. Sem uma expiação objetiva pelos pecados de todas as pessoas, Murray e Stonehouse ficam com uma impossibilidade lógica, não importa como eles a fatiem.

A fé salvífica aceita que Cristo morreu por mim. Sem uma expiação universal, não é possível que alguém saiba a partir do próprio evangelho que Jesus morreu por ele. Ao limitar a expiação, os particularistas necessariamente limitam a oferta do evangelho. A questão fundamental para todos os calvinistas rígidos é: como é possível manter a livre oferta do evangelho sem a fundamentar na expiação universal? Os hipercalvinistas viram essa inconsistência e simplesmente rejeitaram a livre oferta do evangelho inteiramente.[3056]

[3054] Ibid.

[3055] Ibid., 27.

[3056] Para obras escritas por calvinistas rígidos sobre a livre oferta do evangelho, consulte E. Hulse, *The Free Offer: An Exposition of Common Grace and the Free Invitation of the Gospel* (Haywards Heath, UK: Carey, 1973), 14-15; De Jong, *The Well-Meant Gospel Offer*; K.W. Stebbins, *Christ Freely Offered: A Discussion of the General Offer of Salvation in the Light of Particular Atonement* (Strathpine North, Austrália: Covenanter, 1978); D. Silversides, *The Free Offer: Biblical and Reformed* (Glasgow: Marpet, 2005); e D.H. Gay, *Particular Redemption and the Free Offer* (Biggleswade, UK: Brachus, 2008);

Pregação e a "Proclamação Ousada"
A proclamação ousada do evangelho é um termo antigo usado para se referir a dizer às pessoas individual ou corporativamente que "Cristo morreu por seus pecados". Note como alguns calvinistas usam linguagem codificada aqui. Os que creem em expiação limitada dirão "Cristo morreu pelos pecadores", que é o código para "pecadores eleitos." Isso é confuso na melhor das hipóteses e insincero na pior.

Qualquer coisa que faça o pregador hesitar em fazer a proclamação ousada de que "Cristo morreu pelos seus pecados" é errada. Se alguém pensa que é verdade que Jesus sofreu somente por alguns, a pregação será profundamente afetada. O pregador não sabe quem são os eleitos, então ele deve pregar a todos como se a morte de Cristo lhes fosse aplicável, embora, como sua posição implica, ele saiba e creia que nem todos sejam hábeis para a salvação. Isto faz com que o pregador trabalhe com base em algo que é realmente falso. Esse é um problema para o púlpito. Do ponto de vista da pregação, a livre e bem-intencionada oferta do evangelho para todas as pessoas necessariamente pressupõe que Cristo morreu pelos pecados de todas as pessoas.

Os calvinistas apontam que eles pregam a todos, porque não sabem quem são os eleitos. Certamente isso é verdade, mas não capta o objetivo. A crença na expiação limitada coloca o pregador na difícil posição de pregar para todas as pessoas, como se a morte de Cristo lhes fosse aplicável, mesmo que todas não sejam hábeis para a salvação, visto que os não eleitos não têm expiação feita por eles. Isso cria uma situação na qual os pregadores trabalham com base em algo que não é verdadeiro em todas as situações. Além disso, como tal pregador responderá à seguinte pergunta de um incrédulo: "Quando você diz que Cristo morreu pelos pecadores, isso significa que ele morreu por mim?" Não há como responder a essa pergunta com um firme "sim" a partir da plataforma da expiação limitada. Por outro lado, os pregadores que afirmam a expiação universal podem proclamar ousadamente que Cristo morreu pelos seus pecados.

Todos concordam que a doutrina é importante. A doutrina influencia a práxis. Isso não se trata de se alguém está comprometido com a pregação e o evangelismo. Isto não se trata de se alguém é apaixonado pela pregação e o evangelismo. Tomo como certo que os calvinistas, bem como os não calvinistas, desejam obedecer à grande comissão. Dito isto, e pelas razões declaradas anteriormente, argumento que a crença na expiação limitada necessariamente implica um entrave à pregação e ao evangelismo.[3057]

D.H. Gay, *The Gospel Offer Is Free: A Reply to George Ella's Rejection of the Gospel Offer*, 2nd ed. (Biggleswade, UK: Brachus, 2012).

[3057] Os calvinistas rígidos podem trazer Spurgeon a fim de refutar essa alegação. Como vimos, havia uma certa inconsistência com Spurgeon entre a sua teologia da expiação limitada e a sua prática

Paulo disse que o conteúdo do evangelho que ele pregou incluía o fato de que "Cristo morreu pelos nossos pecados" (1 Co 15.3). A expiação limitada nega e distorce um aspecto fundamental para o evangelho: que Cristo morreu pelos pecados do mundo.

Erskine Mason, um pastor calvinista do século XIX, resumiu bem a importância de uma expiação universal para a pregação:

> Confesso, meus irmãos, que não entendo o evangelho, se essa não for uma de suas doutrinas cardinais; se a oferta indiscriminada de Jesus Cristo, do perdão e da vida eterna por meio dele, não for feita à raça, e tanto verdadeira, honesta e sinceramente, feita a um indivíduo quanto a outro da raça... Se toda a população do globo estivesse diante de mim, e houvesse um na poderosa assembleia por quem não houvesse provisão, eu não poderia pregar o evangelho; pois como eu poderia dizer com sinceridade e honestidade para todos, venham e tomem de graça a água da vida?[3058]

Conclusão

Seria necessário apenas uma declaração clara da Escritura de que Cristo morreu pelos pecados de todas as pessoas para confirmar a expiação ilimitada, não interessa quantas declarações indiquem que ele morreu por um grupo específico de pessoas. Igualmente, seria necessário apenas uma declaração clara da Escritura de que Cristo morreu *somente* pelos pecados dos eleitos para confirmar a expiação limitada. Todavia, como todos os calvinistas que defendem a expiação limitada admitem, não há uma única declaração

---

de pregar como se Cristo tivesse realmente morrido por todas as pessoas. Eu tenho observado ao longo dos anos que os calvinistas rígidos não pregam a expiação limitada; eles pregam como se cressem em uma expiação ilimitada. No que só pode ser interpretado como uma triste observação acerca do ministério do mui famoso puritano John Owen, William Goold, no prefácio ao volume 8 de *The Works of John Owen*, 16 v., Ed. W.H. Goold (New York: Robert Carter and Brothers, 1852), declarou que:

> John Rogers, em sua singular obra, "The Heavenly Nymph", registra os casos de duas pessoas, Dorothy Emett e Major Mainwaring, que atribuíram a sua conversão à pregação de Owen quando ele estava em Dublin. Sr. Orme observa que a circunstância confunde um dito atribuído a Owen, que ele nunca conheceu um exemplo de um pecador convertido por meio de sua instrumentalidade; embora o dito pudesse até ser verdade, ele próprio poderia ser ignorante a respeito da extensão de sua própria utilidade. (viii)

[3058] E. Mason, "Extent of the Atonement", em *A Pastor's Legacy: Being Sermons on Practical Subjects* (New York: Charles Scribner, 1853), 281.

na Escritura que abertamente declare que Jesus morreu somente pelos pecados dos eleitos. Há facilmente uma dúzia de textos do Novo Testamento abertamente declarando que ele morreu pelos pecados de todas as pessoas.

O ônus da prova está com os defensores da expiação limitada para provar que uma simples declaração positiva, "Cristo morreu pelos pecados de algumas pessoas", pode implicar uma negação universal: "Cristo não morreu pelos pecados de todos". O monte deve ser escalado até se provar, exegeticamente a partir da Escritura, que Cristo morreu *somente pelos pecados de algumas pessoas* (uma imputação limitada do pecado), à luz de todas as passagens que empregam termos como "mundo" e "todos" nas várias passagens de extensão. De fato, esse é um monte íngreme. Se a expiação limitada falhar exegeticamente, então nenhuma quantidade de arcobotantes teológicos a sustentará.

Não há apoio bíblico crível a favor da expiação limitada. Não há apoio teológico sustentável a favor da expiação limitada. Não há apoio lógico à prova de balas a favor da expiação limitada. É difícil entender por que alguns calvinistas se apegam tão fortemente à expiação limitada quando confrontados com os dados exegéticos. Lembro-me da declaração de Irving Kristol: "Quando nos falta a vontade de ver as coisas como elas realmente são, não há nada tão mistificador quanto o óbvio".[3059]

Há uma legião de problemas associados a uma compreensão limitarista da expiação. Por razões bíblicas, teológicas, lógicas e práticas, negamos que Cristo morreu somente pelos pecados dos que serão salvos. A expiação limitada trunca o evangelho porque ela arranca os braços da cruz muito perto da estaca.

Cristo morreu pelos pecados de todos, por causa do seu amor e do Pai por todos, para prover uma oferta genuína de salvação a todos, e a sua morte não só torna a salvação possível a todos, mas realmente assegura a salvação de todos os que creem por meio da obra regeneradora do Espírito Santo. Há uma provisão de perdão a todos a quem o evangelho chega. Há uma provisão de perdão a todos os que chegam ao evangelho.

[3059] I. Kristol, "'When Virtue Loses All Her Loveliness' — Some Reflections on Capitalism and 'The Free Society'", *The Public Interest* 21 (Fall 1970), 3.

Créditos

Direção Executiva: *Luciana Cunha*
Direção Editorial: *Renato Cunha*
Tradução: *Angelino Carmo* (Parte I);
Rômulo Monteiro (Parte II);
Luís Henrique (Parte III)
Revisão: *Verônica Bareicha*
Projeto Gráfico: *Marina Avila*

Imagens

Imagens do miolo: *MetMuseum*
Imagem da capa: *Correggio,
1525, Everett - Art's*

Composição Gráfica

Fonte: *Adobe Garamond Pro 11pt*
Papel: *Offset 63g/m²*
Gráfica: *Imprensa da Fé*

Edição

Ano: *2019*
Primeira edição
Impresso no Brasil